beck'sche reihe

bsr

Diese auf zwei Bände angelegte Biographie zeichnet nicht nur ein eindringliches und oft überraschendes Bild Bismarcks, sie ist zugleich auch eine mit imponierender Kenntnis geschriebene Geschichte Deutschlands im 19. Jahrhundert. Otto Pflanzes Darstellung vereinigt in sich ökonomische, soziale, politische, intellektuelle sowie institutionelle Aspekte der deutschen Geschichte und setzt sie in eine Beziehung zu Bismarck und seiner Karriere. Damit greift sie weit über den Rahmen einer traditionellen Biographie hinaus und rückt Bismarck «in den Strom der Zeit».

Pflanzes Bismarck kehrt von den Höhen der Hagiographie und der Dämonisierung zurück auf ein menschliches Maß; er erscheint als ein Mann von außergewöhnlicher Komplexität des Charakters und unabweisbarem Genie, ist brillant und scharfsichtig, aber auch machtbesessen und narzißtisch. Sowohl der Politiker als auch der Mensch Bismarck gewinnen in dieser großen Biographie auf überzeugende Weise historisches Profil.

Otto Pflanze (1918–2007) war bis zu seiner Emeritierung Professor für Geschichte am Bard College der Indiana University und Mitherausgeber des «American Historical Review». Er war Mitglied des Institute for Advanced Study in Princeton und des Historischen Kollegs in München.

OTTO PFLANZE

Bismarck
Der Reichsgründer

Aus dem Englischen
von Peter Hahlbrock

VERLAG C.H.BECK

Titel der amerikanischen Originalausgabe:
Bismarck and the Development of Germany (3 volumes)

Mit 86 Abbildungen und 2 Karten

1. Auflage. 1997 (Leinen)
Broschierte Sonderausgabe. 2001

1. Auflage in der Beck'schen Reihe. 2008

Für die deutsche Ausgabe:

Satz: fgb · freiburger graphische betriebe
Druck und Bindung: Druckerei C. H. Beck, Nördlingen
Umschlagabbildung: Bismarck als preußischer Gesandter
beim Bundestag in Frankfurt
Gemälde von J. Becker, Bismarck-Museum, Friedrichsruh
Umschlaggestaltung: malsyteufel, Willich
Printed in Germany
ISBN 978 3 406 54822 2

www.beck.de

Hajo Holborn
zum Andenken

Inhalt

Vorwort 9

ERSTES BUCH
Die Jahre der Vorbereitung
1815–1858

I Der Strom der Zeit 15
II Die inneren Funktionen der Macht 45
III Die äußeren Funktionen der Macht 79
IV Strategie der Realpolitik 92

ZWEITES BUCH
Der Weg zur Macht
1858–1863

I Materialismus und Nationalismus 113
II Petersburg und Paris 138
III Deutschland am Kreuzweg 169
IV Stoß, Parade, Riposte 182
V Eine Periode der Diktatur 204
VI Spekulation über die Massen 222

DRITTES BUCH
Die ersten Triumphe
1864–1867

I Die Eroberung von Schleswig-Holstein 241
II Der Magnetismus der Macht 272
III Die Eroberung Norddeutschlands 296
IV Die Eroberung Preußens 322
V Das deutsche Gleichgewicht 345

VIERTES BUCH

Die Reichsgründung
1867–1871

I Brücken über den Main 371
II Das Scheitern der nationalen Bewegung 395
III Parlamentarische Kämpfe 413
IV Vorspiel zum Krieg 430
V Die Ursprünge des Krieges von 1870–1871 449
VI Ein nationaler Krieg 473
VII Süddeutschlands Weg ins Reich 493

FÜNFTES BUCH

Das Reich aus Eisen und Blut

I Konsolidierung und Spaltung 513
II Bismarcks Charakter 547
III Besitz und soziale Perspektiven 580
IV Nationalismus und nationale Politik 606

SECHSTES BUCH

Die Zeit des „Liberalismus"
1871–1875

I Eine improvisierte Exekutive 641
II Bismarck und das Parlament 666
III Der Kulturkampf 691
IV Der Höhepunkt der liberalen Ära 720
V Neuorientierung der Außenpolitik 758

ANHANG

Anmerkungen 793
Abbildungsnachweis 895
Personenregister 897

Vorwort

Das vorliegende Werk, das Ergebnis einer mehr als drei Jahrzehnte währenden Beschäftigung mit Otto von Bismarck, ist bis zu einem gewissen Grade angeregt und geleitet worden von der Geschichtsphilosophie Wilhelm Diltheys, der zugleich Historiker und Philosoph war. Dilthey suchte den „Aufbau der geschichtlichen Welt in den Geisteswissenschaften" anhand einer „Kritik der historischen Vernunft" zu erklären. Durch die Analyse der Struktur historischen Wissens hoffte er darlegen zu können, auf welche Weise Erkenntnis nicht nur in der Geschichtswissenschaft, sondern auch in den benachbarten Geisteswissenschaften möglich ist. Seiner Erkenntnislehre zufolge befindet sich die Biographie an der Schnittstelle zwischen allgemeiner und individueller Geschichte. Er hat die Natur dieser Verbindung in seiner Biographie Friedrich Schleiermachers (1870) und anderen historischen Arbeiten aufgezeigt und dabei auf Konzepte zurückgegriffen, die er in seinen philosophischen Schriften entwickelt und näher bestimmt hat. Wie so oft in der Geistesgeschichte, beruht auch Diltheys fortdauernder Einfluß als Philosoph eher auf spezifischen Aspekten seines Systems als auf dem System als Ganzem. Und das gilt auch für dieses Buch.

„Ist Biographie möglich?" fragte Dilthey. Seine bejahende Antwort auf diese rhetorische Frage begann mit der Erklärung: „Der Lebenslauf einer historischen Persönlichkeit ist ein Wirkungszusammenhang, in welchem das Individuum Einwirkungen aus der geschichtlichen Welt empfängt, unter ihnen sich bildet und nun wieder auf diese geschichtliche Welt zurückwirkt." Zur Darstellung dieses Wirkungszusammenhangs faßte der Biograph des Theologen und Philosophen Schleiermacher die Geistesgeschichte der ganzen Epoche ins Auge.

Was für den Theologen und Philosophen Schleiermacher recht ist, ist für den Staatsmann Bismarck nur billig. Die herkömmliche biographische Form, die sich auf die persönliche Lebensgeschichte eines Individuums beschränkt, ist zu eng gefaßt, um der Bedeutung eines Politikers von Bismarcks Statur gerecht werden zu können. So bedeutend wie der Mann selbst sind die vielen – wirtschaftlichen, sozialen, politischen, geistigen und institutionellen – Kräfte, die seine Umwelt gestalteten und dann, in gewissem Maße, durch seine Bemühungen umgeformt wurden. Es ist deshalb notwendig, in einer Biographie des ersten deutschen Reichskanzlers auch die wirtschaftlichen Tendenzen der Bismarck-Ära zu berücksichtigen (einschließlich der Konjunkturzyklen), die Auswirkungen dieser Tendenzen auf Sozialstruktur und Klassendenken der Zeit wie auch die Entwicklung des religiösen und geistigen Lebens, insoweit Bismarck davon beeinflußt wurde – oder auch nicht –, die Entwicklung der Politik und der politischen Einstellungen und den Gang der internationalen Politik in einer Epoche wachsender europäischer Spannungen. Bismarck lebte und wirkte in einem Zeitalter dynamisch beschleunigten wirtschaftlichen und sozialen Wandels. Wie bewußt er selbst das wahrnahm, verrät seine Vorliebe für die Betrachtung der Zeit als eines „Stroms", angesichts von dessen überwältigender Macht „dieser große Tatmensch" (als welchen Dilthey ihn charakterisierte) an seiner Fähigkeit, dessen Lauf zu ändern, so stark zweifelte, daß er sich eine solche lieber absprach. Ob diese pessimistische Einschätzung gerechtfertigt war, ist eines der Themen dieses Buches.

Die Originalausgabe dieses Werkes ist in den Vereinigten Staaten bei der Princeton University Press unter dem Gesamttitel *Bismarck and the Development of Germany* in drei Bänden erschienen. Die erste Ausgabe des ersten dieser drei Bände erschien bereits 1963 und wurde für die Neuauflage im Rahmen der Veröffentlichung des Gesamtwerks 1990 einer gründlichen Revision unterzogen. Die deutsche Ausgabe wird in zwei Bänden erscheinen, die Bismarcks Leben in die Jahre vor 1875 und nach 1875 unterteilen – ein Wendepunkt in seiner Laufbahn, dessen Bedeutung übrigens größer ist, als bisher allgemein angenommen wurde. Die deutsche Übersetzung unterscheidet sich von der Originalausgabe wesentlich nur an zwei Stellen. Sie verzichtet erstens auf die Einleitung zum ersten Band (die Seiten XVII-XXX der Originalausgabe). Diese Einleitung enthält in der Hauptsache eine Erörterung der Entwicklung des „Bismarck-Problems" nach 1945, die heute nur mehr historisches Interesse haben mag, und einen kurzen «Diskurs über die Methode», den interessierte Leser in der amerikanischen Ausgabe von 1990 nachlesen können. Zweitens findet man die Einleitung zum zweiten und dritten Band der Originalausgabe (Bd. 2, S. XI-XVII) hier gekürzt und dem ersten Kapitel des fünften Buches einverleibt. Ich habe die Gelegenheit der deutschen Ausgabe gerne genutzt, um einige kleine Fehler zu berichtigen, hier und da meine Ausführungen zu verdeutlichen und – allerdings in geringerem Umfang – in den Anmerkungen auf inzwischen erschienene Literatur hinzuweisen. Ansonsten folgt die deutsche Ausgabe der amerikanischen Originalausgabe.

Der Verfasser, Sohn einer Familie deutscher und schottisch-irischer Abstammung, wurde in Maryville im Staate Tennessee geboren und ist dort aufgewachsen. Er promovierte an der Yale University bei Hajo Holborn, der mit seiner Familie nach 1933 aus Deutschland emigriert war. Die späteren Forschungen des Verfassers zur Geschichte der Bismarck-Ära wurden sowohl von deutschen als von amerikanischen Stiftungen und Institutionen gefördert. So von The American Council of Learned Societies, New York (während der Jahre 1951–1952), von der U. S. Educational (Fulbright) Commission in the Federal Republic of Germany (Hamburg, Friedrichsruh und Freiburg während der Jahre 1955–1957), von der John Simon Guggenheim Foundation (München 1966–1967), vom National Endowment for the Humanities and International Research and Exchanges Board (Merseburg und Potsdam, 1975–1976) und von der Fritz Thyssen Stiftung (München, Koblenz, 1985–1986). Die Mitgliedschaft in den nachfolgend genannten Institutionen gestattete dem Verfasser, während zweier Forschungsfreijahre, von anderen beruflichen Pflichten befreit, die Ergebnisse seiner Forschung für die Veröffentlichung vorzubereiten: The Institute for Advanced Study (Princeton, 1970–1971) und Das Historische Kolleg im Stifterverband für die Deutsche Wissenschaft (München und Friedrichsruh, 1980–1981). Viele Einzelpersonen sind dem Verfasser im Laufe der Jahre in verschiedener Hinsicht behilflich gewesen. Ihre Namen findet man im Vorwort der amerikanischen Originalausgabe genannt. Hier sei nur allgemein der ihnen schuldige Dank wiederholt.

Schließlich gilt mein Dank Dr. Detlef Felken vom Verlag C. H. Beck, der die Initiative zur deutschen Ausgabe meines Buches ergriffen und ihre Drucklegung mit großer Umsicht begleitet hat. Ohne sein Engagement wäre diese Ausgabe nicht zustande gekommen. Ich schließe in meinen Dank auch Rainer und Karsten Jedlitschka sowie Rene Pfeilschifter ein, die mit viel Geduld die deutschen Originalzitate im Text und in den Anmerkungen beschafft haben.

Otto Pflanze *Bloomington, Indiana*

ERSTES BUCH

Die Jahre der Vorbereitung
1815–1858

Man kann Geschichte überhaupt nicht machen,
aber man kann immer aus ihr lernen, wie man das politische Leben
eines großen Volkes seiner Entwicklung
und seiner historischen Bestimmung entsprechend zu leiten hat.

Bismarck, 1892

I

Der Strom der Zeit

«Der Strom der Zeit läuft seinen Weg doch, wie er soll, und wenn ich meine Hand hineinstecke, so thue ich das, weil ich es für meine Pflicht halte, aber nicht, weil ich seine Richtung damit zu ändern meine.» Das war der Gedanke, mit dem Bismarck 1851 seine Laufbahn im preußischen diplomatischen Dienst begann.[1] Vier Jahrzehnte später war er noch gleicher Meinung. Gern erklärte er das den zahlreichen Besuchern in Friedrichsruh: «Denn der Mensch kann den Strom der Zeit nicht schaffen und nicht lenken, er kann nur darauf hinfahren und steuern, mit mehr oder weniger Erfahrung und Geschick, kann Schiffbruch leiden und stranden und auch zu guten Häfen kommen.»[2]

Wirkungen gezeitigt hat sein politisches Handeln wie das kaum eines anderen Staatsmanns, doch bis zuletzt fühlte er sich dem Druck der historischen Mächte verhältnismäßig hilflos ausgeliefert. Nur durch Untersuchung dieser Mächte kann man seine Laufbahn und das von ihm erreichte Ziel verstehen. Wie war der Strom der Zeit beschaffen, auf dem Bismarck sich einschiffte?

Der Strom der historischen Entwicklung floß schnell zu Beginn des 19. Jahrhunderts in Europa, aus vielen Quellen gespeist und viele Strömungen vereinend. Die große kulturelle Synthese der Aufklärung hatte begonnen sich aufzulösen. Unter dem Einfluß des Wandels der ökonomischen Verhältnisse und der Laissez-faire-Doktrin setzte kapitalistischer Individualismus sich durch gegen Korporativismus, die Standesgesellschaft wich der Klassengesellschaft, der Rationalismus der Romantik, der subjektive dem objektiven Idealismus. Mit dem Liberalismus, Konservatismus, Nationalismus und Sozialismus erschienen neue Konzepte politischer Orientierung. Überall suchten die Menschen nach neuen Prinzipien, an die sie glauben könnten, und nach neuen Organisationsformen für die zunehmende Komplexität des modernen Lebens. Die Bewegung dieser zahlreichen Kräfte machte sich wie bei den atlantischen Nationen auch in Deutschland geltend. Doch hier traten sie in anderer Reihenfolge und Stärke in Erscheinung und flossen gewöhnlich in anderen Kanälen. Überdies wurden sie in Deutschland durch Bismarck geformt und umgestaltet, zerlegt und zu neuen Verbindungen genötigt. Die Macht, derer sich Bismarck zu diesem Zweck bediente, war die des preußischen Staates.

Der preußische Staat

Preußen war im wesentlichen die Schöpfung einer Reihe lange lebender, energischer und begabter Herrscher. Das Streben, unter schwierigen Bedingungen eine Macht zu schaffen, die sich in der europäischen Politik zur Geltung bringen konnte, bestimmte den Charakter des Staates und seiner Untertanen. Das Land war arm, mit spärlichen Ressourcen ausgestattet, und seine Grenzen waren nicht leicht zu verteidigen. Ein im Verhältnis zur Bevölkerung sehr starkes stehendes Heer war zur Gewährleistung der Sicherheit und des wirtschaftlichen Wachstums erforderlich. Einmal geschaffen, erwies sich dieses Instrument sodann auch als nützlich zur Unterdrückung der feudalen Freiheit innerhalb des Staates. Während des gleichen halben Jahrhunderts, das in Frankreich den Triumph des Absolutismus sah und in England dessen Niederlage, gelang es dem Kurfürsten von Brandenburg, Friedrich Wilhelm I. (1640–1688), in seinen wichtigsten Besitzungen die Rechte und Privilegien der Stände zu beschränken. Damit verschwanden alle etwa bestehenden Möglichkeiten ihrer Entwicklung zu modernen repräsentativen Institutionen. Die zum Eintreiben neuer Steuern und zur Versorgung des Heers ernannten Beamten übernahmen den Aufbau der Wirtschaft des Landes. Da Handel und städtisches Leben nur schwach entwickelt waren, sah sich der Staat zur Finanzierung seines stehenden Heeres genötigt, selbst Maßnahmen zur Steigerung der Produktivität der Wirtschaft und der Erhöhung des Lebensstandards seiner Bevölkerung zu ergreifen. Während des Jahrhunderts nach dem Regierungsantritt des Großen Kurfürsten (1640) machten sich Macht und Einfluß der Bürokratie auf jeder Ebene der preußischen Gesellschaft geltend.

Der Charakter dieser Bürokratie blieb lange Zeit durch ihre Ursprünge geprägt. Der preußische Beamtenstand wurde ein diszipliniertes Instrument zur Durchsetzung des königlichen Willens. Bis zum Ende der Regierung Friedrichs des Großen (1740–1786) blieb die Exekutivgewalt ganz dem König vorbehalten, dessen Minister die königlichen Befehle nur auszuführen hatten. Dieses System belohnte nicht persönliche Initiative, sondern gehorsame Unterordnung. Bereits im frühen 18. Jahrhundert waren Universitätsstudium und das Bestehen staatlicher Prüfungen Voraussetzung für die Beamtenlaufbahn. Beförderungen erfolgten nicht durch Patronage, sondern nach Verdienst. Unehrlichkeit, Ungehorsam und selbständiges Handeln wurden bestraft. Da dem Beamtenstand auch viele Generäle, die ihren Abschied genommen hatten, angehörten sowie in den unteren Rängen nicht wenige ehemalige Soldaten, herrschte darin eine der militärischen sehr ähnliche Disziplin.

Der Charakter des preußischen Heeres und der preußischen Beamtenschaft wirkte sich auf die Mentalität der Untertanen dieses Staates aus. Zu jener Zeit der Söldnerheere bestand in Preußen bereits zwischen der Armee und der Bevölkerung ein anderswo nicht anzutreffendes Verwandtschaftsverhältnis. Obwohl in allen Rängen der Armee auch viele Ausländer dienten, stellte doch der preußische

Adel den größten Teil des Offizierskorps, die Bauernschaft den größten Teil des Fußvolks. Der Geist des «Kadavergehorsams», der in der Armee waltete, griff deshalb auch auf die Zivilbevölkerung über. Ähnlicher Einfluß wie von der Armee ging auch von der Bürokratie aus. Die niedrigen Beamten – mit denen es die Bevölkerung hauptsächlich zu tun hatte –, waren meist ehemalige Soldaten, und deren rauher Ton und autoritäres Gebaren wurden typisch für die preußische Beamtenschaft. Der Einfluß der Militärs und Bürokraten war um so bedeutender, als er praktisch konkurrenzlos war. Denn dieser Einfluß wurde nicht begrenzt durch denjenigen anderer mächtiger Institutionen. Die Macht der kapitalistischen Unternehmen lag noch in ferner Zukunft. Und die lutherische Kirche nahm dem Staat gegenüber keineswegs eine unabhängige Stellung ein, sondern beteiligte sich im Gegenteil an der Staatsverwaltung. Nach Luthers Auffassung war der Fürst von Gott berufen, in der bösen Welt die Ordnung aufrechtzuerhalten, die christliche Minderheit vor der Mehrheit zu schützen. Die korrumpierende Wirkung der Macht war Luther nicht verborgen geblieben, und der Staat galt ihm nur als weltliche Institution. Doch er leugnete ein Recht des Widerstands der Untertanen gegen tyrannische, ja selbst gegen heidnische Herrscher. Indem er die Verwaltung der Kirche dem Staat unterstellte, machte er diese zu einer Säule der fürstlichen Autorität. Da die Aufgaben der Erziehung und der Beförderung der Wohlfahrt vom Staat übernommen wurden, blieb der Kirche nur die Glaubensverkündung.

Als die administrative Struktur des Staates sich mit der Zeit vervollkommnete, begann man, diesen als eine von der Person des Monarchen unterscheidbare Wesenheit anzusehen. Daher sprach Friedrich der Große von sich selbst als dem «ersten Diener des Staates». Mit seiner Weigerung, in Zivilprozesse einzugreifen, beförderte er die Unabhängigkeit der Justiz. So begründete er die wichtige Tradition, derzufolge die preußische Regierung zwar absolut, niemals jedoch willkürlich herrschen sollte. Diejenigen, die die Macht ausübten, mußten sich selbst den Gesetzen des Staates und den natürlichen Normen der Gerechtigkeit fügen. Dies war der Ursprung der deutschen Konzeption des «Rechtsstaats». Nach Friedrich dem Großen entwickelte sich der monarchische fort zu einem bürokratischen Absolutismus. Obwohl die letztliche Entscheidungsgewalt beim König verblieb, wurden die Regierungsgeschäfte praktisch von dessen Ministern übernommen. Eine ähnliche Übertragung der Funktionen fand auch auf militärischem Gebiet statt. In Friedenszeiten wurden alle militärischen Angelegenheiten im Namen des Königs von hohen Offizieren verwaltet, und das Oberkommando des Heeres übernahmen selbst in Kriegszeiten die Nachfolger Friedrichs des Großen nur mehr nominell.

Gesellschaftlich beruhte das preußische System auf einer Allianz der Monarchie mit dem Adel. Denn obwohl er die Rechte und Privilegien der Stände beschränkte, hatte doch der große Kurfürst dem Adel in lokalen Angelegenheiten bedeutende Zugeständnisse gemacht. In Brandenburg und Preußen wurde den Adeligen die Leibeigenschaft der Bauern auf ihren Gütern gewährt. Sie genossen fast vollkommene Steuerfreiheit, und Bürgerliche durften keine adeligen Güter erwerben. Auf dem Lande in Preußen regierten vom Adel ernannte Landräte, die jedoch nur der Regierung in Berlin verantwortlich waren. Auf ihren Gütern bewahrten sich die Junker die feudale Regierungsgewalt über Bauern und Bürger. Sie waren «Könige im kleinen» und benützten ihre örtliche Macht zur Förderung ihrer eigenen wirtschaftlichen Interessen. Während des 18. Jahrhunderts wurde der Adel das Reservoir, aus dem die Hohenzollern die Kommandostellen in Armee und Staatsverwaltung besetzten. Die feudale Gefolgschaftspflicht wurde umgewandelt in die Pflicht und das Privileg, dem König im Offizierskorps des Heeres zu dienen. Obwohl Bürgerliche von diesem Dienst nicht prinzipiell ausgeschlossen waren, stellten sie doch nur etwa zwölf Prozent des Offizierskorps und gelangten dort auch nicht in die Stellungen, die das höchste Prestige verliehen. Unter Friedrich dem Großen erhielt der Adel praktisch das Monopol auf die höchsten Stellungen im Staatsdienst. Wenn ein Bürgerlicher nicht über außergewöhnliche Fähigkeiten verfügte und zudem Glück hatte, konnte er nicht hoffen, in ein hohes Staatsamt zu gelangen.

Man hat behauptet, daß sich das preußische System von dem während des 18. Jahrhunderts im übrigen Europa praktizierten nicht wesentlich unterschied.[3] Doch mag es in der Art auch nicht sehr viel anders konzipiert gewesen sein als die Systeme anderer Staaten, seine Qualität war zweifellos einzigartig, und darauf kommt es an. Der aufgeklärte Despotismus war in Rußland eine Farce, in Österreich gescheitert, in Frankreich unerprobt. Im Preußen Friedrichs des Großen war er ein glänzender Erfolg. Kein anderes Land verfügte über die dazu erforderliche Verbindung eines genialen Herrschers mit einer gefügigen Bevölkerung und einem kooperativen Adel. In Frankreich war dem Adel nur der Besitz und das soziale Prestige geblieben, doch in Preußen bewahrte er sich seine traditionellen militärischen und politischen Funktionen. Er war auf jeder Ebene in den Staatsapparat integriert. So entstand, was man als das «preußische Establishment» bezeichnen kann, eine miteinander verzahnte Verbindung sozialer, politischer, militärischer, bürokratischer, religiöser und monarchischer Institutionen, die die preußische und schließlich deutsche Gesellschaft und Regierung bis ins 20. Jahrhundert beherrschten.

Die Herrscher aus dem Hause Hohenzollern waren während des Zeitalters der «Kabinettsdiplomatie» und der dynastischen Kriege nicht unter denen, die sich durch besondere Aggressivität auszeichneten. Die geographische Lage ihrer Länder verwickelte sie, oft gegen ihren Willen, in von den Großmächten begonnene Kriege. Territorialgewinne erzielten sie nicht durch ein übermächtiges Heer, sondern durch geschicktes Manövrieren, den Einsatz ihrer Kräfte zum richtigen Zeitpunkt und durch ihre Fähigkeit und Fortüne, sich rechtzeitig auf die Seite des Siegers zu schlagen. Davon ist nur eine hochbedeutende Ausnahme zu nennen: der Überraschungsangriff auf Österreich und die Eroberung Schlesiens im Jahre 1740. Um sich diese Beute zu bewahren, mußte Friedrich der Große dann aber drei harte Kriege führen, deren letzter ihn an den Rand der Niederlage brachte.

So überzeugten ihn diese Erfahrungen keineswegs vom Wert von Angriffskriegen, sondern lehrten ihn im Gegenteil, den Wert einer rationalen und in ihren Zielen beschränkten Außenpolitik zu schätzen, die sich an den jeweiligen Bedürfnissen des Staates und des europäischen Gleichgewichts orientierte.[4] Die Nachwelt jedoch zog eine ganz andere Lehre daraus. Sein Genie und sein Erfolg beflügelten die Phantasie und verliehen seinem einzigen großen machiavellistischen Streich eine haltbare Aura der Respektabilität.[5] Im Gegensatz dazu lief die Außenpolitik des französischen Absolutismus auf schwere Niederlagen und finanzielle Katastrophen hinaus. Durch Friedrich den Großen gewann die preußische Militärmacht ein Prestige, das nicht einmal das Debakel von 1806 zerstören konnte. Bismarck sollte dessen Erbe werden.

Moralische Legitimierung

Letztlich wurde dem preußischen Absolutismus, einer revolutionären Schöpfung der Hohenzollern, durch den deutschen Idealismus die moralische Legitimation verschafft. Die Philosophie des deutschen Idealismus entwickelte sich während einer ungemein schöpferischen Epoche des deutschen Geisteslebens, die länger als ein halbes Jahrhundert andauerte (1770–1830). In dieser Epoche Kants und Hegels, Goethes und Schillers, Mozarts und Beethovens leisteten die Deutschen ihren großartigsten Beitrag zur Kultur Europas und der Welt. Auf dem Gebiet der Philosophie und Literatur gingen die deutschen «Idealisten» über die Entdeckungen der Aufklärung hinaus auf die Suche nach neuen Einsichten und Ausdrucksformen. Des engen Rationalismus der Aufklärung müde, strebten sie nach einem tieferen Verständnis des Menschen, der Gesellschaft und der Geschichte. Diese Bewegung war in ihren Zielen entschieden humanistisch, um die Lösung der Probleme individueller Entwicklung und freier Selbstentfaltung bemüht. Obwohl sie zunächst vom Kleinbürgertum getragen wurde, brachte sie nichtsdestoweniger eine geistige Elite hervor, die Klasseninteressen nicht verpflichtet war. Die Angehörigen dieser Elite waren überwiegend unpolitisch. Obwohl sie die Freiheit als ein höchstes Gut schätzten, war die Freiheit, die sie meinten, doch hauptsächlich die Geistesfreiheit, die Fähigkeit des Menschen, auf die Verwirklichung seiner höchsten Ideale hinzuarbeiten; an den rein bürgerlichen Freiheiten waren sie weniger interessiert.

Das Wort «Libertät» bezeichnete in Deutschland zunächst keineswegs ein natürliches Menschenrecht, sondern die Standesrechte und Privilegien, welche die Fürsten vom Kaiser beanspruchten. Die fortschreitende absolutistische Herrschaft der Fürsten innerhalb ihrer Fürstentümer war nur eine Konsequenz ihres Strebens nach Autonomie innerhalb des Reichs. Auf diese Weise verband sich die deutsche Idee der Freiheit mit der Vorstellung von politischer Autorität, und diese Assoziation blieb lange bestehen.[6] Diese binäre Beziehung wird auch von Immanuel Kant vorausgesetzt, der gewöhnlich als geistiger Vater des deutschen

Liberalismus angesehen wird. Sein Glaube an den Fortschritt der Vernunft, an den Menschen als Zweck, nicht als Mittel, an die Herrschaft des Gesetzes und das Ideal der Volkssouveränität näherte die deutsche politische Tradition der westeuropäischen an. Dennoch verstärkte seine strenge Pflichtethik im Verein mit seiner Anerkennung des absoluten Staates als einer praktischen – wenn auch zeitlich begrenzten – Notwendigkeit die preußische Tradition des der Obrigkeit geschuldeten Gehorsams.[7] Obwohl Kants Einfluß in Deutschland bedeutend war, wurde doch sein transzendentaler Idealismus bald herausgefordert von Georg Wilhelm Friedrich Hegel, der einen absoluten Idealismus vertrat, dessen Einfluß auf den deutschen Geist sich schließlich als noch stärker erweisen sollte.

Den Boden bereitet hatte diesem Denker Johann Gottfried Herder, der im Widerstand gegen die atomistische Sicht des Menschen und der Gesellschaft die organische Identität der Nationalkulturen hervorgehoben hatte. Jede Nation besaß ihm zufolge ein einzigartiges Wesen, das sich aus der Eigentümlichkeit ihres „Volksgeistes" und der Besonderheit ihres historischen Wachstums ergab. Andere sollten dann ausführen, daß, was von Völkern galt, auch von Staaten gesagt werden konnte. Auch der Staat war, als eine von vielen Generationen allmählich ausgebildete Institution, ein Organismus mit je individuellem Charakter. Als solcher hatte er die Macht und das Recht, seine Selbstverwirklichung anzustreben. Mit der Inanspruchnahme dieses Rechts behauptete der Staat seine Freiheit. Wie dem menschlichen Individuum wurde auch dem Staat geistiges Wesen und moralischer Wert zugestanden. Deshalb konnte Hegel den Staat als ein Gefäß des Weltgeistes bezeichnen: «Der Staat ist die göttliche Idee, wie sie auf Erden vorhanden ist», und: «Der Staat ist das vorhandene, wirklich sittliche Leben.» Adam Müller ging so weit zu behaupten, daß Christus nicht allein für die Menschen, sondern auch für die Staaten gestorben sei.[8] Bei ihrer Suche nach einer neuen religiösen Orientierung wechselten die deutschen Idealisten den historischen Rahmen ethischer und geistiger Entscheidungen. Der Staat ersetzte die Kirche als Garant moralischer Werte. Während in Westeuropa die Sittlichkeit weiterhin im christlichen Glauben und in den ethischen Normen des Naturrechts verhaftet war, identifizierte die Philosophie des deutschen Idealismus diese mit dem Staat und der herrschenden Macht.[9] Was die Herrscher des Hauses Hohenzollern (und die zeitgenössischen deutschen Fürsten) im Dienste ihrer dynastischen Interessen geschaffen hatten, wurde von den deutschen Philosophen quasi vergöttlicht – und aus den Werken dieser Philosophen lasen sich im Laufe des 19. Jahrhunderts Generationen deutscher Studenten ihre Weltanschauung an.

Der historistische Standpunkt gestattete dem deutschen Idealismus auch die Erklärung und Legitimierung der Veränderungen, die sich in Deutschland infolge der napoleonischen Kriege der Jahre 1792–1815 ergeben hatten. Binnen weniger Jahre wurde ja – zunächst durch die französischen Eroberungen, sodann durch die von Napoleon mit deutscher Hilfe vorgenommene Neuordnung, durch die in Preußen nach der katastrophalen Niederlage von 1806 durchgeführten Reformen, endlich durch die Beschlüsse des Wiener Kongresses – die deutsche politische Landkarte grundlegend geändert. Das Heilige Römische Reich Deutscher Nation wurde hinweggefegt, die Grenzen neu gezogen. Die Anzahl der Fürstentümer wurde von mehreren hundert auf neununddreißig reduziert. Die geistlichen Fürstentümer verschwanden, und von den ehemals freien Reichsstädten bewahrten nur vier ihre Unabhängigkeit. Die vergrößerten Staaten, die aus diesem Gemetzel hervorgingen, sahen sich Problemen bei der Integration ihres Zugewinns gegenüber, die nicht ohne gewisse Reformen zu lösen waren. Die Neuordnung der Konkursmasse des Reichs und die Reformen in den Staaten, die diese Neuordnung überlebt hatten, wirkten zwangsläufig auf die Zersetzung der harten Kruste der Tradition hin und arbeiteten derart weiterem Wandel vor, der während der folgenden «Restaurationszeit» vonstatten ging.

Ökonomischer und sozialer Wandel

Als der monarchische Absolutismus und sodann der deutsche Idealismus zur Reife gelangten, befand sich Deutschland bereits in den ersten Stadien jenes Wandlungsprozesses, der schließlich das wirtschaftliche und soziale Leben von Grund auf verändern sollte. Nach Jahrhunderten relativer Stabilität (von den Verlusten des Dreißigjährigen Krieges einmal abgesehen) begann die Bevölkerung Deutschlands im späten 18. Jahrhundert rapide zu wachsen. Während der ersten Periode, für die zuverlässige statistische Angaben vorliegen (1817–1848), vermehrte sich die Zahl der Bewohner des zukünftigen Staatsgebiets des Deutschen Reichs von 25 009 000 auf 34 847 000. Die höchste Zuwachsrate (von anfänglich 1,44 Prozent später auf 1,30 Prozent absinkend) weisen die ersten acht Jahre auf. Obwohl die Gründe dieses Bevölkerungswachstums strittig sind, kann man wohl einige Faktoren benennen. Während des späten 18. Jahrhunderts sank die Zahl und Heftigkeit der Epidemien und zugleich die Sterberate. Gleichzeitig oder infolgedessen trat eine Reihe von untereinander verbundenen Bedingungen ein, die den Bevölkerungszuwachs förderten: landwirtschaftliche Prosperität, Ausweitung des Anbaugebiets und erhöhte Nahrungsmittelproduktion; Mangel an Arbeitskräften, die Abschaffung der Leibeigenschaft und der gesetzlichen Ehehindernisse; Beschränkung des Zunftzwangs und vermehrte Gewerbefreiheit. Das größere Arbeitsangebot und die vermehrte persönliche Freiheit ermutigten die Gründung von Tausenden von neuen Haushalten. Die Frauen heirateten früher, wodurch die Zahl der Schwangerschaften zunahm. Die durch die napoleonischen Kriege hinausgeschobenen Eheschließungen wurden nach 1815 nachgeholt, und so kam es in den Nachkriegsjahren zu einem starken Geburtenüberschuß. Den größten Bevölkerungszuwachs gab es im landwirtschaftlichen Nordosten, später schlossen die städtischen Zentren Rheinland-Westfalens, Sachsens, der Main-Rhein-Region und im nördlichen Küstengebiet auf. Nach 1826 nahm infolge wirtschaftlicher Schwierigkeiten dieses erste stürmische Wachstum merklich ab.[10]

Auf die lange Periode der Prosperität während des späten 18. Jahrhunderts folgte für die europäische Landwirtschaft zu Beginn des 19. eine Zeit der Turbulenzen. Während der Jahre 1801–1817 geriet der Getreidemarkt durch Überproduktion, fallende Preise, etliche Mißernten, Krieg und Napoleons Kontinentalsperre aus dem Gleichgewicht. In Deutschland begann die Erholung 1811, doch nach 1817 kam es neuerdings zu Störungen. Die Rekordernten 1819, 1820 und 1821 füllten die Scheuern und drückten auf die Preise. 1825 lag der Getreidepreis in Mitteldeutschland 23 Prozent unter dem des Jahres 1817. Das Ergebnis waren Armut, Klagen und Verzweiflung. In Preußen sahen sich viele Bauern, weil sie nicht imstande waren, den Gutsherrn die Ablösungszahlungen zu leisten, zum Landverkauf genötigt. Auch die Gutsherren hatten jedoch Ursache, über die Zeitläufte zu klagen. Eine große Zahl mußte wegen hoher Verschuldung und fallender Bodenpreise ihre Besitzungen abstoßen, die dann oft von Bürgerlichen erworben wurden. Viele (unter diesen die Bismarcks) konnten sich nur dank der Hilfe von Freunden und Verwandten über Wasser halten. Erst in den dreißiger Jahren begannen die Getreidepreise wieder zu steigen; die steigende Tendenz sollte dann dreißig Jahre andauern.[11]

Das Bevölkerungswachstum kam zwar letztlich der Landwirtschaft zugute, stellte jedoch die deutsche Gesellschaft vor neue Probleme. Trotz zunehmender Auswanderung (487 000 Menschen zwischen 1831 und 1848) gab es nicht genug Beschäftigung für die Daheimgebliebenen. Die Agrarkrise bremste die noch immer hauptsächlich auf der Landwirtschaft beruhende Volkswirtschaft. Obwohl die Manufakturproduktion während des späten 18. Jahrhunderts gewisse Fortschritte gemacht hatte, wurde die weitere Entwicklung dann durch den Krieg und Kapitalmangel gehemmt. In den zwanziger Jahren des 19. Jahrhunderts war Deutschland überbevölkert, nicht an den verfügbaren Lebensmitteln gemessen, sondern an der Zahl der Arbeitsplätze.[12] Hilfe brachte schließlich die Industrialisierung, die aber in größerem Umfang erst Mitte der dreißiger Jahre begann. Der von Preußen geschaffene Deutsche Zollverein beförderte zwar schon 1818–1834 den Handel und führte zu einer Expansion der Textilmanufaktur, doch erst der 1835 in Angriff genommene Eisenbahnbau, der 1846 einen vorläufigen Höhepunkt erreichte, regte die Produktion von Kohle, Eisenerz, Gußeisen, die Maschinenindustrie und verwandte Industriezweige an. Dennoch war die Industrialisierung Deutschlands 1848 erst bis zu dem Punkt gediehen, den sie in Belgien und England bereits eine Generation früher erreicht hatte.[13] Noch während der dreißiger Jahre bewahrte die Industrie all die Tausende, die auf der Suche nach Lebensunterhalt in die Elendsquartiere der Städte drängten, nicht vor drückender Armut.

Die napoleonischen Kriege und preußischen Reformen, die Agrarkrisen, das frühe Bevölkerungswachstum und die späte Industrialisierung, Massenarmut und soziales Elend prägten die deutsche Gesellschaft des Vormärz. In den ländlichen Gebieten beschleunigten die Aufhebung des Verbots von Verkäufen adeligen Landbesitzes und der zunehmende Umfang des Exporthandels den Übergang von der Subsistenzlandwirtschaft zur kapitalistischen Agrarproduktion. Um finanziell überleben zu können, mußten die Gutsherren ihre Betriebe nach kaufmännischen Gesichtspunkten rationalisieren. Diejenigen, denen der Übergang zur kapitalistischen Agrarproduktion gelang, vergrößerten ihre Latifundien auf Kosten der Kleinbauern und beschäftigten Heere von Tagelöhnern, von denen viele Lohnarbeiter wurden. In den wachsenden städtischen Zentren begann eine neue industrielle Elite der alten kaufmännischen Elite den Rang abzulaufen; jedenfalls erfreuten sich die Industriellen größeren Reichtums und Ansehens als die Händler, wenn sie auch zahlenmäßig vorerst noch hinter diesen zurückstanden.[14]

Die Machtstruktur der traditionellen Gesellschaft – die ökonomisch auf der Landwirtschaft basierte, sozial von adeligen Gutsherren getragen und politisch von einem bürokratischen Absolutismus regiert wurde – blieb intakt und vorherrschend. Doch es gärte darin. Die tiefgreifenden Veränderungen der kommenden Jahrzehnte kündigten sich an. So war es nur natürlich, daß die Deutschen nach neuen Ideen und philosophischen Systemen Ausschau hielten, die geeignet sein mochten, den Prozeß sozialen Wandels entweder rückgängig zu machen (romantischer Konservatismus) oder einzudämmen (realistischer Konservatismus und gemäßigter Liberalismus) oder aber diesen Prozeß zu befördern und zu beschleunigen (radikaler Liberalismus und utopischer Sozialismus). Was sie fanden, hing von ihren Interessen ebenso ab wie von ihren Überzeugungen. Vielen Deutschen lieferte der Nationalismus den sozialpsychologischen Zement, dessen es zur Wiedervereinigung der durch den Zerfall der traditionellen Bindungen und durch das Auftreten neuer ideologischer Spannungen gespaltenen Gesellschaft bedurfte.[15] Zudem bot er den durch den Industriekapitalismus freigesetzten materiellen Kräften ein höchst vielversprechendes Ziel. Da sie einmal die Früchte des Zollvereins genossen hatten, begannen die deutschen Geschäftsleute zu erwägen, welche zusätzlichen Möglichkeiten ihnen die politische Vereinigung eröffnen mochte, so zum Beispiel die Vereinheitlichung der Maße und Gewichte, die Währungseinheit, ein zentralisiertes Bank- und Kreditwesen und ein gleiches Patent- und Handelsrecht.

Spielarten des deutschen Liberalismus

Eine liberale «Bewegung» im eigentlichen Sinne des Begriffes entstand in Deutschland erst in den vierziger Jahren. Erst als die industrielle Revolution an der traditionellen Sozialstruktur zu rütteln begann, konnte sich eine gesellschaftliche Kraft entwickeln, die die hergebrachte Einrichtung der Gesellschaft und Regierung in Frage zu stellen wagte. Vorher war der Liberalismus hauptsächlich eine Angelegenheit von Intellektuellen und fortschrittlich gesinnten Staatsbeamten. Die ersteren suchten ihre liberalen Überzeugungen durch eine politische Philosophie zu begründen, die letzteren wollten sie zum Prinzip der Staatsverwaltung erheben.

Obwohl das Thema unendlich variiert wurde, sind doch drei Grundformen des Liberalismus leicht zu unterscheiden: bürokratischer, gemäßigter und radikaler Liberalismus. Nur der radikale Liberalismus, der schwächste der drei, fand die menschliche Freiheit unverträglich mit jeder Art von traditioneller Autorität und entschied zugunsten der ersteren. Liberal gesinnte Beamte erhielten die erste Gelegenheit, liberale Ideen in politische Praxis umzusetzen. Mit den preußischen Reformen hofften Freiherr vom Stein und seine Mitarbeiter 1807 die «Untertanen» zu «Staatsbürgern» zu machen, indem sie ihnen im wirtschaftlichen und sozialen Leben größere Freiheiten gewährten und ihnen Beteiligung an der örtlichen und regionalen Regierung zugestanden. In dem Bestreben, Preußen und Deutschland von der französischen Fremdherrschaft zu befreien, suchten sie den Staatsbürger zur Identifizierung mit dem Staat zu bewegen und ihn so zu Opfern für diesen zu begeistern. Weder der Freiherr vom Stein noch sein Nachfolger Fürst Karl von Hardenberg nahmen einen Grundwiderspruch zwischen monarchischer Autorität und bürgerlicher Freiheit wahr. Was sie anstrebten, war eine integrale Einheit beider. Sie wollten die bestehende Ordnung nicht umstürzen, sondern modernisieren.[16]

Was die Reformer vollbrachten, zeugt nicht nur von ihren beschränkten Zielen, sondern auch vom Widerstand der betroffenen Interessen. Die Bauern wurden zwar aus der Leibeigenschaft befreit, verblieben aber in ökonomischer Knechtschaft. Bürgerliche erhielten das Recht, adeligen Grundbesitz zu erwerben. Diejenigen, die von diesem Recht Gebrauch machen konnten, waren aber eher geneigt, sich die sozialen und politischen Anschauungen des Adels zu eigen zu machen als etwa diesen zu bürgerlichen zu bekehren. Die Macht des Adels in der ländlichen Verwaltung blieb ungebrochen. Obwohl den Bürgern Beteiligung an der städtischen Verwaltung zugestanden wurde, gab es doch keinen Rahmen, der ihnen gestattet hätte, ihren Willen und ihr Interesse bei der Staatsregierung zur Geltung zu bringen. Die allgemeine Wehrpflicht und das Volksheer fanden keine Entsprechung in einem allgemeinen Wahlrecht und einem gewählten Parlament. Talent und Leistung wurden als Kriterien bei der Beförderung im Offizierskorps anerkannt, doch tatsächlich blieb das Offizierskorps eine Domäne des Adels. Und eine Verfassung wurde zwar versprochen, aber nie gewährt, die Regierung blieb absolut nicht nur in der Praxis, sondern auch in der Theorie. Der einzelne erhielt größere ökonomische und soziale Freiheit, doch die Massen verharrten in der Unterordnung und Gehorsamkeit, an die sie gewöhnt waren.[17]

Obwohl die Stein-Hardenbergschen Reformen bewiesen, daß auch eine adelige Bürokratie liberalen Ideen zugänglich war, zeigten sie zugleich, daß diese Ideen bis zu einem gewissen Grade mit der Struktur des preußischen Staates und der preußischen Gesellschaft verträglich waren. Für die zukünftige Entwicklung waren die Reformen vor allem insofern von Bedeutung, als sie einen Prozeß der Kompromisse und Modernisierungsschübe in Gang setzten, durch den die alte Ordnung das Programm des Liberalismus teilweise in sich aufnahm, um seiner vollständigen Umsetzung vorzubeugen. Obwohl dieser Prozeß nach 1815 auf politischer Ebene für einige Zeit zum Stillstand kam, setzte er sich doch im wirtschaftlichen Bereich auch während der Restaurationszeit fort. Mit der Annahme des Freihandels innerhalb Preußens im Jahre 1818 und der Ausweitung der Freihandelszone auf den größten Teil Deutschlands durch den Zollverein begann die Berliner Regierung mit der Aneignung des ökonomischen Liberalismus. Alle diese Reformen gingen von der Voraussetzung aus, daß als einzige Quelle politischer Initiative in der preußischen Gesellschaft der bürokratische Staat zu gelten habe. So schien es, als sei politischer Wandel nicht gegen den Staat, sondern durch diesen am besten zu bewerkstelligen.

Gemäßigte Liberale schwankten hinsichtlich der Fähigkeit der bestehenden Monarchien, der bürgerlichen Freiheit Raum zu gewähren, zwischen Glauben und Zweifeln. Deshalb waren sie ständig auf der Suche nach philosophischen Systemen und Regierungsstrukturen, die die beiden Extreme, zu denen sie sich hingezogen fühlten, miteinander versöhnen könnten. Die Wege, die sie dabei einschlugen, hingen von ihren unterschiedlichen politischen Erfahrungen und davon ab, ob die Harmonisierung eher durch rationalistisches oder durch organisches Denken herbeigeführt werden sollte. Die geographische Nähe zu Frankreich brachte den Liberalen des Südwestens die Naturrechtsbegriffe der Aufklärung nahe. Die meisten allerdings nahmen den ihnen von jenseits des Rheins empfohlenen Begriff der Volkssouveränität nicht an und sahen ihr Ideal statt dessen in den «gemischten Verfassungen» Badens, Württembergs und Bayerns, wo einer autokratischen Exekutive eine gewählte Legislative gegenüberstand. Die «klassischen Liberalen» des Nordens dagegen hingen der organischen Theorie an und verwarfen das Naturrecht. In der Nachfolge Hegels vergotteten sie den Staat und plädierten sie für eine Volksvertretung in korporativer Form.[18]

Der gemäßigte Liberalismus wurde die typische politische Philosophie des deutschen «Mittelstands», der sich aus Angehörigen der freien Berufe (Rechtsanwälte, Ärzte), Universitätsprofessoren, Geschäftsleuten (Bankiers, Fabrikbesitzern, Kaufleuten), niedrigeren Staatsbeamten, Einzelhändlern, Handwerkern und selbständigen Bauern zusammensetzte. Von den Beamten abgesehen, war für sie alle ein auf finanzieller Unabhängigkeit gründendes Bewußtsein der Autonomie typisch, ein gewisses Mißtrauen gegen Höhergestellte wie gegen Niedrigergestellte und die Überzeugung, daß sie den «allgemeinen Stand» bildeten, der dazu berufen sei, die Nation in die Modernität zu führen. Was sie miteinander verband, war nicht die gemeinsame Zugehörigkeit zu irgendeiner Organisation – geschweige denn einer politischen Partei –, sondern die Überzeugung, daß der «allgemeine Stand» aufgeklärtes Denken und bürgerliche Tugenden in sich vereinigte, daß seine Werte den Staatsmännern als Richtschnur dienen sollten, und daß der unaufhaltbare Fortschritt der Vernunft diese Werte schließlich auch bei der Einrichtung des Staates zu Ehren bringen würde. Während der Restaurationszeit wurden sie durch die Zensur, politische Schikanen und den Druck des preußischen «bürokratischen Absolutismus» geplagt. In den Parlamenten der mittleren deutschen Staaten, die Verfassungen hatten, und in den Landtagen und

Stadträten Preußens boten sich ihnen nur beschränkte Möglichkeiten, ihre Ideen in die Tat umzusetzen. Erst die Revolution von 1848 brachte ans Licht, wie weit ihre Meinungen auseinandergingen, wenn es darauf ankam, konkrete politische Programme und Ziele zu formulieren.[19]

Da sie sowohl dem Adelsstand als auch dem Arbeiterstand mißtrauten, lehnten die Angehörigen des Mittelstands nicht nur den bürokratischen Absolutismus ab, der die Macht und den Status des Adels schützte, sondern auch die Institutionen der Volkssouveränität, die der Arbeiterschaft Zugang zur Macht verhießen. Um die Mitte zwischen den Extremen des adeligen Privilegs und der Volksherrschaft zu besetzen, hielten sie sich an den Begriff des «Rechtsstaats», in dem der Monarch und die Untertanen gleichermaßen unter der Herrschaft des Gesetzes stünden. Dieser Begriff wurde die Lieblingsvokabel des deutschen Liberalismus. Obwohl nicht alle, die sich seiner bedienten, das gleiche unter ihm verstanden, verlor er doch nie seine ursprüngliche Funktion, die in der Versöhnung von Freiheit mit Autorität bestand. Denn bei aller Unzufriedenheit mit den autoritären Staaten der Restaurationszeit erschien es doch den gemäßigten Liberalen keineswegs wünschenswert, auf die Macht des Staates zur Durchsetzung gemeinnütziger Zwecke zu verzichten, worunter sie vor allem die Lenkung der wirtschaftlichen Entwicklung in ihnen genehme Kanäle sowie die Aufrechterhaltung der öffentlichen Ordnung in Zeiten wirtschaftlicher Not und sozialer Unruhen verstanden. Die gemäßigten Liberalen hatten mit den bürokratischen wesentlich mehr gemein als mit den radikalen.[20]

Der von der Französischen Revolution ins Leben gerufene radikale deutsche Liberalismus bestand nach 1815 als diffuse Bewegung innerhalb der Burschenschaften fort, in denen die Begeisterung der Erhebung gegen Napoleon wachgehalten wurde. Die Karlsbader Beschlüsse von 1819 veranlaßten viele Studenten, sich von der Politik abzuwenden. Eine radikale Minderheit trat unter Führung Karl Follens für eine demokratische vereinigte Republik ein, die auf revolutionärem Wege geschaffen werden müsse. Diese radikalen Burschenschafter blieben jedoch eine kleine und wirkungslose Gruppe, die sich nach der Revolution von 1830 schließlich auflöste. Während der folgenden beiden Jahrzehnte wurde die radikale Tradition von den «Jungdeutschen» und den «Junghegelianern» am Leben gehalten. Beiden Gruppen gemeinsam war der glühende Wunsch, abstrakte Ideale menschlicher Freiheit in die Praxis umzusetzen, doch sie bestanden aus isolierten Literaten und Intellektuellen am Rande der deutschen Gesellschaft. Viele lebten, wie Heinrich Heine, Ludwig Börne und Karl Marx, im ausländischen Exil. Eine wirkliche Volksbewegung repräsentierten sie ebensowenig wie die gemäßigten Liberalen.

Die Pariser Revolution des Jahres 1830 führte in einigen kleineren deutschen Staaten zu einem kurzen Aufflackern revolutionärer Unruhen, deren Ausläufer bis zum Hambacher Fest von 1832 und einem Umsturzversuch reichten, der 1833 in Frankfurt am Main scheiterte. Während der vierziger Jahre kam es zu neuen Gewaltausbrüchen, an deren Anfang der Aufstand der verelendeten schlesischen Weber im Jahre 1844 steht und die mit der Berliner «Kartoffelrevolution» im April 1847 einen Höhepunkt erreichten. Während der drei Jahre seit 1844 litt Deutschland wie ein großer Teil des übrigen Europa an den Folgen einer landwirtschaftlichen Katastrophe. Schlechte Getreideernten gingen einher mit der Verbreitung der Kartoffelkrankheit, die in dem nassen Sommer des Jahres 1845 nicht nur in Deutschland den Kartoffelanbau zu vernichten drohte. Die Lebensmittelpreise stiegen ins Unermeßliche, diejenigen der Kartoffeln (des hauptsächlichen Lebensmittels der ärmeren Bevölkerung), des Roggens und Weizens um mehr als hundert Prozent. Hunger, Krankheit und Tod suchten die Dörfer und die Arbeiterviertel der Städte heim. Der Eisenbahnbau ging weiter, Bergbau, Eisenverhüttung, Maschinenindustrie prosperierten, doch für die Konsumgüterindustrie machte sich die Abschöpfung der Kaufkraft durch die hohen Lebensmittelpreise bald bemerkbar.[21] Während des Sommers 1847 wurde mit der Aussicht auf eine gute Ernte die Krise überwunden, doch die traumatische Erfahrung der Hungersnot wirkte lange nach.

In den größeren Städten suchten radikale Agitatoren die Unzufriedenheit von Handwerkern und Fabrikarbeitern anzustacheln. Oppositionelle Abgeordnete vieler Parlamente trafen sich regelmäßig, um Programme und Taktik zu besprechen. In vielen Regionen und bei vielen Interessengruppen war ungewöhnlich große Aktivität zu beobachten. Aber zu welchem Ende? Und wie stabil war die liberale Front? Waren die Aufrührer und Demonstranten, die von Zeit zu Zeit auf die Straße gingen, treue und verständige Anhänger liberaler Ideen? Erst die Revolution sollte diese Fragen beantworten.

Spielarten des Konservatismus

Angesichts der Herausforderung durch den Liberalismus war die aristokratische Ordnung gezwungen, die Macht und die Privilegien, die sie vorher als ihr gutes Recht in Anspruch genommen hatte, ideologisch zu verteidigen. Wie es den Liberalismus in vielen Spielarten gab, so auch den um die Wahrung des Bestehenden besorgten Konservatismus. Doch zwei Hauptrichtungen stechen hervor: der romantische und der realistische Konservatismus.

Romantischer Konservatismus setzte mit Edmund Burke voraus, daß der Sozialvertrag eine unauflösbare Partnerschaft begründete und nicht nur die Lebenden, sondern auch die Toten und die Ungeborenen band. «Jeder Vertrag jeder einzelnen Staatsgesellschaft», heißt es in Burkes *Reflections on the Revolution in France*, «ist nur eine Klausel in dem großen Urvertrag der ewigen Gesellschaft.» Das wahre Naturrecht war nach Meinung der konservativen Philosophen nicht aus Vernunftgründen, sondern allein aus der historischen Entwicklung abzuleiten. Die gültige Struktur der deutschen Gesellschaft und Regierung war die aus dem Mittelalter ererbte korporative, nicht die atomisierte Gesellschaft des Liberalismus oder die zentralisierte Regierung des Absolutismus. Staat und Gesellschaft waren untrennbar zu einem lebendigen Körper verbunden, dessen Glieder, die Stände und Korporationen, zum Wohle und Gedeihen des Ganzen zusammenwirken sollten. Romantische Konservative idealisierten das Feudalsystem mit seinen Vertragsrechten, Diensten und Abhängigkeiten. Während die Rationalisten die von Machiavelli begonnene Scheidung der politischen Theorie von der Theologie vollendet hatten, betrieben Ultrakonservative deren Wiederverheiratung. Für sie waren die hergebrachten Einrichtungen der Gesellschaft Gottes Werk, und so machte sich, wer diesen Gewalt antat, der Gotteslästerung schuldig. Wenn der Staat ein lebendiger Organismus war, war er wie alle Lebewesen eine Schöpfung der Gottheit. Der Staat war nicht Menschenwerk, das allein dem negativen Zweck diente, Böses abzuwehren, vielmehr hatte Gott ihn eingesetzt zur Verbesserung der Tugenden des Menschen.[22]

Wie diejenige der Liberalen war jedoch auch die Einstellung der Konservativen zum Staat ambivalent. Obwohl der absolute Staat die unabhängigen politischen Rechte des Adels an sich gerissen hatte, blieb doch noch immer der Monarch die Spitze der Ständepyramide und schützte mit seiner Macht deren Bestand gegen die neuen sozialen Kräfte, die sie umzustürzen drohten. Die romantischen Konservativen standen deshalb vor dem Problem, das von ihnen bewunderte Feudalsystem mit dem absoluten Staat versöhnen zu müssen, der dessen natürlicher Feind war.

Der Philosoph Karl Ludwig von Haller fand eine Lösung. Er behauptete, daß die natürliche und mithin gottgewollte Befindlichkeit des Menschen nicht in Gleichheit und persönlicher Autonomie, sondern in Ungleichheit und Abhängigkeit bestünde, in der Herrschaft des Stärkeren über den Schwächeren. Der Mikrokosmos der Gesellschaft war die Familie. Wie der Vater Frau und Kindern befiehlt, so regiert der Herr seine Knechte, der Gutsbesitzer seine Bauern, der Lehrer seine Schüler, der Führer seine Gefolgschaft und der Fürst seine Untertanen. Das gesamte Gewebe der Gesellschaft bestand aus solchen Abhängigkeitsverhältnissen, die mehr auf gegenseitigen Verpflichtungen und Diensten als auf Zwang beruhten. Unabhängig und allein Gott untertan war einzig der Fürst. Sein Verhältnis zu dem von ihm regierten Staat war nur das höchste in einer Pyramide von Vertragsverhältnissen, die Angelegenheiten des Privatrechts, nicht des Staatsrechts waren. Hallers Leugnung eines besonderen Staatsrechts lief auf die Ablehnung des modernen Staates überhaupt hinaus.[23]

Die Modelle, nach denen Haller sein System bildete, waren die patrizische Verfassung seiner Vaterstadt Bern und die patriarchalischen Regierungen kleinerer deutscher Fürstentümer. Doch seine ergebensten Anhänger fand er in Preußen, für dessen «Militärstaat» seine Sympathie nur gering war. Zwei einflußreiche Angehörige des preußischen Adels, Ludwig und Leopold von Gerlach, gründeten den «Christlich-germanischen Kreis» zum Studium und zur Verbreitung der Lehre Hallers. In dessen *Restauration der Staatswissenschaft* fanden sie ein Arsenal von Ideen zur Verteidigung der aristokratischen Ordnung gegen den Absolutismus und den bürokratischen Liberalismus. Ludwig von Gerlach wandte sich allerdings gegen Hallers «deistischen Naturalismus», denn seines Erachtens regierten legitime Monarchen von Gottes Gnaden und nicht mit dem Recht des Stärkeren, und als herrschender Stand war der Adel an Gottes Willen gebunden, nicht an ein Naturrecht. Der Patrimonialstaat war ein «christlicher Staat», sein Grundgesetz die Zehn Gebote.[24]

Zum ersten Mal seit dem 17. Jahrhundert regte sich zur Zeit der Stein-Hardenbergschen Reformen in Preußen eine adelige Opposition, die sich aber nicht eine Verteidigung allgemeiner Menschenrechte, sondern ihrer spezifischen Standesprivilegien angelegen sein ließ. Ihre Macht und Wirkungsmöglichkeit verdankte sie nicht der Zahl ihrer Anhänger, sondern der einflußreichen Stellung ihrer Führer. Die Brüder Gerlach waren vertraute Freunde und Berater des Kronprinzen. Als dieser 1840 den Thron bestieg, wurde der General Leopold von Gerlach persönlicher Adjutant König Friedrich Wilhelms IV., sein Bruder Ludwig wurde zum Präsidenten des Oberlandesgerichts in Magdeburg ernannt. Der romantischen Lehre entsprechend berief Friedrich Wilhelm IV. schließlich die Reichsstände zu dem unter keinem glücklichen Stern tagenden Vereinigten Landtag von 1847 ein. Von ihrem Bemühen abgesehen, den «Ständestaat» der guten alten Zeit wiederherzustellen, waren romantische Konservative politischen Veränderungen wenig aufgeschlossen. Das Gesetz galt ihnen als Ausdruck des göttlichen Willens. Wenn man es «machte», anstatt es zu «finden», verletzte man die göttliche Ordnung.[25]

Realistische Konservative hielten Hallers Ablehnung des modernen Staates für eine Leugnung der Realität und suchten ihrerseits eine Lehre, die den Tatsachen des politischen Lebens Rechnung zu tragen fähig wäre. Diese fanden sie schließlich in der Philosophie Friedrich Julius Stahls. Stahl, ein getaufter bayerischer Jude protestantischen Bekenntnisses, wurde 1840 als Professor der Rechtsphilosophie, des Staatsrechts und Kirchenrechts nach Berlin berufen. In seinem Versuch, Einheit und Vielfalt zu harmonisieren und im Strom der Geschichte absolute Werte zu finden, machte er die „Persönlichkeit" zum Grundbegriff seiner Philosophie. Dieses seiner Meinung nach höchste Prinzip in der Welt war die einzige Quelle aller Vielfalt und allen Wandels. Die Hervorhebung der Persönlichkeit Gottes gestattete ihm, den Staat in Parallele zum Universum zu setzen. Das höchste Wesen drückt die Einheit der Welt aus, der Staat diejenige seiner Untertanen. In der Monarchie personifizierte der Fürst den Staat. Die persönliche Beziehung zwischen dem Souverän und dem Untertanen war so notwendig wie die zwischen Gott und Mensch. In der Nachfolge Luthers glaubte Stahl, daß Gott den Staat zur Aufrechterhaltung der Ordnung in der sündigen Welt gestiftet habe. Zu diesem Zweck war die Macht im Staat am besten in der Hand des Fürsten aufgehoben, nicht wie ehedem auf eine feudale Hierarchie verteilt. Ebenfalls in Übereinstimmung mit Luther wollte auch Stahl gegen tyrannische Herrschaft nur ein Recht des Protests und passiven Widerstands gelten lassen.[26]

Für den Absolutismus hatte Stahl genausowenig übrig wie die romantischen Konservativen. Obwohl er die organische Theorie als solche verwarf, glaubte er doch an die Notwendigkeit einer Ständeversammlung. Unter «Ständen» wollte er allerdings die bestehenden Berufsstände verstanden wissen, in welche die Gesellschaft auf «natürliche» Weise zerfiel, nicht die mittelalterlichen Körperschaften, die den Romantikern vorschwebten. 1848 war er sogar willens, auch das städtische Proletariat unter die Stände zu rechnen.[27] Die Befugnisse der Versammlung sollten rein «moralisch» und konsultativ sein. Ohne Kontrolle über die Exekutive und ohne feste finanzielle Autorität sollte die Versammlung nur als «Wächter» dienen und die Oberherrschaft des Rechts garantieren.[28] Später räumte er aber realistisch die weitergehenden Befugnisse ein, die der preußischen Legislative unter der Konstitution vom 31. Januar 1850 zugestanden wurden. Während der fünfziger Jahre setzte sich Stahl für eine Repräsentation nur der höheren Stände ein, nämlich der Gutsherren und Industriellen, und zwar vornehmlich der ersteren.[29] Seine Vorstellungen, nicht diejenigen Hallers, setzten sich schließlich in der Weltanschauung der Konservativen im Preußen des 19. Jahrhunderts durch. Nach 1848 erleichterten sie es den Konservativen, sich mit dem Konstitutionalismus auszusöhnen. Und eben diese Vorstellungen sollten es ihnen dann auch ermöglichen, das Reich Bismarcks zu akzeptieren.

Strömungen des Nationalismus

Die Idee der Nation hat sich bei den Völkern Europas auf Grund unterschiedlicher Erfahrungen durchgesetzt. Bei den atlantischen Völkern war die bildende Kraft der Staat. Nationalbewußtsein entwickelte sich dort aus einer gemeinsamen politischen Zugehörigkeit und Erfahrung. Doch in Mittel- und Osteuropa ging das Nationalbewußtsein den Nationalstaaten voraus und wirkte sogar bei deren Gründung mit. Hier erwuchs das Nationalbewußtsein aus der Erfahrung kultureller Besonderheit. Diese verschiedene Herkunft und historische Bedingtheit des Nationalbewußtseins war einer jener Faktoren, die die Einheit der europäischen Kultur zu spalten drohten. Bei den atlantischen Völkern bestand die Tendenz, das Nationalbewußtsein als Angelegenheit des subjektiven Willens zu betrachten, als einen *plébiscite de tous les jours*, in der extremen Formulierung Ernest Renans. Doch östlich des Rheins sah man die Nationalität durch so objektive Gegebenheiten wie gemeinsame Sprache, Sitten und Gebräuche und „völkische" Abstammung begründet. Als sich im späten 19. Jahrhundert die Lehren des Sozialdarwinismus verbreiteten, war dann sogar von «Blut» und «Rasse» die Rede.[30]

Wie Friedrich Meinecke in einer klassischen Untersuchung zur Genesis des deutschen Nationalstaates nachgewiesen hat, entsprang die Idee des deutschen Nationalismus dem kosmopolitischen Empfinden des späten 18. Jahrhunderts und sonderte sich von diesem nur allmählich ab.[31] Indem er die Individualität der verschiedenen Nationalkulturen hervorhob, weckte Herder mit seinem Begriff des «Volksgeistes» das Nationalbewußtsein nicht nur in Deutschland, sondern überall in Mittel- und Osteuropa. Herder ermutigte mit seinem Hinweis auch die deutschen Schriftsteller, sich aus den bisher sklavisch imitierten französischen

Mustern zu befreien und nach eigenen Ausdrucksformen zu suchen. Der deutsche Idealismus bereicherte mit der Fülle seiner literarischen und philosophischen Schöpfungen die deutsche Kultur dann so eindrucksvoll, daß gebildete Leute Herders Lehre dadurch gleichsam bestätigt sahen. Deutsche Dichter und Denker gingen über die bloße Feststellung der Besonderheit des deutschen Volksgeistes aber bald hinaus und verkündeten dessen Erhabenheit über den Geist anderer Völker. «Jedes Volk hat seinen Tag in der Geschichte», sagte Schiller, «doch der Tag des Deutschen ist die Ernte der ganzen Zeit.»[32] Es wuchs die Überzeugung, daß die deutsche Kultur zu einer Weltmission berufen sei. Der kosmopolitische Universalismus der Aufklärung wich dem nationalistischen Universalismus des heraufziehenden «Zeitalters der Ideologie».[33]

Zunächst war diese Haltung jedoch noch nicht biologistisch, ja sogar unpolitisch. Nationale Exklusivität wurde nicht angestrebt. Herder schätzte die Vielfalt der «Stimmen der Völker». Das Aufblühen aller Nationalkulturen konnte das Ganze der Kultur nur bereichern. Bei den deutschen Idealisten ging mit der wachsenden Überzeugung von der Weltmission des Deutschtums keineswegs eine Politisierung der Kultur einher, sondern vielmehr eine Abkehr von der Politik. Angesichts der militärischen Übermacht Frankreichs zogen sich in Deutschland die Idealisten ins Reich des Geistes zurück. Hier durften sie sich als schöpferische Erben der höchsten Werte der vaterländischen und der klassischen Überlieferung ihrer Überlegenheit gewiß sein.

Bei anderen freilich provozierte die französische Übermacht eine nationalistische Reaktion. Der Sturz der Republik und die Etablierung des napoleonischen Absolutismus enttäuschten alle, die in der kosmopolitischen Botschaft der Revolution die Erfüllung der Verheißungen des Zeitalters der Aufklärung hatten kommen sehen. Die Niederlage Preußens und die französische Eroberung Deutschlands weckten bei vielen Deutschen ein glühendes Nationalgefühl, das demjenigen glich, das die Franzosen nach 1789 begeistert hatte. Zum ersten Mal ertönte der Ruf nach engerer politischer Vereinigung der deutschen Nation. Doch ging, wie wir sahen, der Impuls zum Befreiungskrieg dann von der preußischen Bürokratie aus, nicht von einem spontanen Volksaufstand. Mit sozialen, politischen und militärischen Reformen versuchten liberale Staatsbeamte dem preußischen Staat jene nationale Kraft zu verschaffen, die den Franzosen zur Eroberung des größten Teils von Europa verholfen hatte.

Anfänglich schien die Idee einer nationalen Einigung die Interessen der Konservativen nicht weniger zu bedrohen als der liberale Egalitarismus. Obwohl Haller die nationale Frage praktisch unberücksichtigt gelassen hatte, sahen seine Anhänger sich bald veranlaßt, zu ihr Stellung zu nehmen. Schließlich bedienten auch sie sich des Begriffs des «Volksgeistes», den sie jedoch ihren eigenen Zwecken entsprechend deuteten. Der wahre Gehalt des deutschen Geistes, behaupteten sie, sei in der historischen Gestalt der Nation bewahrt, in einer politischen Vielfalt – nicht Einheit – also. Ursprünglich war Deutschland ein Kollektiv von Fürstentümern unter der Herrschaft legitimer Fürsten, an deren Spitze die habsburgische Dynastie stand. Die Kriege der Französischen Revolution und Napoleons hatten das Heilige Römische Reich Deutscher Nation zerstört und mit ihm zugleich viele Fürstentümer, aus denen es sich zusammengesetzt hatte. Und dennoch lebte im Deutschen Bund von der Reichstradition noch ein großer Teil fort. Neununddreißig Fürstentümer hatten den Untergang des Reichs überstanden, und noch immer saßen Könige, Herzöge und Großherzöge auf ihren Thronen. Friedrich Wilhelm IV. spielte sogar mit der romantischen Idee, die Kaiserkrone den Habsburgern zurückzugeben.[34]

Kultureller Nationalismus war zwar kennzeichnend für die Deutschen, doch gab es auch in Deutschland einen Nationalismus, der sich nicht hauptsächlich auf kulturelle Besonderheiten stützte. In den großen deutschen Staaten hatte das Wachstum monarchischer Macht während des 18. Jahrhunderts einen «Staatspatriotismus» hervorgebracht, einen Nationalismus, der wie der französische oder englische auf gemeinsamer Zugehörigkeit zum Staat einer Dynastie und gemeinsamer politischer Erfahrung beruhte. Die durchdringende Macht und Tätigkeit der Monarchie hatte zumal in Preußen der Bevölkerung den Staat auch im täglichen Leben vergegenwärtigt. Der Dienst in den Kriegen Friedrichs des Großen erweckte ein starkes Gefühl der Loyalität zum Staat und zur Dynastie beim Offizierskorps und beim Adel überhaupt. Friedrich suchte denn auch bewußt, ihnen einen *«esprit de corps et de nation»* einzuflößen. Obwohl er von gewöhnlichen Untertanen nicht viel mehr als harte Arbeit und Gehorsam verlangte, blühte der vom Adel geforderte Staatspatriotismus in gewissem Maße auch bei den Massen. Das Talent und der Ruhm des Philosophenkönigs und der Ruhm seiner Siege waren verführerisch. Vielen Preußen bot dies Gelegenheit zu patriotischem Stolz und, obwohl sie keine politischen Rechte hatten, zur Identifikation mit der mächtigen nationalen Gemeinschaft, der sie angehörten.[35]

Nach 1815 wurde die Homogenität der preußischen Nation durch die Angliederung des Rheinlands gestört. Das Rheinland war städtischer als das übrige Preußen, es gab dort mehr selbständige Geschäftsleute, weniger adelige Grundbesitzer und mehr freie Bauern als im Osten. Die Bevölkerung war überwiegend katholisch und sympathisierte anfänglich mehr mit Österreich als mit Preußen. In napoleonischer Zeit waren dort der *Code Napoléon* eingeführt worden, das französische System der Kommunalverwaltung und die Idee der freien Wirtschaft. So wehrten sich die Rheinländer mit einigem Erfolg gegen die Anstalten der Berliner Regierung, auch bei ihnen preußische Strukturen des politischen und sogar sozialen Lebens durchzusetzen. Doch nach 1840 begann der rheinische Partikularismus sich aufzulösen. Die neue Führung bestand aus gemäßigten Liberalen, die willens waren, mit der Regierung zu kooperieren. Die rheinischen Interessen waren ihres Erachtens am besten zu befördern, wenn man auf die Errichtung einer konstitutionellen Regierung in Berlin hinarbeitete. Sie favorisierten die Einigung Deutschlands unter preußischer Vorherrschaft mit einem Kaiser aus dem Hause Hohenzollern.[36] Im Verein mit der militaristischen Tradition Preußens war Staatsnationalismus eine potentiell bedrohliche Kraft. Sein inhärenter Chauvinismus wurde durch die romantische Auffassung verstärkt, daß Staaten Organismen seien, die zu ihrer Selbstverwirklichung des Wachstums bedurften und deren Individualität nur im Konflikt mit anderen Staaten entwickelt werden konnte.

In Süddeutschland nahm der Staatsnationalismus eine andere Form an. Obwohl die dortigen Mittelstaaten – Baden, Württemberg und Bayern – in verschiedenem Maße künstliche Erzeugnisse des staatsmännischen Wirkens Napoleons und der Beschlüsse des Wiener Kongresses waren, gelang es nach 1815 allen dreien, sich eines Nationalbewußtseins zu vergewissern. Die Aufgabe war in Bayern am leichtesten zu bewältigen, denn die Wittelsbacher waren Deutschlands ältestes regierendes Haus, und der bayerische „Stamm" hatte sich als einziger der alten deutschen „Stämme" über die Jahrhunderte ein gewisses Maß politischer Homogenität bewahrt. Unter dem Grafen Maximilian von Montgelas gelang mit Hilfe eines „aufgeklärten Despotismus" die Integration der von Napoleons Gnaden erworbenen und beim Wiener Kongreß bewahrten neuen Gebiete. Doch in Baden und Württemberg wurden die Untertanen durch Konstitutionen für den Staat gewonnen, die eine Volksvertretung vorsahen. Dort entwickelte sich eine enge Verbindung zwischen Staatspatriotismus und Liberalismus.[37]

Liberalismus und deutscher Nationalismus waren anfänglich natürliche Verbündete in dem gemeinsamen Kampf gegen Partikularismus und Reaktion. Wie schon ausgeführt, war jedoch der deutsche Liberalismus eine gespaltene Bewegung. Der Nationalismus wirkte dieser Aufspaltung als eine willkommene einigende Kraft entgegen. Den Burschenschaften bot er eine neue Lösung des Problems der Verbindung von Autorität und Freiheit. Den Radikalen schien sich ein bequemer «moralischer Hebel» anzubieten, mit dessen Hilfe die Massen zur Verwirklichung ihrer demokratischen Ideale mobilisiert werden konnten.[38] Und ihrer sonstigen Meinungsverschiedenheiten über politische Ziele und Mittel ungeachtet, konnten sich gemäßigte und radikale Liberale wenigstens auf die Notwendigkeit der deutschen Einigung verständigen. In seinem *Briefwechsel zweier Deutscher* stellte 1831 Paul Pfizer diese Übereinstimmung zwar fest, aber er wies auch auf eine fortbestehende Meinungsverschiedenheit hin, die in der Folge große Bedeutung erlangen sollte. Denn der gemäßigte Liberale, den er zu Wort kommen läßt, meint, daß Deutschland erst vereinigt werden müsse und dann erst frei werden könne, während der radikale Liberale bei der Überzeugung beharrt, daß Freiheit die Voraussetzung der Einheit zu sein habe.[39]

Doch unbeschadet ihrer unterschiedlichen Meinungen über die Reihenfolge, in der die liberalen Ziele in Angriff zu nehmen seien, war die Aussicht auf nationale Macht gemäßigten und radikalen Liberalen gleichermaßen erfreulich. Der deutsche Liberalismus kam ja zur Welt in einer Epoche nationaler Demütigung. Er war ein Kind der Freiheitskriege, und so war es zwangsläufig auch ihm zunächst und noch vor der bürgerlichen Freiheit auf die nationale Unabhängigkeit angekommen. Stolz auf die geistigen Leistungen des eigenen Volkes erwies sich auf die Dauer als nicht hinreichend, den wachsenden Anspruch des Nationalgefühls zu befriedigen. So entwickelte sich die Überzeugung, daß ohne politische Einheit die kulturelle Mission des deutschen Volksgeistes schlechterdings nicht zu erfüllen sei. Vielen schien aber das Ziel der deutschen Einheit allein unter preußischer Führung erreichbar zu sein. Unter Stein und Hardenberg hatte Preußen in dem Kampf um die Wiederherstellung und Befreiung der deutschen Nation die Führung übernommen. Mit den ihm beim Wiener Kongreß zugesprochenen neuen Provinzen hatte Preußen eine größere deutsche Bevölkerung als Österreich. Mit der Gründung des Zollvereins wies Preußen Deutschland den Weg zu wirtschaftlicher Einheit. Während der europäischen Krise von 1840 schien die preußische Armee den besten Schutz gegen Einfälle fremder Mächte zu bieten. Obwohl sie einstweilen noch nicht an den Ausschluß Österreichs dachten, begannen liberale Nationalisten Preußen als den natürlichen Kern einer zukünftigen deutschen Einigung anzusehen. Sie ersehnten die Liberalisierung dieses Staates, doch tatsächlich herrschte dort die Reaktion. Immerhin bot der Hegelsche Mythos von dessen Freiheitlichkeit ihnen eine Zuflucht. In der «Ideologie des Preußentums» stellte sich der friderizianische Staat als eine Heimstätte geistiger Freiheit und Kultur dar. Die traditionelle Synthese von Freiheit und Autorität wurde nun noch dadurch verstärkt, daß Preußen der Beruf zur nationalen Einigung Deutschlands zugeschrieben wurde.[40]

Die Revolution von 1848

Der Druck, der die deutsche Märzrevolution des Jahres 1848 auslöste, ging nicht von der liberal-nationalen Bewegung aus. Nicht Lehren oder Prinzipien, sondern spezifische Mißstände und allgemeine Gefühle sozialer Ungerechtigkeit erzeugten die revolutionäre Unzufriedenheit. Drei aufeinander folgende Jahre hatten Mißernten, Hungersnot und Arbeitslosigkeit gebracht, und die bitteren Erinnerungen daran hatten die gute Ernte des Jahres 1847 und der anschließende wirtschaftliche Aufschwung nicht vertreiben können. Dennoch hätte man wohl im März 1848 in Deutschland keine Revolution gemacht, wenn den Deutschen die Pariser nicht im Februar des Jahres vorangegangen wären und eine revolutionäre Stimmung in ganz West- und Mitteleuropa verbreitet hätten. Die Nachrichten, daß in Paris, Budapest, Prag und Wien die Massen auf die Straßen gingen, regten auch die Bevölkerung Berlins und anderer deutscher Städte zur Nachahmung an.

Gleichwohl hatte der Liberalismus die inzwischen allgemein gebräuchliche Sprache des Protests formuliert, und so bedienten sich die Unzufriedenen zum Ausdruck dessen, was sie auf dem Herzen hatten, der – ihnen durchaus nicht immer verständlichen – liberalen Terminologie. 1848 hatte der preußische Vereinigte Landtag liberalen Unternehmern Gelegenheit gegeben, ihre Forderungen vorzubringen. Die von Friedrich Wilhelm IV. einberufenen «Reichsstände» – nämlich die preußischen Provinzialstände – hatten ihm die geforderten Eisenbahnkredite verweigert, wenn er nicht das Versprechen seines Vorgängers erfüllen wollte,

Deutschland 1815–1866
----- Grenze des Dt. Bundes 1815
AN. ANHALT
LA. LAUENBURG
BR. BRAUNSCHWEIG
Änderungen der französischen Grenze
PREUSSEN
LUXEMBURG
Trier
Mosel
PFALZ
Grenzverlauf 1814
Saarlouis
FRANKREICH
Landau
Metz
Rhein
Grenzverlauf 1815
NORDSEE
OSTSEE
JÜTLAND
Kolding
SCHLESWIG
Düppel
Flensburg
Kiel
HOLSTEIN
Lübeck
MECKLENBURG
LA.
Hamburg
Elbe
OLDENBURG
Bremen
HANNOVER
Hannover
Königsberg
OSTPREUSSEN
WESTPREUSSEN
POMMERN
PREUSSEN
Schönhausen
Berlin
Potsdam
POSEN
BRANDENBURG
AN.
BR.
WESTFALEN
Kassel
PREUSSEN
Göttingen
Rhein
RHEINLAND
Aachen
Köln
Koblenz
KURHESSEN
Gotha
Erfurt
THÜRINGISCHE STAATEN
GHZM.
NASSAU
Frankfurt
HESSEN
Darmstadt
Dresden
SACHSEN
SCHLESIEN
Oder
Weichsel
Elbe
PFALZ
Mosel
BÖHMEN
Olmütz
MÄHREN
Karlsruhe
Stuttgart
Baden-Baden
WÜRTTEMBERG
BAYERN
Donau
BADEN
Sigmaringen
München
Salzburg
ÖSTERREICH
Wien
Donau
Buda
Pest
UNGARN
Rhein
TIROL
KAISERTUM
Gastein
Rhône
KÄRNTEN
KRAIN
LOMBARDEI (bis 1859)
VENETIEN (bis 1866)

Preußen eine Konstitution zu geben. Ein Jahr später wurden diese gemäßigten Liberalen durch einen Ausbruch jener revolutionären Gewalt an die Macht gebracht, die sie gern vermieden hätten.[41] Einem uneinigen Ministerium von liberalen Unternehmern (Ludolf Camphausen und David Hansemann) und «altpreußischen» Adeligen fiel die Aufgabe zu, zwischen der preußischen konstituierenden Nationalversammlung (bei deren Wahl jeder Bürger gleiches Stimmrecht hatte) und dem König zu vermitteln, dem das loyale Offizierskorps und die gehorsame Armee den Rücken stärkten. Die Aufgabe wurde zunehmend schwieriger, da sich die Nationalversammlung unter Führung radikaler Liberaler immer stärker nach links bewegte, während auf den König eine «Kamarilla» von reaktionären Beamten und Generälen immer größeren Einfluß gewann.

Eine in Frankfurt am Main tagende revolutionäre Nationalversammlung, die zu dem Zweck gewählt worden war, eine Verfassung für das vereinigte Deutschland zu entwerfen, sah sich genötigt, zwischen den Staatsregierungen, deren Abschaffung von der Mehrheit nicht gewünscht wurde, und den radikalen Liberalen, die eine weitergehende Revolution anstrebten, zu manövrieren. Schließlich setzte sich Kompromißbereitschaft durch. Der letzte Entwurf sah einen Bundesstaat mit monarchischem Oberhaupt und ein aus freien, allgemeinen Wahlen hervorgegangenes Parlament vor. Im wesentlichen handelte es sich dabei jedoch um eine Struktur gemischter Kräfte, denn die Regierung sollte vom Kaiser ernannt werden, und seine «Verantwortlichkeit» war nicht näher bestimmt.

Während die Abgeordneten debattierten, bröckelte der Boden unter ihren Füßen weg. In den meisten Teilen Deutschlands verflog die märzliche Revolutionsbegeisterung schnell. Mit Bestürzung hatten die Bürger gesehen, wie eifrig Handwerker und Arbeiter auf die Barrikaden gegangen waren, und deren soziale Forderungen vernommen. Die Angehörigen dieser Unterschicht waren ihrerseits enttäuscht von der ungenügenden Berücksichtigung ihrer Ziele im Programm der mittelständischen Liberalen, die sie an die Macht gebracht hatten. Im Laufe des Sommers und Herbstes kam es in Berlin, Baden und Frankfurt neuerlich zu Kämpfen. Angesichts des Wiederaufflackerns revolutionärer Gewalt bei den städtischen Unterschichten wandten sich die gemäßigten Liberalen auf der Suche nach Unterstützung immer weiter nach rechts. Aber plötzlich wurde ihnen auch diese Stütze genommen. Ende Oktober wurden die noch im Ministerium verbliebenen gemäßigten Liberalen entlassen und ein reaktionäres Ministerium unter dem Grafen Friedrich von Brandenburg ernannt. Die Armee entwaffnete die Bürgerwehr, ohne auf Widerstand zu stoßen. Die preußische Nationalversammlung wurde aus der Hauptstadt verlegt und am 5. Dezember 1848 aufgelöst. Trotzig riefen die entlassenen Abgeordneten dazu auf, der reaktionären Regierung keine Steuern zu zahlen. Doch nur wenige folgten ihrer Empfehlung.

Kaum war sie der gemäßigten Liberalen ledig, machte sich die Monarchie deren Programm zu eigen und erließ am 5. Dezember eine Verfassung mit vielen liberalen Zügen. Damit kehrte die Krone zur Stein-Hardenbergschen Tradition des bürokratischen Liberalismus zurück. Diesmal jedoch entsprach die Reform dem Kalkül einer reaktionären Regierung und nicht der echten Überzeugung liberaler Staatsbeamter. Am 30. Mai 1849 wurde das ein Jahr zuvor angenommene Wahlgesetz durch das Dreiklassenwahlgesetz ersetzt, das die Stimmen nach Einkommensklassen trennte und unterschiedlich bewertete. Überdies war das eingeführte Wahlsystem indirekt; jede der drei Klassen wählte je ein Drittel der Wahlmänner, die sodann die Volksvertreter wählten. Weitere konservative Korrekturen der Verfassung vom Dezember 1848 enthielt die schließlich am 31. Januar 1850 veröffentlichte «Verfassungsurkunde». Nichtsdestoweniger wurde dadurch eine konstitutionelle Monarchie mit Gewaltenteilung eingesetzt, wie die gemäßigten Liberalen sie seit langem forderten. Tatsächlich hatte die preußische Krone das liberale Programm geplündert, um aus Bruchstücken desselben eine konstitutionelle Fassade zu zimmern, hinter welcher die alte Ordnung unangetastet bestehen blieb.

Schon vor der Restauration der monarchischen Autorität in Preußen war die Zusammenarbeit zwischen Berlin und Frankfurt begrenzt gewesen. Obwohl Friedrich Wilhelm IV. zunächst versprochen hatte, Preußen in einem vereinigten Deutschland aufgehen zu lassen, und die Frankfurter Verfassung eine Zergliederung Preußens vorsah, wollten doch weder die gemäßigten Liberalen des preußischen Staatsministeriums noch die Radikalen, die in der Nationalversammlung den Ton angaben, auf den preußischen Staat verzichten. Ihr preußischer Patriotismus lag mit ihrem deutschen Nationalismus im Wettstreit. Doch die Radikalen hofften auch, in der preußischen Verfassung zu erreichen, worauf sie bei der deutschen hatten verzichten müssen. Als Friedrich Wilhelm IV. die ihm im April 1849 vom Frankfurter Parlament angebotene Kaiserkrone ablehnte, besiegelte er nur die von den Liberalen selbst vollzogene Abwendung Preußens vom Projekt der deutschen Einigung.

In Frankfurt hatte diese Abwendung den Zusammenbruch des Bündnisses von Gemäßigten und Radikalen zur Folge. Während die Gemäßigten sich auf die Heimreise machten, entschloß die radikale Minderheit sich zum Widerstand. In Bayern, Württemberg und im Rheinland kam es zu Demonstrationen, Kämpfe brachen allerdings nur in Dresden und in der Pfalz aus. Diese Aufstände wurden von der preußischen Armee niedergeschlagen, die dabei von Bürgerwehren Hilfe erhielt. Das Schicksal des Frankfurter Parlaments und seines Verfassungsentwurfs wurde allgemein ziemlich gleichmütig hingenommen. Die Volksbewegung, die sich zu seiner Unterstützung anfänglich erhoben hatte, war längst verebbt. An allen Fronten und auf allen Ebenen hatte sich die revolutionäre Synthese aufgelöst.

Doch wenn es letztlich auch scheiterte, hatte immerhin das Frankfurter Parlament gewisse Hauptprobleme des deutschen Nationalismus zum ersten Mal deutlich gemacht. Wie Revolutionäre überall, hofften die deutschen Liberalen auf die Stunde ihrer Macht. Friedrich Dahlmann hat die in Frankfurt vorherrschende Stimmung in Worte gefaßt. «Die Bahn der Macht», rief er dort am 22. Januar 1849 aus, «ist die einzige, die den gährenden Freiheitstrieb befriedigen und sättigen wird ... Denn es ist nicht bloß die Freiheit, die er meint, es ist zur größeren

Hälfte die Macht, die ihm bisher versagte, nach der es ihn gelüstet.»[42] Während der ersten Monate der Revolution äußerte sich dieses Streben nach Macht in der Forderung, Rußland und Dänemark den Krieg zu erklären. Manche glaubten wohl ernstlich, daß Rußland die deutsche Revolution bedrohe, doch andere wollten, wie Max und Friedrich von Gagern, nur der Feindseligkeit der aufs höchste erregten Nation einen Gegenstand geben, weil sie meinten, die deutsche Einheit nur auf diesem Wege bewerkstelligen zu können.[43] Als der russische Angriff ausblieb, fanden die Liberalen ein näher gelegenes und besser geeignetes Angriffsziel in Dänemark, das seit 1846 Anstalten machte, Schleswig zu annektieren. Die preußische Armee erhielt den Befehl zum Angriff, zog sich aber im September 1848 angesichts drohender britischer Intervention zurück. Dieses Scheitern, das zu verhindern das Frankfurter Parlament außerstande war, wirkte in der liberalen Seele noch lange Zeit nach.

Der potentielle Chauvinismus der nationalen Idee kam alsbald in der Haltung der Frankfurter Revolutionäre zu den Freiheitsansprüchen benachbarter Völker zum Vorschein. Wie die Nationalisten überall in diesem Jahr 1848 gingen auch die Deutschen zunächst von der Annahme aus, daß nationale Selbstbestimmung ein allgemeines Menschenrecht sei und also allen Völkern zustehe. Binnen weniger Wochen verweigerten sie dann aber den Polen, Dänen und Tschechen, was sie für sich selbst forderten. Dennoch entwarf das Frankfurter Parlament den geplanten deutschen Nationalstaat schließlich in realistischen Grenzen.

In den Frankfurter Debatten kamen alle zukünftigen Probleme der deutschen Einigung zum ersten Mal zur Sprache. Sollte Österreich in den geplanten Einheitsstaat aufgenommen werden oder nicht? Und falls man die Aufnahme Österreichs befürwortete, wollte man dem deutschen Staat das ganze Habsburgerreich einverleiben oder nur die von Deutschen bewohnten Teile? Unter Ausschluß Österreichs war, strenggenommen, die nationale Einheit nicht herzustellen. Aber wollte man Österreich einschließen, stellte sich die Frage, was denn die nichtdeutschen Untertanen des Habsburgerreichs in einem deutschen Nationalstaat zu suchen hatten. Und wenn man entschied, nur den Teil des Reichs mit überwiegend deutscher Bevölkerung aufzunehmen, wie wollte man diesen Teil zugleich der österreichischen und der deutschen Krone unterstellen, ohne damit unlösbare Probleme für die eine oder beide Seiten zu schaffen? Über diesen Fragen zerfielen die Abgeordneten bald in zwei Parteien, die sogenannten «Großdeutschen», die auf dem Einschluß Österreichs beharrten, und die sogenannten «Kleindeutschen», die dagegen waren. Am Ende entschied sich die Mehrheit für die «kleindeutsche» Lösung. Damit schlossen sie bewußt einen Teil der deutschen Kulturnation von dem zukünftigen deutschen Einheitsstaat aus und legten dessen Grenzen fest.

Die Anleihen der preußischen Regierung beim liberalen Programm endeten nicht bei der Verwandlung Preußens in eine konstitutionelle Monarchie. Nachdem er die ihm vom Frankfurter Parlament angebotene «Schweinekrone» zurückgewiesen hatte, schlug Friedrich Wilhelm IV. auf Rat Joseph Maria von Radowitz' die Gründung eines kleindeutschen Bundesstaates unter einer konservativen Verfassung vor. Österreich sollte zwar von diesem Bundesstaat ausgeschlossen sein, ihm aber auf höherer Ebene verbunden werden in einer deutschen Union, die die Grenzen des gesamten Habsburgerreichs garantiert hätte. Der König wollte jedoch diese Lösung nicht oktroyieren und bemühte sich um die Zustimmung der deutschen Fürsten, des preußischen Landtags und eines in Erfurt tagenden neuen deutschen Parlaments. Während Fürsten und Parlamente die Entscheidung über den Vorschlag hinauszögerten, ging die Gelegenheit, ihn auszuführen, vorüber. Im August 1848 gelang es der österreichischen Regierung mit Hilfe russischer Truppen, den ungarischen Aufstand niederzuwerfen. Aller revolutionären Sorgen ledig, konnte Österreich sich nun wieder um seine deutschen Interessen kümmern.[44]

Fürst Schwarzenberg, der neue Ministerpräsident, war nicht geneigt, die Vorrangstellung zu räumen, deren sich Österreich in Deutschland seit Jahrhunderten erfreute. Er war im Gegenteil entschlossen, nicht nur den seit der Revolution zerfallenen Deutschen Bund neu zu begründen, sondern auch für die Befestigung der Führungsrolle Habsburgs in diesem zu sorgen. Sobald die innere Krise in Österreich überwunden war, forderte er die deutschen Kleinstaaten auf, zum Bundestag nach Frankfurt zurückzukehren, und verlangte die Aufnahme des gesamten Habsburgerreichs in den Bund. Im Januar 1850 schlug die österreichische Regierung überdies eine Zollunion zwischen dem Reich und dem Deutschen Zollverein vor. Dieser von dem neuen Handelsminister Ludwig von Bruck entworfene Plan sah die Schaffung eines gegen die Konkurrenz von außen durch Schutzzölle abgeschirmten gemeinsamen Markts von 70 Millionen Menschen in Mitteleuropa vor. Mit dem Beitritt zum Zollverein und der Vermehrung des österreichischen Gewichts im Deutschen Bund hofften Schwarzenberg und Bruck, der Wiener Regierung die Vorherrschaft in dem weitläufigen Gebiet zwischen Nordsee, Adria und der unteren Donau zu sichern. Preußen wäre zu einer Macht zweiten Ranges herabgesunken.[45]

Während des Jahres 1850 nahmen die Spannungen zwischen Österreich und Preußen, die sich beide um die Unterstützung der kleineren Staaten bemühten, ständig zu. Im November nahmen beide das Recht für sich in Anspruch, zur Niederwerfung eines dort ausgebrochenen Aufstands Truppen in das Kurfürstentum Hessen (Hessen-Kassel) zu entsenden. Die Armeen Österreichs und Preußens wurden mobilisiert. Am 8. November kam es zu Bonzell bei Fulda zu einem Scharmützel. Deutschland stand an der Schwelle eines Bürgerkriegs, doch noch einmal blieb der Frieden gewahrt. Auf Drängen der Ultrakonservativen entließ Friedrich Wilhelm IV. Radowitz und ließ den Plan einer deutschen Union fallen. Das von Otto von Manteuffel geführte neue Ministerium verlangte statt ihrer die Gleichberechtigung Preußens mit Österreich bei der Regierung des Deutschen Bundes. Doch Preußen war auf Krieg nicht vorbereitet und die Regierung uneinig und verwirrt. Rußland warnte vor einem Bruch des Friedens.[46] Am 29. November 1850 willigte in Olmütz Friedrich Wilhelm IV. in die Besetzung Kurhessens durch Bundestruppen ein und versprach, die preußische Armee zu demobilisieren. Die Österreicher willigten ihrerseits ein, auf einer in Dresden anzuberaumenden Konferenz über eine Reform des Deutschen Bundes mit sich reden zu lassen. Es kam dann in Dresden jedoch zu keiner Einigung, und im Sommer 1851 war der Deutsche Bund unverändert wiederhergestellt.

Obwohl keine der beiden Mächte ihr Ziel erreicht hatte, war die preußische Niederlage empfindlicher, und die «Schande von Olmütz» war preußischen Patrioten noch zwanzig Jahre später eine schmerzliche Erinnerung. Indessen erhielt Berlin bald Gelegenheit, sich zu rächen – wenn das auch so nicht allgemein wahrgenommen wurde –, als Preußen Brucks Plan einer Zollunion durchkreuzte. Unter der geschickten Führung des preußischen Beamten Rudolf Delbrück übertrumpfte Berlin den Wiener Rivalen, indem es verlangte, die Schutzzölle so niedrig zu setzen, daß Österreichs noch im Aufbau befindliche Industrien dadurch ruiniert worden wären. 1852 sicherte Preußen seine wirtschaftlichen Interessen in Norddeutschland durch einen Zollvertrag mit Hannover und drohte dann, den Zollverein zu verlassen, wenn die kleineren Staaten den preußischen Bedingungen zu dessen Erneuerung nicht zustimmten. Die Handelsvorteile, die der Zollverein gewährte, waren so bedeutend, daß keiner der kleineren Staaten es wagte, diesen Bedingungen seine Zustimmung zu verweigern. 1853 wurde der Zollverein um zwölf Jahre verlängert, Österreich blieb weiterhin davon ausgeschlossen. Wien mußte sich mit einem Vertrag zufriedengeben, der Verhandlungen über Brucks Plan auf die Zeit nach 1860 verschob.

Äußerlich schien Deutschland den Kataklysmus des Jahres 1848 unverändert überstanden zu haben, unter der Oberfläche bahnten sich jedoch bedeutende Veränderungen an. Das Zeitalter der Romantik sollte dem des Realismus und des Materialismus weichen.

Die Tendenz zum Realismus

Im Rückblick erweist sich die Mitte des 19. Jahrhunderts als die Wasserscheide zwischen den großen Zeitaltern der Philosophie und der Wissenschaft. Um die Mitte des Jahrhunderts wandte man sich von der abstrakten Spekulation der empirischen Untersuchung zu, begannen statt der metaphysischen Systeme wissenschaftliche Theorien zu faszinieren. An den Universitäten verließen die Studenten die Hörsäle der Philosophen, um sich den Historikern zu Füßen zu setzen. In Literatur und bildender Kunst verabschiedete man die romantische Theorie und wandte sich dem zu, was bald als «Realismus» bezeichnet wurde. Im politischen Bereich wich der Glaube an das Primat der Prinzipien der Überzeugung, daß alle großen Probleme nur durch politischen Zwang und militärische Macht zu lösen seien.

Für die romantischen Konservativen vertraten die widerstreitenden Kräfte der europäischen Politik gegensätzliche Prinzipien, nicht Interessen. Sie waren fest davon überzeugt, daß die drei großen östlichen Monarchien zur Aufrechterhaltung der alten Ordnung gegen Frankreich, die Brutstätte des Jakobinismus und Bonapartismus, berufen seien, ihre Sache natürlicherweise eine allen dreien gemeinsame sei. Doch nach 1849 machten sich die freilich zu keiner Zeit je ganz aus der europäischen Politik gewichenen Sonderinteressen der einzelnen Staaten wieder verstärkt geltend. In Deutschland brachten die konkurrierenden Pläne Radowitz' und Schwarzenbergs Preußen und Österreich hart an den Rand des Konflikts. Einige Jahre später zerschmetterte der Krimkrieg (1854–1856) die zerbrechliche Struktur der Heiligen Allianz so nachhaltig, daß an deren Wiederherstellung zukünftig nicht mehr zu denken war. Anstatt Rußland gegen England und Frankreich beizustehen, schlug sich Österreich, obwohl es offiziell Neutralität bewahrte, praktisch auf die Seite der Westmächte. Schwarzenbergs Amtsnachfolger, Karl Graf von Buol-Schauenstein, rühmte sich, in der österreichischen Außenpolitik nichts Geringeres als eine Revolution vollbracht zu haben. Tatsächlich hatte er mehr als das vollbracht. Er hatte eine neue Ära der Diplomatie eröffnet, in der den Eigeninteressen der Mächte der Vorrang vor Prinzipien konservativer Solidarität eingeräumt wurde.[47]

Diese Entwicklung in der Sphäre der praktischen Politik hatte sich in der deutschen politischen Philosophie schon einige Jahrzehnte früher angekündigt. Hegel hatte die moralische Rechtfertigung der Machtpolitik durch die Identifizierung des Vernünftigen mit dem Realen bereits geleistet. Da die Geschichte aus Gottes Idee hervorging, konnte es nach Hegels Lehre (im Gegensatz zu den diesbezüglichen Vorstellungen der Aufklärer) einen Unterschied zwischen dem real existierenden Staat und dem idealen Staat schlechterdings nicht geben. Im Gegensatz zu den Rationalisten sah Hegel zwischen dem egoistischen Machtstreben und den Anforderungen des Weltgesetzes und der Sittlichkeit keinen unvermittelbaren Widerspruch. Der Krieg war nicht ein absolutes Übel, sondern eine logische Notwendigkeit.[48]

Die organische Theorie bot den deutschen Konservativen Argumente zu einer ähnlichen Legitimierung der Machtpolitik. Die historische Schule hatte sich mit dem politischen Quietismus des romantischen Konservatismus nie anfreunden können. Denn die wesentlichste Eigenschaft eines jeden Organismus, gaben deren Anhänger zu bedenken, sei doch wohl das Wachstum und die Entwicklung. Da sie selbst Produkt von Veränderungen sei, könne es also organische Existenz von überzeitlicher Dauer schlechterdings nicht geben. Zudem könne sich die Persönlichkeit des Staates nur in der Auseinandersetzung mit anderen verwirklichen. Adam Müller war deshalb der Meinung, daß der Machtkampf zwischen Staaten nicht vom Standpunkt der für einzelne bindenden Moral aus beurteilt werden dürfe. Selbst bei den Kriegen des 18. Jahrhunderts waren es nach seiner Auffassung «nicht sowohl die Ansichten der Kabinette, welche den Krieg bestimmten; es war niemals der Eigensinn der Regierenden ... es waren immer tieferliegende, in der notwendigen Konstruktion der gesamten Staatsverhältnisse liegende Gründe. Ein innerer, der gegenwärtigen Generation völlig unbewußter, aus dem

Anstoße früherer Generationen herrührender Drang nach lebendigem Wachstum war auch das eigentliche Motiv der Kriege, die in den vorletzten Jahrhunderten einzelne Staaten für ihre Vergrößerung unternommen haben».[49] Zwar kritisierte er Kriege, die auf Kosten der europäischen Gemeinschaft die vollkommene Unterwerfung des Gegners bezweckten (so zum Beispiel die napoleonischen), doch Müllers Philosophie lief im großen Ganzen auf eine moralische Rechtfertigung des Krieges hinaus.[50]

Nach dem Ende des großen Zeitalters der Philosophie nahmen sich in Deutschland die Historiker des organischen Machtstaates an. Obwohl er die hegelianische Metaphysik ablehnte, betrachtete auch Leopold von Ranke den Staat als eine geistige Kraft, deren Vitalität und Individualität von ihrer «Idee» bestimmt wurde. Diese Ausbildung einer angeborenen Idee fand jedoch für Ranke nicht in der Isolation statt, sondern im Konflikt mit den Ideen anderer Staaten. Der Krieg war deshalb auch keine Gottesgeißel, sondern die letzte und notwendige Prüfung der moralischen und geistigen Substanz des Staates. Dennoch suchte Ranke während seines langen und fruchtbaren Forscherlebens stets nach Verbindungen des Individuellen (des einzelnen Menschen oder des Staates) mit dem Allgemeinen. In dieser Hinsicht stand er indessen allein unter den zeitgenössischen deutschen Historikern, die sich hauptsächlich für deutsche, nicht für Universalgeschichte interessierten. Ihr Ideal war der preußische Militärstaat, der eine nationale Mission zu erfüllen hatte.[51]

Vor 1848 hatten sich die deutschen Liberalen zur Durchsetzung ihrer Ideen in erster Linie auf deren eigene Kraft verlassen. Die Flut des Liberalismus würde, so glaubten sie, mit unwiderstehlicher Kraft die brechenden Deiche des Metternichschen Systems überschwemmen. Das Vertrauen in die Macht der eigenen Prinzipien wurde jedoch durch ihr Scheitern 1848 schwer erschüttert, und von diesem Schlag sollte es sich nie ganz erholen. Die Auswirkungen dieses Zusammenbruchs der liberalen Hoffnungen auf Leben und Ansichten derer, die sie geteilt hatten, waren verschieden. Viele Radikale, unter diesen Carl Schurz, wanderten in Länder aus, wo ihre Ideale bereits verwirklicht waren. Andere, wie Wilhelm Liebknecht und Ferdinand Lassalle, wandten sich dem Sozialismus zu. Wieder andere bekehrten sich, wie Johann Karl Rodbertus und Lothar Bucher, zum Konservatismus. Einige wenige klammerten sich, wie Franz Ziegler und Johann Jacoby, isoliert und machtlos, an die Gewißheiten des Anfangs. Die meisten machten Kompromisse, wie Benedikt Waldeck und Hermann Schulze-Delitzsch. Wenige der linken Liberalen, die nach 1859 im preußischen politischen Leben wieder in Erscheinung traten, forderten noch eine revolutionäre Umgestaltung der preußischen Verfassung. Wenn sie auch für mehr soziale und politische Gleichheit eintraten, hatten doch die meisten von ihnen das Ziel einer parlamentarischen Regierung aufgegeben und bezweifelten sogar, ob die Einführung des allgemeinen, gleichen Wahlrechts wirklich ratsam wäre. Von ihnen wird mithin zukünftig nicht mehr als von «radikalen», sondern besser als von «demokratischen» Liberalen zu reden sein.[52]

Die Reaktion der gemäßigten Liberalen auf den Gang der Entwicklung war im ganzen einmütiger. Freilich radikalisierten sich zwei ihrer führenden Vertreter, Robert von Mohl und Georg Gottfried Gervinus, der erstere in der Überzeugung von der Unabdingbarkeit der Volkssouveränität, der zweite in dem Glauben, daß nur eine Republik die Menschenrechte garantieren könne. Doch die große Mehrheit der Gemäßigten entschied sich für «realistische» und «demokratische» Positionen und ließ fahren, was sie nun als «doktrinäre» Politik der Vormärzzeit bezeichneten.

Die ersten Anzeichen dieser Entwicklung waren schon wenige Wochen nach der Auflösung des Frankfurter Parlaments zu beobachten. Ende Juni des Jahres 1850 versammelten sich die von Dahlmann und den Brüdern Gagern dorthin berufenen Gemäßigten in Gotha und beschlossen, daß ihnen das Ziel, das sie in Frankfurt verfolgt hatten, wichtiger sei als der Weg zu diesem, weshalb sie gewillt seien, über letzteren mit sich reden zu lassen.[53] Sie erklärten sich bereit, in Erfurt mit der preußischen Regierung bei der Verwirklichung der deutschen Union zusammenzuarbeiten. Die Gruppe, in welcher die «klassischen» Liberalen der Vormärzzeit den Ton angaben, bezeichnete man später als die «Gothaer» oder «Altliberalen». Diese «politischen Professoren» hatten die Exzesse der Radikalen in Dresden und Baden abstoßend gefunden, und die Haltbarkeit des alten Staatsgebäudes hatte sie ebenso beeindruckt wie die Machtlosigkeit der revolutionären Bewegung entmutigt. Für die Zukunft hofften sie, daß die Macht Preußens die deutsche Einheit unter einer Verfassung schaffen werde, die, wenn sie auch die traditionelle Autorität bestehen ließ, doch immerhin den Weg zum Aufbau eines Rechtsstaates eröffnen würde.

Der Philosoph dieses gewachsenen Respekts vor der Macht wurde August Ludwig Rochau. Der Journalist, der sich schon vor 1848 von einer radikalen zu einer gemäßigten Position bekehrt hatte, unterschied scharf zwischen philosophischer Spekulation und «Realpolitik». Die philosophische Spekulation mochte sich mit den Prinzipien befassen, die herrschen sollten, der Realpolitik aber war die Erkenntnis vorbehalten, daß allein die Macht herrscht. Die Unterwerfung der Macht unter das Recht zu fordern, sei unvernünftig, meinte er, da die Starken sich nie von den Schwachen beherrschen lassen würden. «So gewiß das gesprochene oder geschriebene Wort nichts über die leibhaftige Thatsache vermag ...», schrieb er, «so gewiß wird weder ein Princip noch eine Idee noch ein Vertrag die zersplitterten deutschen Kräfte einigen, sondern nur eine überlegene Kraft, welche die übrigen verschlingt.» Er schloß, daß der Staat die Kraft, Deutschland zu einigen, nur mit Hilfe des Bürgertums gewinnen könne.[54] In Anbetracht der jüngsten Ereignisse war dieser Schluß freilich ein *non sequitur.*

Obwohl Rochaus Position vielleicht extremer war als die der Mehrzahl, hatte sein Werk doch erheblichen Einfluß. Unter den Liberalen des rechten Flügels verbreitete sich die Überzeugung, daß selbst «Despotismus» als Werkzeug der nationalen Einigung nicht verschmäht werden dürfe. Der junge Heinrich von Treitschke wollte sich der Partei mit der stärksten nationalen Initiative anschließen (gleichviel, welche Ziele diese sonst verfolgen mochte). Die Methoden waren gleichgültig. Allein auf das Ziel kam es an.[55] Der romantische Geniekult und die allgemeine Enttäuschung über das Versagen der politischen Bewegungen erweckten eine unbestimmte Sehnsucht nach einem neuen Siegfried, der den Flammen trotzen und das deutsche Volk aus jahrhundertelangem Schlaf aufrütteln würde.[56]

II

Die inneren Funktionen der Macht

Bismarcks Kindheit

Am 1. April 1815, als die alliierten Armeen sich zum letzten Zug gegen Napoleon sammelten, wurde auf dem Gut Schönhausen in Brandenburg Otto von Bismarck geboren. Er war zugleich bürgerlicher und adeliger Abstammung. Sein Vater Ferdinand war der Sproß einer adeligen Familie, die schon seit fünf Jahrhunderten Güter in der preußischen Altmark besaß. Seine Mutter, Wilhelmine Mencken, stammte aus einer alten Gelehrtenfamilie, ihr Vater hatte Friedrich dem Großen als Kabinettssekretär, Friedrich Wilhelm II. und III. als Kabinettsrat gedient. Otto war das vierte von sechs Kindern, von denen nur drei die erste Kindheit überlebten (außer ihm der 1810 geborene Bernhard und die 1827 geborene Malwine). Die ersten Lebensjahre verbrachte er in Schönhausen und auf dem pommerschen Gut Kniephof. 1822 zog die Familie nach Berlin. Die Knaben wurden in ein Internat gegeben, die sogenannte Plamannsche Lehranstalt, wo Otto vom sechsten bis zum zwölften Lebensjahr verblieb. Danach besuchte er bis zum Alter von siebzehn Jahren zunächst das Friedrich-Wilhelm-Gymnasium, sodann das Graue Kloster. Während dieser Zeit war er bei Lehrern dieser Anstalten in Pension.[1]

In späteren Jahren erinnerte sich Bismarck seiner Kindheit und Schulzeit – mit Ausnahme der beiden am Grauen Kloster verbrachten Jahre – mit großer Abneigung. «Meine Mutter», schrieb er 1847 an seine Braut, «war eine schöne Frau, die äußre Pracht liebte, von hellem lebhaften Verstande, aber wenig von dem, was der Berliner Gemüth nennt. Sie wollte, daß ich viel lernen und viel werden sollte, und es schien mir oft, daß sie hart, kalt gegen mich sei. Als kleines Kind haßte ich sie, später hinterging ich sie mit Falschheit und Erfolg. Was eine Mutter dem Kind werth ist, lernt man erst, wenn es zu spät, wenn sie todt ist; die mittelmäßigste Mutterliebe, mit allen Beimischungen mütterlicher Selbstsucht, ist doch ein Riese gegen alle kindliche Liebe. Ich habe mich vielleicht nirgends schwerer versündigt als gegen meine Eltern, gegen meine Mutter aber über alles. Meinen Vater liebte ich wirklich, und wenn ich nicht bei ihm war, fühlte ich Reue über mein Benehmen gegen ihn, faßte ich Vorsätze, die wenig Stand hielten; denn wie oft habe ich seine wirklich maßlose uninteressierte gutmüthige Zärtlichkeit für mich mit Kälte und Verdrossenheit gelohnt, und noch öfter aus Abneigung, die mir anständig erscheinende Form zu verletzen, ihn äußerlich geliebt, wenn mein Inneres hart und lieblos war über anscheinende Schwächen, deren Beurteilung mir nicht zustand

Ferdinand und Wilhelmine von Bismarck als Braut und Bräutigam

und die mich doch eigentlich nur ärgerten, wenn sie mit Formverletzung verbunden waren. Und doch kann ich die Behauptung nicht zurücknehmen, daß ich ihm gut war im Grunde meiner Seele.»[2]

Der zweiunddreißigjährige Bismarck blickte auf seine Beziehung zum Vater mit tiefer Enttäuschung zurück. Ferdinand war zwar warmherzig und gutmütig, aber auch träge und nicht sehr tüchtig. Otto hatte in ihm nicht das starke männliche Vorbild, das er sich wünschte. Sein Lob der Mutterliebe im allgemeinen sollte andererseits wohl der zukünftigen Mutter seiner Kinder zu verstehen geben, daß er wisse, was Kinder ihren Müttern schulden. Soweit bekannt ist, hat er jedoch hernach nie wieder auch nur die geringste Anstrengung gemacht, Verständnis für seine Mutter aufzubringen. Er hat immer wieder nur mit Bitterkeit von ihr gesprochen. Seine Klagen sind nicht das einzige Zeugnis, das sie als kalte, harte Natur erscheinen läßt. Seine Cousine Hedwig von Bismarck, eine Spielgefährtin der Kindheitsjahre, erwähnt, daß ein Bruder Ferdinand von Bismarcks, der bei diesem in Schönhausen lebte, von der «Fischnatur» seiner Schwägerin sprach. «Mag dieser Ausdruck auch nicht allewege zutreffend gewesen sein, so blieb sie doch für uns Kinder, auch ihre eigenen, eine unnahbare Größe», sagt sie und fährt fort: «In meiner Erinnerung lebt des Fürsten Mutter fort als eine kalte, sich wenig an die Menschen um sie her anschließende Frau. Irgendeiner herzlichen Äußerung gegen einen von uns wüßte ich mich nicht zu erinnern. Anders Onkel Ferdinand! Der hatte für uns immer ein freundliches Wort oder einen heiteren Scherz, besonders wenn Otto und ich auf seinen Knien ritten. Wilhelmine Bismarck war groß und blond, besaß aber nicht, wie jetzt öfter behauptet wird, die schönen, blauen Augen, die ihr Sohn Otto noch im

Bismarck im Alter von elf Jahren, 1826 (Portrait von Franz Krüger)

Alter hatte; sie war viel elend und dann teilnahmslos. Das heute so allgemeine Wort ‹nervös› habe ich, als ich erwachsen war, zum erstenmal über diese Frau aussprechen hören. Allgemein sagte man, sie mache sich selbst durch Nervosität das Leben schwer und mehr noch ihrem Mann und den Kindern.»[3]

«She spoilt my character», hörte ein englischer Besucher den alten Fürsten von seiner Mutter sagen.[4] Er fühlte sich als Kind abgelehnt und ungeliebt. Die Schärfe der Urteile, die er als reifer Mann über die Mutter fällte, läßt erkennen, wie sehr er unter der empfundenen Lieblosigkeit litt.

Man findet auch im Verhältnis der Eltern zueinander eine Dynamik, die notwendig auf die Ausbildung von Bismarcks Charakter einwirken mußte. Als die seit 1801 verwaiste Wilhelmine Mencken 1806 den Junker Ferdinand von Bismarck heiratete, war sie siebzehn Jahre alt, ihr Bräutigam fünfunddreißig. Der Altersunterschied an sich war für die damalige Zeit nicht bemerkenswert, bemerkenswert aber war gleichwohl für alle Beobachter das Verhältnis der Ehegatten. Denn die dominierende Rolle in dieser Ehe spielte die junge Frau. Ferdinand hatte 1795, nachdem er sich im Krieg gegen Frankreich ausgezeichnet, seinen Abschied genommen und lebte seitdem als Landedelmann auf seinen Gütern. Als Preußen 1806 wieder in den Krieg zog, blieb er daheim bei seiner Frau. Er kehrte auch nicht zu den Waffen zurück, als die Preußen und die übrigen Deutschen 1812–1815 ihre Befreiungskriege gegen Napoleon führten – welche Unterlassung politische Gegner seinem Sohn noch vierzig Jahre später vorhalten sollten. Während ihrer Jahre in Schönhausen und Kniephof soll Wilhelmine die Verwaltung der Güter ihres Mannes in die Hand zu nehmen versucht haben, was unselige Folgen gehabt haben soll. Die Entscheidung, die Güter zu verpachten und nach Berlin zu ziehen, wurde 1822 getroffen, angeblich weil Frau von Bismarck in die Berliner Gesellschaft zurückkehren wollte, um dort für eine bessere Erziehung ihrer Söhne sorgen zu können und dann durch ihre Verbindungen deren spätere Karrieren im Staatsdienst zu fördern.[5]

Bis ans Ende seines Lebens beklagte Bismarck die Veränderung der Umstände, die ihm zustieß, als man ihn den Feldern und Ställen von Kniephof entriß und in die Plamannsche Lehranstalt brachte. «Mit sechs Jahren sei er in jenes Institut gekommen», hörte ihn 1878 der Freiherr Lucius von Ballhausen bei Tisch erzählen, «wo die Lehrer demagogische Turner gewesen seien, welche den Adel haßten, und mit Hieben und Püffen, anstatt mit Worten und Verweisen, erzogen hätten. So seien die Kinder Morgens mit Rapierstößen, welche blaue Flecken gaben, geweckt worden, weil es den Lehrern zu langweilig gewesen sei, es auf andere Weise zu tun. Das Turnen sei angeblich Erholung gewesen, aber dabei hätten die Lehrer mit eisernen Rapieren geschlagen! Seiner schöngeistigen Mutter sei Kindererziehung unbequem gewesen, und sie habe sich früh davon losgesagt, wenigstens in ihren Gefühlen. Er sprach sehr bitter in dieser Beziehung.»[6]

Bismarck erinnerte sich der Plamannschen Lehranstalt als eines Gefängnisses, das ihm die Kindheit zur Qual machte. Die Disziplin war streng, das Essen schlecht und ungenügend. Tatsächlich war die Erziehung dort spartanisch: zwölf

Stunden Unterricht täglich, viel Gymnastik, Fechten und andere Leibesübungen. Der Gründer der Anstalt, Johann Ernst Plamann, war ein Schüler Pestalozzis, und einer der Schirmherren seiner Schule war Wilhelm von Humboldt gewesen. Unterdessen hatte sich das Institut aber von seinem pestalozzischen Ursprung ziemlich entfernt und einen durchgehend preußischen Charakter angenommen.[7] Wilhelmine wählte diese Schule wohl für ihre Söhne aus, weil deren Tradition – wenn nicht ihre gegenwärtige Praxis – den liberalen Idealen verpflichtet war, denen sie selbst anhing. «Die Auffassungen, die ich mit der Muttermilch einsog», sagt Bismarck in seinen *Gedanken und Erinnerungen,* waren «eher liberal als reactionär».[8]

In diesen Erinnerungen liest man auch, daß Bismarck 1832 die Schule verließ, «wenn nicht als Republikaner, doch mit der Überzeugung, daß die Republik die vernünftigste Staatsform sei». Er verließ, sagt er ironisch, die Schule «als normales Produkt unsres staatlichen Unterrichts». Daß er «von Erwachsenen manche bittre oder geringschätzige Kritik über die Herrscher hören konnte», regte ihn an zum «Nachdenken über die Ursachen, welche Millionen von Menschen bestimmen könnten, Einem dauernd zu gehorchen». Dazu hatte er von der Plamannschen Anstalt seine «turnerische Vorschule mit Jahn'schen Traditionen» mitgebracht, was er als «deutsch-nationale Eindrücke» bezeichnet. Doch schließt er diesen Bericht über seine Bildungsgewinne mit der Bemerkung: «Dieselben blieben im Stadium theoretischer Betrachtungen und waren nicht stark genug, um angeborene preußisch-monarchische Gefühle auszutilgen. Meine geschichtlichen Sympathien blieben auf Seiten der Autorität. Harmodius und Aristogiton sowohl wie Brutus waren für mein kindliches Rechtsgefühl Verbrecher und Tell ein Rebell und Mörder. Jeder deutsche Fürst, der vor dem 30jährigen Kriege dem Kaiser widerstrebte, ärgerte mich.» Der an diese Erklärung durch ein Semikolon angeschlossene Nachsatz verrät, daß der Fürst schon als Kind kein Prinzipienreiter war: «vom Großen Kurfürsten an aber war ich parteiisch genug, antikaiserlich zu urtheilen und natürlich zu finden, daß der siebenjährige Krieg sich vorbereitete.» Als er 1832 die Universität Göttingen bezog, wollte er zunächst der Burschenschaft beitreten: «Aber bei persönlicher Bekanntschaft mit den Mitgliedern derselben mißfiel mir ihre Weigerung, Satisfaction zu geben, und ihr Mangel an äußerlicher Erziehung und an Formen der guten Gesellschaft, bei näherer Bekanntschaft auch die Extravaganz ihrer politischen Auffassungen.» Er empfing davon «den Eindruck einer Verbindung von Utopie und Mangel an Erziehung», der dann zeitlebens nachwirkte.[9]

An diesen schwankenden und widersprüchlichen Anschauungen des jungen Bismarck ist die Wirkung seines unbefriedigenden Verhältnisses zu den Eltern abzulesen. Seine Feindseligkeit gegen die Mutter, die ihm die Wärme und Bestätigung verweigerte, deren er bedurfte, und die Enttäuschung über den Vater, der es versäumte, die väterliche Autorität in der Familie geltend zu machen, wurden weiter kompliziert durch die Versetzung aus einer freundlichen Umgebung (die des Vaters, der väterlichen Vorfahren und deren sozialen Schicht) in eine feindli-

Wilhelmine von Bismarck

che (die der Mutter, der mütterlichen Vorfahren und deren sozialen Schicht). Die städtische Welt, in die er in so zartem Alter geworfen wurde, damit er nach dem Willen der Mutter «viel lernen und viel werden» möge, hat er niemals liebgewonnen. Die Felder und Wälder, nach denen er sich aus Plamanns Anstalt sehnte, waren für ihn zugleich der Inbegriff seines väterlichen Erbes. «Ich kann nicht

Ferdinand von Bismarck

läugnen, daß ich einigermaßen stolz bin auf dieses langjährige Walten des conservativen Prinzips hier im Hause», schrieb er am 4. März 1847 aus Schönhausen an die Braut, «in welchem meine Väter seit Jahrhunderten in denselben Zimmern gewohnt haben, geboren und gestorben sind, wie die Bilder im Hause und in der Kirche sie zeigen, vom eisenklirrenden Ritter bis auf den langgelockten zwickelbärtigen Cavalier des 30jährigen Krieges … bis zu dem verweichlichten Sprossen, der jetzt einem schwarzhaarigen Mädchen zu Füßen liegt.»[10] Die Symbole des Geschlechts der Menckens waren gelehrte Bücher und Staatspapiere, diejenigen des Bismarckschen waren Land, ein Haus, Bilder, Grabsteine und viele andere sichtbare und handgreifliche Dinge. Mit dem Namen Bismarck gehörte er einer privilegierten Kaste an. Schuldbewußtsein scheint ihm seine adelige Geburt nie verursacht zu haben. Selten hat er Gelegenheit genommen, der Menckens und seines mütterlichen Erbes zu gedenken.

Verschiedene von Bismarcks späteren Gewohnheiten und Einstellungen sind wohl auf diese frühen Erfahrungen zurückzuführen: sein Verachtungsgefühl für Männer, die sich von ihren Frauen beherrschen ließen, seine geringe Wertschätzung der Intellektuellen (die er «Professoren» schimpfte), seine Feindseligkeit gegen bürokratische Regierung und sein Mißtrauen gegen «Geheimräte» (ein solcher war ja sein Großvater mütterlicherseits gewesen), die Neigung, spät aufzustehen (die Schüler von Plamanns Institut wurden um sechs Uhr früh aus den Betten gescheucht), seine Sehnsucht nach dem Land und seine Abneigung gegen Städte, insbesondere gegen Berlin, sowie seine Vorliebe für die Forstwirtschaft (er hat seiner Mutter nie vergeben, daß sie in Kniephof einen Eichenstand abholzen ließ).[11] Das persönliche Problem, das sich ihm schon in der Kinderzeit stellte, wurde noch verwickelter, als er ins Jünglingsalter trat. Ihm wurde bewußt, daß auch in Deutschland ein Konflikt zwischen Adel und Bürgertum, Konservativen und Progressiven, Autorität und Freiheit sich anbahnte. Einen vorläufigen Höhepunkt erreichte diese Entwicklung mit den Revolutionen des Jahres 1830, mit dem Hambacher Fest 1832 und dem Frankfurter Putsch des folgenden Jahres, mit Ereignissen also, die sich zwischen Bismarcks fünfzehntem und achtzehntem Lebensjahr zutrugen. Bismarck traf seine Entscheidung zwischen den in diesen Kämpfen gegeneinander stehenden Fronten, als er sich 1832 in Göttingen, anstatt einer der Burschenschaften beizutreten, einer schlagenden Verbindung anschloß. Damit entschied er sich gegen das mütterliche für das väterliche Erbe und suchte in der Identität des preußischen Landadeligen die Stärke und Autorität, an denen sein Vater es hatte fehlen lassen. Nicht jeder ostelbische Junker schloß sich angesichts der wachsenden Bedrohung aristokratischer Werte und Interessen den Konservativen an, doch unter den Bedingungen, unter denen gerade Bismarck aufgewachsen war, war seine Entscheidung nur natürlich.[12]

Humanistische Bildung verfehlt ihr Ziel

Obwohl er achtbare Zensuren erhielt, verdankte Bismarck seiner humanistischen Schulbildung nicht viel. Das klassische Ideal, auf dem diese gründete, scheint zu der Bildung seines Geistes und Charakters nicht viel beigetragen zu haben. Das Studium der alten Sprachen scheint sich für ihn, wie für so viele andere, in formalen Exerzitien erschöpft zu haben, ohne ihm den Weg zur Entdeckung einer

Lebensphilosophie zu bahnen. Jedenfalls verraten seine späteren Schriften, Reden und Gespräche keinerlei klassisches Interesse an dem vollkommen und umfassend ausgebildeten Menschentum oder dem berühmten griechischen «Stil», die das Ziel dieser Erziehung hätten sein sollen. Die einzigartige Klarheit und Kraft seiner Reden und Schriften schuldet klassischen Mustern nichts. Ein stets von mannigfaltigen inneren Konflikten und Spannungen getriebener Mann, «war Bismarck taub für die griechische Ermahnung: Trachte nach Harmonie!» Er bewahrte sich einige Kenntnis des Lateinischen, der Sprache des Rechts und der Regierung, doch was er von der Sprache der Philosophie und der schönen Künste, der griechischen, gelernt hatte, vergaß er bald. Sein praktischer Sinn gewöhnte sich nie an Reflexion und abstrakte Spekulation. Er verspürte niemals das Bedürfnis, das Wesen des Lebens zu ergründen oder sich eines metaphysischen Systems zu versichern, in dem dessen Phänomene aufzuheben und zu erklären wären. Auch die späteren Ausprägungen der klassischen Tradition waren ohne Reiz für ihn. Weder die Kunst und Kultur der Renaissance noch die Philosophie des deutschen Idealismus zogen ihn an.[13]

Während seiner Gymnasialzeit (1827–1832) näherte sich die schöpferische Periode des deutschen Idealismus ihrem Ende. Er wußte die Größe Goethes und Schillers zu schätzen und las deren Werke mit Genuß. Obwohl Goethes Realismus seiner eigenen Natur entgegenkam, fühlte er sich doch mehr hingezogen zu der dramatischen, von historischen Gegenständen handelnden Dichtung Schillers. Aber der mächtige humanistische Impuls, der den Idealismus in seiner klassischen Phase auszeichnete, hinterließ keinen bleibenden Eindruck bei ihm. Seiner Lektüre verdankte er Zitate, mit denen er später seine Reden und Schriften zu schmücken wußte, aber keine Veränderung seiner Weltanschauung. Sie bildete weder seinen Charakter, noch formte sie seinen Geist.

Die Fremdsprachen, die ihm am vertrautesten wurden, waren Französisch und Englisch. Allerdings zeigte er für die Kultur, die ihm die französische Sprache (die er schon in seinen Kinderjahren fließend sprechen lernte) hätte zugänglich machen können, nur geringes Interesse. An den Schulen, die er besuchte, war noch aus der Zeit der Freiheitskriege her eine entschieden antifranzösische Gesinnung lebendig. Wie viele Deutsche seiner Zeit empfand er aber tiefe Sympathie für England und die Engländer.[14] Byron und Shakespeare waren seine Lieblingsdichter. In Byron erkannte er einen verwandten Geist, kuhn, Großes wollend und rastlos. Doch Shakespeare zitierte er noch häufiger – nicht den getäuschten Othello, den vom bösen Gewissen geplagten Macbeth oder den unschlüssigen Hamlet, sondern den autokratischen Coriolan («*Go, get you home, you fragments!*»). Die erregenden Akkorde und Crescendi Beethovens sprachen ihn mehr an als die klassische Schönheit Haydns und Mozarts oder später die düstere Romantik Wagners. Obwohl sich in diesen Neigungen vielleicht seine eigentümliche Wesensart aussprach, geht man in der Annahme, daß er «sich dem Geiste von Lord Byron, Shakespeare und Beethoven hingegeben» hätte, doch wohl zu weit.[15] Denn Musik war für ihn Hintergrund, Literatur unterhielt ihn und lieferte ihm

Formulierungen. Eine bildende innere Erfahrung verdankte er weder der einen noch der anderen.

Nicht mehr verdankte aber seine Geistesbildung dem Studium der Mathematik und der Naturwissenschaften. Seine tiefe und lebenslängliche Liebe zur Natur galt den Wiesen, Wäldern und Hügeln des ländlichen Pommern, der Landschaft seiner Kindheit. Die Wissenschaft von der Natur aber interessierte ihn nicht sonderlich. Dennoch, und obwohl er wissenschaftlichen Theorien und Experimenten mit Skepsis begegnete,[16] blieb er nicht unberührt vom zunehmend wissenschaftlich ausgerichteten Geist seiner Zeit. Er charakterisierte sich gerne als Naturforscher, dem die Aufgabe zugefallen sei, die Phänomene der Politik zu erkennen, wie sie sind, nicht wie sie sein sollen. Wie Leopold von Ranke wußte er wenig von den Gegenständen der Naturwissenschaften, war aber beeinflußt von deren Geist der objektiven Untersuchung, der wissenschaftlichen Methode. Die Praxis der Politik allerdings betrachtete er immer als eine «Kunst», nie als Wissenschaft. Nachhaltigen Einfluß auf seine Geistesbildung zu nehmen, war seinen akademischen Lehrern ebensowenig vergönnt wie denen am Grauen Kloster. In Göttingen (1832–1833) führte er zwischen Kneipen und Paukböden das freie Leben eines Korpsstudenten, in Berlin (1834–1835) paukte er für das juristische Staatsexamen, das ihm die angestrebte Karriere im Staatsdienst eröffnen sollte. Zu jener Zeit waren die beiden von Bismarck besuchten Universitäten geistige Zentren von übergeordneter Bedeutung. In Göttingen lehrten Friedrich Dahlmann und Jakob Grimm, in Berlin Friedrich Karl von Savigny und die Gelehrten der Hegelschen Schule. Viele zukünftige Führer Deutschlands – so Delbrück, Rudolf von Bennigsen, Gustav Mevissen, Gustav Freytag, Heinrich von Sybel und Max Duncker – empfingen während des Studiums an der Berliner Universität in jener Zeit geistige Anregungen für das ganze Leben. Nicht so Bismarck. Seine akademische Bildung hat in seinem geistigen Gepräge kaum sichtbare Spuren hinterlassen.[17]

Während seiner drei Semester in Göttingen, an einer Universität, die als Bildungsstätte zukünftiger Staatsmänner und leitender Beamter berühmt war, suchte Bismarck juristische Vorlesungen nur selten auf. Was ihn interessierte, war Geschichte. Unter den dortigen Lehrern dieses Fachs zog er Dahlmann, einem Mann von starken national-liberalen Überzeugungen, der lebhaften Anteil an den politischen Kämpfen der Zeit nahm, den damals schon über siebzigjährigen Arnold Heeren vor, einen Gelehrten, der ein außergewöhnlich weites Feld bearbeitete (von der antiken bis zur jüngsten Geschichte). Unter dem Einfluß von Montesquieus *Esprit des lois* und Adam Smiths *Wealth of Nations* hatte Heeren sich der Erforschung materieller Faktoren bei der Ausbildung der Staatssysteme der Antike und der Neuzeit gewidmet. Seiner Herkunft aus einer Bremer Kaufmannsfamilie getreu, würdigte er die konkreten Tatsachen des Handels und der Politik und die Verbindungen unter diesen in ihrem Einfluß auf die auswärtige Politik der Staaten. Phantasien romantisch-idealistischen Geschmacks über die geistige Natur von Staaten und Nationen lagen seinem nüchternen Sinn fern. Anscheinend zog eben das Bismarck an, und es ist möglich, daß Heeren Bismarcks Auffassung des Staatsinteresses als Grundlage jeder auswärtigen Politik und des europäischen Gleichgewichts als Ergebnis und Garant des Ausgleichs der Interessen der europäischen Staaten beeinflußt hat.[18]

Abgesehen von Heeren scheinen Bismarcks Erziehung in Göttingen und Berlin weniger seine Professoren als einige seiner Studiengenossen befördert zu haben. Unter diesen sind vor allem zu nennen John Lothrop Motley, ein Amerikaner, der sich später als Diplomat und Historiker auszeichnen sollte, und Graf Alexander von Keyserling, ein Balte und angehender Naturforscher. Mit beiden konnte er ernsthafte Gespräche führen. Motley teilte ihm seine Begeisterung für Shakespeare, Goethe und Byron mit, Keyserling, ein begabter Pianist, seine Wertschätzung Beethovens. Die beiden Aufsätze, die Bismarck dann bei der Aufnahmeprüfung zum Staatsdienst während seiner Referendarausbildung am Kammergericht in Berlin verfaßte – der eine hatte ein philosophisches Thema zu erörtern, der andere ein staatswissenschaftliches, Bismarck handelte auf diesem Gebiet «Über Sparsamkeit im Staatshaushalt» –, sind Arbeiten, die jeder Originalität entbehren, Pflichtübungen, die er leistete, weil sie von ihm verlangt wurden.[19] Wie viele seiner Standesgenossen erwarb Bismarck an der Universität keine Hochachtung für die Gelehrsamkeit, sondern ein Vorurteil gegen die akademische Geistesart. Ideen, die er für unrealistisch hielt, verwarf er als «Doktorfragen» oder «Professorenweisheit».

Während der Jahre, die er in Kniephof und Schönhausen verbrachte (1839–1847), fand Bismarck Zeit und Neigung zur Lektüre. Diese Jahre waren eine Periode der Enttäuschung und Vereinsamung nach dem Scheitern seines Versuchs, eine Laufbahn im Staatsdienst anzutreten, vor seiner Verehelichung und seinem Eintritt in die Politik. Hier ging er seinem Interesse an Geschichte nach und verleibte seinem ausgezeichneten Gedächtnis das Material ein, mit dem er in späteren Jahren viele seiner Reden und Dokumente illustrierte. Was er erwarb, war hauptsächlich Tatsachenwissen. An historischer Synthese oder gar Geschichtsphilosophie nahm er kein Interesse. Er las Hegel, räumte aber ein, daß er ihn nicht verstand. Er las auch Spinoza und die Junghegelianer, die ihn aber weniger ihrer streng philosophischen Lehren wegen interessierten als vielmehr wegen ihrer religiösen Anschauungen. Spinozas Pantheismus zog ihn an, und die Bibelkritik David Friedrich Strauss', Bruno Bauers und Ludwig Feuerbachs leuchtete ihm ein. Aber nicht lange; bald wurde auch sie verworfen.[20]

Der Wille zur Macht

In seinem Jugendroman *Morton's Hope* hat Motley den jungen Bismarck, den er als Student in Göttingen kannte, lebendig geschildert.[21] Zwar war dieser nicht, wie Motleys Romanheld Otto von Rabenmark, ein geschickter Musiker, *«excellent classical scholar»* oder bemerkenswerter Linguist (obwohl er Englisch und

Französisch fließend sprach), doch wie Rabenmark war auch Bismarck ein verwegen und herausfordernd auftretender junger Mann, ständig in Ehrenhändel verwickelt und Duelle fechtend. Unter dieser *«fool's mask»* war jedoch Motleys Romanheld ein Mann mit ernsten Absichten. «Mir steht eine gewisse Zeit zur Verfügung», bekennt dieser. «Ich gedenke, die Universität als Schule praktischer Tätigkeit zu nutzen. Ich gedenke, meine Gefährten hier anzuführen, wie ich sie in meinem späteren Leben führen will.»[22] Wie Bismarck plante auch Rabenmark eine diplomatische Karriere. Anders als Bismarck verwickelte er sich jedoch in einen Liebeshandel mit einer Gräfin, erschlug zwei Männer, floh, wurde verhaftet, erstach seinen Ankläger im Gerichtssaal und machte allem ein Ende, indem er Gift nahm.

Motley schildert seinen Jugendfreund als selbstbewußten jungen Mann, der sich ungewöhnlicher Gaben bewußt ist, von aggressivem, kämpferischem Temperament, mit starkem Drang zu Macht und Herrschaft. Man liest anderswo, daß er sich schon in der Plamannschen Anstalt als Führer in den Schlachten, die die Schüler miteinander auskämpften, bemerkenswert hervortat. Seine Ankunft in Göttingen kündigte er mit der Herausforderung eines ganzen Studentenkorps zum Zweikampf an.[23] Bismarck war sehr hochgewachsen, kräftig gebaut und ein gefährlicher Gegner auf dem Fechtboden. Während der drei Semester seines Aufenthalts in Göttingen schlug er nicht weniger als fünfundzwanzig Mensuren und unterlag dabei nur ein einziges Mal. Den Schmiß auf der Wange, den er bei dieser Gelegenheit empfing, schrieb er selber einem nicht kommentmäßigen Schlag zu.[24] 1852 wurde er von Georg von Vincke auf Pistolen gefordert. Beim ersten Schußwechsel wurde keiner der beiden Gegner verletzt, und während die Sekundanten sich dessen freuten, beklagte Bismarck, daß die Regeln ihm, als dem Geforderten, nicht gestatteten, auf einem zweiten Schußwechsel zu bestehen. 1866 gab ein Attentäter Unter den Linden drei Schüsse auf ihn ab. Bismarck drehte sich nach dem Angreifer um und packte ihn an der Gurgel. Er sprach gelegentlich von seiner «natürlichen Kampflust».[25]

Der Wille zur Macht war Bismarcks zentrale Charaktereigenschaft. Wie er dazu kam, ist mit Gewißheit nicht zu sagen. Und doch hilft vielleicht ein psychoanalytisches Erklärungsmuster zu einiger Einsicht. Idealerweise verinnerlicht das Kind die elterliche Kontrolle zu einer dauerhaften psychischen Instanz der Selbstbeherrschung. Egoistische Triebe und Impulse werden durch die elterliche Autorität blockiert und die dem Kind auferlegten Verhaltensmaßregeln in dem Maße internalisiert, daß das reifende Kind in die Lage versetzt wird, diese Regeln als seine eigenen zu akzeptieren. Das Kind, dem dieser Übergang in einer von den Eltern oder deren Stellvertretern (etwa Kinderfrauen oder Lehrern) gebotenen entgegenkommenden Umwelt gelingt, sollte das Gefühl entwickeln, sich in einer grundsätzlich seinen Wünschen gegenüber aufgeschlossenen und Sicherheit gewährenden Welt zu befinden. Elterliches Lob des Kindes und elterlicher Stolz auf das Kind kann dann allmählich als ein gesundes Selbstwertgefühl verinnerlicht werden.[26] Bismarcks frühe Entwicklung verlief nicht nach diesem Muster. Was ihm an psychischer Unterstützung seitens seiner Eltern zuteil wurde, war, wenn es auch sehr wohl mehr gewesen sein mag, als ihm später erinnerlich war, jedenfalls nicht hinreichend. Wilhelmines «Fischnatur» konnte dem frühreifen Kind nicht bieten, was es forderte. Die persönliche Wärme und Nähe, die der Knabe von dem gutmütigen Ferdinand empfing, wurden geringgeschätzt, als der Sohn einen Mangel an Geschick und Autorität bei diesem erkannte und die Achtung vor dem Vater verlor.

Es könnte sein, daß die Notwendigkeit, sich der eigenen Selbständigkeit zu vergewissern, ohne Kraft dazu aus der Unterstützung seitens der Familie und frühen Umwelt schöpfen zu können, bei Bismarck ein Bedürfnis erregte, seine Umwelt zu beeinflussen und zu beherrschen. Zur Stillung eines solchen Bedürfnisses boten sich in Bismarcks sozialem Milieu (dem der preußischen Junker) zwei Laufbahnen an: die Beamtenlaufbahn oder eine militärische Karriere. Die Eltern hätten es gern gesehen, wenn Otto sich für die letztere entschieden hätte; verschiedene seiner Vorfahren väterlicherseits hatten sich in diesem Beruf ausgezeichnet, unter ihnen auch sein Onkel Friedrich, ein Veteran der napoleonischen Kriege, der es bis zum Generalleutnant gebracht hatte. Doch Otto widersetzte sich ihren Wünschen.[27] Er entledigte sich seiner Militärdienstpflicht mit dem geringsten möglichen Aufwand und brachte es nach einjährigem Dienst zum Landwehroffizier. Dennoch hat er sich in späteren Jahren gern als königlichen Offizier bezeichnet. Nach der Beförderung zum Generalmajor im Jahre 1866 trug er stets Uniform.[28] 1872 bedauerte er in einem Weihnachtsbrief an Wilhelm I., daß es sein Los gewesen, dem Königshause nicht auf dem Schlachtfeld, sondern hinter dem Schreibtisch zu dienen, viel lieber hätte er anstatt diplomatischer militärische Feldzüge gewonnen.[29] Bismarck gefiel sich in der Rolle des kommandierenden Generals, aber der Leutnantsrang hatte keine Reize für ihn.

Sein jugendlicher Ehrgeiz war auf den preußischen diplomatischen Dienst gerichtet. Bei dem damaligen Minister des Auswärtigen, Johann Ancillon, fand er wenig Ermutigung. «Ancillon rieth mir, zunächst das Examen als Regierungsassessor zu machen und dann auf dem Umwege durch die Zollvereinsgeschäfte Eintritt in die deutsche Diplomatie Preußens zu suchen; einen Beruf für die europäische erwartete er also bei einem Sprößlinge des einheimischen Landadels nicht», erinnerte sich Bismarck später. «Der Minister hatte den Eindruck, daß die Kategorie unsres hausbacknen preußischen Landadels für unsre Diplomatie den ihm wünschenswerten Ersatz nicht lieferte», sagte er und räumte ein: «Dieser Eindruck war nicht ganz ohne Berechtigung.»[30] So trat Bismarck, nachdem er das Referendarexamen abgelegt hatte, im Mai 1835 als Auskultator am Berliner Kammergericht in den Staatsdienst. Schon wenige Monate später beantragte er erfolgreich die Versetzung zum Regierungspräsidium in Aachen. Im Frühsommer 1836 trat er seinen Dienst als Referendar dort an. Seine Gaben erregten die Aufmerksamkeit des Präsidenten Adolf Graf von Arnim-Boitzenburg, dem er seinen Ehrgeiz offenbarte, sobald wie möglich in den diplomatischen Dienst überzuwechseln. Eine Möglichkeit dazu ergab sich aber nicht. Obwohl der Präsident ihm in

Bismarck im Alter von 21 Jahren, 1836

der Praxis der Provinzialverwaltung ausgedehnte Erfahrung verschaffte, indem er ihn von Abteilung zu Abteilung wandern ließ, langweilte sich der zweiundzwanzigjährige Referendar. Er entrann dieser Langeweile in eine Reihe von Liebesabenteuern, die ihn bald in berufliche und finanzielle Schwierigkeiten brachten.[31]

Aachen war ein Kurort, dessen Quellen die gute Gesellschaft aus aller Herren Länder anzogen, und Bismarck fand diese Gesellschaft sehr viel unterhaltender als die steife und trockene Hofgesellschaft, die er aus Berlin kannte. Schon bald nach seiner Ankunft in Aachen schrieb er mit offenbarer Genugtuung an seinen Bruder Bernhard, daß er täglich mit englischen und französischen Gästen hohen Standes in einem der Kurhotels speise. Unter diesen waren der Herzog und die Herzogin von Cleveland sowie deren «hinreißend liebenswürdige» Nichte Laura Russell. Im September war er mit dieser angeblich schon «so gut wie versprochen». Aber die Ablenkungen, die ihm dieser Umgang gewährte, waren kostspielig. Schon die extravagant ausschweifende Reise von Berlin nach Aachen (über Dresden, Frankfurt, Wiesbaden, Rüdesheim, Bingen und Köln) hatte ihn genötigt, Schulden zu machen und Hilfe von seinem Vater zu erbitten. Die Hilfe, die der Vater, «ohne Vorwürfe zu machen», gewährte (200 Reichstaler), erlöste ihn zwar aus der ärgsten Verlegenheit, konnte seine Finanzen aber nicht sanieren. Sein Versuch, was er brauchte, am Spieltisch zu gewinnen, verschlimmerte seine Lage.

Im Herbst kehrten die Clevelands nach England zurück, und Otto bedauerte, nicht um die Hand seiner Angebeteten angehalten zu haben. Doch glaubte er in seinem Alter und bei seinen gegenwärtigen finanziellen Verhältnissen noch nicht imstande zu sein, eine Frau heimzuführen. Im Dezember wurde ihm eine Offenbarung zuteil – bei der es sich tatsächlich um ein etwas böswilliges Gerücht handelte –, die seine Leidenschaft alsbald abkühlte. Er erfuhr nämlich, daß Laura tatsächlich weder die Nichte noch eine illegitime Tochter des Herzogs sei, sondern «die Frucht eines zweifelhaften Gewerbes ihrer Mutter», die sich erst zwei Jahre zuvor in den reputierlichen Stand einer Herzogin habe versetzen können. Bismarck glaubte nun, zu seinem Glück um Haaresbreite einer Verbindung entgangen zu sein, von der er keine andere Mitgift zu erwarten gehabt hätte, als zum Gespött anständiger Leute zu werden. Er sah sich von diesen lorgnettiert und hörte sie im Geiste sagen: *«... look there that tall monster, that is the silly german baron, whom they have caught in the woods, with his pipe and his seal ring»* (sehen Sie sich dieses lange Ungeheuer an, das ist der alberne deutsche Baron, den sie im Wald gefangen haben mit seiner Pfeife und seinem Siegelring).[32]

Im Januar 1837 hatte Otto schon Trost gefunden in den Armen einer sechsunddreißigjährigen, verheirateten, gut erhaltenen und geschmackvollen *«femme de qualité»*, deren Gesellschaft, wie er prahlend wissen ließ, nicht nur sein Französisch verbesserte. Im Juli hielten sich die Clevelands auf der Reise nach Wiesbaden einen Tag in Aachen auf, und Bismarck nahm die Gelegenheit wahr, die Bekanntschaft einer Freundin Lauras, der jungen Isabella Loraine-Smith, zu machen, in die er sich alsbald verliebte. Isabella war siebzehn, vier Jahre jünger als Laura und von untadeliger Herkunft. Die Familie gehörte dem Landadel von

Northamptonshire und Leicestershire an. Ihr Vater, der Reverend Loraine-Smith, hatte Eton und Cambridge besucht und war Hauptpfarrer von Passenham sowie Besitzer eines Guts in Leicestershire; er und seine Tochter nahmen regelmäßig an der Grafton-Jagd teil. Isabella war in Bismarcks Augen «der Inbegriff echter englischer Schönheit», ein lebhaftes, selbstsicheres und sehr einnehmendes Mädchen. «Sie bringt», erklärte er brieflich, «mein heißes Blut zum Kochen.» Bismarck schloß sich den Loraines an (zu deren Reisegesellschaft neben seiner neuen Angebeteten und deren Eltern auch zwei englische Obristen gehörten). Man speiste gemeinsam und unternahm gemeinsame Ausflüge in die Umgebung. Als die Gesellschaft nach Wiesbaden und Frankfurt weiterreiste, beurlaubte sich der verliebte Referendar von seinem Dienst und folgte ihr nach. Bei seiner Ankunft in Wiesbaden fand er die Loraine-Smiths und die Clevelands in trautem Verein, eine Situation also, die seine noch unentwickelten diplomatischen Fähigkeiten auf eine harte Probe gestellt haben muß. Als dann die Gesellschaft des Pfarrers von Passenham zum Oberrhein und in die Schweiz weiterzog, folgte Bismarck seiner Flamme auch dorthin. Am 30. August und am 13. September lud er schon zwei alte Freunde (Savigny und Scharlach) ein zu seiner «definitiven Verehelichung, die wahrscheinlich Ende März zu Scarsdale in Leicestershire stattfinden wird».[33]

Es könnte sein, daß weder Laura noch Isabella diesen hochgewachsenen, schlanken, rotblonden «Baron» aus Schönhausen sonderlich ernst genommen haben, wenn ihnen wohl seine Gesellschaft und seine Aufmerksamkeit auch angenehm waren. Er war schließlich doch nur ein Krautjunker aus der Altmark, ohne beeindruckende Verbindungen im deutschen und europäischen Adel. Beide Mädchen standen ständig unter Aufsicht, und er dürfte nie lange mit der einen oder anderen allein gewesen sein. Isabellas Tagebuch, das die Ereignisse dieses Sommers in einiger Ausführlichkeit verzeichnet, kommt auf eine Verlobung nirgends zu sprechen. Es kann schließlich der Aufmerksamkeit ihrer Eltern nicht entgangen sein, daß weder der junge Referendar noch dessen Familie reich waren, so sehr Otto sich mit seinen tollen und verschwenderischen Extravaganzen (Champagnerdiners bei Mondschein) um den Anschein bemühte. Als Scharlach sich 1845 erkundigte, was denn inzwischen aus seiner englischen Braut geworden sei, erklärte Bismarck ihm, daß diese «Prise» ihm «von einem einarmigen Obristen mit 50 Jahren, 4 Pferden und 15 000 rl. Revenuen wieder abgejagt» worden sei. Die Tatsachen sahen anders aus. 1840 heiratete Isabella einen in Harrow erzogenen neunundzwanzigjährigen Bankier und wurde Herrin von Brixworth Hall in Northampton. 1844 heiratete Laura – die tatsächlich die legitime und verwaiste Tochter eines Bruders der Herzogin, eines Marineoffiziers, war – den Earl von Musgrave (später Marquis von Normandy), der als königlicher Gouverneur von Neu-Schottland, Queensland und Neuseeland eine brillante Karriere im Kolonialdienst machen sollte.[34]

Die stürmische Verfolgung Isabellas brachte Bismarck an den Rand des Bankrotts und der beruflichen Katastrophe. Wiesbaden war ein notorisch teures Pflaster, und der Pfarrer von Passenham stieg nur in den besten Hotels ab und speiste in den teuersten Restaurants. Wieder versuchte Bismarck, die Kosten seines verschwenderischen Lebenswandels durch Gewinn am Spieltisch wettzumachen, was ihm in Wiesbaden nicht besser gelang als in Aachen. Im September 1837 hatte er bereits Schulden in Höhe von 1700 Talern, die zurückzuzahlen er dann jahrelang beschäftigt war. Doch das war nicht alles. Er hatte den ihm gewährten vierzehntägigen Urlaub um viele Wochen überschritten. Aus Bern schrieb er an den Präsidenten von Arnim und bat um eine zweimonatige Verlängerung seines Urlaubs, welche Bitte ihm mit dürren Worten abgeschlagen wurde. Bismarck entschloß sich, nicht nach Aachen zurückzukehren, wo seine Gläubiger auf ihn lauerten (die von ihm dort zurückgelassene Garderobe war offenbar bereits gepfändet worden). Er bat nun um eine Versetzung nach Potsdam, fern von den Versuchungen des rheinländischen Gesundbrunnens. Ende September kehrte er nach Kniephof zurück: «arm im Beutel, krank am Herzen». 1838 trat er in Potsdam seinen Dienst wieder an, suchte jedoch auch dort bald wieder Zerstreuung am Spieltisch und bei Zechgelagen, machte neuerdings Schulden und quittierte nach fünf Monaten den Dienst.[35]

In einem bemerkenswerten Brief erläuterte er im September 1838 seiner Cousine Caroline («Lienchen») von Malortie und auf diesem Wege seiner Familie (Kopien des Briefes wurden dem Vater und dem Bruder zugesandt) die Gründe, die ihn zu diesem Schritt bewogen hatten: «Die Wirksamkeit des einzelnen Beamten bei uns ist wenig selbständig ...», schrieb er. «Der preußische Beamte gleicht dem Einzelnen im Orchester; mag er die erste Violine oder den Triangel spielen: ohne Übersicht und Einfluß auf das Ganze, muß er sein Bruchstück abspielen, wie es ihm gesetzt ist, er mag es für gut oder schlecht halten. Ich will aber Musik machen, wie ich sie für gut erkenne, oder gar keine ...» Unter den gegebenen Umständen halte er sich für unfähig, im Amt «auch nur seine Pflicht gegen sein Vaterland zu thun», und gibt weiter zu bedenken: «Für wenige berühmte Staatsmänner, namentlich in Ländern absoluter Verfassung, war übrigens wohl Vaterlandsliebe die Triebfeder, welche sie in den Dienst führte. Viel häufiger Ehrgeiz, der Wunsch, zu befehlen, bewundert und berühmt zu werden. Ich muß gestehn, daß ich von dieser Leidenschaft nicht frei bin». Obwohl, bekennt er weiter, sein «Ehrgeiz mehr danach strebt, nicht zu gehorchen, als zu befehlen».

Seine jeder Unterordnung abgeneigte Natur ließ ihm gangbar zu den Höhen, die er anstrebte, nur einen Weg erscheinen: den durch ein preußisches Parlament. Er beneidete Staaten mit «freier Verfassung», wo einzelne ihren Einfluß geltend machen und ihre Anschauungen durchsetzen konnten. Aussichten auf die Rolle eines Robert Peel, Daniel O'Connell oder Grafen Mirabeau, «eines Mitspielers bei energischen politischen Bewegungen», sagt er, «würden auf mich eine jede Überlegung ausschließende Anziehungskraft üben, wie das Licht auf die Mücke».[36]

Wie viele Erklärungen Bismarcks offenbarte auch dieser Brief einige seiner Beweggründe, verbarg aber andere, die den Empfängern weniger akzeptabel vorgekommen wären. Die Jahre in Berlin hatten die Familie Bismarck in erhebliche finanzielle Bedrängnis gebracht. Otto schuldete viel mehr Geld, als er einzugestehen wagte. Noch kurz vor ihrem Tod, am 1. Januar 1839, willigte Wilhelmine in den Wunsch ihrer Söhne ein, die Familie möge aufs Land zurückkehren, um ihre finanziellen Verhältnisse zu sanieren.[37] Seine enttäuschenden Erfahrungen in Aachen und Potsdam bestärkten Otto nur in der Entscheidung, die Feder fallen zu lassen und den Pflug zu ergreifen. Nach einjährigem Militärdienst (1838–1839) wurde also Bismarck Landjunker in Kniephof und, nach dem Tode seines Vaters 1845, in Schönhausen. An beiden Orten beschränkte er sich nicht ausschließlich auf die Landwirtschaft, sondern nahm einen gewissen Anteil auch an öffentlichen Angelegenheiten, in Pommern als Assistent seines Bruders, der dort Landrat war, in Brandenburg als Deichvogt an der Elbe.[38] Doch befriedigte ihn auch dieses Leben nicht lange.

Von seinem dreiundzwanzigsten bis zu seinem zweiunddreißigsten Geburtstag durchlief Bismarck einen Bildungsprozeß, der ziemlich genau jenem «psychosozialen Moratorium» entspricht, das Erik Erikson bei anderen Persönlichkeiten von ähnlicher schöpferischer Potenz nachgewiesen hat.[39] Während dieser Jahre war er ein rastloser, unglücklicher Mann. Er trank, spielte, jagte, reiste in die Schweiz, nach Frankreich und Großbritannien und erwog sogar eine orientalische Reise bis nach Indien. Im Frühjahr 1844 versuchte er es noch einmal mit der Beamtenlaufbahn, doch hielt er es auch diesmal nicht lange dabei aus. Drei Monate nur. Er verachtete seine adeligen Nachbarn, machte sich lustig über deren Ignoranz und Frömmigkeit, stritt mit ihnen über Politik und Religion und machte sich ein Vergnügen daraus, sie mit ungezogenem Benehmen vor den Kopf zu stoßen, was alles dazu führte, daß man ihm in der Nachbarschaft den Beinamen des «wilden» oder «tollen» Bismarck gab. Er selbst bekannte in seinem berühmten Werbebrief an Heinrich von Puttkamer, daß er damals, «bald verführt, bald Verführer, in schlechte Gesellschaften jeder Art» geriet und «auch in den bewußtesten Augenblicken alle Sünden für erlaubt» hielt. Während dieser Jahre knüpfte er jedoch auch – wie es nach Eriksons Charakteristik dieser Entwicklungsphase als typisch gelten kann – eine enge Beziehung zu einem Geschwisterteil an, nämlich zu seiner jüngeren Schwester Malwine, die ihm bis zu ihrer Heirat im Jahre 1844 in Kniephof den Haushalt führte.[40]

Bismarcks sprunghaftes Verhalten während seiner Jahre in Aachen, Kniephof und Schönhausen offenbart seine innere Unruhe. Den Balsam, der imstande wäre, sein verletztes Selbstwertgefühl zu heilen, suchte er einstweilen vergeblich. Doch während der Jahre 1846–1848 eröffneten drei Ereignisse ihm für die Zukunft bessere Aussichten: seine religiöse Bekehrung, seine Verehelichung und der Anfang seiner politischen Laufbahn. Die Bekehrung zum pietistischen Luthertum befreite ihn von dem Gefühl, daß das Leben seicht und fruchtlos sei, und erschloß ihm eine Quelle geistlicher Stärkung. Die Eheschließung gewährte ihm ein beständiges, zuverlässiges und stärkendes Familienleben, in dem er das unbestrittene Oberhaupt war, ohne Widerspruch fürchten zu müssen oder gar Ablehnung und Zurückweisung. In der parlamentarischen und diplomatischen Laufbahn bot sich ihm die Möglichkeit, Einfluß auf seine Umwelt zu nehmen. Und vor allem brachte diese ihn den Schleusen der Macht näher, welche ihm eines Tages erlauben würden, das Staubecken seiner Selbstachtung bis an den Rand zu füllen.

Bismarcks Religion

In der Kindheit empfing Bismarck keine bleibende religiöse Bildung. Er konnte sich später keiner Unterhaltung mit seinem Vater über religiöse Gegenstände erinnern.[41] Der Vater, kein sehr religiöser Mensch, begnügte sich mit einem einfachen naiven Vertrauen in die Liebe und Gnade Gottes. Die Mutter, rationalistisch und aufklärerisch erzogen, war keine Kirchgängerin. Doch fand sie auch an den verwässerten religiösen Formen des aufklärerischen Deismus keine Befriedigung. So vertiefte sie sich in den zu ihrer Zeit populären Okkultismus, interessierte sich für Mesmerismus und Hellseherei und las die Werke Swedenborgs, Schuberts und Kerners.[42] Obwohl er in der Dreifaltigkeitskirche in Berlin von Schleiermacher konfirmiert wurde, behauptete Bismarck in späteren Jahren, von dem großen Theologen nichts gelernt zu haben.[43] Bald nach der Konfirmation entschloß er sich, nicht länger, wie er es von Kindheit an gewöhnt gewesen, allabendlich zu beten, «weil mir», schrieb er, «das Gebet mit meiner Ansicht von dem Wesen Gottes im Widerspruch zu stehn schien». Die religiösen Ansichten, mit denen er aus dem Gymnasium entlassen wurde, hat er später bald als «deistisch», bald als «atheistisch» oder «pantheistisch» beschrieben.[44] Obgleich Skeptiker, suchte er doch keine feste theoretische Begründung seiner skeptischen Haltung. Ähnlich war dann auch der religiöse Glaube, den er fand, ohne theologischen Gehalt.

Während der Jahre seines Aufenthalts in Kniephof diskutierte er religiöse Fragen mit zwei frommen pommerschen Nachbarn, Moritz von Blanckenburg und dessen Verlobter Marie von Thadden. Obwohl er die Mehrzahl seiner adeligen Nachbarn mit amüsierter Geringschätzung betrachtete, war ihm Moritz ein werter Freund, und für die geistreiche und charmante Marie empfand er bald tiefe Zuneigung. Ihr Vater war Adolf von Thadden, ein bedeutender ländlicher Führer der preußischen religiösen Erweckungsbewegung und enger Freund der Brüder Leopold und Ludwig von Gerlach. Marie machte Bismarck mit Johanna von Puttkamer bekannt, die dann seine Frau werden sollte. Beide Frauen bemühten sich um seine Bekehrung. Den Tod Maries im Oktober 1846 erlebte Bismarck als zerschmetternde persönliche Tragödie. «Die Nachricht von dem tödlichen Erkranken» der verehrten Freundin war es, wie er zwei Monate später seinem zukünftigen Schwiegervater schrieb, was «das erste inbrünstige Gebet, ohne Grübeln über die Vernünftigkeit desselben», von seinem Herzen losriß. Von diesem Tag an sollten Gebet und Andacht zum Grundbestand seiner Existenz gehören:

«Gott hat mein damaliges Gebet nicht erhört, aber er hat es auch nicht verworfen, denn ich habe die Fähigkeit, ihn zu bitten, nicht wieder verloren, und fühle, wenn nicht Frieden, doch Vertrauen und Lebensmuth in mir, wie ich sie sonst nicht kannte», schrieb er im Dezember in dem zitierten berühmten «Werbebrief» an Heinrich von Puttkamer, in dem er zugleich seine Bekehrung und seine Liebe zu Johanna kund tat.[45]

Die Erweckungsbewegung, der Bismarck sich anschloß, war ursprünglich eine Laienbewegung innerhalb der lutherischen Kirche. In ihr lebte der Pietismus des 18. Jahrhunderts wieder auf, der bei den Gebildeten unter der Herrschaft des deutschen Idealismus einigermaßen aus der Mode gekommen war. Die Bewegung wurde von Adeligen geführt, von denen viele Veteranen der Freiheitskriege waren, hoffte aber, auch die Unterschicht zu erfassen. Wie die Mystiker der Vorreformationszeit suchten die Pietisten die Erfahrung der Vereinigung mit Gott. Wo die Geistlichkeit ihrem Anliegen mißtrauisch gegenüberstand, hielten sie von Laienpredigern geleitete Andachten in Privathäusern ab. Sie lehnten den trockenen, vernünftelnden Geist, der sich der Geistlichkeit im Zeitalter der Aufklärung bemächtigt hatte, emphatisch ab. Mehr als auf Vernunft kam es ihnen auf das Gefühl an, und die Liebe Gottes und des Nächsten war ihnen wichtiger als Theologie.[46]

Was Bismarck am Pietismus ansprach, war dessen Verzicht auf dogmatische Bestimmtheit und der Glaube an die Fähigkeit des Menschen, Gott ohne priesterliche Vermittlung zu erreichen, den diese Bewegung ihren Anhängern vermittelte. An Theologie nahm Bismarck kein Interesse, und obwohl er täglich betete und in der Bibel las, ging er selten in die Kirche. Im Gegensatz zu vielen seiner pietistischen Freunde fand er in der Religion nicht die Grundsätze seines politischen Handelns.[47] Über die Natur und Bedeutung seiner Bekehrung sind die Gelehrten, die sich damit beschäftigt haben, verschiedener Meinung.[48] Doch an deren Aufrichtigkeit kann kaum gezweifelt werden, denn sie wirkte ändernd auf sein Verhalten ein. In dem «Werbebrief» an Heinrich von Puttkamer, mit dem er um die Hand von dessen Tochter Johanna anhielt, bekannte er über sein Leben vor seiner Bekehrung: «So, mit keinem andern Zügel, als etwa dem der gesellschaftlich conventionellen Rücksichten, stürzte ich mich blind in das Leben hinein, gerieth, bald verführt, bald Verführer, in schlechte Gesellschaften jeder Art, und hielt, auch in den bewußtesten Augenblicken, alle Sünden für erlaubt, sobald sie mir die Rechte Andrer, nach ihrer laxesten Auslegung, nicht zu beeinträchtigen schienen.»[49] Die Religion unterstützte seinen persönlichen Ehrgeiz in einem titanischen Ringen um Selbstbeherrschung. Im Juli 1851, nach Wochen unvermeidlicher Entfernung von seiner Frau, schrieb er seinem Freund Hans von Kleist-Retzow von den Versuchungen, die ihn bestürmten: «Die Haupthandhabe, an der mich d.(er) Böse angreift, liegt nicht in äußerem Glanz, sondern in einer brutalen Sinnlichkeit, die mich so nahe an die größten Sünden führt, daß ich mitunter verzweifle, den Zugang zur Gnade Gottes zu finden, und jedenfalls die Gewißheit habe, daß der Same des göttlichen Wortes in meinem von Jugend auf

Otto und Johanna von Bismarck

verwilderten Herzen den guten Boden nicht gefunden hat, sonst könnte ich nicht in dem Maße der Spielball der Versuchung sein, die sich bis in mein Gebet drängt... Tröste mich, Hans, aber verbrenne dies, ohne mit jemand davon zu sprechen.»[50] Letztlich schloß er, daß die Nützlichkeit des Gebets mehr in der damit ausgesprochenen Unterwerfung unter eine höhere Macht zu finden sei als in seiner Wirksamkeit auf den Willen Gottes. «*I am conscious of that power, which is neither arbitrary nor capricious*», vertraute er einem englischen Besucher an.[51]

Das Mittel, das Bismarck zu seiner Selbstverwirklichung wählte, war dann die politische Macht. Wollte man annehmen, er hätte sich dieser nur zu selbstsüchtigen Zwecken bedient, würde man ihm jedoch unrecht tun. Vom Beginn bis zum Ende seiner Laufbahn war er sich stets der Pflicht bewußt, die er übernommen hatte. Die Macht gewährte ihm zwar Handlungsfreiheit, unterwarf ihn aber ihrer eigenen Notwendigkeit, indem sie ihm Ziele und Zwecke aufgab, die weit wichtiger waren als die bloße Befriedigung persönlichen Ehrgeizes. Ein derartiges Verantwortungsbewußtsein hat andere in den Morast der Selbstzweifel und Selbstkritik geführt. Die Wirkung dieses Bewußtseins auf Bismarck war eine andere. Es machte ihn nur überempfindlich gegen Kritik und jedwede Art von Opposition, denn die Überzeugung von der Überlegenheit seines eigenen Urteils war bei ihm absolut. Die Eigenschaften, die es ihm unmöglich gemacht hatten, dem Staat in untergeordneter Stellung pflichtbewußt zu dienen, machten ihn in späteren Jahren zu einem autokratischen Vorgesetzten.

Sein hochentwickeltes Pflichtbewußtsein wurde durch seinen religiösen Glauben verstärkt. Zu Beginn seiner diplomatischen Laufbahn im Jahre 1851 schrieb er an die Gattin: «Ich bin Gottes Soldat, und wo er mich hinschickt, da muß ich gehn, und ich glaube, daß er mich schickt und mein Leben zuschnitzt, wie Er es braucht.»[52] Dennoch fühlte er sich nicht als bloß passives Werkzeug in Gottes Hand. Im Gegensatz zu seinem König Friedrich Wilhelm IV. meinte er nicht, bei jeder Gelegenheit auf göttliche Inspiration warten zu müssen. Was er von Gott empfing, war, wie er glaubte, die Pflicht, nach bestem Wissen und Gewissen zu handeln. Er sah in Gott nicht den Anreger seines Handelns, sondern allein dessen Richter. Er hielt es jedoch nicht für unmöglich, daß man im Gang der menschlichen Ereignisse den Willen Gottes wahrnehmen könnte, und bemerkte gelegentlich, daß er sich immer freue, wenn er merke, wohin Gott gehe und er nachhumpeln könne.[53] Obwohl er nicht glaubte, Gottes Wirken damit beeinflussen zu können, beruhigten ihn das Gebet und das Empfinden, einer höheren Macht unterworfen zu sein. In Zeiten großer Anspannung, wie während des Krieges 1870–1871, bestärkte ihn sein Glauben in dem Bestreben, seinen Willen auch gegen ungeheure Widerstände durchzusetzen. In Zeiten politischer Enttäuschungen fand er Trost in der Annahme, daß das, was er nicht verhindern oder ändern könne, Gottes Wille sei. Seine Religion gab seinem Selbstvertrauen eine moralische Basis und vermehrte die Gewißheit, mit der er anderen seinen Willen aufnötigte.

Es ist nichtsdestoweniger sehr zweifelhaft, ob Bismarcks religiöse Bekehrung als Wendepunkt in der Entwicklung seines Charakters anzusehen ist.[54] Sein Bedürfnis zu herrschen und zu lenken entsprang nicht einem religiösen Sendungsbewußtsein, sondern einer früheren, elementareren Kraft seiner Persönlichkeit. Die Bekehrung änderte seine Einstellung zu den Mitmenschen nicht grundsätzlich. Seine zynische Beurteilung der Persönlichkeiten und Beweggründe, sein

Haß und seine Böswilligkeit gegen alle, die ihm Widerstand leisteten, seine skrupellose Bereitschaft, andere für seine Zwecke einzusetzen und auszubeuten, scheinen zu beweisen, daß die dem Christen gebotene Nächstenliebe seinem Temperament immer ziemlich fremd blieb. Sein Glauben steigerte sein Verantwortungsbewußtsein, war aber nicht dessen Grundlage. Verantwortung für das Ganze trug traditionell der Adel seit der Feudalzeit. Friedrich der Große hatte in Preußen die überlieferten Pflichten des Adels umgebildet in eine patriotische Pflicht, dem preußischen Staat zu dienen. Da er sich einzig auf die Stimme seines Gewissens verließ, verwarf Bismarck die Möglichkeit eines objektiven Sittengesetzes und war bei seiner Führung der Staatsgeschäfte im Zweifelsfall bereit, von gesetzlichen Beschränkungen seiner Handlungsfreiheit abzusehen. So ließ ihm die neugefundene religiöse Gewißheit viel von seiner früheren skeptischen Haltung. Sie half ihm, sein persönliches Leben in Ordnung zu bringen, änderte jedoch nichts Wesentliches an seinem sozialen Verhalten.[55]

Im Gegenteil weist alles darauf hin, daß für Bismarck die Religion vornehmlich dazu da war, das innere, rein persönliche Problem zu meistern, das ihm aus den emotionalen Entbehrungen seiner Kindheit erwachsen war. Sie gab ihm ein Gefühl der Sicherheit, das Gefühl, einer zusammenhängenden, sinnvollen und zweckdienlich regierten Welt anzugehören – einer Umwelt, wie seine Eltern sie ihm nicht hatten geben können. Der Gott, den er anbetete, war mächtig (im Gegensatz zu seinem Vater) und liebevoll (im Gegensatz zu seiner Mutter). Obwohl Bismarcks Gott nicht in die irdischen Geschäfte eingriff, kam ihm doch jene höhere Führung und Leitung zu, die der Junker aus Schönhausen sich von keinem Sterblichen hätte gefallen lassen. Gott war die Quelle geistiger Kraft, die er anzapfte, nicht nur, um seine moralische Deckung zu verstärken, sondern auch, um, aus ihr legitimiert, mit zuversichtlicher Anwendung des angeborenen politischen Talents seine narzißtischen Bedürfnisse zu befriedigen.

Der Staatsbegriff

Bismarck war Royalist. Obwohl beide Seiten seiner Familie den Hohenzollern gedient hatten, zog Bismarck doch seine monarchistische Sympathie zweifellos aus seiner besonderen Verbundenheit mit der väterlichen adeligen Seite seiner Abstammung. Er bevorzugte denn auch die Begriffe des Feudalismus vor denen des modernen Staates, sprach von «Untertanen» statt von «Bürgern», von einem «Diener des Königs» anstatt von einem «Staatsdiener». In späteren Jahren bezeichnete er sich oft als «Vasallen» seines «Lehnsherrn», des Königs. Einmal schrieb er: «Er hat das Recht, sich von jedem einzelnen seiner Unterthanen und von jeder Corporation im Lande huldigen zu lassen, wann und wo es ihm gefällt.»[56] Nichtsdestoweniger galt diese Haltung wohl zwar für sein Verhältnis zu Wilhelm I., doch weniger der Institution der Monarchie als solcher. Obwohl er nicht weniger als vier aufeinander folgenden Herrschern diente, nannte er in seiner selbstgewählten Grabschrift («Ein treuer deutscher Diener des Kaisers Wilhelm I.») nur einen von ihnen.[57] Auch fühlte er sich selbst diesem Lehnsherrn nie unbedingt verpflichtet. Nicht selten drohte er seinem Monarchen mit Rücktritt, um dessen Zögern bei wichtigen politischen Entscheidungen zu beenden.

Mit einer Häufigkeit, die Zweifel an der Aufrichtigkeit des vorgetragenen Bekenntnisses zu verbieten scheint, vertrat Bismarck die Überzeugung, daß die Hohenzollern von Gottes Gnaden herrschten. Daraus darf aber nicht geschlossen werden, daß er eine entsprechende, theoretisch begründete Meinung über die Institution der Monarchie besaß. Später werden wir an seinen Worten und Taten sehen, daß das «Legitimitätsprinzip» ihm weniger imponierte. Er hat sogar die von den deutschen Kleinstaaten beanspruchte Souveränität gelegentlich als einen «ganz unhistorischen gott- und rechtlosen . . . Schwindel» bezeichnet.[58] Für sehr wichtig ist seine angeblich «organische» Staatsauffassung gehalten worden, doch diese läßt sich nur mit wenigen kurzen Zitaten belegen, wie der Bezeichnung des Staates als «permanent-identische Persönlichkeit», deren er sich nur ein einziges Mal bediente.[59] Jedenfalls war der organische Staatsbegriff der romantischen Konservativen seinem Denken ganz fremd. Seine politische Haltung vor 1847 hat er einmal als «ständisch-liberal» beschrieben. Das heißt, daß er auf seiten des Adels in Opposition zur absoluten Monarchie stand.[60] Seine Gründe dafür waren aber keine doktrinären, sondern eher praktische.

Bei Friedrich Julius Stahl fand er einen Standpunkt vertreten, der seinem eigenen viel näher lag als diejenigen Karl Ludwig von Hallers oder der Gerlachs. Stahl und Bismarck begannen ihre politische Laufbahn im preußischen Landtag und im Erfurter Parlament. Beide nahmen teil an der Gründung der preußischen konservativen Partei. Inwieweit Bismarck dem Einfluß Stahls zugänglich war, ist schwer zu bestimmen.[61] Aus Erfurt schrieb er im April 1850 an die Gattin, «unsern geliebten Stahl betreffend», daß jener dort seine Perlen vor die Säue werfe, und fügte hinzu: «Noch hat er Perlen für mich, indeß die Zeit, wo unsre Wege auseinandergehn, wird doch mit den Jahren kommen, wenn wirs erleben.»[62] Was ihn zu Stahl hinzog, war wohl dessen Realismus und die von ihm vorgeschlagene Lösung des Problems der Verbindung monarchischer und repräsentativer Institutionen. Man geht aber gewiß nicht fehl in der Annahme, daß Bismarck den theoretischen Unterbau, auf den der Philosoph seine Rechtfertigung monarchischer Gewalt begründete, nie sonderlicher Aufmerksamkeit gewürdigt hat. In einer seiner frühen Reden erklärte Bismarck sich für den «christlichen Staat», und als den Zweck politischer Institutionen bezeichnete er die «Realisierung der christlichen Lehre». Doch bei dieser Gelegenheit scheint er mehr von taktischen Erwägungen geleitet als aus tiefer Überzeugung gesprochen zu haben, denn er forderte die Ablehnung einer Gesetzesvorlage, deren Annahme Juden den Zugang zum Staatsdienst gestattet hätte.[63]

Bismarck glaubte, daß der Staat, wie alles übrige, Teil eines göttlichen Plans für die Welt sei. Die Unterordnung der Kirche unter den Staat sah er ebenso als notwendig an wie die Trennung der Bereiche der christlichen Moral und der politischen Notwendigkeit; hierin fanden seine Anschauungen Bestätigung in den Lehren der lutherischen Kirche selbst. Es kann aber nicht bewiesen werden, daß er wie Luther – und Stahl – des Glaubens war, Gott habe den Staat zum Schutz der tugendhaften Minderheit vor der sündigen Mehrheit gestiftet.[64] Seine Einstellung zum Staat war pragmatisch, nicht theologisch. Was ihm imponierte, war nicht die göttliche, rechtliche, idealistische oder kulturelle Natur der Institution, sondern deren Macht. Mit dieser Einstellung stand er keineswegs allein. Wie wir sahen, betrat er die politische Bühne gerade zu der Zeit, da auch dort der Realismus in Mode kam. Dennoch bestand zwischen seinen Anschauungen und denen der Mehrzahl seiner Zeitgenossen ein wesentlicher Unterschied. Im Gegensatz zu Ranke und Treitschke war er nämlich unfähig, sich den Staat als moralische Persönlichkeit vorzustellen, seine Macht als eine geistige Wesenheit.[65] Für ihn war der Staat primär ein Instrument der Regierung und seine Macht nur ein Mittel zu konkreten, praktischen Zwecken. Doch welche waren diese Zwecke?

Viele Historiker haben behauptet, daß Bismarck Macht nicht um ihrer selbst willen begehrte und nicht verantwortungslos einsetzte, auch wenn er sie nicht zu idealen Zwecken verwendete. Seine Religion, adelige Herkunft und die überlieferte Auffassung von den Aufgaben der Staatskunst erlegten ihm gewisse Beschränkungen auf. Er gehörte zur alten Schule der klassischen Politik, die voraussetzte, daß die auswärtige und Militärpolitik das vernünftige Eigeninteresse des Staates zu verfolgen habe, und zwar in den Grenzen eines nach Möglichkeit zu wahrenden Gleichgewichts der Kräfte. Diese «Ethik» schützte ihn vor der Versuchung, egoistische persönliche Interessen zur Richtschnur seines Handelns zu machen, und bewahrte ihn vor den Leidenschaften der Ideologie und dem irrationalen Einfluß von Volksbewegungen.[66] Tatsächlich ist Bismarck, soweit bekannt ist, während seiner ganzen politischen Laufbahn auf den Wunsch, «zu befehlen, bewundert und berühmt zu werden», zu dem er sich in dem oben zitierten Brief nach seinem Ausscheiden aus dem Staatsdienst 1838 bekannte, ausdrücklich nie wieder zurückgekommen. Er sah sich stets als «Mann des Staates und des Königs», der, über dem Chaos des sozialen und politischen Lebens stehend, ohne Parteilichkeit die von der *raison d'état* gebotene auswärtige und innere Politik zu erkennen und auszuführen bestrebt war:[67] «... ich bin ein, den Gesammtbedürfnissen und Forderungen des Staates im Interesse des Friedens und des Gedeihens meines Vaterlandes gegenüber, disciplinirter und sich unterordnender Staatsmann», erklärte er am 17. Dezember 1873 vor dem preußischen Landtag.[68]

Man braucht die Aufrichtigkeit dieser Erklärung nicht zu bezweifeln, um die Überzeugung zu vertreten, daß der Bismarck von 1873 noch der Bismarck von 1838 war. Was geschah, wird verständlich als Beispiel eines keineswegs seltenen psychischen Prozesses der Übertragung eigener Wünsche auf einen Stellvertreter. Instinktive Bestrebungen, die das Bewußtsein nicht dulden kann, werden entweder unterdrückt oder projiziert.[69] Bismarck projizierte sein Streben nach Macht und Ruhm auf den preußischen Staat. Ziele, die er sich als persönliche und private nicht hätte gestatten können, konnten, als im Interesse des Staates und der öffentlichen Wohlfahrt liegend verstanden, ohne das mindeste Schuldbewußtsein angestrebt werden, unter Einsatz der ganzen überlegenen politischen Begabung, über die Bismarck verfügte. Seine Religion stand ihm in diesem Unternehmen bei. Die Gewißheit, Gottes Soldat zu sein und nur auf Gottes Schritte zu horchen, befreite ihn von jedem Gefühl der Selbstsucht bei dem unablässigen Streben nach Macht und Herrschaft. Durch derartige Projektionen schützte Bismarck sein Ego vor dem Stachel des schlechten Gewissens.

Es ist natürlich zweifelhaft, ob Objektivität, wie Bismarck sie als Staatsmann für sich in Anspruch nahm, überhaupt möglich ist. Wie der Historiker steht der Staatsmann im historischen Prozeß, nicht über diesem. Sein Begriff der öffentlichen Wohlfahrt bildet sich im Schmelztiegel seines Geistes und nimmt dort unvermeidlich Beimischungen persönlichen und sozialen Vorurteils an. Auch Bismarcks Begriffe kamen so zustande. Sein Denken über den Staat enthielt sowohl subjektive als auch objektive Elemente. Für ihn privat war dessen Macht das Mittel der eigenen Selbstverwirklichung und der Garant der aristokratischen Gesellschaftsordnung in einem Jahrhundert dynamischen Wandels; für das Vaterland stellte die Staatsmacht sich dagegen als Mittel zur Abwehr äußerer Feinde und zur Vergrößerung des preußischen Nationalstaates dar.

Festung adeliger Interessen

Bismarck begann seine politische Laufbahn in den Jahren 1846–1847 als überzeugter Vorkämpfer konservativer Interessen. Als er Schönhausen in Besitz nahm, machte er sich alsbald bei seinen adeligen Nachbarn bekannt, erstrebte und erhielt das Amt des Deichhauptmanns, wirkte mit an der Erneuerung und Reform der (gutsherrlichen) Patrimonialgerichtsbarkeit, ließ sich von der Ritterschaft in die Provinzialstände wählen und wurde einer der sechs Vertreter, die diese 1847 in den preußischen Vereinigten Landtag entsandten. Dort opponierte er gegen jede Reform, die dem Adel das geringste Opfer abverlangte, gleichviel ob diese von der Krone oder von der liberalen Opposition vorgeschlagen wurde. Als sich Ende Juni die Versammlung auflöste, konnte er sich in einem Brief an die Braut rühmen, «einigen Einfluß» auf die Abgeordneten «der sogenannten Hof-Parthei und der sonstigen Ultra-Conservativen» gewonnen zu haben.[70]

Nach seinem eigenen Bericht hörte Bismarck von den Ereignissen des 18. und 19. März zuerst im Hause eines Gutsnachbarn, «des Grafen von Wartensleben auf Karow, zu dem sich Berliner Damen geflüchtet hatten». In Schönhausen organisierte und bewaffnete er die Bauern, die sich gegen die revolutionären Zumutungen der Radikalen aus dem nahe gelegenen Tangermünde zur Wehr setzen wollten. Einem benachbarten Gutsherrn liberaler Überzeugung, der erklärte, «wenn die Bauern sich wirklich zum Abmarsch anschicken sollten, so werde er auftreten und abwiegeln», drohte er: «... wenn sie das tun, so schieße ich Sie nieder.» Er eilte nach Potsdam und versicherte dort gleich am Bahnhof Herrn von Bodelschwingh, der bis zum 19. März Minister des Inneren gewesen war: «*Les paysans se lèvent chez nous*», daß sich bei ihm auf dem Lande die Bauern für den König erhöben. Die Offiziere, denen er dann seine Bauern zur Unterstützung einer militärischen Rückeroberung Berlins anbot, zeigten aber keine sonderliche Begeisterung für diesen Plan. Die ihnen zur Verfügung stehenden Truppen seien dafür vollkommen ausreichend, sagten sie, nur wollten sie nicht handeln ohne ausdrücklichen Befehl Friedrich Wilhelms IV., der jedoch keine Befehle gab und in Berlin praktisch Gefangener der Revolutionäre war. Indessen zeigten sie sich an der Möglichkeit interessiert, einen der königlichen Prinzen zur Erteilung eines entsprechenden Befehls im Namen des für den Augenblick offenbar handlungsunfähigen Königs zu bewegen. Obwohl Bismarck in seinen Erinnerungen den Eindruck zu erwecken sucht, er habe bei dem Versuch der Ausführung dieses Plans eine wichtige Rolle gespielt, war er tatsächlich nur am Rande beteiligt. Ohnedies wurde der Plan schnell von den Ereignissen hinfällig gemacht. Am 25. März traf der König überraschend in Potsdam ein und erklärte den versammelten Offizieren: «Ich bin niemals freier und sichrer gewesen als unter dem Schutze meiner Bürger.» Die von ihm gewährten Reformen seien schon seit langem geplant gewesen und entsprächen seinen Überzeugungen. Die Ereignisse hätten nur deren Abschluß beschleunigt, und keine Macht könne ihn dazu bewegen, «das Gegebene zurückzunehmen».[71]

Wie bei den meisten an jenem Nachmittag in Potsdam Anwesenden erregten diese Worte des Königs auch bei Bismarck Trauer, ja sogar Zorn. Doch im Laufe der nächsten Tage betrachtete er die Situation in neuem Licht, sehr zum Leidwesen seiner pietistischen Gefährten. Als am 2. April der Vereinigte Landtag von neuem zusammentrat, nahm er öffentlich die Revolution als vollendete Tatsache hin und erklärte, diesbezüglich gar keine andere Wahl zu haben, «nachdem die Krone selbst die Erde auf ihren Sarg geworfen hat». Er habe aber nicht die Absicht, dem neuen Ministerium, dem einzigen, wie er betonte, «welches uns aus der gegenwärtigen Lage einem geordneten und gesetzmäßigen Zustand zuführen kann», die Arbeit zu erschweren.[72] Einige Tage lang befleißigte er sich dann auch eines konzilianten Auftretens und Tons. An Johanna schrieb er mit der ihm eigenen Ironie über Georg von Vincke, einen Führer der Liberalen: «ich bin viel beruhigter, als ich war; mit Vincke ein Herz und eine Seele.» [73] Doch seine Stimmung änderte sich, als das neue Ministerium sein fiskalisches Programm vorlegte. Da sollte, um die städtische Bevölkerung friedlich zu stimmen, die Mahlsteuer durch eine nur von den Wohlhabenden zu zahlende direkte Steuer ersetzt werden, zur Wiederbelebung der Wirtschaft sollten Firmen, die unter der Revolution zu leiden gehabt hatten, Kredite gewährt werden. Bismarck sprach sich gegen beide Maßnahmen aus, die er als «Geschenk aus der Staatskasse an die Städte» qualifizierte, dessen Kosten «das platte Land» und «die kleinen Städte» zu tragen haben würden. Er äußerte die Befürchtung, «daß das leitende System der Finanzen die Zustände unseres Vaterlandes mehr durch die Brille des Industrialismus auffaßt, als mit dem klaren Auge des Staatsmannes, der alle Interessen des Landes mit gleicher Unparteilichkeit überblickt».[74]

Im Mai beschloß er, nicht für die preußische Nationalversammlung zu kandidieren, die den Vereinigten Landtag ersetzen sollte, weil er zu der Überzeugung gelangt war, daß er keine Aussicht besaß, gewählt zu werden.[75] So mußte er untätig zusehen, wie das neue Parlament eine Verfassung entwarf, die das Gottesgnadentum und die Adelstitel abgeschafft hätte. Des weiteren hoben die Abgeordneten die exklusiven Jagdrechte der Junker auf, ein Gesetz zur Aufhebung der Patrimonialgerichtsbarkeit wurde auf den Weg gebracht, abgeschafft werden sollten überdies die Befreiung der Gutsherren von der Grundsteuer und gewisse Pflichten, die einstweilen noch die Bauern den adeligen Grundbesitzern schuldeten. Insbesondere die Steuerreform reizte ihn zum Zorn: «Daß eine Grundsteuer keine Steuer ist, sondern eine Confiscation des Vermögens desjenigen, der zur Zeit der Veranlagung Grundeigenthum besitzt, weiß ein Jeder», schrieb er. Er sah die beabsichtigte Reform als Beweis einer Verschwörung der Stadt gegen das Land, der Kapitalisten gegen die Rittergutsbesitzer. Im Namen von «Recht und Ordnung» fingen seines Erachtens die Liberalen an, «eine Klasse von Staatsbürgern zu plündern, um eine andre zu beschenken». Es ging dabei für ihn um nicht weniger als die Existenz eines großen Teils der konservativen Partei.[76]

Im Programm des Frankfurter Parlaments sah er Grund zur Sorge «um das sociale und politische Fortbestehen Preußens».[77] Die bewegenden Prinzipien dieses Programms waren, wie er fand, «mehr socialer als nationaler Natur». Denn, so Bismarck: «Die nationale Bewegung wäre auf wenige, aber allerdings hervorragende Männer in engeren Kreisen beschränkt geblieben, wenn nicht dadurch der Boden unter unseren Füßen erschüttert wurde, daß das sociale Element in die Bewegung hineingezogen, daß durch falsche Vorspiegelungen die Begehrlichkeit des Besitzlosen nach fremdem Gute, der Neid des minder Begüterten gegen den Reichen aufgestachelt wurde».[78]

Als sich dann der revolutionäre Eifer abkühlte und die Nachrichten von den ersten Siegen der Konterrevolution in Frankreich (während der «Junitage») und Italien (Wiedereroberung Mailands) eintrafen, begannen die von den Märzereignissen überrumpelten Konservativen wieder Mut zu fassen. Bismarck begann seine Beziehungen zu den Ultrakonservativen, deren Unmut er mit seiner Rede am 2. April herausgefordert hatte, wieder zu verbessern. Er beteiligte sich an der Gründung und Finanzierung einer konservativen Zeitung, der *Neuen Preußischen Zeitung* (die man dann die *Kreuzzeitung* nannte), sowie eines preußischen Netzwerks konservativer Sympathisanten. Diese Aktivitäten (sowie eine Entschuldigung für Verleugnung des Glaubens an die Krone) bahnten ihm den Weg ins Vertrauen der Gerlachs und der geheimen ultrakonservativen «Kamarilla», die als ihr vorrangiges Ziel die Absicht verfolgte, den König zu einem Staatsstreich zu überreden.[79]

Was Bismarck jetzt vor allem erzürnte, war die Überzeugung, daß für die Niederlage der alten Ordnung nicht zuletzt der König selbst verantwortlich war. Im März hatte die Armee stets treu zum König gehalten. Die Truppen hätten den Barrikadenaufstand mit Leichtigkeit niederschlagen können, hätte nicht Friedrich Wilhelm IV. ihnen befohlen, aus der Stadt abzuziehen.[80] Doch einstweilen weigerte der König sich zu handeln. Im August entwarf Bismarck eine drohende Eingabe, die seine konservativen Freunde unterzeichnen sollten. Der neue Besteuerungsentwurf, heißt es darin, hebe die Gleichheit vor dem Gesetz auf, «indem er an die Stelle einer gleichmäßigen Besteuerung Confiscation des Vermögens derjenigen Unterthanen setzt, welche dasselbe augenblicklich in steuerfreien Grundstücken angelegt haben», und das geschehe «mit einer Willkühr, wie nur Eroberer und Gewaltherrscher sie bisher übten». Für diese Willkür seiner Minister werden die Unterzeichner «mit der großen Mehrzahl des preußischen Volkes E. M. vor Gott und vor der Nachwelt verantwortlich halten». Dem König sollte mithin bedeutet werden, daß die Loyalität des Adels an ihre Grenzen stieß, wo seine Rechte und Privilegien angetastet wurden. Am 18. und 19. August 1848 nahm der Rittergutsbesitzer von Schönhausen in Berlin an einem «Junker-Parlament» teil, das zur Verteidigung der Interessen des Adels zusammengetreten war.[81]

In Bismarcks Augen waren das keine kleinlich egoistischen Interessen. Als Kandidat für das Parlament bezeichnete er wahrscheinlich in aller Aufrichtigkeit seine Einstellung – im Gegensatz zu derjenigen der Kaufleute und Industriellen – als unabhängig und unparteiisch. Ohne sich dieses Bekenntnisses im mindesten zu schämen, konnte er erklären: «Ich bin ein Junker und will auch Vorteile davon haben.»[82] Um «pekuniäre Vorteile» war es ihm dabei nicht in erster Linie zu tun, sondern um solche der Stellung und des Einflusses. Denn die Privilegien seines Standes hielt er für gerechtfertigt durch dessen einzigartigen Beitrag zum Gemeinwohl. 1849 machte er diese Überzeugung zum Gegenstand einer Rede. Die Geschichte beweise, so Bismarck, daß «besonders häufig» Staaten mit einer erblichen Aristokratie zu «dauernder Blüthe» und Macht gelangt seien. Die großen Siege der preußischen Armee seien mit adeligem Blut erkauft worden. Der Adel, der sich sowohl monarchischem als auch demokratischem Absolutismus widersetze, sei das größte Bollwerk der Freiheit in der preußischen Gesellschaft, der Kiel und das Steuerruder, die das Staatsschiff sicher durch die Stürme des Zeitgeistes lenken konnten.[83]

1849 erklärte Bismarck überdies einem Korrespondenten, daß der Adel die patriotische Pflicht habe, seine eigenen materiellen Interessen wahrzunehmen, denn er müsse über unabhängige Einkünfte verfügen, um dem Staat dienen zu können.[84] Bis an das Ende seiner Tage hielt er an der Überzeugung fest, daß Gutsbesitzer und Bauern das Rückgrat der Gesellschaft bildeten. Die Ausdauer, mit der man Kriege gewann, eignete man sich seines Erachtens beim Landbau an, nicht bei der Bedienung von Maschinen. Der Boden nährte die gesunden Instinkte der Vaterlandsliebe und Königstreue. Die Stadt dagegen brütete die widerwärtigen Seuchen des Verrats und der Revolution aus. Die produktiven Klassen der deutschen Gesellschaft waren die Bauern und der Landadel, nicht Kapitalisten, Fabrikarbeiter, Bürokraten, Hofadel und Geldadel. Sie, Bauern und Landadel, waren die Arbeitsbienen, deren Pflege sich die politische Ökonomie vor allem angelegen sein lassen sollte.[85] Seine Verteidigung des Adels argumentierte nicht

Leopold von Gerlach als «neuer Peter von Amiens» mit dem Eisernen Kreuz (dem Symbol der *Kreuzzeitung*) in der erhobenen Rechten. Rechts «St. Stahl» als Priester, links Bismarck als «Erzschelm in Panzer und Schuppen», Stammbaum in der einen, Peitsche in der anderen Hand. Hinter Gerlach Hermann Wagener als Don Quichotte. (Wilhelm Scholz, *Kladderadatsch*, 4. November 1849)

romantisch, sondern realistisch. Er sprach nicht vom heiligen Erbe, sondern von den nützlichen Diensten, die die Junker der gegenwärtigen Gesellschaft leisteten.

Im Spätsommer 1848 setzte sich Bismarck für die Standesinteressen des Adels und die monarchische Autorität ein, ohne die mindeste Kompromißbereitschaft erkennen zu lassen. So wandte er sich gegen den Vorschlag eines pommerschen Nachbarn, des Publizisten Ernst von Bülow-Cummerow, eine Koalition anzustreben, deren Ziel sein sollte, «die besitzenden Klassen mit dem Mittelstande und dem intelligenteren Teile der Nation zu verbinden und so eine kompakte Masse denen gegenüber zu bilden, welche nicht die soziale Reform, sondern die soziale Revolution wollen». Bismarck meinte, daß die Monarchie solcher Unterstützung nicht bedürfe. Wenn Friedrich Wilhelm endlich Gewalt brauche, werde der revolutionäre Spuk sofort verschwinden. In Überschätzung der Wirksamkeit der sogenannten öffentlichen Meinung täusche der König sich über die wahren Machtverhältnisse. In seinen Erinnerungen sollte Bismarck schreiben, daß der Lärm in der Presse und in den Parlamenten den Realpolitiker nicht zu bekümmern brauche, solange «das Geschrei der *rerum novarum cupidi*» die Loyalität der Truppen nicht beeinflusse, was keinesfalls so leicht zu machen sei, wie Zeitungsschreiber glaubten.[86] Eben dieser Meinung war Bismarck bereits im Jahre 1849. In einer Rede erklärte er schon damals, daß der Widerstreit zwischen Volkssouveränität und Gottesgnadentum durch parlamentarische Debatten nie zu entscheiden sein würde. Nicht Rhetorik, sondern Macht werde schließlich zwischen Bürgern und Junkern, Liberalen und Konservativen die Entscheidung herbeiführen. Der Sieg werde nicht der parlamentarischen Mehrheit zufallen, sondern der gepanzerten Faust des Staates.[87]

Daraus sollte freilich nicht geschlossen werden, daß Bismarck die öffentliche Meinung für unwichtig hielt. Er tat dies ebensowenig, wie Machiavelli die Mitwirkung moralischer Kräfte in der Politik bestritt. Wie der Florentiner betrachtete er sie jedoch als Gegenstände der Manipulation, als Kräfte, die man zu nutzen wissen müsse, nicht als das politische Handeln bestimmende Faktoren. Man dürfe diesen Kräften nicht gestatten, die Durchführung notwendiger politischer Maßnahmen zu behindern oder den Instrumenten der staatlichen Macht die erforderliche Schärfe zu nehmen. Während seiner ganzen ferneren Laufbahn ist die Aufrechterhaltung monarchischer Kontrolle über die Machtmittel des Staates stets das erste Anliegen der Bismarckschen Innenpolitik geblieben. Es war genau dieses Anliegen, das ihm 1862 die Ernennung zum preußischen Ministerpräsidenten brachte. Die Hartnäckigkeit, mit der er darauf beharrte, erwuchs ihm zweifellos aus der Erinnerung an die Ereignisse des Jahres 1848 und aus der Erkenntnis, daß die der Monarchie verbliebene autokratische Gewalt der feste Halt war, dessen der Adel bedurfte, um nicht ungeschützt dem Ansturm seiner Feinde ausgeliefert zu sein.

Ablehnung des Absolutismus

Bismarck war nie ein Freund des Absolutismus. Wie die meisten Konservativen sah er den Staat nicht nur als Garanten der Sicherheit, sondern auch als potentiellen Feind seiner Interessen an. In der Vergangenheit hatten königlicher Absolutismus und bürokratischer Liberalismus die adelige Freiheit schon gefährdet, ehe noch der Ruf nach Volkssouveränität laut wurde. Doch Bismarcks Widerwillen gegen die bürokratische Maschinerie hatte auch persönliche Gründe.

Während seiner kurzen Beamtenlaufbahn hatte er sie kennen- und verabscheuen gelernt, um so mehr, als durch sie für ihn der einzige gangbare Weg zur Macht zu führen schien.

Der Vereinigte Landtag von 1847 bot ihm zugleich eine Möglichkeit, sich persönlich auszuzeichnen, und Gelegenheit, seine Auseinandersetzung mit dem Regierungsapparat fortzusetzen. Gegen dort von der Bürokratie vorgeschlagene Reformen opponierte er genauso heftig wie gegen die Vorlagen der liberalen Opposition. Gewisse liberale Züge der am 5. Dezember 1848 erlassenen Verfassung erbitterten ihn ebenso wie manchen anderen Konservativen.[88] In den zweiten Vereinigten Landtag gewählt, ereiferte er sich dort gegen die Bemühungen der Manteuffel-Regierung, die Reste des gutsherrlichen Regiments zu liquidieren und so die Unruhe unter den Bauern zu stillen.[89] Seine Angriffe waren so heftig, daß er fast aus der konservativen Partei ausgestoßen worden wäre.[90] Im folgenden Sommer schrieb er erbittert aus Schönhausen an Hermann Wagener: «... die Bürokratie aber ist krebsfräßig an Haupt und Gliedern, nur ihr Magen ist gesund, und die Gesetzexcremente, die sie von sich giebt, sind der natürlichste Dreck von der Welt.» Nach dem Staatsstreich Napoleons III. schrieb er im Dezember 1851 an Leopold von Gerlach, daß seines Erachtens der Bonapartismus in Preußen älter sei als Bonaparte. «Jetzt finde ich ihn bei uns vorzugsweise durch die liberalisierende Bürokratie körperlich dargestellt.» Auch zu «antikem Republikanismus» sah er die preußische Bürokratie geneigt. Der Keim dieser Krankheit verbreitete sich nach seiner Auffassung durch falsche Erziehung, die eine skeptische und kritische Haltung geradezu ermutigte. Da zudem die Beamten schlecht bezahlt und nur sehr langsam befördert wurden, lag für die Unzufriedenen nichts näher, als umstürzlerische Neuerungen zu fordern und zu begünstigen, von denen sie sich eine Besserung ihrer Stellung versprechen konnten.[91]

Man hat keine Ursache, die Aufrichtigkeit von Bismarcks oft geäußerter Überzeugung, daß ein Parlament als Gegengewicht gegen die «revolutionären» Tendenzen des bürokratischen Liberalismus erforderlich sei, im mindesten anzuzweifeln. Nur, wie dachte er sich dieses Parlament? Wie sollte es gewählt werden, welches seine Befugnisse sein?

Bismarck begann als Fürsprecher des Ständestaates. Sein ideales Parlament war eine Ständevertretung, die nur zu «öffentlicher Kritik» befugt sein sollte. Unter dem Einfluß von Stahl gelangte er 1848 zu der Einsicht, daß in einer solchen Ständevertretung nicht nur Bauer, Bürger, Edelmann, sondern auch der moderne Proletarier als vierter Stand vertreten sein sollte.[92] Praktische Erwägungen empfahlen ihm diese Einsicht, nicht romantische Gefühle. Er wollte ja auch in dem Ständestaat, der ihm vorschwebte, keine mittelalterliche Institution wieder aufleben lassen, sondern eine repräsentative Körperschaft bilden, in der die verschiedenen Berufs- und Interessengruppen des Volkes vertreten wären, doch die Landbesitzer die vorherrschende Stimme hätten. Das allgemeine, direkte und gleiche Wahlrecht lehnte er ab, weil dies der Menge der Stimmen, nicht der Meinung und Verständigkeit der Stimmberechtigten das größere Gewicht gab. Da die Liberalen sich auf nichts besseres als Parteienbildung und Agitation verstanden, sei bei allgemeinem, direktem und gleichem Wahlrecht zu erwarten, daß sie ihre Kandidaten durchsetzten, obwohl sie nur eine Minderheit der Wähler vertraten.[93]

Das durch königlichen Erlaß am 30. Mai 1849 eingesetzte Dreiklassenwahlgesetz befriedigte ihn dann allerdings auch nicht, denn damit wurde die Wählerschaft künstlich nach ihrem Einkommen und Vermögen aufgeteilt, anstatt daß die von Bismarck geforderte Vertretung der Stände zustande gekommen wäre. «Wir sind keine Volksvertretung», erklärte er den Abgeordneten am 14. Februar 1851. «Steigen wir herab von diesem Piedestal selbstgeschaffener Größe!»[94] Er bestritt freilich jedem denkbaren System der Vertretung die Kompetenz, für das Volk zu sprechen. Aus diesem Grunde schien es ihm auch eine Torheit zu sein, die parlamentarische Repräsentation als natürliches Recht des Individuums einfordern zu wollen.[95]

Während der ersten beiden Jahre ihrer Existenz hoffte er noch, die preußische zweite Kammer durch eine Ständeversammlung ersetzt zu sehen.[96] In einem Brief an Leopold von Gerlach vertrat er 1851 die Meinung, daß eine derartige Ersetzung nicht verfassungswidrig wäre. Die Krone könnte einfach einen neuen Vereinigten Landtag einberufen, der dann die legislativen Funktionen des Landtags übernehmen würde, während der letztere allmählich verkümmerte.[97] Wenig später gelangte Bismarck allerdings zu der Meinung, daß es eines solchen Manövers nicht bedurfte. Da die Liberalen die Wahl boykottierten, hatten in der ersten unter dem Dreiklassenwahlrecht gewählten Kammer die Konservativen die Mehrheit. In einer an den Prinzen Wilhelm gerichteten Denkschrift behauptete Bismarck 1853: «... im Grunde kommen, so lange die Zeiten ruhig sind, bei jedem Wahlgesetz im Großen und Ganzen dieselben Personen wieder in die Kammer.» Er riet deshalb von einer Änderung des Wahlgesetzes ab. «Das Rezept, nach welchem eine Kammer componirt wird, gewährt niemals die Garantie, welche allein in dem Maße der Rechte liegt, welche den Kammern der Krone gegenüber eingeräumt werden.»[98] Bismarck empfahl deshalb eine Beschränkung dieser Rechte.

Hier stellte sich ihm ein Dilemma, dem er während seiner ganzen politischen Laufbahn immer wieder begegnen sollte. Wenn die Rechte des Parlaments zu beschränkt waren, war es machtlos gegen die Bürokratie, ließ man ihm zu unbeschränkte Rechte, wurde es selbst zur Bedrohung der Krone. In beiden Fällen liefen die Interessen des Adels Gefahr. Welche Rechte also sollte das Parlament vernünftigerweise haben?

Die am 5. Dezember 1848 erlassene und am 31. Januar 1850 revidierte, vom König verkündete und beschworene Verfassung gab der Krone und beiden Kammern je eine gleiche Stimme bei der Legislation. Da die erste Kammer dann in ein Herrenhaus mit erblichen Sitzen umgewandelt wurde, hieß das, daß Krone und Adel ein absolutes Vetorecht hatten. Als Abgeordneter in der zweiten Kammer widersetzte Bismarck sich nachdrücklich allen Versuchen, deren Rechte zu vermehren. Zum ersten Mal trug er die berühmte «Lückentheorie» vor, auf die sich dann im Verfassungskonflikt der sechziger Jahre die Krone berufen sollte. Da die Verfassung kein Verfahren zur Schlichtung ernsthafter Konflikte zwischen Krone und Parlament vorsah, mußten, nach Auffassung Bismarcks, solche Konflikte durch den Willen der Krone entschieden werden.[99]

In der Denkschrift von 1853 erläuterte Bismarck seine Anschauungen. Die Landesvertretung, schrieb er, «muß mit den Mitteln ausgerüstet sein, neue Gesetze und neue Steuern vom Lande abzuwehren und eine controllirende Kritik über das Regirungssystem, namentlich den Finanz-Haushalt und die innre Verwaltung auszuüben, aber sie muß niemals die Macht haben, die Krone wider den Willen des Königs zu Handlungen zu nöthigen oder deren Minister zu verdrängen, sonst wird sie diese Macht unfehlbar mißbrauchen.» Um dieses Übel zu verhüten, müsse die Krone imstande sein, jede Änderung der Gesetze des Landes, die ihrem Willen zuwiderlaufe, zu verhindern. «Dazu ist vor allen Dingen nothwendig, daß weder das ganze Budget noch ein Theil desselben von den Kammern verweigert werden kann; sondern so lange Krone und Kammer sich nicht über Abänderungen einigen, muß das alte Budget fortbestehen und dieses Festhalten des Bestehenden das einzige Zwangsmittel des einen Theils gegen den andern bilden. Sehr bedenklich wäre es, einen Theil des Staatshaushaltes von jährlicher Bewilligung abhängig zu machen.»[100]

Von Anfang an glaubte Bismarck an die Wichtigkeit der Institution des Parlaments. Es war das Parlament, in dem seine politische Karriere ihren Anfang nahm. 1858 beklagte er in einem Brief an Leopold von Gerlach «den Servilismus der Majoritäten in den Abgeordneten, die Trägheit und den Mangel an Kenntnissen und Geschäftsroutine bei den Herrn vom anderen Hause und dem Adel überhaupt», die zur Folge hätten, daß die Landtage dahin gravitierten, «in Unbedeutendheit und Vergessenheit» einzusumpfen und derart zu «bureaukratischen Staatsstreichen» seitens des Ministeriums zu ermutigen. Um seine Gesundheit zu erhalten, bedürfe der Staat der freien Bewegung.[101] Mehr als dreißig Jahre später führte er nach seiner Entlassung ähnlich Klage über den Deutschen Reichstag. Doch die Impotenz der preußischen und deutschen Parlamente war eine natürliche Konsequenz aus den überwiegend negativen Funktionen, die er ihnen allein zugestand. Sie sollten ja hauptsächlich und ursprünglich nur der Verteidigung der Interessen des Adels gegen Zumutungen seitens der Bürokratie und der Krone dienen.[102] Bei jedem ernstlichen Machtkampf favorisierte er die Monarchie gegen die gesetzgebende Versammlung. Gefahren für den Adel gingen sowohl von einer parlamentarischen Regierung wie auch von königlichem Absolutismus aus. Aber mehr zu befürchten war unstreitig von der ersteren.

Seine Äußerungen zu solchen Fragen zeichnen sich durch einen für die Zeit ganz ungewöhnlichen Verzicht auf philosophische Begründung aus. Im Gegensatz zur Mehrzahl seiner Zeitgenossen, seien diese liberal oder konservativ, ging er in seinem Denken über politische Fragen fast stets von ausschließlich praktischen Erwägungen aus. Bei Verfassungsfragen ging es für ihn nie um die Bewährung einer historischen Theorie oder die Bestätigung abstrakter Rechte, sondern allein um die Repräsentation konkreter Interessen und die Verteilung der Macht.

III

Die äußeren Funktionen der Macht

Ein preußischer Nationalist

Autoritäre Regierungsformen sind von deutschen Historikern und Politikwissenschaftlern am häufigsten mit geopolitischen Argumenten gerechtfertigt worden. Als Bewohner eines Landes auf den offenen Ebenen des nördlichen Europa ohne klare natürliche Grenzen bedurften die Preußen eines Regierungssystems, das auf Angriffe von außen mit ebenso raschen wie wirksamen Verteidigungsanstrengungen zu reagieren vermochte. Die klassische Formulierung dieser Anschauung findet man bei Ranke: «Das Maß der Unabhängigkeit gibt einem Staate seine Stellung in der Welt; es legt ihm zugleich die Notwendigkeit auf, alle inneren Verhältnisse zu dem Zwecke einzurichten, sich zu behaupten. Dies ist sein oberstes Gesetz.»[1] Das Prinzip fand Eingang in die deutsche politische Literatur, wo es als «Primat der Außenpolitik» bezeichnet wurde. Ranke war der Philosoph des Primats der Außenpolitik, doch Bismarck gilt allgemein als dessen größter Praktiker.[2]

Geäußert hat er sich zu diesem Prinzip bereits zu Beginn seiner Laufbahn, obgleich das Thema ihn damals noch nicht übermäßig interessierte. Im Februar 1857 wandte er sich scharf gegen eine Erweiterung der finanziellen Kompetenzen des Parlaments, da eine auf das Wohlwollen der zweiten Kammer angewiesene Regierung keine vernünftige Außenpolitik mehr verfolgen könne; denn «bei uns (liefern) die Majoritätsbeschlüsse nur das schwankende Resultat einer sehr complicirten Diagonale der Kräfte von fünf bis sechs Parteien», wie er sagte. Anders liege die Sache in England. Im House of Commons seien «nur zwei streng geschiedene Parteien» zu finden, «von denen die eine eine ganz sichre nicht schwankende Majorität hat und sich mit eiserner Disziplin ihren Führern, die gleichzeitig Minister sind, unterordnet».[3]

Bismarcks Lobpreis des britischen Systems darf jedoch nicht für bare Münze genommen werden.[4] Das House of Commons war das bewunderte Vorbild der preußischen Liberalen, und Bismarck nahm hier die Gelegenheit wahr, deren Abgeordneten unter die Nase zu reiben, daß die preußischen Zustände mit den britischen nicht vergleichbar seien. In seiner Denkschrift an den Prinzen Wilhelm ließ er keinen Zweifel daran, daß er, von der Zusammensetzung der Kammer ganz abgesehen, eine vom Parlament beherrschte Regierung überhaupt nicht wünschenswert fand: «Preußen ist keineswegs durch Liberalismus und Freigeisterei groß geworden, sondern durch eine Reihe von kräftigen, entschlossenen und weisen Regenten, welche die militärischen und finanziellen Kräfte des Staates sorgfältig pflegten und schonten, sie aber auch in eigner, selbstherrschender Hand zusammenhielten, um sie mit rücksichtslosem Muthe in die Wagschale der europäischen Politik zu werfen, sobald sich ein günstiger Moment dazu darbot. Dieses System müssen wir auch noch ferner beibehalten, wenn die Monarchie zu einem haltbaren Abschluß gelangen soll. Der parlamentarische Liberalismus kann dabei als vorübergehendes Mittel zum Zweck dienen, aber er kann nicht selbst der Zweck unsres Staatslebens sein. Es ist unzweifelhaft gerechter Anspruch, daß jeder Preuße den Grad von Freiheit genieße, welcher mit der öffentlichen Wohlfahrt und mit der Laufbahn, welche Preußen in der europäischen Politik zu machen hat, verträglich ist, aber mehr nicht. Diese Freiheit kann man auch ohne parlamentarische Regirung haben.»[5]

Zu jener Zeit seiner Laufbahn faßte Bismarck das «Primat der Außenpolitik» anders auf als Ranke und andere Fürsprecher des autoritären preußischen Staates. Ihre Haltung war offensiv, seine defensiv. Für ihn war die monarchische Kontrolle über die Regierung nicht nur zur Verteidigung Preußens gegen Angriffe von außen notwendig, sondern auch um Gelegenheiten zur Expansion wirkungsvoll nutzen zu können. Er dachte also nicht geopolitisch, sondern nationalistisch, und wollte nicht nur Sicherheit, sondern höhere Ehre und Macht für Preußen und die Hohenzollern.

Der Nationalismus Bismarcks entsprach dem Typus der Staatsnation, nicht jenem der Kulturnation.[6] Erst im Alter und auch dann nur selten sprach er von der Nation als einem kulturellen Phänomen. Bis zuletzt hielt er die «Vermittlung dynastischer Anhänglichkeit» für erforderlich zur Schöpfung eines Nationalgefühls. Diese Haltung war angesichts seiner Herkunft ganz natürlich. Seit Jahrhunderten hatten die Bismarcks in den Armeen der Hohenzollern gedient. Preußischer Patriotismus verstand sich für ihn von selbst.[7]

Damit soll nicht gesagt werden, daß sich der junge Bismarck nicht auch als Deutscher gefühlt hätte. Deutsches Nationalbewußtsein hat er spätestens als Schüler kennengelernt, und in Göttingen war er anfänglich ja sogar geneigt, der «Burschenschaft» beizutreten, «welche die Pflege des nationalen Gefühls als ihren Zweck bezeichnete».[8] Doch sein deutscher Patriotismus blieb beschränkt auf den «Geist von 1812«, wie der konservative Adel ihn verstand. Die Mehrzahl der Adeligen, die 1812 in den Krieg zogen, wollten Deutschland von der französischen Fremdherrschaft befreien, dachten aber nicht an die staatliche Einigung des Landes. Was Männer dieser Überzeugung wünschten, war die Solidarität der deutschen Fürsten, nicht die souveräne Einigung des deutschen Volkes.[9]

Bismarck war die Revolution von 1848 nicht zuletzt deshalb ein Greuel, weil sie die Integrität der preußischen Nation bedrohte. Mit Entrüstung nahm er den liberalen Plan zur Kenntnis, Polen in die staatliche Selbständigkeit zu entlassen.[10] Aber eine noch größere Gefahr stellte für ihn das Projekt des Frankfurter Parlaments dar, Preußen in Deutschland aufgehen zu lassen. In der Landtagsdebatte über die Frankfurter Verfassung am 21. April 1849 erklärte er: «Die deutsche Einheit will ein Jeder, den man darnach fragt, sobald er nur deutsch spricht; mit dieser Verfassung aber will ich sie nicht.» Er widersetze sich der Diskussion eines Antrages, fuhr er fort, «welcher darauf hinausgeht, das Staatsgebäude, welches Jahrhunderte des Ruhmes und der Vaterlandsliebe aufgebaut haben, welches von Grund auf mit dem Blute unserer Väter gekittet ist, zu untergraben und einstürzen zu lassen.» Vielmehr solle deshalb, erklärte er, die preußische Regierung einen eigenen Plan zur Einigung Deutschlands vorlegen.[11]

Doch auch der preußische Plan einer deutschen Union forderte dann seinen Widerspruch heraus. Im Dezember tadelte er heftig die Absicht, Preußens Unabhängigkeit diesem «Phantom» zu opfern. Die Rechte, die dem preußischen König in dem geplanten kleindeutschen Bund eingeräumt werden sollten, waren seiner Meinung nach keine hinreichende Kompensation für die Tatsache, daß Preußen, so wie der Bundesrat konstituiert werden sollte, darin überstimmt werden konnte. Auch dieser Plan lief auf die Auflösung Preußens hinaus und drohte, «den besten Pfeiler deutscher Macht» zu vernichten. Während des Revolutionsjahrs habe Preußen allein Deutschland vor Gefahr bewahrt: «Was uns gehalten hat, war gerade das specifische Preußenthum. Es war der Rest des verketzerten Stockpreußentums, der die Revolution überdauert hatte, die preußische Armee, der preußische Schatz, die Früchte langjähriger intelligenter preußischer Verwaltung und die lebendige Wechselwirkung, die in Preußen zwischen König und Volk besteht. Es war die Anhänglichkeit der preußischen Bevölkerung an die angestammte Dynastie, es waren die alten preußischen Tugenden von Ehre, Treue, Gehorsam und die Tapferkeit, welche die Armee, von deren Knochenbau, dem Officiercorps, ausgehend, bis zu den jüngsten Rekruten durchziehen. Diese Armee hegt keine dreifarbigen Begeisterungen, in ihr werden Sie ebensowenig, als in dem übrigen preußischen Volke, das Bedürfniß nach einer nationalen Widergeburt finden. Sie ist zufrieden mit dem Namen Preußen und stolz auf den Namen Preußen … Preußen sind wir und Preußen wollen wir bleiben.»[12] In dieser Tirade erscheinen alle Elemente, aus denen Bismarcks Begriff der Nation sich zusammensetzte: Dynastie, Loyalität, autokratischer Paternalismus, militärische Disziplin und patriotisches Opfer. Während der nachfolgenden Debatte qualifizierte ein Gegner den Redner als einen «verlorenen Sohn» des großen deutschen Vaterlandes. Darauf erwiderte Bismarck: «Meine Herren! Mein Vaterhaus ist Preußen und ich habe mein Vaterhaus noch nicht verlassen und werde es nicht verlassen.»[13]

Aggressiver Nationalismus

Potentiell aggressiv sind beide Ausprägungen des Nationalismus. Der Kulturnationalist betrachtet nationale staatliche Einheit oder nationale Unabhängigkeit als ein moralisches Recht, auf das gestützt er guten Gewissens bestehendes Völkerrecht und zwischen den Staaten bestehende Machtverhältnisse außer acht lassen kann. Der Glaube an das Recht auf nationale Selbstbestimmung kann zudem leicht in einen Glauben an die Überlegenheit der eigenen Nation und mithin an deren Recht zur Herrschaft über Völker anderer Kultur umschlagen. Bismarck andererseits beurteilte die Frage der Erweiterung des preußischen Machtbereichs weniger unter dem Aspekt der Selbstbestimmung als vielmehr unter dem der günstigen Gelegenheit. Ihm sagte die Rhetorik der Französischen Revolution und der Freiheitskriege wenig; sein Muster war vielmehr die Karriere Friedrichs des Großen. Persönlicher Ehrgeiz und Preußenstolz, das Bedürfnis nach Selbstverwirklichung durch politische Macht und der Wunsch, Preußen größeren Einfluß auf die deutsche und die europäische Politik zu verschaffen, entsprangen den gleichen Elementargewalten seiner Persönlichkeit.

Schon Bismarcks früheste bekannte Äußerung zur internationalen Politik verrät die Richtung seines Denkens. Während seiner Jahre in Kniephof bemerkte er im Gespräch mit benachbarten Gutsherrn gelegentlich (die Rede war «von den Bestrebungen der Landesfürsten im Allgemeinen»), «daß es das Hauptziel dieser Gewaltigen auf Erden sei, ihr Herrschaftsgebiet auszudehnen und ihre Grenzen zu erweitern». Der Berichterstatter zitiert ihn wörtlich mit der Erklärung: «Ich bin der Meinung, daß wir auch noch einmal eine Zeit bekommen werden, wo das Königreich Preußen einen bedeutenden Zuwachs erhalten wird.»[14] Daß man sich dieser Bemerkung erinnerte und sie später aufzeichnete, läßt vermuten, daß sie bei Bismarcks Gesprächspartner Widerspruch erregte. Beim pietistischen Adel betrachtete man das friderizianische Verfahren in der Politik nicht eben als vorbildlich. Die Eroberung Schlesiens war eine Verletzung des Legitimitätsprinzips und eines feierlichen Vertrages zwischen Fürsten.

Während des Frühjahrs und Sommers 1849 glaubte Bismarck Preußens große Stunde gekommen. Daheim saß die Hohenzollerndynastie wieder fest im Sattel, auswärts gab es keine Koalition, die sie hätte hindern können, ihr Herrschaftsgebiet auszudehnen. England schien dem Vorhaben, eine kleindeutsche Union unter Friedrich Wilhelm IV. zu gründen, günstig gesonnen zu sein. Frankreich war mit inneren Schwierigkeiten beschäftigt. Der Staat, der dabei am meisten zu verlieren hatte, Österreich, war durch den ungarischen Aufstand verhindert, seine Interessen anderswo wahrzunehmen. Mit der möglichen Ausnahme Rußlands war von keiner der europäischen Großmächte Widerstand gegen eine preußische Hegemonie in Deutschland zu erwarten. Als er im April des Jahres in der zweiten Kammer des preußischen Landtags für die Ablehnung der Frankfurter Verfassung eintrat und verlangte, daß Preußen Preußen bleibe, sagte er: «Es wird als solches stets in der Lage sein, Deutschland Gesetze zu geben, nicht, sie von Anderen zu empfangen.»[15]

Der deutsche Unionsplan[16] erregte seine Verachtung nicht nur wegen seines Inhalts, sondern auch die Methode, mit der Friedrich Wilhelm IV. dessen Annahme zu erreichen suchte, schien ihm verächtlich. Anstatt ein Machtwort zu sprechen, verhandelte der preußische König mit Fürsten und Parlamenten. Als im August der ungarische Aufstand niedergeschlagen war, begriff Bismarck sofort, daß sich durch dieses Ereignis die Lage verändert hatte. Seines Erachtens erübrigte sich nunmehr jede parlamentarische Diskussion der deutschen Frage: «die Frage wird überhaupt nicht in unsern Kammern, sondern in der Diplomatie und im Felde entschieden», schrieb er aus Berlin an seine Frau, «und alles, was wir darüber schwatzen und beschließen, hat nicht mehr Werth als die Mondscheinbetrachtungen eines sentimentalen Jünglings, der Luftschlösser baut und denkt: daß irgend ein unverhofftes Ereignis ihn zum großen Mann machen werde.»[17] Am 6. September verglich er im Landtag das Handeln Friedrich Wilhelms IV. mit dem mutmaßlichen Handeln Friedrichs des Großen in der gegenwärtigen Situation: «Er hätte die Wahl gehabt, sich nach dem Bruch mit Frankfurt an den alten Kampfgenossen, an Oestereich anzuschließen, dort die glänzende Rolle zu übernehmen, welche der Kaiser von Rußland gespielt hat, im Bunde mit Oestereich den gemeinsamen Feind, die Revolution, zu vernichten», sagte der Redner. «Oder es hätte ihm freigestanden, mit demselben Recht, mit dem er Schlesien eroberte, nach Ablehnung der Frankfurter Kaiserkrone den Deutschen zu befehlen, welches ihre Verfassung sein solle, auf die Gefahr hin, das Schwert in die Waagschale zu werfen. Dies wäre eine nationale preußische Politik gewesen. Sie hätte Preußen ... die richtige Stellung gegeben, um Deutschland zu der Macht zu helfen, die ihm in Europa gebührt.» Und Bismarck schloß: «Wir alle wollen, daß der preußische Adler seine Fittiche von der Memel bis zum Donniersberge schützend und herrschend ausbreite, aber frei wollen wir ihn sehen», nicht gefesselt nämlich im Rahmen eines erneuerten Heiligen Römischen Reichs oder mit gestutzten Flügeln, wie ihn die Verfasser der liberalen Frankfurter Konstitution gerne sähen.[18]

Bismarck meinte das ernst. In seiner berühmten «Blut und Eisen»-Rede am 30. September 1862 erinnerte er an «den günstigen Augenblick, der schon einige Male verpaßt ist». Noch als er in den neunziger Jahren seine Erinnerungen verfaßte, bedauerte er die versäumte Gelegenheit, die in jenem Frühling des Jahres 1849 ein entschlossenerer Herrscher als Friedrich Wilhelm IV. hätte wahrnehmen können. «Es fehlte dem geistreichen Könige nicht an politischer Voraussicht, aber an Entschluß ...».[19] Noch auffälliger und bemerkenswerter ist, daß ihn die beiden Alternativen, die er in jener Rede vom 6. September 1849 in Betracht zog, unausgesetzt während der Jahre der Krise beschäftigten, die auf den Krieg von 1866 hinauslief: Sollte Preußen seinen Machtbereich in Deutschland in Übereinstimmung mit Österreich erweitern oder allein und, wenn nicht anders möglich, sogar gegen Österreich?

Ein Wertekonflikt

Die Macht des Staates war für Bismarck also erstens ein verfügbares Mittel der Selbstverwirklichung, zweitens Schutz der Interessen und Werte seiner Klasse in einer Zeit dynamischen Wandels und drittens erforderlich zur Durchsetzung außenpolitischer Interessen Preußens. In den beiden letzten Funktionen war freilich diese Macht nicht leicht so einzusetzen, daß beide Interessen befriedigt wurden. Obwohl er die ideologischen und religiösen Einwände der romantischen Konservativen gegen eine egoistische Staatspolitik nicht gelten ließ, blieb ihm doch nicht verborgen, daß eine solche Politik leicht auch adeligen Interessen gefährlich werden konnte. Das Schicksal der ostelbischen Junker hing letztlich doch auch in gewissem Maße von dem des europäischen Adels im Ganzen ab, und wenn überall sonst in Mittel- und Osteuropa das monarchische Regiment zusammenbrach, war vorauszusehen, daß auch die Hohenzollern in Preußen sich nicht mehr lange auf dem Thron würden halten können. Andererseits war nicht zu leugnen, daß die Bedingungen der Heiligen Allianz nicht einzuhalten und die souveränen Rechte der deutschen Fürsten nicht zu achten waren, ohne daß man manche schöne Gelegenheit hingab, das eigene Interesse zu befördern. Dieser Wertekonflikt bestimmte Bismarck während der Krise, die zur Olmützer Punktation führte, einen Zickzackkurs einzuschlagen. Wo das Staatsinteresse und das Interesse der konservativen Sache in Konflikt gerieten, war er damals außerstande, sich für dieses oder jenes zu entscheiden.

Im November 1850 begrüßte er zunächst den Rücktritt des Ministers Radowitz und die Richtungsänderung der preußischen Außenpolitik, die das Streben nach der deutschen Union aufgab, mit kriegerischem Überschwang: «Lassen Sie jetzt Krieg werden, wo und mit wem man will, und alle preußischen Klingen werden hoch und freudig in der Sonne blitzen», schrieb er.[20] Doch aus Schönhausen, wo er die Neuigkeit erfahren hatte, in Berlin angelangt, schloß er sich der Manteuffel-Clique im Ministerium in dem Bemühen an, die konservative Partei für den Frieden zu gewinnen. Diesem Sinneswandel waren gewisse praktische Erwägungen vorausgegangen, denn August von Stockhausen, der Kriegsminister, hatte ihm verraten, daß die Armee, zur Niederwerfung der revolutionären Erhebungen des Vorjahrs in die Pfalz, nach Baden und anderswohin außerhalb ihrer Stand- und Mobilmachungsbezirke entsandt und dort größtenteils aufgesplittert, unter den gegebenen Umständen nicht einmal fähig wäre, Berlin zu verteidigen. Außerdem gehörten noch immer zwei von Radowitz' Parteigängern dem Kabinett an, und so war es möglich, daß die deutsche Union doch noch einmal Kriegsziel wurde.[21] Doch zeugt sein Sinneswandel außer von solchen praktischen Erwägungen auch von der Unsicherheit, welchen der von ihm verfolgten widersprüchlichen Interessen er unter den gegebenen Umständen den Vorrang geben sollte. Diese Unsicherheit erhellt auch aus seiner schwankenden Haltung zur Besetzung Kurhessens und der Parität zwischen den beiden Großmächten im Deutschen Bund.[22]

Wie bereits erwähnt, kam es im November 1850 fast zum Krieg zwischen diesen beiden Mächten über der Frage, ob entweder Preußen, namens der Deutschen Union, oder Österreich und Bayern, namens des Deutschen Bundes, das Recht hatten, gegen innere Unruhen in Kurhessen einzuschreiten. Die Frage war für Preußen von erheblicher Bedeutung, weil die Militärstraßen, die die östlichen mit den westlichen Gebieten der preußischen Monarchie verbanden, durch eben dieses Fürstentum führten. Eines Abends während der Krise hatte Bismarck eine erregte Auseinandersetzung mit Leopold von Gerlach. Während der General der Auffassung war, daß kriegerische Auseinandersetzungen zwischen konservativen Monarchien um jeden Preis zu vermeiden seien, hielt Bismarck den Krieg unter Umständen für notwendig, um «zu großer oestereichischer Impertinenz» zu begegnen. «Wir können aber nicht leiden, daß 100 000 Baiern und Oestreicher zwischen unsren östlichen und westlichen Provinzen sich aufstellen», schrieb er, über dieses Streitgespräch berichtend, am nächsten Tag an seine Frau. Gerlach nehme die Sache rein juristisch und finde das Recht bei Österreich. Mit der Besetzung Kurhessens handele Österreich rechtmäßig für den Deutschen Bund, dessen Verfassung noch in Kraft sei, meinte der General. Gerlachs Tochter berichtet, daß sie Bismarck auf dieses Argument erwidern hörte: «Er erkenne in der äußeren Politik kein Recht an, sondern nur Convenienz; Friedrich II. 1740 sei sein Muster.»[23] Drei Tage nach seinem Streit mit Gerlach bekannte er sich in einem Brief an seine Frau jedoch zu Ansichten, die denen Gerlachs bemerkenswert glichen: «Es handelt sich nur noch um militärische Etikettefragen», schrieb er. «In den Hauptsachen, der Zukunft Deutschlands, ist man einig, es fragt sich nur, ob und inwieweit die Besetzung Kassels, welche wir im Widerspruch mit dem Völkerrecht und dem von uns selbst als gültig erkannten Bundesrecht auf Radowitz Veranlassung vorgenommen haben, wieder aufgegeben werden soll. Schon ist man über gemeinschaftliche Besetzung so gut wie einig, und um solcher Lappalien Willen ist doch noch die größte Gefahr, daß conservative Armeen, die einander lieben und achten, sich zerfleischen und die Geschicke Deutschlands in die Hände der Fremden gelegt werden, wie es denn bei einem Zwist zwischen uns und Oestreich nie anders sein kann.» Frankreich warte nur auf eine Gelegenheit, sich des Rheinlands zu bemächtigen. England würde Preußen nicht zu Hilfe kommen. Auf Verbündete könne das Vaterland nur bei den Demokraten, die eine nationale Revolution wollten, zählen. Sollte Preußen siegen, würden den Gewinn davon allein diese haben. Ob die «preußische Ehre» so tief gesunken sei, daß es «am Leitseil einer Bande rheinländischer Stellenjäger und hohnlachender Demokraten» in den Krieg ziehen wolle?[24]

War aber die Forderung nach Parität Preußens mit Österreich nicht eine Kriegsdrohung wert? Am 19. November 1850 hatte Bismarck einen Artikel «zur schwebenden Frage» in der *Kreuzzeitung* veröffentlicht, durch den die Öffentlichkeit auf diese Frage zuerst aufmerksam gemacht wurde. «So lange Preußen ... nicht die mit Oesterreich überall gleiche und vor allen übrigen bevorzugte Berechtigung in Deutschland durch klare und vollgültige Verträge gesichert ist, so lange wollen wir auch Krieg», hieß es da. «Erreichen wir das nicht», rief er den konservativen Lesern der *Kreuzzeitung* zu, «dann muß auch unsere Partei mit dem Spruch unsrer Vorfahren rufen: – dat walde Gott un kold Isen!»[25] Trotz einiger Bedenken scheint Bismarck mit Zuversicht das Einlenken Österreichs erwartet zu haben, einen baldigen ehrenvollen Frieden, der «im wesentlichen dahin gehen würde, daß Preußen und Oestreich sich unter voller Gleichberechtigung auf Kosten der kleinen Staaten versöhnen».[26] Dennoch stellte er mit Zufriedenheit fest, daß bis zum Abschluß der Verhandlungen die Regierung die Kriegsvorbereitungen fortsetzte. «... wenn wider Erwarten doch Krieg käme», schrieb er an seine Frau, «dann haben wir wahrscheinlich nur Östreich und Baiern gegenüber und denen sind wir mit Gott gewachsen.»[27]

Am 3. Dezember hielt Bismarck in der zweiten Kammer des preußischen Landtags eine große Rede zur Verteidigung der am 29. November in Olmütz getroffenen Vereinbarung. Inzwischen war klar, daß im Kriegsfall Preußen auch Rußland gegen sich haben würde. Was Preußen erwartete, sagte Bismarck also einleitend, sei «keine militärische Promenade durch unruhige Provinzen, sondern ... Krieg im großen Maßstab gegen zwei unter den großen Continentalmächten, während die dritte beutelustig an unserer Grenze rüstet».[28] Dann räumte er allerdings ein: «Dennoch würde ich vor diesem Kriege nicht zurückschrecken, ja ich würde dazu rathen, wenn Jemand im Stande wäre, mir die Nothwendigkeit desselben nachzuweisen, oder mir ein würdiges Ziel zu zeigen, welches durch ihn erreicht werden soll und ohne den Krieg nicht zu erreichen ist. Warum führen große Staaten heutzutage Krieg?» Die Antwort auf diese rhetorische Frage gehört zu den bekanntesten Äußerungen des nachmaligen «eisernen Kanzlers»: «Die einzig gesunde Grundlage eines großen Staates, und dadurch unterscheidet er sich wesentlich von einem kleinen Staate, ist der staatliche Egoismus und nicht die Romantik, und es ist eines großen Staates nicht würdig, für eine Sache zu streiten, die nicht seinem eigenen Interesse angehört. Zeigen Sie mir also, meine Herren, ein des Krieges würdiges Ziel, und ich will Ihnen beistimmen.»[29] Die deutsche Union, fuhr er fort, sei kein solches Ziel, denn sie würde auf eine Mediatisierung Preußens hinauslaufen. Ein Krieg zur Bewahrung der hessischen Verfassung wäre nur eine Donquichotterie. Daß österreichische Truppen preußische Militärstraßen kreuzten, sei kein Grund zur Beunruhigung. Solange Preußen diese Straßen auf ganzer Länge benützen könne, sei nichts dagegen einzuwenden, wenn Österreich deren Breite kreuzte. Prinzipienkriege seien zu verwerfen. Das einzige wahre Kriterium auswärtiger Politik sei das Eigeninteresse des Staates. «Ich suche», sagte Bismarck, «die preußische Ehre darin, daß Preußen sich von jeder schmachvollen Verbindung mit der Demokratie entfernt halte ...» – und zu einer vollkommenen Gleichstellung mit Österreich gelange, natürlich. «Eroberungen wollen wir nicht machen. Ich will hier nicht erörtern, inwiefern dies zu bedauern ist, und inwiefern Jemand einen Krieg vielleicht gern führen könnte, der keinen anderen Grund hat, als daß sein König und Kriegsherr sagt: ‹Dies Land gefällt mir, ich will es besitzen.› Die Frage beschäftigt uns nicht, die Thronrede selbst weist die Möglichkeit von Eroberungen ab ... Diese Frage bleibt also für jetzt außer Spiel.» Er empfahl den Kriegslüsternen, den Ausgang der in Dresden abzuhaltenden Konferenz abzuwarten. Wenn es bei dieser nicht zu einem positiven Resultat komme, dann bleibe «immer noch Zeit, einen Krieg zu führen, wenn wir ihn wirklich mit Ehren nicht vermeiden können oder nicht vermeiden wollen».[30]

Anscheinend hatte man ihn nicht davon unterrichtet, daß Friedrich Wilhelm IV. die Demobilisierung in Olmütz bereits fest zugesagt hatte, denn in seiner Rede vom 3. Dezember empfahl er dem Ministerium, ehe das gewünschte Resultat erzielt sei jedenfalls nicht zu entwaffnen. Seine unmittelbare Reaktion auf die Information, daß diese Empfehlung sich erübrigte, ist nicht bekannt, aber seine späteren Äußerungen lassen vermuten, daß seine Haltung weiter ambivalent blieb. Einem Artikel, den er am 20. April 1851 in der *Kreuzzeitung* veröffentlichte, ist zu entnehmen, daß er das in Olmütz getroffene Abkommen und die Vermeidung eines Krieges für einen sehr glücklichen Ausgang der Krise hielt.[31] Die Gründe, die er gegen einen Krieg um Kurhessen angeführt hatte, konnten auch gegen einen Krieg um die Gleichberechtigung Preußens mit Österreich geltend gemacht werden. Auch dann hätte sich Preußen gegen Österreich und dessen deutsche Verbündete, denen höchstwahrscheinlich Rußland Unterstützung gewährt hätte, zu der von Bismarck verabscheuten «schmachvollen Verbindung mit der Demokratie», einem Bündnis mit den Kräften des liberalen Nationalismus, bequemen müssen. Dennoch kritisierte Bismarck noch in seinen Erinnerungen die preußische Diplomatie, der es bei den Dresdner Verhandlungen (vom 23. Dezember 1850 bis zum 15. Mai 1851) nicht gelungen war, entweder Zugeständnisse von Österreich zu erlangen oder Gründe für eine kriegerische Lösung des Konflikts zu finden.[32]

Während der ersten Jahre seiner politischen Laufbahn schwankte Bismarck zwischen den anscheinend gegensätzlichen Interessen des Staates und der konservativen Ordnung. Entscheiden wollte er sich weder für den Vorrang der einen noch der anderen, obwohl er damals sichtlich dazu neigte, gegen das Staatsinteresse das adelige Standesinteresse zu begünstigen. Während des nächsten Stadiums seiner Karriere jedoch löste sich dieser Konflikt. Bismarck kehrte die ursprünglich gesetzte Priorität um.

Das Staatsinteresse

Dem Landjunker aus Schönhausen stand für die jüngst der Krone erwiesenen Dienste eine Belohnung zu. Doch wie sollte diese beschaffen sein? Abgesehen von der Tätigkeit in Aachen und Potsdam während seines abgebrochenen Vorbereitungsdienstes auf die Beamtenlaufbahn beschränkte sich seine Erfahrung in der Staatsverwaltung auf die eines stellvertretenden Landrats und Deichhauptmanns. Das winzige Herzogtum Anhalt-Bernburg brauchte einen Minister. «Es wäre recht hübsch dort», schrieb Bismarck am 22. Januar 1851 an seine Frau, «als unabhängiger Herzog (der wahre ist blödsinnig).» Doch dann sollte er Landrat werden, und das gefiel ihm noch weniger. Um so überraschender war dann die letztliche Entschließung des Königs. Auf Leopold von Gerlachs Empfehlung ernannte ihn Friedrich Wilhelm IV. im April zum preußischen Gesandten beim Bundestag in Frankfurt. So erfüllte sich der Traum seiner Jugend. Der Erfolg als Abgeordneter hatte ihn über die Köpfe der strebsamen Bürokraten hinweg in eine Machtstellung befördert, denn die Gesandtschaft in Frankfurt war zu dieser Zeit der wichtigste Posten im preußischen Auswärtigen Dienst.[33]

Der 1815 vom Wiener Kongreß ins Leben gerufene Deutsche Bund sollte Sicherheit gegen die Gefahren gewährleisten, die den Mitgliedstaaten einerseits von auswärtigen Mächten, andererseits von Revolutionären im Inneren drohen mochten. Es handelte sich dabei nicht um ein souveränes Staatswesen, sondern um einen kleinen Völkerbund, dem neununddreißig unabhängige Staaten verschiedener Größe und Macht angehörten, unter welchen Österreich und Preußen die bei weitem größten und mächtigsten waren. Von Anfang an war darin Österreich führend gewesen, und es hatte das Präsidium inne, das allerdings nur mit der Exekutivgewalt ausgestattet war, die der jeweilige österreichische Gesandte als Vorsitzender des Bundestags geltend machen konnte. Hinter den beiden Großmächten rangierten die Mittelstaaten Bayern, Sachsen, Württemberg, Hannover und Baden.[34] Zu den kleinen Staaten rechneten die beiden hessischen von verhältnismäßig ansehnlicher Ausdehnung sowie die freien Reichsstädte und die thüringischen Staaten, deren winzige Dimensionen die Kartographen vor nahezu unlösbare Aufgaben stellten. Wie die Generalversammlung der Vereinten Nationen war der Bundestag keine gesetzgebende Versammlung, sondern ein Kongreß von Diplomaten, die ihre Stimmen entsprechend den von ihren Regierungen erteilten Anweisungen abgaben. In den wichtigsten Fragen wurden Entscheidungen nur bei Einstimmigkeit angenommen, bei weniger wichtigen Angelegenheiten entschied die einfache Mehrheit.

Bis zum Jahr 1848 war der Bund eine verhältnismäßig stabile Organisation gewesen. Im Interesse ihres Einvernehmens mit Rußland in europäischen Angelegenheiten vermieden die beiden Großmächte Spannungen in Deutschland. Metternich war zwar darauf bedacht, die Vorrechte des Präsidiums für Österreich zu wahren, versuchte indessen nicht, dessen Autorität zu vermehren. Vor Radowitz hatte die preußische Regierung kein ernsthaftes Bestreben erkennen lassen, die Struktur des Bundes zu ändern, oder Einspruch gegen Österreichs führende Stellung erhoben. In den wenigen Fällen, in denen der Bund als solcher handelte, war das Verfahren vorher zwischen Wien und Berlin abgestimmt.

Nach der Revolution waren beide Großmächte nicht mehr bestrebt, den früheren Zustand vollkommen wiederherzustellen. Manteuffel hoffte, die Gleichstellung Preußens mit Österreich zu erreichen, Schwarzenberg wollte im Gegenteil Österreichs Vorherrschaft sichern, und zwar einerseits durch Vermehrung der Rechte des Präsidiums, andererseits durch eine Verringerung der Gegenstände, über die nur einstimmig entschieden werden konnte.[35] In der daraus resultierenden Auseinandersetzung spielten die kleineren Staaten eine wichtige Rolle. Die beiden Großmächte hatten diese zuvor im Verein beherrscht, doch jetzt brauchten sie deren Unterstützung. Die kleineren Staaten waren geneigt, diese Unterstützung derjenigen Großmacht zu gewähren, die sie im gegebenen Moment am wenigsten zu fürchten hatten.[36] Die meisten glaubten, daß von Österreich weniger Gefahr für sie ausging als von Preußen. Seit den Ereignissen von 1848–1850 beunruhigte die deutschen Fürsten, daß Preußen Gelegenheit finden könnte, sich in Deutschland weiter auszudehnen. Bei den Parlamenten in Frankfurt und Erfurt hatte sich zudem gezeigt, daß die kleindeutschen Nationalisten ihre Hoffnungen in die Hohenzollern setzten. Sollte es zur Verwirklichung des nationalen Gedankens in der von diesen angestrebten Form kommen, mußten die kleineren Dynastien damit rechnen, mediatisiert, wenn nicht sogar enteignet zu werden. Deshalb unterstützten sie in wichtigen Angelegenheiten gewöhnlich Österreich. Preußen fand sich mithin im Bundestag in der Minderheit.

Unter diesen Umständen hätte es kein preußischer Gesandter leicht gehabt. Bismarcks Temperament aber machte ihm seine Aufgabe noch schwerer. Später behauptete er, im Mai 1851 bei der Ankunft in Frankfurt im Stande politischer Unschuld gewesen zu sein, überdies auch «ziemlich gut oestreichisch».[37] Doch dürfte das kaum wirklich der Fall gewesen sein. Als er am 28. April 1851 seiner Frau von der Ernennung berichtete, schrieb er ihr: «Ich kann mich dem nicht entziehn, obschon ich voraussehe, daß es ein unfruchtbares und dornenvolles Amt sein wird, wo ich bei dem besten Bemühn die gute Meinung vieler Leute einbüßen werde. Aber es wäre feig, abzulehnen.»[38] Wessen gute Meinung fürchtete er einzubüßen? War es diejenige Gerlachs, der um jeden Preis die Sache der konservativen Solidarität der beiden Großmächte unterstützt sehen wollte? Zu anderen soll er bemerkt haben, daß die deutschen Kleinstaaten Preußen nur hinderlich seien und daß die österreichische Arroganz um jeden Preis gedemütigt werden müsse.[39]

Seine ersten Briefe und Berichte aus Frankfurt äußern schon scharfe Kritik an seinem österreichischen Amtskollegen, Friedrich Graf von Thun und Hohenstein, noch bevor irgendeine Angelegenheit von Bedeutung zur Verhandlung gekommen war. Sie lassen keinen Zweifel daran, daß er auch vom Deutschen Bund als solchem keine hohe Meinung hatte. Eine Woche nach der Ankunft in Frankfurt befand er: «Kein Mensch, selbst der böswilligste Zweifeler von Demokrat glaubt es, was für Charlatanerie und Wichtigthuerei in dieser Diplomatie steckt.» Am gleichen Tag schreibt er an Hermann Wagener, daß er sich vom Bundestag nicht viel verspreche. Sobald Deckadressen vereinbart waren, die einen gewissen Schutz gegen Spionage boten, äußerte er sich unumwunden: «Die Oestreicher sind intrigant unter der Maske burschikoser Bonhommie, verlogen, stehlen Acten (selbst die Rechtlichsten unter ihnen), spielen, huren u. suchen uns bei kleinen Formalien zu übertölpeln, worin jetzt unsre einzige Beschäftigung besteht.»[40] Als dann der Zank im Bundestag anfing, gelangte er zu der Überzeugung, daß in der Außenpolitik sich jeder ausschließlich vom eigenen Interesse leiten lasse. Er betrachtete das Geschehen mit «der Ruhe des Naturforschers»[41] und wußte: «In der Politik tut niemand etwas für den andern, wenn er nicht zugleich sein Interesse dabei findet.»[42] Dies sei, meinte er, die Grundregel politischen Verhaltens. Anliegen wie das «Legitimitätsprinzip» oder das «Interesse Deutschlands» seien nur moralische Tarnung, mit der die Staatsmänner die Interessen ihrer Staaten verschleierten.[43] «Bündnisse großer Staaten haben nur dann Werth, wenn sie den

Ausdruck beiderseitiger wirklicher Interessen besiegeln»[44], schreibt er, Konflikte andererseits folgten unvermeidlich aus widerstreitenden Interessen. Den Zusammenstoß zwischen Preußen und Österreich habe nicht irgend jemand aus reiner Willkür herbeigeführt. Nicht die Launen von Monarchen und Ministern würden da wirksam, sondern die Fatalität von Geschichte und Geographie.[45] «Ein passives Abwarten der Ereignisse, ein Bestreben, uns von der Berührung durch dieselben fern zu erhalten, ist in der Mitte Europas nicht durchzuführen», so Bismarck, «... und wenn wir uns nicht in die Rolle des Hammers vorbereiten, so bleibt leicht nur die des Amboß übrig.»[46]

Der politische Vorteil, meinte er, müsse mit vollständiger Objektivität verfolgt werden. Für den Staatsmann sei wie für den Naturforscher allein die Vernunft maßgebend. Lohn, Rache und Strafe hätten in der Politik nichts zu suchen. «Die Interessen des Vaterlandes dem eigenen Gefühl von Liebe oder Haß gegen Fremde unterzuordnen, dazu hat meiner Ansicht nach selbst der König nicht das Recht»[47], erklärte er. Da die Verfolgung des vernünftig verstandenen Eigeninteresses die natürliche Vorgehensweise der Staatskunst zu sein schien, nahm er an, daß sie Teil des göttlichen Weltplans sei, womit dem Staatsmann also die Pflicht zufiele, das Eigeninteresse des ihm anvertrauten Staates zu erkennen und mit Nachdruck wahrzunehmen. Bismarck, der fromme Christ, sah in dieser Pflicht sogar einen moralischen Zwang, dem nicht zu entgehen sei.[48]

Die Notwendigkeiten des Staates geraten jedoch unvermeidlich in Konflikt mit anderen Geboten von ebenso göttlicher Autorität. Im Unterschied zu den Gerlachs glaubte Bismarck, daß der Staatsmann sich weder das Gewissen eines gewöhnlichen Sterblichen leisten könne, noch nach den für diese geltenden Geboten richten dürfe. Die «ritterliche Haltung» König Friedrich Wilhelms IV., der es verschmähte, «die Verlegenheit anderer Staaten zu benützen», schien ihm tadelnswert zu sein, insofern der König damit die ihm von der Gottheit auferlegte Pflicht versäumte.[49] In seinen Briefen nach Berlin beklagte er sich erbittert über die Verlogenheit der österreichischen Gesandten. Ihm war jedoch andererseits bewußt, daß die Wahrheit mitunter das Interesse des Staates gefährdete.[50] Zu seinen hervorstechendsten Talenten gehörte stets die Fähigkeit, durch die geschickte Anführung und Betonung einer Teilwahrheit zu überzeugen. Wo aber die glatte Lüge geboten zu sein schien, zögerte er auch niemals, sie auszusprechen. Was er verabscheute, waren unnötige Lügen aus Gewohnheit, Unbedachtheit oder Bosheit. Vom Ende seiner Laufbahn zurückblickend, gab der Weise von Friedrichsruh zu, daß er als Staatsmann und als Edelmann von einer doppelten Moral Gebrauch gemacht habe; er hoffte, daß einst das ehrenvolle Verhalten des preußischen Offiziers die Sünden des Diplomaten aufwiegen würde.[51]

Aber wie verhielt es sich mit den sozialen und politischen Anliegen der konservativen Partei? Galt es, auch sie auf dem Altar des Vaterlands zu opfern? Bismarck verabschiedete sich keineswegs von der Überzeugung, daß der Schutz konservativer Institutionen eine vornehme Aufgabe der Außenpolitik sei. In Fällen, wo dies keine preußischen Staatsinteressen tangierte, wirkte er im Bundestag an den Maßnahmen gegen liberale Gesetze und Konstitutionen in den kleineren Staaten mit.[52] In zwei Briefen erläuterte er Leopold von Gerlach und Otto von Manteuffel 1857–1858 seine diesbezüglichen Anschauungen: «Das Princip des Kampfes gegen die Revolution erkenne auch ich als das meinige an, aber ich halte es nicht für richtig, ... und halte es nicht für möglich, das Prinzip in der Politik als ein solches durchzuführen, daß die entferntesten Consequenzen desselben noch jede andre Rücksicht durchbrechen, daß es gewissermaßen den alleinigen Trumpf im Spiel bildet, von dem die niedrigste Karte noch die höchste jeder andern Farbe sticht», schrieb er an Gerlach. Und an Manteuffel: «Dem Auslande gegenüber kann man in der Vertretung Preußens nicht Parteimann in derselben scharfen Ausprägung, wie im Innern, bleiben.»[53] Beide Interessen vertrat Bismarck also auch weiterhin, doch Vorrang besaß nun das Staatsinteresse.[54]

Zu dieser Änderung der Rangordnung kam es nicht nur, weil Bismarck als Diplomat mehr Erfahrung mit den Realitäten der Außenpolitik und ein besseres Verständnis ihrer Probleme gewonnen hatte. Wichtiger war für seinen Sinneswandel die Tatsache, daß er inzwischen zu einer gelasseneren Einschätzung der Ereignisse von 1848 gelangt war. Nach Gotha war nicht mehr daran zu zweifeln, daß die gemäßigten Liberalen ihr zeitweiliges Bündnis mit der radikalen Linken längst selbst bedauerten. Erschreckt von den unterirdischen Mächten, die die Revolution ans Licht gebracht hatte, erkannten sie inzwischen, daß auch ihnen am Fortbestand der bestehenden Ordnung einstweilen sehr gelegen sein mußte. Die radikale Bewegung war nach dem Scheitern der Aufstände in Sachsen und Baden in Auflösung begriffen. Und durch ihren Boykott der ersten unter dem Dreiklassenwahlrecht 1849 in Preußen abgehaltenen Wahlen hatten die Liberalen das Parlament den Konservativen ausgeliefert.

Noch beruhigender war jedoch die politische Apathie, die sich der Masse der Bevölkerung bemächtigt zu haben schien. Die Sturmflut, die im März 1848 ganz Deutschland überschwemmt hatte, war augenscheinlich im Sande verlaufen. An den preußischen Wahlen des Jahres 1855 beteiligte sich nur ein Sechstel der Wahlberechtigten. Mit Maßnahmen zur Agrarreform und zum Schutz der Zünfte suchte Otto von Manteuffel die Bauern und Handwerker zu beschwichtigen. Im weiteren Gang des Jahrzehnts beschleunigten sich das Wirtschaftswachstum und der Prozeß der Industrialisierung. Diese materielle Revolution beanspruchte eine Zeitlang alle Energien des «Mittelstands». So blieb die Politik der Regierung und der konservativen Partei überlassen.[55]

IV

Strategie der Realpolitik

Die Kunst des Möglichen

Nach seiner Entlassung im Jahre 1890 hatte Bismarck Muße und Gelegenheit, über die Natur des politischen Lebens und die Strategien, die es dem Staatsmann vorschreibt, Verschiedenes mitzuteilen. Seine Äußerungen, die von Besuchern in Friedrichsruh aufgezeichnet wurden, fassen Anschauungen zusammen, die er in fast fünfzigjähriger politischer Erfahrung gewonnen hatte. Dennoch hat man in ihnen nicht nur im nachhinein gewonnene Weisheit, vielmehr verraten diese Betrachtungen die instinktive Wahrnehmung, die ihn zum erfolgreichsten Staatsmann seines Jahrhunderts machte.[1]

Seine Zweifel an den Möglichkeiten des Staatsmanns, den Strom der Zeit zu lenken, kehren in diesen Reflexionen immer wieder: «Man kann nicht selber etwas schaffen; man kann nur abwarten, bis man den Schritt Gottes durch die Ereignisse hallen hört; dann vorspringen und den Zipfel seines Mantels zu fassen – das ist Alles.»[2] Bei einem Menschen anderen Temperaments hätte diese Einsicht in die Machtlosigkeit seiner Anstrengungen zu Resignation und Apathie führen können, doch Bismarck wurde von einem unstillbaren Verlangen getrieben, das Steuer zu ergreifen und zu lenken. Wenn der Mensch auch nur wenig ausrichten kann, so hat er doch für Bismarck die moralische Pflicht, das zu leisten, was in seiner geringen Macht steht.

Die Aufgabe des Staatsmanns muß im überwältigenden Strom der Zeit und in der Auseinandersetzung mit einer Vielzahl widerstreitender Kräfte vollbracht werden: «... aus Kampf besteht das Leben in der ganzen Natur, in der Schöpfung; bei den Pflanzen – als Forstmann erlebe ich das in meinen Kulturen – durch die Insekten zu den Vögeln, von den Raubvögeln bis zu den Menschen aufwärts: Kampf ist überall, ohne Kampf kein Leben und wollen wir weiter leben, so müssen wir auch auf weitere Kämpfe gefaßt sein.»[3] Er beschrieb die kämpfenden Kräfte als Staaten, Nationen, soziale Klassen, politische Parteien, ökonomische und partikulare Interessen und sogar rivalisierende Individuen. Er hielt den Widerstreit der Gegensätze für eine Bedingung des Fortschritts der Menschheit und mithin für einen integralen Teil des göttlichen Weltplans.[4]

Der unaufhörliche Streit gegensätzlicher Interessen und der dahinwirbelnde Strom der Zeit machten es dem Staatsmann fast unmöglich, ein angesteuertes Ziel zu erreichen: «Mein ganzes Leben war hohes Spielen mit fremdem Gelde. Ich konnte niemals mit Sicherheit voraussehen, ob meine Pläne gelingen würden ....

Die Politik ist ein undankbares Geschäft, namentlich deshalb, weil alles auf Vermutungen und Zufälligkeiten beruht. Man ist genötigt, mit einer Reihe von Wahrscheinlichkeiten und Unwahrscheinlichkeiten zu rechnen und seine Pläne auf diese Rechnung zu basieren. ... Der Politiker bleibt, solange er lebt, immer unfertig. Er ist in der Erreichung dessen, was er erstrebt, zu sehr auf die Mitwirkung anderer angewiesen. Die ist unberechenbar und schwankend. ... Selbst nach dem größten Erfolge kann er nicht mit Sicherheit sagen: ‹Nun ist das gelungen, ich bin damit fertig›, und auf das Geleistete mit Genugtuung zurückblicken. ... Man kann ja einzelne Geschäfte beendigen, aber das geschieht doch immer nur, ohne mit Bestimmtheit wissen zu können, welche Konsequenzen die Sache nach sich ziehen wird», erklärte er einem Redakteur der *Hamburger Nachrichten*, der ihn des öfteren besuchte. Es gebe in der Politik «niemals volle Sicherheit und definitive Resultate», alles gehe «stets bergauf und bergab».[5]

Da das politische Leben letztlich unberechenbar war, glaubte Bismarck auch nicht, daß man dessen Phänomene systematisch erfassen könne: «Denn es gibt keine abgezirkelte Wissenschaft der Politik, so wenig wie eine solche der Nationalökonomie. Nur Professoren bringen es fertig, die Summe der wechselnden Bedürfnisse der Kulturmenschheit in wissenschaftliche Gesetze einzuschachteln. ... Viele haben schon von meinen politischen Grundsätzen gesprochen. Den Professoren und ihren Nachbetern in den Zeitungen tut es unendlich leid, daß ich ihnen nicht ein Symbol von Prinzipien geoffenbart habe, nach denen ich meine Politik eingerichtet habe ... Die Politik ist keine Mathematik oder Arithmetik. Man hat wohl auch in der Politik mit gegebenen und unbekannten Größen zugleich zu rechnen, aber es gibt keine Formeln und Regeln, um im voraus das Fazit ziehen zu können.»[6] Von «Professoren» hielt Bismarck nicht viel, wie wir schon sahen. Welche «Professoren» hatte er im Sinn? Namentlich nannte er Adam Smith, Thomas Malthus, David Ricardo, Jean de Sismondi, Jean-Baptiste Say und Frédéric Bastiat. Die «wissenschaftlichen Gesetze», von denen er sprach, waren das Laissez-faire-Prinzip, das «eiserne Gesetz der Löhne» und die Malthussche Bevölkerungstheorie. Die ökonomischen Lehren des Liberalismus waren seines Erachtens zur Beförderung der Interessen des Industriekapitalismus von «englischen Geistlichen», «jüdischen Bankiers» und «französischen Kaufleuten und Juristen» ausgedacht worden, weshalb «unsere ganze Nationalökonomie des Katheders und der Presse ... eine Nationalökonomie des Handels, nicht auch der Landwirtschaft» sei. So übersieht diese Nationalökonomie die «tatsächlichen Verhältnisse und zwingenden Umstände» und «spricht nur von einseitigen Privatinteressen, wo in erster Linie allgemeine Interessen im Spiele sind».[7]

Bismarck wandte sich aber nicht nur gegen die Einseitigkeit der liberalen Wirtschaftslehre des «Manchesterismus», sondern überhaupt gegen den rationalistischen Glauben, daß auch für die menschliche Gesellschaft Naturgesetze nachzuweisen seien. Die ihm bekannte lebendige Natur, die Natur seiner Felder und Wälder, war die unordentliche Natur von Wesen, auf die algebraische Gleichungen und die Gesetze der Physik nicht so erhellend zutrafen, daß man in ihrem Verständnis dadurch sehr weit gekommen wäre. Zum Verständnis der Lebensvorgänge empfahl sich ihm anstatt einer nach dem Muster der Physik konzipierten Wirtschaftslehre eher die Darwinsche Biologie. Wenn er also eine Anwendung der Wissenschaft auf die Politik gelten ließ, dann den Sozialdarwinismus. In seinen Anschauungen spiegelte sich die Erhebung des 19. Jahrhunderts gegen die Autoritäten des 18. und des 17., des Zeitalters der Entdeckung der Biologie gegen die vorausgegangenen, die ihre Begriffe von der Astronomie und Physik genommen hatten, des Zeitalters der Romantik gegen das des Rationalismus. Freilich – und nicht zuletzt – zeugten diese Anschauungen aber auch von Bismarcks konservativem Standpunkt im liberalen Strom der Zeit.

Was war also die Politik nach Bismarcks Meinung, wenn sie denn zur Wissenschaft nicht taugte? Auf diese Frage hat er bei verschiedenen Gelegenheiten geantwortet:

«Politik ist weniger Wissenschaft als Kunst; sie läßt sich nicht lehren, man muß dafür begabt sein. Auch der beste Rat nützt nichts, wenn er nicht in der richtigen Weise ausgeführt wird.»

«Politik ist eben an sich keine logische und keine exakte Wissenschaft, sondern sie ist die Fähigkeit, in jedem wechselnden Moment der Situation das am wenigsten Schädliche oder das Zweckmäßigste zu wählen.»

«Die Deutschen können sich, weil sie eben noch kaum der politischen Kinderstube entwachsen sind, nicht daran gewöhnen, die Politik als eine Wissenschaft des Möglichen zu betrachten, wie mein intimer Gegner Papst Pius IX. mit Recht gesagt hat.»[8]

Die Kunst des Möglichen – das war Bismarcks Begriff der Staatskunst. Indessen gebietet jeder große Künstler, von seinem Genie abgesehen, auch über technisches Vermögen und ist Meister seiner Mittel. Wir müssen uns deshalb fragen, ob nicht auch Bismarcks Staatskunst eine bewußt oder unbewußt gewählte Technik verrät, deren er sich zur Meisterung der innen- und außenpolitischen Probleme vorzugsweise bediente. Bei verschiedenen Gelegenheiten, zumal nach seinem Rücktritt, hat Bismarck sich darüber geäußert, was dem Staatsmann zur Bewältigung seiner Aufgaben von Nutzen sei. So hielt er es zwar für unmöglich, aus der Geschichte eine Wissenschaft der Politik zu ziehen, doch das Studium der Geschichte schien ihm deswegen für den Staatsmann keineswegs wertlos zu sein: «Für mich war die Geschichte vor allem dazu da, aus ihr etwas zu lernen. Wiederholen sich auch nicht die Ereignisse, so wiederholen sich doch Zustände und Charaktere, an deren Anblick und Studium man seinen eigenen Geist anregen und bilden kann. Aus den Fehlern meiner Vorgänger in der Staatskunst habe ich gelernt und mir meine ‹Theorie› zurechtgelegt, wenn man auch von einer solchen im eigentlichen Sinne nicht sprechen darf.»[9] Die Mißerfolge Napoleons I. lehrten ihn «die weise Mäßigung nach den größten Erfolgen», diejenigen Napoleons III., sich vor der Verwechslung von «Schlauheit mit Falschheit» zu hüten: «Ich setzte der vermeintlichen Schlauheit die frappierende Wahrheit gegenüber. Daß man mir öfter nicht glaubte und sich darin hintennach schwer betroffen und enttäuscht fühlte, das ist nicht meine Schuld.»[10]

Mäßigung nach dem Erfolg und täuschendes Operieren mit der frappierenden Wahrheit waren in der Tat von Bismarck oft praktizierte Taktiken. Es ist allerdings zweifelhaft, ob er der historischen Präzedenzfälle bedurfte, um deren Nützlichkeit schätzen zu lernen. Das Schicksal Napoleons I. mag ihm ja immerhin die Gefahren der Unmäßigkeit vor Augen geführt haben, doch Napoleon III. war für ihn noch keine im strengen Sinne historische Figur, sondern ein Gegner am Schachbrett der europäischen Politik. Bismarck war in der neueren europäischen Geschichte zweifellos sehr bewandert, doch suchte er bei ihr wohl keine Entscheidungshilfe, sondern nur Illustrationen zur Rechtfertigung und Erläuterung von schon aus anderen Gründen getroffenen Entscheidungen.[11] Seine Kenntnis der politischen Taktik verdankte er der Intuition und Erfahrung, nicht dem Studium historischer Präzedenzfälle.

«Die Politik erfordert vor allem die Fähigkeit, in jeder neuen Situation intuitiv zu erkennen, wohin der richtige Weg geht. Der Staatsmann muß die Dinge rechtzeitig herannahen sehen und sich darauf einrichten ... Ein unerläßliches Requisit des Staatsmannes ist die Geduld. Er muß warten können, bis der richtige Moment herangekommen ist und darf nichts überstürzen, selbst wenn der Anreiz noch so groß ist.»

«Ich bin von früh auf Jäger und Fischer gewesen und das Abwarten des rechten Moments ist in beiden Situationen die Regel gewesen, die ich auf die Politik übertragen habe. Ich habe oft lange auf dem Anstande gestanden und habe mich von Insekten umschwärmen und zerstechen lassen müssen, ehe ich zum Schusse kam.»

«Auch die richtige Beurteilung des Gegners ist für den Erfolg unerläßlich. Hier heißt es Vorsicht üben. Man darf nie einen Schachzug in der vollständig sicheren Voraussetzung tun, daß der andere Mitspieler einen gewissen Zug machen werde. Denn es kann kommen, daß dieser Zug doch nicht erfolgt, und dann geht die Partie leicht verloren. Man muß immer mit der Möglichkeit rechnen, daß der Gegner im letzten Moment anders, als erwartet, zieht und sich darauf einrichten. Mit andern Worten: man muß stets zwei Eisen im Feuer haben.»

Geduld, die den rechten Augenblick abzuwarten weiß, die intuitive Erkenntnis, wohin der richtige Weg geht, die richtige Beurteilung des Gegners hat Bismarck zweifellos immer wieder bewiesen. Er verdankte sie aber offensichtlich seinem Temperament und Verstand, nicht einer nachweisbaren Technik politischen Handelns. Den sprechendsten Hinweis auf seine Methode geben zweifellos die letzten Worte: «zwei Eisen im Feuer haben». Bei anderer Gelegenheit erklärte er: «Viele Wege führten zu meinem Ziel, ich mußte der Reihe nach einen nach dem anderen einschlagen, den gefährlichsten zuletzt. Einförmigkeit im Handeln war nicht meine Sache.»[12] Hier haben wir die bedeutsamste Erklärung seiner Erfolge als Staatsmann, die Bismarck jemals abgegeben hat. Wie wir sehen werden, entwickelte er die beschriebene Technik während der diplomatischen Kämpfe der fünfziger Jahre und wandte sie später in vielen innen- und außenpolitischen Auseinandersetzungen an. «Fürst Bismarck beliebt bei großen inneren und äußeren Angelegenheiten und Fragen sich stets eine Alternative zu stellen für die Entscheidung derselben je nach zwei entgegengesetzten Seiten», bemerkte ein Zeitgenosse.[13] Oft waren diese Alternativen verschiedene Lösungen eines bestimmten politischen Problems, die simultan ausgekundschaftet werden konnten, bis sich die Notwendigkeit der Entscheidung für eine von ihnen ergab. Oft handelte es sich um mehrere Bündnismöglichkeiten mit gegnerischen politischen Kräften, unter denen es die letztliche Wahl so lange wie irgend möglich hinauszuschieben galt. Die Strategie der Alternativen mit ihren zahlreichen Variationen gestattete Bismarck, ohne Schiffbruch zu erleiden, auf den wechselnden Strömungen und über die gefährlichen Wirbel des Stroms der Zeit fortzukommen. Mittels dieser Strategie konnte er die Initiative ergreifen und bewahren. Das Wissen, daß er mehr als einen Pfeil im Köcher hatte, gab ihm eine Sicherheit und ein Selbstvertrauen, die den meisten seiner Gegner fehlten. Wenn der erste sein Ziel verfehlte, folgte alsbald ein zweiter. Auf diese Weise hielt er das Risiko gering für den Fall, daß sich im letzten Augenblick das wünschenswerte Ziel als zu kostspielig erweisen sollte. Doch das Vorhandensein einer zweiten Option konnte sich auch als hilfreich erweisen, jenes wünschenswertere Ziel zu erreichen. Indem er den Gegnern in aller Offenheit verriet, daß er zu deren größerem Nachteil auch anders verfahren konnte, mochte er diese wohl bewegen, den von ihm bevorzugten Weg freizugeben. Dabei bluffte er selten. Was er seinen Gegnern als Alternative androhte, war er gewöhnlich auch fähig und gewillt, notfalls ins Werk zu setzen. Indem er die alternativen Möglichkeiten, die in der jeweiligen Situation lagen, derart von vornherein besetzte, beschränkte er oft empfindlich den Handlungsspielraum seines Gegners.

Sein feines Gefühl für Antagonismen gestattete ihm, diese für seine Zwecke auszunutzen. Gewöhnlich suchte er die Mitte zwischen entgegengesetzten Interessen, um sich die Möglichkeit offenzuhalten, ein Bündnis entweder mit der einen oder mit der anderen Seite eingehen zu können. Indem er sich die Wahlfreiheit zwischen entgegengesetzten Interessengruppen sicherte, gelang es ihm oft, diese in ein Gleichgewicht zu bringen, in dem sich keine von beiden mehr rühren konnte. Durch diese Blockierung feindlicher Interessen gewann er die Freiheit, seine eigenen zu befördern. Die Stellung, die er deshalb stets anstrebte, war die des Angelpunkts in einem Machtgleichgewicht, des Züngleins an der Waage. Indem er selbst die Position der größten Beweglichkeit besetzte, manövrierte er die anderen in praktische Bewegungsunfähigkeit. Manchmal waren Bismarcks Alternativen tatsächlich aufeinanderfolgende Stufen, über die er zur Erreichung seines Ziels fortzuschreiten hoffte.[14] Sein erster Zug war oft nur ein bescheidener erster Schritt auf einem Weg, der ihn zu einem den Gegnern noch verborgenen, sehr viel bedeutenderen Ziel führen sollte. Was nicht unmittelbar durchzusetzen war, konnte man wachsen lassen. Die Eichel von heute war die Eiche von morgen.

Derartige strategische Erwägungen sind bereits in den Empfehlungen offenbar, mit denen Bismarck in den fünfziger und sechziger Jahren seiner Regierung zu einer aggressiven Politik gegen Österreich riet.

Der Angelpunkt der Macht

Wie Bismarck war auch Otto von Manteuffel ein realistischer, kein romantischer Konservativer. Doch die beiden Männer waren von sehr unterschiedlichem Temperament, und dementsprechend war ihre politische Technik sehr verschieden. Obwohl er entschlossen war, Österreich keine Zugeständnisse zu machen, weigerte sich doch der Minister des Auswärtigen, die Initiative gegen die andere deutsche Großmacht zu ergreifen, und suchte einen offenen Streit zu vermeiden. Er war Pessimist und fürchtete die Konsequenzen eines Krieges für die alte Ordnung. Die Ziele Preußens wollte er mit Vernunftgründen und Überzeugungsarbeit, nicht mit Drohungen und Gewalt befördern. Bismarck hingegen brachten «Kampflust» und sein preußischer Stolz bald in unverhohlene Gegnerschaft zum Grafen Thun, dem österreichischen Gesandten, der im Bundestag den Vorsitz führte.[15]

Es ging dabei um kleinliche Protokollfragen, doch auch um Angelegenheiten hoher Politik. Im Sitzungssaal des Bundestags, wo bisher nur der Vorsitzende geraucht hatte, zog Bismarck eine Zigarre aus der Tasche und bat Thun um Feuer. Als der Graf ihn an einem heißen Tag in Hemdsärmeln empfing, entledigte sich der Preuße auch seinerseits des Jacketts. Als man ihn eines Tages im Vorzimmer des Präsidenten einige Minuten lang hatte warten lassen, ging er unverrichteter Dinge. Weder Thun noch dessen Nachfolger, Anton Graf Prokesch von Osten, hatten die Nerven, derartiges Benehmen zu ertragen. Johann Graf von Rechberg, der 1855 kam, bewies mehr Ausdauer, doch auch er hätte sich um ein Haar mit dem preußischen Gesandten duelliert.[16]

Hinter diesen persönlichen Reibereien lag für Bismarck ein ernster politischer Zweck: der Entschluß, Österreich zur vollen Anerkennung der gleichberechtigten Stellung Preußens im Deutschen Bund zu nötigen. Den Österreichern mußte klargemacht werden, daß ohne eine vorherige Einigung mit Preußen im Bundestag keine wichtige Entscheidung getroffen werden konnte. Was er verlangte, lief auf ein Vetorecht für Preußen hinaus. Die Stimmen sollten seines Erachtens nicht nur gezählt, sondern auch gewogen werden.[17] Bismarck handelte auf Anweisung aus Berlin, die Form aber, die die Auseinandersetzung in Frankfurt annahm, bestimmte der preußische Gesandte selbst. Ein unversieglicher Strom geschickt formulierter Briefe und Berichte floß aus dessen rastloser Feder nach Berlin, um dort die Entscheidungen Manteuffels und – durch die Vermittlung Leopold von Gerlachs – auch des Königs zu beeinflussen.

In Frankfurt praktizierte er zunächst Obstruktionspolitik: «Wenn Oesterreich ein Pferd vorne anspannt, spannen wir eines hinten an.»[18] Mit klug konzipierten Zusatzbedingungen nahm er den von der Hofburg unterstützten Entschließungen ihren Wert. Beim geringsten Zweifel bestritt er die Zuständigkeit des Bundestags oder forderte ein einstimmiges Abstimmungsergebnis anstatt der bloßen Mehrheit. Er reiste in Süddeutschland von einem Hof zum anderen und bemühte sich, das Vertrauen der Herrscher und Staatsmänner zu gewinnen in der Hoffnung, die gegnerische Koalition zu spalten. Wo ihm das auf gütlichem Wege nicht gelang, weckte er die Furcht vor Vergeltung und säte Zwietracht und gegenseitige Eifersucht. Als letztes Mittel drohte er mit dem Austritt Preußens aus dem Bund.

Diese Taktik war gänzlich negativ und entsprach Bismarcks Temperament eigentlich nicht. Er wollte die österreichische Offensive nicht nur zum Stehen bringen, sondern einen preußischen Gegenangriff vorbereiten. In einem seiner ersten Berichte an Manteuffel bezweifelte er, daß der Bund den Bedürfnissen des preußischen Staates je entsprechen könne. Nützlich schien ihm das Muster des Zollvereins. Er schlug vor, durch ähnliche Verträge den preußischen Einfluß «innerhalb des uns durch die Natur angewiesenen geographischen Gebiets» auszudehnen. Preußen konnte seines Erachtens durch Förderung der materiellen Interessen der Bevölkerung den Bund überflüssig machen, wie eine nutzlos gewordene Schale, die von dem wachsenden Kern schließlich abfallen würde.[19] Noch bis ins Jahr 1870 wird Bismarck diese Möglichkeit bei allen seinen Kalkulationen immer wieder in Betracht ziehen.

Von Anfang an setzte er aber mehr auf Zwangsmaßnahmen als auf natürliche Evolution. Preußen brauche eine neue Quelle der Macht, die stark genug war, um die Opposition zum Einlenken oder zum Nachgeben zu nötigen. Da es in Deutschland allein stand, mußte es sich in Europa Bundesgenossen suchen, mit deren Hilfe es die Sicherheit Österreichs und der kleineren Staaten bedrohen konnte. «Furcht und wieder Furcht ist das Einzige, was in den Residenzen von München bis Bückeburg Wirkung thut.»[20]

Das hieß, daß die Allianz mit Österreich nicht nur in der deutschen, sondern auch in der europäischen Politik aufgegeben werden mußte. In der Vergangenheit hatte die östliche Allianz zwischen den beiden deutschen Großmächten und Rußland zwei Zwecken gedient: Sie war eine Schutzburg der alten Ordnung in Europa und hinderte die deutschen Mittelstaaten, sich der österreichischen und preußischen Vorherrschaft durch Bündnisse mit Frankreich zu entziehen. Bismarck behauptete, daß die Allianz inzwischen keinen dieser beiden Zwecke mehr erfüllte. Im Inneren schien eine Wiederholung der Ereignisse des Jahres 1848 einstweilen nicht mehr zu drohen, und in Paris war die zweite Republik dem zweiten Kaiserreich gewichen, das ihm weniger bedrohlich für die europäische Ordnung zu sein schien. Preußen könne es sich deshalb wohl gestatten, das Bündnis mit Österreich zu lösen und das Gespenst einer Allianz mit Frankreich zu beschwören.

Im Januar 1853 begann Bismarck, sich in einer Reihe von Briefen an Gerlach und Manteuffel für eine solche Position einzusetzen. Die Konservativen in Berlin seien schlecht beraten, meinte er, die imperialen Prätentionen Louis Napoleons mit Verachtung zu strafen. Der Spott der *Kreuzzeitung* über die bevorstehende Verehelichung des französischen Kaisers mit Eugénie von Montijo sei unnötig provozierend: «Ich bin überzeugt, daß es ein großes Unglück für Preußen wäre, wenn seine Regierung ein Bündnis mit Frankreich einginge; aber die Möglichkeit, unter Umständen dieses Übel als das kleinere von zweien zu wählen, dürfen wir uns m. E. in den Augen unserer Bundesgenossen nicht abschneiden». Es könne nicht im preußischen Interesse liegen, schrieb er, daß «wir die Freiheit der Stellung, welche unser erhabenes Regentenhaus in früheren Zeiten so erfolgreich zur Ausdehnung seiner Macht benutzt hat, dadurch alterieren, daß wir unsrer Gegnerschaft gegen Frankreich öffentlich einen Stempel der Unwiderruflichkeit aufdrücken».[21]

Diese Dokumente zählen zu den bedeutsamsten der Frankfurter Periode Bismarcks. In ihnen offenbarte er zum ersten Mal die Überzeugung, daß Preußen die Macht zur Beherrschung der kleineren Staaten und zur Nötigung Österreichs zum Verzicht auf die eigene Vorrangstellung außerhalb Deutschlands suchen müsse. Einige Jahre später schrieb er: «Der Einfluß einer Macht im Frieden hängt in letzter Instanz von der Kraft ab, welche sie im Kriege entwickeln, und von den Bündnissen, mit welchen sie in den Krieg eintreten kann. Für uns aber ganz besonders ist die Gewinnung von Einfluß in Deutschland gegenwärtig allein durch den Glauben der Bundesstaaten an die Möglichkeit, Wahrscheinlichkeit oder Sicherheit bedingt, mit welcher Preußen im Kriegsfalle auf auswärtige Bündnisse rechnen kann.»[22] Allein Frankreich bot sich zu einem solchen Bündnis an. Wegen seines Namens und seiner revolutionären Machtergreifung war Napoleon III., der Paria unter den europäischen Monarchen, entschieden nicht gesellschaftsfähig. Er brauchte dringend Verbündete.

Die Politik, die Bismarck Preußen nun empfahl, war eben dieselbe, deren er Österreich und die mittleren Staaten unermüdlich beschuldigte. Oft klagte er Österreich an, sich mit Napoleon III. arrangieren zu wollen, um dann in Deutschland Druck auf Preußen ausüben zu können. Im Ton gerechter Entrüstung wies er wiederholt darauf hin, daß die mittleren Staaten des Südens bei der ersten Gelegenheit zur «Rheinbundpolitik» zurückkehren würden.[23] Damit unterstellte er ihnen eine Neigung zum Verrat der deutschen Sache, denn der Begriff beschwor die Zeit, da die Fürstenhäuser des Südens um ihres eigenen Machtzuwachses willen mit Napoleon I. gemeinsame Sache gemacht hatten.

Zu dieser Zeit war jedoch Bismarck noch ganz aufrichtig, wenn er behauptete, daß er ein Bündnis Preußens mit Frankreich keineswegs wünsche. Er wollte nicht die Koalition wechseln, sondern durch den Hinweis auf diese Möglichkeit Druck auf die gegenwärtigen Koalitionspartner ausüben. Er verlangte politische Beweglichkeit ohne feste Bindung an irgendeine andere Macht, die Freiheit zu zeitweiligen Bündnissen je nach den Erfordernissen der gegebenen Situation. Preußen sollte sich um eine Mittelstellung zwischen Österreich und Frankreich bemühen. An keine der beiden Mächte gebunden, konnte es eine gegen die andere ausspielen und würde sich nur im äußersten Fall, nämlich im Falle eines Krieges, zwischen ihnen entscheiden müssen.[24]

Hier hoffte nun Bismarck, die zwingende Macht zu finden, die er innerhalb des Bundes vergeblich zu erlangen versucht hatte. Eine derartige Politik war seines Erachtens geeignet, die kleineren Staaten in Schrecken zu versetzen, denn von einer französisch-preußischen Allianz war zu befürchten, daß sie alsbald zu Annexionen schritt, wie sie die politische Geographie Deutschlands schon oft verändert hatten. Der Schrecken würde sie unter preußischen Einfluß bringen und die Bündnisse sprengen, die den Bundestag bisher beherrscht hatten. Damit würde Österreich in die Minderheit gesetzt und genötigt, sich dem Willen Preußens zu ergeben.

Als Bismarck diese Taktik konzipierte, hatte sie allerdings noch einen ernsten Fehler. Denn solange der österreichisch-russische Teil der östlichen Allianz bestehen blieb, war keineswegs gewiß, daß der von ihm ins Auge gefaßte Flirt Preußens mit Frankreich die gewünschte Wirkung erzielen würde. Mit Unterstützung Rußlands hätte sich Österreich in Deutschland auch einem preußisch-französischen Bündnis entgegenstellen können. Doch Bismarck hatte kaum begonnen, für seine neue Taktik zu werben, als sich bereits am östlichen Horizont eine Krise entwickelte, die binnen kurzem das Band zwischen Wien und Petersburg auflösen sollte.

Der Krimkrieg

Nachdem die Türkei sich während der Monate Mai bis Juli des Jahres 1853 hartnäckig der russischen Forderung widersetzt hatte, ein russisches Protektorat über die christlichen Bewohner des ottomanischen Reichs anzuerkennen, marschierten Truppen des Zaren in die Donaufürstentümer ein. Von Großbritannien und Frankreich ermutigt, erklärte der Sultan Rußland im Oktober den Krieg. Sechs Monate später stolperte Europa in eine schwere kriegerische Auseinandersetzung hinein, die die Staatsmänner nicht gewollt hatten, die zu vermeiden sie aber nicht klug genug gewesen waren. Unvermeidlich setzte der Konflikt die Regierungen in Wien und Berlin starkem Druck aus. Um Truppen gegen das ferne Rußland aufbieten zu können, benötigten England und Frankreich die Unterstützung Preußens und Österreichs, während die Regierung des Zaren ihrerseits zuversichtlich damit rechnete, von den beiden konservativen Mächten und Partnern in der Heiligen Allianz unterstützt zu werden.

Den Grafen Karl von Buol-Schauenstein, der seit dem Tode Schwarzenbergs im Jahre 1852 das Wiener Außenministerium leitete, beunruhigte der Aufmarsch russischer Truppen an der unteren Donau. Er sah aber andererseits in der gegenwärtigen Auseinandersetzung eine günstige Gelegenheit, Rußland auf die Dauer vom Balkan auszuschließen und dort eine österreichische Vorherrschaft durchzusetzen. Einige konservative Minister wandten sich jedoch gegen seine Absichten, und Kaiser Franz Joseph war unschlüssig. Anfänglich versuchte Buol es mit einem mittleren Kurs, der einerseits die Brüskierung Petersburgs zu vermeiden, andererseits die Freundschaft der Westmächte zu gewinnen trachtete. 1854–1855 kam er indessen der Notwendigkeit, Krieg gegen Rußland führen zu müssen, gefährlich nahe. Dazu hätte er der Unterstützung Preußens und des Deutschen Bundes bedurft.[25]

Für Bismarck war offensichtlich, was unter diesen Umständen zu tun sei: Preußen mußte die österreichische Verlegenheit ausnützen. Anfang 1854 riet er Manteuffel abzuwarten, bis Österreich im Osten fest gebunden wäre. Wenn erst die österreichischen Heere auf dem Balkan stünden, könnte Preußen die Regierung in der Hofburg vor die Alternative stellen, entweder mit einem gewissen Entgegenkommen die Unterstützung Preußens zu gewinnen oder andernfalls mit Preußens Feindschaft rechnen zu müssen. Preis der Unterstützung durch Preußen sollte die österreichische Einwilligung in einen geheimen Vertrag sein, durch welchen für jede der beiden Großmächte des Deutschen Bundes separate Einflußsphären festgelegt würden. Österreich müsse sich überdies verpflichten, Preußen im Bundestag ein Vetorecht zuzugestehen. Wenn Österreich diese Zugeständnisse verweigerte, könne Preußen die von Truppen entblößte böhmische Grenze Österreichs angreifen; «die großen Krisen bilden das Wetterleuchten, welches Preußens Wachstum fördert», erklärte er. Noch sei Preußen kein «saturierter Staat».[26]

In Berlin bestand über Bismarcks Vorschläge, wie überhaupt hinsichtlich der Kontrahenten im Krimkrieg, keine Einmütigkeit. Die Ultrakonservativen waren prorussisch, Prinz Wilhelm und dessen Coterie prowestlich. Der König, dem seine Ratgeber mit widersprechenden Empfehlungen zusetzten, steuerte einen Zickzackkurs, bei dem er sich einerseits von seinem Wunsch nach Neutralität leiten ließ, andererseits von der Furcht, isoliert zu werden. Die Aussicht auf das Scheitern der östlichen Allianz tat ihm in der konservativen Seele weh, aber die österreichisch-preußische Solidarität in der europäischen Politik war ihm noch kostbarer. In der Hoffnung, damit Österreich zu verpflichten, stimmte er im April 1854 einer Erneuerung des Verteidigungsbündnisses zu, das die beiden deutschen Großmächte drei Jahre zuvor miteinander abgeschlossen hatten. Das Bündnis sah über die Verpflichtung zur gegenseitigen Verteidigung gegen Dritte hinaus vor, daß Österreich im Osten nur nach Verständigung mit Preußen handeln dürfe. Wenn jedoch Österreich in eine Auseinandersetzung mit Rußland hineingezogen werden sollte, versprach Preußen, hunderttausend Mann an der östlichen Grenze zu mobilisieren, zweihunderttausend, falls die Lage sich verschlimmerte. Die Hofburg nützte die ihr durch dieses Bündnis eröffneten Möglichkeiten sofort aus. Im Juni stellte Buol ein Ultimatum, das den Zaren zwang, seine Truppen aus den Donaufürstentümern abzuziehen, die nun Österreich zu besetzen begann.[27]

Bismarcks Reaktion auf die Erneuerung des Verteidigungsbündnisses im April ist bezeichnend für sein strategisches Denken. Wenn Österreich das Bündnis in Anspruch nehme, riet er König Friedrich Wilhelm IV., solle Preußen seine Truppen «nicht bei Lissa, sondern in Oberschlesien» aufmarschieren lassen, so daß sie in der Lage seien, die russische oder die österreichische Grenze mit gleicher Leichtigkeit zu überschreiten. Da gegenwärtig die Kräfte aller anderen europäischen Staaten im Osten gebunden seien, liege dort an den Westgrenzen Österreichs und

Rußlands jetzt der Angelpunkt der Macht. «Mit 200 000 Mann würde Se. Majestät in diesem Augenblick Herr der gesamten europäischen Situation werden, den Frieden dictieren und in Deutschland eine Preußens würdige Stellung gewinnen können.»

Friedrich Wilhelm IV. war zwar nicht unempfänglich für den Reiz des kühnen Plans, ließ Bismarck aber wissen, daß derlei für ihn nichts sei. «Er lächelte wohlgefällig», berichtete Bismarck, «und sagte im Berliner Dialekt: ‹Liebeken, das ist sehr schöne, aber es is mich zu theuer. Solche Gewaltstreiche kann ein Mann von der Sorte Napoleons wohl machen, ich aber nicht.›»[28] Statt dessen kooperierte er während des größten Teils des Jahres 1854 zögernd mit Österreich. Bismarck fand diese Politik feige und schändlich. Ob denn Preußen immer Österreich den Part des Don Juan überlassen und selber den Leporello spielen müsse, fragte er.[29] Da er fürchtete, daß Preußen in einen Krieg mit Rußland verwickelt werden könnte, der allein österreichischen Interessen diente, bemühte er sich verzweifelt, die preußische Neutralität zu bewahren. Dabei konnte er auf die Unterstützung der Mittelstaaten hoffen, die von einem solchen Krieg ebensowenig wie Preußen zu gewinnen hatten. Bei einem Treffen in Bamberg bildeten diese eine Koalition zur Beförderung der Interessen des «dritten Deutschlands».[30] Für Preußen schien sich eine Gelegenheit zu bieten, Österreich von seinen deutschen Verbündeten abzuspalten.

Mitte Oktober beschrieb Bismarck in einem Brief an Leopold von Gerlach, wie sich die Gelegenheit seiner Meinung nach ausnutzen ließ: «Oestreich schlägt nicht los, so lange es glauben muß, uns und Deutschland nicht hinter sich zu haben, und gewiß nicht, wenn wir ihm drohn, und die Bamberger werden uns, so lange es mit Diplomatie, und nicht mit Waffen geschehn kann, immer von Nutzen zur Zügelung Oestreichs sein können, wenn sie nur Bosheit und resolutes Wesen bei uns merken. Drohn können wir: (1) Mit Anschluß an Rußland, und es ist Unsinn, immerfort zu schwören, daß wir *nie* mit Rußland gehn würden; wenns auch wahr wäre, so muß man doch die Möglichkeit behalten, damit zu drohn. (2) Mit Baseler Politik, (uns) Frankreich in die Arme (zu) werfen und uns auf Kosten perfider Bundesgenossen zu entschädigen. (3) Und das ängstigt sie am meisten: Mit einem Cabinetswechsel nach links hin, wo wir dann bald so westmächtlich sein würden, daß Oestreich distancirt und vergeblich bestrebt wäre, uns am Rockschoß zu halten. Die andern sind bereit, Gemeinheiten gegen uns wirklich zu begehn, warum sollen wir nicht mit ähnlichen wenigstens winken, wir brauchens ja nicht in offiziellen Noten zu thun, nur in der Presse und Conversation.» Mit solchen Drohungen wollte er die Mittelstaaten dazu bewegen, sich einem Bund bewaffneter Neutralität anzuschließen, in dem an Preußens Seite auch die Niederlande, Schweden und Dänemark stehen sollten.[31] «Wenn uns die Deutschen Staaten wirklich desertiren so glaube ich nicht, daß wir die *Neutralität* durchführen», schrieb er. In dem Falle müsse Preußen sich entweder Rußland anschließen «und unvermuthet in Oestreich einrücken, während Böhmen leer von Truppen ist» (was er am liebsten gesehen hätte, aber unter dem gegenwärtigen Herrscher Preußens nicht für wahrscheinlich hielt), oder Frankreich und

Friedrich Wilhelm IV., 1855

dem Westen – «und das Wasser der Deutschen öffentlichen Meinung in unsre eigene Schleuse leiten, aber nicht vor die oestreichische Mühle führen».[32]

Obwohl Friedrich Wilhelm IV. auf Bismarcks Vorschlag nicht einging, sah er sich schließlich doch genötigt, seine Haltung gegenüber Österreich zu ändern. Im Dezember mutete Franz Joseph der Freundschaft des preußischen Königs denn doch zuviel zu, als er einen Vertrag mit Frankreich und England unterzeichnete, der Krieg gegen Rußland anzukündigen schien. Anschließend forderte Österreich im Bundestag die Mobilisierung der Bundestruppen gegen Rußland. Dieser Antrag wurde aber von Preußen mit Hilfe der kleineren Staaten zu Fall gebracht. Während des ganzen Jahres 1855 genoß Bismarck den ungewohnten Luxus, Führer der Mehrheit im Bundestag zu sein. Österreich konnte daran gehindert werden, in den Krieg einzutreten. Mit dem Friedensschluß zerbrach allerdings diese Koalition. Abermals übernahm Österreich die Führung der kleineren Staaten, während Preußen allein stand. Die Verhältnisse in Deutschland waren wieder wie zuvor.[33]

Das Schachbrett der Politik

In Europa jedoch hatten sich die Verhältnisse geändert. Die östliche Allianz, seit 1815 das wichtigste europäische Bündnis, war nun in Auflösung begriffen. Durch seine «Realpolitik» während des Krimkriegs hatte Österreich das konservative Band, das ihm Rußland jahrzehntelang verbunden hatte, zerschnitten, ohne für den entfremdeten Verbündeten in Frankreich und Großbritannien Ersatz zu finden. In Petersburg betrachtete man das österreichische Ultimatum als Verrat, im Westen verübelte man Österreich, daß es sich nicht hatte entschließen können, auf westlicher Seite in den Krieg einzutreten. Preußen hingegen hatte in der russischen Hauptstadt ein Kapital an Vertrauen gewonnen, dessen Wert sich in Zukunft noch auszahlen sollte. Doch fürs erste hatte den größten Gewinn Napoleon, der nach dem Pariser Kongreß als die beherrschende Gestalt der europäischen Politik dastand.[34]

Der Krieg hatte noch kaum begonnen, als Bismarck schon kalkulierte, zu welchen neuen Machtkonstellationen der Zusammenbruch der alten Gelegenheit bieten mochte. Bereits im Dezember 1853 zog er in seinen Briefen an Gerlach die Möglichkeit eines französisch-russischen Rapprochements in Betracht. Während er einerseits von der Unterstützung Österreichs abriet, warnte er Manteuffel andererseits, daß ein Zusammengehen der beiden deutschen Großmächte Rußland zwingen würde, Frieden zu schließen und ein Bündnis mit Bonaparte zu suchen, «was für den Kaiser von Rußland allerdings der natürlichste Ausweg sein würde, wenn wir ihm die Hölle zu heiß machen». Eine derartige Kombination würde für die Mittelstaaten unwiderstehlich sein. Auch Österreich würde versuchen, sich ihr anzuschließen. So läge es wohl in Preußens Interesse, seinem deutschen Rivalen dabei zuvorzukommen. «Ein Bündniß mit Frankreich können wir nicht ohne einen gewissen Grad von Gemeinheit eingehn. Bringen wir aber Rußland dahin, es zu thun, so kann uns die verkehrte Wiener Politik doch nöthigen, in diesem scheußlichen Bunde der Dritte zu sein, ehe es Oestreich wird. Sehr achtbare Leute, sogar mittelalterliche Fürsten, haben sich schon lieber durch eine Kloake gerettet, als daß sie sich prügeln oder abwürgen ließen.»[35] Doch mit anderen redete er in anderem Ton. Marquis Lionel de Moustier, der französische Gesandte in Berlin, hörte ihn sagen, daß ein festes Bündnis mit Frankreich und Rußland die Interessen Preußens am ehesten befördern würde. Im Oktober 1854 berichtete der russische Attaché beim Bundestag, Glinka, aus Frankfurt, daß der preußische Gesandte ihm ein solches Bündnis als sein «politisches Ideal» hingestellt habe, als die einzige Kombination, die die politischen Bedürfnisse aller drei Länder befriedigen würde.[36] Diese Anregung wurde in Petersburg sehr ernst genommen, und der Attaché erkundigte sich, ob König Friedrich Wilhelm IV. für ein solches Bündnis gewonnen werden könnte. Mit erstaunlicher Selbstsicherheit versicherte ihm Bismarck, er könne sich dafür verbürgen, wenn man ihm die dafür erforderliche Überzeugungsarbeit überlassen wolle. Er sprach auch ganz offen aus, was er sich davon versprach: Wenn sich Preußen in die Notwendigkeit versetzt sehe, Krieg gegen Österreich zu führen, müsse es in der Lage sein, anzugreifen, ehe Österreich darauf gerüstet sei und Truppen an den Grenzen aufmarschieren lasse.[37] Solche Erwägungen beschäftigten Bismarck, während auf der Krim französische und russische Truppen einander blutige Schlachten lieferten, und Berlin und Wien über einen Zusatz in ihrem Verteidigungsbündnis vom April 1854 verhandelten!

Dennoch waren Bismarcks Erwägungen durchaus nicht unrealistisch. Während des Sommers und Frühherbstes hatten ihm französische Unterhändler versichert, daß der Krieg gegen Rußland von Napoleon nur aus Nützlichkeitserwägungen geführt werde, daß es zwischen den beiden Ländern Grund zu andauerndem Konflikt nicht gebe, daß Frankreich seinen Machtbereich in Italien, nicht aber in Deutschland ausdehnen wolle und daß Preußen in einer dreiteiligen Allianz gegen Österreich eine Brückenfunktion übernehmen könne.[38] Andererseits sah man in Rußland Großbritannien als den eigentlichen Feind an. Gegen Frankreich bestand kaum echte Feindschaft, und die Möglichkeit einer zukünftigen Allianz mit Paris wurde selbst in Petersburg erwogen.[39] Allerdings schreckte Zar Nikolaus vor der Vorstellung zurück, sich mit einem Bonaparte einzulassen. Als Glinka ihn darüber unterrichtete, erwiderte Bismarck lakonisch, daß die Notwendigkeit den Zaren dazu zwingen werde. Der unglückliche Nikolaus schrieb, das sei allerdings so traurig wie auch möglich. Wenige Monate später starb er. Sein Nachfolger, Alexander II., war der peinlichen Vorstellung zugänglicher. Im April 1856 ersetzte er im Außenministerium den Grafen Karl Nesselrode, einen Verfechter der östlichen Allianz, durch den Fürsten Alexander Gortschakow, dem ein Bündnis mit Frankreich nicht weniger als ein Herzensanliegen zu sein schien.[40]

Zu dieser Zeit betrachtete Bismarck eine französisch-russische Allianz offenbar nicht nur als wahrscheinlich, sondern auch als wünschenswert. Obwohl er bei Gerlach damit noch hinter dem Berg hielt, wagte er doch gegenüber Manteuffel schon im Februar 1856 das «Glaubensbekenntniß, daß ich eine solche Allianz, vorausgesetzt, daß wir mit beiden Füßen in dieselbe hineinspringen, mehr hoffe als fürchte». Für Bismarck war diese Einschätzung ungewöhnlich, denn sie bedeutete ja, daß er für Preußen nicht länger eine Mittelstellung in der europäischen Politik anvisierte. Anscheinend hatte seine Verzweiflung über die Stellung Preußens im Bundestag diesen Sinneswandel verursacht. Mit der Dauerhaftigkeit der Mehrheit, die ihm die Krimkrise im Bundestag bescherte, hatte er von Anfang an nicht gerechnet. In Anbetracht der baldigen Auflösung der Bundesversammlung empfahl er, «unsere *europäischen* Beziehungen mehr zu accentuiren als die deutschen». Ein Dreierbund schien ihm «das einzige Mittel, uns der Vormundschaft der Mittelstaaten und der östreichischen Umgarnung nachhaltig zu entziehn».[41]

Als er später auf dieses Problem zurückkam, war er vorsichtiger. Während der Jahre 1856–1857 richtete er an Gerlach und an Manteuffel eine Reihe von Schreiben, die zu den berühmtesten seiner Laufbahn zählen und eine gründliche Analyse der preußischen Stellung in der deutschen und europäischen Politik zum Gegenstand haben. In keinem dieser Briefe setzte er sich wieder so ungestüm für die Beteiligung Preußens an einer französisch-russischen Allianz ein wie in jenem ersten. Vielleicht hielt er sich zurück, weil er wußte, daß das, was er Gerlach und dem König mit diesem Vorschlag zumutete, für diese beiden eine sehr bittere Pille war, und weil er es deshalb für taktvoller hielt, nicht zu wiederholen, daß sie ganz nach seinem Geschmack sei. Wahrscheinlicher ist aber, daß inzwischen auch Bismarck selbst die Gefahren der zunächst von ihm befürworteten Politik besser einzuschätzen gelernt hatte. Denn ein derartiges Bündnis hätte zwar Preußens Stellung in Deutschland verbessert, doch es wäre dann auch der schwächste Partner in der mächtigsten europäischen Koalition gewesen.

Mithin kehrte Bismarck zur Politik des Angelpunkts zurück. Es sei fast damit zu rechnen, sagte er, daß Europa sich in zwei Machtblöcke aufspalten werde, deren jedem viel an Preußens Unterstützung gelegen sein müsse. Das Bedürfnis nach gegenseitiger Unterstützung gegen gemeinsame Feinde werde Frankreich und Rußland mutmaßlich zu einem Bündnis bestimmen. Dagegen werde sich voraussichtlich eine Koalition Englands mit Österreich formieren. Solange der Bruch zwischen diesen Blöcken andauerte, sollte Preußen sich mit keinem von beiden verbinden, da «dieses Verhalten gerade den Vortheil bietet, . . . jede Tür offen, jede Wendung frei zu erhalten». Wenn Preußen so im Angelpunkt verblieb, sollte es keine Schwierigkeit haben, beiden Seiten Gefälligkeiten abzunötigen.[42]

Sollte freilich die französisch-russische Allianz kriegerische Zwecke verfolgen, würde damit Preußen die Neutralität unmöglich gemacht. Seit dem Zusammenbruch der östlichen Allianz sei der Deutsche Bund nicht mehr imstande, die deutsche Sicherheit zu gewährleisten. Bei einem Krieg gegen Frankreich und Rußland wären weder Österreich noch die Mittelstaaten zuverlässige Verbündete. England würde Preußen auf dem Kontinent kaum unterstützen können. Unter diesen Bedingungen wäre also Preußen gezwungen, seine mittlere Stellung aufzugeben und ein Bündnis mit dem mutmaßlichen Sieger zu suchen. Die Klugheit gebiete, sich diese Möglichkeit von vornherein offenzuhalten. So müsse Preußen bestrebt sein, den französischen Wunsch nach einem engeren Einvernehmen nie endgültig zu enttäuschen, um ihn sich für den Notfall wachzuhalten: «Ein russisch-französisches Bündnis kann für Preußen, wenn wir nach Entstehung desselben, als dritter Aufnahme darin fänden, eine Konstellation sein, die wir herbeizuwünschen hätten; aber das beste Mittel, es zu hindern, zu vertagen, oder seine Schädlichkeit für uns abzuschwächen, scheint darin zu bestehen, daß wir die günstigen Dispositionen Frankreichs für ein intimeres Verständnis mit uns lebendig erhalten und ihm die Aussicht, sie zu realisieren, nicht benehmen.»[43]

Das Argument war freilich nur Fassade. Bismarck suchte seine Vorgesetzten in Berlin von der Notwendigkeit eines Rapprochements zwischen Frankreich und Rußland für die europäische Politik zu überzeugen, doch er selbst sah darin vorzüglich eine Notwendigkeit der deutschen Politik.[44] Er verfolgte weiterhin das Ziel, Österreich zu zwingen, Preußen größeren Einfluß einzuräumen. Nur wenn es Preußen gelang, seine Macht außerhalb Deutschlands zu vermehren, konnte es seine Stellung in Deutschland befestigen. Der erste Schritt, der sich zu diesem Zweck empfahl, war eine Annäherung an Frankreich. Preußen brauchte nur auf Napoleons Wunsch, Berlin einen Staatsbesuch abzustatten, entgegenkommend einzugehen, um das übrige Deutschland in Furcht und Zittern zu versetzen. Selbst wenn es zur Unterzeichnung einer Allianz letztlich nie käme, wäre es doch dumm, sich der Schrecken dieser Möglichkeit nicht zu bedienen.

Obwohl ihm das Argument einleuchtete, war doch Friedrich Wilhelm IV. zu einem Schritt, der zum Bruch mit Österreich führen konnte, nicht zu bewegen.[45] Die Tradition der österreichischen Führungsrolle in der deutschen Politik und der konservativen Solidarität hatte zu tiefe Wurzeln in seinem Empfinden. Gerlach fand die radikalen Vorschläge seines «Schülers» bestürzend. Die beiden Männer diskutierten die Angelegenheit in einem Briefwechsel, der die Unterschiede zwischen der romantischen und der realistischen Auffassung der Außenpolitik in hellstes Licht setzt und deshalb mit Recht berühmt geworden ist.[46] Dabei ging es in der Debatte nicht um absolute, sondern nur um relative Prioritäten. Das Staatsinteresse und der Kampf gegen die Revolution waren beiden wichtig. Doch Bismarck verfolgte in erster Linie das Staatsinteresse, während für Gerlach der Kampf gegen die Revolution Vorrang hatte.[47]

Gerlach lehnte ein Rapprochement mit Napoleon ab, weil die aus der Revolution hervorgegangene napoleonische Dynastie keine Aufnahme in die achtbare Familie der europäischen Monarchen verdiene. Doch verstärkte er dieses Argument mit einem anderen, weniger offensichtlich von romantischen Prinzipien diktierten. Da die Interessen Frankreichs das geböten, würde Napoleon nicht zögern, sich mit den liberalen und nationalen revolutionären Kräften zu verbinden. Dies sei, schrieb er, Bismarcks eigene Worte verwendend, eine «Realität», die zu verkennen Torheit sei.

Bismarck war bestenfalls mit diesem letzten Argument zu beeindrucken, doch auch dieses hielt er für falsch. Seine Gespräche mit Napoleon in den Jahren 1855

Leopold von Gerlach

und 1857 hatten ihn davon überzeugt, daß der Kaiser mit seinem gefürchteten Onkel nicht zu vergleichen war. Während der erste Napoleon kühn, aggressiv und berechnend gewesen sei, habe man es bei dem dritten nur mit einem schlauen, beschränkten und sentimentalen Mann zu tun. Bismarck sah also keine Ursache, die Erneuerung des französischen Imperialismus fürchten zu müssen. Der Gründer des zweiten Empire hatte nach seiner Beobachtung weder den Instinkt eines Eroberers noch das Talent eines Feldherrn. Es bestand auch für ihn keine Notwendigkeit, Revolutionen zu propagieren. Im Gegenteil bedrohte der Liberalismus seine eigene Macht nicht weniger als die irgendeines anderen europäischen Monarchen. Sein imperialistischer Ehrgeiz ging auf Italien, nicht auf den Rhein, wo ein Expansionsversuch nur die Koalition erneuert hätte, die schon seinen großen Onkel zerschmettert hatte.[48]

Gerlachs erstes, prinzipielles Argument fand bei Bismarck überhaupt keine Gnade. Für den Begriff der Legitimität sei unter den historischen Tatsachen kein Platz. Bismarck erörterte die Ursprünge der sogenannten «legitimen» Dynastien Europas und wies nach, daß der erste Ursprung aller Autorität, auch derjenigen der preußischen Monarchie, nichts anderes als Revolution gewesen sei. So habe das napoleonische Regime ebensoguten Anspruch darauf, als legitim zu gelten, wie jedes beliebige andere.[49] Über Louis Philippe, den Napoleons Staatsstreich seines Throns beraubt hatte, schrieb er: «Ich kann als Romantiker eine Thräne für sein Geschick haben, als Diplomat würde ich sein Diener sein, wenn ich Franzose wäre, so aber zählt mir Frankreich, ohne Rücksicht auf die jeweilige Person an seiner Spitze, nur als ein Stein, und zwar ein unvermeidlicher in dem Schachspiel der Politik, ein Spiel, in welchem ich nur meinem Könige und meinem Lande zu dienen Beruf habe.»[50]

Alternativen der Nötigung

Seit dem Anfang der Krimkrise war Bismarcks Haltung gegen Österreich zunehmend feindselig geworden. Im Januar 1855 berichtete der österreichische Gesandte aus Berlin, man höre Bismarck bei seinen Besuchen dort sagen, daß der österreichisch-preußische Dualismus in Deutschland nicht länger tragbar sei. Jahrhundertelang seien aus dieser Rivalität immer wieder Kriege entstanden. Nun bedürfe es nur noch eines weiteren, um Österreich für immer aus Deutschland zu vertreiben. Drei Monate später meldete Rechberg aus Frankfurt, daß Bismarck dort «über das Bedürfnis Preußens, sich nicht in Polen, aber in Deutschland, in Sachsen und Hannover zu vergrößern», unvorsichtige Äußerungen gemacht habe. Im August des Jahres, während eines Besuchs der französischen Hauptstadt, verriet Bismarck dort einem preußischen Diplomaten, Heinrich Prinz Reuß, daß Krieg mit Österreich unvermeidlich sei.[51]

Im April 1856 unterrichtete er Gerlach und Manteuffel von seiner Überzeugung, «daß wir in nicht zu langer Zeit für unsere *Existenz* gegen Östreich werden fechten müssen». Er habe allerdings keine Neigung, den Ausbruch dieses Krieges zu beschleunigen. Man brauche nur den Dingen ihren Lauf zu lassen, und er werde kommen. «Nach der Wiener Politik ist einmal Deutschland zu eng für uns beide; so lange ein ehrliches Arrangement über den Einfluß eines jeden in Deutschland nicht getroffen und ausgeführt ist, pflügen wir beide denselben streitigen Acker.» Das ehrliche Arrangement, das Bismarck vorschwebte, war die Abgrenzung von Einflußsphären «vermöge einer geographischen oder politischen Demarcationslinie».[52]

Über ein Jahr später sprach er mit seinem österreichischen Kollegen in Frankfurt genauso unumwunden. Ohne dazu von Berlin ermächtigt zu sein, erklärte er Rechberg, «es könne bei dem gegenwärtigen Verhältnisse nicht bleiben und müsse entweder zur Verständigung oder zum entschiedenen Bruch kommen». Es sei eine Illusion Österreichs, im Kriegsfall auf den Beistand Preußens rechnen zu können. Die kaiserliche Regierung müsse «die Realität» in Rechnung stellen, daß sie Preußen ohne eine vorherige Einigung an der Seite ihrer Gegner finden werde. Die Einzelheiten einer solchen Einigung ließ Bismarck jedoch auch bei dieser Gelegenheit unbestimmt. Er beschränkte sich laut Rechberg auf den Hinweis, «eine Verständigung würde nur dann von Dauer sein können, wenn die Stellung Preußens in Deutschland so geregelt würde, daß zwischen Österreich und Preußen gar kein gemeinsamer Punct gelassen würde.» Was ihm vorschwebte, war anscheinend die Aufteilung Deutschlands in separate Einflußsphären längs der Mainlinie.[53]

Doch sollte man aus Bismarcks kriegerischen Erklärungen nicht schließen, daß er den Krieg für das einzige Mittel hielt, das angestrebte Ziel zu erreichen.[54]

Überzeugt war er von der Notwendigkeit nicht des Krieges, sondern des Zwangs. Dazu boten sich zwei Möglichkeiten: einerseits die Nötigung durch Drohung, worauf dann die Bedingungen der Einigung ausgehandelt werden konnten, andererseits die Nötigung durch Gewalt, in welchem Fall das Kriegsglück über die Bedingungen der Einigung entscheiden würde. Im ersten Fall würde eine friedliche Teilung Deutschlands in zwei Einflußsphären erfolgen, im zweiten würde Preußen versuchen, Österreich aus Deutschland zu vertreiben und seine Grenzen auszudehnen, um seine östlichen und westlichen Provinzen miteinander zu verbinden und den Rest Deutschlands zu einem von Preußen beherrschten Bund zusammenzuschließen. Das waren die alternativen Ziele Preußens, so wie Bismarck sie jetzt sah. Beide sollten erwogen und die Mittel zu ihrer Erreichung bereitgestellt werden. Die friedliche Lösung war als die weniger gefährliche natürlich vorzuziehen, doch in Anbetracht der Natur des Konflikts mit Österreich mußte man wohl mit der kriegerischen rechnen.

Wie schon erläutert, suchte Bismarck sich der erforderlichen Zwangsmittel durch potentielle Koalitionen mit den europäischen Nachbarn Deutschlands zu versichern. Indem er zur Entzweiung Österreichs und Rußlands führte, hatte der Krimkrieg Preußen dazu verholfen, den Angelpunkt des europäischen Machtgleichgewichts zu besetzen. Von diesem Standpunkt aus konnte Preußen mit mindestens zwei gegnerischen Seiten nach Belieben koalieren oder auch nicht – und dadurch Furcht in Wien und den kleineren Residenzen erwecken, die deren Widerstand gegen die preußische Expansion brechen mochte.

Diese glänzende Strategie hatte allerdings einen ernsthaften Mangel. Wenn sich, wie Bismarck erwartete, die bloße Androhung einer preußischen Allianz mit Rußland und Frankreich als unzureichendes Zwangsmittel erwies, mochte Preußen genötigt sein, sich um dieses Bündnis zu bemühen, damit es Krieg gegen Österreich führen konnte. Sollte Preußen sich entschließen, diesen Krieg allein aus eigenen Kräften zu führen, würde es doch gleichwohl nicht umhin können, diesen Mächten freundschaftlich verbunden zu bleiben, um sie davon abzuhalten, Österreich zu Hilfe zu kommen. Sollten diese sich aber zu einem Krieg gegen Österreich aus eigenen Gründen und zu eigenen Zwecken verständigen, würde Preußen sich ihnen als zweitrangiger Partner anschließen müssen. In jedem Fall würde Preußen also wohl die vorteilhafte Stellung im Angelpunkt preisgeben müssen. Die Gewinne, auf die Preußen in einem glücklichen Krieg hoffen durfte, würden jedenfalls geschmälert werden durch die Bedingungen, die ihm seine beiden mächtigen Verbündeten auferlegen würden, die ja beide ein Interesse an einem schwachen und geteilten Deutschland hatten.

Gegen Ende der fünfziger Jahre gestatteten aber gewisse Entwicklungen in der deutschen und europäischen Politik sowie ein Wandel seiner eigenen Auffassung dem preußischen Gesandten in Frankfurt eine Neuorientierung seiner Strategie. Indem er seinem System von Druckmitteln noch weitere Kräfte hinzufügte – nationale und materielle –, erhöhte er dessen Flexibilität und verminderte er dessen Risiken.

ZWEITES BUCH

Der Weg zur Macht
1858–1863

Komm, einziger, wenn du schon geboren
Tritt auf, wir folgen deiner Spur!
Du letzter aller Diktatoren,
Komm mit der letzten Diktatur!

Johann Georg Fischer im Jahre 1848

I

Materialismus und Nationalismus

Deutschlands zweite Revolution

Während der Jahre Bismarcks als preußischer Gesandter beim Bundestag in Frankfurt begann in Deutschland eine Epoche wirtschaftlichen Wachstums, die alles frühere weit übertraf. Auf der Basis der Leistungen der vorangegangenen fünfzehn Jahre stieg von 1850 bis 1873 die Produktion der Schwerindustrie und damit verbundener Wirtschaftssektoren, von kurzen Rezessionen in den Jahren 1857–1859 und 1866–1867 abgesehen, stetig an. Binnen dreier Jahrzehnte überwand Deutschland einen guten Teil des Niveauunterschieds, der seit drei Jahrhunderten zwischen seinen wirtschaftlichen und sozialen Verhältnissen und denen seiner westlichen Nachbarn bestand. Verschiedene Faktoren wirkten bei diesem beschleunigten Wachstumsprozeß zusammen. Das Bevölkerungswachstum, die Entwicklung der Landwirtschaft, kommerzielle Expansion und Industrialisierung verstärkten einander gegenseitig.[1]

Von 1816 bis 1864 wuchs die Bevölkerung auf dem Gebiet des späteren Deutschen Reiches trotz der starken Auswanderungsbewegung dieser Jahre von 23522000 auf 37819000 Menschen. Als während der zwanziger und dreißiger Jahre das Bevölkerungswachstum das Angebot des Arbeitsmarkts übertraf, sank daraufhin die Geburtenrate. Im Zuge der Industrialisierung setzte dann jedoch auch das Bevölkerungswachstum wieder ein und hielt bis in die späten siebziger Jahre an.[2] Um den wachsenden Bedarf an Nahrungsmitteln zu stillen, nahmen die Bauern Wiesen, Brachen und Ödland unter den Pflug. Das Anbaugebiet wurde stetig vergrößert: In Preußen von 55,5 Prozent des Gesamtgebiets im Jahre 1800 auf 69,3 Prozent im Jahre 1864. Danach blieb das Verhältnis ziemlich unverändert bestehen. Fruchtwechsel, verbessertes Gerät und (nach 1850) zunehmender Einsatz künstlicher Düngemittel verbesserten die Erträge. Zwischen 1816 und 1865 übertraf das Wachstum der landwirtschaftlichen Produktion (135 Prozent) das Bevölkerungswachstum (59 Prozent) bei weitem. Der Überschuß wurde in andere europäische Länder ausgeführt, hauptsächlich nach Großbritannien.[3]

Die dramatischsten Veränderungen im deutschen Wirtschaftsleben ereigneten sich im dritten Viertel des Jahrhunderts auf dem Gebiet der Industrie und im Verkehrswesen. Nach zwanzigjähriger Rezession war in Deutschland das Transportvolumen von 1816 im Jahre 1835 wieder erreicht. Von 1835 bis 1870 wuchs es von 293000 auf 1008000 Tonnen jährlich. In diesen Zahlen spiegelt sich das Wachstum des Güteraustauschs nach der Gründung des Zollvereins und im Gefolge der beschleunigten Industrialisierung. Nach 1850 beschleunigte vor allem der Eisenbahnbau das Wachstum der Industrie, obwohl die 1846 erreichte Expansionsrate erst 1868 wieder eingeholt wurde. Das zwischen 1835 und 1875 gebaute 29 970 Kilometer lange Eisenbahnnetz schuf eine ungeheuer gesteigerte Nachfrage nach Eisen und Kohle, die anfänglich durch Importe, später durch gesteigerte inländische Produktion gestillt wurde. Zwischen 1840 und 1873 erhöhte sich die Produktion von Roheisen von 172 982 auf 2 240 575 Tonnen, die von Steinkohle von 3 188 169 auf 36 392 000 Tonnen. Der Pro-Kopf-Verbrauch von Roheisen stieg im gleichen Zeitraum von 8,5 auf 71,5 Kilogramm, der von Steinkohle von 111 auf 818 Kilogramm. Der Lokomotivbau stimulierte die Maschinenindustrie. Die Zunahme des Pro-Kopf-Einkommens fand bald ihre Entsprechung in der gesteigerten Produktion von Konsumgütern, insbesondere Textilien. In den wachsenden Städten florierte die Bauindustrie, die die gesteigerte Nachfrage nach Wohnraum und Arbeitsstätten befriedigte.[4] Die Schätzungen der Wachstumsrate der deutschen Wirtschaft zeigen eine gesunde Zunahme von 1,2 Prozent jährlich von 1830 bis 1850, dann, in den Jahren 1850 bis 1870, von 1,6 Prozent jährlich; eine Steigerung, die Deutschland an die Seite der bei der Industrialisierung Europas führenden Staaten brachte, nämlich Großbritannien (1,4 und 1,6 Prozent) und Belgien (1,7 und 1,7 Prozent).[5]

In Erinnerung an diese Jahre schrieb Friedrich Engels: «Das Bild des Landes wandelte sich schnell. Wer Rheinpreußen, Westfalen, das Königreich Sachsen, Oberschlesien, Berlin und die Seestädte 1849 zum letzten Mal gesehen hatte, erkannte sie im Jahre 1864 nicht wieder. Überall waren Maschinen und Dampfkraft eingedrungen. Große Fabriken waren größtenteils an die Stelle der kleinen Werkstätten getreten. Dampfschiffe ersetzten nach und nach die Segelschiffe, zunächst in der Küstenschiffahrt und dann im Überseehandel. Die Eisenbahnen vervielfachten sich; auf den Werften, in den Kohlengruben und Eisenbergwerken herrschte eine Aktivität, zu der sich die schwerfälligen Deutschen bis dahin für völlig unfähig gehalten hatten.»[6]

Die industrielle Revolution bewahrte Deutschland vor den Nöten der Überbevölkerung, indem sie Arbeitsplätze für die Millionen schuf, die in der Landwirtschaft kein Auskommen fanden. Sie löste eine Binnenwanderung aus, zu der es bis 1945 keine Parallele in der deutschen Geschichte gab. Sieben Industriegebiete nahmen die Arbeit suchende Landbevölkerung auf: Rheinland-Westfalen, das Rhein-Main-Gebiet, Sachsen, Oberschlesien, Berlin, die Seehäfen Nordwestdeutschlands und nach 1871 das Saargebiet und Lothringen.[7] Von 1852 bis 1871 stieg die Zahl der Städte mit mehr als 100 000 Einwohnern von 26 auf 48, diejenige der Städte mit 10 000 bis 100 000 Einwohnern von 108 auf 126. Obwohl in den sechziger Jahren noch 51 Prozent der Erwerbstätigen in der Landwirtschaft beschäftigt waren (während Bergbau und Industrie 28 Prozent beanspruchten), sank diese Zahl ständig.[8]

Unter den Mitgliedern des Zollvereins zog Preußen aus diesem demographischen Wandel den meisten Gewinn. Die Gebiete des schnellsten Bevölkerungswachstums im Nordosten und im Rheinland lagen innerhalb seiner Grenzen. Preußen hatte 1864 innerhalb des Deutschen Bundes 2700000 Einwohner mehr als Österreich, 2500000 mehr als die größeren Mittelstaaten – die Gesamtbevölkerung Preußens war größer als die aller zum Deutschen Bund gehörigen Mittel- und Kleinstaaten zusammen. Während der sechziger Jahre entfielen auf Preußen neun Zehntel der Kohle und des Roheisens, zwei Drittel des Eisenerzes und fast die Gesamtheit des Stahls und Zinks, die von den Staaten des Deutschen Zollvereins produziert wurden. Zwei Drittel der Dampfmaschinen im Gebiet des Zollvereins waren auf preußischem Boden im Einsatz. Führend war Preußen auch in der Textilindustrie, es produzierte vier Fünftel der Gesamtproduktion an Flachsgarn, über die Hälfte des Kammgarns und drei Fünftel der Wollwebereimaschinen, die innerhalb des Zollvereins hergestellt wurden. Nur in der Baumwollmanufaktur stand Preußen an zweiter Stelle.[9] Seit 1815 kontrollierte Preußen die wichtigsten Wasserstraßen Deutschlands mit Ausnahme der Donau; Rhein, Weser, Elbe und Oder flossen durch preußisches Staatsgebiet. Früher fehlte Deutschland ein natürliches Zentrum des Handels und Verkehrs, wie Großbritannien es in London, Frankreich in Paris besaß. Nun wurde dank der Eisenbahnen Berlin zum Zentrum des Ost-West-Verkehrs. Das Wachstum des Bankgeschäfts, Börsenhandels und der Maschinenbauindustrie ließ Berlin auch zur Finanz- und Industriehauptstadt werden. Mit einer Zunahme um 400000 im Jahre 1850 auf 763000 im Jahre 1870 verdoppelte sich innerhalb von zwanzig Jahren fast die Einwohnerzahl der preußischen Hauptstadt, die nun auch zum wichtigsten Knotenpunkt der preußischen und deutschen Wirtschaft geworden war.[10]

Im Rückblick scheint es, als hätten sich während der beiden Jahrzehnte, in deren Verlauf Deutschland in das Industriezeitalter eintrat, zwei dringende politische Fragen gestellt. Die erste war, inwieweit Preußen seinen wirtschaftlichen Machtzuwachs zur Erweiterung seiner politischen Macht verwenden würde. Die unangefochtene Führungsrolle im Zollverein, die Kontrolle über die Unterläufe der Wasserstraßen Deutschlands, die zentralisierende Wirkung des deutschen Eisenbahnnetzes und die überlegene Entwicklung der Industrie und des Finanzwesens – alle diese Faktoren wiesen auf die Möglichkeit einer zukünftigen preußischen Hegemonie in Deutschland hin. Unter den kleineren Staaten konnte während des gleichen Zeitraums nur Sachsen ein bedeutendes industrielles Wachstum aufweisen, und Sachsen war aus dem Wiener Kongreß sehr beeinträchtigt hervorgegangen. Von den Ländern des Habsburgerreichs hatten während der mittleren Jahrzehnte des Jahrhunderts Niederösterreich und Böhmen beachtliche Fortschritte gemacht, doch die Ressourcen des Reichs waren weiter verstreut und weniger leicht auszubeuten als diejenigen Preußens. Die Unternehmen waren kapitalschwach und auswärtiger Konkurrenz nicht gewachsen. Preußen, das seit 1740 eine gewisse Gleichstellung mit Österreich in militärischer Hinsicht erzielt hatte, war nun im Begriff, Österreich auf den Gebieten der Industrie und des Finanzwesens zu überflügeln. Daß es Preußen während der Jahre

1850 bis 1853 gelang, Brucks Plan einer mitteleuropäischen Union zu verhindern und den Zollverein zu erneuern, bewies, daß sich die materiellen Interessen in Deutschland von Wien abwendeten und in zunehmendem Maße auf Berlin richteten.

Die zweite ernste Frage, die Deutschlands rapide Industrialisierung aufwarf, war, ob es der aristokratisch-monarchischen Ordnung in Preußen gelingen würde, der neuen von der Industrialisierung hervorgebrachten sozialen Kräfte Herr zu werden. Das alte preußische System (Krone, Ministerium, Bürokratie, protestantische Kirche, Offizierskorps und Adel) wurde ökonomisch von der Landwirtschaft und sozial von den ostelbischen Rittergutsbesitzern getragen. Aber das Wachstum des Industriekapitalismus und des Fabrikwesens brachte neue Formen des Reichtums und eine Veränderung der Sozialstruktur mit sich. Die ständische Gesellschaft begann der Klassengesellschaft zu weichen. Die traditionellen Korporationen und Institutionen wurden von den sozialen Klassen und Interessengruppen verdrängt, die für die moderne pluralistische Gesellschaft typisch sind.[11] Die Frage war, ob die alte Ordnung die materiellen Interessen und moralischen Ansprüche eines Teils oder der Gesamtheit dieser neuen wirtschaftlichen und sozialen Kräfte auf Dauer zufriedenstellen konnte. Wie bald und wie gründlich würde der Versuch einer Anpassung des alten Systems an die veränderten Verhältnisse erfolgen? Und war eine evolutionäre Anpassung oder eine revolutionäre Umwandlung der bestehenden Gesellschaftsordnung zu gewärtigen?

Um die Mitte des Jahrhunderts lagen die Antworten auf diese Fragen noch keineswegs auf der Hand. Zur Lösung der damit bezeichneten Probleme bedurfte es einer Führung, die, mit Verständnis und Vorstellungsvermögen ausgestattet, über politischen Nerv und taktisches Geschick gebot. Während der napoleonischen Ära hatte die preußische Ordnung die erste große Prüfung des neuen Zeitalters unter der Leitung tüchtiger bürokratischer Reformer überstanden. Auch 1848 war sie noch einmal davongekommen, diesmal hauptsächlich dank der Schwäche, Uneinigkeit und beschränkten Ziele ihrer Gegner. Aber danach beschleunigte sich der Strom des ökonomischen und sozialen Wandels. Ob die alte Ordnung noch einmal eine Führung hervorbringen konnte, die ihre Interessen zu bewahren vermochte, mußte sich erst noch zeigen.

Industrialismus unter der «Reaktion»

Die Regierung, die dieser Herausforderung in der Mitte des Jahrhunderts zu begegnen hatte, war sozial gemischter Herkunft und im Übergang vom bürokratischen Absolutismus zur konstitutionellen Monarchie begriffen. Obgleich er noch immer begünstigt wurde, hatte der Landadel gleichwohl kein Monopol auf den preußischen Staatsdienst. Die meisten Beamten waren bürgerlicher oder noch bescheidenerer Herkunft. Bürgerliche hatten die bürokratische Karriereleiter bis in leitende Positionen als Diplomaten, Landräte, Geheimräte und selbst Minister erklommen. Verdiente Beamte wurden oft geadelt, es entstand ein «Dienstadel» ohne feudale Wurzeln.[12] Die Professionalisierung des Staatsdienstes schuf einen relativ homogenen «Beamtenstand», der, stolz auf seinen Stand, sich dessen Macht bewußt war und noch der Tradition verpflichtet fühlte, daß der Staat über den konkurrierenden Kräften der bürgerlichen Gesellschaft stehe. Die äußere Unterscheidung zwischen Beamten und Nichtbeamten wurde wichtiger als der Unterschied innerhalb des Beamtenstands zwischen Adeligen und Bürgerlichen.[13]

Um die Mitte des Jahrhunderts kam es jedoch zu Spannungen in der Bürokratie, die aus einem Generationskonflikt resultierten. Dienstälteren Beamten, die relativ gut besoldet wurden und so lange im Amt bleiben konnten, wie es ihnen gefiel, da ein Alter für die Versetzung in den Ruhestand nicht vorgeschrieben war, standen deren jüngere Kollegen gegenüber, die meist besser ausgebildet waren, aber schlecht bezahlt wurden. Die Anwärter waren zudem weit zahlreicher als die freien Stellen, so daß sie oft lange auf Festanstellung und Beförderung warten mußten. Während der Unruhen der Jahre 1847–1848 schlossen sich manche dieser Unzufriedenen der liberalen Bewegung an, einige taten sich sogar als Führer hervor. Die Revolution von 1848 offenbarte einen tiefgehenden Riß in der körperschaftlichen Solidarität des Beamtenstands, und sie zeigte auch, daß die Beamten über die konkurrierenden gesellschaftlichen Kräfte weniger erhaben waren, als sie hatten glauben wollen. Unter der konstitutionellen Monarchie gewann der Beamtenstand seine einstige Geschlossenheit nicht zurück. Über zwanzig Jahre lang saßen im preußischen Abgeordnetenhaus Beamte sowohl als Vertreter der regierungstreuen Wähler (während der fünfziger Jahre waren diese in der Mehrheit) als auch in der liberalen Opposition (die in den sechziger Jahren die Mehrheit bildete).[14]

Zudem hatte die preußische Bürokratie in der Wirtschaftspolitik aus früheren Zeiten zwei einander widersprechende Traditionen geerbt: staatlicher Paternalismus versus Laissez-faire-Prinzip. Der durchschnittliche deutsche Unternehmer des frühen 19. Jahrhunderts wohnte noch in einer Kleinstadt und führte ein Unternehmen mit begrenztem Kapital. Er war ein Mann von beschränktem Horizont, der wohl imstande war, seine Geschäfte kompetent zu führen, nicht aber, gemeinsame Interessen wahrzunehmen oder neue Lebensformen zu entwickeln.[15] Die an dem 1821 gegründeten Technischen Institut in Berlin ausgebildeten und zur Weiterbildung oft auch ins Ausland geschickten Staatsbeamten hatten mehr technischen Sachverstand als die Eigentümer und Angestellten der Bergwerke und Gießereien Rheinland-Westfalens. Daher setzte der Staat die merkantilistische Praxis fort, bei wichtigen Industriezweigen die sukzessiven Phasen der Produktion und des Vertriebs ihrer Erzeugnisse zu kontrollieren und zu regulieren. Zudem trat auch der Staat selbst als Unternehmer auf. Das Handelsministerium besaß, betrieb und überwachte eine große Zahl von Unternehmen, unter diesen Eisenwerke und Kohlebergwerke. Noch 1851 wurde ein Fünftel der in Preußen geförderten Kohle aus in Staatsbesitz befindlichen Schächten gefördert. Die 1772 gegründete «Preußische Seehandlung» entwickelte sich zu einer Staatsbank, die in der Wirtschaftsförderung sehr aktiv war. Sie stellte Kapital zur Gründung von Privatunternehmen bereit, suchte neue Märkte für preußische Erzeugnisse, baute Straßen, besaß und betrieb Musterfabriken und übernahm den Großhandel mit vielen Industrieerzeugnissen. Die Motive dieser paternalistischen Aktivität waren vielfältig. Der Staat vermehrte so das Steueraufkommen, förderte sein militärisches Potential, schuf Arbeitsplätze in notleidenden Regionen und lieferte Ersatz für die Privatinitiative und das Privatkapital, die in Preußen fehlten. «Die Tradition in Preußen war zählebig, und die Vorstellung, daß das ganze Land ein vom König und dessen Räten zu bewirtschaftendes Rittergut sei, hielt sich bis ins Zeitalter der Dampfmaschinen und Eisenbahnen.»[16]

Seit dem späten 18. Jahrhundert hatten sich überdies die Lehren Adam Smith' bei der preußischen Regierung Gehör verschafft. Das durch den humanistischen Impuls des deutschen Idealismus bestätigte Laissez-faire-Prinzip setzte voraus, daß das Gemeinwohl und sogar das Staatsinteresse am ehesten durch die Befreiung der Energien des Individuums aus den Zwängen des Korporatismus zu befördern seien. Seit Stein und Hardenberg hatten liberale Staatsdiener viele dieser Zwänge aufgehoben, so durch die Abschaffung der Leibeigenschaft, die Bewilligung des freien Verkaufs adeliger Güter sowie die Einführung der Gewerbefreiheit und des Freihandels innerhalb des zum Zollverein gehörenden Gebiets. Obwohl noch viele Beschränkungen fortbestanden, boten doch diese neuen Freiheiten dem Wachstum des Industriekapitalismus genügend Raum.[17] Um die Mitte des Jahrhunderts sah man in Preußen Unternehmer eines neuen Typs. Es waren selbstbewußte, marktorientierte Geschäftsleute, die der bürokratischen Lenkung weniger bedurften. Unter diesen waren Ausländer mit technischer Erfahrung im Bergbau und Manufakturwesen (William Mulvaney, John und James Cockerill), schlesische Magnaten (der Fürst von Pless, Graf Henckel von Donnersmarck, Graf von Schaafgotsch), die die auf ihren Gütern entdeckten Kohlegruben ausbeuteten, Mechaniker und Maschinenbauer, die ihre Werkstätten in Fabriken umwandelten (Franz Egells, August Borsig), Handelsbankiers, die in die Schwerindustrie investierten (Gustav Mevissen, David Hansemann, Abraham und Simon Oppenheim), sowie viele andere aus den Kreisen des Handels, der Kleinindustrie und des Staatsdienstes (Matthias Stinnes, Franz Haniel, Eberhard Hoesch, Alfred Krupp).[18]

Unternehmer dieser Prägung wurden des bürokratischen Paternalismus überdrüssig. Ihnen mißfielen die Konkurrenz von Staatsunternehmen, die strenge Aufsicht und Kontrolle des Bergbaus, die Beschränkung der Kapitalgesellschaften, ungerechte und überholte Formen der Besteuerung sowie eine Finanzpolitik, die mehr auf die fiskalischen Bedürfnisse des Staates zugeschnitten war als auf die Erfordernisse von Handel und Industrie. Andererseits forderten sie von der Regierung Investitionen, die man privat nicht finanzieren konnte, vor allem in die Erleichterung des Geldverkehrs sowie in Straßen, Kanäle, die Schiffbarmachung von Flüssen und insbesondere in Eisenbahnen. Sie wollten also sowohl größere Freiheit als auch mehr Unterstützung vom Staat. Liberale Intellektuelle dachten an universale Menschenrechte und Freiheiten und an deren gesetzliche Fixierung in durch Verfassungen garantierten Bürgerrechten, diese neuen Geschäftsleute aber an die praktischen Bedürfnisse des freien Unternehmertums und an die zu deren Befriedigung erforderlichen Möglichkeiten der Einflußnahme und politischen Machtausübung.[19]

Die Spaltung zwischen bürokratischen Liberalen und bürokratischen Konservativen setzte sich auch in der Wirtschaftspolitik fort. Die preußische Regierung konnte sich nicht zu einer klaren Politik für oder gegen die freie Entwicklung des Industriekapitalismus durchringen. Angesichts einer Reihe drängender Fragen reagierte sie nur auf den Druck von verschiedenen Seiten und auf die Ängste und Befürchtungen, die in der sich wandelnden Gesellschaft zunehmend aufkamen. Diese Unentschiedenheit verriet sich vor und während der Revolution von 1848 zumal in der Haltung der Regierung zum Eisenbahnbau, zu Kapitalgesellschaften und in der Steuerpolitik.

Während der dreißiger Jahre weigerte sich das preußische Staatsministerium, den Eisenbahnbau aus Staatsmitteln zu unterstützen, und erteilte Privatleuten die Genehmigung zum Eisenbahnbau nur zögernd. Dafür gab es viele Gründe. Die Eisenbahn bedrohte offensichtlich die ständische und agrarische Gesellschaft. Aktienbanken drohten dem Handel und der Landwirtschaft Kapital zu entziehen und auf den Kurs von Staatsanleihen zu drücken. Gutsbesitzer mußten fürchten, zugunsten von Eisenbahnunternehmen enteignet zu werden. Die Kontrolle der Wirtschaft würde aus den Händen der Beamten an die Leitung großer Privatunternehmen übergehen. Die staatliche Post würde das Monopol auf die Frachtbeförderung verlieren, und eine Zunahme der Staatsverschuldung würde höhere Steuern und konstitutionelle Zugeständnisse erforderlich machen. Nach 1840 ging die Politik jedoch in die entgegengesetzte Richtung. Generäle lernten, die militärischen Vorteile des Massentransports zu schätzen. Minister und Beamte sahen ein, daß Preußen seine Großmachtstellung gefährdete, wenn es dem technischen Fortschritt nicht Rechnung trug. Die Gutsbesitzer des Ostens entdeckten die Profite, die dank der verbesserten Transportmöglichkeiten nun auf den inländischen Märkten zu erzielen waren. Die Hochkonjunktur des Eisenbahnbaus während der Jahre 1842–1846 wurde durch Regierungsbeihilfen und -garantien ausgelöst. Indem die Regierung die Beschränkung der zuerst 1838 zugelassenen Kapitalgesellschaften lockerte, öffnete sie einer Flut von Privatinvestitionen in Eisenbahnaktien die Schleusen. Nach 1843 wurden staatliche Beschränkungen auch anderer Wirtschaftszweige einschließlich des Bergbaus und der Eisenindustrie gelockert. Doch die Unternehmerelite hatte damit nur einen Teil ihrer Ziele erreicht. Auf dem Vereinigten Landtag des Jahres 1847 weigerten sich ihre Vertreter, mit einer Regierung zu kooperieren, die ihnen sowohl mehr Hilfe als auch größere Freiheit versagte.[20]

Die Revolution von 1848 gab den rheinischen Geschäftsleuten die Gelegenheit, die Wirtschaftspolitik der Regierung in Kanäle zu lenken, die ihre Interessen besser zu befördern versprachen. Die Stunde ihres Einflusses ging jedoch schnell vorüber. Abgeschreckt von den Exzessen der Revolution und in Furcht vor dem drohenden sozialen Radikalismus zogen sie sich unter der «Reaktion» aus der Politik zurück. Mit der Behauptung, daß die deutschen Kapitalisten während der fünfziger Jahre eine «Allianz» mit dem Adel und der Bürokratie eingingen, verzerrt man eine komplexe Beziehung.[21] Rheinische Geschäftsleute betrachteten die Konterrevolution als einen Triumph der Junker über die Unternehmer, des östlichen Gutsbesitzers über den westlichen Industriellen, der alten über die neue Wirtschafts- und Sozialordnung. Gustav Mevissen versuchte, die östlichen mit den westlichen Interessen zu vermitteln, indem er die Gründung einer auf agrarischem und Industriekapital basierenden Bank anregte. Er wollte auf diesem Wege den Junkern die Einwilligung in den Wandel vom Agrarstaat zum Industriestaat erleichtern, da ihm klar war, daß dieser Übergang notwendig stattfinden mußte, wenn Preußen sich in der modernen Welt behaupten wollte. Doch die Regierung verwarf das Projekt.[22]

Das eigene Interesse nötigte indessen Bankiers und Industrielle, enge Beziehungen zur Bürokratie zu unterhalten. Amtliche Genehmigungen und staatliche Unterstützung waren bei vielen Gelegenheiten erforderlich, zum Beispiel bei der Gründung neuer Aktiengesellschaften. Bei der Ausgabe neuer Aktien bedurfte man der amtlichen Genehmigung, während man für neue Eisenbahnlinien staatliche Subventionen brauchte. Im übrigen mußte natürlich Geschäftsleuten an Informationen über bevorstehende Maßnahmen der Regierung, die ihre Interessen tangieren mochten, gelegen sein. Obwohl Bestechungen nicht häufig vorgekommen zu sein scheinen, sind doch einzelne Fälle bekannt.[23] Manteuffels Ministerium war zwar durchweg untadelig konservativ, aber nicht homogen. Unter dem Kollegialprinzip waren die Angehörigen des Staatsministeriums gleichberechtigt und für alle ministeriellen Beschlüsse und Maßnahmen gemeinsam verantwortlich, doch die Gleichstellung ermutigte Unabhängigkeit mehr als Kooperation. Es gelang Manteuffel, sich (durch die berühmte Kabinettsordre vom 8. September 1852) eine etwas herausgehobene Stellung zu sichern. Nur der Ministerpräsident und der Kriegsminister hatten demnach das Recht des unmittelbaren Zugangs zum Herrscher. Doch er klagte auch weiterhin über den Mangel an Einmütigkeit und gegenseitigem Vertrauen bei seinen Kollegen.[24]

Die für die Wirtschaftspolitik in der Hauptsache verantwortlichen Kollegen waren der Finanzminister Karl von Bodelschwingh, ein westfälischer Gutsbesitzer, sowie der Handelsminister August von der Heydt, ein Handelsbankier aus der Industriestadt Elberfeld. Vor 1848 war von der Heydt ein prominenter Angehöriger der liberalen Opposition gewesen, doch die Unruhen der Revolution hatten ihn von der Unabdingbarkeit einer starken Monarchie überzeugt. Die Konservativen betrachteten ihn als Vertreter der Interessen von Handel und Industrie, doch seine früheren Genossen sahen ihn als Verräter der liberalen Sache und seiner Klasse an. Als Minister war er bestrebt, das «Staatsinteresse» gegen den «einseitigen und kurzsichtigen Egoismus des Privatunternehmertums» zu verteidigen. Seine größte Leistung, die Vollendung der Hauptlinien des preußischen

Eisenbahnnetzes, fand nicht den Beifall der Geschäftswelt, denn er regulierte Tarife und Dienste ziemlich autoritär und suchte überhaupt das ganze System in Staatsbesitz zu bringen. Der Widerstand seitens der Eisenbahnunternehmer und Fürsprecher der freien Wirtschaft wurde immer heftiger, und nach 1859 war nicht mehr die Rede von dem Plan, die Eisenbahnen zu verstaatlichen.[25]

Andere Initiativen von der Heydts wurden in Kreisen der Schwerindustrie beifälliger aufgenommen. Zwischen 1851 und 1860 hob die Regierung schrittweise das sogenannte «Direktionsprinzip» auf, nach dem seit 1766 die Tätigkeit privater Bergbaugesellschaften (deren technische Verfahren und Finanzen sowie die technische Qualifikation ihrer Angestellten) von Regierungsbeamten überwacht wurde. 1851 wurde die Steuer auf das Bruttoeinkommen von Bergbaugesellschaften von zehn auf fünf Prozent gesenkt.[26] Obwohl die preußische Regierung während der fünfziger Jahre die Kontrolle von Kapitalgesellschaften weiter lockerte, war doch noch immer für deren Gründung eine königliche Genehmigung erforderlich, und die Bearbeitung eines entsprechenden Antrags nahm meistens mehr als ein Jahr in Anspruch. Dabei wurden Beweise dafür verlangt, daß die Gesellschaft einen «würdigen» Zweck habe, der mit der allgemeinen Wohlfahrt verträglich sei, sowie der Nachweis, daß das erforderliche Kapital nicht auf andere Weise zu beschaffen gewesen sei. Die Gesellschaft mußte auch ihre Bücher einem königlichen Beamten offenlegen, der Aktionärsversammlungen einberufen und den Vorstandssitzungen beiwohnen konnte.[27]

Von der Heydt, Bodelschwingh und andere Kabinettsangehörige blieben überdies auch bei ihrem Widerstand gegen die Tätigkeit von Aktiengesellschaften im Bankwesen. Sie besorgte die finanzielle Macht, die solche Gesellschaftsbanken mit dem Recht zum Effektenhandel anhäufen würden. Darin wurden sie von vielen Privatbankiers bestärkt, die die Konkurrenz fürchteten. Zwei Jahrzehnte lang war die einzige in Preußen zugelassene Aktienbank der *Schaaffhausensche Bankverein*, der 1848, als rheinische Geschäftsleute in Berlin im Kabinett saßen, in Köln gegründet worden war. Verschiedene Privatbankiers (so zum Beispiel Simon und Abraham Oppenheim in Köln und Gerson Bleichröder in Berlin) waren wohlhabend genug, Industrieunternehmen zu finanzieren. Doch diese Quellen reichten nicht aus zur Beschaffung des Kapitals, das für die industrielle Expansion der fünfziger Jahre erforderlich war. Die preußischen Finanziers waren genötigt, sich eines Schlupflochs in der preußischen Gesetzgebung zu bedienen, das die Gründung von Bankunternehmen als Kommanditgesellschaften auf Aktien gestattete, bei denen sich neben aktiven Partnern mit unbeschränkter Haftung auch stille Partner mit beschränkter Haftung beteiligen konnten. Zwei um jene Zeit gegründete große Berliner Banken – die *Disconto-Gesellschaft* (gegründet 1851, umgebildet 1856) und die *Berliner Handelsgesellschaft* – waren solche Kommanditgesellschaften. Wie der *Schaaffhausensche Bankverein* gaben sie Aktien aus und gewährten Kredite. Finanzleute konnten den diesbezüglichen preußischen Beschränkungen auch entgehen, indem sie Kapitalgesellschaftsbanken in benachbarten Staaten und freien Reichsstädten gründeten. Zwei rheinische Bankiers

(Abraham Oppenheim und Gustav Mevissen) beteiligten sich 1853 trotz starken Widerstands der preußischen Regierung an der Gründung einer *Bank für Handel und Industrie* (der *Darmstädter Bank*) nach dem Muster des französischen *Crédit Mobilier.* Da Preußen von auswärtigen Versicherern abhängig war, war die Regierung eher geneigt, die Gründung von Versicherungsgesellschaften zu gestatten. Das Kapital, das diese ansammelten, wurde oft in die industrielle Entwicklung investiert.[28]

Ein weiteres Wachstumshindernis für den Industriekapitalismus lag in der restriktiven Währungspolitik der Regierung, welche die Menge der in Umlauf gebrachten Münzen und Banknoten in der Absicht beschränkte, die wirtschaftliche Entwicklung zu kontrollieren. Doch die Finanziers wußten Wege zur Umgehung auch dieser Schranke zu finden. Zu Beginn des Jahrhunderts, als Münzen noch das wichtigste Zahlungsmittel waren, benützten sie neben dem preußischen Silbertaler Münzen ausländischer Prägung. Das erfüllte jedoch auf längere Sicht nicht das Bedürfnis der Wirtschaft nach zusätzlichen Zahlungs- und Kreditmitteln. Angesichts von Plänen zur Gründung einer Deutschen Bank im benachbarten Anhalt-Dessau verstand sich schließlich 1847 die preußische Regierung zur Gründung der *Preußischen Bank*, einer zentralen Notenbank, die größtenteils durch Privatkapital finanziert, aber vorwiegend von Staatsbeamten geleitet wurde. Doch die Kapitalausstattung und Notenausgabekapazität dieser Bank waren zu gering, um der Nachfrage zu genügen. Als Finanzminister im Kabinett der Revolutionsregierung sorgte David Hansemann für die Annahme eines Gesetzes, das die Gründung privater Kapitalgesellschaftsnotenbanken gestattete. Sechs derartige Banken waren im Jahre 1856 zugelassen, doch wurde deren Notenausgabekapazität durch die Manteuffel-Regierung niedrig gehalten. Zeitweilig lösten rheinische Finanziers das Problem der Deckung ihres Zahlungsmittelbedarfs durch die Gründung von Gesellschaftsnotenbanken in benachbarten Fürstentümern. Die von diesen ausgegebenen Noten zirkulierten in Preußen, bis sie schließlich 1857 verboten wurden. Zur gleichen Zeit wurde jedoch die Beschränkung der Notenausgabekapazität der *Preußischen Bank* aufgehoben, so daß diese nun den gestiegenen Bedarf decken konnte. Unterdessen hatten preußische Bankiers schon eine Reihe von Ersatzzahlungsmitteln in Umlauf gesetzt, Wechsel, Bankakzepte und dergleichen. Die von der Regierung aufgerichteten Beschränkungen hinderten die Finanziers also nicht daran, das Investitionskapital zu sammeln und die Zahlungsmittel zu schaffen, die für den preußischen Wirtschaftsaufschwung der fünfziger Jahre gebraucht wurden. Die Kooperation der Regierung hätte ihnen die Aufgabe selbstverständlich leichter gemacht, aber unlösbar war sie auch ohne Hilfe der Regierung nicht.[29]

Manteuffel und seine Kollegen waren zwar in Anbetracht der zu gewärtigenden sozialen Folgen nicht ohne Sorgen, doch sie suchten deshalb das Wachstum des Industriekapitalismus nicht absichtlich zu behindern. Die lange merkantilistische Tradition der Förderung des Wirtschaftswachstums und Gleichsetzung einer florierenden Wirtschaft mit Staatsmacht, das Ansehen, dessen sich die liberale Wirtschaftslehre selbst in konservativen Kreisen erfreute, die zunehmende Achtung des Privateigentums und Wertschätzung der Privatinitiative und die widerstreitenden Strömungen innerhalb des Beamtenstands wirkten zusammen, die Regierung zu einer mindestens teilweise den Anforderungen der Geschäftswelt entsprechenden Haltung zu bewegen.

Soziale Reform

Die Manteuffel-Regierung der fünfziger Jahre kommt im Urteil der Historiker schlecht weg und wird gewöhnlich als «reaktionär» eingestuft. Reaktionär war ihr Wirken in vieler Hinsicht zweifellos. Zensur, Bespitzelung und politische Repression waren an der Tagesordnung. Nicht einmal Prinz Wilhelm von Preußen, der Thronerbe, war sicher vor polizeilicher Observierung. Die Angelegenheiten der protestantischen Kirche wurden der Aufsicht von Vertretern der orthodoxen Richtung unterstellt, die auch die Verwaltung und die Lehrpläne der Schulen beeinflußte. Doch die Katholiken genossen, von einem kurzen Zwischenspiel im Jahre 1852 abgesehen, in Preußen mehr religiöse Freiheit als anderswo in Deutschland. Obwohl die Verfassung beibehalten wurde, wurde die erste Kammer durch königlichen Erlaß in ein Herrenhaus umgewandelt, in dem die meisten Sitze erblich waren und das so zur Vertretung der adeligen Gutsbesitzer wurde. Die Abgeordneten der zweiten Kammer wurden in allgemeinen, jedoch indirekten und ungleichen Wahlen gewählt. Das die Stimmen nach dem Einkommen der Stimmberechtigten sortierende Dreiklassenwahlrecht gab den Reichen die lautere Stimme. Bürgerliche Apathie und amtlicher Druck bei den Wahlen sorgten dafür, daß regierungsfreundliche Konservative in der Kammer die Oberhand behielten. Dennoch war selbst diese Regierung zu bedeutenden sozialen Reformen fähig.

Eine Reihe von weitblickenden Beobachtern, unter denen sowohl Liberale als auch Konservative waren, machte sich schon seit den vierziger Jahren Sorgen über die sogenannte «soziale Frage». Journalisten, Professoren, Beamte und Unternehmer (so namentlich Friedrich Harkort) erörterten das Schicksal der von der Konkurrenz der Fabriken bedrängten Handwerker, die Arbeits- und Lebensbedingungen des städtischen Proletariats, die Verbreitung und Andauer des «Pauperismus» sowie die Frage, ob staatliche Eingriffe zur Linderung der sozialen Not wünschenswert seien. Eine breite Palette von Maßnahmen wurde in Betracht gezogen: Kooperativen, staatliche Förderung des Wohnungsbaus, Sparkassen, bessere Bildungschancen, Steuerreform, Armenpflege, Gewerkschaftsbünde, Schiedsgerichte, Beschränkung der Kinderarbeit, Mindestlöhne, Beschränkung der Arbeitszeit und Gewinnbeteiligung der Arbeiter.[30] Sowohl die eigene Verpflichtung auf das Laissez-faire-Prinzip als auch die Kürze ihres Augenblicks an der Macht ließen die Liberalen während der Jahre 1848–1849 nicht zu bedeutenden sozialen Reformen kommen. Die Revolution offenbarte ihnen vielmehr die

Unsicherheit der eigenen Stellung, indem sie ihre Aufmerksamkeit auf den tiefen Riß lenkte, der den Mittelstand von der Unterschicht der preußischen Gesellschaft schied. Joseph Maria von Radowitz riet den deutschen Herrschern, in den niedrigen und zahlreichsten Klassen der Bevölkerung die natürlichen Verbündeten der Monarchie in ihrem Kampf gegen den bürgerlichen Kapitalismus wahrzunehmen: «Jede Regierungsform, die kühn und weise dessen Interessen in die Hand nähme, das Progressiv-Steuersystem, das Gesammtarmenwesen, die Regulierung des Gegensatzes zwischen Kapital und Arbeit voranstellte, hätte den ‹gemeinen Mann› für sich, und hiermit eine ungeheuere Macht. Es ist allerdings ein gefährlicher Weg, aber was ist jetzt nicht gefährlich? und zwar gefährlich ohne Aussicht eines Sieges.»[31]

Nach dem Coup des 5. Dezember 1848 nahm die konterrevolutionäre Regierung alsbald die von Radowitz erkannte Gelegenheit wahr, indem sie ihre Fürsorge für Bauern, Handwerker und andere Arbeiter zur Schau stellte. Während der ersten Wahlkampagne unter der neuen Verfassung sprach der König selbst von seinem Wunsch, das Los der Armen und Besitzlosen zu verbessern. Am 9. Februar 1849 erließ das Staatsministerium eine Notverordnung, mit der es örtliche Behörden zur Berufung von Gewerberäten ermächtigte, die befugt sein sollten, für über siebzig Gewerbe den Zunftzwang einzuführen oder wieder einzuführen. Die Räte wurden von Betriebseignern und Arbeitern (die eine Minderheitsvertretung hatten) gewählt und repräsentierten Handwerksbetriebe, Fabriken sowie Handelsunternehmen (1854 gab es in Preußen wieder 4650 Zünfte). Die Ausbildung von Lehrlingen und die Abnahme von Meisterprüfungen wurden wieder in die Zuständigkeit der Zünfte versetzt. Mit der gleichen Verordnung wurden zur Beschwichtigung der Arbeiter das Naturallohnsystem und die unfreiwillige Sonntagsarbeit verboten sowie Gewerbegerichte eingesetzt, die als Vertreter sowohl der Arbeiterschaft als auch der Betriebsleitung (eine Stimme Mehrheit) die Schlichtung von Streitigkeiten zwischen beiden besorgen sollten. Durch örtliche Gesetzgebung wurden überdies Unterstützungskassen gegründet, an welche die Arbeiter Versicherungsbeiträge abführen mußten.

Zur dauernden Gültigkeit bedurfte die Notverordnung vom 9. Februar der Ratifizierung durch den Landtag. In der Hoffnung, sie damit den Geschäftsleuten schmackhaft zu machen, verzichtete von der Heydt auf eine Erneuerung der wirtschaftsregulierenden Funktionen der alten Zünfte und nahm von der Liste der Gewerbe, für die der Zunftzwang wieder eingeführt wurde, diejenigen aus, die beim Bergbau und bei der Fabrikproduktion in besonderem Maße gebraucht wurden. Nichtsdestoweniger hielten die Geschäftsleute die Wiedereinführung des Zunftzwangs für eine reaktionäre Maßnahme, denn damit wurde die staatliche Begünstigung der freien Wirtschaft, mit der Hardenberg 1810 begonnen und die in dem Industriegesetz von 1848 verbindlichen Ausdruck gefunden hatte, mindestens teilweise wieder zurückgenommen. In der zweiten Kammer waren die schärfsten Kritiker der Wiedereinführung des Zunftzwangs Bankiers und Fabrikanten (Hermann von Beckerath, Ludolf Camphausen und Friedrich Harkort), während sich Bismarck am beredtesten dafür einsetzte. Er nannte den Handwerkerstand «den Kern des Mittelstandes», dessen Wohlstand Voraussetzung für die Andauer der Gesundheit des «Staatsorganismus» sei. «Die Fabriken», erklärte er, «bereichern den Einzelnen, erziehen uns aber die Masse von Proletariern, von schlecht genährten, durch die Unsicherheit ihrer Existenz dem Staat gefährlichen Arbeitern.» Und so sprach er auch aus, was andere so deutlich nicht zu sagen wagten: daß die Maßnahme politisch wünschenswert sei.[32]

Ein Gesetz, das von der Heydt einbrachte, verbot am 16. Mai 1853 die Beschäftigung von Kindern unter zwölf Jahren und beschränkte die zulässige Arbeitszeit von Kindern zwischen zwölf und vierzehn Jahren auf sechs Stunden täglich. Andere Abschnitte des Gesetzes verboten die Beschäftigung von Kindern unter fünfzehn Jahren während der Nachtstunden (zwischen 20.30 und 5.30 Uhr) und schrieben drei Stunden Schulunterricht täglich für junge Arbeiter dieses Alters vor. Mit der Durchsetzung dieser Bestimmungen wurden Regierungsinspektoren und Gerichte betraut. Das Gesetz scheint nicht sehr streng angewandt worden zu sein, war aber zu einer Zeit, als in England und Frankreich das Mindestalter für Kinderarbeit auf acht Jahre festgesetzt war, entschieden fortschrittlich zu nennen. Auch weigerte sich die Regierung Manteuffel, anderen deutschen Regierungen bei der Wiedereinführung von Beschränkungen bei der Wahl des Ehepartners und des Wohnsitzes zu folgen.[33] Ein weiterer positiver Schritt der preußischen Regierung war die Stärkung von Arbeiterwohlfahrtsvereinen. Die Gemeinden freilich ließen sich viel Zeit bei der Gründung der in der Verordnung von 1849 autorisierten «Unterstützungsvereine» und die Unternehmer ebenso, den von ihnen geforderten Beitrag dazu zu leisten (die Hälfte der Einnahmen wurde von den Arbeitern selbst erwartet). Ein Gesetz von 1854 ermächtigte den Handelsminister, die Gründung solcher Vereine anzuordnen, deren Verwaltungskosten zur Hälfte die Gemeinden zu tragen hatten. Im gleichen Jahr stärkte eine ähnliche Gesetzesbestimmung die Knappschaften, die als Wohlfahrtsvereine (die bei Krankheit und Arbeitsunfähigkeit im Alter, zur Beerdigung und dann den Witwen und Waisen Hilfe leisteten) bei Berg- und Gießereiarbeitern schon lange bestanden. Das geschah nicht nur aus humanitären Gründen, denn je mehr Geld in den Knappschaftskassen war, desto langsamer stiegen die öffentlichen Ausgaben für die Armenfürsorge.[34]

Während im Laufe der fünfziger Jahre die Wirtschaft expandierte und die Erinnerung an das tolle Jahr 1848 allmählich schwand, erlosch auch der anfängliche Reformeifer. Die preußische Regierung tröstete sich bei dem Gedanken, daß die «soziale Frage» sich bei wachsender Nachfrage am Arbeitsmarkt und steigenden Löhnen von selbst erledigen mochte. Obwohl die städtischen Arbeiter vom wirtschaftlichen Aufschwung der fünfziger und sechziger Jahre auch einigen Gewinn hatten, kann schwerlich gesagt werden, daß sie an dem mit ihrer Arbeit produzierten Reichtum einen gerechten Anteil erhielten. Zuverlässige Statistiken sind nur spärlich vorhanden, doch was uns vorliegt, spricht dafür, daß während der fünfziger Jahre zwar die Nominallöhne um 16 Prozent stiegen, die Preise aber (besonders die Lebensmittelpreise) um nicht weniger als 78 Prozent, und zwar in der kurzen Zeitspanne von 1850–1855. Noch im Jahr 1859 lagen die Preise um 41 Prozent über dem Niveau von 1850. Im folgenden Jahrzehnt stieg der Arbeitslohn um weitere 25 Prozent, während die Preise bei zwölfprozentiger Zunahme am Ende des Jahrzehnts schwankten.[35] Obwohl das Industriegesetz von 1845 Streiks verbot, wurde doch mitunter gestreikt, besonders während der Depression der Jahre 1857–1859. Gewerkschaften waren ebenfalls verboten, doch die Unterstützungsvereine fungierten nicht selten als verkappte Gewerkschaften. Erst nach Aufhebung der einschlägigen Gesetze im Jahre 1869 wurden gesamtdeutsche Gewerkschaften möglich.[36]

Die ökonomischen Waffen, die den Arbeitern während der «Reaktion» zur Verfügung standen, waren nach Zahl und Wirksamkeit sehr beschränkt. Nicht anders verhielt es sich mit den politischen. Während der Revolution von 1848 entstanden bei Arbeitern und Handwerkern politische Klubs, die, in der von Stephan Born geleiteten *Allgemeinen deutschen Arbeiterverbrüderung* zusammengefaßt, bis in die fünfziger Jahre bestanden. Das Programm der Verbrüderung war demokratisch, nicht kommunistisch, es forderte Bürgerrechte, ein allgemeines, gleiches Wahlrecht und soziale Reformen anstatt einer Revolution. Dennoch wurde sie von den Regierungen und Polizeiverwaltungen in ganz Deutschland als kommunistischer und revolutionärer Verein angesehen. Eine preußische Verordnung vom 11. März 1850 verfügte, daß Vereinigungen zum Zweck der politischen Einflußnahme sich bei der Polizei registrieren zu lassen hätten, ermächtigte die Polizei, Versammlungen beim geringsten Anlaß aufzulösen, und verbot die Teilnahme von «Frauen, Studenten und Lehrlingen» (die man zu vernünftiger Rede offenbar nicht befähigt glaubte) sowie Verbindungen zwischen Klubs, die regionale oder nationale Verbrüderungen anzubahnen schienen. Im Bundestag drängten Österreich, Preußen und Baden auf Annahme eines gemeinsamen Gesetzes, das Arbeitervereine in ganz Deutschland verbieten würde. Bismarck, dem an der Erhaltung der legislativen Autonomie Preußens gelegen war, wirkte auf diese Bestrebungen mäßigend ein. In der 1854 endlich verabschiedeten Fassung stimmte das Gesetz im großen und ganzen mit der diesbezüglichen preußischen Gesetzgebung überein und verpflichtete die Mitgliedsstaaten, Arbeiterklubs zu verbieten, die «politische, sozialistische oder kommunistische» Ziele verfolgten. Das entsprach nicht ganz den Wünschen Österreichs, dessen Regierung sich für ein Verbot aller politischen Klubs eingesetzt hatte. Dennoch sorgten die Gesetze des Bundes und der Einzelstaaten während der fünfziger Jahre für die Auflösung der *Allgemeinen deutschen Arbeiterverbrüderung* und unterdrückten eine wachsende nicht-revolutionäre Arbeiterbewegung, die sich als nützliches Werkzeug für die Assimilation der Fabrikarbeiter in die deutsche Gesellschaft hätte erweisen können. Immerhin überlebten trotz der in einigen Staaten ausgesprochenen Verbote die nicht politischen Kooperativen und Unterstützungsvereine auf Gegenseitigkeit. Für politisch aktive Arbeiter waren die fünfziger Jahre eine Zeit der polizeilichen Überwachung und Bespitzelung, der Verhaftungen und Haftstrafen, der

Flucht und des Exils. Das Resultat war eine Ernte der Erbitterung, die dann in den sechziger Jahren die entstehenden sozialistischen Bewegungen speiste.[37]

Agrarreform und Prosperität

Die Agrarpolitik des Manteuffel-Regimes zeigt ein ähnliches Bild: Reformen zugunsten der unteren Klassen und Beschwichtigung der oberen. Zu den ungünstigen Bedingungen der Edikte Hardenbergs von 1811 und 1816 über die Regelung der gutsherrlichen und bäuerlichen Verhältnisse hatten sich im Jahre 1848 360 233 ehedem erbuntertänige Bauern von allen beständigen Abgaben und Leistungen, zu denen sie ihren Gutsherrn verpflichtet gewesen waren, befreit. Von diesen besaßen 70 582 große Grundstücke (sechs Siebentel der Besitzer großer Grundstücke unter den ehemaligen Erbuntertänigen), 289 651 kleine Grundstücke (nur ein Viertel der befreiten Kleinbauern). Die Zahlen verraten, weshalb während der Revolution die Frage der Dienstbarkeiten noch für Unruhe auf dem Lande sorgte. Die Manteuffel-Regierung ging dieses Problem mit einem Gesetz vom 2. März 1850 an, das die Errichtung staatlicher Bodenbanken verfügte, die zur Ausgabe von Hypothekenpfandbriefen berechtigt waren, welche die Gutsbesitzer für alle ihnen noch schuldigen Abgaben und Leistungen entschädigten. Durch jährliche Zahlungen an die Banken konnten dann die Bauern die langfristigen und nur mit geringen Zinsen belasteten Hypotheken ablösen. 1865 war daraufhin die Mehrzahl der großen und kleinen Bauerngüter frei und die finanzielle Ablösung durchgeführt. Der Landadel wurde beschwichtigt durch die Wiederherstellung des Rechts, unveräußerliche Erbgüter zu errichten (1852), sowie die Restitution seiner Rechte in den Kreis- und Provinzverwaltungen (1853) und der gutsherrlichen Polizeigewalt (1856). Abgesehen von den Jagdrechten und der Gerichtsbarkeit hatten damit die Junker die Vorrechte zurückgewonnen, die sie vor der Revolution gehabt hatten.[38]

Die Agrarreform, die Stein begann und Manteuffel vollendete, schuf eine neue Klasse freier Bauern in den mittleren und östlichen Regionen Preußens. Nicht allen gelang es, den Übergang zur wirtschaftlichen Freiheit zu meistern, viele hatten zu wenig Land, um sich selbst zu versorgen, oder wurden durch Mißernten, mangelnden Bankkredit und Mißwirtschaft gezwungen, ihren Besitz zu verkaufen. Sie traten, durch jährlich zu erneuernde Verträge gebunden, als Landarbeiter in den Dienst der Gutsherren, denen sie damit von neuem finanziell und moralisch untertan waren, und wurden gewöhnlich in Naturalien entlohnt, in Geld erst seit Mitte des Jahrhunderts. Andere wurden Wanderarbeiter, die Beschäftigung annahmen, wo sie zu finden war. Des Schutzes beraubt, den ihnen der frühere Korporatismus noch gewährt hatte, zahlten diese ländlichen Proletarier den Preis des agrarischen Fortschritts.[39]

Die Wirtschaft der ländlichen Gebiete Preußens änderte sich, und mit ihr auch der Charakter der landbesitzenden Klasse. Im Laufe einiger Jahrzehnte verwandelte sich der Stand der Rittergutsbesitzer aus einer geschlossenen, erblichen Kaste in eine offene, professionelle, besitzende und profitorientierte Klasse. Die ehemaligen Rittergüter, die sich einst von der Pacht und den Dienstleistungen der erbuntertänigen Bauern unterhalten hatten, entwickelten sich jetzt zu agrarischen Großunternehmen, denen in erster Linie an der Gewinnmaximierung gelegen war. Noch vor der Aufhebung des Verbots, adeligen Besitz an Bürgerliche zu verkaufen, im Jahre 1807 waren auf diese oder jene Weise fast zehn Prozent der adeligen Güter tatsächlich schon in die Hände von Bürgerlichen gelangt. Während der Agrarkrise der Jahre 1817–1830 zwangen Schulden und Hypotheken, Bankrott und Zwangsvollstreckung so manchen adeligen Gutsherrn zur Veräußerung seines Guts. 1856 waren nur 7203 von 12 339 adeligen Gütern Preußens (deren durchschnittliche Größe 500 Hektar betrug) tatsächlich noch in adeligem Besitz, wobei unter den adeligen Besitzern sogar die erst kürzlich geadelten mitgerechnet sind.

Der Erwerb eines adeligen Besitzes bedeutete für den Bürgerlichen gesellschaftlichen Aufstieg, denn die feudalen Rechte und Privilegien waren an den Besitz, nicht an den Besitzer gebunden. Auf diesem Wege erhoben sich Bankiers, Kaufleute, Industrielle, wohlhabende Bauern, Staatsbeamte, Gutsverwalter und ehemalige Pächter auf königlichen Domänen in den Stand von «Landjunkern». Anfänglich wurden diese Emporkömmlinge von ihren alt-adeligen Nachbarn hochmütig ignoriert, doch nach 1850 kam man sich einander näher. Die Bürgerlichen legten sich feudale Anschauungen zu, während die Adeligen einige der ihren ablegten. Gemeinsam mit Tausenden von Bürgerlichen, die große, nicht als adelig ausgewiesene Landgüter besaßen – 7047 der 18 197 über 133 Hektar großen Güter in Preußen waren 1866 in ihrem Besitz – bildeten sie eine relativ homogene Klasse agrarischer Grundbesitzer von ähnlichen Anschauungen und Interessen.[40]

Die Phase der Industrialisierung und Einigung Deutschlands war für die deutschen Landbesitzer die Zeit ihrer größten Prosperität. Das Wachstum der Städte West- und Mitteleuropas und die steigenden Einkommen führten zu einer stark erhöhten Nachfrage nach landwirtschaftlichen Produkten. Zollverein und Eisenbahn eröffneten ferne Märkte und sehr erweiterte Absatzmöglichkeiten. Indem sie neues Land unter den Pflug nahmen, Fruchtwechsel entsprechend den *Grundsätzen der rationellen Landwirtschaft* von Albrecht Thaer praktizierten und später auch Maschinen einsetzten, steigerten preußische Bauern und Gutsbesitzer die Getreideerträge von 5 164 000 Tonnen im Jahre 1822 bis zu 9 389 000 Tonnen im Jahre 1864. Die gestiegenen Preise für Nahrungsmittel, steigende Erträge und steigende Bodenpreise bewirkten einen Aufschwung der Landwirtschaft, der, da er über vier Jahrzehnte anhielt, von Dauer zu sein versprach. Der diesbezügliche Optimismus hatte die Spekulation mit landwirtschaftlich genutztem Boden zur Folge und beschleunigte den Übergang von der gutsherrlichen zur kapitalistischen Landwirtschaft. Die ostelbische Region profitierte besonders von der Ausfuhr nach England nach Aufhebung der britischen «Corn Laws» im Jahre 1846. Im Gegensatz zu ihren britischen Standesgenossen wurden die preußischen

Landjunker begeisterte Fürsprecher des Freihandels. Sie fürchteten keine ausländische Konkurrenz für die eigenen Erzeugnisse und profitierten von den niedrigen Preisen importierter Industrieprodukte.[41]

Die Technisierung der Landwirtschaft (durch landwirtschaftliche Maschinen und Wechselwirtschaft) begünstigte die agrarischen Großbetriebe. Wer Kapital oder Kredit hatte, vergrößerte seinen Besitz auf Kosten der Kleinbauern und des verarmten Adels. Viele Gutsbesitzer (so auch Bismarck) betätigten sich als Kleinindustrielle mit dem Betrieb von Brauereien, Destillerien, Sägemühlen, Papiermühlen und Zuckerraffinerien, wofür Kapitalinvestitionen, Buchhaltung und qualifizierte kaufmännische Leitung gebraucht wurden. Während der fünfziger Jahre verfügten die ostelbischen Gutsbesitzer (wiederum auch Bismarck) dank ihren Gewinnen aus dem Getreideexport, der ländlichen Industrie und den Ablösungszahlungen, die sie auf Grund des Ablösungsgesetzes von 1850 erhielten, über Kapital, das sie in Staatsanleihen, Eisenbahnaktien und Industrieunternehmen anlegen konnten. Noch immer trennte ein Abgrund den agrarischen Osten vom industriellen Westen – über dem vermittelnd nur die Bürokratie schwebte –, doch die ersten Brücken nahmen Gestalt an.[42]

Wirtschaft und Politik

Obwohl die Veränderungen, zu denen es im wirtschaftlichen und sozialen Leben Preußens in den Jahren zwischen 1850 und 1873 kam, ohne Zweifel hochbedeutend waren, zeitigten sie keine unmittelbar erkennbare politische Wirkung. Der reiche Kaufmann oder Industrielle, der sich ein pommersches Gut kaufte, der bürgerliche Akademiker, der in den Ministerrang erhoben wurde, und der bürgerliche Offizier, der zum General befördert wurde, sie alle nahmen gewöhnlich die soziale und politische Einstellung des Adels an. Obwohl ihnen, bis sie geadelt wurden, zum Anspruch auf Zugehörigkeit noch ein wesentliches Symbol fehlte, waren sie doch schon weitgehend in die preußische Führungsschicht integriert. Andererseits dachte der schlesische Fürst, der die auf seinen Gütern gelegenen Kohlegruben ausbeutete, deshalb nicht daran, seine politischen Überzeugungen und sozialen Begriffe zu ändern, ebensowenig wie der pommersche Junker, der seine Anbauflächen vergrößerte, Getreide in die Großstädte exportierte und eine Schnapsbrennerei errichtete, wo er seine Kartoffelernte verarbeiten ließ. Sicherlich waren solche Leute weltoffener als ihre Großeltern, sicherlich war ihnen bewußt, daß wirtschaftliche Veränderungen von großer Reichweite im Gange waren, und so werden sie auch für Anregungen, ihrerseits an der Modernisierung der Welt mitzuwirken, nicht unaufgeschlossen gewesen sein, unter der Voraussetzung, daß die Verteilung von Macht und Privilegien unverändert blieb. Obwohl darüber gemurrt wurde, trat doch gegen Manteuffels Agrarreform keine Fronde auf wie jene, derer Hardenberg sich erwehren mußte, als er die Grafen Marwitz und Finckenstein ins Gefängnis steckte. Es gab noch Ultrakonservative in

Preußen wie die Brüder Gerlach. Doch das sich entwickelnde neue soziale Milieu verfehlte schließlich seine Wirkung auch auf den preußischen Konservatismus nicht. Während der fünfziger Jahre sprachen schon Anzeichen dafür, daß ein agrarischer Konservatismus, der die Interessen des ländlichen Kapitals im Auge hatte, jenen anderen ablöste, der sich an die protestantische Theologie und allgemeine geschichts- und gesellschaftsphilosophische Theorien hielt.[43]

Natürlich hatte die Beschleunigung der deutschen Industrialisierung während der fünfziger Jahre den oberen Mittelstand erheblich vergrößert und bereichert. Hätte sich diese Expansion schon in der vorrevolutionären, vormärzlichen Periode des Jahrhunderts ereignet, es hätten Gruppenegoismus, materielle Interessen und Liberalismus zusammenwirkend den Gang der deutschen politischen Entwicklung in eine andere Richtung lenken können. Doch sie ereignete sich nach dem Scheitern der Revolution, und als in den fünfziger Jahren eine neue Unternehmerelite Gestalt annahm, war der revolutionäre Impuls des deutschen Liberalismus bereits vergangen. Die Ereignisse der Jahre 1848–1849 hatten den Eifer der Geschäftswelt für politische Veränderungen nachdrücklich gedämpft. Man hatte den Pöbel auf den Straßen, Handwerker und Proletarier auf den Barrikaden, Angriffe nicht nur auf öffentliches, sondern auch auf Privateigentum gesehen. In Paris hatte es den Juniaufstand gegeben, in Wien den Septemberaufstand. In der Erinnerung an das «tolle Jahr»[44] ging das Gespenst des Klassenkriegs um. Der hektische Geschäftsgang der fünfziger Jahre ließ überdies wenig Muße für politische Betätigung. Wenn der Staat ihren Bedürfnissen auf keine Weise Rechnung getragen oder ihre Interessen empfindlich gestört hätte, wären die bürgerlichen Unternehmer womöglich politisch radikalisiert worden, doch das war ja nicht der Fall. Die Regierung ließ ihnen genug Spielraum, um ihren Ehrgeiz mit Kohlegruben, Fabriken, Banken und an der Börse zu befriedigen.

So war die neue Geschäftswelt nicht unzufrieden mit dem Regierungssystem selbst, sondern nur mit einigen seiner Prinzipien und vielen seiner Praktiken. Die Bevorzugung des Adels bei Hof und im Staatsdienst, beim Militär und in der Verwaltung war allerdings erbitternd. Die erfolgreichsten Unternehmer mußten zur Kenntnis nehmen, daß Reichtum allein ihnen den Zugang zur besten Gesellschaft nicht eröffnete. Die Exklusivität des preußischen Adels, dessen arrogante Überzeugung, dem Bürger von Geburt überlegen zu sein, dessen militärischer Ehrenkodex und Verachtung für die Werte des Mittelstands, all das fanden sie schwer erträglich. Was der unternehmende Emporkömmling sich durch eigene Leistung mühsam verdienen mußte, wurde dem Junker in die Wiege gelegt, der die nützlichsten Verbindungen schon hatte, ehe er das Licht der Welt erblickte. Dazu kam, daß die weitgehenden Befugnisse der Behörden dem «Polizeistaat» erlaubten, in die alltäglichen Geschäfte der meisten Bürger auf eine Weise hineinzuregieren, die von diesen als ebenso lästig wie überflüssig empfunden wurde. Der Einzelne schien ihnen gegen Beamtenwillkür nicht hinlänglich geschützt zu sein. Finanziers verlangten die Aufhebung des Gesetzes gegen den Wucher (das Zinsen auf maximal sechs Prozent begrenzte). Arbeitgeber forderten die Aufhebung zahlreicher Beschränkungen des freien Unternehmertums und der Mobilität der Arbeitskräfte. Unternehmer aus der Schwerindustrie beklagten das Fehlen von Schutzzöllen gegen Importe, während Kaufleute, Importeure von Rohstoffen und Industrieerzeugnissen sowie Unternehmer auf dem Gebiet der Leichtindustrie mit ausländischen Absatzmärkten gemeinsam mit den Großgrundbesitzern für völlige Handelsfreiheit eintraten. Nichts aber war wohl der deutschen Geschäftswelt ärgerlicher als die Behinderung des Wachstums von Handel und Industrie durch die deutsche Kleinstaaterei. Obgleich der Zollverein und die Eisenbahn Kleindeutschland bereits zu einem gemeinsamen Markt vereinigt hatten und die Annahme eines gemeinsamen Gesetzbuchs im Jahre 1861 das Handelsrecht vereinheitlicht hatte, plagten dennoch auch weiterhin die Konfusion der Währungen, Maße, Gewichte und Frachtraten, die Widersprüchlichkeit vieler Verordnungen und Bestimmungen, Beschränkungen des Wohnsitzes sowie die mangelnde staatliche Unterstützung im Welthandel die deutschen Geschäftsleute.[45]

Doch diese Beschwernisse waren offenbar nicht gravierend genug, um die deutsche Geschäftswelt zu einer nachdrücklichen politischen Betätigung zu veranlassen. Der typische Geschäftsmann der nachrevolutionären Periode verausgabte seine Energien im Streben nach Profit, die großen Anliegen der Freiheit und der Verfassung überließ er der entmutigten liberalen Intelligenz. Der Geschäftsmann brauchte politische Freiheit nicht, solange er sich hinreichender wirtschaftlicher Freiheit zur Verwirklichung seiner materiellen Ziele erfreute. Manche mögen Gustav Mevissen in der Annahme gefolgt sein, daß der Übergang von der agrarischen zur industriellen Wirtschaft schon an und für sich die Gesellschaft und Regierung umbilden und die Freiheit herbeiführen würde.[46] Ihr Interesse an politischen Anliegen beschränkte sich auf die Wirtschafts- und Sozialgesetzgebung, die ihre unmittelbaren Interessen berührte. Was die Tugenden des ökonomischen Liberalismus betrifft, so bestand keine Einmütigkeit. Selbst Kapitalisten waren imstande, sich Sorgen darüber zu machen, was wohl aus den Werten des Humanismus werden solle, wenn nichts mehr das menschliche Gewinnstreben bändige. Überdies glaubten diejenigen, die ihr Verständnis gesellschaftlicher Zusammenhänge der Lehre Hegels verdankten, daß die staatliche Kontrolle über die bürgerliche Gesellschaft und ihre Körperschaften erforderlich sei, um Exzesse des ungezügelten Kapitalismus zu verhindern.

An der Lokalpolitik beteiligten sich Geschäftsleute allerdings, und sie waren an vielen Orten führend im Stadtrat und in den liberalen Parteiversammlungen, wo die Kandidaten für die Abgeordnetenkammer und später den Reichstag gewählt wurden. Doch die wenigsten ließen sich selbst als Kandidaten aufstellen, anders als in Großbritannien, wo seit dem Reform Act von 1832 Geschäftsleute in großer Zahl für das Parlament kandidierten. Trotz der Veränderungen, die während der fünfziger Jahre die Sozialstruktur wandelten, verblieb die politische Führung in der zweiten Kammer des Landtags bei derselben sozialen Gruppe. In der Kammer des Jahres 1848 hatten Geschäftsleute 7,5 Prozent der Sitze inne, 1862 entfielen 7,2 Prozent der Sitze auf sie. Die Führung der liberalen Partei in der Abgeordnetenkammer wurde gewöhnlich von Großgrundbesitzern und Staatsbeamten übernommen. Die «jungen Litauer», die 1861 die Fortschrittspartei gründeten, waren ostpreußische Landadelige, die den Weg zum Liberalismus über die Freihandelslehre und Kants Ethik gefunden hatten. Ihnen schlossen sich bürgerliche Beamte aus den unteren Rängen der Bürokratie (insbesondere Justizangehörige) an, deren politische Überzeugungen aus den gleichen Quellen entsprangen. Sie kamen also nicht als neue Kräfte von außerhalb der alten Ordnung, sondern aus deren Innerem.[47]

Was nach 1859 geschah, war nicht der Eintritt neuer Gruppen in den politischen Prozeß, sondern nur die Ablösung konservativer Abgeordneter durch liberale gleicher sozialer Herkunft und Zugehörigkeit, so daß nach wie vor die gleiche soziale Klasse politisch führend blieb. Vor und nach diesem Wechsel gehörten über 60 Prozent der Abgeordneten der zweiten Kammer dem akademisch gebildeten Bürgertum (dem sogenannten «Bildungsbürgertum») an, denn diese Schicht schien den Wählern auf Grund ihrer Bildung, ihrer Ämter und Berufe am ehesten zur politischen Führung berufen zu sein. Sie waren Honoratioren, Männer von beruflichem und sozialem Prestige, meistens jedoch nicht in unabhängigen Stellungen und zu politischer Diskussion mehr geneigt als zu politischen Eroberungen. Die Wähler, die für die Wahlmänner votierten, die 1863 solche Abgeordneten in die Kammer schickten, gehörten allen Schichten des Mittelstands an; der Prozentsatz der für liberale Kandidaten abgegebenen Stimmen war bei allen drei Klassen annähernd der gleiche: 65,17 Prozent der ersten Klasse, 67 Prozent der zweiten Klasse und 67,67 Prozent der dritten Klasse in städtischen Wahlbezirken; 43,89, 41,13 und 35,6 Prozent in ländlichen Wahlbezirken.[48]

Die Parteipolitik war jedoch nicht das einzige Medium, in dem die neuen sozialen Gruppen und materiellen Interessen ihre Ansprüche zur Sprache bringen konnten. Während der mittleren Jahrzehnte des Jahrhunderts bewirkten technische Verbesserungen (Rotationspressen, Siebwalze, Holzpapier und schließlich die Linotype-Presse) im Verein mit der zunehmenden Verstädterung und Alphabetisierung der Massen eine Revolution im Zeitungswesen. Hier konnten Geschäftsleute sowohl nach Profit streben als auch gleichzeitig politische Interessen verfolgen. Von 1824 bis 1869 stieg die Zahl der in Preußen erscheinenden Zeitungen von 845 auf 2127. Über die Hälfte der größeren Zeitungen erschien in Berlin, wo zu Beginn der sechziger Jahre etwa ein Drittel der gesamtdeutschen Zeitungsauflage von 300000 täglichen Exemplaren gedruckt wurde. Die meisten Tageszeitungen waren liberal gesinnt, in Berlin die *Volkszeitung*, die *Spenersche Zeitung*, die *Vossische Zeitung*, die *National-Zeitung*; in den Provinzen die *Kölnische Zeitung*, die *Magdeburgische Zeitung*, *Schlesische Zeitung*, *Königsberger Hartungsche Zeitung*. Nur etwa vierzig Zeitungen vertraten in Preußen die konservative Richtung, namentlich die *Kreuzzeitung* und die *Norddeutsche Allgemeine Zeitung*. Neben den Tageszeitungen erschienen politische Zeitschriften wie die liberalen *Preußischen Jahrbücher*, die konservative *Berliner Revue* und der satirische

Kladderadatsch. Mit 36 000 Exemplaren täglich hatte die *Volkszeitung* die höchste Auflage und größte Zirkulation. Der *Kladderadatsch* brachte es auf 40 000 Exemplare. Einige außerpreußische Zeitungen wurden auch in Preußen gelesen, so die *Augsburger Allgemeine Zeitung*, die *Grenzboten* (Leipzig), die *Hamburger Nachrichten* und die *Neue Frankfurter Zeitung.* Obwohl es noch keine deutsche Zeitung zu Massenauflagen gebracht hatte, war doch die Presse insgesamt bereits für Geschäftsleute und Angehörige der freien Berufe ein wichtiges Organ der öffentlichen Meinung, die sich durch die Presse zugleich äußerte und von dieser beeinflußt wurde.[49]

Von Bedeutung für das öffentliche Leben in Deutschland war auch die starke Entwicklung des Vereinswesens, zu welcher der Mittelstand das meiste beitrug. Solche Vereine traten zuerst im späten 18. Jahrhundert auf, offensichtlich um sozialen Bedürfnissen zu dienen, die durch die Zünfte und Korporationen früherer Zeit nicht gedeckt wurden. Nach 1840 begannen sich unter der Einwirkung des wirtschaftlichen und sozialen Wandels diese Vereine zunehmend zu differenzieren und zu spezialisieren. Man gründete Vereine zur Beförderung bestimmter ökonomischer, sozialer, kultureller, sportlicher, religiöser und wohltätiger Zwecke und Interessen. Viele dienten als Forum politischer Diskussion und Agitation. Diese Politisierung der Vereine wurde beschleunigt durch die Wirtschaftskrise des Jahres 1857, denn sie boten den Geschäftsleuten einen Ort, an dem sie sich über gemeinsames Handeln verständigen konnten. Im Jahre 1858 gründeten Bergbauunternehmen im Ruhrgebiet den von Friedrich Hammacher geleiteten *Verein für bergbauliche Interessen.* Im gleichen Jahr wurde der *Congreß deutscher Volkswirthe* gegründet, der sich für freies Unternehmertum und Freihandel einsetzte. Die Gründer und Leiter waren liberale Politiker und Journalisten (unter ihnen Hermann Schulze-Delitzsch, Otto Michaelis, Julius Faucher und John Prince-Smith), die sich aus Überzeugung zur Manchester-Doktrin bekannten. Obwohl sich in diesem Congreß nur wenige Geschäftsleute engagierten, befanden sich dessen Anschauungen in Übereinstimmung mit denen wichtiger Interessengruppen (Kaufleute, Grundbesitzer, kleinere Fabrikanten).

Ebenfalls im Jahre 1858 traten die örtlichen Handelskammern zu einem *Preußischen Handelstag* zusammen, mit dem sich 1861 ähnliche Körperschaften aus anderen Staaten, unter diesen Österreich, zu einem *Deutschen Handelstag* zusammenschlossen. David Hansemann, der Direktor der *Disconto-Gesellschaft*, wurde der erste Vorsitzende dieses Vereins von Geschäftsleuten (dem außer Kaufleuten auch Bankiers und Industrielle angehörten). In wirtschaftlicher Hinsicht standen der Kongreß und der Handelstag zwei anderen politischen Organisationen nahe, von denen später noch die Rede sein wird, dem kleindeutsch ausgerichteten *Nationalverein* (gegründet 1859) und dem großdeutsch ausgerichteten *Reformverein* (gegründet 1862). Besonders eng waren die Verbindungen zwischen dem Congreß, dem Nationalverein und der Fortschrittspartei, von deren Mitgliedern viele allen drei Organisationen angehörten. Gesamtdeutsche Arbeitervereine erschienen von neuem im Jahre 1863 mit der Gründung des *Allgemeinen deutschen Arbeitervereins* durch Ferdinand Lassalle und des *Vereinstags deutscher Arbeitervereine*, dessen Führung nach 1867 August Bebel übernahm.[50]

Die Vielzahl der in den fünfziger Jahren gegründeten Vereine, namentlich des oben charakterisierten Typs, zeigt, daß Deutschland sich unter dem Druck wirtschaftlichen Wandels und neuer Kommunikationsmöglichkeiten auf die Ausbildung einer pluralistischen Gesellschaft zubewegte. Oft vertraten diese Vereine Interessengruppen, die keine Veränderung der Grundstruktur von Gesellschaft und Regierung anstrebten, sondern nur Einfluß auf die Politik. Hinter ihnen standen materielle Kräfte und moralische Ansprüche, die keine Regierung – auch eine autokratische nicht – ignorieren konnte, ohne sich in Gefahr zu bringen. Doch diese neuen Interessengruppen und Volksbewegungen boten auch einem Staatsmann, der die Fähigkeit besaß, ihre inneren Widersprüche seinen eigenen Zwecken dienstbar zu machen, außergewöhnliche Möglichkeiten.

Neue Waffen in der Außenpolitik

Bismarcks frühe Anschauungen von Wirtschaft und Gesellschaft waren diejenigen, die man von einem Mann seiner väterlichen Herkunft und finanziellen Interessen erwarten durfte. Wie schon oben ausgeführt, faßte er die Revolution von 1848 als einen Konflikt zwischen Industriekapital und Landadel auf, zwischen den Großstädten und dem flachen Land.[51] Als Journalist und Parlamentsabgeordneter verteidigte er während der Jahre 1848–1851 die Interessen des Adels gegen Reformen sowohl der revolutionären wie auch später der gegenrevolutionären Regierung. Seine steuerpolitischen Ansichten waren entsprechend: Grundsteuern waren konfiskatorisch, Arbeitseinkommen sollte weniger hoch besteuert werden als Einkommen aus investiertem Kapital. Indirekte Steuern, wie die städtischen Mahl- und Schlachtsteuern, waren die leichtesten und besten und belasteten die Armen nicht mehr als die Reichen. Schutzzölle aber beraubten den Bürger der Freiheit, Güter dort zu kaufen, wo sie am billigsten erhältlich waren. Der Zunftzwang sollte wiederhergestellt werden, um die Handwerker vor dem Druck des Kapitals zu schützen und um die vom freien Unternehmertum zu gewärtigende Überproduktion zu verhindern. Handwerker, Bauern und Adel waren die gesellschaftlichen Fundamente des Staates. Ihre Wohlfahrt mußte deshalb das erste Anliegen jeder Wirtschaftspolitik sein. Fabrikanten und Kapitalisten bereicherten nur sich selbst auf Kosten anderer und schufen «die Masse von Proletariern, von schlecht genährten, durch die Unsicherheit ihrer Existenz dem Staate gefährlichen Arbeitern».[52] Wie wir sehen werden, behielt Bismarck einige dieser Anschauungen bis an sein Lebensende bei – die Vorliebe für die Landwirtschaft und für indirekte Steuern, die prinzipielle Ablehnung der Vermögenssteuer und die Sorge um die sozialen und politischen Auswirkungen der Industrialisierung.

Dennoch vollzog sich während der fünfziger Jahre ein Wandel in Bismarcks wirtschaftlicher und sozialer Einstellung. Wenngleich er sich 1849 für die Wiederherstellung des Zunftzwangs eingesetzt hatte, war er schon damals nicht blind gewesen für die Vorteile der Gewerbefreiheit: «Es ist wahr, die Gewerbefreiheit mag manch Bequemlichkeit für das Publicum darbieten, sie liefert wohlfeile Waaren, aber an dieser Wohlfeilheit klebt vergiftend das Elend und der Jammer des Handwerkers». 1853 jedoch beobachtete er in Frankfurt, wo er das Zunftwesen «bisher intakt» fand, daß die korporativen Verbände nur als Mittel dienten, «die Ausbeutung des Publikums und den Ausschluß der Konkurrenz mit Erfolg zu betreiben».[53] Auch andere Frankfurter Erfahrungen erweiterten seinen ökonomischen und sozialen Horizont. Die freie Reichsstadt am Main war die Hauptstadt des Bankgeschäfts für das südliche und mittlere Deutschland und ein wichtiger Handelsplatz. In der dortigen Gesellschaft verkehrten Adelige und Patrizier (Diplomaten, Bankiers und Kaufleute) auf gleichem Fuße. Mit Meyer Carl Rothschild hatte Bismarck nicht nur geschäftlich zu tun, sondern auch gesellschaftlichen Kontakt. Bismarck teilte das Vorurteil der Frankfurter Bankiers und seiner eigenen Regierung gegen die Aktienbanken, die zur Finanzierung von Industrieunternehmen in den kleineren Staaten aus dem Boden schossen. Die Darmstädter Bank bezeichnete er als «das blühendste der neuen Schwindelinstitute».[54]

In seinen ersten Berichten aus Frankfurt wies Bismarck darauf hin, daß es wünschenswert sei, die deutsche öffentliche Meinung gegen die Bundestagsmehrheit zu mobilisieren. Die Dynastien der kleineren Staaten seien genötigt, sich an die Seite Österreichs zu stellen, weil die Interessen ihrer Untertanen mit denjenigen Preußens übereinstimmten. Die Ereignisse der Jahre 1848–1849 hatten eine potentielle Affinität des deutschen Nationalismus zum preußischen Imperialismus ans Licht gebracht. Sollten diese beiden Kräfte sich jemals miteinander verbünden, würden Throne wanken und Herrschaften untergehen. Bismarck drängte seine Regierung, die Furcht vor einer derartigen Allianz auszubeuten und zu diesem Zweck die Interessen der deutschen Kaufleute und Industriellen nachdrücklich zu unterstützen.[55] So schrieb er an Leopold von Gerlach: «Für sehr nützlich würde ich es halten, wenn man sich bei Zeiten mit den deutsch-materiellen Fragen befaßte. Diejenige Stelle, die darin die Initiative ergreift, sei es der Bundestag, der Zollverein oder Preußen allein, wird einen großen Vorsprung in den Sympathien der Betheiligten haben, denn die Sachen, *quae numero et pondere dicuntur*, sind der Mehrheit der Deutschen wichtiger als Ihnen und mir, und wenn ich auch eine Gleichheit von Maß, Gewicht, Wechselrecht und anderen derartigen Schnurrpfeifereien nicht sehr hoch anschlage und für schwer ausführbar halte, so sollte man doch den guten Willen zeigen und zu Ehren des Handwerks etwas damit klappern, das heißt mehr von Preußischer als von bundestäglicher Seite.»[56]

Als preußischer Gesandter beim Bundestag wurde Bismarck in die Kämpfe um die Erneuerung des Zollvereins und viele andere wirtschaftliche Belange verwickelt, so um die Verabschiedung eines deutschen Handelsgesetzbuchs, Eisenbahnbau, Währungspolitik und Postangelegenheiten. Und obwohl er diese Fragen vom politischen Standpunkt aus beurteilte, eignete er sich bei den Auseinandersetzungen darüber eine tolerantere Auffassung des deutschen Kapitalismus an. Im Bundestag trat er mit dem Grafen Thun in einen Wettstreit um die Gunst des Publikums. Beide stellten sich als Vorkämpfer des nationalen Wohls dar. Mit Hilfe von Frontorganisationen und einer mit starken Subsidien motivierten Presse wurde Bismarcks Gesandtschaft ein Zentrum wirksamer Verbreitung preußischer Propaganda in Mittel- und Süddeutschland.[57] Seine Erfahrungen bestärkten Bismarck in der Überzeugung, daß Preußen im Kampf um die deutsche öffentliche Meinung Österreich und den Mittelstaaten mit Leichtigkeit den Rang ablaufen könne.[58]

Um die gegnerische Koalition zu spalten, war er fürs erste allerdings weniger an der deutschen Einheitsbewegung als an den Kombinationsmöglichkeiten der europäischen Machtpolitik interessiert. Während der Krimkrise nannte er, wie wir gesehen haben, ein neues, nach links tendierendes Staatsministerium als eine der drei Optionen, die Preußen unter den gegebenen Umständen habe. In Frankfurt experimentierte er mit den möglichen Auswirkungen eines solchen Regierungswechsels. «Jeder meiner Collegen, dem ich dies als die muthmaßliche Entwicklung preußischer Politik mit dem Tone eines Unbetheiligten und Unerfreuten vortrug, wurde sehr aufgeregt und beunruhigt davon. Sie fürchten eine solche Eventualität mehr als die Cholera und geben zu, daß durch eine solche Wendung Östreich sofort distancirt und in der deutschen Hegemoniefrage zur Defensive gezwungen sein würde.»[59] In der Denkschrift, die er 1853 an den Prinzen Wilhelm richtete, erklärte er, daß der «parlamentarische Liberalismus ... als vorübergehendes Mittel zum Zweck dienen» könne, eine für die Hohenzollernmonarchie befriedigende Lösung der deutschen Frage zu erzielen.[60]

Das zeigt, wie weit die Furcht vor der Revolution bei Bismarcks Überlegungen in den Hintergrund getreten war. Er traute dem König die Macht zu, ein liberales Kabinett zu ernennen, es zu einem außenpolitischen Manöver zu verwenden und dann zu entlassen, ohne dabei die eigene Autorität aufs Spiel zu setzen. Die «Liberalen», denen er die Handlangerrolle bei diesem Plan zudachte, waren freilich die gemäßigten. Ihr Verhalten während der Revolution und dann in Gotha und Erfurt zeigte, daß sie nicht grundsätzlich gegen die Autorität eingestellt waren und daß ihr Interesse an der nationalen Einheit stärker war als ihre Begeisterung für das liberale Prinzip. Im November 1853 schrieb Bismarck an Gerlach: «Wir sind gegen die Gothaer in den Kleinstaaten in ähnlicher Lage wie Ludwig der 13. und 14. mit den Deutschen Protestanten; bei uns können wir sie nicht brauchen, in den kleinen Staaten aber sind sie die einzigen, welche von uns etwas wissen wollen.»[61] Zu Beginn des Zeitalters der klassischen Diplomatie hatte Kardinal Richelieu die ideologische Macht des lutherischen Protestantismus im Staatsinteresse gegen die habsburgische Monarchie eingesetzt. Jetzt, am Ende dieses Zeitalters, wollte Bismarck, der preußische Konservative, die ideologische Kraft des deutschen Nationalismus zu einem ähnlichen Zweck verwenden.

Ein überzeugendes Beispiel lieferte während der fünfziger Jahre Louis Napoleon. Dieser späte Bonaparte vereinigte in sich Eigenschaften sowohl Machiavellis als auch Mazzinis, war beseelt von einem Gemisch realistischer Eigennützigkeit und idealistischer Begeisterung für hehre Ziele. Wenn er die Sache der nationalen Selbstbestimmung in Europa unterstützte, so glaubte er, mochte es ihm gelingen, die 1815 etablierte Ordnung umzustoßen und französischer Expansion den Weg zu bahnen. Durch die Erhöhung der Macht Frankreichs in Europa hoffte Napoleon, sein Regime mit der französischen Nation zu identifizieren und die Gunst der französischen Nationalisten zu gewinnen. Zugleich versuchte er die französischen Katholiken für sich einzunehmen, indem er dem Papst Zugeständnisse machte. Die französischen Geschäftsleute, Arbeiter und Bauern umwarb er, indem er deren materielle Interessen förderte. Wenn es ihm gelang, die Unterstützung aller wichtigen Interessengruppen in Frankreich zu gewinnen, dann konnte er seiner Dynastie vielleicht eine dauerhafte Grundlage verschaffen.

Während seines Aufenthalts in Frankfurt folgte Bismarck den Vorgängen jenseits der Vogesen mit lebhaftem Interesse. Wie gewöhnlich, so fällt es auch in diesem Fall schwer, ihm Anregungen von außen nachzuweisen. In späteren Jahren bekannte er, aus Napoleons Fehlern gelernt zu haben, aber daß er auch von dessen Erfolgen Gewinn gehabt hätte, hat er niemals zugegeben.[62] Höchstwahrscheinlich bestätigten ihn denn auch die Ereignisse in Frankreich nur in seiner taktischen Einschätzung der deutschen politischen Situation. Sie hatten bewiesen, daß Nationalismus nicht unvermeidlich in Gegnerschaft zu autoritären Institutionen stand. Er war keineswegs ein unzertrennlicher Gefährte des Liberalismus, sondern konnte sehr wohl in eine antiliberale Kraft verwandelt werden. Die außenpolitischen Erfolge Napoleons III. zeigten, daß die Unterstützung des Ideals der völkischen Selbstbestimmung bei den geteilten und unterdrückten, nur durch die gleiche Sprache und Kultur verbundenen Völkern Mittel- und Osteuropas einer aggressiven Außenpolitik zu großer Kraft und sogar einem gewissen moralischen Nimbus verhelfen konnte.[63]

Während der fünfziger Jahre lernte Bismarck den potentiellen Nutzen des deutschen Nationalismus für die preußische Außenpolitik zu schätzen, seine Fähigkeit, moralischen Eifer zu erwecken und den materiellen Fortschritt zu befördern. Erst später, als der preußische Verfassungskonflikt begann, entdeckte er den potentiellen innenpolitischen Wert des Nationalismus für die Hohenzollerndynastie. Anfänglich ging es ihm nicht darum, die innere Opposition durch den Raub des nationalen Anliegens zu schwächen, vielmehr suchte er in dem Ideal der nationalen Einheit, wie schon in den Jahren 1848–1850, einen Berührungspunkt zwischen der Monarchie und der deutschen liberalen Bewegung. Jahre später faßte er zusammen, was er während der Jahre in Frankfurt gelernt hatte: «Nach der heutigen Situation Europas, nach dem heutigen Stande der Zivilisation (ist) es unmöglich . . ., aus heimlichen, vielleicht später von der Geschichte zu erratenden Kabinettsgründen große politische und vielleicht sogar kriegerische Aktionen vorzunehmen. Man kann nur noch aus nationalen Gründen – aus Gründen, welche in dem Maße national sind, daß ihre zwingende Natur von der großen Mehrheit der Bevölkerung anerkannt wird – Krieg führen.»[64]

II

Petersburg und Paris

Die «Neue Ära»

Im Oktober 1857 wurde König Friedrich Wilhelm IV. durch einen Schlaganfall gelähmt. Ein Jahr lang vertrat ihn Prinz Wilhelm von Preußen, sein Bruder und Erbe. Als offenkundig wurde, daß der König sich nicht erholen würde, übernahm sein bisheriger Stellvertreter die Regentschaft. 1861 starb der leidende Monarch, und Wilhelm folgte ihm auf den Thron. Die beiden Brüder waren in vieler Hinsicht sehr unterschiedliche Charaktere. Friedrich Wilhelm war eine empfindsame und phantasievolle Natur, von großer Neigung zu den Künsten und mit viel Kunstverstand begabt, bei politischen Geschäften allerdings zu unpraktischen Träumereien und plötzlichen Begeisterungen tendierend und dann leicht durch Enttäuschungen zu entmutigen. Bis offenbar wurde, daß die Ehe seines Bruders kinderlos bleiben sollte, hatte Wilhelm nicht erwartet, jemals zur Regierung zu gelangen. Wie die meisten jüngeren Söhne der königlichen Familie wurde er rein militärisch erzogen. In Haltung und Anschauungen blieb er bis ans Ende seines Lebens Soldat – nüchtern, realistisch und befehlsgewohnt.[1]

In Prinzipienfragen stimmten die Meinungen der Brüder weitgehend überein. Beide glaubten an das Gottesgnadentum königlicher Herrschaft, die den Königen von Gott als Recht verliehen und als Pflicht auferlegt sei. Friedrich Wilhelm hing unbestimmten Träumen von einer Wiederherstellung des feudalen Ständestaates nach, Wilhelm aber hielt sich streng an die absolutistische Tradition des Hauses Hohenzollern. Friedrich Wilhelm wollte die Verfassung, die er 1850 erlassen hatte, diesen «Papierfetzen», oftmals zerreißen. In einem politischen Testament empfahl er seinen Erben, den Eid auf diese Verfassung bei der Thronbesteigung zu verweigern, als ersten Schritt zu ihrer Reversion. Obwohl auch Wilhelm eine Gewaltenteilung vorsehende Verfassung, unter welcher der Monarch die legislative Gewalt mit einem Parlament teilte, prinzipiell ablehnte, weigerte er sich, gleich zu Beginn seiner Regierung mit einem Handstreich gegen die Verfassung den Volkszorn herauszufordern.[2]

Während der fünfziger Jahre mißbilligte Prinz Wilhelm die repressiven Schikanen der Manteuffel-Regierung. Darin wurde er von seiner Gattin Augusta unterstützt, die in Weimar zu liberalen Anschauungen erzogen worden war. Aus Koblenz, wo das königliche Paar residierte, unterhielt es Verbindungen mit den Führern der «liberal-konservativen» Opposition in der Abgeordnetenkammer des Landtags. Diese Opposition setzte sich aus gemäßigten Liberalen und Konservativen zusammen und wurde nach der Zeitung, die ihr Sprachrohr war, als die «Wochenblattspartei» bezeichnet. Das Hauptanliegen dieser von Moritz von Bethmann-Hollweg geleiteten Partei war die Bewahrung der Verfassung von 1850 vor Übergriffen der reaktionären und ultrakonservativen «Kreuzzeitungspartei», die am Hof und im Staatsministerium in Berlin die Oberhand hatte.[3]

Auch in außenpolitischen Fragen waren die königlichen Brüder verschiedener Meinung. Obwohl er manches daran auszusetzen hatte, hatte Wilhelm 1850 den Radowitz-Plan unterstützt. Anders als die romantischen Konservativen betrachtete er das Abkommen von Olmütz als eine für Preußen schmachvolle Niederlage. In der damaligen Krise die Partei Österreichs ergriffen zu haben, hielt er dem Zaren noch lange nach. Während des Krimkriegs riet er zu zurückhaltender Kooperation mit Österreich, da Preußen sich hüten müsse, isoliert zu werden. Bismarcks Rat wies er als Einfall eines unreifen Schülers zurück. Sein Interesse an der deutschen Einheit war positiver und dauerhafter als das seines Bruders. Im Mai 1849 schrieb er: «Wer Deutschland regieren will, muß es sich erobern ... daß Preußen bestimmt ist, an die Spitze Deutschlands zu kommen, liegt in unserer ganzen Geschichte, – aber das Wann und das Wie darauf kommt es an.» Während der fünfziger Jahre meinte er, daß die preußische Politik besser auf moralische als auf physische Eroberungen ausgehen sollte. «Weise Gesetzgebung» und «Ergreifung von Einigungselementen, wie der Zollverband ist», seien eher als Gewaltakte geeignet, die gewünschte Eroberung zu vollbringen. Von Preußens Recht auf Gleichstellung mit Österreich im Deutschen Bund war er fest überzeugt und von Grund auf mißtrauisch gegen Österreichs Absichten. Als Soldat beklagte er die unzureichenden militärischen Vorkehrungen zur Verteidigung Deutschlands. Er kam an die Macht, entschlossen, sowohl die preußische als auch die Bundesarmee zu reorganisieren. Die letztere sollte im Kriegsfall geteilt und teils preußischem, teils österreichischem Kommando unterstellt werden, beide Teile aber nach einem für beide verbindlichen übergreifenden Feldzugsplan operieren.[4]

Seine Pläne für Deutschland setzten zunächst einen Neuanfang in Preußen voraus, ein neues Regime, das mehr Rückhalt beim Volk hätte. Kaum daß er zur Regentschaft gelangte, entließ deshalb Wilhelm die Manteuffel-Regierung. Das neue Ministerium wurde mit Männern der «liberal-konservativen» Opposition der fünfziger Jahre besetzt. Drei seiner Angehörigen – Rudolf von Auerswald, Erasmus Freiherr Robert von Patow und Graf Maximilian von Schwerin-Putzar – hatten bereits der liberalen Regierung von 1848 angehört. Der Ministerpräsident, Fürst Karl Anton von Hohenzollern-Sigmaringen, war ein entfernter Verwandter Wilhelms. Minister des Auswärtigen wurde Alexander von Schleinitz, der wie Karl Anton und Auerswald ein enger Freund des Regenten und seiner Gattin war. Das Kriegsministerium wurde Eduard von Bonin anvertraut, der 1854 aus diesem Amt entlassen worden war, weil ihn die damalige Regierung für «zu konstitutionell» hielt. Von diesen Ministern erwartete Wilhelm einen neuen moralischen Ton, Verfassungsgehorsam, gemäßigte Reformen, doch keine grundsätzlichen Veränderungen und kein Opfer königlicher Autorität. Mit brutaler

Freimütigkeit wies Bismarck den Monarchen darauf hin, daß das neue Kabinett seines Erachtens kein einziges Individuum von staatsmännischem Kaliber enthalte. «E. K. H. haben im ganzen Ministerium keine einzige staatsmännische Kapazität, nur Mittelmäßigkeiten, beschränkte Köpfe.»[5]

Einsichtige Beobachter fanden, daß der Regierungswechsel nicht viel änderte. Anstatt der feudal gesinnten Konservativen waren nun aristokratische Liberale an der Macht.[6] Die große Mehrheit war jedoch geneigt, das neue Ministerium allein schon deshalb als Fortschritt anzusehen, weil es die Regierung Manteuffels ablöste. Man begann also von einer «neuen Ära» zu sprechen. Wenige Monate später wurde die neue Regierung durch die Wähler im Amt bestätigt. In der 1855 gewählten Kammer hatten 218 Anhänger der Regierungspartei gesessen, denen eine Opposition von 116 gemäßigten oder «konservativen» Liberalen gegenüberstand. Im November 1858 brachten die konservativen Anhänger Manteuffels nur mehr 57 Abgeordnete ins Parlament, wo sie es nun mit einer 263 Stimmen starken Mehrheit von Parteigängern der «neuen Ära» zu tun hatten. Den Angehörigen der neuen Mehrheit war nur allzu bewußt, daß diesen Wandel nicht sie selbst kraft eigener Taten herbeigeführt hatten. Sie wollten nichts überstürzen, ihre Losung war: «Nur nicht drängen.» Gleichviel, ob sie «konservativ» oder «liberal» dachten (ihre diesbezüglichen Meinungen waren so verschwommen, daß die Begriffe kaum noch anwendbar sind), sie waren sämtlich Verteidiger des Systems der Gewaltenteilung und lehnten das parlamentarische Regierungssystem im britischen Stil ab. Ihr Ziel war, ein funktionsfähiges Einvernehmen zwischen der parlamentarischen Mehrheit und dem König und dessen Ministern herzustellen. Ehemalige Radikale des Jahres 1848 – Franz Benedikt Waldeck, Johann Jacoby, Hermann Schulze-Delitzsch, Hans Viktor von Unruh und Johann von Rodbertus – kandidierten nicht bei der Wahl und empfahlen sogar ihren Anhängern, die Gemäßigten zu wählen. Obwohl einige von diesen eine unabhängige Partei der äußersten Linken gründen wollten, weigerte sich Waldeck, dabei mitzutun, und ohne ihn hatte das Unternehmen keine Aussicht auf Erfolg. Die radikale Tradition war somit fast am Ende.[7]

Zum ersten Mal in der preußischen Verfassungsgeschichte schienen der Monarch, das Staatsministerium, die Kammer und das Volk im schönsten Einvernehmen zu sein. Den einzigen Mißton brachten in diese Harmonie die Stimmen der entmachteten «Kreuzzeitungspartei». Aber was konnte diese ohne die Unterstützung der Krone ausrichten? Dem Prinzregenten andererseits war der vom Volk gespendete Beifall schon vor den Wahlen unheimlich. «Womit habe ich verdient», fragte er mißtrauisch, «daß diese Gesellschaft mich lobt?»[8]

Das kleine Buch

Im März 1858 machte Bismarck einen Versuch zur Beeinflussung der Außenpolitik des neuen Regimes in einer Denkschrift, die wegen ihrer Länge als «das kleine Buch» bezeichnet worden ist.[9] Er prophezeite darin, daß Österreich in naher Zukunft versuchen werde, eine Entscheidung in dem Kampf mit Preußen herbeizuführen. Die Wiener Regierung werde die Berliner in eine Position manövrieren, wo sie vor die Wahl gestellt sein würde, entweder die Bundesverfassung zu verletzen oder die preußische Unabhängigkeit aufzugeben. Da Preußen sich notgedrungen für das erstere entscheiden werde, würde daraufhin versucht werden, den preußischen Widerstand durch einen Krieg ein für alle Mal zu beenden. Es ist höchst zweifelhaft, ob Bismarck das wirklich schon in nächster Zukunft erwartete, doch seine Übertreibung der mutmaßlichen österreichischen Absichten erlaubte ihm, der folgenden Frage – wie sich Preußen in einem solchen Falle verteidigen könne? – große Dringlichkeit zu geben. Die Mittelstaaten boten seines Erachtens den Schlüssel zur Lösung dieses Problems. Die Wirksamkeit der österreichischen Politik in Deutschland hing von ihrer Unterstützung ab. Preußen konnte also nur hoffen, die Initiative zurückzugewinnen, wenn es die Mittelstaaten unter seine Kontrolle brachte. Es war nutzlos zu versuchen, sich deren Gefälligkeit durch freundliche Gesten zu verdienen, meinte Bismarck, sie mußten gezwungen werden.

In dem Büchlein ist nicht die Rede von den europäischen politischen Koalitionen, die fünf Jahre zuvor bei Bismarcks Überlegungen zu dieser Frage die Hauptrolle gespielt hatten. Jetzt bekannte er sich zu der Meinung, daß die einzige geeignete Kraftquelle, aus der Preußen Unterstützung für seine Außenpolitik ziehen könne, der Druck der deutschen öffentlichen Meinung sei. Anders als ihre Regierungen stimme nämlich die Mehrzahl der außerhalb Österreichs lebenden Deutschen mit den Interessen des preußischen Staates überein. Um das offenkundig zu machen, brauchte die Berliner Regierung nur die Presse und das Parlament zu ermutigen, ein aktives Interesse an außenpolitischen Fragen zu nehmen. Bismarck bezweifelte nicht, daß das allgemeine Konzert der öffentlichen Meinung die ihr von der Regierung vorgelegte Partitur zu Gehör bringen würde. Außerhalb Preußens würde dann das Thema von der Presse und den Parlamenten der kleineren Staaten aufgegriffen werden. Angesichts einer derartigen Demonstration würde den anderen deutschen Regierungen gar nichts anderes übrigbleiben als nachzugeben.

Was immer das Interesse Preußens befördere, steigere zugleich das Wohl der deutschen Nation. Dies war bei Bismarck ein bedeutsames, neues Argument. Zum ersten Mal kündigte es sich in einer an Manteuffel gerichteten Denkschrift im Mai 1857 an. Darin hatte er die Fürsten der kleineren Staaten beschuldigt, sehr wohl zu wissen, daß ihre übertriebene Souveränität für Deutschland von Übel sei. Der natürliche Drang der kleinen Staaten zur Behauptung ihrer Unabhängigkeit schädige zugleich Preußen und die Entwicklung Deutschlands. Er sprach sich deshalb für eine Annäherung an Frankreich aus: «Nur außerhalb Deutschlands bieten sich uns die Mittel, unsere Stellung im Interesse Deutschlands selbst zu konsolidieren.»[10]

In dem Kleinen Buch fand Bismarck dieses Mittel aber innerhalb Deutschlands, und das machte seine These nur um so überzeugender. Das nationale Wohl werde durch Preußen befördert, nicht durch den Deutschen Bund, erklärte er, «ein Organ, dessen Majoritäten von undeutschen Interessen abhängig sind». Als «rein deutscher Staat» stimme Preußen in «der Gleichartigkeit seiner Bedürfnisse und seines Entwicklungsganges mit der übrigen deutschen Bevölkerung überein». Es sei deshalb der «natürliche Krystallisationspunkt» für Verbindungen zwischen deutschen Staaten zum Zwecke der Erreichung gemeinsamer Ziele, gleich ob es sich dabei «um Zollgemeinschaft, um Eisenbahnanlagen, um gemeinsames Wechsel- und Handelsrecht» oder andere derartige Anliegen handle. Während Österreich und dessen deutsche Verbündete diese Angelegenheiten durch Bundesgesetze regulieren wollten, könnte Preußen die Mehrheit im Bundestag durch Verträge mit Nachbarstaaten nach dem Muster des Zollvereins übertrumpfen. «Es gibt nichts Deutscheres, als gerade die Entwicklung richtig verstandener preußischer Partikularinteressen», schrieb er.[11]

Das Argument hätte im Munde des Erzreaktionärs von 1848 überrascht, ja selbst von dem diplomatischen Realisten der fünfziger Jahre wird niemand es erwartet haben. Seit 1851 hatte Bismarck diejenigen seiner Kollegen, die an das «deutsche» Interesse appellierten, stets verspottet. Verächtlich hatte er Kritiker zurückgewiesen, die ihm vorwarfen, durch seine Obstruktionspolitik im Bundestag jedes gemeinsame Handeln des Bundes im deutschen Interesse zu verhindern. In Frankfurt und Wien hatte er seine Gegner aufgefordert, statt heuchlerische patriotische Phrasen zu dreschen lieber realistisch auf der Basis eigener Interessen zu verhandeln. Doch ungeachtet der Widersprüchlichkeit seiner Argumente verfolgte Bismarck stets das gleiche Ziel. Dieses Ziel war die Ausweitung der Macht des preußischen Staates, und dafür war er bereit, jedes irgend geeignete Mittel in Betracht zu ziehen. Das war die schmale Brücke, die ihn über den Abgrund führte, der ihn früher von den Anliegen der deutschen Nationalisten getrennt hatte.

Im März 1858 hatte also Bismarck einen revolutionären Plan konzipiert, dessen Ausführung eines Tages Europa überraschen sollte. Er schlug vor, Preußen solle sich der moralischen und materiellen Kräfte des deutschen Nationalismus zu seinem eigenen Nutzen bedienen, er empfahl einer konservativen Monarchie, berechnend das Verlangen der Deutschen nach nationaler Einheit auf Kosten einer gegnerischen konservativen Monarchie auszubeuten. Fürs erste allerdings fand er für diese Anregungen kaum Gehör. Während des Sommers trug er sie Wilhelm in Baden-Baden vor, doch anscheinend ohne etwas damit auszurichten. Als im Herbst das neue Staatsministerium antrat, beschlossen Wilhelm und Schleinitz eine Annäherung an Österreich und Großbritannien. Diese Entscheidung wurde in Preußen mit Beifall aufgenommen. Freundschaft mit Großbritannien war ein prinzipielles Anliegen liberaler Politik, doch wurde die Entscheidung auch von Konservativen (sogar von Gerlach) gebilligt, weil diesen der französische und russische «Caesarismus» unheimlich war.[12] Natürlich mußte nun aber der kriegerische Junker von Schönhausen aus Frankfurt entfernt werden. Im März 1859 reiste er sieben Tage lang über verschneite Ebenen und zugefrorene Flüsse nach

St. Petersburg, wohin er versetzt worden war. Mit bitterer Ironie bemerkte Bismarck, er sei «an der Newa kalt gestellt» worden.[13]

Wiederbelebung der nationalen Bewegung

Noch während Bismarck im Schlitten über den harten Schnee zum Kopf der Petersburger Eisenbahn unterwegs war, wechselte die europäische Politik den Kurs zu seinen Gunsten. Im Juli 1858 hatte sich in Plombières Napoleon III. mit dem Grafen Cavour, dem sardinischen Ministerpräsidenten, getroffen, und bei dieser Gelegenheit hatten die beiden die Einigung Italiens verabredet. Beim Neujahrsempfang des Jahres 1859 verblüffte Napoleon den österreichischen Gesandten mit der Bemerkung: «Ich bedauere, daß unsere Beziehungen nicht so gut sind, als ich es wünschte, ich bitte Sie aber, nach Wien zu berichten, daß meine persönlichen Gefühle für den Kaiser immer die gleichen sind.»[14] Am 3. März ebnete er sich den Weg in den Krieg, indem er sich der wohlwollenden Neutralität Rußlands versicherte. Doch Buol beschleunigte den Ausbruch der Feindseligkeiten, indem er am 23. April Sardinien ein Ultimatum stellte. Einmal mehr waren die seit 1849 schlummernden Kräfte nationaler Revolution geweckt. Wie der Zauberlehrling rief Napoleon die Geister, die ihn schließlich überwältigen sollten.

Mit bemerkenswerter Voraussicht hatte Bismarck die neue Epoche kommen sehen und die Möglichkeiten, die sie für Preußen bereithielt, treffend eingeschätzt. Am 5. Mai 1859 schrieb er aus Petersburg an Gustav von Alvensleben, den Adjutanten des Regenten: «Die gegenwärtige Lage hat wieder einmal das große Los für uns im Topf, falls wir den Krieg Oestreichs mit Frankreich sich scharf einfressen lassen und dann mit unsrer ganzen Armee nach Süden aufbrechen, die Grenzpfähle im Tornister mitnehmen und sie entweder am Bodensee oder da, wo das protestantische Bekenntniß aufhört vorzuwiegen, wieder einschlagen.» Es sei an der Zeit, die zerstreuten Stücke des preußischen Staates endlich zu vereinigen: «Wo ist denn außer uns noch ein europäischer Staat, dem 18, oder wenn ich die Katholiken in Oberbayern und Oberschwaben abrechne, 14 Millionen zwischen seinen eignen schlecht zusammengefügten Gliedern umherliegen und nichts weiter von ihm wollen als ihm angehören? Alle diese Leute schlagen sich ja 24 Stunden, nachdem wir sie in Besitz genommen haben, für uns besser, wie für ihre frühere Obrigkeit, besonders wenn der Prinzregent ihnen den Gefallen thut, das Königreich Preußen in Königreich Deutschland umzutaufen.» Bismarck hielt das für das «sicherste Spiel», das man für Preußen spielen könne. Fände man es aber «zu abentheuerlich», sagte er, «so sollen wir doch wenigstens diesen günstigen Moment benützen, um ein Bundesverhältniß los zu werden oder zu ändern, welches uns von Hause aus keine würdige Stellung und keine unsern Pflichten und unsrer Macht entsprechenden Rechte gewährt.»[15] An Schleinitz schrieb er, daß «sich bald bessre und natürlichere Beziehungen Preußens zu seinen deutschen Nachbarn ausbilden würden», sobald nur erst der Bund aufgelöst sei: «Das Wort ‹deutsch› für ‹preußisch› möchte ich gern erst dann auf unsre Fahne geschrieben sehn, wenn wir enger und zweckmäßiger mit unsern übrigen Landsleuten verbunden wären, als bisher; es verliert von seinem Zauber, wenn man es schon jetzt, in Anwendung auf seinen bundestäglichen Nexus, abnützt.»[16]

Aber auch diesmal predigte Bismarck in Berlin tauben Ohren. Wie während des Krimkriegs sein Bruder, konnte sich in der gegenwärtigen Situation auch Wilhelm nicht zu einer klaren und entschiedenen Politik entschließen. Obwohl er mit Österreich sympathisierte, bedauerte er Buols Ultimatum, das seine eigenen Bemühungen, den Frieden zu erhalten, um den Erfolg gebracht hatte. Die revolutionären Voraussetzungen, mit denen Napoleon seinen Überfall rechtfertigte, beunruhigten ihn, doch die nationale Empörung gegen Frankreich in Deutschland beunruhigte ihn kaum weniger. Er wollte sich weder mit Österreich verbünden, noch die österreichische Notlage ausnützen, um Preußens Macht in Deutschland auf Österreichs Kosten zu vergrößern. Nach der österreichischen Niederlage bei Magenta am 4. Juni mobilisierte er sechs Armeekorps und riet in London und Petersburg zu «bewaffneter Vermittlung», um einen Waffenstillstand herbeizuführen. In Wien forderte er die Befehlsgewalt über die Bundestruppen.[17]

Daß seine Regierung Miene machte, «fremde Kastanien» aus dem Feuer zu holen, erbitterte Bismarck. Er berichtete warnend, daß Alexander und Gortschakow einen Sieg der österreichischen und preußischen Waffen über Frankreich niemals hinnehmen würden, und wies darauf hin, daß sich von dem Augenblick an, da Preußen in den Konflikt eingriffe, der Hauptkriegsschauplatz aus Italien nach Deutschland verlagern würde.[18] Russischen Regierungskreisen gegenüber machte er keinen Hehl aus seiner Mißbilligung der Politik Wilhelms und Schleinitz'. Das wurde bald natürlich auch in Berlin bekannt. Wilhelm erwog eine Zeitlang, ihn wegen dieses Mangels an Loyalität abzumahnen oder abzuberufen.[19]

Doch dann schwiegen plötzlich die Waffen. Vom Ausmaß des Blutvergießens bestürzt, beunruhigt vom schnellen Fortschreiten der Einigung Italiens und besorgt wegen der von Preußen zu gewärtigenden Politik, schloß Napoleon den Frieden von Villafranca. Keine der Großmächte konnte wirklich befriedigt sein: Österreich hatte eine Provinz verloren, Preußen hatte sich mit allen verfeindet und nichts gewonnen. Rußland und Frankreich hatten zwar einigen Grund zur Zufriedenheit, aber die Geschwindigkeit, mit der sich nun die Einigung Italiens vollzog, und die Form, die diese annahm, fand man in Paris so alarmierend wie in Petersburg. Sardinien verzehrte die Kastanien, an denen alle anderen sich die Finger verbrannt hatten.

Die Ernennung des «Neue-Ära»-Ministeriums und der französische Angriff auf Österreich hatten in Deutschland einen erstaunlichen Wechsel des politischen Klimas zur Folge. Im ganzen Land wurde die Niederlage der feudalen Partei in Berlin begeistert gefeiert. Da Wilhelm und mehrere von dessen Ministern 1850 Radowitz unterstützt hatten, schöpften diejenigen deutschen Nationalisten, die wünschten, daß Preußen bei der Einigung Deutschlands die Führung übernahm, neue Hoffnung. Vor allem aber war es der Krieg des Jahres 1859, der die Frage der deutschen Einheit aus zehnjährigem, unruhigem Schlummer weckte. Der französische Angriff auf ein Mitglied des Deutschen Bundes erzürnte und beängstigte romantische Konservative und liberale Nationalisten gleichermaßen. Schließlich war ja unvergessen, daß in Italien auch der erste Napoleon jene Siegesbahn betreten hatte, die ihm dann gestattete, die Grenzen Frankreichs bis an den Rhein zu tragen. Die Krise rief jedem die Kämpfe der Jahre 1812–1813 in Erinnerung, und die Forderung, dem dritten Napoleon rechtzeitig das Handwerk zu legen, lag nahe. Durch den Verlauf des Konflikts in Italien wurden dann alle national denkenden Deutschen enttäuscht. Die Unfähigkeit Preußens und Österreichs, zu einer Verständigung zu gelangen, erwies wieder einmal die Untauglichkeit des Deutschen Bundes für die ihm zugedachten Aufgaben, während andererseits die Gerüchte von einem Einverständnis zwischen Frankreich und Rußland die Angst vor einer feindlichen Koalition nährten, der Deutschland keine angemessene Verteidigung würde entgegensetzen können.[20]

Diese Angst weckte das Verlangen nach einem deutschen Staat, der fähig wäre, die Nation gegen fremde Angriffe zu verteidigen. Damit wurde neuerdings die Frage aktuell, ob in diese Verteidigungsgemeinschaft Österreich eingeschlossen werden sollte oder nicht. Und von neuem standen die Verfechter einer großdeutschen Einigung denjenigen einer kleindeutschen gegenüber. Die Großdeutschen hatten den meisten Anhang in Süddeutschland unter Bauern und Landadeligen, Bürgern kleiner Städte und politisch aktiven Katholiken, die Kleindeutschen dagegen waren am stärksten vertreten in den protestantischen Teilen Deutschlands im oberen Mittelstand, insbesondere bei Geschäftsleuten, Industriellen, Kaufleuten, Finanzleuten sowie auch Angehörigen der freien Berufe und Intellektuellen, unter diesen auffallend viele bekannte Historiker der Zeit. Die kleindeutsche Bewegung gewann sehr schnell an Gewicht. Ihre Führer beherrschten den im September 1859 zur Beförderung der deutschen Einheit gegründeten Nationalverein. Zum ersten Mal kamen darin deutsche Liberale unterschiedlicher politischer Anschauung zur Erreichung eines gemeinsamen Ziels zusammen. Obwohl viele süddeutsche Liberale ihm fernblieben, vermochte doch der Nationalverein kraft der Unbestimmtheit seines ersten Programms Gemäßigte und Demokraten zur Rückkehr in die Zusammenarbeit zu bewegen, die 1848–1849 an der Frage gescheitert war, ob man Friedrich Wilhelm IV. einladen solle, als konstitutioneller Monarch über ein vereinigtes Deutschland zu herrschen. Die Aufnahme auch ehemaliger Radikaler führte zu inneren Spannungen, die andauern sollten, solange der Nationalverein bestand, doch lag die Führung stets in den Händen der «gemäßigten» und jener «realistischen» Demokraten, die willens waren, eine Einigung Deutschlands unter einer Verfassung zu akzeptieren, die den Hohenzollern die von ihnen beanspruchte autokratische Autorität beließ. Auf dem zweiten Kongreß des Nationalvereins im Jahre 1860 wurde eben das in das Programm des Vereins aufgenommen.[21]

Der Nationalverein war keine Massenbewegung, sondern ein recht exklusiver Klub von wenigen tausend Mitgliedern unter der Leitung des hannoverschen Aristokraten Rudolf von Bennigsen. Natürlich hatten die Journalisten, Abgeordneten, Professoren und anderen Honoratioren, die diesem Klub angehörten, erheblich größeren Einfluß auf die Öffentlichkeit, als ihre Zahl vermuten lassen sollte. Dennoch ist festzustellen, daß der Nationalverein ein Verein des oberen Mittelstands war und das auch sein wollte. Wiederholt weigerte man sich, die Mitgliedsbeiträge zu senken, um Arbeitern den Beitritt zum Verein zu ermöglichen.[22] Die Gründer des Vereins wollten nicht Massen, sondern Regierungen in Bewegung setzen. Die Absicht, das herrschende System zu stürzen, lag ihnen fern. Sie wollten vielmehr für ihre nationalen Ziele dessen Unterstützung gewinnen. So setzten sie ihre unmittelbaren Hoffnungen in das Staatsministerium der «Neuen Ära».

Bismarck, Schleinitz und der Nationalverein

Im Juli 1859 kehrte Bismarck in gesundheitlich sehr elender Verfassung nach Deutschland zurück. Ein Quacksalber in Petersburg hatte ihm ein rheumatisches Knie mit einem Senfpflaster behandelt, das sich ins Fleisch einfraß und eine Vene zerstörte. Ein prominenter russischer Chirurg hatte zur Amputation geraten. In Berlin lag er zwei Wochen lang in einem Hotelbett, um andere Ärzte zu konsultieren und sich zu anderen Behandlungsmethoden raten zu lassen. Doch selbst unter diesen Umständen ließ er die Politik keineswegs außer acht. Der Presse entnahm er die Nachricht von der bevorstehenden Gründung des Nationalvereins und begriff sofort dessen Bedeutung für seine Pläne. Eine Zufallsbegegnung gab ihm die Gelegenheit, die Führer des Vereins mit dem preußischen Kabinett in Verbindung zu setzen. Eines Tages besuchte ihn im Hotel Royal Viktor von Unruh.[23] Unruh, ein Industrieller und führender Liberaler, hatte Bismarcks Bekanntschaft beim Vereinigten Landtag gemacht. Ungeachtet erheblicher politischer Meinungsverschiedenheiten schätzten die beiden Männer einander persönlich sehr.[24] Unruh war vollkommen unvorbereitet auf die Eröffnungen, die Bismarck ihm bei dem Besuch im Hotel Royal zu machen hatte. Bismarck erklärte ihm nämlich: «Preußen sei vollständig isoliert. Es gäbe nur einen Alliierten für Preußen, wenn es denselben zu erwerben und zu behandeln verstände.» Auf die Frage, welchen Alliierten Bismarck meine, habe dieser geantwortet: «Das deutsche Volk.» Dann habe er über Unruhs mutmaßlich etwas verblüfftes Gesicht gelacht. «Darauf sagte ich ihm», berichtet Unruh, «daß ich über den Ausspruch selbst nicht verwundert sei, sondern darüber, denselben aus seinem Munde zu hören. ‹Nun, was denken Sie denn› – erwiderte Bismarck – ‹ich bin derselbe Junker, wie vor zehn Jahren, als wir uns in der Kammer kennen lernten, aber ich müßte kein Auge und keinen Verstand im Kopfe haben, wenn ich die wirkliche Lage der Verhältnisse nicht klar erkennen könnte.›»[25]

Die Folgen dieser Unterredung ließen nicht lange auf sich warten und entsprachen Bismarcks Wünschen. Am 12. September 1859, drei Tage vor der Gründungsversammlung des Nationalvereins in Frankfurt, schrieb Unruh an Bismarck. Die Führer der deutschen Reformbewegung «warten mit der größten Spannung darauf, welchen Weg Preußen einschlagen wird». Österreich habe bereits entschlossen Widerstand angekündigt. Es sei nun an Preußen, «durch energisches Auftreten ... in der nationalen Frage die Herzen des deutschen Volkes zu gewinnen». «Aber», schrieb er, «wir vermögen nichts im preuß.-deutschen Interesse zu thun, wenn die preuß. Regierung uns im Stiche läßt.» Eifer für die Sache der nationalen Einheit sei sein und seiner Freunde einziger Beweggrund. Bismarck könne das daraus entnehmen, «daß wir, auch Herr v. Bennigsen, uns aufrichtig freuen würden, wenn Ihre Ernennung zum Minister des Auswärtigen erfolgte.»[26] Bismarck erhielt dieses Schreiben in Baden-Baden, wohin ihn der Regent zu Beratungen gerufen hatte. Während seines dortigen Aufenthalts erörterte er das liberale Angebot offen mit Schleinitz. Nach Berlin zurückgekehrt, traf er sich dort noch einmal mit Unruh, der berichtete, daß die Stimmung bei der Frankfurter Gründungsversammlung des Nationalvereins Preußen sehr günstig gewesen sei. «Lieber das schärfste Militärregiment als die kleinstaatliche Misere», habe «der sonst sehr avancierte Demokraten-Häuptling Metz aus Darmstadt in Frankfurt unter dem Beifall seiner Gesinnungsgenossen ausgerufen». Jahre später räumte Unruh ein, bei dieser Gelegenheit wohl gesagt zu haben: «Deutschland würde sich um den Preis der Einheit sogar eine vorübergehende Militärdespotie gefallen lassen.» Damit habe er jedoch eine Diktatur «nach einer revolutionären Periode, aber keineswegs die eines legitimen Monarchen» gemeint.[27] Doch bei der fraglichen Unterredung verstand ihn Bismarck anders.

Schleinitz fand, daß die Mitteilung Unruhs «ein ebenso merkwürdiges als erfreuliches Factum» konstatiere. Nichtsdestoweniger mißtraute er Volksbewegungen und suchte einen mittleren Kurs zu steuern. Ohne die nationale Bewegung zu brüskieren, wollte er dennoch ein Bündnis mit ihr vermeiden. Er sympathisierte zwar mit dem Streben nach nationaler Einheit, doch seine Achtung für Recht und Legitimität war zu groß, als daß er sich nicht gescheut hätte, eine revolutionäre Politik zu verfolgen.[28] Er war ein charmanter und gewinnender Mann, aber es fehlte ihm an Energie und Entscheidungsfreude. Selbst die Anhänger der Regierung beklagten «seine schwankende Schwäche, die Art, in seinen Noten nichts zu sagen, was er nicht im nächsten Satz wieder zurücknähme, dieses ewige ‹zwar – aber doch; allerdings – indessen›».[29] Er fürchtete Frankreich so sehr, daß er auf ein österreichisches Bündnisangebot eingehen wollte. Doch seine Kabinettskollegen neigten zu einer gegen Wien gerichteten nationalen Politik.[30] Im März 1860 überzeugten Karl Anton und Auerswald den Regenten von der Notwendigkeit, Schleinitz abzulösen. Als sein Nachfolger kam in erster Linie Bismarck in Betracht.[31]

Er war, wie das Leben so spielt, noch immer in Deutschland. Während des Winters hatte er auf dem Gut eines Freundes in Pommern krank gelegen an Lungenentzündung und rheumatischem Fieber. «Ich sehe das Ganze als Explosion alles des Aergers an, den ich 8 Jahre hindurch in Frankfurt angesammelt habe», schrieb er an Schleinitz. Tatsächlich hielt auch Bismarcks pommerscher Wirt, Alexander von Below-Hohendorf, die Leiden seines Freundes für mehr seelisch als körperlich. Die beste Medizin dagegen, so meinte er, wäre wohl, der evangelischen Verordnung zur Feindesliebe zu folgen. Aber gerade dazu war der Patient leider nicht geneigt.[32] Im März hatte sich Bismarck hinreichend erholt, um auf dem Höhepunkt der Schleinitz-Krise nach Berlin zurückkehren zu können. Der allgegenwärtige Theodor von Bernhardi notierte am 29. März in seinem Tagebuch: Wie man höre, suche Bismarck «mit den Liberalen anzuknüpfen und sage Jedem, der es hören wolle, daß er verkannt, ja verleumdet worden sei – er sei eigentlich ein sehr liberal gesinnter Mann».[33] Anfang April 1860 berief der Regent Bismarck und Schleinitz zu sich und ließ sich deren gegensätzliche Auffassungen darlegen. Wie gewöhnlich befürwortete Bismarck eine Revision der preußischen Politik gegen Österreich und ein Rapprochement mit Rußland. Seinen Wunsch nach engeren Beziehungen zu Frankreich scheint er bei dieser Gelegenheit nicht erwähnt zu haben. Doch ließ er keinen Zweifel daran, daß er eine drastische Revision des Deutschen Bundes und die Schöpfung eines deutschen Parlaments für erforderlich hielt. Schleinitz hingegen wollte nicht Österreich, sondern Frankreich für Preußens gefährlichsten Feind halten. Die Solidarität mit Österreich gegen die aus dieser Richtung drohende Gefahr sei von jeher die Politik der Hohenzollern gewesen. In Anbetracht der neuerdings zu befürchtenden französisch-russischen Allianz sei die Bedrohung von jenseits des Rheins ernster zu nehmen denn je. Auch das Gefühl des deutschen Volkes wehre sich gegen ein Bündnis mit Rußland.[34]

Kaum hatte Schleinitz seinen Vortrag beendet, erklärte der Prinzregent, daß er im Außenministerium nichts zu ändern beabsichtige. Bismarck nahm an, daß Wilhelm ihn nur zum Vortrag bestellt habe, um Karl Anton und Auerswald zu beschwichtigen. Doch verweigerte dann der Regent dem Ersuchen Bismarcks, auf seinen Posten nach Petersburg zurückkehren zu dürfen, wochenlang die Zustimmung. Anscheinend war er sich unschlüssig, wie dieser begabte und unberechenbare Mann am besten zu verwenden sei. Im Juni endlich kam die Ordre. Bismarck kehrte für einen weiteren Winter an die Newa zurück. Der Regent hatte sich geweigert, meinte Karl Anton, den Bock zum Gärtner zu machen.[35]

Bismarcks Isolierung

Tatsächlich hatte Wilhelm seine Entscheidung schon früher getroffen. Im Kronrat hatte er sich am 26. März die unterschiedlichen Meinungen der Regierungsmitglieder vortragen lassen und unmittelbar danach Schleinitz eine Direktive gegeben, die ein Rapprochement, allerdings kein Bündnis, mit Österreich gegen Frankreich befahl.[36] Trotz seines schwindenden Vertrauens zu Schleinitz schien er doch niemand anderen auf dessen Posten berufen zu können. Angesichts der jüngsten Ereignisse empfahl sich die Ernennung ausgerechnet Bismarcks zum

Minister des Auswärtigen dem Regenten keineswegs. Im Augenblick schien eine grundsätzliche Neuordnung der Machtverhältnisse in Europa bevorzustehen, von der man ein Ende des durch den Krimkrieg verursachten Chaos erhoffen konnte. Diese Neuordnung bedrohte Bismarcks Pläne und, noch schlimmer, seine Laufbahn.

Im Mai 1859 war Buol, dessen Verwegenheit für Österreich so beklagenswerte Folgen gehabt hatte, von seinem Posten abberufen und durch den Grafen Johann von Rechberg ersetzt worden, Bismarcks einstigen Frankfurter Widersacher, einen Schüler von Metternich und Fürsprecher der Heiligen Allianz. Am Quai d'Orsay mußte im Januar 1860 der konservative und russophile Graf Alexandre Walewski dem radikalen und russenfeindlichen Édouard Thouvenel weichen. Im gleichen Monat erfuhr man erstmals von Napoleons Absicht, Nizza und Savoyen zu annektieren. Im März forderte er diese Gebiete als seinen Lohn für die französischen Dienste bei der Einigung Mittelitaliens unter der Herrschaft Sardiniens. In der nach dem jüngsten Krieg gespannten Atmosphäre stellten sich diese Manöver als erste Anstalten zu einem neuerlichen bonapartistischen Eroberungszug dar. Man war darauf gefaßt, den dritten Napoleon demnächst den Rhein als natürliche Grenze Frankreichs fordern zu hören. Diese Erwartung weckte von der Themse bis zur Newa in ganz Europa ernste Besorgnis. Lord Palmerston und das britische Kabinett verloren den letzten Rest ihres Vertrauens in Napoleon. Zar Alexander und dessen Berater waren angesichts der Folgen des Handels, auf den sie sich im vergangenen Jahr eingelassen hatten, zutiefst bestürzt. Die Kosten der Rache an den ungetreuen Österreichern erwiesen sich nun als sehr hoch. In Rumänien, Ungarn und Polen griff das Verlangen nach nationaler Selbstbestimmung um sich. Im Mai landete Garibaldi auf Sizilien, und bald darauf brach das Königreich Neapel zusammen. Das Gespenst der Revolution ging in Europa um. Im Juli trafen sich Wilhelm und Franz Joseph in Teplitz, und im Oktober kamen beide in Warschau mit Alexander zusammen. Die Auferstehung der Heiligen Allianz von den Toten schien nahe bevorzustehen.[37]

Diese Entwicklungen versetzten Bismarck in eine schwierige Lage. Er hatte seine Mißbilligung der antifranzösischen Politik der Regierung nie verhehlt. Natürlich unterstellte man ihm deswegen Sympathien, die er nicht hatte. So galt er bei Liberalen und Konservativen gleichermaßen als «Bonapartist», als prinzipienloser Fürsprecher einer Allianz mit Napoleon um jeden Preis. Je näher er der Macht kam, desto schneller liefen diese Gerüchte um.[38]

Im Mai 1860 suchte er sich gegen solche Unterstellungen, die auch seitens der Ultrakonservativen gemacht wurden, zur Wehr zu setzen, indem er seinen Standpunkt noch einmal Leopold von Gerlach erläuterte. Früher waren die beiden Männer verschiedener Meinung sowohl hinsichtlich der Politik als auch der Prinzipien gewesen. Inzwischen beschränkten sich ihre Meinungsverschiedenheiten auf den Bereich des Prinzipiellen. «Sie wollen grundsätzlich mit Bonaparte und Cavour nichts zu thun haben», schrieb Bismarck. «Ich will nicht mit Frankreich oder Sardinien gehn, nicht weil ich es für Unrecht hielte, sondern, weil ich es im Interesse unsrer Sicherheit für bedenklich halte.» Wer in Frankreich oder Sardinien herrsche, sei «ganz gleichgültig». Rechtliche Erwägungen waren seines Erachtens untauglich zur Begründung vernünftiger Kriterien der Außenpolitik, die einzig «vom Standpunkt der politischen Nützlichkeit» zu beurteilen sei. «Ich bin ein Kind andrer Zeiten als Sie, aber ein ebenso ehrliches der meinigen, wie Sie der Ihrigen», schrieb er Gerlach. «Um aber zu Realitäten zurückzukehren, zur Gegenwart, so wäre mir Frankreich von allen Bundesgenossen der bedenklichste, obschon ich mir die Möglichkeit offen halten muß, weil man nicht Schach spielen kann, wenn einem 16 Felder von 64 von Hause aus verboten sind.»[39]

Nach der Rückkehr auf seinen Posten in Petersburg wurde Bismarck in der nationalistischen Presse scharf angegriffen. Schon im September 1859 hatten die Führer des Nationalvereins die Hoffnung auf ein gedeihliches Zusammenwirken mit der preußischen Monarchie fahrenlassen. Die unentschlossene Politik des Ministers Schleinitz enttäuschte sie, und sie hatten das Vertrauen zu Bismarck verloren, von dem sie gehofft hatten, daß er die Vereinigung Deutschlands für sie herbeiführen würde. Das Gerücht, er sei bereit, Napoleon deutschen Boden zu opfern, wurde allenthalben kolportiert, um ihn zu diskreditieren.[40] Selbst in der konservativen Presse erhob sich keine Stimme zu seiner Verteidigung. Bismarck fühlte sich verraten von diesen Leuten, mit denen er «lange aus einem Topf gegessen» habe. «Mir ist's recht, man soll sich nicht auf Menschen verlassen», schrieb er, «und ich bin dankbar für jeden Zug, der mich nach innen zieht.»[41]

Der Mann aus Schönhausen war isoliert. Seine außenpolitischen Anschauungen hatten ihm die alten Freunde unter den preußischen Konservativen entfremdet, doch den Beistand der deutschen Liberalen nicht gewonnen. Er verteidigte sich, indem er einem alten Gefährten in Frankfurt, Carl Zitelmann, die Anweisung gab, vertrauenswürdigen Journalisten gewisse Dokumente zu zeigen, die ihnen beweisen würden, daß die gegen Bismarck erhobenen Anklagen jeder Grundlage entbehrten. Bismarck bat Zitelmann auch, sich mit Unruh in Verbindung zu setzen: «Er kann Sie vielleicht aufklären, weshalb der National-Verein mich anfällt, nachdem ich seit 9 Jahren gegen Wind u. Wetter, wenn auch mit conservativen Zielen und Grundlagen, doch einen parallelen Cours steure.»[42] Dennoch wurden die Angriffe gegen Bismarck fortgesetzt.

Die größte Gefahr für Bismarcks Zukunft war jedoch, daß man den gegen ihn erhobenen Anschuldigungen in der Umgebung des Regenten Glauben schenkte. Verzweifelt bat er Gortschakow um ein offizielles russisches Dementi des Gerüchts, daß er ein Drei-Mächte-Bündnis gegen Österreich angestrebt und in dem Zusammenhang die Abtretung deutschen Bodens angeboten hätte. Doch der Vizekanzler weigerte sich, Bismarcks Bitten zu entsprechen: «*Qui s'excuse, s'accuse.*»[43] Daraufhin schrieb Bismarck an Auerswald: «Ich habe schon Sr. Maj. dem Könige gegenüber seit 1856 in amtlichen Berichten das Bündniß Frankreichs und Rußlands als eine Eventualität bezeichnet, deren Eintritt wir mit allen unseren Kräften verhindern müssen, weil unsre Stellung als Mitglied eines solchen Bündnisses eine untergeordnete, als Gegner aber eine schwache sein werde.» Wegen der Reibungen zwischen Österreich und Preußen sei der Deutsche Bund als Institution zur Verteidigung Deutschlands in einem gefährlichen Krieg nicht geeignet, «könne man daher das russisch-französische Bündniß aller Anstrengung ungeachtet nicht hindern, so müsse man bei Zeiten entweder mit Rußland sich enger verbünden, als dieses mit Frankreich, oder sich mit Oestreich so gründlich verständigen, daß auf ein ehrliches Zusammenhalten beider Mächte, und dadurch auf eine innre Kräftigung der östreichischen Monarchie selbst, zu rechnen sei. Ich habe noch stets den Muth meiner Meinung gehabt, und wenn ich die Förderung des russisch-französischen Bündnisses und unsern Anschluß an dasselbe vortheilhaft hielte, so würde ich es offen sagen.» Unter den gegebenen Umständen wäre aber die Förderung einer solchen Politik «ein Beweis von Leichtsinn und Mangel an Urtheil», den anzutreten er sich hüten würde. «Wenn ich in den letzten Jahren eine Allianz gewünscht habe, so war es die mit England und Rußland, davon ist aber leichter zu reden, als sie herzustellen.»

Aus den gemeinsamen Besprechungen im Frühjahr, schrieb Bismarck, werde Auerswald wissen, «daß ich weder östreichisch, noch französisch, noch russisch, sondern preußisch bin, und unser Heil nur im Vertrauen auf unsre eigne und auf die deutsche National-Kraft erblicke».[44] In einem Brief an Below-Hohendorf kam Bismarck auf diese Überzeugung zurück: «Ich habe in der ganzen Zeit meines deutschen Aufenthaltes nie etwas andres gerathen, als uns auf die eigne und die im Fall des Krieges von uns aufzubietende nationale Kraft Deutschlands zu verlassen.»[45]

Revision der Strategie

Aus den Argumenten, mit denen er sich 1860 gegen die Angriffe des Nationalvereins und der Ultrakonservativen zur Wehr setzte, geht hervor, daß Bismarcks Anschauungen sich seit 1857 erheblich geändert hatten. Die Änderung betraf jedoch nicht seine Ziele, sondern die Strategie. Sein Hauptziel war nach wie vor die Förderung der Interessen Preußens. Er hatte sich nicht zur Sache des deutschen Nationalismus bekehrt, sondern nur dessen Verwendbarkeit zur Erweiterung der preußischen Macht erkannt. Denn der deutsche Nationalismus war gegenwärtig die Kraft, mit der er am ehesten hoffen konnte, Österreich und die kleineren Staaten zur Erfüllung preußischer Forderungen zu zwingen. Auf eine französisch-russische Allianz als Druckmittel rechnete er gegenwärtig nicht mehr. Daß er noch 1856 «mit beiden Füßen» in eine solche Allianz hatte springen wollen, erlaubte er sich unter diesen Umständen zu vergessen. Denn jetzt war er ja der Meinung, eine solche Allianz müsse nach Möglichkeit verhindert werden. Doch was waren die Gründe für diese Revision seiner Strategie?

Die Ereignisse seit dem Ende des Krimkrieges hatten bewiesen, daß einer französisch-russischen Allianz, so wünschenswert und nützlich sie scheinen mochte, viele Hindernisse im Wege standen. Allerdings konnte keine der beiden Mächte damit rechnen, ihre Hauptziele ohne Unterstützung der jeweils anderen zu erreichen, weder Frankreich eine Revision des Friedensvertrages von 1815 noch Rußland eine solche desjenigen von 1856. Hätte er der wohlwollenden Neutralität Rußlands nicht gewiß sein können, dann hätte Napoleon 1859 gezögert, in Italien gegen Österreich vorzugehen, und ohne französische Unterstützung konnte Rußland kaum hoffen, die seiner Souveränität im Schwarzen Meer angelegten Fesseln abzuschütteln. Doch Napoleon zögerte, die britische Regierung gegen sich aufzubringen. Er fürchtete die britische Seemacht, der Rußland keine vergleichbare entgegenzusetzen hatte. Überdies war Zar Alexander zu konservativ, als daß die Aussicht, in ein wahrhaft revolutionäres Bündnis mit Napoleon einzutreten, ihn nicht geschreckt hätte. Nach Napoleons Annexion von Nizza und Savoyen kühlte sich sein Enthusiasmus für ein derartiges Bündnis merklich ab.[46] Nur Gortschakows Franzosenfreundlichkeit war unverbesserlich. Auf der Höhe des konservativen Rapprochements von 1860 streckte er auch weiterhin einladend die Hand nach Paris aus, in der Hoffnung, daß jemand sie dort ergriffe.[47]

In Petersburg hatte Bismarck Gelegenheit, den Geist und Charakter des russischen Vizekanzlers aus der Nähe zu studieren. Gortschakow war blendend, von schneller Auffassungsgabe und ein gewandter Redner, doch weniger ein Staatsmann als ein politischer Techniker. Bismarck sah ein, daß Frankreich der russischen Politik das einzige ihr offenstehende «Manöverterrain» bot. Doch schien ihm, nachdem er den Fürsten eine Zeitlang beobachtet hatte: «In dem wiederkehrenden Spiel der Annäherung und der Entfernung von Frankreich giebt sich der Leiter des Cabinetes in eignen und fremden Augen den Anschein wichtiger politischer Thätigkeit, die im Grunde nur Sham-fight, und weder Ziel noch Resultat hat; eine gymnastische Vorstellung, die von so glänzend befähigtem Künstler mit Eleganz und Würde durchgeführt und dann wiederholt wird.»[48]

Bismarck klammerte sich nie an Vorstellungen, zu deren Verwirklichung keine Gelegenheit mehr bestand. Als es zu der Allianz nicht kam, gründete er keine Pläne mehr auf deren Zustandekommen. Doch sprach er wohl die Wahrheit, wenn er jeden Wunsch nach einer solchen Koalition entschieden leugnete. Wie sein Brief an Auerswald beweist, waren ihm die Gefahren, die sie für Preußen barg, inzwischen deutlich bewußt. Während der vergangenen Jahre hatte Napoleon eine Vorliebe für undurchsichtige politische Machenschaften offenbart, die zur Vorsicht mahnte. «Es ist die große Kunst Napoleons, sich so in Dampf aller Art einzuhüllen, daß man überall und nirgends sein Heraustreten aus der Wolke erwarten kann. Vielleicht bleibt er ganz darin und dampft mit Grazie in infinitum fort.» Seine verborgenen Ambitionen und sein schlüpfriger, glatter Charakter ließen diesen französischen Kaiser allerdings als sehr zweifelhaften Verbündeten erscheinen.[49]

Dennoch wäre es falsch anzunehmen, daß in dem Kräftespiel, durch welches Bismarck seine Ziele in Deutschland zu erreichen hoffte, Frankreich und Rußland keine wichtigen Rollen mehr zugedacht waren. Im Gegenteil blieb er bei der

Überzeugung, daß Preußen Österreich und den Mittelstaaten mit der Möglichkeit einer preußisch-französischen Allianz drohen müsse. 1860–1861 bemühte er sich nach Kräften, Schleinitz und Wilhelm den Verdacht auszureden, daß Napoleon versuchen könnte, das Rheinland zu annektieren, wie er Nizza und Savoyen seinem Reich einverleibt hatte. Dem Kaiser sei durchaus bewußt, behauptete Bismarck, daß ein solcher Handstreich das europäische Gleichgewicht empfindlich stören und eine Gegenkoalition nach dem Muster derjenigen provozieren würde, die seinen Onkel geschlagen hatte. Überdies könnte er an einen derartigen Versuch nur denken, wenn er dabei mit der tätigen Unterstützung der deutschen Mittelstaaten rechnen könne. Um das zu verhindern, brauche Preußen nur ein engeres Verhältnis zu Frankreich herzustellen als die deutschen Mittelstaaten. In Bismarcks geänderter Strategie sollte ein französisch-preußisches Rapprochement Österreich und die deutschen Mittelstaaten isolieren, nicht aber ein Militärbündnis gegen diese vorbereiten.[50]

Einen ähnlichen Zweck verfolgte er mit dem Bemühen um gute Beziehungen zu Rußland. In Petersburg war er ständig und mit Erfolg bestrebt, sich dem Fürsten Gortschakow und der kaiserlichen Familie zu empfehlen.[51] Seine Berichte nach Berlin verschwiegen, was die Beziehungen zwischen den beiden Mächten belasten, und betonten, was sie verbessern mochte. Dennoch ist es unsinnig, die Beziehungen Preußens zu Rußland, die sich zukünftig als so überaus nützlich erweisen sollten, durchaus und allein als sein Werk hinstellen zu wollen.[52] Das gute Einvernehmen der beiden Staaten hatte schon während des Krimkrieges begonnen und nicht die geringste seiner Ursachen in der engen Verwandtschaft der Romanows mit den Hohenzollern (Alexanders Mutter war Wilhelms Schwester). Das Scheitern von Gortschakows französischer Politik und das Streben nach einer Erneuerung der Heiligen Allianz ließen als Verbündeten für Rußland praktisch nur noch Preußen in Frage kommen. Nach der Warschauer Konferenz im Oktober 1860 ging die Furcht vor der Revolution zurück, während die österreichisch-russische Rivalität auf dem Balkan zunahm. Dennoch war offenbar Rußlands Außenpolitik in ein Stadium der Beruhigung eingetreten. 1861 hatte Bismarck aus Petersburg fast nur noch über innere Angelegenheiten zu berichten.[53] Von Rußland war bei einer zukünftigen Auseinandersetzung mit Österreich bestenfalls nur noch wohlwollende Neutralität zu erwarten.

Auch Großbritannien hatte Bismarck in seinen Plan einbezogen. Früher hatte er die Bedeutung Londons für die preußische Politik sehr gering veranschlagt. 1857 hatte er Leopold von Gerlach erklärt, daß Großbritannien als zuverlässiger Bündnispartner nicht mehr in Betracht käme. Der Reform Act habe die Außenpolitik des Landes den wechselnden Parlamentsmehrheiten auf Gnade und Ungnade ausgeliefert. Damals freilich hatte er den Zweck verfolgt, Manteuffel und den König von der Vorstellung abzubringen, daß es im preußischen Interesse liegen könne, Anschluß an England und Österreich zu suchen, um einem drohenden französisch-russischen Bündnis zu begegnen. Doch schon damals hatte er eingeräumt, daß Großbritannien ein «unnatürlicher Feind» Preußens sei. Die Interessen der beiden Staaten befanden sich in keinem Konflikt, nur die vorübergehenden Koalitionen der europäischen Politik drohten Preußen und England in gegnerische Lager zu drängen. Und so wurde, als die Gefahr einer österreichisch-britischen Koalition vorüberging, aus dem «unnatürlichen Feind» ein «natürlicher Verbündeter».[54]

Nichtsdestoweniger ist Bismarcks Wunsch, Preußen in einer Allianz mit Großbritannien und Rußland zu sehen, nicht ohne Vorbehalt zu trauen. Die Regierung der «Neuen Ära» war für London voreingenommen. Von den englischen Verhältnissen schwärmten von jeher die deutschen Liberalen. Während des Krimkrieges und danach hatte Wilhelm eine probritische Politik begünstigt. Albert, der Prinzgemahl, war sein Freund und Berater gewesen. Indem er also England auf die Liste der potentiellen Verbündeten Preußens setzte, brachte Bismarck, ohne einen wesentlichen Zug derselben zu opfern, seine eigene Politik der am preußischen Hof vorherrschenden Strömung ein wenig näher.[55] Wie er in dem Schreiben an Auerswald angedeutet hatte, war ein Bündnis zwischen England und Rußland eine höchst unwahrscheinliche Eventualität. Während des ganzen 19. Jahrhunderts gab es zwischen diesen beiden Mächten Konflikte, deren Schauplätze vom Balkan bis nach Indien reichten; kein anderer Interessengegensatz zwischen den europäischen Mächten war schwieriger zu überbrücken.[56]

Doch selbst wenn sie erreichbar gewesen wäre, hätte eine Allianz mit Rußland und England nicht den Zweck erfüllt, den Bismarck ursprünglich einer Allianz mit Frankreich und Rußland zugedacht hatte. Rußlands Beistand war aus bereits dargelegten Gründen nicht zu erwarten, und England war keine Landmacht, die Preußen wirksame militärische Unterstützung gegen Österreich hätte leisten können. Seit Beginn des Jahrhunderts hatte England es stets zu vermeiden gewußt, sich in festländische Kämpfe verwickeln zu lassen, die seine unmittelbaren Interessen nicht tangierten. Englische Interessen hätte man in London allenfalls berührt gesehen, wenn Frankreich das Rheinland angegriffen oder Rußland abermals versucht hätte, sich Zugang zum Mittelmeer zu verschaffen. Bismarck hoffte also, durch eine Verständigung mit Großbritannien und Rußland Österreich zu isolieren, aber er dachte dabei nicht an ein Militärbündnis, das es mit Waffengewalt gefügig machen sollte.[57]

1860 trat eine neue Figur in das Spiel ein, mit dem Bismarck beschäftigt war. In einem Brief an Schleinitz charakterisierte er das neue, vergrößerte Sardinien als «natürlichen Bundesgenossen» Preußens, «gegen Frankreich vorkommendenfalls ebenso wie gegen Österreich». «Für Piemont, wenn es sich auf Preußen stützen könnte, würde Frankreichs Allianz aufhören, gefährlich und herrisch zu sein.»[58] Nach Napoleons Annexion von Nizza und Savoyen änderte er seine Politik, aber nicht sein Prinzip. In dem bereits zitierten Brief an Leopold von Gerlach vom Mai 1860 schrieb er: «Den Moment, wo man Sardinien gegen Frankreich den Rücken hätte stärken können, halte ich für vergangen oder zukünftig und wegen heimischer Personal-Verhältnisse für entfernt; ich halte es aber nicht für unerlaubt.»[59] Die «heimischen Personal-Verhältnisse», von denen Bismarck sprach, betrafen den Regenten, der über den Umsturz so vieler Throne und Herrschaften in Italien schockiert war und Napoleon im Verdacht hatte, Frankreich bis zu dessen «natürlichen Grenzen» erweitern zu wollen.

Die europäischen Legitimisten wurden noch zorniger, als das Haus Savoyen dann seine Herrschaft auf ganz Italien (Rom und Venedig ausgenommen) ausdehnte. Den Zaren Alexander erbitterte in besonderem Maße die Eroberung Neapels, wo seine Dynastie alte Ansprüche hatte. Über Bismarck versuchte Gortschakow den preußischen Regenten zum Abbruch der diplomatischen Beziehungen zu dem Unrechtsregime in Turin zu bestimmen.[60] In Berlin forderte die «Kreuzzeitungspartei» das gleiche. Natürlich war Bismarck nicht der Mann, sich für solche Maßnahmen einzusetzen. Er nahm die Gelegenheit wahr, Schleinitz auseinanderzusetzen, wie verschieden seine Ansichten von denen der *Kreuzzeitung* waren.[61]

«Das Schwert unsrer Gerechtigkeit kann nicht über die ganze Welt reichen», der einzige Gegenstand der preußischen Politik habe die «Konsolidierung» der preußischen Interessen zu sein. «Ich kann mich in der Prämisse irren, daß es für Preußen heilsam sei, wenn sich im Süden zwischen Frankreich und Oesterreich ein kräftiger italienischer Staat bildet; aber ich bin von der Wahrheit derselben durchdrungen», schrieb er. Heilsam einerseits, weil ein solcher Staat als potentieller Bündnispartner zu Preußens Sicherheit beitragen konnte, doch auch weil die Begünstigung seiner Einigung durch Preußen die liberalen Nationalisten zwangsläufig beeindrucken werde. Schon im folgenden Jahr drängte Bismarck seine Regierung, den neuen Staat anzuerkennen: «Meiner Überzeugung nach müßten wir das Königreich Italien erfinden, wenn es nicht von selbst entstände.»[62]

Italien war eine nützliche Figur im Spiel. Solange Venedig noch in österreichischem Besitz verblieb, würde der neue Staat unvermeidlich an der Seite der Feinde Habsburgs stehen. In Frieden und Krieg konnte Italien Druck auf Österreichs südliche Flanke ausüben und so dessen Widerstand gegen Preußen im Norden schwächen. Dennoch war der Nutzen dieses «natürlichen Bundesgenossen» für Preußen nur begrenzt. Die diplomatische und militärische Macht Italiens war gering, und seine geographische Lage schloß seinen Einsatz in dem diplomatischen Ringen um die Vorherrschaft über die deutschen Mittelstaaten leider a priori aus.

Ein deutsches Parlament

Es ist offensichtlich, daß die französisch-russische Koalition in Bismarcks strategischem Plan durch die deutsche Einheitsbewegung ersetzt worden war.[63] Diese sollte nun den Dienst leisten, den Bismarck zunächst von der ersteren erwartet hatte: nämlich als Druckmittel, das Preußen gestatten sollte, in dem Kampf gegen Österreich und die Mittelstaaten die Oberhand zu gewinnen. Diese entscheidende Substitution war durch die veränderten Bedingungen preußischer und europäischer Politik ermöglicht und in gewissem Grade sogar erzwungen worden. Doch Bismarck erkannte auch, daß ein Bündnis mit dem deutschen Nationalismus frei von den Nachteilen war, die eine Koalition mit Frankreich und Rußland unvermeidlich mit sich gebracht hätte. Nachdem sie ihre Revolution verloren hatten, waren die deutschen Liberalen fügsame Verbündete. Im Bündnis mit ihnen hatte die Hohenzollernmonarchie die beste Aussicht darauf, der dominierende Partner zu bleiben.

Aber wie war nun die nationale Bewegung gegen Österreich und dessen deutsche Verbündete zu mobilisieren? Schon 1858, als er das oben erwähnte Kleine Buch verfaßte, glaubte Bismarck, daß sich das am ehesten bewerkstelligen ließe, wenn man ein deutsches Parlament forderte. Die Anregung dazu findet man zuerst ausgesprochen in einem Brief, den er um die gleiche Zeit an Below-Hohendorf schrieb. Wenn im Jahre 1865 die Zollverträge ausliefen, könne Preußen sich genötigt finden, den Zollverein aufzulösen und neu zu gründen, meinte er da. Und dann könnte es sein, daß wir, fährt er fort, «den Unionsprojekten von 1849 eine Einrichtung entnehmen, eine Art Zollparlament einrichten müssen, mit Bestimmungen für *itio in partes*, wenn die andern es verlangen». Eine derartige Institution würde dem deutschen Steuerzahler die Möglichkeit geben, sich gegen die partikularistische Wirtschaftspolitik der kleineren Staaten zur Wehr zu setzen. Und durch eben dieses Parlament konnten dann die bedeutendsten wirtschaftlichen Interessen der Nation zur Unterstützung der preußischen Politik in Deutschland mobilisiert werden. Kongruierende Interessen machten die deutsche Wirtschaft und den preußischen Staat zu logischen Verbündeten.[64]

Zwei Jahre später wiederholte er diese Anregung in einer an Schleinitz gerichteten Denkschrift. Der Gegenstand des aktuellen politischen Interesses war inzwischen wieder einmal Kurhessen. Unterstützt von Österreich und der Mehrheit des Bundestages hatte der Kurfürst noch einmal versucht, die liberale Verfassung seines Fürstentums außer Kraft zu setzen. Obwohl Schleinitz geneigt war nachzugeben, meinte Bismarck, Preußen solle sich dieser Gelegenheit bedienen, die Autorität des Deutschen Bundes anzufechten. Auf Verlangen des Ministers entwarf er eine preußische Erklärung, die den Bundestag der unzulässigen Einmischung in die inneren Angelegenheiten eines Mitgliedsstaates des Bundes beschuldigte. Der Bund sei unfähig, so heißt es da, den nationalen Bestrebungen des deutschen Volkes gerecht zu werden. «In der Fähigkeit der deutschen Nation, sich als Einheit zu fühlen und demgemäß zu handeln, ist das einzige Bindemittel zu finden, welches den Bundesvertrag zu etwas anderem machen kann, als zu einem gewöhnlichen Staatsvertrage benachbarter Souveräne, welchem die herkömmliche Klausel ewiger Dauer beigefügt ist.» In dem Begleitschreiben zu diesem Entwurf regte Bismarck überdies die Möglichkeit an, auch eine «Volksvertretung am Bunde» zu fordern.[65] Das war der radikalste Entwurf, den Bismarck bisher gemacht hatte. Wie er selbst es erwartete, verzichtete Schleinitz dann auf seine Verwendung.

Bismarck im Marz 1860

Im Sommer 1861 ergab sich für Bismarck die Gelegenheit, unter günstigeren Bedingungen auf seinen Plan zurückzukommen. Ein Jahr war vergangen, seitdem Wilhelm zwischen Bismarck und Schleinitz seine Wahl getroffen hatte. Der letztere hatte bei seinen Bemühungen um ein Bündnis mit England und Österreich wenig Erfolg gehabt. Lord Russell, der britische Minister des Auswärtigen, scheute jede Politik, die Frankreich nötigen könnte, sich mit Rußland zu verbünden. Im Herbst empörte sich die britische Presse über die Mißhandlungen, denen ein von der preußischen Polizei verhafteter Reisender namens MacDonald angeblich ausgesetzt gewesen war. Während des Winters reagierte die britische Öffentlichkeit sehr kritisch auf Nachrichten, die von einem sich verschärfenden Konflikt zwischen dem König und dem Parlament in Berlin sprachen. Das einer preußisch-britischen Verbindung einst so günstige Meinungsklima schien sich abzukühlen.[66]

In Österreich war Schleinitz kein besserer Erfolg beschieden gewesen. Das im Juli 1860 in Teplitz mit so großen Hoffnungen begonnene Rapprochement kam ins Stocken, kaum daß der Versuch gemacht wurde, dessen konkrete Bedingungen auszuhandeln. Die Österreicher waren nach wie vor weder gewillt, einer Zweiteilung der Befehlsgewalt über die Bundestruppen im Krieg zuzustimmen, noch die Einführung des preußischen Militärsystems bei den Streitkräften der kleineren Staaten zuzulassen. Wilhelm war tief enttäuscht. In dieser Stimmung war er Anregungen zu einer diplomatischen Offensive in der deutschen Frage zugänglich.[67]

Seit 1859 war es den deutschen Herrschern immer schwerer gemacht worden, die Frage nach der deutschen Einheit zu ignorieren. Berufsvereine (von Rechtsanwälten, Historikern, Ärzten, Theologen, Lehrern und Buchhändlern) veranstalteten gesamtdeutsche Tagungen, bei denen nationale Ansprüche laut wurden. Noch bedeutsamer waren die von Jahr zu Jahr mehr Zulauf findenden nationalen Feste der Gesangs-, Schützen- und Turnvereine. Die Festredner bei diesen Veranstaltungen sprachen stets mitreißend vom deutschen Vaterlande, und vaterländisch waren auch die bei den Festessen ausgebrachten Trinksprüche. Am Jahrestag der Erstürmung der Bastille, dem 14. Juli des Jahres 1861, feuerte in Baden-Baden ein Fanatiker namens Becker mehrere Schüsse auf Wilhelm ab, weil dieser nicht genug für die deutsche Einheit getan habe. Der König kam mit einer Abschürfung und einem steifen Nacken davon. Als der reaktionäre hessische Minister Reinhard Freiherr von Dalwigk zu Lichtenfels daraufhin das Verbot des Nationalvereins forderte, erwiderte ihm Wilhelm scharf, daß es besser wäre, die berechtigten Forderungen des deutschen Volkes zu befriedigen.[68]

In Baden war Wilhelm umgeben von Leuten, die ihn in liberal-nationalem Sinn zu beeinflussen suchten. Sein Schwiegersohn, Großherzog Friedrich I., und dessen Außenminister, Franz Freiherr von Roggenbach, waren von altliberalen Korrespondenten in Berlin darauf hingewiesen worden, daß das wankende und sieche «Neue-Ära»-Ministerium nur durch eine starke außenpolitische Initiative gerettet werden könne.[69] Nun legten sie Wilhelm den Plan eines kleindeutschen

Bundes vor, dessen Legislative einem deutschen Parlament anvertraut werden sollte, während die Exekutivgewalt bei Preußen liegen sollte. Die Zustimmung Österreichs zu diesem Plan sollte durch eine konstitutionelle Garantie des gesamten Habsburgerreichs erlangt werden. Allerdings waren auch die Konservativen aktiv. Der von dem Kriegsminister Albrecht von Roon[70] aus Petersburg zurückgerufene Bismarck wurde aufgefordert, seine Meinung darzulegen. Bismarck verfaßte daraufhin die berühmte «Baden-Badener Denkschrift».[71]

Einmal mehr beharrte er darin zunächst auf der Überzeugung, daß Preußen in dem bestehenden Bund nicht die Stellung einnehme, die ihm als dem Staat zustehe, der im Kriegsfall die Hauptlast der Verteidigungsanstrengungen zu tragen hätte. Der Bund sei unfähig, das Streben des deutschen Volkes nach nationaler Einheit zu befriedigen. Preußen solle deshalb «eine nationale Vertretung des deutschen Volkes bei der Bundescentralbehörde» fordern. «Für die Intelligenz und die conservative Haltung einer solchen Vertretung würde es einige Bürgschaft gewähren, wenn ihre Mitglieder nicht direct von der Bevölkerung, sondern von den einzelnen Landtagen erwählt würden», schrieb Bismarck. Allerdings sei die Einwilligung Österreichs und der kleineren Staaten in diesen Plan nicht zu erwarten.[72] Preußen müsse deshalb versuchen, ihn auf einem anderen als dem «bundesverfassungsmäßigen Wege» auszuführen, «minder hoffnungslos wäre vielleicht das Bestreben, auf dem Wege, auf welchem der Zollverein entstand, die Herstellung anderweiter nationaler Einrichtungen zu bewirken». Denn sehr wünschenswert sei allerdings eine nationale Vertretung des deutschen Volkes, in der Bismarck «das einzige Bindemittel» sah, «welches den divergirenden Tendenzen dynastischer Sonderpolitik ein ausreichendes Gegengewicht zu geben vermag».[73] Ein «Zollparlament» könne vielleicht zu einer solchen Vertretung fortentwickelt werden. Es könne «unter Umständen und bei geschickter Leitung das Organ werden, auch auf anderen Gebieten Vereinbarungen anzubahnen ...» Bismarck dachte dabei zunächst an Militärkonventionen. Auf diesem Wege sollte letztlich eine gemeinsame Militärorganisation zustande gebracht werden, finanziert aus Zöllen und verwandten Steuern, und eine aus den Landtagen der Mitgliedsstaaten hervorgegangene Volksvertretung, deren Kompetenzen sich vor allem auf «die Zoll- und Handelsgesetzgebung mit dem Gebiete der verwandten materiellen Interessen» erstrecken sollte.

Während der König über diesen Vorschlag nachdachte, trug Bismarck ihn den Führern der konservativen Partei als Parteiprogramm an. In einem Brief an Below-Hohendorf bedauerte er die «durchgehend negative» und defensive Haltung der preußischen Konservativen. Mit einer solchen Haltung seien Terrain und Anhänger nicht zu gewinnen, auch sei das «System der Solidarität der conservativen Interessen aller Länder» weiter nichts als «eine gefährliche Fiction». Solche «Donquixoterie» könne König und Regierung Preußens nur die Kraft zu ihrer eigentlichen Aufgabe rauben, und die sei der «Schutz Preußens gegen Unrecht». Es sei deshalb grundfalsch, «den ganz unhistorischen, gott- und rechtlosen Souveränitätsschwindel der deutschen Fürsten ... zum Schooßkind der conservativen

Partei Preußens zu machen». Die Konservativen sollten sich statt dessen für ein Bundes- oder wenigstens Zollvereinsparlament erklären: «Eine Institution, die in jedem deutschen Staate legitime Geltung hat, die wir Conservative selbst in Preußen nicht entbehren möchten, können wir doch nicht als revolutionär bekämpfen. Auf dem nationalen Gebiete würden bisher sehr mäßige Consessionen immer noch als werthvoll anerkannt werden. Man könnte eine recht conservative Nationalvertretung schaffen und doch selbst bei den Liberalen Dank dafür ernten.»[74] Mit anderen Worten: Bismarck empfahl seinen Parteigenossen, ihren liberalen Gegnern die nationale Sache zur eigenen Nutzung zu entwenden. Denn diese mochte sich als den Interessen der konservativen Aristokratie keineswegs schädlich erweisen, ja vielmehr deren Überleben auf dem brausenden Strom dieses revolutionären Jahrhunderts garantieren.

Im deutschen Nationalismus fand Bismarck eine neue «moralische Basis» für die Expansion der preußischen Macht. Obwohl mit der Ablehnung des Plans zu einem Bundesparlament im Frankfurter Bundestag zu rechnen war, rechnete Bismarck schon bei seiner bloßen Veröffentlichung mit einem glänzenden Sieg Preußens im Kampf um die öffentliche Meinung. Wie seine Denkschrift zu dem Konflikt um Kurhessen beweist, waren derartige Erklärungen für Bismarck taktische Manöver, die Preußen in seinem Ringen gegen die Bundestagsmehrheit die Initiative geben sollten. Vielleicht bewegten sie die Gegner zu Konzessionen. Selbst wenn das nicht der Fall war, würden preußische Anstalten zur Reform des Zollvereins sie schon bald darüber belehren, daß es sich keineswegs um leere Drohungen handelte. Sollte Druck in dieser Richtung zu einem bewaffneten Konflikt führen, würde jedenfalls Preußen mit dem allerbesten Gewissen Krieg führen können.[75]

Wenn Preußen Bismarcks Plan, sei es auf friedlichem Wege, sei es mit kriegerischen Mitteln, durchsetzen könnte, wäre damit der Eckstein eines neuen Gebäudes gesetzt, das preußischen Interessen Schutz bieten würde. Ein nationales Parlament würde dem Druck partikularistischer Bestrebungen Widerstand leisten. Natürlich würde auch das Parlament in Schach gehalten werden müssen. Roggenbach zufolge plante Bismarck eine erste Kammer, die wie der Bundestag mit Vertretern der Staaten beschickt werden sollte und deren Debatten und Abstimmungen geheim stattfinden sollten. So würden zentripetale und zentrifugale Kräfte einander aufwiegen und die entscheidende Macht in den Händen des «Halters der Waage» liegen. Wie Europa würde dann auch Deutschland in einem Gleichgewicht der Mächte ruhen, dessen Angelpunkt die Hohenzollernmonarchie beherrschte.[76]

Doch hielt Bismarck ein Bündnis mit dem deutschen Nationalismus keineswegs für das einzige Mittel zu seinem Zweck. In Übereinstimmung mit seiner allgemeinen Strategie war auch dieses Bündnis für ihn nur eines von mehreren möglichen. Wie zuvor müsse sich Preußen auch fernerhin jede Tür offenhalten und jeden Weg gangbar. Durch Druck auf Österreich und die Mittelstaaten müsse Preußen die Wahl behalten, entweder mit dem deutschen Nationalgefühl zu paktieren oder mit Frankreich und Rußland. Je nach gegebener Lage konnten dann entweder das eine oder das andere Gewicht (wenn nicht sogar beide) in die Waagschale geworfen werden. Sollte Krieg gegen Österreich notwendig werden, würde Preußen hauptsächlich auf die eigenen Kräfte und die der deutschen Nationalbewegung angewiesen sein. Der Staat würde die zum Sieg nötige materielle Macht bereitstellen, die Bewegung die gute Sache, für die es sich zu kämpfen lohnte. Sollte Frankreich drohen, in die Auseinandersetzung einzugreifen, böte der Pakt mit dem deutschen Nationalismus auch ein nützliches Druckmittel gegen Napoleon.[77] Gegen Österreich kam unter den europäischen Mächten für Preußen nur Italien als Bündnispartner in Frage. Italien konnte anstatt mit deutschem mit italienischem Boden entschädigt werden, und im Falle eines gemeinsamen Sieges war kaum zu erwarten, daß Preußen aus diesem Bundesgenossen ein gefährlicher Rivale erwachsen könnte. Die Freundschaft mit den anderen europäischen Mächten war zu pflegen, nicht weil von ihnen im Kriegsfall militärische Unterstützung zu erwarten gewesen wäre, sondern weil Preußens gutes Verhältnis zu ihnen der Isolierung Österreichs und seiner deutschen Verbündeten dienen konnte.

Der Konflikt beginnt

Die Revolution in der preußischen Außenpolitik sollte jedoch nicht mit Bismarck ihren Anfang nehmen. Wilhelm fürchtete diesen «roten Reaktionär» mit seinen einschüchternden Talenten und kühnen Plänen. Statt seiner berief er zum Nachfolger von Schleinitz den Grafen Albrecht von Bernstorff, den preußischen Gesandten in London. Der Graf war zwar konservativ, aber in einem für die verbliebenen Minister der «Neuen Ära» erträglichen Maße. Er befürwortete ein Rapprochement mit Frankreich und eine starke preußische Initiative in der deutschen Frage. Am 7. September 1861 trafen sich Wilhelm und Bernstorff mit Roggenbach in Ostende und stimmten im großen ganzen dem Badener Programm einer Bundesreform zu.[78]

Diejenigen deutschen Nationalisten, die von dieser Unterredung Kenntnis erhielten, waren mit deren Resultat nicht eben zufrieden. Als Roggenbach den Preußen die Einzelheiten seines Plans vorlegte, erhoben diese Einspruch gegen gewisse liberale Züge des Entwurfs, so die vorgesehene Verantwortlichkeit der Minister und das in direkten Wahlen zu wählende Parlament. Der Großherzog Friedrich und sein Minister waren bereit, auf diese Elemente zu verzichten. Nichtsdestoweniger scheuten sie sich dann, den Plan den anderen deutschen Staaten vorzulegen.[79] Als Bernstorff am 20. Dezember im Bundestag damit herausrückte, kam er nicht als Vorstoß, sondern schien zunächst die Abwehr eines anderen Plans zu bezwecken, den der sächsische Gesandte, Friedrich von Beust, vorgetragen hatte. Diesen Plan, der eine dreigeteilte Reorganisation des Bundes unter Österreich, Preußen und den kleineren Staaten vorsah, zurückweisend, erklärte Bernstorff, daß allein ein kleindeutscher Bund innerhalb des bestehenden großdeutschen das deutsche Bedürfnis nach nationaler Einheit befriedigen könne. Obwohl Bernstorff das in verbindlichen Wendungen vortrug, waren die Österreicher bestürzt. Preußen hatte den Radowitz-Plan wieder aufgegriffen.[80]

Im Jahr 1862 beschleunigte sich der Puls der nationalen Agitation von neuem. Führende Angehörige des siechen Nationalvereins versammelten sich zu Ostern und beschlossen, regelmäßige Treffen nationalistischer Abgeordneter aus den deutschen Landtagen und Parlamenten zu veranstalten. Das rief die Offenburger Versammlung von 1847 und das Vorparlament von 1848 in Erinnerung. Das dramatischste Ereignis dieses Jahres aber war ein riesiges Schützenfest, das in Frankfurt abgehalten wurde. Im Juli paradierten Zehntausende mit Jagdgewehren bewaffnete Schützen durch die Eschenheimergasse am Gebäude des Bundestages vorbei. Die Schützen dachten nur an ihre Schießscheiben, doch selbst die preußische und die österreichische Gesandtschaft verstanden sich an diesem Tage vorsichtigerweise dazu, die schwarz-rot-goldene Trikolore von 1848 zu hissen.[81]

Obwohl bei diesen Ereignissen kleindeutsche Begeisterung vorherrschte, waren indessen die Großdeutschen nicht untätig. Gegensätzliche politische Entwicklungen in Berlin und Wien ermutigten sie. Während die Hohenzollernmonarchie immer tiefer in die Grube der Reaktion zu versinken schien, machte das Haus Habsburg Anstalten, seinem Reich eine konstitutionelle Regierung zu gewähren. Die Niederlage von 1859 hatte den Bankrott der von Schwarzenberg inaugurierten alten Politik des zentralistischen Absolutismus offenbart. Mit dem «Oktoberdiplom» von 1860 wurden die provinziellen Landtage wiederhergestellt, und mit dem «Februarpatent» von 1861 wurde ein Parlament für das gesamte Reich geschaffen. Die Reform war tatsächlich nur ein «konstitutioneller Mantel», der die fortbestehende absolute Gewalt der Krone verbarg. Dennoch waren die deutschen Liberalen zunächst einmal davon beeindruckt.[82]

Die neue Gesetzgebung erleichterte Wien nun auch die Annäherung an das Problem der Reform des Deutschen Bundes. Durch den Kunstgriff, ein «schmales» Parlament zu autorisieren, aus dem Ungarn ausgeschlossen blieb, verschaffte sich der Reformminister Anton von Schmerling die Möglichkeit, für gewisse Zwecke die österreichische Hälfte des Reiches, die dem Deutschen Bund angehörte, von der östlichen Hälfte abzukoppeln, die an diesem nicht beteiligt war. Das aber sollte die Konsolidierung des Bundes auf großdeutscher Grundlage ermöglichen. Diese Politik empfahl sich aus guten Gründen. Das Schmerling-System stützte sich auf die deutsche Bevölkerung des Reichs. Sollte es standhalten, bedurfte es der Unterstützung durch die 40 Millionen Deutschen des Bundes gegen ambitionierte Tschechen und aufsässige Magyaren. Im Auswärtigen Amt fand er einen willigen Verbündeten in der Person des einflußreichen Sekretärs für deutsche Angelegenheiten, Ludwig Freiherr von Biegeleben, der Fürsprecher einer aggressiven Deutschlandpolitik war. Mit vereinten Kräften drängten sie den widerstrebenden Rechberg zu einer Politik der Bundesreform.[83]

Die Österreicher gründeten ihren Plan auf denjenigen Beusts, wie Dalwigk ihn modifiziert hatte. In die bestehende Struktur des Bundes sollte nun eine Abgeordnetenkammer eingebaut werden, deren Angehörige von den Parlamenten der Mitgliedsstaaten entsandt werden sollten, sowie ein Exekutivkomitee als Vertretung der Regierungen der Mitgliedsstaaten und ein Oberstes Gericht mit der Gewalt, Bundesrecht zu sprechen. Innerhalb eines so konzipierten Systems konnte Preußen permanent von Österreich und dessen Verbündeten unter den Mittelstaaten überstimmt werden. Die Methode zur Einführung dieses Systems war klug gewählt – zu raffiniert vielleicht. Anstatt nämlich eine organische Änderung der Bundesverfassung vorzuschlagen, die von Preußen durch dessen Veto verhindert worden wäre, wollte Wien einen Gesetzesentwurf einbringen, der die Entsendung von Delegierten aus den Parlamenten der Mitgliedsstaaten in eine Abgeordnetenkammer vorsah, die den Bundestag bei der Gesetzgebung in Bundessachen beraten sollte. Die österreichische Koalition würde dann dafür sorgen, daß diese Kammer, wenn sie einmal geschaffen wäre, bestehen bliebe und organischer Bestandteil der Bundesregierung würde. Auch das Oberste Gericht und das Exekutivkomitee sollte auf dem gleiche Wege durch die Hintertür eingeführt werden.[84]

Im Januar 1862 reiste ein geheimer Gesandter Wiens in Deutschland von einer Hauptstadt zur anderen und warb um Unterstützung für diesen Plan. Mit einigen Vorbehalten erklärten sich die Mittelstaaten bereit, Österreich bei dem beabsichtigten Spiel zu assistieren. Sie fanden sich sogar bereit, einer neuen Organisation ohne Preußen beizutreten, falls der vorhersehbare Streit den Bund sprengen sollte. Doch als es an die Ausführung des Plans gehen sollte, rührten sich die kleineren Staaten nur sehr zögernd. Erst im Juli versammelten sich die Minister zur Ausarbeitung der Einzelheiten. Wie immer scheuten sie den entscheidenden Schritt, denn einerseits fürchteten sie sich davor, es mit Berlin zu verderben, andererseits machten der preußische Expansionismus und die anschwellende Agitation für die nationale Einheit ihnen noch mehr Angst. Endlich ließen sie sich von der größeren Furcht leiten. Bayern, Württemberg, Hessen-Darmstadt, Sachsen und Hannover schlossen sich bei der Vorlage des Gesetzes im Bundestag Österreich an.

Am 14. August 1862 versammelte sich der Bundestag in Frankfurt zur Beratung über einen Antrag, den österreichischen Vorschlag in einen Ausschuß zu überweisen. Niemand wußte, wie Guido Graf von Usedom, der preußische Gesandte, stimmen würde. Würde das von inneren Spannungen geplagte und dringend auf die Gunst der öffentlichen Meinung angewiesene Preußen es wagen, gegen eine Maßnahme zu stimmen, die größere nationale Einheit versprach? Die Heftigkeit, mit der Usedom den österreichischen Vorschlag ablehnte, überraschte sogar diejenigen, die mit dieser Ablehnung gerechnet hatten. Er verwarf nicht nur diesen Versuch, eine Änderung der Bundesverfassung mit einfacher Mehrheit beschließen zu lassen, sondern forderte darüber hinaus die versammelten Gesandten auf, sich Preußen zur Durchführung einer echten Verfassungsreform zur Verfügung zu stellen, bei der auch eine starke Exekutive und ein nationales Parlament herauskommen würden. Nur auf diese Weise, erklärte er, sei das deutsche Verlangen nach größerer Macht und höherem Ansehen im Ausland zu befriedigen. Gleichwohl stimmte die überwältigende Mehrheit der Kammer für die Überweisung des österreichischen Vorschlags an die Ausschüsse. Österreich hatte die erste Hürde genommen.[85]

Der Deutsche Bund war jedoch während der Jahre 1860–1861 nicht der einzige Schauplatz der Auseinandersetzung zwischen den beiden deutschen Großmächten. 1853, bei der Erneuerung des Zollvereins auf zwölf weitere Jahre, hatte Preußen sich verpflichtet, Österreichs Angebot einer Wirtschaftsunion noch einmal in Betracht zu ziehen. Dies gab dem österreichischen Handelsminister Ludwig von Bruck die Gelegenheit zu einem weiteren Versuch, den großen mitteleuropäischen gemeinsamen Markt zu schaffen, den er seit 1848 anstrebte. Bruck hatte erwartet, daß die österreichische Industrie bis 1860 den niedrigeren Zöllen, die Preußen im Bereich des Zollvereins durchgesetzt hatte, gewachsen sein würde. Doch der Gang der wirtschaftlichen Entwicklung entsprach dieser Hoffnung nicht, im Gegenteil. Der industrielle Aufschwung der mittleren fünfziger Jahre und die auf diesen 1857–1860 folgende Depression vergrößerten noch den Abstand, in dem die österreichische Wirtschaft hinter der deutschen zurückblieb. In Preußen traf die Depression den Handel empfindlicher als die Schwerindustrie. Die betroffenen Agrarier, Kaufleute und Leichtindustriellen forderten daraufhin eine weitere Senkung der Zölle, um ihre Märkte in Westeuropa erweitern zu können. In Österreich aber litten unter der Depression die Produzenten von Kohle, Eisen und Textilien am schwersten, und diese riefen dementsprechend nach einer Erhöhung der Schutzzölle. Überdies hatten die Kriege auf der Krim und in Italien den österreichischen Staatshaushalt ziemlich in Unordnung gebracht, was gleichfalls nicht für eine Senkung der Zölle, die die Staatseinnahmen vermindern würde, sprach.[86]

Gleichwohl erkannte man in Wien, daß unter den Bedingungen des Industriezeitalters die Herrschaft Preußens über den Zollverein leicht ernste politische Konsequenzen haben konnte. Bis zu seinem Tode im Jahre 1861 beharrte Bruck und nach ihm Rechberg auf den Österreich 1853 vertraglich zugesicherten Verhandlungen. Auch diesmal wurden die Österreicher ausmanövriert. Im März 1862 handelten in aller Eile Bernstorff und Rudolf Delbrück ein Freihandelsabkommen mit Frankreich aus. Seit 1860 hatte das französische Kaiserreich eine Reihe derartiger Vereinbarungen mit England, Belgien und der Schweiz getroffen. Wenn dieses neue Abkommen ratifiziert wurde, erhielt Preußen dadurch Zugang zu einem sich ständig erweiternden europäischen Freimarkt, so wie das den Wünschen der in Preußen vorherrschenden agrarischen und kommerziellen Interessen entsprach. Für Österreich waren die Aussichten katastrophal. Wollte es dem preußischen Beispiel folgen, würde ausländische Konkurrenz die einheimische Industrie ersticken. Das preußische Manöver drohte also Österreichs Plan, dem Zollverein beizutreten, abermals zu vereiteln. Da das Abkommen überdies Frankreich eine Meistbegünstigung zusicherte, würde es Österreichs besondere Beziehung zum Zollverein beenden, die das einzige war, was Wien aus dem Debakel von 1853 hatte retten können.[87]

Dennoch schien es dann eine Zeitlang so, als würde Österreich von dieser preußischen Demarche sogar profitieren. Der Verfassung des Zollvereins entsprechend mußte jede Änderung der Zollgesetze seitens eines der Mitgliedsstaaten von allen übrigen gebilligt werden. Die Regierungen der meisten Mittelstaaten waren angesichts des weitreichenden Charakters des preußisch-französischen Abkommens und der Konsequenzen, die für ihren österreichischen Verbündeten daraus folgten, höchst verärgert. Süddeutsche Landbesitzer und Textilfabrikanten (insbesondere in Württemberg) waren protektionistisch und mithin österreichisch gesinnt. Doch selbst süddeutsche Regierungen zögerten, den Zollverein zu verlassen. Die wirtschaftliche Union mit Preußen bot Vorteile, die Österreich nicht zu bieten hatte. Die rapide Industrialisierung und das schnell wachsende Eisenbahnnetz hatten im Lauf der fünfziger Jahre die gegenseitige Abhängigkeit der Mitgliedsstaaten des Zollvereins verstärkt. Der Fluß von Gütern und Erzeugnissen zwischen den verschiedenen Regionen hatte erheblich an Umfang zugenommen, was auch die regionale Arbeitsteilung vermehrt hatte. Doch auch das Kapital hatte zunehmend begonnen, über politische Grenzen zu wandern, Bankiers und Unternehmer entdeckten immer neue Gelegenheiten zu gewinnverheißenden Investitionen. Im ökonomischen Denken der Zeit herrschte die Neigung zum Laissez-faire entschieden vor. John Prince-Smith und der Congreß deutscher Volkswirthe sorgten mit ihrer Agitation dafür, daß das Manchestertum in Deutschland viele neue Anhänger gewann. In der Wirtschaftspolitik schien Preußen progressiv zu sein, Österreich reaktionär.[88]

Verzweifelt versuchte Österreich, der preußischen Herausforderung zu begegnen. Selbst die österreichischen Industriellen begriffen, daß es drastischer Schritte bedurfte, um zu verhindern, daß die habsburgische Monarchie in Europa isoliert würde, und zu gewährleisten, daß deren innere soziale und politische Struktur erhalten blieb. Mit ihrer Unterstützung präsentierte Rechberg im Juli 1862 offiziell von neuem Brucks alten Plan, der vorsah, daß der Zollverein und das habsburgische Reich zu einem gemeinsamen Markt vereinigt würden, und zwar in einer Reihe von 1865 beginnenden Schritten, deren letzter, die Angleichung der Zölle, 1877 vollzogen werden sollte. Gemeinsam würden die beiden deutschen Großmächte neue Handelsabkommen mit Frankreich und England aushandeln. Österreich sei bereit, große Anstrengungen zu machen und Opfer zu bringen, um zu verhindern, daß es durch eine Mauer von seinen deutschen Verbündeten getrennt würde. Das Angebot war das weitreichendste, das Österreich je gemacht hatte. Am 21. Juli erfolgte mit der Anerkennung des Königreichs Italien Preußens Gegenangriff, und am 2. August unterzeichnete Bernstorff das im März getroffene Abkommen mit Frankreich. Jetzt mußte dieses nur noch durch den Austausch der Ratifizierungen in Kraft gesetzt werden, und damit war zu rechnen, sobald sich Preußen der Zustimmung der anderen Mitgliedsstaaten des Zollvereins versichert hatte. Dabei war, wie der österreichische Botschafter Alois Graf von Károlyi Bernstorff erklärte, «die in Rede stehende Angelegenheit eine Lebensfrage für Österreich». Bernstorff erwiderte, das sei sie auch für

Preußen. Beharre Österreich auf seinem Standpunkt, «werde es – Lebensfrage gegen Lebensfrage – einen Kampf auf Leben und Tod geben».[89]

Pariser Zwischenspiel

Mit Bernstorffs Ernennung öffnete sich der Vorhang zu einem Drama, das 1866 auf den Schlachtfeldern Böhmens enden sollte. Einige Monate, ehe im September 1862 Bismarck an die Macht kam, begann bereits die preußische Regierung mit der Formulierung der Außenpolitik, die er dann erstaunlich erfolgreich verfolgen sollte. Im Deutschen Bund und im Zollverein reagierte Bernstorff auf den österreichischen Angriff mit einer Gegenoffensive, für die er die Grundstimmungen und Kräfte mobilisierte, die Bismarck so wirkungsvoll manipulieren sollte: den deutschen Nationalismus, den Wirtschaftsliberalismus und die Interessen, denen diese dienten. Während sie mit dem Parlament in einer erbitterten Auseinandersetzung über Grundfragen der Militär- und Verfassungspolitik stand, begann die preußische Regierung, für ihre Außenpolitik jene Koalition von Idealismus und Materialismus zu schmieden, die ihr schließlich für Siege im Inneren wie im Äußeren die Waffen an die Hand geben sollte.

Nichtsdestoweniger spielte Bernstorff eine Nebenrolle. Er hatte die Szene vorzubereiten und das Interesse des Publikums zu wecken, während in den Kulissen ungeduldig der Hauptdarsteller auf sein Stichwort wartete. Der kränkelnde Diplomat hatte das Außenamt nur mit einigem Widerstreben übernommen. Während seines Jahres in der Wilhelmstraße hatte er wiederholt gebeten, nach London auf seinen früheren Posten zurückkehren zu dürfen. Für Bismarck war dieses Jahr eine Zeit der Ungewißheit und bedrückten Stimmung. Nachdem er am 18. Oktober 1861 in Königsberg der Krönung Wilhelms beigewohnt hatte, machte er sich lustlos auf den Rückweg nach Petersburg, wo ihn wieder einmal der dunkle Winter erwartete. «Vor 3 Jahren hätte ich noch einen brauchbaren Minister abgegeben», klagte er in einem Brief an seine Schwester. «Jetzt komme ich mir in Gedanken daran vor wie ein kranker Kunstreiter, der seine Sprünge machen soll.»[90]

Im März 1862 wurde er wegen einer plötzlichen Krise in dem zunehmend erbitterten Kampf der Regierung mit dem Parlament nach Berlin zurückbeordert. Dennoch wollte sich Wilhelm noch immer nicht dazu verstehen, den ihm von Roon dringend empfohlenen Bismarck zum Minister zu ernennen. Schließlich war der Posten eines Ministers ohne Portefeuille für ihn im Gespräch. Doch Bismarck hatte keine Lust, aufs Pferd zu steigen, wenn man ihm nicht die Zügel in die Hand geben wollte, und um der Verlegenheit ein Ende zu machen, bat er um die Entlassung oder Versetzung auf einen neuen diplomatischen Posten. Ende Mai wurde er als Gesandter nach Paris geschickt, dekoriert mit dem roten Adlerorden erster Klasse in Anerkennung seiner schon erworbenen Verdienste. Es wurde ihm jedoch nicht verhehlt, daß man seiner Dienste bald in Berlin bedürfen würde. Bei der Abschiedsaudienz befahl ihm Wilhelm, auf dem *qui vive* zu bleiben. Bismarck litt unter dieser Unentschiedenheit.[91] Nichtsdestoweniger erhielt er in Paris Gelegenheit, sich noch besser mit der Geistesart des Mannes vertraut zu machen, auf den es für den Erfolg seiner außenpolitischen Strategie in so hohem Maße ankam.

Als Bismarck 1857 zuletzt in Paris gewesen war, hatte ihm Napoleon so weitgehende Bündnisangebote gemacht, daß er sich gescheut hatte, nach Berlin darüber zu berichten, weil er wußte, wie sehr diese Offerten Gerlach, Manteuffel und Friedrich Wilhelm IV. schockieren würden. Bei jener Gelegenheit hatte der Kaiser der Franzosen jede Absicht, Frankreich bis zum Rhein zu erweitern (abgesehen von einer kleinen «Grenzberichtigung»), strikt geleugnet. Dergleichen würde ja ganz Europa gegen Frankreich aufbringen. Andererseits hatte er Bismarck die Absicht gestanden, die italienische Einigung zu befördern und Gebiete am Mittelmeer für Frankreich zu erhalten. Wenn Preußen bei einem Krieg Frankreichs gegen Österreich wohlwollende Neutralität beobachten wollte, meinte damals Napoleon, würde Frankreich sich dafür erkenntlich zeigen durch die Begünstigung preußischer Ansprüche auf Hannover und Schleswig-Holstein. Dieser territoriale Zugewinn würde Preußen gestatten, sich eine Marine zuzulegen. Es fehle, so meinte er, bisher in Europa an Seemächten zweiter Ordnung, die, gemeinsam mit Frankreich, imstande wären, der niederdrückenden Hegemonie Großbritanniens auf den Meeren die Stirn zu bieten.[92]

Die Beziehungen zwischen Preußen und Frankreich, die im Jahre 1860 auf einem Tiefpunkt angelangt waren, hatten sich inzwischen wieder verbessert. In dem Maße, in dem sich seine Haltung gegen Österreich verhärtete, wurde Wilhelm einem Rapprochement mit Frankreich geneigter. Im Oktober 1861 machte er einen Staatsbesuch in Compiègne. Wenige Monate später wurde das Handelsabkommen vereinbart. So war es nur natürlich, daß Napoleon sich einem preußischen Diplomaten gegenüber freimütig äußerte, zumal bekannt war, daß der Betreffende sich seit Jahren für den Abschluß eines Bündnisvertrages mit Frankreich einsetzte. Am 5. Juni 1862 speiste Bismarck in den Tuilerien und lauschte dann dem guten Rat Napoleons, der zu erkennen glaubte, daß die beste Lösung der inneren Schwierigkeiten Preußens wohl in einer deutschen Nationalpolitik zu finden sein werde.[93] Drei Wochen später erneuerten der Kaiser und der Gesandte ihren Gedankenaustausch in Fontainebleau. Plötzlich stellte Napoleon die entscheidende Frage: «Glauben Sie, daß der König geneigt wäre, eine Allianz mit mir einzugehen?» Bismarck erwiderte, daß eine Allianz eines Grunds oder eines Ziels bedürfe. Nicht um irgendeines «abenteuerlichen Projekts» willen strebe er eine Allianz an, sagte der Kaiser, vielmehr sehe er alle Voraussetzungen zu einer *«entente intime et durable»* zwischen den beiden Staaten gegeben, wenn nur erst gewisse Vorurteile und vorgefaßte Meinungen beseitigt seien. Er fügte hinzu: «Sie haben ja keine Ahnung, welche erstaunlichen Anerbietungen mir Österreich erst vor wenigen Tagen gemacht hat».[94]

In seinem Bericht über dieses Gespräch legte Bismarck Wert auf die Feststellung, daß er nicht zu einem formellen Bündnis mit Frankreich raten wolle. Ihm war vor allem daran gelegen, auf den neuerlichen Beweis der Perfidie Österreichs aufmerksam zu machen. Nichtsdestoweniger berührte Bismarcks Bericht bei Wilhelm einen wunden Punkt. In der Presse mischten sich Gerüchte von einer bevorstehenden französisch-russisch-preußischen Allianz mit solchen von der bevorstehenden Ernennung Bismarcks zum Außenminister. Am 12. Juli 1862 schrieb deshalb Bernstorff an Bismarck: «Aber der König hat mir beim Vorlesen Ihres Berichtes wieder gesagt, das müsse Ihnen gesagt werden, daß er sich zu einer Allianz mit Frankreich nicht verstehen würde.»[95]

Von diesen Gesprächen abgesehen, war aus Paris wenig zu berichten. Es war die tote Saison der europäischen Politik, in der Herrscher und Minister sich in die Heilbäder begaben, um Linderung ihrer Beschwerden zu suchen. Während eines Besuchs in London besprach sich Bismarck des längeren mit Lord Palmerston und Lord Russell, hörte deren Rat hinsichtlich der Einführung eines parlamentarischen Systems in Preußen und erwiderte, daß die liberale Opposition gegen die Militärvorlage sich verflüchtigen würde, wenn die Regierung sich die Ziele des Nationalismus zu eigen mache.[96] Bei einem Festessen kam es zu einem Gespräch mit Disraeli. Er verriet diesem seine bevorstehende Ernennung und vertraute dem Führer der Konservativen überdies an, daß er versuchen werde, einen Vorwand zu finden, Krieg gegen Österreich zu führen und im Namen der deutschen Einheit die Mittel- und Kleinstaaten zu unterwerfen. *«Take care of that man! He means what he says»,* bemerkte dazu Disraeli.[97]

Tag für Tag wartete Bismarck auf Nachricht aus Berlin und wurde, Tag für Tag, immer wieder enttäuscht. In seinen Briefen klagte er über Wilhelms Unschlüssigkeit, die Zweideutigkeit der Haltung Bernstorffs und die Unstetigkeit seiner eigenen Existenz. «Meine Sachen liegen noch in Petersburg und werden dort einfrieren, meine Wagen sind in Stettin, meine Pferde bei Berlin auf dem Lande, meine Familie auf dem Lande, ich selbst auf der Landstraße.»[98] Verärgert begab er sich auf eine ausgedehnte Erholungsreise in den Süden. In Toulouse und Biarritz hielt er sich vom späten Juli bis Anfang Dezember auf, besuchte die dortigen Bäder, machte Bergtouren in die Pyrenäen, probierte die Weine der Gegend und verliebte sich in eine russische Fürstin, die lebhafte Katharina Orlow. Katharina erinnerte ihn an Marie von Thadden, doch befand auch sie sich in Begleitung eines Ehegatten. Die Beziehung scheint denn auch platonisch geblieben zu sein.[99]

Gegen Ende dieses Ferienidylls wandten sich Bismarcks Gedanken wieder der Politik zu. In dem zitierten Schreiben erklärte er sein entschiedenes Verlangen, hinsichtlich seiner zukünftigen Tätigkeit «ins Klare» zu kommen, und gab zu verstehen, daß er notfalls auch «ohne Portefeuille einzutreten» bereit sei. Bei der Rückkehr nach Paris erhielt er verschlüsselte Antworttelegramme von Bernstorff und Roon. Roons Botschaft war dringlich: *«Periculum in mora. Dépêchez-vous».* Früh am Morgen des 19. September bestieg Bismarck den Zug nach Berlin. Vierundzwanzig Stunden später kam er dort an, wo die größte innere Krise zu bewältigen war, der die Hohenzollernmonarchie seit jenem Schicksalstag im März 1848 gegenüberstand, an dem die Revolutionäre auf die Barrikaden gegangen waren.[100]

III

Deutschland am Kreuzweg

Das Scheitern der «Neuen Ära»

Seinen Plan zur Instrumentalisierung des Nationalismus hatte Bismarck in den Jahren 1858–1859 konzipiert, als die Zeit für dessen Ausführung reif zu sein schien. Der Prinzregent war darauf bedacht, die Untertanen des Hauses Hohenzollern mit der Krone zu versöhnen. Die Mehrzahl der politisch gesinnten Deutschen war begeistert von dem «Neue-Ära»-Ministerium. Der Nationalverein schien gewillt, zwischen der Hohenzollernmonarchie und der deutschen Nation zu vermitteln. Doch als Bismarck an die Macht kam, bestanden diese Bedingungen bereits nicht mehr. In Preußen gehörte die damalige Harmonie von Regierung und Regierten der Vergangenheit an. Schon 1861 entzweite die Frage der Militärreform Krone und Parlament zu erbitterter Gegnerschaft. Von Schleinitz zurückgewiesen und von Bernstorff praktisch ignoriert, hatte der Nationalverein sich vom preußischen Staat abgewandt, um mit Hilfe der liberalen Bewegung sein Ziel zu verfolgen. Im Oktober 1862 erhob der Verein in Coburg die Forderung nach Annahme der Frankfurter Verfassung von 1849.[1]

Die «Neue Ära» war eine Illusion von Anfang an. Wilhelm zweifelte nie auch nur für einen Augenblick daran, daß er von Gottes Gnaden regierte. Die gemäßigten Liberalen, die er zu Ministern ernannte, hatten nie die vollständige Gewalt über den Regierungsapparat. Die wichtigen Ministerien für Justiz und Handel wurden von zwei Ministern geleitet, Ludwig Simons und August von der Heydt, die schon dem vorangegangenen Regime in diesen Ämtern gedient hatten. Die drei engsten Berater des Regenten, Gustav von Alvensleben, Edwin von Manteuffel und Albrecht von Roon, waren Generäle mit absolutistischen und antiliberalen Überzeugungen. Die Schlüsselpositionen im Verwaltungsapparat unterhalb der Regierung waren größtenteils mit ultrakonservativen Beamten besetzt, die diese Posten während der Periode der Reaktion erhalten hatten. Das Herrenhaus blieb ein Bollwerk der reaktionären Mächte und konnte mit seinem Veto auch weiterhin jede Gesetzesvorlage ablehnen, die von den Konservativen nicht gebilligt wurde.[2]

Als die ersten Reformgesetze an diesen Klippen scheiterten, begann die breite «liberal-konservative» Koalition, welche in der Zweiten Kammer des preußischen Landtags die Mehrheit bildete, sich aufzulösen. Einige wenige Abgeordnete, die fortan als «Altliberale» bezeichnet wurden, blieben dem «Neue-Ära»-Kabinett treu. Die Mehrzahl aber schloß sich an die «entschiedenen Liberalen» an und gründete im Jahre 1861 die Deutsche Fortschrittspartei. Wie der Name verrät, waren deren Ziele sowohl national als auch liberal.[3] Wie dem Nationalverein, in dem viele Führer der neuen Partei ebenfalls aktiv waren, gehörten auch der Fortschrittspartei sowohl gemäßigte als auch demokratische Liberale an, obwohl die Mehrzahl eher gemäßigt war. Die beiden durch das gemeinsame Mißtrauen gegen das «Neue-Ära»-Ministerium zusammengeführten Fraktionen sprachen jede für eine unterschiedliche Wählerschaft und betonten unterschiedliche Aspekte des liberalen Programms und der liberalen Philosophie. Die Demokraten verstanden sich als Vertreter der «kleinen Leute», der Handwerker, Krämer und anderen kleinbürgerlichen Angehörigen des unteren Mittelstands. Die gemäßigten Liberalen dagegen waren Fürsprecher der Elite von «Bildung und Besitz», der Kaufleute, Industriellen und Akademiker des oberen Mittelstands. Die Demokraten waren egalitär gesinnt, die gemäßigten Liberalen wollten die nationale Einheit und eine von staatlicher Einmischung freie Wirtschaft. Symptomatisch für den Interessengegensatz, der die beiden Flügel trennte, war während der Diskussionen, die der Gründung der Partei vorausgingen, der Konflikt über das Stimmrecht. Die Demokraten wollten das universale und gleiche Stimmrecht für alle Bürger, die Gemäßigten bevorzugten ein beschränktes, an Besitz gebundenes Stimmrecht. Im Interesse der Einheit wurde dann die Frage im Gründungsprogramm der Partei ausgeklammert. Im Dezember 1861 errangen die Fortschrittlichen einen überraschenden Wahlsieg und gewannen 109 Sitze in der Abgeordnetenkammer. Zusammen mit anderen Oppositionsgruppen brachten sie es dort auf 161 Stimmen, denen allerdings eine Mehrheit von 164 konservativen und altliberalen Stimmen gegenüberstand.[4]

Inzwischen war offenbar, daß König Wilhelm und die Abgeordneten der Fortschrittspartei von der Rolle, die das «Neue-Ära»-Ministerium zu spielen habe, durchaus unterschiedliche Vorstellungen hatten. Die Liberalen betrachteten das Staatsministerium als Instrument zur Durchführung von Reformen, der König dagegen sah in ihm eine Institution, deren vornehmste Aufgabe die Versöhnung des Parlaments und der öffentlichen Meinung mit dem königlichen Willen zu sein habe. Das Ergebnis war, daß schon Ende des Jahres 1861 die Regierung zwischen Monarchie und Parlament alle Viere von sich streckte, unfähig, voranzuschreiten oder zurückzuweichen oder auch nur gerade zu stehen. Die liberalen Minister konnten sich weder für die Monarchie noch für das Parlament eindeutig entscheiden. Wenn sie sich dem Willen des Königs beugten, verrieten sie ihre politischen Überzeugungen und verloren das Vertrauen ihrer Wähler. Wollten sie aber den Anordnungen des Parlaments folgen, war ihre Entlassung vorauszusehen, und die Ultrakonservativen würden triumphieren. Wie die liberalen Minister von 1848 wurden sie durch den Linksdrall in der Kammer in Verlegenheit gebracht. Wenn sie mit dem König brachen, würde ihnen nichts anderes übrigbleiben, als gemeinsame Sache mit den demokratischen Liberalen zu machen, von denen sie grundsätzliche Meinungsverschiedenheiten trennten.[5]

Freilich standen auch Wilhelm und die neue parlamentarische Opposition vor einem ähnlichen Dilemma. Die Liberalen, unter sich zerstritten, unschlüssig, ihres Rückhalts bei den Wählern ungewiß und ohne erfahrene Führung, zögerten, es zu einem irreparablen Bruch mit der Krone kommen zu lassen. Selbst linke Liberale waren nicht geneigt, ein Ministerium zu Fall zu bringen, das seine Tätigkeit begleitet von so großen Hoffnungen und so vielversprechend in Angriff genommen und anscheinend anfänglich ganz ihre Sache vertreten hatte. Trotz wachsenden Mißtrauens fand auch Wilhelm, daß er nicht leicht auf seine liberalen Minister verzichten konnte. Er wollte nicht zur Gerlach-Manteuffelschen Schule der Politik zurückkehren und sah nicht, woher er sonst eine ihm gefällige Regierung nehmen sollte.[6]

Die Folge dieser antagonistischen Motive und schwankenden Haltungen war eine Serie von Krisen und Kompromissen während der Jahre 1860–1861. Die schwerste Krise betraf das Gesetz zur Reform der preußischen Heeresverfassung.

Der Heereskonflikt

Nach der großen Heeresreform der Jahre 1814–1815 bestand in Preußen eine allgemeine Wehrpflicht. Jeder preußische Bürger mußte drei Jahre beim aktiven Heer (bei der Linie) dienen, war dann für zwei weitere Jahre Reservist und gehörte schließlich noch vierzehn Jahre lang der Landwehr an. Die Landwehr bestand aus zwei Aufgeboten, in denen jeder Bürger für sieben Jahre dienstpflichtig war. Im Kriegsfall wurden außer dem aktiven Heer die Reserve und das erste Aufgebot der Landwehr mobilisiert. Nun hatte, nicht zuletzt weil die Mittel dazu fehlten, das Wachstum des preußischen Heers mit dem der Bevölkerung nicht schrittgehalten. Nur etwa die Hälfte der Dienstpflichtigen konnte tatsächlich eingezogen werden. Aus dem gleichen Grund war die gewöhnliche Dienstzeit bei der Linie auf zwei Jahre beschränkt worden. 1856 wurde sie zwar auf drei Jahre erhöht, in der Praxis war sie jedoch seitdem schon wieder auf zweieinhalb Jahre gesenkt worden. Die Ränge der Reserve und der Landwehr wurden mit Rekruten gefüllt, die eine Ausbildung von nur wenigen Wochen erhalten hatten. Die Landwehr war faktisch nicht länger, wie ursprünglich beabsichtigt, eine Erweiterung der Linie, sondern eine separate Organisation. Die Mehrzahl ihrer Offiziere (Bismarck zum Beispiel) hatte nur eine einjährige Ausbildung.

Als er 1859 zur Regierung kam, war Wilhelm fest entschlossen, dieses System, dessen Mängel ihm seit langem bewußt waren, einer gründlichen Reform zu unterziehen. Er war der Überzeugung, daß es einer dreijährigen Ausbildung bei der Infanterie bedurfte, wenn Verlaß auf die Disziplin und den Gehorsam der Truppe sein sollte, die Voraussetzung effektiver Kampfkraft seien, einer vierjährigen sogar bei den anderen Waffengattungen. Zukünftig sollten mehr Dienstpflichtige eingezogen werden und diese wieder drei ganze Jahre dienen, außerdem dann fünf Jahre, drei Jahre länger als bisher, bei der Reserve stehen (anstatt beim ersten Aufgebot der Landwehr). Auf diese Weise wollte Wilhelm

König Wilhelm I., 1863

Königin Augusta, 1862

die Friedensstärke des preußischen Heeres wesentlich vermehren. Sein Reformeifer beschränkte sich aber nicht auf die aktiven Truppen. Oft genug hatte ihn bei Militärparaden der Anblick der schmutzigen Landwehrleute in ihren mottenzerfressenen Uniformen peinlich berührt. Er traute selbst der reformierten Landwehr nicht zu, Seite an Seite mit der Linie und so tüchtig wie diese zu kämpfen. Im Kriegsfall sollte deshalb zukünftig die Landwehr nur in der Etappe eingesetzt werden, an der Front sollten nur das aktive Heer und die Reserve stehen.[7]

Der Regent und seine Generäle standen in der Überzeugung, daß eine Heeresreform fällig sei, keineswegs allein. Seit dem italienischen Krieg war allen politischen Parteien in Preußen bewußt, daß Größe und Organisation der Armee unzureichend waren. Von ihrer erneuerten Begeisterung für die nationale Sache getragen, erwarteten die Liberalen, daß Preußen unter Führung eines liberalen Staatsministeriums die kleindeutsche Einigung energisch in Angriff nehmen würde, und sie wußten, daß dabei die Anwendung oder doch wenigstens Androhung von Gewalt wohl nicht zu vermeiden sein würde. In der Vorstellung der Liberalen war die nationale Einheit untrennbar mit der Sache der politischen Freiheit verknüpft. Die Pflicht, Deutschland gegen Angriffe auswärtiger Mächte zu verteidigen, nötigte Preußen, eine Last an militärischem und finanziellem Aufwand zu tragen, die eigentlich die Kräfte seiner Bevölkerung überstieg. Wäre Deutschland erst vereinigt, so dachten die Liberalen, könnte diese Bürde auf eine weit größere Bevölkerung verteilt und Preußen also erheblich entlastet werden. Das versprach auch noch andere nicht zu unterschätzende Vorteile. Die Bedeutung der Armee im öffentlichen Leben Preußens würde geringer werden, und das geopolitische Argument zur Rechtfertigung einer autoritären Staatsführung würde an Überzeugungskraft einbüßen. Dies alles würde einen Wechsel des politischen Klimas zur Folge haben, der das Wachstum einer parlamentarischen Demokratie und einer gerechteren Gesellschaft nur begünstigen konnte. Unter diesen Umständen schwand das Mißtrauen der Liberalen gegen die Armee als traditionelles Instrument autokratischer Macht spürbar.[8]

Es kehrte jedoch sofort zurück, als die Pläne des Regenten bekannt wurden. Die Vergrößerung der Armee machte eine Anhebung der Steuern um 25 Prozent erforderlich, was die Geschäftswelt erschreckte, die eben dabei war, sich von der Depression des Jahres 1857 zu erholen. Doch der Haupteinwand gegen die Militärvorlage war nicht finanzieller, sondern sozialer und politischer Natur. Hinter der Verlängerung der Militärdienstzeit und den Plänen zur Reorganisation der Landwehr witterten die Liberalen die Absicht der adeligen Militärkaste, die Autorität der Monarchie zu stärken und die eigene Stellung in der preußischen Gesellschaft auf Kosten der Bürgerlichen zu befestigen.[9] Und das war tatsächlich der Fall.

Wie die lokale Selbstverwaltung und die allgemeine Militärdienstpflicht hätte nach dem Willen der Reformatoren von 1807–1815 auch das Landwehrsystem dem Bürger Gelegenheit zur persönlichen Beteiligung an den Interessen und Angelegenheiten des Staates geben sollen. Die größtenteils aus Söldnern rekrutierten Heere des 18. Jahrhunderts waren Instrumente zur persönlichen Verfügung der Monarchen gewesen. Scharnhorst und Hermann von Boyen wollten mittels der allgemeinen Militärdienstpflicht und der Einrichtung der Landwehr von Altgedienten ein «Volk in Waffen» ins Feld stellen, das mehr von Vaterlandsliebe und Bereitschaft, dem Gemeinwohl Opfer zu bringen, beseelt sein würde als von bloßer Effizienz, Königstreue und jenem «Kadavergehorsam», in welchen bisher der preußische Militarismus seinen Stolz gesetzt hatte. Obwohl die Reform unvollständig blieb, sollte doch die Idee der reformierten Armee als einer teilweise «zivilen» Institution den Liberalen so teuer werden wie die des Rechtsstaates, der Verfassung und der Menschenrechte.[10]

Wilhelm und seinen Beratern mißfiel das Landwehrsystem aus den gleichen Gründen, die es für die Liberalen so attraktiv machten. In einer berühmten Denkschrift, mit der er 1858 das Vertrauen des Regenten gewann, verurteilte Roon die Landwehr als eine «politisch falsche Institution, denn sie imponiert dem Auslande nicht und ist für die äußere wie für die innere Politik von zweifelhafter Bedeutung». Der Landwehrmann, erklärte er, sei kein Soldat, sondern in seinem Denken und seiner Haltung durchaus Zivilist. Es war nicht bewiesen, daß im Kriege patriotische Begeisterung ein hinreichender Ersatz sei für die eiserne Disziplin und den Korpsgeist, die nur jahrelange militärische Ausbildung hervorzubringen vermochten. Im übrigen sei im innenpolitischen Zusammenhang die Existenz der Landwehr der königlichen Autorität geradezu gefährlich. Solange ein wesentlicher Teil des Heeres aus «Zivilisten in Uniform» bestünde, deren Wünsche berücksichtigt werden müßten, könne der König niemals Herr im eigenen Hause sein. Und so war denn allerdings ein Anliegen der von Wilhelm ins Auge gefaßten Heeresreform, Boyens Kompromißlösung, den Zwitter aus königlicher Armee und Volksheer, zu beseitigen. Die Armee sollte wieder werden, was sie zu Friedrichs des Großen Zeiten gewesen war: ein unpolitisches Instrument zur persönlichen Disposition des Königs.[11]

Indessen hatten Wilhelm und Roon keineswegs, wie einige reaktionäre Absolutisten in den vorangegangenen Jahrzehnten, die Absicht, die allgemeine Militärdienstpflicht abzuschaffen und wieder Söldner anzuwerben. Ganz im Gegenteil. Die dreijährige militärische Ausbildung sollte die Untertanen zur Treue und zum Gehorsam gegen die Monarchie erziehen, so daß jeder Gediente für den Rest seiner Tage der Krone und der politischen Autorität treu ergeben sein würde. Die Armee sollte zur «Schule der Nation» werden. Während Scharnhorst und Boyen die preußische Armee mit bürgerlichem Patriotismus beseelen wollten, wollten Wilhelm und Roon umgekehrt durch die Wehrpflicht der ganzen bürgerlichen Gesellschaft eine gewisse militärische Haltung beibringen.[12]

Unter rein militärisch-technischen Gesichtspunkten war eine dreijährige Ausbildung nicht unbedingt erforderlich. Im April 1862 gelangte ein von Wilhelm zur Untersuchung der Frage eingesetzter Ausschuß von fünfzehn Generälen (dem auch Helmuth von Moltke angehörte) zu der Überzeugung, daß eine zweieinhalbjährige Dienstzeit (mit Urlaub während der Wintermonate) durchaus hinreichend sein würde. Unter gewissen Umständen glaubten die Generäle, militärische Effizienz sogar bei nur zweijähriger Dienstzeit garantieren zu können. Drei Jahrzehnte später, unter der Regierung Wilhelms II., wurde dann die Militärdienstzeit tatsächlich auf zwei Jahre reduziert – mit Zustimmung der Heeresleitung –, obwohl inzwischen die Rekruten mit komplizierteren Waffen und Taktiken vertraut gemacht werden mußten. Und 1914 bewährte sich die verkürzte Ausbildungszeit im Krieg.[13]

Die Liberalen spürten den verborgenen politischen Zweck der geplanten Reorganisation der Armee. Um ihn abzuwehren, gingen sie selbst zum Angriff über. Auf dem Schützenfest in Frankfurt im Juli 1862 erklärte Hermann Schulze-Delitzsch öffentlich, daß eine konstitutionelle Entwicklung niemals gesichert sein werde, solange nicht das Parlament durch eine Volksarmee gedeckt sei, die inmitten eines Volkes in Waffen stünde. Später behauptete er, an ein zukünftiges deutsches Parlament gedacht zu haben, nicht an den preußischen Landtag. Doch die Rede bestärkte Wilhelm in der Überzeugung, daß die Fortschrittspartei die parlamentarische Kontrolle über die Armee anstrebte. Obwohl das nicht der Fall war, nahmen die Abgeordneten schließlich wichtige Aspekte des preußischen Militärstaats ins Visier. Im April 1863 empfahl eine Militärkommission der Abgeordnetenkammer die Beschränkung der Gerichtsbarkeit von Militärgerichtshöfen auf militärische Vergehen, die Abschaffung von Kadettenanstalten und militärischen Ehrengerichten, die Auswahl und Beförderung von Offizieren nach der Eignung, nicht nach dem Stand der Kandidaten, sowie gleiche Besoldung von regulären Truppen und Gardekorps.[14]

Sehr umstritten war auch das Verhältnis zwischen politischer und militärischer Autorität. 1852 hatte Otto von Manteuffel die Kollegialverfassung des preußischen Staatsministeriums modifiziert, als er von Friedrich Wilhelm IV. auf seinen Wunsch hin eine Verordnung erhielt, die das Recht auf unmittelbaren Zugang für seine Kollegen beschränkte.[15] Ausgenommen von dieser Beschränkung war nur der Kriegsminister. Dieser, stets ein General und Berufssoldat, hatte das Privileg, seine Anliegen dem König ohne vorherige Billigung des Ministerpräsidenten vortragen zu dürfen. Das bedeutete, daß keine vermittelnde zivile Autorität zwischen ihm und dem König stand. Allerdings mußte der offiziell nur dem König verantwortliche Kriegsminister Militärvorlagen der Regierung im Parlament erläutern und verteidigen. Diese von der Verfassung gebotene Pflicht stellte seine Handlungen wenigstens bis zu einem gewissen Grade unter öffentliche Aufsicht.[16]

Das galt jedoch nicht für den Chef des sogenannten Militärkabinetts. In Preußen war der König Oberbefehlshaber des Heeres. Die sich daraus ergebenden Pflichten und Vorrechte konnten nicht an einen Minister delegiert werden. Mit der Bearbeitung aller der Kommandogewalt des Königs unterstehenden Heeresangelegenheiten – der Kommandosachen – wurde die Personalabteilung des Kriegsministeriums betraut, die dadurch einen zwiespältigen Charakter erhielt. Als Angehörige einer Abteilung des Kriegsministeriums waren seit 1848 die Mitglieder des Militärkabinetts mit Personalfragen befaßt, der Ernennung und Beförderung von Offizieren etwa. Außerhalb des Kriegsministeriums fungierten sie aber als Adjutanten und Berater des obersten Kriegsherrn, das heißt als ein «Militärkabinett» ohne verfassungsmäßigen Status. Der Chef des Militärkabinetts hatte unmittelbaren Zugang zum König und somit die Möglichkeit, den Kriegsminister und die ganze übrige zivile Regierung zu übergehen. Auf diesem Wege konnten Männer von rein militärischer Ausbildung und Geisteshaltung großen Einfluß auf die Politik der Regierung nehmen. Die Kabinettstätigkeit «bot ehrgeizigen und machtlüsternen Persönlichkeiten eine Möglichkeit zu unkontrollierbaren politischen Einflüssen ‹hinter der Gardine›».[17]

Während der späteren Jahre der Regierungszeit Friedrich Wilhelms IV. bildete sich innerhalb des Militärkabinetts eine «Kamarilla» interner militärischer Berater des Königs. Dieses von Leopold von Gerlach geführte Schattenkabinett wollte die Errungenschaften der Revolution zunichte machen und verhindern, daß bei der Führung der Regierungsgeschäfte liberale Ideen zur Geltung gelangten.[18] Ein Angehöriger dieser Kamarilla, Edwin von Manteuffel, diente dann dem Prinzregenten als Chef des Militärkabinetts und Haupt der Personalabteilung. Manteuffel, ein kompromißlos absolutistisch gesinnter Mann, war entschlossen, auf Kosten des Kriegsministeriums und mithin der konstitutionellen Regierung die Macht des Militärkabinetts zu erweitern. Obwohl er damit schließlich in Konflikt mit Roon geriet, der Ende 1859 Eduard von Bonin im Amt des Kriegsministers nachfolgte, stimmten in der Absicht, die Armee gegen jedwede konstitutionelle Beschränkung abzusichern, beide Männer überein. Im Januar 1861 erlangte Manteuffel Wilhelms Zustimmung zu einer Kabinettsordre, die alle militärischen «Kommandosachen» der Zuständigkeit des Kriegsministers entzog mit Ausnahme reiner Verwaltungsangelegenheiten und solcher, die durch Gesetze geregelt werden mußten oder das Budget betrafen.[19]

Ein 1861 von Karl Twesten, einem prominenten Angehörigen der Fortschrittspartei, veröffentlichtes Pamphlet malte Manteuffel als nahezu teuflische Gestalt. Der General, erfuhr man da, war vor allem ein Höfling, der schon lange jeden Kontakt zum Heer verloren hatte und dort keineswegs beliebt war. Seine Macht in militärischen Personalangelegenheiten hatte Nepotismus und Willkür zur Folge. Seine Usurpation von Funktionen des Kriegsministeriums komplizierte unnötig die Militärverwaltung. Es fragte sich also, welcher Krise es bedurfte, diesen «unheilvollen» Mann aus seiner «unheilvollen» Stellung zu entfernen.[20] Manteuffel verlangte, daß der Abgeordnete nicht nur den persönlichen Angriff zurücknähme, der in der Tat verleumderisch war, sondern seine gesamte Kritik des Militärkabinetts, die zum großen Teil durchaus angebracht war. Als Twesten sich weigerte, schickte ihm der General eine Forderung und schoß ihm durch den Arm. Manteuffels Absicht dabei war, nach Twestens Meinung, alle öffentliche Kritik an der Armee fortan zu verhindern.[21]

Die preußische Armee ist oft als ein Staat im Staate bezeichnet worden. Durch Roon und Manteuffel wurden ihre wichtigsten Angelegenheiten jeder politischen Kontrolle, sei es seitens der Regierung, sei es durch das Parlament, praktisch entzogen. Neun Zehntel der höheren Offiziere wurden mit Bedacht aus der Junkerkaste ernannt. Nach den von Manteuffel durchgeführten «Säuberungen» waren die meisten von ihnen konservativ und absolutistisch. Ihren Treueeid schworen sie auf die Person des Königs, nicht auf die Verfassung oder die Regierung. Sie waren eine Interessengruppe, die nicht einmal der König ignorieren konnte, selbst wenn er das gewollt hätte. Sie waren die einzige vollkommen zuverlässige Stütze seiner eigenen Autorität.[22]

Herr und Vasall

Zu Anfang waren sowohl die Regierung als auch das Parlament bemüht, einen Zusammenstoß wegen der Militärvorlage zu vermeiden. Viele Altliberale, die bereits in der Kammer von 1860 gesessen hatten, glaubten sogar, daß die Vorlage, so wenig diese nach ihrem Geschmack war, dennoch angenommen werden sollte, damit die «Neue-Ära»-Minister nicht durch deren Ablehnung in Schwierigkeiten kämen. Doch die liberale Presse war kritisch, und die Abgeordneten reagierten auf ihren Druck. Der zur Prüfung der Vorlage eingesetzte Ausschuß des Abgeordnetenhauses stimmte zwar der vorgesehenen Vermehrung der Heeresstärke zu, verlangte aber gewisse Einsparungen und verwarf die Pläne des Regenten zur Verlängerung der Dienstzeit auf drei Jahre und zur Reform der Landwehr.

Zur Erleichterung der Abgeordneten zog daraufhin die Regierung die Vorlage

Edwin von Manteuffel

Karl Twesten

zurück und forderte eine provisorische Bewilligung der Mittel allein für die Vermehrung der Heeresstärke. Die Mittel wurden bewilligt, jedoch erst nachdem der Finanzminister, Freiherr von Patow, mündlich die Zusicherung gegeben hatte, daß die vom Parlament abgelehnten Teile des Plans nicht wirksam werden sollten. Auf Drängen Edwin von Manteuffels entschloß sich Wilhelm, dieses von ihm anscheinend nicht autorisierte Versprechen zu mißachten. Auf königlichen Befehl wurden sechsunddreißig Landwehr-Infanterieregimenter von der Armee getrennt und durch eine gleiche Zahl von Linienregimentern ersetzt. Am 18. Januar 1861 wurden über dem Grabe Friedrichs des Großen feierlich deren Fahnen geweiht.[23]

Dieser Willkürakt erbitterte die liberale öffentliche Meinung, doch noch immer scheuten die Gemäßigten, die im Parlament die Majorität hatten, einen offenen Bruch. Als die Angelegenheit 1861 abermals vor das Parlament kam, bewilligten sie ein zweites Mal provisorisch die gewünschten Mittel. Im Dezember errang die Fortschrittspartei den schon erwähnten glänzenden Wahlsieg, der die Opposition im Abgeordnetenhaus sehr verstärkte. Im März 1862 forderte das Parlament die Regierung mit der Annahme eines entsprechenden Antrags des Abgeordneten Adolf Hagen auf, den Haushalt für das Jahr 1862 so aufzuschlüsseln, daß eine verdeckte Fortführung der Heeresreorganisation dadurch unmöglich gemacht wurde. Wilhelm löste daraufhin die Kammer auf und ersetzte die noch im Kabinett verbliebenen Minister der «Neuen Ära» durch konservative. Obwohl die Behörden starken Druck auf die Wähler ausübten, war das Ergebnis der Wahlen im Mai des Jahres katastrophal für die Regierung. Die Konservativen hatten in der neuen Kammer nur mehr zehn Sitze, die Altliberalen mußten schwere Verluste hinnehmen, die Opposition dagegen gewann die Übermacht mit 223 Sitzen, von denen 135 auf die Fortschrittspartei entfielen. Die Kritiker der Regierung hatten in der Kammer nun eine deutliche Mehrheit.[24]

Diese Entwicklungen weckten im königlichen Schloß die ernstesten Befürchtungen. Schon seit mehr als einem Jahr prophezeite Edwin Manteuffel ja eine Revolution. Mit seinen Helfern entwarf er einen detaillierten Plan zur rücksichtslosen Eroberung der Stadt, Straße für Straße, falls die Opposition auf die Barrikaden ginge. Einer Wiederholung der schmählichen Kapitulation des Königs vom März 1848 sollte vorgebeugt werden. Nach seinen unbekümmerten Reden von «blutigen Köpfen» zu urteilen, darf man wohl annehmen, daß Manteuffel eine Volkserhebung nicht nur erwartete, sondern sogar herbeiwünschte. Die Niederwerfung eines solchen Aufstands würde der Krone die Gelegenheit geben, die Verfassung aufzuheben und das Parlament abzuschaffen. Er sah sich selbst in der Rolle eines Strafford die Opposition zu Paaren treiben und die Monarchie vor ihren Feinden retten.[25] Auch Roon dachte an den englischen Royalisten, wenngleich sein König «eine viel bessere Sache» habe, wie er meinte. «Daher kann auch die vor Jahren von mir selbst ausgegangene Prophezeiung, ‹daß ich am Halse sterben würde›, einen anderen Sinn, nämlich den haben, daß der Hals und der ihm angehörende Kehlkopf ... eben meine kranke Parthie ist.»[26]

Manteuffel erhielt keine Gelegenheit, den erwarteten Aufstand niederzuwerfen. Nicht einmal die demokratischen Liberalen dachten ernstlich an Revolution.[27] Im Sommer und Frühherbst gab es einen letzten Versuch zum Kompromiß. Seit 1860 hatten die Gemäßigten ihren Widerstand gegen den die Landwehr betreffenden Teil der Heeresreorganisation aufgegeben, so daß nun die einzige Forderung, in der sich alle liberalen Fraktionen noch einig waren, diejenige nach Reduzierung der Dienstzeit von drei Jahren auf zwei war. Das Kabinett riet Wilhelm, einen offenen Konflikt mit dem Parlament zu vermeiden und in diesem Punkt nachzugeben. Sogar Roon war durch die entschlossene Haltung der Kammer verunsichert. Gemeinsam mit Heydt, dem Finanzminister, nahm er Kontakt mit den Gemäßigten auf, in der Hoffnung, einen Kompromiß aushandeln zu können. Am 17. September 1862 erklärte er dem Parlament, daß er bereit sei, sich mit der Opposition zu verständigen. Doch zwei Tage später mußte er sich revidieren, denn Wilhelm weigerte sich, auch nur im mindesten nachzugeben. Am Abend des Tages, an dem Roon seine erste Rede gehalten hatte, überraschte der König seine Minister, indem er mit dramatischer Geste den Kronprinzen Friedrich Wilhelm rufen ließ; das war die Drohung mit der Abdankung, die zu fürchten die Konservativen allen Grund hatten.[28]

Historiker, für welche die übergangenen Möglichkeiten der Geschichte von besonderem Reiz sind, haben an dem Charakter Friedrich Wilhelms von jeher ein fasziniertes Interesse genommen. 1862 war er mit dem von seinem Vater eingeschlagenen Kurs keineswegs einverstanden. Durch seine Mutter, eine Weimarer Prinzessin, und seine Frau, eine Tochter Königin Victorias und ernsthafte Fürsprecherin des englischen Systems, war er liberal beeinflußt. Unter seinen Freunden und Vertrauten waren Männer, die den Altliberalen nahestanden, und solche, die mit der Fortschrittspartei sympathisierten. Obwohl auch er eine Heeresreform für notwendig hielt, war er, was die Dauer der Dienstzeit anging, kompromißbereit. Hätte er den Thron bestiegen, wäre ein Einvernehmen erzielt worden.

Aber hätte in dem Fall die deutsche Geschichte einen völlig anderen Verlauf genommen? Wie gewöhnlich auf solche Fragen, ist auch auf diese eine eindeutige Antwort nicht leicht zu geben. Friedrich Wilhelm war keine entschlossene Persönlichkeit mit durchdachter politischer Philosophie. Sein Liberalismus war der kompromißbereite der Altliberalen, die seine wichtigsten politischen Berater waren. Der Kronprinz hätte die Regierung der «Neuen Ära» wiederherzustellen versucht und einen Mittelweg zwischen absolutistischer Herrschaft und parlamentarischer Demokratie angestrebt. Aber im Kern war der Prinz doch «mehr Hohenzollern als Coburg». Auch er hatte eine autoritäre Neigung, die bezweifeln läßt, daß er, wenn er im Jahre 1862 auf den Thron gelangt wäre, das empfindliche Gleichgewicht liberaler und konservativer Kräfte, das sein politisches Ideal war, lange aufrechterhalten hätte.[29]

Sicher bestand die Möglichkeit, daß Friedrich Wilhelm, ohne den Beistand eines politischen Talents vom Schlage Bismarcks (und ein solches gab es nicht im Lager der Altliberalen), von der liberalen Flut hätte mitgerissen werden können von Kompromiß zu Kompromiß. Doch das war nicht die einzige Möglichkeit, die bestand. Auch das Heer war eine politische Kraft. Nach seinem Zusammenstoß mit Bismarcks Regierung im Jahr 1863 hatte der Kronprinz den Verdacht, daß die Generäle konspirierten, ihn als Thronfolger durch seinen reaktionären Onkel, Prinz Friedrich Karl, oder dessen Sohn ersetzen zu lassen.[30] Wenn er während dieser Jahre der Entscheidung auf den Thron gelangt wäre, hätten dennoch die Konservativen kaum ihre Interessen auf dem Altar der Königstreue geopfert. Wer kann sagen, was sich aus dem Zusammenstoß populärer und reaktionärer Kräfte, zu dem es dann gekommen wäre, letztlich ergeben hätte? Auf jeden Fall hatte Wilhelm durchaus nicht die Absicht, zugunsten Friedrich Wilhelms abzudanken, es sei denn, es sollte sich als unmöglich erweisen, Minister zu finden, die bereit waren, seine Militärpolitik auszuführen und das Land ohne gesetzlich bewilligten Haushalt zu regieren. Am Abend des 17. September genügte die Drohung mit der Abdankung, das bestürzte Staatsministerium zur Ordnung zu rufen, doch zwei Tage später überreichten Heydt und Bernstorff ihre Rücktrittsgesuche. Nach einem vergeblichen Versuch, zwischen dem König und den desertierenden Ministern zu vermitteln, reiste Friedrich Wilhelm am 20. eilends zu seiner Familie nach Thüringen ab. Aus den letzten Bemerkungen seines Vaters durfte er schließen, daß mit einer Berufung Bismarcks fürs erste noch nicht zu rechnen sei. Drei Tage später mußte er einem Telegramm entnehmen, daß er getäuscht worden war.[31]

Seit Mai hielt Wilhelm Bismarck genau für eine derartige Krise in Reserve. Gleichwohl fürchtete er sich noch immer ein wenig vor diesem Junker, von dem er bei einer früheren Gelegenheit gemeint hatte: «… das fehlte jetzt gerade noch ..., daß ein Mann das Ministerium übernimmt, der alles auf den Kopf stellen wird.» Königin Augusta und Friedrich Wilhelm bestritten denn auch lebhaft die Eignung gerade dieses Kandidaten. Verzweifelt versuchte die Königin, ihren Mann gegen Bismarck einzunehmen, indem sie ihm erzählte, wie dieser im März 1848 versucht habe, ihn ohne sein Wissen (Wilhelm war nach England geflohen) bei einem Militärputsch gegen die Revolution zu kompromittieren. Doch offenbar bekümmerten den König die gegenwärtigen politischen Sorgen mehr als diejenigen der Vergangenheit. Noch am 7. September bemerkte er zu Roon, daß Bismarck nicht in Frage komme, da er ein Bündnis mit Frankreich befürwortete. Am 16. jedoch gestattete Wilhelm Bernstorff, Bismarck nach Berlin zu rufen. Drei Tage später, nach der Auflösung des Ministeriums, war er auf Bismarck angewiesen. Aber noch immer fand er nicht zu einer klaren Entscheidung. Würde dieser kühne und entschlossene Mann gewillt sein, die Bedingungen anzunehmen, die von den zurückgetretenen Ministern abgelehnt worden waren?[32] Wilhelms Unsicherheit nahm zu, als er erfuhr, daß Bismarck sich unmittelbar nach seiner Ankunft aus Paris mit dem Kronprinzen unterredet hatte. War Bismarck also vielleicht nur gekommen, seinem Sohn zu dienen?

Am 22. September 1862 fuhr Bismarck nach Schloß Babelsberg hinaus zu dem schicksalhaften Gespräch, bei dem über seine und Deutschlands Zukunft entschieden werden sollte. Der König wies auf die bereits aufgesetzte Abdikationsurkunde, die vor ihm auf dem Tisch lag, und stellte Bismarck die Lage dar. Er könne es vor Gott, seinem Gewissen und seinen Untertanen nicht verantworten, weiter zu regieren, wenn es sich als unmöglich erweisen sollte, Minister zu finden, «die bereit wären, meine Regierung zu führen, ohne sich und mich der parlamentarischen Mehrheit zu unterwerfen». Als er innehielt, erklärte Bismarck seine Bereitwilligkeit, mit Roon in das Ministerium einzutreten, und daß er nicht zweifle, «daß die weitere Vervollständigung des Cabinets gelingen werde», falls andere Mitglieder sich durch seinen Eintritt zum Rücktritt bewogen finden sollten. Doch der König war noch immer ungewiß und stellte nun spezifische Fragen. Ob Bismarck gewillt sei, als Minister für die Militärreorganisation einzutreten? Bismarck bejahte das. Der König fragte weiter, «ob auch gegen die Majorität des Landtags und deren Beschlüsse?» Auch das sagte Bismarck ihm zu. Wilhelm war beeindruckt. Er hatte Vorbehalte, Bedingungen, Argumente erwartet. Aber Bismarck hatte den Mann und die Stimmung vollkommen richtig eingeschätzt. Obwohl er Wilhelms Vorgehen selbst durchaus nicht unkritisch beurteilte, nahm er die Haltung eines Vasallen an, der nur käme, den Willen seines Lehnsherrn zu vernehmen. Und so tat der König ihm seinen Willen kund: «Dann ist es meine Pflicht, mit Ihnen die Weiterführung des Kampfes zu versuchen, und ich abdiziere nicht.»[33]

Bismarcks Ernennung ist die denkbar deutlichste Demonstration der autoritären Macht der Hohenzollernmonarchie. Bismarck gelangte in seine Stellung durch die persönliche Entscheidung des Königs und sollte diese dann unter wechselnden Umständen jahrzehntelang behalten, weil es dem König so gefiel. 1862 stand nicht eine der Fraktionen des preußischen Landtags geschlossen hinter ihm, selbst die Konservativen verdächtigten ihn als «verkappten Demokraten».[34] Den König quälten Zweifel. Nur Roon wünschte seine Ernennung von ganzem Herzen. Für den General war Bismarck der erhoffte Retter in der Not, denn mit Wilhelms Abdankung wäre eine Unterwerfung der Armee unter die Kontrolle des Parlaments vielleicht unvermeidlich geworden und damit das Ende des preußischen Militärstaates gekommen.[35]

Bismarck beurteilte die Lage ganz ähnlich. In Babelsberg hatte er dem König erklärt, «daß es sich für ihn nicht um Conservativ oder Liberal in dieser oder jener Schattierung, sondern um Königliches Regiment oder Parlamentsherrschaft handle und daß die letztere notwendig und auch durch eine Periode der Dictatur abzuwenden sei». Bismarck versprach dem König: «In dieser Lage werde ich, selbst wenn Ew. Majestät mir Dinge befehlen sollten, die ich nicht für richtig hielte, Ihnen zwar diese meine Meinung offen entwickeln, aber wenn sie auf der Ihrigen schließlich beharren, lieber mit dem Könige untergehen, als Ew. Majestät im Kampfe mit der Parlamentsherrschaft im Stiche lassen.»[36] Unzweifelhaft handelte es sich hier um ein Argument *ad hominem*, das berechnet war, den Soldatenkönig Wilhelm zuversichtlich und kampfeslustig zu stimmen. Nichtsdestoweniger kam Bismarck während der folgenden Jahre unter anderen Umständen oft darauf zurück.[37]

Obwohl viele das glaubten, ist doch nicht gewiß, daß im Jahre 1862 Preußen (und letztlich Deutschland) an der Grenze zwischen monarchischer und parlamentarischer Regierung stand. Wie noch zu zeigen sein wird, strebte damals keine der liberalen Parteien oder Fraktionen die parlamentarische Kontrolle der Exekutive offen an. Und dennoch hätte der Konflikt der Ideale und Interessen schließlich doch Veränderungen der konstitutionellen Verhältnisse herbeiführen können, deren Radikalität von keinem der Beteiligten ursprünglich beabsichtigt gewesen wäre. Wenigstens wird man annehmen dürfen, daß, wenn Wilhelm abgedankt hätte, die preußische Abgeordnetenkammer größeren Einfluß auf die Staatspolitik gewonnen hätte und der Parlamentarismus in Deutschland größere Lebenskraft. Ursprünglich war das System der Gewaltenteilung die gewöhnliche Form konstitutioneller Regierung in Europa, doch anderswo gelangte die Legislative schließlich zur Kontrolle der Exekutive und schuf so die parlamentarische Regierungsform. In dieser Richtung entwickelten sich die Verfassungen Englands, Frankreichs, Italiens, der Niederlande und der skandinavischen Staaten. Unter Friedrich Wilhelm hätte es zu einer solchen Entwicklung auch in Deutschland kommen können, doch die lange Lebenszeit Wilhelms I. und das politische Talent Bismarcks sorgten dafür, daß es nicht dazu kam. Hier blieb das System der Gewaltenteilung bestehen, um bis zum Ende des Jahrhunderts die eigentümliche «deutsche Form» der konstitutionellen Monarchie hervorzubringen.

IV

Stoß, Parade, Riposte

Ein Kompromißversuch

Am Tage nach Bismarcks erstem Besuch in Babelsberg strich das Parlament mit nur elf Gegenstimmen aus dem Budget für das Jahr 1862 die von der Regierung für die Armeereorganisation bereits ausgegebenen Mittel.[1] Damit verabschiedeten die Abgeordneten unwiderruflich die hinhaltende Taktik, deren sie sich seit 1860 bedient hatten, um einen offenen Bruch mit der Krone zu vermeiden. Man erwartete, daß die Regierung nun genötigt sein würde, entweder der Forderung des Parlaments hinsichtlich der nur zweijährigen Dienstzeit nachzugeben oder die Armee auf den Stand von 1859 zurückzubringen. Mit diesem Ultimatum wurde die Frage der Heeresreform in den Hintergrund gerückt und die grundsätzliche Frage nach dem verfassungsgemäßen Verhältnis zwischen der Gewalt des Königs und den Befugnissen des Parlaments in aller Deutlichkeit aufgeworfen. Der Heereskonflikt lief auf einen Verfassungskonflikt hinaus.[2]

Trotz seiner kämpferischen Worte in Babelsberg war dem neuberufenen Minister die bevorstehende entscheidende Kraftprobe zwischen Krone und Parlament keineswegs willkommen, er hielt sie auch einstweilen noch nicht für unabwendbar. Obwohl Bismarck auf Grund dieser innenpolitischen Krise an die Macht gekommen war, galt sein vornehmstes Interesse doch noch immer der Außenpolitik. In der Baden-Badener Denkschrift des Jahres 1861 hatte er Wilhelm geraten, Konflikte mit dem Parlament wegen ihrer negativen außenpolitischen Auswirkungen zu vermeiden. Um seine Ziele in Deutschland zu erreichen, müsse Preußen dem Ausland den Eindruck vermitteln, daß alle «Organe und Kräfte des Landes» einheitlich zusammenwirkten.[3] Aber nun war die Lage schlimmer denn je zuvor. Mit der ihm eigenen Flexibilität entschloß sich Bismarck zu einem letzten Versuch, die Konfliktparteien zu einem Kompromiß zu bewegen.

Das Manöver war riskant. Ungeschickt ausgeführt, hätte es den guten Eindruck zerstören können, den er in Babelsberg so wohlbedacht gemacht hatte. Es hätte dann wohl auch den Forderungen der Extremisten, die ein reaktionäres Ministerium unter Edwin von Manteuffel für die einzig richtige Lösung hielten, beim König neues Gewicht verliehen. Am Abend des 3. Oktober 1862 speiste Bismarck mit einem alten Bekannten aus Petersburger Tagen, dem Diplomaten Kurd von Schlözer, und erzählte diesem, was er vorhatte. Die Herren tranken «viel Sekt, der ihm seine von Natur lose Zunge noch mehr löste», wie zwei Tage später Schlözer seinem Bruder berichtete. «Er freut sich, daß er alle Welt etwas hinters Licht führt. Den König sucht er teils selbst, teils durch andere Einflüsse zum Nachgeben in bezug auf die zweijährige Dienstzeit zu bewegen; dem Herrenhause gegenüber stellt er die von ihm projektierte Reaktion in so schwarzen Farben hin, daß – wie er meint – die Herren selbst Angst kriegen vor den Zuständen, die er eventuell herbeizuführen gesonnen zu sein vorgibt. Vor den Herren der Zweiten Kammer tritt er bald sehr stramm auf, bald so, daß sie seinen Wunsch zur Vermittlung durchriechen sollen. Die deutschen Kabinette endlich macht er glauben, daß der König nur mit Mühe den Cavourismus seines neuen Ministers zu zügeln vermag. Das läßt sich nicht leugnen, daß er bis jetzt durch seinen Geist und seine Blitze imponiert. *C'est un homme!*»[4]

Was das Parlament anging, so gab es einigen Grund zu der Annahme, daß Bismarck mit seiner Taktik dort Erfolg haben würde. Denn die Abgeordneten waren gegen die Regierung keineswegs fest vereint, sondern gehörten einer Vielzahl von Parteien und Fraktionen an, die ganz unterschiedliche Ziele verfolgten. Auf der Rechten gab es eine Gruppierung, die als die «Konstitutionalisten» bezeichnet wurde. Dabei handelte es sich um den verbliebenen Kern der «liberal-konservativen» Koalition, die noch jüngst die Majorität in der Kammer gehabt hatte. Obwohl sie den vom König eingeschlagenen Kurs beklagten und das Schicksal ihrer Kollegen im Staatsministerium bedauerten, waren sie doch äußerst mißtrauisch gegen jene Linksliberalen, die nunmehr im Parlament die Übermacht hatten. Ein Flügel unter Georg von Vincke wollte um jeden Preis zu einer Verständigung mit der Regierung gelangen; der von Wilhelm Grabow angeführte andere fürchtete, durch eine solche Kapitulation die liberale Solidarität preiszugeben.[5]

Der Hauptwiderstand gegen die Regierung wurde vom Linken Zentrum und der Fortschrittspartei getragen, die zusammen zwei Drittel der Mandate in der Kammer hatten. Das Linke Zentrum (nach seinem Führer anfänglich als die «Bockum-Dolffs-Fraktion» bezeichnet) umfaßte hauptsächlich gemäßigte Liberale aus dem Rheinland. Die meisten von ihnen hofften auf ein Nachgeben der Regierung in der Dienstzeitfrage. Andernfalls waren sie willens, mit den Fortschrittlern zusammenzuarbeiten, um das Junkerkabinett zum Rücktritt zu zwingen. Die Fortschrittspartei litt von Anbeginn an den inneren Spannungen, die sie 1866 schließlich zerrissen. Viele gemäßigte Angehörige dieser Partei, wie Karl Twesten und Viktor von Unruh, fürchteten einen Konflikt mit der Regierung, bei dem ihrer Meinung nach nichts zu gewinnen war. Besorgt, daß entweder die Krone oder die liberale Mehrheit zu extremen Positionen getrieben werden konnte, suchten sie die Basis für einen akzeptablen Kompromiß. Doch der demokratische Flügel, geführt von Leopold Freiherr von Hoverbeck, Rudolf Virchow und Hermann Schulze-Delitzsch, wollte nicht nachgeben. Eine demokratische Fraktion auf der äußersten Linken unter Führung von Benedikt Waldeck war entschlossen, eine Entscheidung auf Biegen und Brechen herbeizuführen. Waldecks Einfluß war gestiegen. Er hatte den am 23. September 1862 angenommenen Antrag gestellt, die Regierung aufzufordern, den Zustand der Armee vom Jahre 1859 wiederherzustellen. Die Koalition des Linken Zentrums und der Fortschrittspartei war eine Vernunft-, keine Liebesehe. Nach Erreichung des gemeinsamen Ziels hofften die Anhänger Bockum-Dolffs, die Fortschrittler zu spalten, deren demokratischen linken Flügel sie entschieden mißbilligten. Nach dessen Amputation wollten sie dann mit den übrigen Fortschrittlern eine gemäßigte Partei bilden, die die Minister für ein neues Kabinett stellen würde.[6]

Bismarck hoffte, das Zauberwort zu finden, mit dem sich diese Spaltung beschleunigen ließ. Zunächst zog er die Haushaltsvorlage für 1863 zurück und verlangte einen «Waffenstillstand». Dann suchte er einflußreiche Liberale aller Parteien auf, um sie darauf hinzuweisen, daß es unbedingt erforderlich sei, zu einer Verständigung zu gelangen. Der innere Konflikt sei dem Ansehen und der Handlungsfähigkeit Preußens im Ausland äußerst schädlich. In der deutschen Politik seien seine Ziele identisch mit denen der Opposition. Die Heeresreform sei aber für deren Verwirklichung unabdingbar. Die Liberalen sollten im eigenen Interesse mit dem neuen Staatsministerium kooperieren, denn dieses habe das Land vor einem vollends reaktionären Regiment bewahrt. Die Forderung nach nur zweijähriger Dienstzeit sei harmlos, ja womöglich sogar von Vorteil, aber einstweilen gelte es abzuwarten. Wie ein Pferd, erklärte er Twesten, scheue der König vor allem Neuen zurück. Druck mache ihn nur hartnäckiger. Mit der Zeit würde es den Generälen schon gelingen, ihn zu überzeugen. Einstweilen sollten aber die Liberalen diesen ihre Überzeugungsarbeit nicht erschweren.[7]

Am 30. September legte Bismarck seine Auffassung der Budgetkommission der Abgeordnetenkammer dar. Es war seine Premiere in der Rolle des Ministerpräsidenten. Einigen kam er nervös und unsicher vor, anderen «liebenswürdig» und «amüsant», «er spricht nicht übel, er hat für einen märkischen Junker recht viel Witz.» Ideen und Vorschläge kamen ihm in Kaskaden über die Lippen. Ein Augenzeuge beschreibt die rasche Abfolge der Gedanken als «kaleidoskopische Verschmelzung», deren Farben sich rascher veränderten, «als das Auge fassen konnte». Die Wirkung blieb nicht aus. Erst später fand der Zuhörer ernüchtert, er haben keinen «Wein, höchstens Soda» gekostet.[8]

Bismarck bedachte die Kommission mit einer wohldosierten Mischung von Drohungen, Schmeicheleien und Beschwichtigungen. Seine Aufgabe war nicht leicht. Er durfte das Einlenken des Königs in der Frage der Dienstzeit keineswegs öffentlich versprechen, mußte jedoch den Eindruck erwecken, eben damit sei zu rechnen. Er mußte von Verständigung reden, aber zugleich so tun, als habe er persönlich kein dringendes Bedürfnis, zu einem Kompromiß zu kommen. Er zog dramatisch einen Ölzweig der Versöhnung aus seinem Zigarrenetui, der für ihn ein teures Souvenir an Avignon und Katharina Orlow war. Doch die Abgeordneten ließen sich weder einschüchtern noch ablenken noch erweichen. Nach zweijährigem Warten und unzähligen Kompromissen hatten sie jedes Vertrauen in die Zusagen der Regierung verloren.[9]

Zu Bismarcks Glück kam dem König von seinen geheimen Zusagen an die liberalen Führer anscheinend nichts zu Ohren. Dennoch hatten seine offenherzigen Ausführungen vor der Budgetkommission die erste Krise seiner Beziehung zu

Budgetkommission des Preußischen Landtags 1862. Erste Reihe, Mitte: der Vorsitzende Heinrich von Bockum-Dolffs; zweite Reihe, von links: Rudolf Virchow (zweiter), Max von Forckenbeck (vierter), Karl Twesten (sechster); dritte Reihe, von links: Leopold von Hoverbeck (fünfter), Heinrich von Sybel (sechster).

Wilhelm zur Folge. Seine verhüllten Drohungen provozierten eine scharfe Reaktion in der liberalen Presse. Selbst Roon, sagt Bismarck in seinen Erinnerungen, «sprach beim Nachhausegehen seine Unzufriedenheit mit meinen Äußerungen aus, sagte u. A., er hielt dergleichen ‹geistreiche Excurse› unsrer Sache nicht für förderlich.» In Baden-Baden, wohin er sich nach der Ernennung des neuen Ministerpräsidenten begeben hatte, war Wilhelm umgeben von Vertrauten, die seine Wahl mißbilligten – Augusta, Friedrich Wilhelm und Großherzog Friedrich von Baden. Bismarck nahm an, daß er dort «mit Variationen über das Thema Polignac, Strafford, Ludwig XVI. bearbeitet worden war».

Besorgt fuhr Bismarck dem nach Berlin zurückkehrenden König bis Jüterbog entgegen. «Ich sehe ganz genau voraus, wie alles endigen wird. Da vor dem Opernplatz, unter meinen Fenstern, wird man Ihnen den Kopf abschlagen und etwas später mir», erklärte ihm Wilhelm resigniert. Bismarck wußte, wie er solchem Defätismus zu begegnen hatte. *«Et après Sire?»* fragte er nach einer kurzen Pause. Es gäbe wohl kaum einen besseren Tod als den für eine gute Sache. «... können wir anständiger umkommen? Ich selbst im Kampfe für die Sache meines Königs, und Eure Majestät, indem Sie Ihre königlichen Rechte von Gottes Gnaden mit dem eignen Blut besiegeln ...» Selbst auf dem Schafott könne er das in königlicher Haltung tun, er möge nicht des schwächlichen Ludwigs XVI. gedenken, sondern Karls I., der immer eine vornehme historische Erscheinung bleiben werde. «Ew. Majestät sind in der Nothwendigkeit zu fechten, Sie können nicht kapitulieren, Sie müssen, und wenn es mit körperlicher Gefahr wäre, der Vergewaltigung entgegentreten.»[10]

Wie Bismarck ihn sah, hatte Wilhelm die charakteristischen Tugenden und Mängel eines preußischen Offiziers: «Der ideale Typus des preußischen Offiziers, der dem sichern Tode im Dienst mit dem einfachen Worte ‹Zu Befehl› selbstlos und furchtlos entgegengeht, der aber, wenn er auf eigne Verantwortung handeln soll, die Kritik des Vorgesetzten oder der Welt mehr als den Tod und dergestalt fürchtet, daß die Energie und Richtigkeit seiner Entschließung durch die Furcht vor Verweis und Tadel beeinträchtigt wird, dieser Typus war in ihm im höchsten Grade ausgebildet.» Indem Bismarck an seine Tugenden, seine Tapferkeit und sein Pflichtgefühl appellierte, gab er dem König das Vertrauen wieder. Als der Zug in Berlin ankam, war Wilhelm in fröhlicher und kampflustiger Stimmung, «die sich den empfangenden Ministern und Beamten gegenüber auf das Unzweideutigste erkennbar machte».[11] Freilich hatte sich Bismarck durch die Herbeiführung dieses Stimmungsumschwungs die Aufgabe, Wilhelms Zustimmung zu dem am 10. Oktober von Roon und dessen Mitarbeitern empfohlenen Plan zu erlangen, nicht eben leichter gemacht.

Dieser nach dem Muster des von Napoleon III. eingeführten Systems konzipierte Plan sah vor, daß Dienstpflichtige sich nach zweijährigem Militärdienst freikaufen konnten. Nur wer dazu nicht imstande oder nicht bereit war, sollte noch ein drittes Jahr dienen müssen. Das auf diese Weise einkommende Geld könnte verwendet werden, Freiwillige zu werben. So würde der König in die Lage versetzt, den Leib der Armee von Wehrpflichtigen mit einem Skelett von Berufssoldaten zu versehen. Den Wohlhabenden würde dieses System sich empfehlen, weil es ihnen erlaubte, sich die Dienstzeit nach Wunsch zu verkürzen. Wer freilich über die dazu erforderlichen Mittel nicht verfügte, dem blieb keine Wahl. Darüber hinaus sah der Plan die Festsetzung der Truppenstärke auf ein Hundertstel der Bevölkerung vor. Für ihren Unterhalt war ein fester Betrag für je einen Soldaten angesetzt. Roon wollte mit diesem Plan den Mittelstand und dessen parlamentarische Vertreter dazu verführen, das Grundprinzip des Volksheers preiszugeben, den gleichen und allgemeinen Wehrdienst, und überdies die wichtigste Befugnis jedes Parlaments, die jährliche Kontrolle über das Militärbudget.

Aber Wilhelm fand den Plan nicht nach seinem Geschmack; seine Randbemerkungen zu dem Dokument sprechen eine deutliche Sprache: «Ruin der Truppen» heißt es da und «Todesurtheil der Armee». In dieser Ablehnung bestärkte ihn Edwin von Manteuffel, der jedes Gesetz, das die Macht der Monarchie in Militärangelegenheiten beschränkte, inakzeptabel fand. Eine nach der anderen wurden die mißfälligen Klauseln aus dem Entwurf gestrichen. Als er schließlich im folgenden Jahr dem Parlament vorgelegt wurde, stand nichts mehr darin, das Bismarcks Zweck, die Opposition zu spalten, irgend hätte dienen können.[12]

Während all dieser Verhandlungen hielt sich Bismarck persönlich zurück. Doch Roon handelte gewiß mit seiner Billigung, und einige Ideen hatte er zu dessen Entwurf wohl auch selbst beigesteuert. Fünf Jahre später verankerte er die in diesem Entwurf vorgesehene Methode, den Umfang und den finanziellen Unterhalt der deutschen Armee festzuschreiben, in der deutschen Verfassung. Fürs erste jedoch war er nicht in der Lage, seine Meinung geltend zu machen. An den inzwischen wieder in London weilenden Bernstorff schrieb er am 21. November 1862: «Eine Verständigung über die Militärfrage ist bisher nicht näher gerückt, als vor 6 Wochen; der König lehnt 2jährige Dienstzeit principiell ab. Ich enthalte mich der Kritik über diesen Punkt; 2jährige mit Capitulanten würde bei der Infanterie wohl genügen; bestände der König aber auf 10jähriger, so würde ich über diese Dinge ihm den Gehorsam nicht aufsagen. Es giebt M(eines) E(rachtens) wichtigere Fragen, als diesen momentanen Frieden mit dem jetzigen Abgeordnetenhause durch eine solche Concession zu erkaufen; dauernd wäre der Friede mit den Leuten doch nicht, also meinetwegen, *no surrender.*»[13]

Motive und Taktik

Die Vermittlungsversuche waren gescheitert, an Kapitulation war nicht zu denken, es galt nun also Wege zu finden, den Widerstand der Kammer zu überwinden. Über ein Jahr vor seiner Ernennung zum Ministerpräsidenten hatte Bismarck Roon bereits anvertraut, wie er in einer derartigen Lage taktieren würde. Die Krone, schrieb er an Roon, müsse durch eine tatkräftige Außenpolitik für die Ruhe im Inneren sorgen, «aber seit 14 Jahren haben wir der Nation Geschmack an Politik beigebracht, ihr aber den Appetit nicht befriedigt, und sie sucht die Nahrung in den Gossen. Wir sind fast so eitel wie die Franzosen; können wir uns einreden, daß wir auswärts Ansehn haben, lassen wir uns im Hause viel gefallen; haben wir das Gefühl, daß jeder kleine Würzburger uns hänselt und geringschätzt, und daß wir es dulden aus Angst, weil wir hoffen, daß die Reichsarmee uns vor Frankreich schützen wird, so sehn wir innre Schäden an allen Ecken, und jeder Preßbengel, der den Mund gegen die Regirung aufreißt, hat Recht.»[14]

Bei seinem Auftritt vor der Budgetkommission hatte er versucht, die Abgeordneten mit der Aussicht auf die revolutionäre Entfaltung der preußischen Macht zu blenden. Der Nationalverein, hatte er gesagt, wisse den Wert der preußischen Armee für die Erreichung seiner Zwecke nicht zu schätzen: «Nochmals unser Volk angehend: Wir haben zu heißes Blut, wir haben die Vorliebe, eine zu große Rüstung für unsern schmalen Leib zu tragen; nur sollen wir sie auch utilisiren. Nicht auf Preußens Liberalismus sieht Deutschland, sondern auf seine Macht; Bayern, Württemberg, Baden mögen dem Liberalismus indulgiren, darum wird ihnen doch keiner Preußens Rolle anweisen; Preußen muß seine Kraft zusammenfassen und zusammenhalten auf den günstigen Augenblick, der schon einige Male verpaßt ist; Preußens Grenzen nach den Wiener Verträgen sind zu einem gesunden Staatsleben nicht günstig; nicht durch Reden und Majoritätsbeschlüsse werden die großen Fragen der Zeit entschieden – das ist der große Fehler von 1848 und 1849 gewesen – sondern durch Eisen und Blut.»[15]

In seinem Zusammenhang sollte das oft zitierte und mißdeutete Wort mit dem Hinweis auf künftige auswärtige Eroberungen die preußischen Abgeordneten von dem häuslichen Streit ablenken und zur Nachgiebigkeit gegen die Regierung stimmen. Aber die dramatische Phrase wurde damals sofort von der liberalen Presse aufgegriffen, die sie als Beweis dafür nahm, daß man es bei dem neuen Ministerpräsidenten mit einem skrupellosen Gewaltmenschen zu tun habe, und dieser Ruf ist an Bismarck hängengeblieben bis auf den heutigen Tag.

Obwohl er mit «Blut und Eisen» zu weit ging, war die Absicht des Ministerpräsidenten, den Liberalen mit der Verheißung nationaler Macht und internationalen Ansehens zu imponieren, so falsch nicht. Seit 1859 hatte der Nationalverein viel von seinem anfänglichen Elan verloren. Von der preußischen Regierung enttäuscht, hatten seine Führer sich auf Agitation in der Öffentlichkeit verlegt. Doch trotz der zahlreichen Aktivitäten, die sie in Sport- und Berufsvereinen, auf Versammlungen und Kongressen entfalteten, war nicht zu leugnen, daß es dieser Agitation irgendwie an mitreißender Kraft mangelte. Nirgendwo, außer in Baden, entsandten die Wähler Vertreter des nationalen Anliegens in die Parlamente. Die Liberalen waren dementsprechend niedergeschlagen. Wie konnte man, so fragten sie sich wiederholt, die deutschen Regierungen und das deutsche Volk von neuem für die nationale Einheit in Bewegung setzen?[16]

Manche Altliberalen setzten ihre Hoffnungen in eine neue nationale Krise, wie man sie 1812, 1840 und 1859 erlebt hatte, in einen «nationalen Krieg», der die verkrusteten Strukturen der deutschen Kleinstaaten aufbrechen und die Risse des inneren Konflikts in Preußen schließen würde.[17] Eine mit Hegels Geschichtsphilosophie vertraute Generation sehnte sich nach der «welthistorischen Persönlichkeit», die die schlummernde Macht des preußischen Staates wecken würde. «Die deutsche Frage ist Machtfrage und ohne Machtentfaltung Preußens, ohne Beweise des nationalen Machtgebrauchs und Machterfolges wird sie nie gelöst werden», schrieb der Historiker und Berater des Kronprinzen Max Duncker. Um einer deutsch-nationalen Politik willen war Duncker denn auch bereit, sich mit einer «Militärdiktatur» in Preußen abzufinden. Der Karlsruher Historiker Hermann Baumgarten wünschte, es würde endlich in Berlin der dort leider fehlende «große und feste Mann» auftreten, «ein großes Genie oder ein gewaltiger Tyrann», von dem «rasche, durchgreifende Aktion» erwartet werden durfte.[18] Bald nach Bismarcks Ernennung schrieb der Journalist Constantin Rößler: «Eine Ueberzeugung müssen wir jedoch aussprechen, unberührt von dem Aufschrei des Widerspruchs, welchen sie hervorrufen wird. Wenn Herr von Bismarck der Regierung, an deren Spitze er steht, den Impuls zu einer kühnen, fortwirkenden, unwiderruflichen That in der deutschen Frage geben kann, so wird in wenig Tagen vergessen sein, was er noch heute und gestern gesprochen, gethan oder zugelassen hat. Dann ist es mit der Reaktion zu Ende, aber auch mit der Opposition.» Denn unter anfänglichem Widerstreben werde sich lawinenartig durch die deutschen Provinzen der jubelnde Ruf der Nation fortpflanzen: «Eine Diktatur für einen Mann!»[19]

Die Opposition im preußischen Landtag verkannte Bismarcks Bonapartismus zwar nicht, bezweifelte aber, daß er damit Erfolg haben werde. Obwohl die geringe Wirkung ihrer Agitation sie enttäuschte, glaubten doch die meisten Liberalen, daß es nur unter liberalen Auspizien zu einer Einigung Deutschlands kommen könne. Der erste Schritt dazu, so dachten sie, müsse die Liberalisierung des mächtigsten deutschen Staates sein. Eine mit friedlichen Mitteln an die Macht gelangte liberale Regierung in Berlin würde eine nationale Revolution auslösen, die den Deutschen Bund liquidieren, den österreichisch-preußischen Dualismus beenden und Kleindeutschland unter preußischer Führung vereinigen würde. Zumindest die demokratischen Liberalen setzten diesen Gang der Dinge axiomatisch voraus. Denn sie waren nicht weniger fest davon überzeugt, daß jeder Versuch der konservativen preußischen Regierung, kriegerisch in die deutsche Politik einzugreifen, notwendig zum Scheitern verurteilt sei. Wie konnte dieser reaktionäre Junker, den der König angesichts seiner verzweifelten Lage im Ringen mit dem Parlament als letzte Hilfe berufen hatte, wie konnte dieser Junker hoffen, sich ausgerechnet die Energien des deutschen nationalen Patriotismus zunutze zu machen? Die linken Liberalen glaubten, wenn sie nur in den Fragen der militärischen Reorganisation und ihrer verfassungsmäßigen Rechte auf ihrem Standpunkt beharrten, sich schon durch diese Festigkeit allein Einfluß auf die Außenpolitik sichern zu können. Für ein Weilchen mochte die Regierung noch der vom Parlament beanspruchten Macht über Budgetfragen trotzen und den Staat aus bereits früher bewilligten Mitteln finanzieren können, doch das würde sich ändern, sobald Bismarck seine «große Aktion» versuchen sollte. Im entscheidenden Moment würde die Bevölkerung ihm die moralische Unterstützung ebenso verweigern wie das Parlament die zur Kriegführung notwendigen außerordentlichen Kredite.[20]

Ob die liberale Opposition im preußischen Verfassungskonflikt eine parlamentarische Regierung nach britischem Muster anstrebte, ist bis heute umstritten.[21] Zu keiner Zeit, nicht einmal auf der Höhe des Verfassungskonflikts, wurde ein politisch verantwortliches Staatsministerium ausdrücklich gefordert, jedenfalls von keiner der in der Abgeordnetenkammer des preußischen Landtags vertretenen Parteien oder Fraktionen – einzelnen mag dieses Ziel allerdings vorgeschwebt haben.[22] Doch als Bismarck der Opposition insgesamt dieses Ziel unterstellte, wurde das allseitig empört bestritten. «In Preußen ist die einzig mögliche Form eines gedeihlichen Staatslebens jetzt die parlamentarische unter einer verständigen königlichen Führung; das Parlament ohne diese Führung ist der Aufgabe noch nicht gewachsen und das Königtum ohne Parlament ist es längst nicht mehr», schrieb Heinrich von Sybel. Noch bedurften also seines Erachtens Monarchie und Parlament der gegenseitigen Unterstützung. Duncker schrieb an Roggenbach: «Das Königtum ist die entscheidende Macht in Preußen. Es handelt sich zwischen der liberalen und feudalen Partei wesentlich darum, welche von ihnen das Königtum gewinnen, welche von ihnen das Königtum bewegen kann, auf ihre Seite zu treten.»[23]

Beide Lager der Kammer standen noch unter dem Einfluß der traditionellen Vorstellung, daß in Preußen Krone, Staatsministerium und Bürokratie das Ganze gegen die Einzelinteressen vertraten, obwohl die Tatsachen dem immer offenkundiger widersprachen. Die überzeugendste philosophische Formulierung hatte diese Vorstellung bei Hegel gefunden, für den der Staat als «Gefäß des Weltgeists» regelnden und vermittelnden Einfluß auf die bürgerliche Gesellschaft nahm, und diese Lehre beherrschte noch die Hörsäle und Seminare der deutschen Universitäten, wo die politisch aktiven Angehörigen des oberen Mittelstands (darunter auch liberale Beamte, die der Fortschrittspartei angehörten) ihre Ausbildung erhielten. Die im französischen und angelsächsischen politischen Leben längst fest verwurzelte Idee der Volkssouveränität hatte bei gebildeten Deutschen nie viel Kredit. Der radikale Rand der liberalen Bewegung, der in den vierziger Jahren diese Vorstellung vertreten hatte, verlor nach 1848 an Bedeutung. Nach diesem Jahr stellten die deutschen Liberalen, die demokratischen ebensowenig wie die gemäßigten, die von der preußischen Verfassung vorgesehene Gewaltenteilung nicht mehr grundsätzlich in Frage. Was sie in den Jahren 1862–1866 bekämpften, war die Gewichtsverlagerung innerhalb dieser Teilung zugunsten der Regierung.

Im Rückblick auf das 17. Jahrhundert konnten Angehörige der parlamentarischen Opposition der sechziger Jahre des 19. Jahrhunderts viele Gelegenheiten nennen, bei denen die preußische Krone sowohl zur Zeit des monarchischen als auch zur Zeit des bürokratischen Absolutismus die Macht und Privilegien der Junker im Interesse des Staates beschnitten hatte. Was die meisten von ihnen von der Regierung der «Neuen Ära» erwarteten und dann von der, die auf Bismarcks Sturz folgen sollte, war nur ein neuer Beweis jenes politischen Realismus, den die Krone einst unter dem Großen Kurfürsten durch die Aufhebung der brandenburgischen und preußischen Landtage bewiesen hatte, unter Friedrich Wilhelm III. durch die Stein-Hardenbergschen Reformen und schließlich unter Friedrich Wilhelm IV. mit der Gewährung der Verfassung. Der erwartete neue Beweis dieses Realismus der Krone sollte Vertreter des Mittelstands (der manchmal auch als der «allgemeine» bezeichnet wurde) in die Regierung bringen und derart den Prozeß der nationalen Einheit, des wirtschaftlichen Wachstums und überhaupt der Modernisierung beschleunigen.

Aus dieser Sicht erscheint der Kampf als die Auseinandersetzung zweier Stände, deren jeder für sich das Recht beanspruchte, die Krone staatspolitisch zu beraten – des Adels, der seinen Anspruch historisch begründete, war er doch von jeher der kämpfende und regierende Arm des preußischen Staatskörpers gewesen, und des Mittelstands, der im Besitz aufgeklärter Ideen und «moderner» Werte zur Regierung berufen zu sein glaubte. Die beiden Stände vertraten verschiedene ökonomische Ordnungen und Interessen. Der Landadel einerseits wollte seine traditionelle Vorherrschaft erhalten, während andererseits die städtische Elite von «Bildung und Besitz» politischen Einfluß begehrte, um die Interessen des Handels-, Industrie- und Finanzkapitalismus zu befördern. Jede dieser beiden Interessengruppen hielt sich selbst für am besten geeignet, die preußische Gesellschaft insgesamt zu vertreten. Der Adel auf Grund seiner Geschichte, in der er innerhalb des feudalen Korporatismus stets der regierende Stand gewesen war, die städtische Elite, weil sie an der Spitze des wirtschaftlichen, sozialen und kulturellen Fortschritts marschierte. Keiner der beiden Stände konzedierte der ländlichen und städtischen Unterschicht das Recht oder auch nur die Befähigung, auch ihrerseits eine unabhängige Rolle im politischen Leben zu spielen. Ohne deren Unterstützung hatten aber im Verfassungskonflikt die Liberalen wenig Aussicht, eine Umwälzung der Verfassungsverhältnisse zugunsten des Parlaments herbeizuführen. Sie hätten an eine Unterschicht von Gesellen, Lohnarbeitern, Tagelöhnern und Arbeitslosen appellieren müssen, eine Gesellschaftsschicht, der das deutsche Bürgertum die für die Mitwirkung an der Politik erforderliche Reife nicht zutraute. Wenn man die politischen Leidenschaften der Massen vor seinen Wagen zu spannen versuchte, riskierte man, Kräfte zu entfesseln, so fürchteten die Liberalen, die dann durch niemanden mehr zu zügeln sein würden. Seit 1789 war das in Europa ja schon wiederholt geschehen.

Der Verfassungskonflikt kann nicht als ein Kampf zwischen der alten ländlichen und der neuen städtischen Elite um materielle Interessen und neue Produktionsweisen erklärt werden. Wie wir sehen werden, kooperieren Krone und Parlament während des ganzen Verfassungskonflikts in vielen bedeutenden wirtschaftlichen Angelegenheiten, etwa 1865, auf dem Höhepunkt des Konflikts, bei der Erneuerung des Zollvereins auf Freihandelsbasis. Auch saßen auf den Sitzen der liberalen Opposition im Parlament viele adelige Landbesitzer und Beamte, die weniger ihr Klasseninteresse verteidigen, als ihre Ideale verwirklicht sehen wollten. Die Anliegen, für die ihre bürgerlichen Kollegen sich einsetzten, waren solche, mit denen allerdings die Emanzipation der Untertanen und die bürgerliche Freiheit vorangebracht wurden. Sie waren für den Konstitutionalismus, den Rechtsstaat, die rechtliche Verantwortlichkeit der Minister, die Bewahrung der Budgetkompetenz der zweiten Kammer, Freiheit der Presse und der Rede und Aufrechterhaltung des bürgerlichen Einflusses auf das Militär (durch Beibehaltung der Landwehrverfassung). Und sie wehrten sich gegen das Willkürregiment eines Monarchen und der von diesem berufenen Minister, das die Traditionen des monarchischen Absolutismus und des Militärstaats fortsetzen wollte. Durch hartnäckige Verteidigung des Rechtsstaats hofften die Liberalen, Bismarcks Regierung zu entmutigen, diese schließlich unhaltbar zu machen und so die Krone zu ihrer Entlassung zu bewegen. Diese Strategie empfahl sich natürlich in besonderem Maße den vielen Anwälten, Juristen, Rechtsgelehrten und Staatsbeamten in den Reihen der Liberalen. Gute juristische Kenntnisse schienen die Gewähr für eine erfolgreiche Strategie zu bieten.[24]

Im Grunde war der Verfassungskonflikt der Jahre 1862–1866 ein Versuch der Opposition, die preußische politische Führung auszuwechseln, ohne daß dabei eine strukturelle Veränderung ihrer dualistischen Konstitution beabsichtigt gewesen wäre. Die Liberalen hofften, indem sie ihm das Regieren unmöglich machten, Bismarck zum Rücktritt und die Krone (ob unter Wilhelm I. oder unter dessen Nachfolger) zur Berufung einer neuen Regierung zwingen zu können, die bereit wäre, die verfassungsmäßigen Rechte des Parlaments zu respektieren. Und doch war natürlich den Abgeordneten der Opposition ebenso bewußt wie Wilhelm I., Bismarck und den Konservativen am Hof und im Kabinett, daß sie, falls sie mit ihrem gegenwärtigen Anliegen durchdrangen, einen Präzedenzfall schaffen würden. Wenn sich die Krone in der Budgetfrage der Rechtsauffassung des Parlaments beugte, konnte sie wohl auch in anderen Streitpunkten zum Nachgeben genötigt werden. So war vielleicht Zustimmung zu einem Gesetz zu erlangen, das die rechtliche Verantwortlichkeit von Ministern verfügte, ein Gesetz, das die Liberalen schon seit mehr als zehn Jahren vergeblich forderten.[25] Und hatte man die Minister erst einmal rechtlich haftbar gemacht, sollte es nicht möglich sein, auch ihre politische Verantwortlichkeit festzuschreiben? Wenn so die Autorität des Monarchen über die Exekutive Stück für Stück abgebaut wurde, würde eines Tages das Parlament die Oberhand gewinnen – wenn nicht unter dem (schon über sechzig Jahre alten) gegenwärtigen Herrscher, dann unter seinem Nachfolger, dessen vergleichsweise liberale Gesinnung ja kein Geheimnis war. Noch deutlicher auf der Hand aber lag die Alternative: Wenn das Parlament Bismarcks Auslegung der Verfassung gelten ließ, verlor es einen großen Teil seines Mitspracherechts bei der Verteilung öffentlicher Mittel, Roons Plan zur Eliminierung zivilistischer Einflüsse im Heer konnte ausgeführt und durch die Disziplinierung der Beamten für die ideologische Sterilisierung der Staatsbürokratie gesorgt werden.

Die Teilung der Regierungsgewalt unter der preußischen Verfassung von 1850 war nicht mehr stabil. Die Aggression der Krone und die Reaktion des Parlaments hatten die Fronten so verhärtet, daß eine Einigung über eine neue Festsetzung des Verhältnisses kaum zustande kommen konnte. Unter diesen Umständen schien der Konflikt nur mit der Niederlage einer der beiden Seiten ausgehen zu können, so daß entweder die Krone oder das Parlament mit vermehrter Autorität daraus hervorgehen würde. Angesichts dieser Alternativen waren die liberalen Abgeordneten gezwungen, die Partei des Parlaments zu ergreifen. Dennoch radikalisierte die Erfahrung des Verfassungskonflikts die liberale Bewegung nicht. Daß die Liberalen es sich versagten, rundheraus eine parlamentarische Regierung zu fordern, beweist, wie ambivalent selbst unter diesen Umständen noch ihre Gefühle für die Hohenzollernmonarchie waren. Die potentielle Nützlichkeit ihrer Macht zur Verwirklichung der ersehnten nationalen Einheit zog die Liberalen noch immer zu ihr hin, wie sehr auch die autokratische Regierungsform, die militaristische Tradition und die reaktionäre Politik des preußischen Staates sie abstoßen mochten. Die Gemäßigten betonten mehr das Anziehende, die Demokraten mehr das Abstoßende. Merklich unterschieden sich diesbezüglich auch die Anschauungen der preußischen von den außerpreußischen Liberalen. Die ersteren, nun durch den Verfassungskonflikt verbittert, waren bereit, die Sache bis zum Ende durchzukämpfen, während die letzteren den ganzen Konflikt bedauerten und auf eine rasche Verhandlungslösung hofften. Die Nicht-Preußen, die nicht persönlich in die preußischen Kämpfe verwickelt waren, dachten weniger an die

Fragen, die bei diesen entschieden werden sollten, als an die für sie viel bedeutendere Sache der deutschen Einheit.

Die liberale Koalition, der die Aufgabe zufiel, den Kampf gegen die Krone von Preußen zu führen, war eine wackelige Allianz von Fraktionen, deren gegenseitiges Mißtrauen nur auf Grund der absoluten Notwendigkeit, eine gemeinsame Front zu bilden, beiseite gestellt worden war. Keine der liberalen Gruppen, aus denen sich dieses Bündnis zusammensetzte, war sich der eigenen inneren Kohäsion gewiß. Das parlamentarische Leben steckte in Preußen ja damals noch in den Kinderschuhen. Eine angemessene und ausreichende Parteiorganisation hatte nicht einmal die Fortschrittspartei. Infolgedessen fühlte sich jeder Abgeordnete zunächst einmal den Wählern verpflichtet, die ihn nach Berlin geschickt hatten, nämlich jeweils der kleinen Gruppe örtlicher Magnaten, auf deren Stimmen es hauptsächlich ankam. Er neigte deshalb im Parlament dazu, seine Unabhängigkeit von Parteibindungen und Parteibeschlüssen zu betonen. Jeder Versuch einer Partei, ihre Vertreter an ein positives Programm zu binden, konnte leicht ihre Existenz gefährden. Aus diesem Grunde waren die verschiedenen Gruppierungen ständig dabei, sich voneinander abzuspalten und ineinander überzugehen.[26] Doch die größte Schwäche der liberalen Opposition war der anhaltende Verdacht ihrer Führer, daß sie auf großen Anhang beim Volk nicht rechnen könne. Beim ersten Höhepunkt des Konflikts im Sommer 1862 äußerte Max von Forckenbeck, ein Sprecher der gemäßigten Liberalen, die Befürchtung, daß, falls die Abgeordneten eine abermalige Auflösung des Parlaments erzwangen, die unentschiedenen Wähler – und das seien die allermeisten – bei der nächsten Wahl in Scharen zur anderen Seite übergehen und so den Sieg der Liberalen fürs erste zweifelhaft machen würden.[27] Parlamentarische Liberale standen in gelichteten Reihen einer kompakten feindlichen Front gegenüber und konnten auf Verstärkung aus der Etappe kaum rechnen.

Vormarsch und Rückzug in Deutschland

In den vergangenen Jahren sind mehrere Biographen Bismarcks zu dem Schluß gelangt, daß der «weiße Revolutionär» zu seiner Außenpolitik durch innere Kräfte gedrängt worden sei, die ihn zwangen, über seine ursprünglichen Absichten hinauszugehen. Diese Behauptung eines «Primats der Innenpolitik» in der Ära der nationalen Einigung stützt sich auf die Annahme, daß die parlamentarische Opposition im Verfassungskonflikt in der großen Mehrheit des preußischen Volks einen starken Rückhalt hatte. Um mit dieser mutmaßlich überwältigenden Opposition zu Rande zu kommen, sei Bismarck genötigt gewesen, deren außenpolitisches Programm zu exekutieren.[28] Doch weder Forckenbeck noch andere führende Abgeordnete der Fortschrittspartei glaubten, einen zuverlässigen Anhang im Volk zu haben. Wie noch zu zeigen sein wird, nahm ihre diesbezügliche Unsicherheit mit den Jahren noch zu.

Bismarck, in Diplomatenkleidung, nimmt seinen förmlichen Abschied von Napoleon III., der den scheidenden Botschafter mahnt, als Preußens neuer Ministerpräsident zu zeigen, daß er am «Institut vom 2. December» etwas Nützliches gelernt habe. Angespielt wird auf Napoleons Staatsstreich, der 1851 die republikanische Nationalversammlung beseitigte und den Weg für das zweite Kaiserreich ebnete. (Wilhelm Scholz, *Kladderadatsch,* 18. Oktober 1862)

Bismarcks Streit mit Österreich und die Formulierung seiner Strategie zu dessen siegreicher Beendigung gingen dem Verfassungskonflikt voraus. In den Monaten, die seiner Ernennung zum Ministerpräsidenten folgten, hat er die Behauptung, er suche in äußeren Verwicklungen «ein Mittel zur Ausgleichung des inneren Zerwürfnisses», wiederholt «als eine frivole» zurückgewiesen: «Das Mittel wäre schlimmer als das Übel selbst!»[29] Die Unterstellung des Historikers, daß ihn die Stärke der parlamentarischen Opposition während der Jahre 1862–1866 dazu gezwungen habe, die Außenpolitik der Fortschrittspartei zu übernehmen, hätte Bismarck zweifellos belächelt. Bestenfalls kann wohl angenommen werden, daß der innenpolitische Streit auf gewisse Weise zur baldigen Ausführung eines Plans zur Lösung der deutschen Frage beitrug, der jedoch schon früher und unter ganz anderen Umständen konzipiert worden war. Ein einziger Hieb verhieß dabei vielleicht doppelten Sieg. Doch Bismarcks erstes Jahr im Amt war ein Jahr der Enttäuschungen und drohenden Katastrophen.

Zum Zeitpunkt seiner Ernennung erreichte der Kampf zwischen den beiden deutschen Großmächten sowohl im Bundestag als auch im Zollverein eine gefährliche Intensität. Während des Herbsts 1862 gewann das österreichische Drängen auf eine Reform des Bundes zu seinen Gunsten an Gewicht.[30] Am 28. Oktober gründete ein Kongreß von Großdeutschen einen deutschen Reformverein, zu dessen Zielsetzungen der Kampf gegen den Nationalverein gehörte. Obwohl zwischen ihnen noch nicht über alle Einzelheiten der im August vorgeschlagenen Reformen Einmütigkeit erzielt worden war, einigten sich doch im November Österreich und seine Verbündeten, dem Bundestag die Annahme dieser Vorschläge im Prinzip zu empfehlen. Außer Sachsen beharrten die Mittelstaaten auf ihrer Ablehnung des von Preußen mit Frankreich geschlossenen Freihandelsvertrages. Bei den Geschäftsleuten jedoch fand der Vertrag immer mehr Befürworter. Im September und Oktober sprachen sich sowohl der *Congreß deutscher Volkswirthe* als auch, mit geringer Mehrheit zwar, der *Deutsche Handelstag* für den Vertrag aus.[31]

Gemäß der schon vor fast zehn Jahren geplanten Strategie suchte Bismarck sich zuerst des Angelpunkts zu bemächtigen, der ihm gestatten würde, alternative Entscheidungen zu erwägen. Ende Oktober reiste er nach Paris, vorgeblich, um Napoleon seinen Abschiedsbesuch als preußischer Gesandter zu machen. Anscheinend erhielt er von Napoleon und dessen neuem Außenminister, Édouard Drouyn de Lhuys, für den Fall eines Krieges zwischen Österreich und Preußen die «Zusage unbedingter Neutralität».[32] Ehe er Paris verließ, führte er den ersten Schlag. Er suchte den österreichischen Gesandten auf, den Fürsten Richard Metternich, und stand nicht an, diesem freimütig zu erklären, daß er beabsichtige, Preußen die Hegemonie über die ökonomischen, politischen und militärischen Verhältnisse in Norddeutschland zu verschaffen. Dies nach Möglichkeit im Einverständnis und in enger Gemeinschaft mit Österreich, doch, wenn Österreich sich etwa widersetzen wolle, auch gegen dessen Willen und mit allen geeigneten Mitteln.[33] Anfang Dezember wiederholte er diese Warnung bei Alois Graf von Károlyi, dem österreichischen Gesandten in Berlin. Er empfahl der Habsburger Monarchie, sich ihre Einflußsphäre außerhalb Deutschlands im Osten zu wählen und Ungarn nicht als Anhängsel des Reichs, sondern als einen von dessen Hauptbestandteilen zu regieren. Für diesen Fall bot er Österreich eine feste Allianz in der europäischen Politik und die unbedingte Unterstützung der österreichischen Interessen in Italien und Osteuropa an. Würde aber dieses Anerbieten von Österreich zurückgewiesen, würde Preußen in jeder zukünftigen Krise mit Frankreich gehen.[34]

Nichtsdestoweniger verfehlte sein erster Anschlag in Deutschland sein Ziel, und dann scheiterte die ganze Offensive. Im November stellte er dem Kurfürsten Friedrich Wilhelm von Hessen-Kassel ein Ultimatum, das ihn anwies, seinen Streit mit dem hessischen Parlament beizulegen, und im Falle der Mißachtung dieser Ermahnung Maßnahmen androhte. Wenn er Truppen nach Kassel schickte, meinte Bismarck, würde dies die kleineren Staaten ermuntern, sich dem französischen Zollvertrag und der Erneuerung des Zollvereins gewogen zu zeigen. Doch der unbeliebte Kurfürst wich preußischen Repressalien aus, indem er auf das Ultimatum einging, und so blieb Kurhessen im Spiel.[35] Im Dezember schien man im Bundestag mit einem Votum für den österreichischen Reformplan rechnen zu müssen, und Bismarck begann mit Kriegsvorbereitungen. Bei dem französischen Botschafter Charles de Talleyrand erkundigte er sich, welche Haltung Frankreich im Kriegsfall einnehmen werde. Er erhielt nicht die Antwort, die er erwartete. Wenn der Konflikt örtlich beschränkt bliebe, würde Frankreich die Neutralität wahren, hörte er, wenn jedoch die Zerstörung des Deutschen Bundes und eine Verschiebung des europäischen Gleichgewichts drohten, würde der Kaiser die Kombination suchen, die für die Sicherheit seines Staates und den Frieden in Europa die beste Gewähr böte.[36] Einige Tage später folgte dieser Enttäuschung eine zweite.

Wie gewöhnlich rückte Bismarck gleichzeitig noch an einer zweiten Front vor. Während seiner Verhandlungen über die Inkraftsetzung des Freihandelsvertrages hatte er die Franzosen um eine Garantie gebeten, daß sie ähnliche Vereinbarungen nicht auch mit anderen Zollvereinsstaaten treffen würden. Er wollte das Brandenburger Tor zum einzigen machen, durch welches diese Staaten Zugang zur europäischen Freihandelszone erhalten könnten. Im Besitz dieses Monopols glaubte er, daß 1866 beim Auslaufen der Zollvereinsverträge Preußen die kleineren Staaten zwingen könnte, ein Verfahren auf Grund von Mehrheitsentscheidungen zu akzeptieren sowie ein Parlament, das fähig wäre, die politischen Divergenzen der Regierungen auszugleichen. Anstelle eines reformierten Bundestages mit einer von Österreich beherrschten großdeutsch gesinnten Versammlung wollte er einen reformierten Zollverein schaffen, der ein kleindeutsches Parlament unter preußischer Oberhoheit haben sollte. Doch am 30. Dezember 1862 lehnte Drouyn die preußische Forderung nach Exklusivrechten ab.[37]

Obwohl der französische Sinneswandel für Bismarck eine schwere Enttäuschung war, erlaubte ihm sein strategisches System, solche unangenehmen Überraschungen aufzufangen. Es war zu diesem Zweck jetzt erforderlich, sich von Paris ab und Wien zuzuwenden. Den Franzosen mußte demonstriert werden, daß die Preußen auch am Ballhausplatz noch willkommen waren.[38] In der Praxis war das dann allerdings gar nicht leicht durchzuführen. Denn während er sich einerseits um ein Rapprochement mit Österreich bemühen mußte, durfte er es andererseits nicht versäumen, den österreichischen Reformplan zu verhindern und die Österreicher von der Zwecklosigkeit jedes ferneren Versuchs in dieser Richtung zu überzeugen. Bismarck war jedoch ein Meister der Quadratur des Kreises. In seinen Gesprächen mit Thun und Károlyi während des Frühjahrs 1863 wechseln beschwichtigende, drohende, verführerische und ablenkende Motive einander in rascher Folge ab. Einmal sprach er von der Wünschbarkeit einer offensiv-defensiven Allianz, gleich darauf von Preußens Fähigkeit, sich ohne fremde Hilfe selbst zu verteidigen. Oder er sprach von den Gefahren der europäischen Revolution, um gleich darauf mit einem Plan herauszurücken, die revolutionären Kräfte in Preußens Interesse einzusetzen. Auch leugnete er Preußens Absicht, Deutschland in zwei Einflußsphären aufzuteilen, um gleich darauf Pläne vorzutragen, die letztlich auf nichts anderes hinausliefen. Endlich schlug er vor, daß die beiden Großmächte ihre europäischen Beziehungen von den deutschen abstrahieren sollten, um auf dem einen Gebiet kooperieren zu können, während sie auf dem anderen unterschiedlicher Meinung seien: «Ich halte es für möglich und für ersprießlich, Kriegskameraden mit Ihnen zu sein, doch glaube ich nicht, daß wir beide aus demselben Topfe unser taegliches Brot genießen sollten.» Károlyi fand es «wahrhaft Erstaunen erregend, mit welcher Schnelligkeit Herr von Bismarck von einem Extrem in das gerade entgegengesetzte übergeht, wie er in den kürzesten Zwischenräumen die äußersten Besorgnisse hinsichtlich der Erhaltung des Friedens erweckt und beschwichtigende Eindrücke wieder hervorruft, konservative Grundsätze zur Bekämpfung revolutionärer Bestrebungen in Deutschland und daher das Festhalten des Status quo voranstellt und bald darauf das Betreten eines nationalparlamentarischen Weges am Bunde in Aussicht stellt.»[39]

Während die Abstimmung im Bundestag näherkam, bearbeitete Bismarck die kleinen Staaten entsprechend der Taktik «Furcht erregen und noch mal Furcht erregen» mit Warnungen, «daß, falls Preußen dabei überstimmt werden sollte, seine Regierung die Bundesverfassung als nicht mehr verbindlich ansehen würde». Einige der kleineren Staaten schwankten bis zum Augenblick der Stimmabgabe, hin- und hergerissen zwischen Furcht vor Preußen und Haß auf Preußen. Doch bei der Auszählung der Stimmen am 22. Januar 1863 zeigte sich, daß Österreich verloren hatte, neun zu sieben. Die Sensation des Tages aber war die Erläuterung des preußischen Votums bei der Abstimmung. Da hieß es: «Nur in einer Vertretung, welche nach Maßgabe der Bevölkerung jedes Bundesstaats aus letzterer durch unmittelbare Wahl hervorgeht, kann die deutsche Nation das berechtigte Organ ihrer Einwirkung auf die gemeinsamen Angelegenheiten finden.» Ein derartiges deutsches Parlament müßte mit der dem jetzigen Bundestag fehlenden gesetzgebenden Gewalt ausgestattet werden und wäre derart befähigt, der die Bundesregierungen vertretenden Zentralbehörde als Gleichgewicht an die Seite zu treten.[40] Die bestürzten Gesandten vernahmen da eine nachdrückliche Warnung, daß, falls die österreichische Koalition weiterhin bei ihren Bemühungen um eine großdeutsche Reform beharren sollte, Preußen sich mit dem kleindeutschen Nationalismus verbünden würde. Und es lag auf der Hand, daß in einer solchen Konkurrenz Berlin weit mehr zu bieten hatte als Wien.

Schon während der preußische Gesandte im Bundestag sprach, kam es jedoch in Osteuropa zu Ereignissen, die schließlich fast katastrophale Folgen für Bismarcks Pläne gehabt hätten. Denn am Abend des 21. Januar hatten sich abermals die Polen gegen ihre russischen Unterdrücker erhoben. Obwohl die Unruhen sich nicht in den preußischen Teil ausbreiteten, wurden aus Berlin sofort vier Armeekorps dorthin in Marsch gesetzt, deren Befehlshaber eine Proklamation erließ, die praktisch auf die Ausrufung des Kriegsrechts hinauslief. Im Februar 1863 wurde General von Alvensleben nach Petersburg zur Beratung über gemeinsame Maßnahmen entsandt. Möglicherweise überschritt er seine Instruktionen, als er den Entwurf einer Konvention nach Berlin kabelte, die im Falle der Flucht polnischer Rebellen über die preußische Grenze eine militärische Zusammenarbeit zwischen Preußen und Russen vorsah. Aber Bismarck stimmte dem Abkommen gern zu, denn es schien ja einzuräumen, daß die russischen Versuche, die Polen zu beschwichtigen, gescheitert waren und nicht fortgesetzt werden sollten.[41]

Bismarcks Gegnerschaft gegen die Sache der polnischen Patrioten war nicht das Ergebnis rassischer oder kultureller Vorurteile, sondern politischer Erwägungen. Ein unabhängiges Polen würde unvermeidlich nach den Grenzen von 1772 streben, das schien ihm sicher, und mithin auch Posen und Westpreußen beanspruchen. Dieser Ansprüche wegen wäre dann ein unabhängiger polnischer Staat ein «natürlicher Verbündeter» Frankreichs. Übrigens waren ja auch in der russischen Regierung diejenigen, die Polens Unabhängigkeit befürworteten, dieselben, die sich für eine Allianz Rußlands mit Frankreich aussprachen.[42] Doch sind Bismarcks Äußerungen zur polnischen Frage nichtsdestoweniger auffallend aggressiv. «Haut doch die Polen, daß sie am Leben verzagen», schrieb er 1861 an seine Schwester. «Ich habe alles Mitgefühl für ihre Lage, aber wir können, wenn wir bestehn wollen, nichts andres thun, als sie ausrotten.» Aus dieser Erklärung spricht zweifellos eine heftige Erregung des Augenblicks. Denn tatsächlich hat Bismarck niemals ernstlich die Ausrottung irgendeines Volks propagiert oder gar betrieben. Doch in einem Brief an Bernstorff äußerte er sich im November 1861 fast ebenso scharf wie in dem an seine Schwester: «Jeder Erfolg der polnischen Nationalbewegung ist eine Niederlage für Preußen, und wir können den Kampf gegen dieses Element nicht nach den Regeln der bürgerlichen Gerechtigkeit, sondern nur nach denen des Krieges führen.»[43]

Seit 1861 hatte er den Russen von Zugeständnissen an die Polen dringend abgeraten. Jetzt ängstigte ihn die Vorstellung, daß die von Gortschakow geführte Reformpartei in Petersburg tatsächlich die russischen Truppen aus Polen abziehen und die Polen sich selber überlassen könnte. Er beschloß, in diesem Fall die geräumten Gebiete zu besetzen und an Preußen anzuschließen. Ein bei ihm seltener Mangel an Urteilsvermögen bestimmte ihn, wegen der zu gewärtigenden Reaktionen auf diesen Schritt sogar in London und Paris zu sondieren.[44] Eines Abends bei einem Hofball sprach er zu Heinrich Behrend, dem Vizepräsidenten der Abgeordnetenkammer, über die Möglichkeit, den russischen Teil Polens zu «germanisieren».[45]

Aber was immer auch ihr zukünftiger Wert sein mochte, es kann kaum bestritten werden, daß in Anbetracht ihrer unmittelbaren Konsequenzen die Konvention Alvensleben ein schwerer Fehler war. London und Paris protestierten gegen die preußische Intervention. Doch die gefährlichste Reaktion kam aus Paris. Die Konvention befreite Napoleon aus einem Dilemma. Er brauchte eine Annäherung an Rußland, um aus der Abhängigkeit von Großbritannien herauszukommen, aber die Lehre vom nationalen Selbstbestimmungsrecht, die er ja stets verkündigt hatte, schrieb ihm vor, die Partei der polnischen Rebellen zu ergreifen, an deren Schicksal auch die französische öffentliche Meinung großen Anteil nahm. Bismarck gab ihm nun die Gelegenheit, statt der Petersburger Regierung die Berliner diplomatisch unter Feuer zu nehmen. Am 21. Februar 1863 empfahl er die Verurteilung der preußischen Intervention in identischen Noten aus Paris, London und Wien.[46]

Als London und Wien ihm die Beteiligung an diesem Manöver verweigerten, griff Napoleon zu einem anderen, für Preußen noch gefährlicheren Plan. Anfang März suchte er in Wien um eine Allianz nach. Wenn der Gang der Ereignisse für Österreich die Notwendigkeit mit sich bringen sollte, dem unabhängig gewordenen Polen Galizien abzutreten, sollte es dafür «materielle Entschädigung» und «exklusive Präponderanz» auf dem Balkan erhalten. Falls Österreich Venetien an Italien abträte, würden die beiden Mächte gemeinsam das Königreich Italien in drei Stücke zerlegen (Piemont, die päpstlichen Besitzungen und Neapel). Österreich sollte «materielle Entschädigung» in Deutschland erhalten, wo die österreichische «Präponderanz» garantiert bleiben sollte.[47] Schon früher hatte mit Fingerzeigen auf eine Landkarte die Kaiserin Eugénie dem Gesandten Metternich die Luftschlösser umrissen, die derzeit über den Tuilerien schwebten. In einem allgemeinen Gebietsaustausch würde Frankreich nichts abtreten, aber von Preußen das linksrheinische Gebiet erhalten; Österreich würde Venedig an Piemont und einen Teil Galiziens an Polen abtreten, dafür an der Adria Bosnien, die Herzegovina und Serbien erhalten sowie in Deutschland Schlesien, darüber hinaus «alles, was es etwa südlich des Mains begehren sollte»; Preußen sollte auch Posen an Polen abtreten, doch mit Sachsen, Hannover und den Herzogtümern nördlich des Mains abgefunden werden. Polen würde als Erzherzogtum wiederhergestellt werden oder *«si nous voulons»* als Königreich (man konnte ja hoffen, daß der enteignete König von Sachsen den polnischen Thron annehmen würde). Rußland sollte mit den asiatischen Besitzungen der Türkei entschädigt werden; Thessalien, Albanien und Konstantinopel sollten Griechenland zugeschlagen werden; Piemont würde neben Venetien die Lombardei, die Toskana, Parma, Piacenza, Bologna und Ferrara erhalten. Die enteigneten Fürsten konnten sich nützlich machen «bei der Zivilisierung und Monarchisierung der amerikanischen Republiken». Metternich hatte den Eindruck, daß Napoleon die «Phantasmagorien» seiner ungestümen Gattin teilte. «Seine Sprache», berichtete er, «gemahne an die der großen Epochen seiner Regierung, derjenigen, die den Kriegen auf der Krim und in Italien vorausgingen.»[48] Nichtsdestoweniger war ein großer Teil seiner Armee in Mexiko gebunden, wo die Entscheidungsschlacht noch bevorstand. Frankreich war unter diesen Umständen nicht in der Lage, einen größeren europäischen Krieg zu führen. Mithin hing alles vom Erfolg des Aufstands an der Weichsel ab, der diese lange Kettenreaktion von Opfern und Entschädigungen in Gang setzten sollte. Doch bald stand es schlecht um die Sache der Rebellen, und die Österreicher lehnten ab. Die Luftschlösser verflogen.[49]

Napoleons Aktionen zwangen Bismarck aber zu hastigem Rückzug. In London, Wien und Paris ließ er wissen, daß die Konvention «keine praktische Bedeutung» habe und «noch heute *formell* nicht abgeschlossen» sei. Nach dem russischen Erfolg in Polen sei sie nur mehr toter Buchstabe, *«une lettre morte»*. Der Wiener Regierung versicherte er: «Ich glaube, daß die jetzige Regierung ... auf dem Gebiete innerer und deutscher Politik eine Position genommen hat, welche geeignet ist, alle Befürchtungen zu beseitigen, die früher ohne reale Begründung in der Richtung laut geworden sind, als könne Preußen darauf ausgehen, die Revolution selbst seinen deutschen Bundesgenossen gegenüber zu verwerten. Der Glaube an die Möglichkeit, daß wir mit den Bestrebungen des Nationalismus gemeinschaftliche Sache machen könnten, dürfte überall verschwunden sein und damit ein wesentliches, wenn auch unberechtigtes Element des Mißtrauens gegen Preußen.» Bismarck verfuhr auch hier nach der Regel, «daß unter zwei Übeln das kleinere zu wählen ist, und daß die Sorge für die Sicherheit eines Landes den Plänen für sein Gedeihen vorausgeht».[50]

England war es dann, das die französische Offensive zurückschlug. Lord Russell wies den französischen Vorschlag vom 21. Februar zurück und machte den Gegenvorschlag, die Mächte sollten identische Noten nicht nach Berlin, sondern vielmehr nach Petersburg senden und der dortigen Regierung eine liberalere Behandlung Polens nahelegen. Mit diesem Gegenvorschlag verlagerte er das Zentrum der Aufmerksamkeit. Rußland und die russische Politik standen nun in der Bühnenmitte, während Preußen und die Konvention Alvensleben in die Kulisse traten. Während der folgenden Monate griff die französische Politik verzweifelt bald nach einem Plan, bald nach einem anderen. Schließlich schloß Napoleon sich England und Österreich bei einer Reihe von Demarchen in Petersburg in der eitlen Hoffnung an, Alexander zur Befreiung Polens nötigen zu können. Er mochte sich drehen und wenden, so gut er konnte, Gortschakow mußte nichtsdestoweniger die fraglichen Noten mit zunehmender Schärfe zurückweisen. Da nun Wien und London die Sache auf sich beruhen ließen, war Napoleon machtlos. Seine polnische Intervention war gescheitert, und damit ging, wie sich zeigen sollte, seine letzte Gelegenheit zu einem Bündnis mit Rußland dahin. In Zukunft sollten sich Alexander und dessen Regierung in der europäischen Politik zunehmend auf Preußen stützen.[51]

Punkt und Kontrapunkt

Doch kaum war eine Bedrohung gewichen, sollte Bismarck schon einer anderen begegnen. Durch die polnische Affäre war Österreich zum Angelpunkt der europäischen Politik geworden. Schmerling und Biegeleben rieten dazu, die günstige Situation auszunutzen, um eine den österreichischen Interessen gemäße Reform des Deutschen Bundes von neuem in Angriff zu nehmen. Obwohl ihr Plan in vieler Hinsicht für Preußen akzeptabler war als der frühere, sah doch auch er eine kollektive, mit der Exekutivgewalt ausgestattete Körperschaft vor, in der Preußen ständig «majorisiert» werden konnte. Selbstverständlich fand das Bismarck unannehmbar. Die Methode, mit der die Annahme des Plans durchgesetzt werden sollte, war auch diesmal sehr durchtrieben. Anstatt zu versuchen, über das preußische Veto hinwegzugehen, schürten die Österreicher das Kesselfeuer einer Dampfwalze, der sie zutrauten, jedes Hindernis plattzurollen. Während Wilhelm zu seiner jährlichen Kur in Bad Gastein weilte, legte ihm am 3. August 1863 Franz

Der Fürstentag in Frankfurt am Main 1863.
Kaiser Franz Joseph steht in weißer Uniform auf der untersten Stufe,
zu seiner Rechten König Georg V. von Hannover, zu seiner Linken die Könige
Johann von Sachsen und Maximilian II. Joseph von Bayern

Joseph plötzlich den österreichischen Plan vor und lud ihn zu einem Fürstentag, auf welchem das Projekt erörtert werden sollte. Die Fürsten sollten sich schon in nicht einmal vierzehn Tagen in Frankfurt treffen, am 16. August 1863.[52]

Nur unter Aufbietung aller seiner Kräfte konnte Bismarck den König davon abhalten, dieser Einladung nachzukommen. Die Vorstellung einer solchen Versammlung regierender Monarchen gefiel dem Hohenzollern. Alle anderen Fürsten nahmen die Einladung an, weshalb er auch die Unhöflichkeit einer Absage scheute. In seinen Memoiren hat Bismarck die dramatische mitternächtliche Auseinandersetzung in Baden Baden beschrieben, an deren Ende Wilhelm in Tränen ausbrach und sein Minister seinem Herzen Luft machte, indem er eine große Waschschüssel auf den Boden schmetterte. Damit war denn der letzte ernsthafte Versuch zerschlagen, eine großdeutsche Antwort auf die deutsche Frage zu finden. Von Furcht und Eifersucht geplagt, stimmten zwar in Frankfurt die geringeren Fürsten dem österreichischen Vorschlag zu, doch nur unter dem Vorbehalt, daß Preußen, noch einmal eingeladen, auch seinerseits einwillige.[53]

Bismarck ließ Wochen vergehen, ehe er auf diese Einladung antwortete. Endlich expedierte er seine Erwiderung am 22. September 1863 – sie kam als heftiger Gegenangriff. Nur ein von «der ganzen Nation» gewähltes und an der Legislativgewalt beteiligtes Parlament, erklärte er, könne wirksam den Ausgleich dynastischer Partikularinteressen zugunsten der Nation befördern. «Die Interessen und Bedürfnisse des preußischen Volkes sind wesentlich und unzertrennlich identisch mit denen des deutschen Volkes.»[54] Ein Parlament, wie Bismarck es forderte, hätte die deutschen von den nicht-deutschen Teilen des Habsburgerreichs getrennt – eben das aber wollte Schmerling vermeiden. Zum zweiten Mal innerhalb eines Jahres brachte Bismarck die österreichische diplomatische Offensive mit dem Hinweis zum Stehen, daß für Preußen eine Option in Reichweite liege, die mit seinen Interessen durchaus verträglich sei, aber äußerst schädlich für die österreichischen. Kurzum, Bismarck drohte, den preußischen Staat mit dem deutschen Nationalgefühl zu alliieren.

Ursprünglich enthielt die preußische Note eine noch radikalere Klausel, in der von einer eventuellen Verständigung mit der «Nationalvertretung» über eine Verfassung die Rede war. Doch diese Klausel wurde vielleicht auf Einspruch des Königs nicht in die endgültige Fassung des Dokuments aufgenommen.[55] Äußerlich hatte die preußische Note den Anschein eines Angebots allgemeiner und gleicher Wahlen. Als die britische Regierung gegen die Einrichtung eines deutschen nationalen Parlaments zu bedenken gab, damit werde vielleicht der Revolution Vorschub geleistet, erwiderte Bismarck, daß «selbst der geringste Zensus noch bessere Garantie gegen revolutionäre Überschreitungen» biete als manches Wahlgesetz, selbst das in Preußen. «Andrerseits dürfte sogar ein *hoher* Zensus in Deutschland günstig aufgefaßt werden, wenn nur wirklich eine Nationalvertretung, fähig, große nationale Aufgaben zu fördern und die gemeinsamen deutschen Interessen zu heben, daraus hervorginge».[56]

Inmitten der Ruinen ihres Versuchs einer großdeutschen Reform wurden Rechberg und seine Kollegen durch eine Attacke aus Paris überrascht. Am 5. November 1863 erklärte Napoleon, daß die Verträge von 1815 «zu bestehen aufgehört haben». Nur ein europäischer Kongreß könne mit einer neu auszuhandelnden Vereinbarung über alle anliegenden Streitfragen den Frieden wahren. Österreich hatte mehr Grund als jeder andere europäische Staat, einen solchen Kongreß zu fürchten, bei dem mit Sicherheit Ansprüche auf nationale Selbstbestimmung zur Sprache kommen würden. Damit schien nach Preußen nun Österreich in die Ziellinie des französischen Imperialismus gerückt zu sein. Vergeblich bemühte sich Rechberg um eine gemeinsame Antwort der vier Großmächte. Auf Bismarcks Rat antwortete Wilhelm dem französischen Kaiser in freundlichem Ton, ließ sich dabei aber alle Wege offen. Wie er es zweifellos vorhersah, lehnte das britische Kabinett die napoleonische Zumutung brüsk ab und erledigte damit die geplante Gipfelkonferenz über Europa. Königin Victoria hielt den Plan für eine *«impertinence»*.[57]

Nach einem Jahr der Krisen und Enttäuschungen hatte Bismarck nun Grund zur Zufriedenheit. Napoleon hatte sich durch seine eigene Ungeschicklichkeit in St. Petersburg und in London unbeliebt gemacht. Seine Polenpolitik und die von ihm erhobene Forderung nach einer Revision der Verträge von 1815 hatten einerseits die Drohung einer französisch-russischen Allianz effektiv beseitigt, andererseits die während des Krimkriegs etablierte praktische Entente mit Großbritannien zerstört. Nun, von Österreich abgewiesen, blieb dem Kaiser gar nicht anderes mehr übrig, als abermals um Preußen zu werben.[58] Auch die Haltung der Wiener Regierung hatte sich merklich geändert. Die vom Scheitern ihrer Bemühungen um eine Reform des Deutschen Bundes sehr enttäuschten und von der gefährlichen Wendung der napoleonischen Politik beunruhigten Österreicher waren nämlich nun gewillt, mit Preußen zu kooperieren. Innerhalb weniger Monate sollte Bismarck sie tief in den Sumpf der schleswig-holsteinischen Frage führen.

V

Eine Periode der Diktatur

Preußischer Konstitutionalismus

Nach dem Zusammenbruch seiner Bemühungen, den Konflikt in Preußen beizulegen, und dem Scheitern seines Versuchs, einen Coup im Ausland zu landen, hatte Bismarck in der öffentlichen Meinung praktisch keinen Rückhalt für seine Politik mehr. Seit 1858 hatte die konservative Partei eine Reihe von katastrophalen Niederlagen hinnehmen müssen. Nicht einmal die nachdrücklichen behördlichen Veranstaltungen zur Beeinflussung der Wahl im März 1862 hatten es vermocht, den Niedergang der regierungstreuen Partei zu verhindern. Das lag zum Teil an der ungenügenden Parteiorganisation und Presse der Konservativen. Der Landadel empfand die praktische politische Arbeit oft als erniedrigend und verächtlich und hielt es nicht für nötig, seine ererbte Führungsstellung vom Volk legitimieren zu lassen.[1]

Ein Konservativer, der diese Notwendigkeit einsah, war Bismarcks alter Freund und Gefährte aus der Revolutionszeit Hermann Wagener. Im September 1861 hatte er bei der Gründung des preußischen Volksvereins mitgewirkt, der als konservatives Gegenstück zum Nationalverein und der Fortschrittspartei konzipiert war. Es handelte sich dabei um eine Vereinigung von Gutsherren und Handwerkern, die sich zur Verteidigung der noch bestehenden Reste des Gutsherrschafts- und Zunftwesens gegen Liberalismus, Laissez-faire-Kapitalismus und das Fabriksystem zusammengeschlossen hatten. Mit regierungsamtlicher Unterstützung florierte der Volksverein in bescheidenem Maße und wuchs von 26 000 Mitgliedern im Jahre 1862 auf 50 000 im Jahre 1865. Während Bismarcks erster Monate im Amt sorgte der Volksverein für eine Flut von Loyalitätserklärungen, die aus den Provinzen im königlichen Schloß fast täglich abgeliefert wurden. Oft wurden diese von Delegationen überbracht, an denen auch Bauern und Handwerker beteiligt waren. Im Oktober 1862 wurde unter der Führung von Moritz von Blanckenburg die dem Volksverein nahestehende Patriotische Vereinigung gegründet. Eine Petition wurde in Umlauf gesetzt, die über die unpatriotische und revolutionäre Opposition Beschwerde führte. Im Januar 1863 hatten bereits eine halbe Million Bürger ihre Unterschrift darunter gesetzt.[2]

Dennoch war offenbar, daß es dem Ministerium an Rückhalt beim Volkswillen fehlte. Was eigentlich dieser Wille sei, war zwar nicht gewiß, aber die Organe der öffentlichen Meinung, die Presse und das Parlament, waren übermächtig auf seiten der liberalen Opposition. Deshalb blieb Bismarck nichts anderes übrig, als es mit jener «Periode der Dictatur» zu versuchen, von deren eventueller Notwendigkeit er gegenüber dem König in Babelsberg gesprochen hatte.

Zu deren Einsetzung fand er in der preußischen Verfassung ein nützliches Instrument. Edwin von Manteuffels Behauptung, daß in Preußen «das ganze Wesen der alten Monarchie ... in der Realität» bestehe, während «die moderne Verfassung ... bis jetzt nur Theorie» sei, kam der Wahrheit ziemlich nahe.[3] Die wesentlichen Bestimmungen waren so vieldeutig abgefaßt, daß sie bei Bedarf im autoritärsten Sinne interpretiert werden konnten. «Die Regirungsgewalt ist m. E. in Preußen, sobald nur Krone und Minister einig sind, stärker und fester als in irgend einem Lande der Welt; so lange Sr. M. der Entschluß zum Befehlen nicht abgeht, wird die Neigung zu gehorchen auch da sein», hatte Bismarck 1851 erklärt. «Die Verfassung hat durch die Art, wie sie sich in den letzten beiden Jahren ausgebildet und interpretirt hat, aufgehört, das Regiren an sich zu hemmen, und wird mehr und mehr das Gefäß, dem erst die Persönlichkeiten, welche regiren, den Inhalt verleihen.»[4]

Als er am 28. September 1862 die Budgetvorlage für 1863 zurückzog, versprach Bismarck, sie bei der nächsten Sitzung der Kammer zugleich mit einem neuen Gesetz zur Militärdienstpflicht wieder vorzulegen. Nun hatte aber der König unter der Verfassung nur die Pflicht, das Parlament zwischen Anfang November 1862 und Mitte Januar 1863 einzuberufen, woraus sich die Möglichkeit ergab, daß den Abgeordneten das Gesetz erst nach Beginn des Jahres, mit dem es in Kraft treten sollte, also nicht mehr rechtzeitig, um darüber zu befinden, vorgelegt wurde. Deshalb stellte Forckenbeck einen Antrag, die Regierung aufzufordern, das Parlament früh genug einzuberufen, damit ihm ermöglicht wurde, seiner Pflicht zu genügen.[5]

Bei seinem Erscheinen vor der Budgetkommission am 30. September berief sich Bismarck in seiner Erwiderung auf den Artikel 99 der Verfassung: «Alle Einnahmen und Ausgaben des Staats müssen für jedes Jahr im Voraus veranschlagt und auf den Staatshaushalts-Etat gebracht werden. Letzterer wird jährlich durch ein Gesetz festgestellt.» Er legte dabei besonderes Gewicht auf die Trennung in zwei Sätze, die so zu verstehen seien, daß zwar das Budget «im Voraus veranschlagt», der Staatshaushalt aber nicht auch im voraus «jährlich durch ein Gesetz festgestellt» werden müsse. «Dieser Interpretation, wonach die gesetzliche Fixierung nicht schon vor Beginn des Etatsjahrs erfolgen müsse, stehe die bisherige Praxis zur Seite», referierte die *Berliner Allgemeine Zeitung* am 1. Oktober 1863 in ihrer Abendausgabe seine Ausführungen. Tatsächlich war die Feststellung des Budgets erst nach Beginn des Etatjahrs schon seit zwölf Jahren parlamentarische Praxis. Das Budget für 1862, aus dem die Kammer soeben die Mittel für die militärische Reorganisation gestrichen hatte, war dafür nur ein Beispiel. Bismarck wandte sich dann der Forderung Forckenbecks zu, die Regierung solle aufhören, öffentliche Mittel für nicht vom Parlament gebilligte Zwecke aufzuwenden. Unter der Verfassung, führte er aus, hätten die Krone, das Herrenhaus und die Abgeordnetenkammer bei der Gesetzgebung gleiche Stimmen. Der Krone aber seien alle Rechte vorbehalten, die nicht ausdrücklich den beiden Kammern gewährt worden seien. Wenn die drei Organe nicht zu einer Einigung gelangen könnten, müsse die Krone dem Gesetz der Notwendigkeit gehorchen und die Mittel nach eigenem Gutdünken anweisen, «dann werde die Rechtsfrage leicht zur Machtfrage».[6]

In einer späteren Rede erklärte er sich näher über diesen Punkt. Ein «constitutionell erfahrener Staatsmann» habe gesagt, «daß das ganze Verfassungsleben jederzeit eine Reihe von Compromissen» sei. Aber, fuhr er fort: «Wird der Compromiß dadurch vereitelt, daß eine der betheiligten Gewalten ihre eigne Ansicht mit doctrinärem Absolutismus durchführen will, so wird die Reihe der Compromisse unterbrochen, und an ihre Stelle treten Conflicte, und Conflicte, da das Staatsleben nicht stillzustehen vermag, werden zu Machtfragen; wer die Macht in Händen hat, geht dann in seinem Sinne vor, weil das Staatsleben auch nicht einen Augenblick stillstehen kann.» Dies war die berühmte «Lückentheorie», die Theorie eines Hiatus in der Verfassung.[7] Gegen die rechtliche Seite des Arguments konnten die Liberalen wenig einwenden, denn daß in der Verfassung kein Modus zur Beilegung von Differenzen zwischen Krone und Parlament vorgesehen war, lag auf der Hand. Die Abgeordneten waren mithin, da sie die absichtlich unklar gehaltene preußische Verfassung nicht anrufen konnten, genötigt, sich auf die konstitutionelle Praxis anderer Länder zu berufen, die für Preußen natürlich nicht maßgebend war. Indessen machte Bismarck von der Lückentheorie keinen legalistischen Gebrauch, sondern durchaus realistischen. Er stellte sich bei seiner Würdigung des Falls nicht auf den Rechtsstandpunkt, sondern auf den der Macht. Bei einer Gelegenheit behauptete er sogar, es sei schließlich noch eine offene Frage, ob in Fällen eines unschlichtbaren Konflikts nicht die Verfassung überhaupt außer Kraft gesetzt sei und das Recht zur absoluten Regierung an die Krone zurückfalle.[8]

Mit dieser Feststellung des Rechtsstandpunkts der Krone begann eine Kraftprobe zwischen Ministerium und Parlament, die bis zu ihrem Höhepunkt im Jahre 1866 vier Jahre andauerte. Die dabei auf Regierungsseite anzuwendende Taktik hatte Bismarck schon im Juni 1862 in einem Brief an Roon charakterisiert: «Je länger sich die Sache hinzieht, desto mehr sinkt die Kammer in der öffentlichen Achtung, da sie den Fehler begangen hat und noch weiter begehn wird, sich in alberne Kleinigkeiten zu verbeißen, und da sie keinen Redner hat, der nicht die Langeweile des Publikums vermehrte.» Während das Ministerium weiterhin das Land regierte, sollte sich, meinte er, das Parlament ruhig mit Lappalien abgeben. Schließlich würde es müde werden und hoffen, daß der Regierung der Atem ausgehe, bis die Zeit gekommen sei, ihm klar zu machen, «daß man weit davon entfernt ist, den Kampf aufzugeben, sondern ihn mit frischen Kräften aufnimmt».[9]

Anfang Oktober lehnte das Herrenhaus die revidierte Budgetvorlage für 1862 ab und überschritt seine Kompetenz mit der Annahme der ursprünglichen Regierungsvorlage. Wie beabsichtigt, verwickelte das die beiden Kammern in eine Kontroverse über die Befugnisse des Herrenhauses. Mitten durch das Getöse schritt Bismarck auf die Rednertribüne und vertagte den Landtag.[10] Drei Monate lang stand das Haus leer und waren die Liberalen ihrer Tribüne beraubt. Unterdessen versuchte Bismarck, die Abgeordneten unter Druck zu setzen. Er appellierte an die Provinziallandtage, sich für die Regierungsvorlage auszusprechen, und bemühte sich, die kleine katholische Fraktion von der Opposition abzuspalten, indem er abwechselnd den Papst gegen den italienischen Staat unterstützte und Rom mit Vergeltungsmaßnahmen gegen die katholische Kirche in Preußen bedrohte.[11] Am 14. Januar 1863 versammelten sich die Abgeordneten in ungebrochenem Widerstandsgeist von neuem. Zuerst versuchten sie es mit der Taktik, beim König Beschwerde über seine Minister führen zu wollen. Doch Bismarck weigerte sich, ihre Petition zu übermitteln. Es gebe eine Grenze dessen, was der König von Preußen anhören könne. Als die Petition ihn auf anderem Wege erreichte, erwiderte Wilhelm scharf, daß die Verfassung nicht von seinen Ministern, sondern von den liberalen Abgeordneten verletzt werde.[12]

Bald lieferte der polnische Aufstand der Abgeordnetenkammer ein neues Thema. Obwohl dem Lande Krieg drohte, war die einzige Informationsquelle die ausländische Presse. Bismarck weigerte sich, Anfragen zur Konvention Alvensleben zu beantworten, indem er dem Parlament das Recht bestritt, sich nach diplomatischen Verhandlungen zu erkundigen. Unruh, Waldeck, Sybel und andere bestritten ihm das Recht, solche Erkundigungen zu verhindern. Die Konvention, warfen sie ihm vor, habe die polnische Krise in den Rang einer europäischen erhoben, und das Odium der «Menschenjagd» in Polen von Petersburg nach Berlin verlagert. In seiner Antwort beschuldigte Bismarck die Abgeordneten, die Partei der Polen zu ergreifen und Angriffe seitens des Auslands einzuladen. Vom Vorsitzenden zur Ordnung gerufen, erklärte er verächtlich, daß er als Minister der parlamentarischen Disziplin nicht unterworfen sei. Im April sorgte die Schleswig-Holstein-Frage für weitere Erregung in der Kammer. Wenn es zum Krieg gegen Dänemark käme, warnte Twesten, würde die Kammer die Regierung nicht unterstützen. Bismarck erwiderte: «Ich kann Sie versichern und das Ausland versichern, wenn wir es für nöthig finden Krieg zu führen, so werden wir ihn führen mit oder ohne ihr Gutheißen». Die Abgeordneten schäumten vor Zorn.[13]

Während ihm für die Fortschrittspartei Ludwig Loewe antwortete, erhob sich Bismarck ostentativ und verließ die Kammer. Die Abgeordneten protestierten, und er kam zurück, begrüßt von lautem Gelächter, das den Lachern aber im Halse steckenblieb, als sie hörten, was der Ministerpräsident ihnen zu sagen geruhte. Der Redner sei auch durch geschlossene Türen gut zu hören, was ihn betreffe, so habe er aber eben Wichtigeres zu tun, als diesem zuzuhören. Tatsächlich schrieb Bismarck gerade einen Brief an seinen alten Freund Motley, dem er sein von Erbitterung und Verachtung erfülltes Herz ausschüttete: «*I hate politics,* aber wie Du sehr richtig sagst, *like the grocer hating figs,* ich bin nichtsdestoweniger genöthigt, meine Gedanken unablässig mit jenen *figs* zu befassen. Auch in diesem Augenblicke, während ich Dir schreibe, habe ich die Ohren davon voll. Ich bin genöthigt, ungewöhnlich abgeschmackte Reden aus dem Munde ungewöhnlich kindischer und aufgeregter Politiker anzuhören ... Sie sind über die Motive nicht einig, aus denen sie übereinstimmen, darum der Zank; echt deutsch, leider, Streit um des Kaisers Bart, *querelle d'Allemand.* Etwas davon habt ihr *Anglo-Saxon Yankees* auch. Wißt Ihr eigentlich, aber genau, warum Ihr so wüthend Krieg miteinander führt? Alle wissen es gewiß nicht; aber man schlägt sich *con amore* todt, das Geschäft bringt's halt so mit sich. Eure Gefechte sind blutig, unsre geschwätzig; die Schwätzer können Preußen wirklich nicht regieren, ich muß den Widerstand leisten, sie haben zu wenig Witz und zu viel Behagen, dumm und dreist».[14]

Am 17. März 1863 jährte sich die Gründung der preußischen Landwehr zum fünfzigsten Mal. Bismarck und Wilhelm nahmen die Gelegenheit wahr, der Öffentlichkeit jene Zeit in Erinnerung zu rufen, da alle sich begeistert um den König geschart und für Thron und Vaterland keine Opfer gescheut hatten. Veteranen wurden zu Garnisonsbanketten geladen, Träger des Eisernen Kreuzes an die königliche Tafel und zu der großen Parade Unter den Linden.[15] Doch diese Veranstaltungen taten nicht die gewünschte Wirkung. Im Landtag sorgte ein polnischer Abgeordneter für allgemeine Verlegenheit, indem er von dem polnischen Aufstand als einem «Befreiungskrieg» sprach. Die Berliner hatten keinen Platz in ihren Wohnungen, die zweitausend geladenen Träger des Eisernen Kreuzes aufzunehmen. Die Arbeiter weigerten sich, an der Parade teilzunehmen, weil sie hinter den Truppen marschieren sollten. Eine nicht sehr dichte Menschenmenge jubelte dem Kronprinzen zu und ließ den König in «eisigem Schweigen» vorbeireiten.[16]

Ende Februar verabschiedeten die Abgeordneten eine Resolution, die die Konvention Alvensleben verurteilte. Bismarck wollte daraufhin den Landtag beurlauben, doch im Kabinett stand ihm in dieser Absicht nur Roon bei. Er beklagte sich deswegen bei Ludwig von Gerlach. Seine Kollegen könne er weder erziehen noch loswerden. Seine Vorschläge würden unweigerlich von ihnen abgelehnt, aber eigene zu machen seien sie nie imstande. Im Mai kam es während einer stürmischen Sitzung der Kammer zur Entscheidung. Wie Bismarck bestritt Roon dem Vorsitzenden das Recht, ihn zur Ordnung zu rufen. Die Autorität des Vorsitzenden reichte nach Auffassung der Regierung bis zur Ministerbank, aber nicht weiter. Als der König seine Minister in dieser Auffassung unterstützte, beschloß die Kammer, daß die Sache nur durch einen Wechsel der Personen und darüber hinaus sogar einen Wechsel des Systems geschlichtet werden könne. Am 26. Mai wurde das Parlament vertagt. Weder über das Militärgesetz noch über den Haushalt war es zu einem Beschluß gekommen.[17]

Während der ganzen Sitzung war Bismarck in wohlbedacht provozierender Weise aufgetreten, in hochmütiger Haltung, ohne an verächtlichen und geringschätzigen Worten zu sparen. Damit verfolgte er einen taktischen Zweck. Einige seiner Kollegen mißbilligten die Konvention Alvensleben. Die Ultrakonservativen hatten noch immer Zweifel, ob der König mit ihm wirklich den richtigen Mann berufen habe. Ausländische Regierungen sannen auf seinen Sturz. Am 25. Februar notierte Theodor Bernhardi: «Alle Welt sieht Bismarcks Regierung als beendet an und ist überzeugt, daß er sich nicht länger halten kann.»[18] Indem er aber die Abgeordneten dazu reizte, die Partei der polnischen Aufständischen zu ergreifen, überzeugte er Wilhelm von neuem, daß der Mann aus Schönhausen noch gebraucht werde, die Mächte der Revolution in Europa zu bekämpfen. Jahre später bekannte Bismarck, damals absichtlich den reaktionären Junker gespielt zu haben: «Beim Könige wurde ich von allen Seiten als verkappter Demokrat verdächtigt. Ich konnte sein volles Vertrauen nur gewinnen, indem ich zeigte, daß ich auch vor der Kammer nicht zurückschrecke.»[19]

Seine Taktik weckte bei den Abgeordneten der Opposition tiefen Groll. In der Presse wurde an seiner geistigen Gesundheit gezweifelt. Karl Samwer glaubte, daß er dauernd halb betrunken sei. Max Duncker bemerkte: «Er ist ein Spieler, der die Existenz Preußens, die Existenz der Dynastie ohne Bedenken einsetzt.» Bernhardi erwähnt auch, was Fürst Karl Anton damals über Bismarcks wahrscheinliches Ende sagte, «daß es nämlich ein Ende mit Schrecken sein werde».[20]

«Disziplinierung» der Bürokratie

Während sich der Konflikt mit dem Parlament verschärfte, ergriffen Bismarck und seine Kollegen eine Reihe von repressiven Maßnahmen gegen die Opposition. Die ersten richteten sich gegen liberale Staatsbeamte. In Staatsverwaltung und Justiz gab es viele Beamte, die der liberalen Bewegung anhingen. Nachdem sie die Manteuffel-Regierung überstanden hatten, hatten sie dem «Neue-Ära»-Ministerium begeistert gedient und bedauerten nun dessen Abgang. Viele hatten Sitze in der Abgeordnetenkammer. Doppelkarrieren in der Bürokratie und im Parlament waren in Preußen seit 1847 häufig. In dem erst vor so kurzer Zeit aus dem Absolutismus hervorgegangenen preußischen Konstitutionalismus war das Prinzip der Teilung der Gewalten und Funktionen schwach entwickelt. 215 der insgesamt 352 Abgeordneten der Kammer des Jahres 1855 (61 Prozent) waren im aktiven Dienst stehende Beamte. 1862 kamen die Beamten mit 142 Mandaten noch immer auf 40 Prozent (in diesem Jahr waren mit 24 Prozent die Gutsbesitzer die zweitstärkste Gruppe im Abgeordnetenhaus). Während der Reaktion hatte das Ministerium die Landräte ermutigt, sich als Kandidaten aufstellen zu lassen, und in der Kammer von 1855 hatten deren nicht weniger als 72 gesessen. Sie waren die königlichen Beamten, die zu den Wählern im nächsten Kontakt standen, und in ihr Amt wurden nur Männer berufen, deren Gehorsam und Königstreue über jeden Zweifel erhaben waren. Während der «Neuen Ära» waren auch in größerer Zahl Justizbeamte in die Abgeordnetenkammer gewählt worden. Ihr Beruf, ihre gesicherte Lebensstellung und meist bürgerliche Herkunft ließen sie durch die Bank zum Liberalismus geneigt sein. 1863 wurden 111 Justizbeamte gewählt, die damit 33 Prozent der Mandate innehatten.[21]

Liberale im Staatsdienst waren Bismarck von jeher ein Ärgernis gewesen, politisch aktive liberale Beamte aber in doppeltem Maße. Sie «störten» die Einmütigkeit der Regierungskreise und bildeten zugleich den Kern der Opposition im Parlament. Für einen Mann von autokratischem Temperament war das unerträglich. Einst, räumte Bismarck ein, hatte die Bürokratie als Gegengewicht gegen die Krone gedient, doch seit 1847 habe diese Funktion das Parlament übernommen. Dementsprechend müsse nun die Bürokratie die Krone gegen das Parlament unterstützen.[22] Die Regierung verfügte jedoch über Mittel, auf sie in besonderem Maße einzuwirken. Wenn auf diese Leute bürokratischer Druck ausgeübt wurde, konnten sie vielleicht zum Schweigen gebracht, ja unter Umständen sogar zur Änderung ihrer Haltung im Parlament veranlaßt werden. Das preußische Recht gestattete den Behörden, eine Reihe von Beamten in Schlüsselpositionen (von den Ministern bis herunter zu Landräten, Staatsanwälten und Diplomaten) durch Verwaltungsakte «im Interesse des Dienstes» zu verabschieden. Andere Verwaltungsbeamte konnten entlassen werden, wenn ihnen feindliche Parteilichkeit gegen die Regierung nachzuweisen war. Justizbeamte allerdings konnten nur nach einem Disziplinarverfahren entlassen werden, dessen Prozedur in der Absicht festgesetzt war, solche Beamte vor Willkürmaßnahmen zu schützen. Bismarck hätte sich gern kraft einer königlichen Verordnung über diese rechtlichen Beschränkungen hinweggesetzt, doch seine Kollegen weigerten sich, ihn in dieser Absicht zu unterstützen. Auch unterhalb dieses Extrems gab es aber noch zahlreiche andere Maßregeln, die gegen unbequeme Beamte getroffen werden konnten.[23]

Die Maßregeln, die er auf Anregung von Hermann Wagener Mitte Oktober 1862 vorschlug, gingen dennoch selbst seinen reaktionären Kollegen zu weit. Bismarck wollte Beamten, die im Parlament dienten, die Kosten einer Vertretung berechnen, gleichviel ob eine solche erforderlich wäre oder nicht. Diäten sollten solche Abgeordneten zukünftig nur erhalten, wenn sie ihrerseits für die Kosten ihrer Vertretung im Amt aufkämen. Die Minister des Handels und des Inneren, Heinrich von Itzenplitz und Gustav von Jagow, lehnten die geplanten Maßnahmen ab und wurden darin von der Mehrzahl ihrer Kollegen unterstützt. So konnte damals Bismarck nur die Entlassungen eines Landrats und zweier Staatsanwälte durchsetzen. Sechs Beamte wurden strafversetzt. Das prominenteste Opfer dieser Versetzungen war Bockum-Dolffs, der Führer des linken Zentrums und Vorsitzende der Budgetkommission, der von Koblenz am Rhein nach Gumbinnen in Ostpreußen versetzt wurde (vom Rheinland aus gesehen also praktisch nach Sibirien). Diese Maßnahmen wurden ergriffen, obwohl Artikel 84 der Verfassung die Abgeordneten ausdrücklich vor Vergeltungsmaßnahmen gegen ihr Wirken im Parlament schützte. Man kam also auf die Praktiken der Manteuffel-Ära zurück, die einst Wilhelm selbst heftig mißbilligt hatte. Wilhelm beunruhigte das, doch fand er einen Weg, sein Gewissen zu beschwichtigen: «Der König erklärte dazu, daß im allgemeinen ein Beamter, der als Abgeordneter nach seiner Ansicht und Überzeugung der Staatsregierung entgegentreten zu müssen glaube, deshalb allein in keiner Weise verfolgt werden dürfe … Aber von diesem allgemeinen Grundsatze müsse eine Ausnahme gemacht werden, wenn Beamte, wie dies während der letzten Sitzung des Abgeordnetenhauses geschehen sei, durch ihre faktiöse Opposition gegen die Regierung, die nicht auf gewissenhafter Überzeugung, sondern nur auf persönlichen Rücksichten beruhen könne, dazu beigetragen hätten, den Staat in eine so gefahrvolle Krisis, wie die gegenwärtige, zu drängen.» Bismarck rechtfertigte ein entschiedenes Vorgehen damit, daß der nachteilige Einfluß von solchen liberalen Beamten im Parlament ausgehe, welche «die Sr. Majestät dem Könige ergebenen Wähler über die allerhöchste Willensmeinung irreleiteten».[24]

Nicht nur Abgeordnete bekamen so das amtliche Mißvergnügen zu spüren. Bismarck war entschlossen, im gesamten Staatsdienst «die Beamten ... um jeden Preis zur Disziplin zurückzuführen». Die Bürokratie sollte in ein wirkungsvolles Instrument der Wählerbeeinflussung verwandelt werden. Zu diesem Zweck wurde im Dezember 1862 der schwierige Jagow durch Friedrich Graf zu Eulenburg abgelöst, denn die meisten Staatsbeamten waren ja dem Innenministerium, das Jagow geleitet hatte, unterstellt. Gleichzeitig holte sich Bismarck noch einen weiteren Parteigänger ins Kabinett, indem er für die Ernennung Werner von Selchows zum Landwirtschaftsminister sorgte.[25] Eulenburg belehrte seine Untergebenen unverzüglich darüber, daß ihre erste Pflicht die «rückhaltlose» Unterstützung der Krone sei. Dazu sei es unerläßlich, daß in der Verwaltung überall «Einheit des Geistes und Willens» herrsche: «Die Autorität des Königlichen Regiments darf nicht durch Zwiespalt seiner Organe in der öffentlichen Meinung geschwächt und erschüttert werden». Im April 1863 befahl die Regierung den Oberpräsidenten der Provinzen, über die politische Tätigkeit und Gesinnung ihrer Untergebenen zu berichten. Die Berichte, die daraufhin eingingen, waren umfassend und gründlich, selbst das politische Verhalten von Kommunalbeamten und Beamten bei Staatsunternehmen (Eisenbahnen, Bergwerke, Gießereien und Salzgruben) sowie von im Staatsdienst beschäftigten Ärzten wurde gewürdigt.[26]

Das schwierigste Problem stellte sich im Justizministerium. Seit Friedrich dem Großen war die Unabhängigkeit der Justiz ein eifersüchtig gehütetes Prinzip des preußischen Rechts. Im Dezember 1862 wies der Justizminister, Leopold Graf zur Lippe, die Gerichtspräsidenten an, über die politische Tätigkeit der ihnen untergebenen Richter und Staatsanwälte zu berichten. Obwohl er Bismarcks Forderung zurückwies, bei Beförderungen der politischen Orientierung Vorrang vor dem Dienstalter zu geben, nahm immerhin Lippe die Beförderungen von Staatsanwälten zu Richtern nach diesem Kriterium vor. In Anspruch genommen wurde auch die Verfügung, daß Richter wegen ungebührlichen Verhaltens durch ein besonderes Disziplinargericht versetzt oder entlassen werden konnten.[27]

Wie viele Beamte unter Bismarcks «scharfer Razzia» zu leiden hatten, ist nicht leicht zu sagen. Ein liberaler Abgeordneter, der selber Opfer einer Maßregelung war, schätzte, daß während der gesamten Periode des Verfassungskonflikts mindestens tausend Beamte wegen ihrer politischen Meinungen und Aktivitäten gemaßregelt wurden. Zwanzig von diesen waren Abgeordnete, darunter neun Richter. Ein «Nationalfonds» wurde zur Unterstützung bedürftiger Opfer dieser Säuberungsaktion gegründet und außer Reichweite der preußischen Regierung in England hinterlegt. Sammler für diesen Fonds wurden verfolgt. Landwehroffiziere, die den Spendenaufruf unterzeichnet hatten, wurden entlassen.[28] Anscheinend wurden auch Schritte zur Ausmerzung liberaler Einflüsse in der Armee unternommen. Denn obwohl die Armee nie so gespalten war wie die Beamtenschaft, gab es doch auch dort Offiziere, die liberale Standpunkte vertraten. Bernhardi bemerkte, daß nach dem Bericht eines Freundes «das Spionieren und Terrorisieren» auch am Rhein «mehr an der Tagesordnung» sei als unter Manteuffel. «Sie haben Furcht vor dem Volke und ängstigen sich, der Armee nicht mehr ganz sicher zu sein.» Am 7. Februar 1863 notierte er: «Daß man von gewisser Seite eine feindselige Stimmung zwischen Armee und Civil hervorrufen oder festhalten will, jedes gute Verhältnis zwischen Soldaten und Civilisten sehr ungern sieht, und zu verhindern strebt – wird allgemein angenommen.» Eine Anzahl älterer und weiserer Offiziere mißbillige zwar diese Anstalten, zögere aber, sich ausdrücklich gegen eine Politik zu wenden, die offenbar von Edwin von Manteuffel und dem Militärkabinett gefördert werde. Bei der Wahl im September 1863 wurde den Truppen verboten zu wählen. Roon und Wilhelm fürchteten, daß die von der Wahlkampagne erregten politischen Leidenschaften die militärische Disziplin untergraben würden.[29]

Die Presseverordnung

Sorgen machte Bismarck während der ersten Monate seiner Amtszeit auch die Presse. Schon vor langen Jahren während der Revolutionszeit hatte er als Mitarbeiter der *Kreuzzeitung* den politischen Wert der Zeitungen schätzen gelernt. 1862 war die konservative Presse gegenüber der liberalen längst hoffnungslos ins Hintertreffen geraten. Nach einer Schätzung hatten konservative Blätter eine Gesamtauflage von etwa 40 000 Exemplaren und wurden täglich von etwa 200 000 Personen gelesen, während die liberalen bei einer Auflage von etwa 250 000 täglich etwa 1 250 000 Leser fanden. Gemeinsam mit Wagener, dem bedeutendsten konservativen Journalisten dieser Tage, zog Bismarck Mittel in Betracht, diesen reißenden liberalen Strom einzudämmen und das konservative Rinnsal anschwellen zu lassen.[30]

Seine erste Maßnahme traf die *Sternzeitung*, der die Subventionen gestrichen wurden. Die Auflage der als Sprachrohr der Regierung schon lange kompromittierten Zeitung lohnte die staatliche Unterstützung nicht. Statt dessen kaufte Bismarck heimlich die Dienste der *Norddeutschen Allgemeinen Zeitung*, deren Herausgeber, August Brass, ein aus dem Exil zurückgekehrter alter Achtundvierziger war. Einer seiner Kollegen war der Marxsche Sozialist Wilhelm Liebknecht, der entrüstet kündigte, als er von der neuen Einkommensquelle, die Brass aufgetan hatte, erfuhr. Unter der Tarnung, die der linke Herausgeber ihr verschaffte, konnte sich die regierungsamtliche Propaganda, die man fortan in der *Allgemeinen* las, sehr wirkungsvoll entfalten. Nicht selten diktierte oder korrigierte die in der *Allgemeinen* erscheinenden Artikel kein Geringerer als der Ministerpräsident höchstpersönlich. Unter solchem Patronat wuchs die Auflage von Tag zu Tag.[31]

Die *Allgemeine* war nur eine von vielen Zeitungen, die nun staatlicher Subventionen teilhaftig wurden. Die Akten des Staatsministeriums nennen eine eindrucksvolle Zahl von Journalisten und Publikationen, die geheime Zahlungen der Regierung erhielten.[32] Doch hatte die Regierung es ja in der Hand, dienstwillige Zeitungen auch anders als mit barem Geld, mit Nachrichten nämlich, zu subsidieren. Von November 1862 an wurden alle der Öffentlichkeit zugedachten Informationen im regierungsamtlichen *Staatsanzeiger* und in regierungsfreundlichen Blättern veröffentlicht. Unter Bismarcks Führung begann die Regierung mit der gründlichen Reorganisation und Expansion der offiziellen Presse. Dabei konnte sie sich einer bereits bestehenden Organisation bedienen. Schon vor längerer Zeit hatte die Staatsverwaltung Beziehungen zu privaten Lokalblättern aufgenommen, insbesondere in ländlichen Gebieten, um über diese amtliche Bekanntmachungen zu verbreiten. Wo es solche Lokalzeitungen nicht gab, waren sie von den Kreisverwaltungen gegründet worden, die sie dann auch herausgaben. Diese «Kreisblätter» wurden nun nominell in die Unabhängigkeit entlassen und erschienen fortan mit größerem Umfang als politische Zeitungen. Später veröffentlichten sie regelmäßig eine «Provinzkorrespondenz», die vom Pressebüro des Innenministeriums herausgegeben wurde. Gelegentlich gab Bismarck selbst diesbezügliche Anweisungen. Das ganze System wurde aus Steuergeldern von der öffentlichen Hand finanziert, diente aber ausschließlich der Verbreitung der politischen Propaganda des Bismarck-Ministeriums und der konservativen Partei.[33]

Unterdessen wurden verschiedene Maßnahmen zur Knebelung der Oppositionspresse überlegt. Bismarck erwog ein «Berichtigungssystem», das die Herausgeber gezwungen hätte, Richtigstellungen angeblich unzutreffender Behauptungen zu veröffentlichen. Man überzeugte ihn jedoch, daß solche «Schikanen» der preußischen Regierung unwürdig seien. Dann spielte er mit dem Gedanken an ein Verbot oder die Behinderung des Postversands liberaler Zeitungen. Eulenburg wandte dagegen aber ein, daß ein solches Verbot rechtlich nicht leicht zu begründen sein würde und der Hohenzollernmonarchie ein so hinterhältiges Verfahren nicht anstünde. Der Minister empfahl statt dessen die Anwendung des Pressegesetzes von 1851.[34]

Obwohl der Artikel 27 der Verfassung die Zensur verbot und die Meinungsfreiheit garantierte, hatte man bei der Formulierung dieses Freiheitsversprechens gleichwohl dem Staatsinteresse eine Hintertür mit der Feststellung offengelassen, daß Beschränkungen der Pressefreiheit nur durch Gesetze möglich sein sollten. Das Pressegesetz von 1851 gab der Regierung die Macht, alle Druckerzeugnisse zu lizensieren und zu kontrollieren. Ausgaben von Zeitungen oder Zeitschriften konnten beschlagnahmt und die Herausgeber mit Geld- oder Haftstrafen belegt werden, wenn sie sich der Verbreitung von Unwahrheiten, Verleumdungen und

Verzerrung der Tatsachen sowie der Anstachelung zu Haß und Verachtung schuldig machten. Auf dieses Gesetz gestützt, hatte das Manteuffel-Ministerium eine strenge Zensur eingeführt; selbst Wageners *Kreuzzeitung* war wiederholt beschlagnahmt worden. Da die «Neue-Ära»-Regierung es versäumt hatte, dieses Gesetz außer Kraft zu setzen, konnten Bismarck und seine Kollegen abermals Gebrauch davon machen. Im Herbst 1862 kam es bereits zu zahlreichen Beschlagnahmen und Strafverfolgungen, zumal in Berlin.[35]

Doch die Ergebnisse dieser Maßnahmen waren für das Ministerium wenig befriedigend. Liberale Richter beharrten bei der Auffassung, daß die Wahrheit ein Kriterium von Tatsachenbehauptungen, nicht von politischen Überzeugungen sei. Das Ministerium fand überhaupt, daß Gerichtsverfahren seinem Interesse wenig dienlich waren. Vor Gericht mußte der Staatsanwalt nämlich seine Anklage mit Zitaten aus der in Frage stehenden Publikation detailliert begründen. Nun hatte es aber die liberale Presse schon vor langer Zeit gelernt, «die gehässigsten Angriffe und Insinuationen gegen die Staatsregierung, ja gegen die Krone selbst» vorzubringen, ohne sich dabei eines Worts zu bedienen, für das man sie vor Gericht belangen konnte. Dazu kam, daß man selbst im besten Fall nur Individuen haftbar machen konnte. Selbst wenn ein Herausgeber verurteilt wurde, blieb die Zeitung ungeschoren und erschien womöglich unter neuer Leitung weiter.[36]

Am 1. Juni 1863, fünf Tage nach Vertagung des Parlaments, unterzeichnete der König eine Verordnung, die allerdings die Oppositionspresse knebelte. Denn kraft dieser «Preßordonnanz» konnte eine Tageszeitung oder Zeitschrift nach zweimaliger Warnung verboten werden, wenn die «fortdauernde Haltung die öffentliche Wohlfahrt gefährde»; die Verwaltung könne entscheiden, was «öffentliche Wohlfahrt» sei. Die Entscheidung über den Tatbestand der Gefährdung dieser öffentlichen Wohlfahrt wurde also nicht in das Ermessen der Justiz gestellt, sondern der Bürokratie überlassen. Appellieren konnten die Herausgeber und Verleger der verbotenen Publikationen nicht an irgendein Gericht, sondern nur an das Ministerium. Journalisten, lautete die Begründung, hätten ihre Freiheit «zur Untergrabung aller Grundlagen eines geordneten Staatswesens, sowie der Religion und der Sittlichkeit» mißbraucht.[37]

Bernhardi erkannte, daß die Verordnung nach dem Muster der Pressegesetze Napoleons III. konzipiert war. Er meinte aber zu erkennen, daß Bismarck über Napoleon noch hinausgegangen sei: «Denn die französischen Verordnungen verfügen Verwarnungen und Unterdrückungen einer Zeitung doch immer nur für eine bestimmte Thatsache, für einen bestimmten Artikel – das Bismarck'sche Dekret macht es möglich eine Zeitung ihrer Tendenz, ihrer allgemeinen Haltung wegen, ohne bestimmt juristisch nachweisbaren Grund zu unterdrücken, und damit ist natürlich jeder – der alleräußersten – Willkür Thür und Thor geöffnet.» Der Tagebuchschreiber merkt dazu an, daß Bismarck sehr schlecht beraten gewesen sei, durch diese Verordnung das legitime Königtum auf ein und dieselbe Linie mit dem revolutionären Kaisertum zu stellen: «... er scheint keine Ahnung davon zu haben, daß ein Akt revolutionärer Willkür mehr oder weniger für dieses letztere keinen Unterschied macht, dem legitimen Königthum aber nicht ziemt. Der Imperialismus wird dadurch weder besser noch schlechter –: das legitime Königthum aber, das der Gegensatz der Revolution sein soll und will, kann einen solchen Schritt nicht begehen, ohne seinem eigensten Wesen und seiner sittlichen Würde zu entsagen.»[38]

Die Verordnung wurde unter Berufung auf Artikel 63 der Verfassung dekretiert, der den König ermächtigte, Verordnungen mit Gesetzeskraft zu erlasse, wenn zu einer Zeit, wo der Landtag nicht versammelt sei, die Aufrechterhaltung der öffentlichen Sicherheit oder die Beseitigung eines ungewöhnlichen Notstands dies dringend erforderten. Diese Bedingungen waren offensichtlich nicht gegeben. Dazu kam, daß solche Verordnungen nicht anderen Bestimmungen der Verfassung widersprechen durften. Weder war die öffentliche Sicherheit gefährdet, noch ein ungewöhnlicher Notstand erkennbar. Die Verordnung war denn auch offensichtlich schon vor der Vertagung des Landtags vorbereitet worden. Sie widersprach flagrant der Verfassung, die Redefreiheit und Pressefreiheit gewährte. Einstimmig erklärten die juristischen Fakultäten der Universitäten von Kiel, Göttingen und Heidelberg sie deshalb für verfassungswidrig.[39]

Dem König selbst war die Sache ungemütlich. Im Kronrat am 1. Juni versicherte ihm Bismarck, unterstützt von den anderen Ministern, daß die Verfassungsmäßigkeit der Verordnung keinem ernsten Zweifel unterliegen könne: «Die öffentliche Sicherheit werde aber, wenn auch nicht augenblicklich, doch für die Zukunft um so ernstlicher bedroht durch die ätzenden Wirkungen der schlechten Presse auf die anderen, zu einem eigenen politischen Urteil nicht befähigten Schichten der Bevölkerung, aus denen die große Masse der Urwähler bestehe und die Armee hervorgehe.» Werde den besagten «ätzenden Wirkungen» nicht rechtzeitig Einhalt geboten, «so sei zu besorgen, daß nach und nach auch die Treue der Soldaten und der Unteroffiziere erschüttert werden möge». Schließlich wurden Wilhelms Gewissensbisse beschwichtigt, wobei des Königs Wunsch, überzeugt zu werden, den Bemühungen seiner Minister zweifellos entgegenkam. Er genehmigte die vorgelegte Verordnung und vermerkte eigenhändig auf dem Protokoll, daß er durch die Diskussion in der Annahme, «daß keine Verfassungsverletzung und also keine Eidesverletzung ... im vorliegenden Falle anzuerkennen sei», bestärkt worden sei, jedoch weiterhin Maßnahmen befürworte, «welche jetzt oder später mildernd auf die Eindrücke zu wirken hätten, welche Oktroyierungen mit sich führen».[40] Bismarck konnte zweifellos zufrieden sein. Das Protokoll ging zu den Akten, die Verordnung wurde zum alsbaldigen Gebrauch veröffentlicht.

Das Gewissen des Kronprinzen war weniger leicht zu beruhigen. Seit Monaten schon beobachtete er das Verfahren der neuen Regierung mit tiefer Besorgnis. Während der Kabinettssitzungen wahrte er eisiges Schweigen. Bismarcks Bemühungen, ihn für sich zu gewinnen, waren fehlgeschlagen. Seine willensstarke englische Gemahlin und beider Verwandte in den fernen Schlössern von Coburg, Brüssel und London stärkten ihm den Rücken. Der zwischen der Krone und dem

Parlament klaffende Abgrund ließ ihn für die Hohenzollern fürchten, was die Stuarts und Bourbonen schon erfahren hatten. Ehe er am 31. Mai 1863 aus Berlin nach Ostpreußen abreiste, hatte er dem Vater noch dringend geraten, niemals seine «Einwilligung zu irgend einem Verfassungsbruch oder zu einer Verfassungsumgehung zu erteilen, welche seitens des Ministeriums als Ausweg vorgeschlagen werden könnte». Nun mußte er schwarz auf weiß in einer Provinzzeitung lesen, daß sein Vater sich anders entschieden hatte. Schwer beleidigt ließ er in Danzig öffentlich wissen, daß er persönlich «keinen Teil an den Ratschlägen gehabt» habe, die zum Erlaß der Presseverordnung geführt hätten.[41]

Wilhelm war zutiefst bestürzt und wütend. Er vergaß, daß er während des Krimkriegs selbst einen ähnlichen Schritt gegen seinen Bruder Friedrich Wilhelm IV. in Betracht gezogen hatte. Statt dessen erwog er nun, seinen Sohn verhaften zu lassen, vor ein Kriegsgericht zu stellen und zu bestrafen, wie als Kronprinz Friedrich der Große bestraft worden war.[42] Doch Bismarck verstand es, «die väterliche Entrüstung durch die Staatsraison zu besänftigen, daß in dem vorliegenden Kampfe zwischen Königthum und Parlament ein Zwiespalt innerhalb des Königlichen Hauses abgestumpft, ignoriert und todtgeschwiegen werden … müsse».[43] Dabei wäre es geblieben, wären nicht Kopien der zwischen Vater und Sohn gewechselten Briefe in die ausländische Presse gelangt. Abermals kam es zu heftiger Verstimmung zwischen dem König und dem Kronprinzen. Doch fehlten Friedrich Wilhelm der entschlossene Wille und der Trotz, um sich auf einen offenen Kampf mit seinem Vater einzulassen. Es kam also zu einer nicht ganz vorbehaltlosen Versöhnung. Die Beziehung zwischen dem Kronprinzen und dem Ministerpräsidenten war nun schlechter als je zuvor. Wie die Königin Augusta haßte und fürchtete Friedrich Wilhelm den «Catilina» in der Wilhelmstraße, der die Monarchie in den Abgrund zu führen schien.[44]

Die Mittel, welche die Presseverordnung der Regierung an die Hand gab, wurden energisch genutzt. Am 5. Juni ließ man sechs führenden Berliner Zeitungen, die einen gemeinsamen Protest veröffentlicht hatten, erste Warnungen zugehen. Einer Schätzung zufolge hatten am 19. August bereits 81 Publikationen, von denen 14 in Berlin erschienen, derartige Warnungen erhalten. Versuche, die Wachsamkeit der Behörde zu täuschen, schlugen fehl. Die *Berliner Reform* erhielt ihre zweite Warnung, nachdem sie Äußerungen Lamartines über die Pressegesetze Karls X. abgedruckt hatte. Die meisten Herausgeber und Verleger beugten sich dem Unvermeidlichen. Um das Verbot ihrer Zeitungen und finanziellen Schaden abzuwenden, befleißigten sie sich einer äußerlichen Regierungsfrömmigkeit. In die ehemals liberale Presse zog Friedhofsruhe ein, während die Stimmen der konservativen und der von der Regierung gekauften Zeitungen nun um so schriller ertönten.[45]

Macht oder Recht?

In der großen Debatte über die «Lückentheorie» hatte sich Bismarck im Januar 1863 gegen den Vorwurf, er habe behauptet, daß «Macht vor Recht» gehe, sehr nachdrücklich verteidigt.[46] Es kann jedoch nicht bezweifelt werden, daß er tatsächlich dieser Überzeugung war. Daß er gewillt war, sich über Gesetze hinwegzusetzen, zeigen die Maßnahmen, die er zur Maßregelung liberaler Beamter und Zeitungen in Betracht zog. Die Presseverordnung dehnte die ohnehin sehr elastische preußische Verfassung bis zum Zerreißen. Doch der unwiderleglichste Beweis seiner Haltung findet sich in den Überlegungen, die er während des Jahres 1863 der Möglichkeit eines Staatsstreichs widmete.

Am 11. November 1862 verließ Ludwig von Gerlach nach einem einstündigen Gespräch mit Bismarck dessen Amtswohnung in der Wilhelmstraße zutiefst beunruhigt vom «Absolutismus» des Ministerpräsidenten: «Für das Wesen und die Wichtigkeit des Parteiwesens hatte er wenig Sinn. So sprach er von meiner Idealität im Gegensatz zu seiner Ueberzeugung, daß man, zumal auf dem Gebiete des Constitutionalismus, viel ausrichten könne durch die ordinären Mittel des Schreckens, Lockens u. s. w. und erwähnte, daß man, wenn nichts hülfe, ja bei einem Staatsstreiche anlangen könne.» Ein paar Monate später, nachdem die Abgeordneten es gewagt hatten, die Konvention Alvensleben anzugreifen, bemerkte Bismarck, daß solche Injurien nicht unbegrenzt hingenommen werden könnten, da sonst alle Autorität untergraben werde. Verordnungen gegen die Presse und die Suspendierung von Beamten könnten sich als nötig erweisen und als letztes Mittel sogar die Aufhebung des Wahlrechts. Dem Kronprinzen gestand er: «Die Veränderungen in der Verfassung seien nicht leicht, zumal S. M. gelobt habe, dieselbe, wie er sie übernommen, zu halten. Auch die Minister hätten sie beschworen, aber mit dem Zusatz gewissenhaft.» Dazu fiel ihm dann aber noch die Bemerkung ein: «Ich habe geschworen, die Verfassung *gewissenhaft* zu beobachten – wie aber, wenn mein Gewissen mir gebietet, sie nicht zu beobachten?»[47]

In einer Kronratssitzung am 16. Juni 1863 widersetzte sich Bismarck heftig seinen Kollegen, die das Parlament auflösen und Neuwahlen ausschreiben wollten. Er wollte vielmehr das Land so lange wie irgend möglich ohne Parlament und ohne Oppositionspresse regieren. Wahlen abzuhalten, wäre ein Eingeständnis eigener Schwäche, das Eingeständnis der Krone, daß sie, um regieren zu können, einer Mehrheit im Parlament bedürfe. Die Auflösung des Parlaments, meinte Bismarck, würde eine Kette von Auflösungen nach sich ziehen, die dann nur durch einen Staatsstreich gebrochen werden könnte. Die Krone, erklärte er, war nicht verpflichtet, den Landtag vor Mitte Januar 1864 wieder einzuberufen. Angesichts des gegenwärtig in Preußen bestehenden Kriegszustands müsse die Monarchie sich aller ihr zu Gebote stehenden Mittel bedienen, die nicht verfassungswidrig seien.

Doch andere Minister widersprachen ihm. Karl von Bodelschwingh, der Finanzminister, wies auf Artikel 99 hin, demzufolge das Budget «jedes Jahr im Voraus veranschlagt» und durch Gesetz festgestellt werden müsse. Dem Landtag müsse Gelegenheit gegeben werden, die im Mai unterbrochenen Beratungen zu beenden, wenn die Krone ihre Verfassungstreue beweisen wolle. Wilhelm fand dieses Argument nicht überzeugend. Weiterhin mit einer Kammer zu verhandeln, die jedes Entgegenkommen offen verweigert habe, sei unter der Würde der Regierung.[48]

Im August offenbarte Wilhelm in Bad Gastein dem Kronprinzen (bei dem ersten Treffen der beiden seit dem Zwischenfall in Danzig), daß auch er eine Reihe von Auflösungen und Neuwahlen kommen sähe. «Er werde ruhig so wie bisher fortfahren, weil erst Gehorsam im Lande sein müsse, mehrmalige Auflösung scheue er nicht, ja auch nicht ‹kurhessische Zustände›», notierte der Kronprinz. Von Bismarck hörte er dann das gleiche, «nur mit dem Zusatz, daß konstitutionelles Regime in Preußen nie gehen werde, es sei denn, daß es durch Parlamentsregierung zugrunde gehen solle. Ich antwortete, daß aus seinem, des preußischen Premierministers, Munde dies allerdings eine sehr eigentümliche Rede sei!!!» Zwei Tage später schrieb er über diese Unterhaltung, er habe Bismarck zuletzt gesagt, daß er «nicht verstünde, wie er dann so lange noch mit der Verfassung regierte». Bismarck habe erwidert, «daß er die bestehenden Gesetze achte und hielte; aber es doch einmal anders kommen würde!»[49]

Diese Bemerkungen ließen Friedrich Wilhelm die wahre Bedeutung des königlichen Reskripts vom 2. September 1863 begreifen, mit dem das Parlament aufgelöst wurde. Während der Sitzung des Kronrats, bei der die Entscheidung fiel, bewahrte er Schweigen. Aber am folgenden Tag stellte er den Vater zur Rede. Sein Tagebuch referiert das Gespräch: «3. September. – Abends heftige Diskussion mit Sr. M. über Landtagsauflösung. Ich: wollte gestern vor den Ministern nicht meine Bedenken erheben, was soll aber weiter? S. M.: Immer wieder neue Auflösungen. Ich: Aber zu welchem Ziel sollen diese Maßregeln schließlich führen? S. M.: Gehorsam im Lande, Schafott, eventuell Zerreißung der Konstitution durch Barrikaden auf der Straße und dann natürlich auch Aufhebung derselben. Ich: Bismarck habe in Gastein von Unhaltbarkeit der Verfassung und baldiger Notwendigkeit der Beseitigung gesprochen. S. M.: Kaiser von Österreich und er seien beide überzeugt, daß nach 20 Jahren keine Konstitutionen mehr sein würden. Ich: Was dann? S. M.: Weiß ich nicht, ich werde dann nicht mehr leben. Aber ‹dieses hundsföttische konstitutionelle System› könne nicht mehr Bestand haben, denn es solle nur die königliche Autorität zerstören, um Republik mit Präsident wie in England (sic) einzuführen. Den ‹Kanaillen› der Opposition wie Schulze-D(elitzsch) müsse gezeigt werden, wer König von Preußen sei.»

Die zornige Auseinandersetzung verursachte eine neue Krise in der königlichen Familie. Von seiner Mutter und von seiner Frau ermutigt, weigerte sich der Kronprinz fortan, an den Kabinettssitzungen teilzunehmen. Er ging aber mit seinem Vorbehalt gegen die Politik des Vaters nicht wieder an die Öffentlichkeit, sondern beschränkte sich diesmal auf «passiven Widerstand».[50]

Im persönlichen Umgang mit den Angehörigen des Ministeriums war er allerdings durchaus nicht passiv. Roon fühlte sich durch seine Erscheinung jedesmal ungemütlich an eine «Gewitterwolke» erinnert. Bismarck war während einiger Tage nach dem 2. September aus Berlin abwesend, und Roon glaubte, das allein habe eine Katastrophe verhindert. Endlich begegneten der Kronprinz und Bismarck einander. Bismarck «fragte ihn, weshalb er sich so fern von der Regierung halte; in einigen Jahren werde sie doch die Seinige sein; wenn er etwa andre Principien habe, so sollte er lieber den Uebergang zu vermitteln suchen als opponiren. Er lehnte das scharf ab, wie es schien in der Vermuthung, daß ich meinen Uebergang in seine Dienste anbahnen wolle. Ich habe den feindlichen Ausdruck olympischer Hoheit, mit dem das geschah, Jahre hindurch nicht vergessen können und sehe noch heute den zurückgeworfenen Kopf, das geröthete Gesicht und den Blick über die linke Schulter vor mir.» Bismarck erklärte ihm, daß er nicht beabsichtige, jemals in seine Dienste zu treten: «Ich sei ein treuer Diener seines Herrn Vaters und wünschte ihm, daß er, wenn er den Thron bestiege, anstatt meiner ebenso treue Diener finde, wie ich für seinen Vater gewesen. Ich hoffte, er würde sich des Gedankens, als ob ich danach strebte, einmal sein Minister zu werden, entschlagen; ich werde es niemals sein.»[51] Aus vielen Gründen, persönlichen und politischen, fürchtete er den Tag der Thronbesteigung des Kronprinzen, der vielleicht ja gar nicht mehr in großer Ferne lag. Wilhelm war sechsundsechzig Jahre alt.

«Nun geht der Wahlschwindel los», schrieb Bismarck am 4. September an die Gattin. Während der Kampagne versuchte er, die Wähler zugleich bei ihrem preußischen Patriotismus und ihrem deutschen Nationalismus zu packen. Der Fürstentag und der österreichische Reformplan wurden von ihm als Bedrohungen der Existenz Preußens dargestellt; das Scheitern beider als Triumph preußischer Politik. Der Ruf nach einem aus Wahlen hervorgegangenen Nationalparlament appellierte an das kleindeutsche Nationalgefühl. Da die liberalen Blätter sich zur innenpolitischen Krise nicht äußern durften, wie sie gewollt hätten, waren sie gezwungen, sich ausschließlich mit Auslandsnachrichten zu befassen. Der österreichische Plan wurde streng kritisiert, und man lobte seine Ablehnung durch Preußen. Doch von Bismarcks Gegenvorschlag waren die Liberalen deswegen noch keineswegs beeindruckt. Die gemäßigte Rechte ignorierte ihn, die fortschrittlichen Zeitungen aber wiesen das Angebot der nationalen Einheit aus einer solchen Hand entrüstet zurück. Sie trösteten sich mit der Annahme, daß es sich bei dem Angebot um ein rein taktisches Manöver ohne weitere Bedeutung handele. Sie waren entschlossen, den Wahlkampf um innenpolitische Themen zu führen.[52]

Während des Wahlkampfes machte die Regierung, wie es in den fünfziger Jahren üblich gewesen und von dem damaligen Thronfolger Wilhelm getadelt worden war, kräftig von der Möglichkeit Gebrauch, das Wahlergebnis durch Verwaltungsakte zu ihren Gunsten zu beeinflussen.[53] Es wurde versucht, liberale Beamte davon abzuhalten, für die Kammer zu kandidieren. Durch einen Staatsministerialbeschluß vom 22. September 1863 wurden Beamten, die ein Mandat in der Abgeordnetenkammer wahrnahmen, die Kosten für ihre Stellvertreter im Staatsdienst auferlegt. Eine Direktive Eulenburgs vom 24. September wies solche Beamte überdies darauf hin, daß sie, falls sie gewählt wurden, durch ihren Beamteneid gebunden seien, als Wähler wie als Abgeordnete stets verfassungsmäßig zu verfahren, so wie dies von der Krone bestimmt sei. Regierungsangestellte wurden angewiesen, die konservativen Kandidaten zu unterstützen.[54] Wilhelm erklärte den Wählern: «Ein feindliches Verhalten gegen Meine Regierung läßt sich mit der Treue gegen meine Person nicht vereinigen.» So gesehen stellten sich die Liberalen, die sich eines feindlichen Verhaltens gegen die Regierung ihres Königs schuldig machten, als unpatriotische Subjekte, ja als Vaterlandsverräter bloß.[55]

Otto von Manteuffels Jasager-Parlament war im wesentlichen dank der Anstrengungen der Landräte gewählt worden. 13 der insgesamt 19 Millionen Preußen wohnten in ländlichen Gegenden unter der Verwaltung von Landräten. Diese königlichen Beamten besaßen im preußischen «Polizeistaat» weitgehende Vollmachten hinsichtlich der Angelegenheiten der ihnen unterstellten Kreise. Viele Bürger waren deshalb auf die Gunst des Landrats angewiesen. Er setzte Wählerlisten auf, legte Wahlkreisgrenzen fest und überwachte den Wahlvorgang. Viele Landräte fungierten zudem als Wahlkommissare, und bei dem in Preußen üblichen offenen Wahlverfahren nahmen sie oft auch am Wahltag die Stimmen auf – sogar wenn sie selbst kandidierten. Sie konnten während des Wahlkampfs auf Regierungskosten umherreisen, um Wähler zu werben. Andererseits drohte man 1863 Gastwirten, die ihr Lokal der Opposition für Wahlversammlungen zur Verfügung stellten, mit dem Entzug der Schanklizenz. Da Wahlversammlungen gewöhnlich in Gastwirtschaften stattfanden, lief das auf den Versuch hinaus, liberale Wahlkampfveranstaltungen zu verhindern.[56]

Dorfbürgermeistern drohte man mit Geldstrafen und Amtsenthebung für den Fall, daß sie es wagten, gegen die Regierungskandidaten zu stimmen. In manchen Fällen wurde ihnen befohlen, sich für das Wahlmännergremium aufzustellen und in dieses wählen zu lassen, um dann ihre Stimmen dem konservativen Kandidaten zu geben, vielleicht sogar dem Landrat selbst. Kritische Universitätsprofessoren wurden gemaßregelt. Lehrer wurden ermahnt, ihre Ergebenheit gegen den König und die Obrigkeit durch Stimmabgabe für den konservativen Kandidaten zu beweisen. Pastoren predigten die christliche Tugend, so zu wählen, wie es der König wünschte. Gutsbesitzer versäumten nicht, ihren Einfluß auf ihre Pächter und Knechte geltend zu machen. Mieter öffentlichen Eigentums wurden auf die Folgen aufmerksam gemacht, die es für sie haben konnte, wenn sie mit ihrer Stimme nicht die Regierung unterstützten. Angestellte der Staatseisenbahnen wurden ebenso nachdrücklich an ihre Pflicht zur Regierungstreue erinnert. Bismarck persönlich war verantwortlich für die Entlassung einer Gruppe von Eisenbahnarbeitern, die es auf dem Bahnhof von Belgard in Pommern unterlassen hatte, eine feindselige Demonstration gegen ihn zu unterbinden.[57]

Dieser rücksichtslose Einsatz des Regierungsapparats zur Begünstigung der eigenen Partei zeitigte am 20. Oktober den angestrebten Erfolg, jedenfalls in gewissem Maße. Denn diesmal kamen die Konservativen in der Abgeordnetenkammer, wo sie vorher nur zehn gehabt hatten, auf 36 Mandate. Liberale Abgeordnete wurden zwar häufig wiedergewählt, doch mit erheblich geschrumpften Mehrheiten. Immerhin hatten sie noch 258 von 350 Sitzen inne und beherrschten nach wie vor die Kammer. Auch bei dieser Wahl hatten die Linken unter den Liberalen verhältnismäßig am besten abgeschnitten. Die Fortschrittspartei und das Linke Zentrum gewannen ein paar Sitze, die altliberalen Konstitutionellen mußten schwere Verluste hinnehmen. Selbst Georg von Vincke wurde geschlagen. Die Zahl der Beamten unter den Abgeordneten ging zurück auf 126, von denen 90 Richter waren – darunter nicht ein einziger Konservativer.[58]

Das Ergebnis entsprach ungefähr Bismarcks Erwartungen. Der einzige Grund zur Freude für ihn war, daß sich unter den gewählten Konservativen nun einige Männer mit größeren Fähigkeiten befanden, besonders Wagener und Blanckenburg. Doch der große Streit zwischen Krone und Parlament blieb unentschieden und Bismarcks Zweifel an der Lebensfähigkeit des preußischen Systems bestehen. «Daß seiner Ansicht nach preußisches Königthum und unsere dermalige Verfassung unvereinbare Dinge seien», erklärte er Schleinitz auch am 26. Oktober wieder. Bismarck verhehle sich nicht, «daß eine unbedingte und jetzt völlige Beseitigung der letzteren auf sehr viele Schwierigkeiten stoßen würde», befand Schleinitz, «namentlich auch bei S. M. dem Könige.»[59] Doch die Erfahrung hatte schon gelehrt, daß Wilhelms Gewissen bildsam war.

VI

Spekulation über die Massen

Eine Zerreißprobe des deutschen Liberalismus

Während des ersten Jahres, in dem Bismarck als Ministerpräsident amtierte, hatte der deutsche Liberalismus die schwerste Zerreißprobe zwischen den Revolutionen von 1848 und 1918 zu bestehen. Seit September 1862 war die preußische Opposition Gegenstand zunehmend diktatorischer Unterdrückungsmaßnahmen. Die Presseverordnung, die ganz offensichtlich gegen die Verfassung verstieß, war deren Höhepunkt. Wie reagierten die Liberalen darauf?

Dreiundzwanzig liberale Zeitungen veröffentlichten einen gemeinsamen Protest, der die Verfassungswidrigkeit der Verordnung brandmarkte. Alsbald gingen ihnen ernste Warnungen des Innenministeriums zu, und die Zeitungen duckten sich, um dem finanziellen Ruin zu entgehen. Am 4. Juni 1863 beschloß die Berliner Stadtverordnetenversammlung, eine Delegation zum König zu schicken, um über Willkürmaßnahmen der Regierung Beschwerde zu führen. Stadtverordnetenversammlungen anderswo folgten ihrem Beispiel. Doch das Ministerium reagierte schnell. Am 6. Juni erließ Innenminister Eulenburg eine Ordre, die den Stadtverordnetenversammlungen und Magistraten verbot, sich um Fragen der Innenpolitik zu kümmern, und Bürgermeistern sowie anderen städtischen Beamten für den Fall der Zuwiderhandlung mit Disziplinarverfahren drohte. So wurde auch diese Protestbewegung gelähmt. Auf Anregung Hermann Schulze-Delitzschs wurde ein «Verein zur Wahrung der verfassungsmäßigen Preßfreiheit in Preußen» gegründet. Der Verein holte bei den juristischen Fakultäten von Göttingen, Kiel und Heidelberg Rechtsgutachten über die Rechtmäßigkeit der Presseverordnung ein (die alle äußerst kritisch ausfielen) und veröffentlichte die der Presse von seiten der Regierung zugegangenen Warnungen, um deren tyrannischen Charakter zu offenbaren. Abgesehen davon scheint der Verein jedoch wenig ausgerichtet zu haben.[1]

Berichte über die Danziger Rede des Kronprinzen erschienen in den meisten deutschen Zeitungen und erregten große Aufmerksamkeit. Doch wurde die Wirkung dieses Eklats dann, wie Bismarck es gehofft hatte, sehr gedämpft, als öffentlich wahrnehmbare Konsequenzen der rebellischen Rede des Kronprinzen ausblieben. Friedrich Wilhelm wurde nicht sofort nach Berlin zurückbeordert und auf der Stelle degradiert, legte auch von sich aus seine zivilen und militärischen Ämter nicht nieder. Vielmehr setzte er seine Inspektionsreise fort, während der König zu seinem jährlichen Kuraufenthalt nach Karlsbad abreiste. Die «Indiskretion», die der Londoner *Times* die Veröffentlichung des königlichen Briefwechsels ermöglichte, sorgte im Juli für eine europäische Pressesensation, aber keine preußische Zeitung wagte es, darüber zu berichten. Diejenigen, die von der Sache erfuhren, hatten ihre Informationen meist aus Flugblättern und Gerüchten. Dieser nicht sehr vertrauenswürdigen Quellen wegen stand man denn auch der Meldung sehr skeptisch gegenüber.[2]

Am 17. Juni berichtete Sybel: «Die Stimmung hier am Rhein ist vortrefflich. In Bonn hatten Klerikale und Liberale sich zu einem großen Feste für die Abgeordneten vereinigt; die Studenten beabsichtigten, mir einen Fackelzug, als der verboten wurde, einen Kommers zu veranstalten; als der das gleiche Schicksal hatte, haben sie gestern eine Adresse überreicht. In Crefeld (Sybels Wahlkreis), wo ich Samstag war, war die ganze Stadt in Bewegung.»[3] Karl Anton Fürst von Hohenzollern schrieb jedoch am 19. November aus Düsseldorf an Duncker, die Stimmung am Rhein sei zwar «durchgehend antiministeriell», doch durchaus nicht unköniglich. Wenn der König nur den kleinen Finger zur Versöhnung ausstrecken wolle, würde die andere Seite diesen gewiß gern mit beiden Händen aufgreifen, meinte er. «Es ist wohl das bedeutendste Merkmal preußischer Zustände, daß es noch immer nicht zu spät ist, um den inneren Frieden wieder zu erlangen.» Im Juli hatte Duncker von Karl Friedenthal erfahren, daß die Bauern alles Interesse an dem Streit verloren hätten. Die städtische Agitation, die sie zunächst in Bewegung versetzt habe, sei erschöpft; das Versprechen einer Verkürzung der Militärdienstzeit auf zwei Jahre sei nicht gehalten worden. Man habe allgemein das Gefühl, daß in allen militärischen und politischen Fragen das Urteil des Königs ausschlaggebend sei. Aus Schlesien hatte schon am 9. Juni der Abgeordnete Karl Freiherr von Vincke berichtet, daß man dort kaum noch über Politik sprechen höre. «Unter den Bauern hört man oft: Es kommt nichts dabei heraus, mag der König doch wieder allein regieren ...»[4]

Ursprünglich hatten die Abgeordneten geplant, von Berlin aus als Ersatz für die unterdrückten Zeitungen eine Flut von Flugblättern zu verbreiten. Doch im Juli mußte Schulze-Delitzsch an Gustav Freytag schreiben: «Schaffen Sie uns nur recht gute Sachen; was hier nicht druckbar ist, wird anderweit besorgt. Aber noch gebricht es an Manuskript. Die besten Kräfte auf Reisen, die ganze Presse macht Ferien!»[5] Ferien machten auch die Abgeordneten. Leopold von Hoverbeck, ein Führer der demokratischen Fortschrittlichen, hatte bei seiner Heimkehr die Politik so satt, daß er sich kaum noch dazu aufraffen konnte, seine Wähler zu besuchen. Er sei politisch abgemattet und gleichzeitig verbittert, schrieb er am 20. Juni an einen Freund, «durch die langen vergeblichen Arbeiten in Berlin, und da ich mich zu dem Glauben neige, daß diese Minister nur Werkzeuge sind, und der eigentliche Sitz der Reaktion der unverantwortliche ... *in persona* ist», wäre es für ihn «eine wahre Kur», sich «ganz und gar auf das Landleben zurückzuziehen».[6] Am 14. Juli 1863 schrieb Rudolf Haym, der Herausgeber der *Preußischen Jahrbücher*, an Eduard Simson: «Die Haltung der Masse ist so miserabel, wie zu erwarten war. Wer kann, sucht einen Vorwand, sich zurückzuziehen. Man könne ja doch nicht durchdringen. Man müsse den Sturm austoben lassen u. dgl. Wer nicht abhängig ist, phantasiert sich in eine Abhängigkeit hinein, spart seine Kraft, läßt die überspannte ruhen, überläßt den Kampf anderen – um, wenn die Verfassungsfreunde gesiegt haben oder wenn irgendein äußerer günstiger Zufall das Blatt gewendet haben wird, um so lauter wieder auf dem Platz zu erscheinen. Als ob unsere Oppositionsmittel erschöpft wären, als ob jetzt nicht erst die stichhaltige Opposition zu organisieren wäre». Aber Hayms eigene Tapferkeit blieb ebenfalls auf briefliche Äußerungen beschränkt. Um selbst eine erste Verwarnung seitens der Regierung zu vermeiden, veröffentlichte er in der Juni-Ausgabe der *Jahrbücher* zwei Leitartikel, deren Tenor von so großer Kompromißbereitschaft gegen die Bismarck-Regierung bestimmt war, daß er sich damit den zornigen Tadel seines ehemaligen Mitarbeiters Heinrich von Treitschke zuzog.[7]

Außerhalb Preußens fanden zumal die Führer des Nationalvereins die schwächliche Reaktion ihrer Gesinnungsgenossen auf die Pressverordnung bestürzend. Aus Heidelberg beklagte der Journalist August Ludwig von Rochau in einem Brief an Rudolf von Bennigsen erbittert das Phlegma, die Indolenz und die Ratlosigkeit der preußischen Fortschrittspartei. Doch Bennigsen erwiderte ruhig, daß Fremde sich gar keinen Begriff von den Schwierigkeiten machen könnten, denen die begegneten, die in einem so großen und weitzerstreuten Lande wie Preußen «der konzentrierten Regierungsmacht gegenüber» Widerstand zu organisieren hätten. Er selbst sei gleichwohl zuversichtlich. «Wir werden der Regierung Schritt für Schritt mit allen Mitteln, die wir haben, entgegentreten, und wir wissen, daß wir siegen und daß unsre Gegner plan- und ziellos sich hinfristen! Darum kein Hasten, keine Uebereilung in diesem Augenblicke, die uns die Früchte der bisherigen Kämpfe kosten könnte!»[8] An Gustav Freytag, der ebenfalls Ungeduld bekundet hatte, schrieb er: «Die jetzige Pause ist eine natürliche und notwendige ... Es ist eine Pause der Sammlung, nicht der Indolenz oder Ermattung.» Nach eineinhalb Jahren fortwährender Spannung und Agitation seien die Menschen auch physisch erschöpft. «Es ist eben eine kurze politische Gurkenzeit; beide feindliche Heere haben sozusagen die Sommerquartiere (gleich den Winterquartieren im Kriege) bezogen. Man flickt sich aus in Bädern und sonst, ersetzt die Schäden, verproviantiert sich, um im Herbst den Kampf mit neuer Kraft zu beginnen.» Wer nun unter diesen Umständen irgendeine bedeutende Agitation forcieren wolle, würde damit der liberalen Sache den größten Schaden zufügen. Jetzt gelte es vielmehr, den Kampf still vorzubereiten. «Nur ein großes Ereignis könnte diesen Gang der Dinge ändern und die Reihen der Kämpfer und die Aufnahme des Kampfes im Volke jetzt schon hervorrufen – die Reaktionsmisere reicht dazu nicht aus.»[9]

Sein Brief an Bennigsen enthielt zudem eine Herausforderung, der nicht leicht zu begegnen war: «... mit dem bloßen Strampeln in dem dunklen Gefühl, es müsse irgend etwas getan werden, während man selbst nicht weiß, was, ist nichts getan.»[10] Das war in der Tat der Kern des Problems. In seinem Angriff auf Haym, der in Freytags *Grenzboten* veröffentlicht wurde, deutete Treitschke dunkel die Möglichkeit einer abermaligen Revolution in Preußen an. In einem Privatbrief äußerte er die Meinung, daß sie gewagt werden müsse, sobald Aussicht auf Erfolg vorhanden sei. Doch er klagte über die Feigheit und mangelnde Opferbereitschaft der großen Masse der Liberalen.[11] Und Sybel schrieb an Hermann Baumgarten: «Sie würden in ganz Preußen keinen Menschen finden, der einen Schritt von offener Gewaltsamkeit nicht für eine Torheit und ein Verbrechen hielte.»[12] Anfang Juli gab es Aufruhr in Berlin, dessen Ursache jedoch die Exmittierung eines Schankwirts war, nicht das vertagte Parlament oder die geknebelte Presse.[13] Am 11. September berichtete Sybel erneut aus Berlin, daß dort niemand eine Revolution überstürzen wolle.[14]

Doch selbst wenn die preußischen Liberalen zur Gewaltanwendung bereit gewesen wären, hätten sie allen Grund gehabt, am Erfolg eines gewaltsamen Umsturzversuchs zu zweifeln. Die geheimen Pläne für die Niederwerfung eines Volksaufstands brauchten nur aus der Schublade gezogen zu werden. Im Februar 1863 hatte Feldmarschall Friedrich von Wrangel die Anzahl der dafür aufzubietenden Bataillone von 50 auf 80 erhöht. Als ein Jahr später ein preußisches Heer von 37000 Mann gegen Dänemark zog, verblieb fast ein ebenso großes (35000 Mann) in der Nähe Berlins stationiert.[15] Zu keiner Zeit während des Verfassungskonflikts bezweifelten die Liberalen, daß im Falle eines Aufstands die Armee, Mannschaften ebenso wie die Offiziere, treu zur Krone stehen würden. Am 26. Mai 1863 schrieb Sybel an Hermann Baumgarten: «Wo eine disziplinierte Armee von 200000 Mann noch in Zucht und Disziplin zusammenhält, hat ein Volk noch nie durch Gewalt etwas durchgesetzt».[16]

Da eine Revolution nicht in Frage kam, welche anderen Möglichkeiten des Widerstands hatten die Liberalen? Die stärkste Waffe eines jeden Parlaments gegen die Exekutive ist finanzieller Natur. Mit der Verweigerung der Mittel für die Militärreorganisation hatten die preußischen Abgeordneten sich dieser Waffe zu bedienen versucht. Kraft der «Lückentheorie» fuhr jedoch die Krone fort, über Mittel nach eigenem Gutdünken zu verfügen. Die Verfassung sah vor, daß einmal bewilligte Steuern ohne weitere parlamentarische Billigung auf die Dauer erhoben werden durften. Zum Unglück der Abgeordneten war die Periode des Verfassungskonflikts eine Zeit ständig steigenden Wirtschaftswachstums und Steueraufkommens. Während die Abgeordneten mit der Krone rangen, führten ihre Wähler von ihren steigenden Einkommen die Steuern ab, die es der Regierung schließlich erlaubten, über das Parlament zu triumphieren.

Die einzige Möglichkeit, dem Staat dieses Einkommen vorzuenthalten, war Steuerverweigerung. Ein derartiger Steuerzahlerstreik war schon einmal in Aussicht genommen worden. Vor der Auflösung der preußischen Nationalversammlung im November 1848 hatten die Liberalen die Öffentlichkeit aufgefordert, der reaktionären Regierung die Steuern zu verweigern – damals allerdings vergeblich. Sybel und Twesten zufolge war man im Juni 1863 geneigt, es noch einmal damit zu versuchen. «Was vielfach in der Luft liegt, ist der Gedanke, keine Steuern mehr zu zahlen», schrieb Sybel, fügte aber hinzu: «... indes ist es einleuchtend, daß wenn diese wirksam sein soll, die hohe Bourgeoisie damit beginnen muß, und bei dieser muß die Sache noch etwas reifen.» Karl Twesten meinte: «Die Steuerverweigerung hört man häufig ventilieren, einzelne werden wohl allmählich anfangen, nicht mehr freiwillig zu zahlen. Vielleicht wird die Frage auch bald in einem Flugblatt angeregt werden, aber darüber ist wohl alles einig, daß es nicht möglich, sie jetzt und plötzlich in weitem Umfang ins Leben zu rufen.» Ludolf Parisius war der Meinung, daß eine Steuerverweigerung verfassungswidrig wäre. In Essen und Umgebung kam es zwar zu einzelnen Fällen solchen Aufbegehrens von Steuerpflichtigen, doch die Regierung griff schnell und energisch dagegen durch, so daß das Beispiel keine Schule machte.[17]

Nachdem sie so die Revolution verworfen und die Steuerverweigerung undurchführbar gefunden hatten, gingen den preußischen Liberalen die Ideen aus. Die Strategie, die ihnen Ferdinand Lassalle empfahl, sagte ihnen nicht zu. Der hochbegabte Lassalle, der 1848 ein radikaler Revolutionär gewesen war, gehörte jetzt dem linken Flügel der Fortschrittspartei an. 1862 hatte er in seinen Reden eine Art Parlamentsstreik angeregt. In einer zunehmend industrialisierten Gesellschaft mit wachsendem Bürgertum, argumentierte er, sei unverhüllter Absolutismus nicht mehr möglich. Selbst autoritäre Monarchien seien deshalb genötigt, zu einem vorgetäuschten Konstitutionalismus Zuflucht zu nehmen. Um sich durchzusetzen, brauchten die Abgeordneten seines Erachtens weiter nichts zu tun, als den Schleier der Täuschung zu zerreißen, indem sie die zweite Kammer vertagten, bis die Regierung nachgab. Unter den gegenwärtigen Bedingungen könne keine Regierung auf die Dauer ohne Parlament regieren. «Eine Regierung, die ein solches Budget aufbringen muß, eine Regierung, die so dasteht, unablässig mit der Hand in jedermanns Tasche, muß auch mindestens den Schein annehmen, jedermanns Zustimmung dabei zu haben.»[18] Lassalle, der schon den ersten Schritt zur Gründung einer sozialistischen Partei getan hatte, wollte mit dieser Herausforderung die Liberalen vermutlich zu dem Eingeständnis veranlassen, daß sie nicht gewillt waren, etwas zu unternehmen, das revolutionäre Folgen hätte haben können. Wenn das wirklich seine Absicht war, so taten ihm die Liberalen den Gefallen. Sein Vorschlag wurde alsbald von der gesamten liberalen Presse angegriffen. Der einzige Abgeordnete, der ihm zustimmte, war so isoliert, daß er schließlich sein Mandat niederlegte.[19]

Selbst nach der Wahl im Oktober 1863 scheuten sich die Abgeordneten noch, durch irgendeinen Schritt eine Entscheidung zu erzwingen. Zwar wurden die Vorsitzenden wiedergewählt, die in der vorangegangenen Sitzungsperiode Roon und Bismarck so erbittert Widerstand geleistet hatten (Grabow und Bockum-Dolffs). Sie nahmen ihr verfassungsmäßiges Recht wahr, die Presseverordnung abzulehnen, die damit außer Kraft gesetzt wurde. Eine Kommission untersuchte Fälle verfassungswidriger Wahlbeeinflussung durch die Behörden.[20] Das Militärgesetz wurde abermals abgelehnt, und die Mittel für die militärische Reorganisation wurden aus dem Budget für das Jahr 1864 gestrichen. Nichtsdestoweniger weigerte sich die Mehrzahl der Abgeordneten auch diesmal, das Budgetgesetz ohne Debatte und Änderungsanträge abzulehnen.[21] Der Vorschlag, die Kammer möge «die Sache sofort durch eklatante Beschlüsse (Adressen, Ministeranklage) auf die Spitze treiben und, falls dies den beabsichtigten Erfolg (die Entlassung der Minister) nicht herbeiführte, die Parole der Steuerverweigerung ins Land ... schleudern», blieb ohne Resonanz.[22]

Die Untätigkeit der preußischen Liberalen im Jahr 1863 ist nicht allein aus dem Fehlen einer tatkräftigen Parteiführung zu erklären. Hinter ihrem Zögern, sich zu entschiedenem Handeln aufzuraffen, sei es Revolution zu machen, Steuern zu verweigern oder einen Parlamentsstreik zu organisieren, stand die bange Frage nach dem Rückhalt ihrer Partei im Volk. Noch während des Wahlkampfs gewann Bernhardi den Eindruck, daß das Volk der Politik «vollkommen überdrüssig» geworden war.[23] Selbst geringe Gewinne der Konservativen wirkten äußerst deprimierend. Der Journalist Wilhelm Wehrenpfennig schätzte, daß bei der nächsten Wahl die Konservativen ihre Mandate würden verdreifachen können. Haym war der Meinung, daß wiederholte Parlamentsauflösungen und Neuwahlen schließlich zu einer Regierungsmehrheit im Parlament führen würden. Twesten, der für die glatte Ablehnung des Budgetgesetzes war, berichtet, daß die meisten glaubten, es sich dadurch mit den Wählern zu verderben, «namentlich den ländlichen». Am 13. November schrieb Karl Mathy, ein prominenter badischer Liberaler, aus Berlin an Gustav Freytag: «Die Sehnsucht nach Ausgleichung liegt in der Luft ... Der Fortschritt ist zahm; er fühlt sich doch nicht recht sicher in dem Vertrauen auf die Ausdauer der Wähler.»[24]

Ungewißheit hinsichtlich der Ausdauer der Wähler ist nicht die einzige Ursache, die man zur Erklärung der Unentschlossenheit der Opposition im Jahre 1863 heranziehen kann. Seit 1848 hatte kein bedeutender Führer und keine Fraktion – gleichviel wo im Spektrum der liberalen Politik sie ihren Ort haben mochte – offen und beharrlich die Eroberung der Staatsmacht angestrebt. Zu entschlossenem Handeln gegen die Bismarck-Regierung und die Krone brauchten die Liberalen nicht nur die Unterstützung der Unterschicht, jener ungebildeten Massen, die sie noch nicht reif glaubten für die Politik, sondern auch die Überzeugung, daß sie selbst fähig seien, die Regierungsverantwortung zu übernehmen. Bisher hatten «entschiedene Liberale» bestenfalls nach der Gelegenheit gestrebt, dem König und dem Vaterland zu beweisen, daß Preußen allein unter einer liberalen Regierung, die den Mittelstand und dessen Werte vertrat, innen- und außenpolitische Fortschritte erzielen konnte.[25] Doch Bismarck strafte den Glauben an die Unausweichlichkeit des liberalen Triumphes Lügen. Die feste Burg der Liberalen war auf Sand gebaut, und während die Abgeordneten besorgt die ersten Risse in deren Fundament registrierten, sann Bismarck auf Mittel und Wege, es gänzlich zu zerstören.

Suche nach einer Massenbasis

Obgleich der Kronprinz genau das vermutete, hatte Bismarck sich doch noch keineswegs entschlossen, die preußische Verfassung außer Kraft zu setzen. Zweifellos kam der König der Wahrheit näher, als er im Oktober an seinen Sohn schrieb: «Du kommst immer auf Minister v. Bismarcks Äußerung zurück, daß es bis zum Aufgeben der Verfassung bei uns kommen könnte. Er hat diese Äußerung zu Dir in Gastein getan, indem er es als eine von den Eventualitäten, die in der Möglichkeit lägen, hingestellt, während Du daraus das Ziel seiner Bestrebungen machst!»[26] Wie im Kampf mit Österreich waren auch hier viele Wege zu erkunden, unter denen der letztgenannte zweifellos der gefährlichste war. Doch die Pfade, die Bismarck während seines ersten Amtsjahrs beschritten hatte, hatten sich sämtlich als Sackgassen erwiesen. Daß ihm schließlich kein anderer Ausweg als der Staatsstreich bleiben könnte, war eine Eventualität, die allmählich an Wahrscheinlichkeit gewann.

Aber welches Verfahren empfahl sich dazu? Hierin war offenbar Bismarck anderer Anschauung als der König. Der König scheute sich, seinen Eid auf die Verfassung zu brechen. Ihm wäre es lieber gewesen abzuwarten, bis sich der Haß der Opposition in offener Rebellion Luft machte und das Parlament ins Unrecht setzte. Wenn die Liberalen auf die Barrikaden gingen und so das Recht brachen, entbanden sie damit den Monarchen von seinem Eid. Dann konnten seine Generäle den Aufstand niederwerfen, und anschließend würde Wilhelm die offenbar untaugliche Verfassung außer Kraft setzen und zu dem persönlichen Regiment zurückkehren, das vor 1848 geherrscht hatte.

Doch Bismarck behagte diese Aussicht nicht. Zwar war er willens, sich schlimmstenfalls auch mit diesem Gang der Dinge abzufinden, doch in seinem Sinne war eine solche Wiederherstellung des Absolutismus nicht. Denn sie wäre ja dem Eingeständnis gleichgekommen, daß die einzige sichere Basis der Monarchie die Armee sei. Bismarck wollte aber die Basis der Monarchie nicht beschränken, sondern verbreitern. Wenn Preußen zum Absolutismus zurückkehrte, isolierte es sich damit noch weiter vom übrigen Deutschland. Die preußische Forderung nach der Einrichtung eines nationalen Parlaments wäre damit vor aller Augen als verlogene Komödie bloßgestellt worden. Überdies hielt Bismarck es auch keineswegs für erforderlich, die ganze Verfassung außer Kraft zu setzen. Im Gegenteil hatte sich diese von Manteuffel und seinen reaktionären Kollegen entworfene Verfassung ja als hinreichend elastisch erwiesen, in einem Verfassungskonflikt den Bedürfnissen der Monarchie entsprechend manipuliert werden zu können. Das einzige peinliche Manko, das sie aus der Sicht der Krone aufwies, hatte Bismarck mit seiner «Lückentheorie» überbrücken können. Deshalb war seines Erachtens gar nicht die Verfassung an sich zu tadeln, sondern nur das Wahlrecht, das sie vorschrieb.[27]

Nach Bismarcks Dafürhalten war die politische Zusammensetzung der Abgeordnetenkammer keineswegs ein Spiegel der politischen Meinungen in der preußischen Gesellschaft, sondern das künstliche Erzeugnis des Dreiklassenwahlrechts. Das Gesetz vom 30. Mai 1849 teilte die Wähler nach der Höhe der gezahlten Steuern in drei Klassen. Anfänglich gestattete das den ostelbischen adeligen Großgrundbesitzern, ihre Kräfte in den ersten beiden Klassen zu konzentrieren, die zwei Drittel der Steuern zahlten und zwei Drittel der Wahlmänner wählten. In den späten fünfziger Jahren hatte sich jedoch auf der Basis der Industrialisierung eine neue Plutokratie gebildet, deren Einkommen das des Adels in den Schatten zu stellen begann. Viele, die anfänglich in der ersten Klasse gewählt hatten, stiegen nun ab in die zweite, andere rutschten aus der zweiten in die dritte Klasse. 1861 wählten 159 000 Wähler in der ersten Klasse, 454 000 in der zweiten, 2 750 000 in der dritten. Obwohl sie Mehrheiten in allen drei Klassen gewannen, waren doch bei den Wahlen der Jahre 1861–1863 die Liberalen unverkennbar am beliebtesten in den Kreisen des neuen Geldadels, die in den beiden oberen Klassen den Ton angaben.[28]

Das theoretisch allgemeine preußische Wahlrecht war (ganz abgesehen davon, daß Frauen kein Stimmrecht hatten) tatsächlich sehr beschränkt durch seine Ungleichheit. Trotz der großen Agitation in Kammer und Presse nahmen an der Wahl des Jahres 1862 65 Prozent der Wahlberechtigten nicht teil. Noch niedriger war die Wahlbeteiligung im folgenden Jahr, in dem fast 70 Prozent der Wahlberechtigten nicht wählten. Die geringste Wahlbeteiligung ist in den beiden westlichen Provinzen nachzuweisen, in denen die Liberalen von jeher am stärksten waren. 1863 blieben in Westfalen 80 Prozent, im Rheinland 82 Prozent der Wahlberechtigten den Urnen fern. Der bedeutsamste Aspekt dieser Stimmverweigerung war jedoch, daß nicht nur im Westen, sondern überall in Preußen der größte Teil der Nichtwähler der dritten Klasse angehörte. An der Wahl des Jahres 1863 nahmen 43 Prozent der Wahlberechtigten der ersten Klasse, 56 Prozent der Wahlberechtigten der zweiten Klasse und 73 Prozent der Wahlberechtigten der dritten Klasse nicht teil. In den neuen Industriestädten Westdeutschlands gingen häufig über 90 Prozent der Wahlberechtigten der untersten Klasse nicht zur Wahl.[29]

Woran lag das? Der arme Mann wußte, daß seine Stimme nur ein Siebzehntel der Stimme eines reichen Mannes wert war. Das Wahlverfahren war indirekt und nicht geheim. Die offene Abstimmung war zeitraubend und überdies riskant für Leute, deren politische Meinungen etwa andere waren als diejenige ihrer Brotgeber. Überhaupt war das tägliche Brot für die städtische Arbeiterschaft ein viel dringlicheres Anliegen als die Angelegenheiten, die im Landtag verhandelt wurden. Die Bauernschaft auf dem Land war seit Jahrhunderten daran gewöhnt, daß politische Fragen sie nichts angingen und Sache der Herrschaft seien. Die Steinschen Reformen und die Revolution von 1848 hatten zwar auch die Unterschicht aus der Lethargie aufgerüttelt, doch beiden folgten ja lange Phasen politischer Stagnation, in der alles zum Alten zurückkehrte. So mußte sich der Verfassungskonflikt aus der Sicht der Unterschicht als ein Streit zwischen zwei Fraktionen der

Oberschicht darstellen: Die Besitzer der Macht verteidigten diese gegen die Besitzer der Stimmen. Diejenigen, die weder das eine noch das andere hatten, mochten wohl Besseres zu tun haben, als sich an diesem Streit zu beteiligen.

In dieser noch kaum politisierten Schicht hoffte Bismarck, die Basis der Monarchie verstärken und verbreitern zu können. Dabei bediente er sich der schon früher erprobten Strategie. 1853 hatte er außerhalb Deutschlands die Kraft gesucht, mit deren Hilfe er auf die österreichische Koalition im Bundestag Druck ausüben konnte. Nach 1858 sah er im deutschen Nationalismus einen Verbündeten von ähnlicher Nützlichkeit. Jetzt suchte er im Kampf mit den mittleren und oberen Schichten des Mittelstands die unteren Schichten der Gesellschaft zu mobilisieren. Er war nicht zufrieden damit, wie Wilhelm, Schutz in der Festung des preußischen Militärstaats zu suchen. Im Gegenteil zog er es vor, in offenem Gelände zu manövrieren, neue Kräfte in Gang zu setzen, mit denen er dann womöglich dem Gegner in den Rücken fallen konnte.

Der Gedanke, Arbeiter und Handwerker gegen die neue Elite aus «Bildung und Besitz» auszuspielen, war für Bismarck naheliegend. Liberalismus und Rebellion waren aus seiner Sicht natürliche Produkte des städtischen Lebens. Schon 1848 war ihm «eine bittre Spannung zwischen Arbeitern und Bürgerwehr» aufgefallen. Die Bürger wollten die Revolution, aber: «Die Arbeiter lassen König und Militär leben und wollen, daß der König wieder allein zu befehlen hätte u.s.w.»[30] Überdies nahm er an den demokratischen Radikalen der äußersten Linken ein gewisses fasziniertes Interesse. Während der Jahre der Reaktion suchte er oft deren Gesellschaft und Unterhaltung und fand sie alles in allem kongenialer als die Gemäßigten. «Von mehren der allerröthesten erhalte ich die respektvollsten Grüße gelegentlich aus In- und Ausland», schrieb er 1851 an die Gattin. «Die Demokraten ... lieben uns von der äußersten Rechten warm, im Vergleich zu ihren Gefühlen gegen die Gothaer, denen sie Lüge und Halbheit vorwerfen, und auf deren Kosten sie uns in ihren Blättern herausstreichen.»[31]

Nach 1849 hatte er gesehen, wie die Manteuffel-Regierung sich bemühte, Bauern und Handwerker durch soziale Reformen für die Krone zu gewinnen. «Die Fabriken bereichern den einzelnen, erziehen uns aber die Masse von Proletariern, von schlecht genährten, durch die Unsicherheit ihrer Existenz dem Staate gefährlichen Arbeitern, während der Handwerkerstand den Kern des Mittelstandes bildet, eines Gliedes, dessen Bestehen für ein Staatsleben so notwendig ist», hatte er damals in der Abgeordnetenkammer erklärt. Während seiner Jahre in der großen Handelsstadt Frankfurt kam er dann jedoch zu der Überzeugung, daß das Zunftsystem zwar vielleicht den Interessen der Handwerksmeister, nicht jedoch denen der Gesellschaft im Ganzen diente. Er hatte auch die Vorzüge der Massenproduktion zu schätzen gelernt und sich zum Glauben an die Vorzüge der Gewerbefreiheit bekehrt. Dieses Umdenken bahnte ihm den Weg zu der zukünftigen Zusammenarbeit mit Deutschlands Kapitalisten.[32] Es entsprang jedoch auch aus der Einsicht, daß die Verbreitung des Fabriksystems unvermeidlich sei und mithin auch die zukünftige Ersetzung des Handwerkerstands durch das Industrieproletariat. Damit war der erste Schritt zur Anerkennung von dessen sozialen Interessen getan – und zugleich von dessen politischem Potential.

Das soziale Problem

Auf das Ende der Depression des Jahres 1857 folgte in Deutschland ein weiteres Jahrzehnt beschleunigten industriellen Fortschritts. Neue Wälder von Schloten erhoben sich, die Luft mit Ruß zu schwärzen, die stetig wachsende Zahl der Maschinen ließ das Heer der Fabrikarbeiter anschwellen. Der soziale Abgrund, der den Fabrikherrn vom Arbeiter trennte, wurde immer tiefer. Es zeigte sich, daß das Handwerk der Industrie nicht standhalten konnte, gleichviel welchen Schutz der Staat ihm angedeihen ließ. Unterdessen litt das Arbeiterheer, das der Industrie zum Sieg verhalf, unter elenden Bedingungen. Lange Arbeitszeiten, steigende Preise, mangelnde Sicherheit des Arbeitsplatzes, schlechte Unterbringung und drückende Armut bei Verlust der Arbeitsfähigkeit durch Krankheit oder Alter waren das Los des Industrieproletariats. Abgesehen von den Bemühungen einzelner, anständige Wohnungen für ihre Arbeiter zu schaffen, waren es die Fabrikanten zufrieden, die sozialen Folgen ihrer Unternehmungen auf sich beruhen zu lassen. Die liberale Wirtschaftslehre versicherte ihnen ja, daß jede Einmischung in das Walten der «Naturgesetze» von Angebot und Nachfrage am Arbeitsmarkt für den Arbeiter wie für den Arbeitgeber nur böse Folgen haben könne. Unter dem Einfluß des Manchestertums hatte die Regierung der «Neuen Ära» begonnen, den protektionistischen Zunftzwang wieder zu lockern, andererseits jedoch das Gesetz, das Gewerkschaftsvereine verbot, nicht aufgehoben.[33]

Den Liberalen war wenig bewußt, daß es in ihrem Interesse hätte liegen sollen, den Arbeiterstand für ein Bündnis mit dem Mittelstand zum gemeinsamen Kampf gegen die Monarchie zu gewinnen. Bestenfalls war ihnen an der moralischen und passiven Unterstützung der Arbeiter gelegen. Da in Deutschland keine unabhängige proletarische Bewegung existierte, nahm man an, sich diesen Beistand sichern zu können, ohne auch nur Anstalten zu machen, die sozialen Bedürfnisse des Proletariats zu befriedigen. Allenfalls ließen Liberale sich dessen Erziehung angelegen sein, gründeten Arbeiterbildungsvereine, in denen Arbeitern das Wissen vermittelt werden sollte, dessen sie bedurften, um liberale Ideen nach Wert zu schätzen. Die Haltung des Nationalvereins ist bezeichnend. Der Verein finanzierte zwar eine Arbeiterdelegation zur Industrieausstellung, die 1861 in London stattfand, weigerte sich aber wiederholt, seine Mitgliedsbeiträge so zu ermäßigen, daß auch Arbeiter sie hätten aufbringen und beitreten können. Obwohl sie das preußische Dreiklassenwahlrecht revisionsbedürftig fanden, waren doch die meisten Liberalen mit dem Geist des Gesetzes einverstanden, insofern auch sie eine Beschränkung und Differenzierung des Wahlrechts für nötig hielten. Und so lange sie selbst von dem Dreiklassenwahlrecht profitierten, lag es ihnen natürlich fern, etwaige grundsätzliche Vorbehalte dagegen geltend zu machen. Im

Wahlkampf des Jahres 1861 brachten sie die Angelegenheit nicht zur Sprache. Selbst Benedikt Waldeck, der Führer der extremen demokratischen Fraktion, war der Meinung, daß für ein vollkommen gleiches Wahlrecht die Zeit noch nicht reif sei. Was die Liberalen davon überzeugte, war das gleiche Beispiel, das auch Bismarck beeindruckt hatte: Napoleons III. Machtergreifung mit Hilfe allgemeiner Wahlen. Nur einzelne, am äußersten Rand der Bewegung marschierende Demokraten wie Franz Ziegler und Lassalle forderten gleiches Wahlrecht für die Massen.[34]

Eine Ausnahme war allerdings Schulze-Delitzsch. Er bemühte sich, die Arbeiterschaft für die liberalen Anliegen zu gewinnen, indem er im Rahmen der liberalen Wirtschaftslehre Maßnahmen zur Förderung von deren ökonomischen Interessen ergriff, und dies mit einigem Erfolg. Sein Programm war, die Arbeiter durch die Gründung von Genossenschaften (mit Hilfe privaten Kapitals) zur Selbsthilfe zu motivieren. Aber seine Bemühungen kamen vor allem dem unteren Mittelstand, namentlich den Handwerkern, zugute, nicht den Industriearbeitern. Die Kreditgenossenschaften (oder Vorschußvereine), Rohstoffgenossenschaften, Magazin- oder Werkgenossenschaften und Konsumvereine, die auf Schulze-Delitzschs Anregung überall ins Leben gerufen wurden, halfen den kleinen Betrieben, die Stürme der zunehmend von Großunternehmen beherrschten Konkurrenz zu überleben. Für mittellose Proletarier hatte allerdings auch Schulze-Delitzsch nur den wohlfeilen Rat, genug zu sparen, um in eine Genossenschaft eintreten zu können. Es gelang ihm auch nicht, die Fortschrittspartei für das Prinzip des gleichen Wahlrechts für alle zu gewinnen.[35]

Diese Forderung war der Kern von Lassalles Programm. Abgestoßen von der Impotenz, die die Liberalen im Verfassungskonflikt bewiesen, wandte sich der feurige Agitator für ein demokratisches Deutschland an die Industriearbeiter. Im April 1862 rief er die Proletarier auf, sich selbst als den «vierten Stand» zu erkennen, dem die Zukunft gehören werde. Schulze-Delitzschs Prinzip der «Selbsthilfe» verwarf er als unbrauchbar und forderte statt dessen Produktivassoziationen auf der Basis von «Staatshilfe». Um diese Hilfe zu erhalten, müßten die Arbeiter sich jedoch zuvor der politischen Macht versichern, die sie durch ein allgemeines, direktes und gleiches Wahlrecht erlangen würden. Am 1. März 1863 sandte er auf die Anfrage eines Arbeiterkomitees ein «offenes Antwortschreiben», das die Gründung des *Allgemeinen Deutschen Arbeitervereins* anregte. Blind für deren soziale und politische Bedürfnisse, hatten die Liberalen die Chance zu einem Bündnis mit der schnell wachsenden Schicht der Fabrikarbeiter versäumt.[36]

Doch machten sich dieser Blindheit nicht allein die Liberalen schuldig. Die preußischen Konservativen wußten mit der sozialen Frage kaum mehr anzufangen als sie. Ihr ländlicher Hintergrund hatte sie freilich auf das Verständnis der von der industriellen Revolution verursachten sozialen Umwälzungen kaum vorbereitet. Das soziale Verhältnis, das ihnen vertraut war, war das des adeligen Gutsherrn zu unterwürfigen Bauern. Im übrigen war ihnen zum angemessenen Verständnis der neuen Verhältnisse auch ihre Religion nicht hilfreich, denn das

Hauptanliegen der lutherischen Kirche war die Glaubensverkündung, nicht die Beförderung der sozialen Wohlfahrt durch gute Werke. Vom Arbeiterstand erwarteten die Konservativen, daß er sich unter den älteren Ständen der Gesellschaft einrichte und nicht mehr begehre, als ihm zustehe. Die Tatsache, daß viele Arbeiter sich weigerten, die ihnen zugewiesene Stellung einzunehmen, und stattdessen Gleichheit beanspruchten, reizte und verärgerte die Konservativen dementsprechend.[37]

Obwohl sie deren Vorurteile teilten, verstanden doch Victor Aimé Huber und Hermann Wagener die sozialen Entwicklungen der Zeit weit besser als die große Mehrzahl ihrer konservativen Gesinnungsgenossen. Huber, Lehrer und Publizist, beobachtete besorgt den Verfall des religiösen Glaubens in Arbeiterfamilien und führte die Ursachen dieses Verfalls auf die sozialen Umstände zurück. Durch verschiedene Genossenschaften, namentlich Bauvereine, hoffte er, zur Verbesserung der Verhältnisse beitragen und auch den Arbeiterstand in die christliche Gesellschaft eingliedern zu können. Wie Schulze-Delitzsch setzte er nicht auf Staatskredit, sondern auf Selbsthilfe. Ein unabhängiger und streitlustiger Geist, war Huber jedoch für die praktische Politik durchaus unbegabt, und er hat denn auch nie versucht, eine politische Bewegung in Gang zu setzen.[38]

Für Wagener war der politische Aspekt des sozialen Problems der wichtigste. Wenn man auf die soziale Frage keine befriedigende Antwort fand, mußte man sich auf den baldigen Zusammenbruch der Monarchie und der aristokratischen Ordnung gefaßt machen. Davon war er überzeugt und suchte er andere zu überzeugen. Im Verein mit Gleichgesinnten veröffentlichte er die *Berliner Revue*, in der agrarische Interessen vertreten, das Judentum angeprangert und «sozialer Realismus» gepredigt wurden. Die Hauptverantwortung für die soziale Wohlfahrt lag nach Wageners Auffassung beim Staat. Er verwarf die Pläne Hubers, Lassalles und Schulze-Delitzschs, setzte sich aber für die staatliche Förderung von Musterproduktionsgenossenschaften ein, in denen das gerechte Maß bei Löhnen, Arbeitszeit und Arbeitsbedingungen in den verschiedenen Industriezweigen ermittelt werden sollte. Dieses sollte dann bei zukünftiger Gesetzgebung und staatlicher Aufsicht über die Wirtschaft zugrunde gelegt werden.[39]

Wageners soziale Anschauungen lassen einige charakteristische Beschränktheiten der konservativen Gesellschaftsvorstellung erkennen. Obwohl es ihm darum zu tun war, die Interessen der Fabrikarbeiter zu befördern, lagen doch die des Handwerkerstands seinem Verständnis näher. Er wollte den Arbeitern das Recht, sich zu organisieren, zugestehen, war aber gegen Streiks und glaubte, daß die Gewerkschaftsvereine wie die Zünfte ihren Platz in der korporativen Struktur der Gesellschaft einnehmen sollten. Er lehnte das Dreiklassenwahlrecht ab und wollte die Wählerschaft in berufsständische Korporationen traditioneller Art gliedern.[40] Mit diesem Programm glaubte er die Unterstützung der Arbeiter für die Monarchie gewinnen zu können. Denn die Arbeiterfrage sei «der wunde Fleck, den die Fortschrittspartei mit sich an ihrem Leibe herumträgt; jede Berührung desselben verursacht ihr große Schmerzen. Wenn die konservative Partei es versteht, diese Frage in die Hand zu nehmen, dann ist es in der Tat mit der Fortschrittspartei zu Ende.» Was zu diesem Ende zu geschehen habe, sei weiter nichts, als «daß man das Königthum tatsächlich und praktisch als den besten Vertreter und Schirmherrn dieser zahlreichen Bevölkerung» legitimiere. «Und dies ist das Geheimnis der Popularität selbst des Bonapartismus.» [41]

Überall in Europa fanden konservative Politiker das politische System Napoleons III. ihres lebhaften Interesses würdig. Nationalismus, Demokratie und Sozialismus waren tragende Säulen dieses Systems. Das allgemeine Wahlrecht diente der Aufrechterhaltung der Fiktion, daß der Kaiser demokratisch, in Vertretung des Volkes, regierte. Die bonapartistische Tradition befriedigte und stimulierte den Nationalstolz. Und der Staatssozialismus linderte die materiellen Entbehrungen der Unterschicht. Durch öffentliche Arbeiten, namentlich die Umgestaltung von Paris, gelang es Napoleon zeitweilig, die Zahl der Arbeitslosen zu verringern und die Löhne anzuheben. Es wurden auch mit öffentlichen Mitteln Arbeiterwohnungen geschaffen. Private Genossenschaften und Krankenversicherungen wurden staatlich unterstützt. Da Staatsanleihen auch für Leute von bescheidenen Einkünften erschwinglich waren, trugen sie zur Identifikation mit dem existierenden Staat bei. [42]

All das war für Bismarck von höchstem Interesse. Schon während der fünfziger Jahre hatte er die Struktur des napoleonischen Systems studiert und Teile daraus entliehen. Wagener war sein alter Freund und Mitarbeiter. Nach einer Zeit des Mißerfolgs tat er sich während der «Neuen Ära» als Organisator und Leiter des konservativen Parteiapparats hervor. Es war deshalb nur natürlich, daß Bismarck, nachdem er zur Macht gelangt war, seinen Rat einholte. [43]

Auf Wunsch des Ministerpräsidenten verfaßte der Publizist drei Denkschriften, in denen er darüber nachdachte, wie die Fortschrittspartei «vernichtet» werden konnte. Seine Vorschläge hinsichtlich der Maßregelung von Beamten, Organisation der regierungsamtlichen Presse und Unterdrückung sowie Bestechung von Oppositionszeitungen mögen die ersten Maßnahmen des neuen Ministeriums sehr wohl beeinflußt haben. Sein wichtigster Rat war aber, die «Sympathien der großen Massen der Bevölkerung durch tatkräftiges Eintreten für deren materielle und moralische Interessen» gegenüber der «Herrschaft des Finanzkapitals» zu sichern. Stillschweigend wurde mit dieser Empfehlung vorausgesetzt, daß das Gottesgnadentum und die Unterstützung durch den Adel zur Begründung monarchischer Autorität allein nicht mehr ausreichten. Um die Zukunft zu beherrschen, müsse sich die Krone «an die Spitze der Bewegung» setzen. Wagener glaubte zu erkennen, daß unter den Bedingungen des neuen Zeitalters nur noch zwei Regierungsformen möglich seien – die parlamentarische oder die imperiale eines Napoleon III. [44]

Bismarck unterstrich die Kernsätze der Wagenerschen Denkschriften. Doch während des Winters 1862–1863 war er anscheinend viel zu beschäftigt, als daß er Gelegenheit gehabt hätte, Wageners Vorschläge in die Tat umzusetzen. Im

Hermann Wagener, 1871

Ferdinand Lassalle, um 1860

März 1863 bat er Eulenburg, die Möglichkeit der staatlichen Beaufsichtigung gemeinnütziger privater Altersversorgungsanstalten zu erkunden. Einen Monat später drängte er Itzenplitz, bei Huber Vorschläge zur sozialen Reform einzuholen. Er war der Meinung, daß «die Regierung auch aus politischen Gründen» die soziale Frage «ernstlich zu prüfen und mit Nachdruck zu behandeln» habe. Doch diese Anregungen gingen ins Leere. Beide Minister standen zu sehr unter dem Einfluß der liberalen Wirtschaftslehre, als daß sie sich von staatlicher Einmischung in wirtschaftliche Vorgänge irgend etwas versprochen hätten.[45]

Die Gespräche mit Lassalle

Wagener war es vielleicht, der Bismarck auf die Spaltung der Fortschrittspartei durch die Gründung des Allgemeinen Deutschen Arbeitervereins hinwies. Im Mai 1863 entschloß er sich zu dem ungewöhnlichen Schritt, Lassalle zu einer geheimen Unterredung zu bestellen. Während der folgenden zehn Monate trafen sich der radikale Agitator und der Ministerpräsident zu wiederholten Malen. Jahre später charakterisierte Bismarck Lassalle als einen «der geistreichsten und liebenswürdigsten Menschen, mit denen ich je verkehrt habe ... unsere Unterredungen haben stundenlang gedauert und ich habe es immer bedauert, wenn sie beendet waren.» Bei allem, was sie voneinander trennte, hatten sie doch vieles miteinander gemein. Beide waren kühn, Freunde des offenen Worts, pragmatisch und mit glänzender Intelligenz begabt. Und sie hatten denselben Feind.[46]

Lassalle stritt zwar die revolutionäre Natur seiner Bewegung nicht ab, erklärte aber hinsichtlich der anzustrebenden Regierungsform, nicht doktrinär festgelegt zu sein. Er versicherte Bismarck, daß der Arbeiterstand instinktmäßig zur Diktatur neige, jedoch erst überzeugt werden müsse, daß dieselbe in seinem Interesse ausgeübt werde. Die Proletarier seien bereit, «trotz aller republikanischen Gesinnungen ... in der Krone den natürlichen Träger der sozialen Diktatur, im Gegensatz zu dem Egoismus der bürgerlichen Gesellschaft, zu sehen, wenn die Krone ihrerseits sich jemals zu dem – freilich sehr unwahrscheinlichen – Schritt entschließen könnte, eine wahrhaft revolutionäre und nationale Richtung einzuschlagen und sich aus einem Königtum der bevorrechtigten Stände in ein soziales und revolutionäres Volkskönigtum umzuwandeln!»[47]

Zuletzt kam die Diskussion auf den hochbedeutenden Gegenstand des Wahlrechts. Nach Lassalles Bericht erklärte Bismarck seine Absicht, eines Tages die Monarchie mit dem Volke durch die Verkündigung des gleichen Wahlrechts zu verbünden. Aber wie sollte dasselbe eingeführt werden? Die Mehrheit der Abgeordnetenkammer würde dagegen stimmen, und der König war gegen einen Staatsstreich. Lassalle wußte, was zu tun sei. Das durch königliches Dekret erlassene Dreiklassenwahlgesetz konnte auf eben diesem Wege auch wieder aufgehoben werden. Damit würde dann automatisch das Wahlgesetz von 1848 wieder in Kraft treten, das allgemeine, direkte und gleiche Wahlen vorschrieb.[48]

Die Scheu des Königs vor einem Gesetzesbruch war jedoch nicht der einzige Grund für Bismarcks Zögern. Er war nicht davon überzeugt, daß das allgemeine, gleiche Wahlrecht an sich schon genügte, der Regierung die erforderliche Mehrheit im Parlament zu verschaffen. Was, wenn die Unterschicht, obwohl man ihren Angehörigen gleiches Stimmrecht wie den Vertretern von Bildung und Besitz gewährte, dennoch den Wahlurnen auch weiterhin fernblieb? Auch zur Lösung dieses Problems hatte der gewandte Lassalle eine magische Formel: Gesunde Bürger, die bei zwei aufeinander folgenden Wahlen nicht zur Stimmabgabe erschienen, sollten auf zehn Jahre die Bürgerrechte verlieren. Doch das genügte Bismarck nicht. Was er wollte, war Gewißheit, daß die Wähler nicht nur überhaupt zur Wahl gingen, sondern dann auch ihre Stimmen für die konservative Partei abgäben.[49] Er war sich des «instinktiven Royalismus» der Massen schließlich doch nicht so sicher, wie er oft behauptete. Später skizzierte er seinen Kabinettskollegen mögliche Maßnahmen einer weitergehenden Vorsorge für ein wünschenswertes Wahlergebnis. So könnte man zum Beispiel die Leute daheim von einer Wahlkommission besuchen und so die gesamte stimmberechtigte Bevölkerung, Haushalt für Haushalt, zur Stimmabgabe nötigen lassen. Oder man könnte das bestehende Wahlgesetz durch eine Zusatzbestimmung ändern, die vorsähe, daß alle nicht abgegebenen Stimmen automatisch dem Regierungskandidaten zugeschrieben würden.[50] In solchen Bahnen bewegten sich Bismarcks Gedanken zum allgemeinen Wahlrecht um die Zeit seiner Unterhaltungen mit Lassalle.

Der Gang der Dinge entmutigte Lassalle. Wenige Wochen nach seinem ersten Gespräch mit Bismarck wurde die Presseverordnung erlassen. Solche Maßnahmen, warnte er den Ministerpräsidenten, würden die in Aussicht genommene Allianz unmöglich machen.[51] Während des Herbsts 1863 brachte er sich durch seine Reden und Schriften wiederholt in Konflikt mit den Behörden. Vergeblich rief er Bismarck um Hilfe an. Offensichtlich war es diesem ganz recht, seinen geistreichen Gesprächspartner durch die Behörden vor Übermut bewahrt zu sehen. Zu Beginn des Jahres 1864 wurde der Ton der Botschaften Lassalles verzweifelt. Angesichts des drohenden Kriegs mit Dänemark fürchtete er, daß der Ministerpräsident nun, da sich die Möglichkeit auswärtiger Eroberungen eröffnete, an inneren Reformen nicht mehr interessiert war. Bei Ausbruch des Krieges brach Bismarck die Beziehung ab.[52] Im August starb Lassalle in Genf bei einem Duell, zu dem er aus ganz unpolitischem Anlaß (von dem Verlobten einer Dame) gefordert worden war.

Die Gründe für Bismarcks Entscheidung gegen ein Bündnis mit der proletarischen Linken im Jahre 1863 sind nicht schwierig aufzufinden. Ungeachtet der Bemühungen seines dynamischen Protagonisten waren die Erfolge des Allgemeinen Deutschen Arbeitervereins nur sehr bescheiden. Bei Lassalles Tod hatte der Verein 4600 Mitglieder, von denen 3000 Preußen waren. In Berlin, wo der von Lassalle bekämpfte Schulze-Delitzsch das Feld beherrschte, hatte dessen sozialistischer Herausforderer nur 35 Anhänger. «Was hätte Lassalle mir bieten und geben können?» fragte Bismarck 1878. «Er hatte nichts hinter sich.»[53]

DRITTES BUCH

Die Zeit der Triumphe
1864–1867

… die Wahrnehmung, daß Preußen in Deutschland
von Österreich überflügelt würde, daß bayerische und sächsische,
hessische und württembergische Majoritäten
irgendwelchen bestimmenden Einfluß auf Preußen wider dessen Willen
mit Erfolg beanspruchen könnten,
wäre selbst in der heutigen Zeit der materiellen Interessen
für das preußische Volk ein schärferer Stachel
zu gereizter Verstimmung; ein wirksameres Mittel zur Erregung
von Unzufriedenheit, als die Mehrzahl wirklicher
oder vermeintlicher Übelstände im Innern, während umgekehrt der Preuße
über jede Erhöhung seines Selbstgefühls gegenüber dem Auslande
leicht dasjenige vergißt,
was ihn an den innern Zuständen etwa verdrießt.

Bismarck, im März 1858

Unsere glänzenden Erfolge nach Außen
sind so untrennbar von unseren Heeres Einrichtungen –
deren Aufrechterhaltung aber ist so innig verbunden mit der inneren Politik
der Regierung, mit der Abwehr und Nothwehr gegen Alle Angriffe
und Übergriffe des Parteiwesens –
daß man nicht das Eine rühmen und zugleich das Andere
verwerfen kann.

Provinzialkorrespondenz, 7. November 1866

I

Die Eroberung von Schleswig-Holstein

Das Problem der Herzogtümer

Oberflächlich betrachtet schien die schleswig-holsteinische Frage Bismarck eine gute Gelegenheit zu geben, die heimische Opposition durch einen außenpolitischen Handstreich zu überrumpeln. Seit 1848 war der Fall der «Nordmark» die *cause célèbre* des deutschen Nationalismus. In jenem Jahr hatte die Regierung in Kopenhagen den ersten Versuch gemacht, Schleswig dem Königreich Dänemark einzuverleiben. Ebenso wie Holstein und das winzige Lauenburg war Schleswig Besitz der dänischen Krone, gehörte aber nicht, wie die beiden anderen Herzogtümer, dem Deutschen Bund an. Dennoch waren Schleswig und Holstein traditionell unteilbar, und die dänische Maßnahme drohte sie nun zu trennen. Die deutsche Bevölkerung der Herzogtümer erhob sich gegen die dänische Regierung, und das Frankfurter Parlament beauftragte Preußen, an der Seite der Aufständischen zu intervenieren. Doch nach einem kurzen Feldzug zog die Berliner Regierung unter dem Druck der europäischen Mächte ihre Truppen ab. Das Parlament verfügte über keine eigenen Machtmittel zur Unterstützung der Rebellen. Die Machtlosigkeit der Versammlung in der Paulskirche trat bei keiner anderen Gelegenheit des Jahres 1848 so deutlich zutage wie bei dieser. Das Scheitern in Schleswig-Holstein kündigte das letztliche Scheitern der deutschen Revolution selbst an.[1]

Enttäuschend war der Ausgang der Sache jedoch auch für die Dänen. Obwohl sich in dem am 8. Mai 1852 unterzeichneten Londoner Protokoll Österreich und Preußen wie die anderen Großmächte verpflichteten, die Integrität der dänischen Monarchie zu respektieren, hatte in einem Vertrag, der im Dezember des Vorjahrs abgeschlossen worden war, Dänemark den beiden deutschen Großmächten bereits versprechen müssen, Schleswig niemals dem dänischen Staat einzugliedern oder Schritte zu diesem Zweck zu unternehmen. Zusätzlich hatte der König versprochen, in der Frage einer zukünftigen verfassungsmäßigen Union mit Dänemark die Stände der Herzogtümer zu konsultieren. Das ließ die Wünsche der dänischen Nationalisten unbefriedigt und löste auch das praktische Problem der Regierung der Herzogtümer nicht. Während der fünfziger Jahre blieb so die schleswig-holsteinische Frage offen, bis 1863 König Friedrich VII. sein «März-Patent» erließ, in dem, ohne daß diese vorher mit den Ständen der Herzogtümer beraten und von diesen gebilligt worden wäre, eine neue Gesamtstaatsverfassung verkündet wurde, die auf einen erneuten Versuch, Schleswig dem dänischen Staat einzugliedern, hinauslief. Während der folgenden sechs Monate rang sich der Bundestag in Frankfurt die Entschließung zur Exekution seines Einspruchs dagegen ab. Doch die Dänen ängstigte das nicht. Europa war mit der polnischen Frage beschäftigt. Der Bundestag war über der Frage der Bundesreform zerstritten. Preußen hatte seinen Verfassungskonflikt. England und Frankreich schienen Dänemark freundlich gesonnen zu sein. Und Schweden fand sich sogar zu unbestimmten Versprechungen militärischer Hilfe bereit.[2]

Doch am 15. November 1863 erlitten die dänischen Pläne eine empfindliche Störung durch den unerwarteten Tod König Friedrichs. Er hatte keinen direkten Erben. Die Unterzeichner des Londoner Protokolls hatten zwar für diesen Fall als Thronfolger und Erben auch der Herzogtümer Christian von Schleswig-Holstein-Sonderburg-Glücksburg bestimmt, der als Christian IX. den Thron bestieg, auf den Eingang der Todesnachricht aus Kopenhagen hatte jedoch schon am 16. November Erbprinz Friedrich von Augustenburg seinen Regierungsantritt als Herzog Friedrich VIII. von Schleswig-Holstein erklärt. Unter dem Schutz Herzog Ernsts von Coburg begann er in Gotha alsbald eine Regierung zu bilden. Binnen kurzem wurde seine rechtlich durchaus zweifelhafte Souveränität von den meisten kleineren deutschen Staaten anerkannt.

Dem Augustenburger jubelten auch überall in Deutschland die liberalen Nationalisten zu. Die wieder zur Entscheidung gestellte schleswig-holsteinische Frage wurde als Schicksalsfrage des deutschen Nationalismus aufgefaßt. Wenn Deutschland dieser Herausforderung durch das winzige Dänemark nicht ange-

Friedrich von Augustenburg als Herzog Friedrich VIII. von Schleswig-Holstein

messen zu begegnen wußte, war kaum zu hoffen, daß es jemals die Kraft aufbrachte, sich zur Gründung eines Nationalstaates aufzuschwingen. Viele sahen bei dieser Gelegenheit den deutschen Willen zu politischer Freiheit auf die Probe gestellt. Bei Eingang der Nachrichten aus Kopenhagen schrieb Gottfried Planck, Rechtslehrer in Kiel, an seinen alten Freund Rudolf von Bennigsen: «Es hängt davon nicht nur die Rettung der Herzogtümer für Deutschland und dessen ganzer Stellung nach außen, sondern auch der Gang unserer kurzen Entwicklung für lange Jahre ab. Mißlingt die Bewegung für Schleswig-Holstein, ernten wir wieder nur Schimpf und Schande, so muß, wenn nicht sofort dann eine Revolution ausbricht, eine entsetzliche Versumpfung des ganzen politischen Lebens und die Herrschaft einer krassen Reaktion die Folge sein.»[3] Für Männer seiner Denkungsart waren Einheit und Freiheit noch enge Gefährtinnen. Jeder Schritt in Richtung der einen brachte das deutsche Volk auch der anderen näher.

Der Augustenburger schien um beider willen Unterstützung zu verdienen. Friedrich war als Mann liberaler und nationaler Überzeugungen bekannt. Sein guter Freund, Herzog Ernst, war der Schirmherr des Nationalvereins. Während der Kämpfe der Jahre 1848–1850 hatte der Prinz in der revolutionären Armee Schleswig-Holsteins gedient.[4] Dennoch setzten sich die deutschen Liberalen mit der Unterstützung seiner Ansprüche in einige Verlegenheit, da sie damit als Verteidiger des Legitimitätsprinzips auftraten und sich für eine Vermehrung der deutschen Kleinstaaten einsetzten – was beides gegen ihre früheren Grundsätze verstieß.

Unmittelbar nach dem Tod des dänischen Königs beeilten sich die Führer des Nationalvereins, den größtmöglichen Nutzen aus der neuen Situation zu ziehen. Am 18. November lud Bennigsen alle Mitglieder des Ausschusses des Nationalvereins für den 22. November nach Berlin. Auf dieser Sitzung wurde schnell beschlossen, Prinz Friedrich in jeder Hinsicht zu unterstützen. Am 24. November erließ der Nationalverein einen von Bennigsen unterzeichneten Aufruf an das Volk in den flammendsten Worten. Wollen wir, so fragte er, die Schmach dulden, «daß ein deutscher Bruderstamm das Schicksal von Elsaß und Lothringen teile? Die deutsche Provinz Preußen war einst Polen unterworfen, Pommern unter schwedischer Herrschaft, die Rheinlande Frankreich einverleibt. Das Schwert unserer Vorfahren hat sie dem deutschen Vaterlande wiedererobert. Jetzt gilt's, ein Gleiches für Schleswig-Holstein zu tun.» Er mahnte die deutschen Fürsten: «Söhne des gemeinsamen Vaterlandes – seid eingedenk der schweren Verantwortlichkeit, die auf Euch lastet – seid eingedenk, daß ein Volk viel Unbill verzeihen und vergessen kann, nimmermehr aber eins: den Verrat seiner Ehre und Freiheit an das Ausland!» Somit forderte der Nationalverein alle Gemeinden, Kooperationen, Vereine, Genossenschaften, alle Vaterlandsfreunde auf, Männer, Geld und Kriegsmittel bereitzustellen. In Göttingen wurde ein Koordinationskomitee unter Leitung des hannoverschen Politikers Johannes Miquel eingesetzt.[5]

Doch bald reduzierte der Nationalverein die eigenen Aktivitäten zugunsten einer neuen Organisation, die auf breiter Basis ruhte. Denn in der schleswig-holsteinischen Frage und der Unterstützung des Augustenburgers stimmte der Nationalverein mit seinem Rivalen, dem Reformverein, überein. Mit vereinten Kräften luden die kleindeutsche und die großdeutsche Organisation die Abgeordneten aller deutschen Parlamente zu einer Versammlung am 21. Dezember nach Frankfurt. Fast fünfhundert folgten der Einladung und beschlossen einstimmig, die Sache Augustenburgs zu derjenigen Deutschlands zu machen. Obwohl dagegen die Großdeutschen Einspruch erhoben, wurde ein sechsunddreißig Köpfe zählender Ausschuß eingesetzt, der mit der Koordination der Bemühungen zur Unterstützung der Herzogtümer beauftragt wurde. Berauscht von der neu gefundenen Einmütigkeit ihres Strebens, setzten die Nationalisten sich das Ziel, mittels der allgemeinen Entrüstung des deutschen Volkes die deutschen Regierungen zum Handeln zu zwingen. Hier hatten sie endlich die Gelegenheit, die Existenz einer Nationalbewegung von überwältigender Macht zu demonstrieren, deren Forderungen zu ignorieren sich in Zukunft kein Staatsmann mehr würde leisten können.[6]

Ausländerhaß ist der denkbar beste Zement für gespaltene Nationen. Selbst die preußischen Konservativen stimmten in den Chor moralischer Entrüstung ein. Wo die Rechte deutscher Fürsten gegen Fremde zu verteidigen waren, fiel auch ihnen nationales Empfinden leicht. Viele von ihnen glaubten, mit den Ansprüchen Augustenburgs das Legitimitätsprinzip zu verteidigen. Die seit 1848 in Dänemark durchgeführten Experimente mit liberalen Konstitutionen waren dem konservativen Europa ohnedies zutiefst verdächtig. Von diesen Argumenten beeindruckt, war König Wilhelm gewillt, die Regierung Augustenburgs anzuerkennen. Der Kronprinz, der Prinz Friedrich als Studenten in Bonn kennengelernt hatte, unterstützte dessen Sache ganz entschieden.[7]

Inmitten dieses allgemeinen Enthusiasmus beschlich eine bange Ahnung die preußischen Liberalen. Was, wenn der Finsterling in der Wilhelmstraße 76 die Situation zu seinem eigenen Vorteil ausnützte? Würde er versuchen, sich an die Spitze eines nationalen Kreuzzugs gegen Dänemark zu setzen? Würden sie selber es wagen, ihm für einen solchen Krieg die Mittel zu verweigern? Und wenn sie es täten, was wären die Folgen für ihr eigenes Ansehen in Deutschland? Stand ihnen die Qual bevor, zwischen nationaler Einheit und politischer Freiheit wählen zu müssen?[8]

Doch bald wurde ihre Gemütsruhe wiederhergestellt. Am 28. November 1863 beriefen sich Preußen und Österreich gegen Dänemark nicht auf den Rechtsanspruch Augustenburgs, sondern auf die 1851–1852 abgeschlossenen Verträge. Einen Monat später brandmarkten sie den Sechsunddreißiger-Ausschuß als «revolutionär» und forderten die Bundesstaaten zu dessen Unterdrückung auf.[9] Überall in Deutschland faßten die Liberalen das als Verrat an der nationalen Sache auf. In Preußen gingen die Führer der Opposition wieder zum Angriff über. Anscheinend war also ihre Überzeugung, daß ein reaktionärer Junker nie einen Finger zum Wohle der Nation krumm machen würde, richtig gewesen.[10] So konnte man nun unbesorgt Bismarck und Dänemark im gleichen Atemzug verdammen.

Bismarck hatte gute Gründe, von der anscheinend so günstigen Gelegenheit, seine innenpolitischen Probleme durch einen außenpolitischen Handstreich zu lösen, keinen Gebrauch zu machen. Denn die Unterstützung der Sache Augustenburgs hätte seine Zwecke keineswegs so befördert, wie es der äußere Anschein zu versprechen schien. Vielmehr hätte er damit seine eigenen geheimen Pläne für die Herzogtümer ruiniert und gefährliche diplomatische Verwicklungen heraufbeschworen.

Die Strategie der Alternativen

Die schleswig-holsteinische Frage und die sich daraus für Preußen ergebenden Möglichkeiten waren Bismarck schon seit langem vertraut. Im Jahre 1856 gestand er Bernhard von Bülow, dem dänischen Gesandten in Frankfurt, «er wäre kein Freund der ‹gemütlichen› oder nationalen Politik und viel zu sehr Preuße, um in seinen Gefühlen einen Unterschied zwischen Spaniern, Bayern oder Dänen zu machen. Ihm komme es nur darauf an, ob Preußen ein Interesse daran habe, sich mit Dänemark zu streiten, oder an der Zergliederung der dänischen Monarchie. Das wäre indessen nicht der Fall.»[11] Deshalb riet er seiner Regierung, sich vor der Öffentlichkeit in die Pose der entschiedensten Verteidigerin der deutschen Nationalehre in den Herzogtümern zu werfen, jedoch keine ernsthaften Anstalten zur Lösung des Problems zu machen. Preußen sollte vielmehr trachten, diese Lösung hinauszuzögern, bis es in der Lage wäre, «praktischen Gewinn» daraus zu ziehen.[12]

Den Gewinn, den er dabei im Sinn hatte, war ein Machtzuwachs für Preußen. Doch die von den deutschen Nationalisten gewünschte Lösung hätte seines Erachtens der Macht Preußens nichts hinzugefügt. Im Gegenteil wäre dabei nur ein weiterer Mittelstaat entstanden, der wie Hannover oder die beiden Hessen unvermeidlich Preußen fürchten und mit Österreich flirten würde. Was Bismarck wünschte – lange bevor er das offen sagen durfte –, war die Einverleibung der Herzogtümer in den preußischen Staat. Er dachte expansionistisch. Es sei «Preußens Mission», sich auszubreiten, bekannte er gelegentlich.[13]

Die Wahrscheinlichkeit, daß Preußen dazu je imstande sein würde, war äußerst gering. In Europa, in Deutschland, ja in Preußen selbst gab es kaum eine bedeutende Persönlichkeit oder Interessengruppe, die mit dieser Absicht Bismarcks sympathisiert hätte. Unter den Großmächten waren England und Österreich entschiedene Gegner einer preußischen Annexion, Rußland hatte jedenfalls erhebliche Bedenken dagegen. Napoleon war zwar willens, preußische Annexionsbestrebungen zu begünstigen, doch war dessen Unterstützung kostspielig und möglicherweise unzuverlässig. Alle deutschen Kleinstaaten standen hinter dem Anspruch Augustenburgs. Der preußische König und der Kronprinz dachten nicht daran, die Gelegenheit zu ergreifen, ihr Königreich zu erweitern. Bismarcks eigene Untergebene im auswärtigen Dienst, von denen manche direkten Zugang zum König hatten, waren gegen die Politik des Ministerpräsidenten. In der Abgeordnetenkammer waren alle Parteien zur Unterstützung Augustenburgs geneigt oder bereits entschlossen. Nur der linksliberale Benedikt Waldeck, der von Bismarcks Zielen freilich nichts ahnte, sprach sich sofort und unumwunden für die Annexion der Herzogtümer aus. Doch ein Bündnispartner für Bismarck war er ebensowenig wie Napoleon.

Aber nach drei schwierigen Jahren erhielt Bismarck nichtsdestotrotz, was er begehrte. Daß es ihm gelang, die zahlreichen Hindernisse auf dem Weg zur Annexion zu überwinden, gehört zu den erstaunlichsten Leistungen, von denen die politische Geschichte weiß. Er selbst hat sie später als seinen «stolzesten Erfolg» eingeschätzt.[14] Er näherte sich der Lösung in einer für ihn bezeichnenden Weise. Zunächst wußte er nur, was er wollte. Er wußte weder wie noch wann, noch ob es überhaupt zu erreichen sei. Ende des Krieges schrieb er im Juli 1864 aus Karlsbad an seine Frau: «Das lernt sich in diesem Gewerbe recht, daß man so klug sein kann wie die Klugen dieser Welt und doch jederzeit in die nächste Minute geht wie ein Kind ins Dunkle.» Den Erfolg Preußens schrieb er ganz dem Beistand Gottes zu: «Unberufen, Gott wolle uns ferner in Gnaden leiten und nicht der eigenen Blindheit überlassen.»[15] Doch Bismarcks Glaube war nicht resignativ, denn er glaubte, daß Gott dem hilft, der sich selber zu helfen weiß.

In charakteristischer Weise analysierte er die Alternativen der Situation. Er fand drei. Denkbar war erstens die Annexion der Herzogtümer durch Preußen. Zweitens konnten die Herzogtümer auch fernerhin in Personalunion mit Dänemark unter der dänischen Krone verbleiben. Drittens mochten sie unter dem Hause Augustenburg staatliche Unabhängigkeit erlangen und in den Deutschen Bund aufgenommen werden. Welche der beiden letzteren Alternativen war vorzuziehen, wenn sich die erstere als vorerst unerreichbar erwies? Die deutschen Historiker haben diese Frage lange erörtert. Daß Bismarck statt einer für Preußen nachteiligen Lösung lieber hingenommen hätte, daß Deutsche weiterhin unter einer Fremdherrschaft lebten, haben seine Parteigänger rundheraus bestritten und seine Gegner ebenso rundheraus behauptet.[16] Seine eigenen Äußerungen wandelten sich entsprechend den Zwecken, die er mit ihnen verfolgte. Als er im Frühjahr 1864 Augustenburg für die preußische Unterstützung seiner Sache Konzessionen abzuhandeln versuchte, behauptete er, der zweiten Option den Vorzug zu geben. Nach seinem Bündnis mit dem deutschen Nationalismus im Herbst 1866 behauptete er, daß die Augustenburger Option seine zweite Wahl gewesen sei. Diese Reihenfolge nannte er auch in seinen Erinnerungen.[17]

Doch mit der Behauptung, Bismarck habe bereits 1863–1864 unter den Alternativen eine Entscheidung getroffen, beweist man nur ein mangelndes Verständnis seines politischen Verfahrens. Alles hing von den Umständen ab, unter denen die Entscheidung letztlich getroffen werden mußte. Wenn England und Frankreich eingegriffen hätten und die österreichische Unterstützung ausgeblieben wäre, hätte er keine andere Wahl gehabt, als die Herzogtümer unter dänischer Oberhoheit zu belassen. Zweifellos war aus seiner Sicht eine beschränkte dänische

Souveränität einem gänzlich unabhängigen Schleswig-Holstein unter Augustenburg vorzuziehen. Die letztere Lösung wäre voraussichtlich dauerhaft gewesen, die erstere vorübergehend. So hätte in absehbarer Zukunft die Frage unter für preußische Eroberungen günstigeren Umständen von neuem aufgeworfen werden können. Andererseits beabsichtigte Bismarck für den Fall, daß er genötigt sein würde, Augustenburg anzuerkennen, einen Preis zu verlangen, dessen Entrichtung praktisch auf die Duldung der preußischen Annexion der Herzogtümer hinausgelaufen wäre.

Bismarcks großer Vorteil lag in der Uneinigkeit der Kräfte, die sich seiner Hauptabsicht widersetzten. Deren widerstreitende Interessen und Bestrebungen gaben ihm die Möglichkeit, sich an den von ihm bevorzugten Punkt jeder politischen Situation, den Angelpunkt, zu begeben. Wieder und wieder benützte er die ihm dort gebotene Wahlfreiheit zwischen Alternativen, um die Manöver seiner Gegner zu durchkreuzen. So wurde Druck durch Gegendruck in einem prekären Gleichgewicht erwidert, das monatelang auf und nieder schwankte und dabei stets aus der Balance zu geraten drohte. Das aber verhinderte Bismarcks außerordentliche Geschicklichkeit.

Anfänglich war diese Strategie nur möglich, weil seinen Gegnern nicht bekannt war, daß er vorhatte, die Herzogtümer für Preußen zu vereinnahmen. Andernfalls hätten sie sich wohl zumindest lange genug geeinigt, um wenigstens diese Absicht zu vereiteln. «Ich treibe jetzt auswärtige Politik, wie ich früher auf die Schnepfenjagd ging, und setze nicht eher den Fuß vorwärts, als bis ich den Bülten, auf den ich treten will, als sicher und tragfähig erprobt habe», sagte er zu Hermann Wagener.

Zuerst klammerte er sich an die Verträge von 1851 und 1852. Dann brachte er die Möglichkeit einer Personalunion ins Gespräch. Endlich schien er geneigt, den Anspruch Augustenburgs anzuerkennen. Jede Option wurde fallengelassen oder preisgegeben, sobald ihre Nützlichkeit erschöpft war, bis schließlich als einzige praktische Alternative die Annexion übrig blieb. Auch den Krieg führte er dann von einer Stufe zur nächsten fortschreitend, Schritt für Schritt: Erst die Bundesexekution in Holstein. Dann die österreichisch-preußische Besetzung Schleswigs. Schließlich der Einmarsch in Jütland. Bei jedem dieser Schritte hätten Verzögerung oder Überstürzung katastrophale Folgen haben können. Jahre später erklärte Bismarck gegenüber Lothar Bucher: «Jede einzelne Aktion war an sich eine Kleinigkeit; darin, daß sie alle zusammen klappten, lag die Schwierigkeit.»[18]

Bismarcks Meisterstück

Die Drehungen und Wendungen der Bismarckschen Diplomatie in der schleswig-holsteinischen Angelegenheit sind viel zu verwickelt, als daß sie hier im einzelnen nachvollzogen werden könnten. Gleichwohl wird die Gewandtheit, die er dabei entfaltete, nur vollkommen zu würdigen wissen, wer die verschiedenen Dokumentensammlungen studiert, in denen, soweit schriftliche Quellen das vermögen, seine Entscheidungen und Handlungen Tag für Tag festgehalten sind.

Schon vor langer Zeit war Bismarck zu der Überzeugung gelangt, daß ohne Krieg die Herzogtümer nicht zu haben sein würden.[19] Militärisch war Dänemark Preußen nicht gewachsen. Preußen hatte 16 Millionen Einwohner, Dänemark nur 2,5, von denen 30 Prozent Deutsche von zweifelhafter Loyalität zur dänischen Krone waren. Bismarck mußte jedoch dafür sorgen, daß die Dänen nicht von anderswoher Unterstützung erhielten. Diese war vor allem von seiten Englands zu befürchten. Jede Schwächung der dänischen Monarchie galt als Gefährdung britischer Interessen im Ostseeraum. Ohne eine weitere Großmacht als Alliierte konnte Großbritannien einen Krieg auf dem Kontinent jedoch nicht leicht in Angriff nehmen. Rußland kam für ein Bündnis zu diesem Zweck kaum in Frage, so mußten sich den Engländern in erster Linie Österreich und Frankreich als Verbündete gegen Preußen empfehlen. Es galt also, Österreich sicher an Preußen zu binden und Frankreich und Großbritannien auseinanderzuhalten.[20]

Zu diesem Zweck befleißigte sich Bismarck zunächst äußerlicher Mäßigung und penibler Legalität bei seinem Verfahren. Preußen verlange nichts weiter, erklärte er, als daß Dänemark den Verpflichtungen nachkäme, die es in den Verträgen von 1851 und 1852 gegenüber den deutschen Mächten eingegangen war. Die preußische Regierung ihrerseits werde sich streng an das Londoner Protokoll von 1852 halten und beabsichtige in keiner Weise, die Integrität der dänischen Monarchie zu bedrohen. Innerhalb der preußischen Regierung war diese Politik keineswegs unumstritten. Zwar störte ihn der liberale Charakter der Bewegung, deren Held Augustenburg war, doch hielt dessen Sache auch Wilhelm für gerecht, und das Londoner Protokoll wäre er liebend gerne los gewesen. Von allen Seiten wurde er in diesen Ansichten bestärkt – von anderen deutschen Fürsten, von der Königin und dem Kronprinzen, von Freunden aus der alten «Wochenblatt»-Partei und selbst von einigen Untergebenen Bismarcks im Auswärtigen Amt. In kritischen Augenblicken konnte der Ministerpräsident den König nur bei der Stange halten, indem er seine Kabinettskollegen für sich eintreten ließ und dem König mit Rücktritt drohte.[21]

Das Londoner Protokoll war das Seil, an dem Bismarck die österreichische Regierung ins Schlepptau nahm. Angesichts der nationalen Erregung über die Zukunft der Herzogtümer konnten Franz Joseph und Rechberg in dieser Angelegenheit keine vollkommen negative, untätige Politik verfolgen, doch andererseits hätte jede «nationale» Lösung des Problems einen für die Wiener Regierung gefährlichen Präzedenzfall geschaffen. Die Monarchie der Habsburger konnte nicht gut im Ausland die Sache der nationalen Selbstbestimmung unterstützen und diese ihren eigenen Untertanen auf die Dauer vorenthalten. Dementsprechend erleichtert waren die Österreicher, als sie von Bismarcks Absicht erfuhren, Augustenburg und der deutschen nationalen Bewegung die kalte Schulter zu zeigen.[22] Die Regierenden im Ballhaus und in der Hofburg scheinen nach dem November 1863 von einer seltsamen Apathie übermannt worden zu sein. Es war,

Kaiser Franz Joseph von Österreich, 1861

als hätten sie, erschöpft von dem vergeblichen Kampf der letzten Jahre, den Willen und die Energie verloren, Österreichs Interessen zu schützen.[23]

Zweifellos erkannten sie, daß die Risiken einer Verbindung mit Bismarck nur zu vermeiden waren, wenn es gelang, Preußen auf das Prinzip zu verpflichten, daß Christians Erbanspruch auf die Herzogtümer unter keinen Umständen in Frage gestellt werden dürfe. Nur auf diese Weise konnte verhütet werden, daß Preußen sich die Herzogtümer aneignete oder ein unabhängiger Kleinstaat unter preußischem Einfluß entstand. Bei jedem Schritt der beiden deutschen Großmächte in der dänischen Angelegenheit waren Rechberg und seine Kollegen bemüht, die Preußen zurückzuhalten und in ihrer Bewegungsfreiheit zu beschränken: vor der Bundesexekution in Holstein, vor dem Einmarsch österreichischer und preußischer Truppen in Schleswig und Jütland und schließlich auf der Londoner Konferenz im Mai 1864.

Bei jeder dieser Gelegenheiten entzog sich Bismarck dem österreichischen Zugriff, indem er seinen Verhandlungspartnern weismachte, ihm seien schon von anderer Seite die Hände gebunden. Die gewünschte Garantie, Christians Erbanspruch betreffend, würde er persönlich ihnen von Herzen gerne geben, doch leider würde Wilhelm sich nie dazu bereit finden. Woche um Woche verging, während Bismarck die Nerven Károlyis und Rechbergs mit detaillierten Schilderungen seiner Kämpfe mit der augustenburgischen Partei am Hofe seines Königs zermürbte. Wenn sie ihre Forderungen zu weit trieben, warnte er die Österreicher, würden sie schließlich Wilhelm nur dazu treiben, in dieser Frage vollends

Johann Graf von Rechberg

gemeinsame Sache mit den Liberalen zu machen. Bismarck überzeugte das Publikum mit seiner Darbietung. Selbst der nicht eben zur Leichtgläubigkeit neigende Károlyi nahm an, daß Bismarck sich ernstlich zu den von ihm vorgetragenen Auffassungen bekehrt habe. So erlangten die Österreicher vor dem Einmarsch in Schleswig nur die vage Zusicherung, daß die Frage der Erbfolge in den Herzogtümern «nicht anders als im gemeinsamen Einverständnisse» entschieden werden sollte, falls es zum Krieg mit Dänemark käme und mithin das Londoner Protokoll seine Gültigkeit verlöre.[24]

In Frankfurt vertraten die beiden Mächte gemeinsam die Position, daß ein Vorgehen gegen Dänemark nur auf Grund der Verträge von 1851 und 1852 möglich sei, nicht zur Durchsetzung des Anspruchs Augustenburgs. Sollten sie im Bundestag überstimmt werden, würden sie gleichwohl auch gegen die Stimmen der Bundestagsmehrheit nach eigenem Gutdünken verfahren.[25] Jahrelang hatte Österreich die Bundestagsmehrheit gegen Preußen geführt; jetzt stellte es sich de facto auf Bismarcks alten Standpunkt, daß der Bundestag die beiden Großmächte nicht überstimmen könne. Die Wirkung war immens. «So setzt man uns das Messer an die Kehle», rief der bayerische Ministerpräsident. Aus Frankfurt berichtete der österreichische Gesandte, daß der Prestigeverlust Österreichs bei den kleineren Staaten katastrophal sei.[26]

Doch wieder zeigten die kleineren Staaten sich unfähig, gegen die beiden Großmächte eine gemeinsame Front zu bilden. Im Dezember 1863 akzeptierten sie mit einer Stimme Mehrheit die Verträge von 1851 und 1852 als Grundlage für eine Intervention in Holstein und Lauenburg. Als dann aber sächsische und hannoversche Truppen im Auftrag des Bundes die beiden südlichen Herzogtümer besetzt hatten, verwarf die Mehrheit des Bundestags den weiteren Antrag der beiden Großmächte, die gleiche Begründung zur Rechtfertigung des Einmarschs von Bundestruppen in Schleswig geltend zu machen. Daraufhin ließen Österreich und Preußen ihrer Drohung Taten folgen. Ende Januar 1864 rückten ihre Truppen durch Holstein nach Schleswig vor, bereit, auch mit den sächsischen und hannoverschen Bundestruppen den Kampf aufzunehmen, sollten diese ihnen Widerstand leisten. Die selbstherrliche Art, in der sich die Preußen der festen Plätze und Militäreinrichtungen in Holstein bemächtigten, erregte neue Erbitterung. Auf einem Treffen in Würzburg beschlossen Minister der kleineren Staaten, noch einmal auf die Anerkennung des augustenburgischen Anspruchs durch den Bundestag zu drängen. Bismarck ließ nicht mit sich spaßen. An der sächsischen Grenze wurde ein Armeekorps mobilisiert, «so daß der Schein der Klinge über der Scheide sichtbar wird». In Wien erhielt Edwin von Manteuffel eine Zusage Rechbergs, daß notfalls Österreich Preußen bei einer bewaffneten Aktion gegen Deutschland Beistand leisten werde. Die kleineren Staaten fügten sich.[27]

Seine vorgebliche Treue zum Londoner Protokoll war für Bismarck auch in London von Nutzen, denn der Anschein dieser Vertragstreue half ihm, das britische Kabinett eine Zeitlang hinsichtlich seiner wahren Absichten zu täuschen.[28] Die Kontroverse über Schleswig-Holstein war Lord Russell und dessen Kollegen äußerst peinlich. Ihre Interessen und Sympathien lagen ebenso wie die der britischen Öffentlichkeit bei den Dänen, und doch schien es, als hätte sich die Regierung in Kopenhagen eines Rechtsbruchs schuldig gemacht. Wiederholte gütliche Vermittlungsversuche scheiterten an der Hartnäckigkeit, mit der die Dänen an dem «März-Patent» festhielten. Einen ausreichenden Grund, zugunsten der Dänen zu intervenieren, hätte Großbritannien nur gehabt, wenn Deutschland für Augustenburg Partei ergriffen hätte.

Wiederholte diesbezügliche Warnungen aus London waren Bismarck keineswegs unwillkommen, denn sie halfen ihm, Wilhelms Begeisterung für den Prinzen zu dämpfen, und bestätigten seine eigene Behauptung, daß die von den kleinen Staaten angeratene Politik leicht zu einem großen Krieg führen könne. Zugleich nutzten die Schwierigkeiten, die ihm die Augustenburg-Bewegung daheim bereitete, dem preußischen Ministerpräsidenten in London. Der Druck aus dieser Richtung nötige Preußen, erklärte er dort, seine fortgesetzte Anerkennung des Londoner Protokolls von der Erfüllung der Vereinbarungen abhängig zu machen, die Dänemark in den Verträgen von 1851 und 1852 mit Preußen und Österreich getroffen habe. Wenn Russell jedoch herauszufinden versuchte, was Bismarck dazu für erforderlich hielt, wurden dessen Erklärungen unbestimmt.[29]

Der kritische Moment für die britische Politik war gekommen, als die beiden Mächte ihre Absicht bekanntgaben, in Schleswig einzumarschieren. Palmerston und Russell waren von Bismarcks Argument, man habe nur die Wahl zwischen einem Einmarsch in Schleswig und einer Revolution in Deutschland gehabt, nicht ganz überzeugt. Doch die Königin und der größte Teil des Kabinetts waren nicht gewillt, deshalb Krieg zu führen. Ohnehin hätte Großbritannien das ohne französische Hilfe nicht tun können; und soeben erklärte in Paris Außenminister Drouyn de Lhuys dem britischen Gesandten mit offenkundiger Befriedigung, daß auf Großbritannien kein Verlaß sei, wenn Kriegsgefahr heraufziehe. Das habe ja jüngst die polnische Frage bewiesen. Die englisch-französische Entente war beendet.[30]

Hätten sie gewußt, was zwischen Berlin und Paris verhandelt wurde, wären Palmerston und Russell zweifellos noch weit mehr beunruhigt gewesen. Schon seit November 1863 versuchte Napoleon, Preußen zur Annexion der Herzogtümer zu verführen. Er malte für Preußen dabei die Möglichkeit aus, zugleich die deutsche Bevölkerung von Schleswig-Holstein zu erwerben und einige Kleinstaaten loszuwerden. «Wenn Sie uns nun etwas ins Ohr zu flüstern haben», erklärte Drouyn dem preußischen Gesandten Robert Graf von der Goltz, «werden wir aufmerksam zuhören.»[31] Indem sie Preußen ermutigten, den Deutschen Bund zu zerschlagen, hofften die Franzosen offenbar, ihre restlose Befreiung aus den Fesseln der Verträge von 1815 ins Werk zu setzen. Ohne irgend etwas zu versprechen, hielt Bismarck die französischen Hoffnungen wach, um «die günstigen Dispositionen des Kaisers Napoleon als ein Mittel der Pression auf England und sein Verhalten zur dänischen Angelegenheit zu benutzen».[32] Um Napoleon gewogen zu halten, betonte Bismarck wiederholt seine Bereitwilligkeit, die Rheingrenze zu opfern.[33]

Als die Invasion immer näher heranrückte, manövrierte er nach erprobter Art. Preußen habe die Wahl, warnte er Großbritannien und Rußland, zwischen zwei Alternativen. Entweder konnte es sich für die Aufrechterhaltung der in dem Londoner Protokoll festgehaltenen Abmachungen einsetzen und die neuerdings zwischen den vier Großmächten bestehende Entente gegen Frankreich bewahren, oder aber es konnte gemeinsame Sache mit den übrigen Bundesstaaten und vielleicht mit dem französischen Kabinett machen. Obwohl die Entschließung für die zweite Alternative Preußens Lage erheblich erleichtern würde, sei man in Berlin nichtsdestoweniger zu der ersten geneigt. Dem britischen Botschafter Sir Andrew Buchanan gegenüber drückte Bismarck die Hoffnung aus, daß Großbritannien nicht das Signal zu einem Hindernisrennen nach Paris geben werde.[34]

Diese Strategie war ausreichend, Österreich und Preußen in Schleswig freie Hand zu verschaffen, doch vor der geplanten Invasion Jütlands stellte sich das Problem von neuem. Die Dänen hatten sich von dem durch das dicke Eis auf der Schlei angreifbar gemachten Danewerk in nördlicher Richtung nach Jütland und hinter die Düppeler Schanzen im östlichen Schleswig zurückgezogen. Während Bismarck geheime Verhandlungen mit Österreich führte, um dessen Einwilligung zur Ausweitung des Krieges über die Grenzen von Schleswig hinaus zu erlangen, überschritt unerwartet eine Abteilung preußischer Truppen die Grenze nach Jütland und besetzte die Stadt Kolding. Abermals erwogen die Briten ein Einschreiten. An der Seine deuteten ominöse Zeichen darauf hin, daß Napoleon versucht sein könnte, seine frühere Politik zu revidieren und sich ihnen anzuschließen.[35] Doch die Mehrheit des Londoner Kabinetts sprach sich gegen ein Eingreifen in den Krieg aus, und es scheint, daß auch der Kaiser von einem Sinneswandel Abstand nahm. Bismarck bestärkte ihn darin auf charakteristische Weise. Widerstand in Paris, erklärte er dem französischen Botschafter Charles de Talleyrand, würde Preußen nötigen, den Feldzug in Jütland zu beenden. Man habe bereits hinreichend Schwierigkeiten deswegen mit London, Wien und Petersburg. Berlin könne es sich nicht leisten, es mit allen diesen Mächten zu verderben: «Im Augenblick, da Sie uns *faccia feroce* zeigen, müssen wir uns mit Österreich verständigen».[36]

Das diplomatische Ringen kam auf der internationalen Konferenz, die am 20. April 1864 in London zusammentrat, zu einem Höhepunkt. Nur zwei Tage zuvor hatten deutsche Truppen die Düppeler Schanzen, die letzte dänische Verteidigungsstellung auf dem Festland, erstürmt. Russell hatte die Konferenz in der Hoffnung einberufen, dabei einen Weg aus dem Konflikt zu finden, der alles so weit wie möglich bei dem Status quo ante bellum beließ. Bismarck hingegen sah in der Konferenz eine Gelegenheit, das Londoner Protokoll loszuwerden, das nun, nachdem es zur Rechtfertigung des deutschen Vormarschs gedient hatte, zu nichts mehr nütze war. Nachdem sie am 12. Mai die Konferenz davon unterrichtet hatten, daß sie die Verträge von 1851 und 1852 nicht mehr als bindend betrachteten, stellten Österreich und Preußen die Möglichkeit einer Personalunion der Herzogtümer mit Dänemark unter König Christian zur Debatte. Zum großen Leidwesen

Dänische Befestigungen bei Düppel nach der Zerstörung durch den preußischen Angriff vom 18. April 1864.

Österreichs weigerten sich aber die Dänen hartnäckig, diese Lösung auch nur in Erwägung zu ziehen. Doch selbst wenn sie dazu bereit gewesen wären, hätte man eine Einigung darüber wohl kaum erzielt. Bismarck hatte inzwischen die Zustimmung der Österreicher zu einer Reihe von wesentlichen Bedingungen erlangt, deren Annahme durch die Dänen kaum zu erwarten war.[37] Das Scheitern der Personalunion offenbarte den Bankrott der österreichischen Politik. Das Londoner Protokoll und das Prinzip der Integrität der dänischen Monarchie gehörten der Vergangenheit an. Damit war die einzige Möglichkeit eines für Österreich befriedigenden Kriegsausgangs dahin. Es blieb nur noch die Wahl zwischen der Herrschaft des Hauses Augustenburg und der des Hauses Hohenzollern, zwischen einer «nationalen Lösung» der deutschen Frage und einer erheblichen Erweiterung der preußischen Macht in Deutschland.

Die dänische Kapitulation

Am 3. Februar 1864, nur zwei Tage nach dem Einmarsch in Schleswig, begann Bismarck, die Alternative der Annexion in den Vordergrund zu rücken. Bei einer Kronratssitzung sprach er sich offen dafür aus, die Erwerbung der Herzogtümer für Preußen zu betreiben: «Ich erinnerte den König daran, daß jeder seiner nächsten Vorfahren außer seinem Bruder für den Staat einen Zuwachs gewonnen habe, Friedrich Wilhelm III. die Rheinprovinz, Friedrich Wilhelm II. Polen, Friedrich II. Schlesien, Friedrich Wilhelm I. Altvorpommern, der Große Kurfürst Hinterpommern und Magdeburg, Minden u.s.w., und ermunterte ihn, ein Gleiches zu thun», berichtet er in seinen Erinnerungen. Doch dem König war nicht wohl bei dem Gedanken. Im Protokoll der Sitzung ließ er festhalten, daß die Annexion keineswegs das Ziel der preußischen Politik sei, sondern nur als ein möglicher Ausgang der Angelegenheit in Betracht gezogen werde. Der ehrliche Wilhelm brauchte Zeit, sich an die Idee zu gewöhnen und Argumente zu sammeln, mit deren Hilfe er sein Gewissen beschwichtigen konnte.[38]

Während der folgenden Monate bereitete Bismarck sorgfältig das Terrain vor. Unter dem preußischen Kommissar Constantin Freiherr von Zedlitz erhielt die Verwaltung des besetzten Schleswig einen preußischen Charakter. In den Herzogtümern wurden Unterschriften für eine Petition gesammelt, die einen engen Anschluß an Preußen forderte. In Preußen setzte der konservative Parteiführer Adolf von Arnim-Boitzenburg mit Wissen Bismarcks eine Petition in Umlauf, welche den König ersuchte, entweder ein preußisches Protektorat zu errichten oder zu annektieren. Konservative Angehörige der schleswig-holsteinischen Stände riefen Wilhelm gegen Augustenburg an.[39]

Der Wind aus Paris war günstig. Im März empfahl Napoleon der Londoner Konferenz, die «Wünsche der Bevölkerung» hinsichtlich ihrer Zukunft in Rechnung zu stellen. Die anderen Großmächte wiesen diese Zumutung abrupt zurück. Bismarck verfuhr vorsichtiger. Er stimmte einer Teilung Schleswigs unter nationalen Gesichtspunkten zu, erklärte aber, daß der Wille der deutschen Bevölkerung durch eine Befragung der Stände des Herzogtums besser als durch eine allgemeine Volksbefragung festzustellen sei. Bismarcks Einwilligung in eine derartig revolutionäre Zumutung bestürzte Rechberg.[40] Er wäre noch viel entsetzter gewesen, hätte er gewußt, worauf sich Berlin und Paris noch verständigt hatten. Am 9. April pflichtete Drouyn de Lhuys Bismarcks Anschauung bei und fügte hinzu, Frankreich würde ein Votum für den Augustenburger «bedauern», eines für den Anschluß an Preußen aber unterstützen. Im Gegenzug verlange es keine territoriale Vergütung, nur «ein freies und wirksames Einverständnis ... auf anderen Gebieten». Bismarcks Antwort war freundlich, aber unverbindlich. Nichtsdestoweniger bereitete sie Wilhelm eine schlaflose Nacht. Die Annexion, fürchtete er, würde Preußen in Europa «allein und nur mit dem Erzfeind und unerforschlichen Führer desselben verbunden» zurücklassen. War nicht zu befürchten, daß Bonaparte eine «Rektifikation» der Rheingrenze forderte?[41]

Daß er das Risiko einging, von Frankreich abhängig zu werden, war seinem Premierminister durchaus bewußt. Sobald die Drohung einer britischen Intervention vorüber war, rückte das empfindliche Gleichgewicht der Beziehungen Preußens zu Frankreich und Österreich ins Zentrum der Bismarckschen Diplomatie – wo es bis zur Klimax von 1866 bleiben sollte. Bismarck wußte sehr wohl, daß Napoleon es darauf abgesehen hatte, die Bande zwischen Berlin und Wien zu zerschneiden und diejenigen zwischen Paris und Berlin in eine Leine zu verwandeln, an der er Preußen führen könnte.

Der einfachste Weg aus diesem Dilemma bestand darin, die Österreicher zur Einwilligung in die preußische Annexion zu bewegen. Im Januar 1864 begann Bismarck, Rechberg und dessen Kollegen die Vorstellung nahezulegen, daß die Annexion das Problem schließlich auf die beste Weise lösen würde. Am 14. erwähnte er im Gespräch mit Graf Károlyi beiläufig, daß man in Berlin die Möglichkeit der Annexion erörterte, und bemerkte dazu, daß er persönlich sich entschieden dagegen ausgesprochen habe. Wenn aber der Gang der Ereignisse diese Option ernsthaft nahelegen sollte, würde Österreich in Italien entschädigt werden. Als Ludwig von Biegeleben im April Berlin besuchte, erklärte ihm der Ministerpräsident, wenn Österreich Preußen zu einem «rühmlichen Frieden» behilflich sei, würde es «zwar für sich keine Provinz, aber dafür die preußische Armee gewinnen». Dem Legationsrat Bohuslaw Graf Chotek stellte er «die Inaugurierung einer gegenseitigen Kompensationspolitik» in Aussicht. Angesichts von Rechbergs Widerwillen gegen die augustenburgische Lösung scheint Bismarck mit der Einwilligung Österreichs in seinen Plan gerechnet zu haben.[42]

Doch damit irrte sich Bismarck. Nachdem die Hartnäckigkeit der Dänen ihm die eigene Politik ruiniert hatte, war Rechberg gezwungen, von zwei Übeln das kleinere zu wählen. Er wählte Augustenburg. Obwohl Bismarck durch diese Entscheidung wahrscheinlich überrascht wurde, erkannte er doch sofort, welche Vorteile sich auch aus ihr ziehen ließen. Denn nun war die Möglichkeit vorhanden, die Herzogtümer mit österreichischer Hilfe definitiv von Dänemark zu lösen. Am 28. Mai verblüfften die beiden deutschen Großmächte Europa, indem sie sich auf der Londoner Konferenz für eine vollkommene Trennung der Herzogtümer von Dänemark und deren Vereinigung in einem einzigen Staat unter dem Prinzen von Augustenburg aussprachen, der in den Augen Deutschlands das beste Recht auf die Sukzession habe.[43]

Die österreichische Entscheidung trieb Bismarck in die Ecke, aber wie gewöhnlich fand er auch in dieser ein Hintertürchen, durch das er entweichen konnte. Zuvor hatte er Österreichs Einwilligung in eine lange Liste von Bedingungen erlangt, die den Dänen aufgezwungen werden sollten, wenn sie der Personalunion zustimmten. Nun sollten diese Bedingungen von Augustenburg erfüllt werden – nur war Bismarks Liste etwas länger geworden.

In Berlin abgewiesen, hatte Prinz Friedrich gehofft, auf der Woge des deutschen Nationalgefühls an die Macht getragen zu werden. Kaum waren die Bundestruppen in Holstein einmarschiert, schlug er sein Hauptquartier in Kiel auf, das fortan das Zentrum der augustenburgischen Agitation in den Herzogtümern wurde. Um seine liberale Gesinnung unter Beweis zu stellen, erklärte er sich für die revolutionäre Verfassung von 1848, die eine parlamentarische Regierung vorsah. Gleichwohl begriff er, daß die Unterstützung Preußens für ihn unentbehrlich war und daß diese, wenn sie denn überhaupt zu haben war, käuflich erworben werden mußte. Im April versicherte er Wilhelm seiner Einwilligung in die Aufnahme der Herzogtümer in den Zollverein, den Bau eines Nord-Ostsee-Kanals, die Einrichtung eines preußischen Marinestützpunktes in Kiel und einer von Preußen belegten Bundesfestung in Rendsburg sowie in die Organisation und Ausbildung der herzoglichen Truppen nach preußischem Muster.[44] Drei Tage nach der gemeinsamen Erklärung Österreichs und Preußens in London zu seinen Gunsten traf er in Berlin zu einem Gespräch mit Bismarck ein, das sich als für seine Sache entscheidend erweisen sollte.

Noch ehe sie einander begegneten, hatte der Minister den Prinzen wissen lassen, daß Preußen auf «Bürgschaften» für ein wirklich konservatives Regiment in den Herzogtümern bestehen werde. Damit wurde die Abschaffung der Verfassung von 1848 gefordert, für die der Prinz sich jüngst erklärt hatte. Während des dreistündigen Gesprächs, das Bismarck in Berlin mit ihm führte, forderte er auch eine territoriale Entschädigung für Preußen. Doch der Prinz weigerte sich, über Land und Leute ohne Einwilligung der Stände zu verhandeln, ja überhaupt eine schriftliche Übereinkunft mit Preußen zu treffen, weil er damit seiner eigenen Stellung in den Herzogtümern schaden mußte. In seinem Bericht an den König stellt Bismarck Friedrich als undankbaren Gesellen hin, der, anstatt Preußen für die geleistete Hilfe zu danken, nichts Besseres im Sinn habe, als Österreich und die Stände der Herzogtümer gegen das hilfreiche Preußen auszuspielen, um diesem etwas von seinen berechtigten Forderungen abhandeln zu können. Er malte ihn so schwarz, daß Wilhelm, der vor der Unterredung gemeint hatte, die Sache sei bereits entschieden, sich nun gegen den Prinzen zu wenden begann.[45] Später brüstete sich Bismarck damit, er habe in London «den Herzog von Augustenburg als Ochsen vor den Pflug gespannt, um letzteren vorwärts zu bringen. Als der Pflug im Gange gewesen, habe man den Ochsen wieder ausgespannt».[46]

Die österreichisch-preußische Erklärung für Augustenburg ließ der Londoner Konferenz nichts zu tun übrig, als über die Teilung Schleswigs zu verhandeln. Im Einverständnis mit Napoleon war Bismarck bereit, einer Teilung entlang der Sprachgrenze zuzustimmen, aber die Briten verlangten, daß die Grenze um das Danewerk, weit südlich der Sprachgrenze zwischen Dänen und Deutschen, verlaufen sollte. Da die Dänen noch immer auf britische Hilfe hofften, bestanden auch sie auf dieser Grenzziehung, und so endete am 25. Juni die Konferenz ohne Einigung. Palmerston und Russell waren nun zwar in Kriegsstimmung, doch Königin Victoria graute vor einem Krieg mit Deutschland, und das Kabinett stimmte dagegen. Nach Monaten großer Worte und drohender Gebärden überließ England die Dänen ihrem Schicksal. «Kraftvoll schreckten sie zurück», spottete Drouyn.[47]

Am 26. Juni 1864 endete der während der Konferenz eingehaltene Waffenstillstand. Drei Tage später setzten die Preußen über den schmalen Kanal, der die Insel Alsen vom Festland trennt, und zwangen die Dänen, sie zu räumen. Diese

Niederlage erschütterte den Glauben der Dänen an die Uneinnehmbarkeit Seelands. Am 8. Juli wurde in Kopenhagen ein neues Kabinett berufen, das alsbald Friedensverhandlungen anbot. In den am 1. August zu Wien unterzeichneten Friedenspräliminarien und dem am 30. Oktober geschlossenen endgültigen Frieden trat König Christian von Dänemark seine Rechte an den Herzogtümern für immer an Österreich und Preußen ab. Damit war die dänische Phase des schleswig-holsteinischen Konflikts beendet. Jetzt blieb nur noch das Rätsel zu lösen, wer die Herzogtümer zuletzt erhalten würde.

Schönbrunn und Rechbergs Sturz

Mit der erfolgreichen Trennung Schleswig-Holsteins von Dänemark schien es, als habe Bismarcks Allianz mit Österreich ihren Zweck erfüllt. Tatsächlich war ja der Erreichung seiner nächsten Ziele – der Annexion der Herzogtümer und Ausweitung der Macht Preußens in Deutschland – eigentlich allein Österreich im Wege. Jüngste Erfahrungen hatten bewiesen, daß weder Großbritannien noch Rußland verhindernd eingreifen würden, und Frankreich ermutigte Preußen sogar zu den geplanten Schritten. Dennoch hielt Bismarck an dem Bündnis mit Österreich noch achtzehn Monate fest, und selbst nachdem im Januar 1866 die endgültige Trennung begonnen hatte, ließ er die Möglichkeit der Rückkehr in eine Allianz noch offen. «Viele Wege führten zu meinem Ziel, ich mußte der Reihe nach einen nach dem anderen einschlagen, den gefährlichsten zuletzt», befand er rückblickend.[48]

Bismarck wußte, daß Österreich die Allianz nur ungern preisgab, und war entschlossen, sich das Verbleiben Preußens durch möglichst weitgehende Zugeständnisse vergüten zu lassen. Rechberg und Franz Joseph fürchteten die Isolierung in Europa und brauchten die Allianz als Bollwerk gegen Frankreich und gegen die Mächte der Revolution. Wenn Preußen die unvermeidlichen Reibungen zu nutzen wußte, die sich bei der gemeinsamen Herrschaft über die Herzogtümer ergeben würden, konnte Österreich, das ohnedies von inneren Schwierigkeiten geplagt wurde und an seiner italienischen Grenze Ursache zu ernster Beunruhigung hatte, vielleicht dahin gebracht werden, einem Übereinkommen zuzustimmen – jedem beliebigen Übereinkommen, das es von der Sorge um Territorien in einer Gegend, in der es eigentlich wenig zu suchen hatte, ein für alle Mal befreite. Bei längerer Besetzung sollte Preußen imstande sein, die Augustenburg-Bewegung zu unterdrücken und in den Herzogtümern Stimmung für den Anschluß an Preußen zu machen. Da der Friedensvertrag ihnen die Kriegskosten und einen Teil der dänischen Staatsschuld aufbürdete, war zu erwarten, daß die Steuerzahler Schleswig-Holsteins es verlockend finden würden, diese Last auf Preußen abzuwälzen. Denn vom nahezu bankrotten österreichischen Staat war kein Beistand zu erwarten.[49]

Nicht lange nach dem Ende der Kämpfe in Dänemark hatte Bismarck Gelegenheit, die Absichten des Kaisers Franz Joseph und seiner Minister noch einmal aus nächster Nähe zu erkunden. Er begleitete seinen König zu einem Staatsbesuch nach Wien, wo die preußischen Gäste am 21. August 1864 eintrafen. Was auf der berühmten Konferenz zu Schönbrunn im einzelnen verhandelt wurde, ist lange strittig gewesen.[50] Hat Bismarck seinem österreichischen Verhandlungspartner tatsächlich eine Allianz gegen Frankreich und Italien zur Verteidigung Venetiens und zur Wiedergewinnung der Lombardei angeboten und dafür die Überlassung Schleswig-Holsteins und die Solidarität Österreichs mit Preußen gegen die Mittelstaaten verlangt? Ein solches Angebot hätte ihm jedenfalls nicht ähnlich gesehen, denn sein strategisches System beruhte ja gerade auf der Vermeidung solcher Festlegungen. Höchstwahrscheinlich hat er dann auch in Schönbrunn nur wieder einmal, wie schon so oft in der Vergangenheit, die Möglichkeit eines für Österreich so verlockenden Handels in Aussicht gestellt. Er wollte, daß die Österreicher der preußischen Annexion von Schleswig-Holstein zustimmten, ohne mehr dafür zu erhalten als ein vages Versprechen: Sollte es in einer nicht näher bestimmten und vielleicht nie eintreffenden Zukunft zu einem österreichischen Versuch der Wiedereroberung Mailands kommen (den Österreich kaum ohne preußische Unterstützung unternehmen konnte, die ja nicht gewährt zu werden brauchte), würde Preußen dagegen keine Einwendungen erheben.

Aber so scheint Rechberg die Ausführungen des preußischen Ministerpräsidenten nicht verstanden zu haben. Am Morgen des 24. August legte er plötzlich den Entwurf eines Abkommens vor, das mit ungemütlicher Genauigkeit feststellte, wie Preußen Schleswig-Holstein erhalten sollte und wann die Lombardei zurückerobert sein würde. Bismarck entging der ihm zugemuteten Festlegung auf charakteristische Weise. Ohne sachliche Einwendungen dagegen zu erheben, ließ er den Entwurf an Wilhelms Gewissen scheitern. Die Gelegenheit dazu ergab sich, als Franz Joseph den König von Preußen geradeheraus fragte, «ob Preußen wirklich fest entschlossen sei, die Herzogtümer zu preußischen Provinzen zu machen», oder mit gewissen Rechten in ihnen zufrieden sein würde? Es folgte eine gespannte Pause. Während Wilhelm nach einer Antwort suchte, hatte Bismarck die Möglichkeit, die Frage abzuwehren. Statt diese wahrzunehmen, sagte er aber nur, daß er die Antwort seines allergnädigsten Herrn auf die Frage des Kaisers selbst gern hören würde. Schließlich erwiderte Wilhelm, «zögernd und in einer gewissen Verlegenheit ..., er habe ja gar kein Recht auf die Herzogtümer und könne deshalb keinen Anspruch darauf machen». In seinen Erinnerungen behauptet Bismarck, er sei durch diese Äußerung («aus welcher ich die Einwirkung der königlichen Verwandten und der hofliberalen Einflüsse heraushörte») dem Kaiser gegenüber «außer Gefecht gesetzt» gewesen. Tatsächlich war aber mit dieser Antwort Rechbergs Vertragsentwurf erledigt. Als einziges Ergebnis der Schönbrunner Konferenzen blieb ein leeres Versprechen beider Mächte, in Zukunft in allen Bundesangelegenheiten zusammenwirken zu wollen.[51]

Rechberg und Franz Joseph blieben bei ihrem Zickzackkurs. Sie wollten sowohl mit Preußen als auch mit den Mittelstaaten verbündet bleiben. Bei allem Mißtrauen gegen preußische Machtgelüste hofften sie gleichwohl noch, die andere deutsche Großmacht auf dem schmalen Pfad konservativer Tugend halten zu können. Schmerling, Biegeleben und deren Parteigänger kritisierten die aus der Unvereinbarkeit ihrer Ziele resultierenden Schwankungen der österreichischen Politik. Im Oktober 1864 überreichte Biegeleben dem Kaiser eine Denkschrift, in der ohne Umschweife konstatiert wurde, daß Österreich entweder eine haltbare Allianz mit Preußen oder eine Einigung mit Frankreich brauche. Da die erstere zu akzeptablen Bedingungen aber nicht zu haben sei, müsse Österreich die letztere wählen. Doch den Kaiser überzeugte diese Analyse der Situation nicht. Er nahm Rechbergs Gegenentwurf an: keine feste Allianz mit irgendeiner Macht, doch ein Rapprochement mit Großbritannien und Rußland und verbesserte Beziehungen zu Frankreich. Diese Politik der «mittleren Linie» schien ihm am ehesten geeignet, Preußen von einer aggressiven Deutschlandpolitik abzuhalten.[52]

Doch Rechbergs Tage waren bereits wegen des Scheiterns seiner Wirtschaftspolitik gezählt. Für die österreichische Unterstützung Preußens in der dänischen Angelegenheit hatte er gehofft, Preußen zu Konzessionen in der Zollvereinsfrage bewegen zu können. Seit Februar 1864 drängte er von neuem in Berlin darauf, seinen zuerst 1862 vorgelegten Plan eines mitteleuropäischen gemeinsamen Markts der Länder des Habsburgerreichs und des Zollvereins anzunehmen.[53] Bismarck verschleppte die Verhandlungen jedoch und fuhr fort, die kleineren Staaten zu einer Erneuerung des Zollvereins auf der Basis des für Österreich nicht annehmbaren Freihandelsvertrages mit Frankreich zu nötigen. Im Dezember 1863 erklärte die in dieser Sache vom Landtag unterstützte Regierung, daß bei Auslauf der Gültigkeitsdauer der 1853 unterzeichneten Verträge der Zollverein im Jahre 1865 aufgelöst werden würde, falls die kleineren Staaten dem französischen Vertrag nicht zustimmten. Sachsen, Baden, Braunschweig, Oldenburg, die freien Städte und die thüringischen Staaten machten keine Schwierigkeiten. Sachsen war in Deutschland der nach Preußen am höchsten industrialisierte Staat, und die sächsische Wirtschaft war mit der preußischen viel zu eng verflochten, als daß Sachsen auf den Fortbestand des Zollvereins hätte verzichten wollen. Opposition fand Preußen aber in Bayern, Württemberg, Hannover, den beiden Hessen und Nassau. Doch deren Bemühungen bei den Zollvereinskonferenzen der Jahre 1863–1864, den bisherigen Dualismus durch Gründung eines dritten Machtblocks zur «Trias» umzugestalten, scheiterten wie schon so oft in der Vergangenheit an den unterschiedlichen Ängsten und Interessen der Einzelstaaten. Der Schlüsselstaat dieser Koalition war Hessen-Kassel wegen seiner zentralen Lage zwischen Preußen, Hannover und dem Süden. Unter schwerem Druck aus Berlin kapitulierten die Hessen Ende Juni 1864. In den folgenden Wochen löste sich das «dritte Deutschland» in seine Bestandteile auf, und Mitte Oktober waren dann selbst die süddeutschen Staaten gewillt, der Erneuerung des Zollvereins auf der Basis des französischen Vertrages zuzustimmen.[54]

Am Kreuzwege.

Conducteur Rechberger. Achtung, Kollege, daß wir nicht auseinander kommen! Jetzt kommen wir an eine gefährliche Stelle.

21

(Wilhelm Scholz, *Kladderadatsch*, 27. März 1864)

Rechbergs Prestige litt schwer unter diesem Schlag. Im August hatten seine Kritiker in der österreichischen Regierung ihn aufgefordert, den Wert seiner Preußenpolitik mit wenigstens einem einzigen Erfolg zu beweisen, und sei das auch nur einer auf wirtschaftlichem Gebiet. So versuchte er jetzt, sein Ansehen mit der Forderung zu befestigen, Preußen möge zumindest, wie schon 1853, die Möglichkeit zukünftiger Verhandlungen über eine mitteleuropäische Zollunion offenlassen. Bismarck war zu diesem Zugeständnis gern bereit; er fürchtete, daß andernfalls Rechberg durch einen gefährlicheren Gegner ersetzt werden könnte. Doch auch dieses Trostpflaster wollten Bismarcks Kollegen in den Handels- und Finanzministerien und deren freihändlerischer *Spiritus rector* Delbrück den Österreichern nicht gönnen. Als die Frage zur Entscheidung kam, weilte Bismarck zur Erholung in Biarritz, und seine schriftlichen Proteste wurden nicht beachtet. Als er endlich seine Gründe geltend machen konnte, war es zu spät. Rechberg, dessen Stellung in der Regierung unterminiert war und der in der (teilweise von Schmerling gelenkten) Presse heftig angegriffen wurde, mußte am 27. Oktober 1864 zurücktreten.[55]

Die Wiederbegründung des Zollvereins und das endgültige Scheitern des Bruck-Rechberg-Plans für eine mitteleuropäische Zollunion waren Ereignisse von erheblicher Bedeutung für die deutsche Geschichte. Daß der Zollverein über den französischen Freihandelsvertrag Anschluß an das westeuropäische Handelssystem fand, bewies, daß die frühere Trennung Deutschlands vom Westen in wirtschaftlicher und sozialer Hinsicht überwunden war. Die Bruchlinie in der wirtschaftlichen und sozialen Geographie Europas hatte sich vom Rhein nach Osten an die österreichische Grenze verlagert. Preußens Sieg bewies aber auch, in welchem Maße die süddeutschen Staaten bereits unter die Vorherrschaft des neuen industriellen und finanziellen Riesen im Norden geraten waren. Der gemeinsame Markt, Eisenbahnen, Banken, Aktiengesellschaften und Börse hatten begonnen, eine festgefügte Wirtschaftsordnung des kleindeutschen Raums hervorzubringen. Der Zollverein war für die materielle Prosperität der gesamten Region längst unverzichtbar geworden. Die Regierungen der kleineren Staaten mochten sich drehen und wenden wie sie wollten, aus dem Netz der materiellen Interessen, das der Zollverein hatte knüpfen helfen, konnten sie sich nicht befreien.

Dennoch geht wohl die Behauptung zu weit, daß schon die Erneuerung des Zollvereins den Kampf um die Hegemonie in Mitteleuropa zugunsten Preußens entschieden habe. Wirtschaftliche Übermacht hat nicht notwendig politische Vorherrschaft zur Folge.[56] Im Gegenteil waren angesichts von Preußens Erfolgen in der wirtschaftlichen Sphäre die kleineren Staaten – das Volk nicht weniger als die Regierungen – nur desto fester zur Verteidigung ihrer politischen Unabhängigkeit entschlossen. Nach dem Scheitern ihrer eigenen Pläne strebte die Wiener Regierung zudem nach Wahrung ihres traditionellen Einflusses auf die deutsche Politik, um der weiteren Expansion der preußischen Macht vorzubeugen. Ohne Bismarcks Hartnäckigkeit, ohne seine Geschicklichkeit und die militärische

Macht Preußens wäre dieser Widerstand vielleicht nicht zu überwinden gewesen. Hier haben wir einen jener historischen Momente, wo eine einzelne Persönlichkeit durch ihre Fähigkeit, die Kräfte, die in ihrer Reichweite lagen, zu manipulieren, den Gang der Ereignisse und das Leben von Millionen beeinflussen konnte und beeinflußt hat.

Die Gasteiner Konvention

Die unmittelbaren Konsequenzen von Rechbergs Sturz waren nicht so ernst, wie Bismarck befürchtet hatte. Denn der eigentliche Urheber der österreichischen Außenpolitik war nicht der Außenminister, sondern der Kaiser, und dem war Biegelebens Politik eines Rapprochements mit Frankreich und der Wiederaufnahme der Offensive gegen Preußen im Deutschen Bund nach wie vor zuwider. Als Nachfolger Rechbergs berief er den Grafen Alexander von Mensdorff, der gleichfalls der Politik der «mittleren Linie» den Vorzug gab. Allerdings war Mensdorff ein General ohne diplomatische Erfahrung und mithin mehr als sein Vorgänger auf Biegelebens Rat angewiesen. Allmählich glitt Österreich wieder zurück in das Einvernehmen mit den Mittelstaaten, und die Allianz mit Preußen begann sich zu lockern. Schon wenige Wochen nach Amtsantritt hatte Mensdorff es mit der ersten einer Reihe ernster Krisen zu tun, die mit zunehmender Heftigkeit den Deutschen Bund erschüttern sollten, bis es 1866 zur Katastrophe kam.

Gleich nach dem Ende der Kampfhandlungen wollte Bismarck die Beteiligung des Bundes an der Besetzung Schleswig-Holsteins beenden. Im Juli 1864 hatte Rechberg ihm dieses Vorhaben erleichtert, als er – auch für dieses Zugeständnis hatte er übrigens für Österreich keinen Gegenwert erhalten – in das preußische Ansinnen einwilligte, den Bund von Friedensverhandlungen auszuschließen und die Abtretung der Souveränität über die Herzogtümer allein an Preußen und Österreich zu verlangen. Im Laufe des gleichen Monats vertrieben preußische Truppen die Hannoveraner unsanft aus Rendsburg, und Bismarck protestierte scharf gegen Vereinbarungen zwischen den Bundeskommissaren und den Hansestädten über die Benützung von Telegraphenleitungen in Holstein. Am 14. November setzte er seine Bemühungen mit der an Wien gerichteten Bitte fort, man möge sich dort der preußischen Forderung nach Abzug der sächsischen und hannoverschen Truppen und Beamten anschließen. Das Bundesrecht gestatte eine über die erfolgreiche Ausführung einer Bundesexekution hinaus andauernde Besetzung des Territoriums nicht, führte er aus, da nun aber Österreich und Preußen Souveräne der Herzogtümer seien, dürften rechtmäßig nur noch die Truppen dieser beiden Mächte dort verbleiben.[57]

Unterdessen ließen in Erwartung einer kriegerischen Auseinandersetzung Preußen und die Mittelstaaten Truppen aufmarschieren. Aus Wien kam die Gegenforderung, Preußen möge gemeinsam mit Österreich dem Bundestag den Friedensvertrag vorlegen, zugleich mit dem Antrag auf Abzug der Bundestruppen, sobald Augustenburg die Souveränität verliehen sei. Ende November wurde der Streit durch einen «Kompromiß» geschlichtet, der Bismarck im wesentlichen verschaffte, was er wollte. Er ließ die Forderung fallen, den Bundestag zu übergehen, Mensdorff verzichtete auf seine Forderung zugunsten Augustenburgs, und beide Mächte überzeugten den Bundestag, für den Abzug der Bundestruppen und Bundeskommissare zu votieren (mit neun Stimmen gegen sechs).[58] Nun wurde die Frage nach der letztendlichen Verfügung über die Herzogtümer akuter denn je. Keiner der österreichischen Staatsmänner war an den Herzogtümern um ihrer selbst willen interessiert. Dem Vertragsentwurf, den Rechberg in Schönbrunn vorgelegt hatte, war sogar zu entnehmen, daß er nicht einmal gegen eine preußische Annexion prinzipielle Einwände hatte. Was er, Mensdorff und die Schmerling-Fraktion wollten, war eine Regelung, die das Machtgleichgewicht im Deutschen Bund nicht zugunsten Preußens veränderte. Kurz nach Amtsantritt hatte Mensdorff Preußen bereits aufgefordert, zwischen zwei Alternativen zu wählen. Preußen möge entweder der Schaffung eines neuen Fürstentums unter Herrschaft Augustenburgs zustimmen oder die Herzogtümer annektieren und Österreich dafür mit den Hohenzollernenklaven in Württemberg und gewissen Grenzbezirken Schlesiens entschädigen. Obwohl der Vorschlag in eine wortreiche Beschwörung konservativer Prinzipien gekleidet wurde, machte Österreich damit doch deutlich, daß es nun, wenngleich schweren Herzens, bereit war, über das Schicksal der Herzogtümer nach Maßgabe der beiderseitigen, österreichischen und preußischen, territorialen Ambitionen zu entscheiden.[59]

Während Mensdorff auf eine schnelle Entscheidung drängte, hielt Bismarck ihn mit allerlei Ausflüchten hin. In die Abtretung hohenzollernscher Besitzungen würde Wilhelm niemals einwilligen, ließ er wissen, aber Preußen könne vielleicht Österreich statt einer territorialen eine finanzielle Entschädigung gewähren. Als mögliche Lösung käme andererseits auch eine zeitweilige Trennung der Herzogtümer und deren Aufteilung unter die beiden Mächte in Betracht. Eines Tages könnte dann Österreich zum Dank für die ihm in Italien gewährte Hilfe Preußen das Herzogtum Holstein überlassen. Ehe aber über den Anspruch Augustenburgs endgültig entschieden werden könne, seien diejenigen des Großherzogs von Oldenburg und des Königs von Preußen, als des Herrschers von Brandenburg, sorgfältig zu prüfen. Preußen müsse das Urteil des Krongerichts abwarten, das zur Prüfung der rechtlichen Aspekte des Falls einberufen worden war. In jedem Fall würde Preußens Verzicht auf die Annexion nur um das Zugeständnis erheblicher Sonderrechte in den Herzogtümern zu erkaufen sein.[60]

Bisher hatte er sich hinsichtlich dieser Sonderrechte stets nur sehr unbestimmt ausgedrückt, aber jetzt verlangten die Österreicher die Rechnung. Woche um Woche verzögerte Bismarck die Antwort, während die Irritation am Ballhausplatz wuchs. Als die Antwort am 22. Februar 1865 vorlag, zeigte sich, daß die Sonderrechte, die Bismarck im Sinn gehabt hatte, allerdings keine Kleinigkeiten waren. Was Bismarck vorschlug, lief auf eine Übernahme der schleswig-holsteinischen Streitkräfte, des Heers und der Marine, durch die preußische Armee hinaus. Die

Soldaten sollten sogar ihren Fahneneid auf den König von Preußen leisten. Darüber hinaus wurden die Abtretung gewisser Schlüsselstellungen an der Küste, der Bau eines Kanals zwischen beiden Meeren unter preußischer Hoheit, eine Bundesfestung mit preußischer Garnison in Rendsburg und der Beitritt der Herzogtümer zum Zollverein gefordert.[61] Mensdorff fand diese sogenannten «Februarbedingungen» ohne «Präzedenzfall in der Geschichte». Dem verblüfften Kaiser Franz Joseph erschienen sie «ganz unannehmbar».[62]

Den Österreichern blieb einstweilen nichts anderes übrig, als das bestehende Kondominium über Schleswig-Holstein an Preußens Seite fortzusetzen. Im Schutze dieser Politik bemühten sie sich aber, eine stärkere Verteidigungslinie gegen die Annexionsbewegung aufzubauen. Die Angelegenheit drängte. Denn indem er die Presse kaufte und an materielle Interessen appellierte, machte Bismarck alle erdenklichen Anstrengungen, die Bewohner für Preußen zu gewinnen. Der preußische Kommissar von Zedlitz regierte Schleswig, als sei es bereits eine preußische Provinz. Endlich fand nun Wien in Anton Baron von Halbhuber einen Kommissar, der zäh genug war, Zedlitz Widerstand zu leisten und der an Fahrt gewinnenden Augustenburg-Bewegung Schutz zu gewähren. Mensdorff suchte wieder bei den Mittelstaaten Hilfe und ermunterte Bayern zu einem Antrag, daß der Bundestag die beiden Mächte ersuchen möge, die Verwaltung Holsteins Augustenburg zu übergeben. Nach einem heftigen Ringen um die Stimmen wurde der Antrag mit neun Stimmen gegen sechs am 6. April 1865 angenommen. Am Vortag hatte Roon im preußischen Landtag die Absicht der Regierung bekanntgegeben, in Kiel eine preußische Marinestation anzulegen. Die Österreicher protestierten scharf. Bismarck sah voraus, «daß die Divergenz auf diesem Felde ein erster Schritt auf auseinandergehenden Wegen sein könne».[63]

Die Lösung des Knotens schien allerdings nahe. In den Herzogtümern verdoppelte Bismarck seine Bemühungen, die Augustenburg-Bewegung lahmzulegen. Im März 1865 war Wilhelm für den Annexionsplan gewonnen. Die Armee, so wurde ihm versichert, drang darauf, ihn baldigst auszuführen. Tatsächlich wuchs der Druck, die Annexion auch auf Kosten eines Krieges umgehend vorzunehmen, mehr als es selbst Bismarck recht war. Am 29. Mai wurde eine Kronratssitzung zur Erörterung der Angelegenheit abgehalten. Der Ministerpräsident räumte ein, daß es früher oder später wohl zum Kriege kommen werde, auch daß gegenwärtig die internationale Lage dafür günstig sei. Dennoch sei es wohl das weiseste, meinte er, auf die beiden anstößigsten «Februarbedingungen» zu verzichten, nämlich auf die Forderungen des Fahneneides und der Verschmelzung der schleswig-holsteinischen Truppen mit der preußischen Armee.[64]

Weshalb diese Mäßigung? Die Bewunderer und Gegner des Mannes «von Blut und Eisen» haben sich über diese Frage lange die Köpfe zerbrochen. War es deshalb, weil Preußen einen Krieg nicht hätte finanzieren können?[65] Wachsende Prosperität und steigendes Steueraufkommen hatten die Stellung der Regierung im Verfassungskonflikt gefestigt, aber für die Mobilmachung und die militärischen Operationen wären weitere Millionen aufzuwenden gewesen. Während der Monate vor dem Treffen in Gastein hatte Bismarck die Minister für Handel und Finanzen zu fiskalischen Initiativen angetrieben, die Preußen gegen Österreich stärken sollten. Durch die Manipulation des Geldmarkts (Hochtreiben der Zinssätze zum Beispiel) hoffte er Wien, das ohnedies in Geldnöten war, davon abzuschrecken, sich auch noch die Kosten eines Krieges aufzubürden. Gleichzeitig drängte er die zögernden preußischen Minister zu verwegenen Maßnahmen, um die preußische Kriegskasse zu füllen.[66] Im Gegensatz zu Finanzminister Karl von Bodelschwingh, der vor verfassungswidrigen Schritten zurückscheute, hatte Bismarck keine Skrupel, eine Anleihe notfalls auch ohne Bewilligung des Parlaments aufzunehmen, freilich nur im äußersten Fall.[67] Neun Millionen Taler in Staatsobligationen, die 1859 autorisiert, aber nie ausgegeben worden waren, wurden aus den Tresoren der Seehandlung geholt und auf den Markt geworfen.[68] Ob die Krone das Recht hatte, ohne Zustimmung des Parlaments über staatliche Bergwerke und Eisenbahnen zu verfügen, war fraglich. Das aber störte Bismarck nicht, und die Finanzleute, die darauf brannten, von dieser Liquidierung zu profitieren, ebensowenig. Am 18. Juli 1865 verpflichtete sich die preußische Regierung, ihre Optionen auf Anteile an der Köln-Mindener Eisenbahn zu verkaufen, für die sie 5705000 Taler bares Geld erhalten sollte (3000000 zahlbar bis zum 1. Oktober 1865, der Rest bis zum 2. Januar 1866). Zusätzlich erhielt Preußen verkehrsfähige Eisenbahnaktien im Wert von 7295000 Talern und offensichtlich die Verfügung über 17000000 Taler, die zuvor für Zuzahlungen in Treuhandverwahrung gewesen waren. Am 23. Juli telegraphierte Bismarck an den Kronprinzen: «Nach den Beschlüssen, welche Seine Majestät der König im Konseil zu Regensburg gefaßt, sind die Geldmittel für vollständige Mobilmachung und einjährigen Feldzug disponibel im Belauf von cirka 60 Millionen.»[69] Diese Mittel waren zwar nicht sämtlich sofort verfügbar, doch hatte Preußen offenbar das Geld, einen Krieg zu beginnen, gegen Ende August 1865 zur Hand oder in Reichweite, während andererseits Österreich nahezu bankrott war.[70]

Während der Monate Juni und Juli nahm die Spannung zu. Der Empfehlungen Bismarcks ungeachtet, hatte Wilhelm sich geweigert, auch nur eine einzige der «Februarbedingungen» fallenzulassen. Die österreichischen Gegenangebote wurden für nicht ausreichend gehalten. Bismarck drang auf Wiederherstellung der Ordnung in den Herzogtümern, worunter er die Unterdrückung der augustenburgischen Agitation und öffentlichen Kritik an der preußischen Besetzung verstand. Beide Seiten begannen zu berechnen, was mit dem Krieg auf sie zukam. Bismarck traf noch eilends diplomatische Vorbereitungen in Turin und Paris. Ob er mit dem Erfolg seiner dortigen Bemühungen zufrieden war, ist nicht mit Sicherheit festzustellen.[71] Am 16. August betonte er in Depeschen an die Gesandten Goltz und Usedom, daß Preußen entweder mit Österreich zu einem die preußische Ehre und die preußischen Interessen zufriedenstellenden Einvernehmen kommen oder seine Stellung in den Herzogtümern so befestigen müsse, «daß Österreich die alsdenn von uns zu thuenden Schritte nicht ruhig hinnehmen würde». Dann setzte er allerdings hinzu: «Diese Schritte mußten daher jedenfalls aufgeschoben werden, bis Seine Majestät der König Gastein verlassen haben u(nd) unsre finanziellen Operationen mit der Cöln-Mindener Bahn hinreichend vorgeschritten sein würden.»[72]

Während des ganzen Sommers 1865 zögerte Bismarck so die Entscheidung hinaus, weil er glaubte, daß Österreich noch auf friedlichem Wege weitere Kompromisse und Zugeständnisse abzugewinnen seien. Seine Bemerkungen im Kronrat vom 29. Mai zeigen, daß er die «Februarbedingungen», selbst wenn fürs erste von einer Verschmelzung der schleswig-holsteinischen Truppen mit der preußischen Armee noch abgesehen worden wäre, für «gleichbedeutend mit der Forderung der Annexion» ansah. Der Unterschied zwischen offener und getarnter Aneignung war nicht groß genug, als daß es sich gelohnt hätte, einen Krieg darum zu führen, um so weniger, als abzusehen war, daß, wenn die getarnte einmal vollzogen war, die offene bald würde folgen können. Sollte es zu einem Krieg kommen, wollte Bismarck diesen für ein höheres Ziel führen als «bloß die Einverleibung von Schleswig und Holstein in die preußische Monarchie», nämlich zum Zwecke der «Herbeiführung eines staatsrechtlichen Verhältnisses der deutschen Mittel- und Kleinstaaten zu Preußen.»[73] Er brauchte Zeit, um Deutschland auf dieses Schicksal vorzubereiten (1866 vergingen zwei Monate zwischen dem preußischen Antrag zur Bundesreform und dem Ausbruch des Krieges). Dennoch hätte er auch 1865 schon die Entscheidung auf dem Schlachtfeld gesucht, wenn die Österreicher fest geblieben wären. Doch noch einmal gaben sie nach.

In einem letzten Versuch, den Streit gütlich beizulegen, entsandte Franz Joseph Gustav Graf von Blome zu Gesprächen mit Bismarck und Wilhelm nach Bad Gastein. Blome stand in seinen Anschauungen Rechberg wesentlich näher als Mensdorff oder Biegeleben. Er fürchtete, daß ein zweites Olmütz in Berlin ein zweites «Neue-Ära»-Ministerium an die Macht bringen könnte, dessen Außenpolitik sich für Österreich leicht als noch gefährlicher erweisen mochte als diejenige Bismarcks. Am 1. August kehrte er mit einem Vorschlag zurück, den er dem Kaiser als den seinigen darstellte, den jedoch zuerst Bismarck gemacht hatte. Demnach würden die beiden Mächte die Herzogtümer unter sich aufteilen, Österreich sollte Holstein, Preußen Schleswig erhalten. Doch das Wiener Kabinett beschränkte die Vereinbarung auf die «Verwaltung» der Herzogtümer und wollte das preußisch-österreichische Kondominium nominell aufrechterhalten wissen. Lauenburg allerdings sollte an Preußen verkauft werden. Am 20. August wurde im bischöflichen Palast in Salzburg die Vereinbarung unterzeichnet.[74]

Blome verrechnete sich schwer. Er glaubte, daß Bismarck auch in der Außenpolitik im wesentlichen nur innenpolitische Interessen verfolge. «Die Wahrheit ist, daß Herr v. Bismarck sich ausschließlich durch Gründe der inneren Politik bestimmen läßt. Herr v. Bismarck ist kein Staatsmann, er ist ein Parteimann. Kann er die Demokratie Preußens nach seiner Manier bewältigen, ohne sich in Deutschland auf Kosten der Mittelstaaten auszubreiten, so denkt er nicht an Machterweiterung. Gebraucht er letztere, um sein System im Inneren zu stützen, so wird er sie rücksichtslos anstreben. Der König und seine nächste Umgebung sind sogar prinzipiell für das Bündnis mit Österreich.» Was Schleswig anging, so glaubte er, daß Preußen dort sein Venetien finden würde, einen Hort ständiger Unzufriedenheit und Unruhe, die seine Außenpolitik lähmen würden. Obwohl Mensdorff es für das beste hielt, den Krieg zu wagen, glaubte Franz Joseph in dem in Bad Gastein ausgehandelten Entwurf eine Möglichkeit zu erkennen, durch die Vermeidung einer Entscheidung zwischen dem Deutschen Bund und der preußischen Allianz den Frieden und eine gemeinsame konservative Front zu retten. Nichtsdestoweniger mußte Österreich bei Annahme des Vorschlags der Teilung der «unteilbaren Herzogtümer» zustimmen, Augustenburg seinem Schicksal überlassen und sich auf einen schweren Prestigeverlust bei den Mittelstaaten gefaßt machen.[75]

Bismarck jedoch war mit dieser Vereinbarung einen weiteren Schritt vorangekommen. Die definitive Lösung blieb die Annexion, und diese war «nur als vertagt zu betrachten».[76] Auch diesmal hatten es die Österreicher versäumt, mit einer verbindlichen Zusicherung diese Lösung ausdrücklich auszuschließen. Indem sie das Prinzip gemeinsamer Souveränität beibehielten, gaben sie unbedacht den Preußen einen Vorwand zu künftigen Interventionen in Holstein an die Hand. Die besonderen Rechte, die Preußen in diesem Herzogtum erhielt (Kiel als Marinestation, eine Garnison in Rendsburg, Bau des Nord-Ostsee-Kanals, Zugangsrechte nach Schleswig), boten Gelegenheit genug, das südliche Herzogtum zu infiltrieren und Zündstoff für die Entfachung zukünftiger Brände anzusammeln.

Die Wege trennen sich

Während der auf das Ende des dänischen Krieges folgenden Periode wiederholter Krisen war Bismarck seiner Regel gefolgt, nach Möglichkeit für Preußen die Stellung im Angelpunkt zu bewahren, in welcher er die Drohung einer festen Einigung mit Österreich benützen konnte, um französische Ansprüche an Preußen zu mäßigen, und den Hinweis auf ein enges Verhältnis zu Frankreich in Anschlag bringen konnte, wenn es galt, den österreichischen Widerstand gegen preußische Übergriffe in den Herzogtümern zu schwächen.[77] Stets stellte er den Franzosen in Aussicht, daß sowohl ihre egoistischen als auch ihre idealistischen Bestrebungen Befriedigung finden könnten. In Schleswig befürwortete Preußen, so erklärte er ihnen, eine neue Grenze, die Dänen von Deutschen trennen würde, während in Italien Preußen nicht gedenke, Österreich den fortgesetzten Besitz Venetiens zu garantieren. Während er Napoleons Ambitionen auf Belgien und Luxemburg zu lenken versuchte, ließ er die Möglichkeit, daß unter Umständen auch deutscher Boden für Frankreich erhältlich sein könnte, bewußt offen. Die kriegerische Eroberung des Rheinlands zu versuchen, wäre töricht, ließ er den Kaiser der Franzosen wissen, «nur der Besitzer der rheinischen Provinzen könne Frankreich diese geben».[78]

Die kritischsten Augenblicke für diese Politik folgten auf die Konferenzen in Schönbrunn und Gastein. Unmittelbar nach den Konferenzen beeilte sich Bismarck, französischen Verdacht zu zerstreuen. Während des Banketts, das Rechberg zum Abschluß der Schönbrunner Gespräche gab, nahm Bismarck Gramont, den französischen Botschafter, zur Seite und versicherte ihm, daß es zu keiner abschließenden Einigung gekommen sei und daß fürs erste zwar eine Menge Tinte würde vergossen werden, aber kein Blut.[79] Ein Jahr später wurde in Paris das Gasteiner Abkommen mit ernster Besorgnis aufgenommen. Aber wiederum ließ Bismarck wissen, daß bei einer feindlichen Haltung Frankreichs Preußen genötigt sein würde, die östliche Allianz konservativer Monarchien wieder aufzubauen, während französischer Beistand für Preußen nur die anti-habsburgische Front stärken konnte. Die Teilung der Herzogtümer sei provisorisch und als erster Schritt zur preußischen Annexion beider sowie zum Triumph der preußischen Hegemonie in den Gebieten nördlich des Mains zu betrachten. Wenn Frankreich Preußen auf diesem Wege beistehen wolle, könne es mit Unterstützung Preußens sich «überall in der Welt ausdehnen, wo Französisch gesprochen werde».[80]

Anfang Oktober 1865 reiste Bismarck nach Biarritz, vorgeblich zur Erholung, tatsächlich jedoch zu Gesprächen mit Napoleon und dessen wichtigsten Beratern. Was im einzelnen auf der Terrasse von Eugénies Villa am Strand von Biarritz – sowie später bei den Gesprächen in Paris und Saint Cloud – gesagt wurde, ist noch immer fraglich. Manche Historiker vermuten, daß Bismarck sich mit Napoleon über die Kosten der wohlwollenden Neutralität Frankreichs im Kriegsfall verständigen wollte.[81] Daß er Wilhelm später diesbezüglich nichts berichtete, ist natürlich kein Beweis des Gegenteils.[82] Doch die Mutmaßung ist unwahrscheinlich. Bismarck war zum Bruch mit Österreich noch nicht entschlossen, und es hätte ihm nicht ähnlich gesehen, sich ohne Not für die Zukunft festzulegen. Eher wird man annehmen dürfen, daß er bestrebt war, einerseits die Franzosen hinsichtlich der Bedeutung des Gasteiner Vertrags zu beruhigen, andererseits Wilhelm hinsichtlich der Absichten Napoleons in Deutschland. Er mag die Gelegenheit auch genützt haben, dem Kaiser die begehrte Kompensation nicht am Rhein, sondern in Gebieten mit Bevölkerung französischer Sprache anzuraten.[83] Den Hauptzweck seiner Mission sah er jedenfalls am Ende erfüllt. Napoleon sei willens, Gastein zu vergessen, meldete er, und habe «sich bereit erklärt, den Cotillon mit uns zu tanzen, ohne daß ihm die Touren desselben und der Zeitpunkt des Anfangs schon klar wären».[84]

Die Franzosen brauchten auf den Beweis, daß die Gasteiner Konvention zwischen den beiden deutschen Großmächten keinen dauernden Frieden gestiftet hatte, nicht lange zu warten. Schon von Biarritz aus stellte Bismarck den Willen Österreichs, die Allianz mit Preußen fortzusetzen, von neuem hart auf die Probe. Am 1. Oktober hatten sich Delegierte der deutschen Parlamente in Frankfurt versammelt, um die Legalität der Gasteiner Konvention anzufechten, und ein zum 29. Oktober einberufener Kongreß des Nationalvereins würde das Abkommen voraussichtlich ebenfalls als gesetzwidrig erklären. Auf Bismarcks Drängen richteten die beiden Signatarmächte des Abkommens scharfe Protestnoten an den Senat der freien Stadt, der derartige Demonstrationen zuließ. Doch die Bürger wiesen diese Einmischung in ihre souveränen Rechte entschieden zurück.[85]

Bismarck ließ nicht nach. In Wien schlug er vor, daß Österreich und Preußen einen Antrag gegen den Senat im Bundestag einbrächten und, falls sie dort überstimmt würden, eigenmächtig Schritte unternähmen. Er gab zu, daß die Versammlung der Abgeordneten ihren Zweck nicht erreicht hatte, und räumte ein, daß der Kongreß des Nationalvereins als solcher noch kein Unglück für Preußen sei. Indessen hegte er einen heftigen Widerwillen gegen die liberale Stadt am Main. Durch entschiedenes Einschreiten gegen deren hochmütige Honoratioren hoffte er, auch die Liberalen daheim in Preußen einzuschüchtern.[86] Doch seine Hauptabsicht war, die Wiener Regierung noch einmal zur Wahl zwischen der preußischen Allianz und den kleineren Staaten zu zwingen, sowie durch die Offenbarung der gemeinsamen Diktatur der beiden Großmächte in Deutschland den Deutschen Bund noch etwas instabiler zu machen.

Aber Mensdorff hatte endlich den Entschluß gefaßt, daß es mit weiteren Konzessionen Österreichs an Preußen ein Ende haben mußte. Er parierte Bismarcks Ansinnen mit dem Gegenvorschlag, die beiden Mächte sollten sich damit begnügen, im Bundestag einen Antrag durchzubringen, der eine strengere Beobachtung der Bundesvorschriften zur Unterdrückung «revolutionärer» Assoziationen und Versammlungen forderte. Bismarcks Reaktion war heftig. In der preußischen Presse und in Gesprächen mit Chotek erklärte er, «es könne seiner Ansicht nach eben zwischen Österreich und Preußen kein halbes Verhältnis existieren. Entweder aufrichtige Allianz oder Krieg, bis aufs Messer.»[87]

Die Weigerung Mensdorffs und seiner Kollegen, an einer Strafexpedition gegen Frankfurt teilzunehmen, scheint Bismarck davon überzeugt zu haben, daß sich die Nützlichkeit der österreichischen Allianz für Preußen allmählich erschöpft hatte. Der Gang der Dinge in den Herzogtümern brachte weitere Beweise bei. In Gastein hatte Bismarck sich ausgerechnet, daß binnen weniger Monate Wien zufrieden sein werde, für Holstein eine finanzielle Entschädigung zu erhalten.[88] Doch mit französischer Unterstützung wurde die österreichische Finanzkrise fürs erste gemeistert, und Franz Joseph war gegen weitere Zugeständnisse an Preußen. Edwin von Manteuffel, seit dem 22. August mit dem Gouvernement von Schleswig betraut, bediente sich systematisch des Prinzips der Kondomination, um sich in die österreichische Verwaltung Holsteins einzumischen. Sehr zu Bismarcks Verärgerung trug er durch sein autoritäres Vorgehen auch zu wachsender Beliebtheit der Augustenburg-Bewegung bei.[89] Als Ludwig von Gablenz, der österreichische Gouverneur, unklugerweise am 23. Januar 1866 in Altona eine Demonstration für den Erbprinzen gestattete, wurde aus der Wilhelmstraße eine scharfe Note nach Wien abgesandt. Der Ton glich dem eines Ultimatums.

Festgestellt wurde zunächst, daß das gegenwärtige Verhalten der kaiserlichen Regierung in Holstein als aggressiv bezeichnet werden müsse und zudem die österreichische Regierung Mittel der Agitation gegen einen Bundesgenossen anwende, die den eigenen konservativen Prinzipien zutiefst zuwider sein sollten: «Worin unterscheidet sich jene durch den Zuzug von Führern der Demokratie aus Hessen, Frankfurt, Bayern illustrierte Massenversammlung von denjenigen Versammlungen, über deren Zulassung Österreich selbst mit uns in Frankfurt Beschwerde geführt hat? Solchen Schädigungen des monarchischen Prinzips, der öffentlichen Ordnung und der Einigkeit der beiden Mächte, wird das kaiserliche Cabinet gebeten, ein Ziel zu setzen. Eine verneinende oder ausweichende Antwort», hieß es in der Note zuletzt, «würde uns die Überzeugung geben, daß die Kaiserliche Regierung nicht den Willen habe, auf die Dauer gemeinsame Wege mit uns zu gehen». In diesem Fall müsse Preußen für seine «ganze Politik volle Freiheit gewinnen».

Die österreichische Antwort auf diese Note erfolgte am 7. Februar und bedauerte zwar den Zwischenfall in Altona, war im übrigen aber negativ. Einige Tage später meldete Károlyi dem Grafen Mensdorff: «Es läßt sich nicht leugnen, daß in den letzten Tagen eine gewisse dumpf unheimliche Stille in betreff der Beziehungen zu Österreich an Stelle der früher fieberhaft erregten Gereiztheit getreten ist.» Ominöse Bemerkungen wie die, daß «zwischen Berlin und Wien ... nun die Polemik zu Ende» sei, schrieb Károlyi am 17. Februar aus Berlin, «nötigen zu verschärfter Aufmerksamkeit».[90]

Über zwei Jahre lang hatte Bismarck sich des österreichischen Wunsches nach einem Zusammenwirken mit Preußen bedient und dabei wiederholt die Wiener Regierung durch Täuschungsmanöver oder Zwangsmaßnahmen dazu gebracht, eigene vitale Interessen preiszugeben, während er die preußischen mit jedem Schritt beförderte. Dabei hatte er es verstanden, sich aller Welt als den Angegriffenen darzustellen, obwohl er stets selbst der Angreifer war; Schaden zufügend, wo er nur konnte, stets als Geschädigter aufzutreten; sowie, den Status quo aushöhlend, als wahrer Konservativer zu posieren. Für Österreich war das eine lange Geschichte fortgesetzter Enttäuschungen und Fehlschläge. Österreichische Proteste wurden mit Beteuerungen gekränkter Unschuld erwidert. Österreichische Versuche, Entscheidungen hinauszuzögern und Zeit zu gewinnen, hatten Drohungen provoziert, daß Preußen auch allein handeln könne. Anstalten, die preußische Anmaßung in Grenzen zu halten, hatten den Österreichern nichts eingebracht als den Vorwurf, sie ließen revolutionäre und jedem Throne feindliche Tendenzen unter dem Schutze des Doppeladlers sich entfalten. Doch im Winter 1865–1866 stieß Bismarck endlich auf entschlossenen Widerstand. Und er war nun seinerseits entschlossen, was er nicht durch Mobilisierung des Volkes in den Herzogtümern und weitere Verhandlungen mit Wien erhalten konnte, sich mit Gewalt zu verschaffen.

II

Der Magnetismus der Macht

Einheit oder Freiheit?

Bismarcks außenpolitische Erfolge während der Jahre 1863–1865 machten der preußischen Opposition ihre Sache nicht eben leichter. In den Monaten November und Dezember des Jahres 1863 störte die sich verschärfende schleswig-holsteinische Krise ihre Kreise erheblich. Als Vertreter der gemäßigten Liberalen beantragten die Abgeordneten Friedrich Stavenhagen und Rudolf Virchow, in einer Entschließung den König aufzufordern, Augustenburg anzuerkennen und seiner Sache wirksame Unterstützung zu leisten. Gegen diesen Antrag opponierten Benedikt Waldeck und die über fünfunddreißig Mandate verfügende demokratische Fraktion. Waldeck, der von Bismarcks Absichten einstweilen keine Ahnung hatte, befürwortete die Annexion der Herzogtümer durch Preußen als ersten Schritt zum Aufbau einer deutschen Seemacht. Doch er war gegen die Unterstützung jeder aggressiven Politik der Regierung gegen Dänemark, denn eine solche Unterstützung würde die Abgeordneten moralisch verpflichten, dem verhaßten Bismarck-Ministerium die Mittel zur Kriegsführung zu bewilligen. Man fürchtete auch, daß patriotische Begeisterung Energien verzehren würde, die noch für den Verfassungskonflikt benötigt wurden.[1]

Wieder kam bei dieser Gelegenheit das Grunddilemma des deutschen Liberalismus zum Vorschein. Für Waldeck und seine Anhänger ging Freiheit vor Einheit. Der Sieg des Parlaments über die Krone war wichtiger als ein deutscher Triumph über Dänemark. Die Gemäßigten waren entgegengesetzter Meinung. Ludwig Loewe erklärte, zwar sei die Freiheit daheim hoch zu bewerten, noch höher aber die Unabhängigkeit vom Ausland, die Größe und der Ruhm Deutschlands. Viele Abgeordneten waren zwischen ihren deutsch-nationalen und ihren liberalen Gefühlen hin- und hergerissen. «In der schleswig-holsteinischen Sache mußte man sich entscheiden, entweder – oder. Ich hab es ganz und voll getan. Waldeck auf der anderen Seite», schrieb am 6. Dezember Karl Twesten an Gustav Lipke: «Die meisten suchten sich durchzuwürgen, daß es ein Elend war anzusehen. Nicht mit Nationalverein und übrigem Deutschland verderben, daher vorwärts trotz Ministerium, nicht mit Radikalismus und Abstinenz verderben, daher nichts tun mit dem Ministerium. Zum Schweigen wollte sich niemand entschließen.»[2]

Beide Fraktionen waren davon überzeugt, daß die reaktionäre Regierung den Anträgen der zweiten Kammer nie stattgeben würde. Da Bismarck sich ja an das

Londoner Protokoll zu klammern schien, sah man durch sein Verhalten neuerlich das liberale Axiom bewiesen, daß keine konservative Regierung gewillt sei, etwas für die nationale Sache zu tun. Waldeck fürchtete, daß ein Krieg nur die Stellung der Regierung befestigen würde, doch seine Opponenten behaupteten zuversichtlich, daß sie eine solche Krise nie würde überstehen können. «Wir werden diese schlechte Regierung los werden, wir werden sie los werden mit dem ersten Zeichen eines wirklichen Sturms», versprach Loewe, wozu Bismarck, auf der Ministerbank, sich seinen Teil gedacht haben wird. Der Krieg wurde willkommen geheißen. Er sollte die Freiheit bringen, zuerst «die Unabhängigkeit nach Außen» und dann «die Freiheit nach Innen». Nach Ende der Debatte wurde der Antrag mit großer Mehrheit angenommen.[3]

Nun kam es in der Tat zu der von Waldeck vorhergesehenen Situation. Am 9. Dezember legte Bodelschwingh einen Gesetzesentwurf vor, der einen Kredit von 12 Millionen Talern zur Finanzierung des preußischen Beitrags zur Bundesexekution gegen Dänemark bewilligte. Da der Fiskus auf dieses Geld nicht wirklich angewiesen war, verfolgte die Regierung mit der Vorlage vor allem den Zweck, die Verwirrung der Abgeordneten noch zu steigern und ihr Ansehen bei der vaterländisch begeisterten Öffentlichkeit herabzusetzen, falls es ihnen einfiel, die Bewilligung des Kredits zu verweigern. Tagelang konnten sie sich nicht entschließen. Waldeck gewann Anhänger für seinen Antrag, die Vorlage zurückzuweisen. Die führenden deutschen Nationalisten außerhalb Preußens drängten auf Annahme, selbst auf Kosten der liberalen Stellung im Verfassungskonflikt. Zuletzt beantragten die Gemäßigten eine Entschließung, welche die Bereitschaft der Kammer, den inneren Konflikt zurückzustellen, für den Fall verhieß, daß das Kabinett sich zu einer «nationalen Politik» gegen Dänemark entschließen würde.[4]

Virchow machte Bismarck erbittert zum Vorwurf, daß er die schleswig-holsteinische Frage unter dem europäischen, nicht unter dem deutschen Aspekt behandeln wolle. Er habe den Standpunkt schon so oft gewechselt, daß inzwischen niemand mehr wisse, wo er eigentlich stehe. Er habe kein Programm oder leitendes Prinzip und sei jedenfalls antinational und ohne jedes Verständnis des nationalen Interesses. Bismarck antwortete auf diese Kritik: «Meine Herren, so lange wir in Europa wohnen und nicht etwa mit Dänemark auf einer isolierten Insel, so lange müssen wir uns auf den Europäischen Standpunkt stellen und ich lasse mir diesen Vorwurf ebenso bereitwillig gefallen, als den, daß ich eine zu preußische Politik triebe.» Als Mann der Wissenschaft sollte Virchow (der ja in der Tat ein bedeutender Arzt und Pathologe war) wohl fähig sein zu verstehen, daß der Fachmann dem Laien nicht jeden Sachverhalt ohne weiteres erklären könne. Das gelte zumal in der Politik, weil diese keine exakte Wissenschaft sei und in jeder Situation der besonderen Lage entsprechend verfahren werden müsse. Darauf aber, versicherte Bismarck den Abgeordneten, verstehe er sich besser als sie, das könne er wohl ohne Übertreibung behaupten. Die Entschließung wurde mit 207 gegen 107 Stimmen angenommen, die Waldeck-Fraktion hatte mit den Konservativen dagegen gestimmt.[5]

Während des Januars 1864 setzte Bismarck in der Debatte über die Bewilligung der verlangten Anleihe seine herablassende Belehrung der Abgeordneten fort. Ohne einen deutschen Staat könne es kein deutsches Interesse geben. Preußens Lossagung vom Londoner Protokoll sei mehr «eine Frage der Opportunität als des Rechtes». Rechtliche Auffassungen könnten nur in Kraft treten, wenn die Macht vorhanden sei, sie durchzusetzen. Sollte also die zweite Kammer die Mittel verweigern, die die Regierung benötige, «so werde er sie nehmen, wo er sie finde». Am Ende, so Bismarck, würde die Regierung siegen: «Ich glaube, das Gefühl, daß es so kommen werde, ist ihnen nicht mehr ganz fern.» Das Protokoll verzeichnet Heiterkeit. Am 22. Januar verweigerten die Erheiterten mit 275 gegen 50 Stimmen die beantragte Bewilligung.[6]

Waldeck allein scheint geglaubt zu haben, daß die Ablehnung der Anleihevorlage die Regierung in ernsthafte Schwierigkeiten bringen würde. Die anderen glaubten damit nur Bismarcks Entlassung bewirken zu können. Es war bekannt, daß der König mit Augustenburg sympathisierte, und Berlin war voller Gerüchte, die von einer Kabinettskrise wissen wollten. Durch informelle Kanäle bestürmte Twesten den König mit Versprechungen, daß die Kammer jeden anderen Minister unterstützen würde, selbst einen konservativen, wenn nur dessen Politik national sei.[7] Als dann die Sitzungsperiode zu Ende ging und Bismarck noch immer im Sattel saß, bemächtigte sich Verzweiflung der Abgeordneten. Da die Minister schon seit zwei Jahren gegen die Verfassung regierten, erklärte Twesten, sei diese auch für die Abgeordneten nicht mehr bindend: «In diesem Fall ist jedes Mittel berechtigt, welches dahin führen kann, eine solche Regierung zu stürzen.» Die Wahl dieses Mittels war nicht länger eine Rechtsfrage, sondern nur mehr eine politische. Was auf dem Wege des Rechts und der Verfassung geschehen könne, konstatierte Rudolf Gneist, das habe das Parlament getan.[8]

Am 25. Januar 1864 beschloß die Kammer, die Ausgabe öffentlicher Mittel ohne parlamentarische Bewilligung als verfassungswidrig zu verurteilen; am gleichen Tag wurde durch königliches Dekret der Landtag vertagt. Noch einmal hatten die preußischen Liberalen Gelegenheit, sich zu überlegen, ob denn tatsächlich irgendein über parlamentarischen Protest hinausgehendes «Mittel» zu ihrer Verfügung stand. War das nationale Anliegen eher geeignet, eine echte Volksbewegung ins Leben zu rufen, als die Auseinandersetzung der gewählten Volksvertreter mit der königlichen Regierung über beider verfassungsmäßige Befugnisse? Schon im Januar klagten die Führer des Nationalvereins: «Die Bewegung und Agitation für Schleswig-Holstein ist nirgends weiter zurück (Österreich selbstverständlich ausgenommen) als in Preußen. Man versammelt sich nicht, man drängt nicht, man zahlt nicht», schrieb Ludwig Häusser an Heinrich von Sybel. «Jammervoll» fand auch der Adressat «die Stimmung des Volkes». Zwei Jahrhunderte absolutistischer Herrschaft hatten die Fähigkeit des Volkes zu spontaner Bewegung gelähmt. Niemand wollte etwas für eine gemeinsame Sache opfern, nicht einmal Geld. Am 29. Januar schrieb Theodor Mommsen an Gustav Freytag, er habe «den Gedanken, daß die Nation mit wirklicher Energie dazwischen tritt, aufgegeben». Einige Tage später urteilte er: «Die letzten Jahre haben es doch jedem gezeigt, daß der Gedanke, auf dem Wege der moralisch-politischen Annektierung Preußen in Deutschland aufgehen zu machen, ein falscher ist. Unser Regiment kann wechseln, aber es gibt keine Partei Cavour bei uns; was sich deutsche Fortschrittspartei nennt, ist im ganzen eine negative Waffe ...»[9] Nach der Rückkehr auf sein ostpreußisches Gut befand Kurt von Saucken-Tarputschen, ein Angehöriger der Waldeck-Fraktion: «... die feudale Partei gewinnt ... bei allen Leuten, die in irgend einer Weise abhängig sind, sehr an Boden, und ein großer Theil der Bauern ist wie weiches Wachs, von jedem zu kneten, der ihn gerade bei der richtigen Seite gefaßt hat. Die Berliner haben keine Vorstellung davon, wie es eigentlich im Lande aussieht.»[10]

In dieses politische Vakuum hinein drang nun mächtig der erste große Erfolg des Bismarck-Ministeriums und der reorganisierten Armee. Am 30. Januar berichtete Johann Gustav Droysen aus Berlin, daß die Armee den Krieg mit Jubel begrüßt habe. «Es ist nicht unmöglich, daß mit dem ersten Gefecht auch im Publikum der Kriegseifer durchbricht; ja, es werden Wetten gemacht, daß mit den ersten Erfolgen Herr von Bismarck ‹populär› sein wird.» Tatsächlich erfüllte dann der Sieg der preußischen Truppen beim Sturm auf die Düppeler Schanzen (am 18. April 1864) nicht nur die zum ersten Mal seit einem halben Jahrhundert siegreiche Armee, sondern auch die Nation mit stolzer Freude. Im Mai stellte Theodor von Bernhardi, der seinerseits den augustenburgischen Anspruch unterstützte, Herrn von Bismarcks allerdings gewachsene Popularität fest: «Wenn er jetzt die Kammer auflöst, bekommt er in der neuen 100 Stimmen.»[11] Der Magnetismus nationaler Macht tat seine Wirkung.

Macht oder Recht?

Schon im Januar hatte Bismarck begonnen, das preußische Nationalgefühl zu mobilisieren, um die Öffentlichkeit auf die Annexion einzustimmen. Man werfe der Regierung vor, daß sie von Deutschland nichts wissen wolle, sagte er in der Sitzung des Landtags am 22. Januar. Andererseits könne er mit vollem Recht behaupten: «Sie wollen von Preußen nichts wissen, weil es ihrem Parteistandpunkt, Ihrem Parteiinteresse nicht convenirt, weil es Ihnen convenirt, Preußen entweder nicht oder als Domäne des Nationalvereins bestehen zu lassen.» Wiederholt prangerte er in dieser Rede die unpatriotische Haltung seiner Gegner an. «Was müßte ein preußischer Minister thun, um Ihr Vertrauen zu erwerben?», fragte er, um sich dann selbst zu antworten: «Er müßte sich von der preußischen Verfassung lossagen, er müßte sich von Preußens Traditionen, von Preußens Geschichte, von preußischem Volksgefühl vollständig lossagen ... Ein offenes Bekenntniß zu preußischem Interesse, zu preußischer Nationalität ist auf Ihrer Seite nicht zu finden ... Sie widersprechen dem Volksgeiste Preußens ... Sie widersprechen den ruhmvollen Traditionen unserer Vergangenheit, indem Sie die Stellung, die

Großmachtstellung Preußens, welche durch schwere Opfer an Gut und Blut des Volkes erkämpft wurde, desavouiren.»[12]

Im Mai 1864 kam Arnim-Boitzenburgs Petition mit dem Annexionsbegehren. Innerhalb weniger Wochen wurden siebzigtausend Unterschriften dafür gesammelt, hauptsächlich in konservativen und rechtsliberalen Kreisen. Obwohl die Unterzeichner der Petition auch die Errichtung eines preußischen Protektorats über die Herzogtümer in Betracht zogen, war doch deutlich, daß das, was sie letztlich wünschten, deren vollständige Annexion war. Viele Konservative, die anfänglich Augustenburg begünstigt hatten, sahen nun angesichts der liberalen Gesellschaft, in die sie dabei gerieten, in der Einverleibung der Herzogtümer in den preußischen Staat eine willkommene Alternative. Bis auf einige wenige romantische Konservative, die wie Ludwig Gerlach über diese Prinzipienlosigkeit moralisch empört waren, fanden sie die Erneuerung der preußischen Machtpolitik unwiderstehlich anziehend.[13]

Die Aussicht auf Gebietsgewinn für den preußischen Staat ließ jedoch auch die Liberalen nicht kalt. Bis zum Sturm auf die Düppeler Schanzen und bis zur Eröffnung der Londoner Konferenz standen sie freilich ziemlich geschlossen hinter Augustenburg. Im April 1864 entwarf der Sechsunddreißiger-Ausschuß eine Erklärung, wonach die Herzogtümer dem Erbprinzen sowohl als Erben als auch als Vertreter des dortigen Volkswillens zustanden und deshalb von einer internationalen Konferenz nicht abgesprochen werden konnten. Diese Erklärung wurde schließlich von 1362 Abgeordneten verschiedener Parlamente unterzeichnet, von denen 186 Angehörige des preußischen Linken Zentrums und der preußischen Fortschrittspartei waren. Verächtlich bestritt ihnen Waldeck allerdings das Recht, für die deutsche Nation zu sprechen und mit einer «Kollektiv-Erklärung» über das durch Preußens «selbständige Kriegs- und diplomatische Aktion Gewonnene zu verfügen». Nichtsdestoweniger gingen von seinen fünfunddreißig Anhängern achtzehn, verunsichert durch die Beobachtung, daß die Annexion nun auch von den Konservativen begehrt wurde, zu den Anhängern Augustenburgs über.[14]

Doch kaum verbreitete sich über die Telegraphenleitungen die Nachricht von dem glänzenden preußischen Sieg, begann die liberale Front sich aufzulösen. Die *Preußischen Jahrbücher*, die im November 1863 noch den Anspruch Augustenburgs unterstützt hatten, waren im Mai 1864 zu der Meinung gelangt, daß an sich «die Annexion ein nationaleres Ziel als die Schöpfung eines Kleinstaats» wäre, und im September zu der Einsicht fortgeschritten, daß schon das preußische Eigeninteresse ein hinreichender Grund sei, die Herzogtümer als Besitz zu fordern.[15] Im Dezember nahm Wilhelm Wehrenpfennig, der seit Rudolf Hayms Ausscheiden im Juni die Redaktion der *Preußischen Jahrbücher* leitete, einen Artikel Ludwig Häussers gegen die Annexionsbestrebungen zur Veröffentlichung an, beauftragte aber sogleich Treitschke mit einer Entgegnung. Der temperamentvolle Historiker war anfänglich überzeugter Anhänger Augustenburgs gewesen, hatte sich jedoch inzwischen dessen Gegnern angeschlossen. Sehr beeindruckt von der bei der Erstürmung der Düppeler Schanzen bewiesenen militärischen Macht Preußens, war er zu seiner früheren Überzeugung zurückgekehrt, daß nur durch preußische Expansion jene Einheit hergestellt werden könne, die dem deutschen Partikularismus und der aus ihm resultierenden politischen Impotenz – je eher, desto besser – ein Ende bereiten würde. Nach Wehrenpfennigs Zeugnis machte Treitschkes Artikel, der ihn in der Tat auf der Höhe seiner Eloquenz zeigt, bei den Berliner Abgeordneten großen Eindruck.[16]

Am 9. November 1864 berichtete Rudolf von Bennigsen einem Gesinnungsgenossen: «Im Norden nimmt die Bismarcksche Richtung, das ist die Anbetung der militärischen Macht und diplomatischen Erfolge, in erschreckender Weise überhand.» Wenig später schrieb Wehrenpfennig, daß die Annexionsfrage «alle Parteien bei uns zertrümmert». Fast die Gesamtheit der Altliberalen war dafür gewonnen, das Linke Zentrum und die Fortschrittspartei waren über der Frage gespalten. Von den Führern der letzteren hielten nur Virchow, Ludwig von Rönne, Franz Duncker und Hermann Schulze-Delitzsch an der ursprünglichen Auffassung fest. Mommsen und Twesten (beide gebürtige Schleswig-Holsteiner) führten den Kampf für die Annexion der Herzogtümer. Insbesondere die Meinung des großen Historikers und Liberalen Mommsen, ein Mann von unbestrittener Integrität, hatte dabei großes Gewicht. Wie Treitschke glaubte auch Mommsen, daß die Erlangung der staatlichen Einheit Deutschlands vordringliches Anliegen sei und nur erreichbar durch die Expansion preußischer Macht und die Schaffung einer starken Exekutive. Trotz seiner erheblichen Schwierigkeiten mit der bestehenden Regierung folgte Twesten auch diesmal dem Diktat seines Gewissens. Er hatte schon am 2. Dezember 1863 in einer Rede erklärt: «Ich würde lieber das Ministerium Bismarck einige Jahre länger ertragen als ein deutsches Land verloren gehen lassen». Er beklagte deshalb die Haltung bedingungsloser Opposition vieler Abgeordneter, die blind für das nationale Interesse zu sein schienen, nur weil es sich in diesem Fall auch Bismarck angelegen sein ließ.[17]

Dennoch befanden sich die liberalen Befürworter der Annexion in einem Dilemma. Gegen Dänemark hatten sie sich auf das liberale Prinzip der nationalen Selbstbestimmung berufen. Nun war aber offenbar, daß die Mehrzahl der Einwohner der Herzogtümer Augustenburg als Landesherrn begehrte. Wehrenpfennig ging davon aus, daß, wenn erst Preußen ihnen «das höchste Gut des Bürgers, das stolze Bewußtsein der Unabhängigkeit, des Ansehens, der Macht seines Staates» verliehen haben würde, auch die Schleswig-Holsteiner die preußische Herrschaft begrüßen würden. Inzwischen durfte ihnen, nach Treitschkes Auffassung, nicht gestattet werden, über eine Frage, die das deutsche Volk in seiner Gesamtheit anging, allein zu entscheiden. Von einem kleinen unabhängigen Fürstentum, meinte er, sei kaum die Kraft zu erwarten, die dänische Bevölkerung Nordschleswigs zu germanisieren. Selbst Mommsen, dessen liberale Überzeugungen fester begründet waren als diejenigen Treitschkes, zog dem allerdings grundlegenden Prinzip der Selbstbestimmung dort eine Grenze, wo partikularistische Bestrebungen die allgemeinen Interessen des deutschen Volkes zu beeinträchtigen drohten.[18]

„Heißt es: Wo Schatten ist, kann auch Licht sein – oder: Wo Licht ist, muß auch Schatten sein?" (Wilhelm Scholz, *Kladderadatsch*, 14. September 1865)

Doch diese Argumente überzeugten viele nicht. So tief gespalten war die Opposition in dieser Frage, daß während der Sitzungsperiode des Jahres 1865 die Kammer über eine «passive» Haltung nicht hinauskam. Man befand sich in einer «üblen Lage».[19] Wenn man sich für die Annexion einsetzte, kam das einer Kapitulation vor dem Prinzip, daß Macht vor Recht gehe, gleich; man stimmte damit einer Verletzung des Prinzips der Selbstbestimmung zu und beugte sich überdies in einer höchst wichtigen Angelegenheit dem Willen des Bismarck-Ministeriums. Lehnte man aber andererseits die Annexion ab, verweigerte man Preußen den Lohn seines militärischen Erfolgs, vermehrte die Zahl der Kleinstaaten, gab die Möglichkeit zum Aufbau einer preußischen Seemacht preis und versäumte die günstige Gelegenheit, durch eine Expansion Preußens den Fortschritt zur Vereinigung Kleindeutschlands zu beschleunigen. Je nachdem, welchem der genannten Übel sie das größere Gewicht gaben, gingen die Meinungen der Liberalen auseinander.

In einem Punkte allerdings war man sich ziemlich einig: Wenn das Haus Augustenburg in den Herzogtümern zur Herrschaft gelangen sollte, so war jedenfalls für deren erhebliche Souveränitätsbeschränkung zugunsten Preußens zu sorgen. Zeitungen aller politischen Richtungen stimmten in der Meinung überein, daß mindestens Bismarcks «Februar-Bedingungen» erfüllt sein müßten, wenn Preußen der Unabhängigkeit der Herzogtümer zustimmen sollte. Die Erinnerung an das demütigende Schicksal der Marine im Jahre 1848 machte die Vorstellung einer zukünftigen preußischen Seemacht auch für die Liberalen verlockend.[20] Mit der Zustimmung Augustenburgs versammelten sich führende Angehörige des Sechsunddreißiger-Ausschusses und des Nationalvereins im März 1865 in Berlin und beschlossen die Annahme des größten Teils der Bedingungen.[21]

Dennoch verschlechterten sich die Aussichten des Prinzen, seine Erbschaft in Schleswig-Holstein anzutreten. Auf Bismarcks Wunsch waren in Preußen die Kronsyndici zusammengetreten (ein Gericht aus Angehörigen des Herrenhauses), um den Rechtsanspruch des Erbprinzen kritisch zu prüfen. Nach feierlicher Beratung gelangten sie zu dem Schluß, daß kein anderer als der König von Dänemark der rechtmäßige Erbe der Herzogtümer sei! Wenigstens Wilhelm fand dieses Urteil überzeugend. Bismarcks nächster Schachzug war die Veröffentlichung seiner einseitigen Darstellung der Unterredung mit dem Erbprinzen im Juni 1864. Da er fürchtete, in einen Prozeß verwickelt zu werden, veröffentlichte der Prinz seinerseits keine Gegendarstellung. Das hatte zur Folge, daß viele Abgeordnete, von der Undankbarkeit abgestoßen, deren Bismarck den Augustenburger bezichtigte, sich nicht weiterhin für seine Sache einsetzten.[22]

Die wachsende Annexionslust in Preußen verursachte auch innerhalb der deutschen liberal-nationalen Bewegung neue Spannungen. Schon seit langem bestand in dieser ein prekäres Gleichgewicht zwischen den Befürwortern einer föderalen und denen einer zentralistischen Union sowie zwischen den Gemäßigten, die zu Kompromissen mit einem noch autoritär regierten Preußen bereit waren, und den Demokraten, die eine entschiedenere Stellungnahme gegen das Regime in Berlin verlangten (diese waren am stärksten in Süddeutschland). Bismarcks Politik der Wahrnehmung preußischer Interessen, die Unterstützung, die er in Preußen dafür fand, und die Ablehnung dieser Politik in Süddeutschland, das alles drohte, die deutsch-nationale Bewegung längs der Mainlinie zu spalten.[23]

Die Spaltung wurde offenbar, als im September 1865 der Sechsunddreißiger-Ausschuß zu einem zweiten Kongreß deutscher Abgeordneter nach Frankfurt einlud. Die Versammlung wurde diesmal zur Verurteilung der Gasteiner Konvention einberufen. Auf einer Parteiversammlung in Berlin sprachen sich die meisten preußischen Abgeordneten gegen die Teilnahme an dem geplanten Kongreß aus. In offenen Briefen erklärten Mommsen und Twesten, daß die Mehrheit in dieser Versammlung einen Angriff gegen den preußischen Staat als solchen sehe, nicht nur gegen dessen gegenwärtige Regierung. Nur der preußische Staat sei aber imstande, die von allen gewünschte Einigung Deutschlands zu bewerkstelligen. Aus Süddeutschland erwiderten ihnen Wilhelm Schaffrath und Julius Freese: «Kein Deutscher will ein Deutschland ohne Preußen», erklärte Schaffrath, «aber es will auch kein Deutscher ein Aufgehen Deutschlands in Preußen.» Wenn die preußischen Abgeordneten es für ihre patriotische Pflicht hielten, Bismarcks Außenpolitik zu unterstützen, müßten sie sich im Verfassungskonflikt geschlagen geben. Sie müßten sich wohl oder übel entscheiden, schrieb Freese, «für die Machtpolitik entweder oder für die Rechtspolitik».[24]

Doch selbst die Berliner Augustenburg-Fraktion hielt es für geboten, der Frankfurter Versammlung fernzubleiben. Schulze-Delitzsch erklärte, daß sie durch ihre Teilnahme ihre Stellung daheim gefährden würde. Sie würde sich bei den Wählern diskreditieren und die zur Annexion geneigten Liberalen Bismarck in die Arme treiben. Viktor von Unruh wurde noch deutlicher: Man sei zwar notfalls durchaus gewillt, sich einsperren zu lassen, aber nicht wegen eines von vornherein zum Scheitern verurteilten Spektakels. Der erst kürzlich in die preußische Abgeordnetenkammer gewählte Eduard Lasker meinte, der Kongreß würde nur dazu dienen, die Zerrissenheit der deutschen nationalen Bewegung ans Licht zu bringen: «Schleswig-Holstein hat mich belehrt, daß das Einheitsgefühl noch nicht bis zu dem Grade gefördert ist, auf welchem jene Frage ihre instinktmäßige Lösung erhält; die deutsche Einheit hat für heute von der Massenpolitik noch keine reichliche Beihilfe zu erwarten».[25] Schon Monate vor seiner letzten Prüfung war der deutsche liberale Nationalismus über der schleswig-holsteinischen Frage mit sich selbst zerfallen. Aber auch jetzt beunruhigte ihn die bange Frage, ob er in seinen nationalen Bestrebungen beim deutschen Volk mehr Rückhalt besaß als in seinem Liberalismus.

Das Parlament im Jahre 1865

Der Sieg über Dänemark brachte die Liberalen auch in der Frage der Heeresreform in Verlegenheit. Am 9. Februar schrieb Heinrich von Sybel aus Bonn an Rudolf Gneist: «Hier hört man jetzt auch von liberalen Leuten sagen: es scheint in militärischer Beziehung denn doch, daß die Reorganisation sich bewährt.» Nach Erstürmung der Düppeler Schanzen berichtete Hermann Baumgarten, daß man in Karlsruhe die Heeresreform schon als vollendete Tatsache betrachte, und Karl Mathy, ein badischer Minister, empfahl den Abgeordneten der Fortschrittspartei in Preußen, eine Verständigung mit der Regierung anzustreben. «Regierung und Kammer sind Faktoren, bestimmt, zum Wohle des Staates zusammen zu wirken», riet er Gustav Freytag, «Störungen sind in diesem Organismus, wie in anderen, unvermeidlich; aber der Staatsgedanke darf nicht verloren gehen... Die Kammer sollte ihr machtloses Ankämpfen gegen die Einrichtung des Heeres fallen lassen und dafür ein Äquivalent zu erlangen suchen.» Das Äquivalent könne die Anerkennung der Etatrechte des Parlaments sein. Doch die Fortschrittspartei in Preußen war solchen Ermahnungen unzugänglich. Sybel berichtete, daß für einen Handel, wie ihn Mathy anregte, keine zwanzig Stimmen zu haben wären. «Und andererseits ist der König so sehr *in high spirits*, daß ich nur glauben kann, auch er würde jenes Kompromiß mit Gelächter abweisen und unbedingte Unterwerfung fordern.» Am 16. Dezember 1864 berieten fünfundzwanzig führende Abgeordnete über die in der kommenden Sitzungsperiode zu befolgende Strategie. Sie beschlossen, in der Militärfrage fest zu bleiben und sich in außenpolitischer Hinsicht so passiv wie möglich zu verhalten.[26]

Als dann im Januar 1865 die neue Sitzungsperiode begann, zeigte sich, daß viele Abgeordnete eine Beilegung des Streits mit der Regierung herbeisehnten. Georg von Seydlitz hatte den Eindruck, «daß die große Bevölkerung dieses Zwiespaltes überdrüssig sei, ja daß es nicht klug sei, ihn noch länger dauern zu lassen, damit sich das Land nicht daran gewöhne, auch trotz dem Schreckbilde des Konfliktes gemächlich und im Abglanz des gewonnenen Ruhmes leben zu können; denn das sei eben das Ziel unserer perfiden Regierung.» Einige Monate zuvor hatte Twesten mit Bitterkeit beobachtet, daß sowohl die Beamten als auch die gewöhnlichen Bürger «von Tag zu Tag serviler» würden.[27]

Wegen des drohenden Krieges gegen Österreich waren auch Bismarck und Roon kompromißbereit. Die Thronrede bei der Eröffnung des Parlaments am 14. Januar verlieh dem «dringenden Wunsch» nach einem Ausgleich der Gegensätze Ausdruck. Das Militärgesetz, das die Regierung wenig später vorlegte, war das schon einmal von der Kammer abgelehnte, aber die beiden Minister erklärten sich nun zu Kompromissen bereit. Im Schloß trugen sie noch einmal die Änderungsvorschläge vor, die der König bereits 1862 abgelehnt hatte – die dreijährige Dienstzeit sollte verkürzt und die Größe und finanzielle Ausstattung des Heers dem Bevölkerungszuwachs angepaßt werden. Doch auch diesmal stimmte Wilhelm dem Plan nicht zu. Dann trugen die Minister einen Änderungsvorschlag vor, den der altliberale Abgeordnete Gustav von Bonin beantragt hatte, wonach es bei der dreijährigen Dienstzeit bleiben, das stehende Heer aber auf 160000 Mann begrenzt werden sollte. Auch dadurch ließ sich Wilhelm jedoch von seiner Auffassung nicht abbringen, «daß jede Art von Contingentirung der Stärke der Armée ... nichts als ein Mißtrauen gegen meine Person» sei.[28] Bonins Antrag sagte überdies auch der Kammer nicht zu. Nach einer Debatte, bei der es zu einem scharfen Wortwechsel zwischen Gneist und Roon gekommen war, wurde die ganze Regierungsvorlage abgelehnt.[29]

Trotz der Zweifel, die sie bei vielen Abgeordneten auslöste, hatte die schleswig-holsteinische Frage den Widerspruchsgeist der Kammer keineswegs gedämpft. Die wenigen versöhnlichen Worte der Thronrede traten allerdings auch zurück hinter die entschiedene Bekräftigung des königlichen Standpunkts. Nach seiner

Wiederwahl zum Präsidenten der Abgeordnetenkammer erhob Wilhelm Grabow die üblichen scharfen Beschuldigungen gegen die Regierung und erklärte abermals, daß keine Macht auf Erden die Abgeordneten von ihrer Verehrung des verfassungsmäßigen Rechts abbringen werde. Gegen die Argumente Wehrenpfennigs meinte Heinrich von Bockum-Dolffs, daß die Abgeordneten selbst um den Preis der Aufgabe Schleswig-Holsteins nicht von der Verteidigung der Verfassung lassen dürften. Der Führer des Linken Zentrums wurde in dieser Auffassung von vielen Fortschrittlern unterstützt. Und obwohl es schon einige Desertionen gegeben hatte, war Schulze-Delitzsch noch überzeugt, «daß der Kampf gegen das Bismarcksche System in den inneren Verfassungsfragen ernstlich und ohne jede Rücksicht auf den Siegesschwindel von der ganzen liberalen Partei fortgesetzt werden wird».[30]

Die Debatte über die Budgetvorlage für das Jahr 1865 nahm den gewohnten Verlauf. Auch diesmal wurde der Antrag Virchows, Leopold von Hoverbecks und einiger anderer, die Vorlage ohne Debatte abzulehnen, nicht angenommen. Max von Forckenbeck stimmte dagegen, weil auf eine so gefährliche Demonstration logischerweise eine Steuerverweigerung folgen müsse, zu der man die Öffentlichkeit aber nicht werde bewegen können. So begnügten sich die Abgeordneten denn auch erneut damit, neben anderen Posten die Mittel für die Armeereorganisation aus dem Budget zu streichen. Doch diesmal stellte sich ihnen ein neues Problem. Die Einziehung der 1861 bewilligten Grundsteuer sollte 1865 beginnen. Die Einnahmen daraus würden die finanzielle Unabhängigkeit der Krone stärken. Waldecks Antrag, die Steuer mit der Begründung aus dem Budget zu streichen, daß der Landtag des Jahres 1861 kein Recht gehabt habe, Gesetze für das Jahr 1865 zu geben, wurde abgelehnt. Statt dessen versteiften sich die Abgeordneten vergeblich darauf, daß der Ertrag dieser Steuer auf den ursprünglich geschätzten Betrag beschränkt bleiben müsse.[31]

Die Abgeordneten, denen ihre geschwächte Position schmerzlich bewußt war, versuchten nun ein Programm durchzusetzen, das mehr Interesse in der Öffentlichkeit zu finden versprach. Da «die nackte Rechtsfrage» für die unteren Volksklassen offenbar geringes Interesse besaß, beschloß man, einen «Generalbericht der Budgetkommission» zu erstatten. «Die Idee ist dabei, die Hauptbeschwerden des Landes in Budgetsachen zusammenzufassen, und namentlich zu zeigen, wie alle dringenden Bedürfnisse dem Militärrecht zum Opfer gebracht sind.» Der Bericht endete mit einer Aufzählung der Aufgaben, zu deren Erledigung die beim Militäretat einzusparenden Mittel verwendet werden sollten: Flußbegradigungen, Straßenbau, Landgewinnung, Wissenschaft und Erziehung, Gehaltserhöhungen für Lehrer, subalterne Beamte, Soldaten und Unteroffiziere.[32] Gegen die Macht und den Patriotismus erhoben also nun die Abgeordneten das Banner der materiellen Interessen.

Doch nicht einmal in diesem Zeichen siegten sie. Die Regierung legte eine Reihe von Gesetzen zu wirtschaftlichen Fragen vor, die ganz offensichtlich den Zweck verfolgten, die Kammer zu spalten und sie, falls sie die Gesetze ablehnte, in den Augen der Öffentlichkeit zu diskreditieren. Freilich, die Zollvereinsverträge wurden ohne weiteres angenommen; wirtschaftliche Vereinigung und Freihandel waren ja liberale Ziele von jeher. Nichtsdestoweniger waren diese Verträge unbehagliche Beweise für das diplomatische Geschick des verhaßten Premierministers. Andere Gesetzesvorlagen für die staatliche Unterstützung des Eisenbahnbaus brachten die Abgeordneten in ernstliche Verlegenheit. Keine Frage war, nach Hoverbecks Beobachtung, besser geeignet, die Mehrheit in streitende Parteien aufzuspalten. Dabei kam nämlich das Prinzip mit lokalen Interessen in Konflikt, und die letzteren setzten sich durch. Der Antrag des Abgeordneten der Fortschrittspartei Otto Michaelis, daß die Kammer dieses Gesetz gar nicht in Betracht ziehen solle, ehe nicht ein Budget verabschiedet sei, wurde mit 178 gegen 108 Stimmen abgelehnt. Gegen den Protest der Laissez-faire-Fraktion und der demokratischen Liberalen wurden dann außer einem alle diese Gesetze angenommen.[33] Abgelehnt wurde das Gesetz, das die Preußische Bank berechtigen sollte, «in deutschen Handelsplätzen außerhalb Preußens» Geschäfte zu betreiben, obwohl die Vorlage von bedeutenden Handelsinteressen unterstützt wurde.[34]

Offensichtlich war auch der taktische Zweck zweier weiterer Gesetzesvorlagen. In der ersten erbat der Finanzminister nachträglich vom Parlament die Bewilligung der Finanzierung des soeben gewonnenen Krieges, die Ausgabe von 1300000 Talern aus dem Staatsschatz sowie weiterer 12000000 Taler aus den überschüssigen Einkünften, die sich während der Jahre 1863–1864 angesammelt hatten. Obwohl Twesten einräumte, daß Bismarcks Diplomatie «kühn, geschickt, erfolgreich» gewesen sei, sahen sich die Abgeordneten gezwungen, die Vorlage abzulehnen und zugleich mit ihr den von Hermann Wagener beantragten Zusatz, der die Annexion der Herzogtümer forderte. Am gleichen Tag hatten sie beschlossen, daß Angehörige des Ministeriums, die dem Staatsschatz ohne parlamentarische Bewilligung Mittel entnahmen, für diese persönlich haftbar zu machen seien.[35] In nicht geringere Nöte brachte das Parlament die außerordentliche Marinevorlage der Regierung. Zum Bau zweier Panzerfregatten und zur Anlage von Kriegshäfen in der Kieler Bucht und am Jadebusen wurden 19600000 Taler beantragt, von denen 10000000 als Anleihe aufgenommen werden sollten. Nun war Seemacht schon seit 1848 ein Lieblingsanliegen des deutschen liberalen Nationalismus. Die Eignung Kiels als Marinestützpunkt war unter den Gründen, die schließlich auch die Liberalen der Annexion geneigt machten, nicht der unwichtigste. In dem Budgetgesetz für 1865 hatte der Finanzausschuß die Mittel für die Marine freiwillig um über eine Million Taler erhöht. Nun aber mußten in tiefster Verlegenheit die Abgeordneten die Marinevorlage mit der Begründung ablehnen, daß ohne rechtmäßig bewilligtes Budget der Regierung keine Mittel zugestanden werden könnten.[36]

Da seine Gegner sich nun eine Blöße gegeben hatten, schlug Bismarck sie mit boshafter Treffsicherheit. Wie die falsche Mutter, gegen deren Anspruch Salomos weises Urteil erging, wollten die Liberalen das Kind lieber in Stücke gehauen sehen, als es zu verlieren. Seit zwanzig Jahren träumte Deutschland von einer eigenen Kriegsflotte. Nun, da die Verwirklichung dieses Traums in greifbare Nähe gerückt sei, müsse er mit Bedauern sehen, daß das Parlament «zu keiner anderen Haltung als zu der einer impotenten Negative sich erheben kann». Die Abgeordneten hätten ihn der Inkompetenz beschuldigt. Indessen habe er, gegen ihren Widerstand, erreicht, was sie selbst verlangt hatten: den Wiederaufbau des Zollvereins und die Trennung Schleswig-Holsteins von Dänemark. Die Einigung mit Augustenburg andererseits könne jederzeit stattfinden, sobald der Erbprinz den Nachweis der Berechtigung seines Anspruchs erbracht habe und die Februarbedingungen annehme. Wer die Politik der Regierung bekämpfe, schloß Bismarck, bekämpfe sein eigenes Land im Bund mit dessen Feinden.[37] Am 17. Juni 1865 wurde der Landtag vertagt.

Die Sitzungsperiode des Jahres 1865, die längste des Verfassungskonflikts, war für die preußische Opposition eine Periode weiteren Niedergangs. Gespalten in der Annexionsfrage, war sie uneins auch in der Frage nach der Priorität von äußerer Macht oder innerem Recht. Über den Bank- und Eisenbahngesetzen kam es zu neuen Verwerfungen. Mitte März schrieb August Lammers, damals Redakteur der liberalen *Elberfelder Zeitung*, aus Berlin: «Die Zerrüttung im Schoße der liberalen Majorität ist ganz unglaublich. Statt einer einzigen geschlossenen Partei haben wir da 10 oder 20 Fraktiönchen». Obwohl einige liberale Abgeordnete, wie Twesten und Mommsen, von Bismarcks Auftritt im Parlament durchaus beeindruckt waren, kam es bei diesem doch zu einem Zwischenfall, der offenbarte, daß der «flotte Landjunker» auch anders konnte, als seine Gegner von der Rednertribüne aus mit Argumenten in die Enge zu treiben. Als Virchow sich erlaubte, die Wahrhaftigkeit des Ministerpräsidenten anzuzweifeln, erhielt er eine Forderung auf Pistolen. Es kam dann zwar zu keinem Schußwechsel, doch die Abgeordneten sahen in der Forderung einen weiteren Angriff auf die parlamentarische Freiheit. «Hier greift der Bismarck-Wahnsinn täglich weiter um sich», klagte Theodor Mommsen, «kein Mensch sorgt und bedenkt mehr, was recht und was preußisch ist, sondern einzig, was für oder gegen Bismarck ist, und so stützen wir ihn nach Kräften.»[38]

Die 1862 geplante Strategie zeitigte ihre Erfolge. Viele Abgeordnete waren des ständigen Kampfes müde, erschöpft von den endlosen, vergeblichen Anstrengungen. Von Jahr zu Jahr ging dem parlamentarischen Leben der Anschein des wirklichen Lebens mehr verloren. Während das Ministerium Vorlagen machte, die ohne Aussicht waren, Gesetz zu werden, vergeudete die Opposition ihre Zeit mit Debatten über Änderungen und Zusätze, die die Krone niemals hinnehmen würde. Während die Deputierten argumentierten und petitionierten, regierten die Minister das Land, ohne sich um das Parlament zu scheren. Am entmutigendsten aber war wohl die Erkenntnis, daß Bismarck mit seiner Behauptung recht gehabt hatte, die Regierung könne notfalls auch ohne Einwilligung des Parlaments Krieg führen. Was war damit getan, wenn dieses Parlament Minister für die verfassungswidrige Verfügung über öffentliche Mittel haftbar machte, während ihm die Mittel fehlten, Minister haftbar zu machen?

Daß die Regierung unbeeindruckt war, bewies sie kurz nach der Vertagung des

Parlaments. Am 5. Juli 1865 veröffentlichte das Ministerium im amtlichen *Staatsanzeiger* das vom König gebilligte Budget einschließlich der Mittel für den Bau und die Ausrüstung der Kriegsflotte. Die Veröffentlichung hatte den Anschein eines königlichen Dekrets. Einen Monat später billigte das Ministerium, ohne deswegen das Parlament konsultiert zu haben, einen Vertrag über den Verkauf der Regierungsoption auf die Aktien der Köln-Mindener Eisenbahn. Den Verkauf hatte Bismarck gegen die rechtlichen Skrupel seiner Kollegen Bodelschwingh und Itzenplitz durchgesetzt. Mit diesem neuerlichen Verfassungsbruch gewann die Krone fast 30 Millionen Taler, die entweder zum Kauf der österreichischen Rechte in Schleswig-Holstein – oder nötigenfalls auch zur Mobilmachung gegen Österreich verwendet werden konnten.[39]

Manche Abgeordneten trösteten sich mit dem Glauben, daß die Kammer durch ihre unnachgiebige Haltung wenigstens in den Augen der Öffentlichkeit einen großen moralischen Sieg davongetragen habe. Doch Hoverbeck fürchtete, daß sie sich da einem «Trugbild» hingaben. Nach der Rückkehr auf sein Gut schrieb er: «Diejenigen Kreise des Volkes, die überhaupt Zeitungen lesen und sich einigermaßen mit Politik beschäftigen, haben ihre Stellung zu diesen Fragen längst genommen ... Auf die große Masse des Volkes dagegen, auf die dritte und theilweise zweite Wählerklasse haben alle unsere Berathungen keinen Einfluß, da sie nichts davon erfahren – wenn nicht gar die offizielle *Provinzialkorrespondenz* sie noch absolutistischer macht, als sie das nach ihrem ganzen Bildungsgange schon sind.» Einen Monat später befand er noch pessimistischer, «daß eine allgemeine Abstimmung uns möglicherweise den nackten Absolutismus wiederbringen würde. Wir, die wir für die Volksfreiheit arbeiten, stehen ... auf keiner soliden Grundlage, und können daher also auf keine durchgreifenden Erfolge rechnen.»[40]

Vorbereitungen zu einem Staatsstreich

An die Wiederkehr eines «nackten Absolutismus» dachte zu dieser Zeit nicht nur Hoverbeck. Viele Ultrakonservative träumten von einem innenpolitischen Düppel, bei dem die Verfassung in den Staub geworfen und der Absolutismus wiederhergestellt werden würde. Nach einem Gespräch mit Alvensleben schien es Bernhardi, daß die Reaktionäre der «Kamarilla» Edwin von Manteuffel zum Ministerpräsidenten machen wollten, um mit ihm den Staatsstreich auszuführen. Auch Bismarcks Kabinettskollegen drängten zum Handeln, und Wilhelm dachte ähnlich. Aber er selbst hielt die Zeit noch nicht für reif.[41] Bei einem Kronrat am 19. Juni 1865 erklärte Bismarck, daß er schon lange der Überzeugung sei, daß Preußen unter der bestehenden Verfassung nicht regierbar sei. Der Schlag müsse entweder während des kommenden oder während des darauffolgenden Winters geführt werden, und zu dessen Vorbereitung seien entschiedene Maßnahmen gegen liberale Abgeordnete und Staatsbeamte erforderlich.[42]

Seit 1863 hatte der Druck auf oppositionelle Abgeordnete und Beamte nicht nachgelassen. Nach der Wahl jenes Jahres waren liberale Wähler, Wahlmänner und Kandidaten den verschiedensten Repressalien ausgesetzt gewesen.[43] Johann Jacoby, einer der wenigen verbliebenen Radikalen, war wegen Majestätsbeleidigung zu sechs Monaten Gefängnis verurteilt worden. Siebzehn ostpreußische Abgeordnete wurden wegen eines sanft regierungskritischen Flugblatts vor Gericht gestellt und zu Geldstrafen verurteilt. Ähnliche Anklagen wurden gegen die Abgeordneten Eduard von Möller, Karl von der Leeden, Otto Lüning, Julius Freese und Franz Duncker erhoben. Das Gewissen selbst stand unter Anklage, sagte Waldeck. Im Mai 1865 weigerten sich viele Kölner Bürger, an den Feierlichkeiten zum 50. Jahrestag des Anschlusses des Rheinlandes an Preußen teilzunehmen, und die Ortsgruppe der Fortschrittspartei organisierte eine Gegenveranstaltung, bei der nach der Vertagung des Landtags im Juni die Abgeordneten der Opposition gefeiert wurden. Auf Bismarcks Betreiben wurde diese Zusammenkunft verboten. Achtzig Abgeordnete erschienen, doch sie wurden von Polizisten und Soldaten wiederholt daran gehindert, sich zu versammeln. Es gab zahlreiche Verhaftungen. Zeitungen, die es wagten, solche Übergriffe gegen die Versammlungsfreiheit zu kritisieren, wurden beschlagnahmt.[44]

Firmen, die der Opposition in irgendeiner Weise verbunden waren, kamen als Heereslieferanten selbstverständlich nicht in Frage. Liberale Ärzte erhielten keine Stellungen im öffentlichen Gesundheitswesen. Lotterieeinnehmer und Bankagenten, die sich liberaler Bekenntnisse schuldig gemacht hatten, verloren ihre Konzession. Freimaurerlogen wurden ermahnt, die Krone zu unterstützen. Von den Stadtparlamenten gewählte liberale Bürgermeister wurden von der Regierung nicht in ihrem Amt bestätigt. Nachdem in Königsberg wiederholt derselbe Kandidat gewählt und von Berlin abgelehnt worden war, setzte die Regierung zur Verwaltung der Stadt willkürlich einen «Kommissar» ein. Acht der neun Mitglieder, die 1865 in den Berliner Stadtrat gewählt wurden, wurden nicht im Amt bestätigt, und einer von diesen wurde willkürlich durch einen Regierungsvertreter ersetzt. Im Mai 1864 gelang es Bismarck, Wilhelms Einwilligung zu einer Bestimmung zu erhalten, wonach Richter fortan Gehaltserhöhungen nicht mehr ihrem Dienstalter entsprechend, sondern nach Maßgabe ihrer politischen Zuverlässigkeit erhalten sollten. Der Justizminister Leopold Graf zur Lippe wollte sich darauf nicht einlassen und meinte, es müsse, um die Unabhängigkeit des Richterstands zu wahren, streng nach Recht und Regel verfahren werden. Bismarck wies ihn jedoch mit der Erklärung zurecht, daß die Regierung ihre Freunde belohnen und ihre Feinde bestrafen müsse.[45]

Im Justizwesen gab es einen ständigen Konflikt zwischen liberalen und konservativen Richtern. Obwohl die Vorsitzenden der unteren Gerichte meist liberal gesinnt waren, waren die höheren Instanzen fast ausschließlich mit konservativen Richtern besetzt. Charakteristisch ist der Erfolg der Klagen, die von Beamten gegen den Fiskus angestrengt wurden, denen die Kosten für Vertreter im Amt während ihrer parlamentarischen Tätigkeit vom Gehalt abgezogen worden waren. Die Mehrzahl der Kläger gewann in der ersten Instanz, einige wenige sogar in der zweiten, doch das Obertribunal als letzte Instanz wies alle Kläger ab. Die liberalen Richter des Obertribunals (zu denen Waldeck zählte) standen dort einer reaktionären Mehrheit gegenüber. Als Disziplinarsenat für Richter und Beamte fällte das Obertribunal im September 1863 und im Oktober 1864 zwei Entscheidungen, die das Gesetz von 1851, demzufolge Richter wegen unziemlichen Verhaltens bestraft werden konnten, politisch auslegten.[46] Die Justiz war nicht länger unabhängig und unantastbar. Erbittert mußte Hoverbeck konstatieren: «Für einen Mißliebigen giebt es keine Gerechtigkeit mehr in Preußen.» Er fürchtete, daß die «systematische Verfolgung» die liberale Partei der Unterstützung durch liberale Beamte ganz berauben und den Freunden der Freiheit bald nur noch die Hoffnung auf eine allgemeine Revolution bleiben würde: «Ist unser Volk einsichtig und unabhängig genug, um allein das Rechte zu finden, und zwar gegen einen solchen Druck? Man könnte daran zweifeln. Es ist sehr möglich, daß die Reaktion durch Einschüchterung siegt. Und was dann? – Dann ist die Hoffnung auf friedliche Reform, die ohnehin schon gering ist, vollkommen zu Ende, und die auf Revolution tritt an die Stelle. Kommen wird dieselbe dann gewiß – aber wann? Und welcher entsetzlichen Verderbniß ist der ganze Volkscharakter ausgesetzt, bis sie endlich eintritt! Nun jedenfalls bekommen wir dann ein einiges Deutschland, ohne einen Hohenzollern an der Spitze.»[47]

Nicht alle liberalen Beamten ließen sich widerstandslos den Mund verbieten. Am 20. Mai 1865 hielt Twesten in der Abgeordnetenkammer eine scharfe Anklagerede gegen Lippe und die Regierung, die die Gerichtshöfe in Anstalten politischer Unterdrückung verwandelt hätten. Die preußische Tradition einer unabhängigen Justiz sei zur bloßen Illusion heruntergekommen; das Obertribunal spreche nicht mehr Recht, sondern richte nach den Interessen und Vorurteilen der herrschenden Partei. Als Kreisrichter war Twesten mit den Bedingungen im preußischen Rechtswesen aus eigener Erfahrung vertraut, und er war auch selbst wegen seiner politischen Tätigkeit wiederholt «diszipliniert» worden. Am 2. Juni warf auch der bereits wegen Majestätsbeleidigung mit zweimonatiger Haft bestrafte Abgeordnete Johann Frentzel im Parlament der Regierung vor, sie zerstöre die preußische Tradition des Rechtsstaats. Zwei Wochen später rief das Herrenhaus die Regierung an, solche diffamierenden und anderen kriminellen Äußerungen in der zweiten Kammer mit der ganzen Strenge des Gesetzes zu bestrafen. Im Kronrat am 19. Juni sprach sich Bismarck für eine Anklageerhebung gegen Twesten und Frentzel aus. Er war jetzt bereit, der Opposition selbst in ihrer Freistatt, dem Parlament, mit staatlichen Schikanen zuzusetzen.[48]

Dennoch hatte er noch immer nicht die Absicht, zu offenem Absolutismus zurückzukehren. Ihm war wie bei früheren Gelegenheiten auch jetzt bewußt, daß neben der Repression positive Anstrengungen nötig waren, die Massen für die Regierung zu gewinnen. Roon deutete Bernhardi gegenüber an, daß «zweckmäßige liberale Verfügungen» erwogen würden, kein Rückfall in den «Cäsarismus».[49] Am 17. Juni informierte Bismarck Max Duncker, daß er bei einem neuerlichen Scheitern der Session nur zwei Alternativen sehe, «nämlich entweder eine konstituierende Versammlung zur Revision der Verfassung einzuberufen oder aber das allgemeine direkte Wahlrecht einfach wieder herzustellen».[50]

Dennoch, die alten Schwierigkeiten blieben bestehen. Das allgemeine, direkte Wahlrecht an sich gab noch keine Gewähr für die von der Regierung gewünschten Resultate. Bismarck glaubte zwar zu wissen, daß die unteren Klassen nicht hinter den Liberalen standen, aber Gewißheit, daß sie die Kandidaten der Regierung wählen würden, hatte er damit nicht. Wahrscheinlicher war, daß – jedenfalls in der Schicht der Handwerksgesellen und Fabrikarbeiter – ein politisches Vakuum existierte, das die Krone nur dann zu füllen hoffen konnte, wenn sie konkrete Maßnahmen zur Befriedigung der materiellen Bedürfnisse dieser Schicht ergriff.

Ein Experiment auf dem Gebiet der Sozialreform

Obwohl während dieser Jahre die Außenpolitik den größten Teil seiner Aufmerksamkeit beanspruchte, verlor Bismarck auch in den Jahren 1864–1866 die soziale Frage und das Problem sozialer Reformen nie aus den Augen. Auch auf diesem Gebiet begegnete er bei seinen Kollegen geringer Begeisterung für seine Anregungen, und vermutlich war diesen seine Einmischung in ihre Ressorts überhaupt sehr unwillkommen. Im Mai 1863 drängte er Itzenplitz, ein Gesetz zur Zulassung von Gewerkschaftsvereinen vorzulegen. Doch der Minister zweifelte und zögerte, so daß die Sache erst im Dezember 1864 ins Ministerium gelangte. Ehe die Minister aber handeln konnten, wurde von einer Gruppe von Abgeordneten unter Führung von Schulze-Delitzsch eine solche Vorlage in der zweiten Kammer eingebracht. Im Namen des Ministeriums sprach sich Itzenplitz für die Zulassung solcher Vereine aus, jedoch nur in Verbindung mit positiven Maßnahmen, wie der Gründung von Genossenschaften zur Linderung sozialer Not. Wagener malte den liberalen Abgeordneten spottend den Teufel an die Wand, indem er ihnen schilderte, was sie zu erwarten hätten: allgemeines gleiches Wahlrecht (für Männer), staatlich unterstützte Genossenschaften, ein der Bourgeoisie feindlich gesinntes Proletariat. In dem Gesetz, das im Februar 1866 dem Landtag vorgelegt und 1869 endlich verabschiedet wurde, war von Genossenschaften dann nicht mehr die Rede. Bismarcks Nachgeben in diesem Punkt war zum Teil vermutlich verursacht durch das Scheitern seiner Mustergenossenschaft in Schlesien.[51]

Seitdem die Baumwolle aus den Vereinigten Staaten von Amerika wegen des dortigen Bürgerkriegs nicht mehr im benötigten Umfang geliefert wurde, war die schlesische Textilindustrie in eine schwere Krise geraten. Im Oktober 1862 hatten die Fabrikanten des Kreises Reichenbach deswegen zur Unterbringung der erwerbslos gewordenen Weber den Bau eines Arbeitshauses angeregt. Zu ihrer Verärgerung lehnte der Landrat des Kreises, Olearius, dies in einer Verfügung, die auch zu Bismarcks Kenntnis gelangte, mit der Begründung ab: «Ich fürchte, daß mit einem solchen Vorschlage die Herren Fabrikanten sich nicht mit Unrecht den Haß der Weberbevölkerung zuziehen werden. Es handelt sich lediglich darum, eine ohne Verschuldung in Not geratene zahlreiche Bevölkerung, die kaum je in der Lage gewesen ist, sich einen Notpfennig zu erübrigen, und mit deren Tätigkeit andere reich geworden sind, vor Hunger zu schützen. Dazu ein Arbeitshaus?»[52]

Im Mai erschien aus Wüstegiersdorf eine dreiköpfige Abordnung der zweihundert Weber der Reichenheim-Werke in Berlin. Durch Vermittlung des Landrats Olearius und Wageners gelangten die drei schlesischen Weber zu Bismarck, der gegen den Widerstand Eulenburgs und des Oberpräsidenten der Provinz Schlesien dafür sorgte, daß der König sie huldvoll empfing. Doch ein zur Untersuchung ihrer Beschwerden eingesetzter Ausschuß gab den Fabrikeignern recht. Der ohne wesentliche Änderungen vom Innen- und Handelsministerium angenommene Bericht dieses Ausschusses kam Bismarck im Sommer 1865 zu Gesicht.[53] Wenige Tage nach der Unterzeichnung der Gasteiner Konvention beurlaubte er sich von der Diplomatie, um eine siebenundfünfzig Seiten starke vernichtende Kritik des Berichts zu verfassen. Die Voreingenommenheit des Ausschusses offenbare sich schon in seinem Verfahren, stellte er fest. Obwohl er fortschreitende Lohnminderungen rechtfertigte, habe der Ausschuß eine Untersuchung der Gewinne der Firma offenbar gar nicht für nötig gehalten. Das Problem sei eines der realen Verhältnisse, Wirtschaftslehren stünden dabei nicht zur Debatte. Er verwarf das Argument, daß der Staat, da er nicht alle soziale Not zu beheben vermöge, auch den schlesischen Webern nicht helfen könne: «Und darum soll er niemand helfen? Der Staat kann.»[54]

Unterdessen hatte Bismarck Olearius angewiesen, in Wüstegiersdorf eine Produktionsgenossenschaft zu gründen und zu subsidieren, in der zumal die von Reichenheim wegen ihrer Beschwerde beim König entlassenen Arbeiter Beschäftigung finden sollten. Das Experiment stieß von Anfang an auf Schwierigkeiten aller Art. Elf Weber beteiligten sich an der Genossenschaft, doch der Landrat hatte Mühe, Räumlichkeiten und Material für die Produktion aufzutreiben. Die Männer waren es gewöhnt, mit Baumwollgarn zu arbeiten, doch Olearius konnte ihnen nur Leinen beschaffen. Die Qualität der hergestellten Stoffe war schlecht, und es fand sich kein zuverlässiger Absatzmarkt dafür. Der Versuch, das Militär damit zu beliefern, scheiterte. Itzenplitz kaufte einige Ballen, und Eulenburg versuchte vergeblich, seine Freunde zur Abnahme von Erzeugnissen der Bismarckschen Mustergenossenschaft zu überreden. Zwei Weber wurden auf die Frankfurter Messe geschickt, verkauften dort aber zu einem die Herstellungskosten nicht deckenden Preis. Als der amerikanische Bürgerkrieg endete und der Wert des Garns auf einen Bruchteil des Kaufpreises fiel, kam es zu Streitereien zwischen den Webern, die nun begannen, statt Baumwolle Intrigen zu spinnen. Olearius konnte sich schließlich des Verdachts nicht erwehren, daß sie das Projekt von Anfang an als «Milchkuh» betrachtet hatten. Am Ende sah er sich genötigt, das Projekt zu liquidieren.[55]

Bismarck war enttäuscht. Im Februar 1865 hatte er im Landtag das Experiment gegen Angriffe Reichenheims und anderer mit der Versicherung verteidigt, daß die Könige von Preußen niemals bloß die Könige der Reichen gewesen seien. Er hatte gehofft, daß Wüstegiersdorf als Modell für die Gründung zahlreicher ähnlicher handwerklicher Produktionsgenossenschaften dienen könne. Nach dem Scheitern dieses Experiments beschränkte er die staatliche Unterstützung auf bereits bestehende Organisationen. Während der Jahre 1865–1866 intervenierte er wiederholt zugunsten von Genossenschaftsbanken und Produktivassoziationen, die von Bankrott bedroht waren. Dabei war er nach eigenem Bekenntnis um den Nachweis bemüht, daß die von Schulze-Delitzsch und anderen Liberalen angeratene Selbsthilfe nicht ausreichte, den Arbeitern auf die Beine zu helfen. Aus dem gleichen Grund setzte er sich für einen Plan ein, der die Gründung eines Heims für arbeitsunfähig gewordene Arbeiter vorsah, sowie für einen Antrag, die während der «Neuen Ära» den unteren Klassen auferlegten Steuern auf Händler und Fabrikanten abzuwälzen.[56]

In den achtziger Jahren gingen dann mit solchen sozialreformerischen Experimenten Repressionsmaßnahmen gegen die sozialistische Arbeiterbewegung einher. Der von Lassalle begründete Allgemeine Deutsche Arbeiterverein war nach dem Tode seines Gründers trotz der Zänkereien zwischen seinen Führern kräftig gewachsen. Im Januar begann das erste Parteiblatt, *Der Sozialdemokrat*, herausgegeben von Johann Baptist von Schweitzer, in Berlin zu erscheinen. Die ersten Ausgaben würdigten den Bismarckschen Cäsarismus auf außenpolitischem und sozialpolitischem Gebiet so eindrucksvoll, daß Karl Marx, Friedrich Engels und Wilhelm Liebknecht ihre Beziehungen zu dem Organ des Arbeitervereins abbrachen. Von der Gräfin Sophie von Hatzfeld hatte Marx von Lassalles Gesprächen mit Bismarck gehört. Ein Gerücht wollte auch wissen, daß Schweitzer im Sold der Regierung stünde. Im Juli allerdings kritisierte *Der Sozialdemokrat* die Regierung wegen des Verbots der in Köln von den Liberalen geplanten Feier und rief zu Protestdemonstrationen auf. Sofort griff die Regierung hart durch. Wiederholt wurden Ausgaben des Blatts beschlagnahmt. Die Berliner Ortsgruppe des Arbeitervereins wurde auf polizeiliche Anordnung aufgelöst. Liebknecht und Bernhard Becker, Lassalles Nachfolger, mußten binnen vierundzwanzig Stunden das Land verlassen. Schweitzer, der in Preußen eingebürgert war, wurde zu sechzehn Monaten Haft und dem Verlust der bürgerlichen Rechte auf ein Jahr verurteilt.[57]

Arbeiter und Geschäftsleute

In den sechziger Jahren waren Bismarcks Chancen, die Arbeiter für die Monarchie zu gewinnen, wahrscheinlich besser als in den achtzigern, in denen er den Versuch dann ernsthaft unternahm. Noch war die von Lassalle gegründete Partei nicht auf das revolutionäre Dogma des *Kommunistischen Manifests* festgelegt. Auch konnte sie noch keineswegs behaupten, das Proletariat als Ganzes zu vertreten, denn die

Arbeiter waren in jenen Jahren größtenteils noch ohne politische Ziele. Obwohl die Zeit reif war, hätten jedoch die von Bismarck erwogenen Maßnahmen ihm kaum die politische Gefolgschaft der Arbeiter gesichert. Er dachte nicht an die Gründung großer Bergbau- oder Industriegenossenschaften. Ein Unternehmen von der Größe der Krupp-Werke, bemerkte er in einer Reichstagsrede 1878, könne nicht unter einer republikanischen Verfassung geführt werden, sondern bedürfe eines monarchischen Regiments. Er wollte jedoch kleinere Kooperativen in Industriezweigen fördern, die, wie die Textilmanufaktur, den Übergang zur Massenproduktion noch nicht vollendet hatten. Staatliche Unterstützung sollten vor allem in Not geratene Handwerker erhalten. Doch obwohl sie in jener Zeit zahlenmäßig die Industriearbeiterschaft noch überwogen, waren die Handwerker die Arbeiterklasse der Vergangenheit, nicht die der Zukunft.[58]

Im übrigen war auch Bismarck jetzt viel zu sehr durch die Außenpolitik in Anspruch genommen, als daß er der sozialen Frage die Aufmerksamkeit, die sie verdiente, hätte zuwenden können. Erst in den späten siebziger Jahren, als seine außenpolitischen Triumphe errungen und schon teilweise konsolidiert waren, kümmerte er sich um innenpolitische Belange im gleichen Maße wie um außenpolitische. Erst dann sollte er auch im preußischen Staatsministerium die unabhängige und beherrschende Stellung gewonnen haben, von der aus er imstande war, wesentliche Veränderungen in der preußischen Wirtschafts- und Sozialpolitik in Angriff zu nehmen. Die während der sechziger Jahre für diese Bereiche zuständigen Minister und Berater waren ihrerseits viel zu sehr Anhänger der Laissez-faire-Doktrin und des Industriekapitalismus, als daß sie daran gedacht hätten, staatssozialistische Initiativen einzuleiten, sei es um der Herstellung sozialer Gerechtigkeit willen, sei es, um die Lohnarbeiter gegen den oberen Mittelstand für den Kampf der Regierung gegen die liberale Opposition in der Abgeordnetenkammer mobilzumachen.

Wie schon oben ausgeführt, war die Laissez-faire-Doktrin die einzige Errungenschaft der Stein-Hardenbergschen Reformen, die sich ungeachtet der nach 1820 einsetzenden Reaktion weiterhin frei entfalten konnte.[59] Das liberale Prinzip hatte sich seit 1807 unter jeder preußischen Regierung weiter gegen die überkommene merkantilistische Praxis durchgesetzt. Die Abschaffung der Leibeigenschaft, der freie Verkauf adeliger Güter, Gewerbefreiheit, Abschaffung der Binnenzölle, Schaffung des Zollvereins, Aufhebung zahlreicher Beschränkungen für Aktiengesellschaften, alle diese von aufeinander folgenden Regierungen in Berlin getroffenen Entscheidungen hatten die Zuständigkeit der Regierung für Wirtschaftsfragen weiter eingeschränkt und die wirtschaftliche Freiheit, mithin das Wachstum des Industriekapitalismus, befördert. Alle Bedenken überwindend, die höchstens Verzögerungen und zeitweilige Umkehr bewirken konnten, hatte seit über einem halben Jahrhundert die preußische Wirtschaftspolitik das freie Unternehmertum begünstigt. Selbst die politisch konservativen Angehörigen der verschiedenen Regierungen, die auf eine Wiederherstellung des bürokratischen Absolutismus sannen, hatten sich davon überzeugen lassen, daß wirtschaftliches Wachstum am ehesten zu erwarten war, wenn man Industrielle und Kaufleute ungestört gewähren ließ. Daß aber wirtschaftliches Wachstum notwendig und wünschenswert sei, stand auch für sie außer Zweifel.

Während der Jahre 1862–1865 – zu der Zeit also, da Bismarck mit Wagener und Lassalle die soziale Frage erörterte, das Experiment in Wüstegiersdorf anregte und ähnliche Unternehmen in größerem Maßstab ins Auge faßte – blieb die preußische Bürokratie bei ihrem Kurs, indem sie seit 1862 den Zollverein nötigte, Handelsfreiheit zu gewähren, und 1863 die staatliche Reglementierung des Bergbaus einstellte. Obwohl der Freihandelsvertrag mit Frankreich in erster Linie als machtpolitisches Manöver in der Auseinandersetzung mit Österreich konzipiert war, hätte er doch nicht geschlossen werden können, wenn er nicht den Interessen bedeutender Segmente der deutschen Wirtschaft entsprochen hätte. Die ostelbischen Gutsbesitzer, die Getreide für den Export produzierten und auf importierte Konsumgüter angewiesen waren, mußten im eigenen Interesse freihändlerisch gesinnt sein. Kaufleute konnten von ganzem Herzen jede Senkung der Zölle begrüßen. Die den Warenaustausch begünstigende Handelsfreiheit war auch im Sinne jener Fabrikanten, die ausländische Konkurrenz nicht zu fürchten hatten. Und die Nationalökonomen priesen den Freihandel als Schlüssel zum Wirtschaftswachstum. Was immer also sie an der Politik der preußischen Regierung sonst auszusetzen haben mochten, fanden doch während der sechziger Jahre Agrarier, Kaufleute, Fabrikanten und Wirtschaftsexperten übereinstimmend dieselbe ökonomisch auf dem richtigen Weg. 1862 wurde der Freihandelsvertrag mit Frankreich vom Congreß deutscher Volkswirthe mit überwältigender Mehrheit und vom Deutschen Handelstag gleichfalls, wenn auch nur mit schmaler Mehrheit, gebilligt. Bei einer Umfrage der Regierung sprachen sich in Preußen auch die meisten regionalen Handelskammern für den Vertrag mit Frankreich aus. Der Hauptwiderstand dagegen kam von der Eisen- und Stahlindustrie, die unter der britischen Konkurrenz litt, aber noch nicht mächtig genug war, die staatliche Zollpolitik ihrerseits zu diktieren.[60]

In Zollfragen war die liberale Laissez-faire-Majorität in der preußischen Abgeordnetenkammer in vollkommenem Einverständnis mit der Regierung und den vorherrschenden agrarischen und kaufmännischen Interessen. Im September 1862 nahmen die Abgeordneten den französischen Vertrag an und billigten auch, bei nur sechsundzwanzig Gegenstimmen, die an die kleineren Staaten gerichtete Warnung der Regierung, daß die Ablehnung des französischen Vertrages mit der Ablehnung des Zollvereins selbst gleichgesetzt werden würde. Drei Jahre später wurden die neuen Zollvereinsverträge, die das Abkommen mit Frankreich bereits voraussetzten, von der Kammer ohne Gegenstimme gebilligt. Liberale Abgeordnete begrüßten freudig die Tatsache, daß Deutschland den «fortschrittlichen Völkern» Westeuropas wenigstens auf dem Gebiet der Wirtschaftspolitik die Hand reichte.[61]

Obwohl sie in der Zollfrage unterlagen, hatten sich die Kreise der Schwerindustrie über mangelndes Verständnis der Regierung für ihre Bedürfnisse unter

Bismarcks Ministerium im übrigen ebensowenig zu beklagen wie unter früheren Regierungen. Seit 1851 hatte eine Reihe von Gesetzen den Bergbau von der staatlichen Kontrolle befreit und ihm Steuervorteile eingeräumt.[62] Die Umstellung von staatlicher Lenkung auf staatliche Beaufsichtigung des Bergbaus wurde schließlich mit einem am 10. Juni 1861 erlassenen Gesetz vollendet, mit dem die örtlich leitenden Bergbaubehörden – die Bergämter – abgeschafft und die Kompetenz der Oberbergämter hauptsächlich auf die Kontrolle der Sicherheitsvorkehrungen beim Bergbau beschränkt wurde. In dem gleichen Jahr 1861, in dem die Grundsteuerreform die Steuerfreiheit adeliger Güter aufhob, wurde die Steuer des Bruttoeinkommens von Bergbaugesellschaften von 5 Prozent auf 2 Prozent gesenkt.[63] 1865 – noch zu Zeiten des Verfassungskonflikts – nahm der Landtag eine Regierungsvorlage an, in der alle noch verbleibenden staatlichen Beschränkungen der unternehmerischen Freiheit im Bergbau zu einem einzigen Gesetz zusammengefaßt waren.[64]

Die Gesetzgebung, die im allgemeinen Berggesetz für die preußischen Staaten des Jahres 1865 gipfelte, emanzipierte die Unternehmer vom staatlichen Paternalismus, entließ jedoch auch die Arbeiter aus dessen fürsorglicher Aufsicht. Lohn, Arbeitszeit und Arbeitsbedingungen, die früher staatlich kontrolliert worden waren, mußten nun von den Arbeitern selbst mit den Unternehmern ausgehandelt werden, was bei der Ungleichheit des Verhältnisses den Arbeitern nicht zum Vorteil gereichte. Die Knappschaften, die früher den Arbeitern zur Übermittlung von Beschwerden an die staatliche Aufsichtsbehörde gedient hatten, wurden reduziert auf die Funktion, ein gewisses Maß an Sozialversicherung sowie Unterstützung für Kranke, Invalide, Witwen und Waisen zu gewährleisten. Das allgemeine Berggesetz bestätigte den Triumph des freien Unternehmertums im Bergbau und steht damit auch am Anfang der Ausbildung eines Klassenbewußtseins bei den Bergleuten des Ruhrbergbaus. Nun in ihrem Kampf um gerechte Verträge mit den Arbeitgebern jeder staatlichen Unterstützung beraubt, begannen die Bergleute in den späten fünfziger Jahren mit Protestkundgebungen und Arbeitsniederlegungen, um ihren Forderungen Nachdruck zu verleihen. In den folgenden Jahrzehnten suchten sie Schutz gegen die Übermacht der Unternehmer in der gewerkschaftlichen Organisation und beim Sozialismus.[65]

Ein Blick auf die Haltung der Geschäftswelt zur preußischen Regierung während der sechziger Jahre zeigt, daß die Konflikte über die Militärreorganisation und die Verfassung diese in einige Verlegenheit brachten. Preußische Geschäftsleute waren herkömmlicherweise pazifistisch und antimilitaristisch. Sie hatten den Verlust der Befreiung vom Heeresdienst, die Bürger vor der Einführung der allgemeinen Wehrpflicht genossen hatten, nie verwunden. Die Arroganz und Exklusivität des adeligen Offizierskorps empfanden sie als kränkend, und eine stärkere Flotte wäre ihnen wegen ihrer überseeischen Handelsinteressen lieber gewesen als ein größeres Heer. Während der Jahre 1848–1849 hatten sie gleichwohl die Nützlichkeit einer loyalen Armee für die Aufrechterhaltung der inneren Ordnung und den Schutz des Privateigentums schätzen gelernt und deshalb keine Ursache, am Urteil des Königs und seiner Generäle zu zweifeln, daß sich bei der Mobilisierung von 1849 schwere Mängel bei der Stärke und Organisation der Armee gezeigt hätten. Sie hatten auch keine prinzipiellen Einwendungen gegen die Trennung der Landwehr von den Linienregimentern in Kriegszeiten, denn das erleichterte die militärischen Pflichten bürgerlicher Offiziere.[66]

Die Geschäftswelt kann auch kaum Einwendungen gegen die Entscheidung der Regierung gehabt haben, die Kosten für die vergrößerte Armee durch die (nicht entschädigungslose) Aufhebung der Steuerfreiheit aufzubringen, die ostelbische Gutsbesitzer bisher genossen hatten. Doch die Güter der Junker mußten geschätzt werden, ehe die Steuer darauf erhoben werden konnte, und die Veranlagung war erst 1865 vollendet. Inzwischen wurden die für die Armee benötigten Mittel durch einen Steuerzuschlag in Höhe von 25 Prozent bei der Einkommenssteuer sowie bei den Mahl- und Schlachtsteuern beschafft.[67] Diese Steuern trafen vorwiegend die Städter, denen diese zusätzliche Belastung selbstverständlich höchst unwillkommen war. Nichtsdestoweniger war die dreijährige Militärzeit für Wehrpflichtige dann doch die einzige «Reform», der sich die Abgeordnetenkammer bis zuletzt standhaft widersetzte, und in dieser Frage waren vitale Interessen der Geschäftswelt eigentlich nicht berührt.

Die Verfassungsfragen, die sich während der Jahre 1862–1863 erhoben, insbesondere die Verletzung der Verfassung durch die Preßordonnanz des Jahres 1863, bewogen allerdings einige Geschäftsleute zu entschiedener Opposition gegen die Regierung. Eine Rückkehr zur Willkürherrschaft, so fürchteten sie, könnte leicht auch die Wirtschaftspolitik der Regierung zu ihrem Nachteil verändern. Deshalb wurden in rheinischen Wahlbezirken, die zuvor konservative oder altliberale Abgeordnete nach Berlin geschickt hatten, nun Kandidaten der Fortschrittspartei gewählt. Doch die Bedingungen für eine Revolution oder auch nur eine allgemeine Steuerverweigerung waren damit noch keineswegs gegeben. Wäre es zu einer Wirtschaftskrise gekommen, hätte die Regierung den Unternehmern ihre Unterstützung vorenthalten oder unternehmerfeindliche Gesetze erlassen, dann hätten die preußischen Geschäftsleute die Opposition in der Abgeordnetenkammer wohl nachdrücklicher unterstützt. Aber all das war nicht der Fall. Die Jahre 1861–1865 waren eine Zeit zunehmender Prosperität und industrieller Expansion.

Im März 1865 freute sich Bismarck in einem Brief an Karl Friedrich von Savigny des Gewinns, den von dieser zunehmenden Prosperität der Staatsschatz hatte: «... unser vorjähriger (1864) Finanzabschluß ergiebt das Resultat, daß wir für den dänischen Krieg nur 2 (zwei) Millionen aus dem Staatsschatz brauchen, alles Uebrige ist aus den Ueberschüssen 63/64 bestritten. Dieß ist, der Kammer wegen, geheim zu halten, obschon sehr erfreulich. Die Finanziers drängen uns Anleihen ohne Kammer auf, aber wir könnten den dänischen Krieg noch 2 Mal führen, ohne eine zu brauchen. Gottes Segen: möge er Bestand haben.»[68]

1863 hatten rheinische Bankiers sich erboten, staatliche Bergwerke an der Ruhr in Aktiengesellschaften umzuwandeln. Während der Monate März bis Juni 1866 machte für die in Staatsbesitz befindlichen Bergwerke, Eisenbahnen und

Wälder des Saarbeckens der Kölner Bankier Oppenheim ein ähnliches Angebot. Im Dezember 1862 regte der Berliner Bankier Gerson Bleichröder die Vermehrung des preußischen Staatsschatzes durch den Verkauf der Optionen an, die Preußen auf Anteile an der Köln-Mindener Eisenbahn besaß, eine jener Strecken, die von der Heydt in Staatsbesitz hatte überführen wollen. Im Juli 1865 vollzogen Oppenheim und Bleichröder den Verkauf für die Regierung, ohne daß die Transaktion vom Parlament gebilligt worden wäre. Bleichröder, der seit 1858 Bismarcks Privatbankier war, beteiligte sich nicht nur an dieser und anderen für die Regierung vorteilhaften finanziellen Operationen, sondern führte für den Ministerpräsidenten auch inoffizielle diplomatische Missionen aus.[69] Mit dem Staat machten deutsche Finanziers etliche ihrer besten Geschäfte. Der Verfassungskonflikt behinderte diese Geschäfte nicht, sondern bot zu vielen erst die günstige Gelegenheit.

Die Geschäftswelt insgesamt scheint an dem Konflikt während der Jahre 1864–1865 jedes Interesse verloren zu haben. Als praktische Leute, die mit praktischen Aufgaben befaßt waren, beklagten sie die Neigung der Professoren, Rechtsanwälte und Beamten in der Kammer, so ausgiebig von der Unverletzlichkeit des Prinzips zu reden. Zugleich waren sie beeindruckt vom politischen Realismus Bismarcks und dem Erfolg, den dieser in Schleswig-Holstein erzielt hatte. Charakteristisch für ihre Haltung ist vielleicht der Sinneswandel David Hansemanns, des Finanzministers der Revolutionsregierung von 1848, der jetzt an der Spitze der Disconto Gesellschaft stand. 1862 hielt Hansemann Bismarcks Politik noch für «frivol», doch bevor er Ende des Jahres 1864 starb, bekannte er: «... die Errungenschaften Bismarcks hielt ich nicht für möglich und ich muß also eingestehen, daß er klüger und voraussichtiger als ich gewesen ist.» Gustav Mevissen freute sich, daß endlich ein tatkräftiger Mann das Steuer ergriffen hatte, und Ludolf Camphausen, leitender Minister der Regierung von 1848, räumte ein, daß mit Bismarck seit 1815 zum ersten Mal wieder ein zu kühnen Taten entschlossener Staatsmann in Preußen an die Macht gelangt sei. Viktor von Unruh, einer der wenigen Industriellen in der Abgeordnetenkammer, bedauerte in einem Brief an Schulze-Delitzsch, daß «die wohlhabenden Bürgerlichen ... politisch stumpf» seien und ohne «politischen Nerv» oder «Energie» angesichts eines Mannes vom Schlage Bismarcks.[70]

Während der frühen Amtsjahre Bismarcks bestand zwischen der preußischen Regierung und dem Parlament ein politischer Konflikt, zugleich aber Einigkeit in Wirtschaftsfragen. Das Einverständnis mit den Maßnahmen der Regierung an der wirtschaftspolitischen Front schwächte jedoch die Stellung der Opposition an der politischen. Soziale Reformen in großem Maßstab hätten der Regierung diesen Vorteil genommen. So entschied sich im Frühjahr 1866 Bismarck, bei seinem Endkampf mit dem Parlament anstatt auf Staatssozialismus auf den deutschen Nationalismus zu setzen. Wie die Freihandelspolitik im Zollverein empfahl sich das Bündnis mit dem Nationalismus, weil damit zugleich die innere und die äußere Opposition attackiert werden konnte.

III

Die Eroberung Norddeutschlands

Auf Messers Schneide

Bei seiner Ankunft in Berlin am 5. Februar 1866 fand der britische Botschafter Lord Augustus Loftus die politische Atmosphäre «geladen». «Es roch nach Pulver», schrieb er in seinen Erinnerungen.[1] Am 28. versammelte sich der Kronrat in der Wilhelmstraße. Das diplomatische Korps beobachtete mit Unbehagen, daß an dieser Sitzung auch Personen teilnahmen, die bei Kronratssitzungen gewöhnlich nicht zugegen waren. Außer dem König, dem Kronprinzen und den Kabinettsmitgliedern waren nämlich die Generäle Moltke und Alvensleben anwesend wie auch der aus Paris einberufene Botschafter Goltz und aus Schleswig Manteuffel. Das Unbehagen der Diplomaten war berechtigt, denn Krieg war der Gegenstand der Erörterungen hinter den geschlossenen Türen des Auswärtigen Amts.

Die Bemerkungen, mit denen der König die Erörterung eröffnete, zeigen, wie gut er die Lektion gelernt hatte, die ihm von Bismarck eingepaukt worden war. Seit August 1865, erklärte er, habe Österreich das Gasteiner Abkommen ständig sabotiert und dabei das alte Spiel gespielt nach der Devise: *«Il faut avilir la Prusse, pour la détruire.»* Preußens Mission, fügte Bismarck hinzu, sei es, die Führung Deutschlands zu übernehmen. Das neidische Österreich suche den natürlichen und sehr gerechtfertigten Führungsanspruch Preußens nach Kräften zu vereiteln. Es sei nur noch eine Frage der Zeit, wann es deswegen zum Entscheidungskampf komme. Im Augenblick seien die Bedingungen in Deutschland und Europa der preußischen Sache günstig. Aus dem Konflikt würde sich die Antwort auf die deutsche Frage von selbst ergeben. Eulenburg wies überdies «auf den vorteilhaften Einfluß» hin, den die ganze Angelegenheit «auf die Lösung des inneren Konflikts ausüben würde». Bismarck erwiderte, die Rücksicht auf diesen könne kein Kriegsgrund sein, wenn auch seine Lösung eine Konsequenz des Krieges sein könne. Von den Anwesenden sprach sich nur der Kronprinz für die Vermeidung einer kriegerischen Auseinandersetzung aus.[2]

Der König verlangte in jener Kronratssitzung keine sofortige Entscheidung für den Krieg, sondern die Vorbereitung auf den in naher Zukunft zu gewärtigenden Kriegsfall. Auch Bismarck hatte sich noch keineswegs endgültig zum Krieg entschlossen. Er war nicht der Mann, das Wahrscheinliche schon für das Unvermeidliche zu halten. Während der bevorstehenden Monate konnte noch viel geschehen. Die französische Außenpolitik mochte sich verschieben. Das italienische

Bündnis mochte nicht zustande kommen. Der König selbst mochte letztlich nicht fähig sein, die eigenen Skrupel zu überwinden. Die in Europa isolierten und daheim fast bankrotten Österreicher mochten noch einmal klein beigeben.

Bismarck und Mensdorff umkreisten einander mit mißtrauischer Wachsamkeit wie zwei Boxer vor Beginn des Kampfes, der eine angriffslustig, der andere auf seine Verteidigung bedacht. Es ging darum, einen Casus belli, der Österreich ins Unrecht setzen würde, zu finden beziehungsweise zu vermeiden. Im Zeitalter der Zeitungen und des allgemeinen Interesses an öffentlichen Angelegenheiten war es wichtig, den Gegner nach Möglichkeit schon vorab ins Unrecht zu setzen. Bismarck hatte für seine Suche nach einem solchen Kriegsgrund noch ein weiteres Motiv. Nach der preußischen Verfassung hatte allein der König das Recht, über Krieg oder Frieden zu beschließen. Wilhelm war ein Mann hartnäckigen Gewissens. Er beurteilte politische Fragen mehr nach Kriterien des Rechts als nach solchen der Macht und der Gelegenheit. Wenn man ihn davon überzeugen konnte, daß seine Rechte verletzt wurden oder seine Autorität angefochten, konnte der König (wie Bismarck dem französischen Botschafter Vincent Benedetti anvertraute) zu den «energischsten Maßnahmen» veranlaßt werden und sogar glauben, daß diese auf seine eigene Initiative zurückgingen. Monatelang adressierte Bismarck eine vorwurfsvolle Botschaft nach der anderen an den Ballhausplatz, deren eigentlicher Zweck sich darin erfüllte, Wilhelm von der Gerechtigkeit seiner Sache zu überzeugen. In Berlin hieß es, der Ministerpräsident müsse beim König jeden Morgen den Uhrmacher spielen, «der die abgelaufene Uhr wieder aufzieht».[3]

Mensdorffs Problem war anderer Art. In der österreichischen Politik drängte er, unterstützt von Moritz Esterhazy, auf Mäßigung. Er befürwortete abgestufte Zugeständnisse an Preußen in Norddeutschland, war aber entschlossen, Gewaltandrohungen nicht zu weichen. Obwohl er während der Gasteinkrise für militärischen Widerstand eintrat, war ihm seitdem klar geworden, daß Österreichs Lage sich verschlechtert hatte. Isoliert und innerlich geschwächt, war das Land einem Zweifrontenkrieg voraussichtlich nicht gewachsen. Mithin versuchte Mensdorff, jeden offenen Akt zu vermeiden, der Bismarck den gerechten Vorwand geliefert hätte. Doch Franz Joseph und seine Generäle fürchteten, daß diese Politik die österreichische Armee von vornherein zu benachteiligen drohte. Das österreichische System der Mobilmachung war im Vergleich mit dem preußischen Rennpferd so schwerfällig wie ein Ochse. Die österreichische Armee benötigte also einen Vorsprung, wenn sie bei Eröffnung der Feindseligkeiten zur Stelle sein sollte. Eine vorsorgliche Mobilmachung würde zwar das zarte Gewebe von Mensdorffs Friedensbemühungen zerreißen, schob man sie aber zu lange auf, riskierte man, den Krieg zu verlieren, noch ehe er ausbrach.[4]

Am 14. März 1866 befahl Franz Joseph auf Drängen seiner Generäle, gegen den Widerspruch Mensdorffs und Esterhazys, einige Regimenter zur Verstärkung der dortigen Verteidigungskräfte an die böhmische Grenze zu verlegen.[5] Berichte über die österreichischen Truppenbewegungen gelangten bald nach Berlin und gaben Bismarck den gewünschten Vorwand. Nun konnte er vor Deutschland und Europa seine Lieblingsrolle spielen, diejenige der gekränkten Unschuld. In einer Depesche nach der anderen beschuldigte er die Österreicher kriegerischer Absichten. Die österreichische Mobilmachung gestattete ihm überdies auch, die königliche Uhr noch einmal aufzuziehen. Am 29. März unterzeichnete Wilhelm einen Befehl zur Verstärkung der Truppen und Befestigungen an der Grenze. Bis zur letzten Minute fürchtete Bismarck, daß der König es sich doch wieder anders überlegen möchte. Es war Gründonnerstag, und Wilhelm war fromm gestimmt![6]

Verzweifelt versuchte Mensdorff, der preußischen Offensive zu begegnen. Ohne Umschweife fragte er in Berlin an, ob man dort gewillt sei, den Gasteiner Vertrag zu zerreißen? Aber Bismarck war durch solche Fragen nicht in Verlegenheit zu bringen. «Nein», erwiderte er und fügte sardonisch hinzu, daß bis zum Vorabend des Angriffs von keiner Macht eine andere Antwort zu erwarten sei. Mensdorffs nächste Démarche war wirksamer. Am 31. März gab er bekannt, daß Österreichs Absichten friedlich seien, und forderte Preußen auf, das gleiche zu erklären.[7] Hinter den Kulissen betrieb er die Mobilmachung einer Phalanx von königlichen Verwandten, deren Einfluß Wilhelms Kriegswillen schwächen sollte: Herzog Ernst von Coburg, Königin Victoria von England, Königin Augusta, Wilhelms Gattin, der Kronprinz und die Kronprinzessin, die Königinmutter und des Königs Schwester Alexandrine. Sie alle waren von Bismarcks Wahn und der Unvermeidlichkeit seines Sturzes überzeugt. Gegner Bismarcks waren auch die Grafen Goltz und Bernstorff (seine beiden einflußreichsten Untergebenen), Graf Schleinitz, jetzt der Hausminister der Hohenzollern und ein besonderer Vertrauensmann der Königin, sowie Justus von Gruner, ein ehemaliger Staatssekretär im Auswärtigen Amt.[8]

Diese «Coburger Intrigue» blieb nicht ohne Wirkung. Wilhelm fand Bismarcks Antwort auf Mensdorffs Aufforderung «sehr kalt und schroff» und bestand auf einer Mäßigung des Tons. Nichtsdestoweniger war die Note vom 6. April dann noch scharf genug, Wien aufs Blut zu reizen. Binnen vierundzwanzig Stunden wurde eine hastige und unbedachte Erwiderung redigiert und von dem zornentbrannten Biegeleben nach Berlin abgesandt. «Will Oestreich *nicht* den Krieg, so ist Form u(nd) Inhalt der Depesche plump u(nd) grober Fehler», merkte Bismarck dazu an.[9] Die beißenden Formulierungen dieser Depesche irritierten Wilhelms verwundete Gefühle aufs neue. Nun kamen die preußischen Züge in rascher Folge. Am 8. April wurde ein Militärbündnis mit Italien abgeschlossen. Am Tag darauf wurde die Forderung nach einer Reform des Deutschen Bundes erhoben, einschließlich der Errichtung eines deutschen Parlaments, das aus allgemeinen Wahlen hervorgehen sollte.

Im Kronrat am 28. Februar hatte Moltke die Meinung geäußert, daß in einem Krieg gegen Österreich für Preußen der Beistand Italiens unverzichtbar sei. Nur wenn es gelang, Österreich in die Zange eines Zweifrontenkriegs zu nehmen, war mit der Überlegenheit Preußens zu rechnen. 1865 hatte die Gasteiner Konvention die Regierung in Florenz enttäuscht. Deshalb war nun Alfonso La Marmora, der italienische Premierminister, entschlossen, Preußen zum Krieg gegen Österreich binnen eines bestimmten Zeitabschnitts zu verpflichten. Auf diese Zumutung konnte Bismarck nicht eingehen. Wilhelm war zu dem letzten Schritt noch nicht bereit, und Napoleons Haltung im Kriegsfall war noch ungewiß. Bismarck mußte sich deshalb die Möglichkeit einer Einigung mit Österreich offenhalten. Am 14. Mai traf ein italienischer General, Giuseppe Govone, zur Beilegung dieser Differenzen in Berlin ein. Von Károlyi aus seinem Fenster an der anderen Straßenseite mißtrauisch beobachtet, kamen und gingen in der Wilhelmstraße 76 die Italiener, bis endlich Bismarck mit seiner bewährten Geschicklichkeit von ihnen erhalten hatte, was er brauchte: einen Geheimvertrag, der die Stunde der Kriegserklärung in das Ermessen Preußens stellte, die Italiener allerdings zur Beteiligung an dem Krieg nur verpflichtete, wenn sie binnen der nächsten drei Monate erfolgte.[10]

Die Krise von 1866 offenbarte zum letzten Mal das grundlegende Dilemma der österreichischen Außenpolitik. Die habsburgische Monarchie war genötigt, zwischen ihren Interessen in Deutschland und in Italien zu wählen. Da sie nicht über die Macht verfügte, beide aus eigenen Kräften wahrzunehmen, mußte sie sich entweder mit Preußen einigen, um sich auf Italien konzentrieren zu können, oder Venetien freiwillig abtreten, um sich nach Möglichkeit in Deutschland zu behaupten. Nach Abschluß der Gasteiner Konvention zwischen Österreich und Preußen hatte La Marmora einen letzten Versuch gemacht, die Provinz durch Kauf und das Angebot eines Bündnisses zu erwerben. Als ihm der italienische Gesandte von der Bereitwilligkeit seines Landes sprach, Venetien um den Preis von 500 Millionen Franken zu erwerben, soll Bismarck ausgerufen haben: «O welche Torheit! Sie können es ja viel wohlfeiler haben, denn ein Krieg wird ihnen nur 300 Millionen kosten!»[11] Im Januar hatte er noch einmal angedeutet, daß Österreich, wenn es die Vorherrschaft in Deutschland Preußen überlassen wolle, auf preußische Hilfe bei der Wiedereroberung der Lombardei hoffen könne.[12] Für Franz Joseph war es jedoch ein leitendes Prinzip, das dem Reich letztlich zum Verhängnis wurde, niemals freiwillig auch nur einen Bruchteil seiner ererbten Macht preiszugeben, weder daheim noch im Ausland. Er gab sich der Täuschung hin, daß Österreich auch einen Zweifrontenkrieg bestehen könne, wenn nicht Frankreich oder Rußland auf der Gegenseite eingriffen.

In der zweiten Aprilhälfte machte Mensdorff noch einen tapferen Versuch, Wilhelm zu beeinflussen und Bismarck den Wind aus den Segeln zu nehmen. Das Kriegsgeschrei seiner politischen Gegner in Wien war für den Augenblick gedämpft durch die Erkenntnis der katastrophalen finanziellen Lage der Monarchie. Man schätzte jetzt, daß die ungeheuren Rüstungskosten nur aufgebracht werden konnten, wenn man die Währung manipulierte.[13] Unter diesen Umständen sah Mensdorff eine Gelegenheit abzuwiegeln, als am 15. April eine preußische Note zwar Biegelebens Abrüstungsaufforderung zurückwies, doch die Bereitschaft erklärte, dem österreichischen Beispiel zu folgen, wenn Österreich die eigene Mobilmachung rückgängig machte. In einer versöhnlichen Erwiderung erklärte Mensdorff, daß die österreichischen Truppen in Böhmen am 25. April in ihre Garnisonen zurückbeordert werden würden, wenn die Preußen versprächen, die auf ihrer Seite der Grenze aufmarschierten Truppen am selben oder am folgenden Tag ebenfalls abzuziehen.[14]

Abrüstungsangebote haben wenig Aussicht, Frieden zu stiften, wenn der Frieden nicht von beiden Seiten gewollt wird. Aber wollte Wilhelm Krieg? Die preußische Öffentlichkeit war keineswegs kriegsbegeistert, und die «Coburger Gruppe», die ihm vom Krieg dringend abriet, stand schließlich dem König noch immer nahe. Er sorgte also für eine gemäßigte Formulierung der am 21. April abgesandten Erwiderung auf Mensdorffs Note. Wien müsse bei der Rückkehr zum Status quo ante die Initiative ergreifen, doch Preußen werde «Zug um Zug» in demselben Maß abrüsten wie Österreich.[15] Der Frieden schien gewahrt werden zu können. Was jetzt noch zwischen Österreich und Preußen zur Debatte stand, schienen nur mehr Fragen der Etikette zu sein.

Verzweifelt kämpfte Bismarck darum, sich mit seiner durchaus anderen Auffassung von den Erfordernissen der Lage beim König durchzusetzen. Wie häufig, wenn er heftigem Widerstand begegnete, erkrankte er an einem «nervösen rheumatischen» Leiden. Bei Roon beklagte er sich über die unerträgliche Spannung. Károlyi sah ihn mit seinem lahmen Bein auf dem Sofa liegen wie einen verwundeten Keiler, und für den Augenblick sah der Ministerpräsident mehr wie ein Verschwörer als wie ein Triumphator aus. Edwin von Manteuffel kam ihm zu Hilfe mit einem Brief, in dem er den König vor einem zweiten Olmütz warnte. Die Erinnerung an Olmütz reizte den alten Mann zu einem erfreulich heftigen Zornesausbruch gegen Österreich. Am 25. April schrieb Roon an Moritz von Blanckenburg, daß er «wieder an des Königs Zuversicht glaube, seitdem ich Veranlassung zu der allerschärfsten und schneidigsten Aussprache gegeben über Das, was Wir wollen, und Das, was Wir entschieden nicht wollen». Er fügte hinzu: «Otto ist darüber fast gesund geworden». Gesund machten diesen dann aber vollends die Österreicher.[16]

Am 20. April trafen in Wien beunruhigende Nachrichten aus dem Süden ein. Überall längs der Grenze Venetiens sammelten die Italiener, so hieß es, Truppen und Kriegsmaterial. Auf Anraten seiner Generäle und mit Mensdorffs zögernd gegebener Einwilligung befahl der Kaiser am folgenden Tag die Mobilmachung der Südarmee. Die Berichte von den Truppenbewegungen an der Grenze Venetiens waren übertrieben. Károlyi hatte den Verdacht, daß sie auf Bismarcks Anregung zurückgingen. Jetzt allerdings bestätigte König Viktor Emanuel II. diese Berichte nachträglich, indem er ganz offen die gesamte italienische Armee mobilisierte. Am 1. Mai kam Franz Joseph zu der Überzeugung, daß der Krieg unvermeidlich sei. Es wurden Befehle zur weiteren Verstärkung der Nordarmee gegeben, und der Fiskus schickte sich an, durch ein zweifelhaftes Konversionsmanöver die erforderlichen Geldmittel aufzubringen. Die Nachricht über diese Maßnahmen traf am 3. Mai in Berlin ein, und der zutiefst entrüstete Wilhelm ordnete die sofortige Mobilmachung an.[17]

Die natürliche Folge der Mobilmachung ist Krieg. Der Aufwand ist so gewaltig, daß beide Seiten sich gedrängt fühlen, den Kampf zu eröffnen, um die gewaltige Anstrengung nicht vergeblich gemacht zu haben. Und dennoch hielt sich noch jetzt, da schon Truppen und Geschütze in Stellung gebracht wurden, Bismarck andere Alternativen offen. Eine solche Alternative bot der Plan der Brüder Ludwig und Anton von Gablenz.

Die Brüder Gablenz waren auf Grund ihrer Herkunft und Interessen ungewöhnlich gut zu einer objektiven Beurteilung des innerdeutschen Streits befähigt. Sie stammten aus einer Familie von Reichsrittern. Ludwig war der österreichische Verwalter Holsteins, Anton war preußischer Gutsbesitzer und altliberaler Landtagsabgeordneter. Am 20. April reiste Anton aus Kiel nach Wien mit dem Entwurf einer Vereinbarung ab, von der beide hofften, daß der drohende Konflikt durch sie noch abgewendet werden könne. Dieser Vereinbarung zufolge würde ein unabhängiges Schleswig-Holstein von einem Fürsten aus dem Hause Hohenzollern regiert werden. Die Herzogtümer würden Österreich die Kosten des Krieges von 1864 erstatten. Preußen würde die wichtigsten der geforderten Sonderrechte in den Herzogtümern erhalten. Deutschland würde an der Mainlinie in zwei Militärblöcke geteilt werden, von denen die Berliner Regierung den nördlichen, die Wiener Regierung den südlichen befehligen würde. Mit Unterstützung Deutschlands wäre dann Österreich dazu in der Lage, seine transalpinen Besitzungen gegen Italien und Frankreich zu verteidigen.

In Wien und Berlin gelang es Anton von Gablenz, direkten und geheimen Zugang zu den Ministern des Auswärtigen zu erhalten. Länger als einen Monat reiste er zwischen Donau und Spree hin und her und überbrachte Vorschläge und Gegenvorschläge. Bismarck ließ ihm von Anfang an nur Ermutigung zuteil werden und akzeptierte den Plan mit geringfügigen Änderungen als Verhandlungsbasis. Sein Untergebener Rudolf Hepke arbeitete auf dieser Grundlage einen detaillierten Plan aus, der neben der dualistischen Reorganisation Deutschlands auch das am 9. April von Preußen geforderte gesamtdeutsche Parlament vorsah. Ende Mai allerdings hörte Gablenz von Mensdorff, daß Franz Joseph dem Plan nur zustimmen würde, wenn auch mindestens einer der Mittelstaaten seine Zustimmung dazu gäbe. Damit war der Plan erledigt, denn eine solche Zustimmung war nicht zu haben.[18]

Es gibt mehrere Gründe, die Bismarck zur Ermutigung der Initiative der Brüder Gablenz bestimmt haben könnten.[19] Wie bei der Gasteiner Konvention hätte auch aus der von den Brüdern vorgeschlagenen Vereinbarung Preußen den größten Nutzen gehabt. Österreich würde damit Preußen den gleichen Status in Deutschland ausdrücklich zugestehen. Abermals würden die kleinen Staaten Ursache haben, sich von Wien verraten und verkauft zu fühlen. Selbst mit dem Vorbehalt der *itio in partes* würde ein aus allgemeinen Wahlen hervorgegangenes Bundesparlament wohl eher die Interessen der Hohenzollern unterstützen als die der Habsburger. Lehnten andererseits die Österreicher den Plan ab, leisteten sie damit Überzeugungsarbeit bei Wilhelm, den von ihrer Perfidie schließlich niemand so gut wie sie selbst überzeugen konnte. Am wichtigsten waren Bismarck jedoch die Verhandlungen über den Gablenzplan, weil sie ihm – ganz gleich, wie sie nun ausgehen mochten – jenes Hintertürchen offenhielten, das ihm notfalls den Rückzug noch von der Schwelle des Krieges erlaubte. Nichts bot ja im gefährlichen Spiel der Politik soviel Sicherheit wie die von Bismarck stets angewandte Strategie der Alternativen. In den bis zum Beginn der Kampfhandlungen noch verbleibenden Wochen half ihm nur diese Strategie, sich gegen Interventionen von außen abzusichern.

Wenig zu befürchten war die Einmischung Londons oder Petersburgs. Die russische Regierung war noch stark mit inneren Problemen beschäftigt, und die britische hatte nach ihrem Scheitern in Schleswig-Holstein und dem Tode Palmerstons im Jahre 1865 ihr Engagement in der kontinentalen Politik sehr eingeschränkt. Bismarcks größte Sorge war denn auch Frankreich.

Der Caesar an der Seine

Napoleons grundlegende Strategie zu durchschauen, bereitete Bismarck keine Schwierigkeit. Der Kaiser trieb eine «Doppelpolitik ... um die Möglichkeit zu wahren, im rechten Augenblick auf die eine oder auf die andere Seite treten zu können».[20] Zu deren kompetenter Praxis fehlten Napoleon III. aber Bismarcks untrügliches Gespür für den rechten Augenblick, dessen klares Bewußtsein des je verfolgten Zwecks und dessen Gewandtheit. Zwar war er bis 1859 in seiner Außenpolitik einigermaßen erfolgreich gewesen, seitdem aber hatte er einen Fehler nach dem anderen gemacht. Daß die Einigung Italiens seiner Kontrolle entglitt, seine schwankende Haltung während des polnischen Aufstands, das von vornherein zum Scheitern verurteilte mexikanische Abenteuer und der Zusammenbruch der Entente mit Großbritannien, alles schien davon zu zeugen, daß er seine außenpolitische Begabung überschätzte.

In der deutschen Frage steuerte er einen Zickzackkurs, dem, was etwa sein Ziel sein mochte, nicht anzusehen war. Die sich während der Jahre 1864–1866 entwickelnde Krise schien ihm eine ausgezeichnete Gelegenheit zu bieten, das Prestige des zweiten Kaiserreichs wieder aufzufrischen. Da beide Seiten auf Frankreichs Unterstützung oder mindestens wohlwollende Neutralität angewiesen waren, hatten Napoleon und seine Minister die Möglichkeit, zu sehr vorteilhaften Bedingungen Vereinbarungen sowohl mit Berlin als auch mit Wien zu treffen. Dabei kam es Napoleon in erster Linie darauf an, den Österreichern Venetien zu entreißen und so ein schon vor langer Zeit den Italienern gegebenes Versprechen zu erfüllen. Die Einlösung dieses Versprechens konnte andererseits an Bedingungen gebunden werden, die die Einigung Italiens auf eine für Frankreich wünschenswerte Weise beschränkten. In ähnlicher Weise wollte Napoleon die preußische Expansion auf das Gebiet nördlich der Mainlinie begrenzen und die süddeutschen Staaten, wo bisher österreichischer Einfluß vorherrschte, in die

«Der Held vom Niagara. Derselbe wird auf dem längsten bisher bekannten Seile Einen hinübertragen, der viel schwerer ist, als er selbst.» Die Karikatur ist von dem Aufsehen um Charles Blondin inspiriert, der damals auf einem Seil den Niagara überquerte. (Wilhelm Scholz, *Kladderadatsch*, 9. Juli 1865)

französische Einflußsphäre ziehen. Der zu gewärtigende Krieg würde überdies Frankreich die Möglichkeit fernerer Gebietsgewinne eröffnen, ja er glaubte, mit solchen sogar fest rechnen zu können. Diesbezüglich schwankte er zwischen den vielen Versuchungen. So reizten die Grenze von 1814, die bayerische Pfalz,

Belgien, Luxemburg, die französische Schweiz und ein Pufferstaat am Rhein seine Habsucht. Doch sollten auch die übrigen Großmächte nicht leer ausgehen bei der ihm vorschwebenden Umverteilung Europas. Zeitweilig dachte er an einen europäischen Kongreß, bei dem die Grenzen derart neu gezogen werden sollten, daß von den geladenen Großmächten keine Grund zu Klagen haben würde. Als Entschädigung für das an Frankreich abzutretende und von diesem an Italien weiterzureichende Venetien sollte Österreich die Donaufürstentümer erhalten (Moldawien und die Walachei), Teile von Bosnien-Herzegowina oder Schlesien. Preußen sollte Schleswig-Holstein bekommen (abzüglich Nordschleswigs, das an Dänemark gehen würde), einige andere kleine Fürstentümer in Norddeutschland und die Befugnis, den Deutschen Bund zu reorganisieren. Nur Frankreich allerdings würde bei dieser Verteilung ohne Gegenleistungen profitieren, was Napoleons Beliebtheit bei seinen Untertanen vermehren mußte. Sollte der Kongreß scheitern, konnte über die vorgesehene Neugliederung Europas noch immer mit den Waffen entschieden werden.[21]

Am 28. Februar 1866 hatte Bismarck im Kronrat auf die Notwendigkeit hingewiesen, von Frankreich gewissere Garantien zu erlangen. Als er Anfang März nach Paris zurückkehrte, überbrachte Goltz dem Kaiser ein persönliches Schreiben König Wilhelms, in dem eine vertrautere Entente angeregt wurde. Doch Napoleon wich dem Versuch Bismarcks, ihn schon vor Kriegsausbruch auf eine bestimmte Position festzulegen, mit allgemein gehaltenen Erklärungen aus. Zwar erwähnte er verschiedene Möglichkeiten, ihn für seine eventuellen Dienste zu entschädigen, nannte Gebiete zwischen den Alpen und dem englischen Kanal, die seines Erachtens in Frage kämen, ansonsten ließ er jedoch wissen, daß Frankreich neutral bleiben und eine Vereinbarung mit Preußen nur suchen würde, wenn das europäische Gleichgewicht in Gefahr geraten sollte.[22] Seit Jahren schon weigerte er sich, nach dem Köder zu schnappen, den Bismarck mit seinen Andeutungen über den Rhein und französischsprachige Gebiete Europas für ihn ausgelegt hatte. Er war jedoch umgeben von Chauvinisten – Eugénie, Drouyn, Persigny und dem Prinzen Napoleon –, die ihm zuredeten, die deutsche Krise rücksichtslos für Frankreich auszubeuten. Doch Napoleon war vorsichtiger als seine Ratgeber und fürchtete, mit einer Politik der Expansion bis zum Rhein ganz Europa gegen sich aufzubringen.[23]

Derart zwischen Vorsicht und Eroberungslust schwankend, war Napoleon unfähig, eine entschiedene Politik zu verfolgen. Wiederholt suchte er Bismarck zu einem konkreten Angebot zu verlocken, ohne zugleich eine konkrete Forderung zu stellen. Als sich Goltz im März nach seinen Wünschen erkundigte, sprach er unbestimmt von einem französischen Interesse an Luxemburg und dem bayerischen Rheinland. Mitte April schlug er einen europäischen Kongreß zur Bewahrung des Friedens vor, womit er zugleich die Konzessionsbereitschaft Österreichs und Preußens verstärken wollte. Eines Abends während eines Hofballs zog er Goltz beiseite und vertraute ihm an, daß Frankreich weitgehende Angebote aus Wien gemacht worden seien. Wenn ihm nicht aus Berlin bessere Gegenangebote gemacht würden, werde er vielleicht genötigt sein, diese anzunehmen, denn Frankreich könne nicht untätig zusehen, wie andere Mächte sich bereicherten. Der Botschafter müsse wissen, daß «die Augen des ganzen Landes nach dem Rheine gerichtet seien». Am 7. Mai veröffentlichte der regierungsamtliche *Moniteur* den Text einer am Vorabend in Auxerre gehaltenen Rede Napoleons, in welcher er darauf hinwies, daß auch er, wie die große Mehrheit des französischen Volkes, die Verträge von 1815 «verabscheue», die man gegenwärtig zur alleinigen Basis der französischen Politik machen wolle.[24]

Die in Auxerre gehaltene Rede wurde in Frankreich als Offerte an Preußen und Italien verstanden, und man las daraus die Möglichkeit einer Beteiligung Frankreichs an dem Krieg gegen Österreich, der in Kürze bevorzustehen schien. Die Reaktion der öffentlichen Meinung war heftig, und an der Pariser Börse fielen die Kurse. Der Legationssekretär von Radowitz notierte am 7. Mai in seinem Tagebuch: «Alles ist außer sich, was hier für Frieden und für Hausse stimmt: der alte Rothschild, der heute abend in den Tuilerien war, schimpfte laut und sagte: *‹l'Empire c'est la baisse.›*» Die Rede war anscheinend aber nur ein weiterer Versuch Napoleons – wie zuvor der Ruf nach einem internationalen Kongreß –, Österreich zur Abtretung Venetiens zu nötigen. Doch das öffentliche Echo offenbarte die Tiefe des antipreußischen und pazifistischen Gefühls in Frankreich.[25] Im Mai machte Napoleon gleichwohl noch eine Démarche in Berlin, zu der er sich eines Boten bediente, der keine amtlichen Befugnisse hatte und deshalb ohne weiteres verleugnet werden konnte, eines in Frankreich lebenden Ungarn, Nikolaus Kiss de Nemeskér, der persönliche Kontakte mit Bismarck und dem Prinzen Napoleon hatte. Kiss legte dem preußischen Ministerpräsidenten den Entwurf eines Vertrages mit folgendem Inhalt vor: Sollte Österreich sich weigern, an dem vorgeschlagenen Kongreß teilzunehmen und Venetien sowie seine Rechte an Schleswig-Holstein abzutreten, würde Frankreich sich an der Seite Preußens und Italiens an einem Krieg gegen Österreich beteiligen, dessen Ziel eine Reihe von Annexionen sein sollte. Italien sollte Venetien erhalten, Preußen Gebiete (offenbar in Norddeutschland, die entsprechende Aufstellung ist nicht erhalten) mit zwischen sechs und sieben Millionen Einwohnern sowie die Freiheit, den Deutschen Bund zu reorganisieren. Frankreichs Anteil sollte das gegenwärtig zu Preußen, Bayern und Hessen gehörige Gebietsdreieck zwischen Rhein und Mosel sein.[26] Bismarck weigerte sich, diese letzte Bedingung in Betracht zu ziehen, soll aber durch einen anderen ungarischen Emigranten dem Kaiser der Franzosen einen Gegenvorschlag übermittelt haben, indem er diesem Belgien, Luxemburg und ein Grenzgebiet im Rheinland anbot.[27]

Als dann der Krieg näher rückte, ließ Napoleon ab von seinen Bemühungen, zu einer Verständigung mit Preußen zu gelangen, und konzentrierte sich auf Verhandlungen mit Österreich. Seine militärischen Berater waren fast einhellig der Meinung, daß die österreichische Armee den vereinigten Streitkräften Preußens und Italiens überlegen sei. In Wien gelang es schließlich, Mensdorff und Franz Joseph von der Notwendigkeit zu überzeugen, eine Verständigung mit Frankreich zu erzielen. Ihr bisheriges Zögern sollte sie nun aber teuer zu stehen kommen. Im März hätten sie noch Frieden mit Italien um den Preis der Abtretung Venetiens haben können. Im Juni erklärten sie sich zur Abtretung der Provinz bereit, nicht um einen Zweifrontenkrieg zu vermeiden, sondern nur um sich der französischen Neutralität und Billigung der österreichischen Kriegsziele in Deutschland zu vergewissern. Sie waren auch gewillt, die Annexion Belgiens durch Frankreich und die Schaffung eines rheinischen Pufferstaates zu akzeptieren.[28] Aber Napoleon erwies sich als wenig entgegenkommender Geschäftspartner. Er weigerte sich, den österreichischen Anspruch auf Schlesien zu unterstützen, und wollte in die beabsichtigte Expansion der habsburgischen Macht in Europa nur einwilligen, wenn dadurch das europäische Gleichgewicht nicht gestört wurde. Der Vertrag war nicht eben günstig für Österreich, aber am 12. Juni unterzeichneten ihn die Österreicher in der Überzeugung, daß sie sich anders der französischen Neutralität nicht würden vergewissern können. Napoleons Messer, konstatierte Richard von Metternich, war an Österreichs Kehle.[29]

Napoleons Forderungen Ende April überraschten Bismarck nicht nur, weil sie zu diesem Zeitpunkt gestellt wurden, sondern auch durch ihr Ausmaß. Sie zwangen ihn, sich durch den Gablenzplan eine Option zu einem Kompromiß mit Österreich offenzuhalten.[30] Und doch näherte sich schon der Tag, an dem Preußen die Entscheidung zwischen Krieg und Frieden würde treffen müssen. Sollte die Entscheidung für den Krieg fallen, mußte Napoleons Neutralität erkauft werden. Welchen Preis gedachte Bismarck dafür zu entrichten? Manche deutschen Historiker rechnen es Bismarck hoch an, daß er, im Gegensatz zu den Österreichern, von Anfang an keinen Zweifel daran gelassen habe, daß Wilhelm keinen Handel dulden werde, bei dem deutscher Boden veräußert worden wäre.[31] Bismarcks Kritiker unter den Historikern können indessen auf zwei höchst verdächtige Dokumente verweisen, die Audienzen mit dem italienischen Abgesandten General Govone am 2. Juni und mit dem französischen Botschafter Benedetti am 4. Juni resümieren.[32] Govone berichtet in seinen Memoiren, Bismarck habe ihm erklärt, da er selbst sich mehr als Preuße denn als Deutscher fühle, wäre er persönlich bereit, Napoleon das Gebiet zwischen Rhein und Mosel abzutreten, nur würde dazu der König niemals seine Zustimmung geben.[33] Benedetti andererseits referiert, daß Bismarck ihm gesagt habe, es wäre dem König zwar lieber, wenn Napoleon sich ein französischsprachiges Gebiet aussuchen würde, Wilhelm könne jedoch unter Umständen dafür gewonnen werden, dem Kaiser das Gebiet am Oberlauf der Mosel zu überlassen, das, zusammen mit Luxemburg, das französische Staatsgebiet ja sehr erfreulich abrunden würde. Mit Bezug auf die Gebiete am Rhein allerdings (Mainz, Bonn, Köln) habe Bismarck unmißverständlich erklärt, er würde lieber aus der Politik ausscheiden, als deren Abtretung zuzustimmen.[34]

Jahre später, nach der Veröffentlichung der Memoiren Govones, leugnete Bismarck zornig, daß dieser seine Äußerungen richtig wiedergegeben habe. Seine geschicktesten Verteidiger bagatellisierten das Benedetti gemachte Angebot als

Finte; wohl wissend, daß Napoleon es nicht annehmen werde, habe er es vorgetragen, um herauszufinden, was die Österreicher diesem offeriert hätten. Könne denn an Bismarcks Entschlossenheit, Frankreich nicht einen Zollbreit deutschen Bodens zu opfern, auch nur der geringste Zweifel bestehen? fragte Gerhard Ritter.[35] Dennoch gibt es Tatsachen, die zu solchen Zweifeln ermuntern. Am 30. April empfahl der Ministerpräsident dem preußischen Ministerium den Verkauf der in Staatsbesitz befindlichen Bergwerke des Saargebiets an private Investoren, um der Regierung finanzielle Verluste zu ersparen, wenn die Erfordernisse des Krieges die Abtretung dieses Gebiets an Frankreich notwendig machen sollten.[36] Bismarck rechnete also mit der Möglichkeit, wenigstens die Grenze von 1814 zugestehen zu müssen. Notfalls wäre er wohl auch bereit gewesen, noch mehr zu opfern, denn im Gegensatz zu seinen Historikern betrachtete Bismarck seine politischen Optionen niemals dogmatisch.

Wie gewöhnlich sah Bismarck die Auseinandersetzung mit Frankreich als eine Wahl unter Alternativen. Der leichtere Weg, zu einer Verständigung mit Napoleon zu gelangen, schrieb er am 7. Mai, sei es, diesen davon zu überzeugen, daß er «dasjenige, was Österreich ihm auf unsere Kosten anbieten könnte, leichter von uns direkt ... erlangen» möchte, «ohne sich und uns größere Opfer aufzuerlegen und ohne seine Stellung in Italien zu kompromittieren, wie er es durch eine Unterstützung Österreichs tun würde». Erwies sich dieser Weg als nicht gangbar, mußte der schwerere gewählt und dem Kaiser der Franzosen mit dem Zorn der deutschen Nation gedroht werden. Schon am 24. März hatte er Goltz geschrieben, daß die Ambitionen Frankreichs es für Preußen erforderlich machten, sich «in Deutschland selbst eine feste nationale Basis zu sichern» durch die «Anregung der deutschen Frage».[37] Dann würde vor den Augen Europas der große Vorkämpfer der nationalen Selbstbestimmung gezwungen sein, zwischen seinen Prinzipien und seinen Interessen zu wählen. Sollte er die letzteren wählen, würde Preußen, wie schon einmal im Jahre 1812, die vulkanischen Leidenschaften des Nationalhasses auf seiner Seite haben.

Der Krieg beginnt

Unterdessen standen die beiden verfeindeten deutschen Großmächte in scharfer Konkurrenz um die Loyalität der Mittelstaaten. «Wir appellieren an edle Gefühle: Patriotismus, Ehre, Rechtsprinzipien, Tatkraft, Mut, Entschluß, Unabhängigkeitsgefühl usw. usw. usw.», klagte ein österreichischer Diplomat. «Er rechnet auf die niederen Triebfedern menschlicher Natur: Eigennutz, Schadenfreude, Feigheit, Rat- und Tatlosigkeit, Mangel an Entschluß und Borniertheit.»[38] In Hannover, Kassel und Dresden versprach Bismarck Gebietsgewinne, in München Vorherrschaft über Süddeutschland. Wer sich Preußen widersetze, drohte er, müsse auf dessen Rache gefaßt sein. Doch die gewünschte Wirkung erzielte er weder durch Versprechungen noch durch Drohungen. König Johann und sein

Minister Beust stellten Sachsen von vornherein ohne Zögern an die Seite Österreichs. Nach monatelangem Bedenken setzten in letzter Minute auch die Herrscher von Hannover und Kurhessen auf das Bundesrecht und die österreichische Macht.[39]

Im Süden hing alles von Bayern ab. Die Freiherren Dalwigk, Varnbüler und Edelsheim, die leitenden Minister des Großherzogtums Hessen, Württembergs und Badens, waren für Österreich, aber ohne die Beteiligung Bayerns war deren Unterstützung strategisch wertlos. In München erklärte Freiherr von der Pfordten zunächst die Neutralität Bayerns und versuchte, zwischen den Großmächten zu vermitteln. Er war ein eitler und sehr von sich selbst eingenommener Mann, und es schmeichelte ihm, daß sich beide Seiten um seine Gunst bemühten. Er fürchtete jedoch auch die Möglichkeit eines französischen Eingreifens in einen deutschen Bruderkrieg. Ludwig II., der in wagnerianische Phantasien vertiefte Träumer, wollte starrsinnig Frieden um jeden Preis, und das Offizierskorps hegte ernste Zweifel an der militärischen Stärke Österreichs. Trotz der Schmeicheleien und Versprechungen Bismarcks glitt von der Pfordten allmählich und fast unmerklich in den Hafen einer Allianz mit Österreich. Obwohl auch Österreich an ihren Eigennutz appellierte, war das Motiv, mit dem es die Politiker der Mittelstaaten für sich gewann, vorzüglich deren Angst vor einer preußischen Hegemonie.[40]

Am 9. Mai stimmte der Frankfurter Bundestag mit zehn zu fünf Stimmen für einen sächsischen Antrag, die preußische Regierung zur Erklärung ihrer Mobilmachung aufzufordern. Drei Wochen später drängte Österreich auf Entscheidung, indem es die Zukunft Schleswigs und Holsteins offiziell zur Bundesangelegenheit machte. Berlin sollte auf diese Weise gezwungen werden, dem Bund zu trotzen und so einen Vorwand zur Mobilmachung des Bundes zu liefern. Da jedoch mit dem österreichischen Schritt ganz zweifellos das Gasteiner Abkommen gebrochen wurde, fiel es Bismarck nun leicht, Wilhelm von der Gerechtigkeit des Krieges zu überzeugen.[41] Am 7. Juni überschritten auf Befehl aus Berlin Manteuffels Truppen die Eider und drangen in Holstein ein. Gespannt warteten die Männer in der Wilhelmstraße und am Ballhausplatz auf Nachrichten vom ersten Scharmützel. Zu beider Enttäuschung zog sich Gablenz über die Elbe ins Hannoversche zurück. Der Casus belli lag nicht vor![42]

Die nächste Szene handelte wieder in Frankfurt von der «deutschen Frage». Am 10. Juni traf dort eine Depesche aus Berlin ein, die in Umrissen den preußischen Plan für eine deutsche Union ohne Österreich präsentierte. Selbst zu diesem Zeitpunkt hatte Bismarck Wilhelms Zustimmung zu einer Kriegserklärung noch nicht. Er habe das Pferd bis an den Rand des Grabens geführt, soll er gesagt haben: *«Il faut, qu'il saute»* (springen muß es selber).[43] Den letzten ermunternden Stoß versetzte dem Pferde dann Wien. Am 11. Juni drängte Aloys Freiherr von Kübeck, der österreichische Gesandte, im Bundestag unter Verstoß gegen dessen Bestimmungen auf Annahme eines Antrags zur sofortigen Mobilmachung aller Bundestruppen (außer den preußischen). Der Antrag wurde am 14. mit neun zu fünf Stimmen angenommen. Karl von Savigny antwortete für Preußen mit der

Cohen-Blind schießt auf Bismarck, der seinerseits den Attentäter angreift. (Darstellung von Carl Röhling)

Erklärung der Auflösung des Bundes. Am folgenden Tag stellte Berlin Ultimaten in Dresden, Hannover und Kassel. Sie wurden ausnahmslos abgelehnt. Um Mitternacht begannen die Truppen vorzurücken.

Bismarck hatte sich auf das größte Spiel seines Lebens eingelassen. Ludwig von Gerlach bemerkte in jenen Tagen etwas «unruhig-desperates in seiner Haltung». Am 7. Mai hatte der Student Ferdinand Cohen-Blind Unter den Linden einen Mordanschlag auf ihn verübt. Fünf Schüsse feuerte Cohen-Blind auf ihn ab, zwei von hinten, einen, als Bismarck auf ihn losging, zwei, während er mit ihm rang. Zuerst kam ihm der Buchbindermeister Gustav Bannewitz, dann eine vorbeimarschierende Militäreinheit zu Hilfe. Bannewitz wurde durch einen der fünf Schüsse und durch das Bajonett eines Soldaten, der ihn für den Attentäter hielt, verletzt. Anfänglich glaubte Bismarck, durch die letzten Schüsse schwer, vielleicht tödlich, verwundet worden zu sein, denn der Täter hatte während des Kampfes die Mündung der Pistole gegen seinen Leib gepreßt. Doch die geringen Mündungsgeschwindigkeiten der Projektile, sein dicker Mantel und die dreifache Lage Kleider, die er noch unter diesem trug, retteten ihm das Leben, er trug nur schmerzhafte Prellungen davon. Er selbst freilich glaubte zu wissen, daß Gott ihn gerettet hatte. Ein Freund der Familie hatte den Eindruck, «daß er sich jetzt als Gottes auserwähltes Rüstzeug fühlte, um seinem Vaterlande Segen zu bringen». Am Abend des folgenden Tages ließ ihn eine vor seinem Haus versammelte Volksmenge hochleben. Aus dem Fenster soll er dabei ungefähr folgende Worte gesprochen haben: «Für unsern König und das Vaterland das Leben zu lassen, ob auf dem Schlachtfelde oder auf dem Straßenpflaster, halte ich für ein hohes Glück und erflehe von Gott, daß mir ein solcher Tod vergönnt sei. Für jetzt hat Er es anders gewollt; Gott hat gewollt, daß ich noch lebendig meinen Dienst thun soll.»

Zu Gerlach sprach er von seinem glücklichen Entkommen, als sei es ihm gleichgültig. Er habe seinen Frieden mit Gott gemacht. Tatsächlich fiel allen Zeugen des Attentats auf der belebten Straße die erstaunliche Gelassenheit des Angegriffenen auf. Am Abend des 15. Juni ging er mit Lord Loftus im Garten hinter dem Auswärtigen Amt spazieren. Um Mitternacht gab er dem Botschafter bekannt, daß Preußen den Krieg eröffnet habe. «Der Kampf wird ernst werden», erklärte Bismarck. «Es kann sein, daß Preußen verliert, aber wie es auch kommen mag, es wird tapfer und ehrenvoll kämpfen. Wenn wir geschlagen werden ... werde ich nicht hierher zurückkehren. Ich werde bei der letzten Attacke fallen. Man kann nur einmal sterben; und wenn man besiegt ist, ist es besser zu sterben.»[44]

Revolution von oben

Mit dem Angriff auf Österreich begann Bismarcks Neubegründung der Hohenzollernmonarchie. Diese hatte bisher auf dynastischer Loyalität, preußischem Patriotismus und protestantischer Frömmigkeit beruht und sich auf den Landadel sowie auf das preußische Heer und die preußische Beamtenschaft gestützt. Diesen Pfeilern des Regimes fügte Bismarck nun einen neuen hinzu, der große Tragfähigkeit beweisen sollte: den deutschen Nationalismus.

In einer öffentlichen Erklärung schrieb er am 24. März, daß Preußen sich nach Garantien umsehen müsse, «welche uns die Sicherheit gewähren können, die wir in dem Bunde mit der anderen deutschen Großmacht nicht nur vergebens gesucht haben, sondern sogar durch dieselbe bedroht sehen. Preußen ist durch seine Stellung, seinen deutschen Charakter und durch die deutsche Gesinnung seiner Fürsten vor allem und zunächst darauf angewiesen, diese Garantien in Deutschland selbst zu suchen.» Die Interessen Preußens und Deutschlands, so Bismarck, seien identisch. Die Erfahrung habe gelehrt, befand am 9. April Savigny im Bundestag, daß weder die Debatten eines gewählten Parlaments (während der Jahre 1848–1849) noch Unterhandlungen zwischen Regierungen (1863) genügten, die Übel der deutschen Uneinigkeit zu überwinden. Deshalb sei nur vom Zusammenwirken beider die erforderliche Erneuerung der Institutionen für Deutschland zu erhoffen. Der Bundestag solle deshalb «ein deutsches Parlament, hervorgehend aus direkten Wahlen und allgemeinem Stimmrecht der ganzen Nation», einberufen, zum Zweck der Verständigung mit den deutschen Regierungen über eine Reform der Bundesverfassung. Im Mai und frühen Juni setzte Bismarck die Opposition weiter unter Druck, indem er nach und nach Einzelheiten der Verfassung bekanntwerden ließ, die Preußen vorzuschlagen beabsichtigte. Dazu gehörten ein Parlament mit weitgehender gesetzgeberischer Befugnis, das Wahlgesetz der Frankfurter Verfassung von 1849, eine von Preußen und Bayern geführte zweigeteilte Armee und der Ausschluß Österreichs.[45]

Am 16. Juni wandte sich Wilhelm mit einer von Bismarck entworfenen Proklamation an das deutsche Volk. Der Deutsche Bund, so hieß es da, habe während des halben Jahrhunderts seiner ohnmächtigen Existenz das Vertrauen des deutschen Volkes verloren. Mit ihrer widerrechtlichen Mobilisierung gegen Preußen hätten die deutschen Staaten nun den «Bundesbruch vollzogen und das alte Bundesverhältnis zerrissen». Nur «die lebendige Einheit der deutschen Nation» sei geblieben und, es sei «die Pflicht der Regierungen und des Volkes, für diese Einheit einen neuen, lebenskräftigen Ausdruck zu finden». Dafür werde sich in Zukunft Preußen nach Kräften einsetzen.[46]

Der bereits 1857 entworfenen Strategie entsprechend, schickte sich Bismarck nun an, das Streben der Deutschen nach nationaler Einheit vor den preußischen Wagen zu spannen. Der österreichische Vielvölkerstaat konnte den Anspruch, eigentlich nur für diese Einheit zu kämpfen, schlechterdings nicht erheben. Außer den Sympathien der nichtpreußischen Deutschen versprach sich Bismarck von dem Bündnis mit der Nationalbewegung auch eine abschreckende Wirkung auf eventuelle französische Interventionsgelüste. Darüber hinaus gab es den mißtrauischen Italienern die Gewißheit, daß Preußen wirklich entschlossen war, den «großen Krieg» zu führen, den sie verlangt hatten. In Deutschland war die Sympathie der Nationalbewegung für Preußen auch praktisch von Nutzen, denn sie trug dazu bei, in den Mittelstaaten Verwirrung zu stiften und deren Kriegsanstrengungen zu behindern. In dem von Preußen geplanten neuen Staatenbund würde dann die Nationalbegeisterung den partikularistischen Tendenzen der Regierungen entgegenwirken. Schließlich konnte mit dieser Strategie wohl auch der innere Konflikt in Preußen beigelegt werden, weil die national gesinnten Liberalen ihren Frieden auch mit einer autoritären Regierung machen würden, wenn diese sich national engagierte, und überdies das neue Wahlrecht regierungsfreundliche Mehrheiten versprach.

Obwohl Bismarck sich früh dafür einsetzte, war er doch nicht der erste, der auf die Idee kam, daß ein nationales Parlament der preußischen Außenpolitik dienlich sein könne. Wie wir sahen, hatte bereits im Dezember 1861 Bernstorff Österreich und den Mittelstaaten mit dieser Waffe gedroht und im August des folgenden Jahres noch einmal zur Abwehr von Schmerlings Plan einer großdeutschen Reform. Bismarck ging über seinen Vorgänger nur mit der Forderung hinaus, daß dieses Parlament aus allgemeinen, gleichen und direkten Wahlen hervorgehen solle. Ursprünglich hatte er ein von den gesetzgebenden Versammlungen der Mitgliedsstaaten des Bundes gewähltes Parlament vorgesehen, doch verleibten diese Absicht dann die Österreicher ihrem Reformplan von 1862 ein. Mithin mußte Bismarck nun einen Schritt weiter gehen. Im Januar und September 1863 sprach er sich in seinen Gegenangriffen gegen Rechberg und Schmerling für «direkte Wahlen» aus und deutete an, daß dabei das allgemeine Stimmrecht gewährt werden könnte. Zu Beginn des Jahres 1866 drängte der in diesem Bemühen von Biegeleben unterstützte Mensdorff den Kaiser vergeblich, mit dem Ruf nach einem deutschen Parlament die Initiative wieder an sich zu reißen.[47] Aber im April übertrumpfte ihn Bismarck mit dem Wahlgesetz des Frankfurter Parlaments. Dieses Wahlgesetz war das radikalste Erzeugnis der Paulskirche gewesen. Indem er es zu neuem Leben erweckte, nahm Bismarck die revolutionäre Tradition für die preußische Monarchie in Anspruch – und verpflichtete die preußische Monarchie der revolutionären Tradition.

Zur Zeit seiner Gespräche mit Lassalle hatte Bismarck bezweifelt, daß das allgemeine Stimmrecht ohne besondere Modifizierung schon an sich für regierungsfreundliche Mehrheiten sorgen würde. Gewisse konservative Vorsichtsmaßnahmen schloß auch das Versprechen von 1866 nicht aus. Das Wort «gleich» wurde einstweilen noch vermieden und keine geheime Abstimmung versprochen. Privat sprach sich Bismarck gegen finanzielle Vergütung der Abgeordnetentätigkeit und gegen die Wahl von Staatsbeamten aus.[48] Doch was immer auch seine Zweifel und Vorbehalte gewesen sein mögen, in München, Petersburg und London ließ er wissen: «Direkte Wahlen aber und allgemeines Stimmrecht halte ich für größere Bürgschaften einer konservativen Haltung als irgendein künstliches auf Erzielung gemachter Majoritäten berechnetes Wahlgesetz.» Die Massen seien mehr an der staatlichen Ordnung interessiert als die Führer der Bourgeoisie. Das allgemeine Stimmrecht werde die vom Klassenwahlrecht verhinderte «Berührung der höchsten Gewalt mit den gesunden Elementen, welche den Kern und die Masse des Volkes bilden», wiederherstellen. Neun Zehntel des Volkes seien in Preußen dem König treu ergeben, die liberale Majorität in der Abgeordnetenkammer eine Folge der Begünstigung «der liberalen Bourgeoisie-Klassen durch das bisherige Wahlgesetz».[49]

In Deutschland beobachteten die meisten politischen Führer von den Ultrakonservativen bis in die Reihen der Fortschrittspartei diesen «Sprung ins Dunkle», dieses «frivole Experiment», mit Entsetzen, nur die demokratischen Liberalen und Anhänger Lassalles begrüßten die Initiative.[50] In Paris war man geteilter Meinung. Drouyn war bestürzt, während Napoleon bemerkte, «daß fortan die beiden Länder demselben politischen System huldigen würden». Aus London berichtete Graf Bernstorff, daß der preußische Vorschlag sehr alarmiere, «man findet ihn, wenn er ernstlich gemeint sei, vollkommen revolutionär». Man befürchtete in London üble Rückwirkungen auf die Debatte der gemäßigten Reform Bill Gladstones. Gortschakow und Zar Alexander sahen in der Initiative einen schweren Angriff auf das monarchische Prinzip. Mensdorff erschien sie «entweder als revolutionär oder als ein unwürdiges Spiel mit der deutschen Reformfrage». Aus Frankfurt berichtete Kübeck, daß die dortigen Gesandten das kriminelle Spiel der preußischen Regierung mit revolutionären Elementen einhellig verabscheuten. «Der neueste Schachzug des Gr. Bismarck ist ebenso perfid als gefährlich.» Doch weder Österreich noch die Mittelstaaten wagten es, öffentlich gegen die Initiative Stellung zu nehmen, denn sie fürchteten die unterirdischen Mächte, die ihr diabolischer Widersacher zu beschwören suchte. Sie entschieden sich für eine Verzögerungstaktik. Ehe ein nationales Parlament zusammentreten könne, erklärten sie, müßten die deutschen Staaten zu einer Einigung über dessen Befugnisse gelangen. Dabei blieb es einstweilen, als der Krieg ausbrach.[51]

Monatelang hatte Bismarck als Protagonist des monarchischen Konservatismus geredet und geschrieben. In Berlin, Wien und Petersburg hatte er Österreich wieder und wieder beschuldigt, die monarchische Sache zu schädigen und mit seiner Unterstützung der Ansprüche Augustenburgs nur der «demokratischen Revolution» zu dienen. Er drang, wie wir sahen, auf strenge Vergeltungsmaßnahmen gegen den Nationalverein und den Senat der freien Stadt Frankfurt. Doch längst schon wartete er mit einem gewissen sardonischen Vergnügen auf die Gelegenheit, die einen plötzlichen Seitenwechsel erforderlich machen würde. Nach Gastein soll er gesagt haben, man beschuldige ihn, reaktionär zu sein, notfalls würde er aber auch mit der Revolution marschieren. In Dresden äußerte er sich zu Beust mit jener Freimütigkeit, die seine Hörer oft in sprachloses Staunen versetzte. Beust, bei all seinem Mut, würde es nicht verstehen, an die Spitze der revolutionären Partei in Deutschland zu gelangen; er, Bismarck, dagegen könne jederzeit deren Haupt werden.[52]

Govone zufolge war es Bismarck nicht leichtgefallen, die Einwilligung Wilhelms zu einem so radikalen Schritt wie der Einführung des allgemeinen Wahlrechts zu erlangen. «Aber damit raten Sie mir ja zur Revolution», habe der König zu seinem Minister gesagt. Das sei kein Grund zur Besorgnis, soll Bismarck erwidert haben. «Euer Majestät werden auf einem Felsen über der Flut sitzen. Alle, die nicht in ihr verderben wollen, werden dort Zuflucht nehmen müssen.»[53] Die größte Wirkung hatte aber auf den König wohl das Argument, daß die königstreuen Massen zweifellos konservative Abgeordnete wählen würden. Bismarcks geschickte Beeinflussung des Königs während jener Monate wurde allenthalben bestaunt. Bismarck habe den König in der Tasche, schrieb die Gräfin Hatzfeld an Mensdorff. «Man macht auch schon den Witz, er sei seine letzte Mätresse, denn nur eine derartige Kreatur könne eine so magische Gewalt über einen alten Herrn üben, ihn auf diesen Grad von allen anderen entfremden.»[54]

Bismarck mobilisierte 1866 die revolutionären Kräfte jedoch nicht nur mit der Verheißung allgemeiner Wahlen zu einem nationalen Parlament. Es waren inzwischen sieben Jahre vergangen, seitdem Napoleon III. den Prozeß der Einigung der italienischen Nation in Gang gesetzt hatte. Bismarck brachte diesen nun zum Abschluß (wenn auch Rom einstweilen noch päpstlich blieb). In den Augen der Konservativen war König Viktor Emanuel nur ein «Räuber-König», der auf einem revolutionären Thron saß.[55] Das preußische Bündnis mit ihm gab, obwohl durchaus nicht zu diesem Zweck geschlossen, dem radikalen Prinzip der Selbstbestimmung in Europa viel Auftrieb. «Die Sympathien der Völker umgeben die Konsolidation Italiens», erklärte Graf Usedom, der preußische Botschafter in Florenz, als er zu Beginn des Jahres dem «Räuber-König» den preußischen Schwarzen Adlerorden überreichte.

So scheute denn Bismarck auch nicht einmal vor dem Versuch zurück, im Habsburgerreich nationale Erhebungen anzustiften. Von allen dessen Völkern waren seit jeher die Ungarn am schwierigsten zu regieren. Die Niederschlagung des von Lajos Kossuth angeführten Aufstands 1849 und die darauf folgenden Jahre der Repression hatten den ungarischen Willen zu nationaler Autonomie nicht brechen können. Schon 1862 hatte Bismarck durch einen Emigranten, den Grafen Arthur Seherr-Thoss, Beziehungen zu den ungarischen Nationalisten angeknüpft. Im März 1866 begann Graf Usedom, über die Möglichkeit einer ungarisch-südslawischen Diversion im Kriegsfall zu berichten. Er wurde angewiesen, mit der Emigrantenkolonie in Italien in Kontakt zu bleiben, ohne jedoch dabei für Preußen Verpflichtungen einzugehen. Fürs erste mußte dem König die Zumutung einer Komplizenschaft mit Revolutionären erspart bleiben. Ende Mai konferierte Bismarck in Berlin mit Kiss de Nemeskér, einem Agenten Kossuths. Am 3. Juni wurden Theodor Graf Czaky und die Generäle Stefan Türr und Georg Klapka, Veteranen des Aufstands von 1848, eilig nach Berlin zitiert. Vorbereitungen für die Rekrutierung einer magyarischen Legion in Preußen begannen. Von Italien aus sollte ein zweites «Freikorps» unter Giuseppe Garibaldi die dalmatische Küste angreifen.[56]

Die Operation wurde um so wünschenswerter, als bekannt wurde, daß die Italiener sich auf die Einnahme des österreichischen Festungsvierecks südlich der Alpen beschränken wollten. Bernhardi, der als Militärattaché nach Florenz entsandt worden war, berichtete, daß die ungarische Diversion das einzige Mittel zu sein schien, das La Marmora zu einem Einfall in Österreich bestimmen könnte.[57] Zweifellos handelte Usedom im Sinne seiner Instruktionen, als er die berühmte «Stoß-ins-Herz-Depesche» vom 17. Juni formulierte, in der er die Italiener drängte, zur Unterstützung der ungarischen und slawischen Insurgenten auf Wien zu marschieren.[58]

Bismarck bemühte sich überall im Habsburgerreich, die nationalen Leidenschaften anzufachen. Man glaubte, daß der Erfolg von Garibaldis Legion von einer Erhebung der Südslawen abhinge. In Belgrad hatte Hauptmann Anton Oresković, ein ehemaliger österreichischer Offizier, im Einverständnis mit dem Fürsten Michael Obrenović einen Aufstand der Truppen an der habsburgischen Militärgrenze schon seit langem vorbereitet. Am 1. Juni telegraphierte Bismarck seine Einwilligung zur Rekrutierung eines «slawischen Korps» in Serbien. Neun Tage später wurde ein preußischer Gesandter, der Legationsrat Pfuel, nach Belgrad und Bukarest entsandt, gefolgt von General Türr. Bei seiner Ankunft in der rumänischen Hauptstadt trat Türr in Geheimverhandlungen mit dem Fürsten Karl über die Möglichkeit einer Unterstützung eines ungarisch-rumänischen Aufstands. Doch Karl, der ein Prinz von Hohenzollern-Sigmaringen und preußischer Offizier war und seine Wahl zum Herrscher der Donaufürstentümer erst im April des Jahres auf Bismarcks geheimes Drängen angenommen hatte, sympathisierte zwar mit der preußischen Sache, war aber in einer viel zu unsicheren Lage, als daß er sich auf ein so verwegenes Unternehmen hätte einlassen wollen. Bei den Tschechen und Slowaken hatten die Preußen nicht mehr Erfolg. Beim Einmarsch

Die preußische Führung am Morgen der Schlacht von Königgrätz.
Im Vordergrund von links nach rechts: Prinz Karl von Preußen, der Großherzog von Mecklenburg-Schwerin, Bismarck, Roon, Moltke und König Wilhelm I.

in Böhmen verteilten die Truppen eine Proklamation, in der es hieß: «Sollte unsere gerechte Sache obsiegen, dann dürfte sich vielleicht auch den Böhmern und Mährern der Augenblick darbieten, in dem sie ihre nationalen Wünsche gleich den Ungarn verwirklichen können». Doch das Echo war gering.[59]

Ehe die ungarischen und südslawischen Insurgenten in das Geschehen eingreifen konnten, bereitete die preußische Armee der österreichischen eine vernichtende Niederlage, durch die sich deren Bemühungen fürs erste erübrigten. Am 3. Juli griffen Moltkes drei Armeen, aus verschiedenen Richtungen kommend, die österreichischen Stellungen bei Königgrätz an. Am Abend strömten die geschlagenen Truppen des Generals Ludwig von Benedek in ungeordneter Flucht in Richtung Wien zurück. Obwohl zuvor die Österreicher bei Custozza die Italiener geschlagen hatten, war Kaiser Franz Joseph gezwungen zu verhandeln. Mensdorff, der das Unglück kommen sah, hatte bereits am 2. Juli telegraphisch um französische Vermittlung gebeten.

Intervention und Revolution

Die Schnelligkeit und Endgültigkeit des preußischen Sieges verursachte in ganz Europa Bestürzung. Dies war vor allem in Paris der Fall. Napoleon hatte mit der Möglichkeit eines österreichischen Sieges gerechnet und mit einem beide Seiten erschöpfenden langen Krieg, nicht jedoch mit dem, was dann tatsächlich geschah. Zum ersten Mal wurde ihm deutlich bewußt, was in dem preußischen Reformplan vom 10. Juni impliziert war, und nun glaubte er allerdings fürchten zu müssen, daß mit der Errichtung eines nationalen Parlaments Preußen auch die Vorherrschaft über ganz Deutschland anstrebte. Am 5. Juli drängte ihn Drouyn, unterstützt von Eugénie, sich durch die Mobilmachung von 80 000 Mann an der exponierten Rheingrenze zum Herrn der Lage zu machen. Napoleon willigte zunächst ein, überlegte es sich gleich darauf aber anders und entschied sich für eine Politik «freundlicher Vermittlung». Möglicherweise hatten ihn dabei Berichte beeinflußt, denen zufolge Krieg in Frankreich keine gute Presse haben würde. Doch werden auch die Argumente seiner Berater Eugène Rouher und Felix La Valette, die ihn davor warnten, die Lehre der nationalen Selbstbestimmung zu verleugnen und den Zorn der deutschen Nation herauszufordern, ihre Wirkung nicht verfehlt haben.[60]

Damit jedenfalls rechnete Bismarck. Französischen Drohungen, so instruierte er Goltz, sei mit der Androhung einer nationalen Erhebung Deutschlands auf der Basis der Frankfurter Verfassung von 1849 zu begegnen. Preußen sei entschlossen, «jedes Mittel ohne Rücksicht auf irgendwelchen Parteistandpunkt zur Kräftigung des Widerstandes der Nation anzuwenden». Am 15. Juli schrieb er dem Botschafter: «Fortschritt und Demokratie in Preußen zu jedem Opfer für Krieg gegen Frankreich bereit, uns erscheint volle Entzündung des nationalen Geistes gegen solche Eventualität tunlich».[61]

Gleichzeitig stellte er den Franzosen in Aussicht, was sie heiß begehrten. Die Grenze von 1814 sei leicht wiederherzustellen, soll er am 26. Juli geäußert haben, schwierig sei es nur, die Zustimmung des Königs und des Landtags dazu zu erhalten. Am 4. August schließlich forderte Drouyn expressis verbis diese Grenze, das linke Rheinufer bis Mainz (das Gebiet der bayerischen Pfalz und Rheinhessens) nämlich, sowie die gänzliche Trennung Limburgs und Luxemburgs von Preußen.[62] Aber mit dieser Forderung kam er zu spät, denn der Vertrag von Nikolsburg war bereits unterzeichnet. Nun, da ihm Österreich zu Füßen lag, wies Bismarck jede Forderung nach deutschem Boden zurück. «Ihr wißt ja, daß wir deutsches Gebiet nicht abtreten können», erklärte er dem französischen Botschafter Benedetti. «Ihr wollt also den Krieg: Ihr sollt ihn haben. Wir werden die ganze deutsche Nation gegen euch aufrufen.» Als Benedetti sagte, er werde dem Kaiser dennoch empfehlen, an seinen Forderungen festzuhalten, weil sonst seine Dynastie in Gefahr sei, erwiderte Bismarck: «Fügen Sie hinzu ... daß es auch während unseres großen Krieges revolutionäre Stöße geben kann, und daß die kaiserliche Dynastie dagegen weniger gesichert sein würde als die deutschen Throne.» Auch der König selbst ließ nun mitteilen, daß er bei einem Krieg mit Frankreich «den Nationalkrieg in ganz Deutschland proklamieren und vor keinem Mittel zurückschrecken» würde.[63]

Solche Warnungen erhielt Napoleon nicht allein. Während der Monate Juli und August versuchte die russische Regierung, eine Intervention Rußlands, Englands und Frankreichs in Deutschland sowie einen europäischen Kongreß zur Prüfung und Mäßigung der preußischen Kriegsziele zu organisieren. Bismarcks Reaktion auf diese Zumutung war heftig. Sollte «die Einwirkung des Auslandes auf unsere Verhältnisse schärfere Umrisse annehmen», werde er «die volle nationale Kraft Deutschlands und der angrenzenden Länder zum Behuf des Widerstands ... entfesseln». Der Hinweis auf die angrenzenden Länder sollte Rußland an das polnische Verlangen nach nationaler Selbstbestimmung erinnern. Als Zar Alexander sich über Preußens revolutionäre Politik beklagte, wurde Bismarck noch deutlicher. «Pression des Auslands wird uns zur Proklamierung der deutschen Reichsverfassung von 1849 und zu wirklich revolutionären Maßregeln treiben. Soll Revolution sein, so wollen wir sie lieber machen als erleiden.» Wenn Napoleon sich mit Rußland und Österreich gegen Preußen ins Einvernehmen setzen wolle, erklärte Bismarck am 10. August Govone, werde man bald Gelegenheit erhalten, diese Unklugheit zu bedauern, «auf jeden Fall würden wir einen Revolutionskrieg führen; wir würden Ungarn zum Aufstand bringen und provisorische Regierungen in Prag und Brünn organisieren.»[64]

Wenn wir diesen erstaunlichen Mann richtig einschätzen wollen, müssen wir versuchen herauszufinden, wie weit er während dieses kritischsten Abschnitts seiner Laufbahn im Juli und August 1866 tatsächlich gegangen wäre. Kein Staatsmann war mit den erheblichen Risiken des Bluffens vertrauter als er. Auch bei dieser Gelegenheit machte er keine leeren Worte. Am 8. Juli drängte er Eulenburg, die Organisation eines «Vorparlaments» voranzutreiben, und wählte zu dessen Bezeichnung gewiß nicht zufällig die der revolutionären Körperschaft, die dem Frankfurter Parlament 1848 vorausging. «Die Proklamierung der Reichsverfassung (von 1849) kann als letztes Mittel in einem äußersten Fall gegen Frankreich uns nützlich werden, wenngleich sie materiell nur mit einer gründlichen Revision für uns brauchbar ist.» Er war also bereit, diese Verfassung, die die höchsten Hoffnungen des deutschen Liberalismus verkörperte, im Kriegsfall wieder ins Spiel zu bringen, um dann, nach errungenem Sieg, die ihn störenden liberalen Züge daraus zu tilgen.[65]

Die Einschätzung seiner Drohungen, den Zusammenhalt des Habsburgerreichs zu zerreißen, ist noch schwieriger. 1859 hatte auch Napoleon mit Kossuth und Klapka die Anstiftung eines Aufstands in Ungarn verabredet – aber Bismarck war kein Abenteurer, sondern ein preußischer Junker. Hätte er wissentlich die Minen nationaler Unzufriedenheit scharf gemacht, die eines der Bollwerke der konservativen Ordnung in Europa zu sprengen drohten? Hatte bei ihm wirklich die Staatsräson so gründlich über das konservative Prinzip triumphiert? Oder hielt er, wie im Fall der Frankfurter Verfassung, irgendein Mittel in der Reserve, die entfesselten revolutionären Mächte doch wieder an die Kette des konservativen Interesses zu legen?

Als die Interventionskrise Ende Juli auf ihren Höhepunkt gelangte, bat Bismarck um die Entsendung eines italienischen Bevollmächtigten zu Verhandlungen über «neue Verträge mit weiter gesteckten Zielen». Die Vorbereitungen für magyarische und serbische Aufstände wurden erneuert. Die Rekrutierung und Ausrüstung der ungarischen Legion wurde wieder aufgenommen. Ein zweiter ungarischer Emigrant, General Eber, wurde zu neuen Gesprächen mit dem Fürsten Karl nach Bukarest entsandt. Stefan Türr in Belgrad wurde angewiesen, seine «Organisation» aufrechtzuerhalten.[66] Achtzehn Monate später, am 28. Januar 1868, hörte Carl Schurz den preußischen Ministerpräsidenten sagen: «Nahm Frankreich eine so feindliche Haltung an, daß ein Konflikt unvermeidlich war, so mußten wir alle Minen springen lassen. In Ungarn war alles vorbereitet ... In Serbien und der Moldau waren ungarische Cadres bereit. Natürlich, sobald man diese Zündmasse in Brand setzte, war ein Zurückweichen nicht mehr denkbar. Ein Traktieren mit Oesterreich war außer Frage. Oesterreich mußte zerstört werden. Es entstand ein großer leerer Fleck zwischen Deutschland und der Türkei und darauf mußte etwas geschaffen werden. Unsere ungarischen Freunde hätten wir nicht im Stich lassen dürfen.» Im schlimmsten Fall war Bismarck 1866 also bereit, Kräfte zu entfesseln, die er, wie er wußte, nicht lenken konnte. Er stand gewissermaßen mit dem Streichholz in der Hand über dem Pulverfaß der nationalen Revolution.

Freilich tat er, was er konnte, «zu so exzentrischen Mitteln» nicht greifen zu müssen. «Konnte aber der Konflikt mit Frankreich vermieden werden, dadurch, daß man die Sache nicht auf die Spitze stellte, so war das besser», erklärte er Schurz. Europa brauchte Österreich. «Was sollte an die Stelle Europas gesetzt werden, welche der österreichische Staat von Tyrol bis zur Bukowina bisher ausfüllt? Neue Bildungen auf dieser Fläche könnten nur dauernd revolutionärer Natur sein», schrieb er in seinen Erinnerungen.[67] Wenn möglich, war er willens, die österreichische Neutralität, ja sogar ein Bündnis mit Österreich zu erkaufen. Nicht nur die Gefahr einer französischen Intervention machte ihn zum Fürsprecher eines milden Friedens. Er wollte Österreich nicht unnötig verletzen, um keine dauernde Feindschaft zu provozieren. Er erinnerte sich der langen Feindschaft zwischen Friedrich dem Großen und Maria Theresia. Die Beziehung zu Wien durfte nicht zu einer ständigen Gefährdung der preußischen Außenpolitik werden.[68]

Der von ihm in den Konflikt hineingezogene König wurde maßlos in seinem Zorn gegen Österreich und den Forderungen, die er dem geschlagenen Gegner stellte. Seine Generäle hatten nur Verachtung für die Bemühungen des Zivilisten Bismarck, den Krieg zu begrenzen, und dessen Einmischungen in militärische Operationen entrüsteten sie. Sie wollten auf Wien marschieren und einen Erobererfrieden diktieren. Während der Verhandlungen in Nikolsburg am 24./25. Juli führte Bismarcks Beharren auf Friedenspräliminarien, die Österreich keinen Gebietsverlust auferlegen sollten, zu einem der schwersten persönlichen Konflikte im Laufe der langen Beziehung zwischen dem Monarchen und seinem Minister. Einmal lief Bismarck aus dem Zimmer, brach in Tränen aus und dachte daran, sich aus dem offenen Fenster in den Tod zu stürzen. Bei solchen Gedanken fand ihn der Kronprinz, an dessen Zimmer er im Korridor vorbeigegangen war. Friedrich, der in der Friedensfrage mit Bismarck übereinstimmte, sprach daraufhin bei Wilhelm vor. Am Ende gab der König nach. Er sei, ließ er Bismarck voll Enttäuschung wissen, zu seinem Schmerze gezwungen gewesen, «nach so glänzenden Siegen der Armee in diesen sauren Apfel zu beißen und einen so schmachvollen Frieden anzunehmen».[69]

Doch wenn 1866 auch der Plan zur Desintegration der habsburgischen Monarchie nicht ausgeführt zu werden brauchte und sein Versuch, den schlafenden Riesen des deutschen Nationalismus zu wecken, scheiterte, so schuf doch Bismarck unzweifelhaft vollendete revolutionäre Tatsachen mit der Expansion der Grenzen Preußens und der Errichtung einer preußischen Hegemonie über Norddeutschland, der einige Throne und souveräne Herrschaften zum Opfer fielen.

Unmittelbar nach dem Sieg bei Königgrätz waren König und Minister anscheinend übereinstimmend der Meinung, daß die norddeutschen Feindstaaten zwar eines großen Teils ihrer Territorien beraubt, aber nicht beseitigt werden sollten. Bald war Wilhelm mit phantastischen Plänen beschäftigt, Deutschland umzuverteilen, ohne dabei das Prinzip der Legitimität preiszugeben. Einer dieser Pläne sah die Annexion des einstmals preußischen Ansbach-Bayreuth vor. Daheim in Preußen verlangte ein Teil der öffentlichen Meinung die Annexion von Sachsen, Hannover und Kurhessen. Am 9. Juli schrieb Bismarck an seine Frau: «... wir sind ebenso schnell berauscht wie verzagt, und ich habe die undankbare Aufgabe, Wasser in den brausenden Wein zu gießen und geltend zu machen, daß wir nicht allein in Europa leben». Am gleichen Tag schrieb er an Goltz, er finde den Unterschied zwischen einer für Preußen günstigen Bundesreform und Annexionen «praktisch nicht groß genug, um dafür das Schicksal der Monarchie von Neuem aufs Spiel zu setzen». Dennoch instruierte er den Botschafter, die französische Haltung zu einem möglichen preußischen Erwerb der norddeutschen Staaten in toto zu erkunden. Binnen weniger Stunden wurde bekannt, daß Napoleon nur gegen die Einverleibung Sachsens in Preußen Einwände erheben würde. Sofort setzte Bismarck auf das Prinzip der Annexion. «Halten Sie daran fest, daß jede volle Annexion, die ohne Abtretung preußischen Gebietes erlangt werden kann, besser ist als die halbe auf dem Reformwege», telegraphierte er an Goltz.[70]

Er überzeugte Wilhelm, daß es besser sei, die Schöpfung einer Irredenta zu vermeiden und statt dessen Staaten entweder ganz zu annektieren oder intakt bestehen zu lassen. Mit der Annexionspolitik hoffte er, die Assimilation der unterworfenen Bevölkerungen zu beschleunigen, während er mit der gänzlichen Verschonung anderer Staaten deren geschlagene Herrscher versöhnen wollte. Was er opferte, war das Legitimitätsprinzip. Nur unter Napoleon hatte man ein ähnlich rücksichtsloses Verfahren in Europa erlebt. Echte Konservative sahen nun mit Schrecken Preußen auf dem Weg zum Cäsarismus. Zar Alexander schrieb entrüstet an König Wilhelm, «das monarchische Prinzip erleide eine schwere Niederlage, wo man derart mit einem Federstrich Dynastien von der Landkarte tilge». Daß sie nicht durch die Hände der Revolution, sondern der königlichen Macht beigebracht werde, ändere daran nichts.[71]

OSTSEE
NORDSEE
Königsberg
Rügen
Varzin
Lübeck
MECKLENBURG
Hamburg
Elbe
OLDEN-
BURG
Bremen
PREUSSEN
Berlin
Oder
Rhein
Langensalza
Dresden
HESSEN
THÜRINGISCHE
STAATEN
SACHSEN
Elbe
Weichsel
Ems
Frankfurt
Mainz
Darmstadt
Prag
Königgrätz
GALIZIEN
Sedan
PFALZ
Mosel
Karlsruhe
BAYERN
Rastatt
Stuttgart
Donau
Nikolsburg
Straßburg
WÜRTTEMBERG
BADEN
Ulm
Sigmaringen
München
Wien
Donau
Belfort
Rhein
Buda
Pest
ÖSTERREICH-UNGARN
Rhône
Custozza
Luxemburg
Trier
PREUSSEN
Sedan
Saar
Verdun
Metz
1ste Armee
Spichern
Mars la Tour
Gravelotte
2te Armee
Weißenburg
Wörth
Nancy
3te Armee
Mosel
Straßburg
Grenzverlauf 1871
ELSASS
Rhein
FRANKREICH
Belfort
Der Krieg von 1870/71
Deutschland 1866–1870
Norddeutscher Bund

Am 26. Juli in Nikolsburg und am 23. August in Prag wurden die Verträge unterzeichnet, die den «siebenwöchigen Krieg» beendeten. Obwohl ihm ein Frieden ohne Gebietsabtretungen gewährt wurde, mußte doch Franz Joseph in die Auflösung des Deutschen Bundes und die Reorganisation Deutschlands in zwei Staatenbünde nördlich und südlich der Main-Linie einwilligen. Abgesehen von Sachsen konnte Preußen mit den deutschen Staaten nach Belieben verfahren. In separaten Verträgen gewährte Bismarck Baden, Württemberg und Bayern die territoriale Integrität. Das Großherzogtum Hessen verlor Gebietsteile. Alle geschlagenen Staaten mußten Kriegsentschädigungen zahlen. Am 20. September 1866 annektierte Preußen Hannover, Kurhessen (Hessen-Kassel), Nassau und die freie Stadt Frankfurt. An der alten Bundeshauptstadt am Main ließ Bismarck seinen ganzen rachsüchtigen Zorn aus, den er sich in der großen Politik nicht gestattete. Bei Androhung von Plünderung und Aushungerung wurden die unglücklichen Bürger der ehemals freien Stadt, die sich nichts hatten zuschulden kommen lassen, als den Ruf, besonders freisinnig zu sein und die Preußen nicht zu mögen, zu einer Kontribution von 25 Millionen Gulden gezwungen.[72]

Unter den Verlierern war auch Napoleon. Wäre er beharrlich gewesen, hätte er die territoriale Expansion Preußens verhindern können. Er erreichte nur die Beschränkung der preußischen Hegemonie auf die Gebiete nördlich des Mains und die Möglichkeit, in Süddeutschland französischen Einfluß geltend zu machen. Hätte er seine Ansprüche wesentlich früher angemeldet, hätte er die Grenze von 1814 erhalten können, vielleicht sogar die bayerische Pfalz. Aber während jener kritischen Wochen war er krank und unentschlossen. Später behauptete er, die in Nikolsburg vorgetragenen Forderungen habe nicht er selbst, sondern Drouyn formuliert. Als Bismarck ablehnte, desavouierte Napoleon seinen Außenminister, der daraufhin zurücktrat. Da damals der größte Teil der französischen Armee in Algerien und Mexiko stand, war Frankreich nicht dazu in der Lage, in Europa Krieg zu führen.[73]

Mit der Hand heftig auf den Tisch schlagend, rief Bismarck: «Besiegt habe ich sie Alle! Alle!» Unter den Geschlagenen waren nicht zuletzt die preußischen Liberalen.[74]

IV

Die Eroberung Preußens

Wiederherstellung des Absolutismus

Am 15. Januar 1866 versammelte sich der preußische Landtag zum letzten Mal vor Ausbruch des österreichischen Krieges. Vor der Eröffnung des Landtags versuchten die Liberalen verzweifelt, eine geschlossene Front aufzubauen. Unruh klagte: «Einigen kann man sich nur in der Negation oder in der Phrase!» Worauf Hoverbeck erwiderte: «Wenn es noch so gut wäre! Aber selbst das kann man nicht!»[1] Obwohl die Kontroverse über Schleswig-Holstein nun in den Hintergrund getreten war, waren auch diesmal die Liberalen über der Frage nach der richtigen Taktik in der kommenden Sitzungsperiode zerstritten. Zur Debatte stand wieder einmal, ob man sich auf den langen Prozeß der Abänderung des Regierungsbudgets einlassen oder dieses ohne Diskussion ablehnen solle. Viele hofften, durch eine kühne Tat in dem langen Drama des Verfassungskonflikts eine Entscheidung erzwingen zu können.

Ohne daß ihnen das bewußt gewesen wäre, standen jetzt die entschiedeneren Parteiführer auf dem von ihnen noch vor drei Jahren so verachtungsvoll verworfenen Standpunkt Lassalles. Twesten meinte: «... wir dürfen nicht mehr den Schein erhalten, als ob die Verfassung noch Wirklichkeit wäre.» Lasker wollte nachweisen, «daß fast auf allen Gebieten im einfachsten Sinne des Wortes absolutistisch regiert wird». Hoverbeck war der Ansicht, Despotismus sei besser als Scheinkonstitutionalismus. Er wollte vor aller Welt konstatiert sehen, «daß die Gewalt das Recht vernichtet hat». Das jahrelange leere Gerede müsse ein Ende nehmen: «Da muß man einmal die ganze Wahrheit sagen und dann schweigen, bis man zum Tun aufgerufen wird ...» Indessen war er sich keineswegs sicher, daß dieser Aufruf tatsächlich kommen würde. Bei einer Auflösung des Landtages sah er voraus, «daß wir dann bei den Neuwahlen durchfallen, was bei einer tüchtigen Ansetzung aller Regierungsschrauben sehr möglich ist». Es würden bis zum endgültigen Triumph der Freiheit noch viele Schlachten zu schlagen sein. Die Freiheit könne ja nicht triumphieren, ehe nicht das Volk zur Freiheit erzogen sei.[2]

Zu Beginn der Sitzungsperiode wurde die Frage der Taktik in einer Versammlung der Fortschrittspartei und des Linken Zentrums (der Bockum-Dolffs-Partei) erörtert. Erwartungsgemäß war die extremistische Fraktion in der Minderheit, allerdings gehörten ihr jetzt die meisten prominenten Männer der Fortschrittspartei an: Twesten, Hoverbeck, Lasker, Schulze-Delitzsch, Forckenbeck, Virchow und Loewe. Unterstützt von Rudolf Gneist hielt Waldeck hartnäckig an der

Überzeugung fest, daß das Parlament unter allen Umständen fortfahren müsse, seine Funktion zu erfüllen. Seiner Gruppe schlossen sich die gemäßigten Angehörigen des Linken Zentrums an, die den Verfassungskonflikt bedauerten und nichts tun wollten, ihn zu verschärfen. Zur Freude der Konservativen brach dieser Richtungsstreit in der liberalen Presse und in der Kammer aus, als die Regierung das Budget vorlegte. Mit Unterstützung der Konservativen sowie der Anhänger Waldecks im linken Zentrum und bei der Fortschrittspartei wurde der Antrag der Extremisten abgelehnt. Das Gesetz wurde an einen Ausschuß überwiesen.[3]

In diesem aber hatte die geschlagene Fraktion die Oberhand. Am 21. Februar 1866 wurde ein von Virchow verfaßter Vorbericht von der Kommission genehmigt. Der Bericht bot eine Geschichte des Verfassungskonflikts mit einem Verzeichnis aller Verstöße der Regierung und schloß mit den Worten: «... so liegt es klar zu Tage, daß der Absolutismus in Preußen wieder hergestellt ist und zwar der Absolutismus ohne die Schranken, welche er in vormärzlicher Zeit sich selbst gesetzt hatte. Es giebt keine Finanzkontrolle, kein Staatshaushaltsgesetz mehr; der *Staatsanzeiger* ist an die Stelle der Gesetzsammlung getreten; die Oberrechnungskammer hat keinen Gegenstand mehr; der Staatsschatz, das Staatseigenthum sind in freier Verfügung der Regierung. Nur ein Punkt ist noch nicht angegriffen. Es ist derselbe, an dem der alte Absolutismus zu Grunde gegangen und das Verfassungsleben in Preußen gewonnen worden ist. Noch steht der Satz des Art. 103 der Verfassung aufrecht: ‹Die Aufnahme von Anleihen für die Staatskasse findet nur auf Grund eines Gesetzes statt.›» Am 2. Juni erklärte das Abgeordnetenhaus, es sei «nicht in der Lage, dem gegenwärtigen Staatsministerium Anleihen zu bewilligen».[4]

Die Erklärung war vergeblich. Bismarck war durchaus gewillt, notfalls auch gegen den Artikel 103 zu verstoßen.[5] Doch die Notwendigkeit ergab sich nicht. Später, als der Krieg kam, entnahm August von der Heydt, der Bodelschwingh im Finanzministerium ablöste, einen Teil der erforderlichen Mittel dem Staatsschatz und machte weitere durch den Verkauf von Eisenbahnaktien durch die Seehandlung verfügbar. Die Abgeordneten bestritten heftig die Verfassungsmäßigkeit dieser Maßnahmen,[6] konnten sie aber nicht verhindern. Auch diesmal waren sie, wie 1864, außerstande, Bismarcks Außenpolitik zu behindern.

Die Debatten im Januar und Februar 1866 behandelten immer wieder Verfassungsfragen. Ein Antrag, die Verletzung der Versammlungsfreiheit beim Verbot des Kölner Fests durch die Regierung zu verurteilen, wurde angenommen. Die Abgeordneten stellten fest, daß Leeden, Frese, Lüning, Jacoby und Franz Duncker wegen regierungskritischer Äußerungen strafrechtlich verfolgt wurden. Sie beschuldigten die Regierung, mit der Erwerbung Lauenburgs ohne Zustimmung des Parlaments gegen nicht weniger als drei Grundgesetzartikel verstoßen zu haben. In einer von Ironie funkelnden, klugen Verteidigungsrede demonstrierte Bismarck noch einmal die äußerst dehnbare Beschaffenheit der Verfassung Friedrich Wilhelms IV.[7]

Den größten Ausbruch von Entrüstung in der Kammer und den Höhepunkt des Verfassungskonflikts provozierte aber die strafrechtliche Verfolgung Twestens und Frentzels. Die Verfolgung von Abgeordneten auf Grund von Reden, die sie in der Kammer gehalten hatten, verstieß nicht nur gegen die Verfassung (Artikel 84), sondern war auch ein direkter Angriff auf den parlamentarischen Prozeß überhaupt. Die Gerichte der ersten und zweiten Instanz hatten die Klage als unzulässig verworfen, doch die Richter des obersten Gerichts waren am 29. Januar mit einer Stimme Mehrheit zu dem entgegengesetzten Urteil gelangt. Damit wurden 1853 und 1865 gefällte Gerichtsentscheidungen umgestoßen. Das von der Regierung erwünschte Ergebnis konnte nur erzielt werden, indem man den Richtern zwei Beisitzer von zuverlässig konservativer Gesinnung zur Seite gab.[8] Drei Tage nach dem Urteilsspruch beantragte Hoverbeck im Parlament, die Kammer möge das Handeln des Gerichts sowohl hinsichtlich der Verfahrensweise als auch der Entscheidung für ungesetzlich und ungültig erklären. Einer nach dem anderen geißelten die besten Redner der Opposition die Perversion der Rechtsprechung durch die Regierung. Lippe und Bismarck erwiderten diese Vorwürfe mit der lahmen Gegenanklage: Das Parlament selbst mache sich mit seinem Versuch der Einflußnahme auf die Rechtsprechung einer ungesetzlichen Handlung schuldig. Der Ministerpräsident leugnete rundheraus, daß Abgeordnete im Parlament größere Redefreiheit beanspruchen dürften als der Bürger auf der Straße. Hoverbecks Antrag wurde mit 263 gegen 35 Stimmen angenommen. In den größeren Städten wurden Protestversammlungen abgehalten. Zwei von ihnen, in Berlin und Königsberg, wurden von der Polizei aufgelöst.[9]

Am 22. Februar bestritt die Regierung der Kammer das Recht, sie wegen ihrer Vorgehensweise in Lauenburg, bei dem Kölner Fest und in den Fällen der Abgeordneten Twesten und Frentzel zu zensieren. Die Klagen gegen die Verfassungswidrigkeit des Verfahrens der Regierung seien ihrerseits verfassungswidrig. Bismarck spekulierte darauf, daß ein Wirrwarr von juristischen Argumenten und Gegenargumenten die öffentliche Wirkung der parlamentarischen Kritik abschwächen würde. Am gleichen Tag bestieg er die Rednertribüne und verlas den überraschten und erzürnten Abgeordneten ein königliches Dekret, mit dem der Landtag vertagt wurde. Die Session war mit nur elf Sitzungen im Verlauf von vierzig Tagen die kürzeste in der Geschichte des preußischen Parlaments. Unmittelbar danach wurden die Papiere und Dokumente des Hauses von Regierungsbeamten konfisziert. Als die *Rheinische Zeitung* Virchows kritischen Vorbericht veröffentlichte, wurde die Ausgabe von der Polizei beschlagnahmt.[10]

Die liberalen Abgeordneten hatten sich im Streit versammelt, doch sie trennten sich nun in einmütiger Gegnerschaft gegen die Tyrannei der Regierung. Der Schlußzeremonie im Schloß, wo Bismarck die königliche Botschaft verlas, blieben sie geschlossen fern. Doch auch die Tage dieser wiedergefundenen Einmütigkeit waren schon gezählt.

Widerspenstige Liberale und gehorsame Massen

Als Bismarck im April 1866 in der nationalen Sache die Initiative ergriff, hoffte er, «die Bevölkerung Deutschlands ... in Bewegung zu setzen».[11] Damit bezweckte er die Verwandlung des Krieges gegen Österreich in einen nationalen Befreiungskrieg, in dem sich die mobilisierte Bevölkerung gegen Österreich und alle proösterreichisch gesinnten Herrscher an Preußens Seite engagieren würde. Das glaubte er erreichen zu können, nachdem der Twesten-Frentzel-Fall, die abrupte Schließung des Landtags und die Beschlagnahme von dessen Akten nur wenige Wochen zuvor den Zorn der Liberalen aufs äußerste gereizt hatten. Für jemand, der den Sinneswandel der gemäßigten Liberalen während der Jahre 1849–1850 auf dem Wege von Frankfurt über Gotha nach Erfurt beobachtet hatte, mochte diese Möglichkeit keineswegs absurd erscheinen. Doch dieser Zynismus war nicht gänzlich gerechtfertigt. Als es dann in der Tat zu dem großen Meinungsumschwung bei den deutschen Liberalen kam, wurde dieser nicht durch den Appell an das deutsche Nationalgefühl bewirkt, sondern durch die Demonstration der Macht preußischer Waffen.

Je unvermeidlicher der Krieg mit Österreich zu werden schien, desto weniger entsprach die öffentliche Meinung den Wünschen Bismarcks. In Österreich fand die Regierung erhebliche öffentliche Unterstützung, es kam sogar Kriegsbegeisterung auf. In den süddeutschen Staaten bewilligten die kleindeutschen Nationalisten widerstandslos die erforderlichen Kriegsanleihen ihrer Regierungen, da auch sie in dem bevorstehenden Konflikt Preußen als den Aggressor ansahen.[12] In Preußen selbst hatte die öffentliche Agitation gegen den Krieg Ausmaße angenommen, die der König höchst unerfreulich fand. Von Solingen aus, wo am 25. März eine Antikriegskundgebung stattfand, verbreitete sich eine Welle solcher Demonstrationen über ganz Preußen. Eine Flut von Entschließungen und Botschaften überschwemmte die Regierung. An dieser ablehnenden Haltung der Öffentlichkeit änderte sich in Preußen auch wenig, nachdem sich am 9. April Bismarck für nationale Reformen ausgesprochen hatte. Binnen weniger Tage durchlief die liberale Presse eine Skala von Gemütsbewegungen, die von der Erregung über das Erstaunen bis zum Gelächter ging. Der *Kladderadatsch* verabschiedete sich von seinen Lesern: «Ein harter Schlag hat uns getroffen! ... Das Ministerium Bismarck appelliert an die deutsche Nation und stützt sich auf das Volk! Hahahaha! Wer lacht da? Ganz Europa und die angrenzenden Weltteile! Einer derartigen Konkurrenz sind wir nicht gewachsen.» Der Richtungswechsel des reaktionären Ministerpräsidenten geschah zu unvermittelt, als daß man seinen Augen getraut hätte. Da Einzelheiten des Plans zu einer Bundesreform erst am 10. Juni bekannt wurden, nahm ihn lange niemand ernst. Man sah darin einen Schachzug, der, sobald das Spiel gewonnen wäre, der Vergessenheit anheimfallen sollte.[13]

Während der ersten Monate des Jahres 1866 schien die preußische Opposition so etwas wie eine echte Massenbewegung anzuführen. Die Entrüstung über die Willkürakte der Regierung im Januar und Februar und die Kriegsfurcht gaben der Opposition eine Zeitlang die Massenbasis, die sie früher entbehrt hatte. Aber selbst der Protest wurde nicht im Chor angestimmt. Im Rheinland war der Einfluß des nichtpreußischen Deutschlands stärker. Katholiken fürchteten die zunehmende Macht der Protestanten. Geschäftsleute fürchteten die Beeinträchtigung des Handels. Im Osten, wo eigentlich der preußische Geist zu Hause war, waren viele nicht so sehr gegen den Krieg als vielmehr gegen die Regierung, die sich anschickte, ihn zu führen. «Für dieses Kabinett keinen Pfennig», war der Schlachtruf.[14]

Auch die liberale Führung war auf ähnliche Weise gespalten. In einem Manifest verpflichtete sich die Fortschrittspartei von neuem auf ihre beiden Ideale der Einheit und Freiheit und gab der ungenügenden Macht des Parlaments die Schuld an dem Krieg. Abermals schöpften Schulze-Delitzsch und andere Hoffnung bei dem Gedanken, daß das reaktionäre Staatsministerium unmöglich standhalten könne. Aber Waldeck und dessen Anhang weigerten sich, an der Protestbewegung teilzunehmen. Für sie war jede preußische Eroberung ein Schritt zur Errichtung ihres Ideals, des deutschen Einheitsstaates. Schon waren bei den Liberalen Stimmen zu hören, die forderten, die Freiheitsfrage fürs erste bis zum Ende des Krieges zurückzustellen. Twesten und Lasker waren keineswegs überzeugt, daß die Partei ihren bedingungslosen Widerstand auf die Dauer durchhalten würde. Meinungsverschiedenheiten gab es auch bei den Altliberalen. Einige, wie Schwerin, Patow, Gruner und Bethmann, hielten den Krieg für frivol, doch die meisten bejahten ihn. Max Duncker und Bernhardi wollten schon seit Jahren Krieg, weil sie sich davon ein Ende des inneren Konflikts versprachen. Andere, so Sybel, Haym, Treitschke und Wehrenpfennig, hielten einen preußischen Sieg über Österreich für wichtiger als die Fortsetzung des Streits um die Verfassung. Doch während sie die Unersetzlichkeit Bismarcks und Roons konzedierten, wünschten sie die Ablösung der reaktionärsten Minister des Kabinetts: Eulenburg, Bodelschwingh und Lippe.[15]

Auch in ihren Meinungen zum preußischen Reformplan waren die Liberalen sich nicht einig. Die Fortschrittler waren nicht gegen die Reform an sich, sondern wollten sie nur aus den unreinen Händen, die sie anboten, nicht empfangen. Einem Aufruf von Loewe, Schulze-Delitzsch und Franz Duncker folgend, füllten am 11. April Angehörige des Nationalvereins die Tonhalle in Berlin, um einstimmig eine Entschließung anzunehmen, wonach der Reform jede Unterstützung verweigert werden sollte, bis in Preußen die konstitutionelle Regierungsform wiederhergestellt sei. Nur eine liberale Regierung, so wurde zuversichtlich vorausgesetzt, würde beim Volk Unterstützung in einem für die Reform geführten Krieg finden.[16] Doch andere waren sich nicht so sicher, daß die Reform wegen ihrer regierungsamtlichen Erfinder abgelehnt werden müsse. Von der Ausdauer des Bismarck-Ministeriums beeindruckt, hofften Twesten, Lasker und andere auf einen innenpolitischen Kurswechsel, der es ihnen gestatten würde, es in der nationalen

Frage zu unterstützen. In Halle beschloß eine von Rudolf Haym geführte Gruppe von Altliberalen, daß die Machtfrage Vorrang vor der Freiheitsfrage haben solle. Ein «demokratischer» Zweig des Nationalvereins entschied, ebenfalls in Halle, trotz seiner Verurteilung des Krieges für den Plan der preußischen Regierung zur Errichtung eines nationalen Parlaments zu agitieren. Eine Gruppe vom rechten Flügel in Bremen erklärte ihre Unterstützung des Plans, wenn auch «ohne Begeisterung». Manche Liberale glaubten, das Ziel der deutschen Einheit nie zu erreichen, wenn sie solange warten sollten, bis in Berlin ein akzeptablerer Ministerpräsident an der Spitze der Regierung stand. Sie vertrauten darauf, daß die «überwältigende Macht» der parlamentarischen Idee zuletzt auch der Freiheit zum Durchbruch verhelfen würde.[17]

Im Januar 1866 hatte Bismarck Benedetti gegenüber erklärt, Preußen könne den Nationalverein ebenso leicht bekämpfen wie ein Bündnis mit ihm schließen. Ganz zweifellos war die allgemeine Reaktion auf den preußischen Reformplan für Bismarck einigermaßen enttäuschend. Nichtsdestoweniger versuchte er, sich die Meinungsverschiedenheiten im liberalen Lager zunutze zu machen. Von Mitte April bis Ende Juni sprach er der Reihe nach mit Max Duncker, Bernhardi, Roggenbach, Bennigsen, Miquel und Herzog Ernst von Coburg. Auf Bismarcks Ersuchen kundschaftete der letztere die liberalen Parteien und Fraktionen in Süddeutschland aus. Durch diese Führer und die Bevölkerungsgruppen, die sie vertraten, hoffte Bismarck, die schwankenden Regierungen der Mittelstaaten noch weiter verunsichern zu können. Bei seinen Gesprächen mit Twesten, Unruh und anderen ähnlich Gesinnten versuchte er, die preußische Opposition gewissermaßen zu unterwandern. Wenn Schlachten verlorengingen, mochte sich die Unterstützung dieser Gemäßigten als lebensnotwendig für das Regime erweisen. Es war also nicht verkehrt, sich mit deren Bedingungen bekannt zu machen.[18]

Die Berichte über diese Unterredungen zeigen, daß Bismarck dabei jedesmal ähnlich vorging. Er begann gewöhnlich mit dem «Geständnis», daß er wohl werde zurücktreten müssen. Ironisch lächelnd fragte er dann aber: «Ist ein liberales Ministerium im Augenblick möglich?» – und insbesondere: wer als liberaler Minister des Auswärtigen in Frage käme? Die Männer der Fortschrittspartei und die Altliberalen mußten auf diese Frage gestehen, daß sie für dieses Amt keinen tauglichen Mann zu bieten hätten. «Die Reaktion habe 1849 bis 1853 und 1862 bis jetzt dafür gesorgt», soll Unruh bedauernd eingeräumt haben, «daß in den hohen Beamtenkreisen kein liberaler Mann mehr zu finden sei, der die jetzt unentbehrliche Energie und Ausdauer und zugleich das allgemeine Vertrauen besitze.»[19] Nur Männer «aus hohen Beamtenkreisen» scheinen überhaupt in Betracht gezogen worden zu sein. Da die Fortschrittspartei nie an der Macht gewesen war, fehlte es ihr an einem Reservoir erfahrener Persönlichkeiten, mit denen sie die wichtigsten Staatsämter hätte besetzen können. Das System ließ die Heranbildung solcher Persönlichkeiten nicht zu.

Während dieser Gespräche begann Bismarck, seinen eigenen Mythos zu schöpfen, den ihm dann später patriotische Deutsche (einschließlich einiger Historiker) nur allzugern geglaubt haben. Schon seit den Tagen seiner Gesandtschaft in Frankfurt, vertraute er Bernhardi und Bennigsen an, seien die Bundesreform und ein deutsches Parlament sein Programm; Unruh gegenüber versicherte er, als die Rede auf die nationale Einheit kam, «er verfolge seit 16 Jahren dasselbe Ziel».[20] Nun, da seine Wahl auf die nationale Reform gefallen war, stellte er diese als sein von Anfang an einziges Ziel dar. Dazu mußte er sein Bild in der Geschichte retuschieren und alle Züge übermalen, die ihn nicht als deutschen Nationalisten auswiesen.

Doch die Führer des Nationalvereins waren vorsichtig und mißtrauisch. Bennigsen lehnte es ab, sich für den preußischen Plan zu erklären, ehe ihm nicht dessen Einzelheiten bekannt gemacht würden und er Zusicherungen über Zugeständnisse im Verfassungskonflikt erhalten hätte. Roggenbach fand, daß der Plan zur Einrichtung eines Parlaments unterstützt werden müsse, da ein geschlagenes Preußen niemals seine zukünftige Sendung erfüllen könne. Doch dann verließ der durch voreilige Presseberichte verschreckte Badener Hals über Kopf Berlin. Er fürchtete, bei Verhandlungen mit dem verhaßten Minister seine politische Zukunft zu gefährden. Auch Miquel wollte sich nicht einreden lassen, daß die Unterstützung Preußens seine «nationale Pflicht» sei. Wie Bennigsen sah er in dem Verfassungskonflikt ein unübersteigbares Hindernis. Bismarck scheiterte sogar bei dem Bemühen, Treitschke zur Abfassung nationalistischer Manifeste für die preußische Regierung zu bewegen, denn der Freiburger Professor sympathisierte zwar mit der preußischen Sache, wollte sich aber nicht kompromittieren.[21]

Wie die in Bremen und Halle gefaßten Entschließungen beweisen, war freilich nicht der ganze Nationalverein der Meinung Bennigsens. Besorgt befragte Bennigsen deshalb seine Freunde im übrigen Deutschland. Sollte der Verein den preußischen Plan unterstützen oder fürs erste Neutralität wahren? Die Antworten, die er erhielt, summierten sich nicht zu einer eindeutigen Entscheidung. Nur etwa ein Achtel der Befragten antwortete überhaupt, und von diesen sprachen sich einunddreißig für eine sofortige Agitation zugunsten des Plans aus, acht für Zurückhaltung. Bei einem Treffen in Berlin vom 13. bis zum 14. Mai verurteilte der zentrale Ausschuß des Nationalvereins den drohenden Krieg und enthielt sich jeder Meinungsäußerung zu der geplanten Errichtung eines gesamtdeutschen Parlaments. Sechs Tage später trat in Frankfurt ein Kongreß deutscher Parlamentsabgeordneter zusammen, als dessen Vizepräsident Bennigsen fungierte. Dieser deutsche Abgeordnetentag stimmte einer Resolution zu, die erklärte: «Wir verdammen den drohenden Krieg als einen nur dynastischen Zwecken dienenden Kabinettskrieg ... Fürsten und Minister, welche diesen unnatürlichen Krieg verschulden ..., machen sich eines schweren Verbrechens an der Nation schuldig.»[22]

Unbefriedigend für Bismarck verliefen auch die Unterredungen mit Twesten und Unruh. Der erstere, der schon die Niederlage ahnte, beschränkte sich auf die Forderung, «durch wirkliche Feststellung des Budgetrechts» den Abgeordneten «die rechtliche und moralische Möglichkeit» zur Kooperation im Kriegsfall zu geben. Auf Verlangen des Ministers entwarf er einen entsprechenden Passus für die nächste Thronrede.[23] Es ist fraglich, ob Twestens Entwurf wirklich je vom Ministerium gebilligt und dem König vorgelegt wurde, wie Bismarck Unruh versicherte, jedenfalls weigerte sich Unruh, den angeblichen Bedenken des Königs Rechnung zu tragen und die beanstandeten Stellen des Textes abzuschwächen. Es fruchtete auch nicht, daß Bismarck dem Abgeordneten in Erinnerung rief, wie er 1859 noch bereit gewesen sei, um der nationalen Einheit willen eine zeitweilige Militärdiktatur in Kauf zu nehmen. Der innere Frieden, beharrte Unruh jetzt, sei allein mit einer Rückkehr zur Verfassung zu gewinnen.[24]

Noch konnte Bismarck für das, was er verlangte, nur wenig bieten. Er hatte nicht die Absicht, einen Liberalen ins Kabinett aufzunehmen, wenn nicht verlorene Schlachten ihn dazu zwangen. Im Gegensatz zu Bernhardis Erwartung vermied er bei seinem Gespräch mit Roggenbach diesen Gegenstand sorgfältig. Als möglicher Kandidat für das Ministeramt wurde ihm Twesten genannt, dazu lachte er jedoch nur. Auch Bennigsens beide Bedingungen zu erfüllen, war er nicht bereit. Die Liberalen sollten sich keine Sorgen machen «um das bißchen Liberalismus», das sie einbüßen würden, wenn sie ihn unterstützten: «Das holen sie nachher in sechs Wochen wieder ein unter dem ersten besten liberalen Ministerium – und jedenfalls werde unter dem Kronprinzen ein anderes Regiment eintreten», versicherte er seinem Gesprächspartner. Einstweilen komme es nur darauf an, das geplante Parlament bald zusammenkommen zu lassen, «und wenn die Herren die Initiative ergreifen, und mit einer Revision der Verfassung von 1849 anfangen, so nehme ich das mit Handkuß an». Zu Miquel meinte er: «... kümmern Sie sich doch nicht um die Verfassung jetzt. Später wenn wir gesiegt haben, sollen sie Verfassung genug haben». Doch seine Hörer gaben sich mit so unbestimmten Verheißungen nicht zufrieden. Sie wollten Taten sehen und forderten Beweise seiner Aufrichtigkeit in Gestalt eines konkreten Programms.[25]

Mehr Glück hatte Bismarck auf der äußersten Linken. Durch seinen Gehilfen Lothar Bucher, einen Überläufer aus dem Lager der Revolution von 1848, stand er in Kontakt mit den Resten der alten radikal-liberalen Bewegung. Es gibt Gründe für die Annahme, daß Franz Ziegler, der Freund und Berater Waldecks, zu der leidenschaftlichen Kriegsrede, die er in Breslau hielt, von Bismarck angestiftet wurde. Das Ergebnis war eine dann überall verbreitete Entschließung des Breslauer Stadtrats zugunsten des Krieges. Propagandist der Regierung wurde auch der radikale Politiker und Sozialtheoretiker Karl Rodbertus, ein Bewunderer von Bismarcks «Caesarismus». Oskar Graf von Reichenbach, ein proskribierter Radikaler des Jahres 1848, konnte endlich das englische Exil verlassen. Geheimen Anweisungen Robert von Keudells folgend, der wie Bucher ein vertrauter Gehilfe Bismarcks war, bereiste Reichenbach nun Süddeutschland und agitierte dort gegen den Krieg (in den die süddeutschen Staaten ja an der Seite Österreichs einzutreten drohten). Auch Arnold Ruge und Gottfried Kinkel, zwei weitere Veteranen der radikalen Bewegung, wurden für die preußische Sache gewonnen.[26] Einigen Erfolg hatte Bismarck sogar bei den Sozialisten. Drei

Tage nach der preußischen Absichtserklärung bezüglich der Bundesreform gab er dem Herausgeber des *Sozialdemokraten* ein zinsloses Darlehen in Höhe von 2500 Talern, um sein Blatt vor dem Bankrott zu bewahren. Am 9. Mai wurde Schweitzer vorzeitig aus dem Gefängnis entlassen. Sofort machte er sich ans Werk, den heruntergekommenen Allgemeinen Deutschen Arbeiterverein neu zu beleben. Auf sein Drängen beschloß dieser bei einem Kongreß am 17. Juli in Leipzig, mit der Agitation für das allgemeine Wahlrecht und ein deutsches Parlament zu beginnen.[27]

Doch diese Resultate waren mager. Die vorherrschende Strömung im deutschen Volk während der Monate April bis Juni 1866 war gegen den Krieg und gegen Bismarck. Károlyis Glaube, daß die öffentliche Meinung ihn vom Krieg abhalten würde, hätte ihn aber zweifellos amüsiert: «Man schießt nicht mit öffentlicher Meinung auf den Feind, sondern mit Pulver und Blei», beschied er Bernhardi. Und als Miquel ihm erklärte, daß ihm unter den gegebenen Umständen das Parlament nicht beistehen könne, erwiderte er: «Nun, so will ich Ihnen sagen: wir brauchen Sie auch gar nicht.» An Goltz schrieb er: «Die ganze Aufregung und Opposition im Lande halte ich für eine oberflächliche, von den oberen Schichten der Bourgeoisie getragen, im Volke durch unhaltbare Zusagen vorübergehend genährte. Im Moment der Entscheidung stehn die Massen zum Königtum, ohne Unterschied, ob letzteres sich gerade einer liberalen oder einer konservativen Strömung hingibt.» Der König brauche nur zu befehlen. Die Massen würden gehorchen.[28]

Doch bei der Mobilmachung im Mai war die Mißstimmung durchaus bemerkbar. Die Landwehrleute empfanden den Einbruch des Staates in ihr Privatleben aus Gründen, die ihnen unklar waren, als ärgerliche Zumutung. An einigen Bereitstellungspunkten kam es zu «Skandalen». Gleichwohl setzte die traditionelle preußische Disziplin sich durch. Während des Aufmarschs der Truppen an der österreichischen Grenze wuchs auch die Kriegsbegeisterung. Einem Beobachter schien sie jetzt sogar bei der Landwehr größer zu sein als bei der Linie. In den kleineren Schlachten in West- und Süddeutschland sowie in der Entscheidungsschlacht bei Königgrätz erschlugen preußische Truppen ihre deutschen Brüder mit der gleichen Tüchtigkeit, wenn auch geringerer Begeisterung, die sie früher gegen die Dänen bewiesen hatten und später gegen die Franzosen beweisen sollten. Daheim folgte, wie Schulze-Delitzsch beobachtete, die Öffentlichkeit den Kriegsberichten mit steigender Aufmerksamkeit und Anteilnahme. Auf Grund der Wehrpflicht hatte fast jede Familie einen Angehörigen bei den Soldaten. Die Isolierung Preußens und die Nähe der Feinde erhöhte das Gefühl einer allen Preußen gemeinsam drohenden Gefahr. Den guten Bürgern lief es kalt den Rücken herunter bei Berichten über die angeblich wilde Grausamkeit der österreichischen «Horden». Die Notwendigkeit, den Krieg zu gewinnen, verurteilte bald die Frage nach seinem Ursprung zu relativer Bedeutungslosigkeit.[29] Bismarcks Zuversicht fand sich bestätigt.

Eroberungsrausch

«Jeder Preuße», schrieb Benedetti im März 1866, «hat etwas von Friedrich dem Großen, gleichviel, was seine Anschauungen in Freiheitsfragen sein mögen.» Bismarck hätte ihm da zugestimmt. Als er im Oktober 1865 zu drakonischen Maßnahmen gegen den Frankfurter Senat riet, schrieb er, daß seiner Meinung nach «jede Entwicklung von Willenskraft und Macht, welche wir in Deutschland leisten, uns von wesentlicher Hilfe in der Überwindung unseres inneren Konfliktes sein wird, auch dann, und vielleicht dann noch mehr, wenn sie im Widerspruch mit den Tendenzen der liberalen Partei erfolgt, immer vorausgesetzt, daß sie entschlossen durchgeführt wird und nicht auf halbem Wege stehen bleibt».[30] Der rücksichtslose Gebrauch von Macht verschaffe Respekt, ganz ungeachtet seines Zwecks.

Die Ereignisse des Jahres 1866 in Deutschland mußten ihn in dieser Überzeugung bestärken. Sowohl der erstaunliche Aufwand an Energie und die unbeirrbare Zielstrebigkeit, mit der Bismarck Preußen gegen den Widerstand der öffentlichen Meinung in den Krieg geführt hatte, als auch die zermalmende Macht, mit der sich Preußen dann ohne Beistand seitens der anderen deutschen Staaten, ja in Gegnerschaft zu den meisten von ihnen seinen Weg bahnte, taten sehr bald ihre Wirkung. Was mit unaufhörlicher Propaganda in der Regierungspresse und der Mobilisierung liberaler und nationaler Gefühle gegen die Feinde Preußens während der vorangegangenen Monate nicht gelungen war, stand als vollendete Tatsache da, als der Pulverdampf von Königgrätz sich verzog.

Am 9. Mai war der Landtag aufgelöst worden, und angesichts des drohenden Krieges wurden die Wahlen für den 25. Juni und den 3. Juli festgesetzt. Die Regierung appellierte an den Patriotismus der Wähler: «Für oder gegen unsere Soldaten» war angeblich zu entscheiden, nicht für die Konservativen oder für die Liberalen. Am 17., 18. und 19. Juni besetzten preußische Truppen nacheinander Hannover, Dresden und Kassel. Das patriotische Volk hielt das dem Ministerpräsidenten zugute. «Schon begleiten ihn», berichtete *Das Deutsche Museum* am 20. Juni, «so oft er auf der Straße erscheint, jubelnde Volksmassen.»[31] Am 22. und 23. Juni begann der Einmarsch preußischer Truppen in Böhmen. Schon zwei Tage später zeichneten sich bei der Bestimmung der Wahlmänner Gewinne der Konservativen auf Kosten der Liberalen ab. Hoverbeck, Forckenbeck, Grabow und Waldeck wurden geschlagen und mußten sich für die endgültige Wahl in zuverlässigen liberalen Wahlkreisen aufstellen lassen. Während der Tage vom 26. bis zum 29. Juni erfochten die Preußen die ersten Siege in Böhmen, am 28. kapitulierte in Langensalza die hannoversche Armee. Während am 3. Juli die preußischen Truppen die Höhen von Chlum erstürmten, gaben daheim die Wahlmänner ihre Stimmen ab. Die Konservativen, die sich bei der letzten Wahl mit 28 Mandaten hatten begnügen müssen, gewannen diesmal 142. Das Linke Zentrum fiel von 110 auf 65 Mandate, die Fortschrittspartei von 143 auf 83.[32] Hätte die Wahl noch ein paar Tage später stattgefunden, nach Eintreffen der Siegesnachricht aus Königgrätz, die Konservativen hätten gewiß noch mehr Stimmen dazu gewonnen. Doch auch wie die Dinge standen, hatte die Koalition, die sie mit den Angehörigen der altliberalen Fraktion bilden konnten, die Mehrheit in der Kammer.

Doch der konservative Sieg und die liberale Niederlage waren tatsächlich weniger entscheidend, als es auf den ersten Blick scheinen mochte, denn die dramatischen Ereignisse des Juli 1866 stifteten unglaubliche Verwirrung bei allen Parteien. Die Konservativen unterstützten nun nicht mehr einmütig das von Bismarck geführte Ministerium, während die Liberalen es andererseits nicht mehr geschlossen ablehnten. Aus diesem Chaos erhob sich eine erstaunliche neue Verbindung politischer Kräfte. Der Katalysator, der die alten Verbindungen auflöste und die neuen schuf, war die Indemnitätsvorlage.

Die «goldene Brücke»

In ihrem Siegesrausch erwarteten die Ultrakonservativen natürlich, daß die Regierung die Niederlage der Liberalen mit der Aufhebung oder Änderung der Verfassung besiegeln würde. Doch am 4. Juli stimmte Bismarck mit dem Kronprinzen überein, daß der innere Konflikt geschlichtet werden müsse. Da er sich entschlossen hatte, den Weg der nationalen Reform zu beschreiten, konnte er seine Regierung nicht länger auf die «antideutschen Partikularisten» der Kreuzzeitungspartei stützen. Er soll sogar erklärt haben: «Die Macht des Königtums in Preußen muß gestützt werden durch eine kräftige Armee, sie muß aber mit der Meinung der Nation gehen, und es ist die Pflicht jedes preußischen Ministers, den Willen des Königs als maßgebend anzusehen, zugleich aber den Willen des Königs von der Meinung der Nation sich sättigen zu lassen.»[33]

Obwohl der Krieg gegen die öffentliche Meinung geführt worden war, wußte Bismarck, daß er den Frieden, der ihm vorschwebte, nicht ohne deren Unterstützung dauerhaft machen konnte. Die von einem Tag auf den anderen Preußen einverleibte Bevölkerung mußte für ihr neues Vaterland gewonnen und ihrer Anhänglichkeit an die abgesetzten Dynastien entwöhnt werden. Der Norddeutsche Bund, eine Schöpfung preußischer Machtpolitik, konnte im beginnenden Zeitalter der Massen ohne Massenbasis nicht bestehen und bedurfte daher einer Legitimation durch den Volkswillen. Diesem Zweck sollte der Appell an das Nationalgefühl dienen. Es sollte als zentripetale Kraft die zentrifugalen Gewohnheiten des Partikularismus überwinden. Eine Fortsetzung des Verfassungskonflikts hätte die Patrioten des Nordens wie des Südens ins gegnerische Lager getrieben. Durch die Identifizierung seiner Sache mit der nationalen Frage konnte Preußen hoffen, den geschlagenen Staaten jede Aussicht auf eine fernere Revanche zu nehmen und ihren Widerstand gegen die zukünftige Vollendung der deutschen Einheit unter preußischer Hegemonie zu unterminieren. Schon am 4. Juli sprach Bismarck davon, daß es sich bei dem geplanten Norddeutschen Bund nur um eine Etappe auf dem Weg zur deutschen Einheit handeln werde.[34] Bei diesem Unternehmen bedurfte Preußen der nationalen Zustimmung, zumal die Einigung aller Voraussicht nach ohne Krieg mit Frankreich nicht zu bewerkstelligen sein würde.

Die Beendigung des inneren Konflikts war Bismarck jedoch auch im Interesse seiner eigenen Stellung wichtig. Angesichts des fortgeschrittenen Alters Wilhelms mußte er mit der baldigen Thronbesteigung durch den Kronprinzen rechnen. Wenn dann der Konflikt noch andauerte, würde er unter Friedrich Wilhelm sicher bald ein Ende finden – und als ersten Schritt zu diesem Ziel würde der neue König natürlich die Regierung auswechseln.[35] Doch auch abgesehen davon hatte Bismarck an die Möglichkeit einer dauerhaften Wiederherstellung des «nackten Absolutismus» niemals geglaubt. Da er also mit dem Parlament leben mußte, mußte er eine Mehrheit für seine Politik gewinnen. Auch nach dem jüngsten Wahlsieg der Konservativen waren die Liberalen noch immer eine nicht zu unterschätzende politische Kraft. Überdies durften sie auf Verstärkung durch die Wähler in den annektierten Gebieten rechnen. Die Bevölkerungen Hannovers, Kurhessens, Nassaus und Frankfurts würden voraussichtlich nicht wie die konservativen Ostprovinzen wählen, sondern wie das liberale Rheinland. In den neuen Ländern des Norddeutschen Bundes konnten die Konservativen politische Rückendeckung nur aus Mecklenburg erhoffen. Doch in den übrigen Bundesstaaten – ganz zu schweigen von denen, die dem Bund im Süden angeschlossen werden sollten – waren die Aussichten der preußischen Konservativen bei Wahlen eher schlecht.

Zum Gewinn einer Regierungsmehrheit war es deshalb notwendig, sich des guten Willens der gemäßigten Liberalen zu versichern. Dem Ministerpräsidenten war zweifellos bewußt, daß diese, obwohl auch sie im Verfassungskonflikt gegen die Regierung standen, nicht grundsätzlich gegen monarchische Institutionen eingestellt waren und über die Annahme eines «Systems der Gewaltenteilung», wie es ihm für Deutschland vorschwebte, mit sich reden lassen würden. Er wußte auch, daß deren Bündnis mit den demokratischen Liberalen kein sehr enges war, sondern eine Notgemeinschaft, die ihnen das gemeinsame Anliegen im Verfassungskonflikt aufgezwungen hatte. Schon 1862 hatte er mit seinem ersten innenpolitischen Manöver versucht, diese Allianz zu sprengen. Während der folgenden Jahre hatte er die konträren Strömungen und die Ermattung innerhalb der liberalen Bewegung sowie ihr Verlangen nach einer Beilegung des Streits mit Befriedigung zur Kenntnis genommen. Wenn er in der Budgetfrage nachgab, konnte er deren Vorstellung vom «Rechtsstaat» Genüge tun. Wenn er sich für die deutsche Einheit einsetzte, konnte er hoffen, sie zur Unterstützung einer im wesentlichen konservativen Ordnung zu bringen. Dies war die «goldene Brücke», über die er die Gemäßigten zu führen gedachte.[36]

Seine Gespräche mit Twesten und Lasker scheinen ihn davon überzeugt zu haben, daß die Opposition nur durch ein bedeutendes Zugeständnis zu versöhnen sei. Dafür sprach auch Mitte Juli 1866 die Abneigung Bennigsens, Miquels und anderer, trotz drohender französischer Intervention, ein «Vorparlament» einzuberufen.[37] Nach Königgrätz konnte sich Bismarck aber leisten zu gewähren, was er früher hatte verweigern müssen. Die Liberalen konnten jetzt die militärische Reorganisation nicht länger beanstanden. Ohne finanzielle Unterstützung des Parlaments hatte die Regierung zwei Kriege geführt und gewonnen. Zugeständnisse in der Verfassungsfrage stellten sich jetzt als Geschenke königlichen Wohlwollens dar, nicht mehr als der unterlegenen Regierung entrissene Siegesbeute. In Berlin kam es über dieser Frage gleichwohl zu einer Regierungskrise. Obwohl alle Minister zugaben, daß es höchste Zeit sei, den Konflikt zu beenden, waren doch die meisten der Meinung, daß dazu Scheinzugeständnisse genügen würden. Nur von der Heydt, der neue Finanzminister, wollte einen Entlastungsbeschluß erbitten, durch den das Parlament der Regierung die während der vergangenen vier Jahre ohne seine Einwilligung gemachten Ausgaben nachträglich bewilligen würde. Die übrigen Minister waren überrascht und entsetzt, als aus Böhmen die Zustimmung sowohl Bismarcks als auch des Monarchen zu dieser Absicht erteilt wurde. Sie versuchten, die Entscheidung rückgängig zu machen. Bismarck sollte seinen konservativen Kollegen nie vergessen, daß sie ihm bei dieser Gelegenheit in den Rücken fielen. Er hatte ihnen allerdings die bessere Gelegenheit, den König zu beeinflussen, voraus, denn sie befanden sich in Berlin, er hingegen war in Böhmen an der Seite des Monarchen. Während der Heimreise am 4. August überredete er Wilhelm, bei der ursprünglichen Entscheidung zu bleiben. Am folgenden Tag wurde der neugewählte Landtag mit einer Thronrede eröffnet, in welcher die königliche Regierung das Parlament um Indemnität, die fragliche Entlastung, bat.[38]

Die Liberalen teilen sich

Am 5. August 1866 war der Weiße Saal des Schlosses von Abgeordneten überfüllt. Die politische Atmosphäre hatte sich vollkommen verändert. Die Unterstützung der Massen, um die die Opposition sich so lange bemüht hatte, wurde nun unübersehbar der Monarchie zuteil. Die Armee, deren Reorganisation die Liberalen bekämpft und deren finanzielle Unterstützung sie verweigert hatten, hatte im Felde glänzende Siege errungen. Die Offiziere dieser Armee waren die Junker, deren Macht sie vergeblich zu brechen versucht hatten. Der oberste Kriegsherr war der König, dessen Minister gegen die Verfassung verstoßen und den Willen des Parlaments gebeugt hatten. Doch hinter der ganzen konservativen Ordnung stand mächtig das deutsche Nationalgefühl. In nur sieben Wochen hatten die Dynastie, die Minister, die Armee und die Junker die Verwirklichung eines liberalen Traums in nächste Nähe gerückt. Seine vollständige Verwirklichung schien nur noch ein Frage der Zeit zu sein. Und nun erklärte die Regierung ihre Bereitschaft zu einem Kompromiß, der den Verfassungskonflikt beenden sollte.

Die Situation sprach zweifellos für eine Annahme des angebotenen Kompromisses. Daß die Liberalen dazu bereit waren, verdankte die Regierung jedoch nicht nur den dramatischen Ereignissen des Frühsommers 1866. Diese Neigung war in der liberalen Tradition seit mehr als einem Jahrhundert angelegt. Wie wir sahen, war die Haltung der gemäßigten deutschen Liberalen zum Staat von jeher ambivalent, wie es ihrer Stellung in der deutschen Gesellschaft entsprach. Ihr Wertsystem war dasjenige des «Mittelstands», der einerseits nach oben gegen die traditionellen Eliten des preußischen Establishments («Adelsstand» und «Beamtenstand») abgegrenzt war, das die Liberalen weniger abschaffen als für ihresgleichen zugänglich machen wollten, andererseits nach unten gegen das (beim damaligen Stand der deutschen Wirtschaft und Gesellschaft) noch unartikulierte Volk, dessen revolutionäre Gelüste sie 1848 zu fürchten gelernt hatten. Wie im Jahre 1848 betrachteten sie die Massen mit Mißtrauen, und wie 1848 standen die Massen auch nicht hinter ihnen. Von wenigen Ausnahmen abgesehen, hatten die liberalen Politiker nie nach voll verantwortlicher Leitung der öffentlichen Angelegenheiten gestrebt. Während des Verfassungskonflikts hatten sie im wesentlichen nur einen Verteidigungskampf für den «Rechtsstaat» und gegen ein Willkürregiment geführt. Was Bismarck ihnen nun anbot, konnte so gedeutet werden, als hätten sie in diesem Kampf am Ende doch den Sieg davongetragen.

Zu Beginn des Jahres 1864 hatten viele Liberale Hunger nach militärischen Erfolgen und Gebietsgewinnen verraten. Jetzt fanden sie diesen Appetit in einem Maße gestillt, das sie sich nicht hätten träumen lassen. Sie hatten sich der Illusion hingegeben, daß große Kriegsziele ohne ihre aktive Unterstützung nicht zu erkämpfen seien. Aber nun war das Unglaubliche geschehen. Der vermeintliche Protagonist des reaktionären Konservatismus hatte nicht nur gegen ihren Willen den Staat siegreich durch einen großen Krieg geführt, sondern überdies die Nation aufgerufen, ihre Einigung im Schutze der preußischen Macht zu vollenden. Wieder einmal hatte der preußische Staat sich einen wesentlichen Teil des liberalen Programms angeeignet. Die meisten Liberalen hatten nun das Gefühl, daß ihnen nichts anderes übrig bleiben würde, als sich in dem einladenden neuen Gebäude einzurichten, das Bismarck aus gestohlenen Materialien vor ihren staunenden Augen errichtete.

Vielen fiel das nicht schwer. Wehrenpfennig hielt Bismarck für den größten Staatsmann Preußens seit Stein, der jedoch weniger glücklich und vielleicht sogar weniger kühn gewesen sei als Bismarck. Der Göttinger Rechtsgelehrte Rudolf Ihering, der den Krieg zunächst als einen Akt «grauenhafter Frivolität» verurteilt hatte, verneigte sich nun «vor dem Genie eines Bismarcks»: «Ich gebe für einen solchen Mann der Tat ... hundert Männer der machtlosen Ehrlichkeit hin.» Fast über Nacht entstand der Bismarck-Kult. Die Verehrer des neuen Helden begannen, dessen Taten während der vergangenen vier Jahre umzudeuten. Sie entschuldigten seine Verstöße gegen die Verfassung mit seinen geheimen Absichten. Ungeduldig drängte die von März bis Juni noch so erbittert regierungsfeindliche liberale Presse die Abgeordneten jetzt, die Regierung bei der Erfüllung ihrer Pflicht gegenüber dem übrigen Deutschland nicht länger zu behindern. Angesichts der bevorstehenden glorreichen Aufgaben erschien ein Beharren auf den Streitpunkten des Verfassungskonflikts nun vielen kleinlich und pedantisch.[39]

Die klassischen Bekehrungen waren diejenigen Gustav Mevissens und Hermann

Baumgartens. Am Tag des Einzugs der Truppen in die preußische Hauptstadt schrieb Mevissen, der 1848 an der Spitze des revolutionären Kabinetts gestanden hatte: «Ich kann mich dem Eindruck der Stunde nicht entziehen. Ich bin zwar kein Anbeter des Mars; die Göttin der Schönheit und die Mutter der Grazien liegt meinem Verständnisse näher als der gewaltige Kriegsgott, aber die Trophäen des Krieges üben selbst auf das Kind des Friedens einen magischen Zauber. Unwillkürlich ist der Blick gebannt, und der Geist weilt mit den unabsehbaren Menschenreihen, die dem Gott des Augenblicks, dem Erfolg, zujauchzen.»[40] Baumgarten, ein Schüler von Gervinus, Pressebeamter der «Neuen Ära», später Professor der Geschichte in Karlsruhe, ließ in den *Preußischen Jahrbüchern* eine «Selbstkritik» des deutschen Liberalismus erscheinen. Demnach hatten die deutschen Liberalen, theoretisch und doktrinär, ihren Glauben statt in Taten in Worte und Ideen gesetzt. Die jüngsten Ereignisse hätten aber bewiesen, daß der deutsche «Mittelstand» auf die Führung eines echten Adels zur Erreichung nationaler Ziele nicht verzichten könne: Es sei deshalb an der Zeit, daß die Liberalen ihre Oppositionshaltung aufgäben.[41]

Bismarck gab sich alle Mühe, die Kapitulation der Liberalen voranzutreiben. Schon bald nach der Eröffnung des Landtags gab es Regierungsvorlagen für den Geschmack jeder Fraktion der ehemaligen Opposition. Für Männer von Prinzipien gab es das Indemnitätsgesetz, für preußische Chauvinisten das Annexionsgesetz, für deutsche Nationalisten das Reichstagswahlgesetz. Er erschien persönlich zur Erläuterung und Verteidigung dieser Vorlagen vor den Kommissionen. In Privatgesprächen spann er das Netz seines persönlichen Charmes und seiner einleuchtenden Argumente, mit dem er schon so manchen diplomatischen Antagonisten gefangen hatte. Wenn die Lage es erforderte, konnte der Meister des Spotts und der Verachtung auch entgegenkommend und rücksichtsvoll sein. Das Spiel machte ihm viel Freude. Ein Besucher sah sein von Krankheit gezeichnetes Gesicht von strahlendem Lachen erleuchtet. Der Mann war jeder denkbaren Übertreibung voraus.[42]

Natürlich waren die liberalen Abgeordneten nach dem Sieg der preußischen Waffen bei Königgrätz sehr erleichtert darüber, daß der triumphierende Junker keinen Streich gegen die Verfassung beabsichtigte und die Errichtung eines deutschen Parlaments noch immer ernst meinte. Die erste Gelegenheit, auf sein Angebot einzugehen, hatten sie bei der Wahl des Präsidenten. Seit 1862 war Grabow alljährlich in dieses Amt wiedergewählt worden, und seine bitteren Eröffnungsreden waren zu Beginn jeder Session die erste Demonstration des ungebrochenen Widerstandswillens der Opposition gewesen. Doch diesmal wählten die Abgeordneten Forckenbeck, einen Gemäßigten, der stets Takt und parlamentarische Geschicklichkeit bewiesen hatte. Beim Entwurf einer Erwiderung auf die Thronrede ließen die Gemäßigten Abänderungen zu, die diese selbst für Konservative akzeptabel machte: Sie meinten, die Botschaft müsse unzweideutig klar machen, daß das deutsche Volk die Deutschlandpolitik der Regierung ohne Vorbehalte befürworte. Nur fünfundzwanzig Abgeordnete stimmten gegen den geänderten Entwurf, unter ihnen der radikale Veteran Jacoby, der einmal mehr den Krieg als einen Anschlag gegen die Freiheit verurteilte.[43]

Tedeum vor dem Berliner Schloß während der Siegesparade am 21. September 1866

Schon gab es Anzeichen für den Zerfall der liberalen Front. Mitte August berichtete der Abgeordnete Karl Kannegießer seinen Wählern: «Die weltgeschichtlichen Ereignisse der letzten Monate wirken mächtig in den Gemütern, und fast durch alle Fraktionen gehen zwei Strömungen, die eine, welche die deutsche Frage auf ihre Fahnen geschrieben, dabei aber selbstverständlich das preußische Verfassungsrecht festhalten will, die zweite, welche dieses letztere auch heute noch in die erste Linie stellt.»[44] Vom Druck des Verfassungskonflikts befreit und angesichts der Möglichkeit, unter autoritärer Führung zur staatlichen Einigung

Deutschlands zu gelangen, begann sich die liberale Front wieder in gemäßigte Rechte und demokratische Linke aufzulösen. An der Frage nach der relativen Wichtigkeit der nationalen Einheit und des preußischen Verfassungsrechts zerbrach das 1861 geschlossene Bündnis.

Beide Lager waren an einem Ende des Konflikts interessiert, doch die Gemäßigten hielten den Kampf um die Verfassung für verloren und wollten den Streit zu den von der Regierung angebotenen Bedingungen beilegen. Die Demokraten wollten dagegen das Budgetbewilligungsrecht des Parlaments für die Zukunft so zuverlässig wie nur irgend möglich garantiert wissen. Die Männer der Linken sahen wenig Veranlassung, in den allgemeinen Jubel einzustimmen. Sie hatten nicht vergessen, daß der letzte Verfassungsbruch – die Schöpfung eines Systems von Kreditbanken durch ein königliches Dekret – der Indemnitätsvorlage nur um Monate vorausgegangen war. Sie nahmen zur Kenntnis, daß der Innenminister seine «Disziplinarmaßnahmen» gegen liberale Beamte fortsetzte und sich weiterhin weigerte, liberale Stadträte im Amt zu bestätigen; auch der Justizminister stellte seine Verfolgung der liberalen Presse und oppositioneller Abgeordneter (darunter Twesten) mitnichten ein. Es entging ihnen schließlich auch nicht, daß die Indemnitätsvorlage die Wiederholung eines Regierens ohne bewilligtes Budget für die Zukunft keineswegs ausschloß.[45] Als Forckenbeck dem König die Adresse des Abgeordnetenhauses überreichte, bemerkte Wilhelm kampflustig: «Ich habe so handeln müssen, und ich werde immer so handeln, wenn sich ähnliche Zustände wiederholen sollten.»[46]

In der großen Debatte über die Indemnitätsvorlage stellten die Führer der Linken – Waldeck, Gneist, Ziegler, Virchow, Hoverbeck, Jacoby, Frentzel und Schulze-Delitzsch – sich auf den Standpunkt, daß mit der Annahme dieser Vorlage die Lückentheorie bestätigt und das vierjährige verfassungswidrige Verfahren der Regierung gebilligt werden würde. Sie empfahlen den Abgeordneten, die Vorlage bis zur Verabschiedung eines bewilligten Haushalts und eines Gesetzes zur Feststellung ministerieller Verantwortlichkeit zurückzustellen. Militärischer Erfolg entbinde nicht von der Pflicht, das Gesetz zu achten. Ungeachtet ihres Sieges müsse die Regierung im Inneren rechtlich handeln. Doch die Führer der liberalen Rechten – Twesten, Forckenbeck, Lasker, Michaelis – befürchteten, daß den Liberalen, wenn sie in der Opposition blieben, die Wähler fortlaufen würden. Das mußte die Macht der Konservativen noch vermehren. Wenn jedoch die Liberalen das Bismarck-Ministerium unterstützten, so konnten sie es vielleicht von seiner konservativen Basis lösen und die zukünftige Verfassung Deutschlands beeinflussen. Twesten erklärte in einer Zusammenfassung der gemäßigten Haltung, daß für jeden Staat zwei Fragen fundamental seien, die der Freiheit und die der Macht. Man dürfe es unter den gegenwärtigen Umständen niemandem vorwerfen, wenn er der Machtfrage den Vorrang gebe und die Freiheitsfrage vorübergehend zurückstelle – vorausgesetzt, daß nichts geschehe, was dem Freiheitsstreben auf die Dauer Schaden zufügte. Von Bismarck hörten die Abgeordneten, daß eine Intervention Frankreichs und das Wiedererstarken Österreichs noch immer möglich seien. Nur ein einiges Volk werde imstande sein, den deutschen Anspruch gegen das beleidigte und neidische Europa durchzusetzen. Am 3. September 1866 wurde die Indemnitätsvorlage mit 230 gegen 75 Stimmen angenommen.[47]

Der Verfassungskonflikt war beendet, zu Ende war es aber auch mit der Einheit der liberalen Partei. Während der Monate August und September wurden die Auseinandersetzungen innerhalb der Fortschrittspartei immer heftiger. Der Auszug der Gemäßigten begann mit Michaelis, dem bald Twesten, Lasker und viele andere folgten. Mit einer Reihe von Zugeständnissen gab Bismarck den Sezessionisten das erhebende Gefühl, endlich im Einklang mit der herrschenden Macht zu sein. Er gestattete ihnen, das Indemnitätsgesetz so umzuformulieren, daß die Budgetbewilligungsklausel der Verfassung dadurch Bestätigung erfuhr. Anstelle der Personalunion akzeptierte Bismarck die vollkommene Integration der eroberten Gebiete in den preußischen Staat, die Einführung der preußischen Verfassung sollte jedoch um ein Jahr hinausgeschoben werden. Eine Vorlage von der Heydts zur Legalisierung der unter der Schirmherrschaft der Regierung eröffneten Kreditbanken wurde angenommen, jedoch nur mit Zusatzbedingungen, die zur Folge hatten, daß sie sich dann nicht lange am Markt behaupten konnten. Ein Streit über eine Regierungsvorlage, die einen Kredit in Höhe von 60 Millionen Talern forderte, wurde durch einen Kompromiß geschlichtet, der Umfang und Verwendungsmöglichkeit der Reserven des Schatzamts beschränkte. Von Lasker und Forckenbeck gedrängt, gewährte am 21. September, dem Tag der Siegesfeier in Berlin, die Krone eine allgemeine Amnestie. Als der König die Bewilligung einer Dotation in Höhe von anderthalb Millionen Talern für die siegreichen Generäle erbat, setzte die Kammer aus freien Stücken den Namen Bismarcks hinzu![48]

Ursprünglich beabsichtigten die Sezessionisten nicht die Gründung einer neuen Partei. Vielmehr hofften sie, die Mehrheit des linken Zentrums und der Fortschrittspartei für eine neue Strategie zu gewinnen. Manche sahen durch Bismarcks Außenpolitik die Sache der Freiheit in Deutschland wesentlich befördert. Der Ausschluß des katholischen Österreich aus einem protestantisch geführten deutschen Einheitsstaat war ganz in ihrem Sinne und wurde als Sieg des modernen Geistes über rückständige Bigotterie verstanden. Von ihrer Unterstützung der Außenpolitik der Regierung versprachen sie sich mit der Zeit innenpolitische Zugeständnisse. Die Auseinandersetzung über Verfassungsfragen sollte solange verschoben werden, bis die Umstände für die liberale Seite günstiger sein würden. In dem erweiterten Landtag und konstituierenden Reichstag des Jahres 1867 fanden die Sezessionisten viele nichtpreußische Liberale, die mit ihnen sympathisierten. Da sie persönlich an dem preußischen Verfassungskonflikt nicht beteiligt gewesen waren, besaß dieser für sie weder emotional noch inhaltlich eine große Bedeutung. Auch aus ihrer Sicht war in dem Konflikt die liberale Seite unterlegen, doch die ganze Angelegenheit erschien ihnen im Vergleich mit der Größe der bevorstehenden Aufgaben verhältnismäßig belanglos zu sein. Gemeinsam mit diesen nichtpreußischen Liberalen gründeten die preußischen Sezessionisten die Nationalliberale Partei, deren Mitglieder mehrheitlich außerhalb von Preußen zu Hause waren und an deren Spitze zwei Hannoveraner, Bennigsen und Miquel, standen.[49]

So war nun das liberale Lager in der Abgeordnetenkammer gespalten in einerseits die Fortschrittspartei, der hauptsächlich Preußen angehörten und die die Tradition der Konfliktjahre fortsetzte, und andererseits die Nationalliberale Partei mit überwiegend nichtpreußischer Mitgliedschaft und einer Zielsetzung, die erst in zweiter Linie liberal, vorrangig aber national war. Ökonomische Fragen, wie die kürzlich erfolgte Erneuerung des Zollvereins auf freihändlerischer Basis, scheinen bei der Spaltung keine Rolle gespielt zu haben. Dennoch zogen die beiden Parteien auf Grund der unterschiedlichen Haltung ihrer Führer zu vielen wirtschaftlichen und politischen Fragen verschiedene Teile des deutschen Mittelstands an. Daß die gemäßigten Liberalen als ihr vordringlichstes Anliegen die Herstellung der staatlichen Einheit der Nation ansahen, entsprach den Wünschen vieler Kaufleute, Industrieller, liberaler Grundbesitzer und der Journalisten, die deren Interessen in der Presse wahrnahmen. Die Errichtung eines politischen Dachs über dem nationalen Marktplatz erschien ihnen als ein bedeutender Gewinn für das deutsche Bürgertum. Sie waren jedoch auch für das von Bismarck vorgetragene Argument empfänglich, daß Preußen allein mit der Aufgabe der Verteidigung ganz Deutschlands unzumutbar überlastet sei. Und es leuchtete ihnen ein, daß, wäre erst ganz Deutschland unter preußischer Führung vereinigt, die Steuerlasten gleichmäßiger verteilt werden könnten, wodurch Kapital für produktivere Zwecke freigesetzt werden würde. Den demokratisch gesinnten kleinen Geschäftsleuten und Handwerkern, die der Fortschrittspartei die Treue hielten, waren die von der staatlichen Einigung Deutschlands zu erwartenden finanziellen Vorteile entweder nicht so wichtig oder nicht so offensichtlich. Deshalb hielten sie beharrlicher an den Anliegen fest, die sie im Verfassungskonflikt verteidigt hatten, waren sie weniger geneigt, den Kampf für die Rechte des Parlaments und die Freiheit um der nationalen Einheit willen zurückzustellen.[50]

Aus der Sicht der demokratischen Linken schied die Spaltung «Opportunisten» von «Prinzipientreuen». Die gemäßigten Liberalen auf der Rechten dagegen sahen den Abgrund zwischen «praktischen Staatsmännern» einerseits und «naiven Idealisten» andererseits klaffen. Doch wenn jetzt auch im Parlament zwei getrennte liberale Fraktionen entstanden waren, war die liberale Bewegung 1867 insgesamt noch keineswegs durchgehend gespalten. Noch für mindestens ein Jahrzehnt blieb die Tradition einer einzigen liberalen Partei mit einer gemeinsamen Basis im Mittelstand bestehen. Diese Tradition blieb sogar in der Abgeordnetenkammer (und später im Reichstag) wirksam, denn auch dort machten die beiden liberalen Fraktionen bei vielen wichtigen Entscheidungen noch gemeinsame Sache. In den Provinzen und Wahlkreisen wurden ihre Kandidaten oft ohne Rücksicht auf die Fraktionszugehörigkeit einfach als «Liberale» gewählt. Nichtsdestoweniger ist festzustellen, daß die Wege der beiden liberalen Fraktionen nun auseinandergingen: Der von den Gemäßigten eingeschlagene führte sie schließlich zur bedingungslosen Kapitulation, während auf dem anderen die Demokraten letztlich nur Enttäuschungen und Niederlagen erleben sollten.

Die Konservativen teilen sich

In der Hitze des Verfassungskonflikts merkten die wenigsten Konservativen, daß der Rattenfänger in der Wilhelmstraße sie immer weiter fort führte von den Prinzipien ihrer Partei. Die Energie und Furchtlosigkeit, mit der er sich dem Parlament widersetzte, die Alvensleben-Konvention und die österreichische Allianz schienen ihn zunächst als berufenen Protagonisten der konservativen Sache auszuweisen. Obwohl die gott- und gesetzlose Gier, die bei der Annexionspolitik zu walten schien, einen Ludwig von Gerlach abstieß, bekehrten die meisten preußischen Konservativen sich rasch zu der Überzeugung, daß die Herzogtümer nur der gerechte Siegespreis für die glorreichen Taten der preußischen Armee seien. Nichtsdestoweniger begrüßten auch sie die Gasteiner Konvention, denn ein Zusammenwirken von Preußen und Österreich hielten auch sie um der gemeinsamen Sache willen für geboten. Aus dem gleichen Grund war der erneute Beginn diplomatischer Feindseligkeit zwischen Preußen und Österreich für alle preußischen Konservativen zutiefst beunruhigend. Es gelang Bismarck jedoch, mit einer energischen Kampagne in der regierungsamtlichen und konservativen Presse die Anschauung zu verbreiten, daß seine Politik rein defensiv sei.[51]

Ende Februar 1866 aber gingen die Meinungen der Konservativen über die Außenpolitik der Regierung bereits so weit auseinander, daß Hans von Kleist-Retzow und andere schon bezweifelten, ob die konservative Partei überhaupt noch für sich in Anspruch nehmen könne, einen Stand zu repräsentieren. Das Gemeinschaftsbewußtsein hatte sich schon so weit zersetzt, daß inzwischen nur mehr Individuen zu dem fähig zu sein schienen, was eigentlich Aufgabe der Gesamtheit hätte sein sollen.[52] Die Verwirrung innerhalb der konservativen Partei nahm zu, als im April der preußische Plan zur Bundesreform angekündigt wurde, Gerüchte über eine Allianz mit Italien umliefen und die Wahrscheinlichkeit, daß es zu einem Krieg mit Österreich kommen würde, von Tag zu Tag zunahm. Wagener versuchte, die Leser der *Kreuzzeitung* von der Rechtschaffenheit der Regierungspolitik zu überzeugen. Doch Ludwig von Gerlach, einer der Leitartikler des Blatts, tadelte Bismarcks Vorgehen heftig und ließ seine Beziehungen spielen, um Hof und Staatsministerium dagegen einzunehmen. Schließlich begab er sich in die Höhle des Löwen, um Bismarck selbst zur Rede zu stellen. Das Gespräch beendete die fast zwanzig Jahre andauernde Freundschaft zwischen ihm und dem jüngeren Mann, den er einst als seinen Zögling angesehen haben mag. Gerlach notierte sich: «Der Generalstab gibt eine Geschichte des Krieges von 66 heraus und nennt ihn in der Vorrede eine ‹welthistorische Nothwendigkeit.› Das war Kains Brudermord, Judas Verrath und die Kreuzigung des Herrn auch.»[53]

Doch Gerlach, damals schon einundsiebzig Jahre alt, konnte nicht die ganze Partei bei ihren Prinzipien halten. Unter den Ministern fand nur Bodelschwingh Bismarcks Politik nicht mit seinem Gewissen vereinbar. Er trat zurück.[54] Die meisten Konservativen nahmen den Plan zu einem gesamtdeutschen Parlament nicht sonderlich ernst. Die heftige Reaktion der Liberalen schien ihnen zu beweisen, daß sie davon nichts zu befürchten hätten. Überdies hatte die von der früheren Annexionspropaganda genährte Hoffnung auf eine beträchtliche Vergrößerung Preußens durchaus ihre Reize. Als es dann ernst wurde, halfen «der preußische Patriotismus und die Furcht vor einem zweiten Olmütz» den Konservativen, sich über etwa noch verbleibende Zweifel an der Legitimität dieses Krieges hinwegzusetzen. Der erstaunliche Wahlsieg am 3. Juli 1866 belohnte ihre Standhaftigkeit. Die «kleine aber mächtige Partei» war nicht länger klein.[55]

Ende Juli trugen erste Berichte von Bismarcks Absicht, die Opposition zu versöhnen, neuen Zwiespalt in das konservative Lager. Die Ultras sahen sich im Vollgefühl ihres Triumphs und in der Hoffnung auf die gänzliche Vernichtung ihrer Gegner von ihrem eigenen Führer verlassen. Am 25. Juli begann die *Kreuzzeitung* Alarm zu schlagen. Durch die Indiskretion eines Ministers wurde dem Reaktionär Hans von Kleist-Retzow der Inhalt der Thronrede, die bei der Eröffnung des Parlaments gehalten werden sollte, vorab bekannt. Verzweifelt versuchte er, eine Kamarilla einflußreicher Konservativer dagegen zu mobilisieren. Bismarck war erbittert. Aus Prag schrieb er an seine Frau: «Großer Zwist im Ministerium über die Thronrede; Lippe führt das große Wort im conservativen Sinne gegen mich, und Hans Kleist hat mir einen aufgeregten Brief geschrieben. Die Leutchen haben alle nicht genug zu thun, sehn nichts als ihre eigene Nase und üben ihre Schwimmkunst auf der stürmischen Welle der Phrase. Mit den Feinden wird man fertig, aber die Freunde! Sie tragen alle Scheuklappen und sehn nur Einen Fleck von der Welt.»[56]

Die Indemnitätsvorlage war dann der Keil, der die Konservativen ebenso spaltete wie die Liberalen. Unter der Leitung des Grafen Bethusy-Huc bildeten an die fünfzehn gemäßigte Konservative Ende Juli eine Fraktion, die sich vornahm, die Politik der Versöhnung mit den Liberalen zu unterstützen. Auch sie beabsichtigten zu dieser Zeit noch nicht die Gründung einer neuen Partei. Sie wollten nur eine Basis für die Zusammenarbeit mit der kleinen verbliebenen Fraktion der Altliberalen finden, ohne deren Unterstützung die Konservativen nicht auf die Majorität in der Kammer rechnen konnten. Doch während des weiteren Verlaufs der Session vertiefte sich der Bruch zwischen den beiden Flügeln der konservativen Partei, und so wurde schließlich die Freikonservative Partei gegründet.[57]

Die von außen so geschlossen anmutende konservative Partei war freilich im Innern schon von jeher Spannungen ausgesetzt. Während die «Altkonservativen» preußische Partikularisten waren, waren die Freikonservativen für das Streben nach nationaler Einheit aufgeschlossen. Während die Altkonservativen orthodoxe Lutheraner und oft pietistisch geneigt waren, waren die Freikonservativen entweder Katholiken oder religiös indifferent. Die Spaltung hatte überdies geographische und soziologische Hintergründe. Den stärksten Anhang hatten die Altkonservativen bei dem Landadel des preußischen Herzlands (in Ostpreußen, Pommern und Brandenburg), die Freikonservativen dagegen waren am stärksten in den annektierten Provinzen Schlesiens und des Rheinlands. Die freikonservative Partei war vornehmlich eine Partei von «Besitz und Bildung», ihre Abgeordneten gehörten dem Hochadel an, waren Beamte, Generäle, Professoren, später auch Großindustrielle. Eine Massenbasis suchte diese Partei nie, und sie hatte auch nie eine. Ihre Stärke zog sie aus dem Wohlwollen der Regierung, die sie in allen innenpolitischen und außenpolitischen Fragen bedingungslos unterstützte. Man hat sie deshalb als die «Partei Bismarck *sans phrase*» bezeichnet.[58]

Während der Debatten über die Annexionen von Hannover und Kurhessen machte sich bei beiden konservativen Parteien die Wirkung der vierjährigen Führung Bismarcks geltend. In beiden Kammern des Landtags stimmten sowohl die Altkonservativen als auch die Freikonservativen einmütig für die Eingliederung in den preußischen Staat. Zwar zauderte Gerlach keinen Augenblick, das alttestamentliche Gebot «Du sollst nicht stehlen!» auf diesen politischen Vorgang anzuwenden; doch selbst Kleist-Retzow freute sich über die Expansion Preußens.[59]

In der Staatengemeinschaft wird erfolgreicher Diebstahl mit der Zeit legitimiert. Unter Bismarcks Anleitung triumphierte die Machtpolitik über den doktrinären Idealismus des romantischen Konservatismus, der Appell an den preußischen Patriotismus übertönte die Stimme des konservativen Gewissens. Später sollte Bismarck dann sogar die schwerere Aufgabe bewältigen, die Konservativen insgesamt davon zu überzeugen, daß der deutsche Nationalismus ein potentieller Verbündeter und kein unversöhnlicher Feind der aristokratisch-monarchischen Ordnung war.

Das Erscheinen der Sozialisten

Noch eine weitere folgenschwere Konsequenz hatte der Krieg von 1866 für die soziale und politische Entwicklung in Deutschland. Mit seinem Bemühen um eine Bundesreform und um die Bekehrung der gemäßigten Liberalen ließ Bismarck sich auf den Versuch ein, eine politische Union des alten grundbesitzenden Adels mit der neuen städtischen Industrie- und Finanzelite herbeizuführen. Nach 1867 kam er der letzteren mit der Beseitigung von Beschränkungen und Behinderungen kapitalistischer Unternehmungen entgegen. Indem er so die Verständigung zwischen den besitzenden Klassen anbahnte, ließ er den Arbeitern keine andere Wahl, als sich eine eigene Führung und Ideologie zu suchen.

Zunächst sah Schweitzer, der inzwischen den Allgemeinen Deutschen Arbeiterverein fast diktatorisch beherrschte, in dem Krieg eine günstige Gelegenheit, an Lassalles Verhandlungen mit der äußersten Rechten wieder anzuknüpfen. Seine vorzeitige Entlassung aus dem Gefängnis und die dem *Sozialdemokraten* von Bismarck gewährte Unterstützung schienen solchen Verhandlungen Erfolg zu versprechen. Im Dezember versuchte er, Kontakt mit dem Ministerpräsidenten aufzunehmen, doch erfolgte keine Einladung in die Wilhelmstraße, und bei den Reichstagswahlen am 12. Februar 1867 wurde ihm seitens der Konservativen keine Hilfe zuteil. In Elberfeld erhielt er 4668 Stimmen, verlor aber den Sitz an Bismarck persönlich. Da ihm auch die Fortschrittspartei jede Zusammenarbeit versagte, wurde bei den ersten allgemeinen direkten und gleichen Wahlen in Deutschland nicht ein Kandidat seiner Partei gewählt.[60]

Die unabhängige Arbeiterbewegung wurde freilich nicht länger ganz von Lassalles Verein repräsentiert. In Sachsen war unter der tüchtigen Führung von August Bebel und Wilhelm Liebknecht eine konkurrierende Organisation ins Leben getreten. Liebknecht, ein Jünger von Marx und Sendbote der Sozialistischen Internationale, hatte bis zu seiner Ausweisung aus Preußen im August 1865 als radikaler Agitator kaum Erfolg gehabt. In Leipzig fand er dann in dem jungen Bebel einen von demokratischen und republikanischen Überzeugungen durchdrungenen, tatkräftigen Kampfgefährten. Der Drechslermeister Bebel war Vorsitzender des Leipziger Arbeiterbildungsvereins und Mitglied des ständigen Ausschusses der deutschen Arbeitervereine. Noch 1865 hatte er den Nationalverein um finanzielle Unterstützung seines Kampfes gegen die Sozialisten Lassallescher Prägung gebeten. 1866 agitierte er gemeinsam mit Liebknecht gegen den von preußischen Imperialisten angezettelten Bruderkrieg. Anders als Schweitzer und die Anhänger Lassalles blieben sowohl Liebknecht als auch Bebel stets Gegner der preußischen, kleindeutschen Lösung des Problems der nationalen Einheit. Sie waren überzeugt, daß Schweitzer sich an die preußische Regierung verkauft habe.[61]

Doch Bebel war auch entsetzt angesichts der Bereitwilligkeit, mit der die Liberalen ihren Frieden mit der Hohenzollern-Autokratie machten. So gründeten er und Liebknecht im August 1866 die Sächsische Volkspartei, die zwei Abgeordnete (von denen einer Bebel selbst war) in den konstituierenden Reichstag schicken konnte. Das erste Programm dieser Partei war demokratisch, noch nicht sozialistisch, denn noch war keiner der beiden Gründer gewillt, auf die Unterstützung der Wähler des Mittelstands zu verzichten. Auf Versammlungen in Nürnberg 1868 und Eisenach 1869 wurden sie jedoch durch klassenbewußtere Arbeiter bestimmt, sich das radikale Programm der Sozialistischen Internationale zu eigen zu machen. So kam es in Eisenach zur Gründung der Sozialdemokratischen Arbeiterpartei, deren Ziel die Emanzipation der Arbeiterklasse sein sollte.[62]

Im Februar 1867 schrieb Schulze-Delitzsch, daß er daran denke, sich aus der Politik zurückzuziehen, um sich ganz der sozialen Frage widmen zu können. Die zunehmende Agitation in der Arbeiterschaft schien ihm die weitere politische und wirtschaftliche Entwicklung ernsthaft zu gefährden, und es beunruhigte ihn sehr, daß die politischen Führer dieser Gefahr einstweilen noch überhaupt keine Beachtung schenkten.[63] Die Weigerung der Liberalen, die politische Gleichheit der Arbeiterschaft durch das allgemeine, gleiche Wahlrecht zu akzeptieren, ihr Desinteresse, sich der sozialen Frage zu stellen und die Laissez-faire-Doktrin kritisch zu überprüfen, schließlich der Verrat, den diese 1866 an ihren eigenen höchsten Idealen übten, all das machte den Proletariern die Klassenkampflehre plausibel. Der Riß, der sich 1863 in der deutschen Sozialstruktur geöffnet hatte, wurde tiefer.

V

Das deutsche Gleichgewicht

Der Entwurf der Verfassung

Schon früh hat der Bismarck-Kult den Mythos propagiert, daß der geniale Staatsmann nach seiner Rückkehr in die Hauptstadt am 1. Dezember 1866 die Verfassung des Norddeutschen Bundes in nur zweitägiger intensiver Anstrengung entworfen habe, bei der ihm allein Lothar Bucher zur Hand gegangen sei. Für diese Behauptung sprach allerdings die Tatsache, daß er sich zuvor in Putbus an der Ostsee zwei Monate lang von einer ernsten Krankheit hatte erholen müssen, die er sich durch die Mühen und Anspannungen des vergangenen Sommers zugezogen hatte. Auch hat sich seine Frau dafür verbürgt, daß ihn während des größten Teils dieser Zeit schon der bloße Gedanke an Politik in schlechte Stimmung und Zorn versetzte.[1] Dennoch ist den Archiven zu entnehmen, daß der Dezember-Entwurf eine lange Vorgeschichte hatte, die mit den «Grundzügen» begann, die dem Frankfurter Bundestag am 10. Juni 1866 vorgelegt wurden. Einzelne Züge wurden aus Vorentwürfen übernommen, die Bismarck von Politikern so unterschiedlicher Gesinnung wie Max Duncker, Reichenbach, Wagener und Savigny zugesandt wurden. Das Kriegsministerium und das Handelsministerium steuerten die Artikel zu den in ihre Zuständigkeit fallenden Sachbereichen bei. Gleichwohl war die Grundstruktur dieser Verfassung durchaus Bismarcks eigenes Werk. Es bedurfte aber sechsmonatiger sorgfältiger Überlegungen und häufiger Änderungen bis zur endgültigen Fassung. Die eigene Prägung, die diesen Entwurf auszeichnete, blieb das ganze komplizierte Ratifizierungsverfahren hindurch erhalten. Eine Staatsverfassung, die so deutlich das Erzeugnis des Denkens und Wollens einer einzelnen Persönlichkeit ist, wird man anderswo in der Geschichte lange suchen müssen.[2]

Die Interpretation dieser Verfassung und der Absichten ihres Schöpfers sind schon seit langem Gegenstand gelehrter Kontroversen. Seit fast einem Jahrhundert streiten sich Historiker und Politologen darüber, ob sie einer «deutschen» oder einer «großpreußischen» Politik dienen sollte, ob dabei an die Schaffung einer deutschen Nationalregierung gedacht war oder der preußischen Hegemonie nur ein Bundesmäntelchen umgehängt werden sollte.[3] Doch ist die Frage, um die es bei diesem Streit geht, im Grunde falsch gestellt. Bismarcks Hauptanliegen beim Entwurf der Verfassung dürfte nämlich die Lösung des Problems der politischen Kontrolle gewesen sein. Er wollte im Norddeutschen Bund die im preußischen Staat bestehende Machtverteilung gewährleistet wissen und so in dem durch die preußischen Eroberungen geschaffenen größeren politischen Rahmen die konservative Ordnung aufrechterhalten. Zudem hatte er ein persönliches Problem zu lösen: Er mußte die Kollegialstruktur des preußischen Ministeriums umgehen, um seine eigene Autorität als oberster Minister der Krone zu festigen.

Bismarcks Verfassung ist oft als ein Meisterwerk des politischen Realismus gefeiert worden. Es handelt sich dabei nicht um ein auf abstrakter Parteidoktrin beruhendes künstliches Gebilde, sondern um ein praktisches Instrument, das der Existenz der tatsächlich wirkenden Kräfte Rechnung trägt und deren harmonische Entwicklung zu befördern versucht. Mit dieser Verfassung wurden die Kräfte des deutschen Nationalismus und des Partikularismus zusammengeführt und das Problem der Vereinigung von Staaten sehr verschiedener Größe gelöst. Als ein erster Schritt zur kleindeutschen Einheit geplant, sollten ihre nationalen Züge die Süddeutschen anziehen, während gleichzeitig die beibehaltene Bundesstruktur des neuen Staatswesens dazu beitrug, die Ängste der süddeutschen Regierungen zu beschwichtigen. All das hat man mit Recht hervorgehoben, doch sollte diese Verfassung auch einem bestimmten sozialen und politischen Interesse dienen. Das Wesentliche der Bismarckschen Verfassung war, daß sie mit revolutionären Mitteln in einem Jahrhundert zunehmend dynamischen wirtschaftlichen und sozialen Wandels die preußische aristokratisch-monarchische Ordnung fortdauern ließ.

Die preußische Krone

Mit den 1866 annektierten Gebieten umfaßte der preußische Staat mehr als vier Fünftel der Bevölkerung der Staaten des Norddeutschen Bundes, zwei Drittel derjenigen des zukünftigen Deutschen Reichs. Die große Mehrheit des deutschen Volkes wurde jetzt also gemäß der Verfassung regiert, über die es zu dem Konflikt der Jahre 1862–1866 gekommen und aus dem diese dank des Indemnitätsgesetzes unverändert hervorgegangen war. Bismarcks Dezember-Entwurf empfahl ein ähnliches System für das restliche Deutschland.[4] Ja, Bismarcks Verfassungsentwurf gestand der Krone der Hohenzollern sogar größere Machtvollkommenheit zu als die preußische Verfassung von 1850. Um die Fiktion aufrechtzuerhalten, daß es sich bei dem neuen Bund um nichts anderes als einen erneuerten Deutschen Bund handle, erhielt der König von Preußen das «Präsidium», ein Amt, das vordem die Habsburger Monarchie innegehabt hatte. Doch das Präsidium des Norddeutschen Bundes stattete dessen Inhaber mit Machtbefugnissen aus, wie sie der Präsident des Deutschen Bundes niemals gehabt hatte. Er hatte das Recht, die Außenpolitik des Bundes zu bestimmen, einschließlich des Rechts, Krieg zu erklären, Friedensverhandlungen zu führen und Verträge zu schließen. Überdies konnte das Präsidium den Kanzler und jeden anderen Beamten des Bundes nach Belieben ernennen und entlassen. Es war ermächtigt, die Bundesgesetze zu veröffentlichen und deren Ausführung zu überwachen. Obgleich das Parlament all-

Bismarck in Putbus, November 1866

jährlich zusammentreten sollte, lag es in der Macht des Präsidiums, den Reichstag einzuberufen, zu eröffnen, zu vertagen und zu schließen. Auf Antrag des Bundesrats konnte das Präsidium den Reichstag auflösen. Es gab keine Vorschriften über Neuwahlen oder eine bestimmte Frist für dessen Wiedereinberufung. Die Artikel, die von militärischen Angelegenheiten handeln, gehören zu den am weitesten bis in die Einzelheiten durchgeführten Teilen des Verfassungsentwurfs. Hier wurden den Gliedstaaten und ihren Herrschern einige nominelle Zugeständnisse gemacht. Die Bundesarmee sollte aus Landes-«Kontingenten» unter Führung der regierenden Fürsten bestehen. Diese ernannten alle Offiziere mit Ausnahme des Kommandeurs und konnten die Truppen ihres Kontingents sowie die auf dem Gebiet ihrer Staaten stationierten Bundestruppen zu Polizeimaßnahmen heranziehen. Auch die Militärverwaltung war in Routineangelegenheiten anscheinend Sache der Regierungen der Gliedstaaten.

Doch waren diese Zugeständnisse an den Partikularismus größtenteils nur oberflächlich. Der Entwurf stattete den König von Preußen mit dem größten Teil der Befugnisse eines militärischen Oberbefehlshabers aus, die Wilhelm von jeher begehrt und angestrebt hatte. Er stellte zweifelsfrei fest, daß die Armee des Bundes eine vereinigte Streitmacht unter dem Oberbefehl des preußischen Königs war. Die höchsten Offiziere dieser Bundesarmee einschließlich der Kontingentskommandeure wurden von diesem ernannt und schworen ihren Treueid auf ihn. Einen ähnlich zu unbedingtem Gehorsam verpflichtenden Eid schworen alle Bundestruppen. Der König von Preußen konnte die gesamte Bundesarmee oder einen Teil derselben nach Belieben mobilisieren. Die Bestimmungen über die Marine waren ähnlich, nur waren hier keine Kontingente vorgesehen, und alle Offiziere legten ihren Eid auf die Person des Königs von Preußen ab. Bei inneren Unruhen war der König von Preußen berechtigt, das Kriegsrecht zu verkünden, und als Oberbefehlshaber befugt, im Notfall eine «Exekution» gegen rebellierende Gliedstaaten anzuordnen, die bis zur «Sequestrierung des betreffenden Landes und seiner Regierungsgewalt» gehen konnte. Ein solches Verfahren bedurfte allerdings im Normalfall der Billigung durch den Bundesrat.

Bismarcks Entwurf verleibte die gesamte Bundesarmee dem preußischen Militärsystem ein und konsolidierte den Sieg der Regierung über das Parlament in der Frage der Militärreform. Durch die verfassungsrechtliche Festlegung der Friedenspräsenzstärke der Kontingente auf ein Prozent der Bevölkerung und die Verpflichtung jedes wehrfähigen Bürgers, drei Jahre in der Linie, vier in der Reserve und fünf in der Landwehr zu dienen, wurden diese Angelegenheiten dem Zugriff des Reichstags und des preußischen Landtags entzogen. Der Oberbefehlshaber war befugt, in allen Kontingenten gleiche Bewaffnung, Führung, Ausbildung, Organisation und allgemeine Einsatzbereitschaft durchzusetzen. Für die Anpassung der kleineren Kontingente an das preußische sorgte überdies eine Bestimmung, nach der alle preußischen Militärgesetze, -bestimmungen, -instruktionen und -reskripte für die ganze Armee Gültigkeit hatten. Solche Angelegenheiten fielen also nicht in die Zuständigkeit der Gliedstaaten und des Reichstags.

Als habe der Verfasser die Absicht verfolgt, deren Bedeutung zu verschleiern und sie vor Kritik zu schützen, findet man die den öffentlichen Finanzhaushalt betreffenden Artikel über den ganzen Verfassungsentwurf verteilt. Mit ihnen wurde das Haushaltsrecht des Parlaments zur Farce gemacht. Es gab keine Bestimmungen über einen jährlichen oder sonst periodisch zu bewilligenden Haushalt. Obwohl die finanzielle Last der Streitkräfte dem Bund übertragen wurde, ging die damit dem preußischen Landtag entzogene Befugnis nicht auf den Reichstag über. Der «eiserne Etat», wie er später genannt wurde, setzte die jährlichen Zuwendungen für die Armee auf unbestimmte Zeit auf 225 Taler pro Soldat fest. Eine andere Klausel sah offenbar auch für die Marine die Aufstellung eines derartigen «eisernen Etats» vor, wozu allerdings die Zustimmung des Reichstags erforderlich sein sollte. Nur Armee- und Marineausgaben, welche die festgesetzten Etats überschritten, sollten der ordentlichen Bewilligung durch das Parlament bedürfen. Selbst in Friedenszeiten verbrauchten die Streitkräfte den Löwenanteil der Bundeseinnahmen; 1868 erhielt die Armee 88,8 Prozent derselben, die Marine 10,7 Prozent.[5]

Überdies war die parlamentarische Kontrolle der Quellen dieses Einkommens sehr dürftig. Der Bund durfte nur indirekte Steuern erheben. Da deren Aufkommen sich mit der wirtschaftlichen Entwicklung zu erhöhen versprach, war von derartigen Steuern ein ständiges Wachstum der Bundeseinnahmen ohne neuerliche parlamentarische Bewilligung zu erwarten. Es war indessen klar, daß aus solchen Quellen allein die Bedürfnisse der Streitkräfte nicht zu decken waren. Deshalb sah der Entwurf sogenannte «Matrikularbeiträge» vor, die von den Staaten entsprechend ihrer Bevölkerungszahl erhoben werden sollten. Was die Armee betraf, sollte die Höhe dieser Beiträge vom Präsidium allein nach dessen Einschätzung des Bedarfs festgesetzt werden. Wegen der gewaltigen Dimensionen des Militäretats entzog diese Bestimmung die Verfügung über das Bundeseinkommen so gut wie vollkommen der Kontrolle des Reichstages. Sollte sich das Parlament weigern, neue Steuern zu bewilligen, brauchte das Präsidium nur die Matrikularbeiträge zu erhöhen, um die gewünschten Mittel zu erhalten.

Die Macht des Reichstages und die Freiheit seiner Mitglieder wurden auch auf andere Weise beschränkt. Der Entwurf enthielt keine ausdrücklichen Bestimmungen über das Interpellations- und Petitionsrecht. Immunität wurde zwar den Abgeordneten für ihre Reden im Reichstag zugestanden, nicht jedoch der Presse, die darüber berichtete. Der von Beleidigung und Verleumdung des Bundes handelnde Artikel war dem preußischen Strafrecht entnommen und hatte während des Verfassungsstreits dazu gedient, die oppositionelle Presse zu knebeln. Beamte sollten nicht in den Reichstag wählbar sein. Jede Vergütung der parlamentarischen Tätigkeit wurde ausdrücklich verboten. Die unteren Schichten durften zwar ihre Stimme abgeben, jedoch nur für Leute, die es sich leisten konnten, die Volksvertretung als Ehrenamt zu übernehmen. Schließlich fehlte in Bismarcks Verfassungsentwurf auch jede explizite Festschreibung bestimmter bürgerlicher Grundrechte.

Der Entwurf offenbarte den grundsätzlichen Zwiespalt seiner verfassungsrechtlichen Überlegungen. Er hoffte, konservative Institutionen auf eine Massenbasis zu stellen, mißtraute aber der Unterschicht und sah, trotz seiner jüngsten Erfahrungen, die beste Gewähr für politische Stabilität in der Beschränkung der politischen Tätigkeit auf den Kreis der Besitzenden. Er glaubte durchaus, daß ein Parlament erforderlich sei, um unkluge Handlungen der Krone und der Bürokratie zu kritisieren und womöglich zu verhindern – er zögerte aber, die Institution mit den Machtmitteln auszustatten, die sie wirklich dazu in die Lage versetzt hätten.

Das Gleichgewicht

Bismarcks deutsche Verfassung war jedoch kein bloßer Abklatsch der preußischen. Die mangelnde Flexibilität der letzteren hatte er während des Verfassungskonflikts zur Genüge kennengelernt. Bei jeder unüberwindlichen Meinungsverschiedenheit zwischen der Krone und dem Parlament war unter dieser Verfassung ein Zustand, wie er während der vergangenen vier Jahre in Preußen bestanden hatte, unvermeidlich. In den vielfachen Kräften und Institutionen des vereinigten Deutschlands sah Bismarck Gelegenheit zur Schaffung eines Systems der wechselseitigen Hemmungen und Gegengewichte, das solche Pattsituationen in Zukunft verhindern sollte. Aber Bismarcks System war nicht aus Montesquieus *Esprit des lois* inspiriert oder an der Verfassungspraxis der amerikanischen oder sonst einer ausländischen Regierung orientiert, sondern ergab sich aus den Methoden, die er während der diplomatischen Auseinandersetzungen der fünfziger Jahre entwickelt und in den Kämpfen der sechziger Jahre mit so durchschlagendem Erfolg angewandt hatte. Dieses System bestand nicht aus drei gleichgewichtigen und sich gegenseitig ausbalancierenden Gewalten, sondern stellte ein Gleichgewicht her, von dessen Angelpunkt aus jederzeit zwischen gegensätzlichen Interessen gewählt werden konnte.

Aus dieser Sicht verliert die alte Frage, ob Bismarck «ein Deutscher» oder «ein Preuße» war, ihren Sinn. Er war nicht an der Vorherrschaft Deutschlands oder Preußens interessiert, sondern an den politischen Kontrollmöglichkeiten, die deren Dualität bot. Zentralistische und partikularistische Institutionen konnten gegeneinander ausgespielt werden. Jedem Machtanspruch des preußischen Abgeordnetenhauses konnten durch den Reichstag Schranken gesetzt werden und umgekehrt. Da ihnen unterschiedliche Wahlgesetze zugrunde lagen, war zu erwarten, daß auch die politische Zusammensetzung der beiden Parlamente verschieden sein würde. Nach dem Juli 1867 gab es noch ein drittes Parlament, das des Zollvereins, das aus allgemeinen Wahlen in ganz Deutschland hervorging.

Auch die vorgesehene Machtverteilung zwischen der Bundesexekutive und den Regierungen der Gliedstaaten läßt die überall in Bismarcks Verfassungsentwurf angestrebte Ausgewogenheit potentiell antagonistischer Kräfte erkennen. Der Bund erhielt die gesetzgeberischen Befugnisse für Zoll und Handel, für die wichtigsten Verkehrsmittel (Schiffahrt, Eisenbahnen, Post und Telegraphie), für bestimmte finanzielle Angelegenheiten (Bankwesen, Münzprägung und Währung), bestimmte Bereiche des Rechts (Zivilprozeßordnung, Konkursverfahren, Handels- und Wechselrecht); dazu kamen andere Gebiete von erheblichem Interesse für die Geschäftswelt (Maße, Gewichte, Patente, Urheberrecht, Konsularwesen, Freizügigkeit, Heimatrecht, Gewerbebetrieb, Auswanderungsfragen). Der Bund sollte außerdem das Recht haben, Zölle und gewisse Verbrauchssteuern zu erheben (auf Zucker, Alkohol, Salz, Bier und Tabak), sowie die Verfügung über die Gewinne aus dem Betrieb des Post- und Telegraphensystems erhalten.

Der Verfassungsentwurf stellt das zwar nicht ausdrücklich fest, doch anscheinend sollte die Gesetzgebung in allen anderen Angelegenheiten den Regierungen der Gliedstaaten überlassen bleiben. Die wichtigste den Gliedstaaten verbleibende Befugnis war das Recht, die meisten vom Bund verabschiedeten Gesetze auszuführen. Der Bund hatte nur das Recht, die Gesetzmäßigkeit dieser Verwaltung zu überwachen. Dies galt sogar für die Erhebung der Zölle und Verbrauchssteuern und die örtliche Verwaltung des Post- und Telegraphenwesens. Überdies wurde die Rechtspflege der Jurisdiktion der einzelstaatlichen Gerichte überlassen, selbst wo über Verstöße gegen Bundesgesetze zu urteilen war. Obwohl die Verfassung eine Bundesbürgerschaft vorsah, gestattete sie ein Fortbestehen der Staatsbürgerschaften der Gliedstaaten. Der Wortlaut des betreffenden Artikels gab diesen Staatsbürgerschaften sogar das größere Gewicht, denn es wurde von den Regierungen der Gliedstaaten gefordert, alle ihren eigenen Bürgern gewährten Rechte auch anderen Bewohnern ihrer Länder einzuräumen. Die Staaten durften an Orten, wo der Bund keine konsularische Vertretung hatte, auch weiterhin eigene Konsuln unterhalten.

Innerhalb des Bundes waren die legislativen Befugnisse zwischen Reichstag und Bundesrat verteilt. Reichstagsabgeordnete sollten in allgemeinen, direkten Wahlen für eine dreijährige Legislaturperiode gewählt werden und «Vertreter des ganzen Volkes» sein. Der Bundesrat war dem alten Frankfurter Bundestag nachgebildet.[6] Die Delegierten waren Vertreter der Staatsregierungen, die auch ihre Stimmabgabe instruierten. Eine Klausel nötigte sogar das Präsidium, ihnen «diplomatischen Schutz» zu gewähren. Um Gesetz zu werden, mußte eine Vorlage von beiden Häusern mit einfacher Mehrheit angenommen werden. Verfassungsänderungen bedurften einer Zweidrittelmehrheit im Bundesrat. Beide Häuser hatten das Recht der Gesetzesinitiative.

Die beiden Kammern hatten unterschiedliches Gewicht. Dem Verfassungsentwurf entsprechend war der Bundesrat nicht das Oberhaus einer «Zweikammerlegislative», sondern ein mit sowohl legislativer als auch exekutiver Gewalt ausgestattetes «Kabinett». Seine exekutiven Funktionen sollte der Bundesrat mittels gewisser in der Verfassung ausdrücklich vorgesehener Ausschüsse ausüben. Angehörige des Bundesrats hatten kraft ihres Ministerrangs das Privileg, jederzeit im Reichstag zu sprechen. Der Bundesrat durfte sich ohne den Reichstag versammeln, dieser sich aber nie ohne jenen. Endlich waren auch die Delegierten des

Bundesrats besoldete Beamte der Staatsregierungen, während die Besoldung der Reichstagsabgeordneten ausdrücklich verboten war.

Bismarcks Entwurf sah keine Bundesgerichtsbarkeit vor. Das einzige höhere Gericht, das man darin erwähnt findet, ist das gemeinschaftliche Oberappellationsgericht der Hansestädte (Bremen, Hamburg und Lübeck), das die Rechtsprechung über Fälle von Hoch- und Landesverrat erhielt. Streitigkeiten zwischen Gliedstaaten sollten vom Bundesrat geschlichtet und Verfassungskonflikte innerhalb der Staaten durch Bundesgesetzgebung beendet werden. Dementsprechend konnten etwa in Preußen Streitigkeiten über Verfassungsfragen aus dem Landtag an den Reichstag zur Entscheidung überwiesen werden, der sich auf Grund seiner anderen politischen Zusammensetzung der Auffassung der Krone anschließen mochte. Über Meinungsverschiedenheiten bei der Interpretation der Verfassung selbst findet man jedoch bezeichnenderweise in Bismarcks Entwurf nichts gesagt. Auch die Verfassung des Norddeutschen Bundes sollte wie die preußische ihre «Lücke» haben.

Dies also war Bismarcks Mechanismus der Gleichgewichte. Die Institutionen und Befugnisse des Bundes sollten sich in einer Balance mit denen Preußens und der anderen Gliedstaaten befinden. Dem Bund sollten mehr gesetzgeberische, den Gliedstaaten mehr administrative Rechte zukommen. Innerhalb der Bundesregierung sollte eine zweite Gewaltenteilung zwischen zwei Organen stattfinden, von denen das eine nur legislative, das andere sowohl legislative als auch exekutive Funktionen wahrnahm. Druck würde durch Gegendruck ausgeglichen werden: die Nation gegen die Dynastien, der Bund gegen Preußen, der Reichstag gegen den Bundesrat, Parlament gegen Parlament, Zentralismus gegen Partikularismus, die zentripetalen Kräfte gegen die zentrifugalen. Aber wie sollte dieses Gleichgewicht beherrscht werden?

Der Angelpunkt

Die privilegierte Stellung Preußens im Bundesrat gilt gemeinhin als Beweis der preußischen Hegemonie im Norddeutschen Bund. Von 43 Stimmen entfielen 17 auf Preußen (diese Zahl wurde durch Addition der Stimmen Preußens und der annektierten Staaten im Frankfurter Bundestag ermittelt).[7] Überdies sollte Preußen in allen Ausschüssen vertreten sein und das Recht haben, sämtliche Mitglieder der Ausschüsse für Armee- und Marineangelegenheiten zu ernennen. Obwohl die Anzahl von 17 Stimmen im Verhältnis zur Bevölkerungszahl Preußens gering war, gaben diese Stimmen Preußen gleichwohl bei Anträgen auf Verfassungsänderungen ein absolutes Vetorecht. Bei gewöhnlichen Gesetzesanträgen konnte Preußen theoretisch überstimmt werden, denn die übrigen Staaten besaßen vier Stimmen über die einfache Mehrheit hinaus. Doch war es nicht schwierig, eine ausreichende Stimmenzahl kleiner Staaten zu mobilisieren, um jedem wirksamen Bündnis gegen Preußen vorzubeugen. Überdies konnte jede Auseinandersetzung notfalls in den Reichstag gebracht werden, wo die Angehörigen des Bundesrats das Recht hatten, ihre Auffassungen vorzutragen.

Tatsächlich war die «Hegemonie Preußens» in Bismarcks Entwurf diejenige des preußischen Ministers des Auswärtigen. Kraft der Fiktion, daß es sich bei dem Bundesrat um nichts wesentlich anderes als den reformierten Frankfurter Bundestag handelte, bewahrte sich Bismarck als Außenminister die Befugnis, die preußischen Delegierten einschließlich des Kanzlers zu instruieren. Dem ursprünglichen Plan zufolge sollte der Kanzler nur der vorsitzende Beamte des Bundesrats sein. Sein Amt war bewußt demjenigen des «Präsidialgesandten» in Frankfurt nachgebildet, der seine Anweisungen vom Ballhausplatz erhalten hatte und nur diesen entsprechend handeln konnte. Dem Anschein nach war dieses Amt Savigny zugedacht, dem letzten preußischen Gesandten beim Bundestag. Die Befugnis, dem Kanzler und den preußischen Delegierten im Bundesrat Anweisungen zu geben, hätte Bismarck als Außenminister die entscheidende Stimme in einer Regierung verliehen, in der er keine amtliche Stellung hatte. Durch den Bundesrat getarnt, hätte er für Angriffe oppositioneller Reichstagsabgeordneter kaum ein Ziel geboten.

Aber hätte er sich der Zügelung durch seine Amtskollegen im preußischen Staatsministerium entziehen können? Während des Verfassungskonflikts hatten ihm diese in innenpolitischen Angelegenheiten wiederholt Widerstand geleistet – mitunter erfolgreich. Erst jüngst hatte ihre Opposition gegen die Indemnitätsvorlage seinen Zorn und seine Verachtung provoziert.[8] Wie der Kriegsminister hatte auch der Außenminister unmittelbaren Zugang zum König und war insofern von der Rücksicht auf seine Kabinettskollegen dispensiert. Doch sobald er sich um innenpolitische Belange kümmerte wie Finanzen, Handel und dergleichen, waren Reibungen mit anderen Ministern unvermeidlich. Bismarck hatte den Plan, höhere Beamte (unterhalb des Ministerrangs) als preußische Delegierte beim Bundesrat zu ernennen. Sie sollten ihn bei der Koordinierung der Staatsgeschäfte Preußens und des Bundes unterstützen und an die Spitze der verschiedenen Zweige der Bundesverwaltung treten. Doch hätte das offensichtlich Loyalitätskonflikte zur Folge gehabt. Bismarck gab gegenüber dem konstituierenden Reichstag zu, daß er die Wünsche seiner Ministerkollegen bei bundespolitischen Entscheidungen nicht ignorieren könne. Bei unüberwindlicher Meinungsverschiedenheit müsse er entweder nachgeben oder sich neue Kollegen suchen.[9] Weder das eine noch das andere war wünschenswert.

Es gibt Gründe für die Annahme, daß Bismarck von Anfang an insgeheim die Absicht hatte, die Kanzlerschaft zu übernehmen, um mit diesem Amt ein Exekutivorgan zu schaffen, mit dem er seine Kollegen im preußischen Staatsministerium ausmanövrieren konnte. Seine Ersetzung der Amtsbezeichnung des «Präsidialgesandten» durch den höheren Titel «Kanzler» ist verräterisch. Sicherlich tat er das nicht Savigny zuliebe. Tatsächlich hielt er diesen Diplomaten für einen begabten ehrgeizigen Mann mit gefährlich guten Verbindungen zum Hof. Im Oktober schreckte er auf, als ihm hinterbracht wurde, wie sein alter Freund «Charles» seinerseits gedachte, die Kanzlerschaft auszugestalten. Er verdächtigte ihn, die Absicht zu haben, unmittelbaren Zugang zum König zu fordern. Mit diesem Verdacht, dessen können wir gewiß sein, schwand jede Aussicht, die Savigny noch gehabt haben mochte, das Kanzleramt zu erhalten.[10]

Andere Hinweise lassen den Schluß zu, daß Bismarck die Entwicklung eines ziemlich ausgedehnten Verwaltungsapparats auf Bundesebene voraussetzte. Sein Entwurf sieht die Existenz einer Beamtenschaft vor, die bei der Verwaltung der Zölle, der indirekten Steuern, des Post- und Telegraphenwesens und der Eisenbahnen die Funktionen des Präsidiums und dessen Macht ausüben würde. Es war leicht vorauszusehen, daß Reichstag und Bundesrat in Wahrnehmung ihrer gesetzgeberischen Rechte binnen kurzem Bedarf für eine umfangreiche Bürokratie schaffen würden. Wie sollte diese Beamtenschaft organisiert werden, und wer sollte sie leiten? Zu diesen Fragen schweigt der Entwurf bezeichnenderweise. Teile seines Keudell am 30. Oktober gegebenen «Diktats» zeigen, daß Bismarck mit der Ausbildung von Bundesministerien rechnete und die Umwandlung des Bundesrats in ein rein legislatives «Oberhaus» erwartete, dessen Angehörige von den Regierungen der Mitgliedsstaaten im Verhältnis zu deren Bevölkerungszahl ernannt werden würden. Unter «Ministerien» verstand Bismarck jedoch «Ämter», die sich unter seiner direkten Aufsicht als Kanzler entwickeln sollten, wie das später auch wirklich geschah.[11]

Aber wenn das seine Absicht war, weshalb hat er es nicht offen gesagt? Wie alles, was er je geschrieben hat, war auch der Verfassungsentwurf ein diplomatisches Dokument. Wenn er darin seine letztliche Absicht offenbart hätte, hätte er damit den Argwohn und die Eifersucht seiner Kollegen herausgefordert und einen gefährlichen und zeitraubenden Streit im Ministerium provoziert. Ein derart zentralistischer Entwurf hätte überdies den Regierungen der Mittelstaaten die Zustimmung erschwert und zumal bei den Regierungen der süddeutschen Staaten, die noch nicht dem Bund angehörten, zusätzliche Widerstände geschaffen. Aus diesen Gründen war es klug, daß er seine Absicht verbarg, bis die Zeit für deren Ausführung reif wäre.[12] In Etappen vorzugehen und auf jeder Etappe nur zu versuchen, was unter den gegebenen Umständen möglich war, dabei aber stets sich den Weg zur nächsten offenzuhalten: Das war allemal Bismarcks politisches Verfahren.

Wie in der Schleswig-Holstein-Frage und beim Problem der deutschen Einigung war auch hier jede Etappe ein mögliches Endziel, wenn ein weiteres nicht zu erreichen war. Erwies sich die Konstruktion einer unabhängigen Bundesexekutive als undurchführbar, konnte man die Kanzlerschaft einem untergeordneten «Beamten» überlassen und deren «Geschäfte» (das Wort war seiner Vieldeutigkeit wegen mit Bedacht gewählt) auf den Vorsitz im Bundesrat beschränken. In diesem Fall hätten Bismarcks persönliche Kraft und politische Geschicklichkeit ausgereicht, das Amt des preußischen Außenministers zum beherrschenden Organ im Verfassungsaufbau Preußens und des Bundes zu machen.[13]

Einen sicheren Machthebel jedoch boten weder das preußische Außenministerium noch die Kanzlerschaft allein, sondern nur beide Ämter in Verbindung. Daß Bismarck später zeitweilig die Ministerpräsidentschaft abgab, beweist, daß er – irrtümlich, wie sich zeigen sollte – dieses Amt für weniger wichtig hielt als die beiden anderen. Nur durch die Verbindung dieser Schlüsselpositionen war es möglich, die vielen verschiedenen Gewichte in der Waage auszubalancieren. Zusammen bildeten sie den Angelpunkt, von dem aus er die zahlreichen Kombinationen erproben konnte, deren Manipulation sein stetes Bestreben im ungewissen Spiel der Politik war. Im Besitz dieser Ämter konnte er hoffen, einen direkten Zusammenstoß mit dem Parlament, wie den der vergangenen vier Jahre, in Zukunft zu vermeiden.

König und Staatsministerium

Bismarcks Virtuosität als politischer Taktiker zeigte sich bei keiner Gelegenheit glänzender als bei dem Verfahren, durch welches er erreichte, daß sein Verfassungsentwurf ohne verstümmelnde Änderungen als Grundgesetz des Norddeutschen Bundes und schließlich des Deutschen Reichs angenommen wurde. Jede der politischen Kräfte, die er mit Hilfe der Verfassung vor den gemeinsamen Wagen zu spannen trachtete, hatte bei ihrer Annahme eine Stimme: das preußische Staatsministerium, die Dynastien, die Regierungen der freien Städte, die Nation (vertreten durch den konstituierenden Reichstag) und der preußische Landtag. Keine von diesen Kräften wünschte das von Bismarck angestrebte Ergebnis des Verfahrens. Seiner bewährten Taktik entsprechend ging er schrittweise vor und legte die ihm widerstrebenden Kräfte eine nach der anderen lahm, indem er bei jedem Versuch, Änderungen der Grundzüge seines Plans zu erzwingen, Interessen mobilisierte, denen die beabsichtigte Änderung zum Nachteil gereichen mußte. Auch hier wieder hatte er sich die strategische Mittelstellung zwischen widerstreitenden Kräften gesichert, die es ihm erlaubte, die Gegner gegeneinander auszuspielen. Die ersten Widersacher, die er so überwand, waren der König und das Ministerium.

Bismarcks Krankheit im Oktober und November 1866 war ein Mißgeschick, doch wie gewöhnlich wußte er auch aus diesem seinen Nutzen zu ziehen. Denn die Krankheit nötigte ihn zwar, sich in einem kritischen Moment aus Berlin und der Gegenwart des Königs zu entfernen, gestattete es ihm aber zugleich, sich seinen Ministerkollegen und Savigny zu entziehen, was ihn der Notwendigkeit enthob, sich mit deren Anschauungen auseinanderzusetzen. So traf er seine grundsätzlichen Entscheidungen in der Abgeschiedenheit von Putbus und vervollständigte seinen Entwurf schließlich zwischen dem 1. und dem 8. Dezember in Berlin. Am 9. sahen der König, der Kronprinz und die Minister den Verfassungsentwurf zum ersten Mal. Sie hatten zu dessen Begutachtung und eventueller Änderung nur fünf Tage Zeit (von denen zwei von der königlichen Jagd beansprucht wurden), ehe er am 15. einem Ministerrat der Gliedstaaten vorgelegt wurde. In dieser kurzen Zeitspanne war von jenen ersten Lesern keiner imstande, die wahre Bedeutung dieses Dokuments zu erfassen, die komplizierten Beziehungen zu durchschauen, die es stiftete, und die geheimen Absichten zu erkennen, die sein Verfasser verfolgte. Zweifellos hob Bismarck gegenüber dem König, dem Kronprinzen und den Ministern diejenigen Züge seines Entwurfs hervor, die ihren konservativen Erwartungen entgegenkamen: die hegemoniale Autorität des Präsidiums und des Oberbefehlshabers, die beschränkte Befugnis des Reichstags in militärischen und Finanzangelegenheiten und die Kautelen gegen eine Wiederholung des Verfassungskonflikts. Eine Erweiterung der preußischen Prärogativen, wie sie der König und andere Minister wünschten, oder eine Verstärkung des unitarischen Charakters, auf welche der Kronprinz Wert legte, hätten nur den kleineren Dynastien und den freien Städten die Zustimmung zu Bismarcks Entwurf noch schwerer gemacht. Bismarcks Argumente und die Eile, mit der die Sache erörtert wurde, waren ausreichend, jeder einschneidenden Änderung zuvorzukommen.[14] Die Grundstruktur des ursprünglichen Entwurfs blieb unverändert.

Der Ministerrat

Noch mitten im Krieg hatte man schon die ersten Schritte getan, die Staaten Norddeutschlands an Preußen zu binden. Am 16. Juni 1866 nötigte ein Ultimatum neunzehn kleine Fürstentümer und freie Städte, sich mit Preußen zu verbünden, ihre Streitkräfte preußischem Oberbefehl zu unterstellen und einer «neuen lebendigen Vereinigung» zuzustimmen. Am 4. August forderte Preußen die Regierungen dieser Staaten auf, beim Entwurf einer Bundesverfassung mit einer gewählten Volksvertretung zusammenzuarbeiten.[15] Am 18. August hatten bereits fünfzehn von ihnen ihre Einwilligung erklärt. Der letzte Empfänger des preußischen Ultimatums, Meiningen, kapitulierte am 8. Oktober unter dem Druck der preußischen Besatzung. Die beiden norddeutschen Feindstaaten, die der Annexion entgingen, das Großherzogtum Hessen und Sachsen, wurden durch ihre Friedensverträge am 3. September und am 21. Oktober dem Bund einverleibt.

Preußen war Sieger, und die kleineren Staaten mußten sich fügen. Dennoch waren sie gegen die Bedingungen der Verfassung nicht völlig machtlos, und sie konnten durchaus hoffen, durch ihren Einspruch Änderungen zu erwirken. Die einstweilen noch unabhängigen Mittelstaaten im Süden beobachteten Preußens Verfahren mit seinen neuen «Verbündeten» und namentlich mit Sachsen mit um so lebhafterem Interesse, als sie dabei Hinweise auf das ihnen selbst bevorstehende Schicksal zu finden glaubten. Überdies wollte Bismarck die Staaten als lebendige politische Kräfte erhalten. Er brauchte ihre Unterstützung gegen die Forderungen der liberalen Parteien im konstituierenden Reichstag. Außerdem hatte er sie als Gewichte in das von ihm entworfene konstitutionelle Gleichgewicht eingeplant.

Als Führer der dynastischen Opposition kam in erster Linie Sachsen in Frage, der nach Preußen volkreichste und wohlhabendste norddeutsche Staat. In Nikolsburg hatte Österreich die Erhaltung der territorialen Integrität Sachsens zur Bedingung des Friedens gemacht. Der dadurch in seinen Annexionswünschen gebremste Wilhelm war aber entschlossen, auf militärischen Bedingungen zu bestehen, die die Existenz der sächsischen Armee beendet hätten. Als der angesehene König Johann sich den Drohungen Preußens widersetzte und dabei von Frankreich unterstützt wurde, mäßigte Bismarck seine Forderungen und gestand Sachsen ein Truppenkontingent unter preußischem Kommando zu. Dann wurde er krank und mußte sich aus den Verhandlungen zurückziehen. Im Oktober erfuhr er zu seiner Bestürzung, daß Wilhelm, der nicht einmal dieses geringe Zugeständnis machen wollte, der Unterzeichnung eines Friedensvertrages zugestimmt hatte, der eine Einigung über die Militärfrage auf einen späteren Zeitpunkt verschob. Bismarck erkannte sofort, daß Sachsen damit das preußische Bedürfnis nach einem Militärabkommen als Hebel benutzen konnte, um Änderungen der Verfassung zu erzwingen, die sächsischen Interessen entgegenkommen und seinem Plan schaden würden.[16]

Als ihnen am 15. Dezember der preußische Entwurf vorgelegt wurde, waren die Angehörigen des Ministerrats bestürzt. Der Plan machte auf den ersten Blick den Eindruck eines hastig zusammengestückelten Bündels von Notlösungen für unterschiedliche aktuelle Probleme, dem die Einheit und Harmonie einer umfassenden Konzeption fehlte. Sachsen, Hessen und Braunschweig nahmen beunruhigt die beabsichtigten Eingriffe in ihre militärische Souveränität zur Kenntnis, die mecklenburgischen Feudalstaaten sahen Grund zur Besorgnis angesichts der Befugnisse, die da einem vom Volk gewählten Reichstag zugestanden werden sollten, Hamburg hatte Ursache, den vorgesehenen Verlust seiner kommerziellen Unabhängigkeit zu beklagen, Lübeck und die Kleinstaaten mußten die ihnen pro Kopf der Bevölkerung zugemuteten Finanzlasten als höchst drückend empfinden. Einige thüringische Fürsten erwogen die Abdankung und Abtretung ihrer Länder an Preußen. Die nationalistischen Fürsten von Oldenburg, Weimar und Coburg stießen sich an denjenigen Zügen des Verfassungsentwurfs, die eine Hegemonie Preußens festzuschreiben schienen. Nur Bremen, eine Hochburg des Nationalvereins, und das winzige Meiningen, wo ein preußisch gesinnter Fürst herrschte, waren relativ zufrieden.[17]

Obwohl deren Angehörige unterschiedliche Motive hatten, fand sich die Opposition bald in der gemeinsamen Zustimmung zu den Gegenvorschlägen des Großherzogs von Oldenburg zusammen, die auf einen Erbkaiser, ein Bundesministerium, einen Reichsrat und einen Reichstag mit zwei Kammern (Fürstenhaus und Abgeordnetenhaus) hinzielten. Dreizehn Staaten unterstützten diesen Plan in dem Glauben, daß er Preußens Stimme im Bund schwächen und den Machtanspruch des Reichstages wirksamer beschränken werde. Der Vorschlag war eine ernste Bedrohung des von Bismarck konzipierten Verfassungsplans. Er gefährdete die Dualität Preußens und des Bundes. Ein Beiseiteschieben des Bundesrats hätte das ganze wohlkalkulierte System einer Herrschaft durch den preußischen Außenminister zerstört. Die Ersetzung des «Präsidiums» durch einen «Kaiser» hätte Napoleon einen guten Grund gegeben, die Aufrichtigkeit der preußischen Versicherung, daß nach Süden keine Erweiterung des Bundes über den Main hinaus beabsichtigt sei, in Frage zu stellen. Der darin implizierte Zentralismus war im übrigen für das preußische Ministerium inakzeptabel und hätte den späteren Beitritt der süddeutschen Staaten noch schwerer gemacht.[18]

Doch Bismarck spaltete die Opposition und erstickte die drohende Erhebung im Keim. Indem er die Sitzungen des Rats verschob, gewann er Zeit zu privaten Verhandlungen mit einzelnen Staaten. Den kleinen Fürsten wurde das Recht zugestanden, die Finanzlast des «eisernen Etats» während einer siebenjährigen Anlaufzeit allmählich zu übernehmen. Bremen wurde mit finanziellen Zugeständnissen und einem Streifen hannoverschen Bodens in seiner Zustimmung bestärkt. Die mecklenburgischen Fürsten wurden durch in Aussicht gestellte finanzielle und militärische Konzessionen gewonnen. Hessen wurden Hoffnungen auf einen Sonderstatus für die auf Bundesgebiet stationierte Hälfte seiner Armee gemacht. Hamburg wurde durch eine schroffe Note und heftige Angriffe in der Regierungspresse eingeschüchtert. Doch Sachsen zu gewinnen, war die schwierigste Aufgabe. Die Könige Johann und Wilhelm und deren Generäle beharrten hartnäckig auf ihren Prärogativen. Schließlich gelang es Bismarck, eine Vereinbarung zu erzielen, wonach der sächsische König das Recht haben sollte, den Befehlshaber des sächsischen Kontingents zu nominieren, ehe der preußische König ihn ernannte. Überdies sollte der Bund Sachsen acht Jahre lang für den Verlust der Einnahmen aus dem Postwesen entschädigen.[19]

Bismarcks wirksamste Waffe bei seinen Kämpfen mit den Regierungen aber war die Drohung mit dem bald zusammentretenden Reichstag. Die Wahlen dazu waren für den 12. Februar 1867 angesetzt. Die Minister berieten in Kenntnis der Tatsache, daß sie bis zu diesem Datum zu einer Verständigung mit Preußen gelangt sein mußten oder die Folgen zu tragen haben würden. Während der Wahlkampagne im Januar gab Bismarck den preußischen Beamten, die inzwischen die einseitige Begünstigung der konservativen Kandidaten für eine selbstverständliche Dienstpflicht hielten, die Anweisung, der Wahl gemäßigter Liberaler keinen Widerstand entgegenzusetzen. Denn ohne diese könne der Reichstag «keine ausreichende Pression auf die widerstrebenden Regierungen ausüben».[20]

Wenn seine «Alliierten» es verließen, warnte Bismarck, würde Preußen sich den revolutionären Kräften des liberalen Nationalismus zuwenden. Er sei kein Freund der liberalen Doktrin, erklärte er dem sächsischen Gesandten, und sein eigentliches Ziel sei es, «den Parlamentarismus durch den Parlamentarismus zu stürzen». Lieber würde er den Bund im Zusammenwirken mit den Dynastien begründen. Wenn ihm diese aber ihre Unterstützung verweigerten, würde er sich ohne Zögern mit den radikalen Liberalen ins Benehmen setzen und eine Verfassung durchsetzen, die deren Anschauungen entspräche. «Ja», sagte er wiederholt, *«Flectere si nequeo superos, Acheronta movebo»*.[21] Sollte sein Vorhaben mißlingen, drohte er Oldenburg, «so würden nur die Strömungen der nationalen Bewegung und der Kombinationen der europäischen Politik als Elemente für unsere Politik übrigbleiben».[22]

Seine Taktik, die Gegner zu spalten, verhinderte, daß es zu einem koordinierten Angriff gegen den preußischen Entwurf kam, und seine Drohung mit einer revolutionären Alternative ließ die Minister davor zurückschrecken, seinen Entwurf rundweg abzulehnen. Die Änderungen,[23] die sie durchsetzen konnten, waren solche, die Bismarck sich gern gefallen ließ, weil sie an der Grundstruktur des Systems nichts änderten. Wie zu erwarten, sollten viele von diesen Änderungen die Macht des Bundesrats auf Kosten des Präsidiums, des Oberbefehlshabers der Streitkräfte und des Reichstags stärken. Das Präsidium bedurfte nun zu Gesetzesvorlagen im Reichstag der vorherigen Zustimmung des Bundesrats. Wollte der Oberbefehlshaber von seinem Recht Gebrauch machen, eine «Exekution» gegen ein Bundesmitglied durchzuführen, so mußte er nun unverzüglich den Bundesrat über die Gründe für diese Maßnahme unterrichten. Zwei Ausschüsse desselben erhielten das Recht, das Präsidium bei der Ernennung von Konsuln und bei der Bundesaufsicht über die Steuererhebung zu beraten. Alle Verträge über Gegenstände, die in die gesetzgeberische Kompetenz des Parlaments fielen, bedurften jetzt der Billigung durch den Bundesrat. Auf Drängen des Freiherrn von Friesen, des sächsischen Delegierten, wurden die verstreuten Abschnitte, die von Finanzangelegenheiten handelten, zu einem Kapitel zusammengefaßt.[24] Ein neuer Artikel legte die gesetzliche Verabschiedung eines Drei-Jahres-Haushalts für alle Ausgaben mit Ausnahme der Militäraufwendungen fest. Lagen die Ausgaben auf irgendeinem Gebiet über den Steuereinnahmen, so war das Präsidium berechtigt, den Gliedstaaten Matrikularbeiträge in der erforderlichen Höhe abzufordern. Das Präsidium wurde beauftragt, den Bundesrat und den Reichstag über die Ausgaben des Bundes zu informieren, ohne daß diese Berichtspflicht jedoch an bestimmte Termine gebunden worden wäre.

Das vorgesehene Verfahren für die Schlichtung von Streitigkeiten zwischen Staaten und von innerstaatlichen Verfassungskonflikten stieß auf heftigen Widerspruch. Die Gerichtsgewalt des Bundesrats bei zwischenstaatlichen Streitfällen wurde auf Fragen des öffentlichen Rechts beschränkt, und es wurde festgesetzt, daß dieser nur auf Antrag eines der Kontrahenten tätig werden durfte. Daß der Bund berechtigt sein sollte, mit einem Rechtsakt in die inneren Angelegenheiten eines seiner Gliedstaaten einzugreifen, war mehr, als die mecklenburgischen Feudalherren und das reaktionäre Hessen sich gefallen zu lassen gewillt waren. Statt dessen wurde nun festgesetzt, daß Verfassungskonflikte durch eine kompetente Autorität innerhalb des je betroffenen Staates geschlichtet werden sollten. Wenn es eine derartige Autorität nicht gab, konnte eine der Konfliktparteien den Bundesrat anrufen. Wenn das keinen Erfolg zeigte, konnte der Fall durch ein Bundesgesetz geregelt werden. So blieb für Bismarck die Möglichkeit gegeben, die preußische Verfassung mittels des Reichtags und des Bundesrats zu ändern. Das war der Sinn seiner Drohung, das Parlament durch das Parlament zu überwinden.[25]

Trotz ihrer Befürchtungen angesichts der unitarischen Züge der Verfassung sahen die Minister ein, daß die Erweiterung der legislativen Kompetenz des Bundes auch den Interessen der Gliedstaaten diente. Sie dehnten diese auf das Versicherungswesen aus, auf den Zustand der zwischenstaatlichen Wasserwege, die Beglaubigung öffentlicher Urkunden, die wechselseitige Vollstreckung von Urteilen in Zivilsachen und die Erledigung von Requisitionen überhaupt. Obwohl sie unter preußischem Kommando blieb, wurde die Marine umbenannt in Bundesmarine. Mit Ausnahme der Sachsen gewährten Sonderrechte wies zwar Wilhelm alle größeren Zugeständnisse in Militärangelegenheiten hartnäckig zurück, doch kam man überein, den Kommandeuren der Kontingente zu gestatten, die Uniforminsignien selbst zu bestimmen. Auf Wilhelms Betreiben wurde jedoch der Titel «Oberfeldherr» zu «Feldherr» gekürzt, womit deutlich gemacht werden sollte, daß es auf Bundesebene nur einen einzigen Befehlshaber geben würde.[26]

Schwierigkeiten hatte Bismarck jedoch nicht nur mit den Ministern der anderen Gliedstaaten. Inzwischen hatten die preußischen Minister einige Wochen lang Zeit gehabt, sich mit dem Dokument vertraut zu machen, das sie im Dezember so überstürzt ratifiziert hatten. Jetzt waren sie erschreckt über die Eingriffe in die preußische Souveränität, die sie damit gebilligt hatten, und fürchteten eine Minderung ihrer eigenen Autorität. Das nützte Bismarck, insofern es ihm erlaubte, den kleineren Staaten wahrheitsgemäß zu versichern, daß Änderungen, die den unitarischen Charakter der Verfassung noch verstärkt hätten, vom preußischen Staatsministerium abgelehnt werden würden. Umgekehrt konnte er mit dem Hinweis auf den starken Widerstand im Ministerrat seine Kollegen in weniger wichtigen Fragen zu Zugeständnissen an die anderen Staaten bewegen. In einigen Fällen verschaffte er sich so die Einwilligung des Kabinetts in Änderungen des Entwurfs, die ihm offensichtlich selbst erwünscht waren.[27] Eine derartige Änderung betraf die Kanzlerschaft.

In den Sitzungen des Ministerrats war Bismarck allen Versuchen ausgewichen, den Status dieses Amts genauer zu bestimmen. Der hessische Minister Hofmann hatte nach seinem gescheiterten Versuch, ein Bundesministerium zu schaffen, vorgeschlagen, daß Verordnungen des Präsidiums zur Durchführung von Bundesgesetzen die «Kontrasignatur des Bundeskanzlers» tragen sollten. Eine derartige Signatur implizierte die Übernahme der Verantwortung für die betreffende Maßnahme. Wenn also der Kanzler schon kein Minister sein sollte, sollte er doch wenigstens mit einem entsprechenden Attribut ausgestattet werden. Bei einer Unterredung mit Hofmann erwirkte Bismarck anscheinend die Ersetzung des Substantivs «Kontrasignatur» durch das Verbum «mitunterzeichnen». Der ursprüngliche Wortlaut hätte die Kanzlerschaft gegenüber dem preußischen Staatsministerium, einschließlich des Außenministers, erhöht. Der Ersatz gestattete Bismarck dagegen, als Außenminister das Recht der Gegenzeichnung mit dem Kanzler wahrzunehmen. Wenn er das Amt nicht selbst übernehmen konnte, so würde er wenigstens dessen Inhaber unter Kontrolle halten. Savigny hatte inzwischen begonnen, die Wahrheit zu ahnen: «Bismarck hüllt sich in Schweigen. Wahrscheinlich will er selber Bundeskanzler werden.»[28]

Mit dem am 7. Februar 1867 vollendeten endgültigen Entwurf war Bremen zufrieden. Die zum Widerstand entschlossenen Minister wurden durch das allgemeine Drängen nach Extrazugeständnissen entmutigt, bei dem sich Sachsen besonders hervortat. Alle waren über die harte Verhandlungsführung Savignys verärgert, der im Namen Preußens den Vorsitz im Ministerrat führte. Bei der Aufsetzung des Protokolls, das die Ergebnisse ihrer geheimen Beratungen bekanntgab, strichen die Minister zornig die Formulierung, man habe dem Entwurf «zugestimmt», und ersetzten sie durch die Worte «definitiv festgestellt».[29] Aber Bismarck stritt nie über Formulierungen, wenn er einmal die Substanz dessen, was er wollte, in Sicherheit wußte.

Der konstituierende Reichstag

Am 12. Februar 1867 gingen in Norddeutschland die Wähler zu den Urnen, um den konstituierenden Reichstag zu wählen. Das Interesse war groß, und in vielen Wahlbezirken gingen mehr als 70 Prozent der Stimmberechtigten zur Wahl. In einigen lag die Wahlbeteiligung sogar bei 90 Prozent. Die Ergebnisse schienen Bismarcks Vertrauen in die Massen zu bestätigen. Fast die Hälfte der 297 gewählten Abgeordneten waren von Adel, und die Mehrzahl der übrigen waren wohlhabende Bürger. Unter den adeligen Abgeordneten waren ein Prinz aus königlichem Hause, 2 Herzöge, 4 Fürsten, 27 Grafen und 21 Freiherrn. Die Wahl mehrerer hoher Offiziere, unter ihnen Roon und Moltke, bezeugte die Wirksamkeit des fortdauernden Waffenruhms. Bismarck wurde in zwei Wahlkreisen gewählt, in einem davon mit Hilfe von Schweitzers Sozialisten. Die Konservativen gewannen 59 Sitze, die Freikonservativen 39 und die Altliberalen 27. Die nationalliberale Fraktion war mit 79 Angehörigen die stärkste Fraktion, die Fortschrittspartei erhielt nur 19 Sitze. Die übrigen Mandate verteilten sich auf Splitterparteien, von denen einige – die Dänen, Polen, Ultramontanen, Schleswig-Holsteiner und hannoverschen Partikularisten – dem neuen Bund in erbitterter Gegnerschaft gegenüberstanden.[30]

Trotz ihrer Rebellion im vergangenen Sommer konnte man sich bei der Verteidigung des Verfassungsentwurfs gegen liberale Änderungswünsche auf Unterstützung durch die Konservativen verlassen. Im Februar 1867 hatten sich bereits viele von ihnen mit der Einsicht getröstet, daß der neue Bund die Macht Preußens erheblich vermehrte. Wieder triumphierte ihr preußischer Stolz über ihr legitimistisches Rechtsgefühl. Die Freikonservativen und Altliberalen unterstützten Bismarcks Politik bedingungslos. Ebenso entschieden lehnten die Abgeordneten der Fortschrittspartei auf der anderen Seite des Hauses diese Politik ab. Sie beklagten die allgemeine Bereitschaft, der Einheit die Freiheit aufzuopfern; sie bestanden auf ausgedehnten Etatrechten für den Reichstag und forderten ein Kabinett verantwortlicher Minister. Zwischen diesen Extremen hielten die Nationalliberalen die Entscheidungen von Fall zu Fall gestattende Mittelstellung.

Durch die Mitarbeit am nationalen Einigungswerk hofften sie dessen politische Struktur mitgestalten zu können. Sie wollten herausfinden, in welchem Umfang sie dem Verfassungsentwurf liberale Züge hinzufügen konnten, ohne dessen Annahme durch Bismarck und die Regierungen der Gliedstaaten zu gefährden.[31]

In der einen Hand hielt Bismarck das Zuckerbrot, in der anderen die Peitsche. Obgleich der Wahlsieg der gemäßigten Liberalen wegen der Wirkung, die er bei den Staatsregierungen hinterließ, durchaus seinen Wünschen entsprach, mobilisierte er nun die Regierungen, um mit ihrer Hilfe den Reichstag daran zu hindern, die Grundzüge seines Verfassungsentwurfs zu ändern. Die Bundesgenossen wurden aufgefordert, gemeinsam mit Preußen zu verteidigen, was sie so widerstrebend «festgestellt» hatten. Im Reichstag wurden die Plätze für mehr als 40 «Kommissarien» eingerichtet, die «eine gemeinschaftliche Vertretung der verbündeten Regierungen gegenüber dem Reichstage» bilden sollten. Aber die Staaten verspürten wenig Lust, bei dieser Komödie mitzuspielen. «Für uns», drohte Bismarck der Dresdener Regierung, «bleibt immer die Alternative: Entweder in vollem Umfange und für immer auf die mit uns jetzt temporär verbündeten Regierungen zu zählen, oder wir sind genötigt, unseren Schwerpunkt im Parlament zu suchen.» Im letzteren Falle werde Preußens Verhalten im Parlament allerdings eine «deutsch-nationale Färbung» annehmen müssen. Sachsen betreibe ein «gefährliches Spiel». Angesichts dieser Drohungen kapitulierten König Johann und seine Minister und nach Sachsen auch die anderen Staaten.[32]

Doch Bismarck mußte auch auf die Möglichkeit gefaßt sein, daß trotz des eindrucksvollen Aufgebots von «Kommissarien» der Reichstag auf für ihn nicht akzeptablen Änderungen des Entwurfs beharrte. Am 19. Februar ersuchte er die Regierungen Sachsens, Hessens, Weimars, Oldenburgs und der beiden mecklenburgischen Fürstentümer, Generalbevollmächtigte für die Aushandlung eines Geheimvertrags zu ernennen, der in diesem Fall die Regierungen verpflichtete, den Reichstag aufzulösen und den zwischen ihnen vereinbarten Schlußentwurf zu dekretieren. Als gegen Ende März die Reibereien mit dem Parlament zunahmen, forderte er die Regierungen auf, den vorbereiteten Text zu unterzeichnen. Und als der Konflikt während der zweiten Aprilwoche einen gefährlichen Höhepunkt erreichte, sorgte er für die notwendige Ratifizierung des Geheimvertrags. Auf diese Weise machte er sich die Einwendungen der Liberalen im Reichstag gegen seinen Verfassungsentwurf zunutze, um die Vorbehalte der Regierungen gegen die am 7. Februar vollendete Fassung des Entwurfs zu überwinden. Durch den Geheimvertrag erlangte er aber zugleich auch ihre Zustimmung zu gewissen liberalen Zusätzen, die er selbst wünschte oder harmlos fand.[33] Selten kam Bismarck ein Übel in die Quere, dem er nicht eine gute Seite abzugewinnen wußte.

Im konstituierenden Reichstag, dessen Debatten am 4. März begannen, ließ er nun die Abgeordneten der Reihe nach den Druck der verbündeten Regierungen spüren. Schon in seiner ersten Rede wies er darauf hin, daß die Abgeordneten (wie zuvor die Angehörigen des Ministerrats) sich bei ihren Erörterungen des Entwurfs würden beeilen müssen. Die Bündnisverträge, die die Staatsregierungen verpflichteten, sich über eine Verfassung zu einigen, waren bis zum 18. August 1867 befristet. Da diese Verträge den Staaten auch das Recht der abschließenden Zustimmung reservierten, mußte der Reichstag seine Arbeit rechtzeitig genug beenden, um ihnen Zeit zu lassen, über den veränderten Entwurf zu beraten. Die Abgeordneten täten also gut daran, sich zu beeilen, Streitereien zu vermeiden und von Änderungen abzusehen, die für die Regierungen nicht hinnehmbar sein würden. Obgleich das Abkommen vom 7. Februar geheim blieb, gab man doch den Abgeordneten Grund, seine Existenz zu vermuten. In seiner Eröffnungsrede vom 24. Februar sprach Wilhelm von der «schwerwiegenden Verantwortung» der Abgeordneten für die «friedliche und gesetzmäßige Durchführung» der geplanten Einheit.[34]

Eines der Hauptanliegen der Liberalen war natürlich die Verstärkung der unitarischen und nationalen Züge des Entwurfs durch die Erweiterung der gesetzgeberischen Kompetenz des Bundes auf Kosten derjenigen der Gliedstaaten. So wurden Änderungsvorschläge verabschiedet, die den Bund ermächtigten, die Bereiche des Staatsbürgerrechts, des Paßwesens, der Fremdenpolizei, des Militärwesens und der Kriegsmarine gesetzlich zu regeln, und ihn zuständig machten für Maßregeln der Medizinal- und Veterinärpolizei, hinsichtlich des Obligationenrechts, Strafrechts und des gerichtlichen Verfahrens. Ein weiterer neuer Artikel autorisierte das Parlament, in außerordentlichen Fällen die Aufnahme von Anleihen sowie die Übernahme von Garantien durch den Bund zu beschließen.[35]

Keine dieser Änderungen verursachte einen ernsthaften Konflikt. Anscheinend hatte Bismarck die gesetzgeberischen Befugnisse auf Bundesebene absichtlich beschränkt, um seinen Entwurf desto leichter durch das preußische Staatsministerium und den Ministerrat zu bringen. Seine positive Einstellung zum Problem der «Kompetenz-Kompetenz» (wie es später genannt wurde) zeigt überdies, daß er die Ausdehnung der zentralen gesetzgeberischen Befugnisse voraussah und billigte. Während der Debatten vertrat er die Anschauung, daß Bundesrat und Reichstag befugt seien, die eigenen Zuständigkeiten zu erweitern. Ihr Recht zu Verfassungsänderungen brachte das Recht mit sich, die Reichweite der eigenen gesetzgeberischen Gewalt auszudehnen.[36]

Einige Änderungsvorschläge der Liberalen zielten in ihrer zentralistischen Tendenz auf die Schaffung einer unabhängigen Exekutive. Sowohl die Fortschrittspartei als auch die Nationalliberalen wünschten ans Licht zu ziehen, was Bismarcks Verfassungsentwurf über die Gestaltung der Exekutive im dunklen ließ. Waldeck gestand, daß sein Ziel ein Einheitsstaat mit einem verfassungsrechtlich verantwortlichen Ministerium an der Spitze sei. Obgleich die gemäßigten Liberalen das bundesstaatliche System akzeptierten, wollten auch sie ein Bundeskabinett, dessen Verantwortlichkeit durch ein zukünftiges Gesetz geregelt werden sollte. In ihren Erwiderungen auf diesbezügliche Beschuldigungen seitens der Konservativen erklärten beide Parteien, den Begriff der «Verantwortlichkeit» nicht politisch, sondern nur rechtlich verstanden wissen zu wollen. Sie strebten keine parlamentarische Regierung an, sondern wollten den «Rechtsstaat» verwirklicht sehen, diesen ehrwürdigen Traum der gemäßigten Liberalen, einen Staat, in dem nicht Menschen, sondern Gesetze herrschten.[37]

«Verantwortlichkeit» in dieser Form war sicherlich kein Hindernis für eine autokratische Regierung. Eine der beantragten ganz ähnliche Bestimmung in der preußischen Verfassung war während des kürzlich beendeten Konflikts wirkungslos geblieben. Da nie gesetzliche Ausführungsbestimmungen verabschiedet worden waren, war es in Preußen nicht möglich, Minister wegen ungesetzlichen Handelns zur Rechenschaft zu ziehen. Bismarck widersetzte sich denn auch nicht der Idee an sich, unannehmbar schien ihm vielmehr nur ein bestimmter Passus des von Bennigsen und den Nationalliberalen eingebrachten Änderungsvorschlags. Die Bestimmung, daß die «Vorstände der Verwaltungszweige» sowie der Kanzler «Anweisungen und Verordnungen» des Präsidiums bei der Durchführung von Bundesgesetzen unterzeichnen konnten und «damit die Verantwortung übernahmen», eröffnete die Aussicht auf eine Bundesexekutive, die wie das preußische Staatsministerium als Kollegium verfaßt sein würde. Das fand Bismarck indiskutabel, denn die Unabhängigkeit seiner Ministerkollegen hatte ja während des Verfassungskonflikts die Ausführung seiner innenpolitischen Maßnahmen wiederholt behindert. Er teilte den Liberalen also mit, daß Bennigsens Änderungsvorschlag für die Regierungen nicht akzeptabel sei. Die Liberalen kapitulierten. Die endgültige Fassung gab allein dem Kanzler das Recht zur Gegenzeichnung und damit eine ungeteilte, allerdings auch unbestimmte Verantwortung. Bismarck hatte gegen die Fassung nichts einzuwenden, was den Verdacht nährt, daß sie ihm paßte, weil er insgeheim die Kanzlerschaft für sich selbst anstrebte.[38]

Andere Änderungsvorschläge bezweckten eine Stärkung des Reichstags und des Prinzips der parlamentarischen Immunität. Niemand sollte für die Wiederholung oder den Nachdruck eines wahren Berichts über die öffentlichen Verhandlungen des Reichstags belangt werden können. Reichstagsabgeordnete sollten während einer Legislaturperiode nur mit Zustimmung des Reichstags verhaftet und gerichtlich belangt werden können. Beamte sollten für den Reichstag kandidieren dürfen. Um der Korruption von Abgeordneten durch die Regierung vorzubeugen, wurde bestimmt, daß bei Annahme eines Staatsamts oder einer Beförderung im Staatsdienst ein Abgeordneter sein Mandat niederlegen und sich zur Wiederwahl stellen müsse. Nach Auflösung des Reichstags seien binnen sechzig Tagen Neuwahlen anzusetzen, und der neue Reichstag müsse sich binnen neunzig Tagen versammeln, forderte ein anderer Änderungsvorschlag. Ohne Billigung des Reichstags sollte dieser durch das Präsidium nur für höchstens dreißig Tage während einer Sitzungsperiode vertagt werden können. An den Reichstag gerichtete Petitionen sollten von diesem an den Bundesrat und das Präsidium weitergeleitet werden dürfen. Verträge über Sachen, die in die gesetzgeberische Zuständigkeit des Bundes fielen, sollten der Ratifizierung durch den Reichstag bedürfen.

Diese Änderungen behoben einige schwerwiegende Mängel von Bismarcks Entwurf und verliehen dem Reichstag viele wesentliche Eigenschaften einer modernen Volksvertretung. Zwei weitere Änderungsvorschläge suchten die konservativen Sicherungen in den Wahlgesetzen zu beseitigen. Daß sie eigentlich gegen das allgemeine Wahlrecht waren, wagten die Nationalliberalen nicht offen zu sagen, wenn sie nun aber zum allgemeinen Wahlrecht die geheime Stimmabgabe forderten, so hofften sie darauf, daß geheime Wahlen nicht so leicht zu diktatorischen Zwecken zu manipulieren sein würden, wie das bei der Wahl Louis Napoleons in Frankreich geschehen war.[39] Diesen Änderungsvorschlag nahm Bismarck an. Die Forderung nach Diäten für die Abgeordneten wies er aber entschieden zurück. In seinen Augen war das Verbot von Tagegeldern erforderlich, um die dem allgemeinen Wahlrecht innewohnenden Gefahren zu begrenzen. Nur die Begüterten (Adelige, Grundbesitzer, Kaufleute und Industrielle) konnten es sich unter diesen Umständen leisten, sich ins Parlament wählen zu lassen: Der Druck ihrer eigenen Geschäfte würde sie nötigen, die Sitzungen möglichst kurz zu halten, und mutmaßlich würden ihre Interessen mehr wirtschaftlicher als politischer Natur sein. Bismarck wollte die Entstehung einer Klasse von Berufspolitikern verhindern, die, da sie im Parlament ihr Brot verdienten, ein persönliches Interesse an der Ausweitung von dessen Macht haben würden. Als am 30. März 1867 über die Vorlage abgestimmt wurde, erklärte er, daß die Regierungen diesen Änderungsvorschlag «unter keinen Umständen» akzeptieren würden. Dennoch wurde er dann mit einer knappen Mehrheit von sechs Stimmen angenommen.[40]

Natürlich unterwarfen die Liberalen zumal jene Artikel, die sich auf die Befugnisse des Parlaments in finanziellen Angelegenheiten bezogen, einer genauen Prüfung. Die Bestimmung, derzufolge der Bund nur zur Erhebung indirekter Steuern berechtigt sein sollte, strichen sie aus dem Entwurf. Einem ihrer Änderungsvorschläge entsprechend sollten alle Einnahmen und Ausgaben des Bundes jährlich «vor Beginn des Etatsjahrs» festgesetzt werden. Des weiteren sollte das Präsidium Matrikularbeiträge nur noch «bis zur Höhe des budgetmäßigen Betrages» ausschreiben dürfen und nur solange, bis das Parlament für die Einführung von Bundessteuern gesorgt haben würde. Überschüsse sollten nicht angesammelt, sondern zur Bestreitung der laufenden Ausgaben des Bundes verwendet werden. Mit diesen Änderungen wurden große Lücken in den finanziellen Befugnissen des Reichstags geschlossen. Es blieb jedoch der gähnende Abgrund des eisernen Etats. Solange die Friedensstärke der Armee und der finanzielle Aufwand für deren Unterhalt im Verhältnis zur Bevölkerungszahl verfassungsmäßig festgesetzt blieben, waren die Etatrechte des Parlaments eine Fiktion. Die Befugnis, die mit der Übertragung des Militäretats von Preußen auf den Bund der preußischen Abgeordnetenkammer entzogen wurde, ging nicht auf den Reichstag, sondern auf die Krone über. Die Fortschrittler und die Nationalliberalen waren sich zwar einig in der Überzeugung, daß diese Schmälerung der Rechte des Parlaments nicht hingenommen werden durfte, doch uneinig hinsichtlich der eigenen Forderungen. Die Fortschrittspartei forderte das Recht, die Stärke der Armee alljährlich durch den Etat neu festzusetzen, doch die Nationalliberalen waren unter dem überwältigenden Eindruck der jüngst errungenen Siege bereit, den eisernen Etat bis 1870 gelten zu lassen und seine Bewilligung erst dann durch das Parlament für eine weitere Anzahl von Jahren zu verlangen. Doch Wilhelm und seine Generäle lehnten selbst diese bescheidene Forderung ab.[41]

Der eiserne Etat war der Streitpunkt, an dem Anfang April die Einigung über die ganze Verfassung zu scheitern drohte. Bei schwierigen Verhandlungen hinter den Kulissen erreichte Bismarck schließlich einen Kompromiß mit den Nationalliberalen. Die Friedensstärke der Armee wurde auf 1 Prozent der Bevölkerung bis zum 31. Dezember 1871 festgesetzt. Danach sollte das Verhältnis gesetzlich bestimmt werden. Die finanziellen Zuwendungen an die Armee sollten bis zum gleichen Datum jährlich 225 Taler pro Soldat betragen – zusätzlich aber wurde bestimmt, daß die Staaten verpflichtet sein sollten, auch über dieses Datum hinaus Mittel in gleicher Höhe bereitzustellen, bis die Stärke der Armee gesetzlich geregelt wäre. Ferner wurde festgestellt, daß sich das Parlament der Befugnis (nach 1871), den Militäretat zu bewilligen, nicht bedienen dürfe, um die in der Verfassung festgelegte Organisation der Armee zu ändern.

Hinsichtlich der bürgerlichen Freiheit war die Verfassung des Norddeutschen Bundes gegenüber der preußischen ein Rückschritt. Einer der letzten Akte des konstituierenden Reichstags war die Ablehnung eines Antrags der Fortschrittspartei, den preußischen Grundrechtekatalog zu übernehmen.[42] Bismarcks Verfassung war die erste in der Geschichte des europäischen Konstitutionalismus, die einen solchen Katalog nicht enthielt. Obwohl das Zugeständnis parlamentarischer Kontrolle nicht nur über Ausgaben, sondern auch über Einnahmen als Fortschritt angesprochen werden kann, ist doch zu bemerken, daß man diesem Fortschritt gleichsam den Boden unter den Füßen wegzog, indem man den Militäretat der parlamentarischen Kontrolle entzog. Wenn die Opposition die Grundstruktur der Armee angreifen wollte, mußte sie mithin die Verfassung selbst anfechten. Aus diesem Grunde meinte Bismarck, daß die Regierung eine Erneuerung des Verfassungskonflikts im Jahre 1871 nicht zu befürchten hätte.[43] Dennoch kostete auch dieser letzte Kompromiß die Liberalen noch ein Opfer. Sie wurden gezwungen, ihren Änderungsantrag über Diäten für die Abgeordneten zurückzuziehen.[44]

Am 16. April nahm der Reichstag mit 230 gegen 53 Stimmen die geänderte Verfassung an. Gegen den Entwurf gestimmt hatten die von Waldeck und Schulze-Delitzsch geführten Reste der Fortschrittspartei, unterstützt von den polnischen und katholischen Fraktionen und dem einzigen sozialistischen Abgeordneten des Hauses, August Bebel. Am 31. Mai nahm auch der preußische Landtag die Verfassung an, mit 227 gegen die 93 Stimmen der gleichen entschlossenen Minderheit. Die demokratischen Liberalen hielten tapfer die Stellung, die sie seit 1861 verteidigten. Ohne garantierte Etatrechte, ein rechtlich verantwortliches Kabinett, Diäten für die Abgeordneten und einen Grundrechtekatalog waren sie nicht gewillt, sich mit der Hohenzollernmonarchie zu arrangieren. Hartnäckig wiesen sie das Argument der Gemäßigten zurück, daß man, was man heute aufopferte, in zukünftigen parlamentarischen Auseinandersetzungen zurückgewinnen könne. Sie wollten auf Kosten der Freiheit auch die Einheit nicht. Doch sie standen von Anfang an auf verlorenem Posten. Selbst wenn sie im Parlament den Sieg davongetragen hätten, hätte Bismarck die Verfassung des Norddeutschen Bundes eben ohne ihre Billigung in Kraft gesetzt. Er war gewillt, notfalls die ganze preußische Verfassung über Bord zu werfen.[45] Einheit über Freiheit und Macht über Recht, das waren die Sterne, unter denen das Deutsche Reich das Licht der Welt erblickte.

Der Dualismus der politischen und militärischen Führung

Der institutionelle Aufbau, den Bismarck für Deutschland entworfen hatte, verbarg noch einen weiteren schwerwiegenden Mangel, dessen die Abgeordneten des konstituierenden Reichstags kaum gewahr wurden. Es war keine Vorkehrung getroffen gegen die zukünftige Herausbildung eines verhängnisvollen Dualismus der politischen und der militärischen Führung.

Wie wir sahen, war es während des Verfassungskonflikts eines der Hauptanliegen Edwin von Manteuffels, die Macht des Kriegsministers, der dem Parlament Rede und Antwort stehen mußte, möglichst zu verringern und den Einfluß des Militärkabinetts zu vermehren, das parlamentarischen Angriffen entzogen war. Dabei geriet er natürlich in Konflikt mit Roon. Der Kriegsminister wandte sich in scharfer Form gegen den Versuch des Generaladjutanten, nicht nur Wilhelms Befehle an seine kommandierenden Generäle seiner Kenntnis vorzuenthalten, sondern selbst Informationen über Angelegenheiten wie die Auswahl und Beförderung von Offizieren, für die Manteuffel als Leiter der Personalabteilung des Kriegsministeriums zuständig war. Zudem waren Roon und Bismarck gleichermaßen verärgert darüber, daß Manteuffel Wilhelm zur Ablehnung des Kompromisses von 1865 bewogen hatte, der den Verfassungskonflikt zu beenden versprach.[46] Wenig später erklärten sie, er sei der einzige Mann, dem man die heikle Aufgabe anvertrauen könne, Schleswig-Holstein zu regieren. Und so wurde der «fanatische Korporal» aus Berlin entfernt.[47]

Die eigentliche Frage war jedoch nicht personeller, sondern konstitutioneller Natur. Die absolutistische Macht der Hohenzollernkrone in militärischen Belangen, auf der die Macht des Militärkabinetts beruhte, war unter der Verfassung des Norddeutschen Bundes weit größer als unter der preußischen. Die nicht dem Präsidium, sondern dem König von Preußen verliehene Gewalt des Oberbefehlshabers der Bundesarmee lag außerhalb der verfassungsrechtlichen Zuständigkeit des Kanzlers. Aus dem gleichen Grund gab es kein Bundeskriegsministerium. Das preußische Kriegsministerium übernahm die routinemäßige Militärverwaltung des Bundes, doch das Militärkabinett war die Behörde, die den König bei der Ausübung seiner Befehlsgewalt und seines Aufsichtsrechts über die Bundesarmee unterstützte sowie bei der Ernennung und Beförderung von Offizieren beriet. Die Emanzipierung des Militärkabinetts von der Kontrolle des preußischen

Kriegsministeriums vollzog sich nach 1867 in «Riesenschritten», ohne daß es dazu irgendwelcher Intrigen seitens Hermann von Tresckows, der Manteuffels Nachfolge angetreten hatte, bedurft hätte.[48]

Mit dem Aufstieg Helmuth von Moltkes begann noch eine weitere Militärdienststelle ihre Unabhängigkeit vom preußischen Kriegsministerium zu behaupten, der preußische Generalstab. Der mit militärischen Planungsaufgaben betraute Generalstab war bis in die sechziger Jahre eine untergeordnete Abteilung des preußischen Kriegsministeriums gewesen. Zu Beginn des dänischen Krieges hatte Moltke, Chef des Generalstabs seit 1857, mit Wrangel, dem Oberbefehlshaber, weder irgendwelchen direkten Kontakt noch diesen betreffende Weisungsbefugnisse. Doch am Ende des Krieges war er Stabschef Prinz Friedrich Karls (der Wrangel abgelöst hatte) und galt allgemein als Architekt des Sieges. Später nahm er an den entscheidenden Kronratssitzungen teil, bei denen der Krieg gegen Österreich beschlossen wurde. Wenige Tage vor Ausbruch des Krieges (am 2. Juni 1866) wurde in einer königlichen Ordre festgelegt, daß Anweisungen des Generalstabs an die Truppen direkt, nicht wie zuvor auf dem Umweg über das Kriegsministerium, zu erteilen seien. Nach Friedensschluß wurde der Generalstab abermals dem Kriegsministerium unterstellt. Nichtsdestoweniger war der erste Schritt auf dem Wege getan, der ihn eines Tages von jedweder ministeriellen Weisungsbefugnis befreien sollte.[49]

Hinter den Kulissen waren die beiden Militärdienststellen heimlich dabei, die darniederliegenden Zügel der Macht selbst aufzuheben, für die weder die preußische Verfassung noch die des Norddeutschen Bundes eine rechte Verwendung gefunden hatten. Beide lagen außerhalb der Reichweite des Landtags und Reichstags. Ihre Chefs waren dem König direkt unterstellt und von der zivilen Exekutive, ob Kanzler oder Ministerpräsident, unabhängig. Solange Bismarck im Amt war, hatten ihre Anstrengungen, politische Funktionen zu usurpieren, jedoch keinen Erfolg.

VIERTES BUCH

Die Reichsgründung
1867–1871

Trotz seiner Bewunderung und Dankbarkeit
für den großen Staatsmann habe auch er schon daran gedacht,
da das selbstbewußte Wesen des Fürsten
manchmal allzu drückend werde.
Aber er und das Vaterland brauchen ihn zu nötig,
da der Fürst der einzige Mann sei,
der mit fünf Kugeln jonglieren könne,
von denen mindestens zwei immer in der Luft seien;
das könne er, der Kaiser, nicht.

Wilhelm I. zu seinem Kabinettschef von Albedyll,
als dieser ihm zur Entlassung Bismarcks riet

Ich war überzeugt, daß die Kluft, die die Verschiedenheit
des dynastischen und Stammesgefühls
und der Lebensgewohnheiten zwischen dem Süden und dem Norden
des Vaterlandes im Laufe der Geschichte geschaffen hatte,
nicht wirksamer überbrückt werden könne
als durch einen gemeinsamen nationalen Krieg
gegen den seit Jahrhunderten aggressiven Nachbarn.

Bismarck, *Gedanken und Erinnerungen*

I

Brücken über den Main

Die Militärbündnisse

Für viele deutsche Nationalisten waren die Bedingungen des Friedensvertrages mit Österreich eine herbe Enttäuschung. Der Triumph von Königgrätz hatte sie mit der Vorstellung einer nationalen Einigung unter konservativer Führung versöhnt. Nun aber lasen sie im 2. Artikel des am 26. Juli 1866 in Nikolsburg unterzeichneten Präliminarfriedensvertrages, daß Deutschland an der Maingrenze in zwei Sphären aufgeteilt werden sollte. Dem Süden sollte wie dem Norden gestattet sein, einen Bund zu gründen. Das nationale Band zwischen beiden Teilen sollte der Gegenstand eines engeren Einvernehmens sein. Der Vertrag schien einen neuen Dualismus in Deutschland zu schaffen, der den Anspruch auf nationale Selbstbestimmung abermals unbefriedigt lassen würde.[1]

Über die Gründe dieser Entscheidung ist lange gerätselt und gestritten worden. Nationalistische Autoren fanden es schwer zu glauben, daß Bismarck eine derartige Begrenzung der deutschen Einheit willentlich hingenommen haben sollte. Der ursprüngliche preußische Reformplan schloß, wie man hervorhebt, das ganze «Kleindeutschland» ein. Die einen vertreten die Anschauung, daß der «Umriß» vom 10. Juni reine Propaganda gewesen sei, andere wollen wissen, daß man sich zur Beschränkung auf die Länder nördlich des Mains nur wegen der Gefahr einer französischen Intervention entschlossen habe. Otto Becker hat sogar behauptet, daß die Mainlinie durch die Weigerung der deutschen Liberalen geschaffen wurde, bei der Einberufung des Vorparlaments mitzuwirken, das ihnen Bismarck durch Eulenburg vorschlug. Doch schon im Kronrat am 26. Februar hatte König Wilhelm «eine entscheidende politische Präponderanz, namentlich im nördlichen Deutschland», als «die Bestimmung Preußens» bezeichnet.[2]

Freilich war ein Hauptgrund für die Beschränkung auf Norddeutschland diplomatischer Natur. Von Anfang an hatte ja Napoleon die preußische Expansion nur innerhalb des Gebiets nördlich des Mains ermutigt. Zwar redete er gern von nationaler Selbstbestimmung als dem allgemeinen Prinzip für die Reorganisation Europas, doch war er Realist genug, um vorauszusehen, daß bei einer Einigung Deutschlands dem französischen Staat an seiner Ostgrenze ein mächtiger Konkurrent erstehen würde. Andererseits wußte Bismarck, der Realist bis auf die Knochen war, sehr wohl, daß seiner Frankreichpolitik nur Erfolg beschieden sein würde, wenn sie in Rechnung stellte, daß die Maingrenze für Napoleon von vitaler Bedeutung war. In Paris hatte er stets wiederholt, daß Preußen nur die Hegemonie in Norddeutschland anstrebe.[3] Frankreichs Kompensationsansprüche waren nicht befriedigt worden, die Maingrenze war deshalb der einzige sichtbare Erfolg der Bemühungen Napoleons im Jahre 1866.

Doch war französisches Mißtrauen nicht der einzige Grund für die Begrenzung des Norddeutschen Bundes. In der Vergangenheit hatte Bismarck Norddeutschland stets als das natürliche Herrschaftsgebiet Preußens betrachtet, und zwar wegen der kulturellen Gleichartigkeit der Bevölkerung dieser Länder. 1848 hatte er sich gegen deutsche Einigungspläne ausgesprochen, weil er fürchtete, daß süddeutscher Schlendrian die preußischen Tugenden des Fleißes und der Disziplin korrumpieren könnte.[4] Aus Frankfurt hatte er 1854 an Leopold von Gerlach geschrieben, daß er den unablässigen Kampf «gegen die *ecclesia militans* der Katholiken» unter die schwierigsten Pflichten seines Amtes rechne. «Es ist nicht ein christliches Bekenntniß, sondern ein heuchlerischer, götzendienerischer Papismus voll Haß und Hinterlist, der hier im practischen Leben von den Cabinetten der Fürsten und ihrer Minister bis in die bettfedrigen Mysterien des Ehestandes hinab einen unversöhnlichen, mit den infamsten Waffen geführten Kampf gegen die protestantischen Regirungen und besonders Preußen, als die weltlichen Bollwerke des Evangeliums, unterhält. In der Stadt hier, in der Bundesversammlung, an den umliegenden Höfen ist Katholik und Feind Preußens gleichbedeutend.»[5] Mit dem Katholizismus, schrieb er, könne es keinen Frieden geben außer dem der vollkommenen Unterwerfung. Ultramontane waren für ihn gefährlicher als Demokraten.[6]

Wie noch einmal in den siebziger Jahren trübte schon jetzt Bismarcks Furcht vor einer katholischen Verschwörung seinen politischen Scharfblick. Eine Koalition von Frankreich, Österreich und Rußland, schrieb er an Leopold von Gerlach, sei «ein Lieblingsplan Schwarzenbergs ... um Preußen und England, damit Protestantismus und politische Freiheit, die ‹Revolution in Kirche und Staat› zu erdrücken». Um dieser Koalition zu begegnen, befürwortete er Bündnisse mit den protestantischen Staaten des nördlichen Europa (England, den Niederlanden, Dänemark und Schweden). «Das südliche Deutschland sei uns fremd und das Interesse für Deutschland sei ohne Fundament», hörte Leopold von Gerlach ihn sagen. Sein Vorschlag einer nördlichen Liga bewaffneter Neutraler während des Krimkrieges hatte nicht nur eine politische, sondern auch eine konfessionelle Basis.[7]

Aber ungeachtet seiner Vorbehalte gegen das überwiegend katholische Süddeutschland wurde die Einigung ganz Deutschlands für Bismarck in dem Augenblick eine Notwendigkeit, in dem der Krieg mit Österreich unausweichlich wurde. Doch darf man das nicht als Beweis seines «Willens zu Deutschland»,[8] seines deutschen Nationalgefühls nehmen. Wie wir schon sahen, galt Bismarcks politisches Denken weniger Fragen der Ideologie oder des Gefühls als solchen der Macht. Im deutschen Nationalismus fand er die moralische Kraft, mit deren Hilfe er die Macht der Hohenzollernmonarchie gegen die Risiken der europäischen Politik und den Druck des sozialen Wandels erweitern und befestigen konnte. Als er aber 1866 einmal diese Kraft vor seinen Wagen gespannt hatte, mußte ihm klar sein, daß der Main nicht auf Dauer die südliche Grenze des vereinigten Deutschlands würde bleiben können. Die Enttäuschung der deutschen Nationalisten hätte den preußischen Thron schnell um den erst jüngst gewonnenen Nimbus gebracht.

Bismarcks Entscheidung, die Einigung schrittweise herbeizuführen, war jedoch nicht nur durch die europäische, sondern auch durch die deutsche Politik bedingt. Vorsicht dabei gebot nicht nur die Gefahr einer französischen Intervention, auch die andauernde Stärke des deutschen Partikularismus war zu berücksichtigen. Im Juli 1866 schrieb er, daß die Aufnahme des süddeutschen, katholischen, bayerischen Elements es für Preußen unmöglich machen würde, seinen Gewinn zu konsolidieren. Der Süden würde sich lange sträuben, von Berlin aus regiert zu werden. Wolle man ihn erobern, würde man sich nur eine Quelle der Schwäche einverleiben, wie Neapel sie für das vereinigte Italien sei. In Nikolsburg bemerkte er zu dem württembergischen Außenminister Varnbüler, daß einstweilen Berlin noch nicht imstande sei, München und Stuttgart zu verdauen.[9] Während der folgenden Monate bestätigten ihn die Schwierigkeiten, die es bereitete, Sachsen in den Norddeutschen Bund zu integrieren, in der Überzeugung, daß es das klügste sei, die süddeutschen Mittelstaaten einstweilen beiseite zu lassen. Ehe auch sie aufgenommen werden konnten, galt es, den Bund mit Leben zu erfüllen und seine institutionellen inneren Verhältnisse zu festigen.

Nach dem Ausscheiden Österreichs war Süddeutschland ein politisches Vakuum, das dazu bestimmt zu sein schien, von der Macht Frankreichs, Preußens oder des wieder erstarkenden Österreichs gefüllt zu werden. Selbst in Nikolsburg war der Interessenkonflikt zwischen Frankreich und Preußen schon offenbar. Ein Passus in Bismarcks Vertragsentwurf sah die Möglichkeit einer Union des Norddeutschen Bundes mit den süddeutschen Staaten auf der Basis des «Umrisses» vom 10. Juni 1866 vor, der dem nationalen Parlament ausgedehnte Befugnisse in wirtschaftlichen Angelegenheiten zugestand. Doch Bayern weigerte sich, darauf einzugehen, und Napoleons Vermittlungsplan garantierte dem Süden «eine unabhängige internationale Existenz». Bismarck versuchte dem Problem auszuweichen, indem er beide Klauseln löschte, um so die Frage nach der Zukunft Süddeutschlands offenzuhalten. Doch Napoleon protestierte, und so wurde die französische Klausel in den am 23. August in Prag unterzeichneten Friedensvertrag wieder aufgenommen.[10] Solange man aber die französische Garantie gelten ließ, konnten offenbar die «nationalen Bande» zwischen Norddeutschland und Süddeutschland bestenfalls auf diplomatischer Ebene geknüpft werden.

Die Möglichkeit, daß in Süddeutschland französischer Einfluß den österreichischen ablösen könnte, war durchaus nicht abwegig. Während der Friedensverhandlungen mit Preußen im Juli und August suchten Dalwigk, Varnbüler und von der Pfordten gegen Bismarcks Forderungen wiederholt Beistand in Paris. Am 10. August vertraute Dalwigk dem französischen Diplomaten Édouard Lefebvre de Béhaine an, daß im Falle eines Krieges mit Preußen französische Truppen in Süddeutschland willkommen sein würden. Wenn diese sofort in die Pfalz einrückten, würde das zum Widerstand gegen eine preußische Invasion ermutigen.[11]

Doch die französische Politik scheiterte an ihrer eigenen Zwiespältigkeit. Frankreich konnte nicht um das Vertrauen der Süddeutschen werben und gleichzeitig Gebietsansprüche an sie stellen. Als Drouyn Anfang August die Forderung nach der Grenze von 1814 und der Pfalz vorbrachte, half er damit Bismarck, eine erste Brücke über den Main zu bauen.

Während der Friedensverhandlungen mit den süddeutschen Staaten bemühte sich Bismarck um Bündnisverträge, in denen diese sich bereiterklärten, im Kriegsfall ihre Eisenbahnen und Truppen preußischem Kommando zu unterstellen. Um diesen Preis, deutete er an, würde Preußen seine Gebietsansprüche und drückenden Entschädigungsforderungen fallenlassen. Die Vertreter Badens und Württembergs willigten schnell ein (am 9. und 10. August), Bayern war schwieriger, doch Bismarck behandelte von der Pfordten mit meisterhaftem Geschick. Bei seinem ersten Gespräch mit dem Vertreter Bayerns stellte er verschiedene Geld- und Gebietsansprüche, ohne von einer möglichen Allianz zu sprechen. Der bestürzte von der Pfordten suchte eilig Beistand bei der französischen Gesandtschaft, aber Paris schwieg sich aus, denn soeben erst hatte ja Drouyn die bayerische Pfalz für Frankreich gefordert. Beim nächsten Treffen mit von der Pfordten wies Bismarck diesen auf die vollständige politische Isolierung Bayerns hin. Nachdem er ihn in einen Abgrund von Verzweiflung gestürzt hatte, ließ er ein Rettung verheißendes Seil zu ihm herunter: Falls Bayern in ein Bündnis einwillige, würde Preußen seine Forderungen erheblich mäßigen. Der sehr erleichterte von der Pfordten willigte ein.[12]

Die drei Verträge waren identisch und wurden als Schutz- und Trutzbündnisse bezeichnet. Später behauptete Bismarck, diese Bezeichnung sei rein technisch zu verstehen und keinesfalls ein Ausdruck irgendwelcher aggressiver Absichten Preußens. Die Vertragsparteien garantierten sich gegenseitig die Unverletzlichkeit ihrer Territorien und kamen überein, im Kriegsfall den Oberbefehl des Königs von Preußen anzuerkennen. Für Bismarck waren diese Verträge ein schöner Erfolg seiner Bemühungen. Eben zu dem Zeitpunkt, da der Deutsche Bund zerfiel, gelang es ihm, das stärkste Band zu knüpfen, das zwischen dem nördlichen und dem südlichen Deutschland je bestanden hatte. Ermöglicht hatten ihm diesen Erfolg der militärische Sieg Preußens, die Habgier Frankreichs, die politische Isolation Süddeutschlands und die Drohung mit einem drakonischen Frieden. Bismarck wußte daran nicht nur den Gewinn an militärischer Sicherheit zu schätzen, sondern auch, daß die Verträge den Widerstand gegen Frankreich auf eine «nationale Basis» stellten.[13]

Frankreich fordert Entschädigung

Der Kult der Nation bedarf wie der Götter so auch der Teufel. Wenn Bismarck der Washington der deutschen Revolution war, dann war Napoleon ihr Georg III. Die Amerikaner hielten die britische Stempelakte für eine unerträgliche Zumutung, und ganz ähnlich faßten die Deutschen die Entschädigungsforderungen Napoleons III. auf. Und doch war es bei den Großmächten, die das «europäische Konzert» bildeten, durchaus üblich, bei jeder bedeutenden Verschiebung des Machtgleichgewichts Anspruch auf Kompensation zu erheben. Mit einer solchen Verschiebung aber hatte man es bei der territorialen Expansion Preußens und der Auflösung des Deutschen Bundes zweifellos zu tun, denn damit wurden die Bedingungen, denen die europäischen Mächte 1815 mit ihrer Unterschrift unter die Schlußakte des Wiener Kongresses zugestimmt hatten, erheblich verändert. Überdies war das europäische Gleichgewicht ein «System» von Großmächten, deren gegenseitige Beziehungen isolierte Lösungen wichtiger Fragen nicht zuließen. Nach diplomatischem Gewohnheitsrecht durften die großen Kanzleien Ausgleich erwarten, der das erschütterte Gleichgewicht auf neuer Ebene wiederherstellen würde. Das galt in besonderem Maße für Frankreich, dessen Interessen durch die Konsolidierung des deutschen Reichs an seiner nördlichen Grenze zweifellos beeinträchtigt wurden.[14]

Die Berichte des preußischen Gesandten Goltz zeigen, daß der preußische Sieg über Österreich und der Fortschritt der deutschen Einigung in Paris eine an Panik grenzende Beunruhigung hervorriefen. Napoleon hatte bereits begonnen, an der Haltbarkeit der Maingrenze zu zweifeln. Er fürchtete, daß Preußens Annexion aller kleineren Staaten nur «eine Zeitfrage» sei.[15] Seine Minister und Berater warfen ihm vor, der preußischen Vorherrschaft in Deutschland Vorschub geleistet zu haben. In der Öffentlichkeit wurde das unzufriedene Murmeln laut, das zu vernehmen seine Ohren immer gespitzt waren. Der Kaiser und die Kaiserin sowie alle, die ihnen Macht und Einfluß verdankten, waren wieder einmal, wie schon so oft in der Vergangenheit, in großer Sorge um die Zukunft der Dynastie. Die Einigung Deutschlands würde das europäische Gleichgewicht grundlegend verändern. Das konnte Frankreich nicht hinnehmen, ohne sich dafür durch einen Zugewinn an Land und Bevölkerung sowie eine bessere Militärgrenze entschädigen zu lassen.[16] Diese Überlegungen bestimmten den französischen Kaiser, nun preußische Unterstützung bei der Annexion Belgiens und Luxemburgs zu verlangen.

In der Vergangenheit hatte Bismarck den Franzosen Grund zu der Annahme gegeben, daß Preußen diese Annexionen billigen werde. Zweimal hatte er im Lauf des vergangenen Jahres angeregt, Frankreich möge sich Entschädigung innerhalb der Französisch sprechenden Gebiete Europas suchen. Bei seinem Gespräch mit Benedetti am 26. Juli 1866 hatte er, diesem zufolge, Belgien ausdrücklich erwähnt. Sein einziger Vorbehalt gegen eine Erwerbung Luxemburgs durch Frankreich soll der Hinweis auf die Schwierigkeit gewesen sein, eine Entschädigung für den Herrscher von Luxemburg, den König der Niederlande, zu finden. Als er die am 4. August erhobenen Forderungen zurückwies, erklärte Bismarck Benedetti gleichwohl, daß Preußen bereit sei, um der Wahrung guter Beziehungen zu Frankreich willen bedeutende Opfer zu erbringen.[17]

Das Großherzogtum Luxemburg war 1815 dem Hause Oranien als Entschädigung für den Verlust Nassaus zugesprochen worden, 1830 war der größere, westliche Teil des Landes unter Zustimmung der Großmächte an Belgien gefallen. Seine einzige Verbindung mit den Niederlanden bestand in der Personalunion, durch die Wilhelm III. zugleich König der Niederlande und Großherzog von Luxemburg war. Das Fürstentum hatte zum Deutschen Bund gehört und eine Bundesfestung mit preußischer Garnison. Die Auflösung des Bundes hatte seine Bindung an Deutschland gelöst und den Status der Garnison fragwürdig gemacht. Französisch war die bevorzugte Sprache der Regierung, doch das Volk sprach einen deutschen Dialekt, der freilich mit französischen Vokabeln gespickt war. Manche Luxemburger waren französisch gesinnt, manche deutsch, doch die Mehrheit wollte anscheinend den Fortbestand der Unabhängigkeit des Landes.[18]

Mitte August unternahm Napoleon auf Rat seines Ministers Rouher einen letzten Versuch, zu einer Verständigung mit Preußen zu gelangen. Benedetti wurde instruiert, Bismarck zwei Abkommen vorzuschlagen, einen öffentlichen Vertrag, der Frankreich die Grenzen von 1814 und das Recht auf Luxemburg gewährte, sowie einen Geheimvertrag, der eine «offensive und defensive Allianz» beinhalten und Frankreich das Recht zugestehen sollte, Belgien zu annektieren. Bismarck weigerte sich sofort, der Grenze von 1814 zuzustimmen, und Benedetti ließ die Forderung fallen, wozu ihn Rouher bevollmächtigt hatte. Hinsichtlich der beabsichtigten Annexion Luxemburgs und Belgiens durch Frankreich gab Bismarck seinem Verhandlungspartner zu verstehen, daß diese mit dem preußischen Interesse harmonieren würde, sofern man Preußen in Deutschland «freie Hand» lassen wolle. Am 29. August 1866 überreichte Benedetti einen Vertragsentwurf, wonach Frankreich gegen die Überlassung Belgiens und Luxemburgs einer «Bundesunion» des Norddeutschen Bundes mit den süddeutschen Staaten zustimmte, wenn deren Souveränität dabei «im rechten Maß» gewahrt bliebe.[19]

Eine Einigung mit Frankreich auf dieser Basis bot eine Reihe verlockender Vorteile für Preußen. Sie würde die Gefahr französischer Einmischung bei der Schaffung des Norddeutschen Bundes bannen und eine verfassungsmäßige Union mit den süddeutschen Staaten ermöglichen, die nicht die Gefahr eines Krieges heraufbeschwor. Es mochte in Zukunft auch gelingen, die Franzosen zur Preisgabe ihrer Interessen in den süddeutschen Staaten zu veranlassen. Vielleicht hat Bismarck Benedetti nur angehört, weil er die Hoffnung auf eine Einigung bei den Franzosen so lange wie irgend möglich wachhalten wollte.[20] Wahrscheinlicher ist aber, daß eine Abgrenzung der Einflußsphären zwischen Berlin und Paris, wie sie früher zwischen Berlin und Wien stattgefunden hatte, zeitweilig Gegenstand seiner Berechnungen war.[21]

Der Entwurf, den Benedetti plötzlich aus der Tasche zog, war jedenfalls wie derjenige, den Rechberg in Schönbrunn präsentiert hatte, viel zu bestimmt und umfassend. Am 17. August hatte Bismarck dem Botschafter erklärt, daß es schwer sein würde, Wilhelms Zustimmung zu einem derartigen Vertrag zu erlangen, obwohl er versuchen werde, darauf hinzuwirken. Am 7. September ließ er in Paris wissen, daß der König gegen eine Ausweitung des Empire «im Bereich der französischen Nationalität» nichts einzuwenden habe, doch müsse Frankreich selbst dazu den ersten Schritt tun. Hinsichtlich einer Allianz sei der König der Meinung, die beiden Nationen sollten sich auf Konsultationen zur gemeinsamen Verteidigung im Falle drohender Gefahr einigen. Das war eine vorsichtige Weigerung, auf das französische Angebot einzugehen. Bismarck und Wilhelm wollten nicht im Dienste rein französischer Interessen in einen Krieg gegen Großbritannien hineingezogen werden.[22]

Bei den Luxemburger Ambitionen, erklärte Bismarck am 17. August, wolle er gefällig sein. Zwar weigerte er sich, selbst die Initiative zu ergreifen, er bot aber den Franzosen an, den Holländern einen Schrecken einzujagen. Er versprach, im Haag den Beitritt Luxemburgs und Limburgs zum Norddeutschen Bund gebieterisch zu fordern. Gleichzeitig sollte Frankreich in den einflußreichen Kreisen Luxemburgs «Kundgebungen zu seinen Gunsten» anregen. Um die holländische Bevölkerung Limburgs zu retten, würde Wilhelm III. Luxemburg wahrscheinlich preisgeben, meinte er.[23]

Nur einen Tag, nachdem Benedetti ihm den Vertragsentwurf vorgelegt hatte, stellte Bismarck tatsächlich die «gebieterische Forderung» an die niederländische Regierung.[24] Das kann noch nicht als Beweis dafür gelten, daß er wirklich den Franzosen bei der Annexion des Großherzogtums behilflich sein wollte, andererseits beweist es auch nicht, daß er tatsächlich die Erhebung Prinz Heinrichs, des deutschfreundlichen Gouverneurs des Herzogtums, in den Rang eines unabhängigen Herrschers wünschte, der sich dann eng an Berlin anschließen würde.[25] Es ist wahrscheinlicher, daß er sich auch in diesem Fall wie zuvor in dem Schleswig-Holsteins bis zuletzt zwei Wege offenhalten wollte. Sollten die Franzosen energisch und geschickt auf die sofortige Annexion Luxemburgs dringen, mochte es das klügste sein, die preußische Garnison abzuziehen, in die Annexion einzuwilligen und damit während der kritischen Phase der Neuordnung Deutschlands französischer Feindseligkeit und Einmischung vorzubeugen. Wenn sich die Sache aber bis zu einer Zeit nach der Ausbildung des Norddeutschen Bundes verschleppen ließ, konnte Berlin vielleicht noch großen Nutzen daraus ziehen.[26]

Die Franzosen verfolgten die Angelegenheit weder energisch noch geschickt. Benedetti versäumte es sogar, Bismarcks Anregung, im Großherzogtum profranzösische «Kundgebungen» zu inszenieren, nach Paris weiterzugeben. Im Streben nach dem Unerreichbaren setzten Napoleon und Rouher das Erreichbare aufs Spiel. Sie verlangten eine Entschädigung Wilhelms III. mit preußischem Gebiet, die verweigert wurde. Anstatt sich auf Luxemburg zu konzentrieren, versuchten sie, auch über Belgien ein Geheimabkommen mit Berlin zu treffen. Ende August glaubte Benedetti, aus Gesundheitsgründen dringend eines vierzehntägigen Aufenthalts in Karlsbad zu bedürfen. Als er am 15. September nach Berlin zurückkehrte, hieß es, Bismarck sei zu krank, um ihn zu empfangen. Am 26. des Monats erfuhr er, daß der Minister sich aufs Land begeben habe und in seiner Abwesenheit nichts zu machen sei.[27]

Erst Anfang Dezember war Bismarck wieder in Berlin und zu sprechen. Er befürworte den französischen Plan noch immer, erklärte er Benedetti, der König müsse jedoch noch dazu «bekehrt» werden. Bei seinem nächsten Besuch wurde dem Botschafter mitgeteilt, daß der Ministerpräsident für eine Unterredung zu schwach und mit innenpolitischen Angelegenheiten zu beschäftigt sei. In scharfem Ton beklagte sich Bismarck in Paris über die Zudringlichkeit, mit der Benedetti die Angelegenheit verfolgte. Seine eigene dilatorische Behandlung derselben war wohlberechnet. Man müsse die Franzosen im Vertrauen auf den guten Willen Preußens erhalten, ohne ihnen feste Zusagen zu machen, hatte er schon am 22. Oktober geschrieben. Am 15. Februar 1867 instruierte er Goltz, «jedes Hinziehen der Verhandlung» sei ein Gewinn für Preußen, «indem wir dadurch Zeit zur Konsolidierung unserer Verhältnisse in Norddeutschland und mit Süddeutschland erlangen». Einige Monate Zeitgewinn würden Preußens Position schon erheblich verbessern.[28]

Zu fragen ist natürlich, was er eigentlich bei diesen Verhandlungen erreichen wollte. Daß er das Großherzogtum nicht für einen unverzichtbaren Bestandteil Deutschlands hielt, dürfte außer Zweifel stehen. «Die Bevölkerung des Landes ist der unsrigen wenig homogen», schrieb er aus Nikolsburg am 31. Juli 1866. «Auch die Festung Luxemburg ist nach dem Urteile sachverständiger Militärs nicht von derjenigen hervorragenden strategischen Bedeutung, daß ihr Besitz durch das Aufgeben anderer Vorteile erkauft werden müßte und nicht durch andere strategisch wichtigere Punkte in unseren benachbarten Landesteilen aufgewogen werden könnte.» Er hatte kein Interesse an dem Erwerb des Großherzogtums für Preußen oder den Norddeutschen Bund. Dem holländischen Gesandten gegenüber gab er sogar zu, daß dessen Bevölkerung «anti-preußisch» sei.[29]

Erst nach seiner Rückkehr aus Putbus begann Bismarck, Luxemburg als «deutsch» und seine Zukunft als nationale Angelegenheit zu bezeichnen.[30] Am 6. Dezember instruierte er Goltz, in Paris Zweifel anzumelden, ob der Besitz von Luxemburg dem Kaiser der Franzosen «einen Ersatz für die Mißstimmung und die Feindschaft bilden würde, welche dadurch gegen Frankreich sicher in ganz Deutschland entstände und wahrscheinlich sich nicht auf Deutschland beschränkte». Am 19. Dezember wies er darauf hin, daß von Preußen schlechterdings nicht erwartet werden könne, daß es «die ostensible Initiative» ergreife, «um eine Abtretung deutschen Landes an Frankreich herbeizuführen». Zwar könne man die Wünsche des Kaisers begünstigen, doch nicht auf eine Weise, «welche uns allein das Odium tragen lassen würde, als ob wir Deutsche wider ihren Willen und aus unklaren Beweggründen Frankreich auslieferten». Goltz schrieb er am folgenden Tag: «Müssen wir das französische Bündnis durch eine demütigende Verletzung des deutschen Nationalgefühls erkaufen, so ist es zu teuer bezahlt.»[31]

Zweifellos fürchtete Bismarck, sich durch eine Begünstigung der französischen Annexion Luxemburgs die Sympathien der deutschen Nationalisten zu verscherzen. Er rechnete zugleich darauf, sich dieser Sympathien nachdrücklich zu versichern, wenn er als Verteidiger eines nationalen Anliegens auftrat. Goltz hielt es für das beste, wenn Preußen seine nächsten Ziele in Harmonie mit Frankreich anstrebte, Bismarck war im Gegenteil davon überzeugt, daß ein Konflikt mit Frankreich «durch die Anregung des Nationalgefühls die rasche Konsolidierung unserer Verhältnisse in Deutschland» erleichtern würde.[32] Was spontane Vaterlandsliebe und Vertrauen in die Führung der Hohenzollern nicht vollbringen konnten, würden Mißtrauen und Haß gegen einen ausländischen Feind bewerkstelligen.

Die Luxemburgkrise

Wochenlang sprach Benedetti immer wieder in der Wilhelmstraße 76 vor, doch vergeblich. Der gewöhnlich so offene und gesprächige Bismarck war nun «schweigsam und unzugänglich». War er früher nie um Auswege und Notlösungen verlegen gewesen, konnte er nun auf dem Wege zu einer Allianz mit Frankreich nur Hindernisse sehen. Dabei gab er sich als verletzter Freund. «Ich habe diese Allianz von Anfang meiner Geschäftsführung an als den natürlichen Ausdruck der dauernden Übereinstimmung der Interessen beider Länder angesehen und behandelt», versicherte er dem französischen Botschafter. Nun wurde dieses Bündnis durch das «überstürzte Drängen» der Franzosen gefährdet. Er empfahl ihnen, die Schwierigkeiten in Rechnung zu stellen, die er überwinden mußte, um den König und die deutsche Öffentlichkeit dafür zu gewinnen. Diese Schwierigkeiten seien durch die frühere französische Forderung nach rheinischen Gebieten ja leider noch vermehrt worden. Offenbar wünsche Frankreich die Früchte preußischer Siege zu ernten, zu denen es selbst nichts beigetragen hatte.[33] Der Ton dieser Beschwerden glich auffallend demjenigen der Vorhaltungen, die er in den Jahren vor 1866 den Österreichern zu machen pflegte.

In Paris nahmen Besorgnis und Verlegenheit zu. In einem am 17. September 1866 veröffentlichten Rundschreiben hatte La Valette auf die französischen Forderungen angespielt. Nun begann sich der Verdacht zu verbreiten, daß die Regierung eine Schlappe erlitten hatte. Der politische Schwerpunkt Europas schien sich aus Paris nach Berlin zu verlagern. Der Kaiser und seine Mitstreiter fürchteten Angriffe in der bevorstehenden Sitzungsperiode des *Corps législatif.* Verzweifelt beschlossen sie, sich auf Luxemburg zu konzentrieren und fürs erste die Forderungen nach Belgien und einer Allianz zurückzustellen.[34] Aber Bismarck weigerte sich sowohl, an einer Démarche in Den Haag teilzunehmen, als auch, die preußische Garnison aus Luxemburg ohne offenkundigen Anlaß abzuziehen. Die Franzosen konnten ihm diesen Anlaß liefern, erklärte er, wenn sie nur einen einflußreichen Luxemburger dazu brachten, den Abzug der Preußen zu fordern. Doch Napoleon fürchtete die Reaktion der deutschen Öffentlichkeit auf ein solches Manöver – und das war der Grund, warum Bismarck ihm dazu riet.[35]

Am 14. Februar 1867 eröffnete Napoleon das französische Parlament mit einer Rede, in der er versuchte, das Fiasko seiner Außenpolitik während des vergangenen Jahres zu verschleiern. Seine Worte waren prahlerisch, doch der Vortrag war zögernd, sein Gebaren melancholisch. Auf St. Helena, rief er seinen Hörern in

Erinnerung, hatte Napoleon I. die zukünftige Versammlung der Völker in Nationalstaaten prophezeit, daher waren die jüngsten Entwicklungen nur natürlich und kein Grund zur Besorgnis. Ohne einen einzigen Soldaten einzuziehen oder ein Regiment zu bewegen, hatte Frankreich die siegreiche preußische Armee vor den Toren Wiens aufgehalten: «Preußen sucht alles zu vermeiden, das unser Nationalgefühl verletzen könnte, und befindet sich in allen bedeutenden europäischen Fragen in Übereinstimmung mit uns», erklärte er. Doch die Opposition ließ sich das nicht weismachen. Mitte März griff der gefürchtete Adolphe Thiers die Regierung scharf an. Er verwarf das Prinzip der nationalen Selbstbestimmung und verteidigte statt dessen dasjenige des Machtgleichgewichts, das verlange, den Ehrgeiz Preußens zu mäßigen. Mit beißendem Sarkasmus stellte er der kühnen Planung und Ausführung der Operationen Bismarcks das bedauernswerte Zögern und Schwanken der Franzosen gegenüber. Sein abschließender Satz war Drohung und Anklage zugleich: «Es gibt keinen einzigen Fehler mehr, der noch begangen werden könnte!»[36]

Die Debatte war kaum geschlossen, da offenbarte Bismarck, daß die Liste der Fehlschläge Napoleons noch länger war, als Thiers angenommen hatte. Am 19. März gab Bismarck die Texte der Schutz- und Trutzbündnisse mit den süddeutschen Staaten – im Einvernehmen mit seinen Vertragspartnern – zur Veröffentlichung frei. Der Kanzler erwartete heftige Kritik der Entscheidung, die deutsche Einigung nicht über den Main hinaus fortzusetzen, im konstituierenden

«Ein Mißverständnis». Napoleon: «Ich wollte Ihnen nur zu der schönen Erbschaft gratulieren und sehen, ob nicht eine Kleinigkeit für mich –» Bismarck: «Ach was! Hier wird nichts gegeben!» (Wilhelm Scholz, *Kladderadatsch*, 26. August 1866)

Reichstag. Er brauchte eine Erwiderung auf den Vorwurf, daß man mit dem Nikolsburger Vertrag die Möglichkeit von Allianzen süddeutscher Staaten mit fremden Mächten gegen den Norden nicht ausgeschlossen habe. In Paris verursachte diese Veröffentlichung die größte Pressesensation seit Königgrätz. Für Napoleon und seine Minister war das ein schwerer Schlag. Bismarck hatte bereits erworben, was sie ihm verkaufen wollten. Auch die deutschen Nationalisten waren beeindruckt. «Klug ist er wie die Schlangen», schrieb Bennigsen, «aber schwerlich ohne Falsch wie die Tauben!»[37]

Unterdessen hatten die Franzosen den einzigen Weg eingeschlagen, der ihnen noch offen stand. Am 16. März 1867 eröffneten sie unilaterale Verhandlungen mit den Niederlanden. Gegen die Abtretung Luxemburgs versprach Napoleon, die Grenzen der Niederlande und Limburgs zu garantieren. Im Haag waren weder Wilhelm III. noch dessen Regierung am fortdauernden Besitz des Großherzogtums interessiert, und sie fürchteten, daß Bismarck eine Grenze an der Maas, einschließlich der Festung Maastricht, anstrebte. Nichtsdestoweniger scheuten sie sich, ein Abkommen mit Paris zu treffen, ohne vorher Berlin zu konsultieren. Am 19. März erklärte Wilhelm III. sich bereit, Luxemburg gegen eine Entschädigung von fünf Millionen Gulden an Frankreich abzutreten, machte aber die Zustimmung des Königs von Preußen zur Bedingung des Handels. Gleichzeitig informierte er Berlin und erbot sich, eine französisch-preußische Verständigung zu vermitteln. Unterdessen waren in der Stadt Luxemburg französische Agenten mit Petitionen und Plakaten am Werk. Alle, die die «verhaßte preußische Herrschaft» abschütteln wollten, wurden aufgefordert, sich jeden Mittag auf dem Wilhelmsplatz zu versammeln und Frankreich und Napoleon hochleben zu lassen.[38]

Das hätte Bismarck zeitlich kaum gelegener kommen können, denn eben als die französischen Machenschaften offenbar wurden, stand es im konstituierenden Reichstag sehr kritisch um seinen Verfassungsentwurf. Am 26. und 27. März kam es zu den entscheidenden Debatten über ministerielle Verantwortlichkeit. Am 30. März wurde über die Diätenvorlage abgestimmt. Anfang April stand der eiserne Etat auf der Tagesordnung. Da kam die Luxemburgkrise Bismarck gerade recht, die Erörterungen der Abgeordneten zu beschleunigen und in einem ihm genehmen Sinne zu beeinflussen.

Bei der Pariser Regierung beschwerte er sich, Preußens Gutwilligkeit sei arg mißbraucht worden. Die Bedingungen, die er für seine stillschweigende Einwilligung in die französische Annexion gestellt habe, seien nicht erfüllt worden. Wilhelm III. habe Berlin in die Verhandlungen hineingezogen und damit in die Verantwortung für den Verlust des Großherzogtums für Deutschland. Überdies seien die in Luxemburg inszenierten Straßendemonstrationen nicht die würdigen Petitionen von Bankiers und Geschäftsleuten, die er angeregt habe. Durch sein ungeschicktes Vorgehen habe Frankreich in ganz Deutschland Antipathien erregt telegraphierte er am 30. März an Goltz. Von den innenpolitischen Gegnern der Regierung angefacht, nehme die Erregung gefährliche Ausmaße an. Mit einer Interpellation von seiten der äußersten Linken im Reichstag sei jederzeit zu rechnen.[39]

Am 1. April brachte Bennigsen die erwartete Interpellation ein. Ob die königlich preußische Regierung in der Lage sei, dem Reichstag Mitteilung darüber zu machen, wurde da gefragt, «daß Sie im Verein mit ihren Bundesgenossen entschlossen ist, die Verbindung des Großherzogtums Luxemburg mit dem übrigen Deutschland, insbesondere das preußische Besatzungsrecht in der Festung Luxemburg, auf jede Gefahr dauernd sicherzustellen?» Wie man höre, sei bei Verhandlungen zwischen der französischen und der niederländischen Regierung bereits ein Abtretungsvertrag geschlossen worden, erklärte Bennigsen mit flammendem Zorn. «Danach würde also ein Fürst aus deutschem Geschlechte ... einen Handel eingegangen sein über ein Land, welches keine Provinz von Holland bildet, sondern zu allen Zeiten ein deutsches Land gewesen». Er versicherte der Regierung, daß im Reichstag alle Parteien zusammenstehen würden «in der kräftigsten Unterstützung zur Abwehr eines jeden Versuchs, ein altes deutsches Land von dem Gesamtvaterlande loszureißen ...» Der Beifall schien nicht enden zu wollen.[40]

Die angeblich von ihm befürchtete Interpellation war zwischen Bismarck und dem nationalliberalen Abgeordneten abgestimmt, höchstwahrscheinlich hatte sogar der Wortlaut Bismarcks ausdrückliche Billigung.[41] Offen warnte er die Franzosen, daß sie es ihm mit ihrer Handlungsweise nur erleichterten, «den raschen Ausbau des Norddeutschen Bundes zustande zu bringen», was ja tatsächlich der Fall war. Während der folgenden Tage herrschte fieberhafte Spannung in der Kammer und den Ausschüssen des konstituierenden Reichstags. Das allen gemeinsame Gefühl, in einem nationalen Interesse bedroht zu sein, steigerte ihre Kompromißbereitschaft und bewog die Liberalen, wichtige Parlamentsbefugnisse über die Armee und den Militäretat auf dem Altar des Vaterlands zu opfern. Auf diese Weise wurden durch die vorübergehende Luxemburgkrise die institutionellen Verhältnisse des deutschen Reichs dauerhaft geprägt.[42]

Unterdessen schickten Napoleon und der Marquis de Moustier (der Drouyn im Außenamt abgelöst hatte) sich an, den Vertrag über Luxemburg unter Dach und Fach zu bringen, dessen Unterzeichnung am 1. April geplant war. Doch Bismarck legte ihnen ein Hindernis nach dem anderen in den Weg. Als der König der Niederlande um die Zustimmung Preußens zu dem Vertrag bat, teilte er diesem mit, daß Wilhelm zunächst die Meinungen der anderen Vertragsmächte von 1839, der deutschen Regierungen und selbst des Reichstags des Norddeutschen Bundes zu erfahren begehre. Seien überhaupt die Agnaten Wilhelms III. konsultiert worden?[43] Drei Tage später wies er im Namen Preußens jede Verantwortung für den Vertrag zurück. Der König der Niederlande müsse selbst entscheiden, was er sich und Europa schuldig sei. Preußen werde seine Interessen «zur rechten Zeit» geltend machen. Der unheilverheißende Aufruhr in der Öffentlichkeit mache es gegenwärtig Preußen unmöglich, bedauerte Bismarck, seine Garnison aus Luxemburg abzuziehen. Der Mann, der vier Jahre lang den Angriffen der Presse und des Parlaments hochmütig getrotzt hatte, stellte sich nun angesichts des Volkszorns vollkommen hilflos. «Nach Stand der Dinge in Deutschland müssen wir meines Erachtens eher den Krieg wagen als nachgeben, so wenig das Objekt Luxemburg an sich des Kriegs werth ist. Die Auffassung der Sache in der Nation, deren Ehrgefühl ins Spiel gezogen, ist das Entscheidende», erklärte er am 3. April. Am selben Tag telegraphierte er nach Holland, daß, falls Luxemburg an Frankreich falle, der Krieg «nach der Aufregung der öffentlichen Meinung kaum zu verhüten sein» würde.[44]

In Paris war man verärgert und verwirrt. Moustier erklärte, Frankreich habe das von Bismarck selbst vorgeschlagene Verfahren gewählt. Es habe ganz den Anschein, als habe man in Berlin Frankreich eine Falle gestellt. Doch dann fügte er verbindlicher hinzu, er habe nicht drohen wollen. Napoleon war entrüstet und entschlossen, die Sache zu Ende zu führen, wenn Wilhelm III. den Vertrag unterzeichnete. Im Gespräch mit Goltz bemühte er sich jedoch um einen herzlichen Ton und betonte, daß er den Frieden wünsche, wenn dieser in Ehren gewahrt werden könne.[45] Er wußte, daß Frankreich für einen Krieg nicht gerüstet war. Die Neuordnung und Verstärkung der Armee war kaum in Angriff genommen. Noch war die Infanterie nicht durchgehend mit Hinterladergewehren bewaffnet. Die aus Mexiko abgezogenen Truppen waren noch nicht wieder in Frankreich gelandet. Das Empire hatte keine zuverlässigen Verbündeten. Überdies hatte in Paris Napoleon soeben erst die Weltausstellung eröffnet, von der er sich eine Erneuerung des verdunkelten Glanzes seines Regimes und Zuwachs für die französische Industrie erhoffte. Sowohl Wilhelm als auch Zar Alexander II. hatten Einladungen dazu angenommen. Krieg würde die mit so großen Hoffnungen eröffnete *Exposition Universelle* ruinieren und Bonaparte um die Gelegenheit bringen, die Herrscher aus den Häusern Romanow und Hohenzollern an seiner Tafel zu bewirten.[46]

Auch Bismarck hatte nicht die mindeste Neigung, wegen der Luxemburgfrage einen Krieg zu provozieren. Seine Erwiderung auf Bennigsens Interpellation war maßvoll, wenn auch fest, und die am 3. April nach Den Haag expedierte Warnung erfolgte in dem Bemühen, Wilhelm III. vom letzten Schritt abzuhalten, bei dem Krieg fast unvermeidlich werden würde. Selbst für den Fall der Unterzeichnung hatte er jedoch einen Kompromiß in petto, der den bewaffneten Konflikt verhüten sollte. Noch während er die Zuspitzung der Krise betrieb, instruierte er am 30. März Goltz, dieser möge sich vorsichtig erkundigen, ob die Franzosen eventuell dazu bereit wären, im Gegenzug für den Luxemburger Handel Preußen von der in Nikolsburg übernommenen Verpflichtung zu entbinden, Schleswig-Holstein entlang der Sprachgrenze zu teilen. Nachdem er am 1. April Bennigsens Rede gehört hatte, wies er den Botschafter telegraphisch an, die Sache einstweilen noch nicht zur Sprache zu bringen.[47] Wäre ein derart zynisches Geschäft offenbar geworden, hätte sein öffentliches Eintreten für die nationale Sache einiges an Glaubwürdigkeit eingebüßt. Flexibel wie gewöhnlich, hielt er sich auch die Möglichkeit dieses Arrangements in Reserve.

Inzwischen hatte er sich bei den europäischen Mächten um Unterstützung bemüht. Seit dem 30. März drängte er Großbritannien und Rußland zu einer Intervention im Haag, um die Unterschrift des Königs zu verhindern. Obwohl Gortschakow und der Zar Napoleons Vorgehen mißbilligten, ließen sie London den Vortritt. Dort war Lord Stanley, der neue Außenminister, der Meinung, daß eine so «kleine territoriale Neuordnung» das europäische Gleichgewicht nicht stören würde. Auch Bismarcks Argument, daß Luxemburg in den Vertrag eingeschlossen sei, mit dem 1839 die Mächte die Unabhängigkeit Belgiens garantiert hatten, beeindruckte ihn nicht.[48] Am 2. April wies Bismarck den Botschafter in London, Bernstorff, an, «zu konstatieren, wie weit wir auf England zu zählen haben», wenn es zum Krieg mit Frankreich komme. Auch ohne Englands Unterstützung, bluffte er, sei der Krieg immer noch zu vermeiden, «wenn wir ... von dem Bündnisse mit der öffentlichen Meinung Deutschlands zu einem Bündnisse mit dem französischen Cabinete übergehn», das dann natürlich auf Kosten Belgiens gehen würde. Doch die englische Reaktion war enttäuschend. Obwohl die Drohung gegen Belgien ihm Sorgen machte, erwiderte Stanley, daß Großbritannien keine Partei ergreifen wolle.[49]

Nach Tagen des Zögerns entschloß sich Wilhelm III. am 5. April schließlich, seine Unterschrift nicht unter den Vertrag zu setzen. Das gab beiden Seiten die Möglichkeit, sich einen Weg aus der Krise zu suchen. Schon bald ließ Bismarck in London wissen, daß er bereit sei, eine internationale Konferenz zu akzeptieren. Nach einigem Zögern willigten auch die über das Ausmaß ihrer Niederlage bestürzten Franzosen ein, ihren Anspruch auf Luxemburg fallenzulassen, wenn Preußen sich bereit fände, seine Garnison abzuziehen und der Neutralisierung des Großherzogtums zuzustimmen. Doch Bismarck weigerte sich, ein solches Abkommen zu schließen. Es sei für die deutschen Regierungen gegenwärtig gefährlicher, mit dem deutschen Nationalgefühl zu brechen, erklärte er, als einen Krieg mit Frankreich zu riskieren.[50] Er hatte also – mit anderen Worten – aus der Luxemburgkrise für seine Deutschlandpolitik noch nicht allen Nutzen gezogen, den er sich von ihr versprach. Die Sitzungsperiode des konstituierenden Reichstags dauerte noch an, und die Verhandlungen mit den süddeutschen Regierungen waren noch im Gange.

In Berlin befürworteten während des Monats April verschiedene Militärs Mobilmachung und Krieg. Die Kriegsvorbereitungen der Franzosen beunruhigten die Generäle. Moltke, der von der Unausweichlichkeit des Konflikts überzeugt war, wollte zuschlagen, ehe die Franzosen ihre Aufrüstung abgeschlossen hätten. Auch Bismarck war besorgt. Er fürchtete, daß Napoleon, obwohl selbst zum Frieden geneigt, von seinen kampflustigeren Ratgebern in den Krieg getrieben werden könnte. «Die Chance günstigen Erfolges», bemerkte er, sei «keine gerechte Ursache, einen großen Krieg anzufangen».[51] Erst wenn alle Mittel, den Frieden zu wahren, versucht seien und sich als unzureichend erwiesen hätten, war er bereit, die immer gefährliche Gewalt zu brauchen. Fürs erste hoffte er, daß die Reibungen mit Frankreich auch ohne Blutvergießen die Hitze erzeugen würden, mit der die Nation unter dem preußischen System zusammengeschweißt werden konnte.[52]

Alternative Pläne

Die Mainlinie, bemerkte Bismarck gelegentlich, sei keine Mauer, sondern nur ein Zaun, der den nationalen Strom nicht werde aufhalten können. Nach Königgrätz gab es auch bei den süddeutschen Regierungen Bestrebungen, die für die Richtigkeit dieser Auffassung sprachen. In Nikolsburg beantragten die Regierungen von Hessen und Württemberg die Aufnahme in den Norddeutschen Bund. Freiwillig, hofften sie, könnten sie diesem zu besseren Bedingungen beitreten. Am 30. August 1866 votierte in München die Abgeordnetenkammer mit 124 gegen 11 Stimmen für die Zusammenarbeit mit Preußen bei der Bildung einer deutschen Union. Am folgenden Tag schätzte Fürst Hohenlohe-Schillingsfürst, daß, obwohl der Hof und die Regierung dagegen seien, die große Mehrheit des bayerischen Volkes die Union mit Preußen befürworte. In Karlsruhe übernahm im Juli ein nationalistisches Kabinett unter Karl Mathy, Rudolf von Freydorf und Julius Jolly die Amtsgeschäfte, und im Oktober votierte das badische Parlament für die bedingungslose Union mit dem Norden.[53]

Doch diese Stimmung sollte bald verfliegen. Berlins Annexionen gaben dem Norddeutschen Bund das Gepräge eines vergrößerten Preußen. Die süddeutschen Regierungen fürchteten die Vorherrschaft des preußischen Riesen, und die liberalen Nationalisten mißbilligten Preußens politisches System. Die von Bismarck entworfene und durchgesetzte Verfassung des Norddeutschen Bundes war nicht geeignet, ihre Bedenken zu zerstreuen. Trotz der Zugeständnisse Bismarcks an das Prinzip des Föderalismus war der verbleibende Zentralismus für die süddeutschen Regierungen noch immer abschreckend genug. Auch seine Konzessionen an den konstituierenden Reichstag konnten keineswegs das Mißtrauen der süddeutschen Liberalen beschwichtigen. In Süddeutschland war das deutsche Nationalgefühl hauptsächlich eine Angelegenheit mittelständischer Liberaler, die entschiedene Vorurteile gegen das aristokratisch-autoritäre Regime in Berlin hatten. Nur in Baden blieb die gefühlsmäßige Bereitschaft zur Union erhalten. Eben weil er diese Reaktionen hatte kommen sehen, hatte Bismarck sich ja überhaupt entschlossen, erst einmal an der Mainlinie halt zu machen. Die «Unverdaulichkeit» des Südens war in dessen Liberalismus und Partikularismus ebenso wie in seinem Katholizismus begründet.[54]

Bismarck begegnete diesen Schwierigkeiten auf eine für ihn charakteristische Weise. Wie im Falle Schleswig-Holsteins zog er auch hier eine Reihe von Möglichkeiten in Betracht, von der wünschenswerten Maximallösung bis zur akzeptablen Minimallösung. Die Maximallösung war die Erweiterung des Geltungsbereichs der Verfassung des Norddeutschen Bundes – ohne weitere Zugeständnisse an Partikularisten und Liberale – nach Süden. Diese Lösung war jedoch vorerst sowohl wegen der Haltung der Süddeutschen nicht praktikabel, als auch, weil eine derart offene Verletzung der Bedingungen des Prager Friedensvertrages außenpolitische Komplikationen zur Folge gehabt hätte. Die Minimallösung bestand in den bereits abgeschlossenen Militärbündnissen mit den süddeutschen Staaten, ergänzt durch ein Zollvereinsparlament mit der Befugnis, Zoll- und Handelsbelange gesetzlich zu regeln.

Zwischen diesen Extremen lag eine mittlere Lösung, in die Bismarck offenbar für die unmittelbare Zukunft die größte Hoffnung setzte: ein erweiterter Bund oder eine konstitutionelle Allianz. Dabei würde die Verfassung des Norddeutschen Bundes auf die süddeutschen Staaten übertragen werden, jedoch ohne die Militär- und Marineangelegenheiten betreffenden Artikel. Die gesetzgeberischen Befugnisse würden die entsprechend vergrößerten Kammern des Bundesrats und des Reichstags ausüben. Ein derartiges Arrangement empfahl sich Bismarck, weil es die süddeutschen Regierungen im Besitz des wichtigsten Attributs der ihnen so teuren Unabhängigkeit ließ (der Kontrolle über Militär und Finanzen), zugleich aber die süddeutschen Liberalen daran hinderte, ihre norddeutschen Gesinnungsgenossen bei zukünftigen Versuchen, den eisernen Etat zu Fall zu bringen, wirksam zu unterstützen. Darüber hinaus hätte die Verfassungsunion den süddeutschen Staaten eine eigenständige Außenpolitik praktisch unmöglich gemacht.[55]

Wie schon so oft bei früheren Gelegenheiten schlossen auch bei dieser die verschiedenen Optionen, die Bismarck in Betracht zog, einander nicht aus. Es handelte sich ja um Stufen, die von der minimalen bis zur maximalen Lösung anstiegen. Wenn ein Zollvereinsparlament umgehend zu verwirklichen war, konnte der erweiterte Bund durch eine allmähliche Ausdehnung seiner gesetzgeberischen Kompetenzen geschaffen werden. Dieser Bund mochte sich dann mit der Zeit zu einem souveränen Staat entwickeln. So ließ sich die Expansion des preußischen Systems auf ganz Deutschland statt mit revolutionären Mitteln vielleicht auch auf dem Wege der Evolution herbeiführen, durch die organische Entwicklung staatlicher Institutionen und ohne Krieg mit Frankreich.

Das Scheitern der mittleren und der maximalen Lösung

Bismarcks Plan für eine Erweiterung des Bundes hatte einige Befürworter. Großherzog Friedrich von Baden und seine Minister waren noch immer zur Union mit dem Norden bereit, selbst unter Bismarcks Verfassung. Obwohl König Karl von Württemberg eifersüchtig auf die Wahrung seiner Souveränität bedacht war – und dessen russische Gattin, Königin Olga, womöglich noch mehr –, war doch der württembergische Außenminister Varnbüler ein Realist, der sich nach der Niederlage von 1866 schnell mit der Aussicht abgefunden hatte, zukünftig die Vorherrschaft Preußens hinnehmen zu müssen. Zwar war er entschlossen, die Unabhängigkeit Württembergs in militärischen und politischen Angelegenheiten so weit wie irgend möglich zu erhalten, er erkannte aber durchaus die Notwendigkeit einer wirtschaftlichen Union mit dem Norden. In Bayern war am 31. 12. 1866 von der Pfordten im Amt des Ministerpräsidenten von Fürst Hohenlohe-Schillingsfürst abgelöst worden, was eine neue Ära der Zusammenarbeit zwischen München und Berlin anzukündigen schien. Während von der Pfordten Preußen mißtraut und von einer süddeutschen Union unter bayerischer Führung geträumt hatte, glaubte Fürst Hohenlohe, daß Bayern der Gefahr der Isolierung nur entgehen könnte, wenn es sich – unter möglichst günstigen Bedingungen natürlich – einer von Preußen geführten Bundesunion anschloß. Er war einer der vier Angehörigen der ersten Kammer (der Kammer der Reichsräte), die im August das Votum der Abgeordnetenkammer für eine Union mit dem Norden unterstützt hatten. Nichtsdestoweniger fand auch er die zentralistischen Züge der Verfassung des Norddeutschen Bundes enttäuschend. Seine Kabinettskollegen waren Partikularisten, und König Ludwig, der jeden Vorschlag mit Argwohn betrachtete, der ihm Bayerns Souveränität zu bedrohen schien, nicht minder. Überdies war Hohenlohe keine starke Persönlichkeit mit entschiedenem politischen Willen.[56]

Mit größter Behutsamkeit suchte Bismarck den Fürsten und mit ihm den bayerischen Staat in ein «Verfassungsbündnis» zu ziehen. Am 31. Januar 1867 umriß er sein Vorhaben dem württembergischen Gesandten in Berlin, Karl Freiherr von Spitzemberg. Nach Lektüre von dessen Bericht äußerte Varnbüler sich positiv zu dem Plan. Durch ihn hoffte Bismarck, Druck auf Hohenlohe ausüben zu können. Doch die partikularistische Strömung in München war stark, und obwohl er persönlich zur Annahme des Vorschlags neigte, sah sich Hohenlohe genötigt, ihn abzulehnen. Auch die Vorstellungen des Großherzogs Friedrich von Baden taten keine Wirkung. Hohenlohe verfügte nicht über die Macht, Bayern in den erweiterten Bund einzubringen, der Bismarck vorschwebte.[57]

Bis zur Stunde waren also die im August und September 1866 unterzeichneten Schutz- und Trutzbündnisse Bismarcks einzige Erfolge bei dem Bemühen, Süddeutschland an den Norddeutschen Bund zu binden. Nun aber, da die Luxemburgkrise ihren Höhepunkt erreichte, schienen selbst diese Fesseln nicht so fest zu sein, wie er gehofft hatte. Obwohl er mit der Veröffentlichung der Vertragstexte am 19. März 1867 vornehmlich den Zweck verfolgt hatte, seinen Kritikern im konstitutionellen Reichstag den Wind aus den Segeln zu nehmen, hatte er es doch auch den süddeutschen Regierungen erleichtern wollen, «sich miteinander über den Anschluß an Norddeutschland zu verständigen und diesen Anschluß selbst zu vollziehen». Das Bekanntwerden der Verträge bewirkte aber nur eine Zunahme der Spannungen zwischen Parteigängern und Gegnern Preußens in ganz Süddeutschland. Die letzteren konnten nun behaupten, daß sie von ihren eigenen Regierungen irregeführt und betrogen worden seien. Varnbüler in Stuttgart willigte nur unter Protest in die Veröffentlichung ein und verlangte eine offizielle Erklärung der Berliner Regierung, daß das Bündnis rein defensiven Charakter habe. Bismarck wies dieses Ansinnen gereizt zurück. Er fürchtete eine mögliche Verständigung zwischen Stuttgart und Paris.[58]

Statt die nationale Einigung zu befördern, drohte nun die Luxemburgkrise das bislang Erreichte zu zerstören. Varnbüler und Hohenlohe schreckten vor der Aussicht zurück, in einen Krieg hineingezogen zu werden. Man befürchtete allgemein, daß bei einem Krieg gegen das mit Österreich und Italien verbündete Frankreich Süddeutschland das erste Opfer sein würde. In Stuttgart war von Neutralität die Rede, und in München mußte nach dem Zeugnis Wertherns der Fürst Hohenlohe damit rechnen, falls er zu der preußischen Allianz stand, überstimmt und entlassen zu werden.[59] Am 8. April warnte Bismarck Bayern, daß der Norddeutsche Bund, wenn seine süddeutschen Verbündeten ihn verließen, genötigt sein würde, sich anderswo Alliierte zu suchen und bei allen Verfassungsfragen ganz und ausschließlich nach den eigenen Interessen zu richten. Anscheinend gab es auch nördlich des Mains Gründe zur Unzufriedenheit. In einem Runderlaß an die Missionen nicht nur in München, Stuttgart, Karlsruhe und Darmstadt, sondern auch in Dresden, Weimar, Hamburg und Oldenburg, legte er Wert auf die Feststellung, daß an der Luxemburgfrage «vom partikularistisch preußischen Standpunkte aus» im Grunde kein Interesse bestehe. «Wohl aber fühlen wir die Verpflichtung und glauben, daß sie allen deutschen Regirungen gleich obliegt, dem nationalen Selbstgefühle Deutschlands in dem Maße, in dem

Die Bulldogge Bismarck stellt eine Mausefalle für die deutschen Kleinstaaten auf.
(Gill, *La Lanterne,* Paris, 7. April 1867)

es vorhanden ist, genug zu tun. Fühlt ein Volk seine Ehre verletzt, so ist dieselbe verletzt, und muß demgemäß gehandelt werden; Nationalgefühl und nationale Ehre sind Potenzen, die sich nicht logistisch bemessen lassen.» Regierungen, die zögerten, Preußen dabei zu unterstützen, sollten deshalb bedenken, ob sie es sich zutrauten, ihre Weigerung und den Verlust Luxemburgs vor dem Gericht der deutschen öffentlichen Meinung zu verteidigen.[60]

Diesem Versuch, die süddeutschen Staaten mit der Androhung des Volkszorns gefügig zu machen, war nur begrenzter Erfolg beschieden. Karlsruhe und Darmstadt erklärten sich zwar für die nationale Sache, die Reaktionen in München und Stuttgart aber waren ausweichend. In beiden Hauptstädten fürchtete man, daß Bismarck insgeheim schon darauf hinarbeitete, den süddeutschen Regierungen die Schuld an der bevorstehenden Preisgabe Luxemburgs aufzubürden. Varnbüler und Hohenlohe beteuerten zwar ihre Bündnistreue, sprachen aber die Hoffnung aus, daß der Frieden sich werde erhalten lassen. Varnbüler erklärte, unter den gegebenen Umständen nicht entscheiden zu können, ob der Casus foederis gegeben sei, und Hohenlohe sah einen dringenden Grund, den Frieden zu wahren, in der gegenwärtigen Unberechenbarkeit der österreichischen Politik.[61]

Seit Februar drang Hohenlohe in Berlin darauf, daß man sich dort um eine Verständigung mit Wien bemühe, da das Einvernehmen zwischen den beiden Großmächten des Nordens und des Südens Bayern den Beitritt zu einem erweiterten Bund als auch die Unterstützung des Norddeutschen Bundes in der Luxemburgfrage wesentlich erleichtern würde. Eine preußisch-österreichische Verständigung werde die Furcht vor einer preußischen Hegemonie ebenso wie die vor einer französisch-österreichischen Allianz am ehesten überwinden. Zu Bismarcks Vergnügen entsprach diese Anregung ganz seinen eigenen Absichten. Wenn er 1866 Österreich einen Frieden zu erträglichen Bedingungen ermöglicht hatte, so deshalb, weil er hoffte, Preußen auf diese Weise einen Bündnispartner für die Zukunft zu gewinnen.[62]

Gleich nach seiner Rückkehr aus Putbus im Dezember 1866 erklärte er dem Grafen Felix von Wimpffen, der Károlyi in der österreichischen Botschaft nachgefolgt war, daß seines Erachtens ein enges Einvernehmen Preußens mit Österreich dringend notwendig sei. Ein solches Einvernehmen sei schließlich bei dem deutschen Charakter der habsburgischen Dynastie und eines großen Teils ihrer Untertanen nur natürlich. Der verdutzte Diplomat hörte Bismarck das Scheitern der Gablenz-Mission bedauern und beklagen, daß die beiden Länder nicht eine gemeinsame Front gegen Frankreich gebildet und das Reh gemeinsam geschossen hätten. Am 12. April 1867 machte Bismarck Karl Graf von Tauffkirchen, Hohenlohes vertrauten Berater und Gesandten, mit den Einzelheiten seines Plans bekannt. Die «organische» Verbindung, die er wünsche, sei nicht ein Verfassungsbündnis, sondern eine Wiederbelebung des Deutschen Bundes ohne die Institutionen des Bundestags. Dies würde die Sicherheit der deutschen Provinzen Österreichs dauerhaft gewährleisten. Der Rest des Habsburgerreichs wäre durch eine alle drei Jahre zu erneuernde Defensivallianz zu garantieren. Auch Rußland sei in dieses System einzubinden. Er erhoffe, gab Bismarck zu erkennen, eine Erneuerung der Heiligen Allianz.[63]

Der Mann, dem die Pflicht zufiel, den Wert dieser Anerbietungen zu würdigen, war kein anderer als der Graf von Beust. Mit seiner Weigerung, über den Frieden für Sachsen mit ihm zu verhandeln, hatte Bismarck in Dresden seine Entlassung bewirkt, dadurch jedoch seine Berufung auf einen Posten ermöglicht, wo er ihm noch weit gefährlicher werden konnte. Im Oktober 1866 ersetzte Kaiser Franz Joseph Außenminister Mensdorff durch Beust. Wie seine Memoiren verraten, war Beust ein eitler und sehr von seiner eigenen Wichtigkeit eingenommener Mann, der nie eine seiner geistreichen Bemerkungen oder ein ihm gemachtes Kompliment vergaß. Er war überzeugt, daß, wäre man seinem Rat gefolgt, Österreich alles Unheil seit 1859 erspart geblieben wäre. Nichtsdestoweniger verstand er sehr wohl, daß Bismarcks «zynisches Bündnisangebot» der norddeutschen Großmacht Gelegenheit verschaffen sollte, in aller Ruhe Süddeutschland zu verschlingen. Bismarcks Versicherung, daß die Ablehnung seines Antrags für Preußen ein Unglück wäre, rührte ihn ebensowenig, wie er sich von der Drohung beeindrucken ließ, daß Preußen sich Verbündete in Paris und Petersburg suchen müsse, wenn Österreich nicht zu einem Bündnis bereit sei. Beusts Weigerung machte Hohenlohe die Annahme des Plans zur Erweiterung des Bundes unmöglich. Auch Rußland wies Bismarcks Werben ab. Gortschakow erklärte, daß der Konflikt der österreichischen mit den russischen Interessen auf dem Balkan eine Erneuerung der Heiligen Allianz nicht zulasse.[64] Doch diese Enttäuschungen waren nicht die einzigen, die Bismarck im Frühjahr 1867 erlebte.

Wie gewöhnlich versuchte er, an mehreren Fronten gleichzeitig vorzurücken. Während er sich um die Errichtung des Verfassungsbunds bemühte, strebte er zugleich sein höheres Ziel an. Es sei nun an der Zeit, fand er, über den Main zu setzen und auch die südliche Hälfte Hessens dem Norddeutschen Bund, dem seine nördliche Hälfte schon angehörte, einzuverleiben. Baden würde dem Beispiel Südhessens sicher gern folgen, und danach würden Württemberg und Bayern kaum umhin können, sich ebenfalls anzuschließen. Sollten die Franzosen auf seinen Vorschlag eingehen, preußische Nachgiebigkeit in Luxemburg mit französischem Entgegenkommen in Schleswig-Holstein zu vergüten, würde wohl der Fortschritt auf das Ziel der deutschen Einheit hin den Deutschen diesen Handel annehmbar machen. Sollten sich aber die Franzosen dem anscheinend spontanen Verlangen der Südhessen nach Vereinigung mit ihren nördlichen Brüdern in den Weg stellen, hätte man in Berlin zusätzlich zur Luxemburgfrage noch eine weitere, mit der man die patriotischen Gefühle der deutschen Nation aufstacheln konnte.[65]

Auch hier waren die Erfolgsaussichten zunächst nicht schlecht. Der Wunsch der hessischen Regierung nach einer Militärkonvention, welche die Teilung der Streitkräfte beenden würde, bot einen günstigen Ansatzpunkt. Doch der hessische Minister Dalwigk widersetzte sich dem preußischen Begehren mit Entschlossenheit und Geschick. Der Freiherr, ein alter persönlicher Feind Bismarcks, war ein unversöhnlicher Gegner aller Pläne, die auf die Vorherrschaft Preußens in

Deutschland hinauszulaufen schienen. Um seinen Widerstand zu umgehen, stiftete Bismarck den preußischen Kronprinzen und dessen Schwager, den Prinzen Ludwig von Hessen, zu einem Versuch an, in Darmstadt Stimmung für den Anschluß an den Norden zu machen. Auf Dalwigks Rat ließ aber der Großherzog wissen, er wolle erst die Militärkonvention in Augenschein nehmen, die die Berliner Regierung ihm vorzuschlagen habe. In Anbetracht der Krise mit Frankreich gab Bismarck diesem Wunsch nach. Am 7. April wurde das Abkommen unterzeichnet, vier Tage später, am 11. April, auch ein Militärbündnis. Damit entfiel der Ansatzpunkt für preußischen Druck, und fortan war Dalwigk unerschütterlich.[66]

Bismarcks Niederlage war um so demütigender, als er sich inzwischen öffentlich zu seinem Ziel bekannt hatte. Durch die Vermittlung Prinz Ludwigs sorgte er für eine Interpellation im konstituierenden Reichstag, die am 9. April von Otto Graf zu Solms-Laubach, einem national gesinnten hessischen Abgeordneten, vorgebracht wurde. Der Abgeordnete beschrieb die Teilung Hessens als unerträglichen Zustand und bekannte sich zu der Überzeugung, daß die Vereinigung der getrennten Landesteile auch dem Fortgang der deutschen Vereinigung insgesamt eine Brücke bauen werde. In seiner Erwiderung beklagte Bismarck auch seinerseits die Übel der hessischen Teilung und pries die Vorzüge eines Anschlusses. Sollte ein diesbezügliches Begehren in Darmstadt offiziell laut werden, würde die preußische Regierung mit der österreichischen und den süddeutschen Rücksprache halten, von denen keine Opposition zu erwarten sei. Doch dieser durchsichtige Appell an die öffentliche Meinung schreckte Dalwigk nicht, der bei Beust und sogar bei Hohenlohe Unterstützung für die Bewahrung des Status quo fand. Alles, was Bismarck schließlich erreichte, war ein hoffnungsvoller Zusatz zu Artikel 71 der Verfassung des Norddeutschen Bundes, den die Liberalen mit seiner Billigung beschlossen. Darin wurde bestimmt, daß der Beitritt der süddeutschen Staaten oder eines von ihnen auf Vorschlag des Bundespräsidiums durch Bundesgesetzgebung zu geschehen habe.[67]

Die Luxemburgkrise hatte also der Bismarckschen Lokomotive nicht den nötigen Dampf geliefert. Weder die Mittel- noch die Maximallösungen waren machbar gewesen. Tatsächlich hatte die Krise nur die Tiefe der Risse offenbart, die Deutschland noch immer spalteten. Nachdem er allen erreichbaren Nutzen aus der Affäre gezogen hatte, ließ Bismarck die Verstellung fallen, er zittere vor der Macht der deutschen öffentlichen Meinung. Am 26. April gab er seine Zustimmung zur Einberufung einer internationalen Konferenz, auf der ein Kompromiß ausgehandelt werden sollte. Auf dieser Konferenz, die vom 7. bis 11. Mai in London tagte, wurde die Souveränität Wilhelms III. bestätigt. Das Großherzogtum wurde neutralisiert unter Garantie der Großmächte. Preußen wurde das Recht, in Luxemburg eine Garnison zu unterhalten, entzogen und die Schließung der dortigen Festung beschlossen.

Für Napoleon war dieser Kompromiß eine schwere Niederlage. Nach einem katastrophalen Jahr hatte er als einzigen Erfolg den Abzug der preußischen Garnison aus Luxemburg vorzuweisen. Der durch die Drohungen der Vereinigten

Staaten erzwungene Abzug seiner Truppen aus Mexiko und das Scheitern seiner Bemühungen, aus dem deutschen Krieg irgendeinen Vorteil für Frankreich zu ziehen, offenbarten die Schwäche seines Regimes gerade auf dem Feld, auf dem man von einem Bonaparte glänzende Erfolge gewöhnt war. Unzufrieden mit dem Kompromiß waren aber auch viele Deutsche. Für Wilhelm war der Vergleich ein unrühmliches Opfer auf dem Altar des Friedens.[68] Deutsche Nationalisten schätzten ihn fast als Niederlage ein. Doch von Mai bis Juli berichteten Agenten des Nationalvereins aus Luxemburg, daß neun Zehntel der Bewohner des Großherzogtums sich für Frankreich aussprechen würden, wenn sie vor die Wahl gestellt würden, sich zwischen Preußen und Frankreich zu entscheiden. Die prodeutsche Partei in Luxemburg wagte sich kaum an die Öffentlichkeit.[69] Das aber hatte Bismarck von Anfang an gewußt.

Erfolgreiche Minimallösung

Bei seinem Bemühen, eine günstige Beziehung zu den süddeutschen Staaten herzustellen, konnte Bismarck schließlich auf ein Werkzeug zurückgreifen, das ihm sehr nützlich sein sollte. Wenn auch der Norddeutsche Bund die wirtschaftliche Einheit Norddeutschlands garantierte, war doch der Zollverein für die Prosperität der süddeutschen Staaten noch immer unentbehrlich. Doch nun hatten die Ereignisse des Jahres 1866 die Zollvereinsverträge ihrer Voraussetzungen beraubt. In den Friedensverträgen hatte Bismarck deren Aufhebung bei sechsmonatiger Kündigungsfrist gestattet und damit über den Häuptern der süddeutschen Staatsmänner ein drohendes, scharfes Schwert aufgehängt. Fürs erste machte er aber keine Anstalten, den seidenen Faden, an dem dieses hing, zu durchschneiden. Wenn durch den von der Luxemburgkrise erzeugten nationalen Druck weder sein mittleres noch sein maximales Ziel zu erreichen sein würde, sollte die Drohung mit der Kündigung der Zollvereinsverträge genügen, wenigstens ein Minimum zu erzielen.

Am 15. Februar 1867, während er noch für die umfassenderen Lösungen kämpfte, schlug er den süddeutschen Staaten einen informellen Meinungsaustausch über Möglichkeiten der Reform des Zollvereins vor. Nach Preußens Vorstellungen könne eine solche in der Gründung eines Zollparlaments bestehen oder auch in der Hinzuziehung süddeutscher Abgeordneter zu den Beratungen und Abstimmungen des Reichstags über Zoll- und Handelsfragen. Am 11. März legte er bei einer Rede vor dem konstituierenden Reichstag diesen Plan der Öffentlichkeit vor.[70] Doch selbst dieser, im Vergleich zu einer Erweiterung des Bundes, bescheidene Vorschlag wurde von bayerischen Partikularisten zurückgewiesen. Zu Bismarcks Verdruß war Hohenlohe gezwungen, jegliche parlamentarische Vereinigung Bayerns mit dem Norddeutschen Bund zu verweigern.[71]

Im Mai zog Bismarck die Schraube an. Er wies den bayerisch-württembergischen Gegenvorschlag zurück, der die Einrichtung eines losen Bundes mit einem Bundesrat aus Regierungsgesandten angeregt hatte, deren Gesetzgebung der Billigung durch den norddeutschen Reichstag und die süddeutschen Parlamente bedürfen sollte.[72] Er wolle zwar niemanden zwingen, erklärte er, doch sei die Einrichtung eines gemeinsamen Parlaments unabdingbare Voraussetzung einer Erneuerung des Zollvereins. Sollte es bis zum 1. Juli zu keiner Einigung gekommen sein, würde Berlin die bestehenden Verträge kündigen. Varnbüler wußte, daß Württemberg auf den Zollverein angewiesen war, und fürchtete, daß Bismarck bei fortgesetztem Widerstand den Preis für dessen Erneuerung nicht etwa mindern, sondern im Gegenteil erhöhen würde. Der bevorstehende Besuch Wilhelms in Paris mochte überdies Gelegenheit zu einer französisch-preußischen Verständigung auf Kosten Süddeutschlands geben. Am 23. Mai schlug er deshalb vor, Berlin möge mit der Einladung der süddeutschen Staaten zu einer allgemeinen Konferenz die Initiative ergreifen. Bismarck entsprach diesem Wunsch unverzüglich.[73]

Den am 3. Juni 1867 in Berlin versammelten Ministern wurde ein preußischer Vorschlag vorgelegt. Entworfen hatte diesen Rudolf Delbrück, doch er war von Bismarck erheblich überarbeitet worden und konnte wohl als dessen Werk gelten. Wie die Verfassung des Norddeutschen Bundes verbarg auch dieser Vertragsentwurf den revolutionären Charakter hinter der Fiktion, in der Kontinuität mit älteren Formen zu stehen. Die bestehenden Verträge sollten gültig bleiben, doch Angelegenheiten des Zollvereins künftig von einem gemeinsamen Organ der unterzeichnenden Staaten und einer gemeinsamen Vertretung ihrer Völker beschlossen werden. Das erstere sollte organisiert sein wie der alte Frankfurter Bundestag. Preußen sollte darin das Präsidium innehaben und zu Verhandlungen mit fremden Mächten namens des Vereins berechtigt sein. Die Volksvertretung des erneuerten Zollvereins aber sollte aus Abgeordneten des norddeutschen Reichstags und in den süddeutschen Staaten gewählten Abgeordneten bestehen. Eine vorsichtig formulierte Klausel gestand Preußen das Vetorecht zu. Varnbüler und Freydorf nahmen für Württemberg und Baden diesen Vorschlag an. Dalwigk erklärte zwar sein Einverständnis, endgültig für Hessen darüber entschieden könne aber nur in Darmstadt werden.[74]

Auch Hohenlohe war persönlich für den Vorschlag, er hatte es aber nicht leicht, diesen daheim durchzusetzen. In seinen Depeschen nach München stellte er dem besorgten König und seinen Ministern vor, daß sie mit einer Ablehnung die Auflösung des Zollvereins verschulden würden. So ergab sich erst das Kabinett in das anscheinend Unvermeidliche, und sehr widerstrebend folgte endlich auch der König dem Beispiel seiner Minister. Nichtsdestoweniger erwirkten die Bayern gewisse Zugeständnisse. Die Titel «Bundesrat des Zollvereins» und «Zollparlament» erkannten sie zwar an, legten aber großen Wert auf die möglichst genaue Unterscheidung dieser Institutionen von den gesetzgebenden Körperschaften des Norddeutschen Bundes. Während Bayern im Frankfurter Bundestag nur vier Stimmen gehabt hatte, wurden ihm im Bundesrat des Zollvereins sechs Stimmen zugestanden. Die gesetzgeberische Kompetenz des Zollvereins wurde ausdrücklich auf Zölle und deren Erhebung sowie auf die Besteuerung im Lande produzierten Zuckers, Salzes und Tabaks begrenzt. Bismarck andererseits hielt fest an dem preußischen Vetorecht und an der Vorschrift, daß die süddeutschen Abgeordneten auf der gleichen Basis wie diejenigen des Reichstags gewählt werden und, wie diese, keine Diäten erhalten sollten. Mit der Bedingung, daß der Vertrag nach Ablauf von zwölf Jahren periodisch erneuert werden müsse, behielt er sich die Möglichkeit vor, ihn in Zukunft zu verändern. Der Vertrag wurde am 8. Juli unterzeichnet.[75]

Das letzte Wort hatten die süddeutschen Parlamente. Wie zuvor den konstituierenden Reichstag hatte Bismarck jetzt auch diese unter Termindruck gesetzt; ihre Entscheidung mußte bis zum 31. Oktober vorliegen. In Baden und Hessen gab es keine Schwierigkeiten, und am 22. Oktober stimmte in München mit 117 zu 17 Stimmen die Abgeordnetenkammer für die Annahme des Vertrags. Doch die übermächtige Mehrheit der ersten Kammer leistete heftigen Widerstand. Aristokratische Partikularisten, Ultramontane und pro-österreichische Großdeutsche waren entschlossen, wenigstens das Recht des *liberum veto* für Bayern zu erhalten. Erst nachdem Hohenlohe Freiherrn von Thüngen, den Präsidenten der ersten Kammer, persönlich nach Berlin zu einem Gespräch mit Bismarck begleitet hatte, konnten die bayerischen Reichsräte von der Unerfüllbarkeit ihres Begehrens überzeugt werden. Zornige Leitartikel in der liberal-nationalen Presse und Körbe voller Telegramme und Petitionen aus der städtischen Öffentlichkeit und der Geschäftswelt wiesen sie darauf hin, daß die Zugehörigkeit zum Zollverein für das Wohl des Landes unverzichtbar sei. Schließlich stimmte am 31. Oktober auch die Kammer der Reichsräte mit 35 gegen 13 Stimmen für die Annahme.[76]

In Württemberg regte sich der stärkste Widerstand in der Abgeordnetenkammer. Sowohl der Zollvereinsvertrag als auch das Militärbündnis waren dort umstritten, der erstere sogar noch heftiger als das letztere. Die demokratische Mehrheit fürchtete die Übermacht des autokratischen, militaristischen Nordens kraft seiner Stimmenmehrheit. Doch die Geschäftswelt setzte sich für die Annahme des Zollparlaments ein, und Bismarck wies warnend darauf hin, daß Preußen keinen der beiden Verträge ohne den anderen akzeptieren würde. Zu seinem Mißfallen aber manövrierte Varnbüler das Militärbündnis am 30. Oktober mit der Behauptung durch die Kammer, Preußen habe Württemberg das Recht zugestanden, über den Casus foederis zu entscheiden.[77] Selbst jetzt noch hofften die Abgeordneten, daß ein negatives Votum in München sie von der Notwendigkeit entbinden würde, auch das Zollparlament hinzunehmen. Doch am 31. Oktober raubte ein Telegramm aus München ihnen diese Hoffnung. Schweren Herzens kapitulierte in Stuttgart die demokratische Mehrheit.[78]

So hatte Bismarck das Zollparlament geschaffen, doch das Maß des Widerstands, dem er dabei begegnet war, kündigte ihm an, daß er es auf dem Weg zu seinen darüber hinausliegenden Zielen sehr schwer haben würde. Im Dezember 1867 sprach Varnbüler im württembergischen Parlament die in ganz Süddeutschland vorherrschende Stimmung aus. Mit dem Zollverein und dem Schutz- und Trutzbündnis, erklärte er, hätten die süddeutschen Staaten ihrer Pflicht gegen die deutsche Nation Genüge getan. Fernere Opfer würden nicht gebracht werden: «Württemberg will württembergisch bleiben, solange es dazu die Macht hat.»[79]

II

Das Scheitern der nationalen Bewegung

Die Zollvereinswahlen

Im November 1867 versicherte Bismarck den ungeduldigen Badenern wiederholt, daß er bemüht sei, den kürzesten Weg ausfindig zu machen, auf dem alle süddeutschen Staaten freiwillig dem Norddeutschen Bund beitreten könnten. Direkter und unmittelbarer Druck sei dabei zu vermeiden. Baden allein aufzunehmen, würde einen Druck erzeugen, den man in Bayern und Württemberg übel aufnehmen würde – zum Schaden des nationalen Anliegens. Die gleichzeitige Aufnahme Badens und Württembergs andererseits konnte Bayern zu einem unerfreulichen Kurs bestimmen. Sie würde einen Vorwand für Uneinigkeit liefern in einer Zeit, da Deutschland der größtmöglichen Solidarität bedürfe.[1]

Durch Geduld hoffte er zu retten, was bei Gewaltanwendung geopfert werden mußte. «Gewalt kann nützlich sein gegen einen Widerstand, der mit einem Schlage zu brechen ist, kann aber nur durch die Notwendigkeit gerechtfertigt werden gegen einen Widerstand, der dauernd niedergeschlagen werden müßte», schrieb er. Die Badener sollten sich vergegenwärtigen, «welche Zustände sich in Bayern und Württemberg bilden und einbürgern würden, wenn diese beiden Staaten in ihrer gegenwärtigen Stimmung mit Gewalt in den Norddeutschen Bund gebracht würden».[2] Er hoffte, daß der Druck der gemeinsamen Interessen ausreichend sein würde, die Staaten südlich und nördlich des Mains unter der Verfassung des Norddeutschen Bundes zu vereinigen. «Erreicht Deutschland sein nationales Ziel noch im 19. Jahrhundert», erklärte er dem württembergischen Generalstabschef, «so erscheint mir das als etwas Großes, und wäre es in zehn oder gar fünf Jahren, so wäre das etwas Außerordentliches, ein unverhofftes Gnadengeschenk Gottes.»[3]

Nach Karlsruhe schrieb er: «Es kommt vor allem auf die Richtung und die Geschwindigkeit an, mit welcher die öffentliche Meinung in Süddeutschland sich entwickelt; und darüber wird sich erst aus dem Zollparlament ein einigermaßen sicheres Urteil gewinnen lassen.» Seine nächste Aufgabe war also, für die baldige Wahl und Versammlung dieses Parlaments zu sorgen und dann ein Verlangen nach dessen Kompetenzerweiterung zu wecken und zu nähren. Er rechnete damit, daß es die Gesetze des Norddeutschen Bundes auf den Gebieten des Staatsbürgerrechts, Paßwesens und Zivilrechts übernehmen würde. Binnen einiger Jahre – vielleicht zehn, höchstens zwanzig – würde aus dem organischen Wachstum des Zollvereins eine kleindeutsche Union nach norddeutschem Muster hervorgehen. Gespannt wartete er darauf, daß das Zollparlament seine Temperatur, seine Stimmung anzeigte.[4]

Die Politiker, die Parteien und die allgemeine Öffentlichkeit in Süddeutschland wußten wie er, daß bei den Zollvereinswahlen nicht nur über Zoll- und Steuerfragen entschieden werden würde, sondern auch über Deutschlands Zukunft. Im August 1867 trafen sich die Führer der nationalen Parteien in Stuttgart, um sich auf ein gemeinsames Programm zu einigen, das die Erweiterung der Befugnisse des neuen Parlaments forderte.[5] Daheim gingen sie mit Nachdruck und Zuversicht in den Wahlkampf, wobei sie die Wahl als Plebiszit des nationalen Willens darstellten. Zum ersten Mal durften dabei auch die Süddeutschen an direkten und gleichen Wahlen teilnehmen. Endlich bekamen die deutschen Nationalisten nun die Möglichkeit, mit einem Wahlergebnis zu beweisen, daß ihre Sehnsucht von den Massen geteilt wurde.

In Bayern bildete sich im Laufe des Jahres 1867 eine Opposition aus. Während die Mitglieder der (jetzt aufgelösten) alten großdeutschen Partei vorwiegend dem Adel und dem Großbürgertum angehört hatten, rekrutierte sich der Anhang der neuen patriotischen Partei aus der Bauernschaft und dem Kleinbürgertum sowie dem niederen Klerus, deren Ziele einerseits vom Hochadel, andererseits von der demokratischen Linken unterstützt wurden. Die Motive dieser Opposition waren gemischt. Die Demokraten hatten sich von den gemäßigten Anhängern der Fortschrittspartei abgespalten; sie wollten nicht nach Bismarcks Pfeife tanzen in einem deutschen Parlament, das allen Beschränkungen zu unterliegen schien, die den Parlamentariern im Reichstag des Norddeutschen Bundes und in der preußischen Abgeordnetenkammer die Hände banden. Doch die große Mehrheit der Opposition war weniger politisch als vielmehr konfessionell und partikularistisch motiviert. Katholiken, Laien ebenso wie Kleriker, fürchteten die Vorherrschaft des protestantischen Nordens. Dem konservativen Adel schauderte bei der Vorstellung, daß die Wittelsbacher, Deutschlands älteste Dynastie, durch einen Hohenzollern mediatisiert werden könnten. Der Partikularismus konnte sich überdies auf ein ausgeprägtes bayerisches Nationalgefühl berufen, das zumal im Kernland des Königreichs, in Altbayern, kräftig entwickelt war.[6] Bismarck hatte schon 1865 bemerkt: «Bayern ist vielleicht das einzige Land, dem es durch seine materielle Bedeutung, durch die bestimmt ausgeprägte Stammeseigentümlichkeit und die Begabung seiner Herrscher gelungen ist, ein wirkliches und in sich selbst befriedigtes Nationalgefühl auszubilden.»[7] Das starke Empfinden kultureller Eigenständigkeit in Bayern ist ja ein Faktor, mit dem die deutsche Politik noch heute rechnen muß.

Dennoch gingen die deutschen Nationalisten der Fortschritts- und der Mittelpartei am 10. Februar 1868 siegesgewiß zu den Wahlurnen. Das Wahlergebnis war niederschmetternd. Die patriotische Partei erhielt sechsundzwanzig der achtundvierzig Mandate, viele mit überwältigenden Mehrheiten. Wegen ihrer geringeren Stärke in der bayerischen Abgeordnetenkammer hatte man dieser Partei nur vier oder fünf Mandate zugetraut. Die beiden liberalen Parteien zusammen dagegen brachten es nur auf zwölf. Die größte Niederlage erlitt in der Abgeordnetenkammer die dominierende Mittelpartei; sie konnte in das Zollparlament nur neun Abgeordnete schicken. Die liberale, früher großdeutsch ausgerichtete Partei hatte einen großen Teil ihres einstigen Anhangs an Konkurrenten zur Rechten und Linken verloren.[8]

Die besten Aussichten hatten die Nationalisten in Baden. Dort strebten der Herrscher, die Minister und die tonangebende Fortschrittspartei die deutsche Einheit an. Ein von Ministern und Abgeordneten unterzeichneter Wahlaufruf vom 20. Dezember 1867 erklärte, daß das Zollparlament nur als ein Schritt auf dem Weg zur nationalen Einheit anzusehen sei. Deshalb solle bei der Wahl zum Zollparlament nur kandidieren, wer auch entschlossen sei, die nationale Einheit zu befördern. Doch dann wurde die nationale Frage in innenpolitische Anliegen verwickelt, und die Opposition wuchs zu unerwarteter Stärke heran. Die vorherrschenden Motive dieser Opposition waren partikularistisch, protektionistisch sowie konfessionell. Nicht nur um die Rechte ihrer Konfession besorgte Katholiken gehörten ihr an, sondern auch konservative Protestanten. So wurde der Wahlkampf, der ruhig und vernünftig begann, am Ende von beiden Seiten erbittert, fanatisch und demagogisch geführt. Die Nationalisten hatten den größten Anhang beim städtischen Mittelstand. Die Partikularisten appellierten an Arbeiter und Bauern. Die Regierung erklärte sich für die Fortschrittspartei, und während der letzten Tage des Wahlkampfes rief die katholische Geistlichkeit zur Wahl der Opposition auf. Am 18. Februar 1868 gewannen die Nationalisten nur acht von vierzehn Mandaten. Tatsächlich hatten sie sogar weniger Stimmen (86 890) erhalten als die Opposition (90 078). In ganz Deutschland wurde dieses Wahlergebnis als ein schwerer Rückschlag für die Sache der deutschen Einheit angesehen.[9]

In Württemberg hatten die Nationalisten die schlechtesten Aussichten. Dort setzte sich nur die Deutsche Partei für eine weitergehende staatliche Einigung ein. Die Volkspartei, die im Oktober 1866 den Kern des Widerstands gegen den Vertrag gebildet hatte, rief zunächst zum Wahlboykott auf, doch nach den Niederlagen der Nationalisten in Baden und Bayern zog auch sie in Württemberg in den Wahlkampf. Sie konnte auf Unterstützung seitens der Regierung zählen. «Wir wollen vor Deutschland, ja vor Europa beweisen», verkündete Varnbüler, «daß der Norddeutsche Bund ... für uns gar keine Anziehungskraft besitzt.» Die Vorbehalte waren hier mehr politisch als konfessionell. Die schwäbischen Demokraten fürchteten den «Cäsarismus» und das «Säbelregiment» des preußischen Nordens. Als Ideal schwebte ihnen ein Staat nach dem Muster der republikanischen Schweiz vor, den eine Bürgerwehr verteidigte. «Von der Nordbundsverfassung wird gesagt, daß sie nur drei Artikel enthalte», scherzten sie: «1. zahlen, 2. Soldat sein, 3. Maul halten.»[10]

Bismarck schlug mit den Waffen der Reaktion zurück. Die preußische Mission in Stuttgart verklagte die führende demokratische Zeitung, den *Beobachter*, wegen Beleidigung des Königs von Preußen und erreichte die Verurteilung des

Blatts. Die antipreußischen Abgeordneten brachten daraufhin eine Vorlage ein, die forderte, derartige Fälle zukünftig vor ein Geschworenengericht zu bringen. Das bezeichnete Bismarck Varnbüler gegenüber als einen Angriff auf das monarchische Prinzip. Nach Annahme der Vorlage ersuchte er Dresden, München und Karlsruhe, in Stuttgart mit der Warnung vorstellig zu werden, daß die Regierung durch ihre Politik bei den Zollvereinswahlen die «revolutionäre Bewegung» offen fördere. Dann brachte er die Sache auch in Wien zur Sprache und äußerte dort die Befürchtung, daß die württembergische Regierung die Kontrolle über eine revolutionäre, republikanische Partei verlieren könnte, die sich, von Kontakten mit der Schweiz und mit Amerika bestärkt, die Gründung der «Vereinigten Staaten von Europa» zum Ziel gesetzt habe. Schließlich machte er von seinen schlimmen Ahnungen auch den Regierungen in London, Paris und Petersburg Mitteilung und beschuldigte dabei keinen geringeren als Beust persönlich, die schwäbischen Radikalen zu unterstützen und mit dem revolutionären Feuer zu spielen.[11]

Doch am 24. März 1868 errangen die Kandidaten der Volkspartei und der Regierung drei Viertel der abgegebenen Stimmen und damit die Gesamtheit der württembergischen Mandate (17) im Zollparlament. Die Deutsche Partei (die allgemein die «preußische» genannt wurde) hatte die Schwaben beschworen, sich vorrangig als Deutsche zu betrachten und den nationalen deutschen Institutionen ihre Loyalität und ihren Patriotismus zu widmen. Für die meisten Wähler stellte sich aber die Frage nach ihrer deutschen Identität weniger als die, ob sie preußisch werden wollten. Und das wollten die meisten nicht. Nur in Hessen, dem lediglich sechs Mandate zustanden, trugen die Partikularisten nicht den Sieg davon.

Von den fünfundachtzig Abgeordneten, die die Wähler aus den süddeutschen Staaten in das Zollparlament schickten, waren neunundvierzig gehalten, sich jedem Versuch zu widersetzen, dessen Befugnisse zu erweitern. Die direkten und gleichen Wahlen, die Bismarcks Zwecken in Norddeutschland so gut gedient hatten, hatten ihm in Süddeutschland eine schwere Niederlage beigebracht.[12]

Das Zollparlament

«Auf einen Schlag eine homogene Gestaltung Deutschlands zu erreichen, ist nur möglich im Falle eines Krieges», schrieb Bismarck am 28. Februar 1868 nach Karlsruhe. «Abgesehen von dieser Eventualität, die wir weder vorhersehen noch herbeiführen werden, wird die Entwicklung ein oder mehrere Übergangsstadien zu durchlaufen haben.» Trotz seiner Niederlage an den Wahlurnen Süddeutschlands hoffte er noch immer, daß sich das Zollparlament als ein solches Übergangsstadium erweisen würde. Der Umgang mit praktischen Problemen werde für die Abgeordneten sehr lehrreich sein, schrieb er an die entmutigte Badener Regierung. «Auf praktische Fragen angewiesen, gibt das Zollparlament dem doktrinären Eigensinn, der scholastischen Gewöhnung des Denkens, den religiösen Befangenheiten keinen Spielraum; die Beschäftigung mit großen, das ganze Zollgebiet und den Weltverkehr angehenden Bedürfnissen wird den Gesichtskreis der Mitglieder erweitern; ... Die Befriedigung jedes gemeinsamen Bedürfnisses wird ein neues Bedürfnis fühlbar machen und seine Befriedigung erleichtern.» Er glaube nicht, sanguinisch zu sein, wenn er nach jeder Legislaturperiode des Zollparlaments ein der Sache der deutschen Einheit günstigeres Wahlergebnis erwarte.[13]

Am 27. April 1868 versammelte sich das Zollparlament in Berlin. Bei dessen Eröffnung rief König Wilhelm in einer von Bismarck verfaßten kurzen Rede den Abgeordneten den Werdegang des Zollvereins in Erinnerung und schrieb dessen Erfolg nicht nur den wirtschaftlichen Bedürfnissen des deutschen Volkes zu, sondern auch der Macht des nationalen Gedankens. «Halten Sie das gemeinsame deutsche Interesse fest im Auge», ermahnte er seine Hörer zuletzt, «vermitteln Sie von diesem Gesichtspunkte aus die Einzelinteressen, und ein Erfolg, der Ihnen den Dank der Nation gewinnt, wird Ihre Anstrengungen krönen.» Das sei um so zuversichtlicher zu hoffen, fuhr er fort, als die deutschen Militärbündnisse «mit Gottes Beistand jederzeit auf die geeinte Kraft des deutschen Volkes werden zählen können».[14] Der Zollverein und die Militärbündnisse waren mithin untrennbare Glieder einer Kette. Mit der Betonung des nationalen Charakters von beiden sollte offenbar die Furcht vor drohender «Verpreußung» beschwichtigt und Widerstand gegen eine Erweiterung der Befugnisse des Zollparlaments überwunden werden.

Obgleich sie sich über einen Mangel an offizieller Gastfreundschaft nicht beklagen konnten, fühlten sich die süddeutschen Abgeordneten in Berlin nicht wohl. Hinter der bemüht höflichen Liebenswürdigkeit ihrer Gastgeber spürten die schwäbischen Demokraten verborgene pädagogische Absichten. An jeder Ecke der Hauptstadt Preußens sahen sie Monumente und Denkmäler des ungeliebten Militärstaats. So hockten sie in ihren Gemeinschaftsquartieren zusammen und sehnten den Tag der Abreise herbei. In der Kammer verbündeten sich Partikularisten jeder politischen Couleur zu einer «süddeutschen Partei», die vereint für die gemeinsame Sache kämpfte. Unter den 297 Abgeordneten des Norddeutschen Bundes gewannen sie Polen, hannoversche «Welfen», preußische Konservative und die Sozialisten August Bebel und Wilhelm Liebknecht als Verbündete. So machte romantischer Konservatismus gemeinsame Sache mit schwäbischem Radikalismus, bayerischem Katholizismus und sächsischem Sozialismus.[15]

Die Leistungen des Zollparlaments im Rahmen der ihm zugebilligten Kompetenzen waren beachtlich. Während der drei Jahre seiner Existenz wurden neue Handelsabkommen mit Österreich und der Schweiz getroffen, und viele neue Länder in Lateinamerika und am Stillen Ozean öffneten deutschen Geschäftsleuten ihre Tore. Zollermäßigungen gestatteten Lübeck und Mecklenburg den Beitritt zum Zollverein. Die Steuer auf Zucker und Tabak wurde für ganz Deutschland vereinheitlicht. Nach Überwindung gewisser Schwierigkeiten wurde 1870 ein allgemeines Zollgesetz verabschiedet.[16]

Indessen verteidigte die süddeutsche Partei entschlossen und eifrig die Mainbrücken gegen jeden Versuch, die Befugnisse des Zollparlaments zu erweitern. Der erste Vorstoß war 1868 eine von den Nationalisten Badens und Hessens eingebrachte Vorlage einer an den König von Preußen gerichteten Eingabe, die die Hoffnung aussprach, daß die «Macht des nationalen Gedankens» in Kürze zur vollkommenen Vereinigung führen werde. Selbst Bismarck hielt es für unklug, den süddeutschen Nationalisten zu gestatten, ihre partikularistischen Kollegen mit Hilfe norddeutscher Stimmen zu übertrumpfen. Die Vorlage wurde abgelehnt. Während der darauf folgenden Erörterung suchten die Abgeordneten der süddeutschen Partei nationalistische Redner jedesmal, wenn diese sich anschickten, allgemeine politische Fragen in die Debatte einzubeziehen, an der Eröffnung einer Grundsatzdiskussion zu hindern.[17]

Am 18. Mai aber machte ein Abgeordneter aus ihren eigenen Reihen einen Fehler, den Bismarck blitzschnell auszunützen wußte. Es ging um die Weinsteuer und die Frage, ob das Zollparlament befugt sei, sich der Beschwerden hessischer Winzer anzunehmen. Ein schwäbischer Abgeordneter verneinte die Frage und wies dabei indirekt auf die Gefahr einer französischen Intervention hin. «Meine Herren, es schien mir immer und es scheint mir auch in der neuesten Zeit, daß irgendwo eine Lawine an einem Berge hängt, die eine geringe Erschütterung in den Abgrund stürzen kann», sagte er. Bismarck erwiderte, daß seitens der Regierungen des Norddeutschen Bundes nicht die mindeste Absicht bestehe, die Kompetenz des Zollparlaments gegen den Willen der süddeutschen Angehörigen zu erweitern. Freilich müsse er aber jedem Bestreben entgegentreten, «die vertragsmäßige Kompetenz des Zollvereins zu mindern». Und was die von seinem Vorredner erwähnte Lawine betreffe, so sollten die Abgeordneten wissen, «daß ein Appell an die Furcht im deutschen Herzen niemals ein Echo findet». Das Protokoll verzeichnet an dieser Stelle: «Lebhaftes Bravo.» Während der vergangenen zehn Jahre hatte Bismarck nicht umsonst gelernt, auf der Klaviatur des Nationalgefühls zu spielen. Eine Reihe von nationalistischen Rednern folgte seinem Beispiel. «Jetzt ist Frühling geworden in Deutschland», rief Josef Völk aus Augsburg, «und wenn auch noch Einzelne sich mit Schneebällen werfen, das wird nicht mehr lange dauern, der fortschreitende Frühling wird dafür sorgen, daß zum Schneeballen bald das Material ausgeht.»[18]

Drei Frühlinge kamen und gingen, aber der Frost dauerte an. Nach dem 18. Mai 1868 kam es zu keinen bedeutenden politischen Debatten im Zollparlament mehr. Von gelegentlichen Erwähnungen der großen Frage der nationalen Einheit abgesehen, beschränken sich die Erörterungen der Parlamentarier auf Zoll- und Steuerfragen. Die Nationalisten versuchten ihr Anliegen zu fördern, indem sie von der gesetzgeberischen Befugnis des Parlaments so umfassend wie möglich Gebrauch machten, fanden aber deren enge Beschränktheit zutiefst entmutigend. Die süddeutschen Partikularisten hingegen triumphierten; «die Maschine Bismarck steht still», meldeten sie daheim.[19] Man hat nichtsdestoweniger behauptet, daß das Zollparlament der psychologischen Vorbereitung des deutschen Volkes auf die Einheit gedient habe. Sogar süddeutsche Partikularisten, wie

Wolfgang Freiherr von Thüngen, fühlten sich genötigt, vor dem Parlament die Tiefe ihres deutschen Patriotismus zu beteuern. Es blieb ihnen auch nichts anderes übrig, als sich bei ihrer Argumentation für die Erhaltung des Status quo auf eben die Verträge zu berufen, die sie früher abgelehnt hatten. Um Bestrebungen zu begegnen, die auf eine weitergehende Einigung zielten, mußten sie öffentlich erklären, daß die bereits hergestellte Einheit allen Ansprüchen genüge. Gegen ihre Erwartungen versuchte Bismarck nicht, das Parlament zur Erweiterung der preußischen Hegemonie zu mißbrauchen. Er hielt sich an seine Erklärung, daß die Süddeutschen selbst zu entscheiden hätten, ob sie sich dem Norddeutschen Bund anschließen wollten oder nicht.[20]

Zeitgenössische, national eingestellte Beobachter waren über die Vorgänge in den verborgenen Winkeln der Volksseele geteilter Meinung. «Irrtum ist, daß die Zeit und irgendwelche ruhige Arbeit friedlicher Kultur die Südstaaten in den Bund bringen werden. Im Gegenteil. Sie werden uns mit jedem Jahr fremder trotz Zollverein», schrieb Gustav Freytag.[21] Nach der ersten Vertagung des Parlaments charakterisierte Wilhelm Wehrenpfennig es dagegen in den *Preußischen Jahrbüchern* als eine Vorschule des Südens für dessen Eintritt in den deutschen Staat. Mit Franz Freiherr von Roggenbach fand er, daß selbst die parlamentarische Zusammenarbeit norddeutscher und süddeutscher Partikularisten gegen das Parlament ein Gewinn für die Sache der Einheit gewesen sei.[22] Heinrich von Treitschke jedoch war anderer Meinung. «Alle die treuen deutschen Worte, die im Zollparlamente so oft herzerwärmend von den Bänken der wackeren süddeutschen Minderheit erklangen, ... ändern nichts an der Thatsache, daß die Mehrheit der Cabinette wie der Bevölkerung des Suedens in ihrem viertelhalbstaatlichen Durcheinander ungestört zu verharren wünscht.» Aus München meldete am 1. September 1868 Josef Maria von Radowitz, der preußische Legationssekretär, daß in ganz Süddeutschland Eifer und Kräfte der antipreußischen Bewegung ständig zunähmen. Die ultramontanen Kreise seien offen profranzösisch, freuten sich der wachsenden militärischen Macht Frankreichs und rechneten mit einem Siege Frankreichs über Preußen in der kriegerischen Auseinandersetzung, die sie kommen sahen.[23]

Die entscheidende Frage ist aber, wie Bismarck selbst das Zollparlament, dessen Leistungen und Entwicklungsmöglichkeiten beurteilte. Bedeutsam ist sicherlich, daß er während der Sitzungsperiode des Jahres 1869 nur ein einziges Mal zu einer kurzen Rede in dessen Kammer erschien. Die Aufgabe, dort die preußische Regierung zu vertreten, fiel Rudolf Delbrück zu. Als die Nationalisten sich über das scheinbar geringe Interesse des Kanzlers an ihrer parlamentarischen Arbeit beklagten, berief er sich auf ärztliche Anordnungen. Doch ein Blick in seinen Terminkalender der fraglichen drei Wochen verrät, daß er die ihm angeblich verordnete Ruhe nicht gehalten hat und einen guten Teil der Zeit auf einer Inspektionsreise in Westdeutschland verbrachte. Offensichtlich war er an dem Parlament und dessen Erörterungen nicht mehr besonders interessiert.[24] Andere Optionen zur Lösung der deutschen Frage beschäftigten ihn jetzt.

Das Scheitern der Südunion

Ein Südbund kam für Bismarck als mögliches Übergangsstadium auf dem Weg zu einer nationalen Einheit unter der Verfassung des Norddeutschen Bundes ebenfalls in Frage. Wie wir sahen, war eine derartige Institution schon bei Abschluß der Verträge von Nikolsburg und Prag in Aussicht genommen worden. Zu jener Zeit glaubten sowohl Varnbüler als auch von der Pfordten an die Möglichkeit einer «Trias» als dauerhafte Lösung des deutschen Problems. Varnbüler glaubte, daß eine süddeutsche Union, die mit freien Institutionen ausgestattet wäre, beim Volk hinreichend beliebt sein würde, um dauerhaften Schutz gegen preußische Vormachtbestrebungen bieten zu können. Doch im November 1866 gelangten die beiden Staatsmänner zu dem Schluß, daß nach der preußischen Annexion Frankfurts und Nassaus sowie in Anbetracht der Aufnahme Nordhessens in den Norddeutschen Bund und der nationalen Politik der Regierung Badens mit dem Zustandekommen einer Südunion kaum noch zu rechnen sei. Ein Bund allein aus Bayern und Württemberg schien ihnen nicht lebensfähig zu sein.[25]

Im Laufe des Jahres 1867 wurde jedoch auf Anregung aus Wien und Paris das Projekt wiederbelebt. Bismarcks Erfolge bei der Aushandlung der Schutz- und Trutzbündnisse mit den süddeutschen Staaten und der Neuordnung des Zollvereins hatten die dortigen Regierungen von der Notwendigkeit überzeugt, etwas zur Befestigung der wankenden Mainlinie zu unternehmen. Ein Süddeutscher Bund, meinten Beust und Napoleon, war dazu das geeignete Mittel. Auf der Rückreise von einer Konferenz mit Kaiser Franz Joseph in Salzburg ließ Napoleon Ende August Hohenlohe wissen, wie lebhaft er es bedaure, daß sich die süddeutschen Staaten nicht zusammengeschlossen hätten. Nachdem er Franz Joseph in die französische Hauptstadt begleitet hatte, ging Beust mit Varnbüler und Hohenlohe zu Rate, nun fest entschlossen, das Projekt zuwege zu bringen. Die französische Besorgnis wegen Preußens Absichten in Süddeutschland sei eine Gefahr für den Frieden, erklärte er. Nur die Schaffung einer wie auch immer gearteten süddeutschen Union könne dieser Besorgnis entgegenwirken und einen Konflikt verhüten. Hohenlohe fand das Argument überzeugend. Er war überdies noch in der Illusion befangen, daß die «Flut» der öffentlichen Meinung jede Regierung überschwemmen und zu Fall bringen würde, die nicht in der deutschen Frage irgendeine Initiative ergriff, und sei es nur eine zur Gründung einer Südunion.[26]

Am 9. November 1867 ließ er Bismarck durch den Grafen von Tauffkirchen mitteilen, daß er sich um die Gründung eines süddeutschen Bundes bemühen werde. Bismarck fand, «daß ein süddeutscher Bund keine der nationalen Sache besonders gefährliche Kombination sei; denn, in einem süddeutschen Parlamente konzentriert, würde das Nationalgefühl sich energischer geltend machen als in den Kammern der einzelnen Staaten». Er sah sofort, daß das Projekt seiner eigenen Politik nicht hinderlich, sondern förderlich sein würde. Was Beust und Napoleon ins Rollen gebracht hatten, konnte leicht ihre eigenen Absichten durchkreuzen und zur Ursache ihres Scheiterns werden. Er hatte die Möglichkeit eines süddeutschen Bundes im Nikolsburger Präliminarfriedensvertrag ausdrücklich in der Hoffnung zur Sprache gebracht, daß ein süddeutsches und ein norddeutsches Parlament «sich bald die Hand reichen und einen Vereinigungsmodus finden» würden. Ein süddeutsches Parlament, vertraute er Julius Fröbel an, könne «den süddeutschen Particularismus brechen ... Auf die Übergangsformen der nationalen Entwicklung legte er keinen Wert. ‹Alles Menschliche› – äußerte er, ‹ist an sich provisorisch.›»[27]

Doch der Verfassungsentwurf, den Hohenlohe am 30. November Varnbüler zusandte, sah für die Staaten des Bundes kein gemeinsames Parlament vor. Die «Vereinigten Staaten von Süddeutschland» sollten vielmehr von einem Rat der Außenminister regiert werden. In diesem Rat sollte Bayern sechs, Württemberg vier, Baden drei und Hessen zwei Stimmen haben. Da dieses Gremium keinen festen Regierungssitz haben würde, sollte es von einer süddeutschen Hauptstadt in die andere ziehen, wobei die Dauer seines jeweiligen Aufenthaltes sich nach der Zahl der wahlberechtigten Einwohner des betreffenden Staates bemessen sollte. Auf dem Vertragswege sollte Gleichheit der Gesetze zwischen Süd- und Norddeutschland hergestellt werden. Die «gemeinsame Armee» sollte zu Friedenszeiten keinen gemeinsamen Oberbefehlshaber haben. Preußen wurde in Militärangelegenheiten eine beratende Stimme zugestanden. Zwar sollten die Konsulate des Bundes für alle Gliedstaaten zuständig sein, doch diese auch weiterhin eigene auswärtige Ämter unterhalten.[28]

Varnbüler lehnte den Plan ab, weil auch er die darin angelegten Möglichkeiten sah, die Bismarck erkannt hatte. Das größte Hindernis für die Ausweitung des Norddeutschen Bundes sei die andauernde Selbständigkeit und Kraft der existierenden Staaten, schrieb er am 15. Dezember an Hohenlohe. Nichts aber würde diese Kraft schneller aufzehren als ein süddeutscher Staatenbund organischen Charakters. Eine derartige Entwicklung würde die alten Loyalitäten verkümmern lassen und den Weg zu einem großen nationalen Leben eröffnen. Ein gemeinsames Parlament würde diesen Prozeß noch erheblich beschleunigen und entweder die Gründung einer Bundesrepublik des Südens oder den Anschluß des süddeutschen Bundes an den Norddeutschen betreiben. Dabei werde sich die beratende Stimme Preußens im Militärausschuß höchstwahrscheinlich als die entscheidende erweisen.[29]

In Karlsruhe andererseits nahmen die dort regierenden Nationalisten diese vielversprechenden Entwicklungsmöglichkeiten nicht wahr. Mathy und Freydorf, die Bismarck mit dem Plan bekannt machten, fanden denn auch dessen positive Reaktion überraschend. Bismarck ermahnte sie, sich nicht mit dem Odium zu belasten, das Bundesangebot abgelehnt zu haben. Baden solle dasselbe vielmehr im Prinzip annehmen und nur auf Änderungen der Bundesverfassung bestehen, die das Projekt entweder in eine «Brücke zur deutschen Einheit» verwandeln oder dessen Scheitern zur Folge haben würden.[30] Als Hohenlohe im Februar 1868 nach dem Debakel der Zollparlamentswahlen das Projekt wiederbelebte, riet Bismarck den ungläubigen Badenern, die Einrichtung eines süddeutschen Parlaments zur Bedingung ihrer Zustimmung zu machen: «Die Beseitigung des Bestehenden ist der schwierigste Theil der Aufgabe nationaler Neubildung. Ist das Bestehende, sei es auch durch einen süddeutschen Bund, in Bresche gelegt, so wird das gesunde nationale Leben von selbst aus den Trümmern wachsen. Diese Bresche kann aber nur durch so eingreifende Neubildung wie ein gemeinsames Parlament, nicht durch einen bloßen Bund der Regierungen gelöst werden.»[31]

Obwohl er dieses Argument im allgemeinen gelten ließ, widerstrebte Freydorf doch die Aussicht auf ein süddeutsches Parlament. Er fürchtete, daß die ständige Vermehrung von Wahlen und Parlamenten die Wähler ermüden und das Interesse an dem Spiel verlieren lassen würde. Bismarck schlug listig vor, daß man ja die Wahlen zur süddeutschen Abgeordnetenkammer gleichzeitig mit denen zum Zollparlament abhalten könne. Auf Freydorfs Einwand, daß sich in einem süddeutschen Parlament die national denkenden Abgeordneten «einer ultramontan-demokratisch-partikularistischen Majorität gegenüber befinden würden», erwiderte Bismarck, er glaube nicht, daß diese «buntscheckige Koalition» sich lange halten werde. Sie werde an ihren eigenen Widersprüchen scheitern.[32]

Im März 1868 erkannte Bismarck jedoch bereits, daß angesichts der Haltung maßgeblicher Kreise in München und Stuttgart mit einer Durchführung von Hohenlohes Projekt kaum noch zu rechnen war.[33] Damit hatte er recht. Auf Drängen König Ludwigs wurde der Plan am 22. Februar dem bayerischen Kabinett vorgelegt. Alle Kollegen des Fürsten mit Ausnahme des Kriegsministers sprachen sich dagegen aus; sie teilten Varnbülers Befürchtungen. Am 28. März gestand Hohenlohe seinem König bedauernd, daß fürs erste nichts zu machen sei. Im Juli räumte er dem Freiherrn von Werthern, dem preußischen Gesandten, gegenüber ein, daß der Plan undurchführbar sei.[34]

Da sie die Anregung zu dem Projekt gegeben hatten, erscheint das Scheitern Hohenlohes als eine weitere Niederlage Beusts und Napoleons.[35] In Anbetracht der Möglichkeiten, die er in dem Plan seiner Gegner ausmachte, muß das Scheitern aber vor allem als Niederlage Bismarcks angesehen werden. Freilich war die Verwirklichung des Projekts nie erklärtes Ziel der preußischen Außenpolitik gewesen, und er hatte seine Gesandten instruiert, die Angelegenheit als eine für Preußen «indifferente» zu behandeln.[36] Der Zusammenbruch des Unternehmens beraubte ihn nichtsdestoweniger eines möglichen Übergangsstadiums zur Vereinigung ganz Deutschlands unter der Verfassung des Norddeutschen Bundes. Zugleich verminderten sich damit die Möglichkeiten, das angestrebte Ziel auf friedlichem Wege zu erreichen.

Der Fortschritt der militärischen Assimilation

Während der Jahre 1866–1870 fand der offenkundigste Fortschritt zur Vereinigung Deutschlands unter preußischer Führung auf militärischem Gebiet statt. Doch auch dieser Fortschritt mußte über viele Hindernisse hinweg vollbracht werden und war das Ergebnis jahrelanger Bemühungen. Obwohl die Niederlage im Krieg von 1866 viele Schwächen der Armeen der kleineren Staaten offenbart hatte, bestand hinsichtlich der Maßnahmen zu deren Überwindung keine Einmütigkeit bei den Verantwortlichen. Sollte man sich bei der fälligen Reform nach dem preußischen Muster richten, dessen Leistungsfähigkeit in dem Krieg gegen Österreich die Bewunderung der Welt erregt hatte? Oder sollte man das schweizerische Milizsystem übernehmen, dessen demokratische Züge vielen Süddeutschen sympathischer waren? Auf das preußische Muster fiel die Wahl in Baden, wo die Staatsführung eine Militärkonvention mit Berlin befürwortete, die einer Assimilation der Landesstreitkräfte mit der preußischen Armee gleichkam. Hessen war wegen seiner teilweisen Zugehörigkeit zum Norddeutschen Bund auf eine solche Konvention angewiesen, um die Einheit seiner Streitkräfte zu erhalten, und so wurde am 11. April 1867 ein diesbezügliches Abkommen unterzeichnet. Doch in Bayern und Württemberg gab es heftigen Widerstand gegen eine «Verpreußung» der Streitkräfte und große Neigung zu einer «Bürger-Armee» nach schweizerischem Muster.[37]

Eine der ersten Amtshandlungen Hohenlohes nach seiner Ernennung im Januar 1867 war die Anregung einer Konferenz, bei der über die Koordinierung der Militärreform in Süddeutschland beraten und nach Möglichkeit deren Durchführung nach preußischem Muster beschlossen werden sollte. Bismarck unterstützte diese Anregung gern. Natürlich hätte er besondere Militärkonventionen mit den einzelnen Staaten bevorzugt. Die Einführung gemeinsamer Abzeichen, Bewaffnung, Ausbildungsgänge und so fort auf Grund solcher Konventionen hätte die bereits abgeschlossenen Militärbündnisse wirksam ergänzt. Wenn man bei Abschluß der Konvention, die die sächsischen Streitkräfte in die Armee des Norddeutschen Bundes integrierte, den Sachsen gewisse Zugeständnisse gemacht hatte, so nicht zuletzt, weil man hoffte, auf diese Weise die süddeutschen Staaten für ähnliche Abkommen zu gewinnen. Doch es war nun offenbar, daß einstweilen Bayern und Württemberg für dergleichen nicht zu haben waren. Wenn deshalb Berlin der Bitte Badens um Aufnahme in die militärischen und politischen Strukturen des Norddeutschen Bundes stattgab, war zu befürchten, daß diese Staaten sich zur Erhaltung ihrer Unabhängigkeit im Ausland nach Unterstützung umsehen würden. Hohenlohes Vorschlag schien Bismarck jedoch die Möglichkeit zu eröffnen, seine Ziele ohne unmittelbare Einwirkung der preußischen Außenpolitik zu erreichen. Er empfahl also der Regierung in Karlsruhe, an der Konferenz teilzunehmen und deren Ergebnis zu beeinflussen.[38]

Die Konferenz wurde in Stuttgart abgehalten und tagte vom 3. bis 5. Februar

1867. Das Abschlußprotokoll wurde von Hohenlohe, Varnbüler, Freydorf und Dalwigk unterzeichnet. Die süddeutschen Staaten kamen darin überein, bei ihrer Militärreform nach preußischem Muster zu verfahren. «Sie einigen sich deshalb zu möglichster Erhöhung ihrer Wehrkraft unter einer dem Prinzip der preußischen nachgebildeten Wehrverfassung, welche sie zur Wahrung der nationalen Integrität in Gemeinschaft mit dem übrigen Deutschland geeignet macht.» Hinter verschlossenen Türen allerdings gingen hinsichtlich des Grades, bis zu dem die Wehrverfassung der preußischen nachzubilden sei, die Meinungen der Minister weit auseinander. Daher wurde hinsichtlich so wichtiger Fragen wie jenen nach Länge der Dienstzeit, militärischem Reglement, Ausbildung, Waffentypen und Munition keine Einigung erzielt.[39]

Als sich Ende April in der Wilhelmstraße Berichte über die drohenden Rüstungen der französischen Armee häuften, führte Bismarck in München, Stuttgart und Karlsruhe Klage darüber, daß die süddeutschen Staaten seit dem vergangenen Jahr nichts zur Erhöhung ihrer Verteidigungsbereitschaft unternommen hätten. Er drängte die Regierungen, ihre Parlamente einzuberufen und deren Mitarbeit bei der Behebung der Übel ihrer Militärverfassungen anzufordern. Auf diese Weise könnten sie ihre Solidarität mit der Nation in der Luxemburgfrage beweisen. Die Reaktion der Regierungen auf diese Ermahnung war jedoch durchgehend negativ, und selbst in Baden fand man Bismarcks Kritik beleidigend. Auch mit dem Hinweis auf die französische Bedrohung konnte er die Staaten seinem Wunsch nach Militärkonventionen nicht geneigter machen. Am 2. Mai 1867 schlug er Hohenlohe vor, derartige Abkommen mit den einzelnen Staaten und auf verschiedenen Ebenen auszuhandeln und in Baden den Anfang damit zu machen. Hohenlohe billigte ein Abkommen mit Baden unter der Voraussetzung, daß es geheim und in seiner Geltung auf die gegenwärtige Krise beschränkt bleibe.[40] Das Abkommen wurde zwar entworfen, aber nicht unterzeichnet, denn die Londoner Konferenz sicherte den Frieden. Jedenfalls hatte die Episode wieder einmal gezeigt, daß vorerst Württemberg und Bayern noch nicht zum Abschluß von Militärkonventionen bereit waren. Die Könige Karl und Ludwig wiesen die preußischen Anträge als Zumutungen zurück. Er halte es für seine Pflicht, erklärte Karl, Preußen zu beweisen, daß er ein unabhängiger Souverän sei und bleiben werde.[41]

Die Durchführung des Stuttgarter Abkommens begegnete in allen drei süddeutschen Staaten erheblichem Widerstand. Selbst den badischen Nationalisten mißfielen die dreijährige Dienstzeit, der finanzielle Aufwand für die Verdoppelung der Truppenstärke und die Übernahme des preußischen Militarismus. So wurde in Baden die Militärreformvorlage erst nach der Aushandlung von Kompromissen und der Zusicherung liberaler Reformen angenommen. In Bayern, wo man sich in einiger Entfernung von Frankreich wußte, war der Widerstand natürlich noch größer. Partikularisten, Ultramontane und Demokraten bekämpften die Reform als ersten Schritt auf dem Wege zur Unterwerfung unter Preußen. Man pries das schweizerische Bürgerwehrsystem und verteufelte stehende Heere als Geißeln der Freiheit und Kultur. Am 17. März entnahm allerdings die Öffentlichkeit der Presse, daß bereits von der Pfordten für den Kriegsfall in die Unterstellung der bayerischen Armee unter preußisches Kommando eingewilligt hatte. Nach einem gescheiterten ersten Versuch wurde Ende Januar 1868 das bayerische Militärreformgesetz verabschiedet. Doch das Mißvergnügen an den Reformen dauerte an. «Wir wollen nicht preußisch werden», schrien aufsässige Rekruten. Es bedurfte strenger Maßnahmen zur Wiederherstellung der Disziplin.[42]

Die größten Schwierigkeiten gab es in Württemberg. Der dortige Kriegsminister, Oskar von Hardegg, betrachtete das preußische System als «barbarisch und undeutsch». Er befürwortete statt dessen eine Bürgerwehr mit zwölfmonatiger, über eine Periode von sechs Jahren verteilter Ausbildung. Doch das Offizierskorps war bereits überwiegend preußisch und nationalistisch eingestellt. Als ein einflußreicher Militär, Major Albert von Suckow, seine Vorstellungen angriff, trat Hardegg zurück und Oberst Wagner von Frommenhausen an seine Stelle. Als dessen Adjutant erreichte Suckow nach Überwindung heftigen Widerstands die Verabschiedung der Militärgesetze durch das Parlament. Das einzige größere Zugeständnis, das er der Opposition machte, war die Verkürzung der Dienstzeit von drei Jahren auf zwei. Bei diesen parlamentarischen Auseinandersetzungen mußte die Regierung auf die Unterstützung der radikalen Volkspartei verzichten und die Unterstützung durch die Deutsche Partei annehmen, zu deren Niederlage bei den Zollparlamentswahlen sie selbst beigetragen hatte.[43]

Die «Verpreußung» des Südens wurde durch den Austausch militärischen Personals beschleunigt. In Karlsruhe wurden die Ämter des Generalstabschefs und des Kriegsministers mit zwei preußischen Offizieren besetzt. Offiziersanwärter der badischen Armee wurden an preußischen Akademien ausgebildet. Vertragsgemäß konnten Bürger Badens und Hessens ihren Militärdienst in Preußen leisten und umgekehrt. Die süddeutschen Armeen übernahmen das preußische Exerzierreglement und die preußische Kommunikations-, Befehls- und Gefechtsorganisation. Außer in Bayern wurde überall in Süddeutschland das Hinterlader-Zündnadelgewehr eingeführt, das 1866 Verheerungen in den Reihen der süddeutschen Truppen angerichtet hatte. Selbst in ihrer äußeren Erscheinung – Tornister, Uniform und Pickelhaube – begannen die süddeutschen Soldaten den preußischen zu ähneln. Die jüngeren Offiziere begannen die Rede, den Schritt und den Schnurrbart des preußischen Leutnants zu imitieren. Die Soldaten mußten sich an strengere Disziplin und härteren Drill gewöhnen. «Kadavergehorsam» betörte mit seinem verführerischen Reiz auch in Süddeutschland den Sinn der Militärs, und die allgemeine Dienstpflicht hatte zur Folge, daß militärische Disziplin nach preußischem Muster auch die Umgangsformen des zivilen Lebens beeinflußte.[44] Die von Roon und König Wilhelm für Preußen eingerichtete Schule wurde nun von ganz Deutschland besucht.

Das Problem der Verfügung über die Ausrüstung der ehemaligen Bundesfestungen gab Bismarck eine weitere Gelegenheit, die militärische Unabhängigkeit des Südens zu unterminieren. Die Festung Mainz hatte Preußen erworben, doch drei weitere (Ulm, Rastatt und Landau) standen auf süddeutschem Boden. Bald nach Friedensschluß entschied Bismarck, daß Preußens Anteil am Besitz dieser Festungen als ein Mittel zur Entwicklung neuer gemeinsamer Beziehungen beibehalten werden sollte. Im April 1868 begann Hohenlohe, sich für die Schaffung eines ausschließlich süddeutschen Militärausschusses einzusetzen, dem die Verwaltung der drei süddeutschen Bundesfestungen sowie die Koordinierung der süddeutschen Verteidigungsanstrengungen obliegen sollte. Baden erzwang jedoch einen Kompromiß, der eine vorherige Verständigung mit Preußen erforderlich machte.[45]

Im Januar 1869 erklärte Bismarck seinem König, wie er diese Gelegenheit zu nutzen gedachte. Preußens Anteil an dem gemeinsamen Bundesbesitz berechtigte es zur Mitwirkung bei dessen Verwaltung. An den regelmäßigen Inspektionsreisen zu diesen Festungen waren demnach auch preußische Beamte teilnahmeberechtigt. Eine zu diesem Zweck anfänglich nur periodisch einzuberufende Kommission würde notwendig bald eine stehende Einrichtung werden. Zu Beginn empfahl sich für eine derartige Inspektionskommission eine «zivilistische Physiognomie», die jedoch bald in eine militärische umgewandelt werden könnte. Zuletzt konnte, so hoffte er, daraus ein gemeinsames Organ zur nationalen Verteidigung unter preußischer Führung erwachsen.[46] Aus dem Samen würde der Keim werden und dieser zur üppigen Pflanze gedeihen.

Hohenlohe und Varnbüler waren jedoch nicht geneigt, sich auf das ihnen angetragene Arrangement einzulassen; sie fürchteten sich davor, Bismarck diesen kleinen Finger zu reichen, und waren überdies wegen der möglichen Reaktionen Frankreichs und Österreichs besorgt. Es bedurfte einer Reihe von scharfen Noten aus Berlin, die Einwilligung der beiden Minister zu einer Konferenz zu bewirken, die am 4. April 1869 in München zusammentrat. Nach langem Streit wurde endlich am 6. Juli eine Vereinbarung getroffen, die im wesentlichen dem preußischen Vorschlag entsprach.[47] So war der Samen gesät. Nach den Streitereien in München waren Zweifel an der Fruchtbarkeit des Bodens aber angebracht. Von seinem Gut in Varzin, wohin er sich wegen seines bedenklichen Gesundheitszustands zurückgezogen hatte, äußerte sich Bismarck gereizt über die süddeutschen «Phrasendrescher», die sich einbildeten, für den Norden wichtiger zu sein als der Norden für sie. «Wenn ich nicht den Hannibal-Fischer Eindruck im Auslande fürchtete, so würde ich vorschlagen, die ganze Gemeinschaft *auctionando* aufzulösen»[48] (Lorenz Hannibal Fischer hatte 1852 im Auftrag des Bundestags die in Bremerhaven liegende deutsche Flotte versteigert und durch sein Verhalten dabei die Entrüstung des deutschen Volks erregt).

Unterdessen hatten die französischen Kriegsrüstungen dem preußischen Generalstab die Chance eröffnet, den Süden für einen gemeinsamen Mobilmachungsplan zu gewinnen. Ende April 1867, als die Luxemburgkrise in ihre letzte und gefährlichste Phase eintrat, handelte Bismarck mit den süddeutschen Staaten einen Austausch von Militärbevollmächtigten aus. Anfang 1868 erregten das Tempo der französischen Aufrüstung und der herausfordernde Ton der französischen Presse erneut Kriegsfurcht. Obwohl Berichten aus Paris zu entnehmen war, daß ein Angriff nicht unmittelbar bevorstand, ergriff Moltke die Gelegenheit, sich mit Suckow, der inzwischen Chef des württembergischen Generalstabs geworden war, und mit Freyberg, dem bayerischen Militärbevollmächtigten, zu beraten. Bei diesen Unterredungen im Mai 1868 erläuterte er seinen Plan einer «indirekten» Verteidigung Süddeutschlands. Süddeutsche Truppen sollten in der Pfalz aufmarschieren, um den linken Flügel eines allgemeinen Angriffs gegen die Flanke jedes Heers zu bilden, das sich anschickte, über den Oberrhein in Deutschland einzufallen. Über die Einzelheiten, einschließlich des Einsatzes von Eisenbahnen und Kommunikationsmitteln, hatte man sich bald geeinigt. Zum ersten Mal verständigten sich so in Friedenszeiten deutsche Souveräne auf einen gemeinsamen Mobilmachungsplan für den Kriegsfall.[49] Wenn sie auch auf anderen Ebenen die erwünschten Wirkungen nicht gezeigt hatte, erzeugte die Luxemburgkrise auf dem Gebiet der militärischen Planung doch ein bisher in Deutschland unerreichtes Maß nationalen Zusammenhalts.

Ein Jahr der Enttäuschungen

Mobilmachungspläne sind natürlich Staatsgeheimnisse. Soweit die Öffentlichkeit davon wußte, war das dem Ausbruch des Kriegs im Juli 1870 vorausgehende Jahr eine Zeit, in der das Streben nach nationaler Einheit nicht vorankam, ja sogar zurückgedrängt wurde. Bezeichnende Ereignisse dieses Jahres waren die Wahlsiege der Partikularisten in Bayern und der Sturz der Regierung Hohenlohe sowie in Württemberg eine großen Widerhall findende Kampagne gegen die Reform der schwäbischen Armee nach preußischem Muster.

Während seiner drei Jahre im Amt hatte Fürst Hohenlohe die nicht leicht zu lösende Aufgabe, die wechselseitigen Feindseligkeiten des partikularistischen Kabinetts, der liberal-nationalen Kammermehrheit und der zunehmend konservativ und partikularistisch eingestellten Wählerschaft ins Gleichgewicht zu bringen. Dabei mußte er nicht nur seine Außenpolitik verteidigen, sondern auch innenpolitische Reformen, für die er sich einsetzte. So verabschiedete auf Antrag der Regierung, mit Unterstützung der liberalen Abgeordneten, die zweite Kammer im Februar 1869 ein Gesetz, das der kirchlichen Schulaufsicht praktisch ein Ende machte. Der bayerische Streit über den kirchlichen Einfluß auf das Erziehungswesen war Teil einer allgemeinen Auseinandersetzung zwischen Kirche und Staat, die während der sechziger Jahre in ganz Europa an Schärfe zunahm. Der ständige Fortschritt staatlicher Autonomie seit der Französischen Revolution, gipfelnd in der Vereinigung Italiens und dem Verlust der päpstlichen Souveränität, hatte zur Folge, daß Katholiken nun auf jede staatliche Beschränkung der Befugnisse ihrer Kirchen überall sehr empfindlich reagierten. Hohenlohe und die Kräfte, die ihn unterstützten, hielten dagegen das Schulgesetz für erforderlich, um die Autorität des «Kulturstaats» gegen Übergriffe eines aggressiven Ultramontanismus zu verteidigen.[50]

Unter dem Eindruck dieses Streits begann sich während des Winters 1868–1869 die patriotische Partei zu versammeln und zu organisieren. Bei den allgemeinen Wahlen im Mai 1869 traten die Gegensätze noch ausgeprägter hervor als bei der Zollparlamentswahl im Jahr zuvor: deutscher Nationalismus gegen bayerischen Partikularismus, der autonome Staat gegen die internationale Hierarchie der Kirche, Liberalismus gegen katholischen romantischen Konservatismus, der städtische Mittelstand gegen das noch feudalen Strukturen verhaftete Land. Nach Auszählung der Stimmen konnte die patriotische Partei einen weiteren bedeutenden Sieg für sich verbuchen. Obwohl die Fortschrittspartei einige Mandate gewonnen hatte, profitierte doch vom fortgesetzten Verfall der Mitte hauptsächlich die Rechte.[51]

Was sie bei den Wahlen nicht erreicht hatten, versuchten die Fortschrittler nun durch politische Manipulation zu bewerkstelligen. Indem sie in einer Reihe von Wahlkreisen das Ergebnis anfochten, gelang es ihnen, die Mehrheit der patriotischen Partei soweit zu beschneiden, daß schließlich in der Kammer 71 gegen 71 Mandate standen. Diese für beide Seiten aussichtslose Situation hatte am 6. Oktober 1869 eine neuerliche Auflösung des Parlaments zur Folge. In der Hoffnung, damit ihre Chancen zu verbessern, forderten die Liberalen nun eine Neuordnung der Wahlkreise. Die Regierung entsprach dieser Forderung. Die patriotische Partei ging, derart um einen weiteren Streitpunkt bereichert, mit verdoppelter Energie in den Wahlkampf und errang am 25. November achtzig Mandate und damit die absolute Mehrheit in der Kammer.[52]

Als das Parlament sich nach dem 17. Januar 1870 versammelte, eröffneten die Patrioten den Angriff. Obwohl niemand die Militärallianz offen tadelte, wurde doch deren angeblich «offensive» Richtung heftig kritisiert. Besonders wirksam wurde die Aufrichtigkeit Hohenlohes in Zweifel gezogen. Während er ständig behaupte, die Bewahrung der bayerischen Souveränität sei sein vornehmstes Anliegen, betreibe der Fürst eine Außenpolitik, die nur auf die Vernichtung dieser Souveränität hinauslaufen könne, erklärten die patriotischen Abgeordneten nicht unzutreffend. Sie ihrerseits glaubten sich dafür verbürgen zu können, daß Bayern nicht die geringste Neigung habe, einem «großpreußischen Einheitsstaat» beizutreten; niemals werde es «in den Palast des Norddeutschen Bundes, dessen Mauern mit Bruderblut gekittet seien», eintreten. Mit 77 zu 62 Stimmen wurde der Regierung das Mißtrauen ausgesprochen. Hohenlohe war der Kammer nicht verantwortlich und durch dieses Votum also nicht zum Rücktritt gezwungen. Bismarck drang aus Berlin telegraphisch auf ihn ein, keinen so gefährlichen politischen Fehler zu begehen. Doch am 18. Februar nahm König Ludwig seine Bitte um Entlassung an.[53]

Dieses Ereignis hatte aber in München nicht etwa den Beginn einer parlamentarischen Regierung zur Folge, sondern eine Stärkung der Autorität des Königs. Da die Oppositionsmehrheit schwach war, konnte Ludwig ein Kabinett ohne politische Verbindungen berufen. Zum Ministerpräsidenten ernannte er Otto Graf von Bray-Steinburg, den bayerischen Gesandten in Wien, einen engen Freund Beusts. Bray war zwar kein doktrinärer Partikularist, aber das Land, dem er sich verbunden fühlte, war Bayern, deutschnationales Empfinden war ihm fremd. An dem Schutz-und-Trutz-Bündnis mit Preußen wollte er zwar festhalten, es jedoch als rein defensive Allianz verstanden wissen.[54]

Während der ersten sechs Monate des Jahres 1870 nahm in Süddeutschland die Agitation gegen die Allianzverträge und die «Verpreußung» der Streitkräfte überall zu. Im bayerischen Parlament wurde mit Unterstützung der linken Flügel der patriotischen Partei und der Fortschrittspartei beantragt, das 1868 übernommene preußische System durch einen achtmonatigen Landwehrdienst nach schweizerischem Muster zu ersetzen. In Württemberg trat Ende März angesichts der Unzufriedenheit im Volk und parlamentarischen Drängens auf Reduzierung der Militärausgaben der Kriegsminister Wagner zurück. Schon seit 1869 agitierte die Volkspartei für die Befreiung des Landes von der «Kasernensklaverei». Auf Massenversammlungen wurde gegen die Härte des neuen Exerzierreglements und der neuen Militärdisziplin protestiert, die freie Bürger in Automaten verwandelte. Es zirkulierte eine Petition, die die Aufhebung des Militärdienstgesetzes von 1868 forderte; sie schleppte schließlich 150 000 Unterschriften hinter sich her, das waren etwa drei Viertel der wahlberechtigten Württemberger. Die von der Deutschen Partei organisierte Wallfahrt zur Zollernburg, dem Ahnensitz der Hohenzollern, war damit verglichen eine eher unbedeutende Kundgebung, denn daran nahmen nur 1400 Menschen teil.[55]

Doch der Sieg des Partikularismus in den beiden süddeutschen Königreichen hatte für Bismarck auch seine gute Seite. Die Regierungen dieser Staaten würden Unterstützung gegen die einheimische Opposition in Zukunft in Berlin suchen müssen. Weder in Bayern noch in Württemberg war man gewillt, der Forderung der Demokraten nach Abschaffung des preußischen Systems zu entsprechen. Ende März 1870 bot Bismarck der Stuttgarter Regierung bereits militärische Hilfe für den Fall an, daß es sich als nötig erweisen sollte, eine revolutionäre Erhebung niederzuschlagen.[56] Dennoch kann ihn, alles in allem, diese Entwicklung nicht sehr befriedigt haben, denn seine Pläne für die Gewinnung des Südens sahen nicht nur das Einverständnis der Regierungen vor, sondern ebenso die Bekehrung der Bevölkerung. Aber im Jahre 1870 schien sich der Widerstand des Volkes gegen seine Einverleibung in eine preußisch beherrschte Nation überall in Süddeutschland zu verhärten. Zwar befürwortete in Bayern eine starke Minderheit die Vereinigung mit dem Norden und eine kleine, allerdings wachsende nationale Partei setzte sich dafür sogar in Württemberg ein, doch die große Mehrheit der Wähler war in beiden Ländern zunehmend fanatisch dagegen.[57]

Die Zollvereinswahlen 1868, die bayerischen Wahlen 1869 und die württembergische Petition 1870 kamen einer Volksbefragung gleich, deren Ergebnis auch für die glühendsten deutschen Nationalisten nicht zu verkennen war.[58] Nach der ersten dieser Katastrophen schloß Julius Weizsäcker: «Die deutsche Frage wird wenig vorwärts kommen bis zum großen Brande.» Wehrenpfennig schrieb an Treitschke: «Wir dürfen die Früchte nicht unreif pflücken, es sei denn, daß ein Ungewitter sie abschüttelt und uns in den Schoß wirft.» Ein Jahr später schrieb Werthern: «Von der kurzen Periode im Frühjahr 1867 an, wo das deutsche Nationalgefühl mächtig aufgeregt und ausbeutungsfähig war, ist es gradatum gesunken und ohne eine neue Krise sehe ich in diesem Prozeß keinen Stillstand. ... Daß Deutschland auf dem bisherigen Wege vorwärtskommt, glaubt keiner mehr.»[59]

Im Februar 1870 gelangte Roggenbach, der sich seinen Optimismus länger bewahrt hatte, zu einer ähnlichen Überzeugung: «Noch in der Zeit des Luxemburger Streites war eine nationale Bewegung zu merken und zur Erkämpfung vollkommener Unabhängigkeit und freier Selbstbestimmung in inneren deutschen Fragen von allen Einmischungsversuchen des Auslandes zu verwerten. Zur Stunde liegen die Verhältnisse nicht mehr so günstig. Zersetzung und Parteiung aller Art hat die letzten Spuren nationaler Einheitsbewegung verwischt und für eine Zeitlang den zentrifugalen Strömungen Oberhand verschafft.» Eine preußische Initiative in der nationalen Frage, schloß er, würde in Deutschland wenig Unterstützung finden, selbst wenn sie Preußen in einen europäischen Krieg verwickelte. Nur im Fall eines ungerechtfertigten Angriffs würde Deutschland Preußen zu Hilfe kommen. Treitschke, der leidenschaftlichste aller deutschen Nationalisten, ermutigte im Frühjahr 1870 den an einer «baldigen Überschreitung der Mainlinie» zweifelnden Rudolf Haym mit dem Hinweis, «daß immerhin eine plötzliche unvorhersehbare Umwälzung uns dies so gut bringen könne wie das Jahr 66 den Nordbund brachte».[60] In ihrer Entmutigung kehrten die deutschen Patrioten wieder einmal, wie schon so oft in der Vergangenheit, zu der Überzeugung zurück, daß nur die Flamme eines großen Volkskriegs die deutsche Nation werde zusammenschweißen können.

III

Parlamentarische Kämpfe

«Ich sagte mir», schrieb Bismarck in seinen Memoiren, «daß das nächste Hauptziel die Selbständigkeit und Sicherheit nach Außen sei, ... daß, wenn wir erst Unabhängigkeit von dem Auslande hätten, wir auch in unsrer innern Entwicklung uns frei bewegen könnten, wir uns dann so liberal oder so reactionär einrichten könnten, wie es gerecht und zweckmäßig erschiene ... Ich zweifelte nicht an der Möglichkeit, der königlichen Macht die nöthige Stärke zu geben, um unsre innere Uhr richtig zu stellen, wenn wir erst nach Außen die Freiheit erworben haben würden, als große Nation selbständig zu leben. Bis dahin war ich bereit, der Opposition nach Bedürfniß *black-mail* zu zahlen, um zunächst unsre volle Kraft und in der Diplomatie den Schein dieser einigen Kraft und die Möglichkeit in die Wagschale werfen zu können, im Falle der Noth auch revolutionäre Nationalbewegungen gegen unsre Feinde entfesseln zu können.»[1]

Die Schwierigkeiten einer solchen Politik liegen so offen zutage wie ihre Vorteile. Es bedurfte dazu einer Kombination von Kräften, der die Liberalen ebenso angehören mußten wie die Konservativen, denn die Liberalen wurden gebraucht, das Werk der Konsolidierung voranzutreiben, die Konservativen zur Verhinderung liberaler Reformen, die es unmöglich machen würden, dereinst «unsre innere Uhr richtig zu stellen». In sozialen Begriffen ausgedrückt, hieß das, daß Bismarck die kommerziellen, industriellen und anderen Interessen, die von einer Vollendung der deutschen Einheit am meisten zu gewinnen hatten, mit den agrarischen und aristokratischen Interessen, die von einer Schwächung der Autorität des Königs am meisten zu fürchten hatten, unter einen Hut bringen mußte. Diese Koalition war natürlich entsprechend ihrer Zusammensetzung aus sozialen Kräften und politischen Parteien mit unterschiedlichen Interessen und Zielen labil. Daß sie sich für eine Zeitlang gleichwohl als lebensfähig erwies, war der Bereitschaft der Nationalliberalen Partei zu verdanken, von Bismarck nicht mehr *«black-mail»* zu erpressen, als er zu zahlen gewillt war.

Ziele und Gewinne der Nationalliberalen

Von den 297 im August 1867 in den ordentlichen Reichstag gewählten Abgeordneten waren 84 nationalliberal, 70 konservativ, 36 freikonservativ, 30 Fortschrittler, 22 Angehörige der bundesstaatlich-konstitutionellen Partei (meist Sachsen und annektierte Preußen) und 15 Altliberale. Auch die zur Vertretung der annektierten

Gebiete auf 432 Sitze erweiterte preußische Abgeordnetenkammer wurde 1867 wieder gewählt. Hier konnten die Konservativen ihren Erfolg vom Vorjahr wiederholen und errangen 125 Mandate. Die Freikonservativen brachten es auf 48 Mandate, die Nationalliberalen auf 99, die Fortschrittler auf 48. Splitterparteien und parteilose Abgeordnete besetzten in beiden Kammern die restlichen Sitze. Die in beiden Parlamenten am stärksten vertretenen Berufsgruppen waren Staatsbeamte (42 Prozent der Abgeordnetenkammer, 46 Prozent des Reichstags) und Gutsbesitzer (27,5 Prozent und 25,3 Prozent). Gemeinsam beherrschten diese Gruppen die beiden konservativen Parteien, die vor allem in Ostelbien und Schlesien mächtig waren, doch waren sie auch in den beiden liberalen Parteien stark vertreten. Die Zahl der Abgeordneten, die sich selbst als Kaufleute, Industrielle oder einfach «Gewerbetreibende» bezeichneten, war in beiden Parlamenten klein (6,5 Prozent und 5,5 Prozent), doch ist das insofern irreführend, als eine bedeutende Zahl der Großgrundbesitzer in beiden Kammern zugleich große Interessen im Kohlebergbau und anderen industriellen Projekten hatte (zum Beispiel der schlesische Magnat Guido Graf Henckel von Donnersmarck).

Den Ton in beiden Parlamenten gaben Honoratioren an, Männer hoher Stellungen in Gesellschaft und Regierung, denn solche waren, ganz unabhängig von ihrer Parteizugehörigkeit, die meisten Abgeordneten. Sie fühlten sich im übrigen auch gern über Parteipolitik erhaben, als Vertreter nicht so sehr bestimmter Gruppen und Wahlkreise als vielmehr der Nation.[2] Interessengruppenpolitik wurde denn auch wenig getrieben in diesen Kammern, deren Angehörige sich selbst als die versammelte Intelligenz der ganzen Nation einschätzten. Wirtschaftliche Entwicklung wurde mit allgemeinem Wohlstand gleichgesetzt. Die Lokomotive dieser Entwicklung war der Industriekapitalismus, und die erforderlichen Energien setzte die strenge Beachtung der Laissez-faire-Doktrin frei. Die wenigen Abgeordneten, die dieser Auffassung widersprachen (wie August Bebel und Wilhelm Liebknecht), wurden als nicht ernstzunehmende Querulanten abgetan.[3]

Wegen der in fast allen Fragen gegensätzlichen Meinungen der Parteien in den Abgeordnetenkammern waren dort ohne Unterstützung durch die Nationalliberalen keine Mehrheiten möglich. Dennoch waren die Nationalliberalen weder allein noch im Verein mit den Fortschrittlern, mit denen sie bis 1874 gute Beziehungen unterhielten, stark genug zur Vorherrschaft. Wie wir sahen, hatten die Nationalliberalen mit der Annahme der Verfassung 1867 die Absicht, auf deren Änderung hinzuwirken, keinesfalls aufgeben wollen. Sie waren Gradualisten, die, wie Forckenbeck es ausdrückte, im Parlament das Mittel sahen, «in stetem Ringen, langsam Schritt vor Schritt und von Kompromiß zu Kompromiß immer mehr Einheit und Freiheit zu begründen».[4] Das Maß ihrer Entschlossenheit zur Fortsetzung dieses Ringens variierte je nach der Stellung der Delegierten im politischen Spektrum der Partei. Erklärte Ziele der Partei waren die Vollendung der deutschen Einheit, die Ausweitung der gesetzgeberischen Befugnisse der Zentralregierung, größere Budgetrechte für den Reichstag und den preußischen Landtag, ein norddeutsches Kabinett mit (im rechtlichen Sinn des Begriffs) «verantwortlichen Ministern», größere wirtschaftliche Freiheit, Garantien persönlicher Freiheit, Justizreform und Ausweitung örtlicher Selbstverwaltung in Preußen auf Kosten korporativer Institutionen.[5] Die Forderung nach parlamentarischer Regierung glänzte durch Abwesenheit, viele Nationalliberale mögen sie aber stillschweigend vorausgesetzt haben.

Eine weitere selbstauferlegte Beschränkung der Nationalliberalen ergab sich aus deren Überzeugung, daß, einstweilen jedenfalls, Bismarck unentbehrlich sei. Seine brillanten außenpolitischen Leistungen der Jahre 1864–1866 hatten sie wohl oder übel zu der Auffassung bewogen, daß er bis zur Vollendung und Konsolidierung der deutschen Einheit im Amt bleiben müsse. Bismarck bestärkte sie in dieser Ansicht, indem er vorgab, daß 1867 noch größere Zugeständnisse an den Liberalismus möglich gewesen wären, wenn der König sich diesen nicht widersetzt hätte. So schien sich den Liberalen als die beste Strategie zu empfehlen, ultrakonservative Minister (Lippe, von der Heydt, Mühler und Eulenburg) aus dem Amt zu drängen, um so den König von ihrem Einfluß zu befreien und dem Kanzler eine liberalere Politik zu ermöglichen. In der Mehrzahl waren sie Gemäßigte, die das Parlament als Hort des gebildeten Mittelstands und als Partner, nicht Gegner der Exekutivgewalt in einem dualistischen konstitutionellen System betrachteten, dessen Erfolg nicht der Konflikt, sondern die Zusammenarbeit verbürgte.[6]

Bismarck nützte ohne Zögern die starke Position, die ihm damit zugestanden wurde. Ende November 1867 beschuldigte Karl Twesten die Regierung eines «Vertrauensbruchs», weil sie die Kosten der Entschädigungen des abgesetzten Königs Georg V. von Hannover und des Grafen Adolf von Nassau aus einer von dem Landtag für andere Zwecke bewilligten Kriegsanleihe gedeckt hatte. Bismarck zitierte daraufhin Max von Forckenbeck, den Präsidenten des Abgeordnetenhauses, zu sich und erklärte ihm, daß er, wenn der Vorwurf nicht zurückgenommen werde, vom Amt des Ministerpräsidenten zurücktreten werde. Er werde in dem Fall dem König empfehlen, Rudolf von Bennigsen und Forckenbeck mit der Bildung einer neuen Regierung zu beauftragen. «Nur die nationalliberale Partei, einig mit der konservativen, könne regieren», resümierte Forckenbeck Bismarcks Ausführungen. «Ich bin seit 2 Jahren ein kranker Mensch. Ich vertrage es nicht, unehrlich genannt zu werden. Wie Sie mich sehen, habe ich die ganze Nacht nicht geschlafen, denn die Aufregung infolge des Vorfalls wegen Twesten hat mir ein glühendes Eisen in die Brust gestoßen.» Forckenbeck und Bennigsen veranlaßten daraufhin die Budgetkommission der Kammer, Twesten mit der Erklärung zu desavouieren, «daß sie sich durch die Wahl Twestens den Ausdruck ‹Vertrauensbruch› nicht angeeignet habe»; sie bestanden nur auf der Entlassung des Justizministers Lippe, die Bismarck ohnedies bereits beschlossen hatte.[7]

Lippe hatte den Zorn der Liberalen auf sich gezogen, weil er die gerichtliche Verfolgung der Abgeordneten Twesten und Frentzel wegen gewisser Reden, die diese in der Abgeordnetenkammer und während der Wahlkämpfe 1865–1866 gehalten hatten, auch nach dem Krieg von 1866 noch fortsetzte.[8] Das Ende des Verfassungskonflikts, die Annahme der Indemnitätsvorlage und die anschließende allgemeine Amnestie waren für den Justizminister keine hinreichenden Gründe, nicht weiterhin auf die Bestrafung der beiden zu dringen. Auch Twestens angesehene Stellung als führender Sprecher der Nationalliberalen Partei und die Tatsache, daß dieser in den großen Fragen der nationalen Einigung die Regierung unterstützte, konnten ihn nicht milder stimmen. So erwirkte er 1867 eine Verurteilung Twestens zu zweijähriger Gefängnishaft. Da Twesten preußischer Richter war, wurde ihm dann überdies in einem Disziplinarverfahren wegen unpatriotischen und unehrenhaften Verhaltens eine Geldstrafe von hundert Talern auferlegt. Lippes Amtsnachfolger, Gerhard Leonhardt, früher hannoverscher Minister und Präsident des obersten preußischen Appellationsgerichts, stellte die Strafverfolgung ein, und die Abgeordneten wurden schließlich amnestiert.[9] Doch die Liberalen gaben sich damit nicht zufrieden. 1868 und 1869 wurden Gesetze, die allen Angehörigen der Legislativen des Norddeutschen Bundes parlamentarische Immunität gewährten, mit großen Mehrheiten im Reichstag verabschiedet und vom Bundesrat abgelehnt. Bismarck, dem zu dem fraglichen Zeitpunkt dieser Streit ungelegen kam, verwies die Abgeordneten an den preußischen Landtag mit dem Bemerken, daß eine diesbezügliche Bundesgesetzgebung gegen das föderalistische Prinzip verstoßen würde. Die preußische Abgeordnetenkammer verabschiedete ein Gesetz, das das Prinzip der parlamentarischen Immunität unter der preußischen Verfassung befestigte, doch wurde auch dieses vom Herrenhaus abgelehnt. Erst 1870 erreichten die Abgeordneten ihr Ziel, als das Prinzip in das Strafgesetzbuch aufgenommen wurde.[10]

Die legislativen Leistungen des Norddeutschen Bundes waren beachtlich. Von den 1867 verabschiedeten wichtigsten Gesetzen betrafen einige die Aufhebung des Paßzwangs im Innern des Bundes, die Vereinheitlichung der Handelsmarine, die Freizügigkeit und Beschränkungen des Wuchers; 1868 wurden Ehehindernisse aufgehoben, die Schuldhaft abgeschafft und Maße und Gewichte vereinheitlicht; 1869 wurden das Reichstagswahlgesetz sowie die Handels- und Gewerbegesetzbücher verabschiedet, der Anspruch auf Rechtshilfe gesetzlich verankert und ein Oberhandelsgericht eingesetzt; 1870 wurden das Strafgesetzbuch sowie ein Gesetz über die Freiheit, Aktiengesellschaften zu bilden, und Patentschutz- und Copyrightgesetze angenommen. Alle diese Gesetze trugen zur Konsolidierung der Einheit des Bundes bei. Manche förderten die Entwicklung des Industriekapitalismus, indem sie die im Recht der Gliedstaaten noch bestehenden Hindernisse gegen die Gewerbefreiheit und das freie Unternehmertum beseitigten. Viele von Bismarcks Regierung vorgelegte Gesetzesentwürfe wurden vom Reichstag und vom Bundesrat abgeändert und ergänzt.[11] Der Reichstag fungierte nicht einfach als ausführendes Organ der Regierungspolitik. Liberale Abgeordnete trugen die Forderung nach Aufhebung der staatlichen Gesetze gegen die Bildung von Gewerkschaften vor, das Gewerbegesetzbuch von 1869 erfüllte diese Forderung schließlich. Ihren wiederholten Bemühungen, die gesetzgeberische Kompetenz des Bundes auf die Verabschiedung eines Bürgerlichen Gesetzbuches auszudehnen, war 1873 Erfolg beschieden. Liberale Änderungsanträge modernisierten in mancher Hinsicht das Strafrecht, wenn auch Bismarck die Abschaffung der Todesstrafe (deren Forderung ihm eine «kränkliche Sentimentalität der Zeit» zu sein schien) mit der Drohung verhinderte, die Annahme des ganzen Gesetzbuches im Bundesrat scheitern zu lassen.[12]

Doch obwohl somit auf den Gebieten der wirtschaftlichen Freiheit, der Menschenrechte und der Rechte des Parlaments gewisse Resultate durchaus zu verzeichnen waren, blieben doch die Bemühungen der Liberalen, das grundsätzliche Verhältnis zwischen exekutiver und legislativer Gewalt zu ändern, enttäuschend erfolglos. Ein Streitpunkt dieses Verhältnisses betraf die Verantwortlichkeit der Exekutive. «Verantwortlich» waren unter der Bundesverfassung der Kanzler und unter der preußischen Verfassung die Kabinettsminister für von ihnen gegengezeichnete Anordnungen, doch bestimmte keine der beiden Verfassungen, auf welche Weise diese Beamten für gesetzwidrige Handlungen zur Verantwortung gezogen werden sollten. Kein Parlament hatte das Recht, deswegen Anklage zu erheben, kein Gericht war zuständig.[13] Natürlich war die Frage nach der Verantwortlichkeit der Minister schon während des Verfassungskonflikts im preußischen Abgeordnetenhaus erörtert worden. 1867–1868 stellten Twesten und Johannes Miquel einen Änderungsantrag zu der Regierungsvorlage über die Einrichtung einer Bundesschuldenverwaltung, demzufolge der Reichstag oder der Bundesrat das Recht haben sollte, Beamte wegen Amtsmißbrauch vor Gericht zu bringen. Sie verfolgten dabei den Zweck, die allmähliche Entwicklung der Ver-

Karikatur auf Bismarcks Umgang mit dem Norddeutschen Reichstag
(*Figaro,* Wien, 5. März 1870)

fassung voranzutreiben. Privat äußerte Forckenbeck seine Genugtuung darüber, daß die Abgeordneten Bismarck nun zwingen konnten, ihnen «wirkliche Macht und Kontrolle» zu überlassen.[14]

Den Liberalen ging es um die Frage, ob der Norddeutsche Bund ein Rechtsstaat und dessen Beamte der Herrschaft des Gesetzes unterworfen sein sollten. Für Bismarck war die Frage aber, ob dem Parlament gestattet werden sollte, seine Macht zu vermehren und das konstitutionelle Gleichgewicht zu stören. Die Abgeordneten wären gut beraten, sagte er, wenn sie den parlamentarischen Machtkampf bis zur Konsolidierung des Bundes vertagen wollten. Als am 22. April 1868 über die Vorlage abgestimmt wurde, blieben aber die Reihen der Liberalen fest geschlossen, und der Änderungsantrag wurde mit 131 gegen 114 Stimmen (dagegen gestimmt hatten Konservative und Freikonservative) angenommen. Bennigsen, Forckenbeck und Twesten freuten sich, dem Kanzler eine Lektion erteilt zu haben,[15] aber zuletzt erwies sich als der Lehrer auch diesmal wieder Bismarck. Er zog die Vorlage zurück. Infolgedessen konnte eine bereits früher vom Reichstag bewilligte Anleihe für den Schiffbau nicht angenommen werden. Der Schiffbau wurde eingestellt, Kriegsschiffe wurden abbestellt, die Werften entließen Arbeiter, und auf den Kais begann das Gras zu wachsen.[16]

Die deutschen Liberalen, denen die deutsche Marine von jeher am Herzen lag, hatten nicht erwartet, daß ihnen Bismarck ihre Eigenwilligkeit derart heimzahlen würde. Lasker zählte diesen Entschluß «zu den dunkelsten Punkten in dem Leben des Mannes».[17] Da sie den gänzlichen Untergang der deutschen Flotte verhindern wollten, ließen die Liberalen fürs erste die Forderung nach rechtlicher Verantwortlichkeit der Beamten fahren. Die Bundesschuldenverwaltung wurde einer preußischen Behörde anvertraut, der Hauptverwaltung der Staatsschulden, die von einer Kommission beaufsichtigt wurde, der Vertreter des Bundesrats und des Reichstags angehörten.[18] Diesem «Kompromiß» opferten die Liberalen eines ihrer wichtigsten Ziele.

Das in der preußischen und in der Bundesverfassung verankerte Prinzip der Ministerverantwortlichkeit war zwar nicht einklagbar, doch deshalb nicht bar jeder Bedeutung. Die preußischen Minister waren verantwortlich, insofern sie zwar die allgemeine Politik kollegial formulierten und entschieden, jeder einzelne aber die sein Ministerium betreffenden Gesetzesanträge persönlich vor dem Landtag zu vertreten hatte. Der Kanzler, als einziger Minister des Norddeutschen Bundes, hatte keine gleichgestellten Kollegen. Für die Vertretung der Bundespolitik vor dem Reichstag war also er allein zuständig. Von 1867 bis 1870 bemängelten die Liberalen immer wieder diese Einrichtung. Denn obwohl Bismarck die Verantwortung hatte, wurden die der Kammer vorgelegten Gesetzesanträge in so kritischen Bereichen wie dem Militär- und Finanzwesen tatsächlich in den preußischen Ministerien entworfen, deren Chefs dem Reichstag rechtlich nicht verantwortlich waren. Im April 1869 forderten Twesten und Georg Graf zu Münster namens der nationalliberalen und freikonservativen Fraktionen ein Bundesministerium verantwortlicher Minister nach preußischem Muster. Diese Vorlage verletzte Bismarck an seiner empfindlichsten Stelle, da sie unmittelbar seine Autorität tangierte. Er verstand sie als Angriff gegen die Verfassung und als Mißtrauensvotum gegen sich selbst und den Bundesrat. Dennoch wurde die Vorlage mit den Stimmen der Freikonservativen, Nationalliberalen und Fortschrittler angenommen, 111 gegen 100 Stimmen.[19] Natürlich wurde sie im Bundesrat zu Fall gebracht. Dennoch war die allgemeine Unzufriedenheit der Parlamentarier mit der Struktur der Bundesexekutive offenbar geworden. Selbst Konservative waren Vorschlägen zu einer Reform unter der Voraussetzung zugänglich, daß zugleich eine erste Kammer nach dem Muster des preußischen Herrenhauses geschaffen würde.[20]

Macht über den Geldbeutel

Weder der Reichstag noch der preußische Landtag hatten eine sichere Kontrolle über Staatseinnahmen und Ausgaben. Die preußische Verfassung sah vor, daß einmal bewilligte Steuern bis zu einer Änderung auf dem Gesetzeswege erhoben werden durften. Obwohl die Bundesverfassung keine vergleichbare Bestimmung enthielt, war auch die Dauer der vom Reichstag bewilligten Steuern unbefristet. Die Praxis, Steuern zu bewilligen, ohne dieser Bewilligung eine Frist zu setzen, hätte an sich die fiskalische Gewalt des Parlaments nicht bedroht, wenn entweder die preußische oder die Bundesverfassung eine sichere parlamentarische Kontrolle der Staatsausgaben gewährleistet hätte. Das aber war nicht der Fall. Das preußische Indemnitätsgesetz von 1866 enthielt keine Garantie, daß die Regierung nicht wieder versuchen würde, ohne ein legales Budget zu regieren. Wie wir sahen, erstritt der konstituierende Reichstag 1867 für den Reichstag das Recht, das Bundesbudget jährlich vor Beginn des fiskalischen Jahrs zu bewilligen. Das war mehr, als die preußische Verfassung zugestand. Dieses Recht wurde jedoch erheblich durch die Bestimmung geschmälert, daß die Militärausgaben, die rund 90 Prozent des Gesamtbudgets ausmachten, bis zum 31. Dezember 1871 der parlamentarischen Kontrolle entzogen bleiben sollten.[21]

Das von Lasker verfaßte Gründungsprogramm der Nationalliberalen Partei machte die Vollendung der Budgetbefugnis zum Hauptziel der Liberalen sowohl in Preußen als auch im Norddeutschen Bund.[22] In ihrem Streben nach diesem Ziel konnten die Liberalen auf die Unterstützung der Fortschrittler rechnen, zeitweilig sogar auf die der Freikonservativen. Es war ihnen klar, daß die beschränkte Befugnis in fiskalischen Angelegenheiten, die die Liberalen für den Reichstag gewonnen hatten, durch die Verwaltungspraxis der Bundesfinanzen noch weiter eingeschränkt werden konnte. Im September 1867 brachten sie in der ersten Sitzung des Norddeutschen Reichstags eine Resolution ein, mit der sie Mißbrauch, wie er in der jüngsten Geschichte des preußischen Landtags vorgekommen war, für die Zukunft verhindern wollten. Demnach sollten Budgetgesetze mindestens sechs Monate vor Beginn des fiskalischen Jahrs festgelegt werden; Gesetze zur (nachträglichen) Bereitstellung von Mitteln, die über das bewilligte Budget hinausgingen, sollten dem Parlament während des folgenden parlamentarischen Jahrs zur Genehmigung vorgelegt werden. Überschüsse sollten beim Budget für das nächstfolgende fiskalische Jahr in Rechnung gestellt werden; und alle neuen Stellungen und Gehaltserhöhungen sollten zukünftig der parlamentarischen Bewilligung bedürfen. Im Umgang mit einer Bürokratie, deren Traditionen und Gepflogenheiten sich im Zeitalter des Absolutismus ausgebildet hatten, fand man viele Steine des Anstoßes, die es zu beseitigen galt. Bismarck und Delbrück setzten diesen Forderungen nur geringen Widerstand entgegen und scheinen mit dieser Haltung die Entschlossenheit des Parlaments, sie durchzusetzen, geschwächt zu haben. Während der Debatte verkeilte man sich zudem so in technische Einzelheiten, daß man die Hauptsache aus den Augen verlor. Die erste Resolution scheiterte an einem Abstimmungsergebnis von 99 zu 99, die zweite wurde mit fünf Stimmen Mehrheit abgelehnt, die dritte wurde zurückgezogen und erst die vierte angenommen.[23]

Niemand scheint im konstituierenden Reichstag der potentiellen Wichtigkeit des Verfassungsartikels gewahr geworden zu sein, der den Staat ermächtigte, zur Ausgleichung des Bundesbudgets Matrikularbeiträge zu erheben.[24] Man hielt diese Regelung für eine vorübergehende, die außer Kraft treten würde, sobald die Bundesausgaben festgesetzt und Steuern bewilligt wären. Doch wurde dann diese vermeintliche Übergangsregelung zur ständigen Einrichtung des Staatshaushalts. In den späteren sechziger Jahren bestand etwa ein Drittel der Einkünfte des Bundes aus solchen von den Staaten erhobenen Matrikularbeiträgen. Dieser Zahlungen wegen kam die Zentralregierung nie in Geldverlegenheiten, und aus diesem Grund brauchte der Reichstag keine neuen Steuern zu bewilligen. Indem sie dem Reich neue Steuern verweigerten, bewahrten die Liberalen die Praxis der Erhebung von Matrikularbeiträgen, die jährlich im Rahmen des Reichsbudgets vom Reichstag gebilligt werden mußten und den preußischen Staatsschatz leerten (Preußen mußte für 80 Prozent der gesamten Matrikularbeiträge aufkommen), wodurch die preußische Regierung genötigt war, im Landtag neue Mittel zu beantragen.[25] So hatten die Liberalen in den Matrikularbeiträgen ein unerwartetes Mittel gefunden, die Einkünfte des Bundes und die Ausgaben Preußens zu kontrollieren. Hier war ihnen also ein Ersatz erwachsen für die Budgetbefugnis, um die sie im preußischen Verfassungskonflikt der Jahre 1862–1866 und bei den Debatten des konstituierenden Reichstages von 1867 vergebens gekämpft hatten. Den Wert dieses Ersatzes wußten sie freilich nicht auf den ersten Blick zu schätzen. Anfänglich sträubten sie sich nicht gegen die Zumutung, daß es ihre Pflicht sei, für die Ausgleichung unerwarteter Defizite zu sorgen. Was sie störte, war die Art und Weise, in der die Bismarck-Regierung die notwendigen Matrikularbeiträge festzusetzen suchte.[26]

Wenn das Zollparlament sich als der Geldautomat erwiesen hätte, der Bismarck vorschwebte, hätten sich die Matrikularbeiträge erübrigt. Aber die Mehrheit der Abgeordneten in diesem Parlament war mehr an Steuerreformen zugunsten der Steuerpflichtigen als an Steuererhöhungen interessiert. Anfang 1868 versuchten Bismarck und Delbrück den Reichstag mit der Behauptung zu umgehen, daß allein der Bundesrat befugt sei, die Matrikularbeiträge festzusetzen. Das wäre nach dem ursprünglichen Wortlaut von Bismarcks Verfassungsentwurf auch wirklich der Fall gewesen, entsprach jedoch nicht der vom konstituierenden Reichstag abgeänderten und angenommenen Verfassung. Im Juli weigerte sich denn auch der Bundesrat selbst, eine derart offenkundige Verletzung der Verfassung zu sanktionieren.[27]

Wenig später gab eine in Preußen drohende Finanzkrise Bismarck Gelegenheit zu einem weiteren Versuch, dem Reichstag die Waffe zu entwinden, die er ihm unbeabsichtigt an die Hand gegeben hatte. Finanzminister August von der Heydt schätzte, daß sich 1868 Preußens Ausgaben auf 6 Millionen Taler mehr belaufen würden als seine Einnahmen. Für dieses Mißverhältnis wurden als Gründe ein schon seit 1866 dauernder Konjunkturrückgang, der durch die schlechte Ernte des Jahres 1868 noch verschärft worden war, die hohen Kosten der Integration der annektierten Gebiete in den preußischen Staat, der Verlust von Einkünften aus Zöllen sowie aus dem Post- und Telegraphenwesen und die Höhe des an den Bund zu entrichtenden Matrikularbeitrages genannt. Anfang Oktober 1868 ging Bismarck bereitwillig auf den Vorschlag des Ministers ein, das preußische Defizit durch die Beantragung neuer Steuern und Zölle im Reichstag und im Zollparlament zu mindern, deren Aufkommen die allmähliche Senkung des Matrikularbeitrags ermöglichen würde. Für den Kanzler ging es bei der Sache um Größeres als das preußische Defizit. Er wollte den Bund konsolidieren, indem er diesem einerseits zu finanzieller Unabhängigkeit verhalf und andererseits Gelegenheiten suchte, das politische Leben der Gliedstaaten zu durchdringen und zu schwächen. Die Aussicht auf eine Abstimmungsniederlage, erklärte er, sei kein Grund, vom Ziel abzulassen. Die Regierung müsse ihre Pflicht tun und das Odium, die Interessen des Landes zu vernachlässigen, der Parlamentsmehrheit zuweisen.[28]

Damit begann ein Streben, das Bismarck während seiner ganzen verbleibenden politischen Laufbahn immer wieder beschäftigen sollte. Über zwanzig Jahre lang kam er wiederholt darauf zurück, und Generationen von Finanzministern und Abgeordneten hörten ihn in ähnlichen Worten davon sprechen. Daß es ihm letztlich nicht gelang, eine fiskalische Reform durchzusetzen, die das finanzielle Abhängigkeitsverhältnis zwischen der Bundesregierung und den Gliedstaatenregierungen umkehrte, die Gliedstaaten vom Bund abhängig machte und durch Abschaffung der Matrikularbeiträge zugleich den Reichstag schwächte, dieses Scheitern muß als seine größte innenpolitische Niederlage gelten – wenn man die Bedeutung der Angelegenheit an sich und die Zeit, die er dafür aufwandte, in Rechnung stellt. Indem sie an der Handhabe festhielten, die Bismarck ihnen unwillentlich gegeben hatte, sicherten die Liberalen dem Reichstag einen Machtgewinn, den sie jedoch nie bedeutsam zu nutzen wußten.

Die preußische Finanzkrise kam Bismarck nicht ungelegen, im Gegenteil. Er schlug der Regierung die Schaffung einer Zwangslage durch Beantragung eines hohen Steuerzuschlags auf die preußischen direkten Steuern (hauptsächlich Besitz- und Einkommenssteuer) im Landtag vor.[29] Die preußischen Abgeordneten würden einen derart unpopulären Antrag zwar sicherlich ablehnen, aber angesichts der dadurch erzwungenen Senkung der öffentlichen Ausgaben genötigt sein, im Reichstag und im Zollparlament auf das Problem zurückzukommen (viele Abgeordnete saßen in allen drei Kammern). Da würden sie es dann wohl vorziehen, scheint Bismarck gedacht zu haben, die Steuerlast durch Verbrauchssteuern auf den ganzen Norddeutschen Bund und durch höhere Zölle auf den Deutschen Zollverein zu verteilen; eher als den preußischen Gutsbesitzer oder Geschäftsmann würden sie den deutschen Verbraucher durch indirekte Steuern auf Dinge wie Zucker, Alkohol, Tabak, Petroleum und Leuchtgas schröpfen.

Während des Herbstes 1868 weilte Bismarck krank auf seinem Gut Varzin in Pommern, dem Ort der Handlung entrückt. Seine Untergebenen im Kanzleramt zögerten, sich wegen der Budgetrechte auf einen Streit mit dem Reichstag einzulassen. Eine scharfe Anweisung aus Varzin machte ihnen Beine. Aber das preußische Ministerium war nicht so leicht zu kommandieren. Um dem Parlament nicht mit schlechten Neuigkeiten gegenübertreten zu müssen, schlug von der Heydt vor, die benötigten Mittel durch den Verkauf der staatlichen Eisenbahnaktien zu beschaffen. König und Minister stimmten seinem Plan zu. Für Bismarck strich er damit die Flagge, ehe noch der erste Schuß gefallen war. Die Furcht sei in der Politik ein schlechter Ratgeber, schrieb er an den König. Zu Roon meinte er spöttisch, der König wolle wohl die Beliebtheit beim Volke nicht gefährden, die er erst so kürzlich erworben habe.[30] Von der Heydts Notmaßnahme verschob zudem das Problem nur auf das folgende Jahr.

Im Frühjahr sagte der Minister für 1870 ein Defizit von 10 600 000 Talern voraus. Von Bismarck angestachelt, überhäufte er den Bundesrat, den Reichstag und das Zollparlament mit Steuervorlagen (für die Besteuerung von Spirituosen, Bier, Petroleum, Leuchtgas, Zucker und Eisenbahnbillets; auch Wechselstempel-, Börsen- und Quittungssteuern wurden beantragt). Preußen sei von Zahlungsunfähigkeit bedroht, erklärte er warnend, wenn nicht der Bund und der Zollverein ihre Einnahmen genügend vermehrten, um den preußischen Matrikularbeitrag senken zu können.[31] Am 2. Mai 1869 ließ Bismarck Forckenbeck wissen, daß die Lage noch ernster sei, als öffentlich eingeräumt wurde. «Wir seien fast österreichischen Zuständen nahe. Von der Heydt habe ihm niemals die Wahrheit gesagt; erst durch Umwege und Drohungen habe er sie erfahren.» Forckenbeck erwiderte höflich, aber fest, der Reichstag werde bis zum Ende des Jahres warten, ob das Defizit sich wirklich als so katastrophal erweisen werde. Im übrigen sei auch der Ort zur Erörterung der preußischen Finanzen nicht der Reichstag, sondern die preußische Abgeordnetenkammer. «Seien die Zustände wirklich so schlecht, so müßten wir zwar helfen, nicht aber ohne die Gewährung von Garantien für die Zukunft, das ist jährliche Bewilligung der Klassen- und Einkommenssteuer nach Quoten.»[32] Die preußische Finanzkrise schien dem Landtag die Möglichkeit zu geben, die Lücke in seiner Kontrollbefugnis über die Staatseinnahmen zu schließen, die es Bismarck erlaubt hatte, vier Jahre gegen den Willen der parlamentarischen Mehrheit zu regieren. So hatte Bismarcks Offensive gegen den Reichstag eine liberale Gegenoffensive ausgelöst. Die Zwangslage, in die Bismarck den Reichstag zu bringen versucht hatte, drohte nun, zur Zwangslage der Regierung zu werden.

Am 21. und 22. Mai 1869 trafen die beiden Offensiven aufeinander. Niemals zuvor hatte die bis auf den letzten Platz besetzte Kammer einen so allgemeinen Angriff auf die Regierungspolitik gesehen. Bismarck lenkte den Angriff von seiner Person mit der Erklärung ab, daß alle auf Bundesebene eingeführten Finanzmaßnahmen vom preußischen Finanzminister ausgearbeitet worden seien. So stürzten sich die liberalen Bluthunde auf von der Heydt, griffen die Widersprüchlichkeit seiner Einschätzung des zu gewärtigenden Defizits an, tadelten die unkoordinierte und unvernünftige Weise, in der er sein «Steuerbouqet» präsentiert habe, hielten sich darüber auf, daß von der Heydt, da der Bund keinen Finanzminister habe, seine Amtsführung im Reichstag nur als dessen gewähltes Mitglied verteidigen könne. Nur Konservative sprachen zur Verteidigung von der Heydts, kritisch äußerte sich selbst der freikonservative Wilhelm von Kardorff. Im Hintergrund der Debatte stand die immer wieder aufgeworfene Verfassungsfrage. Die Liberalen beschuldigten die Regierung, für ein zeitweiliges Defizit immerwährende Steuern zu fordern und letztlich durch die Abschaffung der Matrikularbeiträge den Reichstag schwächen zu wollen. Bismarck unterstellte dagegen den Liberalen die Absicht, das Verfassungsgleichgewicht zugunsten des Parlaments stören zu wollen. Nie würde er Macht gegen Einkünfte verhökern, sagte er. Von Anfang an war das Schicksal der Gesetzesvorlagen von der Heydts besiegelt. Nur die Wechselstempelsteuer wurde vom Reichstag bewilligt, vom Zollparlament nur eine Reform der Zuckersteuer, und das mehr wegen ihres freihändlerischen Charakters als wegen ihres Ertrages.[33]

Von der Heydt sollte sich von den Wunden, die er bei diesem Gefecht davontrug, nie mehr erholen. Freilich bewahrte er sich das Vertrauen des Königs. Aus diesem Grunde überließ es Bismarck anderen, ihn zu stürzen. Im September 1869 schrieb er aus Varzin an Roon: «Itzenplitz, der selbst den Fuchs nicht beißen will, wollte wiederholt verlangen, daß ich, brieflich, den Goldonkel morde, ich verwies ihn und die andern Collegen auf Selbsthülfe». An Motley schrieb er am 10. Oktober, daß er fürs erste nicht nach Berlin zurückkehren werde. «Ich möchte gern abwarten, ob mir der Landtag nicht den Gefallen thut, einige meiner Collegen zu erschlagen; wenn ich unter ihnen bin, so kommt die Schonung, die man mir gewährt, den Andern auch zu gut. Unsre Verhältnisse sind so sonderbar, daß ich zu wunderlichen Mitteln greifen muß, um Anbindungen zu lösen, die gewaltsam zu zerreißen mir manche Rücksichten verbieten.»[34] Aber von der Heydt grub sich selbst sein Grab. Konservative Gutsbesitzer, die schon im Mai durch seine Anträge auf Brau- und Spirituosensteuern verärgert worden waren, erfuhren zu ihrem erneuten Verdruß, daß er nunmehr plane, die Erhebung der Branntwein- und Zuckersteuer zu beschleunigen. Bismarck kritisierte diese Maßnahme als «Palliativ», das ausgerechnet die Interessen jener Kreise verletzte, die gewöhnlich die Finanzpolitik der Regierung unterstützten. Am 10. Oktober 1869 legte von der Heydt das Budget für 1870 der preußischen Abgeordnetenkammer vor, wobei er diesmal ein Defizit von nur 5400000 Talern voraussah und eine einzige Zuschlagsteuer von 25 Prozent auf die in Preußen erhobenen direkten Steuern zu dessen Ausgleich forderte. Da er die bevorstehende Debatte über diesen Antrag scheute und spürte, daß er sich Bismarcks Gunst verscherzt hatte, trat er am 25. Oktober zurück.[35] Bismarck erhielt die gute Nachricht von Eulenburg («Die Bombe ist geplatzt.») und leugnete gleich darauf, dem Finanzminister jemals einen Beweis seines Mißfallens gegeben zu haben.[36]

Wieder hatte sich Bismarck des Parlaments bedient, um sich eines lästigen Kollegen zu entledigen. Von der Heydt war ungeschickt verfahren und hatte bei seiner Aufgabe versagt, doch das von ihm vorgelegte Steuerprogramm entsprach durchaus Bismarcks Wünschen. So war seine Niederlage auch eine Niederlage Bismarcks. Die Drucktaktik, die er in der Innen- und Außenpolitik schon so oft mit Erfolg angewandt hatte, hatte die Liberalen nicht zum Nachgeben gezwungen. Es war ihm nicht gelungen, sich des multiparlamentarischen Systems zu seinem Vorteil zu bedienen und die «drei Kriegsschauplätze», als welche er den Landtag, den Reichstag und das Zollparlament bezeichnete, gegeneinander auszuspielen.[37] Sein Versuch, den Widerstand der preußischen Abgeordneten des Zollparlaments dadurch zu brechen, «daß wir in betreff des Preußischen Budgets die Consequenzen ihrer Vota im Zollparlament in der vollen Schärfe durchführen», war gescheitert.[38] Noch am 30. Oktober wollte Bismarck jedoch den Kampf in der Abgeordnetenkammer unter einem neuen Finanzminister fortsetzen. Wenn die beantragte Zusatzsteuer verweigert werde, sagte er, müsse die Regierung auf alle über ihre Einkünfte hinausgehenden Ausgaben verzichten.[39]

Bismarck wählte als Nachfolger von der Heydts den tüchtigsten Finanzmann, der ihm zur Verfügung stand, Otto Camphausen, den Präsidenten der Preußischen Seehandlung. Der König mißtraute diesem bürgerlichen Liberalen, der sich im Verfassungskonflikt gegen die Regierung gestellt hatte. Er fürchtete, Camphausen könnte als Finanzminister dem Parlament für die Bewilligung neuer Steuern womöglich Budgetrechte zugestehen. Doch Camphausen setzte das voraussichtliche Defizit niedriger an als sein Vorgänger – auf nur 3300000 Taler – und beschaffte dann die fehlenden Mittel durch eine einfache Manipulation. Er konsolidierte die Staatsschuld und drängte die Inhaber von Obligationen, auf fällige Tilgungszahlungen zugunsten einer ansehnlichen Prämie zu verzichten. Von nun an sollte das Finanzministerium den Zeitpunkt bestimmen, wann die Obligationen getilgt werden würden, was der Regierung die Möglichkeit gab, von Kursschwankungen am Wertpapiermarkt zu profitieren. Diese zweifelhafte Transaktion beendete das preußische Defizit, und die Krise war gemeistert.[40]

Weder Bismarck noch die Liberalen erreichten bei dem Kampf des Jahres 1869, was sie anstrebten. Dennoch lief die Auseinandersetzung auf einen Sieg der Liberalen hinaus. Bismarck hatte die erste einer langen Reihe von Schlachten verloren, in denen er versuchen sollte, die Abschaffung der Matrikularbeiträge durchzusetzen und dem Reichstag die Macht zu nehmen, die ihm diese Einrichtung über den Geldbeutel des Staates verschaffte. Die Zähigkeit, mit der die Koalition aus Nationalliberalen und Fortschrittlern ihre neue Waffe verteidigt hatte, ließ um den eisernen Etat fürchten, der in nur zwei Jahren neu bewilligt werden mußte.

Rebellion der Konservativen

Die Nationalliberalen waren nicht die einzigen, die versuchten, Bismarck für sich zu gewinnen und Einfluß auf seine Politik zu nehmen. Jene «realistischen» Konservativen, die die Freikonservative Partei bildeten, waren zu der Einsicht gelangt, daß die in den Jahren 1866–1867 bewirkte Revolution im wesentlichen konservativ war und Bismarck damit die konservative Ordnung vor Niedergang und baldigem Verfall bewahrt hatte. Die Altkonservativen hingegen sahen in Bismarcks Handlungen einen Verrat an der konservativen Sache, einen Ausverkauf teurer Werte und eine Gefahr für die überlieferten Institutionen. Doch der Weg in die Opposition fiel den Konservativen nicht leicht. Sie waren es gewöhnt, im Einklang mit der herrschenden Macht zu sein, mit der sie ja durch so viele Bande – gemeinsame Standesangehörigkeit, gemeinsame Ideologie und gemeinsame Interessen – verbunden waren. Widerstand gegen Bismarck, fürchteten sie überdies, werde diesen den Liberalen erst recht in die Arme treiben. Welche Stellung die Konservativen zwischen den beiden Polen Kooperation und Opposition tatsächlich einnahmen, hing zum Teil von der Kammer ab, in der sie saßen. Diejenigen, die dem Reichstag angehörten, waren zur widerwilligen Kooperation geneigt, die Angehörigen des preußischen Herrenhauses waren sich einig in offener Opposition, und diejenigen, die in der preußischen Abgeordnetenkammer saßen, schwankten zwischen unbehaglichem Schweigen und flammender Rebellion.[41]

Die starke Unterströmung konservativen Mißbehagens in der Abgeordnetenkammer kam zum ersten Mal bei der Frage des hannoverschen Provinzialfonds an die Oberfläche. Zur Zeit seiner Annexion besaß das Königreich Hannover eine Kapitalreserve (den «Dominialablösungs- und Veräußerungsfonds») von 16 000 000 Talern mit einem Ertrag von etwa 550 000 Talern jährlich. Eine der ersten Maßnahmen des neuen hannoverschen Provinziallandtags war die Verabschiedung einer von Bennigsen angeregten Petition an die preußische Regierung, diesen Fonds der Provinz zu ihrer Verfügung zu überlassen. Bismarck war geneigt, dieser Petition zu entsprechen. Hätte man den Hannoveranern die Verfügung über den Fonds verweigert, wären damit nur die Partikularisten in der annektierten Provinz gestärkt und deren Assimilation erschwert worden. Erst kürzlich hatte die Enteignung des Kurhessischen Staatsschatzes durch Preußen einen solchen Proteststurm entfacht, daß die Maßnahme vom König mißbilligt worden war. So legte das preußische Ministerium auf Bismarcks Betreiben im Dezember 1867 dem Landtag einen Gesetzesentwurf vor, in dem der hannoverschen Provinzregierung die Verfügung über den Domänenfonds und dessen jährlichen Ertrag konzediert wurde. Die in diesem Gesetz angelegten Konsequenzen gingen weit über Hannover hinaus, denn Bismarcks Absicht war, auch den alten Provinzen in Zukunft ähnliche Fonds im Rahmen eines allgemeinen Programms der Dezentralisierung der preußischen Verwaltung durch Vermehrung der Autonomie der Provinzen zur Verfügung zu stellen.[42]

Zu Bismarcks Überraschung führte diese Vorlage zum ersten offenen Bruch der preußischen Konservativen mit ihm. Mitte Dezember schloß sich in der Budgetkommission Wilhelm von Brauchitsch, ein Führer der Konservativen und ehemaliger Landrat, den Fortschrittlern Virchow und Hoverbeck an, die in der Vorlage eine ungerechtfertigte Begünstigung der geschlagenen Hannoveraner sahen. Die Konservativen waren nicht prinzipiell gegen das umfassendere Dezentralisierungsprogramm. Es ist deshalb nicht leicht, konkrete Gründe für ihren heftigen Widerstand zu finden. Offenbar spielte dabei die Kränkung eine gewisse Rolle, die sie bei den jüngsten Landtagswahlen in Hannover erfahren hatten, bei denen sie weit schlechter als erwartet abschnitten. Vielleicht fürchteten sie, daß Bismarck nicht die neuen Provinzen borussifizieren, sondern statt dessen Preußen liberalisieren wollte, indem er die Institutionen der eroberten Staaten als Muster einer allgemeinen Provinzialreform übernahm. Was die plötzliche Rebellion der Konservativen aber unmißverständlich zum Vorschein brachte, war das Maß der Entfremdung zwischen ihnen und Bismarck, seitdem dieser sich mit den Nationalliberalen eingelassen hatte. Der jüngst erfolgte Sturz Lippes und die Ernennung Leonhardts zu dessen Nachfolger im Justizministerium schien zu beweisen, daß die konservativen Minister des Staatsministeriums von Bismarck leichten Herzens geopfert wurden, wenn das dem guten Einvernehmen mit den Liberalen förderlich war. Ein Brief des Landrats von Waldow-Steinhöfel, der dem preußischen Herrenhaus angehörte, an Bismarck vom 18. Januar 1868 gibt dem Mißvergnügen der Konservativen beredten Ausdruck: «Excellenz verlangen (die Bewilligung der Vorlage) von der konservativen Partei aus Vertrauen zu Ihrer Person und zu Ihrer tieferen Einsicht, gewissermaßen als Recht eines alten Freundes. An Beweisen unseres Vertrauens, meine ich, haben wir es nicht fehlen lassen. Wir haben unsere Überzeugungen vielfach zum Opfer gebracht, Ihrer Person, Excellenz, nicht dem Ministerium. Was ist uns dagegen geworden? ... Jede einzige Maßregel war gegen den großen Grundbesitz und gegen die konservativen Interessen gerichtet und wie schmerzlich es auch ist, der Gedanke verbreitet sich immer mehr, daß Excellenz die konservativen Interessen aufgegeben haben.»[43]

Obwohl sie von ihrem «Gewissen» sprachen, hielten die Ultras die Frage des hannoverschen Provinzialfonds nicht an sich für besonders wichtig. Anscheinend bezweckten sie mit der Opposition gegen Bismarcks Vorlage hauptsächlich die Botschaft, daß er nun auch ihnen einmal etwas schuldig sei, ein paar verbindliche Worte wenigstens und die Zusicherung, daß bei der bevorstehenden Kreisreform konservative Prinzipien zugrundegelegt werden würden.[44] Bismarck, der seinen konservativen Freunden ihre Eigenwilligkeit sehr übel nahm, weigerte sich erzürnt, mit ihnen zu feilschen, und drohte statt dessen mit seinem Rücktritt (die

Konservativen würden dann sehen, ob sie imstande wären, die «heterogenen Kräfte» des Landes zusammenzuhalten, ohne zu noch radikaleren Maßnahmen greifen zu müssen) und mit Vergeltungsmaßnahmen (wenn sie nicht nachgäben, könnten sich die Konservativen auf eine von den Liberalen selbst entworfene neue Kreisreform gefaßt machen). «Du sagst das wohl, lieber Bismarck», warf ein Konservativer im Ton der Begütigung ein, «aber tun wirst du es nicht.» Bismarck antwortete ihm: «Da kennt ihr mich schlecht. Im Jahre sechsundsechzig haben die Oesterreicher auch gesagt: ‹Schießen wird der Bismarck nicht, – *das* tut er doch nicht!› Nun, habe ich geschossen?»[45]

Der Widerstand gegen den hannoverschen Provinzialfonds war in der preußischen Abgeordnetenkammer fast allgemein und umfaßte die Freikonservativen, die Nationalliberalen, die (von Georg von Vincke angeführten) Altliberalen, die Konservativen und die Fortschrittler. Obwohl Bismarck nicht glaubte, die Vorlage gegen diesen Widerstand durchbringen zu können, übte er weiter Druck auf die Konservativen aus. Ihre Wähler, erklärte er ihnen in der vom 4. bis zum 7. Februar 1868 dauernden Debatte über die Vorlage, hätten ihnen den Auftrag gegeben, die Regierung bedingungslos zu unterstützen. Eine konstitutionelle Regierung sei nur möglich, wenn sich deren Minister im Parlament wenigstens auf eine größere Partei verlassen könnten. Sei das nicht der Fall, müsse der Minister «gegen die Konstitution manövrieren» und sich mit der Bildung von Koalitionsministerien eine künstliche Mehrheit verschaffen. Die in Koalitionsministerien unvermeidlichen «Fluktuationen» wären freilich «von höchst nachteiliger Wirkung» für die konservativen Prinzipien. Konservative sollten sich nicht einbilden, daß sie ihren Wählerauftrag erfüllten, wenn sie nur diesen oder jenen Teil der Regierungspolitik unterstützten: «Ich kann mich nicht partiell heben und stützen lassen, sonst komme ich aus dem Gleichgewicht.» Auf einem Ball im Schloß ließ am 6. Februar auch der König «mit Worten und Gesten» sein Mißvergnügen erkennen. Diese Schocktaktik erschütterte die konservative Front. Doch wurde die Vorlage schließlich nur durch jene Gruppe von Freikonservativen und Nationalliberalen gerettet, die einen von Kardorff eingebrachten und von Bismarck gebilligten Änderungsantrag unterstützten. Der Kardorffsche Änderungsantrag sah die Enteignung des Domänenfonds vor, entschädigte aber die Provinz dafür mit einer jährlichen Zahlung von 500 000 Talern aus dem preußischen Staatsschatz. Bei der entscheidenden Abstimmung am 6. Februar wurde dieser Änderungsantrag, der das für Bismarck Wesentliche des ursprünglichen Entwurfs bestehen ließ, mit knapper Mehrheit (197 gegen 192 Stimmen) angenommen. Im Herrenhaus wagte nur eine kleine Gruppe von vierzehn Mitgliedern (unter ihnen Bismarcks alte Freunde Alexander von Below-Hohendorf und Hans von Kleist-Retzow), gegen die Vorlage zu stimmen. Für sie stimmten 127 Angehörige des Herrenhauses, 125 enthielten sich der Stimme oder blieben demonstrativ der Abstimmung fern.[46]

Bismarck verzieh seinen Duzbrüdern diese Treulosigkeit nie. Noch in seinen Memoiren klagte er sie deswegen an.[47] Sie andererseits bestaunten die eigene Unfähigkeit, sich Bismarck willfährig zu machen, gleichviel ob sie ihn nun unterstützten oder sich ihm widersetzten. Nichts in ihrem Herkommen oder Temperament disponierte sie, dem Aufruf Roons zu folgen und «die Rolle des Hemmschuhs» aufzugeben, um «eine Partei des conservativen Fortschritts» zu werden.[48] Die eigenen Interessen zwangen sie, die Regierung bei ihren Kämpfen mit den Liberalen um das parlamentarische Budgetrecht und ähnlichen Fragen zu unterstützen. Wenn aber Bismarck und die Liberalen übereinkamen, was während dieser Jahre oft geschah, konnten die Konservativen nur in ohnmächtigem Zorn zusehen, wie ein ihren Interessen und Werten abträgliches Gesetz nach dem anderen verabschiedet wurde. Eine ihrer größten Sorgen verursachte ihnen das ständige Wachstum der exekutiven und legislativen Befugnisse des Bundes auf Kosten des preußischen Staates. Stück für Stück, klagte die *Kreuzzeitung*, wurde der preußische Staat dem Bund geopfert.[49] Im Oktober 1869 versuchte der abgesetzte Justizminister, Graf zur Lippe, dieser Flut Einhalt zu gebieten, indem er die Verfassungsmäßigkeit zweier Bundesgesetze anfocht, deren eines die Einrichtung eines obersten Handelsgerichts in Leipzig vorsah, während das andere die Allgemeingültigkeit richterlicher Entscheidungen festsetzte. Als Mitglied des Herrenhauses stellte er den Antrag, eine derartige Bundesgesetzgebung für ungesetzlich zu erklären, wenn sie nicht vom preußischen Landtag gebilligt sei.[50]

Bismarck, der in Varzin erwartete, vom Sturz seines mißliebigen Finanzministers von der Heydt unterrichtet zu werden, nahm die Nachricht von diesem Schritt seines ehemaligen Justizministers zunächst sehr gelassen auf; «die Lippesche Absurdität macht mir keine Sorgen», schrieb er an Below. Als er erfuhr, daß aus der Kommission über Lippes Antrag günstig berichtet worden sei, wich die Verachtung dem Zorn. In der Presse, persönlichen Briefen und Anweisungen an seine Untergebenen in Berlin bekämpfte er den engstirnigen Partikularismus, den er, wie er sagte, bei politisch gebildeten Preußen für unmöglich gehalten hätte. «In der deutschen Politik aber sind der Regierung so tiefe und feste Geleise vorgezeichnet, daß sie ohne schwere Schädigung des Staatswagens aus denselben gar nicht heraus kann. Wir werden durch den Antrag an eine Wand gedrängt, die gar kein Ausweichen gestattet, und hinter dem drängenden preußischen Herrenhause stehen Frankreich und Österreich, die sächsischen und süddeutschen Partikularisten, die Ultramontanen und die Republikaner, Hitzing und Stuttgart. Die Regierung, wenn sie nicht die Politik von 1866 aufgeben will, kann nicht weichen, sie muß den Handschuh aufnehmen.» Er sah einen parlamentarischen Konflikt kommen, in dem die ganze Kraft des deutschen Nationalgefühls für die Abgeordnetenkammer und gegen das Herrenhaus sein würde. Auch diesmal hielten die Ultrakonservativen nicht stand. So viele von ihnen blieben der Abstimmung fern, daß der Lippesche Antrag mit 58 gegen 42 Stimmen scheiterte.[51]

Solange er sich das Vertrauen des Königs bewahrte, konnte Bismarck die Offensiven der Liberalen und der Konservativen blockieren, indem er seine Gegner gegeneinander ausspielte. Diese Taktik vermehrte allerdings seine Schwierigkeiten, weil sie ihre Opfer aufbrachte und zu unüberlegten Angriffen hinriß. So provozierten die «Treuebruch»-Krise im Herbst 1867 und die Entlassung Lippes die Konservativen dazu, im Februar 1868 gegen die hannoversche Provinzialfondsvorlage zu opponieren. Daraufhin versuchten dann Bennigsen und dessen Anhänger in die von den Konservativen so leichtfertig geräumte Stellung einzurücken, indem sie den Kardorffschen Änderungsantrag unterstützten.[52] Ihr Versuch, diese Stellung auszunützen, um das Prinzip der rechtlichen Verantwortung des Staatsministeriums durchzusetzen, scheiterte im April 1868. Die Reibungen zwischen Bismarck und den Liberalen während der Budgetkrisen 1868–1869 ermutigten Lippe zu seinem Angriff im Herrenhaus. Dieser Konflikt über Grundsatzfragen trübte das Bild, das Bismarck Deutschland und Europa vorzustellen bemüht war, das Bild eines einigen Bundes, der von allen wirtschaftlichen, sozialen und politischen Interessengruppen entschieden unterstützt werde. Eine weitere, nicht weniger schwerwiegende Konsequenz des Streits war der Schaden, den der Widerstand gegen seine Führung seiner seelischen und körperlichen Gesundheit zufügte.

IV

Vorspiel zum Krieg

Drohende innere Krisen

Nach seinem eigenen Zeugnis war Bismarck seit Anfang Dezember 1865 in einer Verfassung, die er als «eine fortwährende Krankheit» bezeichnen müsse: «Es ist ein Zustand, der sich in wechselnden körperlichen Symptomen äußert, denen eine Erschöpfung der Nerven zugrunde liegt, und der mir jede lange fortgesetzte geistige Tätigkeit erschwert, mitunter verbietet.»[1] Er erholte sich lange genug, die militärische und diplomatische Kampagne von 1866 durchzustehen, erlitt aber später einen ernsten Rückfall. Seine Tätigkeit im folgenden Jahr 1867, dem kritischen Jahr der Schöpfung des Norddeutschen Bundes und der Normalisierung seiner Beziehungen zu den süddeutschen Staaten, war aufreibend genug, die Kräfte auch eines gesunden Menschen aufzuzehren. Während der ersten sechs Monate steuerte Bismarck die Verfassung durch das preußische Staatsministerium, den Ministerrat und den konstituierenden Reichstag bis zur endgültigen Annahme durch die Regierungen der Gliedstaaten. Später handelte er die Erneuerung des Zollvereins und die Militärabkommen mit den süddeutschen Staaten aus. Im Herbst nahm er an den Sitzungen des neugewählten Reichstags sowie an denen der preußischen Abgeordnetenkammer und des Zollparlaments teil. Daneben beschäftigte ihn noch vieles andere. Während dieses Jahres 1867 unternahm er kurze Reisen nach Ems und Paris und nahm an vielen offiziellen Festessen, Empfängen und Jagden teil – einige davon in entlegenen Gegenden. Die Ferien, die er sich auf seinem pommerschen Gut Varzin gestattete, waren vergleichsweise kurz: vom 22. Juni bis zum 2. August.[2]

Am Tag der Schlußberatung im konstituierenden Reichstag, dem 15. April 1867, notierte die Baronin Spitzemberg, eine enge Freundin der Familie Bismarck – in deren Haus sie oft zu Gast war –, in ihrem Tagebuch: «Bismarck selbst ist so leidend, daß er es kaum mehr aushält.»[3] Aber er hielt es aus – bis zum Zusammenbruch im folgenden Jahr. Im Februar 1868 zwang ihn sein Zorn über die Desertion der Konservativen, sich in die Einsamkeit zurückzuziehen; er dachte daran, «auf unbestimmte Zeit» Urlaub zu nehmen.[4] Als der konservative Abgeordnete Gustav von Diest seine Freude darüber aussprach, daß er so gesund und kräftig aussehe, wandte Bismarck «seine großen Augen fast zornig» auf ihn: «Ich gesund?! Sie ahnen gar nicht wie traurig es mit mir steht, und wie es hier (er strich mit dem Finger über seine Stirn) aussieht. Da ist kein Gehirn mehr, da ist nichts als eine gallertartige Masse!»[5] Der amerikanische Gesandte in Berlin, George Bancroft, hörte ihn bei einer Militärparade laut klagen: «Ich kann nicht schlafen, ich kann nicht essen, nicht trinken, nicht lachen, nicht rauchen, nicht arbeiten, ich habe Nervenbankrott.» An jenem Tag wurde ihm so übel, daß er nach Hause gefahren werden mußte – eine Rippenfellentzündung, die er sehr geschwächt überstand. Der lange Urlaub, um den er gebeten hatte, wurde ihm gewährt, und am 16. Juni reiste er nach Varzin ab.[6] Im August stolperte sein Pferd und stürzte auf ihn, wobei er sich zwei Rippen brach. Am 19. Oktober berichtete er dem König, daß die Schmerzen die Kräftigung seiner Nerven hinausgezögert hätten. «Ich vermag wieder, jede körperliche Bewegung zu leisten, und glaube, im Ganzen wesentlich gesünder zu sein als im Frühjahr, aber der Versuch lebhafteren Verkehrs mit Menschen hat mir bisher noch jedesmal den Schlaf geraubt, und die Aerzte meinen, daß eine Verlängerung der Einsamkeit um einige Wochen mir von wesentlichem Nutzen für die Winter-Campagne sein würde.» So kehrte er denn erst am 1. Dezember nach Berlin zurück.[7]

Drei Monate nach seiner Rückkehr hatte er bereits das Gefühl, die während seines langen Urlaubs gesammelten körperlichen und seelischen Kräfte verausgabt zu haben. Die Verhandlungen mit dem König, mit acht Ministern, drei Parlamenten, zweiundzwanzig Gliedstaatenregierungen und verschiedenen auswärtigen Mächten erschöpften seine Energie und setzten seinen Nerven zu. Er beklagte die «schwere Hemmung, welche in der Fiction des künstlichen Räderwerks eines constitutionellen Staats liegt». Es war leicht zu entscheiden, aber schwer zu überzeugen. Doch gewissen Nutzen wußte Bismarck selbst aus seinem schlechten Gesundheitszustand zu ziehen. Dieser würde ihn nötigen, um seine Entlassung zu bitten, warnte er den König im Februar 1869, wenn dieser weiterhin «außeramtlichen Einflüssen» stattgeben wolle, wodurch «Entschließungen ... modificirt» würden, und wenn Wilhelm darauf bestehe, Männer, die Bismarck los werden wollte (namentlich den Diplomaten Graf Usedom), im Amt zu belassen.[8] Im Juni bat der Kanzler um einen neuerlichen langen Erholungsurlaub.

Am 1. Juli war er wieder in Varzin. Doch amtlicher Ärger erreichte ihn auch im bukolischen Pommern: «Ein mäßiger Stallärger kostet mich eine Nacht», schrieb er Eulenburg, «eine polemische Korrespondenz zwei Nächte».[9] Die Ärzte empfahlen Biarritz oder Torquay, aber er konnte sich nicht entschließen, die ganze Reihe von Leiden auf sich zu nehmen, «die von Eisenbahnen, Wirthshäusern, fremden Höfen und Menschen, Zeitungsartikeln, Einsamkeit und schlechten Betten unzertrennlich sind. Ich muß viel älter sein, als meine Eltern mir gesagt haben, denn ich habe ganz die Empfindungen des äußersten Greisenalters».[10] Anfang Oktober hatte er «einen Anfall von krampfartigen Magenschmerzen mit Gallenerbrechen», dessen Ursache schwer zu ermitteln war: «Ärger oder Erkältung oder allgemeine Abnutzung der Maschine, ich weiß es nicht.» Auf anhaltendes ärztliches Drängen entschloß er sich, Karlsbader Wasser zu trinken, «wovon ich direkte Nervenstärkung ... auch nicht erwarte». Mitte November 1869 informierte er den König: «Ich fühle mich körperlich sehr viel kräftiger als seit langer Zeit, aber geistige Anstrengungen erregen und ermüden mich noch in einer Weise, die ich dem Carlsbader zuschreibe. Jedenfalls ist die Niedergeschlagenheit geschwunden, mit der ich im Sommer der Frage der Wiederaufnahme der Geschäfte entgegensah, und hat einiger Ungeduld Platz gemacht, mich bei Eurer Majestät gesund und zum Dienste zu melden.»[11]

Am 4. Dezember 1869 kehrte Bismarck nach Berlin zurück, keineswegs ganz wiederhergestellt. Während eines Hofbanketts am 20. März 1870 ereilte ihn eine heftige Magenreizung, die von Erbrechen und schmerzhaften Krämpfen begleitet war. Ein «Morphium-Pulver» brachte vorübergehend Erleichterung, doch die Schmerzen kamen in kürzer werdenden Abständen zurück. Der Puls verlangsamte sich von zweiundsiebzig auf sechsundfünfzig, und es zeigten sich die Symptome von Cholämie. Bismarck behandelte sich selbst weiter mit Morphium und gab die Schuld an dem Durchfall, der dann folgte, seinem Arzt Heinrich Struck. Da Bismarck sich weigerte, ihn zu empfangen, war Struck genötigt, seinen Patienten auf Grund von Johannas Berichten aus der Ferne zu behandeln. Am 14. April 1870 reiste Bismarck «trotz allen Rathes und Flehens» nach Varzin, wo er schwer an Gelbsucht erkrankte. Der aus Berlin herbeigerufene Struck fürchtete Komplikationen (Peritonitis oder Pylephlebitis). Doch am 24. Mai hatte sich der Kanzler hinreichend erholt, um nach Berlin zurückzukehren und dort bei den Reichstagsdebatten über das Strafgesetzbuch die Todesstrafe zu verteidigen. Nachdem er den König auf vier Tage nach Bad Ems begleitet hatte, wo sie mit Zar Alexander konferierten, reiste Bismarck am 8. Juni wieder nach Varzin in der Hoffnung, dort seine Wiederherstellung zu vollenden.[12] Während sich schwere innen- und außenpolitische Krisen zusammenbrauten, verschärfte Bismarck eine ernstzunehmende Erkrankung, indem er sich mit seinem Arzt zerstritt und sich selbst mit einem Rauschgift zu kurieren versuchte.

In diesem geschwächten Zustand mußte Bismarck auf einen schweren Kampf mit dem Reichstag über die Erneuerung des am 31. Dezember 1871 auslaufenden eisernen Etats gefaßt sein. Zwar erklärte er dem Chef der Admiralität, Albrecht von Stosch, daß diese Befürchtung unsinnig sei, da die Verfassung von 1867 gar keinen Konflikt zulassen würde.[13] Das stimmte, insofern die Verfassung vorsah, daß die Größe der Armee (1 Prozent der Bevölkerung) und der Aufwand für diese (225 Taler pro Soldat) auch nach der gesetzten Frist gleich bleiben sollten, falls sich Reichstag und Bundesrat nicht auf ein neues Gesetz einigen könnten. Dennoch kann Bismarck die Aussicht auf einen Konflikt der beiden Kammern in dieser Frage kaum angenehmer gewesen sein, als sie es Stosch war. Ein neuer parlamentarischer Streit über die Armee hätte Preußen in Süddeutschland eine schlechte Presse verschafft, die Liberalen abgestoßen und die Partikularisten bestärkt.

Den Beginn der Auseinandersetzung erwartete man frühestens im Herbst 1870 bei den Neuwahlen zum Reichstag und zum Abgeordnetenhaus. Doch die Fortschrittspartei ging schon vorher zum Angriff über. Sie hatte sich ihre Militanz gegen den Militarismus auch über das Ende des Verfassungskonflikts hinaus unvermindert bewahrt. Während der preußischen Budgetdebatte des Jahres 1869 schlug Rudolf Virchow vor, die Regierung aufzufordern, das Defizit durch die Senkung der Militärausgaben auszugleichen und Verhandlungen mit dem Ziel einer allgemeinen Abrüstung zu eröffnen. Der Antrag wurde mit 215 gegen 99 Stimmen abgewiesen, aber die Fortschrittler nahmen ihn als eine von vier Forderungen im April 1870 in ihr Wahlprogramm auf.[14] Obwohl sie nicht prinzipiell pazifistisch ausgerichtet waren, vertraten auch die Nationalliberalen die Auffassung, daß nach 1871 eine Senkung der Militärausgaben fällig sei. Sie glaubten, daß bei den bevorstehenden Debatten über den eisernen Etat unvermeidlich etliche der wichtigsten Fragen des Konstitutionalismus zur Debatte gestellt werden müßten, nicht nur die nach dem Budgetrecht des Reichstags, sondern auch die nach der Form der Bundesexekutive. Wie war es möglich, fragte Miquel, daß der Bund bei einem Budget von 77 Millionen Talern keinen Finanzminister hatte? Wie konnte die Debatte über die Armee zu einem befriedigenden Ende geführt werden, wenn es keinen Bundeskriegsminister gab? Miquel, nicht eben ein Radikaler, war der Meinung, daß es wie bisher, da allein der Kanzler für die Außenpolitik, Handel und Zölle, Justiz sowie den Marine- und Militäretat verantwortlich war, in Zukunft nicht weitergehen könne.[15] Mehr als alles, was bisher geschehen war, drohte die bevorstehende Debatte das Bild innerer Eintracht und Solidarität zu beschädigen, das Bismarck den süddeutschen und europäischen Nachbarn zu vermitteln suchte. In seinen Augen waren die Neuwahlen zum Norddeutschen Reichstag deshalb von so tiefgreifender Bedeutung, weil der eiserne Militäretat zu einer «Kardinalfrage des Norddeutschen Bundes» mit einer «europäischen Bedeutung» geworden war.[16]

Bei den Liberalen nahm unterdessen auch angesichts des geringen Fortschritts in der Sache der deutschen Einheit die Ungeduld zu. Am 24. Februar 1870 – nicht lange nach dem Sturz des Hohenlohe-Kabinetts in München – wurde im Reichstag über eine Anfrage Eduard Laskers debattiert, welche die möglichst baldige Aufnahme Badens in den Norddeutschen Bund behandelte. Das badische Volk, behauptete Lasker, verlange in seiner überwältigenden Mehrheit nach nationaler Einheit. Dennoch sei bisher der letzte Artikel der Verfassung von 1867, der den Beitritt eines oder aller süddeutschen Staaten zum Bund auf Antrag des Bundespräsidiums und auf dem Gesetzeswege ermöglichte, nicht in Anspruch genommen worden. Weshalb nicht, obwohl doch zweifellos Gelegenheit dazu bestehe? Gewiß halte den Mann, der die klingenden Worte von dem Appell an die Furcht, der «in deutschen Herzen kein Echo» findet, gesprochen hatte, nicht die Besorgnis vor ausländischen Widersachern zurück. Der Grund dieses Zögerns, meinte der Abgeordnete Lasker, sei wohl in dem liberalen und populären Charakter der badischen Regierung zu suchen, die darin von der preußischen ja allerdings grundverschieden sei. In der gleichen Debatte beschuldigte Miquel den Kanzler, keine Vereinigung mit dem Süden zu wollen, die öffentliche Meinung nicht zur Kenntnis zu nehmen und nichts zu tun, um die deutschen Nationalisten des Südens in ihrem Kampf gegen den Partikularismus zu ermutigen.

Dieser parlamentarische Einmischungsversuch in seine Außenpolitik erzürnte

Bismarck heftig. Wiederholt unterbrach er Miquel mit Zwischenrufen («Nein! Nein! Nein! Das ist falsch! Halt! Halt!»). Als er dann die Rednertribüne betrat, behauptete er, daß die Aufnahme Badens in den Bund den Partikularismus in Bayern und Württemberg stärken und die sich dort erst entwickelnde nationale Bewegung die Folgen zu tragen haben würde. Besser, als Zwang auszuüben, sei es, noch eine Generation abzuwarten, meinte er und wies auf das schon Erreichte hin – das Zollparlament, die Militärallianzen und den für den Kriegsfall vereinbarten preußischen Oberbefehl über die verbündeten Armeen. «Haben wir nicht in Bezug auf Süddeutschland ein kostbares Stück nationaler Einheit erreicht?», konnte er also fragen, «übt nicht das Präsidium des Norddeutschen Bundes in Süddeutschland ein Stück kaiserlicher Gewalt, wie es im Besitze der deutschen Kaiser seit fünfhundert Jahren nicht gewesen ist?»[17]

Der Kaiserplan

Bismarcks Erwähnung des Kaisertitels war mehr als nur eine rhetorische Reverenz. Seit fast zwei Monaten war er damals schon insgeheim darum bemüht, den König von Preußen zum Kaiser von Deutschland oder wenigstens Kaiser des Norddeutschen Bundes zu machen. Bei einer Hofjagd in Potsdam am 7. Januar 1870 hatte Bismarck den Kronprinzen in seinen Plan eingeweiht. Als zukünftiger Träger des Titels mochte dieser ihm behilflich sein, den König für den Plan zu gewinnen. Bismarck sprach von den beiden 1870 bevorstehenden Wahlen. Die Regierung sei auf Mehrheiten dringend angewiesen, erklärte er, denn nach dem 31. Dezember 1871 müsse der eiserne Etat vom Reichstag neu bewilligt werden. Die Proklamation eines deutschen Kaisers würde die Sache der Regierungstreuen zweifellos sehr stärken und den Ausbruch eines neuen Verfassungskonflikts verhindern können. Die bevorstehende Umwandlung des Königlich preußischen Ministeriums für Auswärtige Angelegenheiten in das Auswärtige Amt des Norddeutschen Bundes (am 10. Januar 1870) bot eine gute Gelegenheit zu einer solchen Proklamation. Im diplomatischen Verkehr sei die neutrale Amtsbezeichnung Präsidium höchst unbrauchbar.[18]

Zur Durchführung dieses Plans bedurfte es aber nicht nur der Einwilligung Wilhelms, sondern auch des Einverständnisses der kleineren Staaten (des Nordens und des Südens), der europäischen Großmächte und des Reichstags. Wilhelm würde zweifellos Einwände dagegen geltend machen, aber die konnten überwunden werden. Die Nationalliberalen, die er mit seinem Plan bekannt machte, schienen geneigt, Bedingungen zu stellen, aber Bismarck durfte annehmen, daß die Reichstagsmehrheit, wenn es erst zur Abstimmung darüber kam, der Kaiserproklamation zustimmen würde.[19] Wenn seine Rechnung aufging, durfte er dort sogar einige Begeisterung für seinen Vorschlag erwarten. 1866–1867 hatten die kleineren Staaten des Nordens den Kaisertitel von sich aus vorgeschlagen, weil sie sich von einem Kaiser einen gewissen Schutz vor der Borussifizierung des Bundes versprachen. Doch zu Beginn des Jahres 1870 war den Regenten mancher norddeutschen Staaten die preußische Vorherrschaft schon sehr lästig geworden. König Johann von Sachsen war nicht gewillt, den König von Preußen als Kaiser zu akzeptieren, und der Großherzog Karl Alexander von Sachsen-Weimar ebensowenig. Als sich das Gerücht verbreitete, Bismarck wolle wegen der dynastischen Widerstände die Umwandlung in ein Kaisertum auf plebiszitärem Wege vornehmen, meinte der sächsische Minister Richard Freiherr von Friesen, er werde in diesem Fall dem Bundeskanzler raten, «sich zweimal zu bedenken, denn in Sachsen nehme die Stimmung namentlich im Bauernstande gegen Preußen zusehends zu; von Hannover und Nassau gar nicht zu reden.»[20]

In Süddeutschland erwartete Bismarck die uneingeschränkte Zustimmung Badens, insbesondere wenn die Entscheidung für den Titel «Kaiser von Deutschland» fallen sollte. Da die Regierungen in Stuttgart und München gegen subversive Bewegungen in ihren Ländern zunehmend auf Unterstützung aus Berlin angewiesen waren, konnte man auch sie für den Plan zu gewinnen hoffen. Ohne von Bismarcks Absicht zu wissen, hatten bereits Führer der bayerischen patriotischen Partei eine Wiederbelebung des Kaisertums angeregt. Sie waren sogar bereit, einen Kaiser aus dem Hause Hohenzollern anzuerkennen, verlangten allerdings den Einschluß Österreichs in das Reich sowie als kaiserliche Hauptstadt Frankfurt und als kaiserliche Farben die der Revolution von 1848 – schwarz, rot und gold. Wertheim hoffte darauf, daß es den süddeutschen Partikularisten viel leichter fallen würde, sich einem deutschen Kaiser zu unterwerfen als dem gefürchteten und verhaßten Preußen. In einem Namen liege viel, meinte er.[21]

Für Bismarcks Zwecke kam es vor allem auf die Reaktionen in London und Paris an. Diese erfolgten schneller als erwartet. Durch die Indiskretion eines Führers der Fortschrittspartei, Franz Duncker, wurde der britische Botschafter in Berlin, Lord Augustus Loftus, so früh in den Plan eingeweiht, daß er Lord Clarendon, dem neuen Außenminister in London, schon am 8. Januar 1870 darüber berichten konnte. Drei Tage später kam Clarendon bei einer Unterredung mit Bernstorff auf die Sache zu sprechen. Er gab sich zustimmend und erbot sich sogar, eine positive Haltung dazu auch in Paris anzuregen. Bismarck war zwar über diese Reaktion sehr erfreut, beeilte sich aber zu leugnen, daß ihn die Erwartung einer parlamentarischen Auseinandersetzung über das Armeebudget auf seinen Plan habe verfallen lassen. Der einzige Zweck, den er damit verfolge, versicherte er Clarendon, sei die Überwindung des Partikularismus, zumal in Preußen. Als er 1867 die Gelegenheit zur Wiederherstellung des Kaisertums nicht genützt habe, habe er die Wichtigkeit, die seine Landsleute Äußerlichkeiten beilegten, unterschätzt.[22]

Doch er hätte sich diese Erklärung sparen können, denn Clarendon hatte das Bernstorff gegebene Versprechen nicht gehalten. Anstatt bei der französischen Regierung für die Anerkennung des neuen Titels zu werben, sprach er sich bei einer Unterredung mit La Valette am 26. Januar dagegen aus. Am folgenden Tag teilte er Bernstorff mit, er befürchte, daß ein derartiger Coup die Finanzen beunruhigen und eine neue Krise verursachen würde. Es lohne sich gewiß nicht, meinte er, den Frieden in Europa zu gefährden, um etwas zu erreichen, das einem früher oder später ohnedies zufallen würde. Für Wilhelms Augen machte dazu Bismarck die Randbemerkung: «Richtig»; die Sache sei ja noch nicht weit gediehen, und zu besonderer Eile bestehe keine Veranlassung.[23]

Im März allerdings begann der Kanzler, sich von neuem um die baldige Verwirklichung seines Plans zu bemühen. Julius Fröbel, ein einflußreicher bayerischer Publizist in preußischen Diensten, hörte bei einem Besuch in Berlin von Keudell, daß der Kanzler Tag und Nacht mit der Kaiseridee beschäftigt sei. Etwa um die gleiche Zeit erörterte Bismarck die Angelegenheit mit dem Großherzog Friedrich von Baden. Von Constantin Rößler, dem Herausgeber des offiziellen *Preußischen Staatsanzeigers,* erfuhr Fröbel, daß man König Ludwig II. von Bayern eine Art Vizekaiserschaft antragen wolle, mit dem Titel «Deutscher König». Es scheint deswegen in München keine offizielle Anfrage gegeben zu haben, doch britische Informanten berichteten, daß die beiden süddeutschen Könige auf indirekte Erkundungen negativ reagierten, worauf sich dann offizielle Demarchen erübrigt hätten.[24]

Der Kaiserplan verrät, daß Bismarck zu Beginn des Jahres 1870 nach einem nationalen Anliegen suchte, das ihm gestatten würde, den süddeutschen Partikularismus zu schwächen und den Widerstand der Liberalen gegen eine Erneuerung des eisernen Etats zu brechen. Albrecht von Stosch, ein Vertrauter des Kronprinzen, entdeckte in der Haltung des Kanzlers eine gewisse Ratlosigkeit. Zur Vermeidung weiterer Kompromisse mit den Liberalen mußte er Fortschritte in der nationalen Frage erzielen. Die süddeutschen Herrscher, meinte Stosch, würden sich einen Hohenzollernkaiser nie gefallen lassen, wenn sie nicht durch äußeren Druck dazu genötigt würden.[25] So waren die deutschen Angelegenheiten wieder einmal in eine Sackgasse geraten, aus welcher eine Krise oder gar ein Krieg mit Frankreich den einzig möglichen Ausweg zu versprechen schien.

Die Erneuerung der russisch-preußischen Entente

Während der auf die Luxemburgkrise folgenden Jahre nahm die Spannung in Europa ständig zu. Man glaubte allgemein, daß in Kürze ein neuer Krieg bevorstünde. Die deutsche Militärmaschine, gut geölt, war in steter Einsatzbereitschaft. Jenseits des Rheins war 1868 die französische Aufrüstung in Angriff genommen worden. Die außenpolitischen Niederlagen Frankreichs in den Jahren 1866–1867 hatten das Mißverhältnis zwischen dem außenpolitischen Anspruch und der militärischen Bereitschaft des zweiten Kaiserreiches offenbart. Auch an der Donau rüstete die Habsburgermonarchie im engen Rahmen ihrer finanziellen Möglichkeiten wieder auf. Die europäischen Kanzleien waren voller Pläne, Gerüchte, Besorgnisse. Wo würde der Konflikt ausbrechen? Am Rhein oder auf dem Balkan? Wie würden sich die Konfliktparteien gruppieren?

Viele Kombinationen waren denkbar. Durch die Luxemburgaffäre waren französische Spekulationen über die Möglichkeit einer Verständigung mit Berlin hinfällig geworden. Doch Rußlands Bedürfnis nach Unterstützung auf dem Balkan veranlaßte Gortschakow, seine alte Hoffnung auf ein Bündnis mit Frankreich für einige Zeit wieder zu beleben. In Wien und Paris war man sich der Tatsache bewußt, daß man ein gemeinsames Interesse daran hatte, die weitere Ausdehnung der Macht Preußens zu verhindern und die Bedingungen des Prager Friedens aufzuheben. Österreich bedurfte zudem französischer Hilfe, um einem weiteren Vordringen Rußlands auf dem Balkan Einhalt zu gebieten. Als weitere Mitglieder einer russisch-französischen Entente kamen Italien und Großbritannien in Frage. Was Bismarck am meisten fürchtete, war eine Kombination der französischen Landmacht mit der britischen Seemacht. Der gemeinsame Partner all dieser möglichen Bündnisse war Frankreich. Wäre eines von ihnen zustande gekommen, hätte das Bismarcks Pläne für die Zukunft stark gefährdet.

Die größte Gefahr ging von Beust aus. «Vom Ochsen kann man nichts anderes erwarten als Rindfleisch», bemerkte Bismarck gelegentlich, «und von Beust nichts Anderes als eine ehrgeizige, intrigante sächsische Hauspolitik.»[26] Daß sein alter Gegner inzwischen das Vertrauen Kaiser Franz Josephs gewonnen hatte, beunruhigte und ärgerte ihn. Im Februar 1867 war der Sachse zum österreichischen Ministerpräsidenten ernannt worden, im Juni zum kaiserlichen Kanzler, und im Dezember 1868 hatte ihm Franz Joseph den erblichen Grafentitel verliehen. Sein vorrangiges Ziel war Rache für die Niederlage von 1866 und die Wiederherstellung der österreichischen Macht in Deutschland. In Vorbereitung der dazu erforderlichen Politik drängte er auf jene Verständigung mit Ungarn, aus der die Doppelmonarchie hervorging. Um jeden Preis mußte Ordnung im Hause Habsburg geschaffen werden, damit es seine Macht nach außen wieder geltend machen könnte. Durch die Gewährung einer Verfassung wollte er auch die Sympathien der süddeutschen Liberalen für Österreich gewinnen und Preußen gleichsam übertrumpfen.

Allerdings wurde Beusts Deutschlandpolitik durch ein schweres Handikap behindert. Für eine Politik der direkten Aktion gab es in der Doppelmonarchie wenig Unterstützung. Die Ungarn waren an der Restauration der Macht Habsburgs in Deutschland nicht interessiert, denn deren Verlust hatte ihnen ja Vorteile gebracht. In Österreich gab es eine kleine Kriegspartei, der einflußreiche Adelige, Offiziere und Geistliche angehörten, doch einer Verschwörung mit Frankreich gegen Deutschland war auch sie eher abgeneigt. Es sei besser, auf den Ausbruch eines französisch-preußischen Krieges zu warten, meinte man, um dann aus der Neutralität die österreichischen Ansprüche in Deutschland durchzusetzen. Da er also gehindert war, in Deutschland eine offensive Politik zu betreiben, hoffte Beust, Preußen in einen europäischen Krieg über orientalische Angelegenheiten verwickeln zu können.[27]

1866 hatte ein Aufstand in Kreta die «orientalische Frage», dieses hartnäckigste Problem der europäischen Politik des 19. Jahrhunderts, von neuem auf die Ta-

Friedrich Ferdinand Graf von Beust

gesordnung gebracht. Der Erfolg des Fürsten Karl in Rumänien und die Reibungen mit Serbien hatten das türkische Regime geschwächt. Jetzt drohte der von Griechenland aus aktiv unterstützte Aufstand in Kreta seinen Zusammenbruch herbeizuführen. Bei archivalischen Nachforschungen entdeckte die russische Regierung, daß die Pforte im Jahre 1829 hinsichtlich der Behandlung der christlichen Bevölkerung des Osmanischen Reichs gewisse Verpflichtungen eingegangen war, an die sie sich dann nicht gehalten hatte. So regte am 30. August 1866 Gortschakow in London und Paris eine gemeinsame Beschwerde in Konstantinopel an.[28]

Da kam jedoch aus Wien die deprimierende Nachricht, daß den Russen bei dem Spiel, die Christen des Balkans in Schutz zu nehmen, ein neuer Konkurrent erwachsen war. Denn Beust brach mit der früheren Politik der Habsburger, die eher die Türken unterstützt hatte; statt dessen suchte er nun Gortschakow zuvorzukommen und eine gemeinsame Front der europäischen Mächte auf dem Balkan zu organisieren. Sein Plan war, Europa in einen orientalischen Konflikt hineinzuziehen, bei dem Preußen gezwungen sein würde, Rußland, seinen einzigen bedeutenden Verbündeten, zu unterstützen. Für Österreich hatte ein Krieg im Osten keinen der Nachteile, die ein Konflikt über westliche Streitpunkte mit sich gebracht hätte. Die Ungarn wären mit Begeisterung dabei. Die Deutschen, an die Führung Österreichs in den Belangen des Balkans gewöhnt, würden sympathisieren. Und aus der orientalischen Verwicklung würde sich die Gelegenheit zur Rache Österreichs an Preußen und zur Wiederherstellung der österreichischen Macht in Deutschland ergeben.[29]

Die inneren Hemmnisse seiner Deutschlandpolitik zwangen Beust allerdings, die Gelegenheit zu einer weitreichenden Übereinkunft mit Frankreich ungenutzt zu lassen. Während der letzten Tage der Luxemburgkrise kehrte der französische Botschafter in Wien, der Herzog von Gramont, aus Paris «mit einem Haufen ziemlich indiskreter, aber recht bezeichnender Fragen» an den österreichischen Hof zurück: Ob man nämlich in Wien an einer «offensiven und defensiven Allianz» interessiert sei? Napoleon wolle sich das linke Rheinufer aneignen, würde aber Belgien ungeschoren lassen. Österreich könne Schlesien haben und die Verfügung über Süddeutschland mit Ausnahme Badens, das sich Frankreich vorzubehalten wünsche. Beust mußte jedoch auf dieses Anerbieten erwidern, daß eine derartige Verschwörung im Reich von Slawen, Ungarn und Deutschen gleichermaßen übel aufgenommen werden würde. Nichts wäre in der Tat den Deutschen mehr zuwider als ein Krieg mit dem erklärten Ziel, einen Teil von Deutschland unter Fremdherrschaft zu bringen. Wenn allerdings der Hauptgegenstand der Allianz die orientalische Frage sein sollte, erklärte Beust, würde er keine der möglichen Folgen dieses ihm höchst erwünschten Bündnisses scheuen, nicht einmal «die Vergrößerung Frankreichs in Deutschland», immer vorausgesetzt, daß es dazu gewissermaßen als Nebenwirkung käme und diese sich nicht als Hauptzweck des Krieges darstelle.[30]

Bismarcks erfolgreiche Reorganisation des Zollvereins während des Sommers erregte neue Besorgnis in Paris. Am 18. August 1867 besuchte Napoleon Franz Joseph in Salzburg. Es handelte sich dabei vordergründig nur um einen Kondolenzbesuch – Napoleon kondolierte dem Kaiser zur Hinrichtung seines Bruders, des Erzherzogs Maximilian, in Mexiko. Doch in den verschwiegenen Gemächern des erzbischöflichen Palasts war dann nicht nur von der Vergangenheit, sondern auch von der Zukunft die Rede. Gramont trug einen ehrgeizigen Plan vor, Berlin ultimativ zur Lösung aller Verbindungen mit Süddeutschland aufzufordern. Doch Napoleon selbst verwarf diesen Plan und sprach sich für einen von Beust unterbreiteten Vorschlag aus. Danach sollten die beiden Mächte, Frankreich und Österreich, den süddeutschen Staaten die Notwendigkeit einer reservierten und unabhängigen Haltung gegenüber dem Norden nahelegen. Dabei sollten sie jedoch jede Handlung vermeiden, die von Preußen als Drohung oder Herausforderung ausgelegt werden und das deutsche Nationalgefühl erregen könnte. Im Osten erklärten die Franzosen sich bereit, wegen der Kreta-Frage gemeinsam mit Österreich in Petersburg vorstellig zu werden. Die ebenfalls eingeladenen Briten lehnten die Beteiligung ab, aber zwischen Paris und Wien kam es im Herbst 1867 dann tatsächlich zu einer zeitweiligen Zusammenarbeit in den türkischen Angelegenheiten.[31]

Beusts Erfolg war Gortschakows Mißerfolg. Nach der britischen Ablehnung einer gemeinsamen Beschwerde wegen Kreta hatte er in den anderen Hauptstädten Europas Unterstützung für seine Türkeipolitik gesucht. Seine größten Hoffnungen setzte er dabei in die französische Regierung. Aber Napoleon und Moustier wollten sich hinsichtlich ihrer eigenen ostpolitischen Ziele nicht festlegen und verlangten russische Unterstützung für ihre (nicht näher bestimmten) Ziele im Westen. Obwohl er den französischen Versuch, Luxemburg zu annektieren, nicht direkt begünstigt hatte, war Gortschakow doch immerhin am Zustandekommen der Londoner Konferenz beteiligt gewesen und rechnete deswegen auf die Dankbarkeit der Franzosen. Zu seiner Enttäuschung nahm jedoch Napoleon die Gelegenheit der Visite des Zaren in Paris Anfang Juli 1867 nicht zu ernsthaften politischen Gesprächen wahr. Auch Gortschakows Idee, Kreta mit Griechenland zu vereinigen, fand bei Moustier keinen Anklang. Der unfreundliche Empfang, den die Öffentlichkeit dem hohen Besuch bereitete, trug ebensowenig zur russisch-französischen Verständigung bei wie die beiden Kugeln, die in Paris von einem Polen auf Zar Alexander abgefeuert wurden. Im Herbst bestätigten Gortschakow die ersten Anzeichen einer österreichisch-französischen Zusammenarbeit in der Türkei, daß er aus Paris nichts zu hoffen hatte.[32]

In Paris, Wien und London abgewiesen, blieb den Russen nun nichts anderes übrig, als sich nach Berlin zu wenden. Sie erwarteten Krieg schon im nächsten Frühling, in Westeuropa und auf dem Balkan, und wagten nicht, sich ohne einen Verbündeten in diese Gefahr zu begeben.[33] Am 4. Februar 1868 zog Zar Alexander den Prinzen Heinrich von Reuß, den preußischen Botschafter, zwischen einem Konzert und einer Jagd in eine lange, vertrauliche Unterhaltung. Man mache sich in Rußland Sorgen, daß Österreich Unruhen auf dem Balkan ausnutzen könne, um in Bosnien und der Herzegovina militärisch zu intervenieren. Der Monarch fuhr fort: «Hoffen wir, daß dies nicht eintreten wird, hoffen wir auch, daß Frankreich Deutschland nicht angreifen wird. Sollten aber wider Erwarten beide Fälle eintreten, so kann der König ebenso auf mich rechnen, um Österreich lahmzulegen, wie ich seine Hilfe in Anspruch nehmen würde. Die Aufstellung einer Armee an der österreichischen Grenze würde in einem wie im anderen Falle genügen, um diesen Zweck zu erreichen.»[34] Im März wurde Alexander noch deutlicher: Sollte Preußen mit Frankreich in Krieg geraten, würde Rußland einhunderttausend Mann an der österreichischen Grenze mobilisieren, vorausgesetzt, daß bei Ausbruch eines österreichisch-russischen Krieges Preußen das gleiche tun würde.

Bismarck war jedoch vorsichtig. Mündlich versicherte er Paul d'Oubril, dem russischen Botschafter in Berlin, am 20. März, «daß wir einem Kriege gegen Frankreich allein gewachsen zu sein glaubten und kein Bedürfnis hätten, den Krieg zu verallgemeinern, wenn Rußland uns nur den Rücken gegen Österreich decke. Dasselbe setzten wir von Rußland voraus, wenn es in einem Krieg mit Österreich verwickelt würde und wir ihm die Sicherheit gegen eine Unterstützung dieser Macht durch Frankreich gewährten. Sobald aber einer von uns beiden, sei es Preußen, sei es Rußland, von einer Koalition von zwei Mächten angegriffen werde, nötige die Solidarität der Interessen jede von beiden Mächten zur Unterstützung der anderen.» Damit hatte er eine Reihe von wichtigen Bedingungen gestellt. Grundlage des Bündnisses sollten die gemeinsamen Interessen sein, nicht ein geschriebener Vertrag. Wenn nicht eine Beteiligung Frankreichs an dem Konflikt das europäische Gleichgewicht bedrohte, war Preußen nicht verpflichtet, Rußland auf dem Balkan gegen Österreich zu Hilfe zu kommen. Im Falle eines österreichisch-russischen Krieges würden die Truppen des Norddeutschen Bundes nicht an der österreichischen, sondern hauptsächlich an der französischen Grenze aufmarschieren.[35]

Doch der Zar war mit dieser Zusicherung zufrieden und Bismarck erst recht. In einem französisch-deutschen Krieg würde Rußland dazu beitragen, daß Österreich sich neutral verhielte; daß Österreich ohne französische Hilfe auf dem Balkan vorrückte, war unwahrscheinlich. Die entscheidende Frage war, ob es Beust tatsächlich gelingen würde, alle vier Mächte in einen Krieg über die orientalische Frage zu verwickeln. Während des Jahres 1868 tauchten Gerüchte, die von einem solchen Kriegsplan wissen wollten, in der Presse auf, und Bismarck war sich der Gefahr sehr wohl bewußt. Als der Winter nahte, hielt Beust den rechten Augenblick für gekommen. In Rumänien nahm die von dem Minister Ion Bratianu angeführte irredentistische Agitation gegen Ungarn eben wieder heftig zu, und der schwelende Streit zwischen Griechenland und der Türkei um Kreta loderte von neuem auf. Doch dann sorgte Bismarck dafür, daß Fürst Karl den großen Störenfried Bratianu entließ, und er setzte sich auch für die Einberufung einer internationalen Konferenz nach Paris ein, bei der die Griechen aufgefordert wurden, ihre Unterstützung der kretischen Aufständischen einzustellen. Für den Fall, daß seine Bemühungen scheiterten, war Bismarck darauf vorbereitet, einen Krieg mit Frankreich um die deutsche Frage vom Zaun zu brechen. Nichts wäre leichter gewesen, meinte er, als Frankreich dabei die Rolle des Angreifers spielen zu lassen.[36]

Das Scheitern der österreichisch-französischen Allianz

Napoleon, klagte Metternich Mitte November 1868, sei leider sehr verschlossen. Er sage nicht, was er denke, was er getan habe oder zu tun gedenke. Selbst seine Minister unterrichte er nicht. Der österreichische Botschafter witterte hinter dieser verdächtigen Verschwiegenheit die Absicht, sich mit Berlin zu arrangieren.[37] Tatsächlich verbarg sich hinter der Maske des Schweigens jedoch nur Unentschlossenheit. Der von Natur zur Trägheit geneigte und durch seine angegriffene Gesundheit beeinträchtigte Napoleon wußte nicht, was er tun sollte. Früher – auf der Krim, in Italien, in Mexiko – hatte er das Spiel der internationalen Politik gespielt, ohne dabei persönlich viel zu riskieren. Jetzt aber wurde er plötzlich gezwungen, um den höchsten Einsatz zu spielen: die Krone, das Empire und das Urteil der Geschichte. Er mußte gewinnen.

Bismarck glaubte, daß der Kaiser persönlich gar nicht daran dächte, Krieg mit Deutschland anzufangen: «Aber die französischen Verhältnisse sind unberechenbar.»[38] Er glaubte nicht länger in der Politik damit rechnen zu können, daß die

Napoleon III., Kaiser der Franzosen

Staaten sich ihrem jeweiligen Interesse entsprechend verhielten: «Die Traditionen u(nd) die Personen fallen bei den Allianzen fast mehr ins Gewicht, als die Interessen, die Leidenschaften mehr, als die Berechnung ... Das Verhalten Rußlands, Englands zum orientalischen Kriege, das Frankreichs bezüglich Polens, Italiens, Mexikos, das Oestreichs im dänischen Handel u(nd) im Frühjahr 1866 entsprachen schwerlich den Interessen dieser Länder; dieselben traten zurück gegen Personen u(nd) Stimmungen.» Gegenwärtig sei Kaiser Napoleon nicht vollkommen Herr der Situation, er müsse «vielmehr als abhängig von den Strömungen der Parteileidenschaften betrachtet werden».[39]

Tatsächlich wogten die Parteileidenschaften in Frankreich damals sehr heftig. Das wiederholte außenpolitische Versagen des Regimes hatte eine breite antidynastische Opposition von Orléanisten, Legitimisten und Republikanern gestärkt. Doch selbst Leute, die der Dynastie ihre Stellungen und Karrieren verdankten, forderten nun dringend, daß etwas geschähe, um den Niedergang des imperialen Prestiges aufzuhalten. Diese Ungeduld machte sich insbesondere im Offizierskorps bemerkbar, dessen Selbstvertrauen seit der Bewaffnung der französischen Infanterie mit den neuen *Chassepot*-Hinterladern erheblich zugenommen hatte. Daß überdies in Kürze Parlamentswahlen bevorstanden, trug ebenfalls zu der allgemeinen Nervosität bei.[40]

Von Rouher, seinem vertrautesten Berater, erhielt Napoleon Ende September 1867 den warnenden Hinweis, daß gewisse Kreise, beunruhigt angesichts der scheinbaren Stagnation der französischen Politik, eine baldige unzweideutige

Entscheidung der deutschen Frage forderten. Würde die Regierung einer Erweiterung des Norddeutschen zu einem auch Süddeutschland einschließenden Deutschen Bund zustimmen oder nicht? Wenn das Überschreiten der Mainlinie zum Casus belli erklärt werde, sei binnen kurzem ein Krieg mit Deutschland zu gewärtigen. Aber war Frankreich darauf vorbereitet? Wenn man andererseits der Erweiterung des Bundes zustimme, beschwichtigte man damit zwar fürs erste gewisse Interessen, würde aber mit Sicherheit die Armee, auf die man angewiesen sei, gegen sich aufbringen. Ganz abgesehen davon, daß man mit solcher Nachgiebigkeit die Angriffe der oppositionellen Journaille scheinbar bestätige, die nicht müde werde zu wiederholen, daß Frankreich zu einer drittrangigen Macht heruntergekommen sei.[41]

Während der folgenden Monate machte die immer besitzergreifendere Haltung Berlins gegenüber dem südlichen Deutschland Napoleon klar, daß er sich zu irgendeiner Politik entschließen mußte. Nach dem Treffen in Salzburg hatte Bismarck öffentlich davor gewarnt, wie wenig «das deutsche Nationalgefühl» den Gedanken ertrage, die nationalen Angelegenheiten «unter die Vormundschaft fremder Einmischung» gestellt zu sehen.[42] Als Paris zu einer europäischen Konferenz über den zukünftigen Status der Stadt Rom einlud, protestierte er nicht nur gegen die gesonderte Einladung Sachsens (die nach Lage der Dinge tatsächlich eine Provokation war!), sondern ebenso gegen diejenigen an die süddeutschen Staaten. In europäischen Fragen, erklärte er, könne nur Berlin für Deutschland sprechen.[43] Obwohl die Ergebnisse der Zollparlamentswahlen für Frankreich eher beruhigend waren, mußte doch noch immer befürchtet werden, daß es Bismarck gelingen könnte, das Zollparlament in ein Instrument der politischen Einigung Deutschlands zu verwandeln. Von einem Besuch in Berlin kehrte Prinz Napoleon Mitte März 1868 mit der Überzeugung zurück, daß die Einverleibung ganz Süddeutschlands in den Bund nur mehr eine Zeitfrage sei. Benedetti war der gleichen Meinung.[44]

Derart unter Druck gesetzt, wandte Napoleon sich abermals nach Wien. Am 7. April 1868 bat er Metternich, sich bei Beust zu erkundigen, was zu tun sei, wenn die Süddeutschen «sich freiwillig Preußen in die Arme würfen»? Was, wenn Preußen Gewalt gebrauchte und absichtlich den Prager Frieden verletzte? Was, wenn die Donaufürstentümer sich erhöben und ihre Unabhängigkeit vom Osmanischen Reich proklamierten? Sollte man trotz der geringen Erfolgsaussichten dieses Bemühens noch einmal versuchen, auch England für ein gemeinsames Bündnis zu gewinnen? Wenn die Süddeutschen sich Preußen aus freien Stücken anschlössen (was freilich nach Napoleons Einschätzung kaum geschehen würde, wenn man klug handelte), würde eine direkte Intervention sich schwierig gestalten. Was die deutsche Frage im großen ganzen betreffe, sollte Österreich bei präventiver diplomatischer Tätigkeit und eventuell erforderlichem Protest die Initiative ergreifen, Frankreich hingegen seinen Verbündeten nur in zweiter Linie unterstützen, um die deutschen Empfindlichkeiten nicht zu verletzen und keinen «Kataklysmus» auszulösen.[45]

Beust ließ sich jedoch aus seiner ursprünglichen Position nicht weglocken. Er stimmte Napoleon zu, daß der erste Fall kaum zu befürchten sei, und rühmte die eigene Klugheit, mit der er für Resistenz gegen Versuchungen aus dem Norden in Süddeutschland Vorsorge getragen habe. Er zweifelte überdies daran, daß Bismarck Preußen durch irgendeine «Verzweiflungstat» ins Unrecht setzen würde. Beust applaudierte auch Napoleons Absicht, einen «Kataklysmus» zu vermeiden, ließ die Frage aber offen, ob nun Frankreich oder Österreich in der zweiten Linie tätig werden sollte. Die orientalische Frage, meinte er, sei wichtiger und deshalb die geeignete Basis der österreichisch-französischen Entente. Im Vertrauen auf französische Unterstützung erwartete man in Wien, welche Wendung die Ereignisse an der unteren Donau nehmen würden. Was Großbritannien betreffe, so sei man bereit, jede dortige französische Demarche zu unterstützen, zweifle aber an der Bereitschaft des Londoner Kabinetts, sich auf irgend etwas im voraus zu verpflichten.[46]

Während der folgenden Monate verbreiteten sich im diplomatischen Korps Gerüchte, daß in den Tuilerien die «Kriegspartei» die Oberhand gewonnen habe. Am 20. Juli 1868 telegraphierte Metternich nach Wien, daß der Kaiser zu wissen wünsche, ob ein Bündnis zu einem gemeinsamen und bestimmten Ziel mit Österreich möglich wäre? Wenn eine solche «aktive Allianz» nicht opportun sei, werde Österreich sich einer «passiven Allianz» zur Einberufung eines Kongresses anschließen, auf dem der europäische Status quo festgeschrieben und garantiert werden sollte? Zweck und Ziel der «aktiven Allianz» solle nicht a priori eine territoriale Vergrößerung Frankreichs sein, sondern die Wiederherstellung der Machtposition, die Österreich früher in Deutschland eingenommen hatte. Abermals wies Beust darauf hin, daß eine solche Allianz mit einer auswärtigen Macht Österreich die Sympathien eben jener Deutschen kosten würde, ohne deren Unterstützung an die Restauration der österreichischen Machtposition in Deutschland nicht zu denken sei. Nichts wäre besser geeignet, Preußen in Deutschland beliebt zu machen.[47]

Napoleons zweite Idee fand Beust jedoch insofern vielversprechend, als sie ihn zu einer viel besseren eigenen anregte. Weder England noch Rußland würden den Status quo garantieren können, gab er Ende Juli zu bedenken, und wenn Bismarck die Zumutung, das zu tun, zurückwies, konnte er sich des Beifalls der ganzen deutschen Nation sicher sein. Aber weshalb sollte es nicht möglich sein, das Ziel auf anderem Wege anzustreben? Wenn der Kaiser der Franzosen zu einer allgemeinen Abrüstung aufrief, würde er wie ein Blitz die ganze öffentliche Meinung Europas für sich entflammen. Die Norddeutschen würden die Aussicht auf ein Nachlassen des Steuerdrucks begrüßen, die Süddeutschen sich in Hoffnungen wiegen, dem preußischen Druck zu entkommen. In Frankreich würde ein solcher Aufruf sich zweifellos günstig bei den bevorstehenden Parlamentswahlen auswirken. Wenn auch Preußen sich bereit erklärte abzurüsten, würde es damit praktisch den Status quo in Deutschland akzeptieren und sein Bündnis mit dem deutschen Nationalismus lösen müssen. Sollte es sich aber einer allgemeinen Abrüstung verweigern, würde es sich bei der öffentlichen Meinung in ein schlechtes Licht setzen und verdächtig machen. Käme es zum Krieg, fiele die moralische Verantwortung Preußen zu.[48]

Napoleon war von Beusts Idee zunächst begeistert. Je länger er jedoch darüber nachdachte, desto mehr beschlich ihn die Sorge, am Ende der Dumme zu sein. Das preußische Reservesystem würde es Preußen gestatten, binnen dreier Monate eine neue Armee auf die Beine zu stellen. In Frankreich würde man dazu ein ganzes Jahr brauchen. Eine Abrüstungsvereinbarung würde also auch die Auflösung der preußischen Reserveorganisation zur Bedingung haben müssen. Was aber wäre zu tun, wenn Preußen die Annahme dieser Bedingungen verweigerte, womit man einigermaßen zuversichtlich rechnen konnte? Beust freilich brauchte auf diese unangenehme Frage, die eben das Problem berührte, das er unerörtert lassen wollte, nicht mehr zu erwidern. Denn Mitte Oktober 1868 ließ Lord Clarendon kurz vor seiner Ernennung zum Minister des Äußeren in Gladstones Kabinett den Kaiser der Franzosen wissen, daß ein Abrüstungsmanifest nur dazu dienen konnte, den Krieg noch unvermeidlicher zu machen. Nach Besuch eines Militärlagers bei Châlons gelangte überdies Napoleon zu der Überzeugung, daß man den Ohren der französischen Armee das Wort «Abrüstung» nicht gut zumuten könne.[49]

Das Scheitern von Napoleons Plan und Beusts Gegenplan dämpfte jedoch keineswegs den Eifer der beiden, zu einem Bündnis miteinander zu gelangen. Im Gegenteil, nun nötigten das gemeinsame Anliegen, die weitere Expansion Preußens zu verhindern, der gemeinsame Ehrgeiz, sich in Deutschland durchzusetzen, und die Furcht, daß der andere zu einer separaten Verständigung mit Berlin kommen könnte, die beiden Staatsmänner zu ernsthaften Verhandlungen.[50] Am 6. November machte Beust den Anfang, indem er Metternich instruierte, dem Kaiser ganz offen darzulegen, was zuvor schon oft insinuiert worden war, nämlich daß die orientalische Frage einen sehr viel besseren Casus belli gegen Preußen hergäbe als die deutsche. Obwohl Napoleon einwilligte, «die östliche Basis zum Ausgangspunkt» der Entente zu machen, blieb doch die Frage nach der relativen Wichtigkeit der beiden «Gebiete» stets die schwierigste der österreichisch-französischen Verhandlungen. Napoleon wollte nach Möglichkeit vermeiden, in einen neuen Krimkrieg hineinzugeraten, während man in Wien um jeden Preis die eigene Verwicklung in einen französisch-deutschen Krieg verhüten wollte, bei dem es um das deutsche Einheitsstreben und französische Expansionsgelüste gehen würde.[51]

Im Februar 1869 schien sich die Möglichkeit eines Kompromisses anzudeuten. Sollte Österreich Rußland den Krieg erklären, würde Frankreich Truppen an der preußischen Grenze aufmarschieren lassen, aber neutral bleiben, wenn nicht auch Preußen in den Krieg einträte. Sollte jedoch Frankreich Krieg gegen Preußen führen, würde Österreich seinem Verbündeten einen ähnlichen Dienst gegen Rußland leisten.[52] Dennoch war beiden Partnern die Aussicht, sich einem mächtigen Gegner ohne aktive Unterstützung durch den Bündnispartner stellen zu müssen, zutiefst unbehaglich.[53] Schließlich räumte Beust ein, daß die Macht der Umstände es Österreich im Falle eines französisch-preußischen Krieges kaum erlauben werde, Neutralität zu bewahren, und Napoleon gab zu, daß auch Frankreich wohl außerstande sein würde, bei einem österreichisch-russischen Konflikt neutral zu bleiben.[54] Trotz der Beteuerungen ihrer friedlichen Absichten sahen beide Seiten voraus, daß die wahrscheinlichste Konsequenz der Übereinkünfte, die sie miteinander trafen, ein allgemeiner europäischer Krieg sein würde.

Die Reorganisation Deutschlands sollte natürlich der vornehmste Zweck des Bündnisses sein. Man kam überein, daß die siegreichen Mächte einen neuen Deutschen Bund bilden würden, der aus Staaten möglichst gleicher Größe bestehen sollte. Hinsichtlich der beabsichtigten territorialen Umverteilungen finden sich in den Akten der Unterhändler nur sehr unbestimmte Andeutungen. *Littera scripta manet!* Die Ungarn, schrieb Metternich, sollten in dem Vertragstext keinen Hinweis auf die Wiederherstellung der österreichischen Macht in Deutschland finden, die Deutschösterreicher kein Wort über den Rhein.[55] Und so verrät keiner der vorläufigen Vertragsentwürfe ganz die Absichten der Vertragspartner.

Dennoch wirkte die am 10. Mai 1869 abgeschlossene endgültige Fassung weniger bedrohlich als die vorausgegangenen. Die vertragschließenden Mächte kamen überein, in Europa eine gemeinsame Politik zu verfolgen und sich gegenseitig ihre Territorien «gegen jede Eventualität» zu garantieren. Sollten «Anzeichen des Krieges» auftauchen, wollten sie eine «offensive und defensive Allianz» miteinander abschließen. Im Falle eines Krieges zwischen Österreich und Preußen würde Frankreich Österreich zu Hilfe kommen.[56] Von «Neutralität» und zur Beobachtung der Entwicklung an den Grenzen aufmarschierenden Truppen war inzwischen nicht mehr die Rede. Franz Joseph hatte entschieden, daß die entsprechenden Klauseln zu herausfordernd seien; überdies war auch nicht zu erwarten, daß Italien sie akzeptieren würde.

Die Österreicher waren endlich zu der Einsicht in die Notwendigkeit gelangt, sich auf keinen größeren Krieg einzulassen, bevor sie sich nicht zuvor des Wohlwollens der Regierung in Florenz versichert hatten. Bei Verhandlungen mit Paris wurde König Viktor Emanuel aufgefordert, zur gemeinsamen Verteidigung ein Heer von zweihunderttausend Mann bereitzustellen, Frankreich bei einem Krieg gegen Preußen zu unterstützen sowie die gleichen Pflichten wie Frankreich bei einem Krieg zu übernehmen, in den Österreich verwickelt wäre. Nach dem Sieg wurde Italien die Berichtigung seiner Grenze in Nizza und Tirol versprochen, der Kanton Tessin (falls die Schweiz ihre Neutralität verletzen sollte), ein Marinestützpunkt in Tunesien, Kriegskostenentschädigung und diplomatische Unterstützung bei gewissen Auseinandersetzungen mit dem Papst. Am 15. Mai telegraphierte Metternich: «Endgültige Fassung mit Italien erreicht. M. de Vimercati reist nach Florenz ab. Annahme fast sicher.»[57]

Metternichs Zuversicht sollte enttäuscht werden. In Florenz hatte man den Preis erhöht. Das Kabinett des Ministerpräsidenten Luigi Menabrea beschloß, zusätzlich zu den bereits verheißenen Zugeständnissen, die Isonzogrenze von

Österreich zu fordern und die Räumung Roms durch die französischen Truppen.[58] In Frankreich verzögerten unterdessen andere überraschende Entwicklungen die Unterzeichnung des Vertrages. Eine Parlamentswahl am 23. Mai ging für die Regierung schlecht aus. Im Juni weckten fünf Tage andauernde Krawalle auf den Straßen von Paris allenthalben Zweifel an der Stabilität des napoleonischen Regimes. Ende des Monats mußten Rouher und La Valette den Angriffen der erstarkten Opposition in der neuen Kammer weichen und zurücktreten. Napoleon stand vor der Wahl, entweder zu einem diktatorischen Regiment zurückzukehren oder auf dem Wege zu einer parlamentarischen Regierung voranzuschreiten. «Die Lage ist ernst», berichtete Metternich niedergeschlagen. «Eine *entscheidende* Krise steht bevor.»[59]

Der Kaiser entschloß sich, es mit einer parlamentarischen Regierung zu versuchen. Die Übergangszeit dauerte aber ein halbes Jahr. Im Interimskabinett wußte von dem geplanten Bündnis nur der Außenminister, der Fürst von la Tour d'Auvergne. Dieser weigerte sich jedoch wegen seiner befristeten Amtsgewalt, irgendwelche Schritte zu dessen Abschluß zu unternehmen.[60] Am 20. August 1869 legte sich Napoleon mit einem Anfall des ihn schon seit langem plagenden Blasenleidens ins Bett und war dann für einen Monat handlungsunfähig. Da das Regime noch ganz auf seinen Willen angewiesen war, pausierte während dieser Zeit die Politik. Im September erregten Gerüchte von einer Tripel-Allianz, die anscheinend die italienische Regierung lanciert hatte, die europäische Öffentlichkeit und beunruhigten die Kanzleien. Lord Clarendon eilte nach Paris, um sich zu unterrichten. Napoleon, blaß und schwach, leugnete alles bis auf gewisse *pourparlers*, die jedoch zu keinem Ergebnis geführt hätten.[61]

Tatsächlich glaubte er, daß etwas erreicht worden sei. Denn obwohl der Entwurf vom 10. Mai nicht unterzeichnet wurde, hielten sich doch alle drei an den Verhandlungen beteiligten Monarchen für mindestens «moralisch» verpflichtet, das entworfene Abkommen einzuhalten. Von Viktor Emanuel erhielt der Kaiser im September einen Brief, in welchem der König auf «die Idee einer Tripel-Allianz» zurückkam und der Hoffnung auf deren baldigen Abschluß Ausdruck gab, wofür freilich der vorherige Abzug der französischen Truppen aus Rom Bedingung sei. Mithin durfte Napoleon glauben, daß ein Bündnis mit Italien möglich sei, sobald die katholische öffentliche Meinung in Frankreich von der Notwendigkeit des Abzugs der französischen Truppen aus Rom überzeugt werden konnte.[62] Am 24. September schrieb er an seinen «guten Bruder» Franz Joseph, falls Österreich von einem Angreifer bedroht würde, werde er nicht einen Augenblick zögern, dem Angegriffenen alle Streitkräfte Frankreichs zur Seite zu stellen. Weiter versicherte er dem Kaiser, daß er ohne dessen vorherige Zustimmung keine Verhandlungen mit einer anderen auswärtigen Macht aufnehmen würde.[63]

Franz Josephs Antwort auf dieses Schreiben ist verschollen. Anscheinend erbot auch er sich, nicht mit einer dritten Macht in Verhandlungen einzutreten, ohne vorher Frankreich zu informieren, gab aber kein dem französischen korrespondierendes Versprechen, Frankreich im Kriegsfalle unter allen Umständen militärischen Beistand zu leisten.[64] Dennoch verharrte zu Beginn des schicksalhaften Jahres 1870 Napoleon in der Illusion, daß die österreichische Allianz «moralisch ratifiziert» worden sei.[65] Beust dagegen beharrte auf dem Standpunkt, daß bei Ausbruch eines französisch-preußischen Krieges Österreich neutral bleiben müsse. Seine Strategie war die gleiche, die Napoleon 1866 verfolgt hatte, und er sollte damit nicht mehr Erfolg haben als damals der Kaiser mit seinem Versuch, im kritischen Moment einzugreifen, um sich einen maximalen Gewinn bei minimalem Kostenaufwand zu verschaffen.[66]

Bismarck setzte bei der Entente mit Rußland nicht auf vertragliche Vereinbarungen, sondern auf Interessengleichheit. Napoleon aber wollte an die Existenz einer Allianz mit Österreich glauben, die weder durch einen unterzeichneten Vertrag noch durch real gegebene Interessensolidarität gesichert war. Dies waren die Umstände, als der realistischste politische Stratege des Jahrhunderts zum Endkampf gegen dessen erfolgreichsten romantischen Abenteurer antrat.

V

Die Ursprünge des Krieges von 1870–1871

Das Problem der «Kriegsschuld»

Am 3. Juli 1870 erschienen Berichte in der europäischen Presse, denen zufolge die Krone Spaniens einem Hohenzollernprinzen angeboten worden war. Zwei Wochen später stürzten Frankreich und Deutschland in den ersten wahrhaft «nationalen Krieg», den Europa seit 1815 gesehen hatte. Und wie schon die Teilnehmer an diesem Krieg, haben sich dann auch dessen Historiker nicht darüber einigen können, wer diesen Krieg, der auf Generationen die politische Atmosphäre in Europa vergiftete, zu verantworten habe. Deutsche Gelehrte neigten lange dazu, Bismarck von jeder Schuld freizusprechen und Frankreich zu beschuldigen, das den Krieg angefangen habe, weil es die Einigung Deutschlands nicht ertragen und den Krieg zur Konsolidierung einer neuen, schwankenden Regierung gut brauchen konnte.[1] Andere Hisoriker meinen, daß Bismarck diesen Krieg provoziert habe und die Franzosen dann in ihrer Ungeschicklichkeit und Kriegslüsternheit seinen Wünschen sehr entgegengekommen seien. Nachdem in den Jahren 1866–1867 der erste Schritt zur deutschen Einheit getan war – so das Argument –, mußte der zweite folgen. Der Aufstieg des Partikularismus in Süddeutschland, die zunehmende Widerspenstigkeit der nationalliberalen Verbündeten, die bevorstehenden Wahlen zum preußischen Landtag und zum Reichstag sowie die Aussicht auf eine Erneuerung des Konflikts zwischen Krone und Parlament über den eisernen Etat ließen Bismarck 1871 keine andere Wahl, als das deutsche Verlangen nach nationaler Einigung zu befriedigen. Er mußte mit dem Strom schwimmen.[2]

Bismarcks Verteidiger können auf eine beeindruckende Sammlung von Äußerungen ihres Mandanten während der Jahre 1869–1870 verweisen, in denen dieser zwar die Möglichkeit eines Krieges mit Frankreich einräumte, sich aber gegen die Unterstellung verwahrte, er wolle einen solchen Krieg. Unter den beredtesten Zeugnissen dieser Haltung ist der berühmte Erlaß an den preußischen Gesandten in München, Georg Freiherr von Werthern, vom 26. Februar 1869. Werthern war angesichts der in Süddeutschland wenig günstigen Aussichten für die nationale Sache zutiefst entmutigt und hatte deshalb den Entschluß der preußischen Führung kritisiert, der 1866 die Österreicher davor bewahrt hatte, den Einmarsch preußischer Truppen in Wien erleben zu müssen. Bismarck wies diesen Tadel mit einer Lektion über die Bedingungen politischen Handelns zurück: «Daß die deutsche Einheit durch gewaltsame Ereignisse gefördert werden würde, halte auch ich für wahrscheinlich. Aber eine ganz andere Frage ist der Beruf, eine gewaltsame Katastrophe herbeizuführen, und die Verantwortlichkeit für die Wahl des Zeitpunkts. Ein willkürliches, nur nach subjektiven Gründen bestimmtes Eingreifen in die Entwicklung der Geschichte hat immer nur das Abschlagen unreifer Früchte zur Folge gehabt; und daß die deutsche Einheit in diesem Augenblicke keine reife Frucht ist, fällt meines Erachtens in die Augen ... Wir können die Uhren vorstellen, die Zeit geht aber deshalb nicht rascher, u(nd) die Fähigkeit zu warten, während die Verhältnisse sich entwickeln, ist eine Vorbedingung practischer Politik.» Er empfahl Werthern deshalb, sich in Geduld zu fassen. Seit dem Regierungsantritt Friedrichs des Großen und namentlich seit dem Jahre 1840 sei doch für die Herstellung der nationalen Einheit schon viel geschehen: «Wenn in der Richtung auf dieselbe die kommende Zeit ebenso fortschreitet, ... so können wir der Zukunft mit Ruhe entgegensehen und unseren Nachkommen das Weitere zu tun überlassen.»[3]

Im Herbst 1869 kehrte König Wilhelm von einem Besuch bei seinem Schwiegersohn in Karlsruhe sehr verstört zurück. Wenn man den Wunsch der süddeutschen Freunde Preußens nach Vereinigung mit dem Norden noch länger unerfüllt ließe, meinte er, würde man sich diese auf die Dauer entfremden.[4] Am 20. November versicherte ihm Bismarck, daß die nationale Einigung Deutschlands «das ferner liegende und größere» Ziel der preußischen Politik in Süddeutschland bleiben müsse: «Wir können dieselbe mit Sicherheit vom Laufe der Zeit und von der natürlichen nationalen Entwicklung, welche jedes Jahr Fortschritte macht, erwarten», schrieb er. (Wilhelm: «Einverstanden».) Als das nähere Ziel seiner Politik in Süddeutschland bezeichnete er es, zu verhindern, daß München und Bayern «zu einer Basis der österreichisch-französisch-ultramontanen Bestrebungen gegen uns» gemacht würden. Er fürchtete die «Kalamität», daß «der König von Bayern ... statt des Fürsten Hohenlohe einen katholisch-österreichischen Minister nimmt und der ganze, bisher günstige Entwicklungsprozeß der nationalen Sache in Bayern auch in den dortigen Kammern und für die nächsten Zollparlamentswahlen einen Rückschlag erfährt.»[5]

Im Dezember 1869 berichtete Robert von Keudell, daß französische Geschäftsleute, mit denen er während einer Seereise nach Alexandria gesprochen habe, die Überzeugung geäußert hätten, daß ein Krieg mit Preußen unvermeidlich sei. Jeder einzelne dieser Herren habe ihm unter vier Augen versichert, daß in Frankreich die gesamte Geschäftswelt der Meinung sei, das Vertrauen in die Zukunft könne nur durch eine militärische Entscheidung zwischen den beiden Mächten wiederhergestellt werden. Bismarck erwiderte, daß auch deutsche Geschäftsleute diese Meinung teilten – was bei ihnen aber eine Reaktion auf die französische Haltung sei. Erst jüngst hatte sich sein Bankier Gerson Bleichröder für einen Krieg ausgesprochen, um «die Lage zu klären». Bismarck fand diese Haltung verwerflich: «Man müsse fortfahren, die Ursachen eines möglichen Kriegsfalls wegzuräumen und der beruhigenden Wirkung der Zeit vertrauen. Niemand könne die Verantwortung für den Ausbruch eines Kampfes übernehmen, der

«Das schwarze Gespenst». Bismarck und Napoleon malen sich gegenseitig so schwarz wie möglich, um öffentliche Unterstützung für ihre Militärausgaben zu erhalten. (Wilhelm Scholz, *Kladderadatsch*, 20. Juni 1869)

vielleicht nur der erste einer Reihe von Rassenkriegen sein würde.»[6] Selbst Vincent Graf von Benedetti der französische Botschafter in Berlin, war von den «friedlichen Anschauungen» des Königs und des Kanzlers und von deren Entschlossenheit überzeugt, keinen «bedauerlichen Zwischenfall» zu provozieren.[7]

Doch am 18. Februar 1870 kam es in München zu der von Bismarck befürchteten Lage. Das Hohenlohe-Kabinett trat zurück, und die Partikularisten übernahmen die Macht. Äußerlich – den Franzosen und der deutschen Öffentlichkeit gegenüber – bewahrte Bismarck die Ruhe. Am 23. Februar hörte Benedetti ihn sagen, daß der fortschreitende Strom der deutschen Entwicklung gleichwohl unaufhaltbar sei.[8] Am folgenden Tag sprach er sich im Reichstag gegen Laskers Antrag, die Vereinigung Badens mit dem Norddeutschen Bund nicht länger aufzuschieben, mit der Begründung aus, daß die deutsche Einheitsbewegung auch «in Bayern und Württemberg trotz allem, was wir von dorther hören, doch in einem stetigen, mäßigen Fortschritt begriffen» sei.[9] Einige Stunden später versicherte er Moritz Busch, seinem neu ernannten Pressereferenten: «Wir haben die deutsche Frage in gutem Gange. Aber sie hat ihre Zeit – ein Jahr vielleicht – fünf Jahre – zehn möglicherweise. Ich kann sie nicht schneller machen, und diese Herren auch nicht. Aber sie können nicht warten.»[10] In einem Schreiben nach Karlsruhe am 12. März 1870 äußerte er sich weniger zuversichtlich und wollte es dahingestellt sein lassen, «ob die bisherige Schonung und Rücksicht die nationale Sache in Bayern und Württemberg gefördert habe». Immerhin hätten kürzlich auf einer Konferenz nationalliberaler Abgeordneter in Karlsruhe die Württemberger berichtet, daß die nationale Sache bei ihnen «nicht rückwärtig» gehe.[11]

Doch können diese Bemerkungen, die Bismarck an den französischen Botschafter, an den Reichstag, an seinen Pressereferenten und an eine propreußische süddeutsche Regierung richtete, gewiß nicht als aufrichtiger Ausdruck seiner Einschätzung der Lage gelten. Bismarck versuchte hinter ihnen seine Enttäuschung über den Rückschritt der nationalen Sache in Süddeutschland zu verbergen. Der seit Anfang Januar betriebene Kaiserplan beweist, daß Bismarck sich gedrängt fühlte, während des Jahres 1870 mit der Lösung der nationalen Frage voranzukommen. Er bedurfte einer neuen Verklärung durch das Nationalgefühl, einer Aura, die ihm helfen würde, das Ergebnis der bevorstehenden Wahlen zum Norddeutschen Reichstag und zur preußischen Abgeordnetenkammer in seinem Sinne zu beeinflussen und den voraussehbaren Angriff der Liberalen auf den eisernen Etat zurückzuschlagen. Dennoch irrte wohl Lord Clarendon in der Annahme, daß Bismarck vorhabe, mit Hilfe des Kaiserplans einen Krieg mit Frankreich herbeizuführen.[12] Die Frage war als Casus belli nicht sonderlich geeignet. Anscheinend glaubte er, daß die Vollendung der Einigung Deutschlands weniger von seinen Initiativen abhängen würde als von den Gelegenheiten und sogar Notwendigkeiten, die sich aus der politischen Lage in Frankreich ergeben mochten.

Anfänglich dachte Bismarck, daß die französischen Wahlen am 23. Mai 1869 dem liberalen Empire in Frankreich größere Stabilität verleihen und mithin friedensstiftend wirken würden. Die dabei offenbar gewordene Stärke der radikalen Opposition, so meinte er, würde die besitzenden Klassen nötigen, Napoleon zu unterstützen. Die überwältigende Mehrheit der französischen Nation wollte den Frieden. Durch ihre Unterstützung bestärkt, würde Napoleon, von dessen persönlicher Abneigung gegen den Krieg Bismarck überzeugt war, dem Druck der von Rouher geführten relativ kleinen Kriegspartei, der sogenannten «Arkadier», besser widerstehen können.[13] Wenige Monate später hatte Bismarck schon gute Gründe, seine Meinung zu ändern. Anfang November 1869 begann Napoleon auf Erfüllung des Artikels 5 des Prager Vertrages zu drängen, nämlich auf Rückgabe des nördlichen Schleswig an Dänemark. Er entsandte einen seiner Vertrauten, den Grafen Émile Fleury, nach Petersburg mit der Bitte um russische Unterstützung. Die Nachricht von dieser Demarche erneuerte bei Bismarck die Überzeugung, daß die Pariser Politik «rathlos und deshalb unberechenbar» sei. Er fürchtete, daß ein Notenwechsel über die Angelegenheit zwischen Berlin und Paris zum Krieg führen könnte. Um das zu verhindern, nahm er in Petersburg eine feste Haltung ein, und so ging der Zwischenfall vorüber.[14]

Am 27. Dezember 1869 tat Napoleon den letzten Schritt zur Errichtung einer parlamentarischen Regierung, indem er Émile Ollivier, den Führer der Opposition, mit der Bildung eines Kabinetts beauftragte. Nach Bismarcks Meinung erhöhte diese Entwicklung die Unberechenbarkeit der französischen Außenpolitik. Ende Februar 1870 erklärte er Busch: «Die Arkadier warten nur auf ein Ereignis in Deutschland. Napoleon ist bis jetzt gut, aber wetterwendisch. Wir könnten einen Krieg mit Frankreich führen und siegen: es würden aber vier bis fünf daraus werden, und so wäre das Thorheit, wo nicht Verbrechen, wenn man es auf friedlichem Wege erreichen kann. Es können in Frankreich kriegerische und revolutionäre Situationen eintreten, wo das jetzt spröde Metall weicher ist.»[15] Die Reichstagsrede des Kanzlers am 24. Februar war darauf berechnet, die neue Regierung in Paris zu stärken, weil «sie für uns Frieden verheißt». Nach Karlsruhe schrieb er, daß das konstitutionelle Regime in Frankreich sich für Deutschland nicht unbefriedigend entwickle; sollte das Experiment gelingen, würde es der französischen Entwicklung eine friedliche Richtung geben, welche die Unabhängigkeit der Nachbarn Frankreichs begünstigen würde.[16] Dennoch erklärte er im März 1870 dem sächsischen Staatsminister Richard Freiherr von Friesen während eines vertraulichen Gesprächs, er sehe «einen baldigen Krieg mit Frankreich als eine unabweisbare Notwendigkeit an» – eine Notwendigkeit sowohl für Napoleon, dessen Regime immer instabiler werde, als auch für Deutschland, dessen Entwicklung durch die Ungewißheiten der französischen Politik behindert werde.[17]

Abermals darf man bezweifeln, ob Bismarck dem Journalisten, dem Reichstag und einer süddeutschen Regierung rückhaltlos anvertraute, was er zu diesem Zeitpunkt über die angesprochene Frage dachte. Indessen wiegt, was er zu Friesen sagte, ziemlich schwer, denn Sachsen war der nach Preußen wichtigste Gliedstaat des Norddeutschen Bundes, und im Kriegsfall würde Preußen auf Sachsens Unterstützung angewiesen sein. Nichtsdestoweniger wäre es wohl ein Fehler, Bismarcks Rede von der «Unabweislichkeit» des bevorstehenden Krieges als Ausdruck seiner Absicht zu verstehen, diesen Krieg herbeizuführen. Man würde bei einer solchen Auslegung seiner Worte zu Friesen die Elastizität seines Denkens und Urteils unterschätzen. Um das deutsche Nationalgefühl zu mobilisieren, mußte ein Krieg gegen Frankreich als Verteidigungskrieg geführt werden. Frankreich mußte dabei als der Aggressor dastehen, als ein Feind, der Deutschland an der Wahrnehmung seines natürlichen Rechts auf nationale Selbstbestimmung zu hindern trachtete. Obwohl Ollivier sich öffentlich für eine Friedenspolitik ausgesprochen hatte, bestand doch die Möglichkeit, daß die konstitutionellen Reformen das Regime schwächten und schließlich auf eine Revolution hinausliefen. Das innere Chaos würde dann Frankreichs äußere Macht mindern und das Interesse der Franzosen von Deutschland abziehen. Wenn sich die Armee seiner Kontrolle zu entziehen drohte, mochte Napoleon überdies versuchen, die innere Unzufriedenheit auf äußere Abenteuer abzulenken. Es gab auch anderswo in Europa Unruheherde, über welche die Großmächte in Streit geraten mochten, was dann Deutschland die Freiheit geben, ja sogar nötigen würde, seine Einigung zu vollenden.[18]

Bismarck hat sich vor Zwangsjacken immer gehütet, sein bevorzugtes Kleidungsstück war der Mantel, den man jederzeit wenden kann. Ungern legte er sich eher als unbedingt nötig im voraus auf diese oder jene Handlungsweise fest. Gewöhnlich hielt er für die Probleme, die ihm begegneten, mehr als nur eine einzige mögliche Lösung bereit. So auch im Jahre 1870. Die Möglichkeit einer allmählichen, evolutionären Fortsetzung des Einigungsprozesses – die durch innere Schwierigkeiten Frankreichs begünstigt werden mochte – schien ihm noch immer gegeben. Andererseits vergaß er nicht, daß in der Vergangenheit (1813–1815, 1840, 1858 und 1867) die Furcht vor Frankreich bei den Regierungen und Völkern Deutschlands höchst wirksam das Nationalbewußtsein erregt hatte. Haß gegen einen auswärtigen Feind, nicht spontane Vaterlandsliebe hatte sich als das stärkste Mittel zur Überwindung separatistischer Bestrebungen erwiesen. Ein Krieg mit Frankreich konnte also auf einen Schlag bewerkstelligen, was anders die Mühen einer Generation erfordern würde.

Die Hohenzollern-Kandidatur

Der eigentliche Grund des Krieges von 1870 war ein Interessenkonflikt. Mit dem Ziel der preußischen Expansion hatte Bismarck sich die Forderung nach nationaler Selbstbestimmung des deutschen Volkes zu eigen gemacht, deren Erfüllung nur auf Kosten Frankreichs möglich war. Seit 1866 fürchteten die Franzosen die Konsolidierung eines mächtigen Staates an ihrer östlichen Grenze, zumal noch keineswegs sicher war, daß sie hinreichend entschädigt werden würden, um ihr eigenes relatives Gewicht im europäischen Kräftespiel bewahren zu können. Was dann in dieser gespannten Lage die Explosion auslöste, war im Sommer 1870 die unerwartete Ankündigung, daß ein Hohenzollernprinz den Thron von Spanien besteigen würde.

Im September 1868 hatte eine schon seit langem erwartete Revolution Königin Isabella II. gestürzt. Eine Übergangsregierung, der als Regent und Premierminister die Marschälle Francisco Serrano y Domínguez und Juan Prim vorstanden, übernahm die Macht. Da man nach den schlechten Erfahrungen, die man in neuerer Zeit mit Herrschern aus diesem Hause gemacht hatte, nicht wieder einen Bourbonen krönen wollte, bemühten sich die beiden Offiziere, einen fremden Fürsten zum König zu erheben. Im Interesse der iberischen Einheit wäre ihnen ein Prinz aus dem regierenden Hause Portugals am liebsten gewesen, doch dort wurde ihr Begehren abschlägig beschieden. Auch zwei italienische Fürsten lehnten die Einladung ab. So wandten sich die Spanier denn nach Deutschland, wo geeignete Kandidaten für europäische Throne von jeher reichlich zur Auswahl standen. Unter diesen kam für die Spanier in erster Linie Prinz Leopold von Hohenzollern-Sigmaringen in Frage, der Sohn des Fürsten Karl Anton, der das Haupt der süddeutschen und katholischen Linie des preußischen Herrschergeschlechts war. Prinz Leopold war verheiratet mit Doña Antonia, einer Schwester König Ludwigs von Portugal. Eines Tages mochte sie oder eines ihrer Kinder den portugiesischen Thron erben. Erst kürzlich war Leopolds Bruder Karl zum Herrscher von Rumänien erwählt worden.[19]

Die Franzosen mußten diese Kandidatur allerdings als Bedrohung ihrer Interessen empfinden. Obwohl die beiden Zweige der Hohenzollernfamilie nur entfernt miteinander verwandt waren, standen sie doch schon seit einiger Zeit in enger Beziehung. Karl Anton war Ministerpräsident der «Neue-Ära»-Regierung in Preußen gewesen, und gegenwärtig war er Militärgouverneur des Rheinlands und Westfalens. In Preußen wurde er als «Königliche Hoheit» tituliert, seine Söhne wurden als königliche Prinzen behandelt und wohnten im königlichen Schloß. Leopold war preußischer Offizier und hatte 1866 am Krieg teilgenommen. So waren die Sigmaringer praktisch Angehörige des preußischen Königshauses. Dem Familiengesetz entsprechend durfte Leopold ohne Einwilligung Wilhelms keine Krone annehmen. Allerdings waren die Sigmaringer Hohenzollern noch enger als mit dem preußischen Zweig ihres Geschlechts mit den Bonapartes verwandt. Eine von Leopolds Großmüttern war eine Murat, die andere eine Beauharnais! Aber das zählte nicht. «Ich bin bis in die innerste Faser meines Herzens Preuße und Deutscher», schrieb er an Wilhelm.[20]

Schon ehe Leopold als Kandidat für den spanischen Thron in Betracht gezogen wurde, verfolgte Bismarck die neueste Entwicklung jenseits der Pyrenäen mit einiger Genugtuung. Man durfte erwarten, daß die Übergangsregierung – im Gegensatz zu der gestürzten Isabella – antifranzösisch und propreußisch sein würde. Die Frage der Thronfolge erschien Bismarck als «Friedens-Fontanelle», die die Franzosen von einem Angriff auf Deutschland ablenken würde. Eine Napoleon angenehme Lösung würde Preußen kaum nützen.[21] Im Dezember 1868 waren der Fürst zu Putbus und Oberst Karl von Strantz, ein Generalstabsoffizier, in Madrid, und im Mai 1869 traf Theodor von Bernhardi dort ein. Anscheinend sollten sie jedoch nur berichten, ohne zu Verhandlungen ermächtigt zu sein.[22] Doch bald

Fürst Karl Anton von Hohenzollern-Sigmaringen

Prinz Leopold von Hohenzollern-Sigmaringen

tauchten in der europäischen Presse Gerüchte auf, daß Leopold erwogen werde. Einigermaßen beunruhigt instruierte Napoleon, der wohl wußte, daß die Franzosen diese Wahl niemals dulden würden, Benedetti, sich deswegen in Berlin zu erkundigen. Bei einem Gespräch am 8. Mai 1869 teilte Bismarck dem Botschafter mit, daß in der Tat bei den Hohenzollern angefragt worden sei, der Prinz aber die Einladung auf den spanischen Thron abgelehnt habe. Als Benedetti herauszufinden versuchte, ob Wilhelm diesen Verzicht durch sein Verbot erzwungen habe, wich Bismarck aus, indem er die Frage als Scherz behandelte.[23]

Wenig später vor dem Reichstag und viele Jahre später in seinen Memoiren behauptete Bismarck, daß bis zum Juli 1870 Leopolds Kandidatur eine reine Familienangelegenheit gewesen sei, mit der er als Kanzler und Ministerpräsident nichts zu tun gehabt hätte.[24] Doch bereits im September 1869 hatte Georg von Werthern, der preußische Gesandte in München, zwischen der spanischen Regierung und den Sigmaringern vermittelt. Er führte nicht nur den Abgesandten der spanischen Regierung bei Karl Anton ein, sondern sprach sich auch in Sigmaringen für die Kandidatur aus.[25] Es ist höchst unwahrscheinlich, wenn nicht unmöglich, daß er ohne Bismarcks Wissen und – mindestens stillschweigende – Billigung handelte. Und sobald Leopold dann das spanische Angebot in aller Form gemacht wurde – im Februar 1870 –, mischte sich in die darauffolgenden Verhandlungen sehr energisch auch der Kanzler ein. An einer entscheidenden Stelle beförderte er diese sogar ohne Wissen und gegen den Willen seines Königs. Seit 1900 haben eine Reihe von Veröffentlichungen diese verborgene Seite seiner Geschichte zunehmend erhellt. Doch das volle Maß seiner Beteiligung war bis in die fünfziger Jahre dieses Jahrhunderts ein eifersüchtig gehütetes Geheimnis des Auswärtigen Amts und gewisser patriotischer deutscher Historiker.[26]

Am 24. Februar 1870 erschien Eusebio de Salazar y Mazaredo in der Düsseldorfer Residenz Karl Antons mit Briefen des Marschalls Prim an Prinz Leopold, König Wilhelm und Bismarck. Diese Schreiben unterrichteten die Empfänger von der Entscheidung der spanischen Regierung, dem Prinzen die spanische Krone anzubieten («eine glorreiche Ära eröffnet sich vor Ihnen»), vorbehaltlich der Zustimmung der Cortes. Karl Anton, der seinen Sohn beherrschte, war von der Aussicht geblendet: «Eine Dynastie, welche das Schwergewicht Zentraleuropas repräsentiert, und deren Zweige am schwarzen Meer und jenseits der Pyrenäen blühen können ... eine solche Dynastie hat seit Karl V. die Geschichte nicht wiedergesehen». Gleichwohl war er Realist genug, die Gefahren, die die Kandidatur seines Sohnes heraufbeschwor, nicht zu übersehen. «Herz und Gefühl sagen mir», schrieb er an Bismarck, «daß die Annahme dieser Krone ein gewagtes Spiel sei.» Auf die ersten Anfragen aus Madrid hatte er noch wissen lassen, daß er die Annahme seines Sohns von der Zustimmung nicht nur Wilhelms, sondern auch – im Interesse «des europäischen Friedens und der europäischen Ruhe» – Napoleons abhängig zu machen gedenke. Nun aber ließ er die auf eine Ablehnung hinauslaufende Bedingung fallen, daß die Franzosen der Kandidatur zustimmen müßten. Er sah voraus, daß «ein Hohenzoller in Spanien ein wüstes Geschrei im preußen-feindlichen Europa hervorrufen und die Lösung mancher schwebenden Frage entweder beschleunigen oder hinterhalten» würde. Sein Sohn würde sich deshalb nur mit der rückhaltlosen Unterstützung der preußischen Regierung behaupten können. Anscheinend wollte er Wilhelm veranlassen, die Annahme der Krone im Interesse des preußischen Staates zu befehlen. Diese Taktik empfahl sich dem ehrgeizigen Vater um so mehr, als sein Sohn ernstliche Bedenken hatte, die ihm angetragene Ehre anzunehmen, und er selbst sich nicht ganz sicher war, ob Leopold wirklich das Zeug zum Herrscher Spaniens hatte.[27]

In Briefen an Wilhelm und Bismarck äußerte Karl Anton am 25. Februar 1870 die Hoffnung, daß der König «die unbedingte Ablehnung» des Angebots befehlen werde. Doch, fuhr er fort, wenn das Interesse der preußischen Macht die Annahme des Angebots erfordern sollte, «so bin ich ein zu treuer Patriot, um nicht alles daran zu setzen, daß mein Sohn sich zur Übernahme dieser schweren Bürde geneigt und bereit erzeigt». Im gleichen Sinne sprach sich am 2. März in einem Brief an den König auch Leopold aus. Die Unsicherheit der Lage in Spanien sei ihm bekannt, und er wisse um die Schwierigkeiten, denen er in Madrid zu begegnen haben würde. Es fehle ihm zugleich der Ehrgeiz und die nötige Erfahrung, dieses turbulente Land zu beherrschen. Die Aussicht sei nicht anziehend für ihn. Wenn jedoch höhere politische Rücksichten und die Ausdehnung der Macht und des Glanzes des Hauses Hohenzollern es verlangten, so werde er seine Pflicht tun, als «Hohenzoller, Soldat und Untertan».[28]

Ende Februar schien die Angelegenheit ins Stocken geraten zu sein. Karl Anton verweilte abrufbereit auf seinem Posten in Düsseldorf. Salazar erwartete in Berlin ungeduldig eine Antwort auf das spanische Angebot. Auch Leopold war in Berlin und suchte Bismarck zu sprechen. Doch der Kanzler, der den Anschein aufrechterhalten wollte, daß er mit der Sache nicht befaßt sei, war krankheitshalber, wie es hieß, während mehrerer Tage nicht für ihn zu sprechen. Als die beiden einander am 28. Februar auf einem Ball in der britischen Botschaft begegneten, sagte Bismarck, daß ein Hohenzoller auf dem Thron von Spanien den Glanz der Dynastie nur erhöhen könne, und gab zu bedenken, daß Leopolds Weigerung zur Wahl eines bayerischen Prinzen führen könnte, der römischen Einflüssen zugänglich sein und den Ultramontanen in die Hände arbeiten würde. Leopold hatte nach dem Gespräch den Eindruck, daß die Entscheidung über die spanische Frage nur wegen der gegenwärtigen Beanspruchung der Regierung durch den Reichstag und die süddeutschen Verhältnisse verzögert worden sei. Am 1. März berichtete er dem Vater, daß zwar Bismarck seine Kandidatur befürworte, jedoch einstweilen weder der König noch der Kronprinz zu einer Entscheidung gelangt seien.[29] Niemand in der Wilhelmstraße wollte ihm sagen, daß der König entschieden gegen Leopolds Kandidatur war.

Tatsächlich hatte Karl Antons Brief vom 25. Februar den König wie «ein Blitz aus heiterer Luft auf den Leib» getroffen. Er schrieb umgehend an Bismarck, um diesen wissen zu lassen, daß er vehement «gegen die Sache» sei. Nach Erhalt dieser Zeilen verschloß der Kanzler allen Besuchern seine Tür und setzte sich hin, um die Angelegenheit zu durchdenken.[30] Wenn wir nur wüßten, was ihm in jenem stillen Zimmer durch den Kopf ging, Anfang März 1870, würden sich viele Auseinandersetzungen über seine Absichten erübrigen. Wir wissen es aber nicht. Wir wissen nur, daß er irgendwann in jenen Tagen dem Freiherrn von Friesen in einem vertraulichen Gespräch, wie berichtet, sagte: «Er sehe einen baldigen Krieg mit Frankreich als eine unabweisbare Notwendigkeit an.»

Allerdings liegt uns ein Dokument vor, das wohl als Ergebnis jener einsamen Überlegungen angesehen werden kann, eine an König Wilhelm gerichtete und auf den 9. März datierte Denkschrift, in welcher Bismarck sich entschieden für Leopolds Kandidatur einsetzt. Wilhelms beißende Randbemerkungen zeigen, daß Bismarcks Gründe ihn nicht überzeugten: «Die Friedensliebe Frankreichs gegen Deutschland würde immer im Verhältnis der Gefahren des Krieges mit Deutschland wachsen oder abnehmen», schrieb Bismarck. Eine mit Deutschland sympathisierende Regierung in Spanien würde Napoleon zwingen, stets mindestens ein französisches Korps an der spanischen Grenze zu belassen. (Wilhelm: «Wie lange würden diese Sympathien dauern?» Und: «Welcher Machthaber in Spanien würde im Stande sein, eine solche Politik zu *garantieren*?«) Warnend wies Bismarck darauf hin, daß die Krone bei einer Ablehnung Leopolds wahrscheinlich an einen Wittelsbacher gehen würde, womit sowohl Madrid als auch München unter französischen, österreichischen und römischen Einfluß zu kommen drohten. (Wilhelm: «Diese Hypothesen sind möglich, aber auch möglich ist das Nicht-Eintreten derselben.») Auch daß Spanien republikanisch und eine Quelle revolutionärer Unruhe in ganz Europa werden könne, führte Bismarck ins Feld. («Diese *Möglichkeiten* sind nicht in Abrede zu stellen, doch scheint mir das pro und contra gleich zu stehen?») Bismarck bewertete auch die wirtschaftlichen Vorteile der Kandidatur sehr hoch. Sein Hauptargument galt jedoch der nationalen Psychologie: «Das Ansehen der Dynastie der Hohenzollern, der gerechte Stolz, mit dem nicht nur Preußen auf sein Königshaus blickt, sondern auch Deutschland sich mehr und mehr gewöhnt, auf diesen Namen als auf ein gemeinsames, nationales Besitztum, als auf ein Symbol deutschen Ruhmes und deutschen Ansehens im Ausland stolz zu sein, dieses wichtige Element politischen Selbstgefühls zu heben und zu stärken, das würde der Kräftigung des Nationalgefühls überhaupt, und zwar in monarchischer Richtung, zustatten kommen. Es liegt daher im politischen Interesse Deutschlands, daß das Haus Hohenzollern das Ansehen und die hohe Weltstellung einnehme, welche nur in den Habsburgischen Antezedentien seit Karl V. eine Analogie haben. Dieses Element des Stolzes auf die Dynastie ist ein keineswegs gering anzuschlagendes Gewicht für die Zufriedenheit unseres Volkes und die Konsolidation unserer Verhältnisse.»[31]

Doch Wilhelm bezweifelte, daß das unruhige Spanien eine ausländische Dynastie lange dulden würde, und der Sturz eines Hohenzollern dort könne dem Ansehen des ganzen Hauses nur empfindlich schaden. Die Fata Morgana einer in ganz Europa herrschenden Hohenzollerndynastie, deren Stellung jener des Hauses Habsburg im frühen 16. Jahrhundert vergleichbar wäre, verführte ihn nicht.

Am 15. März 1870 beauftragte Bismarck Roon, Moltke, Delbrück und Staatssekretär Hermann von Thile, seine Ansicht bei einem Kronrat zu unterstützen, der während eines Essens in den Räumen Karl Antons im Berliner Stadtschloß stattfand. Wilhelm jedoch blieb – mit zögernder Unterstützung des Kronprinzen – bei seiner Weigerung. Er habe «große Bedenken» gegen die Annahme der Krone und werde ihr nur zustimmen, sagte er, wenn Leopold selbst die Annahme als seine Pflicht ansehe.[32]

Damit war die Angelegenheit jedoch nicht erledigt. Zu viele Parteien waren an ihr interessiert. Anstelle des abgeneigten Leopold, schlug Karl Anton vor, könne man ja auch seinen dritten Sohn, Friedrich, auf den Thron von Spanien erheben. Doch «Fritz» befand sich eben inkognito auf Reisen im Ausland. Als man ihn endlich ausfindig machte, lehnte er das Angebot ab und machte dafür die gleichen Gründe geltend, die sein Bruder Leopold angeführt hatte. Auch diesmal weigerte Wilhelm sich, den Auserwählten gegen seinen Willen zu der Kandidatur zu nötigen. Er war noch immer nicht davon überzeugt, daß die Frage die Interessen des preußischen Staates betreffe. Unterdessen hatte Bismarck seinen Gehilfen Lothar Bucher und den Stabsoffizier Major von Versen nach Spanien geschickt, um dort nähere Umstände zu erkunden, welche auf die Entscheidung des Prinzen Einfluß haben mochten. Mitte April erkrankte der Kanzler in Varzin an Gelbsucht und war, durch politische Enttäuschung und aufsteigenden Zorn zusätzlich angeschlagen, fast fünf Wochen lang handlungsunfähig. Die enthusiastischen Berichte Buchers und Versens, die in der Zwischenzeit aus Spanien eintrafen, verfehlten die gewünschte Wirkung auf den König. Die beiden Gesandten wurden zurückberufen, und am 4. Mai ging ein Telegramm nach Madrid ab, daß der Affäre ein Ende zu setzen schien. «Die Spanische Sache hat einen elenden Verlauf genommen, die zweifellose Staatsraison ist den fürstlichen Privatneigungen und ultramontanen Frauen-Einflüssen untergeordnet worden», schrieb Bismarck aus Varzin an Delbrück: «Die Verstimmung hierüber lastet seit Wochen schwer auf meinen Nerven.»[33]

Doch in Spanien gab man sich mit dem ablehnenden Bescheid nicht zufrieden. Prim hatte alle Hoffnungen in einen Hohenzollernprinzen gesetzt. Auf Buchers Rat ignorierte er das Telegramm und erwartete ungeduldig Bismarcks Genesung.[34] Unterdessen malte der sanguinische Versen Leopold und seinem Vater ein rosiges Bild der spanischen Verhältnisse. Am 24. Mai konnte er dem nach Berlin zurückgekehrten Bismarck melden, daß Karl Anton eingewilligt habe, sich die Sache noch einmal zu überlegen – «im Interesse des Staats». In einem Brief an den Fürsten soufflierte Bismarck diesem vier Tage später bereitwillig das fehlende Motiv. «Es ist mir heut wie früher zweifellos, daß Deutschland ein wesentliches Interesse daran hat, und daß in kritischen Momenten die Zunge der Waagschale dadurch bestimmt werden kann, ob wir in Madrid Freunde oder Gegner wissen.» Wilhelm war entrüstet. Er hatte die Sache schon für «tot und begraben» gehalten. Entsprechend seiner früheren Haltung erklärte er jedoch auch jetzt, daß er sich der Neigung keines Hohenzollernprinzen, die Krone anzunehmen, widersetzen werde. Und diesmal hörte Leopold den Ruf der Pflicht und des Schicksals.[35]

Nach diesem Erfolg zog sich Bismarck am 8. Juni abermals nach Varzin zurück, um sich dort einer «drastischen Kur» mit auf Flaschen gezogenem Karlsbader Wasser zu unterziehen. Auf weitere Anfragen antwortete er, daß er kein Codebuch zur Verfügung habe, von allen Verbindungen mit dem Amt abgeschnitten sei und sich deshalb gegenwärtig Staatsgeschäften nicht widmen könne. Der Abschluß der Verhandlungen sei übrigens Sache der Beteiligten. Gegenstand derselben sei ja eine Familienangelegenheit, in der die preußische Regierung nichts zu sagen habe.[36] Dies war die Haltung, die er bald auch gegenüber Frankreich, Europa und der Nachwelt einnehmen würde.

Doch diese Haltung war ein Täuschungsmanöver. Karl Anton hatte von Anfang an versucht, die Unterstützung der preußischen Regierung für die Kandidatur seines Sohnes zu gewinnen. Am liebsten wäre ihm gewesen, wenn der König diesem die Annahme der Krone befohlen hätte; da ein solcher Befehl jedoch nicht zu haben war, gab er sich mit Bismarcks Versicherung zufrieden, daß preußisches Staatsinteresse die Annahme gebiete. Ohne diese Versicherung wäre das Projekt nicht weiter verfolgt worden. Überdies vermittelten nach Bismarcks Rückzug dessen Untergebene in seinem Auftrag zwischen den Verhandlungspartnern. Bucher begab sich eilends abermals nach Spanien und Versen zu Leopold nach Bad Reichenhall. Hermann von Thile, Bismarcks wichtigster Gehilfe im Auswärtigen Amt, hielt telegraphisch und durch Kuriere die Fäden zusammen und berichtete regelmäßig seinem Herrn und Meister nach Varzin.

Leopold reagierte auf Versens Erscheinen etwas verärgert. Er hatte sich darauf gefreut, vor der Übernahme seiner neuen Würde noch einmal einen nicht vom königlichen Protokoll reglementierten Sommer in dem bayerischen Badeort zu verbringen. Doch der Major versicherte ihm, die Angelegenheit sei dringend. Der neue König müsse in Madrid von den Cortes gewählt werden, und deren Session könne man nicht mehr lange andauern lassen. Es werde auch heftig zugunsten anderer Kandidaten intrigiert. Ehe die Cortes handeln konnten, mußten die Bedingungen der Annahme mit den Spaniern vereinbart sein. Dem Familienrecht der Hohenzollern gemäß mußte überdies Wilhelms Einwilligung förmlich erbeten und erteilt werden. Am 16. Juni eilten die beiden Männer zu Karl Anton nach Sigmaringen, um einen Brief mit der Bitte um dessen Einverständnis an den König zu entwerfen. Hier gesellten sich bald Bucher und Salazar zu ihnen, die aus Spanien mit der Nachricht eintrafen, daß die Lage kritisch und keine Zeit zu verlieren sei. Am 19. Juni reiste Bucher mit Leopolds Brief nach Bad Ems, wo der König zu seiner sommerlichen Kur weilte.[37]

An eben diesem Tage mußte Thile Bismarck melden, daß der König sehr verärgert sei.[38] Der Kronprinz, der inzwischen die Kandidatur begünstigte, hatte unbedacht erwähnt, daß Bucher in Spanien und Salazar unterwegs nach Deutschland sei und auch Versen «herumreise», obwohl Wilhelm diesem ausdrücklich befohlen hatte, auf seinen Posten nach Posen zurückzukehren. Der König habe es außerordentlich gefunden, daß dergleichen ohne seine Genehmigung geschehe. Und obwohl sie die Nerven des Kanzlers nicht reizen wolle, berichtete Thile, wünsche doch Seine Majestät über alles unterrichtet zu werden, das Salazar etwa mündlich oder schriftlich mitzuteilen habe, ehe irgendwelche Schritte getan würden. Die Nerven des Kanzlers wurden durch diese Botschaft allerdings in höchstem Maße gereizt, wie seine ironischen Randbemerkungen verraten: «sehr gelungen»; «S. M. will also die Sache mit *amtlicher allerhöchster Einmischung* behandelt haben?!»; «Die ganze Sache ist nur möglich, wenn sie fürstlich Hohenzollerisch bleibt, eine Preußische darf sie nicht werden, der König muß ohne Lüge sagen können, ich kenne sie nicht».

Was jedoch am 21. Juni in Ems geschah, beweist von neuem, daß der Rückzug aus den Verhandlungen über die Kandidatur nur vorgetäuscht war. Es gelang Bucher, nicht ohne Schwierigkeiten, die Zustimmung des Königs zu erhalten. Doch Wilhelms Mißbilligung geht aus seinem Schreiben an Leopold unzweideutig hervor: «Du hast einen Entschluß gefaßt, den Du früher, nach meiner Überzeugung, vollbewußt mit Recht zurückgewiesen hattest. Jetzt findest Du die im Winter d. J. vom Minister Graf Bismarck aufgestellten politischen Absichten für staatsmännisch berechtigt und unwiderlegbar. Wäre dies von Haus aus meine Auffassung gewesen, so würde ich nicht so entschieden Deine damalige Zurückweisung der spanischen Krone gebilligt haben.»[39]

Unterdessen hatte Bismarck aus Varzin geschrieben, um sich gegen den Vorwurf zu verwahren, hinter dem Rücken des Königs gehandelt zu haben. Bucher und Versen hätten Anweisung gehabt, Prim und Leopold zu erklären, daß sie die Sache allein unter sich abmachen mußten und von der preußischen Regierung keine weiteren Schritte erwarten dürften. In Ems bemühte sich Heinrich Abeken, Vortragender Rat im Auswärtigen Amt, nach Kräften, seinen Vorgesetzten zu verteidigen. Am 22. Juni konnte er berichten, daß den König eigentlich nur das unentschlossene Schwanken seiner Sigmaringer Verwandten erbittere.[40]

Reiner Zufall vereitelte letztlich die Thronbesteigung Leopolds in Spanien. Am 21. Juni telegraphierte der hocherfreute Salazar über das preußische Auswärtige Amt dem Präsidenten der Cortes, Manuel Zorilla, daß er «um den sechsundzwanzigsten» mit Leopolds Annahme und Bedingungen in Madrid eintreffen werde. Ein Angestellter der Madrider Gesandtschaft entschlüsselte anstatt des richtigen Datums unerklärlicherweise ein «um den neunten».[41] Das hatte katastrophale Folgen. Am 23. Juni vertagte Zorilla die Cortes. Er wollte den unbeschäftigten Abgeordneten ferneres Ausharren in der Sommerhitze der Hauptstadt nicht zumuten. Im November sollten sie zurückkehren. Doch so lange konnte das Geheimnis nicht gewahrt werden. Am 2. Juli hatte es Paris erreicht. Das Öl war im Feuer.

Das Problem der Beweggründe

Was wollte Bismarck mit der Hohenzollernkandidatur erreichen? Die konzentrischen Probleme der Ursprünge des Krieges von 1870 sind um diese innerste Frage herumgelagert. Die bekannten Zeugnisse lassen ihre abschließende Beantwortung nicht zu. Das gilt selbst für die Dokumente, die geheim blieben, bis sie nach Ende des Zweiten Weltkrieges gefunden und publiziert wurden. Auch sie liefern keinen direkten Beweis für die Annahme, daß der Kanzler davon ausging, daß die spanische Affäre zum Kriege führen würde.[42] Andererseits ist diesen Dokumenten nicht schlüssig zu entnehmen, was der Kanzler zu erreichen suchte, wenn er keinen Krieg herbeiführen wollte. So muß man die Antwort aus den Bedingungen der allgemeinen Lage, aus seinen Handlungen und aus dem, was wir über seine politische Technik wissen, erschließen.

Die Vertreter der Meinung, daß seine Absicht friedlich war, weisen darauf hin, daß seine erste Demarche in der Angelegenheit am 9. März erfolgte, zu einer Zeit, da er anscheinend darauf hoffte, die deutsche Einheit durch die Proklamation eines deutschen Kaisers und die innere Destabilisierung der französischen Regierung vorantreiben zu können. Friedrich Thimme meint, bei der spanischen Kandidatur habe es sich nur um einen Umweg zu dem Ziel der Erneuerung des Kaisertums gehandelt: Der Prestigegewinn der Dynastie würde dem König, dem Kronprinzen und der deutschen Öffentlichkeit die Annahme des Kaisertitels erleichtert haben.[43] Manche deutsche Historiker nehmen noch immer die eigene Behauptung des Kanzlers für bare Münze, wonach der Zweck der Kandidatur rein defensiv gewesen sei – mit einer deutschfreundlichen Macht im Rücken würde Frankreich weniger leicht versucht sein, einen Krieg mit Deutschland zu wagen.[44]

Doch im Lichte solcher Erklärungen nimmt sich der Löwe der europäischen Diplomatie wie eine Hauskatze aus. Wer behauptet, daß Bismarck die Auswirkungen der Kandidatur in Frankreich nicht vorhersehen konnte, will uns glauben machen, daß der geschickteste Taktiker der modernen Diplomatie seine Figuren auf dem Brett der europäischen Politik so ahnungslos hin und her geschoben habe wie ein drittklassiger Schachspieler. Man müßte ihm demnach ja weniger Weitblick zutrauen als dem politischen Amateur Karl Anton, der von Anfang an «ein wüstes Geschrei im preußen-feindlichen Europa» erwartete. Noch im Augenblick der Entscheidung, als am 19. Juni in Sigmaringen der Brief mit der Bitte um Wilhelms Einwilligung zu Leopolds Kandidatur entworfen wurde, hatte Karl Anton Bedenken, wie wir von Versen wissen: «Nun kamen noch verschiedene Bedenken des Fürsten. Ja, was wird Frankreich dazu sagen? Werden daraus nicht Verwicklungen entstehen? Ich sage: ‹Bismarck sagt, die seien ihm gefunden.› Fürst: ‹Ja, der Graf Bismarck mag das wünschen, aber ist es denn im Staatsinteresse?› Ich sage: ‹Ja, Bismarck's und Staats-Interesse ist eins.› Bucher: ‹Ich kann da nur sagen, was Bismarck oft gesagt: ‹Wenn Napoleon in den letzten Jahren hätte Krieg haben wollen, hätte er Gründe genug finden können.›››[45]

Versen war zweifellos nicht in Bismarcks geheime Absichten eingeweiht. Es ist indessen offenbar, daß er, Bucher und Karl Anton sehr wohl wußten, was ihre Handlungen zur Folge haben mochten. Und sicherlich wußte Bismarck das ebensogut wie sie.

Man hat behauptet, daß die Schwere der «Komplikation», die sich aus der Kandidatur ergab, niemandes Absicht entsprach, sondern durch den zufälligen Irrtum bei der Entschlüsselung von Salazars Telegramm in Madrid verursacht wurde. Bismarck habe beabsichtigt, Frankreich mit einem *fait accompli* zu überraschen, das zu verändern nicht mehr in der Macht öffentlicher Proteste und diplomatischer Interventionen gestanden hätte. Er hätte dann einfach sagen können, daß die Angelegenheit allein die spanische Regierung und einen Privatmann angehe, der ihm keine Rechenschaft schuldig sei. Und die Franzosen hätten sich anderswo nach einem Ziel ihres Unmuts umsehen müssen.[46] Aber glaubte Bismarck wirklich, sich mit dieser List aus der Affäre ziehen zu können? Seit zwei Jahren wurde in allen Berichten aus Frankreich die extreme Erregbarkeit der dortigen öffentlichen Meinung betont und auf die Befürchtungen und Ängste hingewiesen, mit denen der Niedergang der Macht und des Ansehens Frankreichs von den Franzosen beobachtet wurde. Er selbst hatte häufig die Unberechenbarkeit der französischen Politik aus eben diesen Umständen abgeleitet. Daß der diplomatische Coup, den er vorbereitete, in Frankreich unter allen Umständen heftige Reaktionen provozieren würde, muß für ihn auf der Hand gelegen haben.

Doch erwartete er, daß diese Reaktionen zum Krieg führen würden oder nur zum Zusammenbruch des napoleonischen Regimes? Auf diese Frage kann man einigermaßen zuversichtlich erwidern, daß Bismarck mehrere Möglichkeiten in Betracht gezogen hat. Jedes dieser Resultate würde jedenfalls die deutsche Frage aus der Sackgasse herausbringen, in der sie gegenwärtig steckte, und ihm helfen, bei den kommenden Debatten über das Militärbudget zu triumphieren. Am Tage nach seiner Rückkehr aus Varzin, am 23. Mai 1870, hatte er im Reichstag erneut Gelegenheit, sich von der Nützlichkeit des deutschen Nationalpatriotismus für seine politischen Ziele zu überzeugen. Dem neu entworfenen Strafgesetzbuch drohte die Ablehnung. In zwei kraftvollen Reden während der letzten Lesung forderte er die Abgeordneten auf, Parteirücksichten dem «höheren Zweck der deutschen Rechtseinheit» zu opfern. Das Gesetzbuch wurde angenommen.[47]

Die jüngsten Ereignisse in Frankreich mögen seine Entscheidung, die Kandidatur zu betreiben, ebenfalls beeinflußt haben. Am 8. Mai hatte Napoleon zum ersten Mal seit achtzehn Jahren wieder auf das Mittel des Plebiszits zurückgegriffen, mit dem er einst seiner usurpierten Macht Legitimität verschafft hatte. Auch diesmal billigte das befragte Volk sein «liberales Empire» und erneuerte die Legitimation seines Regimes. Bismarcks Erwartung, daß das zweite Kaiserreich der Franzosen binnen kurzem an seinen inneren Widersprüchen zerbrechen würde, schien sich nicht zu bestätigen. Doch die weitere Entwicklung war noch besorgniserregender. Am 15. Mai gab Graf Daru das Außenministerium ab, das nun von Gramont übernommen wurde, dem hitzköpfigen Befürworter einer Allianz mit

Österreich. Bismarck empfand schon dessen Ernennung als eine Art Kriegserklärung. «Krieg», schrieb er an die Ränder dreier Berichte über die Politik des neuen Ministers.[48] Eben zu dieser Zeit legte er Feuer an das Pulverfaß der Kandidatur.

Während die Zündschnur bereits brannte, wandelte sich aber anscheinend Bismarcks Einschätzung der Lage in Frankreich noch einmal. Ende Mai bewegte er den König zu einem Besuch beim Zaren Alexander, der zur Kur in Ems weilte. Am 5. Juni kehrte er nach Berlin zurück, von der andauernden Solidarität der russischen Entente offenbar überzeugt. Zwei Tage später leugnete Bismarck in einer ausführlichen Erwiderung auf eine Note Bernstorffs, daß Napoleon binnen kurzem genötigt sein könnte, die steigende Spannung innenpolitischer Unzufriedenheit über den Blitzableiter eines auswärtigen Abenteuers zur Entladung zu bringen. Zum letzten Mal wiederholte er die Meinung, daß der Kaiser fürchte, mit einem Vorstoß auf den Rhein das ganze übrige Europa gegen Frankreich zu verbünden. «Daß ein unglücklicher Krieg sein und seiner Dynastie Untergang sein würde, daran zweifelt er wohl nicht», erklärte er seinem besorgten Mann in London. Er könne deshalb Bernstorffs Befürchtungen nicht teilen, «wenn ich auch natürlich der Unberechenbarkeit der europäischen Zustände volle Rechnung trage …»[49] Am folgenden Tag kehrte er nach Varzin zurück, um dort seine unterbrochene Kur fortzusetzen.

Die Hohenzollernkandidatur war ohne jeden Zweifel kein defensiver, sondern ein offensiver Akt. Die Annahme, daß er im Mai beabsichtigte, Spanien als Verbündeten bei der bevorstehenden Krise zu gewinnen, ist falsch.[50] Anders als 1866 die Italiener hatten die Spanier keinen Groll gegen Frankreich. Leopold hätte seine Herrschaft kaum damit beginnen können, sein Land für deutsche Interessen in den Krieg zu führen. Wilhelms Frage, welcher Machthaber in Spanien eine derartige Politik garantieren könne, blieb unbeantwortet. Der beste Beweis ist aber die Tatsache, daß Bismarcks erste Unterstützung der Kandidatur seiner Besorgnis im Mai um mehrere Monate vorausging und daß er, nachdem sich Anfang Juni seine Befürchtungen als unbegründet erwiesen zu haben schienen, keinen Versuch machte, die von ihm entzündete Lunte zu löschen. Statt dessen reiste er nach Varzin und ließ sie weiterbrennen.

Bismarck suchte keinen Verbündeten, sondern er wollte eine Krise mit Frankreich. Er steuerte einen Kurs, von dem er wußte, daß auf ihm ein Zusammenstoß unvermeidlich war, und er steuerte diesen Kollisionskurs, weil er Frankreich entweder zum Krieg provozieren oder diplomatisch schwer demütigen wollte. Die Historiker, die ihn von solchen Absichten freisprechen, wollen uns glauben machen, daß der klügste Diplomat der neueren Geschichte Deutschland in einen Krieg habe tappen lassen, den er eigentlich vermeiden wollte. Der Mann, der 1863, 1865 und 1867 stets gewußt hatte, wie er sich dem Abgrund nähern und dennoch, falls wünschenswert, den Frieden bewahren konnte, soll im Sommer 1870 nicht imstande gewesen sein, ohne Gewalt aus einer Situation herauszufinden, die er selbst inszeniert hatte. Dieses erstaunliche politische Genie, gewöhnlich so erfinderisch und nie um einen Ausweg verlegen, soll bei dieser einen Gelegenheit so plötzlich und vollständig versagt haben, daß es nicht verhindern konnte, was es weder beabsichtigt hatte, noch hinnehmen wollte.[51] Das alles muß man jedenfalls annehmen, wenn man an Bismarcks Unschuld glauben will.

Die Emser Depesche

Der Mann, dem die Pflicht zufiel, Bismarcks Offensive zu begegnen, war dieser Aufgabe nicht gewachsen. Es hätte zu deren Meisterung im Quai d'Orsay einer selbstbeherrschten und nüchternen Persönlichkeit bedurft, die sich hinsichtlich der Stärke und der Aussichten Frankreichs in einem Krieg gegen Deutschland keinen Illusionen hingab. Ein solcher Mann hätte gewußt, daß es galt, die Hohenzollernintrige zu demaskieren und das Prestige Frankreichs zu wahren, ohne den Frieden zu gefährden. Der Herzog von Gramont war ein Karrierediplomat aus dem Hochadel, der jahrelang im Ausland gelebt hatte. Seine Vorstellung von Frankreich entsprang der inzwischen versunkenen Ära, in welcher Frankreich die unbestrittene Vorherrschaft in Europa ausgeübt hatte. Er war ein glühender Patriot und neigte zu unbesonnenen und tollkühnen Reaktionen, wenn er meinte, daß die Ehre Frankreichs auf dem Spiel stünde. Als Diplomat war er ein scharfsichtiger und tüchtiger Berichterstatter, ließ es bei der Ausführung von Instruktionen jedoch oft an dem gebotenen Takt fehlen. Er hatte keinerlei Erfahrung auf dem Gebiet der politischen Strategie und war wenig geeignet für ein Ministeramt in einem Verfassungsstaat, das von seinem Inhaber verlangte, ein launisches Parlament auf den schmalen Pfad der *raison d'état* zu führen. Überdies hatte er während der vergangenen Jahre in den Hof- und Regierungskreisen in Wien verkehrt, wo man davon träumte, für die Demütigung bei Sadowa (Königgrätz) Rache an den Preußen zu nehmen. So kehrte er im festen Glauben an die Zuverlässigkeit des österreichischen Bündnisses nach Paris zurück.[52]

Als deshalb am Nachmittag des 3. Juli die Nachricht aus Madrid einging, reagierte dieser stolze und reizbare Mann ohne lange nachzudenken oder irgend jemandes Rat einzuholen. Anstatt klug bei dem Vorhaben, den Kandidaten zum Verzicht auf die Kandidatur zu bewegen, um Preußens gute Dienste zu bitten, setzte er sofort ein drohendes Telegramm nach Berlin auf. Ob die preußische Regierung von dieser Intrige nichts wisse, erkundigte er sich. Wie er wußte, war zu dieser Zeit kaum ein verantwortlicher Beamter in der preußischen Hauptstadt anwesend. Es war die Jahreszeit der Reisen und Brunnenkuren. Bismarck war in Varzin, Wilhelm in Bad Ems, Benedetti in Wildbad. Deshalb wurden der erste Stich und die erste Parade des großen Duells von zwei untergeordneten Beamten geführt, dem französischen Chargé d'affaires Georges Le Sourd und dem Vortragenden Rat im Auswärtigen Amt Hermann von Thile. Mit einiger Verlegenheit erklärte Thile, Bismarcks Wünschen entsprechend, daß die preußische Regierung von dieser Angelegenheit überhaupt nichts wisse und dieselbe für sie nicht existiere. Als die Berichte der beiden Untergebenen in Varzin und Paris eintrafen, fand Bismarck die Frage unverschämt und Gramont die Antwort lächerlich.[53]

Die Haltung, die dabei Thile für Preußen einnahm, entsprach Bismarcks Plan, und wenn es nach dem Kanzler gegangen wäre, hätte man sie während der ganzen Affäre beibehalten. Nach seinem Willen hätte man sich einfach weigern sollen, die Sache mit den Franzosen zu erörtern, und diesen statt dessen empfehlen sollen, sich um Auskunft nach Sigmaringen und Madrid zu wenden: Die Kandidatur sei eine Angelegenheit der spanischen Regierung und eines Privatmanns, welcher der preußischen Regierung und dem König von Preußen über eventuelle Verabredungen mit der spanischen Regierung keine Rechenschaft schulde. Kaum hatte jedoch Thile in diesem Sinne geantwortet, als sich schon ein Riß in der preußischen Front zeigte, den Gramont nur zu nutzen hätte wissen müssen, um die Affäre mit einem diplomatischen Triumph Frankreichs zu beenden. Zu diesem Riß kam es, weil Bismarck versäumt hatte, seinen Botschafter in Paris, Karl Freiherr von Werther, zu instruieren, und weil Wilhelm sich in jenen Tagen fern von Bismarck in Bad Ems befand.

Der Nachfolger des Grafen Goltz war vorab weder über die Kandidatur unterrichtet worden, noch wußte er infolgedessen, welche Haltung dazu von ihm erwartet wurde. Am 4. Juli sprach er vor seiner Abreise nach Bad Ems, wo er mit dem König zusammentreffen sollte, im Außenministerium vor. Anstatt eine Erörterung der Angelegenheit abzulehnen, hörte er sich die Klagen Gramonts, der ihm schon aus seinen Wiener Tagen gut bekannt war, höflich an. Die Nachricht von der Kandidatur habe in Frankreich sehr verletzend gewirkt, sagte der Minister, und sie gefährde den Frieden. Werther versprach, die französische Beschwerde dem König in Ems persönlich zu überbringen. Am frühen Morgen des 6. traf er in dem hessischen Kurort ein. Alfred Graf von Waldersee, der ihn dort vom Bahnhof abholte, hörte ihn sagen, daß in Paris der Teufel los sei und es dort sehr nach Krieg aussehe.[54]

Bismarck war alarmiert. Mit einer Flut von Erklärungen und Anweisungen aus Varzin versuchte er die wankende Stellung wieder aufzubauen und Werther daran zu hindern, den König zu beunruhigen. Nach dem Besuch des Botschafters in Ems war es freilich nicht länger möglich, jeder Erörterung der Sache aus dem Wege zu gehen. Immerhin sollte den Franzosen erklärt werden, schrieb er, daß der König zwar von dem spanischen Angebot gewußt, auf die Entscheidung Leopolds jedoch keinen Einfluß genommen und bis vor kurzem sogar geglaubt habe, das Angebot sei von diesem abgelehnt worden. Rechtlich könne er nicht mehr tun, als zur Ablehnung zu raten, was er übrigens getan habe. Preußen habe kein größeres Interesse an der Sache und sei in Anbetracht des gewöhnlichen Ausgangs derartiger Interventionen überrascht darüber, daß Frankreich sich in die inneren Angelegenheiten Spaniens einmischen wolle. Überraschend sei die französische Reaktion ja auch angesichts der Tatsache, daß der Prinz mehr noch als von den Hohenzollern von den Bonapartes abstamme! Werther solle nur kühles Erstaunen zeigen. Um jeden Preis müsse der Eindruck vermieden werden, daß Preußen eingeschüchtert werden könne: «Die feste und furchtlose Haltung, welche wir bisher jeder Pariser Beunruhigung gegenüber gestellt haben, ist die wesentlichste Potenz, der wir die Erhaltung des Friedens verdanken. Frankreich fürchtet sich vor ernstem Bruch meines Erachtens mehr als wir; lassen wir aber dem Glauben Raum, daß *wir* uns mehr fürchten, so wird die französische Ueberhebung uns sehr bald keine andere Wahl lassen als den Krieg.»[55] Bismarck war mit einem Wort entschlossen, bis zum Äußersten zu gehen: Frankreich müsse entweder nachgeben oder der Gewalt weichen. In Paris herrschte die gleiche Entschlossenheit.

Nach dem französischen Zusammenbruch gaben Ollivier, Gramont und Napoleon dem Druck der öffentlichen Meinung die Schuld an ihrer scharfen Reaktion auf die Hohenzollernaffäre. Und doch war die Reaktion der Öffentlichkeit, zum Teil jedenfalls, vom Kabinett selbst provoziert. Am Morgen des 4. Juli erschienen die ersten von Gramont diktierten Proteste in den Regierungszeitungen. Die Opposition stimmte in den Protestchor jedoch nicht ein.[56] Am 6. versuchte ein Abgeordneter die Regierung durch eine Interpellation zur Mäßigung anzuhalten. Doch mit Zustimmung seiner Kabinettskollegen nahm Gramont die Gelegenheit wahr, eine Brandrede zu halten. Indem sie einen ihrer Prinzen auf den Thron Karls V. setze, bedrohe eine auswärtige Macht das europäische Gleichgewicht und die Interessen sowie die Ehre Frankreichs: «Zur Abwendung dieser Gefahr rechnen wir auf die Klugheit des deutschen und die Freundschaft des spanischen Volkes. Andernfalls werden wir, meine Herren, Ihrer Unterstützung und derjenigen der Nation gewiß, ohne Zögern und ohne Schwäche unsere Pflicht zu tun wissen.» Fanatischer Beifall erfüllte die Kammer und rollte dann weiter durch die chauvinistische Presse. Im Quai d'Orsay beorderte Gramont Benedetti nach Bad Ems. Der Botschafter sollte den König veranlassen, Leopold zu befehlen oder doch wenigstens zu raten, auf die Kandidatur zu verzichten. Sollte Wilhelm sich weigern: *«C'est la guerre.»*[57]

Beim Frühstück in Varzin am Morgen des 8. Juli erhielt Bismarck den Text der Rede Gramonts. Nach dem Zeugnis des dabei anwesenden Robert von Keudell sagte er gleich im Tone des Erstaunens: «Das sieht ja aus wie Krieg. Diese rücksichtslose Sprache könnte Gramont nicht führen, wenn der Krieg nicht beschlossene Sache wäre. Man sollte jetzt sofort die ganze Armee mobil machen und über die Franzosen herfallen, das wäre der Sieg. Leider geht das aber nicht aus verschiedenen Gründen.» Vor dem Gewissen des Königs und dem Gericht der öffentlichen Meinung Europas mußte nämlich Frankreich als der Aggressor dastehen. So befahl Bismarck einstweilen nur die Mobilisierung der deutschen Presse.[58]

In Ems herrschte unterdessen Verwirrung und Ungewißheit. Der ehrliche Wilhelm war sich einiger Schuld bewußt, und Werther warnte ihn, daß Krieg die Folge sein würde, wenn Leopold seine Kandidatur nicht zurückzöge. Die Nachricht von Gramonts Rede empörte den König, doch er gab die Hoffnung, den Frieden bewahren zu können, vorerst nicht auf. Er beschloß, Benedetti zu empfangen, versprach aber Bismarck, sehr streng mit diesem zu reden und die ihm aus

Varzin gelieferten Argumente dabei geltend zu machen. Doch Lügen war nicht Wilhelms Stärke, und auf Ausflüchte verstand sich seine aufrichtige Natur nicht. Am 9. Juli gestand er dem Botschafter, daß er Leopolds Annahme gebilligt und von diesen «verschiedenen Vorkommnissen» auch Bismarck informiert habe. Er erklärte, daß er Leopold den Verzicht auf die Kandidatur nicht befehlen könne, bekannte aber, daß er soeben bei seinen Sigmaringer Verwandten angefragt habe, was sie zu tun gedächten. Während der nächsten vier Tage folgte Wilhelm dieses eine Mal einer unabhängigen Politik. Er unterrichtete Bismarck weder über die Offenheit, mit welcher er Benedetti gegenüber seine Beteiligung am Zustandekommen der Kandidatur eingeräumt hatte, noch über seine Anfrage in Sigmaringen.[59]

Die Sache begann übel auszusehen. Am 10. Juli wurde aus Paris gemeldet, daß dort das Kriegsfieber ausgebrochen sei. Militärische Vorbereitungen würden getroffen. Wenn die Kandidatur aufrechterhalten bleibe, sei das französische Kabinett entschlossen zuzuschlagen. Am gleichen Abend traf ein Brief Karl Antons ein, der erklärte, Leopold werde von der Kandidatur nicht zurücktreten, wenn ihm dies nicht vom König ausdrücklich befohlen würde. Leopold selbst befand sich auf einem Ausflug in die Alpen und war nicht zu erreichen. Dennoch gab Wilhelm nicht auf. Während er und Werther den französischen Botschafter hinhielten, wurde Oberst Karl von Strantz nach Sigmaringen geschickt. Strantz verpaßte auf der Reise einen Anschluß und kam mit zwölf Stunden Verspätung an. Bei einem Gespräch in höchst gespannter Atmosphäre gelang es Wilhelm mittags am 11. Juli, Benedetti noch einmal zu vertrösten. In Paris standen der Kaiser und seine Minister unentschlossen vor der fälligen Entscheidung, denn einerseits scheuten sie den Krieg, aber andererseits fürchteten sie die diplomatische Demütigung und den Volkszorn. In den Alpen genoß Leopold die Natur, ohne zu ahnen, daß der Frieden Europas seinetwegen an einem seidenen Faden hing. Am Morgen des 12. zog der aus Paris und Ems zugleich bedrängte Karl Anton aus väterlicher Machtvollkommenheit die Kandidatur seines Sohnes zurück. Wilhelm war zumute, als sei ihm ein Stein vom Herzen gefallen.[60]

Bismarck bewegten andere Gefühle. Während sich Wilhelm ohne sein Wissen zwischen Paris und Sigmaringen als Unterhändler betätigte, hatten die Telegramme aus Varzin eine Politik strenger Unnachgiebigkeit angeordnet. Dem Vorschlag des Königs, Napoleon einen Brief zu schreiben und die Vermittlung der neutralen Mächte anzurufen, hatte Bismarck widersprochen. Er riet Wilhelm auch von der Fortsetzung der Verhandlungen mit Benedetti ab. Um die Lage wieder unter Kontrolle zu bringen, reiste er am Morgen des 12., ungewöhnlich still, aus Varzin ab. Sein Ziel war Ems via Berlin, wo er am späten Nachmittag eintraf. Als sein Wagen in der Wilhelmstraße hielt, reichte man ihm ein Bündel Telegramme. Noch im Wagen sitzend, erfuhr er zum erstenmal, daß Karl Anton die Kandidatur seines Sohnes zurückgezogen und in welchem Maße König Wilhelm dabei mitgewirkt hatte. Andere Mitteilungen berichteten von chauvinistischen Drohungen in der französischen Presse. Bismarcks erster Gedanke war Rücktritt, heißt es in seinen Memoiren, «weil ich in diesem erpreßten Nachgeben eine Demütigung Deutschlands sah, die ich nicht amtlich verantworten wollte ... Ich hielt diese Demütigung vor Frankreich und seinen renommistischen Kundgebungen für schlimmer als die von Olmütz.»[61]

Als er dann an seinem Schreibtisch in der Kanzlei saß, wandte er sich der Aufgabe zu, aus dem Schiffbruch seiner Politik zu retten, was noch zu retten war. Er wollte den Krieg, aber Wilhelms Beschwichtigung des Gegners hatte Preußen in die Lage versetzt, diesen Krieg nicht anfangen zu können, ohne dabei als der Aggressor zu erscheinen. So konnte er fürs erste nur versuchen, das Ausmaß der Katastrophe zu verschleiern und zu begrenzen. Gemeinsam mit Roon und Eulenburg sandte er ein Telegramm an den König ab, worin er diesen bat, Benedetti – und damit der Welt – Leopolds Verzicht nicht mitzuteilen. Wenn die Nachricht aus Madrid oder Sigmaringen käme, ließe sich schließlich der – freilich schon fadenscheinig gewordene – Vorwand, daß die preußische Regierung an der Transaktion im Grunde nicht beteiligt gewesen sei, vielleicht doch noch aufrechterhalten. Eine Botschaft aus Paris kam Bismarck in dieser Absicht zu Hilfe. Werther berichtete, daß ihn der spanische Botschafter von einem amtlichen Telegramm Karl Antons informiert habe, in dem dieser für seinen Sohn auf den Thron verzichte. Eilends übermittelte Bismarck diese Nachricht der Presse und den preußischen Gesandtschaften in Deutschland und Europa. Bei Gesprächen mit dem Kronprinzen, mit dem italienischen Botschafter, Edoardo Graf de Launay, und dem eben in Berlin weilenden Fürsten Gortschakow bezeichnete er die Krise als überwunden und erklärte, demnächst nach Varzin zurückkehren zu wollen.[62]

Die Wahrheit ist jedoch, daß er bereits einen Weg suchte, dem Konflikt neue und gefährlichere Nahrung zu geben. Die öffentliche Meinung sei von Gramonts Drohungen und Satisfaktionsforderungen beleidigt worden, telegraphierte er nach Ems; der König solle deswegen Werther in unbefristeten Urlaub schicken und die Gründe dieser Anordnung bekanntmachen. Die Direktiven, die er damals der Presse gab, offenbaren aber, daß er selbst die öffentliche Entrüstung über den «beleidigenden Ton» Gramonts aufstacheln wollte. Am frühen Nachmittag telegraphierte er an Werther in Paris, «daß wenn wir nicht in diesen Tagen völlig beruhigende Auslassungen über die Intentionen Frankreichs erhalten, ich seiner Majestät vorschlagen werde, den Norddeutschen Reichstag für Anfang nächster Woche zu berufen, um mit ihm unsere Haltung zu berathen». Offensichtlich beabsichtigte er, durch die Forderung einer Erklärung für Gramonts Verhalten, chauvinistische Demonstrationen im Reichstag sowie die Androhung der Mobilmachung das Feuer wieder anzufachen.[63]

Aber schon bald sollte Gramonts Torheit seine Pläne überflüssig machen. Der Herzog erkannte das Ausmaß des ihm zugefallenen Sieges nicht. Es beunruhigte ihn, daß er einstweilen noch nicht von dem König persönlich über die Entscheidung der Sigmaringer in einer Weise verständigt worden war, die die Beteiligung Wilhelms und seiner Regierung an der Kandidatur – und an dem Verzicht – offenlegte. Schon gab es im Parlament und in der Öffentlichkeit ein ominöses Grollen der Unzufriedenheit mit der erhaltenen «ungenügenden und fast wie ein Hohn erscheinenden Genugtuung».[64] Viel war in dieser spanischen Affäre geschehen, wovon die französische Regierung offenbar keine Ahnung gehabt hatte. Was mochten die Preußen noch im Hinterhalt haben? War Leopold – dessen Aufenthalt noch immer unbekannt war – vielleicht schon, wie 1866 sein Bruder nach Rumänien, auf dem Weg nach Spanien, um die Krone zu beanspruchen? Man hatte in Paris das Gefühl, daß man noch etwas mehr verlangen sollte, irgendeinen greifbaren Beweis der Bußfertigkeit Wilhelms, vielleicht eine förmliche Entschuldigung für das, was doch eine preußische Verschwörung gegen Frankreich gewesen zu sein schien. Am 12. Juli verhärtete sich Gramonts Haltung von Stunde zu Stunde, und seine Mitteilungen an Werther in Paris und Benedetti in Bad Ems wurden immer fordernder. Mit der Einwilligung Napoleons, doch ohne Wissen Olliviers und des übrigen Kabinetts sandte er abends das schicksalhafte Telegramm an Benedetti ab, das diesen anwies, von Wilhelm zu verlangen, er möge sich der Verzichterklärung Karl Antons persönlich anschließen und Frankreich die Versicherung geben, «daß er eine Erneuerung der Kandidatur nicht gestatten werde». Ohne eine derartige Garantie werde es der Regierung vielleicht nicht möglich sein, den Zorn des Volkes zu besänftigen.[65]

Im Ministerrat am Morgen des 13. Juli äußerten sich Gramonts Kollegen sehr kritisch über seine Entscheidung, den Preis des Friedens zu erhöhen, und beschlossen, daß die neue Forderung wenigstens keinen ultimativen Charakter erhalten sollte. Aber inzwischen hatten sie bereits die Kontrolle über den Gang der Dinge verloren. Noch während sie berieten, hatte Benedetti, der glaubte, die für

Albrecht von Roon, 1867

Helmuth von Moltke, um 1875

den Nachmittag angesetzte förmliche Audienz nicht abwarten zu können, den König im Kurgarten am Ufer der Lahn aufgesucht. Unter den Augen der in respektvoller Entfernung verharrenden Spaziergänger hatte er dem König die französische Forderung vorgetragen und war abschlägig beschieden worden. Benedetti fuhr fort, ihn zu bedrängen, bis Wilhelm, der bemerkte, wie die Szene die Neugier der Umstehenden auf sich zog, knapp grüßte und den Botschafter kühl beschied, er habe weiter nichts mitzuteilen. Am frühen Nachmittag beschloß der König auf Drängen Eulenburgs und Abekens, die anberaumte Audienz mit Benedetti abzusagen. Um die Mitte des Nachmittags wurde ein Bericht über diese Vorgänge nach Berlin telegraphiert.[66]

Seit dem Morgen dieses Schicksalstags hatte Bismarck eine Reihe ihm sehr willkommener Meldungen erhalten. Aus Wien berichtete der preußische Botschafter Lothar von Schweinitz, daß Österreich trotz des intensiven Werbens der Franzosen im Kriegsfall wahrscheinlich neutral bleiben würde. Aus Bayern, Baden und schließlich sogar Württemberg wurde Unterstützung zugesagt. Gortschakow schien mit der preußischen Sache zu sympathisieren. Auf die Neutralität Englands konnte man mit einiger Sicherheit rechnen. Aus Bismarcks Sicht sprach also alles für einen Krieg. Es ging nur darum, diesen unter möglichst günstigen Bedingungen herbeizuführen. Im Laufe der nächsten Stunden liefen mehrere unbestimmte Berichte aus London, München, Stuttgart und von Gortschakow ein, denen zufolge Gramont neue Forderungen gestellt hatte, doch zu Bismarcks wachsendem Verdruß ließ eine Bestätigung dieser Berichte durch Werther auf sich warten. Dann aber lieferte ihm plötzlich die Emser Depesche die gesuchte Provokation.[67]

Sie traf ein, als Bismarck mit Roon und Moltke beim Abendessen saß. Auf den ersten Blick war die Botschaft, die sie enthielt, recht enttäuschend. Der von einer unverschämten Forderung beleidigte König hatte seine Entrüstung nicht eben dramatisch zum Ausdruck gebracht (von Gramonts später am Nachmittag erhobener Forderung nach einer Entschuldigung des Königs, die dessen letzte Hoffnung auf eine Beschwichtigung der Franzosen zunichte machte, war noch nicht die Rede). Dennoch war Abekens Depesche, deren Veröffentlichung der König autorisiert hatte, zur Not verwendbar. Nachdem er Moltke noch einmal gefragt hatte, ob die Armee bereit sei, diktierte Bismarck eine neue Fassung der Depesche. Durch Kürzung gab er der Verlautbarung eine Knappheit, die deren Charakter änderte. Bismarcks neue Fassung gab zu verstehen, daß der König auf eine anmaßende Forderung des französischen Botschafters mit der Ablehnung jeder weiteren Erörterung der Angelegenheit reagiert habe: «Seine Majestät der König hat es darauf abgelehnt, den französischen Botschafter nochmals zu empfangen und demselben durch den Adjutanten vom Dienst sagen lassen, daß seine Majestät dem Botschafter nichts weiter mitzuteilen habe.» Die Generäle lasen Bismarcks Redaktion der Depesche mit Erleichterung. «Ja», sagten sie, «das sollte reichen.»[68]

Am Morgen des 14. Juli stürzte Gramont totenbleich mit der Nachricht von der Veröffentlichung der Emser Depesche in Olliviers Büro. Das sei, erklärte er zornbebend, ein Schlag ins Gesicht. Auch der Premierminister räumte ein, daß es sich um eine offene Provokation handle. Als sich am Abend dieses Tages die Neuigkeit in Paris verbreitete, rottete sich das Volk auf den Boulevards zusammen, schrie «Nach Berlin», «Nieder mit Preußen» und sang die verbotene «Marseillaise». Bei Hof und im Kabinett herrschte jedoch schwankende Unentschlossenheit. Berichte aus Ems ließen erkennen, daß der König es gegenüber dem französischen Botschafter tatsächlich nie an Höflichkeit hatte fehlen lassen; er hatte diesem nach der Begegnung im Kurgarten noch ein Schreiben gesandt, in dem er Leopolds Verzicht billigte, und ihn dann sogar vor der Abreise nach Koblenz auf dem Bahnhof von Bad Ems noch einmal empfangen. Andererseits war festzustellen, daß er den französischen Forderungen nicht in ganzem Umfang entsprochen hatte und die Emser Depesche eine gezielte Herausforderung war. Die Erregung der Volksmengen auf den Straßen, die Ungeduld der nationalistischen Abgeordneten in der Kammer und die Agitation der Kriegspartei am Hof setzten ein neues und unsicheres parlamentarisches Regime unter einen Druck, den es nicht ignorieren zu dürfen glaubte. Auch Napoleon, der die Folgen dieser Nachgiebigkeit mit Schrecken kommen sah, wich dem Sturm der erregten öffentlichen Meinung. Schließlich, während am 14. und 15. Juli eine Ministerkonferenz die andere ablöste, fiel der Entschluß.[69]

Zum Krieg kam es, weil Bismarck ihn für nötig hielt und die Gelegenheit dazu im Sommer 1870 günstig fand; und weil es dem französischen Kabinett an der Klugheit und Festigkeit des Willens fehlte, deren es bedurft hätte, ihn zu vermeiden. Tausende starben auf den Schlachtfeldern Frankreichs auf Grund bewußter Entscheidungen, die in Berlin und Paris von Staatsmännern getroffen wurden, die auch anders hätten entscheiden können. Diese Männer waren keine Marionetten, an deren Fäden abstrakte und unberechenbare Mächte zogen, sondern Menschen aus Fleisch und Blut, die ihre Entscheidungen in voller Kenntnis der möglichen Konsequenzen trafen.

VI

Ein nationaler Krieg

Strategie und Diplomatie

Aus der Perspektive des 20. Jahrhunderts haben manche Historiker an der Weise, in der Bismarcks Kriege geführt wurden, viel Bewundernswertes gefunden. In unserem Jahrhundert tendiert der Krieg unter dem Einfluß der Ideologien stets dazu, total zu werden. Das moralisch und ideologisch legitimierte Streben nach totalem Sieg hat die Kriegsführung von allen politischen Rücksichten befreit. Staatsmänner und Generäle haben in den großen Kriegen dieses Jahrhunderts zunehmend die gänzliche Vernichtung des Gegners, nicht die Erlangung eines dauerhaften Friedens als ihr vorzüglichstes Ziel betrachtet. Im Gegensatz dazu scheinen die Kriege von 1864, 1866 und 1870 Exempel für den berühmten Grundsatz von Clausewitz gewesen zu sein, daß Krieg eigentlich nur eine Fortsetzung der Politik mit anderen Mitteln sei. Diese Kriege wurden für begrenzte Ziele auf begrenzten Schauplätzen geführt. Das europäische Gleichgewicht wurde durch ihre Ergebnisse verlagert, aber nicht zerstört.[1]

Der Preis war dennoch hoch genug. Der von Bismarck selbst aufrechterhaltene Dualismus der politischen und militärischen Autorität in Preußen machte die Behauptung des Vorrangs politischer Zwecke vor militärischer Strategie zunehmend schwieriger. Während des dänischen Kriegs erzürnte Bismarck die Generäle mit der Forderung, den Einmarsch in Jütland hinauszuzögern. Sie hatten wenig Verständnis dafür, daß das Einvernehmen mit Österreich und die Vermeidung ausländischer Intervention wichtiger als die militärische Zweckmäßigkeit sein sollte. Später fanden Roon, Moltke und andere die Milde unverständlich, die Bismarck bei Abschluß des der Londoner Konferenz vorausgehenden Waffenstillstands gegenüber den unterlegenen Dänen walten ließ. Die Armee, schrieb Roon, betrachte sich nicht als rein politisches Instrument, als bloßes «Skalpell» in der Hand der diplomatischen Chirurgen.[2]

Der österreichische Krieg verursachte noch ernstere Spannungen. Zu Moltkes Ärger mischte Bismarck sich während der ersten Tage des Konflikts bei der Mobilmachung und Aufstellung der preußischen Streitkräfte im Westen direkt in militärische Belange ein. Aber der große Streit brach aus, als die Generäle den König nach dem Sieg bei Königgrätz drängten, die Verfolgung der fliehenden Truppen Benedeks über die Donau und nach Wien zu befehlen. Sie wollten den Frieden als Eroberer diktieren. In acht Tagen könne alles vorbei sein, schrieb der Generaladjutant von Boyen am 19. Juli 1866, wenn nicht vorher die Diplomaten, die sich an jeden ehrlichen Krieg hängten wie Wanzen ans Bett, den Soldaten den Spaß verdürben.[3] Nur unter großen Schwierigkeiten gelang es Bismarck, Wilhelm zur Annahme des französischen Vermittlungsangebots zu bestimmen und so den Konflikt zu begrenzen. Obwohl auch die Generäle mit den letztlich ausgehandelten Friedensbedingungen zufrieden waren, hielt sich doch nach der Auseinandersetzung am Ende des österreichischen Feldzugs bei der Armee ein Rest von Verstimmung, der dann die Führung des Krieges von 1870 beeinflußte.

Der Aufstieg Moltkes und des Generalstabes verschärfte den Interessenkonflikt zwischen politischer und militärischer Führung. Roon war Bismarcks Argumenten gewöhnlich zugänglich und gewillt, außenpolitische Gesichtspunkte zu berücksichtigen, aber Moltke glaubte, daß die Zuständigkeitsbereiche Politik und Strategie deutlich gegeneinander abzugrenzen seien. Bis zum Ausbruch des Krieges sollte seines Erachtens die Diplomatie das Wort haben, dann aber der Generalstab. Seine Erfahrungen während der Kriege von 1864 und 1866 hatten ihn keines Besseren belehrt. Mit der Schar ergebener «Halbgötter», die ihn im Generalstab umgab, zog er gegen Frankreich in der festen Überzeugung ins Feld, daß die Bewegungen der deutschen Streitkräfte allein von den Generälen nach rein militärischen Gesichtspunkten anzuordnen seien, ohne Rücksicht auf die Wirkung, die diese Anordnungen auf die Haltung der europäischen Mächte und die Friedensverhandlungen haben mochten.[4]

Während der ersten Monate des Kriegs gab es jedoch wenig Gelegenheit zu Konflikten zwischen dem Staatsmann und der militärischen Führung. Der Feldzug ging so schnell vonstatten, daß das Ausland von jeder Intervention abgeschreckt wurde. Die deutschen Streitkräfte wurden mit der Präzision einer reibungslos funktionierenden Maschinerie mobilisiert. Jenseits des Rheins herrschte das Chaos und die Konfusion. Als am 4. August 1870 die deutsche Offensive begann, waren die Franzosen noch nicht einsatzbereit. An jenem ersten Tag erstürmten preußische und bayerische Truppen Weißenburg. Zwei Tage später siegten die Deutschen bei Wörth und Spichern. Am 16. und am 18. kam es bei Mars la Tour und Gravelotte zu blutigen Schlachten, bei denen die von Bazaine geführte französische Hauptarmee abgeschnitten und zum Rückzug auf die Festung Metz gezwungen wurde. MacMahon, der den Oberbefehl über die restliche französische Armee innehatte, versuchte vergeblich, dem in Metz eingeschlossenen Bazaine zu Hilfe zu kommen, und marschierte dann auf Sedan, wo er am 1. September nach heftigem Kampf zur Kapitulation gezwungen wurde. Auch Napoleon selbst geriet bei dieser Niederlage in Kriegsgefangenschaft.

Zu Beginn des Krieges hofften die Franzosen noch fest auf österreichische und italienische Unterstützung. Im März hatte Erzherzog Albrecht, der Sieger von Custozza, in Paris die militärische Zusammenarbeit zwischen den drei Mächten im Falle eines Krieges mit Deutschland erörtert. Im Mai war der französische General Lebrun zur Fortsetzung der Beratungen in Wien gewesen. Doch das Bündnis blieb «moralisch», zu klaren Zusagen kam es nicht. Am 14. Juni erklärte Franz Joseph Lebrun, daß er mit Frankreich nur gemeinsame Sache machen

Napoleon III. und Bismarck treffen sich am 2. September 1870,
am Morgen nach der Schlacht von Sedan. Gemälde von Wilhelm Camphausen, 1878

werde, wenn Napoleon mit seinen Heeren in Süddeutschland «nicht als Feind, sondern als Befreier» aufträte. Anscheinend übernahm Gramont, der von Beust über die im Jahr zuvor in Paris geführten Geheimverhandlungen unterrichtet worden war, sein Amt in dem Glauben, daß ein Bündnis tatsächlich abgeschlossen worden sei. Bei einer Kabinettssitzung am 8. Juli behauptete er, daß die Österreicher ein Beobachtungskorps an der Grenze aufstellen und einen Teil der preußischen Streitkräfte «lähmen» würden. Doch auf Anfrage Napoleons versprach am folgenden Tag Beust nur diplomatische Unterstützung. Nur wenn Rußland mit Preußen ginge, würde Österreich an der Seite Frankreichs in den Krieg eintreten.[5]

Beust hatte den Verdacht, daß es zwischen Berlin und Petersburg eine Absprache gäbe, und damit hatte er recht. Auf Anfrage aus Berlin bestätigte am 16. Juli Zar Alexander seine im vergangenen Jahr gemachte Zusage, daß Rußland mit 300 000 Mann Galizien besetzen würde, wenn sich Österreich an dem Krieg beteiligte. Beim Kronrat am 18. Juli warf Beust die Frage auf, ob Österreich angesichts der russischen Bedrohung bei seiner «passiven Politik» bleiben solle. Man war geteilter Meinung, aber Franz Joseph entschied sich für eine amtliche Neutralitätserklärung bei gleichzeitiger militärischer Vorbereitung auf den Ernstfall. Um ihm das Festhalten an der Neutralität zu erleichtern, wies Bismarck jede Absicht zurück, Deutschösterreich aus dem Verband des Habsburgerreichs lösen zu wollen, und Alexander bot Österreich eine Garantie seiner territorialen Integrität an.[6]

Erzherzog Albrecht indessen glaubte, daß es Anfang September zu einer entscheidenden Schlacht in Sachsen kommen würde, und Beust fand den Gedanken unerträglich, daß bei einem Sieg Frankreichs das neutrale Österreich leer ausgehen würde. Er ließ deshalb Gramont unter der Hand wissen, daß Österreich die Neutralität nur einstweilen wahren wolle, um in Ruhe seine Rüstungen vollenden zu können. Er empfahl Frankreich, sich inzwischen durch die Räumung Roms mit Italien zu verständigen. Durch einen Agenten wurde Napoleon von der Absicht Viktor Emanuels unterrichtet, sein im vorigen Jahr gegebenes Versprechen, sich mit Frankreich zu verbünden, einzuhalten. Der Kaiser erklärte daraufhin seine Absicht, die französische Garnison aus Rom abzuziehen, und Viktor Emanuel versprach, die Unabhängigkeit des Kirchenstaates zu respektieren. Doch auch hier sollte Bonaparte enttäuscht werden, denn Viktor Emanuel konnte das italienische Kabinett nicht dazu bewegen, seinem königlichen Wort Taten folgen zu lassen. Während der ganzen Dauer der diplomatischen Krise bemühte sich der Außenminister Emilio Visconti-Venosta um die Erhaltung des Friedens, und als der Krieg ausbrach, setzte er die Neutralität Italiens durch.[7]

In England traten die kriegführenden Mächte in einen scharfen Wettbewerb um die Gunst der Öffentlichkeit und der Regierung. Kaum hatte Napoleon erklärt, die Neutralität Belgiens respektieren zu wollen, woran London hauptsächlich gelegen war, als Bismarck schon ein Dokument vorlegte, daß diese Behauptung Lügen zu strafen schien. Es handelte sich um den Vertragsentwurf, den ihm Benedetti 1866 unvorsichtigerweise überlassen hatte. Am 25. Juli veröffentlichte die *Times* den Text. Dabei wurde absichtlich der Eindruck erweckt, als sei der Entwurf neueren Datums und als hätte nur die preußische Weigerung, auf dessen Bedingungen einzugehen, eine preußisch-französische Allianz auf Kosten Belgiens und der süddeutschen Staaten verhindert. Obwohl das britische Kabinett skeptisch war, wurde doch beschlossen, von beiden kriegführenden Mächten erneut eine Garantie der belgischen Grenzen zu verlangen. Als diese Garantie am 9. und 11. August von beiden unterzeichnet war, beschränkte sich die britische Regierung darauf, den Ausgang des Kampfes in der angenehmen Gewißheit abzuwarten, daß – ganz gleich wie dieser nun ausgehen mochte – ihre Interessen abgesichert waren.[8]

Diese Maßnahmen der europäischen Mächte im Juli und August entsprachen Bismarcks Erwartungen und bestätigten sein Kalkül, daß im Sommer 1870 ein Krieg mit Frankreich möglich war, ohne daß es zu Interventionen anderer Mächte und damit zu einem allgemeinen europäischen Krieg kommen würde. Der kritische Faktor in diesem Spiel war Österreich, doch auch in diesem Punkt erwies sich Bismarcks Vermutung als richtig, daß Beust, all seiner Racheträume ungeachtet, nicht imstande sein würde, Österreich in ein Bündnis mit Frankreich zu ziehen. Doch nach dem Fall von Sedan zeigten sich Schwierigkeiten, die Bismarcks Aufgabe erheblich komplizierten und zu schwerwiegenden Auseinandersetzungen des Kanzlers mit den Generälen über Grundfragen des Staates und der Politik führten.

Bismarck und Moltke

Während am 16. August 1870 bei Mars la Tour die Kanonen donnerten, schrieb Bismarck an seine Frau: «Die Leute müssen mich hier für einen Bluthund halten, die alten Weiber, wenn sie meinen Namen hören, fallen auf die Knie und bitten mich um ihr Leben. Attila war ein Lamm gegen mich». Der Feldzug sei «so gut wie zu Ende, falls Gott nicht sichtbar für Frankreich einschreitet, was ich Vertrauen habe, daß es nicht geschieht».[9] Doch der Krieg von 1870 ging anders aus als der von 1866, die französische Reaktion auf die militärische Niederlage war nicht Kapitulation, sondern Revolution und Widerstand. Als die Unglücksbotschaften aus Wörth und Spichern in Paris eintrafen, brach allgemeine Panik aus. Heftigen Angriffen aus der Nationalversammlung weichend, traten Gramont und Ollivier zurück. Eugénie, während der Abwesenheit ihres Gemahls im Felde mit der Regentschaft betraut, versuchte mit klingenden Reden von Ehre und Tapferkeit das Regime zu stützen. Aber nach Sedan war die Flut des Mißvergnügens der Regierten nicht mehr einzudämmen. Das Volk erhob sich, und das wankende Regime brach zusammen. Am 4. September wurde gemäß dem inzwischen bereits traditionellen Ritual französischer Revolutionen am Hotel de Ville die Republik proklamiert. Eine «Regierung der nationalen Verteidigung», deren Präsidentschaft dem General Trochu übertragen wurde und deren Seele Léon Gambetta war, griff nach der Macht. Für die Revolutionäre war der Krieg keineswegs vorüber, er hatte vielmehr noch kaum begonnen.

Napoleon wurde binnen eines Monats geschlagen. Zur Eroberung Frankreichs waren sechs Monate erforderlich. Am 18. September standen die Sieger von Sedan vor Paris. Die Forts und Gräben des Befestigungsgürtels der Stadt wurden von einer bunten Schar von Soldaten, Matrosen, Nationalgardisten und Freiwilligen verteidigt. Binnen weniger Tage war die Stadt von einem eisernen Ring eingeschlossen, der die Belagerten von der Außenwelt abschnitt. Während der folgenden Wochen banden die großen Belagerungen von Metz und Paris (Straßburg kapitulierte am 27. September) den größten Teil der deutschen Streitkräfte. Gambetta entfloh mit einem Fesselballon aus dem belagerten Paris und feuerte dann die Südfranzosen zur Fortsetzung der Kriegsanstrengungen an. Während an der Loire eine neue Armee aufgestellt wurde, begannen irreguläre *francs-tireurs* ihre Angriffe auf deutsche Abteilungen und Verbindungen im Norden.

Der anhaltende französische Widerstand stellte das preußische Hauptquartier in Versailles vor eine Fülle neuer Schwierigkeiten. Für den Generalstab ergaben

Helmuth von Moltke und sein Stab in Versailles, Januar 1871

sich durch die Verwandlung des bisher auf beiden Seiten regulär geführten Krieges in einen Volkskrieg unvorhergesehene strategische Probleme. Überdies blieb, solange die Kämpfe andauerten, auch die Gefahr einer auswärtigen Intervention bestehen, und Bismarck mußte sobald wie möglich eine legitimierte französische Regierung finden, der er die deutschen Friedensbedingungen vorlegen konnte. Die Wechselwirkungen zwischen politischen und militärischen Maßnahmen aber erzeugten nun einen scharfen Interessenkonflikt, der bei der Doppelstruktur des preußischen Systems unvermeidlich auf eine Machtprobe zwischen dem Kanzler und dem Generalstab hinauslaufen mußte.

Anscheinend waren Moltke und seine «Halbgötter» fest entschlossen, Bismarck in Frankreich nicht zum Kriegsrat zuzulassen, wo über strategische Fragen beraten und entschieden wurde. Diesmal wollten sie sich seine sarkastischen Bemerkungen vom Leibe halten, und er sollte ihnen auch nicht mehr mit politischen Bedenken in die strategischen Kalkulationen hineinreden. Vor Sedan scheint der Kanzler sich das gefallen lassen zu haben. Der Feldzug verlief im wesentlichen dem ihm schon vorab bekannten Plan entsprechend. Doch nach Sedan behinderte die Unkenntnis der Absichten der Generäle seine Bemühungen, den Krieg zu beenden. Das Ärgerlichste für ihn war, daß er sich über die Vorgänge an der Front nur aus den Berichten des Hauptquartiers in der deutschen Presse unterrichten konnte, die er erst fünf Tage nach den Ereignissen erhielt. Wiederholt verlangte er, diese Berichte wenigstens gleich nach deren Freigabe durch das Hauptquartier einsehen zu können. Erst am 15. Oktober wurde eine Einrichtung zu diesem Zweck getroffen, und selbst diese funktionierte dann keineswegs reibungslos. Noch im Januar 1871 beklagte sich Bismarck über die Unvollständigkeit der ihm zugänglichen Informationen.[10] Doch zu einer noch ernsteren Meinungsverschiedenheit zwischen dem Kanzler und den Generälen kam es hinsichtlich der Behandlung des gefangenen Napoleon.

Nach seiner Gefangennahme bei Sedan wurde Napoleon mit tadelloser Ritterlichkeit behandelt und auf Schloß Wilhelmshöhe bei Kassel interniert. «Im übrigen ist uns ein gutbehandelter Napoleon nützlich, und darauf allein kommt es mir an. Die Rache ist Gottes», schrieb Bismarck an seinen Sohn Herbert. Für die belagerte Armee in Metz und Tausende Gefangene sei der gestürzte Kaiser noch immer eine Hoffnung, Tells zweiter Pfeil gegen Geßlers «Republik». «Die Franzosen müssen ungewiß bleiben, ob sie ihn wiederbekommen, das fördert ihre Zwistigkeiten.»[11] Wie gewöhnlich hielt sich Bismarck jede Tür und jeden Weg offen. Noch Monate nach Sedan schmeichelte er Louis und Eugénie mit Andeutungen über ihre mögliche Rückkehr an die Macht, während er der Regierung der nationalen Verteidigung genau damit Angst einzuflößen suchte: «Wer in Frankreich regiert, ist uns gleichgültig, Napoleon oder weiße oder rote Republik», telegraphierte er nach London. Es kam ihm nur darauf an, eine Regierung zu finden, die bereit war, Elsaß und Lothringen abzutreten.[12]

Um die Hoffnung auf eine Restauration des zweiten Kaiserreichs am Leben zu erhalten, war es erforderlich, zwischen Bazaine in Metz, Napoleon auf Wilhelmshöhe und der nach England geflohenen Eugénie die Verbindung wiederherzustellen. Entsprechende Maßnahmen scheiterten, weil sie dem Militär, das nur seine Zwecke im Auge hatte, nicht einleuchteten. Prinz Friedrich Karl, der bei der Belagerung von Metz den Oberbefehl führte, betrachtete die Kapitulation der Festung als ein ausschließlich militärisches Ziel. Als Bazaines Abgesandter, General Bourbaki, von seiner Mission zum Kaiser und zur Kaiserin zurückkehrte, weigerte sich der halsstarrige Prinz, ihn wieder in die Festung einzulassen, was zur Folge hatte, daß der General sich ungeduldig nach Tours wandte und dort der revolutionären Regierung seine Dienste anbot. Zornig schrieb Bismarck, daß die unerwartete Weigerung eines einzigen Rades, sich zu drehen, Wochen sorgfältiger diplomatischer Bemühungen um das angestrebte Ergebnis gebracht hätten. Kriegsführung sei schließlich nur ein Mittel zu politischen Zwecken.[13]

Zu Bismarcks Verdruß konnten Louis und Eugénie sich nicht entscheiden; sie zögerten, ihre Rückkehr nach Frankreich von vornherein mit der Abtretung französischen Territoriums zu belasten. Der Fall von Metz am 27. Oktober 1870 machte die Verhandlungen noch schwieriger. Doch selbst zu diesem Zeitpunkt ließ Bismarck die Möglichkeit der Rückkehr Napoleons an die Macht offen. Noch am 14. Januar 1871 schien ihm das die vorteilhafteste Lösung für Deutschland zu sein. Auch bei den letzten Verhandlungen mit Favre und Thiers drohte er damit, um Zugeständnisse von der revolutionären Regierung zu erpressen.[14] Moltke war entrüstet, daß Bismarck diese Möglichkeit auch nur in Erwägung zog, und durchkreuzte dessen Plan, indem er den König dagegen einnahm.

Er haßte Frankreich und verachtete das napoleonische Regime. Frieden durfte seines Erachtens erst geschlossen werden, wenn der Feind vollkommen zermalmt war.[15] Bismarck hingegen wußte, daß mit jedem Tag, den der Krieg andauerte, die Gefahr auswärtiger Intervention zunahm.

Eine Zeitlang schien es, als hätte die Vollständigkeit des deutschen Sieges bei Sedan die europäischen Mächte von jeder Einmischung in die deutsch-französische Auseinandersetzung abgeschreckt. Alexander und Gortschakow ließen ihren Plan fallen, durch eine gemeinsame Anstrengung der Neutralen den Krieg zu verkürzen und das europäische Gleichgewicht zu erhalten. Gladstone wiederholte sein Bekenntnis zum Prinzip der Nichtintervention. Die Königin Victoria begrüßte sogar den Triumph «der Zivilisation, der Freiheit, der Ordnung und Einheit über Despotismus, Korruption, Unmoral und Aggression».[16] Am 4. September hörte Bismarck die Nachricht von der Revolution in Paris mit nicht geringer Genugtuung, da die Wirkung auf die Neutralen für ihn nur erfreulich sein konnte. In Wien und Petersburg gab er zu verstehen, daß den besten Schutz von Ordnung und Zivilisation gegen revolutionäre und republikanische Interessen in Zukunft eine unverbrüchliche Solidarität der drei östlichen Monarchien sowie die Abtretung Elsaß-Lothringens an Deutschland bieten würde![17]

Daß die Deutschen vorhatten, diese Provinzen zu annektieren, vernahm man in Petersburg und London mit Besorgnis. Schon im August 1870 sprach Alexander gegenüber dem preußischen Botschafter Prinz Reuß seine Befürchtung aus, daß die Franzosen wegen der verlorenen Provinzen niemals Frieden geben würden, und mahnte deshalb zur Mäßigung.[18] Gladstone war «sehr bedrückt» bei dem Gedanken, daß da Menschen «wie bewegliches Eigentum» behandelt werden sollten. Als am 16. Oktober 1870 Granville, Clarendons Nachfolger im Foreign Office, gemeinsame Schritte der Neutralen zur Sicherung eines annehmbaren Friedens anregte, wurde er allerdings von Gortschakow abgewiesen.[19]

Den Grund für das mangelnde Interesse der Russen sollte London bald erfahren. Am 31. Oktober erklärte Zar Alexander, daß die das Schwarze Meer betreffenden Bestimmungen des Friedensvertrages von Paris für Rußland nicht länger gültig seien. Die Russen nahmen also die günstige Gelegenheit wahr, um die ihnen nach der Niederlage auf der Krim auferlegten Beschränkungen abzuschütteln, die ihnen schon lange ein Dorn im Auge waren. Seit Jahren drängte Bismarck Gortschakow zu diesem Schritt, wenn er sich die Petersburger Regierung gewogen machen wollte, und nun mußte er ihn wohl oder übel befürworten. Nichtsdestoweniger war der von Gortschakow gewählte Zeitpunkt für Deutschland äußerst unvorteilhaft. Die Entrüstung der öffentlichen Meinung in Großbritannien drohte das Kabinett zur Kriegserklärung zu nötigen, und auch Österreich wurde beunruhigend feindselig. Es gelang Bismarck jedoch, die Einberufung einer Konferenz nach London zu arrangieren. Diese wurde am 17. Januar 1871 mit einer gemeinsamen Erklärung über die Unantastbarkeit von Verträgen eröffnet und schloß am 13. März mit der Aufhebung der Bestimmungen des Pariser Vertrages, welche die Neutralisierung des Schwarzen Meers vorsahen.

Mit diesem Kunstgriff wurde zugleich das Prinzip gewahrt und das russische Interesse befriedigt.[20]

Die Schwarzmeerfrage war ja auch für Bismarck eine Quelle der Besorgnis, weil von ihr Rückwirkungen auf die deutschen Angelegenheiten zu befürchten waren. Wenn es zu einem Krieg zwischen Rußland und England kam, konnte der französisch-deutsche Konflikt leicht zu einem allgemeinen europäischen Krieg eskalieren. Andererseits bestand die Gefahr, daß sich während der Schwarzmeer-Konferenz die Neutralen auf eine Intervention in Frankreich verständigten. Um so wichtiger war es deshalb, den Krieg so schnell wie möglich zu beenden.[21] Sein Drängen darauf brachte Bismarck erneut in eine erbitterte Auseinandersetzung mit den Generälen.

Nach Sedan beobachtete Bismarck die Kriegsführung des Generalstabs mit zunehmender Mißbilligung. Er war gegen den Vormarsch auf Paris: «Mein Wunsch wäre, daß wir die Leute dort etwas in ihrer Sauce schmoren lassen und uns in den eroberten Departements häuslich einrichten, ehe wir weiter vorgehn». Wenn man die zerstrittene Republik sich selbst überließ, würde sie sich binnen kurzem selbst zugrunde richten, meinte er. Aber sein Rat wurde ignoriert. Als die deutschen Truppen die Hauptstadt erreichten, empfahl er den sofortigen Sturm auf sie anstatt einer Belagerung. Eine Belagerung würde den größten Teil der deutschen Streitkräfte binden und damit Gambetta Gelegenheit geben, im Süden und Westen neue Truppenverbände aufzustellen, so Bismarck. In den eroberten Gebieten seien die deutschen Besatzungstruppen so weiträumig verteilt, daß die Bevölkerung vom Krieg kaum etwas spüre.[22]

Die während der Monate November und Dezember beherrschende Frage betraf die Zweckmäßigkeit einer Beschießung von Paris. Die Mehrzahl der Generäle bezweifelte die Wirksamkeit eines Artilleriebombardements und hielt es für einfacher, dem Hunger die Herbeiführung der Kapitulation zu überlassen. Diese Haltung, schlechte Planung und Transportschwierigkeiten verzögerten die Bereitstellung von Belagerungsgeschützen und geeigneter Munition. Bismarck konnte nicht glauben, daß dieser Zeitverlust nur sachlichen Meinungsverschiedenheiten und technischen Problemen geschuldet sein sollte. Er vermutete einmal mehr eine «Intrige, angesponnen von Weibern, Erzbischöfen und Gelehrten». Der Zorn und die Nervenanspannung machten ihn krank. Seine alte Beinverletzung plagte ihn von neuem; tagelang lag er im Bett und war für niemanden zu sprechen.[23]

Schließlich begann am 27. Dezember 1870 die Beschießung von Paris. Die Belagerungsgeschütze schossen täglich drei- bis vierhundert Granaten mitten in die Stadt, die jedoch bemerkenswert wenig Schaden anrichteten. Bismarcks psychologische Kriegsführung versteifte nur den Widerstandswillen der Pariser, während die öffentliche Meinung Europas sich angesichts der auf unbewaffnete Zivilisten gerichteten Kanonen entsetzte und einen Begriff von der Brutalität der Deutschen gewann, der sich als sehr haltbar erweisen sollte. Ein unaufhörlicher Granatenhagel legte die Forts des Verteidigungsgürtels von Paris in Trümmer, ohne den Widerstand brechen zu können. Zunehmend verzweifelte Ausfälle der Belagerten wurden mit schweren Verlusten zurückgeschlagen. Doch schließlich tat der Hunger sein Werk und erzwang am 28. Januar 1871 die Kapitulation von Paris.[24]

Die Generäle ärgerten sich über die «kindischen Ratschläge» des «Zivilisten im Kürassierrock», wie man Bismarck im Generalstab spöttisch nannte. Seine unhöfliche und überhebliche Einmischung in ihre Angelegenheit ging ihnen auf die Nerven. Da ihm nichts anderes zu tun blieb, wollte er ihnen nun anscheinend die militärische Führung des Krieges aus der Hand nehmen. Bismarck hingegen beklagte das mangelnde Verständnis der Generäle für die politischen Konsequenzen ihrer Entscheidungen. So benützte er während der Monate der Belagerung von Paris jede Gelegenheit, ihren Einfluß zu beschränken. Als Moltke an den Kommandanten von Paris, General Trochu, schrieb, verlangte Bismarck vom König für sich das Recht der letzten Entscheidung über solchen Schriftverkehr mit dem Gegner. Am 25. Januar beschränkten denn auch wunschgemäß zwei königliche Ordres Moltkes Befugnis, mit dem Feind zu verhandeln, und ermächtigten Bismarck, seine Meinung zu geplanten militärischen Operationen vorzutragen. Moltke war außer sich vor Wut. Er entwarf eine sarkastische Erwiderung, in der er dem König vorschlug, die Verantwortung für die Führung des Krieges gänzlich Bismarck zu übertragen. Doch sandte er dann statt dieser eine Denkschrift ab, in welcher er seine Haltung mit der Begründung rechtfertigte, «daß ich in meiner Eigenschaft als Chef des Generalstabes der Armee Eurer Kaiserl. Majestät direkt unterstellt bin und vollberechtigt selbständig neben dem Bundeskanzler stehe».[25]

Der Konflikt zwischen Moltke und Bismarck ist ein klassisches Beispiel für die gespannte Beziehung, in der während eines Krieges die politische und die militärische Führung unvermeidlich zueinander stehen. Der Kanzler brauchte die Kapitulation von Paris, um zu deutschen Bedingungen Frieden schließen zu können, der Chef des Generalstabs wollte die vor Paris gebundenen Truppen für anderweitige militärische Operationen zur Verfügung haben. Nach einem vergeblichen Versuch, die beiden Männer miteinander zu versöhnen, erkannte Kronprinz Friedrich Wilhelm, daß Moltke einen «Exterminationskrieg» führen und ganz Frankreich in die Gewalt der deutschen Militärmacht bringen wollte. Doch König Wilhelm war klug genug zu wissen, mit welcher der beiden Parteien er es zu halten hatte. Zur Empörung des Generalstabs führte Bismarck die Waffenstillstandsverhandlungen mit Jules Favre allein. Ohne die Militärs um Rat zu fragen, entschied er, welche der Pariser Forts übergeben werden müßten. Als die neue französische Regierung in Bordeaux um eine Verlängerung des Waffenstillstands nachsuchte, gewährte Bismarck diese gegen Moltkes heftigen Protest. Die endgültigen Friedensbedingungen diktierte im wesentlichen er allein. «Ich habe noch nie solche Erbitterung gegen einen Menschen erlebt, wie sie augenblicklich gegen Bismarck herrscht, der gerade jetzt alles auf die Spitze treibt, um seinen Willen durchzusetzen», notierte General von Stosch.[26]

In einem entscheidenden Augenblick der deutschen Geschichte hatte Bismarck über das Militär triumphiert. Doch der institutionelle Dualismus, der die Auseinandersetzung verursacht hatte, blieb unverändert erhalten. Eines Tages, lange nach Bismarcks Tod, sollte sich der Konflikt von neuem erheben und in einem Krieg von weit größeren Dimensionen seinen Nachfolgern zu schaffen machen.

Furor Teutonicus

Mit großer Anstrengung gelang es Bismarck, den Krieg von 1870 auf die Erreichung rationaler politischer Ziele in der Tradition der *raison d'état* zu begrenzen. Dennoch war dieser Krieg kein «Kabinettskrieg» im Stil des 18. Jahrhunderts mehr, sondern ein «Nationalkrieg» durchaus modernen Charakters.[27] In dieser Hinsicht wiederholte der französisch-deutsche Krieg 1870–1871 die nationalen Kriege der französischen Revolutionszeit und nahm diejenigen des 20. Jahrhunderts vorweg. Im Gegensatz zu den Kriegen von 1854, 1859[28], 1864 und 1866 war der Krieg von 1870 mehr ein Krieg der Völker als der Regierungen. Durch den schnellen Friedensschluß nach Königgrätz verzichtete Franz Joseph ganz bewußt auf das gefährliche Experiment, die Völker des Habsburgerreichs zum Widerstand gegen die fremden Eindringlinge aufzurufen. Doch nach der Vernichtung der kaiserlichen Armeen und dem Sturz des napoleonischen Regimes dauerte der Krieg mit Frankreich weit über die Erwartung Bismarcks und des deutschen Generalstabs hinaus an. Die militärische Katastrophe hatte in Frankreich die Büchse der Pandora nur weiter geöffnet; das Nationalgefühl und der Opferwillen des Volkes wuchsen. Aus einem Krieg mit dem Ziel der Vernichtung gegnerischer Armeen wurde ein Krieg mit dem Ziel, eine Nation zu erschöpfen und zu zerteilen.

Auf beiden Seiten glich der Krieg einem nationalen Kreuzzug. Gramont hatte die Hohenzollernkandidatur nicht zuletzt deshalb für eine günstige Gelegenheit zur Auseinandersetzung mit Preußen gehalten, wie er am 8. Juli 1870 Metternich gestand, weil der Gegenstand des Streits seines Erachtens das deutsche Nationalgefühl nicht tangierte.[29] Aber das war ein schwerwiegender Irrtum. Als er die Emser Depesche redigierte, konnte Bismarck damit rechnen, daß jedwede Krise mit Frankreich, egal aus welchem Anlaß, geeignet sein würde, den *furor teutonicus* wachzurufen. Das große Wiederaufleben des Nationalgefühls hatte 1840 mit einer Krise in Ägypten begonnen, 1859 hatte der Krieg mit Italien eine neue Welle der nationalen Begeisterung ausgelöst. Die Deutschen von 1870 waren in der Erinnerung an den Befreiungskrieg von 1812 aufgewachsen. Das Mißtrauen gegen Frankreich war zu jener Zeit in Deutschland so endemisch wie zur gleichen Zeit in den Vereinigten Staaten die Feindseligkeit gegen England. Bismarcks Bemühungen, die preußische Sache zu einem Anliegen der deutschen Nation zu machen, die 1866 einigermaßen vergeblich geblieben waren, wurden 1870 von überwältigendem Erfolg gekrönt.

Kriegsbegeisterung gab es von Anfang an beiderseits des Rheins. Während in den Straßen von Paris patriotische Volksmengen ihre Kampfbereitschaft demonstrierten, jubelten dem preußischen König während der Reise von Ems nach Berlin überall die Menschen zu. In der Hauptstadt versammelten sich zu seinem Empfang Tausende spontan am Bahnhof. Später zogen die Massen vor das Berliner Stadtschloß, um ihm zu applaudieren. In einer von Bismarck verfaßten Thronrede vor dem Reichstag betonte der Monarch den nationalen Charakter des bevorstehenden Krieges. Die «Machthaber Frankreichs haben es verstanden, das ... Selbstgefühl unseres großen Nachbarvolkes durch berechnete Mißleitung für persönliche Interessen und Leidenschaften auszubeuten», erklärte er. In früheren Jahrhunderten hatten die Deutschen fremde Angriffe gegen ihre Rechte und ihre Ehre schweigend ertragen. Doch seit 1813 hatten sie sich immer fester miteinander verbunden. Jetzt besaßen sie den Willen und die Kraft, sich zu verteidigen; «mit um so größerer Zuversicht wenden Wir Uns, gestützt auf den einmütigen Willen der deutschen Regierungen des Südens wie des Nordens, an die Vaterlandsliebe und Opferfreudigkeit des Deutschen Volkes mit dem Aufrufe zur Verteidigung seiner Ehre und seiner Unabhängigkeit», rief Wilhelm aus. «Wir werden nach dem Beispiele unserer Väter für unsere Freiheit und für unser Recht gegen die Gewalttat fremder Eroberer kämpfen.» Die Rede wurde wiederholt durch jubelnden Beifall unterbrochen.[30]

Am 16. Juli 1870 trug Bismarck dem Bundesrat einen sehr einseitigen Bericht über die Verhandlungen vor, die zu der «Beleidigung» in Ems geführt hatten, wobei er die Unschuld Preußens in dramatischen Gegensatz zur Böswilligkeit Frankreichs setzte. Frankreich, resümierte er, habe Deutschland keine andere Wahl als den Krieg gelassen und eine schwere Sünde gegen die Menschheit auf sich geladen. Das erregte Nationalgefühl in Deutschland beweise, daß die Öffentlichkeit hierüber einer Meinung mit ihm sei. Am 20. verlas er im Reichstag seine Erwiderung auf das englische Vermittlungsangebot. Seine Majestät sei immer zu Verhandlungen «auf einer für die Ehre und das Nationalbewußtsein Deutschlands annehmbaren Basis» bereit; «eine von unserer Seite jetzt zu ergreifende Initiative zu Verhandlungen» würde jedoch «von dem nationalen Gefühl der Deutschen, nachdem dasselbe durch Frankreichs Drohungen tief verletzt und aufgeregt wurde, mißverstanden werden». Bismarck fuhr fort: «Unsere Stärke liegt in dem nationalen, dem Rechts- und Ehrgefühl der Nation».[31] Bravorufe hallten auch hier durch den Saal.

Diese Erklärungen gaben den Ton für die offizielle Propaganda während des Krieges an. In zwei veröffentlichten diplomatischen Rundschreiben vom 18. und 19. Juli wies Bismarck darauf hin, daß in Napoleons III. gegenwärtigem Verhalten offenbar die «Traditionen Ludwigs XIV. und des ersten Kaiserreichs» wieder an die Macht zu kommen drohten. «Schmerzlich ist es zu denken, daß durch einen so riesenhaften Kampf, wie ihn die nationale Erbitterung und die Größe und Macht der beiden Länder in Aussicht stellt, die friedliche Entwicklung der Zivilisation ... auf viele Jahre gehemmt und zurückgedrängt wird», schrieb er. Frankreichs «frevelhaftes» Verhalten zwinge Preußen jedoch, «um der nationalen Ehre und Freiheit Deutschlands willen den Kampf aufzunehmen; und bei einer so gerechten Sache dürfen wir vertrauensvoll auf den Beistand Gottes hoffen, wie wir schon jetzt des Beistandes der gesamten deutschen Nation ... sicher sind».[32]

Das war größtenteils Propaganda, doch nichtsdestoweniger war auch Bismarck selbst bis zu einem gewissen Grade vom nationalen Charakter des Krieges durchdrungen. Während des Feldzugs unterhielt er seine Tischgäste häufig mit Vergleichen zwischen dem französischen und dem deutschen Nationalcharakter, bei denen die Franzosen nie gut wegkamen. «Die Franzosen sind eine leicht unter einen Hut zu bringende Masse, die dann sehr mächtig wird. Bei uns hat jeder seine eigene Meinung. Aber wenn sie einmal in großer Zahl dieselbe Meinung haben, ist viel mit den Deutschen anzufangen. Wenn sie sie alle hätten, wären sie allmächtig.» Oder: «Das Pflichtgefühl des Menschen, der sich einsam im Dunkeln totschießen läßt ... haben die Franzosen nicht. Und das kommt doch von dem Reste von Glauben in unserem Volke, davon, daß ich weiß, daß jemand ist, der mich auch dann sieht, wenn der Leutnant mich nicht sieht.» Bei anderer Gelegenheit sagte er: «Frankreich ist eine Nation von Nullen, eine Herde; sie haben Geld und Eleganz, aber keine Individuen, kein individuelles Selbstgefühl – nur in der Masse. Es waren dreißig Millionen gehorsame Kaffern, jeder einzelne von ihnen ohne Klang und Wert – nicht einmal mit den Russen und Italienern auf einen Fuß zu stellen, geschweige denn mit uns Deutschen. Es war leicht, aus diesen Person- und Charakterlosen eine schockweise Masse zu bilden, die die andern erdrückte, so lange sie noch nicht einig waren.»[33]

Doch dieses Volk von Nullen brachte nach dem Fall von Sedan spontan eine Widerstandskraft auf, die die deutsche Führung überraschte und verwirrte. Da die Republik bei ihrer Gründung keinerlei Armee zur Verfügung hatte, führte sie in den Gebieten unter ihrer Kontrolle eine *levée en masse* durch. In den von Deutschen besetzten Gebieten begannen die Franktireure einen Kleinkrieg gegen die Eroberer. Heckenschützen schossen aus dem Hinterhalt auf vorbeimarschierende Truppen, überfielen in kleinen Banden isolierte Abteilungen und störten die Nachrichtenverbindungen und Nachschubwege. Die Tätigkeit dieser Guerilla, die gewiß nicht das ganze französische Volk repräsentierte und auch nicht ausschließlich von Patriotismus beseelt war, drohte sich zu einem ernsthaften Problem für die deutschen Streitkräfte auszuwachsen. In der Nacht des 8. Oktober griffen Freischärler erfolgreich eine in Ablis stationierte große deutsche Einheit an und machte fünfundsechzig Gefangene. In Châteaudun kam es am 18. Oktober zu einer achtstündigen Schlacht. Am 23. Januar 1871 wurde in den Vogesen eine wichtige Eisenbahnbrücke gesprengt und damit eine der beiden zur deutschen Grenze führenden Eisenbahnlinien stillgelegt.[34]

Die Deutschen griffen gegen diese Aktivitäten hart durch. Wer mit der Waffe in der Hand oder bei einem Sabotageakt ergriffen wurde, erhielt die Todesstrafe. Gemeinden, die verdächtig waren, Franktireure zu verstecken oder zu unterstützen, wurden schwere Kontributionen auferlegt. Um deren Zahlung zu erpressen, wurden Geiseln genommen. In extremen Fällen wurden ganze Dörfer geplündert und in Schutt und Asche gelegt. Im Fall von Châteaudun traf dieses Schicksal eine Stadt von siebentausend Einwohnern. Gustav Freytag, der dem preußischen Hauptquartier als Journalist attachiert war, schätzte Ende Oktober, daß zwei Monate Kleinkrieg Frankreich schon annähernd drei Millionen Franken an Kontributionen gekostet hatten, die Zerstörung von zwanzig bis dreißig einzelnen Häusern und zwanzig bis dreißig ganzen Dörfern sowie zwischen 150 und 200 Menschenleben. Unter den Opfern der deutschen Vergeltungsmaßnahmen waren auch Frauen und Kinder, denen Mordanschläge auf deutsche Soldaten zur Last gelegt wurden.[35]

Für Bismarck jedoch waren diese Vergeltungsmaßnahmen noch nicht streng genug. Wiederholt bedauerte er, daß die deutschen Besatzungstruppen so dünn über das Land ausgebreitet seien, daß sie der Zivilbevölkerung den Krieg nicht so recht durch drückende Kontributionen in Geld und Naturalien zu spüren geben könnten. Er beklagte die Neigung der Militärregierung, die Zivilbevölkerung vor Leiden zu schützen.[36] Eines Abends bei Tisch wurde er in seinen Ansichten durch einen Experten in der Materie, General Philip Sheridan, bestätigt, der seine Erfahrungen aus dem amerikanischen Bürgerkrieg in einigen Maximen zusammenfaßte, die von humanitärer Rücksicht auf die Zivilbevölkerung ausdrücklich abrieten. «Die richtige Strategie», befand der General, «besteht erstens darin, daß man dem Feinde tüchtig Schläge beizubringen sucht, soweit er aus Soldaten besteht, dann aber darin, daß man den Bewohnern des Landes so viele Leiden zufügt, daß sie sich nach dem Frieden sehnen und bei ihrer Regierung darauf dringen. Es muß den Leuten nichts bleiben, als die Augen, um den Krieg zu beweinen.»

Selbst Sheridan dürfte beeindruckt gewesen sein von der Gründlichkeit, mit der sein Schüler diese Lehren beherzigte. «Unsere Leute sind fix beim Schießen, aber nicht beim Erschießen», monierte der unbarmherzig die fehlende Härte seiner Landsleute. Krieg sei Krieg. «Man sollte alle Dörfer, wo Verrat vorkommt, sofort ausbrennen und alle männlichen Einwohner hängen.»[37] Solche Äußerungen sind zahlreich. Es erzürnte Bismarck nicht nur, daß man beim Kampf gegen die Guerilla Gefangene machte, anstatt die Heckenschützen einfach auf der Stelle zu liquidieren. Überhaupt verdroß ihn die Notwendigkeit, Gefangene zu machen. Als er erfuhr, daß bei einem Gefecht an der Loire 1600 Mann reguläre Truppen gefangengenommen worden seien, meinte er, daß er sie lieber tot gesehen hätte, denn es sei doch unter den gegenwärtigen Umständen sehr lästig, Gefangene machen zu müssen. Solche Klagen wiederholte er im Laufe der Monate nicht selten. Sein besonderer Blutdurst galt den afrikanischen Soldaten: «Daß sie diese Schwarzen überhaupt gefangen genommen haben, war wider die Abrede ... Mit meinem Willen kommt jeder Soldat in Arrest, der einen solchen Burschen gefangen nimmt und abliefert. Das ist Raubzeug, das muß abgeschossen werden ... Sie haben unsere Soldaten auf die schändlichste Weise zu Tode gequält.»[38]

Wo aus dem Hinterhalt geschossen und Sabotage verübt wurde, hielt er es für eine gute Idee, die gesamte Bevölkerung nach Deutschland abzutransportieren und dort in Lagern zu internieren. Auf «französische Schlingel» zu schießen, die von einer Brücke auf deutsche Soldaten herunterspuckten, fand er vollkommen in Ordnung. Personen, die mit Ballons aus Paris flohen, sollten ohne weitere Untersuchung als Spion behandelt und bei der Verhaftung erschossen werden. Geschossen werden mußte auch auf die Frauen und Kinder, die sich aus der hungernden Stadt hinauswagten, um auf den Feldern zu Füßen der Forts nach Kartoffeln zu buddeln. Soldaten, die sich weigerten, das zu tun, verdienten es seiner Meinung nach, erschossen zu werden. «Brutalität gehört zu seinen Instinkten», erkannte einer seiner Zuhörer.[39] Doch stand Bismarck mit dergleichen Ansichten keineswegs allein. Der Zermürbungskrieg, der auf den Sieg der Deutschen bei Sedan folgte, brutalisierte beide Seiten, Zivilisten wie Soldaten, und ritterliches Verhalten wurde dabei auch auf seiten des Militärs immer seltener.

Die zitierten Äußerungen des Kanzlers sind natürlich keine durchdachten Grundsatzerklärungen, sondern als Bemerkungen in lebhafter Unterhaltung gefallen. Sie bezeugen seine zunehmende Besorgnis und Enttäuschung angesichts der Unfähigkeit Deutschlands, den Krieg zu Ende zu bringen. Zwar bemerkte er: «Der Krieg ist doch eigentlich der natürliche Zustand der Menschheit.»[40] Aber das war nur als psychologische Beobachtung zu verstehen und bedeutete durchaus nicht, daß er diesen Naturzustand billigte. Berichte über Brutalitäten, die von deutschen Truppen verübt wurden, erregten seinen Zorn, und der brieflich von seiner Frau ausgesprochene Wunsch, man möge doch am besten die Franzosen mit Stumpf und Stiel ausrotten – die kleinen Kinder nicht ausgenommen[41] –, schockierte und bestürzte ihn. Die Schlächterei, die er auf den Schlachtfeldern Böhmens und Frankreichs mitansah, schärfte sein Verantwortungsgefühl für Entscheidungen über Krieg und Frieden. Die Kriegsgreuel bestärkten seine Abneigung gegen Präventivkriege und seine Überzeugung, daß der Krieg stets nur *ultima ratio* sein dürfe, ein letzter Ausweg, wenn jedes andere Mittel zur Erreichung eines unverzichtbaren politischen Ziels versagt hatte.

Elsaß und Lothringen

Die Forderung nach der Abtretung von Elsaß und Lothringen trug viel zu der Erbitterung bei, mit welcher der französisch-deutsche Krieg zuletzt als Nationalkrieg geführt wurde. Die Bewohner des Elsaß und eines Teils von Lothringen sprachen einen deutschen Dialekt, beide Provinzen hatten einst zum Heiligen Römischen Reich Deutscher Nation gehört. Unter Ludwig XIV. und dessen Nachfolgern waren sie nach und nach von Frankreich annektiert worden. Politik wurde zu jener Zeit nach dynastischen Gesichtspunkten gemacht, das Nationalgefühl war schwach entwickelt, und die Wünsche der Bevölkerungen kümmerten die Regierungen wenig. Die Französische Revolution schnitt dann diese Provinzen gänzlich von Deutschland ab. Die Gebiete wurden politisch und wirtschaftlich vollkommen dem französischen Staat eingegliedert. Die gemeinsame Erfahrung der Revolution und der auf sie folgenden Kriege prägte das Bewußtsein ihrer Bewohner, französische Bürger zu sein. Indem er die Forderung nach der Annexion dieser Gebiete erhob, trug Bismarck dazu bei, daß der Krieg in Deutschland als nationaler Kreuzzug angesehen wurde, und er fügte zugleich der französischen Nation eine Verletzung zu, die als schwärende Wunde nicht heilen wollte.

Zu Bismarcks Verteidigung wird gewöhnlich darauf hingewiesen, daß er die Vogesengrenze für Deutschland nicht etwa forderte, weil die Bewohner des linksrheinischen Gebiets bis zu dieser Grenze Stammesverwandte des deutschen Volkes seien und mit diesem Sprache und Kultur gemein hätten, also nicht aus den von Nationalisten gewöhnlich vorgebrachten Gründen. Solche Argumente wies er als «Professorenideen» verächtlich von der Hand. Statt dessen wiederholte er in privaten Unterhaltungen, diplomatischen Depeschen und Regierungserklärungen beharrlich immer wieder den einen Grund, der für die Annexion sprach: «Nicht um Elsaß und Lothringen wieder an Deutschland zu bringen, sondern nur um den Franzosen einen neuen Angriffskrieg zu erschweren, müssen wir die beiden Festungen (Straßburg und Metz) besitzen.»[42] Diese Überlegung war tatsächlich im preußischen Hauptquartier ausschlaggebend. Die beiden Provinzen bildeten einen dreieckigen Keil, dessen Spitze bei Straßburg ins Herz von Deutschland zielte. Frankreich hatte durch den Besitz dieser Territorien den Vorteil der inneren Linie. Deutschland dagegen war auf äußere Verbindungslinien angewiesen. Eine französische Invasion Badens zu Beginn des Krieges war nach Moltkes Meinung nur durch die schnelle deutsche Mobilmachung verhindert worden. Dieser Überzeugung waren auch der Kriegsminister Roon, König Wilhelm und Kronprinz Friedrich Wilhelm.[43] Es spricht also einiges für die Annahme, daß der Entschluß zur Annexion von Elsaß-Lothringen weniger auf Nationalpolitik als vielmehr auf Staatsräson zurückging. Einmal mehr ist aber auch das nur ein Teil der Wahrheit.

Denn die Notwendigkeit, die Annexion zu rechtfertigen, zwang Bismarck, die amtliche Auffassung vom Charakter des Krieges zu modifizieren und einzuräumen, daß dieser nicht nur gegen die französische Regierung, sondern gegen die französische Nation geführt wurde. Ausdrücklich erklärte Wilhelm am Tage des Kriegsausbruchs, daß er Krieg gegen Soldaten führe, nicht gegen französische Bürger (die Worte hatte ihm Bismarck in den Mund gelegt). Doch bald nach den ersten Siegen der deutschen Armeen begann Bismarck, die Schuld an dem Krieg dem französischen Volk zuzuschieben. In Petersburg ließ er wissen: «Es ist allerdings zunächst die Torheit Napoleons und seiner Ratgeber, welche den Anlaß zum Kriege geboten hat; aber jedermann hat auch erkannt, daß der Kaiser hier nur der Ausdruck der unsinnigen und frevelhaften Gelüste des französischen Volkes war, und daß er nie daran hätte denken können, für seine inneren Gefahren eine Diversion nach außen zu suchen, wenn nicht jene Tendenzen im Volk selbst noch nicht überwunden wären. Es ist nicht bloß Napoleon, es ist Frankreich selbst in seiner Herrschsucht, welche eine beständige Gefahr für seine Nachbarn bildet, mit oder ohne Napoleon an seiner Spitze.» In einem Erlaß an den Botschafter in London argumentierte er: «Wir stehn heute im Felde gegen den 12.

oder 15. Ueberfall u(nd) Eroberungskrieg, den Frankreich seit 200 Jahren gegen Deutschland ausführt ... Die Gefahr liegt aber in der unheilbaren Herrschsucht u(nd) Anmaßung, welche dem französischen Volkscharacter eigen ist u(nd) sich von jedem Herrscher des Landes zum Angriff auf friedliche Nachbarstaaten mißbrauchen läßt.» Diese Argumentationslinie blieb nicht auf diplomatische Weisungen beschränkt. Als die deutsche Presse zunächst fortfuhr, allein Napoleon zu beschuldigen, instruierte Bismarck Thile in Berlin, diesen «Irrtum» zu berichtigen. In zwei zur Veröffentlichung freigegebenen Rundschreiben machte er den herrschsüchtigen Hochmut der französischen Nation für den Krieg verantwortlich und stellte die Forderung nach der Annexion von Elsaß und Lothringen als nationale Forderung des deutschen Volkes dar.[44]

Schon während der ersten drei Wochen des Krieges gab es viele Andeutungen in der deutschen Presse, daß eine solche Annexion nicht nur recht und billig, sondern auch notwendig sei. Am 21. Juli sprach sich die einflußreiche *Augsburger Allgemeine Zeitung* ausdrücklich dafür aus. Vier Tage später ermahnten die *Münchener Neuesten Nachrichten* Deutschland, nicht die Waffen niederzulegen, bis die fraglichen Provinzen «wieder deutsch» seien und der Rhein wieder «Deutschlands Strom, nicht Deutschlands Grenze». Nach den Siegen am 4., 5. und 18. August schwollen diese Stimmen zu einem gewaltigen Pressechor an.[45] Auch die Briefe der Führer des liberalen Nationalismus – Eduard Lasker, Heinrich von Sybel, Hermann Baumgarten und andere – spiegeln diese Entwicklung. Am 20. August hatten sie sich auf ein Agitationsprogramm verständigt. Nur bei den Fortschrittlern gab es, Forckenbeck zufolge, noch Zweifel, ob es klug sei, eine feindselig gesonnene Bevölkerung nur auf Grund ihrer deutschen Abstammung zu zwingen, deutsch zu werden.[46]

Der Druck der öffentlichen Meinung, vor dem er angeblich zitterte, war teilweise Bismarcks eigene Schöpfung. Am 25. August 1870 telegraphierte er aus Bar-le-Duc an das Auswärtige Amt in Berlin: «Nachdem in der ‹Indépendance Belge› und dem ‹Journal de St. Petersbourg› die Stellung Englands und Rußlands zu einer Zerstückelung Frankreichs besprochen, ist in allen uns zugänglichen Blättern, namentlich allen deutschen, die nationale Entrüstung über diese uns feindliche Einmischung neutraler Mächte auszusprechen und der feste Wille des deutschen Volkes, durch Gebietsabtretungen Frankreichs die süddeutschen Gränzen zu sichern u(nd) gegen Wiederholung ähnlicher Raubanfälle, wie sie in den letzten zwei Jahrhunderten dagewesen, die Vertheidigung unserer Gränzen zu erleichtern.»[47]

Während der folgenden Tage nahm die chauvinistische Agitation in ganz Deutschland zu. Bei einer Kundgebung in Berlin, auf welcher der Oberbürgermeister den Vorsitz führte, einigten sich führende Angehörige der Fortschrittspartei und der Nationalliberalen Partei auf eine Resolution, die die Annexion forderte. Ähnliche Kundgebungen fanden in anderen Großstädten Nord- und Süddeutschlands statt.[48] Aus dem militärischen Hauptquartier in Frankreich goß Bismarck Öl ins Feuer. Nach seinen Anweisungen schrieb sein Pressemitarbeiter

Moritz Busch einen Artikel über die Annexion für die amtliche *Provinzial-Korrespondenz*, dem andere einflußreiche Blätter eilig beipflichteten. Einen Höhepunkt erreichte diese Kampagne in den *Preußischen Jahrbüchern* mit einem Aufsatz von Heinrich von Treitschke, der die suggestive Frage stellte: «Was fordern wir von Frankreich?»[49]

Die Annexionsforderung erwuchs keineswegs nur aus den strategischen Bedürfnissen, welche von den Militärs geltend gemacht wurden. Auch die an der Durchsetzung dieser Forderung Beteiligten waren keineswegs frei von der «Professorenidee», die Bismarcks Verachtung herausforderte. Schon vor vielen Jahren, während der Krise von 1840, hatte Moltke einen Aufsatz veröffentlicht, in dem er den Nachweis führte, daß Elsaß und Lothringen aus Gründen des historischen Rechts nach Deutschland gehörten: «Diese schönen Landschaften wurden wie ein gesundes Glied vom lebendigen Körper von Deutschland abgeschnitten.» So betrachtete er auch dreißig Jahre später noch den Krieg mit Frankreich vom nationalen Standpunkt aus. Ebensowenig war dem König diese Perspektive fremd. An Königin Augusta schrieb er, das Gebiet, das aus strategischen Gründen annektiert werden müsse, sei von jeher deutsch gewesen und noch gegenwärtig deutsch.[50] Busch bediente sich in dem erwähnten Artikel ebenfalls beider Argumente für die Annexion, des strategischen ebenso wie des historisch-nationalen; es sei «nicht zu vergessen, daß, wenn wir diese Abtrennungen verlangen, es sich um ursprünglich deutsches und zum guten Teil deutsch gebliebenes Gebiet handelt, dessen Bewohner mit der Zeit vielleicht lernen werden, sich wieder als Deutsche zu fühlen». Auch Bismarck verteidigte die Annexion als Rückkehr eines alten Reichslands und sprach gelegentlich von der genuin deutschen Nationalität des Elsaß. Bei der Festlegung der Grenze plädierte er dafür, so genau wie möglich der Sprachgrenze zu folgen, weil er annahm, daß die deutschsprachige Bevölkerung leichter zu assimilieren sein würde. Später bedauerte er einmal, daß man nicht die gesamte profranzösische Bevölkerung der annektierten Provinzen nach Frankreich ausgewiesen habe.[51]

Für die Öffentlichkeit wog anscheinend das nationale Argument ebenso schwer wie das strategische. Jedenfalls wurden in der Flut von Leitartikeln und Flugschriften zu dieser Frage beide Argumente gleichermaßen betont. In der Vergangenheit hatte man Elsaß-Lothringen als deutscher «Irredenta» wenig Aufmerksamkeit geschenkt, ausgenommen in den Krisenjahren 1814–1815, 1840 und 1859. Doch nun wurde das große historische Unrecht wieder entdeckt; plötzlich war es höchste Zeit, es zu beenden und den deutschen Charakter der Bevölkerung vor weiterer Vergiftung durch die Keime der französischen Dekadenz in Schutz zu nehmen. Treitschkes flammender Artikel, bald als Flugschrift nachgedruckt, machte die Rechte des Eroberers und das deutsche Sicherheitsbedürfnis geltend, doch über alle diese Ansprüche erhob der Verfasser diejenigen der Nation: «Diese Lande sind unser nach dem Rechte des Schwertes, und wir wollen über sie verfügen kraft eines höheren Rechtes, kraft des Rechtes der deutschen Nation, die ihren verlorenen Söhnen nicht gestatten kann, sich für immer dem deutschen

Reiche zu entfremden. Wir Deutschen, die wir Deutschland und Frankreich kennen, wissen besser, was den Elsässern frommt, als jene Unglücklichen selber ... Wir wollen ihnen wider ihren Willen ihr eigenes Selbst zurückgeben ... Der Geist eines Volkes umfaßt nicht blos die nebeneinander, sondern auch die nacheinander lebenden Geschlechter. Wir berufen uns wider den mißleiteten Willen derer die da leben auf den Willen derer die da waren.»[52]

In seinen diplomatischen Erlassen war Bismarck genötigt, sich von solchen Anschauungen zu distanzieren. Er fürchtete Versuche, den Russen einzureden, daß die Deutschen mit derartigen Argumenten demnächst Anspruch auf ihre baltischen Provinzen erheben würden. Am 16. September telegraphierte er, daß solche Ideen schlechthin lächerlich wären, man benötige Elsaß und Lothringen aus Gründen der militärischen Sicherheit und fordere die Provinzen keineswegs zurück, weil sie einst zum Reich gehört hatten. In Wien und Budapest bezeichnete er die Unterstellung, er wolle das Habsburgerreich durch die Annexion des «sogenannten» Deutschösterreichs zerstückeln, wiederholt als absurd.[53] Selbst Treitschke hielt es nicht für die Aufgabe nationaler Staatskunst, «jede Scholle deutschen Bodens, die wir in den Tagen der Schwäche preisgegeben, in unser neues Reich hineinzuzwängen». Die deutschen Stämme in der Schweiz, in Österreich und in den Niederlanden sollten in ihrem «Sonderleben» nicht gestört werden, versicherte er. «Aber wir dürfen nicht dulden, daß vor unseren Augen deutsches Volksthum grundsätzlich zerstört und herabgewürdigt werde zum Frohndienst gegen Deutschland.»[54] Und obwohl Bismarck diese «Professorenidee» verachtete, machte er doch in seiner Propaganda Gebrauch davon. Ihm kam es für den Augenblick nur auf die größtmögliche Entfesselung des deutschen Nationalgefühls an, mit welcher Begründung auch immer.

Daß die öffentliche Meinung in Deutschland auf Annexion drängte, war auch bei der Abwehr von Interventionen der neutralen Mächte hilfreich. In Petersburg machte er geltend, daß eine deutsche Regierung, die es versäumte, die beiden Provinzen zu annektieren, von Revolution und Republikanismus überwältigt werden würde. Die Annexion, ließ er in London wissen, sei der feste und einmütige Wille des deutschen Volkes. Als Lord Granville zur Mäßigung riet, erwiderte er scharf: «Die bessere Sicherung der Westgränze Deutschlands ist vermöge dieses Krieges für uns zu einer so zwingenden Nothwendigkeit geworden, daß wir, um sie zu erreichen, weder vor einem Vernichtungskampfe vor oder in Paris, noch vor 10 Jahr Krieg, noch vor dem gewagtesten Aufrufe der Nationalkraft Deutschlands gegen neutrale Intervention, noch vor einem Bündnis mit Napoleon zurückschrecken».[55]

Die Annexionsforderung verlängerte den Krieg. Keine andere Frage erschwerte mehr den Friedensschluß. Ihretwegen scheuten sich Louis und Eugénie, in ernsthafte Verhandlungen einzutreten, und ihretwegen fand sich die Regierung der nationalen Verteidigung monatelang nicht zu einem Waffenstillstand bereit. Am 20. und 21. September konferierte Bismarck mit Jules Favre in Ferrières und am 1. und 2. November in Versailles mit Adolphe Thiers. Obwohl beide einen

Waffenstillstand wünschten, der Wahlen ermöglichen würde, nötigte sie die Annexionsdrohung, Bedingungen zu verlangen, die notfalls die Fortsetzung der Kämpfe erlaubt hätten. Das aber war selbstverständlich für Bismarck unannehmbar. Erst nach dem Fall von Paris am 28. Januar 1871 sahen die Franzosen der düsteren Tatsache ins Gesicht, daß der Krieg verloren war und mithin auch Elsaß-Lothringen.

Als Thiers, von dem neuen Parlament in Bordeaux zum «Chef der Exekutivgewalt» gewählt, am 21. Februar wieder in Versailles erschien, waren nur noch die Einzelheiten des Verlaufs der neuen Grenze und die Höhe der von Frankreich zu zahlenden Entschädigung offen. Bismarck war wegen der großenteils französischen Bevölkerung «die Erwerbung von Lothringen politisch unerwünscht». Aber daheim hatte unterdessen die Annexion den Charakter einer nationalen Forderung angenommen. Und, was schwerer wog, der König und seine Generäle hielten «Metz für unerläßlich, da es den Wert von wenigstens 120 000 Mann repräsentiert». Die Offiziere in Versailles waren miserabler Laune. Sie sprachen davon, den Feind zu zerstören, das Land zu verwüsten und alle Quellen des Reichtums und Einkommens zu erschöpfen.[56] Den Militärs zuliebe bestand Bismarck also auf Metz, und Thiers mußte kapitulieren. Der Kanzler tröstete ihn, indem er ihm Belfort und eine Ermäßigung der zu zahlenden Entschädigung von 6 auf 5 Milliarden Franken zugestand.

Seit August war schon oft die Warnung laut geworden, daß der Verlust dieser beiden Provinzen Frankreich gegen Deutschland auf unabsehbare Zeit erbittern würde. Bismarck ließ sich davon nicht beeindrucken. «Diese Bitterkeit wird ganz in dem selben Maße stattfinden, wenn sie *ohne* Landabtretung aus dem Kriege herauskommen», meinte er, «schon unser Sieg bei Sadowa hat Bitterkeit in den Franzosen geweckt; Wieviel mehr wird es unser Sieg über sie selbst tun! ... Die einzig richtige Politik ist unter solchen Umständen, einen Feind, den man nicht zum aufrichtigen Freund gewinnen kann, wenigstens etwas unschädlicher zu machen».[57] Einen besseren Beweis für den nationalen Charakter des Krieges von 1870 als Bismarcks eigenes Eingeständnis, daß er eine Ära dauernder Feindseligkeit zwischen Frankreich und Deutschland eröffnen werde, kann man schwerlich verlangen.

VII

Süddeutschlands Weg ins Reich

Das Aushandeln der Verträge

Die dauerhafte Feindschaft Frankreichs war die unvermeidliche Konsequenz eines Krieges, dessen Notwendigkeit sich aus dem mangelnden Zusammenhalt der deutschen Nation ergab. Bismarcks wichtigstes Kriegsziel war nicht die Eroberung französischen Territoriums, sondern die freiwillige Annahme der norddeutschen Verfassung durch die süddeutschen Staaten, ohne daß diese auf wesentlichen Änderungen bestünden. Die wahre Bedeutung der Emser Depesche bestand darin, daß sie – einhergehend mit der Kriegsbegeisterung in Paris – eine Angelegenheit, die vordergründig von rein dynastischem Interesse war, in ein nationales Anliegen verwandelte. Man darf wohl bezweifeln, daß das Scheitern der Hohenzollernkandidatur für den spanischen Thron allein vermocht hätte, das deutsche Volk zu Zorn und Taten hinzureißen. Doch die anscheinend unprovozierte französische Beleidigung der mächtigsten deutschen Dynastie war etwas anderes. Mit einem Kreuzzug gegen Frankreich hoffte Bismarck, eine nationale Begeisterung zu erzeugen, die alle Vorbehalte des süddeutschen Partikularismus überwältigen würde. In Deutschland und Europa stellte er den Krieg gegen Frankreich als einen «großen nationalen Kampf» dar, eine «große sittliche und nationale Erhebung gegen fremden Angriff und Übermuth», die logischerweise nur auf die Konsolidierung «der Einigkeit und der Macht Deutschlands» unter dem nördlichen System hinauslaufen konnte.[1]

Bei Ausbruch des Krieges stellte sich die ernste Frage, ob der Süden den Casus foederis anerkennen würde. Die Bündnistreue Badens stand nie in Zweifel. Ohne das Parlament einzuberufen, befahl die Regierung in Karlsruhe die Mobilmachung und die Zerstörung der Rheinbrücke. Selbst die fanatischsten Anti-Preußen Badens wollten lieber an Preußens Seite kämpfen als eine französische Besetzung hinnehmen. In Darmstadt andererseits versuchten Dalwigk und Großherzog Ludwig verzweifelt, sich der ihnen aus Berlin zugemuteten Verpflichtung zu entziehen. In den vorangegangenen Monaten hatte der Minister wiederholt in Frankreich und Österreich um Unterstützung gegen preußischen Druck nachgesucht. Noch jetzt hoffte er, daß französische und österreichische Truppen in Deutschland einmarschieren würden. Aber er mochte sich drehen und wenden, wie er wollte, er mußte schließlich der übernommenen Bündnispflicht genügen. «Wir sind», schrieb er verzweifelt, «völlig in den Klauen des Adlers.»[2]

In Württemberg bemächtigte sich beim Eintreffen der Nachricht von den französischen Forderungen eine patriotische Begeisterung aller Schichten und Kreise, die die Agitation der Volkspartei gegen das preußische Militärsystem auf der Stelle hinfällig machte. Die plötzliche Aufwallung von Angst und Zorn überflutete die fortbestehenden Vorbehalte extremer Demokraten, ländlicher Katholiken und der Anhänger der großdeutschen Idee. Am 13. Juli 1870 ließ Varnbüler in Berlin wissen, daß Gramonts Unverschämtheit das deutsche Nationalgefühl in Württemberg zutiefst verletzt habe. Vier Tage später ordnete der König die Mobilmachung an, und am 22. Juli bewilligte der Landtag mit einer Gegenstimme die erforderliche Kriegsanleihe. Doch viele stimmten schweren Herzens dafür. Neununddreißig Abgeordnete unterzeichneten eine Erklärung, in der sie bedauerten, daß die Ereignisse von 1866 es verhindert hatten, daß nun «ganz Deutschland» vereint gegen den Feind stehen könnte.[3]

Auch jetzt war die Frage, wie sich Bayern verhalten würde, die heikelste. Am 14. Juli fragte Bismarck bei dem bayerischen Außenminister, Graf von Bray-Steinburg, an, was Bayern im Falle eines französischen Angriffs zu tun gedenke. Bei einer Kabinettssitzung am gleichen Tag stimmten die Minister für Neutralität, mit Ausnahme des Kriegsministers Sigmund Freiherr von Pranckh (dem sich zuletzt auch der Handelsminister noch anschloß). Bei einer Audienz am folgenden Tag nahm König Ludwig die Partei Pranckhs, der zwar im Herzen bayerischer Partikularist war, doch davon überzeugt, daß Bayern nichts anderes übrig blieb, als an Preußens Seite gegen Frankreich in den Krieg zu ziehen. «Wir müssen mitthun, wenn wir deutsche Bayern bleiben wollen und gehe es wie es wolle, wir können niemals von den übrigen deutschen Staaten loskommen», sagte er. «Wir müssen den Krieg mit aufnehmen, wenn wir nicht später etwa französische Bayern werden oder in der Luft hängen bleiben wollen. Was es dann mit uns werden sollte, wissen wir aus den bisherigen Erfahrungen» (womit er vermutlich auf das Schicksal anspielte, das nach 1866 Hannover erlitten hatte). Im Parlament brachte die plötzliche Krise den Angriff der Patrioten und linken Fortschrittler gegen die «Borussifizierung» der bayerischen Armee zum Stehen. Die Mehrheit beschloß, sich zu vertagen und abzuwarten. Als der König die Mobilmachung befahl, versammelten die Abgeordneten sich noch einmal und hörten den Bericht eines parlamentarischen Ausschusses, der bewaffnete Neutralität und eine Kürzung der von der Regierung beantragten Kriegsanleihe um 80 Prozent empfahl. Doch die Partikularisten fühlten sich durch die zunehmende Kriegsbegeisterung in den Städten schließlich zum Nachgeben gezwungen. Am Ende bewilligten die Abgeordneten mit 101 gegen 47 Stimmen fast 70 Prozent der beantragten Summe und überließen die Entscheidung über Krieg und Frieden dem Kabinett. Am 20. Juli trat Bayern ohne formelle Kriegserklärung in den Krieg ein.[4]

Im August erlebten deutsche Soldaten aus den Staaten des Nordens und des Südens auf den Schlachtfeldern in Frankreich eine gemeinsame Feuertaufe. Ihre Triumphe wurden daheim in jeder Stadt und in jedem Dorf mit Jubel gefeiert. Wie Bismarck es erwartet hatte, überflutete das aufwallende Nationalgefühl die trennenden Abgründe der Vergangenheit. Das Erlebnis der gleichen Gefahren und Siege im Kampf gegen einen gemeinsamen Feind verband die Deutschen zu einer Gemeinschaft, in der alle trennenden Besonderheiten der «deutschen Stämme» (wie man damals sagte), ihre verschiedenen Sitten und Gebräuche, dynastischen Loyalitäten, staatlichen Traditionen und historischen Feindschaften wenn nicht aufgehoben, so doch relativiert waren.

Aus Karlsruhe kam das erste Angebot. Am 2. September 1870 ließ Ministerpräsident Jolly dem Kanzler eine Denkschrift zugehen, in der die Gründung eines «Deutschen Reichs» angeregt wurde. Am gleichen Tag wurde in Stuttgart Varnbüler an der Regierungsspitze von dem früheren Justizminister, Hermann Freiherr von Mittnacht, abgelöst. Obgleich er bisher mit Varnbülers Politik einverstanden gewesen war, begriff doch Mittnacht, daß nun ein neuer Tag dämmerte. Zusammen mit Suckow setzte er gegen eine schwindende Opposition eine entschieden national ausgerichtete Politik durch. Am 17. September teilte Bismarck Suckow in Meaux mit, was er Jolly durch eine Depesche schon am 12. erklärt hatte, daß nämlich die süddeutschen Regierungen selbst die Initiative ergreifen müßten. Berlin müsse den Anschein vermeiden, seinerseits irgendwelchen Druck auszuüben, da dies nur Mißtrauen und Antagonismus provozieren könne. Übrigens tappe er hinsichtlich der Ansichten König Ludwigs II. von Bayern einstweilen noch im dunklen.[5]

Sowohl Bray als auch Ludwig verdächtigten Bismarck, daß er den Krieg dazu benutzen wollte, die Souveränität der süddeutschen Staaten auszuhebeln. Bismarck wußte, daß es nicht leicht sein würde, die Bayern freiwillig zu dem zu bewegen, was man nicht ausdrücklich von ihnen fordern konnte. Im August ließ Bismarck sie durch Thile auf die Möglichkeit territorialen Zugewinns in Elsaß und Lothringen hinweisen. Letztlich beschloß er dann allerdings, daß diese beiden Provinzen als «Reichsland» Gemeinbesitz des Reichs werden sollten. Doch auch mit dieser Entscheidung wollte er eine Diskussion über Deutschlands Zukunft anstoßen. Am 1. September schickte Bismarck seinen bewährten Gehilfen Delbrück mit dem Auftrag nach Dresden, die Angelegenheit mit den Sachsen zu erörtern und diese zu überreden, in München die Initiative zu ergreifen.[6] Vielleicht gelang es durch diese Hintertür, in die Burg der Wittelsbacher einzudringen.

Den Herrn dieser Burg und dessen Minister hatten schon der gewaltige Sieg von Sedan und die von diesem entfachte nationale Begeisterung zu der Einsicht gebracht, daß der Status quo ante in Deutschland nicht länger aufrechtzuerhalten sein würde. Die Frage war nun nicht länger, ob Bayern sich aus dem vereinigten Deutschland würde heraushalten können, sondern vielmehr unter welchen Bedingungen es sich darauf würde einlassen müssen. Am liebsten wäre es den Bayern gewesen, wenn der Norddeutsche Bund aufgelöst und durch einen Deutschen Bund ersetzt worden wäre, dessen Mitgliedstaaten eine größere Unabhängigkeit bewahrt hätten.[7] Selbstverständlich war Bismarck nicht gewillt, auf solche Vorstellungen einzugehen. Obwohl ihm bewußt war, daß er Konzessionen machen mußte, war er dennoch entschlossen, die Grundstruktur des Norddeutschen Bundes nicht preiszugeben. Änderungen der Fassade bis hin zur Einfügung neuer Fenster und Türen wollte er sich gefallen lassen, aber an den tragenden Wänden sollte niemand rütteln.

Auf Bitten Brays reiste Delbrück nach München, wo vom 22. bis zum 26. September eine Reihe von Beratungen stattfand, bei denen Vertreter der beiden süddeutschen Königreiche ihre Vorstellungen von der zukünftigen Verfassung Deutschlands darlegten. Indem er der Frage nach der Möglichkeit von dessen Auflösung auswich, verstand es der preußische Unterhändler, die Verfassung des Norddeutschen Bundes zur Diskussionsgrundlage zu machen. Doch die Forderungen Brays und Mittnachts nach außenpolitischen und militärischen Sonderrechten sowie einer Vetobefugnis gingen so weit, daß sie den Zusammenhalt des geplanten Reichs gefährdeten. Dennoch meinte Delbrück, bei den Verhandlungen viel erreicht zu haben. Ominös war freilich, daß König Ludwig bei der ihm gewährten Abschiedsaudienz jede Erwähnung der deutschen Frage vermied und nur von Angelegenheiten des Kirchenstaates sprach. Tatsächlich hatte sich angesichts der strikten Weigerung Bismarcks, den Norddeutschen Bund aufzulösen, Bray zu einem letzten Versuch entschlossen, Bayern mit Württemberg in einem weiteren Bund zu verbinden, der mit dem norddeutschen nicht verfassungsmäßig, sondern nur diplomatisch verbunden werden sollte.[8]

Aus der Ferne suchte Bismarck mit seiner bewährten Mischung aus Drohungen, Verlockungen und Schmeicheleien auf die Verhandlungen in München Einfluß zu nehmen. Anfang September gestattete er dem Grafen Tauffkirchen, der jetzt in prominenter Stellung der Militärregierung in Frankreich angehörte, sich über die Alternativen zu unterrichten, die zur Disposition standen. Sollten Bayerns Forderungen zu weit gehen, erfuhr Tauffkirchen, würde die deutsche Frage ohne Bayern geregelt werden. Man würde die Zollvereinsverträge auslaufen lassen und die bayerische Pfalz dem Norddeutschen Bund zuschlagen. Während die Verhandlungen in München im Gange waren, deutete er aber an, daß er zu großzügigen Zugeständnissen bereit sei, um Bayern zum Schritt «über den Rubikon» zu ermutigen. Es gehe ja nicht darum, ließ er wissen, in sechs Wochen eine Verfassung für alle Zeiten zu schaffen, sondern vielmehr darum, die Fundamente eines Bauwerks zu legen, dessen Vollendung zehn, zwanzig oder fünfzig Jahre in Anspruch nehmen mochte. Vor allem aber sei Wilhelm an einer baldigen Verständigung mit Ludwig nicht zuletzt deshalb viel gelegen, weil er den Kaisertitel aus dessen Hand zu empfangen hoffte.[9]

Bei der Lektüre von Delbrücks Bericht über die Münchener Verhandlungen erkannte Bismarck sofort, daß dabei viel weniger erreicht worden war, als sein Abgesandter glaubte. Sofort setzte er ein System von Druckmitteln in Bewegung, durch das er den Widerstand des süddeutschen Partikularismus zu brechen hoffte. Am 30. September sandte er ein Telegramm nach Baden ab, das dort schon seit langem ungeduldig erwartet wurde. «Ein Antrag Badens auf Aufnahme in den Norddeutschen Bund wäre in diesem Augenblicke als Grundlage für und als

Druck auf Verhandlungen mit Bayern willkommen», hieß es da. Die großherzogliche Regierung ging schnell auf diese Einladung ein, und das Kabinett in Stuttgart folgte ihrem Beispiel. Mitte Oktober 1870 trafen zur Aushandlung der erforderlichen Verträge von Jolly und Mittnacht geleitete Delegationen in Versailles ein. Angesichts der Aussicht, isoliert zu werden, bequemten sich nun auch die Bayern, die Verhandlungen wieder aufzunehmen.[10] Am 20. Oktober reisten Bray und seine Delegation ebenfalls nach Frankreich ab; vier Tage nach ihnen traf dort auch eine hessische Delegation ein. Damit waren alle Mitwirkenden zur Stelle, und der letzte Akt des langen Dramas der deutschen Einigung konnte über die Bühne gehen.

Zu Bismarcks Glück konnten die süddeutschen Delegationen in Versailles keine vereinigte Front bilden. Ihre unterschiedlichen Ziele und gegenseitigen Animositäten gestatteten ihm, mit jeder einzeln zu verhandeln und sich der Notwendigkeit zu entziehen, allen die gleichen Zugeständnisse zu machen. Baden war gewillt und Hessen genötigt, die norddeutsche Verfassung fast ohne Vorbehalte zu übernehmen. Die von Württemberg erhobenen Forderungen waren nicht unannehmbar, und die Verhandlungen mit Mittnacht und Suckow gingen recht glatt vonstatten. Schwierig waren jedoch die Bayern. Bray und seine Gefährten wollten dem Wunsch nach einem weniger fest gefügten Bund nicht ohne weiteres entsagen. Obwohl sie sich bereit erklärten, Reich und Kaiser hinzunehmen, stellten sie doch eine lange Liste von Bedingungen, deren Erfüllung die Souveränität der Reichsregierung gefährdet hätte. Wie schon in München verlangten sie auch in Versailles (neben anderen Sonderrechten) eine gleichberechtigte Stimme in außenpolitischen Fragen, eine eigene und (außer im Kriegsfall) von der des Reichs getrennte Armee, ein unabhängiges Militärbudget, das Vetorecht bei Verfassungsänderungen und die Preisgabe des Rechts, den Zollverein aufzulösen.[11]

Bismarck zog in dem Bemühen, die Wittelsbacher Puppe tanzen zu lassen, jeden irgend geeigneten Draht. Er schlug die Abhaltung eines Fürstenkongresses in Versailles vor, doch König Ludwig ließ sich aus seiner alpinen Zuflucht nicht herauslocken. Er erwog, die deutsche öffentliche Meinung durch die Einberufung des Norddeutschen Reichstags nach Versailles zu mobilisieren, doch selbst die Nationalliberalen fanden die Vorstellung von Parlamentssitzungen im Spiegelsaal zu «barock». Abermals weigerte er sich, auf Preußens Recht, den Zollverein aufzulösen, zu verzichten. Um die Bayern ihre Isolation fühlen zu lassen, beschleunigte er die Verhandlungen mit den anderen drei Staaten. In Deutschland lief seine Propagandamaschine auf Hochtouren, und infolgedessen stieg der Druck der öffentlichen Meinung, welche die nationale Einigung verlangte. Am 8. November zeitigten diese Maßnahmen den gewünschten Erfolg. Bray und seine Begleiter sahen ein, daß sie es sich nicht leisten konnten, mit leeren Händen nach München zurückzukehren. Sie beschlossen, den Traum von einem «weiteren Bund» zu verabschieden und zu versuchen, für den Beitritt Bayerns zum Bund die bestmöglichen Bedingungen auszuhandeln. Einige Tage lang hatte es den Anschein, als könnten die getrennten Verhandlungen gleichzeitig zum Abschluß gebracht werden. Bismarck freute sich schon auf die dramatische Zeremonie, bei der die Vertreter des Nordens und des Südens die Verträge unterzeichnen und damit vor Deutschland und Europa die Einmütigkeit ihres Strebens kundtun würden.[12]

Doch am 12. November sollte ihm diese Freude verdorben werden. Bei der letzten Konferenz mit der Württemberger Delegation erklärte Mittnacht, nachdem über den letzten strittigen Punkt Einigung erzielt worden war, daß er zur Unterzeichnung nicht bevollmächtigt sei. Zu Bismarcks Ärger kehrte die württembergische Delegation zu Beratungen nach Stuttgart zurück. König Karl hatte in letzter Minute beschlossen, beim Anschluß an den Norden auf keinen Fall größere Zugeständnisse als Bayern zu machen. Der angesichts dieser Hartnäckigkeit erboste und besorgte Bismarck hielt die Zeit für gekommen, den Volkszorn gegen die beiden süddeutschen Königreiche zu entfachen. Wenn nicht ein deutscher Sturm sich erhebe, sei mit diesen Diplomaten und Bürokraten alter Schule nichts zu erreichen, jedenfalls nicht noch in diesem Jahr, meinte er. Dem Großherzog Friedrich kündigte er die Absicht an, «Druck von unten» zu mobilisieren. «Diese Regierungen schienen ganz zu übersehen, von welch gefährlichen Elementen sie umgeben seien.» Ihn jedenfalls treffe kein Vorwurf, wenn sich nun Bewegungen bildeten, die die Existenz dieser Regierungen gefährdeten. Instruktionen zur Anstiftung von Kampagnen gegen den süddeutschen Partikularismus in der nationalliberalen Presse gingen nach Koblenz, Hannover und München.[13]

In Versailles wurden die Verhandlungen mit Baden und Hessen zum Abschluß gebracht und die Verträge am 15. November unterzeichnet. Wie gewöhnlich wußte auch diesmal Bismarck noch aus dem Mißgeschick Gewinn zu ziehen. Die Abreise der Württemberger enthob ihn der Notwendigkeit, bei seinen Verhandlungen mit München Rücksicht auf Stuttgart zu nehmen. Er konnte den Bayern Zugeständnisse machen, die die Württemberger nicht erhalten hatten. Am 18. November wurden die Verhandlungen mit Bray und dessen Begleitern wieder aufgenommen. Einer Erkrankung Roons wegen mußte Bismarck auch über militärische Fragen verhandeln. In stundenlangen Sitzungen wurde über alle strittigen Punkte Einigung erzielt. Am 23. November konnte der Vertrag unterzeichnet werden. Unterdessen war es Mittnacht und Suckow gelungen, König Karl von der Unhaltbarkeit seiner Vorstellungen zu überzeugen. Doch selbst bei den abschließenden Verhandlungen mit Delbrück in Berlin mußten sie noch gegen die partikularistische Strömung in Stuttgart ankämpfen. Am 25. November wurde auch der Vertrag mit Württemberg unterzeichnet.[14]

Konzessionen an den Partikularismus

Seit 1866 hatte Bismarck darauf bestanden, daß der Süden nicht erobert werden dürfe, sondern gewonnen werden müsse. Das System der Hemmungen und Gegengewichte der Verfassung, die er für Deutschland entworfen hatte, war auf die freiwillige Mitwirkung der verbleibenden deutschen Dynastien und Regierungen angewiesen. Wenn er Gewalt gebraucht hätte, hätte er diese geschwächt und so das Gleichgewicht zugunsten des Reichstags und des Zentralismus verändert. Ihm war auch klar, daß die Ausdehnung des Geltungsbereichs des norddeutschen Systems auf so viele Millionen Menschen nur gelingen konnte, wenn dasselbe von der Mehrzahl gebilligt wurde. Zwang genügte nicht. Um als Regierung Deutschlands bestehen zu können, bedurfte das preußische System der Zustimmung des deutschen Volkes.

Im preußischen Lager gab es mindestens einen prominenten Gegner dieser Auffassung. Die Schwierigkeiten der Verhandlungen mit Bayern und Württemberg während der Monate Oktober und November erregten die Besorgnis des Kronprinzen. Bismarcks moderate Verhandlungsführung ließ ihn am deutschen Patriotismus des Kanzlers, an seinem Willen zur nationalen Einheit, zweifeln. Den Verhandlungspartnern sollte klargemacht werden, meinte er, daß Preußen Zwang ausüben konnte: «Wir haben sie ja hier in der Gewalt.» Bismarck erwiderte, daß man mit Gewaltanwendung nur Haß und Mißtrauen erzeugen würde, die dann über Generationen andauern mochten. Er war überdies überzeugt, daß der zukünftige Gang organischer Entwicklung über die Zugeständnisse, die jetzt erforderlich waren, um den freiwilligen Beitritt des Südens zu erlangen, ungehindert hinweggehen würde.[15]

Die Liste der in den Verträgen des Novembers 1870 gemachten Zugeständnisse war lang.[16] Sie fallen unter zwei Kategorien: solche, die die Befugnisse der Regierungen der Gliedstaaten insgesamt erweiterten, und jene Sonder- und Reservatrechte, die nur Baden, Bayern und Württemberg eingeräumt wurden. Die Bundesstaaten im allgemeinen gewannen durch die vermehrten Befugnisse des Bundesrats. Die Zustimmung dieser Körperschaft war nun für Kriegserklärungen erforderlich, außer bei Angriffen seitens einer ausländischen Macht. Überdies mußte nun der Oberbefehlshaber vor einer Exekution gegen einen widerstrebenden Gliedstaat um deren Billigung durch den Bundesrat nachsuchen. Die Aufsichtsgewalt des Kaisers wurde durch die Bestimmung eingeschränkt, daß dieser die Behebung von Mängeln bei der Anwendung von Reichsgesetzen nur mit Genehmigung des Bundesrats verfügen dürfe. Auch die Befugnis des Kaisers, Durchführungsbestimmungen zu den Reichsgesetzen zu erlassen, wurde von deren Billigung durch den Bundesrat abhängig gemacht, wenn nicht das fragliche Gesetz selbst es anders bestimmte. Die alte Regel, daß Verfassungsänderungen einer Zweidrittelmehrheit im Bundesrat bedurften, wurde geändert; mit vierzehn Gegenstimmen konnten fortan Verfassungsänderungen verhindert werden. Das stellte das Veto in Reichweite der vereinten Stimmen Bayerns, Sachsens und Württembergs oder Bayerns, Württembergs, Badens und Hessens oder einer Kombination der kleineren Staaten. Das Prinzip der *itio in partes* wurde geltend gemacht durch die Bestimmung, daß bei Angelegenheiten, die nicht das ganze Reich angingen, im Bundesrat und Reichstag nur die Stimmen der betroffenen Staaten gezählt werden sollten. Gleichermaßen sollten Sonder- und Reservatrechte der Gliedstaaten nur mit deren Zustimmung abgeändert werden können.

Die Bayern gewährten Privilegien zeugen bei näherem Hinsehen von Bismarcks Talent, sich Zugeständnisse abnehmen zu lassen, deren ansehnlicher Anschein eine eher dürftige Substanz verbirgt. Sollte, so wurde da eingeräumt, für den Vorsitz im Bundesrat kein preußischer Delegierter zur Stelle sein, durfte dieser von einem bayerischen Delegierten eingenommen werden. Bayern wurde überdies ein ständiger Sitz im Bundesratsausschuß für militärische Angelegenheiten zugestanden sowie der Vorsitz in einem neuen außenpolitischen Ausschuß, in dem auch Sachsen und Württemberg ständigen Sitz haben sollten. Obwohl die Gliedstaaten ihre konsularische Vertretung im Ausland fortan dem Reich übertrugen, durften sie doch ihrerseits ausländische Konsuln akkreditieren. Sollte ein Gesandter des Reichs an der Wahrnehmung seiner Aufgabe verhindert sein, konnte der bayerische Gesandte ermächtigt werden, für ihn einzutreten. In einem Zusatzprotokoll, das bis 1917 geheim blieb, erhielt Bayern das Recht, bei Friedensverhandlungen vertreten zu sein.

Es sollte sich zeigen, daß diese Rechte nur schmückend waren. Sie ließen den Mitgliedstaaten nur die Symbole der Souveränität. Der Bundesratsausschuß für die auswärtigen Angelegenheiten war, wie Mittnacht bemerkte, «totgeboren», denn weder Bismarck noch dessen Nachfolger ließen ihn bei der Führung der außenpolitischen Geschäfte eine irgendwie erhebliche Rolle spielen. Das Recht, ein diplomatisches Korps zu unterhalten, war leer, denn die Vertreter der Außenpolitik des Reichs waren dessen Gesandte. Das Vertretungsrecht wurde selten in Anspruch genommen, und an den Friedensverhandlungen in Brest-Litowsk 1917 nahm ein bayerischer Delegierter nur als Beobachter teil. Die auswärtigen Ämter der kleineren Staaten verkümmerten mangels sinnvoller eigener Aufgaben.[17]

Die sogenannten «Reservatrechte» waren von größerer Bedeutung. Bayern wurde die Autonomie über Heimatrecht und Freizügigkeit innerhalb seiner Grenzen zugestanden. Es durfte sein eigenes Eisenbahnnetz regulieren und betreiben, das nur in Belangen der nationalen Verteidigung der Reichsgesetzgebung unterworfen wurde. Bayern und Württemberg behielten die Oberhoheit über das eigene Post- und Telegraphenwesen, die durch die Reichsgesetzgebung nur geringfügig eingeschränkt wurde. Ebenso wie Baden hatten auch diese Staaten das Recht, im Lande erzeugte Spirituosen und Bier nach Gutdünken zu besteuern, wenn ihnen auch das Bemühen um gleichförmige Gesetzgebung seitens des Reichs empfohlen wurde. Von den Einkünften des Reichs aus diesen Quellen sollten sie nichts erhalten.

Die Militärkonventionen mit Württemberg und Bayern[18] enthielten eine Reihe von Reservatrechten, die selbst über die 1867 Sachsen gewährten hinausgingen. Während der Befehlshaber des sächsischen Kontingents auf Vorschlag des Königs von Sachsen vom Oberbefehlshaber ernannt wurde, bestallte denjenigen des württembergischen mit Billigung des Oberbefehlshabers der König von Württemberg. Und während in der sächsischen Armee alle Beförderungen in den Generalsrang der Bewilligung durch den Oberbefehlshaber bedurften, war das in der württembergischen nicht der Fall. Der König von Württemberg behielt das Recht, die Uniformen und Insignien des württembergischen Militärs zu bestimmen. Obwohl seine Truppen dem Oberbefehl des Kaisers unterstellt waren, auf dessen Person sie ihren Eid ablegten, bewahrte der König die Zeremonialrechte und Privilegien des kommandierenden Generals. Württemberg erhielt des weiteren die Garantie, daß in Friedenszeiten die Organisation seines Kontingents nicht angetastet und von der Stationierung württembergischer Truppen außerhalb der Landesgrenzen abgesehen werden sollte. Überdies sollten (Grenzgarnisonen ausgenommen) auf württembergischem Staatsgebiet auch Truppen aus anderen deutschen Staaten nur mit ausdrücklicher Bewilligung des Königs stationiert werden dürfen. Nicht verbrauchte Beträge aus dem Militäretat brauchten dem Reich am Ende des Haushaltsjahrs nicht erstattet zu werden.

Noch größere Konzessionen wurden Bayern gemacht. Die bayerische Armee sollte als selbständige Einheit innerhalb der deutschen Armee unter dem Befehl des Königs von Bayern bestehen bleiben. Den Oberbefehl über das bayerische Heer führte demnach der Kaiser nur im Kriegsfall. Der König von Bayern ernannte aus eigenem Ermessen alle Offiziere und Festungskommandanten. Obwohl er in Fragen der Organisation, Ausbildung und Mobilmachung vom Reich abhängig war, waren Ausrüstung, Bewaffnung und Rangabzeichen seiner Armee von ihm nach Gutdünken zu verfügen. Auch wenn dem Kaiser die Oberaufsicht zugestanden wurde, unterlag dessen Inspektionsgewalt doch zahlreichen Beschränkungen. Bayern behielt einen separaten Militäretat, der von der eigenen Regierung aufgestellt wurde, freilich entsprechend den in der Reichsverfassung festgesetzten Bedingungen. Die Kontrolle darüber, daß die tatsächlichen Ausgaben diesem Etat entsprachen, lag nicht in der Verantwortung des Reichskanzlers, und die Rechnungslegung war eine rein bayerische Angelegenheit. Nicht ausgegebene Überschüsse des bayerischen Militäretats verblieben dem bayerischen Staatsschatz.

Obwohl das Opfer groß war, hatte Bismarck sein Hauptziel erreicht. Das von ihm für Norddeutschland entworfene Regierungssystem war ohne wesentliche Änderungen von den süddeutschen Staaten angenommen worden. Der Zentralismus hatte dabei sogar gewonnen. Auf Vorschlag Bayerns und Württembergs wurde die gesetzgeberische Befugnis des Reichs auf das Verlags- und Vereinswesen erweitert. Vierundzwanzig Gesetze des Norddeutschen Bundes wurden mit der Verfassung von den süddeutschen Staaten übernommen. In psychologischer Hinsicht war jedoch der größte Gewinn, daß alle in die Einführung des Titels «Deutscher Kaiser» einwilligten.

Kaiser und Reich

Für Bismarck war der Kaisertitel eine politische Notwendigkeit. Das historische Bild, das er im Geiste der Deutschen beschwor, würde, so glaubte er, Einheit und Zentralismus beflügeln. Einem Deutschen Kaiser würden die deutschen Fürsten

Kronprinz Friedrich Wilhelm um 1875

Rechte zugestehen, die sie einem König von Preußen nur mit Eifersucht einräumen konnten. Nur der deutsche Titel drückte aus, daß die mit ihm verbundenen Rechte frei gewährt waren. Nationale Institutionen durften nicht den Anschein erwecken, bloße Erweiterungen des preußischen Staates zu sein.[19]

Wilhelm mißfiel der Titel aus eben den Gründen, die ihn Bismarck empfahlen. Der Ehrgeiz, über die anderen deutschen Fürsten erhoben zu werden, war ihm zwar nicht fremd, doch dynastischer Stolz machte es ihm schwer, ein Amt anzunehmen, dessen Autorität einst den Großen Kurfürsten bedrückt und gegen welches Friedrich der Große gekämpft hatte. «Was soll mir der Charakter-Major?» fragte er verächtlich. Bismarck erwiderte: «Ew. Majestät wollen doch nicht ewig ein Neutrum bleiben, ‹das Präsidium›? In dem Ausdrucke ‹Präsidium› liegt eine Abstraktion, in dem Worte ‹Kaiser› eine große Schwungkraft.» Immerhin brachte die Vorstellung von einer bevorstehenden Auferstehung von Kaiser und Reich die Phantasie des Kronprinzen in Bewegung. Er beschäftigte sich mit Entwürfen von Kronen und Wappen und träumte von einem freien deutschen Reich, das durch die Verwirklichung aller edlen Gedanken der modernen Welt, durch die Humanisierung der Menschheit und ihre Errettung von französischer Frivolität berufen sei, die Zivilisation anzuführen. Die deutsche Nation werde so von Bürokratie, Despotismus, Jesuitismus, Bigotterie und Sozialismus befreit werden. «Der Kronprinz», bemerkte Bismarck abfällig, «ist der dümmste und eitelste Mensch und stirbt noch einmal am Kaiserwahnsinn.»[20]

Bayern nahm für ihn erneut eine Schlüsselrolle ein. Ein Hohenzoller würde eine Krone, die ein Wittelsbacher ihm antrug, kaum zurückweisen können. Doch der sonderbare Mann in der einsamen Burg Hohenschwangau war seinerseits sehr stolz auf die Dynastie, der er angehörte, und das nicht ohne Grund, denn sie hatte den Kaisertitel getragen, als die Hohenzollern noch kleine schwäbische Fürsten waren. Bei seinen Verhandlungen mit Tauffkirchen im September 1870 und später mit Bray wies Bismarck immer wieder darauf hin, daß «Kaiser und Reich» der Preis für wesentliche Zugeständnisse an den bayerischen Partikularismus waren. Nur diese glänzenden Symbole vergangenen und zukünftigen Ruhms würden einen Sondervertrag mit Bayern allgemein als akzeptabel erscheinen lassen. Sollte Bayern jetzt zögern, würde vielleicht der Reichstag das im April 1849 gemachte Angebot wiederholen. Im Interesse des monarchischen Prinzips sollte die Angelegenheit besser nicht einer parlamentarischen Initiative überlassen werden.[21]

Seit Monaten schon setzte man Ludwig zu. Jetzt rieten ihm sogar seine eigenen Minister, die von Bismarck gewünschte Initiative zu ergreifen. Auch Großherzog Friedrich von Baden bedrängte ihn. Ludwig war zwar ein Träumer und Phantast, doch nichtsdestoweniger konnte er rechnen, wenn es darauf ankam. So beschloß er zu verkaufen, was er offenbar nicht verweigern konnte. Zusätzlich zu den in Versailles ausgehandelten Sonder- und Reservatrechten verlangte er als Entschädigung einen Gebietsabschnitt und die Summe von 2 Millionen Gulden (etwa 4 Millionen Mark). Im November 1870 reiste sein Oberstallmeister Max Graf von Holnstein zweimal zu Verhandlungen über dieses delikate Geschäft nach Versailles. Der Gebietsforderung entsprach Bismarck nicht, doch im Finanziellen wurde man sich handelseinig. Anscheinend hat dann Ludwig bis 1886 ein jährliches Einkommen von rund 300 000 Mark aus Bismarcks geheimem «Welfenfonds» bezogen. Holnstein kassierte zehn Prozent davon. Erst viele Jahre später, nach Ludwigs tragischem Selbstmord und Bismarcks Entlassung, wurde der Öffentlichkeit etwas von dieser Transaktion bekannt. Die Einzelheiten werden wohl auf immer verborgen bleiben, denn die Beteiligten vermieden es, schriftliche Belege darüber zu hinterlassen. Ludwig selbst wollte in diesen Zahlungen anscheinend die teilweise Erstattung der von Bayern 1866 gezahlten Kriegsentschädigung erblicken, doch gingen sie auf sein Privatkonto, nicht in den Staatsschatz. Von deutschen Historikern sind diese Zahlungen als «Dotation» bezeichnet worden, doch ist kaum zu bezweifeln, daß sie das Werk von Bestechungsgeldern taten.[22]

Bismarck selbst hat den berühmten Kaiserbrief verfaßt, in dem Ludwig Wilhelm bat, ein deutsches Reich und die deutsche Kaiserwürde wiederherzustellen. Am 27. November reiste Holnstein mit Bismarcks Entwurf aus Versailles nach Hohenschwangau ab, am 2. Dezember kehrte er mit einer von Ludwig handgeschriebenen und unterzeichneten Fassung des Briefes nach Versailles zurück. Als Prinz Luitpold von Bayern das Schreiben am folgenden Tag dem König von Preußen überreichte, war dieser zutiefst verärgert. Wieder einmal hatte man ihm ein *Fait accompli* präsentiert. Nur äußerst widerwillig ergab er sich in das Schicksal, das «Kreuz» zu tragen, das Bismarck für ihn gezimmert hatte. Sofort telegraphierte der Kanzler den Text des Kaiserbriefs zur Verwendung gegen die parlamentarische Opposition an Delbrück.[23]

Am 25. November hatte sich in Berlin der Reichstag zur Beratung über die Verträge mit dem Süden und die veränderte Verfassung versammelt. Unter Führung Schultze-Delitzschs wandten sich die Fortschrittler gegen die gesamte Prozedur. Sie verlangten, daß ein gesamtdeutsches Parlament eine neue Verfassung entwerfen solle, in die aufgenommen werden müßte, was 1867 preisgegeben worden sei. Als dies abgelehnt wurde, beantragten sie Änderungen der Verfassung, in denen grundlegende Bürgerrechte garantiert und Diäten für die Abgeordneten festgesetzt werden sollten. Auch dieser Antrag wurde nicht angenommen. Doch auch die Nationalliberalen waren unzufrieden. Wie Lasker fanden viele die Konzessionen an den bayerischen Partikularismus bestürzend und gefährlich. Die Kohäsion des Reiches schien ihnen bedroht zu sein. August Bebel, Angehöriger der winzigen, aber lautstarken sozialistischen Fraktion, ärgerte alle mit der Forderung nach Errichtung einer Republik.[24]

Bismarck hatte diese Klagen kommen sehen. Während der Verhandlungen mit Bray und Mittnacht hatte er Führer der nationalliberalen, freikonservativen und konservativen Parteien zu Konsultationen nach Versailles eingeladen. Da er selbst zu den Sitzungen des Reichstags nicht nach Berlin zurückkehren konnte, entsandte er als Regierungsvertreter Delbrück und mobilisierte Scharen von Abgesandten, die Überzeugungsarbeit bei den Parlamentariern zu leisten und ihnen beizubringen hatten, daß die bestmöglichen Verträge ausgehandelt worden seien. Jolly, Freydorf und Roggenbach kamen zu diesem Zweck aus Baden. Der hessische Publizist und nationalliberale Politiker Ludwig Bamberger wirkte gleichfalls mit. Der Kronprinz schrieb an den Präsidenten der Kammer, Eduard Simson. Und als die Lage kritisch aussah, wurde allen beim Militär dienenden Abgeordneten Urlaub nach Berlin gegeben.[25]

Kochend vor Wut angesichts der Widerstände, denen er begegnete, bedachte Bismarck die Abgeordneten mit einem Potpourri von Drohungen. Jede wesentliche Veränderung der unter großen Schwierigkeiten getroffenen Vereinbarungen, ließ er wissen, sei gleichbedeutend mit deren Ablehnung. An eine Vereinigung des Südens mit dem Norden sei dann auf absehbare Zeit nicht mehr zu denken. Ludwig war kinderlos und bei schlechter Gesundheit, sein Bruder und Erbe ganz «in ultramontanen Händen». «Ein innrer Streit aber, der die Deutschen vor Europa uneinig erscheinen ließe, könnte in diesem Augenblick unberechenbare Nachtheile für uns in unsren Beziehungen zu Frankreich wie zu den Neutralen haben.» Die bayerischen Nationalisten würden demonstrieren; Beust würde seine Interventionsversuche erneuern. Er selbst würde um seine Entlassung nachsuchen. Der König würde diese verweigern und den Reichstag auflösen.[26]

Das wirkungsvollste Manöver war jedoch die Offenbarung, daß tatsächlich mehr erreicht worden war, als die nationalliberalen Parteiführer selbst anfänglich für möglich gehalten hatten. Im September hatten Bennigsen, Forckenbeck und

Lasker die süddeutschen Hauptstädte besucht, um sich mit den dortigen politischen Führern zu beraten und eine Volksbewegung für die nationale Einheit in Gang zu bringen. In München hatte der von der Stärke des bayerischen Partikularismus beeindruckte Lasker eine Denkschrift zur Verfassungsfrage hinterlassen, in der er den Bayern den größten Teil ihrer Forderungen zugestand. Diese Denkschrift legte dann in Versailles der bayerische Unterhändler Bray Bismarck vor, als dieser, wie es seine gewöhnliche Technik war, erklärte, daß selbst bei seiner Einwilligung der Norddeutsche Reichstag die von Bayern beanspruchten Sonderrechte niemals ratifizieren würde. So peinlich es für ihn gewesen sein mag, daß die fragliche Denkschrift ihn Lügen zu strafen schien, während der Reichstagsdebatte kam sie ihm sehr gelegen. Er sandte sie Delbrück zur Verwendung gegen jene liberalen Abgeordneten, die mit den von ihm ausgehandelten Verträgen nicht zufrieden waren.[27]

Er versprach sich auch viel von der Ankündigung, daß der Wittelsbacher König Wilhelm den Kaisertitel angeboten habe. Doch verfehlte diese Neuigkeit fast ihre Wirkung wegen Delbrücks Ungeschicklichkeit auf der Bühne des Parlaments. In Erwiderung einer verabredeten Anfrage wühlte er in seiner Aktentasche, fand endlich den Brief und verlas diesen dann in der ihm eigenen trockenen Art ohne die mindeste rhetorische Salbung. Diese beiläufige, anscheinend zufällige Verlautbarung eines so hochbedeutenden Dokuments löste bei den Zuhörern mehr Belustigung als Begeisterung aus. Es war, klagte der Kronprinz, als habe Delbrück die «arme deutsche Kaiserkrone» in Zeitungspapier gewickelt aus der Tasche gezogen. Auch Bismarck war enttäuscht: «dieser Kaiserscherz mußte einen geschicktern Regisseur haben». Dennoch begriffen die Abgeordneten, daß ihnen nichts anderes übrig blieb, als den ungeliebten Vertrag zu ratifizieren. Das Mädchen sei zwar häßlich, bemerkte Lasker, aber geheiratet werden müsse es trotzdem. Am 9. Dezember wurde die Vorlage mit 195 gegen 32 Stimmen angenommen. Selbst die Abgeordneten der Fortschrittspartei stimmten dafür. Dagegen stimmten nur die Sozialisten, die hannoverschen Welfen, die demokratischen Liberalen und Vertreter der katholischen Fraktion. Einen Tag später wurden die erforderlichen Verfassungsänderungen gegen nur sechs Stimmen aus dem sozialistischen Lager angenommen. Endlich beschloß der Reichstag, eine Delegation nach Versailles zu schicken und den König von Preußen zu bitten, die Kaiserkrone anzunehmen.[28]

Auch diesmal war Wilhelm verärgert. Er hatte sich mit der neuen Würde, die ihm sein Kanzler so geschickt aufgeladen hatte, noch immer nicht abgefunden. Die Handlungsweise von Reichstag und Bundesrat sei anmaßend, klagte er. Weder er selbst noch die deutschen Fürsten insgesamt hätten die vom Parlament in die Verfassung eingesetzten Titel «Kaiser und Reich» bislang anerkannt. Gegen Bismarck zeigte er sich kalt und abweisend. Die Delegation des Reichstags werde er nicht empfangen, erklärte er, ehe er nicht von den anderen deutschen Souveränen gehört habe. Diese waren von Ludwigs Kaiserbrief keineswegs alle entzückt. Die Könige von Sachsen und Württemberg waren verstimmt, weil sie nicht zu

Rate gezogen worden waren. Doch da der Schritt nun einmal getan war, war er nicht mehr rückgängig zu machen. In der Nacht des 17. Dezember meldete ein Telegramm aus Hohenschwangau, daß alle Herrscher und freien Städte eingewilligt hatten. Am folgenden Tag hörte Wilhelm, von Fürsten und Generälen flankiert, die Petition an, die von dem ehrwürdigen Eduard Simson verlesen wurde, der schon am 3. April 1849 Friedrich Wilhelm IV. die Frankfurter Krone angetragen hatte. Stockend und gehemmt durch seine Kurzsichtigkeit und innere Bewegung, verlas der Hohenzoller die Annahmeerklärung, die Bismarck für ihn aufgesetzt hatte.[29]

Wilhelms Verhalten in der Kaiserfrage verrät viel über seinen Charakter und über seine Beziehung zu Bismarck. Daß er den ihm zugemuteten Titel nicht wollte, steht außer Zweifel, doch obwohl er gemerkt haben muß, wie Bismarck ihn in sein Netz einspann, tat er keinen Schritt, es zu zerreißen. Ähnlich hatte er sich in der Frage von Leopolds Kandidatur, der Entscheidung zum Krieg gegen Österreich und bei vielen anderen Gelegenheiten in den vorausgegangenen Jahren verhalten. Der Minister war schon seit langem unersetzlich für ihn. Er hatte sich daran gewöhnt, sich dessen Willen zu beugen. Es war, als bestünde zwischen den beiden ein stillschweigendes Einverständnis darüber, daß, wenn es Bismarck gelang, einen Schritt unvermeidlich erscheinen zu lassen, Wilhelm diesen Schritt tun würde, widerwillig und sogar verärgert, aber nichtsdestoweniger dazu bereit. Wenn dann der Schritt getan war, pflegte der König die neue Situation rückhaltlos zu akzeptieren, denn er war kein Grübler und nicht nachtragend. Einige Tage, nachdem er die Reichstagsdelegation empfangen hatte, zeichnete er den Kanzler mit dem Eisernen Kreuz erster Klasse aus.

Doch selbst jetzt war die Angelegenheit noch nicht erledigt, denn das letzte Wort hatten die süddeutschen Parlamente. In Baden und Hessen gab es keine Schwierigkeiten. In Württemberg setzten in der Abgeordnetenkammer die Delegierten der Deutschen Partei, die am 5. Dezember 1870 einen großen Wahlsieg errungen hatte, die Ratifizierung der Verträge gegen eine geschwächte Opposition durch. Aber in Bayern war heftiger Widerstand zu überwinden. Die Debatte begann erst am 11. Januar 1871. Die unversöhnlichen Anhänger der patriotischen Partei waren zum Widerstand gegen die Mediatisierung Bayerns und die Unterwerfung ihres Vaterlands unter preußischen Despotismus und Militarismus verschworen. Es gab sogar Hinweise darauf, daß Ludwig selbst, durch Kritik aus der eigenen Familie verunsichert, seinen Schritt bereute.[30]

Aus Versailles beobachtete Bismarck diese Entwicklungen mit wachsender Sorge. In Rom bemühte er sich um päpstlichen Druck auf die Ultramontanen. Durch Werthern verschaffte er sich Brays Zusage, bei einem ablehnenden Votum sofort die Kammer aufzulösen. Er gab überdies warnend zu bedenken, daß auf jeden Fall in Baden, Hessen und Württemberg die Verträge wie auch die neue Verfassung und der Kaisertitel in Kraft treten würden. Eine schmerzhafte Spannung in Deutschland könne nur den Franzosen zum Vorteil gereichen. «Die deutsche Nation würde Bayern verantwortlich machen für die Opfer, welche die Verlängerung des Krieges forderte.» Ein Separatfrieden zwischen Bayern und Frankreich würde als eine Kriegserklärung Bayerns an Deutschland aufgefaßt werden.[31] Bei der letzten Abstimmung am 21. Januar gestattete die Spaltung der patriotischen Partei und die Abwesenheit von drei «Unversöhnlichen» den Befürwortern der Verträge, die erforderliche Zweidrittelmehrheit zu erzielen. Der Sieg wurde mit einer Mehrheit von nur zwei Stimmen errungen.

Der «Deutsche Kaiser»

Die letzte Szene des langen Dramas der deutschen Einigung stellte dessen glücklichen Ausgang noch einmal in Frage. Nachdem nun der Kaisertitel akzeptiert worden war, kam es zu einem neuen Streit über dessen Form. Wilhelm bevorzugte «von Gottes Gnaden König von Preußen, Erwählter Kaiser von Deutschland», Bismarck aber bestand auf der Form «von Gottes Gnaden Deutscher Kaiser, König von Preußen». Nach einiger Diskussion über diese Meinungsverschiedenheit räumte Wilhelm ein, daß das Wort «erwählt» auf ein Wahlkaisertum hinzudeuten schien, wie es das des Heiligen Römischen Reichs Deutscher Nation gewesen war. Widerwillig gab er auch zu, daß der Kaisertitel dem königlichen um der beabsichtigten politischen Wirkung willen vorangestellt werden müsse. Doch er bestand hartnäckig auf der Form «Kaiser von Deutschland». Er wollte kein «Scheinkaisertum». Wenn er den Titel tragen mußte, wollte er, daß dieser unmißverständlich seine Autorität zum Ausdruck brachte. Der Kronprinz und der Großherzog von Baden unterstützten ihn in dieser Meinung.[32]

Bismarck fand die Sache an sich nicht wichtig. Was spielte das Gewand für eine Rolle, in das die kaiserliche Autorität gekleidet wurde, solange deren Existenz unangefochten blieb? Er mußte jedoch darauf hinweisen, daß man sich zur Annahme des Titels in der schwächeren Form bereits verpflichtet hatte, und wenn man nun davon abrücken wollte, geriet in Gefahr, was er mit so großer Mühe zustande gebracht hatte. Während der Vertragsverhandlungen hatte Bray auf der Formulierung «Deutscher Kaiser» bestanden, und sie hatte dann auch Ludwig in seinem Brief verwendet. Als die Frage im Bundesrat erörtert wurde, hatte Bismarck an Delbrück telegraphiert: «Kaiser von Deutschland wo möglich; wollen die Andern das nicht, so geht deutscher Kaiser auch.»[33] Deshalb war bei den Verfassungsänderungen, die vom Bundes- und Reichstag angenommen worden waren, die letztere Bezeichnung verwendet worden. Wenn es nicht gelang, den König umzustimmen, würden die Verfassungsänderungen neu formuliert und das Abkommen mit Bayern neu gefaßt werden müssen. Und damit wären dann alle Gefahren, die er so erfolgreich überwunden hatte, von neuem heraufbeschworen worden.

Die Kaiserproklamation sollte am 18. Januar – dem Geburtstag der preußischen Monarchie – stattfinden. Während einer dreistündigen Unterredung am Vortag beharrte Wilhelm auf seinem Willen. Mit wachsender Heftigkeit hatte er

Kaiserproklamation im Spiegelsaal von Versailles, 18. Januar 1871. Zur Linken Wilhelms Großherzog Friedrich von Baden, zu seiner Rechten Kronprinz Friedrich Wilhelm. Vor den Stufen Bismarck und Moltke. Gemälde von Anton von Werner

den höheren Titel für sich gefordert, doch auch Tränen vergossen bei dem Gedanken, daß er in wenigen Stunden vom alten Preußen Abschied nehmen müsse. Friedrich Wilhelm wies den Vater darauf hin, daß das Haus Hohenzollern in der Vergangenheit schon oft, entsprechend der Zunahme seiner Macht und Verantwortlichkeit, neue und höhere Titel angenommen habe. Schließlich brach Wilhelm die Diskussion wütend ab und erklärte, von der für den anderen Tag angesetzten Zeremonie nichts mehr hören zu wollen. Er erwog die Abdankung. «Fritz» würde sich in der neuen Situation wohl besser zurechtfinden als er.[34] Doch diese Stimmung ging vorüber.

Tags darauf fand in dem glänzenden Spiegelsaal von Versailles, wo einst die Könige von Frankreich Hof gehalten hatten, die Zeremonie wie vorgesehen statt. Als ranghöchstem Fürsten (denn die Könige von Sachsen, Bayern und Württemberg waren nicht zugegen) fiel dem Großherzog Friedrich von Baden die Ehre zu, dem König von Preußen mit dem neuen Titel zu huldigen. Während die Gesellschaft sich versammelte, unterredete er sich in aller Eile noch einmal mit Wilhelm und Bismarck. Keiner von beiden hatte seit dem Vortag seine Meinung geändert. Als dann der historische Augenblick kam, umging Friedrich das Problem mit einem Hochruf auf «Seine kaiserliche und königliche Majestät, Kaiser Wilhelm!» Als er von dem Podium herabtrat, um die versammelten Fürsten und Generäle zu begrüßen, ging der erbitterte alte Mann an Bismarck ohne einen Händedruck oder ein Wort des Grußes vorbei.[35]

Doch allein dessen Verdienst war das Werk, das an diesem Wintertag in Versailles zum krönenden Abschluß gelangte. Der Kaisertitel, die prunkvollen Regimentsfahnen und Wilhelms tönende Proklamation «An das deutsche Volk»[36] symbolisierten die vollendete Vereinigung dreier Traditionen: der autoritären Hohenzollernherrschaft, des preußischen Militarismus und des deutschen Nationalismus. Die neue Kombination sollte die deutsche Geschichte während des folgenden halben Jahrhunderts – und darüber hinaus – machtvoll beeinflussen. Indem sie sich die Sache der deutschen nationalen Einheit zu eigen machte, verschaffte sich die alte preußische Führungsschicht (die Krone, das Staatsministerium, die Bürokratie, die protestantische Kirche, das Offizierskorps und der Adel) eine neue moralische Legitimation. Die Führung, die sie auf dem Wege zu dem lockendsten Ziel der Revolution von 1848 übernahm, bekräftigte den Anspruch dieser Schicht auf soziale und politische Vorherrschaft. Doch war das nicht alles. Die preußische Führungsschicht erweiterte ihren Wirkungskreis und wurde zur preußisch-deutschen Führungsschicht. Der preußische König wurde deutscher Kaiser, das preußische Königshaus die in Deutschland herrschende Dynastie, die preußischen politischen und militärischen Institutionen wurden der Kern des wiedergegründeten deutschen Reichs. Ihre historische Tradition wurde diejenige des ganzen deutschen Volkes. Und doch waren die Ergebnisse dieser Revolution von oben 1871 noch keineswegs gesichert. Was durch militärische Siege und diplomatische Schachzüge erreicht worden war, bedurfte der Konsolidierung und Befestigung.

FÜNFTES BUCH

Das Reich aus Eisen und Blut

Die neuere geschichtliche Entwicklung der Dinge in Deutschland
drängt zur Zentralisation der Kräfte und der politischen Einrichtungen
und muß mit Naturnotwendigkeit die allmähliche Absorption
der Einzelstaaten zur Folge haben, selbst wenn seitens der Machthaber
im Reiche dieses Ziel nicht unmittelbar angestrebt wird.
Es kann daher meiner Überzeugung nach nur darauf ankommen,
diese Entwicklung aufzuhalten und so lange zu verzögern,
bis die Anschauungen im Volke sich von der Verfolgung
der besonderen, partikularistischen Interessen ab-
und der vollständigen Einigung Deutschlands in einem Staat
zugewendet haben.
Dem ruhelosen Andrängen der unionistischen Parteien gegenüber,
welchen die gewaltige Entwicklung der materiellen Interessen,
der Gewerbetätigkeit, des Handels und Verkehrs
als treibendes Element zustatten kommt, um die idealen Ziele
zu einem praktischen Bedürfnisse zu machen,
erheischt es einen beständigen, aufreibenden Kampf, um den Gang
der Dinge nur einigermaßen zu hemmen und den Übergang
schmerzloser für die davon Betroffenen zu machen.

Oswald von Nostitz-Wallwitz, sächsischer Gesandter in Berlin, 1873

I

Konsolidierung und Spaltung

Am 16. Juni 1871 zog der Deutsche Kaiser, dem Bismarck, Roon und Moltke vorausritten, hoch zu Roß an der Spitze von 40 000 Mann seines siegreich aus Frankreich zurückkehrenden Heers im Triumph durch das Brandenburger Tor in seine Hauptstadt ein. Der damalige amerikanische Botschafter am preußischen Hof, George Bancroft, hat das Ereignis beschrieben. «Die *via triumphalis* verlief drei Meilen lang durch Straßen, die so breit wie der Broadway waren und an manchen Stellen dreimal so breit», berichtete er. An den Straßenrändern standen zwischen Flaggenmasten, die mit Eichenlaub und Tannengrün umwunden waren, in dichter Folge erbeutete französische Kanonen. Es standen auch drei riesige Statuen da, die aus Gips auf mit Stroh ausgestopftem Leinen modelliert waren. Zu Beginn ein gigantisches Standbild, das die Stadt Berlin verkörperte, in der Mitte der *via triumphalis* eine kolossale Viktoria, welche in der Rechten und der Linken die Statuen von Straßburg und Metz hielt, und am Ende eine Germania, welche die heimkehrenden Kinder Elsaß und Lothringen in die Arme schloß. Auf den Bürgersteigen drängte sich im strahlenden Sonnenschein mehr als eine Million Bürger, und als die Nacht kam, war jedes Gebäude der Stadt festlich illuminiert. Im Opernhaus wurden vor einem erlesenen königlichen, hochadeligen und militärischen Publikum zwei eigens für den Anlaß komponierte Festspiele aufgeführt. «Das erste stellte die Gerechtigkeit dar, wie sie in dem nun beendeten Krieg ihr Werk verrichtet hatte und jetzt den Frieden herbeiführte, begleitet von allen Jahreszeiten und allen Künsten. Das zweite zeigte Barbarossa, wie er verzaubert in seiner Höhle bis zu der einstigen Wiederherstellung seines Reichs träumte und erblickte, was die Zuschauer in *tableaux vivants* sahen, die epochemachenden Ereignisse der deutschen Geschichte, seit den Kreuzzügen und den bescheidenen Anfängen des jüngeren Zweigs der Hohenzollern, bis zu dem Augenblick, da dessen Oberhaupt in Versailles von den Fürsten Deutschlands zum Kaiser erhoben wurde.» Deutschland erfreute sich, schloß Bancroft, eines Gefühls der Sicherheit, das es früher nie gekannt hatte.[1]

Während Deutschland in seinem Triumph schwelgte, ging ein Schaudern durch das übrige Europa. Innerhalb von sechs Jahren war Preußen, dessen Großmachtansprüche vor 1866 eher zweifelhaft gewesen waren, durch drei erstaunliche Siege in eine führende Stellung unter den Nationen Europas gelangt. Mit der überlegenen Disziplin seiner Soldaten, der Tüchtigkeit seiner Generäle und der Staatskunst seiner politischen Führung hatte Preußen zwei Staaten gedemütigt, die unbestritten als Großmächte galten. Die geographische Ausdehnung und Lage, die schnell wachsende industrielle und finanzielle Kraft, die vermehrte Bevölke-

Siegesfeier in Berlin, 16. Juni 1871. Pariser Platz (oben): Kaiser Wilhelm I., an der Spitze seiner Generäle (einschließlich Bismarcks), wird ein Lorbeerkranz überreicht. Unter den Linden (unten): Eine allegorische Szene Anton von Werners zwischen zwei Siegessäulen stellt Schlacht und Sieg dar. Zur Rechten und Linken Reihen erbeuteter französischer Kanonen.

Die Berliner bejubeln die Siegesparade. Zeichnung von Knut Ekwall

Die Parade endet im Lustgarten, wo eine Reiterstatue Friedrich Wilhelms III. enthüllt wird.

rung und die Größe und Schlagkraft seiner Armee machten das neue Deutsche Reich zu der gewaltigsten Macht auf dem Kontinent. Bismarck, dem man 1862 keine große Zukunft mehr zugetraut hatte, war jetzt die beherrschende Gestalt der deutschen und europäischen Politik. Natürlich wurden bange Fragen gestellt. Welche neuen Ziele würde sich der «Mann aus Blut und Eisen» nun stecken? Welche neuen Eroberungen mochten sich als erforderlich erweisen, um ein in Geschichte und Legenden seines mittelalterlichen Imperiums befangenes Volk zufriedenzustellen? Welches Volk «germanischer» Abstammung, welche Minderheit deutscher Sprache mochte das nächste Ziel des deutschen Strebens nach nationaler Einheit werden?

Doch die Einigung Deutschlands eröffnete, dergleichen Befürchtungen Lügen strafend, kein neues Zeitalter der Eroberungen und des Blutvergießens in Europa. Statt dessen leitete sie eine Periode internationaler Ordnung ein, die trotz vieler Krisen über vierzig Jahre lang andauern sollte. Bismarck, der die deutsche Außenpolitik während fast der Hälfte dieser Zeit nahezu unangefochten lenkte, wurde nach 1871 ein Anwalt nicht des Krieges, sondern des Friedens. Seines Erachtens war nun Deutschland ein äußerlich saturierter Staat, dessen außenpolitische Interessen am besten durch die Aufrechterhaltung jenes europäischen Machtgleichgewichts gewahrt wurden, das die Kriege der nationalen Einigung Italiens und Deutschlands neu gestaltet hatten. Von 1871 bis 1890 war seine Außenpolitik der schirmende Schild, hinter dem sich die deutsche Nation der inneren Einigung widmen konnte. In den Zeugnissen, die wir von Bismarcks Denken und Trachten während dieser Jahrzehnte besitzen, ist zunächst von keiner anderen Aufgabe so häufig die Rede wie von der «Konsolidierung». Während der achtziger Jahre, als sich die Probleme – und Fehlschläge – beunruhigend zu häufen begannen, sprach der Kanzler dann bezeichnenderweise immer häufiger statt von «Konsolidierung» von «Befestigung».

Innere Einigung

Die Hindernisse, die einer nationalen Einigung entgegenstanden, hatten regionale, kulturelle und soziale Ursachen. Es war 1871 noch keineswegs gewiß, daß sich die Staaten und Dynastien des Deutschen Reichs, nachdem sie jahrzehntelang, wenn nicht jahrhundertelang unabhängig bestanden hatten, fortan damit abfinden würden, nur mehr die beschränkte Selbständigkeit zu bewahren, die sie als Gliedstaaten eines Bundes noch in Anspruch nehmen konnten. Unbehagen angesichts der vereinigten Zukunft gab es sogar in Preußen, dessen Minister und Beamte geneigt waren, die sich ausbildende Reichsregierung entweder als eine Bedrohung oder als eine bloße Erweiterung preußischer Macht und Autorität anzusehen. Seit der Reformation hatten sich in allen großen Kriegen auf dem europäischen Festland deutsche Staaten mit außerdeutschen gegen ihre deutschen Nachbarn verbündet. Bismarck durfte kaum annehmen, daß die Kaiserproklamation in Versailles den Begriff vom eigenen Interesse, auf dem derartige Kombinationen beruhten, ein für alle Mal außer Kraft gesetzt hatte. Zudem war durch den Ausschluß Österreichs aus Deutschland das Gleichgewicht zwischen Katholiken und Protestanten im vereinigten Kleindeutschland entschieden zugunsten der letzteren verschoben worden. Im neuen Deutschen Reich waren die Katholiken eine Minderheit in einem Staat mit vorwiegend protestantischer Bevölkerung unter einer protestantischen Dynastie. Die politische Einigung machte die konfessionelle Spaltung Deutschlands erneut unübersehbar.

Die Frage der unterschiedlichen Konfessionszugehörigkeit der Bürger des Deutschen Reichs war eng verbunden mit dem zusätzlichen Problem der ethnischen Minderheiten, die auf dessen Territorium lebten. Das Deutsche Reich von 1871 hatte über 41 Millionen Einwohner, von denen weit über drei Millionen eine andere Muttersprache als Deutsch hatten. Die zahlenmäßig größte Minderheit war die der polnischen Untertanen Preußens, gefolgt von Dänen, Franzosen, Litauern, Wenden und Tschechen. Überdies hielt sich auch mehr als eine Million Deutsch sprechender Elsässer eigentlich für Franzosen. Alle diese Minoritäten, mit Ausnahme der dänischen, waren katholischer Konfession, und im Falle der polnischen war deren Nationalbewußtsein mit der Konfession eng verbunden. Ihre unfreiwillige Einverleibung in die «deutsche Nation» bestärkte diese Untertanen Kaiser Wilhelms in einem abweichenden eigenen Nationalgefühl. Auch diesen nationalen Minderheiten war zuzutrauen, daß sie im Verein mit auswärtigen Mächten den Bestand des Deutschen Reichs bedrohten.

Mit den Problemen der lateralen (nämlich regionalen und ethnischen) Einheit gingen solche der vertikalen (nämlich sozialen) Kohäsion einher, die überdies die ersteren bald in den Schatten stellen sollten. Deutschlands nationale Einigung erfolgte während einer Periode wirtschaftlichen Wachstums, wie man sie noch nie erlebt hatte und für welche nicht nur die rapide fortschreitende Industrialisierung kennzeichnend war, sondern zugleich agrarische Expansion. Die noch während dieser Wachstumsphase 1871–1873 in Angriff genommene innere Konsolidierung des Deutschen Reichs mußte dann aber 1873–1879 während einer schweren Wirtschaftskrise fortgesetzt werden, deren Nachwirkungen bis zum Ende der Kanzlerschaft Bismarcks spürbar blieben. Die kritische soziale und politische Frage der Epoche der Industrialisierung war, ob die alte preußische Führungsschicht die von der rapiden kommerziellen und industriellen Expansion und dem schnellen Wachstum des Finanzkapitalismus hervorgebrachten neuen Eliten anerkennen und integrieren würde. Angesichts der gleichzeitig in Rußland gemachten Erfahrungen war eine weitere gewichtige Frage, ob die hergebrachte alte Ordnung imstande sein würde, jene neue Intelligenz – die akademisch gebildete Elite von Gelehrten, Journalisten, Juristen und Staatsbeamten – zu beschwichtigen und zu integrieren, deren wachsende Unzufriedenheit seit den dreißiger Jahren in philosophischem Radikalismus, liberaler Politik und sozialistischer Agitation Ausdruck fand. Würden die neuen Eliten von «Besitz und Bildung» Platz finden in der alten Ordnung, oder würden sie sich gegen diese wenden, wie es sich während der Revolution von 1848 und während des Verfassungskonflikts der Jahre 1862–1866 abzuzeichnen schien?

Die vorangegangenen Kapitel haben darzustellen versucht, wie die alte preußische Führungselite mit einer Reihe von Maßnahmen teils bewußt, teils unbewußt auf die Lösung eben jener Probleme hinarbeitete. Nun werden wir sehen, wie der steile Wirtschaftsaufschwung, der Deutschlands politische Einigung begleitete, und die auf diesen folgende Depression das Problem der sozialen Konsolidierung akut machten, nämlich die Aufgabe, die ständig wachsende Schicht der Fabrik- und Bergarbeiter am nationalen Konsens zu beteiligen. Konnte eine erweiterte preußisch-deutsche Herrschaftselite die Entfremdung der städtischen Arbeiterschaft entweder verhindern oder überwinden und dadurch das Wachstum jener sozialistischen Ideologie eindämmen, die ihre Institutionen, Klassenprivilegien und das geltende Besitzrecht bekämpfte? Von den vielen Aufgaben, die Bismarcks Regierung im Zuge der nationalen Konsolidierung zu meistern hatte, erwies sich diese als die kritischste.

Wie wir sehen werden, war es die Tiefenströmung in dem, was Bismarck den «Strom der Zeit» nannte – nämlich ökonomische Entwicklung, demographische Umverteilung und finanzielle Konzentration –, die während seiner Kanzlerschaft zum wichtigsten Faktor der angestrebten Konsolidierung wurde. Eine weitere Tiefenströmung war das mächtig anschwellende deutsche Nationalgefühl. Nach Jahrhunderten innerer Zersplitterung und äußerer Schwäche waren die Deutschen in Europa und der Welt zu neuem Ansehen gelangt. Militärische Macht, materieller Fortschritt, kulturelle und wissenschaftliche Leistungen nährten bei der Mehrzahl der Deutschen einen Nationalstolz, in dem sich partikularistische Gefühle und Interessen aufzuheben schienen (während bei den ethnischen Minderheiten genau das Gegenteil stattfand). Diese materiellen und geistigen Tiefenströmungen (für deren Bezeichnung der in der Schule der *Annales* gern gebrauchte Begriff der «Tiefenstruktur» zu statisch wirkt) trugen unabhängig von der Politik der Regierung mit einer eigendynamischen Kraft zur Festigung der deutschen Einheit bei. Die entscheidende Frage für das neue Reich war, ob Bismarcks politische Maßnahmen an der Oberfläche des Stroms, wo Gegenströmungen und Strudel richtungsändernde Eingriffe in gewissem Maße erlaubten, zu dieser Konsolidierung der deutschen Einheit beitragen würden. Würden seine Voraussicht und sein Geschick hinreichend sein, die erforderlichen Schleusen und Kanäle anzulegen, das Oberwasser in die gewünschte Richtung zu leiten? Würde der mächtigste Staatsmann seiner Zeit imstande sein, die Spaltungen zwischen der deutschen Mehrheit und den ethnischen Minderheiten, zwischen Katholiken und Protestanten, zwischen den alten agrarischen und den neuen industriellen Eliten sowie zwischen jenen Eliten und der städtischen Arbeiterschaft zu überwinden? Würde also der Vereiniger der deutschen Staaten auch das deutsche Volk einigen können?

Als Bismarcks Antwort auf diese Frage kann man nehmen, was er 1867 an den Kronprinzen Friedrich Wilhelm schrieb: «Preußen hat an ganz Deutschland zu vollbringen, was es an sich selbst vollbracht hat. Wie es einst in den von Polen, Frankreich, Sachsen erworbenen Landesteilen die Überwundenen die Überwindung vergessen machen, sie zu dem Gefühl der Gemeinsamkeit und Gleichheit erhoben hat, so hat es jetzt das innerhalb eines Volkes auf die Dauer nicht haltbare

Verhältnis zwischen Siegern und Unterworfenen zu verwischen, das besondere Stammes- und Staatsbewußtsein zu verschmelzen in freudiger und stolzer Anhänglichkeit an ein deutsches Gemeinwesen, an dessen Spitze der König von Preußen steht.»[2] Mit diesen Mitteln glaubte Bismarck, das ungeheure Problem, ein vereinigtes Deutschland zu integrieren und zu konsolidieren, bewältigen zu können. Die Bevölkerung des Norddeutschen Bundes und später diejenige des Deutschen Reichs sollte also vorzüglich durch das Wirken der Regierung und durch die dynastische Loyalität, unterstützt durch Zeit und gemeinsame Erfahrung, zusammengeschweißt werden. Auf diese Weise hatten ja im Laufe zweier Jahrhunderte (von 1640 bis 1840) die Hohenzollern bereits die voneinander sehr verschiedenen Bevölkerungen Brandenburgs, Pommerns, Ostpreußens und Schlesiens, Westfalens und des Rheinlands zu preußischen Untertanen erzogen. Bis an das Ende seiner Tage hielt Bismarck an der Überzeugung fest, daß das Rückgrat des deutschen Nationalismus dynastische Loyalität sei und bleiben müsse.[3]

Zweifellos wurde die psychologische Integration des Deutschen Reichs durch die «Nationalisierung» der preußisch-hohenzollernschen Geschichte und das persönliche Charisma Bismarcks und Kaiser Wilhelms – sowie durch den Rückgriff auf die Tradition des Heiligen Römischen Reichs Deutscher Nation – nicht unbedeutend gefördert. An der Ausbildung des deutschen Nationalbewußtseins wirkte all das wohl kaum weniger entscheidend – und genauso unmeßbar – mit wie die Errungenschaften der deutschen Nationalliteratur im Zeitalter Goethes, Schillers, Kants und Hegels. Doch trugen auch andere, materielle Kräfte dazu bei, Kräfte, deren Wirken Bismarck nicht entging, die er aber in seinen Memoiren kaum erwähnt. 1869 sprach er von Handel und Wandel als der «fruchtbarsten Wurzel», von der das «Zusammenwachsen» des Norddeutschen Bundes erhofft werden könne.[4] Die Mutmaßung war klüger, als er selbst ahnte. Innerhalb der Reichsgrenzen wurde das deutsche Nationalgefühl gestärkt durch das anhaltende Wachstum der Industrie, die Zunahme und demographische Veränderung der Bevölkerung, die neuen Verkehrs- und Kommunikationsmittel, die ständige Expansion des deutschen Kapitalismus und die immer engere Verflechtung der Unternehmungen von Großbanken und Industrieunternehmen. Was Bismarcks diplomatisches Talent und die Schlagkraft der preußischen Armee geschaffen hatten, wurde hauptsächlich durch die Tätigkeit deutscher Unternehmer und Arbeiter konsolidiert.

Gleichzeitig führte die von der Industrialisierung bewirkte soziale Umwandlung zu neuen Spaltungen der deutschen Gesellschaft, die zu schließen das Bismarck-Regime außerstande war. Der deutsche Nationalstaat wurde innerlich durch gegensätzliche soziale Interessen und entsprechende Ideologien entzweit, welche die teils ängstliche, teils hoffnungsvolle Erwartung jenes Bürgerkriegs erregten, der nach 1918 dann tatsächlich ausbrach. Doch in anderer Hinsicht unterstützte das Wirtschaftswachstum die Konsolidierung der nationalen Einheit durch eine Verallgemeinerung der wirtschaftlichen Interessen, hinter welcher die inneren politischen Grenzen und partikularistischen Loyalitäten zurückzutreten begannen, wenn sie auch freilich im Hintergrund bestehen blieben. Man kann ohne zu übertreiben wohl behaupten, daß im Laufe eines einzigen Jahrzehnts diese wirtschaftliche Konsolidierung die Entscheidungen der Jahre von 1866 bis 1871 so bestätigte, daß sie danach mit gewöhnlichen politischen Mitteln nicht mehr rückgängig zu machen waren. Das durch politisches Genie und militärische Überlegenheit errungene Reich sollte Bestand haben, bis politische Unfähigkeit zu militärischen Katastrophen führte, in denen es unterging. Von Anbeginn ging jedoch die zunehmende wirtschaftliche und nationale Konsolidierung mit wachsenden sozialen und ideologischen Gegensätzen einher – und das war das Paradox des zweiten deutschen Reichs.

Deutschlands Eintritt in das Industriezeitalter

Nach einer drei Jahrzehnte währenden Beschleunigung erreichte die Industrialisierung in Deutschland zur Zeit der nationalen Einigung ein Tempo, das dann, trotz zeitweiliger Rückschläge, im wesentlichen beibehalten werden konnte. Der Eisenbahnbau, die wichtigste treibende Kraft während der Phase der Beschleunigung, gelangte in den frühen siebziger Jahren mit der Vollendung des Ausbaus der Hauptverbindungsstrecken auf einen Höhepunkt. Obwohl der Bau von Nebenstrecken die deutsche Wirtschaft noch bis zum Ende des Jahrhunderts beschäftigte, übernahmen nach Beginn der siebziger Jahre andere Sektoren die Hauptlast des andauernden Wirtschaftswachstums. 1870 hatte die deutsche Textilindustrie ihre Umstellung von der Handspinnerei auf maschinelle Produktion der Garne abgeschlossen. Der Erwerb Elsaß-Lothringens verdoppelte überdies mit einem Schlag die Zahl der in Deutschland produzierenden Spinnereien. Und obwohl die Maschinenweberei sich langsamer entwickelte, machte auch deren Einführung während der sechziger und siebziger Jahre rasche Fortschritte. Die Waffen-, Maschinen- und Werkzeugmaschinenindustrie erreichte die Leistungen der ausländischen Konkurrenten, ja übertraf diese sogar (mit Ausnahme der Landmaschinenindustrie, bei der die Vereinigten Staaten von Amerika führend waren). Während der achtziger Jahre spielten öffentliche Versorgungsbetriebe – Gas- und Wasserwerke – sowie Nahverkehrsbetriebe eine wichtige Rolle als Auftraggeber der Bauindustrie. Während der gleichen Zeit expandierte die deutsche Schiffbauindustrie. Gegen Ende des Jahrhunderts entstanden zwei neue Industriezweige, die chemische und die Elektroindustrie, in denen Deutschland sowohl hervorragende Entwicklungsarbeit leistete als auch in großem Umfang Waren produzierte. Diese verschiedenen expandierenden Industrien sorgten für die Fortsetzung des Wachstumstempos, das ursprünglich der Eisenbahnbau vorgegeben hatte.[5]

Trotz temporärer Krisen erzielte die deutsche Schwerindustrie von Jahrzehnt zu Jahrzehnt immer neue Rekorde. Zu Kohle und Gußeisen kam nach der Mitte des Jahrhunderts der Stahl, als die Erfindung neuer Öfen (von Bessemer 1856, Siemens-Martin 1866 und Gilchrist-Thomas 1878) dessen Massenproduktion ermöglichte. Da das Gilchrist-Thomas-Verfahren Phosphoranteile aus dem Eisenerz sonderte, war gerade dessen Erfindung von großer Wichtigkeit für die deutsche Stahlindustrie, weil in Deutschland größtenteils phosphorhaltige Erze verhüttet wurden. Die nachfolgend angeführte Statistik bietet zwar keine neuen Erkenntnisse, lohnt aber wohl immer wieder nachdenkliche Betrachtung. Die Zahlen bezeichnen Millionen Tonnen.

	1870	1880	1890	1900
Kohle	34	59,1	89,3	146,8
Gußeisen	1,4	2,7	4,6	8,5
Stahl	0,3	0,7	2,3	6,7

Beim Tode Bismarcks 1898 hatte Deutschland Frankreich und Belgien überflügelt und war die führende Industriemacht auf dem europäischen Kontinent. 1914 hatte Deutschland auch Großbritannien überholt und war nach den USA die zweitmächtigste Industrienation der Welt.[6]

Trotz massenhafter Auswanderung (4875300 Personen verließen Deutschland zwischen 1840 und 1900, um anderswo ihr Glück zu suchen) nahm die Bevölkerung Deutschlands im fraglichen Zeitraum so erheblich zu, daß es schließlich mehr Einwohner als Frankreich hatte und nach Rußland das volkreichste Land in Europa war. Nach derjenigen, die in den dreißiger Jahren einen Zenith erreicht hatte, folgte in den sechziger Jahren eine zweite Geburtenwelle mit steilem Anstieg der jährlichen Geburtenrate, die erst in den siebziger Jahren mit der Einführung neuer Methoden der Empfängnisverhütung wieder zurückging. Danach war die Geburtenrate rückläufig, die Sterberate jedoch ebenfalls. Verbesserte Ernährung, verbesserte sanitäre Einrichtungen und verbesserte medizinische Versorgung verlängerten die durchschnittliche Lebensdauer. Die Gesamtbevölkerung wuchs von 40059000 im Jahre 1871 über 45234000 im Jahre 1880 und 49428000 im Jahre 1890 auf 56367000 im Jahre 1900. Natürlich hatte die Industrialisierung erhebliche Auswirkungen auf die Beschäftigung und die demographische Verteilung. Während in den sechziger Jahren noch 51 Prozent der werktätigen Bevölkerung in der Landwirtschaft, im Forstwesen und in der Fischerei beschäftigt waren und nur 28 Prozent in industriellen Gewerben, stand das Verhältnis zwischen den genannten Erwerbszweigen im Jahre 1900 bei 38 zu 37 Prozent.[7] Zwischen 1871 und 1910 sank die Bevölkerung der ländlichen Gebiete (Kirchsprengel mit weniger als 2000 Einwohnern) von 63,9 auf 29,9 Prozent, während gleichzeitig die der Großstädte (über 100000 Einwohner) von 4,8 auf 21,3 Prozent stieg.[8] Die Landbevölkerung blieb in absoluten Zahlen während des betrachteten Zeitabschnitts ziemlich unverändert auf dem gleichen Stand, denn den Überschuß nahmen größtenteils die Städte auf. Berlin hatte 1870 826341 Einwohner, 1890 1578794 und im Jahr 1900 bereits 1888848. Die nächstgrößte deutsche Großstadt, der Seehafen Hamburg, wuchs während derselben Jahrzehnte von 239107 auf 705738 Einwohner. Was die Industrialisierung im Ruhrgebiet bewirkte, ist am Wachstum Essens von 51513 auf 118862 Einwohner und Düsseldorfs von 69365 auf 21371 Einwohner während der gleichen Zeit abzulesen.[9]

Die Spannungen in der deutschen Gesellschaft wurden durch die periodischen Schwankungen der Konjunktur verschärft. Der Aufschwung, der mit steigender Prosperität und Expansion der Weltwirtschaft in den vierziger Jahren begann, setzte sich mit kurzen Unterbrechungen während der Jahre 1858–1861 und 1866–1868 bis zu einem Höhepunkt im Jahre 1873 fort. Während der frühen Jahre des Kulturkampfs, der Zusammenarbeit Bismarcks mit den Liberalen und seines Streits mit den Ultrakonservativen erlebte Deutschland eine Hochkonjunktur von erstaunlichen Ausmaßen. So nahm zum Beispiel der Gußeisenverbrauch von 1374000 Tonnen (35,8 Kilogramm pro Kopf) im Jahre 1869 auf 2954000 Tonnen (71,5 Kilogramm pro Kopf) im Jahre 1873 zu, während der Preis dieser Ware von 66,20 Mark pro Tonne auf 145,50 Mark pro Tonne stieg. Insgesamt stiegen die Großhandelspreise für Industrieerzeugnisse um 40 Prozent. Das gesamte kapitalistische System erlebte diese Konjunkturwelle, doch der Aufschwung der Jahre 1871–1873 war besonders stark in Deutschland. Dabei wirkten verschiedene Faktoren zusammen: die Aufhebung der Beschränkungen, die die Bildung von Aktiengesellschaften erschwert hatten, im Jahre 1870; der allgemeine Optimismus, den die anhaltende Steigerung der Produktivität in den vorangegangenen Jahrzehnten mit sich gebracht hatte; die Begeisterung, die nach dem Sieg über Frankreich und dem Gewinn der nationalen Einheit in Deutschland verbreitet war; die inflationäre Wirkung der von Frankreich an Deutschland gezahlten 5 Milliarden Franken Kriegsentschädigung, die zum Teil zur Liquidierung der Schulden der Gliedstaaten des Deutschen Reichs verwendet wurden. Optimismus, Spekulation und Betrug blühten im Klima der sogenannten «Gründerjahre», in denen Millionen deutscher Bürger, vom Küchenmädchen bis zu den Trägern alter Adelstitel, an der Börse spekulierten. Das erste Gefahrenzeichen, ein Krach an der Wiener Börse am 9. Mai 1873, wurde in Deutschland nicht wahrgenommen. Doch im Oktober brach das allzu hoch gestapelte Kartenhaus zusammen.[10]

Der Krach von 1873 stand am Anfang einer neuen Epoche des deutschen Kapitalismus und der kapitalistischen Weltwirtschaft insgesamt, deren genaue Bestimmung auch heute noch Gegenstand gelehrter Auseinandersetzungen ist. Den Konjunkturzyklustheorien von Nikolai Kondratieff, Joseph Schumpeter und Arthur Spiethoff entsprechend, hat man die Periode von 1873–1896 als die «große Depression» bezeichnet, den Rückgang der Konjunktur in das Tal einer «langen Welle», deren Dauer derjenigen des Anstiegs der vorangegangenen und nachfolgenden Wellen entsprochen hätte.[11] Neuere Forschungen haben aber ergeben, daß der Abwärtstrend der Jahre 1873–1896 empirisch nicht nachweisbar ist. Obwohl die Preise auf niedrigerem Niveau schwankten, nahm nach 1879, während die deutschen Unternehmer die Produktionsprozesse konsolidierten, rationalisierten und modernisierten, die Industrieproduktion wieder kontinuierlich zu. Die Reallöhne lagen bald über dem höchsten Niveau der Jahre 1873–1875 und stiegen weiter bis 1900. Von 1873 bis 1893 wuchs die Zahl der Beschäftigten um 28 Prozent, das inländische Produktionsvolumen um (zu Standardpreisen) 58 Prozent; eine Expansion, die die weitere Steigerung auf 36 und 68 Prozent während der nächstfolgenden zwanzig Jahre tatsächlich sogar verhältnismäßig gering erscheinen läßt.[12] Obwohl aber die Existenz der langen Wellen nun angezweifelt wird, wird allgemein eingeräumt, daß es während der Jahre 1873–1894 wiederholt zu kürzeren Konjunkturschwankungen kam. Wie wir später sehen werden, verbreitete sich angesichts der Abfolge von kurzen Aufschwüngen und langen Rezessionen während der Jahre 1879–1894 in der Geschäftswelt ein Gefühl der Unsicherheit und des Pessimismus, das auf die Gesellschaft in ihrer Gesamtheit übergriff.[13]

Die Schwierigkeiten des agrarischen Sektors der deutschen Wirtschaft im selben Zeitraum waren noch weitaus größer. Während der späten siebziger Jahre ging das goldene Zeitalter der deutschen Landwirtschaft, das in den dreißiger Jahren begonnen hatte, seinem Ende entgegen. Drei Jahrzehnte lang hatten anhaltende Produktionssteigerung, das Anwachsen der Städte, der Zollverein, die stetige Verbesserung der Transportmöglichkeiten durch die Eisenbahn und eine entsprechende Zunahme des Ausfuhrhandels Preise und Gewinne hoch gehalten, wovon zumal die ostelbischen Großgrundbesitzer profitiert hatten. Die Produktion steigerte sich lange, weil ständig neues Land unter den Pflug genommen wurde und die von Thaer eingeführte Technik des Fruchtwechsels höhere Erträge sicherte. Doch um 1865 wurde bereits der größte Teil des als Ackerland tauglichen Bodens kultiviert und Thaers Fruchtwechsel mit dem bestmöglichen Erfolg praktiziert. Es folgte deshalb eine Periode relativer Stagnation, bis um 1890 chemische Düngemittel allgemein in Gebrauch kamen. Zu nennenswerten Steigerungen kam es während dieser Jahre nur in der Tierproduktion, und zu diesem Zweck mußte Futter eingeführt werden. Bis 1860 hatte die landwirtschaftliche Produktion schneller zugenommen als die Bevölkerung, und so war es zu den Überschüssen gekommen, die von den ostelbischen Gutsbesitzern auf ausländischen Märkten abgesetzt werden konnten. Doch nach 1870 kehrte sich das Verhältnis zwischen Bevölkerungswachstum und der Zuwachsrate der landwirtschaftlichen Produktion um, was zur Folge hatte, daß nun Lebensmittel eingeführt werden mußten.[14]

Wie wir sehen werden, wurden dann Getreide und andere Nahrungsmittel in großem Umfang aus Rußland, Nordamerika und Argentinien importiert.[15] Das gereichte zwar der Bevölkerung der Großstädte zum Segen, erwies sich aber als Fluch für die deutsche Landwirtschaft. Die Schwemme importierten Getreides, das in Amerika auf jungfräulichem Boden in großen Mengen billig produziert und mit Eisenbahnen und Dampfschiffen billig auf die europäischen Märkte geliefert werden konnte, drückte dort die Getreidepreise schon während der siebziger Jahre. Der deutsche Markt begann diese Konkurrenz erst im folgenden Jahrzehnt empfindlich zu spüren, doch dann kam es auf Grund stagnierender Produktion bei hohen Kosten und sinkenden Preisen in Deutschland zu einer schweren Krise der Landwirtschaft.

Bismarck vereinigte Deutschland während einer Periode landwirtschaftlicher und industrieller Hochkonjunktur. Während der verbleibenden Zeit seiner Kanzlerschaft mußte er ein Land regieren, dessen Wirtschaft auf den beiden genannten Sektoren fast ständig in Schwierigkeiten steckte. Gleichzeitig ging eine an die Grundfesten rührende Umverteilung finanzieller und sozialer Macht vonstatten. Die sinkenden Preise nötigten die Schwerindustrie, durch Vergrößerung der Produktionsstätten und Steigerung des Produktionsvolumens Kosten einzusparen. Kleine Firmen konnten unter diesen Umständen nicht bestehen und wurden von größeren übernommen. Die Schwerindustrie und die Großbanken gelangten zur Herrschaft über Leichtindustrie und Handel. Das relative Gewicht von Industrie- und Agrarkapital verschob sich ständig zugunsten des ersteren. Die Fabrikarbeiterschaft nahm im Verhältnis zur Handwerkerschaft sowohl zahlenmäßig als auch an Wohlstand ständig zu. Von neuem erhob sich die Frage: Konnte sich die alte preußisch-deutsche Herrschaftselite auf die neuen Tatsachen des wirtschaftlichen und sozialen Lebens einstellen? Konnte sie die neue Unternehmerelite aus Schwerindustrie und Hochfinanz assimilieren und die Entfremdung der Industriearbeiterschaft verhindern?

Während der Kanzlerschaft Bismarcks hat Deutschland in jenem Umwandlungsprozeß, den die Historiker als «Modernisierung» bezeichnen, gewaltige Fortschritte gemacht. Das Gewicht des wirtschaftlichen, technologischen und Bevölkerungswachstums allein schon drängte mächtig auf die Konsolidierung der Einheit, die Bismarck mit politischen und militärischen Mitteln geschaffen hatte. Der einstige Partikularismus – jenes Hängen an regionalen, historischen, konfessionellen und dynastischen Eigenheiten und Loyalitäten – verschwand zwar nicht, nahm jedoch merklich ab. Doch es kam nun aus wirtschaftlichen und sozialen Ursachen zur Vertiefung der Spaltungen, die Berufsgruppen, Interessenverbände, Stände und Klassen der Gesellschaft voneinander trennten. Bismarcks sogenannter «Kulturkampf» mit dem politischen Katholizismus in den siebziger Jahren zeugt vom Fortbestehen der älteren Trennlinien innerhalb der deutschen Gesellschaft. Sein Angriff gegen die Sozialdemokratie (mit den Sozialistengesetzen) und der Bruch mit der liberalen Wirtschaftspolitik (der das protektionistische Zollgesetz von 1879 zur Folge hatte) zeigen ihn schon in der Auseinandersetzung mit den neuen Spaltungen. Die älteren Trennlinien hatten die Vollendung und Erhaltung der staatlichen Einheit des deutschen Volks gefährdet; die neuen bedrohten die Stabilität der sozialpolitischen Ordnung.

Demographische Konsolidierung

Solange Wasserwege die bedeutendsten Handelsstraßen waren, hatte Deutschland kein natürliches Handels- und Bevölkerungszentrum, das mit Paris oder London hätte verglichen werden können. Im Gegensatz zu den Flußsystemen Englands und Frankreichs begünstigten diejenigen Mitteleuropas weniger die Konzentration des Wirtschaftslebens als vielmehr seine auseinanderstrebenden Tendenzen. Die Donau orientierte die Deutschen Österreichs nach Südosten hin zu den von slawischen Völkern besiedelten Ländern an ihrem Unterlauf. Der Rhein verband Südwestdeutschland mit den Niederlanden. Weser, Elbe, Oder und Weichsel lenkten das Interesse der Bewohner des nördlichen Deutschland auf Ostsee und Nordsee. Gebirge zwischen den Flüssen erschwerten die Verbindung im Bereich des Oberlaufs durch Kanäle, deren Bau überdies durch politische Grenzen behindert wurde. Deutschland verfügte auch nicht über ein Netz römischer Militärstraßen, wie man es in Frankreich und England seit der römischen Kaiserzeit besaß. Erst während der vierziger Jahre begann man in Deutschland mit dem Bau beschotterter Straßen. Obwohl bis 1857 30000 Kilometer solcher Straßen gebaut wurden, dienten diese doch zunächst nur der Erweiterung des Handelsradius der Städte und stellten kein geschlossenes nationales Verkehrsnetz dar. Der Ferntransport von Massengütern wie Kohle, Eisen und Getreide war abschreckend teuer.[16]

Der Eisenbahnbau löste die Transportprobleme binnen zweier Generationen. 1865 waren 14776 Kilometer Strecke verlegt, 1875 29970, 1885 bereits 37571, und 1895 konnte man dann auf 46500 Kilometern Schienen durch Deutschland fahren.[17] Fast vom Augenblick der Erfindung der Eisenbahn an haben einsichtige Beobachter die Tauglichkeit, ja Berufung des neuen Verkehrsmittels zur Einigung Deutschlands erkannt. Goethes Bemerkung gegenüber Eckermann aus dem Jahr 1828 ist viel zitiert worden: «Mir ist nicht bange ... daß Deutschland nicht eins werde; unsere guten Chausseen und künftigen Eisenbahnen werden schon das Ihrige tun».[18] Während der dreißiger Jahre drängte Friedrich List auf den Ausbau eines ganz Deutschland überspannenden Eisenbahnnetzes als eines «siamesischen Zwillings» des Zollvereins. Beide gemeinsam, meinte er, würden das deutsche Volk zu einer großen, reichen und mächtigen Kulturnation vereinigen.[19] Aus den achtziger Jahren auf die große Zeit des Eisenbahnbaus zurückblickend, wog Heinrich von Treitschke bereits die Vor- und Nachteile, welche die durch die Eisenbahn ermöglichte Mobilität des deutschen Volkes mit sich gebracht hätte, kritisch gegeneinander ab. Einerseits habe die Eroberung des Raums eine neue Wertschätzung des Materiellen und eine unerhörte Steigerung des Gewinnstrebens und der Vergnügungssucht zur Folge gehabt; der die unterschiedlichen Klassen zusammenwürfelnde Massentransport habe überdies die Klassenunterschiede verwischt und oberflächlich Horizont und Kenntnisse des gemeinen Mannes erweitert. Andererseits habe jedoch die Eisenbahn in Deutschland die klaffende Lücke zwischen geistiger Größe und wirtschaftlicher Armut geschlossen und eine materielle Grundlage für die wachsende politische Kraft der Nation geschaffen. «Seit man das engere Vaterland in drei Stunden durchfuhr, kam auch dem schlichten Manne die ganze verlogene Niedertracht der Kleinstaaterei zum Bewußtsein, und er begann zu ahnen, was es heiße eine große Nation zu sein. Die Grenzen der Stämme und der Staaten verloren ihre trennende Macht, zahllose nachbarliche Vorurteile schliffen sich ab, und die Deutschen erlangten allmählich ... das Glück einander kennenzulernen.»[20]

In welchem Maße das neue Zeitalter des Schienenverkehrs schon vor 1870 tatsächlich die von Goethe und List prophezeite und von Treitschke diagnostizierte Wirkung tat, ist schwer festzustellen. Reisen und die persönliche Begegnung mit Fremden müssen nicht unbedingt eine Abnahme des Lokalpatriotismus und des Beharrens auf regionaler Eigenart zur Folge haben, es kann auch die umgekehrte Wirkung eintreten. Der wichtigste Beitrag, den das Eisenbahnnetz zur Verschmelzung der deutschen Nation leistete, bestand höchstwahrscheinlich in der buchstäblichen Beförderung der großen Binnenwanderung, die die Umsiedlung von Millionen von Menschen zur Folge hatte. Vor der Vereinigung Deutschlands hatten rechtliche und politische Schranken diese Binnenwanderung in Grenzen gehalten. Diese Schranken wurden nach 1867 durch eine Reihe von gesetzgeberischen Maßnahmen beseitigt, unter denen als bedeutendste das 1867 verabschiedete Freizügigkeitsgesetz und ein aus dem Jahre 1870 stammendes über das Indigenat und die Armenunterstützung zu nennen sind. Das erste gewährte den Bürgern das Recht auf Freizügigkeit innerhalb des Norddeutschen Bundes, die das Recht auf freie Wahl des Wohnsitzes einschloß sowie das Recht, an jedem beliebigen Ort Eigentum zu erwerben und Geschäfte zu gründen. Das zweite Gesetz verfügte, daß im Gegensatz zu dem in Deutschland früher herrschenden Heimatsystem Anspruch auf öffentliche Unterstützung auch am tatsächlichen Wohnort des Bedürftigen bestand, zunächst allerdings nur, wenn der Bedürftige über vierundzwanzig Jahre alt und an dem betreffenden Ort schon seit mindestens zwei Jahren ansässig war. Nach Abänderung durch den Reichstag bestimmte dieses Gesetz nicht Gliedstaats-, sondern Bundesangehörigkeit zur Bedingung des Anspruchs, womit der föderale Charakter der Union ernsthaft durchbrochen wurde. Andere Gesetze, die zur Erleichterung der Binnenwanderung beitrugen, waren die Abschaffung des Paßzwangs (1867), die Abschaffung des Eheverbots auf Grund des Wohnsitzes, Einkommens, der Beschäftigung oder des jüdischen Glaubens (1868), die Abschaffung der Schuldhaft (1868) sowie die Aufhebung der Beschränkungen von Gesellschaftsgründungen (1870) und der Doppelbesteuerung (1870).[21] Diese Gesetze waren wertvolle Ergebnisse der Zusammenarbeit Bismarcks mit den Nationalliberalen, die deren einigende Wirkung zu schätzen wußten. Darüber hinaus brachte fast jede Anwendung ihrer legislativen Gewalt die Zentralregierung in direkten Kontakt mit dem täglichen Leben der Bürger, und so war diese bald jedem als Macht gegenwärtig.

Die Verfassung von 1867 und das Bürgerschaftsgesetz von 1870 setzten eine doppelte Staatsbürgerschaft fest. Die Bundesbürgerschaft war an den Besitz der Bürgerschaft eines der Gliedstaaten gebunden, was die letztere wichtiger erscheinen ließ. Doch unter dem Gesetz von 1870, das die Bürgerschaft von Wohnort, Abstammung und Beruf abhängen ließ, verlor die Landeszugehörigkeit bald an Bedeutung.[22] «Ein viel begehrter und viel ‹berufener› deutscher Professor», schrieb 1907 Heinrich Triepel, «kann es nach und nach mit Leichtigkeit zum Besitze von acht und mehr Staatsangehörigkeiten bringen, von denen schließlich die meisten äußerlich und innerlich ohne alle Bedeutung für ihn sind. Sie alle legt er seinen Söhnen mit in die Wiege, die, wenn sie nicht etwa Jurisprudenz studieren, gar nicht wissen, wie reich sie an ‹Vaterländern› sind ... In einigen Generationen wird das alles noch viel mehr verdunkelt und verwischt sein. Die Reichsangehörigkeit verschlingt die Landesangehörigkeit.»[23]

Die Möglichkeit, mit der Eisenbahn billig und schnell von einem Ende des Landes ans andere zu reisen, die Beseitigung rechtlicher Hindernisse und die Hoffnung, anderswo den Lebensunterhalt leichter und reichlicher verdienen zu können, veranlaßte Millionen Deutscher, ihre Heimatorte zu verlassen. Im Jahre 1907 waren von insgesamt 60 378 235 Deutschen bereits 28 982 807 nicht mehr in ihren Geburtsgemeinden daheim. Von diesen stammten zwar 20 041 373 aus der Provinz oder dem Staat, in dem sie nun anderswo wohnten, doch 8 941 433 kamen aus anderen Staaten oder Provinzen. Unter Einbeziehung der geschätzten Zahl der 1907 bereits verstorbenen Umsiedler nimmt man an, daß seit 1860 zwischen 22 und 24 Millionen Menschen an der Binnenmigration des Deutschen Reichs beteiligt waren. Die wachsenden Industriegebiete zogen die Mehrzahl der Zuwanderer aus dem Umland an. Je größer die Stadt, desto weiter erstreckte sich das Umland, aus dem die Zuwanderer kamen. Doch auch Einwanderer aus sehr entfernt gelegenen Landesteilen suchten Arbeit in den neuen industriellen Zentren. Das war vor allem bei der ostwestlichen Binnenwanderung der Fall, die in den sechziger Jahren begann und dann von Jahrzehnt zu Jahrzehnt an Umfang zunahm. Nachdem um 1865 dort alles anbaufähige Land unter den Pflug genommen war und in den siebziger Jahren die Agrarkrise begann, konnten die ostpreußischen Güter das wachsende Arbeitskräftereservoir dieser Region mit der höchsten Geburtenrate in Deutschland nicht mehr ausschöpfen. In Ost- und Westpreußen, Schlesien, Posen und Pommern begann die «Landflucht», zuerst nach Berlin und nach 1880 ins Ruhrgebiet (viele Auswanderer setzten sich noch entferntere Ziele auf den offenen Prärien und in den schnell wachsenden Städten des amerikanischen Westens). Nach den Daten der Volkszählung von 1907 waren 95 Prozent der Einwanderer aus dem Nordosten des Reichs in Gelsenkirchen ehemalige Bauern, die Lohnarbeiter geworden waren. Selbstverständlich wanderten aber nicht nur arme Leute aus. Beamte wurden an oft weit von ihrer Heimat entfernte Orte versetzt, wo der Staat ihren Dienst benötigte. Unternehmer zog es in die Großstädte, wo sie hoffen durften, ihr Kapital gewinnbringend anwenden zu können. Den Daten der Volkszählung von 1907 ist auch zu entnehmen, daß die verhältnismäßig kleine Zahl der aus dem Nordosten nach München «Zugereisten» überwiegend bürgerlicher Herkunft war (70 Prozent). Von den sechzehn bedeutenden Industriellen, die zwischen den Jahren 1831 und 1917 als Präsidenten der Handelskammer von Elberfeld-Barmen fungierten, waren über die Hälfte Zugewanderte (6) oder Söhne von Zugewanderten (4), was um so bemerkenswerter ist, als diese Stadt sich durch große Stetigkeit der wirtschaftlichen Entwicklung auszeichnete und für ihren starken Traditionssinn bekannt war.[24]

Die ostwestliche Binnenwanderung hatte eine zunehmende Disparität der Bevölkerungsdichte in den östlichen und westlichen Gebieten des Reichs zur Folge. 1910 hatten die Rheinprovinz, Westfalen und Sachsen zusammen schon mehr Einwohner, als 1871 das ganze Reich gehabt hatte. Die größte Bevölkerungsdichte wurde in der Rheinprovinz erreicht, wo 67 Prozent der Bevölkerung in Städten (über die Hälfte in Großstädten) wohnten, was nur auf 27 Prozent der Bevölkerung Ostpreußens zutraf. Während der auf die Reichsgründung folgenden vier Jahrzehnte wuchs die Bevölkerung Westfalens um 600 Prozent, die der Rheinprovinz um 247 Prozent, Sachsens um 237 Prozent, Badens um 261 Prozent und diejenige Ostpreußens immerhin auch um 155 Prozent.[25] Aus dieser Mischung und Umstrukturierung der deutschen Gesellschaft erwuchs in den neuen Ballungsräumen ein neues Gefühl regionaler Zugehörigkeit und Identität auf Grund realer oder eingebildeter Gemeinsamkeiten der Bräuche, des Dialekts und Temperaments, durch die sich deren Bewohner von anderen Deutschen zu unterscheiden meinten. Berliner und Hamburger galten fortan als Leute, die durch ihre Rede und ihre Charakterzüge ebenso leicht und bestimmt zu identifizieren seien wie etwa Sachsen, Schwaben oder Badener. Das neue große Industriegebiet an der Ruhr erwies sich als Schmelztiegel, in dem sich die Zuwanderer aus dem Osten mit der dort seit Jahrhunderten ansässigen Bevölkerung mischten und, wie jedenfalls Wilhelm Brepohl behaupten zu dürfen glaubte, einen neuen deutschen Stamm zeugten, das «Ruhrvolk» Rheinland-Westfalens, das, durch die biologische Abstammung überwiegend ostdeutsch geprägt, in seiner kulturellen Bildung eher westdeutsch bestimmt sein soll.[26] Zu den Einwanderern aus dem deutschen Osten kamen später noch solche aus Polen (30 000 bis 1890, 300 000 bis 1910), die eine weniger leicht zu assimilierende Minderheit bildeten.[27]

Finanzielle Konsolidierung

Das Wachstum der Industrieproduktion und des ständig dichter werdenden Eisenbahnnetzes wurde von der Expansion und Konzentration der unternehmerischen Tätigkeit in Deutschland begleitet. Die deutsche Kleinstaaterei hatte den Kapitalverkehr zwischen Staaten und Regionen zwar behindert, doch nie gänzlich blockiert. Die Zunahme der Zahl der Aktiengesellschaften und Investitionsmöglichkeiten während der Jahre 1850–1870 verstärkte diesen Fluß bereits erheblich. Anders als in den USA wurde die Laissez-faire-Doktrin in Deutschland niemals gegen marktbeherrschende Monopole und Konzentrationen wirtschaftlicher Macht geltend gemacht. Hier zielte die liberale Politik auf Senkung der Zölle und Verminderung der paternalistischen Einmischung des Staates, nicht auf die Wahrung von Wettbewerbsbedingungen und den Schutz der kleinen Produzenten. Indem sie Firmenaktien ausgaben, förderten die deutschen Gesellschaftsbanken überdies die Verbindung von Bank- und Industriekapital und mithin die Akkumulation wirtschaftlicher Macht in den Händen verhältnismäßig weniger Individuen und Firmen. Das Zentrum dieser neuen, eng verzahnten Struktur befand sich in Berlin, das nicht nur die politische Hauptstadt des vereinigten Deutschland, sondern bald auch dessen Finanzhauptstadt wurde. Die Zentralachsen dieses Gefüges von Großbanken und Schwerindustrie erstreckten sich einerseits von Berlin nach Westen in das Ruhrgebiet und andererseits nach Oberschlesien im

Osten. Dies waren die Gravitationszentren, um welche sich die deutsche Geschäftswelt drehte.[28]

Die Expansion und Konzentration wurde durch die Gesellschaftsform geschäftlicher Unternehmen ermöglicht. Wie in anderen Ländern erwies die Rechtsform der Aktiengesellschaft sich auch in Deutschland als die einzige Unternehmensform, die das für die Industrialisierung in der Mitte des Jahrhunderts benötigte Kapital bereitzustellen vermochte. Wie bereits erörtert, hatte der preußische Staat früher (als Gesellschaften vom Staat zugelassen werden mußten und staatlicher Aufsicht unterlagen) die Betätigung von Aktiengesellschaften in der Industrie streng beschränkt und das Bankwesen ihrem Zugriff so gut wie gänzlich entzogen.[29] Dennoch wurden zwischen 1826 und Juni 1870 in Preußen nicht weniger als 397 Aktiengesellschaften mit einem Kapital von 3 043 000 000 Mark gegründet. Ein frühes Ergebnis der liberalen Zusammenarbeit mit Bismarck war das am 11. Juni 1870 verabschiedete Gesetz, das den Konzessionszwang für Aktiengesellschaften aufhob. Daraufhin wurden während der Jahre 1871–1873 nicht weniger als 928 Aktiengesellschaften mit einem Kapital von insgesamt 2 781 000 000 Mark errichtet, von denen nach dem Börsenkrach von 1873 viele fusionierten. Während der Gründerjahre setzte sich diese Unternehmensform endgültig gegen die der einfachen Partnerschaft und des Alleinbesitzes durch.[30]

Das in Preußen bis 1870 fast uneingeschränkt geltende Verbot von Banken auf Aktienbasis war einerseits den Geschäften von Privatbanken förderlich, doch begünstigte es auch das Wachstum der wenigen zu Beginn des deutschen Aufschwungs gegründeten Gesellschafts- oder Kommanditbanken, nämlich des *Schaaffhausen'schen Bankvereins* in Köln (1848), der *Disconto-Gesellschaft* in Berlin (1851), der *Darmstädter Bank* (1853), der *Berliner Handelsgesellschaft* (1856) und des *Mitteldeutschen Kreditvereins* in Meiningen (1856). Die Tatsache, daß die *Disconto-Gesellschaft* und die *Berliner Handelsgesellschaft* als Kommanditgesellschaften organisiert waren (bestehend aus persönlich haftenden aktiven Teilhabern und stillen Teilhabern mit beschränkter Haftung), behinderte deren Wachstum nicht. Unter der Leitung von David und Adolf Hansemann wurde die *Disconto-Gesellschaft* Deutschlands stärkste Bank. Während der sechziger Jahre führte sie das «Preußen-Konsortium» an, ein Syndikat von Gesellschafts- und Privatbanken, das gute Geschäfte mit der Auflage preußischer Staatsanleihen machte, zuerst mit der Mobilmachungsanleihe 1859. Das Konsortium dehnte seine Operationen auf Industriefinanzierung aus und war von entscheidender Bedeutung für die fernere Entwicklung des Kreditwesens in Preußen und Deutschland. «Nicht nur regelte und bestimmte das ‹Preußen-Konsortium› von nun an den ‹Verkehr mit Staats- und Kommunalpapieren und Aktien›, sondern es gab auch die gleichsam finanz- und banktechnische Grundlage zum späteren industriellen Aufschwung Deutschlands ab – zu seinem Kapitalexport und damit zu seiner wirtschaftlichen Weltstellung.»[31]

Kapital und Management für die neuen Gesellschafts- und Kommanditbanken wurden ursprünglich von Privatbanken bereitgestellt. Doch nach 1870 stellten die Giganten, die sie mit ihren Investitionen ins Leben gerufen hatten, die Privatbanken zunehmend in den Schatten. Deren meist adelige Kundschaft war begrenzt, und ihre Kapitalreserven waren es ebenfalls. Sie waren nicht imstande, das für die industrielle Expansion der Jahre 1871–1872 benötigte Kapital vorzuschießen und die Rückschläge, die darauf folgten, aufzufangen. Die größten und über die besten Verbindungen verfügenden Privatbanken (Schickler, Bleichröder, Warschauer, Mendelssohn, Oppenheim und Rothschild-Frankfurt) blieben im Geschäft und florierten weiterhin. Sie mußten jedoch das riskante Geschäft der Unternehmensgründungen den großen Gesellschaftsbanken überlassen und sich auf das Auflegen von Staatsanleihen beschränken. Als Bankiers von Fürsten und Ministern und Versicherer von Staatsanleihen standen sie in enger Beziehung zur Herrschaftselite und unterstützten diese, wie sie ihrerseits von ihr begünstigt wurden.[32]

Der Aufschwung und der auf diesen folgende Zusammenbruch förderten zu Beginn der siebziger Jahre das Wachstum und die schließliche Vorherrschaft einiger weniger großer Gesellschaftsbanken. Während der Gründerjahre richteten die *Disconto-Gesellschaft* und einige andere Banken Tochtergesellschaften mit zahlreichen Zweigstellen im ganzen Land ein. Die *Provinzial-Discontogesellschaft* zum Beispiel eröffnete Filialen in Hannover, Bernburg, Straßburg, Hamburg, Duisburg, Braunschweig, Hameln, Ludwigshafen und Halle. Die Filialen überstanden die Depression nicht, und ihre Auflösung gegen Ende der siebziger Jahre setzte dem ersten Versuch, ein über ganz Deutschland ausgebreitetes Netz von Bankfilialen einzurichten, ein Ende. Dennoch erweiterten während dieser Jahre die großen Banken ihren Geschäftsbereich und Kundenkreis, indem sie viele der während des Aufschwungs gegründeten Gesellschaftsbanken übernahmen. Dabei taten sich zwei neue Großbanken, die *Deutsche Bank* in Berlin (1870) und die *Dresdner Bank* (1872), deren Leitungen während des Aufschwungs und der Hochkonjunktur spekulative Exzesse vermieden hatten, besonders hervor. Auf verschiedenen Wegen, mit Zweigstellen, Agenturen, Filialen und Tochtergesellschaften, dehnten während der achtziger Jahre die größeren Banken (mit Ausnahme der *Berliner Handelsgesellschaft*, deren Operationen lokal blieben) ihren Einfluß aus. Die Privatbanken und kleineren Gesellschaftsbanken wurden nun von den Großbanken auch durch die Breite und Tiefe der organisatorischen Struktur übertroffen und mußten es deshalb hinnehmen, daß jene, da sie ein breiteres Angebot unterschiedlicher Dienstleistungen bereithalten konnten, eher als sie neue Kundschaft gewannen.[33]

Die Lage Berlins im Zentrum des deutschen Eisenbahnnetzes begünstigte die Entwicklung der preußischen und späteren Reichshauptstadt zu einer Industrie- und Finanzmetropole. Bereits gegen Ende der vierziger Jahre war Berlin ein wichtiges Zentrum der Maschinenbauindustrie (unter den bedeutendsten Firmen sind die von Julius Freund und Franz Egells zu nennen sowie vor allem die Fabrik August Borsigs, wo 1841 die erste deutsche Lokomotive gebaut wurde), später kamen die Elektroindustrie (Werner Siemens und Johann Halske) und die chemische Industrie (Ernst Schering und Samuel Kunheim) dazu. Die Konzentration so vieler industrieller und kaufmännischer Unternehmen, Geschäftsleute und Lohnabhängiger eröffnete natürlich dem Bankgeschäft große Möglichkeiten. Doch Berlin war auch der Sitz vieler preußischer und Reichsämter von Bedeutung für die öffentlichen Finanzen, darunter die halbstaatliche Preußische Bank, die wichtigste preußische Notenbank, und die *Preußische Seehandlung*, welche öffentliche Mittel in Privatunternehmen von öffentlichem Interesse investierte. Während der Periode beschleunigter Industrialisierung begann die Preußische Bank (vielleicht schon 1857, wie einige meinen, nach Meinung anderer erst 1866) die Funktion einer Zentralbank zu übernehmen.[34]

Die oben erwähnte Finanzachse Ruhr-Berlin-Oberschlesien wurde während der Jahre des Aufschwungs 1850–1856 angelegt, als die größten Berliner Banken (*Disconto-Gesellschaft, Berliner Handelsgesellschaft* und *S. Bleichröder*) Eisenbahnunternehmen finanzierten, die die preußische Hauptstadt mit den sich schnell entwickelnden Industriegebieten des Ostens und Westens verbanden. Kapitalmangel gestattete aber keiner dieser Banken (außer der *Disconto-Gesellschaft*), sich vor 1870 nennenswert an der Ruhr zu engagieren. Deshalb blieb die finanzielle Organisation der dortigen Schwerindustrie weitgehend lokal bestimmt. Doch das sollte sich während der Gründerjahre 1871–1873 dramatisch ändern. Führende Unternehmer von der Ruhr und aus Schlesien (unter diesen Friedrich Grillo, William Mulvaney, Guido Graf Henckel von Donnersmarck) wandten sich damals nach Berlin und nahmen dort die notwendigen Kredite zur Finanzierung der Fusionen, Übernahmen, Reorganisationen, Ausweitungen und Neugründungen von Unternehmen auf, die jene geschäftigen Jahre prägen sollten. Die Mehrzahl der 174 während der Jahre 1871–1874 gegründeten Gesellschaften der Eisen- und Kohleindustrie (mit einem Gründungskapital, das sich auf 613 000 000 Taler belief) wurde in Berlin finanziert. Industrieaktien überflügelten an der Berliner Börse oftmals die Eisenbahnaktien als Hauptanlage- und Spekulationsobjekte und bedrohten sogar die bisher führende Stellung der preußischen Staatsobligationen.[35]

Der Krieg von 1866 und seine Folgen brachten die Berliner Kapitalisten der finanziellen Hegemonie über Süddeutschland einen großen Schritt näher. Der politische und finanzielle Niedergang Frankfurts ereignete sich fast gleichzeitig. In der Vergangenheit hatten die süddeutschen Regierungen die benötigten Kredite hauptsächlich bei Rothschild aufgenommen. Seit 1860 hatte Rothschild überdies ein offizielles Monopol auf die Ausgabe preußischer Staatsobligationen in Süddeutschland gehabt. Doch der Konjunkturrückgang des Jahres 1866 und der drohende Krieg lösten eine Finanzkrise in Deutschland aus, in der Rothschild das letztere Geschäft nicht länger übernehmen konnte. Deshalb wandte sich die preußische Regierung bei der Kriegsanleihe dieses Jahres an das erwähnte «Preußen-Konsortium». Die Frankfurter Bankiers waren aber außerstande, auch die Kriegsanleihen der süddeutschen Regierungen zu versichern, was diese nötigte, Kredite bei örtlichen Banken aufzunehmen und staatseigene Eisenbahnanteile zu schlechten Preisen zu verkaufen. Die Krise offenbarte die Begrenztheit der Reserven auf dem süddeutschen Geldmarkt. Nach 1866 begann Süddeutschland, seine finanziellen Bedürfnisse direkt in Berlin zu decken.[36]

Ein ähnliches Schicksal erlitt die Frankfurter Börse. Um die Mitte des Jahrhunderts, als der Verkauf von Staatsobligationen noch das Hauptgeschäft des Wertpapierhandels bildete, war die Frankfurter Börse die wichtigste in Deutschland. Doch während der sechziger Jahre wurden Eisenbahnaktien das Lebenselixier des Börsengeschäfts, während der siebziger Jahre kamen in wachsendem Umfang auch Industrieaktien hinzu, und die Mehrzahl von diesen war an der Berliner Börse zugelassen. Gegen Ende des Jahrhunderts betrug die Zahl der an der Berliner Börse zugelassenen Aktien 698, während an der Frankfurter nur die Anteile von 301 Gesellschaften gehandelt wurden, an der Breslauer nur 133, an der Hamburger nur 125 und an der Leipziger 93. So gewann schon bald nach 1870 die Berliner Börse einen gewaltigen Vorsprung vor der Frankfurter und war bald eine der führenden Börsen der Welt.[37]

Viele Süddeutsche empfanden diese neue finanzielle Abhängigkeit von Berlin als ebenso unerfreulich wie die durch den Zollverein bewirkte kommerzielle und die durch den Ausgang des Krieges von 1866 verursachte politische und militärische Dependenz vom Norden. Um ihrer finanziellen Abhängigkeit zu entgehen, bemühten sich die süddeutschen Regierungen während der Jahre 1866–1870 darum, eigene Kreditinstitute aufzubauen. Doch diese neuen Firmen waren schwach, und ihre Versuche, mit fragwürdigen finanziellen Praktiken neues Geld zu beschaffen, steigerten die Inflation während der Gründerjahre. Auch Hamburg, dem führenden Seehafen Deutschlands, gelang es nicht, einen Vorrang im internationalen Bankgeschäft zu behaupten. Als 1870 eine Gruppe Hamburger Bankiers die *Internationale Bank* etablierte, traten die Berliner Finanziers ihnen alsbald mit der Gründung der (programmatisch so benannten) *Deutschen Bank* entgegen, die bald Zweigniederlassungen in Hamburg, Bremen, London, Schanghai und Yokohama eröffnete. Obwohl sie ihre inländischen Operationen erweiterte, als nach dem Gründerkrach von 1873 der Außenhandel zurückging, beherrschte die *Deutsche Bank* das Feld des internationalen Zahlungsverkehrs und der Exportkredite. Der magnetischen Anziehungskraft des Berliner Geldmarkts folgend, verlegte nach 1871 die *Darmstädter Bank* ihren Sitz nach Berlin. Die Leitung der ursprünglich zur Wachstumsförderung der sächsischen Industrie gegründeten *Dresdner Bank* beschloß 1876, gegen den Widerstand sächsischer Aktionäre, die Gründung einer Zweigstelle in Berlin, die nach 1881 ihr Haupthaus wurde. Selbst der *Schaaffhausen'sche Bankverein,* dessen Geschäft noch immer auf das Ruhrgebiet konzentriert war, verlegte nach 1891 sein Hauptquartier von Köln nach Berlin. Weil er sich nicht zum Umzug nach Berlin entschließen konnte, büßte andererseits der *Mitteldeutsche Kreditverein* seine Stellung unter den sechs führenden Banken Deutschlands ein.[38]

Der Schlußstein des deutschen Bankensystems war die 1875 durch Gesetz gegründete Reichsbank, eine Notenbank, die das Erbe der Preußischen Bank antrat. Nicht als Aktiengesellschaft konstituiert, war die Reichsbank eine unter Aufsicht und Leitung des Reichs stehende rechtsfähige öffentliche Anstalt. Ihr

Kapital von 120 000 000 Mark wurde von privaten Anlegern bereitgestellt. Geleitet wurde sie von Staatsbeamten unter Oberaufsicht des Reichskanzlers. Zur Zeit der Gründung der Reichsbank hatten zweiunddreißig deutsche Banken das Recht der Ausgabe von Banknoten. Der Wert der von ihnen ausgegebenen Noten betrug 130 000 000 Mark, derjenige der von der Reichsbank ausgegebenen dagegen 250 000 000. Ende des Jahres 1876 hatten bereits vierzehn der anderen Notenbanken auf das Privileg verzichtet, im Jahr 1900 alle bis auf sieben. Der Wert der im Umlauf befindlichen Noten dieser Banken betrug 175 000 000 Mark, derjenige der Reichsbanknoten 1 138 000 000 Mark. Zweigstellen unterhielt die Reichsbank überall im Land, insgesamt 330 im Jahr 1900. Obwohl sie nicht mit Firmenaktien handelte, widmete sich die Reichsbank doch anderen Operationen des Bankgeschäfts, betreute Einlagen, Girokonten, diskontierte Wechsel und gab Lombardanleihen. Vor allem aber fungierte sie als deutsche Zentralbank, wurde die letzte Kreditquelle für andere Banken und kontrollierte durch ihren Diskontsatz den allgemeinen Preis des Kredits und den Goldverkehr mit dem Ausland.[39] Mit der Gründung der Reichsbank tat Deutschland überdies den letzten Schritt zur Einführung einer einheitlichen Währung. Frühere Gesetze – Festsetzung der Mark als Währungseinheit (1871) und Beschränkung der Konvertierbarkeit auf den Goldstandard (1873) – hatten diesen Schritt vorbereitet. Als dann Frankreich, die USA und andere Staaten dem deutschen Beispiel folgten, setzte sich Gold als internationaler Standard durch, was die Expansion des Welthandels wesentlich vorantrieb. Diese Reformen gehörten zu den wichtigsten Ergebnissen der Zusammenarbeit Bismarcks mit den Nationalliberalen. Deutschland hatte sich damit eine einheitliche Währung und ein über das ganze Land ausgedehntes zusammenhängendes Bankensystem geschaffen, was erheblich zur Konsolidierung des Reichs und dessen Fortbestand beitrug.[40]

Ein eigentümlicher Zug des deutschen Bankwesens, der die Konzentration von Kapital und wirtschaftlicher Macht begünstigte, war die aktive Beteiligung der großen Aktienbanken an der Gründung und Ausweitung von Industrieunternehmen. Der *Schaaffhausen'sche Bankverein*, die *Darmstädter Bank*, die *Disconto-Gesellschaft* und die *Berliner Handelsgesellschaft* waren eigens zu diesem Zweck gegründet worden. Obwohl Großbanken sich überall auch dieser Tätigkeit widmeten, spezialisierten sich die deutschen Banken darauf so extrem, daß sie ihr Hauptgeschäft damit machten. In dieser Hinsicht glichen sie mehr dem französischen *Crédit Mobilier* als britischen oder amerikanischen Bankhäusern. Sie spezialisierten sich auf langfristige gesicherte und ungesicherte Kredite und auf Emissionen von Aktien für Industrie- und Handelsunternehmen. Oft waren sie im Besitz erheblicher Mengen von Anteilen, die ihnen zur Anlage oder zur Spekulation anvertraut worden waren, und konnten deshalb bei der Leitung der Firmen, an denen sie diese Anteile hielten, ein gewichtiges Wort mitreden. Umgekehrt waren allerdings auch Firmen, die langfristige Kredite hatten oder in welche die Banken erheblich investiert hatten, nicht selten im Vorstand der letzteren vertreten. «Die Beziehungen zwischen Banken und Industrie begünstigten den

Konzentrationsprozeß in beiden Bereichen. Im Verlauf ihres raschen Wachstums verlagerte sich das Gewicht der Industrie mehr und mehr von den kleineren und mittleren Unternehmen zu solchen Firmen, die einen großen Kapitalbedarf hatten, wie etwa die Schwerindustrie, die Elektroindustrie und der Schiffbau. Es wurde zunehmend notwendiger, daß große, effiziente und kapitalkräftige Banken die Aufgaben der Finanzierung der industriellen Entwicklung übernahmen. Die Konzentration der Industrie wurde damit ein mächtiger Antrieb für die Konzentration des Bankwesens.»[41] Das Ergebnis war ein Maß von gegenseitiger Abhängigkeit zwischen Bank- und Industriekapital, zwischen Großbanken und Großindustrie, wie man es anderswo in der kapitalistischen Welt nicht kannte.

In den späten siebziger Jahren war die Grundstruktur des deutschen Kapitalismus mit ihrem System ineinandergreifender finanzieller Beziehungen und ihrer Konzentration industrieller und finanzieller Macht auf der Linie Rheinland-Berlin-Schlesien bereits fertig ausgebildet. Die deutsche föderative Union war durch materielle Bindungen verflochten, die nur noch politische oder militärische Katastrophen sprengen konnten. Der Partikularismus der Staaten und Regionen trat zurück. Doch jetzt zeigte sich, daß soziale und ideologische Spannungen die deutsche Gesellschaft zu zerreißen drohten.

Soziale Spaltung

Die Umsiedlung von Millionen Menschen brachte große Assimilationsprobleme mit sich. Für Leute mit Kapital oder besonderen Qualifikationen wird die Umstellung auf eine neue Umgebung nicht sonderlich schwierig gewesen sein, für ehemalige Bauern und dörfliche Handwerker war sie aber wahrscheinlich weniger einfach zu bewältigen. Doch könnte diese Umstellung von der Landarbeit auf die Arbeit an der Maschine oder im Bergwerk weniger «traumatisch» gewesen sein, als Beobachter mit romantischen Illusionen über das Landleben vermutet haben.[42] Die meisten Einwanderer in die Industriegebiete waren nicht ehemalige Landarbeiter auf den Gütern adeliger Großgrundbesitzer, sondern unabhängige Kleinbauern.[43] Sie zogen der ungewissen Existenz auf eigenem Boden (oder, wie die dörflichen Handwerker, in der eigenen Werkstatt) den sicheren Lebensunterhalt vor, den sie als ungelernte Fabrikarbeiter oder Bergleute verdienen konnten. Was sie in die Städte zog, war die Hoffnung auf den höheren Lebensstandard, den diese verhießen, eine bessere Bezahlung, kürzere Arbeitszeiten, weniger schwere Arbeit und mehr Unabhängigkeit einschließlich der Möglichkeit, schon in jüngeren Jahren eine eigene Familie zu gründen. Überdies bot die Stadt den Arbeitern mehr Zerstreuung, die Chance, ein aufregenderes Leben zu führen, als ihnen in den einsamen Dörfern jenseits der Elbe vergönnt gewesen war. Nicht alle gingen ja auch in die Fabriken oder in die Bergwerke – für jeden Industriearbeiter fand ein anderer Beschäftigung in dem mit den Städten expandierenden Dienstleistungssektor.[44]

Wie viele, die über den Ozean auswanderten, suchten auch viele von denen, die sich auf den Weg nach Berlin oder ins Ruhrgebiet machten, Gelegenheit zu sozialem Aufstieg, der ihnen und ihren Kindern in der streng geschichteten ständischen Gesellschaft des Ostens versagt blieb. Bismarck selbst bestärkte sie in diesem Traum, als er im Reichstag erklärte, daß ein Bauer, der nach Westen ginge, dort vielleicht ein Krupp oder Borsig werde, während einer, der daheim im Osten bleibe, keine Aussicht habe, jemals ein großer Gutsherr zu werden.[45] Doch die Geschichte hat gelehrt, daß die «offene Grenze», das gratis oder jedenfalls zu geringem Preis zur Verfügung stehende Land und die jungen Städte des amerikanischen Westens dem pommerschen oder mecklenburgischen Bauern oder kleinen Handwerker bessere Chancen boten, sich ins Bürgertum hochzuarbeiten, als sie in den Bergwerken und Walzwerken an der Ruhr, in den Fabriken Berlins und der wachsenden Großstädte West- und Süddeutschlands zu finden waren. In beiden Ländern stammte die sich ausbildende und in die unteren Ränge der Oberschicht eindringende Unternehmerelite hauptsächlich aus der Mittelschicht; Aufsteiger aus der Unterschicht, die in den USA eine kleine Minderheit dieser Elite stellten, konnte man in Deutschland sozusagen an den Fingern einer Hand abzählen. Mit wenigen Ausnahmen (unter denen zumal schlesische Adelige zu nennen sind) stammten die deutschen Unternehmer aus der oberen und unteren Mittelschicht, ihre Eltern waren nicht selten Kaufleute, Kleinindustrielle und höhere Angestellte oder Beamte. Einer Schätzung zufolge kamen fast 45 Prozent dieser Unternehmerelite aus dem Bildungsbürgertum, das durch seine Bildung und Erfahrung in besonderem Maße befähigt war, die Gelegenheiten wahrzunehmen, welche die Industrialisierung bot. Unter den Angehörigen der Unterschicht verfügten zumal die Handwerker über gewisse Chancen zu sozialem Aufstieg (etwas mehr als 15 Prozent schafften ihn), Berg- und Fabrikarbeiter hingegen hatten so gut wie keine Aussichten (0,5 Prozent).[46]

Die soziale Immobilität, die im Deutschland jener Epoche wirtschaftlicher Umwälzungen zu beobachten war, ist wohl hauptsächlich auf den andauernden Einfluß sozialer Strukturen und Haltungen zurückzuführen, die schon seit Jahrhunderten bestanden. Die Industrialisierung veränderte und schwächte die ständische Mentalität der Deutschen, ohne sie jedoch ganz außer Kraft zu setzen. Diese Mentalität verbot es den Angehörigen des grundbesitzenden Adels, sich mit Bankgeschäften oder industriellen Unternehmungen zu befassen (was freilich etliche nicht hinderte, das mit großem Erfolg zu tun), und trug so zur Ausbildung einer bürgerlichen Unternehmerelite bei, deren Angehörige nicht selten den Ehrgeiz besaßen, für ihre Verdienste geadelt zu werden. Doch das stärkste Wachstum hatte zu dieser Zeit die Mittelschicht aufzuweisen, die sich gegenüber dem alten Mittelstand erheblich differenzierte. In der Unterschicht stand nun neben dem alten Bauernstand der Arbeiterstand der Berg- und Industriearbeiter, der aus dem Bauernstand hervorgegangen war, aber mit diesem kaum noch gemeinsame Interessen hatte. Das Fortbestehen des Standesdenkens in Deutschland vom Zeitalter des Absolutismus bis in die Mitte des 20. Jahrhunderts, trotz der demographischen, ökonomischen und sozialen

Wohnen im industriellen Berlin. Das Stadtschloß

Wohnen im industriellen Berlin. Villa Monplaisir in der Rauchstraße, 1885

Wohnen im industriellen Berlin: Bürgerliche Wohnungen in der Petristraße (erster und zweiter Stock), um 1885

Wohnen im industriellen Berlin: Handwerkerviertel in der Möckernstraße

Wohnen im industriellen Berlin: Arbeiterviertel Am Krögel 19, 1897

Wohnen im industriellen Berlin: Hütten von Obdachlosen am Stadtrand. Radierung von Georg Koch

Veränderungen, die mit der Industrialisierung einhergingen, ist ein außergewöhnliches Phänomen. Das Maß, in dem dieses Denken sich behauptete, unterscheidet die deutsche Geschichte nicht unerheblich von derjenigen benachbarter westeuropäischer Länder. Die Tradition war in Deutschland so stark, daß die höhere Bewertung der Standeszugehörigkeit und Herkunft im Vergleich zur persönlichen Begabung und Leistung durch unbewußte und manchmal bewußte Anpassung an neue materielle Umstände (für beides liefert Bismarck Beispiele) ihre Geltung bewahrte.[47]

Bevölkerungswachstum, städtische Entwicklung, Binnenwanderung, Übergang von der agrarischen zur Industriegesellschaft und die fortschreitende Umwandlung der sozialen Struktur im Rahmen der überlieferten Ständeordnung schufen ein offenbares Bedürfnis nach neuen Loyalitäten und Glaubenssystemen. Die aus dem Zusammenhang von heimischen Traditionen, Familienbindungen und sozialen Beziehungen gerissenen Menschen, die in den Großstädten ein neues Leben anfingen, suchten selbstverständlich Überzeugungen, die ihnen unter den neuen Umständen ein Gefühl der Sicherheit und Hoffnung vermitteln konnten. Angehörige des oberen Mittelstands, die in die Wanderungsbewegung dieser Zeit hineingezogen wurden – Geschäftsleute, die von ihren Unternehmungen weit im Lande herumgeführt wurden, Studenten, die fern der Heimat studierten, Professoren, die, «viel berufen», es nach und nach «zum Besitze von acht und mehr Staatsangehörigkeiten» brachten, Staatsbeamte, die häufig versetzt wurden –, suchten diese Orientierung oft in glühendem deutschen Nationalismus. Doch der in die Industriezentren abwandernde ostelbische Bauer oder Handwerker, dem früher die Weltanschauung der Pastor und die politischen Überzeugungen sein Gutsherr oder der Landrat beigebracht hatten, neigte als Proletarier dazu, sein neues Wertesystem im Sozialismus zu finden. Nationalismus und Sozialismus ersetzten den Entwurzelten die durch den wirtschaftlichen und sozialen Wandel aufgelösten seelischen Bindungen und halfen ihnen, ihre «Identitätskrisen» zu überwinden.[48]

Die in den angelsächsischen Ländern gemachte Erfahrung lehrt, daß die Arbeiterschaft der industrialisierten Gesellschaften im 19. Jahrhundert keineswegs mit historischer Notwendigkeit zur Annahme des marxistischen Sozialismus bestimmt war. Daß jedoch eben dies in Deutschland der Fall gewesen zu sein scheint, ist eine der schwierigsten Aufgaben, die die deutsche Sozialgeschichte der Forschung stellt. Eine Forschungsrichtung hat sich zu diesem Zweck den Besonderheiten der religiösen und geistigen Entwicklung in Deutschland zugewandt, denen es zuzuschreiben ist, daß weder der deutsche Protestantismus noch die «Religion des deutschen Idealismus» großes Interesse an sozialen Aufgaben genommen haben. Der deutsche Idealismus ist oft als Religion der deutschen Intelligenz bezeichnet worden. Wegen seiner Ablehnung des Naturrechts, seiner Lehre von der absoluten Geltung des positiven Rechts, seiner Überzeugung, daß der Staat eine von der bürgerlichen Gesellschaft getrennte Wesenheit sei und höhere Werte verkörpere als diese, sowie schließlich auch wegen seiner Verherrlichung des ästhetischen Individualismus hat der deutsche Idealismus keine überzeugende Sozialethik hervorgebracht, nur eine auf die individuelle Entwicklung bezogene pluralistische Ethik. Und obwohl in der Frühzeit ihres Bestehens und in der aus ihr hervorgegangenen pietistischen Bewegung des 18. und 19. Jahrhunderts andere Möglichkeiten zur Entfaltung gelangt waren, hatte sich die lutherische Kirche in Preußen und dem übrigen Norddeutschland zur Stütze der autoritären Herrschaft und der ständischen Gesellschaftsordnung entwickelt. So sprachen die Pastoren vom Glauben, nicht aber von den konkreten Problemen des wirtschaftlichen Überlebens und der sozialen Gerechtigkeit. Sie verloren deshalb das Vertrauen und Interesse der städtischen Arbeiter, die fortan die Gottesdienste immer weniger besuchten und ihre Kinder nicht mehr taufen ließen.[49]

Im Gegensatz zur lutherischen Kirche bewahrte sich die katholische im 19. Jahrhundert ihre Anziehungskraft für die verschiedensten Gruppen innerhalb der deutschen Gesellschaft. Katholische Intellektuelle verzichteten auf den Versuch, die katholische Glaubenslehre mit den Ideen des deutschen Idealismus zu harmonisieren, und begnügten sich mit einer Stellung abseits des Hauptstroms des deutschen Geisteslebens. Um so mehr pflegten sie aber die universalen Aspekte und internationalen Verbindungen ihrer Konfession. Obwohl sie sich mit konservativen und sogar reaktionären Kräften verbündete, verzichtete die katholische Kirche doch nie auf den Anspruch, die Sozialpolitik und überhaupt die Politik weltlicher Staaten von ihrer Warte aus zu richten.[50] Sie war deshalb besser darauf vorbereitet, die sozialen Auswirkungen der Industrialisierung aufzufangen, als der deutsche Protestantismus. In Süd- und Westdeutschland war die katholische Kirche imstande, eine auf breiter Basis ruhende soziale und politische Allianz zu begründen und zu konsolidieren, der Adelige ebenso angehörten wie Bauern und Arbeiter. Der Erfolg dieses Bündnisses verhinderte die Ausbildung einer gemeinsamen Front der deutschen Arbeiterklasse. Der Sozialismus fand seine Anhänger vorwiegend im protestantischen Deutschland.[51]

Doch wenn auch der deutsche Idealismus und der lutherische Protestantismus den sozialen Problemen der Zeit einigermaßen ratlos gegenüberstanden, disponierte das den ehemals evangelischen Teil der deutschen Arbeiterschaft noch nicht selbstverständlich dazu, sich neue Werte und eine neue Erklärung seiner Lage und Aussichten beim Sozialismus zu suchen. Wie bereits erörtert, verstanden bedeutende liberale und konservative politische Führer, daß sie zur Erreichung ihrer politischen Ziele die Stimmen der städtischen Arbeiterschaft gewinnen und sich deren Unterstützung sichern mußten. Schon seit den vierziger Jahren ließ sich der pietistische lutherische Geistliche Johann Hinrich Wichern nicht nur die moralische Besserung der Armen angelegen sein, sondern auch diejenige ihrer Verhältnisse. Der 1848 von ihm ins Leben gerufene Zentralverein für Innere Mission widmete sich im wesentlichen jedoch nur karitativen Aufgaben. Die Versuche des Konservativen Viktor Aimé Huber mit der Gründung von Wohn-, Konsum- und Sparkassenvereinen zeitigten wenig Erfolg. Die von dem linksliberalen Politiker Hermann Schulze-Delitzsch gegründeten Genossenschaften waren zwar erfolgreicher, doch beschränkter in ihrem Anspruch, und die Arbeiterbildungsvereine, die wohlwollende Liberale zum Zweck der kulturellen Vervollkommnung der Arbeiterklasse gegründet hatten, fanden schließlich keineswegs bei allen Proletariern lebhaftes Interesse. Angesichts des Scheiterns oder nur sehr beschränkten Erfolgs privater Bemühungen um soziale Reformen war sich Hermann Wagener, der konservative Journalist und preußische Beamte, mit den Anhängern des verstorbenen Ferdinand Lassalle, der vom Demokraten zum Sozialisten geworden war, in der Überzeugung einig, daß die Initiative und die Mittel für soziale Reformen nur der Staat in ausreichendem Maße aufbringen und garantieren konnte.[52] Wie wir sehen werden, gelangten schon in den siebziger Jahren auch viele akademische Befürworter eines Sozialismus, die sogenannten «Kathedersozialisten», und später sogar Bismarck selbst zu dieser Überzeugung.[53]

Das kritische Jahrzehnt der sozialen Beziehungen: 1866–1875

Der Fortschritt der Industrialisierung während des dritten Viertels des 19. Jahrhunderts verwandelte die deutsche Gesellschaft nicht überall. Die Umwandlung fand vielmehr spürbar zunächst vor allem in Gebieten statt, wo große Kohle- und Eisenerzvorkommen waren, in günstig an alten Wasserstraßen und neuen Eisenbahnen gelegenen Städten sowie in Metropolen, in denen sich das Handels- und Bankkapital konzentrierte und man der Regierung nahe war. Und doch lebten im Jahre 1871 noch fast 64 Prozent der deutschen Bevölkerung in Dörfern mit weniger als zweitausend Einwohnern.[54] Das Wachstum konzentrierte sich auf bestimmte Regionen und war ungleichmäßig, und das galt auch für seine sozialen Auswirkungen. Noch gab es in der Unterschicht der deutschen Gesellschaft keine proletarische Klasse von Industriearbeitern, die sich einer gemeinsamen Identität und gemeinsamer Anliegen hätte bewußt sein können (tatsächlich trat die Arbeiterklasse als Masse, so wie sie Marx vorgeschwebt hatte, erst nach 1900 auf, ja nach Meinung einiger sogar noch später).[55] In den Bergbau- und Industriegebieten und in den größeren Städten gab es jedoch schon Gruppen von Lohnarbeitern, bei denen bereits in verschiedenen Entwicklungsstadien Ansätze zu einem proletarischen Klassenbewußtsein vorhanden waren. Was während der letzten vier Jahrzehnte des 19. Jahrhunderts innerhalb dieser Gruppen geschah, war von höchster Bedeutung für die Zukunft der sozialen Beziehungen in Deutschland. Ihnen gehörten anfänglich nur Hunderte, später Tausende von Arbeitern an, die nach und nach – nicht alle gleichzeitig – zu der Überzeugung gelangten, daß es ihnen nichts nützen würde, weiterhin Schutz vom Staat zu erwarten, Vertretung von den existierenden Parteien und Führung von den Männern von «Besitz und Bildung» aus dem oberen Mittelstand – und daß sie sich deshalb bemühen sollten, sich selbst zu helfen.

Im Rückblick zeigt sich, daß die Entfremdung der deutschen Arbeiterschaft sich im wesentlichen während der Jahre zwischen 1866 und 1875 vollzog. In diesem Jahrzehnt stand der gute Wille der Arbeiterschaft auf dem Spiel. Was die Regierung, die politischen Parteien und die Arbeitgeber während dieser Jahre taten oder zu tun versäumten, entschied über die Frage, ob die Arbeiterschaft sich mit ihrer Stellung in der deutschen Gesellschaftsordnung zufrieden geben würde oder nicht. In der norddeutschen Verfassung von 1867 erhielten die Arbeiter bei Wahlen zum Reichstag das geheime Wahlrecht. Während der Jahre 1865–1869 wurden ihnen in beschränktem Maße das Recht, sich zu organisieren, und das Streikrecht gewährt.[56] Ob die städtische Arbeiterschaft von ihrem Stimmrecht Gebrauch machen würde, um ihre Ablehnung der bestehenden Gesellschaftsordnung zum Ausdruck zu bringen – oder nicht –, scheint davon abhängig gewesen zu sein, ob es ihr gelingen würde, Gewerkschaften zu bilden und zur Erreichung konkreter wirtschaftlicher und sozialer Ziele zu streiken.

Obwohl diese in der Praxis oft umgangen wurden, gab es Gesetze, die Koalitionen verboten, in den meisten deutschen Staaten schon seit mindestens zwei Jahrzehnten. In Preußen war Arbeitgebern und Arbeitern die Bildung von Koalitionen durch die Gewerbeordnung von 1845 sowie durch weitere Verordnungen, die 1849 und 1851 erlassen worden waren, untersagt. Als Sachsen das Verbot 1861 aufhob, wurde es auch in Preußen in zunehmendem Maße kritisiert. Liberale Abgeordnete (Julius Faucher und Schulze-Delitzsch) sowie einige Industrielle (unter diesen Borsig, Freund, Siemens und Halske) sprachen sich aus verschiedenen Gründen dafür aus, das Verbot auch in Preußen aufzuheben. Zum einen wurde geltend gemacht, daß die Arbeiter das Verbot zu Recht als diskriminierend empfanden, weil die «Koalitionen» der Arbeitgeber weniger ins Auge fielen und nie Gegenstand der Strafverfolgung wurden; zum anderen wurde das Verbot als unzulässige und schädliche Einmischung des Staates in den wirtschaftlichen Prozeß empfunden. Schädlich nicht zuletzt deshalb, weil es die Arbeiter zu dem Glauben verführte, daß nicht das Naturgesetz des Marktes, sondern der Staat die Löhne niedrig hielt und den allgemeinen Wohlstand begrenzte; tatsächlich sei ja der Wert der Arbeit als einer Ware nur auf dem freien Markt durch das Verhältnis von Angebot und Nachfrage zu ermitteln.[57] Preußische Beamte in Industriegebieten teilten diese Überzeugungen ebenso wie Bismarck selbst. Wie sie erwartete Bismarck nach Aufhebung des Koalitionsverbots keine erhebliche Zunahme der Zahl von Gewerkschaftsbünden und Arbeitsniederlegungen. Streiks waren teuer, und die Gewerkschaften würden einige Zeit brauchen, die Mittel dafür bereitzustellen. Die Arbeiter würden ihre Ziele und Erfolgsaussichten mit der gebotenen Vorsicht abwägen. Sie würden sich nicht auf riskante Arbeitskämpfe einlassen.[58]

Diese von den Schriften Frédéric Bastiats und John Stuart Mills angeregten Anschauungen wurden während des preußischen Verfassungskonflikts von den Führern der Fortschrittspartei vertreten. Die seit 1862 immer wieder erneuerten Versuche Fauchers, Schulze-Delitzschs und anderer, ein Gesetz durchzubringen, das (mit gewissen Einschränkungen) die Bildung von Gewerkschaften legalisieren würde, machten der Arbeiterschaft die Bedeutung dieses Anliegens bewußt. 1864–1865 standen die Fortschrittler schon nicht mehr allein, auch Konservative (Hermann Wagener, Moritz von Blanckenburg), Sozialisten (Wilhelm Liebknecht, Ferdinand Lassalle) und Katholiken (Bischof Ketteler, August Reichensperger) setzten sich dafür ein. Das Werben der Gegner im Verfassungskonflikt um die Unterstützung der Arbeiter ermutigte diese auch ihrerseits, das Wort zu ergreifen. Auf Versammlungen und mit Petitionen forderten sie die uneingeschränkte Koalitionsfreiheit, das Recht, sich zu organisieren. Diese Forderung ging nun freilich sogar über diejenige der Fortschrittspartei hinaus. Im Februar 1865 nahm Bismarck sich der Sache an und ließ den Handelsminister, Heinrich Graf von Itzenplitz, der Abgeordnetenkammer mitteilen, daß zwar dem Staatsministerium die Notwendigkeit bewußt sei, den Arbeitern das Vereinigungsrecht zuzugestehen, die Aufhebung des Koalitionsverbots jedoch nur im Rahmen einer umfassenden Reform der Gewerbeordnung von 1845 stattfinden könne, die allerdings vorbereitender Konsultationen und Erkundigungen inner- und außerhalb der Regierung bedürfe. Ein Jahr später legte die Regierung ein Gesetz vor, das Industrie- und Landarbeitern sowie Dienstboten die Bildung von Gewerkschaften gestattet hätte, doch der Krieg von 1866 unterbrach die Beratungen darüber und änderte dann auch das Gleichgewicht der sozialen und politischen Kräfte in Preußen und Norddeutschland. Die Gewerbeordnung des Norddeutschen Bundes gewährte 1869 zwar das Recht zur Bildung von Gewerkschaften und das Streikrecht, jedoch nur mit wichtigen Einschränkungen; so durfte zum Beispiel Gewerkschaftszugehörigkeit nicht zur Bedingung der Einstellung gemacht werden, Angehörige der Gewerkschaft sollten ihre Mitgliedschaft jederzeit kündigen können, Zwangsmaßnahmen gegen Streikbrecher waren verboten, und die Gewerkschaften sollten nicht als rechtsfähige Körperschaften gelten.[59]

Nach Itzenplitz' Erklärung in der Abgeordnetenkammer machte die preußische Regierung das Koalitionsverbot nicht mehr geltend, das auch zuvor schon von geschickten Arbeiterführern leicht umgangen werden konnte. Während der sechziger Jahre hatten die Arbeiter in einigen Wirtschaftszweigen (Drucker und Tabakarbeiter übernahmen dabei die Führung) die 1848–1849 gescheiterte Bewegung zur Gründung örtlicher, regionaler und nationaler Berufsvereine wieder aufleben lassen. Diese populäre Bewegung ging mit dem erstaunlichen Wachstum der bürgerlichen freiwilligen Vereinigungen im gleichen Jahrzehnt einher. Sozialistische und sozialliberale «Arbeiterpolitiker» gründeten Arbeiterorganisationen, Auffangbecken, in die sie den anschwellenden Strom zu lenken suchten. Während der Jahre 1868–1869 kam es zur Gründung des von Lassalle inspirierten *Allgemeinen deutschen Arbeiterschaftsverbands* (durch Johann Baptist von Schweitzer), der marxistisch ausgerichteten *Deutschen Gewerksgenossenschaften* (durch August Bebel und Wilhelm Liebknecht) und des der Fortschrittspartei nahestehenden *Verbands der deutschen Gewerkvereine* (durch Max Hirsch und Franz Duncker).[60] Die Frage, um die es beim Wettbewerb zwischen diesen Organisationen ging, war, ob die Arbeiter in die bürgerliche Gesellschaft integriert werden sollten (dafür setzte der von Hirsch und Duncker gegründete Verband sich ein) oder dieser im Gegenteil entfremdet (worauf die sozialistischen Bewegungen drängten). Sollte auch die Industriearbeiterschaft irgendeine angemessene Vertretung in der preußisch-deutschen Herrschaftselite erhalten, die in den vergangenen Jahrzehnten ja immerhin die Unternehmerelite und die Akademiker, Besitz und Bildung, schon zögernd in ihren

Kreis aufgenommen hatte? Oder würden die deutschen Arbeiter aus bitterer Erfahrung lernen müssen, daß die Marxsche Lehre vom «Klassenkampf» keine graue Theorie war, sondern die konkrete Realität, die ihr Leben regierte?

Die dramatischen außenpolitischen Ereignisse, die 1870–1871 die Einigung Deutschlands herbeiführten, ziehen in solchem Maße die Aufmerksamkeit an, daß man leicht geneigt ist, von gleichzeitigen Ereignissen der deutschen Wirtschafts- und Sozialgeschichte abzusehen, die kaum weniger wichtig sind. Der erstaunliche Konjunkturaufschwung der Jahre 1869–1873 ist schon zur Sprache gekommen. Weniger bekannt ist die Tatsache, daß es während der Gründerjahre zu einer Reihe von Streiks und Arbeitsniederlegungen kam, die an Umfang, Häufigkeit und Bedrohlichkeit alle Arbeitskampfmaßnahmen weit übertrafen, die man seit dem Beginn des Jahrhunderts in Deutschland gesehen hatte. Zahl und Dauer der Streiks nahmen mit dem Aufschwung zu. Von den zwischen 1864 und 1873 gezählten 805 Streiks fanden allein im Jahr 1873 nicht weniger als 222 statt. Eine Vielzahl von Industrien war davon betroffen, darunter die Bergbau- und Hüttenbetriebe, Maschinen- und Textilfabriken, das Baugewerbe und verschiedene Handwerke. An manchen dieser Streiks waren nur wenige Menschen beteiligt, an anderen Hunderte und sogar Tausende. Allein im Jahr 1872 streikten im Ruhrgebiet nicht weniger als 21000 Bergleute.[61]

Die Gründerjahre schienen den Arbeitern wie den Geschäftsleuten unerhörte Möglichkeiten materiellen Gewinns zu verheißen. Die rasche Beschleunigung des Wirtschaftswachstums während der Jahre 1869–1873 hatte eine erhebliche Steigerung der Nachfrage auf dem Arbeitsmarkt zur Folge, einen steilen Anstieg der Reallöhne und eine wachsende Entschlossenheit der Arbeiter, sich an dem Reichtum, den sie mit ihrer Arbeit schufen, einen größeren Anteil zu sichern.[62] So forderten die Streikenden auch meist Lohnerhöhungen (zwischen 10 und 60 Prozent mehr wurde gefordert, gewöhnlich 25 Prozent) sowie die Verkürzung der Arbeitszeit von elf und zwölf Stunden täglich auf zehn (beziehungsweise die Wiederherstellung der achtstündigen Arbeitszeit im Bergbau). Doch wurden daneben auch andere Forderungen erhoben, so nach Anerkennung von Gewerkschaften, Garantien für Tarifverhandlungen, Wiederanstellung entlassener Arbeiterführer, Kontrolle über Arbeitsaufsichts- und Einstellungspraktiken sowie nach besserer und menschlicherer Behandlung. Die meisten Streiks waren örtlich begrenzt und spontan. Einige kleine Streiks waren erfolgreich, aber die größten – die Streiks der Bergarbeiter in Schweidnitz (Waldenburg) im Jahre 1869 und in Schlesien und im Ruhrgebiet 1872 – verfehlten ihr Ziel. Gewalttätigkeit gab es dabei nur in sehr geringem Maße, obwohl es an Drohungen und vereinzelten Ausschreitungen gegen Streikverweigerer und Streikbrecher nicht fehlte.[63]

Viele Arbeitsniederlegungen wurden von den Arbeitgebern schnell beendet, indem sie Arbeitern (insbesondere Agitatoren), die «unannehmbare Forderungen» stellten, mit Entlassung drohten oder diese tatsächlich entließen. Wo diese Taktik nicht wirkte, holten sich die Arbeitgeber neue Arbeiter anderswo her, um Verhandlungen mit den Streikenden und Zugeständnisse zu vermeiden. Manchmal wurde die Produktion in andere Produktionsstätten verlagert; auch die Ersetzung der Handarbeit durch Maschinenarbeit erwies sich als sehr wirkungsvolle Maßnahme. Bei den größeren Streiks in Waldenburg, Essen und anderswo wirkten die Arbeitgeber zusammen, indem sie gemeinsam jegliches Zugeständnis verweigerten, Aussperrungen vornahmen, entlassene Angestellte auf schwarze Listen setzten, sich gegenseitig über Streikführer unterrichteten und bei der Ausführung der dringendsten Bestellungen unterstützten. Gewöhnlich fanden die Arbeitgeber auch Rückendeckung bei der Regierung, die gelegentlich Polizei, Gendarmen und sogar Militär zum Schutz des Eigentums der Fabrikherren und zur Einschüchterung der Arbeiter abkommandierte.[64]

Obwohl sie in einigen Fällen zu den Unruhen beitrug, wurde doch das «Streikfieber» der Jahre 1869–1873 im wesentlichen nicht durch gewerkschaftliche Agitation verbreitet. Die Gewerkschaftsbewegung war dazu damals noch zu jung und unerfahren. Im übrigen hatten auch die Marxisten für die Gewerkschaftsbewegung noch nicht viel übrig. Nicht Anpassung an das kapitalistische System war ja ihr Anliegen, sondern dessen Zerstörung. Die eigentlich interessante Frage war nicht, wer die Streiks anstiftete, sondern wer von ihnen profitierte. Die Streikenden in Waldenburg (9000 der 10 000 in der Gegend tätigen Bergleute) baten Max Hirsch, ihre Führung zu übernehmen, streikten dann aber doch gegen dessen Rat. Ihre Hauptforderung war die nach gewerkschaftlicher Vertretung. Nach Hirschs Auffassung nötigte die Anerkennung der Gewerkschaft und die Einwilligung in Tarifverhandlungen die Arbeitgeber, ihren «Absolutismus» aufzugeben und den Arbeitnehmern Gleichberechtigung zuzugestehen. Die Frage war, ob sie den Arbeitern einen Platz «neben» sich oder nur «unter» sich einräumen wollten. Die Arbeitgeber weigerten sich standhaft, mit der Gewerkschaft zu verhandeln, während Hirschs Bemühungen um ausreichende finanzielle Unterstützung seines Kampfes, obwohl er sogar in England darum bat, letztlich vergeblich blieben.[65] Der Zusammenbruch des Waldenburger Streiks hatte katastrophale Folgen für Hirschs und Dunckers Verband der deutschen Gewerkvereine. Dieser Verband umfaßte zu Beginn des Streiks bereits 268 Ortsvereine mit etwa 30 000 Mitgliedern, Ende 1870 war die Mitgliederzahl auf 6000 gefallen (wozu freilich nicht nur die Enttäuschung über den Ausgang des Streiks, sondern auch der Krieg mit beigetragen haben mag). 1874 war eine gewisse Erholung des Verbands zu beobachten, inzwischen waren wieder 22 000 Mitglieder in 357 Ortsvereinen organisiert. Die Depression der Jahre 1873–1879, die eigentlich die Mitgliederzahl der Gewerkvereine hätte anschwellen lassen sollen, ließ diese auf 16 500 in 365 Ortsvereinen fallen.[66] Obwohl die Bewegung in späteren Jahren erneut zunahm, bestand doch inzwischen keine Aussicht für Hirschs und Dunckers Verband mehr, jemals die deutsche Arbeiterschaft insgesamt – oder auch nur deren größten Teil – vertreten zu können.

Die Niederlagen der Jahre 1869–1873 mögen die deutsche Arbeiterschaft zu der Überzeugung geführt haben, daß sie im Kampf mit den Arbeitgebern weder auf Unterstützung von der Regierung noch von den bestehenden Parteien rechnen konnte. Wie wir sahen, war der staatliche Paternalismus, der den Bergarbeitern einen gewissen Schutz gegen rücksichtslose Ausbeutung gewährt hatte, durch das Berggesetz von 1861 außer Kraft gesetzt worden.[67] Eines der Ziele der streikenden Bergarbeiter während der Jahre 1869–1873 war die Wiederherstellung der Begrenzung ihrer Arbeitszeit auf Achtstundenschichten, wie sie das aufgehobene Gesetz vorgeschrieben hatte. Viele Arbeiter hielten noch, wenn auch mit abnehmender Überzeugung, an dem Glauben fest, daß der König und dessen Minister über dem Wirtschaftskampf stünden, um der schwächeren Seite zu ihrem Recht zu verhelfen. Doch während der Jahre 1869–1873 antwortete die Regierung auf Streiks mit Polizei und Soldaten, und darüber hinaus ließ sie, wie wir noch sehen werden, diejenigen, die den Anspruch erhoben, die Interessen des Proletariats politisch zu vertreten, gerichtlich verfolgen und inhaftieren.[68] Was Liebknecht von dem Waldenburger Streik sagte, gilt für die Streikbewegung der Jahre 1869–1873 überhaupt: «Das Verhalten der Behörden macht die Waldenburger Arbeiter zu Demokraten, das der Arbeitgeber zu Sozialisten.»[69]

II

Bismarcks Charakter

Der Lohn des Staatsdieners

«Die deutsche Nation ist der Principien und Doctrinen, der literarischen Größe und der theoretischen Existenz satt. Was sie verlangt, ist Macht, Macht, Macht! Und wer ihr Macht gibt, dem wird sie Ehre geben, mehr Ehre, als er sich ausdenken kann», prophezeite Julius Fröbel 1859 sehr hellsichtig.[1] Ehren wurden Bismarck reichlich zuteil: Titel, Orden und Geschenke. Schon 1865 wurde ihm der Grafentitel verliehen, 1871 der Fürstentitel mit dem Prädikat «Durchlaucht». Der Landwehroffizier mit nur einjähriger Ausbildung wurde zum Generaloberst der Kavallerie im Range eines Feldmarschalls befördert und zum Ehrenkommandeur der Magdeburger Kürassiere ernannt. Andere Belohnungen waren ein erblicher Sitz im preußischen Herrenhaus und die Ernennung zum Erblichen Großmeister der Pommerschen Jagd. Selbstverständlich erhielt er alle Orden, die der Kaiser verleihen konnte, einschließlich aller Klassen des Eisernen Kreuzes, des Roten und des Schwarzen Adlerordens, sowie auch den Orden *Pour le Mérite,* der anfänglich nur für außergewöhnlich tapfere Kriegstaten verliehen worden war.

Die Dankbarkeit der Öffentlichkeit stand der des Monarchen in nichts nach. Ehrendoktorwürden verliehen ihm die Universitäten von Halle, Göttingen, Erlangen, Tübingen, Gießen und Jena, Ehrenbürgerschaften Berlin, Hamburg, Lübeck, Bremen, Stuttgart, Dortmund, Essen, Dresden und Dutzende von anderen Städten. Überall im Lande begegnete man seinem Namen als dem von Straßen, Plätzen, Gebäuden, Brücken, Tunnels, Obelisken, Türmen, Schiffen, Festungen, ja einer Stadt (die vordem Braubauerschaft geheißen hatte) sowie als Namen eines Berggipfels, einer Eisengießerei, eines Wodka, einer Rosenart, einer Modefarbe (Bismarck-Braun) und eines Gebäcks, ganz zu schweigen von dem noch heute allgemein beliebten Bismarck-Hering. Im Stillen Ozean erhielten ein Meeresteil, ein Berg und ein Archipel seinen Namen; in Südostafrika ein Berg und eine Palmenart (*Bismarckia nobilis*) sowie auf den Ebenen North Dakotas eine Stadt (die von einer Eisenbahngesellschaft gegründet wurde, die deutsche Investoren anziehen wollte). Maler, Bildhauer und Photographen wetteiferten miteinander in dem Bemühen, den großen Mann würdig darzustellen. An seinen Geburtstagen überschwemmte ihn eine Flut von Telegrammen, Briefen, Lobreden, Gedichten und persönlichen Geschenken. Sein siebzigster Geburtstag 1885 und der fünfundzwanzigste Jahrestag seiner Ernennung zum Minister 1887 wurden in ganz Deutschland festlich begangen.[2] Doch Bewunderer hatte er auch jenseits der deutschen Grenzen. Am 4. Juli 1875 wurde ihm ein Spazierstock überreicht, der aus einem Balken geschnitzt war, an dem einst in Philadelphia die Freiheitsglocke gehangen hatte.[3]

Der Empfänger dieser vielen Ehren war nicht immer entzückt. Während der Jahre im diplomatischen Dienst hatte er Staatsmänner, die Titel, Orden und Ehrenzeichen sammelten, mit einiger Verachtung angesehen. «Wat ik mich davor koofe?» soll er ärgerlich gefragt haben, als ihm am 18. Januar 1871 (dem Tag der Kaiserproklamation von Versailles und einer der tiefsten Verstimmungen, zu denen es je zwischen ihm und dem König kam) seine Beförderung zum Generalleutnant mitgeteilt wurde. Er habe schon genügend Tand, hörte man ihn sagen, als ihm das Eiserne Kreuz erster Klasse verliehen wurde; im übrigen würde er sich schämen, die Auszeichnung zu tragen, solange noch so viele, die im Feuer gestanden, darunter seine eigenen Söhne, nicht ausgezeichnet worden seien.[4] Weder Bismarck noch seiner Gattin schmeichelte die Erhebung in den gräflichen Stand. Die Sprößlinge zweier der ältesten adeligen Familien der Altmark und Pommerns verspürten kein Bedürfnis nach dem zusätzlichen Titel. Gegen seinen Wunsch habe Seine Majestät ihn zum Fürsten gemacht, klagte Bismarck 1876; vorher sei er ein reicher Graf gewesen, nun bloß noch ein armer Fürst. Den Titel eines Herzogs von Lauenburg, den ihm Wilhelm II. 1890 nach seiner Entlassung verlieh, weigerte er sich zu führen.[5]

Zu schätzen wußte er hingegen Geschenke von materiellem Wert. 1867 erhielt er vom König die Summe von 400 000 Talern zum Kauf des Guts Varzin in Pommern. 1877 schenkte ihm Wilhelm den Sachsenwald im Herzogtum Lauenburg, ein riesiges Gut, dessen Wert auf 1 000 000 Taler (3 Millionen Mark) geschätzt wurde. Der Verband der deutschen Eisenbahnen überreichte ihm 1871 einen privaten Salonwagen, der zu Bismarcks Verdruß mit dem ihm jüngst verliehenen Fürstenwappen geschmückt war.[6] Zu Ehren seines siebzigsten Geburtstags sammelte unter dem Vorsitz des Herzogs von Ratibor, des Präsidenten des Herrenhauses, eine Kommission die fürstliche Summe von mehr als 2 300 000 Mark. Das deutsche Volk wurde bei dieser Sammlung aufgerufen, den «Ottopfennig» zu entrichten, womit auf den vom Papst erhobenen Peterspfennig angespielt wurde, und obwohl über den Zweck der Sammlung nichts verlautete, wurde allgemein angenommen, daß sie wohltätigen Zwecken dienen sollte. Zur Überraschung einiger Spender votierte dann eine Mehrheit der Kommission dafür, die Summe von 1 150 000 Mark (vermehrt durch eine Spende der deutschen Bankiers in Höhe von 350 000 Mark) für den Ankauf von Schönhausen II abzuzweigen, das die Bismarcks schon zu Beginn des Jahrhunderts hatten verkaufen müssen. Bismarck scheint das Geschenk ohne Bedenken angenommen zu haben. Mit der verbleibenden Hälfte der gesammelten Summe gründete er eine Schönhausen-Stiftung zur Unterstützung bedürftiger Kandidaten des höheren Lehramts sowie der Witwen und Waisen von verstorbenen Lehrern an höheren Schulen. Doch traf er überdies privat mit seinem Bankier Bleichröder Verfügungen, die einen kleinen Teil des Stiftungsvermögens für die Armenpflege in Schönhausen bestimmten und einen Teil des Kapitals in Hypotheken zur Neufinanzierung von Schulden auf seinen Gütern anlegten.[7]

Obwohl er deren politischen Wert zu schätzen wußte, tat er doch nichts zur Förderung seiner Popularität und Beliebtheit bei den Leuten, solange er im Amt war (das änderte sich nach seiner Entlassung). «Nichts hat er leichter getragen», schrieb Christoph von Tiedemann, der Bismarck keineswegs vergötterte, «wie während der Konfliktszeit das Gefühl, der bestgehaßte Mann in Deutschland zu sein. Und als nach dem österreichischen Kriege die Wogen der Begeisterung ihn in der öffentlichen Meinung hoch über alle seine Mitmenschen emporhoben, da ließ ihn auch das kalt. Um Popularität war ihm nicht zu tun.»[8] Als Grandseigneur alter Schule schätzte er sich selbst nicht als Staatsbeamten ein, sondern als Lehnsmann seines Königs oder allenfalls Staatsdiener (in dem Sinne, in dem auch Friedrich der Große einer hatte sein wollen). Politische Propagandaaktionen, die den Kontakt mit der Menge erforderlich machten, waren ihm zuwider. Während der fast drei Jahrzehnte seiner Ministerpräsidentschaft und Kanzlerschaft hat er außerhalb des Parlaments kaum öffentliche Reden gehalten und es vorgezogen, die öffentliche Meinung mittels der Presse zu manipulieren. Gegen Ende der sechziger Jahre, als schon Maler, Karikaturisten und Photographen Millionen mit seiner Erscheinung vertraut gemacht hatten, konnte er sich bereits nicht mehr in der Öffentlichkeit zeigen, ohne Aufsehen zu erregen. Er bedauerte diesen Verlust der Anonymität und beklagte sich mitunter über die spontanen Ovationen, die er auf seinen Reisen, wo er auch hinkam, lächelnd annehmen mußte. In Bad Kissingen, seinem bevorzugten Badeort, fühlte er sich wie ein zur Schau gestelltes Fossil. «Ich habe aufgehört, ein Individuum zu sein», bemerkte er gelegentlich. «Wo ich erscheine, staunt man mich als ein Ereignis an. Sobald ich auf die Straße trete, höre ich sofort hinter mir das Klipp-Klapp der Tritte von Hunderten von Menschen, die mich verfolgen.»[9]

Mit zunehmenden Jahren nahm auch seine Abneigung gegen den Kontakt mit der Öffentlichkeit zu. Während der achtziger Jahre wohnte er in Berlin nur noch selten gesellschaftlichen Ereignissen außerhalb seines Hauses bei, selbst bei Hof. Seine Kontakte mit dem König und dem Kronprinzen beschränkten sich auf Privataudienzen und den Austausch schriftlicher Mitteilungen.[10] Gleichwohl behauptete er, daß seine Tür jedem Minister oder Abgeordneten, der ihn zu sprechen wünsche, offen stünde. Während der Sitzungsperiode des Parlaments gab er wöchentliche Diners und Soireen (später Luncheons), bei denen er sich als liebenswürdiger Gastgeber zeigte. Doch er mochte das Stadtleben nicht und zog sich oft für Monate auf seine Güter nach Varzin und Friedrichsruh zurück. Wieviel gesünder er sein würde, wenn er nur ein Landjunker geblieben wäre, rief er sich und seinen Vertrauten oft in Erinnerung. Er fand Berlin häßlich und ungesund und meinte im November 1883, «daß man die Folgen der Kanalisation schon jetzt in allen Häusern röche und daß die Stadt dadurch bald unausstehlich verpestet sein würde». Bei der gleichen Gelegenheit vertraute er seinem journalistischen Mitarbeiter Moritz Busch an: «Ich habe mich immer aus den großen Städten und dem Gestanke der Zivilisation weggesehnt ...» Auf langen Ausritten und Spaziergängen durch die Wälder und Wiesen seiner Güter erneuerte er wie der Riese Antaios in der Berührung mit der heimischen Natur seine Kräfte und bedachte seine Politik: «Meine wichtigsten Entschlüsse habe ich stets in der Einsamkeit, im Walde, gefaßt», verriet er dem Arzt Eduard Cohen.[11]

Bismarcks Geschmack

Bismarcks Abneigung gegen kalte Pracht war auch seinen verschiedenen Wohnungen anzusehen. 1862 bezog er das schmale, zweigeschossige Gebäude in der Wilhelmstraße 76, in dem sich das Außenministerium befand. Das im frühen 18. Jahrhundert als Privathaus errichtete Gebäude war das einfachste in der Wilhelmstraße, wie er selbst feststellte. Über diese Bescheidenheit machte er sich oft lustig, ließ Veränderungen aber nicht vornehmen. Im Erdgeschoß befanden sich die Büros und Kammern der Vortragenden Räte und Schreiber des Auswärtigen Amtes, im Obergeschoß das Büro des Ministers, die Empfangsräume und die Privatwohnung der Familie. Hinter dem Haus lag ein großer Garten mit schattigen, alten Bäumen, in dem Bismarck oft spazieren ging. Besucher waren angesichts der Einfachheit des Empfangs, der ihnen in diesem Haus zuteil wurde, oft überrascht. Kein Portier in Galauniform und mit «Zerberus-Allüren» bewachte die Tür. Man klingelte wie an den Türen gewöhnlicher Sterblicher. Im Vorzimmer gab es keine Lakaien in silbernen und goldenen Livreen, wie sie Diplomaten und Minister damals gewöhnlich besaßen. Bismarck empfing seine Besucher in einem kahlen, sparsam möblierten Büro mittlerer Größe, das von einem großen Mahagonischreibtisch beherrscht wurde. Kein französischer Provinzpräfekt wäre mit einer so bescheidenen Umgebung zufrieden gewesen, befand ein Gast. 1878 zog die Familie Bismarck um in das Nebenhaus, Wilhelmstraße 77, das Palais Radziwill, ein etwas großartigeres Domizil. Das 1874 für 2000000 Taler von der Regierung erworbene Palais verfügte über Säle und Salons, die es für offizielle Empfänge und Gesellschaften geeigneter erscheinen ließen als das Nebenhaus, in dem jedoch die Büros des Auswärtigen Amtes verblieben. Die Baronin Spitzemberg fand die innere Ausstattung des von den Bismarcks renovierten und neu eingerichteten Palais «trotz der kostbarsten Stoffe, Tapeten und Möbel recht schablonenhaft und oft geschmacklos».[12]

Bismarcks Landsitze machten auf Besucher einen ähnlichen Eindruck wie das Haus an der Wilhelmstraße 76. Moritz Busch, der im Oktober 1877 zum ersten Mal Gelegenheit hatte, in Varzin «das Innere der Wohnung des Kanzlers und seiner Familie zu durchwandern», fand, daß dieses «ebensowenig wie das Äußere einen anspruchsvollen Charakter» habe «oder besonderen Gefallen an Luxus» verrate, «aber durchweg gefällig und behaglich» sei. «Man tritt hier in das Haus eines wohlhabenden Landedelmanns, nicht in das Schloß einer Durchlaucht. Die Fußböden zwar sind fast durchgehends mit Parkett versehen, die Stubendecken aber nur einfach weiß angestrichen. Prachtstücke von Teppichen, Portieren und Gardinen, Schnitzwerke von Künstlerhand, besonders kostbare Uhren kommen

Die Wilhelmstraße. Rechts das Auswärtige Amt, links davon die Reichskanzlei, ganz links das Palais Radziwill, das 1878 Sitz des Kanzlers wurde.

Schloß Friedrichsruh im Sachsenwald bei Hamburg, Vorderansicht

gar nicht, vergoldete und mit Seide überzogne Stühle, Tischplatten und Konsolen von Marmor nur im Salon und im Zimmer der Fürstin vor.»

Die Wohnung der fürstlichen Familie in Friedrichsruh war noch bescheidener. Das Haus, das sie dort bewohnte, war ursprünglich ein von Hamburger Ausflüglern besuchtes Gasthaus gewesen. Bismarck hatte es, nachdem sein König ihm den umliegenden Sachsenwald geschenkt hatte, 1879 erworben und als Wohnhaus einrichten lassen. 1883 ließ er an das ursprünglich einfache Gebäude bürgerlicher Erscheinung (das den damals besonders beim Bau von Bahnhöfen beliebten Schweizerhausstil zeigte) zwei große Flügel anbauen. Das Ergebnis war ein großer, unregelmäßiger Bau, der jedoch geräumig und gut eingerichtet war. Nahebei befand sich eine Eisenbahnstation an der Hauptstrecke nach Berlin, von der Sonntags Scharen von Bürgern der nahegelegenen Hansestadt zu Spaziergängen ins Grüne aufbrachen, geleitet von der Hoffnung, dabei vielleicht einen Blick auf den berühmten Herrn des Sachsenwalds zu erhaschen. Zum Schutz seiner Privatsphäre war Bismarck genötigt, an der Eisenbahnstrecke und der diese kreuzenden Landstraße entlang hohe Ziegelmauern bauen zu lassen. Tag und Nacht keuchten die Züge am Domizil des Kanzlers vorbei, und das Rasseln der Lokomotiven störte die Stille des Bezirks. Bismarck wohnte dort bequem, aber ohne die Pracht zu entfalten, die man seinerzeit von einem Manne seines Reichtums und Standes zu erwarten gewohnt war.[13]

Das Schloß in Friedrichsruh verriet dem Grafen Philipp zu Eulenburg eine bemerkenswerte Eigentümlichkeit des Fürsten und seiner Familie, nämlich deren gänzlichen Mangel an Geschmack: «... die große Geschmacklosigkeit des Äußeren wird durch die innere Ausstattung noch übertroffen. Die außergewöhnlich großen Polstermöbel, mit hellem Kretonne überzogen, stehen in Räumen, deren Wände mit weißem Papier überklebt sind, von dem einige interessante alte Familienbilder in Goldrahmen, viele Photographien in schwarzen Rahmen, Aquarelle, prunkvolle Uhren und sonderbare allegorische Darstellungen, Geschenke enthusiastischer Amerikaner, grell und häßlich hervorleuchten. Die durch alle Zimmer gelegten Teppiche sind schreiend bunt wie der hellgelbe Kretonne, auf den bunte Blumen und Arabesken aufgedruckt sind. Ich habe niemals amerikanische Landhäuser gesehen, aber einen solchen Eindruck macht vielleicht Friedrichsruh. Es trägt den Stempel des Nützlichen mit einer Tendenz zum Bequemen, aber es spottet jeden Geschmacks».[14] Eulenburg mag etwas voreingenommen geurteilt haben, doch selbst die Baronin Spitzemberg, eine vertraute Freundin der Familie, bei der sie häufig zu Gast war, sprach von Bismarcks «Mangel an Schönheitssinn in der Form und für die Umgebung».[15] Mit der Zeit sammelte sich in seinen Räumen ein Durcheinander von Kunstgegenständen an, bei denen es sich größtenteils um Büsten, Porträts und andere Bildnisse, Gemälde und Photographien von Vorfahren, Familienangehörigen, Königen von Preußen und ausländischen Staatsmännern oder um Darstellungen historischer Ereignisse handelte. So sah man dort Anton von Werners Gemälde der Kaiserproklamation zu Versailles und des Berliner Kongresses (beides Geschenke des Kaisers). Ein italienischer Besucher, dem Bismarck die während seiner Hochzeitsreise 1847 in dessen Vaterland empfangenen Eindrücke schilderte, bemerkte später, daß dem großen Manne die Kunst Italiens überhaupt keinen Eindruck gemacht zu haben scheine.[16] Nur einmal näherte sich Bismarck dem alten Museum, der bedeutendsten Kunstsammlung Berlins, als er nämlich unter dessen Portikus Schutz vor dem Regen suchte. Die deutschen Gelehrten und Schriftsteller, die gern stolz auf ihren «Kulturstaat» gewesen wären, bemerkten mit Bedauern, daß der Gründer und Kanzler des Deutschen Reichs nicht den geringsten Beitrag zur Förderung der Künste und Wissenschaften leistete.[17]

Bismarck war jedoch in anderer Hinsicht keineswegs ungebildet. Seine Briefe und Erlasse zeugen von einer ganz ungewöhnlichen Sprachgewandtheit. Sein literarisches Talent hätte ihn zweifellos befähigt, auch als Journalist und Feuilletonist Beachtliches zu leisten. Viele seiner Briefe an Familienangehörige und Freunde sind Meisterwerke der Briefkunst – im raschen Wechsel witzig, zärtlich, ironisch und beißend, seinen schnell wechselnden Stimmungen entsprechend. Während seiner ganzen Laufbahn kämpfte er gegen die Laster an, denen jeder Amtsstil zu verfallen droht, die Neigung zum Formelhaften, zur leeren Phrase. Seine amtlichen Schreiben zeichnen sich durch ihren klaren, schmucklosen Stil aus, sind oft sehr ausführlich, aber nie geschwätzig. Er vermied Fremdwörter und bediente sich gewöhnlich nicht der lateinischen, sondern der deutschen Schrift.[18]

Seine angeborene literarische Begabung wurde durch regelmäßige Lektüre genährt. Die Baronin Spitzemberg fand auf seinem Schreibtisch gewöhnlich einen Band Schiller oder Lyrik oder auch einen leichten Roman, einen «Schmöker», den er zur Entspannung las. In seinen frei gehaltenen Parlamentsreden führte er häufig Stellen aus den Dichtern an, meist aus Goethe, Schiller und Shakespeare, mitunter aus Gellert, Scheffel, Uhland, Friedrich Kind, Horaz und Thomas Moore. Die Baronin berichtet, daß er für jeden seiner Wohnsitze Ausgaben der Werke Chamissos, Uhlands, Heines und Rückerts anschaffte. «Wenn ich dann so recht verärgert und abgemattet bin», vertraute er ihr an, «lese ich am liebsten diese deutschen Lyriker, das erquickt mich.» Schiller liebte er mehr als Goethe, berichtet Cohen: «Bismarck mag Goethe nicht. Hält ihn für einen echten Bureaukraten, der stolzer auf seine Ministerwürde als auf sein Dichtertalent war. Er liebt Schiller viel mehr, namentlich als Charakter.» Den ersten Teil des *Faust* kannte er auswendig, den zweiten fand er unverständlich und deshalb ungenießbar.[19] Bei Gelegenheit stellten seine Gäste überrascht fest, daß er auch in der zeitgenössischen schönen Literatur recht belesen war. Eines Abends, während des Krieges gegen Frankreich, sprach er mit seinen Tischgefährten über Friedrich von Spielhagens *Problematische Naturen*, Gustav Freytags *Soll und Haben* und Fritz Reuters Berichte *Ut de Franzosentid* und *Ut mine Stromtid*. Gäste seines Hauses, die ihn 1880 besuchten, fanden ihn vertraut mit der von Paul Lindau herausgegebenen Zeitschrift *Nord und Süd* und den kürzlich veröffentlichten Erinnerungen Louis Schneiders (der Vorleser Friedrich Wilhelms IV. und Wilhelms I. gewesen war) und der Schauspielerin Karoline Bauer. Er las auch ausländische Autoren. George

Eliot, deren Roman *Adam Bede* er gelesen hatte, bewunderte er, Victor Hugo konnte er nichts abgewinnen. Turgenjew, bemerkte er 1882, sei der «geistvollste Schriftsteller aller Nationen unter den heute lebenden Schriftstellern».[20]

In der Kaiserzeit entwickelte sich Berlin zu einer glänzenden Hauptstadt des Theaters und der Musik. Doch Bismarck traf man nicht an in Theatern, Opernhäusern oder Konzertsälen. Dies nicht nur, weil ihm das Aufsehen, das er jedesmal erregte, lästig war; ihm verdarb auch die Notwendigkeit, ein Eintrittsbillet zu kaufen und sich auf einen bezeichneten Platz zu setzen, alles Vergnügen. Schon der Gedanke, für Musik Geld zu zahlen, war ihm zuwider. Bismarck meinte, Musik müsse frei geschenkt werden «wie Liebe». Zu Hause lauschte er der Musik, die ihm von seiner Frau und von Robert von Keudell, einem Freund der Familie, der dann auch sein Mitarbeiter im Auswärtigen Amt wurde, vorgespielt wurde. «Nächst, ja neben Beethoven liebte er Schubert», sagt Keudell, auch «Mendelssohn hörte er immer gern, wenn auch nicht so gern wie Beethoven und Schubert ... Von Chopin hörte er lieber die leidenschaftlich bewegten als die träumerischen Stücke ... Von Mozarts Instrumentalstücken, deren ich übrigens nur wenige spielte, hat ihm keines einen besonderen Eindruck gemacht ... Mehrmals hat er im Laufe der Jahre geäußert: ‹Beethoven sagt meinen Nerven am besten zu!›» Johannas Pflichten als Hausfrau und Mutter ließen ihr aber immer weniger Zeit zum Spielen, und die Hauskonzerte hörten endgültig auf, nachdem Keudell 1872 ins Ausland gegangen war. Bismarck beklagte sich darüber, daß Melodien noch stundenlang in seinem Kopf nachhallten und ihm den Schlaf raubten. Wagner war nicht nach seinem Geschmack, weder als Komponist noch als Person (sie waren sich einmal begegnet). «In jedem Augenblick erhob Wagner Ansprüche auf Bewunderung. Er wollte immer der Erste sein. Dazu war ich aber zu beschäftigt», befand er mit bezeichnendem Mißmut.[21]

Philosophie ließ Bismarck auch in seinen späteren Jahren kalt. In der zweiten Hälfte des Jahrhunderts wuchs der Ruhm Schopenhauers in Deutschland mächtig an, und natürlich kam auch im Hause Bismarck die neue Schule des philosophischen Pessimismus zur Sprache. Einer seiner Gäste fragte ihn, als von seinen Frankfurter Jahren die Rede war, ob er dort Gelegenheit gehabt habe, «den berühmtesten Frankfurter damaliger Zeit und ältesten Stammgast der Mittagstafel im Hotel d'Angleterre, Arthur Schopenhauer, kennenzulernen. ‹Er hat von mir keinen Gebrauch gemacht›, lautete die Antwort, ‹und ich von ihm auch nicht›. Ich habe niemals Zeit und Veranlassung gehabt, mich mit Philosophie zu beschäftigen. Als ich studierte, war Schopenhauer noch nicht bekannt geworden. Ich weiß von seinem System nichts». Nachdem ihm der Primat des Willens erläutert worden war, erwiderte Bismarck: «Das mag ganz richtig sein ... bei mir wenigstens habe ich häufig bemerkt, daß mein Wille entschieden hatte, bevor mein Denken beendet war.»[22]

Die bedeutendsten Entwicklungen im deutschen Geistesleben nach der Jahrhundertmitte ereigneten sich indessen nicht auf den Gebieten der schönen Literatur und der Philosophie, sondern denen der Geschichtsschreibung und der naturwissenschaftlichen Theorie. Mehr an Zerstreuung als an Belehrung interessiert, scheint der Kanzler damals weniger historische Werke gelesen zu haben als in jüngeren Jahren. Als im Jahre 1884 einmal beim Kaffee von französischer Literatur die Rede war (wobei Bismarck Pierre de Béranger als einen früheren Lieblingsdichter bezeichnete), fiel der Name Hippolyte Taines, und Bismarck bezeichnete diesen «als einen der Mehrzahl neuerer deutscher Historiker überlegenen echten und wahrhaften Geschichtsschreiber ... es gibt zwei Gattungen von Historikern, die einen machen die Wasser der Vergangenheit klar, so daß man auf den Grund sehen kann, die andern machen diese Wasser trübe. Zu den ersteren gehört Taine, zu den letzteren Sybel.»[23] Wieviele der Werke Rankes er gelesen hat, ist schwer zu entscheiden, doch besaß er ein Exemplar der 7. Auflage von dessen *Geschichte der römischen Päpste* (1878), das er offensichtlich mindestens teilweise gelesen hat, sowie dessen *Englische Geschichte* und *Weltgeschichte* («Der alte Ranke ist doch ein Esel»). Die beiden Männer waren länger als vierzig Jahre miteinander bekannt, und nach Rankes Tod 1886 gedachte Bismarck seiner mit Zuneigung und Hochachtung (zu der die Übereinstimmung der politischen Anschauungen das Ihre beitrug).[24] Heinrich von Treitschke schätzte er als Publizisten und treuen Verfechter seiner Politik seit 1866, später auch als Historiker. Von den fünf Bänden der *Deutschen Geschichte im neunzehnten Jahrhundert* fand er den letzten, der die Jahre 1840–1848 behandelt, «meisterhaft geschrieben»; sogar für die *Römische Geschichte* Theodor Mommsens, des einzigen bedeutenden deutschen Gelehrten, der nach 1871 noch gegen seine Politik opponierte, nahm Bismarck sich etwas Zeit. 1880 las er die von Johannes Janssen verfaßte *Geschichte des deutschen Volkes seit dem Ausgang des Mittelalters* und bemerkte dazu: «Es sei ganz interessant, das Zeitalter der Reformation einmal von einem Gegner beschrieben zu lesen. Es sei übrigens ganz gut geschrieben. Luther erscheine hier natürlich ganz anders.» Es ist freilich fraglich, ob er das ganze Buch gelesen hat. Er las niemals systematisch, sondern blätterte die Bücher durch, bis ein Abschnitt seine Aufmerksamkeit auf sich zog, und blätterte weiter, wenn sein Interesse erlahmte.[25]

Das in der zweiten Jahrhunderthälfte so weit verbreitete Interesse an naturwissenschaftlichen Theorien scheint Bismarck kaum geteilt zu haben. Busch erwähnt in seinem Tagebuch 1888 zwar eine «lebhafte Unterhaltung über allerhand Ernstes und Heiteres dabei, z. B. über Darwin und dessen Würdigung von Seiten des Chefs, der viel von ihm hält»,[26] doch ist nicht bekannt, ob er irgendeines der Werke Darwins oder eines der Autoren, die dessen Theorien popularisierten, tatsächlich gelesen hat. Wahrscheinlich hörte er nur in Gesprächen davon, aber seine Äußerungen über den Wert und die Unvermeidlichkeit des Kampfes der Arten ums Dasein lassen den Einfluß darwinistischer Ideen vermuten. Wenn er die zuerst 1855 erschienene Schrift Ludwig Büchners über *Kraft und Stoff*, die die naturwissenschaftliche Weltanschauung («Nebst einer darauf gebauten Sittenlehre») in die breitesten Kreise trug, gelesen haben sollte, so hat diese Kenntnis sich in seinen uns bekannten schriftlichen und mündlichen Äußerungen nicht sichtbar niedergeschlagen. Seine Abneigung gegen Diderot begründete er jedenfalls mit der Bemerkung, dieser sei Materialist gewesen, «und die Materialisten halte ich mir vom Leibe». Übrigens scheinen ihn auch die technischen Neuerungen, die seine Zeit so reichlich sah, nicht sonderlich interessiert zu haben, obwohl er sich 1877 in Varzin das Telephon und 1889 in Friedrichsruh Edisons Phonographen vorführen ließ.[27] Der Fortschritt der Naturwissenschaften und der Technik und deren Anwendung bei der industriellen Revolution verwandelten zwar unaufhaltsam Bismarcks Welt, doch seine geistigen Interessen blieben größtenteils diejenigen eines gebildeten Edelmanns der alten Zeit.

Erscheinung und Auftreten

In seinen Erinnerungen hat Lucius von Ballhausen Bismarcks Erscheinung in der preußischen Abgeordnetenkammer 1863, auf der Höhe des Verfassungskonflikts, so beschrieben: «Er trug damals noch Zivil, der starke Schnurrbart war noch rotblond wie auch das Haupthaar, das zwar schon gelichtet aber doch noch vorhanden war. Seine hohe breitschultrige Figur erschien an dem Ministertisch mächtig und imponierend, während eine gewisse Nonchalance in Haltung, Bewegung und Sprechweise etwas provokantes hatte. Er hielt die rechte Hand in der Tasche seines hellen Beinkleides und erinnerte mich an den ‹krähenden Sekundanten› bei den Heidelberger Mensuren. Die Art, wie er in zögernden Sätzen die Worte zu suchen schien und stets das bezeichnendste fand, schnelle, schlagende Erwiderungen gab, hatte er schon damals. Mir machte er einen junkerhaften, aber höchst ‹forschen› Eindruck, besonders die Art, wie er scheinbar gutlaunig den erregten Gegnern Malicen einpumpte.» Im Laufe der Jahre lichtete sich das Haupthaar weiter und war schließlich nur noch ein grauweißer Kranz um das kahle Haupt. Wie zum Ausgleich ließ er sich während der frühen achtziger Jahre einen buschigen Vollbart wachsen, der allerdings bald wieder dem vertrauten Schnurrbart wich. Seine Haltung blieb aufrecht und sein Schritt militärisch trotz zunehmenden Alters und Gewichts. Auch seine überraschende Redeweise blieb stets die gleiche mit den Florettstichen treffender Erwiderungen, der Mischung von Humor und spöttischem Witz, Arroganz und Herablassung.[28]

Nachdem er 1866 zum Generalmajor befördert worden war, trug Bismarck in Berlin stets die weiße Uniform seines Kürassierregiments – zu Moltkes Belustigung übrigens nicht immer vorschriftsmäßig. Die Beförderung sei ihm sehr willkommen gewesen, gestand er Tiedemann, denn der geschlossene Kragen der Generalsuniform enthebe ihn des täglichen Kampfes mit gestärkten Krägen, während Keudell ihn für die Bevorzugung der Uniform Gesundheitsrücksichten anführen hörte, wonach «die über der Brust geschlossene Uniform besseren Schutz gegen kleine Erkältungen gewährt, als die bürgerliche Tracht mit ausgeschnittener Weste». Doch war Bismarck zweifellos auch in anderer Hinsicht die Uniform nicht unwillkommen. Denn Wilhelm war im Herzen Soldat, und Bismarck betonte gern, daß er selbst nur ein seine Pflicht tuender Offizier seines Königs sei.[29] Außerdem beeindruckte die Uniform seine Ministerkollegen und die Abgeordneten. In Varzin, Friedrichsruh, Bad Kissingen oder Bad Gastein zeigte er sich nie in Uniform. Dort trug er gewöhnlich einen langen schwarzen Rock, weißes Halstuch und einen Filzhut mit sehr breiter Krempe. Sein Förster in Friedrichsruh hat den Aufzug beschrieben, in welchem er dort durch seinen Wald ging: «Blanker Regenrock, hohe Schaftstiefel, Jagdmütze mit großem Schirm, Brille, weiße Offiziershandschuhe, großer Stock, begleitet von (seinem Hund) Tyras – zum Malen!» Tiedemann zufolge soll Bismarck in späteren Jahren nur ein einziges Mal versucht haben, sich für einen gesellschaftlichen Anlaß zivil zu kleiden, zur Bestürzung seiner Frau mit groteskem Ergebnis, in zweireihig geknöpftem Cutaway, mit «vorsintflutlichem» Stehkragen (einem «Vatermörder») und einem riesigen Zylinderhut.[30]

Allen, die ihm begegneten, war der massive Kopf des Mannes mit der gewölbten Stirn und dem energischen Kinn, den buschigen Augenbrauen und großen vorgewölbten Augen unvergeßlich. Die Augen zumal waren besonders ausdrucksvoll. Sie spiegelten seine schnell wechselnden Stimmungen, im einen Augenblick streng und unnahbar, dann wieder lächelnd und umgänglich. Besucher, die ihm zum ersten Mal begegneten, waren von seiner Höflichkeit und Freundlichkeit beeindruckt, empfanden aber seinen forschenden Blick als unbehaglich. «Der Fürst musterte mich mit durchdringendem Blicke, mir war zumute, als ob sie meinen Kopf durchbohrten», erinnerte sich der Afrikareisende Eugen Wolf. Das war durchaus typisch. Das um die Lippen spielende Lächeln war freundlich, konnte sich aber durch ein leichtes Verziehen der Mundwinkel in den Ausdruck ironischer Geringschätzung verwandeln.[31] Wenn er bei guter Gesundheit war, strahlte seine ganze Erscheinung Kraft, Energie und Selbstvertrauen aus. Die Wirkung seiner bulldoggenhaften Gestalt wurde verstärkt durch die Mastiffs Sultan und Flora – später Tyras und Rebekka –, die ihn auf seinen Spaziergängen begleiteten und vor seinem Büro in der Wilhelmstraße wachten. Tyras, der besonders wild war, ängstigte mitunter Dienstboten, Besucher (Gortschakow!) und selbst Johanna.[32]

Es gab viele Gemälde und Photographien, die Bismarck zeigten, und die Porträtzeichnungen in Zeitungen und Zeitschriften machten sein Bild Millionen Menschen bekannt. Seine Augen starrten von den Wänden unzähliger Wohnzimmer, wo er oft in Gesellschaft des Kaisers und Moltkes zu sehen war (und das nicht nur in Deutschland, auch in fern entlegenen Weltgegenden, wie zum Beispiel im Elternhaus des Verfassers in Tennessee). Diese Bilder zeigten dem Betrachter den massiven Schädel und die durchbohrenden Augen, die seine Besucher beeindruckten, aber nichts von dem Humor und der Freundlichkeit, von denen sie ebenfalls zu berichten wußten. Der Ausdruck, den die Maler und die Linse der photographischen Kamera auf die Fläche bannten, ist stets ernst, machtvoll und autokratisch – der Ausdruck des Mannes «von Blut und Eisen». Es gäbe keine guten Bilder von ihm, klagte er einmal, eigentlich habe er eine träumerische, sentimentale Natur.[33] Doch was die Bilder zeigen, ist, was die Maler und die Kameras sahen. Offenbar ließ er seine träumerische und sentimentale Natur nicht an die Oberfläche dringen.

Die meisten seiner Gäste rühmten seine faszinierende Konversation. «Liegt die Pointe nicht in den Worten, dann im Ton. Diesen muß man hören und gehört haben. Was er sagt ist voll Schattierungen, Farben, Anspielungen, Nebenbedeutungen, Feinheiten, die man nicht wiederzugeben vermag. Die Stimme, die Gebärde, die wohlberechneten Pausen, alles wirkt mit, um dem Gedanken Nachdruck zu geben. Bald schlägt er einen heiteren Ton an, bald wird er ernst oder tut wenigstens so.»[34] Diese Beschreibung eines italienischen Besuchers, der Bismarck nur ein einziges Mal begegnete, paßt ganz zu der Charakteristik, welche die Baronin Spitzemberg von ihm gab. «Ich möchte nur niederschreiben können, was mein gewaltiger Freund alles preisgab an allerlei kleinen Bemerkungen, Scherzen, Einfällen, teils tief ernst, ja wehmütig, teils derb, voll Lebenskraft, dann wieder milde, gütig, weise, nachsichtig gegen die Schwächen der Menschheit, wenn auch nicht der Menschen. Die scheinbaren Widersprüche in dieser machtvollen Persönlichkeit sind von einem intensiven Zauber, der immer auf's Neue bestrickt.»[35] Bei gesellschaftlichen Anlässen plauderte Bismarck gern von seinen Erlebnissen an Wendepunkten seiner Laufbahn, so während der Revolution von 1848, bei den Zusammenstößen mit den österreichischen Gesandten in Frankfurt, der Unterredung mit Wilhelm, die 1862 seine Ernennung zum Minister zur Folge hatte, von den militärischen und diplomatischen Kampagnen 1866 und 1870–1871. Leute, die ihn noch nicht näher kannten, waren oft überrascht, wie ungezwungen er von anscheinend sehr heiklen politischen Angelegenheiten sprach, namentlich von seinem Verhältnis zum König und zur königlichen Familie. Viele Gäste fanden einen «jovialen» und rücksichtsvollen Gastgeber in Bismarcks Haus und waren von dem unerschöpflichen Born unterhaltender Geschichten, über welchen dieser zu verfügen schien, bezaubert. Andere spürten diesen Zauber weniger und bemerkten statt dessen, daß Bismarck dazu neigte zu monologisieren, und daß seine Erzählungen meist seine eigenen Leistungen und die Dummheiten anderer zum Gegenstand hatten.[36]

Auch Christoph von Tiedemann hatte bei der Niederschrift seiner Erinnerungen an den Mann, mit dem er sechs Jahre lang eng verbunden gewesen war, Schwierigkeiten, dessen höchst komplizierten Charakter darzustellen. «Er war sicher ein Mann aus einem Guß. Und dennoch bekämpften sich in ihm die merkwürdigsten Widersprüche.» Selbst der gewöhnlich eher bewundernde Moritz Busch räumt ein, daß Bismarck sich im Rückblick auf seine Leistungen manchmal zu fühlen schien wie Gott am siebenten Tag; es gab allerdings auch Augenblicke, in denen der Kanzler mit seinen Leistungen und seinem Schicksal unzufrieden war. «Ohne mich», klagte er einmal, «hätte es drei große Kriege nicht gegeben, wären achtzigtausend Menschen nicht umgekommen, und Eltern, Brüder, Schwestern, Witwen trauerten nicht.» Zu Keudell bemerkte er bei einer anderen Gelegenheit: «Faust klagt über die zwei Seelen in seiner Brust, ich beherberge aber eine ganze Menge, die sich zanken. Es geht da zu wie in einer Republik ... Das meiste, was sie sagen, teile ich mit. Es sind da aber auch ganze Provinzen, in die ich nie einen anderen Menschen werde hineinsehen lassen.»[37]

Bismarck mit Tyras und Rebekka

Untergebene und Kollegen

Von der sentimentalen Natur, die er zu besitzen behauptete, bekamen Bismarcks Untergebene ebensowenig zu sehen wie die Maler und die Photographen. «Wir hatten alle bei seinem Eintritt den Eindruck», schrieb Immanuel Hegel, «daß er uns mit mißtrauischen Augen ansah, ob wir nicht extra bestochen oder sonst unter anderem Einfluß ständen. Als er aber sich überzeugte, daß wir im Bureau des Staatsministeriums sämtlich ehrliche Leute und gute Preußen waren, hatten wir uns seines Vertrauens zu erfreuen. Wir waren immerhin alle nur Werkzeuge seines Willens, für ein gemütliches Verhältnis blieb kein Raum.» Als Keudell 1863 in den Dienst des Ministerpräsidenten trat, ermahnte ihn Johanna brieflich, nie den Minister mit dem Freunde zu verwechseln: «Es sind gewiß zwei ganz verschiedene Menschen.» Auch Friedrich Graf zu Eulenburg, der preußische Minister des Inneren, warnte ihn. «Ihre Stellung bei Bismarck wird sehr schwierig werden, darauf machen sie sich gefaßt. Er ist ein gewaltiger Mensch und duldet keinen Widerspruch. Wer mit ihm zu tun hat, den zwingt er zum Gehorsam, mag man dagegen ‹strampeln›, so viel man will.» Von seinem Dienstantritt bei Bismarck berichtet der so Gewarnte: «Ich stand damals im vierzigsten Lebensjahr und war seit langer Zeit gewohnt gewesen, daß meine Entwürfe amtlicher Schriftstücke von Vorgesetzten fast gar nicht korrigiert wurden; jetzt aber kam ich wieder in die Stellung eines Schülers, dessen Konzepte selten unverändert stehen blieben.» Hegel berichtet: «Wenn ich zum Vortrag bei ihm eintraf, faßte ich alle meine Geisteskräfte fest zusammen, um allem Unerwarteten gewachsen zu sein. Ein behagliches selbstzufriedenes sich gehenlassen war bei ihm nicht angebracht, man stand dabei in Gefahr, umgerannt oder übersprungen zu werden.»[38]

Bismarcks Untergebene lernten bald, daß er weder guten Rat noch Kritik annahm, nur Information. «Immer bestrebt zu lernen, nahm er tatsächliche Mitteilungen gern entgegen, ließ auch die täglich durch Menschenverkehr, Geschäfte und Presse herantretenden Eindrücke unbefangen auf sich wirken, verhielt sich aber kritisch oder ablehnend, wenn irgend jemand Rat zu geben versuchte.» Friedrich zu Eulenburg riet Tiedemann: «Sind Sie einmal anderer Ansicht, als er, so hüten Sie sich, ihm sofort zu widersprechen. Tun Sie das, dann findet er, leicht erregbar wie er ist, so niederschmetternde Gründe für seine Ansicht und verbeißt sich so fest in diese, daß keine Macht der Erde ihn wieder davon abbringen wird. Kommen Sie dagegen nach einer Stunde wieder und sagen: Ich habe die Sache zu erledigen versucht, dabei sind mir jedoch die und die Bedenken aufgestiegen, dann werden Sie finden, daß Fürst Bismarck vorurteilsfrei genug ist, jede andere Ansicht zu hören, zu würdigen und eventuell zu akzeptieren.»[39] Selten gab es ein Wort des Lobes, selbst wenn einer seiner Gehilfen die Nacht durchgearbeitet und eine schwierige Aufgabe bewältigt hatte. Kleine Versehen provozierten erschreckende Zornesausbrüche, zumal wenn die politische Lage gespannt oder Bismarck nicht bei bester Gesundheit war. «Ich bin noch heute nicht im Klaren darüber», schrieb Eulenburg, «wie derselbe Mensch, der sich so meisterhaft am

Zügel zu halten vermochte, bei einem ganz geringfügigen Anlaß so zügellos werden konnte.» Anderen schien es, daß Bismarck selbst bei seinen Zornesausbrüchen nie die Selbstbeherrschung verlor. «Übrigens ist es für das gesamte Räderwerk nützlich, wenn ich mich mitunter ärgere», erklärte er gelegentlich, «das gibt stärkeren Dampf in die Maschine.»[40]

Männer unabhängiger Geistesart fanden es schwierig oder unmöglich, sich die Selbstverleugnung anzueignen, die Bismarck von seinen Untergebenen erwartete. Kurd von Schlözer, dessen glänzende Begabung Bismarck in St. Petersburg, wo er ihm unterstellt gewesen war, zu schätzen gelernt hatte, lehnte 1862 das Angebot, der «Adjutant» des Ministerpräsidenten zu werden, vorsichtig ab: «Ich biege immer aus», schrieb er in einem privaten Brief. «Ich kann mich nicht mit Haut und Haar verkaufen. Für einen Sklaven passe ich nicht». Er ließ sich statt dessen lieber nach Kopenhagen schicken und später nach Rom. Hermann von Thile, der Bismarcks wichtigster Gehilfe im Außenministerium wurde, fand seine Stellung dort mit der Zeit immer schwieriger. Thile war ein konservativer Diplomat alter Schule und kritisierte 1866 die Unmoral der Politik seines Chefs. Bismarck hörte ihn ruhig an und wandte sich dann «wie ein Löwe» gegen ihn und beschuldigte Thile bitter der Abtrünnigkeit. 1872 forderte Thile durch seinen Widerstand gegen Bismarcks Kulturkampf dessen Zorn von neuem heraus, und diesmal fand der Kanzler eine Gelegenheit, ihn zur Bitte um seine Entlassung zu zwingen. Obwohl Thile noch bis 1889 lebte, sah Bismarck ihn nie wieder und äußerte bei seinem Tode kein Wort des Bedauerns. «Nichts bereuen und nichts vergeben», schien das Motto seines Lebens zu sein. Selbst sein ergebenster Gehilfe, Heinrich Abeken, der Bismarck als einen Mann verehrte, «den Gott sich so recht zum Werkzeug gebildet», gab zu, daß mit dem Chef manchmal schwer auszukommen war. Nach sechsjährigem Dienst bei Bismarck nahm Tiedemann seinen Abschied, weil er fürchtete, seine Identität zu verlieren. Als Hohenlohe in den auswärtigen Dienst eintrat (er ging als Gesandter nach Paris), warnte Bleichröder ihn, vom Kanzler, der die Menschen wie Zitronen auspresse, keine Rücksicht zu erwarten.[41] Ein anderer Beobachter meinte: «Nach meiner Überzeugung läßt sich mit dieser gewaltigen Persönlichkeit nur leben, wenn man ihr Gegner ist oder ihr Werkzeug sein will!»[42]

Doch seine Untergebenen spürten die «dämonische Anziehungskraft» des Mannes und glaubten, für ein Genie zu arbeiten. «In einer seltenen Übereinstimmung und Gleichmäßigkeit waren die einzelnen Kräfte des Verstandes in dem Fürsten Bismarck entwickelt», schrieb Tiedemann. «Auffassungsvermögen, Kombinationsfähigkeit, Entschlußkraft und Gedächtnis hielten sich die Waage. Zusammen bildeten sie einen Komplex, der zu den großartigsten Leistungen befähigte. Mit wunderbarer Sicherheit erfaßte er in jeder auch noch so complizierten und verwickelten Frage den Kern der Sache. Er wußte auf den ersten Blick das Wesentliche vom Unwesentlichen zu unterscheiden ... Sobald ein Vortrag beendet war, gab er, ohne sich einen Moment zu besinnen, seinen Bescheid. Niemals habe ich irgend ein Schwanken in der Entscheidung bei ihm bemerkt. Er wußte sofort, was er wollte.»[43] Anders als bei Routinegeschäften fällte er jedoch in politischen Grundsatzfragen seine

Entscheidungen oft erst nach langem Überlegen. Hinter den knappen Diktaten, die der Kanzler Bucher, Tiedemann, Abeken und anderen gab, standen oft Stunden angestrengten Nachdenkens, in denen seine Entschlüsse gereift waren.

Auch Bismarcks Kollegen im preußischen Staatsministerium litten unter seinem vulkanischen Temperament. Unter dem preußischen Kollegialsystem waren die Minister dem Ministerpräsidenten nicht untergeben, sondern gleichgestellt. Dennoch behauptete Bismarck dank des Geschicks, mit dem er den Willen des Königs zu lenken wußte, und kraft seines Kanzleramtes eine Vorrangstellung. Nichtsdestoweniger beklagte er sich aber häufig über die unbrauchbaren alten Leute, die er 1862 als Minister habe übernehmen müssen und nun nicht wegschicken könne, weil der König gern bekannte Gesichter um sich habe.[44] Sie widersetzten sich seinen Versuchen, sich in die Angelegenheiten ihrer Ministerien einzumischen, und gelegentlich widersprachen sie ihm bei Kabinettssitzungen sogar in allgemeinen politischen Fragen. Mit Freuden sah Bismarck sie dann einen nach dem anderen gehen, oft nicht ohne seine Mitwirkung: Bodelschwingh 1866, Lippe 1867, von der Heydt 1869, Mühler 1872, Selchow und Itzenplitz 1873. An Reibungen fehlte es selbst bei seinem Verhältnis zu Roon nicht, und sie endeten erst, als im November 1873 auch dieser seinen Abschied nahm. Von den ursprünglichen Angehörigen seiner Regierung hielt sich bis 1878 nur Friedrich zu Eulenburg, weil er es in einem kritischen Moment im Jahre 1872 verstanden hatte, den Kanzler auszumanövrieren.

Die neuen Minister und Reichsbeamten – Delbrück, Camphausen, Leonhardt, Falk, Achenbach, Friedenthal – sympathisierten mit dem «liberalen Kurs», den Bismarck in der Innenpolitik bis 1875 steuerte. Sein Richtungswechsel während der Jahre 1876–1880 hatte wiederholt Kabinettskrisen zur Folge, die ihre Karrieren beendeten. Die Amtszeit einiger ihrer Nachfolger – Hofmann, Hobrecht, Bitter, Stolberg und Botho zu Eulenburg – war nur kurz. Erst 1881 hatte Bismarck das preußische Ministerium ganz unter seiner Kontrolle. In Lucius, Boetticher, Puttkamer, Goßler, Scholz, Maybach und Friedberg fand er Minister, die seinen Wünschen entsprachen und mit seiner nun konservativen Politik einverstanden waren.

Nach eigenem Bekenntnis war Bismarcks Fähigkeit, die Leistungen von Kollegen anzuerkennen, begrenzt.[45] Das Erteilen von Anordnungen war seine Stärke, nicht die Zusammenarbeit. Deshalb verabscheute er das preußische Kollegialsystem, das ihn nötigte, seine Ministerkollegen anzuhören. «Wenn ich einen Löffel Suppe essen will, muß ich erst acht Esel um Erlaubnis fragen», klagte er. Bei Kabinettssitzungen war er gewöhnlich höflich, aber anschließend machte er sich oft über die Kollegen lustig, auch über Eigentümlichkeiten ihrer Erscheinung, die vorgeschobene Unterlippe des einen, den sorgfältig gestutzten Bart des anderen.[46] Ministern und Beamten, die sich bei der Durchführung seiner Politik bewährt hatten, ließ er ein gewisses Maß an Handlungsfreiheit; Delbrück, Falk, Boetticher, Maybach und Stephan zählten zu diesen, jedenfalls für eine gewisse Zeit. Wenn seine Politik die Richtung wechselte, erwartete er, daß Kollegen und Untergebene sich widerspruchslos darauf einstellten. Als Delbrück es vorzog, aus dem Dienst zu scheiden, statt zu zerstören, was er während eines Jahrzehnts mit aufgebaut hatte, zeigte Bismarck Unverständnis. Daß er einen von der Laissez-Faire-Doktrin überzeugten Finanzminister wie Camphausen nicht zur Vorlage protektionistischer Steuergesetze veranlassen konnte, war ihm lästig und ärgerlich.[47]

Bismarck verfeinerte das Verfahren, einen Minister aus dem Amt zu drängen und zu stürzen, zur Kunstform. Seine Maßnahmen waren gestaffelt von scharfer Kritik in privaten Briefen über Angriffe in der Presse und das offene Desavouieren der Politik des Betreffenden im Parlament bis hin zu Drohungen mit seinem eigenen Rücktritt. Nicht jeder Baum, an den er die Axt legte, war ohne weiteres zu fällen. Beamte mit guten Verbindungen bei Hof waren oft nicht leicht loszuwerden. Albrecht von Stosch hielt sich gegen Bismarcks Wunsch als Chef der Admiralität von 1872 bis 1883. Um Harry Graf von Arnim loszuwerden, den deutschen Botschafter in Paris, mußte Bismarck erhebliche Anstrengungen unternehmen (Armin floh schließlich, in Deutschland zu einer Gefängnisstrafe verurteilt, ins Ausland und starb dort). Im auswärtigen Dienst war Bismarck noch weniger bereit, Opposition oder abweichende Meinungen zu dulden, als in anderen Zweigen der Regierung. «Meine Diplomaten müssen auf Kommando schwenken wie Soldaten», erklärte er knapp.[48] Seinem Hausarzt gegenüber klagte er, «er habe schwere Zeiten durchlebt, da er keinen Menschen gehabt, mit dem er sich hätte beraten können».[49] Es steht aber wohl außer Zweifel, daß er diesen Umstand durchaus sich selbst zuzuschreiben hatte.

Tiedemann bemerkt in seinen Erinnerungen: «An den Leistungen seiner Ministerkollegen namentlich übte er eine Kritik, die der Objektivität häufig entbehrte. Bei jeder größeren politischen Aktion pflegte er die Erfolge sich selbst zuzuschreiben, während er jeden Mißerfolg dem dabei beteiligten Ressortminister zur Last legte.» *Nunquam retrorsum* war sein Motto. «Sein Selbstgefühl war, ähnlich wie bei Friedrich dem Großen und Napoleon, mit einer starken Dosis Menschenverachtung gepaart und diese verleitete ihn nicht selten, Freunde und Feinde zu unterschätzen. Er sah in den Freunden dann nur willenlose Werkzeuge seiner Pläne, Schachfiguren, die er beliebig auf dem Brette seiner Politik hin- und herschieben, und auch opfern konnte, wenn dies ins Spiel paßte, in seinen Feinden nur Schurken und Dummköpfe. Freunde konnte er nur gebrauchen, wenn sie sich vollständig mit ihm identifizierten. Er betrachtete sie mit Mißtrauen sobald sie sich erlaubten, eine andere Meinung zu haben wie er, oder eine Haltung einzunehmen, die seinen Erwartungen nicht entsprach. Ich habe nie gefunden, daß er einem Gegner volle Gerechtigkeit hat widerfahren lassen. Dazu war er zu leidenschaftlich, zu impetuos, zu kampflustig. In dieser, wie in mancher anderen Beziehung glich er Luther. Jeder, auch der kleinste Angriff reizte ihn zur Gegenwehr und er war stets bereit, einen Nadelstich mit einem Degenstoß zu vergelten.»[50]

Nicht lange nach einem 1874 in Bad Kissingen auf ihn verübten Anschlag schrieb Bismarck an den Kaiser: «Zorn und Haß sind schlechte Rathgeber in der Politik und ich bitte Gott um Demuth und Versöhnlichkeit.»[51] Die Beobachtung machte er häufig, und seine Bitte an Gott war gewiß aufrichtig. Dennoch fiel es ihm schwer, der eigenen Einsicht zu folgen. «Es ist ein merkwürdiger Charakterzug Bismarcks», schrieb Lucius von Ballhausen, «wie intensiv er Gedanken der Rache oder Wiedervergeltung für selbst erlittenes oder vermeintliches Unrecht pflegt. In seiner krankhaften Reizbarkeit empfindet er dabei manches als Unrecht, was als solches vielleicht von dem anderen gar nicht beabsichtigt war».[52] Einmal, als er einen Vers Goethes hörte –

«Selig wer sich vor der Welt
Ohne Haß verschließt,
Einen Freund am Busen hält
Und mit dem genießt»,

rief er aus «Was? ohne Haß? Was für eine Schneiderseele muß er haben!»[53]

Bismarcks Gesundheit

Eine der Ursachen der Erregbarkeit und Reizbarkeit des Kanzlers war seine oft beeinträchtigte Gesundheit. Während des Verfassungskonflikts und des dänischen Krieges wechselte er zwischen Phasen intensiver Aktivität, während derer seine Energien unerschöpflich zu sein schienen, und Perioden, in denen er über Kopfschmerzen, Neuralgien und Schmerzen im linken Bein klagte, die ihn fast handlungsunfähig machten. Keudell, der ihm während dieser Zeit als Sekretär diente, schreibt: «Wegen seiner Gesundheit war ich nie ohne Sorge.»[54] Nach 1865 nahmen die Phasen der Unpäßlichkeit an Häufigkeit und Dauer zu, die während der Jahre 1882–1883 einen Höhepunkt erreichten. Er zweifelte oft, ob er im Amt würde bleiben können, und bot wiederholt seinen Rücktritt an, nicht nur wegen politischer Unzufriedenheit, sondern auch aus Gesundheitsgründen. Seine Leiden nötigten ihn, 1872–1873 das Amt des preußischen Ministerpräsidenten abzugeben und im Jahre 1884 den gleichen Schritt noch einmal zu erwägen.

Zwei seiner körperlichen Beschwerden rührten von Verletzungen her. Bismarck war nie ein besonders guter Reiter – Beobachter fanden, daß er sich den Bewegungen des Pferdes nicht anpassen konnte –, ritt aber in seiner Jugend gleichwohl sehr verwegen. Bei dreien der vielen Stürze, die er so erlebte, erlitt er schwere Gehirnerschütterungen, und bei einem Sturz im Jahre 1868 brach er sich drei Rippen.[55] Dauernden Schaden trug er aber nur bei einem dieser Unfälle davon, und diesen verursachte weniger der Sturz selbst als vielmehr dessen ärztliche Behandlung. Während einer Jagd in Schweden 1857 fiel er vom Pferd und behielt ein schmerzendes Bein zurück. Wie schon erwähnt, zerstörte dann das von einem Arzt in St. Petersburg applizierte Senfpflaster eine Vene, was ihn fast das ganze Bein gekostet hätte. Während des folgenden Jahres gefährdeten Komplikationen – Thrombose, Embolie und Lungenentzündung – sein Leben.[56] Danach litt er immer wieder an Entzündungen und Schwellungen des linken Beins und Fußes, die ihn nötigten, am Stock zu gehen, oder ihn sogar an das Sofa und das Bett fesselten. 1874 verletzte ihn die Kugel des Attentäters Kullmann an der rechten Hand, die seitdem taub und schwach blieb, wodurch er gezwungen war, auch viele Privatbriefe zu diktieren, die er lieber eigenhändig geschrieben hätte.[57]

Überdies litt Bismarck in zunehmendem Maße an Anfällen von Neuralgie, Rheumatismus und Gicht (die starke Hüft-, Gesichts- und Beinschmerzen mit sich brachten), an Migräne, Krampfadern sowie häufigem Auftreten von Grippe, Gelbsucht, Gürtelrose und Hämorrhoiden. Seine dauerhaftesten Leiden neben denen, die das linke Bein ihm verursachte, waren Verdauungsstörungen, die mit heftigen Magenschmerzen, Krämpfen und Erbrechen einhergingen. In seinen späteren Jahren kamen dazu wiederholt stechende Schmerzen, die ihm eine Gesichtsneuralgie verursachte (*Tic douloureux* oder Trigeminusneuralgie); diese kamen und gingen in Abständen und waren auf die Dauer nicht zu kurieren. Während der siebziger Jahre fürchtete Bismarck oft, einen Schlaganfall zu erleiden, und 1880 glaubte er, tatsächlich einen erlitten zu haben. Wie wir später sehen werden, meinten 1882 und 1883 er selbst und seine Ärzte, daß er höchstens noch einige Monate zu leben habe.[58]

Obwohl es also an nachweisbaren körperlichen Leiden nicht fehlte, waren offensichtlich manche von diesen psychosomatisch bedingt. Seine gesammelten Werke, insbesondere seine überlieferten mündlichen Äußerungen, enthalten so viele Klagen über seinen Gesundheitszustand, daß sich dabei der Verdacht aufdrängt, er sei hypochondrisch gewesen. Daß er ein Hypochonder war, bestätigen die Zeugnisse von Personen, die während der siebziger und achtziger Jahre näheren Umgang mit ihm hatten. So liest man: «Er war recht empfindlich gegen körperlichen Schmerz und Unbehagen, litt darunter stark, selbst bis zum Weinen, und klagte sehr, bisweilen in übertriebener Weise. Es war ihm dann ein Bedürfnis, von seiner Umgebung bemitleidet und liebevoll behandelt zu werden, und er empfand es bitter, wenn das nicht in genügendem Maße geschah. Durch freundlichen Zuspruch, Scherze, Mitleidsäußerungen ließ er sich öfters ablenken und vergaß dann seine Beschwerden. Sehr eigentümlich war dabei seine Stellung zur Heilkunde und zu den Ärzten. Er war sehr bedacht auf alles, was seinen Körper anging, ließ sich regelmäßig messen und wägen, hatte auch immer einen Hausarzt, der ihn jeden Tag besuchen und lange Zeit hindurch sogar zu Bett bringen mußte. Für Mittelchen interessierte er sich lebhaft, gab auch anderen gern ein Pulver, wenn sie Kopfschmerzen hatten. Sein Hauptleiden war hartnäckige Schlaflosigkeit, die zeitweilig mit Opium, später mit Paraldehyd, auch mit Bädern und Wicklungen behandelt wurde.»[59]

Bei einer parlamentarischen Soiree im Mai 1872 beschrieb Bismarck das Übel: «Mein Leiden besteht hauptsächlich in einer großen Schlaflosigkeit. Ich kann durchaus nicht einschlafen, was ich auch versuchen mag. Ich lese dann, stehe wieder auf, gehe in meinem Logis herum, rauche – es hilft alles nichts, und es wird oft 7 Uhr früh, bevor ich fest einschlafe! Da schlafe ich dann oft bis 2 Uhr mittags. Ich weiß, meine Nerven sind daran schuld – die habe ich in Versailles gelassen! Und das Schändliche ist, daß mir, wenn ich nicht einschlafen kann, aller

Ärger, den ich gehabt habe, einfällt, und in verstärktem Maße, nie etwas Angenehmes; ich finde vortreffliche Antworten auf Äußerungen, die mich geärgert haben – darüber wache ich aber eben wieder auf und komme zu keinem ruhigen Schlafe.»[60] «Ich habe nicht schlafen können, ich habe die ganze Nacht gehaßt», sagte er eines Morgens zu Tiedemann. Lucius hörte ihn 1876 sagen: «Wenn ich schlaflos im Bett liege, kommen mir oft Gedanken über ungesühntes Unrecht, das mir vor dreißig Jahren widerfahren ist ... So denke ich noch an die rohen Mißhandlungen im Plamannschen Institut, wo man Kinder von acht bis zwölf Jahren mit Rappierstößen Morgens weckte. Die Lehrer waren aus der Rousseauschen Naturschule und haßten außerdem die adligen Jungen.»[61]

Hypochondrie und Schlaflosigkeit gingen mit ungeheurem Appetit, man kann schon sagen, Gefräßigkeit einher. Leute, die es sich leisten konnten, aßen wahrscheinlich im 19. Jahrhundert mehr als heutzutage. Doch selbst die Zeitgenossen äußerten Erstaunen angesichts des Verzehrs an Bismarcks Tisch. «Als ich zum ersten Male bei ihm speiste, klagte er über Appetitlosigkeit, und ich gewahrte dann mit wachsendem Staunen, daß er von jedem Gericht eine Dreimännerportion vertilgte», berichtet Tiedemann. «Mit Vorliebe genoß er schwere und unverdauliche Speisen und die Fürstin begünstigte diese Neigung. Wenn er in Varzin oder Friedrichsruh an einer Magenverstimmung litt, hatte sie nichts Eiligeres zu tun, als an Borchardt in Berlin um Zusendung einer Gänseleber- oder Krammetsvogelpastete größter Sorte zu telegraphieren. In diese legte, wenn sie am nächsten Tage bei Tische präsentiert wurde, der Fürst schon auf den ersten Anhieb eine große Bresche; während sie weiter herumgereicht wurde, verfolgte er sie mit eifersüchtigen Blicken, was zur Folge hatte, daß jeder der Anwesenden sich des Spruches erinnerte: ‹Bescheidenheit ist eine Zier›, ohne den Nachsatz zur Anwendung zu bringen. Kam die Pastete dann, in ihrem Volumen nur um ein geringes vermindert, an ihn zurück, so verzehrte er sie bis auf den letzten Rest. Kein Wunder, daß bei solchen kulinarischen Exzessen gastrische Störungen an der Tagesordnung waren».[62]

Im Herbst 1880 beschrieb Tiedemann in einem Brief, wie man in Friedrichsruh frühstückte. Es werde immer «um neun aufgestanden und um zehn Uhr gefrühstückt: Roastbeef oder Beefsteak mit Kartoffeln, kalter Wildbraten, Krammetsvögel, aufgebratener Pudding, u.s.w.» Zum Diner wurden sechs schwere Gänge und Dessert serviert.[63] Die letzte Mahlzeit (der «Tee») wurde gegen Mitternacht gereicht, und Bismarcks Schlaflosigkeit wird auch damit etwas zu tun gehabt haben. «Gegessen wird hier nach wie vor, daß die Wände krachen», konstatierte Tiedemann. Während der fünfziger und sechziger Jahre rauchte Bismarck ohne Unterlaß von früh bis spät schwere Zigarren. Zu Beginn des Jahres 1879 begann er Pfeife zu rauchen, denn die Zigarren schmeckten ihm nicht mehr. Der berühmte Rechtsgelehrte Rudolf Ihering hörte ihn sagen: «Mehr als hunderttausend Zigarren und zehntausend Flaschen Champagner kann der Mensch in seinem Leben nicht gut ertragen.» Als Ihering zweifelnd bemerkte, daß doch wohl kaum jemand in die Lage kommen werde, soviel Champagner zu sich zu nehmen, brüstete sich Bismarck: «O doch, in meiner diplomatischen Periode habe ich nicht selten des Mittags zwei Flaschen Champagner zu mir genommen.»[64] Bismarck war stolz darauf, viel vertragen zu können, und behauptete, in seiner Jugend habe er sechs Flaschen Wein leeren können, ohne daß ihm davon übel oder er betrunken geworden wäre. Einem Zeugnis zufolge trank er Wein zu jeder Mahlzeit (selbst – neben Milch und Limonade – zum Frühstück), Bier oder Schaumwein während seines nachmittäglichen Ausritts und Bier während des Abends.[65] Der bayerische Gesandte in Berlin, Hugo Graf von Lerchenfeld-Köfering, erinnerte sich eines Abends, an dem Bismarck, der im Laufe der Soiree «mehrere Liter Bockbier» getrunken hatte, ihn einlud, noch zu bleiben, als die übrigen Gäste gingen, worauf dann die beiden abwechselnd Jamaika-Rum und Champagner tranken und zum Schluß, um zwei Uhr früh, Portwein. Bismarck wurde dabei nach Lerchenfelds Bericht lebhaft und gesprächig, zeigte im übrigen jedoch kein Anzeichen einer Wirkung des so reichlich genossenen Alkohols.[66]

Was Bismarcks Gäste beeindruckte, beunruhigte seine Ärzte. Mit zweiunddreißig Jahren wog er 91 Kilogramm, was bei seiner Körpergröße vermutlich ein normales Gewicht war. Doch mit vierundsechzig wog er 123,5 Kilogramm.[67] Seinen Ärzten war natürlich klar, daß sein Übergewicht und der reichliche Genuß von Tabak und Alkohol nicht geeignet waren, seine gesundheitlichen Beschwerden zu mildern. Viele Jahre wurde Bismarck von Heinrich Struck betreut, einem Berliner Arzt, der schon 1872 fürchtete, daß seinem Patienten in Kürze ein vollkommener Zusammenbruch bevorstehen könnte. Aber Struck war außerstande, eine Veränderung der Lebensgewohnheiten des Kanzlers herbeizuführen, und 1882 gab er den Versuch auf. Obwohl er ihrer ständig bedurfte, behauptete Bismarck, auf Ärzte, deren Diagnosen und Verschreibungen wenig zu geben. Für ihn waren die Ärzte «Dummköpfe», die «aus einer Mücke einen Elefanten» machten, und wenn man das Gegenteil von dem tat, was sie einem rieten, war man seines Erachtens am besten beraten. Die Ärzte andererseits hielten von ihm als Patienten nicht mehr als er von ihnen. Er verlangte, daß ihm die Ärzte die Gesundheit wiederherstellten, ohne seine Lebensgewohnheiten ändern zu wollen. Ein Arzt, der ihn 1856 behandelte, fand ihn «hysterisch wie ein Frauenzimmer».[68]

Doch im Jahre 1883 gelang einem jungen (33 Jahre) bayerischen Arzt, was dessen Vorgänger vergeblich versucht hatten. Ernst Schweninger brachte Bismarck dazu, seinen Konsum von Alkohol und Tabak zu mäßigen, seinen Tag vernünftiger einzuteilen und sich regelmäßig Bewegung zu verschaffen. Er bestimmte seinen Patienten überdies zu einer gesünderen Ernährung mit weniger fetten Speisen, auf der Basis von Fisch, namentlich Hering, an dem der Patient Geschmack fand. Während der folgenden fünfzehn Jahre betreute er Bismarck fast täglich und verlängerte zweifellos dessen Leben. Sowohl Struck als auch Schweninger profitierten von ihrer Verbindung mit Bismarck. Struck wurde zum Leiter des Reichsgesundheitsamts ernannt, Schweninger erhielt – gegen den Widerstand der medizinischen Fakultät – eine Professur an der Berliner Universität; und obwohl er bei seinen Berufsgenossen nie sehr angesehen war, wurde Schweninger auch ein prominenter Modearzt in der Hauptstadt.[69]

Aus psychoanalytischer Sicht ist Bismarcks Verhältnis zu seinen Ärzten sehr vielsagend. Er konnte nicht auf sie verzichten, wollte seinen Körper ihren Vorschriften und Anordnungen aber nicht unterwerfen. Man muß sich fragen, weshalb es schließlich Schweninger gelang, sich gegen den Widerstand des Patienten durchzusetzen. Er kam allerdings 1883 in einem günstigen Moment, denn man glaubte damals, ein Krebsleiden bei Bismarck diagnostiziert zu haben, und hatte den Kanzler darauf hingewiesen, daß er wohl nicht mehr lange zu leben haben würde. Schweninger hatte Erfolg, weil er ein instinktives Gefühl für die psychischen Bedürfnisse seines Patienten hatte. Jahre später vertraute er einem Historiker an, was an jenem Juniabend des Jahres 1883 geschah, an dem er das Vertrauen des Fürsten gewann: «Bismarck sei, ehe er zu ihm kam, körperlich dem Zusammenbruch nahe gewesen; er glaubte, ein erster Schlaganfall hätte ihn berührt, und litt an schweren Kopfneuralgien und völliger Schlaflosigkeit. Keine Behandlung hatte Hilfe gebracht. Er mißtraute allen Medizinern. Einer seiner Verwandten, sagte Schweninger, habe sich wegen des gleichen Leidens das Leben genommen – ‹das wird auch mein Los sein›. – ‹Nun, heute Nacht, Durchlaucht, werden Sie einmal schlafen.› ‹Das wollen wir abwarten›, erwiderte er skeptisch. Er, Schweninger, habe ihm dann einen feuchten Leibwickel gemacht und einige Tropfen Baldrian gegeben, die er aber als Schlafmittel bezeichnete. Dann habe er sich im Lehnstuhl an sein Bett gesetzt und eine seiner Hände in die seinigen genommen, ‹wie die Mutter bei einem unruhigen Kind›, bis der Kanzler einschlief. Als er am Morgen wieder erwachte, saß der Arzt immer noch an seiner Seite, und er wollte nicht glauben, daß es Tag sei und er wirklich die ganze Nacht geschlafen hätte. ‹Von da ab hatte er Vertrauen zu mir.›»[70]

Schweninger, scheint es, wurde ihm zum Elternersatz. Was immer dessen Mängel als Arzt gewesen sein mögen, er wußte sie durch sein Gespür für die seelischen Bedürfnisse seines Patienten zu kompensieren. Er wohnte wiederholt für längere Zeit unter Bismarcks Dach und überwachte sorgfältig den Lebenswandel des Fürsten – achtete auf dessen Ernährung, darauf, daß er nicht zuviel aß, trank und rauchte, darauf, daß er sich Bewegung verschaffte und nicht zu spät schlafen ging. Offensichtlich ließ der eiserne Kanzler sich gern von ihm ins Bett bringen. Einmal, als der Arzt abwesend war, äußerte Bismarck des Abends beim Zubettgehen zu seiner Tochter Marie, «er bange sich doch sehr nach Schweninger». Er beschwerte sich zwar oft über die Tyrannei seines Arztes, doch er unterwarf sich ihr.[71]

Eine Diagnose

Nach psychoanalytischer Theorie sind Gefräßigkeit, Hypochondrie und Schlaflosigkeit als Symptome einer depressiven Verfassung anzusehen, die auf ein frühkindliches Trauma zurückgeht, das durch ein widriges Ereignis im Leben des Erwachsenen wieder spürbar geworden ist.[72] Wie wir sahen, haben die wichtigsten Bezugspersonen Bismarcks während seiner frühen Jahre – ein verbindlicher, aber untüchtiger Vater, eine dominierende, doch ferne und egozentrische Mutter, strenge und wenig mitfühlende Lehrer – die emotionalen Bedürfnisse des Kindes nicht befriedigt. Um in dieser wenig entgegenkommenden Umwelt psychisch bestehen zu können, war er genötigt, sich ganz auf seine angeborenen körperlichen und geistigen Fähigkeiten zu verlassen. Er gewann seine psychische Selbständigkeit nicht allmählich, indem er sich zuerst auf andere verließ und sich von dieser Abhängigkeit dann Schritt für Schritt emanzipierte, sondern verhältnismäßig früh und abrupt. Sein Autonomieempfinden war deshalb zugleich sehr intensiv und verletzlich. Es bedurfte der ständigen Unterstützung von innen (durch Selbstbeherrschung, eigene Leistungen und Selbstachtung) und von außen (durch religiösen Glauben, einen ihm zugewandten Familienkreis und persönliche Dominanz).[73]

Eine Ursache des Traumas, das die Bildung seines Charakters beeinflußte, hat Bismarck selbst genannt. Im Januar 1884 notierte sein damaliger Mitarbeiter Friedrich von Holstein in seinem Tagebuch: «Die Lieblosigkeit im Urteil und der Mangel der Fähigkeit des Anschlusses an andere Menschengemüter sind dem Chef von seiner Mutter teils angeboren, teils anerzogen. Letztere, eine vergnügungslustige Frau, schickte ihn mit 6 oder 7 Jahren in eine Schule und Pension, von deren Härte er oft spricht. Durch seine Erzählungen hat er seine Frau zu einer solchen Erbitterung gegen seine Mutter gebracht, daß erstere öfter mit der ihr eigenen Maßlosigkeit sich über letztere äußert. Vorigen Winter brach sie mal bei Tisch, ich weiß nicht mehr à propos de quoi, in Verwünschungen aus, etwa in dem Stil: ‹Ich hoffe, das nichtswürdige Kreatur wird jetzt gebührend gepeinigt.› Ein ahnungsloser Gast fragte: ‹Von wem reden Sie Fürstin?› ‹Von seiner Mutter.› ‹Von wessen Mutter?› ‹Von Bismarcks Mutter.› Darauf Schweigen, welches der Kanzler mit der Bemerkung unterbrach: ‹Ja, mein Pessimismus ist auf meine Mutter und auf die Erziehung, welche ich in der ersten Jugend von ihr erhielt, zurückzuführen.›»[74] Passenderweise kam es zu diesem Gespräch bei Tisch. Durch Völlerei entschädigte sich der erwachsene Bismarck für die emotionalen Entbehrungen seiner Kindheit.

Während er sich aber häufig über seine Mutter und über seine Lehrer beklagte, sprach er vom Versagen seines Vaters als Erzieher nur selten. Und doch haben wir gesehen, daß der nicht sonderlich lebenstüchtige und von der Mutter beherrschte Vater dem jungen Otto nicht das starke, idealisierbare Vorbild war, das dieser gebraucht hätte, um sein ödipales Problem zu lösen. Aus eben diesem Grunde mag Bismarck sich als junger Mann nach einem kurzen Flirt mit republikanischen Ideen so entschieden mit dem Adel als Stand identifiziert haben, obwohl er für einzelne preußische Adelige so häufig Verachtung äußerte. In dem idealisierten Adelsstand, dem Junkertum als sozialer Kaste mit seiner langen Tradition der Führerschaft in Armee und Regierung und seiner Ethik der Pflichterfüllung und der Opferbereitschaft, fand er offenbar die Stärke und die Autorität, die dem Vater fehlten. Dies würde nicht nur erklären, weshalb sich Bismarck für die von ihm dann so ehrgeizig verfolgte Laufbahn entschied, sondern auch mit der Pathologie seines Verhaltens als Erwachsener übereinstimmen.

Während seine Ärzte den «Bankrott» seines Nervensystems auf Überarbeitung, unregelmäßige Lebensführung und falsche Ernährung zurückführten, schrieb Bismarck selbst ihn der politischen Opposition zu, mit der er ständig zu kämpfen hatte. Die erste gefährliche Krankheit seines Lebens, die der Jahre 1859–1860, hatte körperliche Ursachen (eine Beinverletzung, Lungenentzündung und rheumatisches Fieber). Aber die Heftigkeit des Leidens war gewiß das Ergebnis jahrelanger Unzufriedenheit – mit der fehlenden Bereitschaft seiner Vorgesetzten in Berlin, die von ihm befürwortete aggressive Haltung gegenüber Österreich einzunehmen, mit dem Exil in St. Petersburg, zu dem ihn die Regierung der «Neuen Ära» verurteilte, mit der Entscheidung für eine Steuerreform (die Aufhebung der Befreiung adeliger Landbesitzer von der Grundsteuer), die ihm zutiefst gegen den Strich ging. Der wahre Grund der fast tödlichen Krankheit war nach Bismarcks eigener Überzeugung eine Explosion des ganzen Ärgers, der sich während der acht in Frankfurt verbrachten Jahre in ihm angesammelt hatte. Alexander von Below, dessen Gast er in jenem schwierigen Winter war, stimmte ihm darin zu. Die größte Gefahr, die Bismarcks Gesundheit bedrohte, schrieb er an Blanckenburg, sei dessen Beruf. Bismarck habe dabei allzulange seine Energien auf extreme Gedanken und Gefühle konzentriert. Was er dagegen verschreiben würde, sei schlicht das Gebot: «Liebe deine Feinde!» Dies sei das beste Tor, den steigenden Druck aus der Dunkelheit seines kranken Körpers abzulassen, und die beste Medizin gegen die erstaunlichen Visionen und Vorstellungen, die drohten, «ihn in den Tod zu ziehen».[75]

Die Feinde, die Bismarck zu diesem selbstzerstörerischen Zorn reizten, waren nicht Vertreter fremder Mächte, sondern stets Leute, die sozusagen an seinem heimischen Herd saßen. Von den Vertretern fremder Mächte erwartete er, daß sie den seinen entgegengesetzte Interessen verfolgten. Sie gehorchten damit nur dem Naturgesetz des europäischen politischen Systems. Deshalb lebte er unter den Strapazen der Feldzüge von 1866 und 1870 sichtlich auf. Seine Assistenten staunten über die fast übermenschliche Arbeitskraft, die er während des Sommers und Herbsts 1870 bewies. *«C'est la guerre»*, pflegte er zu sagen, da seien seine Nerven plötzlich wie aus Draht.[76] Die Rückfälle, die er nach beiden Kriegen erlitt, schrieb er dem Ärger mit dem König, mit Generälen, Ministern und politischen Parteien zu. Was ihn am meisten verletzte, war die wachsende Opposition in den Reihen seines eigenen Standes. Viele konservative Junker brachen 1872 offen mit seiner Regierung wegen seiner Haltung im Kulturkampf und in anderen Fragen. Ihre Entfremdung kostete Bismarck viele vertraute Weggenossen, einstige Duzbrüder, die ihn nun beschuldigten, seinen Stand zu verraten, dessen Interessen und jenen der Monarchie zu schaden, ja die göttliche Ordnung zu verletzen und sich von Gott abzuwenden. Bismarck seinerseits hatte kein Verständnis dafür, daß Konservative sich weigerten, bei einer wichtigen politischen Frage der Regierung des Königs zu folgen. Das Ausbleiben der Unterstützung kam seines Erachtens der Fahnenflucht auf dem Schlachtfeld gleich, offene Opposition war Verrat. Wirklich wurde Bismarck von den Konservativen schärfer als von Demokraten, Sozia-

Wilhelmine Luise von Bismarck, 1823. Gemälde von F. Frégévize

listen und Katholiken angegriffen. Angeführt von der *Kreuzzeitung* tadelten sie nicht nur seine Politik, sondern zweifelten auch seine ethischen Grundsätze und seine Ehrlichkeit an.[77]

Schon einmal hatte Bismarck Gelegenheit zu dieser Erfahrung gehabt. «Es geht nichts über Ketzerrichter im eigenen Lager; und unter Freunden, die lange aus einem Topf gegessen haben, ist man ungerechter, als gegen Feinde.» Das war 1860, als die konservative Presse es versäumte, ihn gegen in den liberalen Blättern erhobene Beschuldigungen zu verteidigen. «Mir ist's recht, man soll sich nicht auf Menschen verlassen, und ich bin dankbar für jeden Zug, der mich nach innen zieht», schrieb er damals.[78] Im Dezember 1870 schrieb er aus Versailles an die Gattin: «Wenn man zu lange Minister ist, und dabei nach Gottes Fügung Erfolge hat, so fühlt man deutlich wie der kalte Sumpf von Mißgunst und Haß einem allmählich höher und höher bis ans Herz steigt; man gewinnt keine neuen Freunde, die alten sterben oder treten in verstimmter Bescheidenheit zurück, und die Kälte von oben wächst, wie das die Naturgeschichte der Fürsten, auch der besten, so mit sich bringt; alle Zuneigungen aber bedürfen der Gegenseitigkeit, wenn sie dauern sollen. Kurz mich friert, geistig, und ich sehne mich bei Dir zu sein und mit Dir in Einsamkeit auf dem Lande.»[79] Während der siebziger Jahre zog er sich, soweit möglich, in seinen Familienkreis zurück und verbrachte viele Monate jährlich fern von Berlin auf seinem pommerschen Gut Varzin oder in Friedrichsruh bei Hamburg. In Berlin zeigte er sich selten bei Hof, wo er sich von Feinden umgeben glaubte, oder in der Öffentlichkeit, außer im Parlament und bei den Diners und Soireen, die er selbst für die Parlamentarier gab. Seine Entfremdung von den Standesgenossen war es nicht allein, was ihn in zunehmendem Maße die Öffentlichkeit scheuen ließ, denn in jenen Jahren nahm auch die Bedrohung des Kanzlers durch Mordanschläge zu. Während der siebziger Jahre vermehrte sich die Zahl der Gruppen, aus deren Reihen ein Attentäter hervorgehen konnte, ständig. Da gab es die Ultrakonservativen, die ultramontanen Katholiken, die Polen, die Sozialisten und die Anarchisten. Nach Kullmanns Mordanschlag im Jahr 1874 hatte er stets eine geladene Pistole auf seinem Schreibtisch liegen. Ging er aus, so führte er sie in der Tasche bei sich, «oder wenigstens ein Messer». Zwei Polizisten in Zivil folgten ihm in diskretem Abstand und bewachten nachts sein Haus.[80]

Im eigenen Heim fand Bismarck das Gefühl von Sicherheit und unbestrittener eigener Dominanz, das ihm seine Standesgenossen und Landsleute nicht mehr vermitteln konnten. Johanna von Puttkamer war eine schlichte, eher unansehnliche, fromme und etwas schüchterne Person, die sich damit von anderen Frauen, denen Bismarck den Hof gemacht hat, merklich unterschied. Laura Russell, Isabella Loraine-Smith, Marie von Thadden und Katharina Orlow werden sämtlich als schöne, lebhafte Frauen beschrieben (von Ottilie von Puttkamer ist keine Beschreibung überliefert) und glichen insofern Bismarcks Mutter. Seine Briefe an die Braut und Gattin lassen aber keinen Zweifel daran, daß, wenn jene ihn bezauberten, er Johanna von Herzen liebte. In rascher Folge wurden dem Paar drei Kinder geboren; 1848 Herbert, 1849 Wilhelm (der in der Familie «Bill» genannt wurde), 1852 Marie. Bismarck verlangte von seiner Frau, was er als Kind im Elternhaus hatte entbehren müssen, eine mütterliche Rolle, einfach, warmherzig und auf ihn angewiesen, ohne sozialen Ehrgeiz und gesellschaftliche Prätentionen. Zu Beginn seiner diplomatischen Karriere 1851 versicherte er ihr eben das sehr eloquent in einem Brief, in dem er ihre Sorgen über das fremde neue Leben, das sie als Gattin des preußischen Gesandten beim Bundestag erwartete, zu zerstreuen suchte: «Ich habe Dich geheiratet, um Dich in Gott und nach dem Bedürfnis meines Herzens zu lieben und um in der fremden Welt eine Stelle für mein Herz zu haben, die all die dürren Winde nicht erkälten und an der ich die

Wärme des heimathlichen Kaminfeuers finde, an das ich mich dränge, wenn es draußen stürmt und friert; nicht aber, um eine Gesellschaftsfrau für Andere zu haben, und ich will Dein Kaminchen hegen und pflegen und Holz zulegen und pusten, und schützen und schirmen gegen alles Böse und Fremde».[81]

Viele Männer suchen in der Ehe die Geborgenheit, die ihnen als Kinder die Mutter gab. Bismarcks Problem war vielleicht, daß er unbewußt zugleich die Mutter ersetzen wollte, die er hatte (gebildet, begehrenswert und gewandt) und in einer Reihe von Frauen, zu denen er sich hingezogen fühlte, wiederfand – und die Mutter suchte, die er nie gehabt hatte (warmherzig, liebevoll, beschützend, mit starkem mütterlichen Instinkt), jene Frau, die ihm dann Johanna war. Man kann nicht sagen, daß sie ihm alles war, was er von einer Frau erwartete. Johanna war ein Mädchen vom Lande mit beschränkter Erfahrung, das von der großen Gesellschaft, in der ihr Mann nach einer Karriere strebte, sehr wenig wußte und wissen wollte. Im Alter hat er einmal zu seiner Schwiegertochter Marguerite gesagt: «Man glaubt gar nicht, wie schwer es mir wurde, aus einem Fräulein von Puttkamer eine Frau von Bismarck zu machen; ganz ist es mir erst nach dem Tode der Eltern gelungen.»[82] Viele seiner frühen Briefe bezeugen dieses Bestreben, in dem er letztlich doch nie ganz erfolgreich war.[83] Schöne, elegante, geistreiche Frauen zogen ihn auch weiterhin an. Obwohl seine Beziehungen zu solchen Frauen stets platonisch blieben, wäre ihn eine fast teuer zu stehen gekommen. 1865 traf er in Bad Ischl eine Bekannte, die berühmte Opernsängerin Pauline Lucca, vor dem Hotel, in dem er wohnte und in dem auch sie abgestiegen war. Sie überredete ihn, sie zu einem Photographen zu begleiten, der Aufnahmen von ihr machen sollte. Zum Spaß ließen sie den Photographen danach ein gemeinsames Bild von sich anfertigen, von dem er alsbald zwei Abzüge an Johanna schickte. Doch dieser Spaß drohte übel auszugehen, als der Photograph Abzüge der Aufnahme öffentlich zu verkaufen begann. Ein Skandal drohte, und es mußten Schritte unternommen werden, ihn zu zwingen, die Platte und die verbleibenden Abzüge zu zerstören.[84]

Johannas Hauptinteressen im Leben waren ihre Familie und ihr Haushalt – ihr Mann und ihre Kinder, deren Gesundheit, Ernährung, Laufbahn und Wohlergehen. 1887 erklärte ihr ältester Sohn Herbert seinem Schwager, Kuno Graf zu Rantzau, die Dynamik des Bismarckschen Haushalts. Die Mutter bestehe nur aus dem Gefühl der Pflicht und Selbstverleugnung, schrieb er. Obwohl sie das Theater liebe, ginge sie doch nie aus, weil sie fürchte, damit irgendeine Pflicht zu vernachlässigen oder nicht zur Stelle zu sein, wenn Otto etwa mit ihr reden wolle. «Sie hat das Bedürfnis, fortwährend Opfer zu bringen, und sobald ihr dieses Gefühl bei irgend einer Sache abgeht, so hat sie die Empfindung, als täte sie etwas Unrechtes.» Früher, als sie noch jung und gesund gewesen, habe sie außer Gouvernanten, die ihr manches abnahmen, immer auch eine Gesellschafterin zur Verfügung gehabt. Jetzt, da sie alt und schwächlich sei, wolle sie alles allein bewältigen. So bedürfe sie dringend mindestens einmal jährlich eines Urlaubs. «Wenn sie bei Papa ist, gibt es das aber nicht für sie: das ist ihr ‹Dienst›, den sie sich noch

Isabella Loraine-Smith
in den dreißiger Jahren

Marie von Thadden-Trieglaff, Ehefrau
von Moritz von Blanckenburg, um 1842

Fürstin Katharina Orlow

Johanna von Bismarck 1855

Bismarck und Pauline Lucca in Bad Ischl, 22. August 1865

besonders anstrengend gestaltet, und außerdem regt sie sich, und Papa mit unnötig auf über jedes kleinste Vorkommnis, das eine vorübergehende Gesundheitsstörung oder schlechte Nacht für Papa mit sich bringt ... Papa ist selbst erschöpft und ruhebedürftig, er hat zuviel im Kopf, um mit Mama die üblichen Themata – Berliner Klatsch, pommersche Verwandte, Alt-Frankfurt etc. – so zu besprechen, wie Mama das gern mit ihren ladies-friends stundenlang tut».[85]

Bismarck gehorchte sie aufs Wort, wie ihr Sohn wohl wußte. Sie machte sich Bismarcks Vorlieben und Abneigungen, seine Urteile und Vorurteile vollkommen zu eigen. Wenn ihr geliebtes «Ottochen» sich über irgendjemandes Verhalten aufregte, erbitterte sie sich darüber mehr als er und nahm die Last seines Zorns auf sich, bis er sich beruhigte.[86] Seine Söhne Herbert und Wilhelm und sein Schwiegersohn Rantzau wurden seine vertrautesten Mitarbeiter, die ihm nicht nur in seinen Staatsgeschäften zur Hand gingen, sondern sich auch um seine

Mit Familie und Freunden auf Rügen, Herbst 1866.
Vordere Reihe, von links: Fürstin Wanda zu Putbus, Bismarck, seine Tochter Marie; hintere Reihe, von links: Graf Archambaud-Talleyrand, Fürst Wilhelm zu Putbus, Johanna, Moritz Graf von Lottum, Frau von Romberg.

persönlichen Bedürfnisse sorgten. Doch fand die Baronin Spitzemberg, daß der Fürst «trotz aller Liebe» am persönlichen Leben seiner Angehörigen nicht viel Anteil nehme. Sie beobachtete stets ein eigentümliches «Fürsichsein» des Fürsten im Kreise seiner Familie.[87]

Während er seinen eigenen Haushalt uneingeschränkt dominierte, fürchtete Bismarck doch ständig, daß andere Männer, wie sein Vater, das nicht taten. Mit fast paranoidem Mißtrauen witterte er überall Intrigen, die nach seiner Meinung ohne Unterlaß von den Gattinnen der Staatsmänner, Diplomaten, Minister und Monarchen, mit denen er es zu tun hatte, gegen ihn und seine Politik angezettelt wurden. 1881 suchte er nach Kräften die Ehe seines damals zweiunddreißigjährigen Sohnes Herbert mit der Fürstin Elisabeth von Carolath zu verhindern – hauptsächlich wegen deren Verwandtschaft mit Walther Freiherr von Loë und dem Grafen Alexander von Schleinitz, die er im Bunde mit der Kaiserin Augusta wähnte, mit der er schon seit 1848 verfeindet war. Augusta haßte und fürchtete er bis zuletzt, und dementsprechend schlecht kommt sie in den *Gedanken und Erinnerungen* weg, die er nach seiner Entlassung verfaßte.[88]

In psychoanalytischer Beleuchtung verrät Bismarcks Verhalten während der siebziger Jahre, daß der Bruch mit so vielen alten Freunden und Standesgenossen ihm schwer zu schaffen machte. Deren Ablehnung riß ein in ferner Vergangenheit erlittenes Trauma wieder auf, kränkte ihn so sehr, daß seine Gesundheit darunter litt, und nötigte ihn, am heimischen Herd und an der heimischen Tafel die nahrhaften Tröstungen zu suchen, deren sein verletztes Selbstwertgefühl bedurfte. Doch die politische Arena überließ er seinen Widersachern nicht. Seine Reaktion verband Regression mit gesteigertem Narzißmus. Inmitten seiner Angehörigen, wo seine Allmacht nicht in Frage gestellt wurde, schmiedete er die Donnerkeile, mit denen er die Gegner, die sich seiner Macht und seinen Absichten in der politischen Welt widersetzten, zu zerschmettern gedachte. Doch selbst dort fand er sein Bedürfnis nach Liebe und Akzeptanz unbefriedigt. Deshalb aß und trank er so unmäßig und forderte Mitleid, indem er über sein Befinden klagte. Bismarck war mehr aus Blut als aus Eisen.

Er hatte ein bemerkenswertes Talent, Nachteile in Vorteile zu verkehren und das Mißgeschick zum Glücksfall zu machen. Den schlechten Zustand seiner Gesundheit im allgemeinen und seiner Nerven im besonderen wußte er wiederholt so auszuspielen, daß ihm der König, die Minister, ja sogar der Reichstag zu Willen waren. In kritischen Augenblicken erklärte er oft, daß er die Reibungen des politischen Lebens nicht länger ertrüge und bei andauerndem Widerstand genötigt sein werde, um seine Entlassung zu bitten, sich nach Varzin oder Friedrichsruh zurückzuziehen und das Land seinem Schicksal zu überlassen. So groß war sein Gewicht in der Regierung und im politischen Leben Deutschlands nach 1870, daß diese Taktik oft den gewünschten Erfolg zeigte. Selbst scharfe Kritiker seiner Innenpolitik waren von seiner Unentbehrlichkeit für die Außenpolitik überzeugt. Einwände wurden beiseite geschoben, Maßnahmen gebilligt, Minister entlassen, Räte versetzt und sogar parlamentarische Beschlüsse umgestoßen, weil der Kanzler erklärte, seine Gesundheit erfordere das. Andererseits verschärfte Bismarcks häufige Gereiztheit die Spannungen zwischen ihm und seinen Kollegen und Untergebenen sowie den Angehörigen des Parlaments. Die stundenlangen nächtlichen Debatten, zu denen der Schlaflose die Geister seiner Gegner beschwor, um ihre Argumente zu widerlegen und ihnen böswillige Beweggründe zu unterstellen, wirkten zweifellos über den Schlummer der Erschöpfung in den Morgenstunden hinaus in den hellen Tag hinein. Und so argumentierte er bitter und scharfzüngig, was ihn um die Dienste vieler hochbefähigter Untergebener und Kollegen brachte und in die deutschen Parlamentsdebatten einen scharfen Ton, der als eines seiner weniger segensreichen Vermächtnisse eingeschätzt werden muß.

Bismarcks körperliches und seelisches Befinden nötigte ihn, alljährlich lange Zeit auf seinen Gütern zu verbringen. Varzin war zehn Stunden weit von Berlin entfernt (acht Stunden Eisenbahn und zwei Stunden Kutschfahrt), Friedrichsruh war mit der Eisenbahn in vier Stunden zu erreichen. Wenn er sich dort aufhielt, ratterte ununterbrochen der Telegraph, und Kuriere kamen und gingen. Der Kanzler bildete sich gern ein, daß er von Friedrichsruh aus ebenso gut regieren könne wie in Berlin. Doch seine langen Abwesenheiten von der deutschen Hauptstadt machten die ohnedies schon reichlich komplizierten bürokratischen Beziehungen zwischen den Regierungsbehörden noch schwieriger, beraubten Minister und Räte der Gelegenheit zu schneller Verständigung und schnellem Informationsaustausch und hatten nicht selten Mißverständnisse hinsichtlich seiner politischen Absichten und Pläne zur Folge. Selbst in Berlin schränkte er den Kontakt mit hohen Regierungsbeamten häufig radikal ein, während langer Phasen kommunizierte er nur durch Adjutanten mit ihnen. Überreizte Nerven und physische Schwäche zwangen ihn oft, die Arbeit niederzulegen oder seine Arbeitszeit auf zwei Stunden zu begrenzen. Einige Jahre lang zeigte er sich nur sehr selten zur Verteidigung seiner Politik im Parlament, so daß man dort ironisch von dem «mythischen» Kanzler sprach. Sein Befinden war denn auch häufig Gegenstand beunruhigender Gerüchte; so wurde zum Beispiel erzählt, das ihm von Struck und Schweninger gegen Schmerzen und Schlaflosigkeit verschriebene Morphium habe ihn rauschgiftsüchtig gemacht.[89]

Fast zwanzig Jahre lang fürchteten seine politischen Verbündeten und erhofften seine politischen Feinde seinen baldigen Rücktritt. Doch Jahr für Jahr, durch eine Krise nach der anderen hielt er hartnäckig an der Macht fest, weil er nicht anders konnte. «Er will à tout prix bleiben, jetzt und künftig, und zwar weil er wohl die Empfindung hat, daß der begonnene Bau unter dem Hohngelächter der Welt zusammenfällt, sobald er die Hand davon thut», schrieb Roon im Januar 1870 an Blanckenburg.[90]

III

Besitz und soziale Perspektive

Für einen späteren deutschen Reichskanzler, den Fürsten Bernhard von Bülow, war es «eine der wundersamsten Erscheinungen der Geschichte ..., daß der Staatsmann, der wie kein zweiter aus der deutschen Erdscholle emporgewachsen war, der Gutsherr von Schönhausen und Deichhauptmann des Kreises Jerichow, der Mann, von dem, als er schon lange Reichskanzler war, seine Frau sagen konnte, eine Wruke (Kohlrübe) interessiere ihn mehr als die ganze Politik, mehr zur Industrialisierung Deutschlands beigetragen habe als irgendein anderer: ‹Was er webt, das weiß kein Weber.›»[1] Wenn man das Bild, das Bismarck von sich selbst hatte, akzeptiert – das des einfachen Landjunkers, den nur unerbittliches Pflichtgefühl trieb, dem Staat auch in einer ihm eigentlich verhaßten städtischen Umgebung zu dienen –, mag seine Laufbahn allerdings merkwürdig erscheinen. Doch dieses Bild ist irreführend. In seinen jungen Jahren hat er sich länger in Berlin als auf dem Lande aufgehalten. Er ist in der Stadt aufgewachsen, wenn das auch seinen Wünschen nicht entsprochen haben mag. Er wurde ein reicher Mann, verdankte seinen Reichtum aber weniger der Landwirtschaft als vielmehr Geschenken und Anlagen in Aktien und Wertpapieren. Obwohl der größte Teil seines Reichtums in Landgütern und ländlichen Industrien angelegt war, war ihm die Welt des Kapitalismus doch nicht fremd. Und er war nicht blind für den Fortschritt der sozialen Veränderungen und für die Konsequenzen, welche der alten sozialen und politischen Ordnung daraus zu erwachsen drohten.

Die Interessen der Landwirtschaft und der Gutsbesitzer blieben stets sein nächstes Anliegen. Doch er reagierte auf die Bedürfnisse des Industriekapitalismus und förderte bewußt die soziale Vermischung des preußischen Adels mit dem Großbürgertum. Ihm war auch klar, daß sich sein Regime, wenn es von Dauer sein sollte, nicht ausschließlich auf eine Koalition der besitzenden Eliten stützen könne, sondern auch den Interessen von Kleinbauern, Landarbeitern, Handwerkern und Fabrikarbeitern dienen müsse. Allerdings versagte sein Weitblick, wo es darum ging, mit konkreten Maßnahmen jenen breiten Konsens politischer Gruppen und Interessen herbeizuführen, dessen es bedurfte, um die tiefen Spaltungen der deutschen Gesellschaft zu überwinden und dem von ihm geschaffenen Regime Dauer zu verleihen. Sein Versagen erklärt sich aus der Beschränktheit seiner eigenen Erfahrung und der daraus resultierenden Perspektiven, aus seinem eigenen narzißtischen Machtstreben und seiner mangelnden Einsicht in die simple Tatsache, daß geistige Überzeugungen nicht allein mit Zwang und Materialismus überwunden werden können.

Bismarcks Vermögen

Unter den Gründen, die Bismarck 1838 bestimmten, aus dem Staatsdienst auszuscheiden, nannte er selbst die sehr bescheidenen finanziellen Erwartungen, die dieser ihm bestenfalls gestattet hätte. «Ein Gehalt, mit dem ich bei meinen Bedürfnissen heirathen und in der Stadt einen Hausstand bilden könnte, würde ich, bei der besten zu erwartenden Carriere, im 40ten Jahr, etwa als Präsident u. dergl. haben, wenn ich trocken von Actenstaub, hypochonder, brust- und unterleibskrank vom Sitzen geworden sein werde und einer Frau zur Krankenpflege bedarf.» Er war überzeugt, daß der Besitz eines großen Vermögens erforderlich sei, «um am Staatsdienst Freude zu finden, damit ich sowohl in jeder Lage mit dem Glanz, den ich für anständig halte, öffentlich auftreten kann, als auch mit Leichtigkeit im Stande bin, alle Vortheile, welche mir ein Amt gewährt, aufzugeben, sobald meine dienstlichen Pflichten mit meiner Überzeugung oder meinem Geschmack in Widerspruch treten».[2] Bismarck sollte schließlich das Vermögen erwerben, das ihm die von ihm als unabdingbar erachtete Unabhängigkeit gewährte. Doch war der Erwerb dieses Vermögens nicht Voraussetzung für seinen Eintritt in den Staatsdienst, sondern umgekehrt dieser für jenen. Hätte er nicht dem Staat gedient, wie er es tat, und dabei wichtige Beziehungen anknüpfen können, wäre er nie mehr als ein leidlich wohlhabender Landjunker geworden.

1887 schätzte Bismarck sein Vermögen auf etwa 12 Millionen Mark und behauptete, daß der Ertrag seines Kapitals sich in guten Jahren bei hohen Holzpreisen auf 300 000 Mark beliefe, während es ihm in schlechten Jahren gar nichts einbrächte.[3] Diese Einschätzung (die Bismarck nicht dem Finanzamt, sondern einem Journalisten anvertraute) scheint den Tatsachen erstaunlich nahegekommen zu sein. Im Vergleich zu seinem privaten Einkommen war das Gehalt von 54 000 Mark jährlich, das er als Kanzler bezog, relativ klein. Für seine anderen Ämter in der preußischen Regierung bezog er kein Gehalt. Er hatte auch erhebliche Auslagen, die nach seinen eigenen Angaben zwischen 150 000 und 180 000 Mark jährlich schwankten.[4] Es gab Jahre, in denen er erheblich mehr ausgab, als er einnahm. 1884 belief sich Bismarcks Bruttoeinkommen auf 408 426 Mark, seine Ausgaben betrugen 526 692 Mark, so daß sich per Saldo ein Defizit von 118 266 Mark ergab. Allein die Haushaltsausgaben beliefen sich in jenem Jahr auf 119 500 Mark.[5] Höheres Einkommen und wachsendes Kapital gestatteten ihm Schulden und Defizite größeren Ausmaßes. Sein Reichtum verlieh den häufigen Rücktrittsdrohungen der siebziger und achtziger Jahre Nachdruck. Betrachtet man die Bedingungen, unter denen dieser Reichtum erworben und investiert wurde, nähert man sich zugleich der Perspektive, aus der Bismarck volkswirtschaftliche Probleme betrachtete.

Bismarcks Vater, Ferdinand von Bismarck, besaß vier Güter in Brandenburg (Schönhausen) und Pommern (Kniephof, Külz, Jarchelin), die alle schwer mit Hypotheken belastet waren. Von 1821 bis 1839 lebte Ferdinand von den Geldern, die er

Das Gutshaus im pommerschen Kniephof. Zeichnung von Bernhard von Bismarck

Schloß Schönhausen in der Altmark, Bismarcks Geburtshaus.
Lithographie, um 1865

von den Pächtern dieser Güter erhielt, in Berlin. Die Preise landwirtschaftlicher Erzeugnisse waren zu jener Zeit niedrig und die Pacht, die Ferdinand erhielt, dementsprechend, Berlin aber war ziemlich teuer. Überdies hatte dann Otto durch seinen aufwendigen Lebensstil, auf seinen Reisen und am Spieltisch Schulden in solchem Umfang gemacht, daß er sie seiner Familie, soweit möglich, verbarg. Er stimmte deshalb dem Beschluß der Familie, aus Berlin auf die Güter zurückzukehren, gern zu. Otto und sein Bruder Bernhard übernahmen 1838 die Verwaltung der pommerschen Güter, Ferdinand nach dem Tod seiner Frau 1839 diejenige des märkischen Schönhausen. Nach dem Tod des Vaters 1845 teilten sich die Söhne das Erbe. Otto erhielt die steuerfreien Rittergüter Schönhausen und Kniephof und übernahm die Hälfte der auf die nichtadeligen Güter Külz und Jarchelin, die Bernhard zufielen, zu entrichtenden Grundsteuer.

Bismarcks «Flucht aufs Land» erledigte seine finanziellen Sorgen nicht. Auf Kniephof, dessen Wert zwischen 80 000 und 90 000 Taler geschätzt wurde, lag noch 1847 eine Schuld von etwa 38 000 Talern, während das auf 90 000 Taler geschätzte Schönhausen mit 60 000 Talern belastet war.[6] Selbst wenn er keine neuen Schulden gemacht hätte, wäre Bismarck den größten Teil seines Lebens damit beschäftigt gewesen, diese Hypotheken durch gute Bewirtschaftung seiner Güter zu tilgen. Kniephof, das von Schönhausen aus wegen seiner Entfernung nicht gut zu verwalten war, wurde 1847 verpachtet. Im November 1848 erwog der Herr von Schönhausen sogar den Verkauf seines Besitzes, um alle seine finanziellen Probleme «mit einem Schlag» zu lösen. Doch anscheinend gelang es ihm, sich die 3500 Taler, die er für einen drängenden Gläubiger benötigte, von einem Freund zu beschaffen. So gewann er Zeit, ein weiteres Bankdarlehen auszuhandeln und das Gut (ausgenommen Haus und Garten) im folgenden Jahr zu verpachten. Offensichtlich verstanden es die Pächter von Kniephof und Schönhausen, diese Güter mit Gewinn zu bewirtschaften, was dem Eigentümer nicht gelungen war.[7] Zusammen ergaben beide Güter für diesen nun ein Einkommen von etwa 7300 Talern jährlich, von denen 4000 an die Banken gingen, so daß für Bismarck, der inzwischen eine Familie gegründet hatte, ein bescheidenes Einkommen von etwa 3300 Talern übrig blieb.[8] Mit der Wahl in die Abgeordnetenkammer erhielt er das Anrecht auf Diäten in Höhe von einem Taler täglich während der Dauer der Session des Parlaments. Dennoch war er bald gezwungen, um seine Ausgaben bestreiten zu können, auch Haus und Garten in Schönhausen, die er sich eigentlich als Sommerfrische hatte bewahren wollen, zu verpachten.[9]

Seit 1851 erhielt Bismarck als preußischer Gesandter beim Bundestag in Frankfurt ein jährliches Gehalt in Höhe von 18 000 Talern. Der Aufwand, den er davon bestreiten mußte, war jedoch beträchtlich. Im Oktober 1855 schrieb er an den Bruder, daß «dieser Saus und Braus», der in Frankfurt von ihm erwartet werde, es ihm schwer mache, mit seinem Gehalt auszukommen. Die Versetzung nach Rußland 1859 war mit einer Gehaltserhöhung verbunden, er erhielt dort 33 000 Taler jährlich, doch die Umzugskosten (10 000) waren beträchtlich, die Lebenshaltungskosten in St. Petersburg weit höher als in Frankfurt, überdies hatte Bismarck die Stellung nur verhältnismäßig kurze Zeit inne (zwei Jahre).[10] Der drohende Bankrott, seine religiöse Bekehrung und die Ehe mit Johanna hatten Bismarck jedoch zu einem vernünftigen Mann gemacht. Der Verschwendungssucht, die ihn in jüngeren Jahren hingerissen hatte, wußte er sich jetzt zu erwehren; er beschloß zu sparen und zu akkumulieren. Einem Brief des Jahres 1855 zufolge verwandte er die Pacht aus seinen Gütern zu dieser Zeit bereits zur Ablösung der auf diesen liegenden Hypotheken. Durch den Verkauf von Rentenbriefen (Wertpapieren, die von der 1850 vom Staat errichteten Rentenbank ausgegeben wurden, welche die Ablösungssummen bei der Befreiung von Grunddienstbarkeiten oder Grundlasten dem Grundherrn zahlte und die Annuitäten von den Bauern zurückerhob) verschaffte sich Bismarck anscheinend Kapital, mit dem er an der Börse zu investieren begann.[11]

In Frankfurt versicherte sich Bismarck der Dienste Meyer Carl von Rothschilds und über diesen der Bankhäuser der Familie Rothschild in Wien, London und Paris, der klügsten und bestinformierten Anlageberater in Europa. Die Frankfurter Rothschilds verwalteten den größten Teil von Bismarcks Anlagekapital, bis das Ende des Verfassungskonflikts es ihm 1867 ermöglichte, dasselbe ohne Gefahr auf sein Konto bei dem Berliner Bankhaus Gerson Bleichröders zu transferieren. Mit Gerson Bleichröder, einem Berliner Korrespondenten der Rothschilds, kam Bismarck 1859 ins Geschäft, als er einen Berliner Bankier benötigte, der die Überweisung seines Gesandtengehalts während seiner Tätigkeit in St. Petersburg (und später in Paris) für ihn besorgen konnte. Der jüdische Bankier diente Bismarck dann auch weiter, als dieser 1862 nach Berlin zurückkehrte und zum preußischen Ministerpräsidenten ernannt wurde. Die Dienste der Rothschilds und Bleichröders standen natürlich jedem zur Verfügung, der über nennenswerte Mittel verfügte, doch lagen diesen Privatbankiers die Interessen von Kunden mit politischem Status klugerweise in besonderem Maße am Herzen. Bei Anwendung der richtigen alchemistischen Rezepte ließen sich politische Beziehungen leicht in Gold verwandeln. Schon ehe er 1866–1867 den Hauptteil von Bismarcks Kapital zu verwalten begann, hatte Bleichröder diesem besonderen Kunden zu günstigen Investitionen geraten und ihm Optionen auf von seiner Firma ausgegebene Eisenbahn- und Bankaktien gegeben. Mitte 1867 hatte Bismarck bereits 200 000 Taler (600 000 Mark) flüssiges Kapital.[12]

Doch war er demnach schon 1866 ein wohlhabender Mann, machten ihn erst die Dotationen, die er 1867 und 1871 erhielt, reich. Die 400 000 Taler, die er 1867 erhielt, waren an die Bedingung geknüpft, daß sie zum Erwerb eines Erbguts dienen sollten. Da die Summe zum Kauf von Varzin nicht hinreichte, lieh ihm Bleichröder den fehlenden Betrag (zinsfrei!), eine Schuld, welche Bismarck durch den Verkauf von Wertpapieren abtrug.[13] Der Besitzer von Varzin (14 200 Morgen Land mit sieben Dörfern) begann bald auch die angrenzenden Güter mit begehrlichen Blicken zu betrachten. «An jedem Abend bekäme er einen Heißhunger nach dem Annektieren dieser Güter», hörten Besucher ihn 1868 sagen. «Am Morgen könne er sie ruhig betrachten.»[14] Doch schließlich behielt der Heißhunger des Abends die Oberhand. 1874 war Varzin auf 20 000 Morgen angewachsen, auf 700 000 Taler (2 100 000 Mark) wurde nun der Wert des Guts geschätzt. Einen Teil des Kaufpreises hatte Bismarck sich durch den Verkauf von Kniephof an einen Neffen verschafft. Der Sachsenwald war ursprünglich 16 875 Morgen groß und wurde auf einen Wert von 1 Million Taler (3 Millionen Mark) geschätzt, sein jährlicher Ertrag belief sich normalerweise auf 34 000 Taler (102 000 Mark). Um dort einen Wohnsitz zu gründen, erwarb Bismarck 1879 für 255 000 Mark das Gasthaus und den Park von Friedrichsruh hinzu. Wie in Varzin konnte er auch in Friedrichsruh der Begierde, seinen Besitz zu arrondieren, nicht widerstehen, so daß sein Sachsenwald schließlich 20 400 Morgen umfaßte. «Ich kann nicht anders», gestand er Moritz Busch, «wenn ein Nachbar mit einer Koppel in das Meinige hineinragt, und es steht eine hübsche Baumgruppe darauf, und sie soll niedergeschlagen werden, da muß ich die Koppel haben.»[15]

Bei diesen Käufen bezahlte er oft, wie Busch ihn weiter sagen hörte, zu teuer und lud sich neue Schulden auf, obwohl der treue Bleichröder ihm Hypotheken in Höhe von fast einer Million Mark zu niedrigen Zinsen und Tilgungsraten gewährte. Zwei weitere Güter erwarb er ohne Aufwendungen eigener Gelder. 1871 erbte seine Frau das Rittergut Reinfeld in Pommern, und 1885 gestattete ihm, wie bereits erwähnt, eine öffentliche Subskription (vermehrt um ein Geschenk einer Gruppe von Bankiers in Höhe von 350 000 Mark) den Erwerb von Schönhausen II zum Preis von anderthalb Millionen Mark. Der brandenburgische Besitz Bismarcks wuchs durch diese Erwerbung auf fast 5000 Morgen an.[16]

Schönhausen, bei weitem das kleinste seiner größeren Güter, lag am Ostufer der Elbe in der Altmark. Es war größtenteils Schwemmland und eignete sich am besten für den Getreideanbau. In den siebziger Jahren hielt Bismarck sich vorzugsweise in Varzin auf. In hügeligem Endmoränengebiet gelegen, war der sumpfige und sandige Boden dort nur forstwirtschaftlich und für den Kartoffelanbau zu nutzen. Als Einkommensquelle bereitete Varzin dem Besitzer jahrelang nur Enttäuschungen: «In meinen eigenen Geldangelegenheiten habe ich kein Glück, vielleicht kein Geschick, jedenfalls nicht die Zeit, mich darum zu bekümmern», schrieb er dem Bruder im Juli 1871. «Ich war in guter Lage, bevor ich die erste Dotation bekam; seitdem geht alles in Varzin auf.» Der vorige Eigentümer hatte sehr viel mehr Holz eingeschlagen, als er gepflanzt hatte, und die Aufforstung war teuer.[17] Die Bilanz von Varzin wurde weiter verschlechtert durch einen Verwalter, der über 30 000 Mark veruntreute, ehe er 1877 Selbstmord beging.[18] Die Enttäuschungen, die ihm Varzin bereitete, wirkten sicherlich mit bei der im gleichen Jahr getroffenen Entscheidung Bismarcks, Friedrichsruh zu seinem Hauptwohnsitz auf dem Lande zu erwählen.[19]

Zu Bismarcks Verdruß hielt ihn die Öffentlichkeit für einen mit finanziellen Gütern in überreichem Maße gesegneten Mann. «Täglich werden wenigstens 20 000 Thaler Darlehn von mir verlangt», schrieb er im Juli 1871 an den Bruder. Während der sechziger Jahre hatte er Hilfeersuchen von Unbekannten oft entsprochen. Als Keudell einmal gegen die Überbringung der stattlichen Summe von

Schloß Varzin in Pommern

Schloß Friedrichsruh bei Hamburg, Vorderansicht

25 Talern an eine bedürftige Witwe protestierte, erhielt er von Bismarck zur Antwort: «Wer sich in Not bittend an mich wendet, dem helfe ich, soweit ich es mit meinen geringen Mitteln vermag.» Im Juli 1871 gingen Bettelbriefe bereits unbeantwortet an die Absender zurück. Die Einnahmen, die er aus dem Sachsenwald zu erhalten hoffe, wären zwar «eine schöne Revenü», schrieb er dem Bruder, «nur muß man nicht Fürst dabei sein». In Anbetracht seiner realen finanziellen Verhältnisse empfand er den ihm verliehenen Fürstentitel als «Schwindel».[20]

Doch da Landwirtschaft allein nicht hinreichte, seine Güter rentabel zu machen, versuchte Bismarck sich als ländlicher Kleinindustrieller und erweiterte damit seine Kenntnis des Wirtschaftslebens. Wie andere pommersche Gutsbesitzer fand er es gewinnbringend, seine Kartoffelernte zu Spirituosen destilliert auf den Markt zu bringen. 1884 besaß er bereits in Varzin zwei Destillerien, die jährlich 179 604 Liter Alkohol produzierten.[21] Die durch das Gut fließende Wipper lieferte die Wasserkraft zum Betrieb von drei Papierfabriken. Die auf Bismarcks Kosten in den Jahren 1868–1869, 1870–1873 und 1875–1876 errichteten Produktionsanlagen wurden an die Brüder Moritz und Georg Behrend, Geschäftsleute aus dem nahegelegenen Köslin, verpachtet, die sich vertraglich verpflichteten, das für die Papierherstellung verwendete Holz zu festen Preisen auf dem Gut zu kaufen. Während der späten siebziger und achtziger Jahre kam dieses Unternehmen wiederholt in finanzielle Schwierigkeiten. Die Brüder stritten sich, ein Kessel explodierte, eine Fabrik brannte nieder, eine Überschwemmung kam und Insolvenz drohte. Doch Bismarck weigerte sich, dem Rat Bleichröders zu folgen und die Brüder Behrend ihrem Schicksal zu überlassen, vielmehr lieh er ihnen sogar Geld, um ihnen die Fortsetzung des Betriebs zu ermöglichen. Und das geschah aus gutem Grund. In den achtziger Jahren zahlten die beiden jüdischen Geschäftsleute dem Gutsherrn für die Pacht der Papiermühlen jährlich 78 018 Mark (später sogar 87 105 Mark), womit diese zu seiner Haupteinnahmequelle in Varzin avanciert waren.[22]

Auch in Friedrichsruh gab es Industrie. In Düneberg an der Elbe verpachtete Bismarck den Köln-Rottweiler Pulverfabriken ein Gelände zum Bau einer Sprengstoffabrik unter der Bedingung, daß der benötigte Brennstoff im Sachsenwald erworben wurde. Anfänglich bezog der Fürst aus dieser Verpachtung jährlich die Summe von 10 900 Mark, später fast das Doppelte. Ob diese Firma Regierungsaufträge hatte oder nicht, ist nicht bekannt; wenn es sich so verhielt, gibt es doch jedenfalls einstweilen keinen Beleg dafür, daß Bismarck sich ins Mittel gelegt hätte, ihr solche zu verschaffen. 1886 ließ er in Schönau, das ebenfalls zu seinem Sachsenwald-Besitz gehörte, eine weitere Spiritusbrennerei errichten, die er wie die Papiermühlen in Varzin verpachtete. Anders als von Varzin aus waren aus dem Sachsenwald eine Reihe von Holzmärkten leicht zugänglich, in Hamburg, in England und an der Ruhr. Seit 1878 war Bismarcks bester Kunde an der Ruhr Friedrich Vohwinkel, ein Großhändler in Gelsenkirchen, der Bergwerke mit Grubenstempeln belieferte. Einer von dessen Hauptabnehmern war die Hibernia, eines der größten Industrieunternehmen Deutschlands. Als Angehöriger des Vorstands der Hibernia war Bleichröder in der Lage, die Kaufentscheidungen der

Die Hammermühle, eine Papiermühle Bismarcks bei Varzin.
Zeichnung von Christian Wilhelm Allers

Firma zu beeinflussen. Zur rechten Zeit von Oberförster Peter Lange, Bismarcks Verwalter in Friedrichsruh, daran erinnert, sorgte der Bankier dafür, daß die Hibernia ihre Verträge mit Vohwinkel erneuerte – zu einem guten Preis. 1886 hatte Vohwinkel, der immer pünktlich zahlte und niemals Schwierigkeiten machte (wie Lange Bleichröder in Erinnerung rief), bereits eine «volle Million» für Holz aus dem Sachsenwald bezahlt. Daß Bismarck 1879 mehr Interesse an den finanziellen Verhältnissen der Schwerindustrie an der Ruhr zu nehmen begann, entbehrte nicht eines gewissen Zusammenhangs mit seinen eigenen geschäftlichen Unternehmungen.[23] Ein noch direkterer Zusammenhang zwischen seinen geschäftlichen Interessen und politischen Maßnahmen ist 1882–1883 bei seiner Reaktion auf den Versuch einer prosperierenden Versicherungsgesellschaft zu beobachten, die Prämien für die Versicherung von Gebäuden auf seinem Sachsenwaldbesitz zu erhöhen. Er schlug allen Ernstes vor, alle Feuer- und Hagelversicherungsgesellschaften zu verstaatlichen, und veranlaßte das Justizministerium, Anklage wegen Versicherungsschwindel zu erheben. Auch die Bedingungen, zu denen Bismarck 1886 ein staatliches Branntweinmonopol befürwortete (höhere Preise für Rohalkohol aus von Gutsbesitzern betriebenen Brennereien), entsprachen durchaus seinen privaten Geschäftsinteressen.[24]

Seine Kritiker beschuldigten Bismarck, das Reich wie ein ostelbisches Gut zu verwalten.[25] Diese Beschuldigung ist zwar ungerecht, nicht zu bestreiten ist aber, daß er beim Ausbau seines Privatvermögens den gleichen Trieb zu erwerben, zu konsolidieren und zu beherrschen auslebte, von dem seine politische Tätigkeit zeugt. Forschungen haben nachgewiesen, daß Bismarcks persönliche Beteiligung an der Verwaltung seines Wertpapierportfolios größer war als bisher angenommen. Bleichröder beriet, aber Bismarck entschied.[26] Das gleiche gilt von der Verwaltung seines Landbesitzes. Von seinen Verwaltern forderte er ins einzelne gehende Berichte über die Menge des bestellten Bodens, was jeweils darauf angebaut wurde, welche Düngung stattgefunden hatte, wieviel Holz gepflanzt und eingeschlagen worden war, die Kosten des Betriebs und die erzielten Preise. «Ein Gut, von dem ich nichts weiß, hat kein Interesse für mich», schrieb Bismarck an seinen Gutsinspektor Kohnert, «und die Rente von einer Aktie ist höher wie von Grundbesitz.» Freilich war das Risiko größer und sein persönliches Interesse geringer.[27]

Der Baumliebhaber von Varzin und Friedrichsruh beobachtete alles, was in seinen Wäldern vorging, von der Schonung bis zur Sägemühle, mit lebhaftem Interesse. Seine täglichen langen Ausritte und Spaziergänge verschafften ihm nicht nur Bewegung, sondern dienten auch der genauen Beaufsichtigung der Arbeit seiner Angestellten. Mit Hilfe des Besitzers einer Baumschule in Flottbeck bei Hamburg experimentierte er mit aus Japan und Amerika eingeführten Baumarten, namentlich Douglastannen, jedoch nicht immer erfolgreich.[28] Seine Wahl bei neuen Pflanzungen verrät die gleiche konservative Haltung, die er bei der Mehrzahl seiner geschäftlichen Unternehmungen offenbarte. Mit Kiefern könne man unter Umständen ein schönes Stück Geld verdienen, bemerkte er gelegentlich, aber da gebe es große Schwankungen, und jedenfalls bevorzuge er Laubwald. Seine besondere Liebe galt den Schonungen, die nicht geschlagen werden durften; «ich liebe die großen Bäume, das sind Ahnen.»[29]

Ein Beobachter der Bismarckschen Wirtschaft allerdings schätzte die Fähigkeit des Fürsten, einen Betrieb zweckmäßig einzurichten, trotz der Sorgfalt, die er auf Einzelheiten verwandte, gering ein. «Obgleich er an sich sparsam war, wurde doch maßlos vergeudet, weil er an allen Enden bestohlen und betrogen wurde. Alles war unpraktisch und schwerfällig, nicht den hohen Anforderungen angepaßt, die seine Stellung und seine Gastfreundschaft mit sich brachten. Bismarck war kein Freund von Neuerungen; es sollte möglichst alles so bleiben, wie es immer gewesen war. Fortschritten in der Technik, selbst der Einführung von Wasserleitung und elektrischem Licht, stand er zweifelnd gegenüber ... Zum Entwerfen von Bauplänen hatte er kein Geschick. Als ihm eine Feuersbrunst wegen eines unzweckmäßig angelegten Kamins vorausgesagt wurde, kümmerte er sich nicht weiter darum, regte sich aber auch nicht sonderlich darüber auf, als der Brand wirklich eintrat. Das Abreisen war stets mit unendlichen Schwierigkeiten verknüpft, weil die Vorbereitungen sehr umständlich waren.» Er selbst sei sich der ihn umgebenden Unzweckmäßigkeit kaum bewußt gewesen, und wenn jemand versucht habe, ihn darauf hinzuweisen, habe er das übel genommen.[30]

Interessenkonflikte

Er sei in der Lage, schrieb Bismarck 1877 an den preußischen Handelsminister, die Wirkung der legislativen und administrativen Bemühungen der Regierung zu beobachten, da er nicht nur der regierenden und gesetzgebenden Klasse, sondern auch der regierten angehöre und die Konsequenzen mangelhafter Gesetzgebung am eigenen Leibe zu spüren bekomme. Nach Bismarcks Begriffen gehörte er den «Regierten» als Gutsbesitzer an. Doch er verachtete die «Couponschneider», die ihren Besitz von anderen verwalten ließen, ohne sich selbst darum zu kümmern. Die «Regierten», an die er dachte, waren tätige Besitzende, insbesondere landwirtschaftliche und industrielle Unternehmer. «Ich bin der einzige Minister, der sich um seine Güter kümmert, und kenne die Fehler unserer Gesetzgebung mit all ihren Schikanen», klagte er 1880. «Die meisten Minister sind mehr Leute von der Feder als vom Leder.»[31] Seine geringe Meinung von der Bürokratie und der Legislative gründete auf der Überzeugung, daß die meisten Beamten und Politiker wenig Erfahrung mit praktischen Geschäften hätten. Deshalb griff er oft auf allen Ebenen des Regierungsgefüges persönlich ein, sowohl um Mißstände zu beseitigen, als auch um überhaupt «zuviel Regierung» zu verhindern.

Einige dieser Interventionen unternahm Bismarck in Angelegenheiten, die ihn persönlich betrafen. 1869 ärgerte ihn Itzenplitz durch die Weigerung, subalterne Beamte zu disziplinieren, die bei öffentlichen Arbeiten in Schönhausen einen Graben ausheben ließen, ohne seine Erlaubnis einzuholen, die er übrigens gar nicht verweigern wollte. 1886 hatte sein Wort schon mehr Gewicht, und mit einer Intervention im Kriegsministerium konnte er die Einquartierung von Truppen in Schönhausen während eines Manövers verhindern.[32] Seine heftigsten Auseinandersetzungen jedoch hatte er zur Verteidigung seiner Interessen in Varzin mit pommerschen Beamten zu bestehen. 1869–1870 beschwerte er sich bei den Ministern für Handel und Landwirtschaft erfolgreich über die Haltung des Landrats von Götze in Köslin, der die Rechte der Holzfäller, die weiterhin ihr Holz auf der Wipper flößen wollten, gegen Bismarck und die Brüder Behrend, die den Fluß auf ihre Papiermühle leiten wollten, verteidigte. Einige Jahre später erreichte er beim Erziehungsministerium, daß die staatliche Subvention einer Schule aufrechterhalten wurde, deren beabsichtigte Streichung die Abgaben auf Misdow, einen an Varzin grenzenden Besitz Bismarcks, erhöht hätte.[33] Als der königliche Fabrikinspektor für Pommern die Behebung gewisser Mißstände anordnete, die Leben und Gesundheit der Arbeiter in der Behrendschen Papiermühle an der Wipper gefährdeten, wurde er deswegen zu dem mächtigen deutschen Reichskanzler nach Varzin zitiert. Sein Vorgesetzter, der Handelsminister Achenbach, erhielt ein Memorandum, in welchem Bismarck das neue System der Fabrikinspektion als eine unnötige Belästigung der Fabrikanten bezeichnete, deren Folgen bei den nächsten Wahlen gewiß schon fühlbar sein würden.[34]

Es gibt Geschichten von ähnlichen Interventionen bei den örtlichen Behörden in Lauenburg, wo der Sachsenwald und Friedrichsruh gelegen waren. Das 1864 von Dänemark abgetretene und 1865 in Gastein durch entsprechende Entschädigung Österreichs ganz in preußischen Besitz gekommene Herzogtum wurde als selbständiges Land regiert bis zu seiner Einverleibung in den preußischen Staat als landrätlicher Kreis der Provinz Schleswig-Holstein im Jahre 1876. Bismarck regierte das Land als Minister und erhielt dafür ein jährliches Gehalt von 4000 Talern, bis er 1872 Besitzer des Sachsenwaldes wurde. Während der Jahre 1872–1876 soll er die in Höhe von 1500 Mark jährlich veranschlagte Grundsteuer nicht abgeführt haben. Einer anderen Quelle zufolge soll er später beim Innenministerium interveniert haben, um den Landrat von Lauenburg nötigen zu lassen, eine Zusatzsteuer zurückzuziehen, die dieser hatte erheben wollen, um das Budget des Kreises ausgleichen zu können. Bei einer anderen Gelegenheit soll er gegen eine Steuererhöhung protestiert haben, die die Anstellung eines zweiten Lehrers für eine überfüllte Schule ermöglichen sollte; es sei nicht nötig, daß die Kinder noch mehr lernten, soll er gesagt haben. Auch soll er der Kreisregierung nahegelegt haben (sicherlich würde doch die Stadt Mölln ihre Garnison nicht missen wollen?), ihm eine Insel in einem an seinen Besitz angrenzenden See (5000 Mark) und ein öffentliches Gebäude im Sachsenwald (40 000 Mark) zu schenken. Straßen, die fast ausschließlich den Holztransporten des Fürsten dienten, sollen mit öffentlichen Mitteln angelegt worden sein.[35] Warum auch immer, die Bismarcks waren jedenfalls nicht sonderlich beliebt in der Gegend. 1878 kandidierte Herbert in Lauenburg für den Reichstag und kassierte eine Niederlage.

Bei seinem Kampf mit den örtlichen Behörden konnte Bismarck Waffen führen, die dem gewöhnlichen Bürger nicht zu Gebote standen. «Ich habe mit meinem Gut Varzin früher dem Kreise Schlawe angehört», erzählte er 1881 launig im Reichstag. «Der Kreisausschuß befand sich unter der Leitung ganz fester politischer Gegner von mir von der äußersten Rechten, und ich habe denn doch als Minister in meinem Privatleben für meine amtlichen ministeriellen Sünden zu büßen gehabt, bis ich sah, daß ich schließlich der Schwächere war und die Flucht ergriff. Mir war die Thür offen. Ich hatte die Klinke zur Gesetzgebung und bewirkte, daß ich aus dem Kreise Schlawe ausgeschieden und in den duldsameren Rummelsburger Kreis überführt wurde.»[36] Am anderen Ende des politischen Spektrums fühlte Bismarck sich auch von der Berliner Stadtverwaltung, in welcher Angehörige der Fortschrittspartei den Ton angaben, ungerecht behandelt. Er fand speziell seine Veranlagung zur Miet- und Pferdesteuer überhöht. Um sich die Mietsteuer zu erleichtern, legte er dem Reichstag ein Gesetz vor, das die Einschätzung des Mietwerts der den Reichsbeamten kostenfrei zur Verfügung gestellten Wohnungen auf 10 Prozent ihres Gehalts festgesetzt hätte. Der Reichstag setzte den fraglichen Schätzwert dann zwar auf 15 Prozent fest, aber auch bei dieser Veranlagung sparte Bismarck zukünftig 115 Mark Steuern – und hatte im Prinzip gesiegt, worauf es ihm in der Hauptsache angekommen sein muß, denn die Summe war für einen Mann von seinem Vermögen ja nun wirklich unbedeutend.[37]

Bismarcks größter Kampf um Steuern aber wurde mit der Einkommenssteuerkommission ausgetragen. Höhere Einkommen wurden in Preußen mit einer klassifizierten Einkommenssteuer belegt, für welche die Steuerpflichtigen von einer Kommission veranlagt wurden, die vom Kreisrat oder Stadtrat gewählt wurde. Die Steuer, drei Prozent des geschätzten Einkommens, war kaum sonderlich belastend zu nennen. Steuererklärungen wurden zu jener Zeit noch nicht gefordert, und die Kommission war nicht ermächtigt, private Unterlagen anzufordern. Sie mußte deshalb das mutmaßliche Einkommen des Steuerpflichtigen auf Grund seines Besitzes und, in Bismarcks Falle, seines Gehalts schätzen. Seit 1865 war Bismarck in der achtzehnten Klasse veranlagt worden (24 000 bis 32 000 Taler). Im Dezember 1870, während er sich auf dem Kriegsschauplatz in Frankreich befand, stufte ihn die Kommission in die nächsthöhere neunzehnte Klasse ein (32 000 bis 40 000 Taler). Im März 1871 erhob Johanna dagegen Beschwerde, und Bismarck selbst folgte im Juli des Jahres verspätet ihrem Beispiel, wobei er behauptete, daß sogar schon die Einstufung in die achtzehnte Klasse ungerecht gewesen sei. Im Oktober gab die Kommission nach und versetzte den Kanzler in die achtzehnte Klasse zurück, nahm Bismarck also wohl die eigene Einschätzung seines Einkommens auf 24 500 Taler (73 500 Mark) ab. Eine Steuerreform brachte 1873 keine Änderung des Einschätzungsverfahrens, verengte aber die Klassen und vermehrte diese über die bisherige Obergrenze (dreißig) hinaus. 1876–1877 stufte die Kommission Bismarck in die einunddreißigste Klasse ein (204 000 bis 240 000 Mark), was eine Steuerforderung in Höhe von 6120 Mark zur Folge hatte. In dieser Klasse blieb er bis 1890, nachdem er 1880 einen weiteren Versuch der Kommission, ihn höher einzustufen, abgeschlagen hatte. Da er jegliche direkte Besteuerung für unvernünftig hielt, hatte Bismarck keine Bedenken, die Einkommenssteuerkommission zu beschwindeln.[38]

Solche Interventionen Bismarcks in eigener Sache sind, soweit wir Zeugnis von ihnen haben, stets vorgeblich aus prinzipiellen Gründen und im Interesse des Gemeinwohls geschehen. Er schrieb also von der Notwendigkeit, das Besitzrecht zu schützen, von der Gefahr, Steuerzahler zu verärgern, die schließlich auch Wähler seien, und führte seine eigenen Beschwerden nur als Beispiel und zur Illustration der untragbaren Irrtümer seitens der Bürokratie an, die die Öffentlichkeit verstimmten. Seine Verlegung der Kreisgrenzen in Varzin und sein Bestehen auf einem Reichswohnungssteuergesetz dienten demnach nur der legitimen Verteidigung des Bürgers Bismarck gegen politische Widersacher, die ihn als Minister in seinem Privatleben für seine amtlichen ministeriellen Sünden büßen lassen wollten.[39] Natürlich hatte Bismarck die gleichen Rechte wie jeder Bürger eines Rechtsstaats. Doch wie seine Kollegen und Untergebenen sehr wohl wußten, war er kein gewöhnlicher Bürger. Nachsicht verdienen deshalb jene Kritiker, die den Bismarck selbst so deutlich gegenwärtigen Unterschied zwischen dem Reichskanzler und dem Gutsbesitzer, dem Regierenden und dem Regierten, nicht zu sehen vermögen. Was Bismarck als Verteidigung eines Prinzips und Einforderung verbriefter Bürgerrechte verstanden wissen wollte, kam anderen, wie zum

Beispiel Helmut von Gerlach, vor wie der Mißbrauch eines öffentlichen Amts zu privatem Gewinn. Theodor Fontane, der sich «trotz alledem» zu Bismarcks «schwärmerischen Verehrern» zählte, beobachtete einen gewissen Popularitätsverlust des Kanzlers im letzten Jahrzehnt seiner Amtszeit, den er auf diese bis dahin wenig bekannten Facetten seines Lebens zurückführte: «Diese Mischung von Übermensch und Schlauberger, von Staatengründer und Pferdestall-Steuerverweigerer ..., von Heros und Heulhuber, der nie ein Wässerchen getrübt hat – erfüllt mich mit gemischten Gefühlen und läßt reine helle Bewunderung in mir nicht aufkommen.»[40]

Nach den Begriffen seiner Zeit war Bismarcks amtliches Gewissen jedoch verhältnismäßig streng. Er war einigermaßen bemüht, Interessenkonflikte zu vermeiden. In damals noch nicht sehr ferner Vergangenheit hatten Staatsmänner (wie namentlich Metternich) unbekümmert Gehälter von auswärtigen Regierungen angenommen. Im privaten Gespräch beschuldigte er zwei seiner Amtsvorgänger, Otto von Manteuffel und Alexander von Schleinitz, im Solde Wiens zu stehen und behauptete seinerseits, das ihm von einem österreichischen Agenten 1859 angebotene Bestechungsgeld empört abgelehnt zu haben.[41] Doch hinderte ihn diese Empörung nicht, mit Hilfe des Welfenfonds andere zu korrumpieren, namentlich die Presse, deren Käuflichkeit er so gern beklagte. Zu Bismarcks Zeit drohte Ministern und Staatsbeamten Korruption weniger aus den Kanzleien fremder Staaten als vielmehr an der Börse. Im Februar 1854 unterrichtete Bismarck Meyer Carl von Rothschild über den bevorstehenden Ausbruch des Krimkrieges, den ihm selbst soeben ein Telegramm des Außenministeriums angekündigt hatte, verweigerte sich allerdings (ohne Entrüstung) dem Angebot des Bankiers, auf Kredit zu spekulieren.[42] 1857 freilich verkaufte er in Erwartung einer preußischen Kriegserklärung an die Schweiz wegen Neuenburg, die nach amtlichen Informationen bevorzustehen schien, ein Aktienpaket – nicht zu seinem Vorteil, wie sich dann zeigte, denn es kam nicht zum Kriege, und die verkauften Wertpapiere gewannen an Wert.[43]

Bei einem Diner Anfang Dezember 1870 stellte Bismarck, als die Unterhaltung auf das Spekulieren mit Börsenpapieren kam, «in Abrede, daß sich dabei mit einem ja immerhin beschränkten Vorauswissen politischer Ereignisse im allgemeinen viel anfangen ließe. Solche Ereignisse», sagte er, «wirkten erst später auf die Börse, und den Tag, wo das käme, könnte man nicht ahnen.»[44] Sollte ihm wirklich schon an jenem Abend nicht mehr erinnerlich gewesen sein, daß er auf Anfrage seines Bankiers Bleichröder diesen am Sonntag, dem 10. Juli des Jahres, hatte wissen lassen, daß es eine gute Idee sein könnte, die in seinem Besitz befindlichen Eisenbahnaktien abzustoßen? Und daß dann am folgenden Tag, dem 11. Juli 1870, das Gerücht von dem drohenden Krieg einen Sturz der Kurse an der Berliner Börse zur Folge gehabt hatte?[45] Hatte er schon vergessen, daß er am 5. September, als nach dem deutschen Sieg bei Sedan die Kurse in den Himmel stiegen, Bleichröder angewiesen hatte, zu verkaufen, was er für richtig hielte, weil er wußte, daß wider Erwarten der Öffentlichkeit der Frieden noch fern war?[46]

In späteren Jahren rühmte er sich, auf die Nachricht von der Demission des Grafen Peter Schuwalow sofort seine russischen Papiere verkauft zu haben. «Er sagte sich», berichtete sein Hausarzt, «daß wenn der klügste und tüchtigste Mann in Rußland beseitigt werde, so drohe irgendeine großartige Dummheit in der Politik.» Schuwalow war 1874 als Botschafter nach London geschickt worden, und die «großartige Dummheit» seitens der russischen Regierung, die Bismarck bei dieser Nachricht kommen sah, sollte wohl den Balkan zum Schauplatz haben. Doch ist zweifelhaft, ob er 1874 den damals noch drei Jahre in der Zukunft liegenden russisch-türkischen Krieg tatsächlich vorausgeahnt hat. Bismarcks Liquidierung seiner österreichischen und russischen Papiere in den Jahren 1873–1874 scheint weniger von politischen Prognosen motiviert gewesen zu sein als von der Beobachtung des Marktes.[47] Nachdem er zwanzig Jahre lang in ausländische Regierungspapiere investiert hatte, entdeckte er damals ein Prinzip, das ihm ein solches Engagement verbot. «Bismarck hat seitdem an dem Grundsatz festgehalten, keine auswärtigen Papiere zu kaufen. So etwas trübe den weiten Blick eines Ministers des Auswärtigen und solle eigentlich nicht sein.»[48] Von einer kurzen und nicht sehr gewinnbringenden Spekulation mit russischen Papieren im Jahre 1885 abgesehen, scheint er diesen Grundsatz bis 1889 befolgt zu haben. «Es ist schon, glaube ich, fünfzehn Jahre her, daß ich mich grundsätzlich jedes ausländischen Papiers entäußert habe», erklärte er im Mai 1889 im Reichstag. «Ich will mich nur für mein eigenes Land interessieren und nicht für fremde Papiere.»[49] Kurz darauf allerdings begann er seine deutschen Staatspapiere gegen ägyptische und mexikanische zu veräußern. Am 8. und am 13. März 1890, während sein Verhältnis zu Wilhelm II. der letzten Krise entgegenging, veräußerte er den Rest seiner deutschen Staatspapiere und erwarb weitere ägyptische für den Erlös. Spekulierte er auf seine eigene Entlassung? Der schon seit einigen Monaten andauernde Kursverfall an der Berliner Börse führte bei der Nachricht von seinem Rücktritt jedenfalls vorübergehend zu einem Kurssturz, während die ägyptischen Papiere im Wert stiegen.[50]

Gemeinsam war allen diesen Finanzoperationen der defensive Charakter, bezweckt wurde dabei vorrangig die Erhaltung des Kapitals, nicht dessen Vermehrung. Hätte man Bismarck ihretwegen zur Rede gestellt, hätte er zweifellos bestritten, sich irgendeiner verwerflichen Handlungsweise schuldig gemacht zu haben. Was er inakzeptabel fand, erhellt aus seiner Kritik an Manteuffel, dem er vorwarf, sich des diplomatischen Dienstes zu bedienen, um sich frühzeitig über Bewegungen an ausländischen Börsen zu informieren. Noch verwerflicher schien ihm die Manipulation politischer Ereignisse zum Zweck der Beeinflussung der Börsenkurse, deren sich seines Erachtens Gramont 1870 schuldig gemacht hatte: «Der hat sein Vermögen damit verdoppelt, man kann fast sagen, er hat den Krieg zu dem Zwecke gemacht».[51] Einer der Gründe für den Haß, mit dem er Harry von Arnim verfolgte, war seine Überzeugung, daß dieser die Ausführung einer Anordnung in Paris wegen der positiven Auswirkung an der Börse verzögert habe, wo er à *baisse* spekulierte.[52]

Die fragwürdigste Transaktion, bei der Bismarck und Bleichröder zusammenwirkten, wurde zu beider Lebzeiten nie der Öffentlichkeit bekannt. 1875 unternahm Bismarck den Versuch, alle Eisenbahnen des Deutschen Reichs zu verstaatlichen, wovon im einzelnen noch zu handeln sein wird. Obwohl seine diesbezügliche Vorlage im Reichstag scheiterte, wurden immerhin alle preußischen Eisenbahnen in öffentlichen Besitz überführt. Seine Absicht war allgemein bekannt, denn die Angelegenheit war Gegenstand langwieriger Debatten im Reichstag, im Bundesrat und im preußischen Landtag. Eisenbahnaktien zu niedrigem Kurs in der Hoffnung auf einen Ausstieg zu kaufen, stand jedem Anleger frei, der über das erforderliche Kapital verfügte. Dennoch verhinderten solche Käufe das weitere Sinken des Kurses an der Börse und trieben diesen schließlich sogar in die Höhe. Es darf deshalb als moralisch bedenklich angesehen werden, daß der deutsche Reichskanzler, der im voraus wußte, in welcher Reihenfolge die einzelnen Linien mutmaßlich angekauft werden würden, über die Hälfte seines flüssigen Kapitals in jenen Eisenbahnen anlegte und Anteile im Wert von annähernd einer Million Mark kaufte und verkaufte, bis nach acht Jahren die Mehrzahl der größeren Linien in Staatsbesitz war.

Bleichröder, der bei der Überwindung der bürokratischen Widerstände gegen die Verstaatlichung eine wichtige Rolle spielte, investierte in großem Umfang in dieselben Eisenbahngesellschaften wie sein berühmter Kunde. Der mit der Durchführung der Verstaatlichung beauftragte preußische Minister für öffentliche Arbeiten, Albert Maybach, fand solche Spekulationen von amtlich informierten Personen und deren privilegierten Geschäftspartnern zutiefst unmoralisch. Bei der Debatte über das erste Verstaatlichungsgesetz im Landtag 1879 bezeichnete Maybach die Börse als einen Giftbaum, der einen schicksalhaften Schatten auf das Leben der Nation werfe. Ob er ahnte, daß auch Bismarck in diesem Schatten seinen Vorteil suchte? Bismarcks Gewinne waren prozentual bescheiden, aber sicher – zwischen 2 und 10 Prozent binnen weniger Monate. Möglicherweise hat er seine Käufe mit dem Argument gerechtfertigt, daß er, indem er mit seinen Anteilen für die Verstaatlichung stimmte, dem Staat schließlich einen guten Dienst täte. Höchstwahrscheinlich allerdings hat er irgendeine Rechtfertigung seines Verhaltens überhaupt nicht für nötig gehalten.[53]

«Bismarck», schreibt Fritz Stern, «dachte wohl, daß Nichtbeachtung der ihm in seiner Stellung zugebrachten Informationen einer Selbstverstummelung gleich komme. Der Gedanke, daß Macht absolut unrentabel sein sollte, daß öffentliche und private Interessen unvereinbar und ihre Verquickung korrumpierend sein könnte, kam weder Bismarck noch anderen Größen des 19. Jahrhunderts in den Sinn. Macht, das wußten sie, bringt Mühe und Widerwärtigkeiten, aber auch erhebende Gefühle und möglichen Ruhm; sicherlich solle sie auch Achtung einflößen und zur Loyalität verpflichten, und wenn sich dies als gewinnbringend erweise – *tant mieux.* Materieller Gewinn bedeutete für sie ebenso wenig eine Bedrohung ihrer Integrität wie Verarmung ein ‹Entgelt›, das sie für den Dienst an König und Vaterland in Kauf genommen hätten.»[54]

Nicht nur mit Hilfe diplomatischer Kanäle konnte sich ein Staatsmann oder Beamter an der Börse Vorteile verschaffen. Viele Beamte, Standesherren und Abgeordnete beteiligten sich an den wilden Spekulationen der Gründerjahre, und manche bedienten sich ihres amtlichen oder politischen Einflusses, um ihren Vorteil aus Eisenbahnkonzessionen und der Genehmigung von Aktiengesellschaften zu ziehen. Schon im Januar und Februar 1873 machte Eduard Lasker mit Reden im Reichstag die Öffentlichkeit auf diesen Skandal aufmerksam, Monate ehe der Gründerkrach den zweifelhaften Charakter vieler dieser Unternehmen offenbarte. Die Folge davon war, daß verschiedene der beschuldigten Beamten zurücktreten mußten, darunter auch Hermann Wagener. Während der folgenden Jahre verbreiteten sich Gerüchte, denen zufolge der Umfang des Skandals noch wesentlich größer war, als Lasker geahnt hatte. Weiterreichende, auch Bismarck selbst kompromittierende Zusammenhänge wurden in einer Reihe von Artikeln (den sogenannten «Ära-Artikeln» im Juni 1875) angedeutet, die Franz Perrot in der *Kreuzzeitung* veröffentlichte, in den Streitschriften Otto von Diest-Dabers (September bis November 1876), in Artikeln der Wochenschrift *Die deutsche Reichsglocke* (Oktober 1876) und in den Schriften Rudolph Meyers (1876–1877).[55]

Den Akten Bleichröders zufolge scheint Bismarck sich an der Spekulationsorgie der Gründerjahre nicht beteiligt zu haben. Er bevorzugte sichere Anlagen, bei denen bescheidener, aber zuverlässiger Gewinn zu machen war. Die schwerwiegendste Beschuldigung, die von den Enthüllungsjournalisten der späten siebziger Jahre gegen ihn erhoben wurde, war die Behauptung, daß ein Konsortium von Bankiers, zu dem auch Bleichröder gehörte, ihn für seine Hilfe bei der Zulassung der *Preußischen Central-Boden-Credit-Aktiengesellschaft* im Jahre 1870 mit einem Aktienbezugsrecht (Anteilen im Wert von einer Million Talern) belohnt hätte, das ihm einen glatten Profit von 83 000 Talern eintrug. Gegen diese Beschuldigung wurde eine Reihe von sensationellen Verleumdungsprozessen angestrengt, bei denen Diest-Daber, Meyer und zwei Herausgeber der *Reichsglocke* zu mehrmonatigen Gefängnisstrafen verurteilt wurden; Diest-Daber wurde überdies aus dem Offizierskorps ausgestoßen.[56]

Obwohl die gegen Bismarck erhobene Beschuldigung vor Gericht nicht aufrechterhalten werden konnte, kamen doch bei diesen Prozessen zum ersten Mal Einzelheiten über seine Geldgeschäfte und sein Verhältnis zu Bleichröder ans Licht. Wie noch näher zu erörtern sein wird, hat der Kanzler tatsächlich bei der Gründung der *Boden-Credit* mitgewirkt, deren Gründungsurkunde und Satzungen der Gesellschaft eine privilegierte Stellung unter den deutschen Hypothekenbanken sicherten. Die nach dem Muster des *Crédit foncier de France* gegründete Gesellschaft sollte Bodenkredit für Landwirte bereitstellen. Obwohl mit privatem Kapital gegründet, war das Unternehmen insofern ein halb staatliches, als der Präsident der Gesellschaft von der preußischen Regierung ernannt wurde und deren Direktoren der Bestätigung durch diese bedurften. Für ein derartiges Unternehmen bestand zweifellos Bedarf, denn die hohen Investitionen in Industrieunternehmen hatten den Kredit, der für die Agrarwirtschaft verfügbar war, sehr knapp gemacht. Was ihr die Landschaften (die Landwirtschaftlichen Kreditvereine, die in allen preußischen Provinzen bestanden) und private Hypothekenbanken gewähren konnten, war nicht ausreichend. Die *Boden-Credit*, die nicht den gleichen gesetzlichen Beschränkungen unterlag wie gewöhnliche Hypothekenbanken, konnte Kredite für die Landwirtschaft schneller und zu besseren Bedingungen als diese beschaffen.

Da er zugleich Bismarcks persönlicher Bankier und Angehöriger des Konsortiums war, das die *Boden-Credit* finanzierte, wurde Bleichröder während des Verleumdungsprozesses gegen Diest-Daber in den Zeugenstand gerufen. Er schwor, daß die von Diest-Daber gegen Bismarck erhobenen Beschuldigungen jeder Grundlage entbehrten und verleumderisch seien: «Als vor nunmehr fünfzehn Jahren der Fürst von Bismarck das preußische Ministerportefeuille erhielt, beauftragte er mich, ihm alle seine finanziellen Geschäfte zu führen. Ich hatte alle Einnahmen und Ausgaben für ihn zu besorgen, Güter und Effekten für ihn zu kaufen und zu verkaufen. Ich hatte von dem Fürsten den Auftrag, bei allen Effekten-Anlegungen weniger auf Gewinn, als auf fundamentale Sicherheit mein Augenmerk zu richten. Wie wenig Fürst von Bismarck Zeit fand, sich um seine Privatangelegenheiten zu kümmern, erhellt wohl aus dem Umstande, daß er mich vor längerer Zeit fragte: ob er denn auch Besitzer von Preußischen Central-Bodenkredit-Aktien sei oder jemals gewesen sei. Ich ließ der Sicherheit halber von meinem Hauptbuchhalter sogleich nachsehen und bedeutete seiner Durchlaucht: daß er wohl Besitzer von Preußischen Bodenkredit-Pfandbriefen, aber nicht Aktien sei».[57] Bismarck besaß nach der Aussage seines Bankiers also keine *Boden-Credit*-Aktien, jedoch Hypotheken-Pfandbriefe der Gesellschaft im Wert von 400000 Talern. Das war zwar keine spekulative, sondern eine festverzinsliche Investition, dennoch beweist Bismarcks Besitz dieser Pfandbriefe, daß er nichts dabei fand, Gefälligkeiten anzunehmen, wie Finanziers sie ihren bevorzugten Kunden zu gewähren pflegen. Denn nur solchen wurden derlei Wertpapiere, die ein sicheres Einkommen garantierten, zum Kauf angeboten.[58] Und insofern kann man sein Verhalten durchaus mit seiner Beamtenpflicht nicht ganz verträglich finden, jedenfalls nach heutigen Begriffen, die allerdings vielleicht noch nicht jene seiner Zeit waren.

Unterstützung «traditioneller» sozialer Gruppen

Wie bereits dargelegt, entsprachen Bismarcks wirtschaftliche Anschauungen bis 1851 seiner Herkunft und der herkömmlichen Stellung eines preußischen Landjunkers im Wirtschaftsleben. Er war gegen die Gewerbefreiheit, für die Wiedereinführung des Zunftzwangs, verurteilte die Bodensteuer, befürwortete indirekte Steuern und niedrige Zölle, mißtraute Aktiengesellschaften und war überhaupt voreingenommen gegen Industrielle und Kapitalisten. Während der Jahre, die er dann in Frankfurt verbrachte, wo der Handel und das Finanzwesen blühten, begriff er, daß die Förderung des Industriekapitalismus in Preußens politischem Interesse lag. Die Erneuerung des Zollvereins im Jahre 1853, in dem Preußen die Führung übernahm, während Österreich ausgeschlossen blieb, lieferte dafür einen Beweis. Der Verfassungskonflikt der Jahre 1862–1866 sensibilisierte Bismarck überdies für das politische Potential der städtischen Arbeiterschaft. Der von der preußischen Regierung während jener Jahre gesteuerte Kurs entsprach weitgehend den Interessen des deutschen Kapitalismus, und auch das mag zu dem politischen Richtungswechsel des Mittelstands in den Jahren 1866–1867 beigetragen haben.[59]

Bismarcks nationale Politik war über mehrere Jahre hin auf die Mitwirkung der Geschäftswelt bei der Konsolidierung der Union angewiesen. Die Flut neuer Gesetze, die nach 1867 von Reichstag und Bundesrat verabschiedet wurden, beförderte nicht nur diese Konsolidierung, sondern erfüllte zugleich Forderungen, die die Unternehmer seit Jahrzehnten stellten: Freizügigkeit und Heimatrecht (1867); Gleichheit der Maße und Gewichte (1868); ein gemeinsames Handelsrecht und ein für dessen Auslegung zuständiger oberster Gerichtshof (1869); ein Gewerbegesetzbuch, das Gewerbefreiheit garantierte (1869); eine einheitliche Währung, deren Einheit die Mark war (1871); und eine zentrale Notenbank, die Reichsbank (1875). Für die deutschen Finanzleute war von all den neuen Gesetzen das wichtigste dasjenige, das die Genehmigungspflicht für Gründungen von Aktiengesellschaften abschaffte (1870). Denn von nun an brauchten die Gründer einer neuen Gesellschaft diese nur mehr bei einer Behörde anzumelden, um ihr den Charakter einer juristischen Person zu verschaffen. Damit war der lange Kampf gegen behördliche Beschränkungen der Tätigkeit von Aktiengesellschaften in der Industrie und im Bankwesen gewonnen. Die vielen neuen Gesetze und insbesondere das letztgenannte bewiesen den Unternehmern in Bankwesen und Industrie, daß sich nun auch in Deutschland der Industriekapitalismus endgültig durchgesetzt hatte.

Die Wirtschaftsgesetzgebung der Jahre 1867–1875 war hauptsächlich das Werk Rudolf Delbrücks (der inzwischen zum Chef der Reichskanzlei ernannt worden war) und preußischer Minister und vortragender Räte – im Verein mit den liberalen Parteien im Reichstag. Doch der Kurs, den sie während fast eines Jahrzehnts steuerten, folgte aus Bismarcks 1866 getroffener Entscheidung und entsprach der Politik der inneren Konsolidierung, die während dieser Jahre sein wichtigstes Anliegen war. Konservative Kritiker gewannen den Eindruck, daß Bismarcks Regierung die Interessen der Agrarier zugunsten jener von Kapitalisten und Fabrikanten preisgegeben habe. Der Junker in der Wilhelmstraße schien die Sache seines eigenen Standes verraten zu haben. Das war jedoch nicht der Fall. Bismarck intervenierte während dieser Jahre wiederholt zugunsten der «traditionellen sozialen Klassen», nämlich der Handwerker, kleinen Geschäftsleute und Gutsbesitzer – insbesondere zugunsten der letzteren.

Im Juni 1866 befand sich die Wirtschaft bei Kriegsausbruch bereits in einer Rezession. Schon vor Beginn der Feindseligkeiten waren an der Börse die Kurse gefallen, das für Kredite und Investitionen zur Verfügung stehende Kapital verknappte sich, und eine Liquiditätskrise erfaßte kleine und große Unternehmen.

Die preußische Regierung begegnete dem Problem mit der Aufhebung der gesetzlichen Beschränkung des Zinssatzes und – wie das schon 1848 geschehen war – mit der Errichtung von Darlehenskassen, die Geschäftsunternehmen in Berlin und anderen Großstädten Kredite gaben. Am 11. Juni, dem Tag, an dem sich entschied, daß der Krieg unvermeidlich sein würde, nahm sich der mit dringenden diplomatischen Geschäften überladene Kanzler die Zeit, ein Votum zu diktieren, in dem er bemängelte, daß von den getroffenen Hilfsmaßnahmen hauptsächlich Kaufleute und Großindustrielle profitierten, nicht aber diejenigen, deren Interessen unter solchen Krisen erfahrungsgemäß am meisten litten: Gutsbesitzer, Kleinindustrielle und Handwerker. Gerade Gutsbesitzer, sagte er, seien den Forderungen von Gläubigern und Pfändungen in höchstem Maße hilflos ausgeliefert. Und doch sei der Ackerbau die wichtigste und wesentlichste Industrie Preußens, nicht nur weil sie mehr Arbeitskräfte beschäftige als jede andere, sondern auch weil die Leistungsfähigkeit der Gutsbesitzer immer entscheidend für das Beharrungsvermögen des Staates sei. In der gegenwärtigen Krise empfahl er Maßnahmen zur Erleichterung der Abzahlung von Hypotheken und die Aufhebung der Schuldhaft. Für die Zukunft seien Maßnahmen erforderlich, die geeignet wären, die Übermacht des Großkapitals über das Kleinkapital zu zügeln und Gutsbesitzer und kleine Geschäftsleute vor der ungebändigten und willkürlichen Macht der Finanzgesellschaften zu schützen. Ähnlich äußerte er sich in Schreiben an einzelne Minister: So befürwortete er den Antrag einer Bank, *Schuster und Compagnie*, auf finanzielle Unterstützung seitens des Staates mit der Begründung, daß deren Kunden hauptsächlich Handwerker und Kleingewerbetreibende seien; ebenso befürwortete er eine Petition des preußischen Handwerkerverbandes, wonach bestimmte Ausnahmeregelungen wieder abgeschafft werden sollten, die 1865 den Berliner Fabrikanten zugestanden worden waren und sie dazu berechtigten, außerhalb der Zünfte Lehrlinge auszubilden; endlich schlug Bismarck vor, daß die Stadt Berlin «brotlose Arbeiter» bei Straßenbauten beschäftigen solle, wenn diese in Berlin fest ansässig waren – die übrigen sollten sich aufs Land begeben, wo es bald an Arbeitskräften mangeln werde.[60]

Obwohl der glänzende militärische Sieg Preußens der akuten Finanzkrise ein Ende machte, setzte sich doch die allgemeine Depression auch nach dem Krieg fort. 1868 verschärfte diese sich sogar durch eine schlechte Ernte, die die Getreidepreise in die Höhe trieb und in den östlichen Provinzen der Monarchie (vor allem in den Kreisen Königsberg und Gumbinnen) Hungersnöte zur Folge hatte. Bismarck übte heftige Kritik an der offenkundigen Unfähigkeit der Ministerien des Inneren und des Handels, Abhilfe zu schaffen oder sich auch nur ein genaueres Bild vom Umfang der Not zu verschaffen. Insbesondere bestürzte ihn die Tatsache, daß man hinsichtlich der Rolle, die bei dieser Krise die Königsberger Getreidebörse gespielt hatte, so gut wie gar nichts wußte, was ihm bezeichnend für einen schweren Mangel der Staatsverwaltung überhaupt zu sein schien: dafür nämlich, «daß es dem staatlichen Organismus in vielfachen Beziehungen an denjenigen Organen gebricht, welche berufen und geeignet sind, die Wechselwirkung zwischen der Staatsregierung und dem wirklichen Leben ... zu vermitteln und aufrechtzuerhalten». In Briefen an die Staatsminister Eulenburg und Itzenplitz kritisierte Bismarck, daß der «Beamtenorganismus» des preußischen Staates «auf einen in der Hauptsache Ackerbau treibenden Staat» berechnet sei, «obwohl die Entwicklung der Gegenwart den Grundcharakter des Staates (bezeichnenderweise spricht er nicht von der Gesellschaft, sondern vom Staat) wesentlich gewandelt und Gestaltungen ins Leben gerufen» habe, «für welche es der Regierung an den entsprechenden Handhaben gebricht». Zumal die Entwicklung des Börsenverkehrs, wie er sich jetzt entfalte, bringe die bisherige Solidität der Industrie und des Geldverkehrs in Preußen in ernste Gefahren. Er schlug Itzenplitz deshalb die Schaffung «eines sachverständigen, allen eigenen Geschäften fernstehenden Kontrollamtes» vor, das die Aktivitäten der Börse überwachen, neue Formen der Besteuerung vorschlagen und «die unfruchtbare Spekulation», insbesondere mit auswärtigen Papieren, beschränken sollte. Des weiteren schlug Bismarck die Berufung von Regierungskommissionen zur Beobachtung der «Lage der arbeitenden Klassen, der ländlichen wie der industriellen, einschließlich der kleinen Handwerker» nach englischem Muster vor. Nur diesen letzten Vorschlag ließ Itzenplitz sich gefallen, denn er war der Meinung, daß staatliche Anstalten, die Börse zu regulieren, deren Operationen zu besteuern und die Spekulation zu zügeln, mehr Schaden als Nutzen stiften würden.[61]

Aus Berichten des Finanzministeriums schloß Bismarck im Januar 1868, daß die Not der kleinen Handwerker in den Städten des Ostens am größten sei, worauf er anregte, daß die Dienste der 1866 geschaffenen Darlehenskassen auch diesen zugänglich gemacht wurden. Doch fand er auch die größeren Gutsbesitzer in ernsten Schwierigkeiten, und er rechnete damit, daß ihre Probleme bald noch zunehmen würden. Die von der Regierung gewährten Kredite milderten deren Not zwar vorübergehend, doch wurde damit auch Mißbrauch getrieben, wobei Bismarck alsbald seine politischen Feinde am Werke glaubte. Was der Kanzler wünschte, war eine dauerhafte Lösung der Kreditprobleme von Gutsbesitzern. Während seines Aufenthalts in Varzin im August 1868 erwärmte Bismarck sich für einen von Ernst Senfft von Pilsach konzipierten Plan, seine Güter und seine Zuckerfabrik an ein Konsortium rheinischer Finanzleute zu verpachten. Bismarck hoffte, daß andere Gutsbesitzer diesem Beispiel folgen würden, um dadurch «ihre so wünschenswerte Beteiligung an den politischen Geschäften des Landes zu ermöglichen». Da es den einheimischen Pächtern «an hinreichenden Mitteln zur Übernahme größerer Pachtungen» fehle, sei sehr zu wünschen, daß sich so «Ströme wohlhabender und intelligenter Pächter aus der Rheinprovinz nach Pommern und anderen östlichen Landesteilen leiten» ließen, da dies «natürlich auf den Wohlstand dieser Provinzen höchst vorteilhaft wirken» würde. Doch zeigten dann die rheinischen Finanzleute an solchen Projekten wenig Interesse. Anstatt sich unmittelbar auf die Risiken des Ackerbaus einzulassen, investierten sie lieber in Hypotheken, die von einer gigantischen Bank nach dem Muster des *Crédit foncier de France* ausgegeben wurden.[62]

Bismarck wußte natürlich, daß es in seinem politischen Interesse lag, den Landbesitzern zu zeigen, daß die Regierung ihre Belange keineswegs aus den Augen verloren hatte – auch wenn sie dem Industriekapitalismus freie Bahn verschaffte. Doch seine Bemühungen um die Errichtung von Hypothekenbanken für Gutsbesitzer gingen seinen Schwierigkeiten mit den Konservativen im preußischen Landtag voraus. Im März 1863 hatte er seine Kollegen gedrängt, zwei von konkurrierenden Konsortien von Bankiers und reichen Standesherren vorgelegte Pläne zur Errichtung von Hypothekenbanken zu prüfen und gegeneinander abzuwägen. Aber der gesetzliche Rahmen, der im Juni 1863 für derartige Institutionen geschaffen wurde, engte diese so sehr ein, daß sie sich schon bald als nicht lebensfähig erwiesen. Bismarck stellte das Hypothekenrecht in die legislative Kompetenz des Norddeutschen Bundes, und sobald dessen Verfassung in Kraft trat, richtete er eine Anfrage an den Bundesrat, ob es nicht empfehlenswert sei, eine zentrale Hypothekenbank unter den Auspizien des Bundes zu gründen. Die mit der Prüfung der Anfrage beauftragte Kommission gelangte zu dem Schluß, daß weder eine Staatsbank noch eine staatlich unterstützte Privatbank wünschenswert seien. Auch die im März 1868 angeregte Gründung einer großen Bundeshypothekenbank unter solidarischer Haftung der städtischen und ländlichen Darlehensnehmer ging ins Leere, obwohl das Institut – dem Prospekt zufolge – dem edlen Zweck hatte dienen sollen, die Gebiete des Bundes miteinander zu verschmelzen.[63]

Endlich legte im Oktober 1868 Abraham von Oppenheim, ein Kölner Bankier, einen praktikablen Plan mit der Zusicherung angemessener Finanzierung vor. Die Hypothekenbank, deren Gründung er vorschlug, sollte von französischen Finanzleuten und einem preußischen Konsortium kapitalisiert werden, dem Bleichröder, Oppenheim, Rothschild und die Disconto-Gesellschaft angehörten. Auf Bismarcks Fürsprache wurde Oppenheim vom König persönlich empfangen, der sich für das Projekt interessierte und damit Druck auf diejenigen Minister ausübte, die zögerten, die ungewöhnliche Konstruktion zu billigen. Eine Gruppe reicher Grundbesitzer unter Führung des Oberpräsidenten von Posen, des Grafen Königsmarck, legte einen Alternativplan vor, für den jedoch keine Finanzierung gefunden wurde. So beugte sich schließlich das preußische Ministerium den von Bismarck angewandten Druckmitteln, und es kam zur Gründung der Preußischen Central-Boden-Credit-Aktiengesellschaft – einer unter Bismarcks Auspizien gegründeten Gesellschaftsbank, die, von bürgerlichen Finanzleuten kapitalisiert und als Kreditanstalt vorzüglich für Gutsbesitzer konzipiert, mit Privilegien ausgestattet war, die keiner vergleichbaren Institution zu Gebote standen.[64]

Das Verschmelzen der Eliten

Bismarcks Wirtschafts- und Sozialpolitik wurde in den Jahren nach 1867 auf zwei Ebenen betrieben: einerseits derjenigen der preußischen und deutschen Regierungen, die zusammen mit der Reichstagsmehrheit dem Industriekapitalismus in

Deutschland den Weg ebneten; andererseits derjenigen seiner eigenen Eingriffe in das Wirtschaftsleben, die meist im Interesse der Handwerker und vor allem der Landbesitzer erfolgten.[65] Beide Ebenen waren miteinander verbunden. Während der vierziger und fünfziger Jahre hatte die Ausfuhr von landwirtschaftlichen Erzeugnissen aus den Ostgebieten Devisen bereitgestellt, die die Industrie zu ihrem Wachstum brauchte. Ende der sechziger Jahre kam durch Bismarcks Vermittlung das durch den deutschen industriellen Aufschwung erwirtschaftete Kapital den ostelbischen Gutsbesitzern zu Hilfe. Daß sich Oppenheims Projekt gegen dasjenige des Grafen Königsmarck behauptete, scheint zu beweisen, daß die preußische Landwirtschaft selbst zu ihren besten Zeiten nicht in hinreichender Menge Kapital produzierte, um eine Hypothekenbank zu finanzieren, welche die Gutsbesitzer für die landwirtschaftlichen Depressionen der Zukunft wappnen konnte. Und so hatten bürgerliche (und jüdische) Bankiers und Industriefinanzleute, deren Dienste zur Finanzierung der Staatsschuld der preußischen und den übrigen deutschen Regierungen schon seit längerem unentbehrlich waren, auch jenem Landadel, der so hochmütig auf sie herabblickte, bewiesen, daß er auf sie angewiesen war.

Bismarcks unablässige Bemühungen zugunsten der materiellen Interessen des preußischen Adels noch zu einer Zeit, da ihm so viele seiner Standesgenossen die Gefolgschaft kündigten, beruhten auf der Überzeugung, daß die adeligen Grundbesitzer das Rückgrat des Staates bildeten. In seinen persönlichen Beziehungen allerdings scheint er zwischen Adeligen und Bürgerlichen keinen Unterschied gemacht zu haben. Leute, die er verdächtigte, Privilegien nicht auf Grund eigener Leistungen, sondern nur wegen ihrer adeligen Geburt zu fordern, ließ er gewöhnlich seine Verachtung fühlen. Während des Krieges 1870–1871 machte er kein Geheimnis aus seiner Verärgerung über jene deutschen Fürsten, die, ohne irgend etwas zu den Kriegsanstrengungen beizutragen, im Hauptquartier herumlungerten und ihm die Zeit stahlen. Bei der Auswahl von Ministern und Untergebenen berücksichtigte er die Herkunft weniger als Fähigkeiten, Erfahrung und Bereitschaft zur Unterordnung. Namentlich die letztgenannte Anforderung, die er an alle Mitarbeiter stellte, mag ihn bewogen haben, die adeligen Minister, über deren Unfähigkeit und Eigensinn er sich während der sechziger Jahre so oft beklagt hatte, durch Bürgerliche zu ersetzen. Jedenfalls wurden Bodelschwingh, Selchow, Itzenplitz, Mühler und Lippe gegen Bürgerliche ausgewechselt: Heydt, Camphausen, Hobrecht, Friedenthal, Achenbach, Falk und Leonhardt. Selbst in dem «reaktionären Ministerium» der achtziger Jahre waren nur zwei Minister – Puttkamer und Botho zu Eulenburg – von altem Adel, alle übrigen – Bitter, Scholz, Boetticher, Goßler, Lucius, Maybach und Friedberg – bürgerlich. Zwei von Bismarcks Ministern – Friedenthal und Friedberg – waren jüdischer Herkunft. Bismarcks soziales Vorurteil galt dem Adel als Stand, nicht als Attribut. Es beruhte auf den Werten und Präferenzen der paternalistischen Tradition, mit der er sich identifizierte, und auf der primären Form seines persönlichen Wohlstands, dem Grundbesitz.

Bismarcks eigene Geschäfte mit Banken und Börsen, Pfandbriefen und Aktien, zu denen er bei der Verwaltung seines Vermögens Gelegenheit hatte, ermöglichten ihm eine bessere Einschätzung der Leistungen preußischer Finanzleute und Unternehmer. Sie halfen ihm, deren Wert für die preußisch-deutsche Führungsschicht zu erkennen. Seine Wertschätzung spricht aus einem bisher unbekannten Memorandum, mit welchem Bismarck im Februar 1868 dem König empfahl, drei bürgerlichen Antragstellern eine Audienz zu gewähren, die die Gründung eines «Norddeutschen Wohltätigkeits-Vereins» beabsichtigten. Er wies in dem Memorandum auf die politische und soziale Bedeutung dieses Vorhabens hin, welche nach seiner Auffassung den Einwand hinfällig machte, die geplante neue Assoziation sei angesichts bereits bestehender ähnlicher Organisationen unter adeliger Schirmherrschaft überflüssig. Es handle sich darum, «dem bürgerlichen Element» eine «selbständige Entfaltung seiner Kräfte» auf dem Gebiet der Wohltätigkeit zu ermöglichen. Herkömmlicherweise habe die Hohenzollernmonarchie «gewisse Gesellschaftsklassen» bevorzugt; nun sei es an der Zeit, das Bürgertum und den Adel zu ermutigen, «ein Gebiet gemeinsamer christlicher Wirksamkeit zu eröffnen», etwa auch in dem bisher dem Adel vorbehaltenen Johanniterorden. Eine Abweisung der Petition würde, meinte Bismarck, in «weiten und einflußreichen Kreisen» Verstimmung hervorrufen. Diese Kreise hätten aber der Monarchie soziale und politische «Hülfsmittel» zu bieten, die sogar die des Adels «in der Quantität» überträfen. Schließlich sei die menschliche Natur in allen «Gesellschaftsklassen dieselbe», und er fügte hinzu, daß die zu erwartende Konkurrenz «eine wohltätige Konkurrenz» sei, «die allein dem Throne und dem Vaterlande zu Gute kommt».[66]

Bei seinem Widerstand gegen die Forderung des Reichstags nach Abgeordnetendiäten bekannte sich Bismarck zu dem Wunsch, die parlamentarische Arbeit den «tätigen Klassen» vorzubehalten, nämlich Gutsbesitzern und Geschäftsleuten, die über hinreichende Mittel verfügten, sich jährlich mehrere Monate ehrenamtlicher Tätigkeit in Regierungsgeschäften leisten zu können. Der Hinweis auf die «tätigen Klassen» sollte Kapitalisten ausschließen, die – ohne ihr Vermögen selbst zu verwalten – von ihren Investitionen lebten, nicht aber Gutsbesitzer, die ihre Güter an rheinische Finanzleute verpachteten![67] Seine Absicht, das wohlhabende Bürgertum in die Politik einzubeziehen, kam auch bei seinen Plänen zu Reformen der Kreisverwaltung und des preußischen Herrenhauses zur Geltung. Der von Eulenburgs Innenministerium im September 1869 vorgelegte Entwurf einer neuen Kreisordnung sah einen Kreisrat vor, der von Wahlverbänden der Großgrundbesitzer, der Landgemeinden und der Städte gewählt werden sollte. Bismarck schlug vor, neben den Vertretern der genannten drei Interessenverbände auch solchen der größten Steuerzahler, der «Meistbegüterten», eine Stimme bei der Wahl des Kreisrats zu geben. Diese Stimme hätte in den Kreisen, wo adeliger Großgrundbesitz dominierte, die Macht des Adels vermehrt, zugleich jedoch denjenigen Einwohnern des Kreises Einfluß verschafft, deren nicht aus Landbesitz und Landwirtschaft gewonnener Reichtum ihnen «hervorragende sociale Bedeutung» verlieh. Beide Gruppen seien verläßliche Stützen «der Ordnung und Erhaltung».[68]

Zunehmende Schwierigkeiten mit dem konservativen Adel führten Bismarck während des Winters 1872–1873 zu der Überzeugung, daß eine Reform des preußischen Herrenhauses noch dringender als die der Kreisordnung erforderlich sei. So wie es 1855 von König Friedrich Wilhelm IV. eingerichtet worden war, hatten dort adelige Großgrundbesitzer die absolute Mehrheit, und viele von ihnen saßen zudem auf erblichen Sitzen. Preußen fehle, so Bismarck, eine «geborene einflußreiche, großgrundbesitzende Aristokratie im englischen Sinne, wo der König der erste Pair» sei. Es komme darauf an, das Herrenhaus so zusammenzusetzen, daß es die ganze besitzende Klasse repräsentiere. Wenn das Herrenhaus zu einem Vorschlag des Abgeordnetenhauses ‹Nein› sage, müsse die ganze besitzende Klasse des Landes damit einverstanden sein. Deswegen dürfe man das Herrenhaus nicht allein aus der Aristokratie zusammensetzen, sondern aus dem Grundbesitz überhaupt und dem Besitz im allgemeinen, «möge man unter diesem auch die Millionäre verstehen». Außer einer «Wahlkurie von Millionären» schlug er vor, auch die Bürgermeister der großen Städte und die Regierungspräsidenten der Provinzen in das Herrenhaus aufzunehmen.[69] Das Herrenhaus sollte also zu einer Vertretung der gesamten preußischen Führungsschicht werden: Adelige, Generäle, Rittergutsbesitzer, Staatsbeamte sollten darin vertreten sein – und Kapitalisten.

Bismarck befürwortete deshalb eine Vermischung der dominierenden Eliten durch Eheschließungen der Söhne des Adels mit bürgerlichen Mädchen und die Nobilitierung verdienstvoller Bürger. «Zum Kuckuck mit ihrem Stammbaum», hielt der Sohn Wilhelmine Menckens einem adeligen General vor, der sich gegen die Absicht seines Sohnes, ein Bürgermädchen zur Frau zu nehmen, auf die bisherige Reinheit des Stammbaums seiner Familie berief. «Was Stammbaum, dem wird mal ein bißchen frisches Blut gut tun.»[70] 1883 wandte Bismarck sich gegen das Bestreben des Heroldsamts, den Adelsstand exklusiv zu halten. Er selbst, schrieb er dem König, habe «eine nicht zu strenge Praxis» bei den Erhebungen in den Adelsstand stets für nützlich gehalten: «Wenn der Adelsstand so exklusiv gehalten würde, wie es in den Berichten des Heroldsamts vorgeschlagen wird, so schafft und verstärkt man dadurch den Gegensatz zwischen den Angehörigen des Adelsstandes und den bürgerlichen Kreisen, welche ihrer Bildung und sozialen Stellung nach auf der gleichen Stufe stehen wie die Edelleute und ebenso wie diese den Ersatz für den Offiziers- und höheren Beamtenstand liefern. Die strenge Abgeschlossenheit des deutschen Adels in früheren Zeiten bildet den Boden, auf welchem der Adelshaß erwachsen ist, welcher vor dem letzten großen Kriege und zur Zeit der Conflicte über die Armeereform besonders stark war und jetzt wieder schärfer sich geltend macht als vor 10 Jahren. England verdankt das Ansehn seines Adels der Zugänglichkeit desselben für die nicht in ihm Geborenen. Der Umstand, daß unser Adel sehr viel zahlreicher und ärmer ist, spricht nur dafür, ihn zugänglicher zu machen; denn ein armer und zahlreicher Adel fordert den bürgerlichen Neid mehr heraus als ein reicher, und schärft die Verstimmung derer, welchen die Bitte um Aufnahme in diesen zahlreichen Stand abgeschlagen wird. Das Moment mäßigen Vermögens, welches von seiten des Heroldsamtes für Ablehnung der Gesuche angeführt wird, hat auch eine Seite, welche im Gegenteil für die Bewilligung spricht. Gerade der weniger bemittelte Adel ist die Pflanzschule für E. M. Offizierskorps, und seine Vermehrung gereicht der Armee zum Vorteile, weil dadurch die Zahl der jungen Leute vergrößert wird, welche bei der Wahl ihres Berufs im wesentlichen auf den Offizierstand angewiesen sind. Die Söhne des reichen Adels gehn meistens, wie schon Friedrich der Große klagte, ‹durch die Armee wie durch ein Sieb›; d. h. sie nehmen jung Abschied; die des armen Adels dienen bis zur Pension».[71] 1888 wiederholte er auch gegenüber Friedrich III. diese Auffassung: «Im Interesse des Adels selbst liegt es, sich die Existenzen, deren Wohlhabenheit einigermaßen dauerhaft begründet ist, zu assimilieren.»[72]

Während des auf die Revolution von 1848 folgenden Vierteljahrhunderts legte Bismarck die Überzeugung seiner jungen Jahre ab, daß Großgrundbesitzer und Großindustrielle, Landwirtschaft und Industrie natürliche Feinde seien. Er gelangte zu dem Schluß, daß die Besitzenden – gleichviel ob sie ihren Reichtum aus Landwirtschaft, Handel, Industrie oder Bankgeschäften zogen – ein gemeinsames Interesse an der Erhaltung der Ordnung in Gesellschaft und Staat hätten. Sie waren die «Regierten», deren gemeinsames Interesse an «Ordnung und Erhaltung» im Herrenhaus und in den Kreisräten Vertretung finden sollte. Und nicht zuletzt sollte dieses gemeinsame Interesse durch die Zusammenarbeit zwischen den Konservativen und den gemäßigten Liberalen im Reichstag und im Abgeordnetenhaus für die Unterstützung der Regierung politisch nutzbar gemacht werden. Zu diesem Zweck bemühte er sich darum, die Interessenkonflikte zwischen Großgrundbesitzern und Industriekapitalisten zu reduzieren und die Fusion der sozialen Eliten zu befördern. Wenn auch die Interessen der Gutsbesitzer stets sein erstes Anliegen blieben, arbeitete er doch auf eine Erweiterung der wirtschaftlichen und sozialen Grundlagen der preußisch-deutschen Führungsschicht hin, um darin auch dem erst jüngst zu seinem Besitz gekommenen Geschäftsmann den ihm gebührenden Platz zu verschaffen.

IV

Nationalismus und nationale Politik

Seit 1863 hatte Bismarck gelernt, sich in Reden, diplomatischen Depeschen und anderen Schriften des Idioms des nationalen Patriotismus wie einer Muttersprache zu bedienen. Nach 1866 pflegte er sich selbst als deutschen Patrioten darzustellen, der als Staatsmann stets auf die Einigung Deutschlands hingearbeitet habe.[1] Nachweislich entspricht das nicht den Tatsachen, es wäre jedoch falsch, seine späteren Äußerungen deutschen Nationalgefühls deshalb als bloß taktischen Zwecken dienende Heuchelei abzutun. Er äußerte sich in diesem Sinne zu häufig und unter zu vielen verschiedenen Umständen, als daß man ihm allein politische Beweggründe dafür unterstellen könnte. Auch ihn wärmte das Feuer, das er anzufachen geholfen hatte. Nicht, daß in seinen späteren Jahren auch er von deutschem Nationalgefühl bewegt wurde, ist fraglich, sondern welcher Art sein deutsches Nationalgefühl war. Hielt er die deutsche Nation für eine ethnische und kulturelle Wesenheit, gestaltet und bewegt von einem «Volksgeist»? Oder war für ihn die deutsche Nation ein Gebilde des Staates und an dessen soziale und politische Institutionen gebunden? War nach seinen Begriffen das Deutsche Reich also ein «Nationalstaat» oder eine «Staatsnation»?[2]

Die hier benützten Begriffe kennzeichnen zwei einander widersprechende deutsche Auffassungen des Nationalen. Der von Herder herkommenden Tradition galt die Nation als diejenige geistige Kraft, welche die einzigartigen Kulturformen schafft, in denen die Eigenarten und Besonderheiten der Völker sich entfalten. Diese Tradition empfing nach 1869 aus den Schriften Richard Böckhs einen neuen Impuls. Böckh verurteilte die politisch motivierte Unterdrückung der Sprachen ethnischer Minderheiten als «Entgeistigung der Bevölkerung» und als «Frevel gegen die geistige Ordnung der Völker». Die Aufgabe der Kultur war Böckh zufolge die Förderung der geistigen Entwicklung aller Ethnien. Andererseits sah man in der Nachfolge Hegels den Staat als das Gefäß des Weltgeistes an und mithin diesen selbst als göttliche Schöpfung, wodurch er eine Würde gewann, die in der Geschichte des abendländischen politischen Denkens neu war. Hegel selbst hatte dem Staat nie die Macht zugewiesen, die ethnische Homogenität seiner Untertanen zu erzwingen, doch während Deutschland aus dem Zeitalter der Restauration in die Epoche der nationalen Einigung eintrat, wurde auch die Hegelsche Überlieferung umgeformt. Seines metaphysischen Aufputzes beraubt, blieb der Hegelsche Staat im Zeitalter der Realpolitik als «Machtstaat» bestehen. Dem Staat, dessen Herkunft aus dem Geiste jetzt weniger interessierte, wurde jedenfalls die Befugnis zugeschrieben, sich einen ihm entsprechenden

Geist zu schaffen. In seinem 1857 veröffentlichten *System der Staatslehre* erklärte Constantin Rößler: «Die herrschende Nationalität hat das Recht, gewaltsam zu entnationalisieren, wenn es durchführbar ist, und wenn die Selbsterhaltung es fordert. Sie kann den enclavirten fremden Stämmen auch eine nationale Entwickelung gestatten, sofern dies keine politische Gefahr bringt.»[3]

In abgewandelten Formen waren zur Zeit Bismarcks sowohl die Herdersche Tradition, welche die Nation vor den Staat stellte, als auch die Hegelsche, wonach der Staat der Nation vorausging, in Deutschland lebendig, doch durch die historische Erfahrung des deutschen Volkes wurde eher die Hegelsche Auffassung bestätigt. Zwar wollen manche deutschen Historiker als Erben der Hegelschen Tradition ausschließlich den Liberalismus gelten lassen, aber das ist eine Verzerrung der Tatsachen.[4] Es ist richtig, daß während der Revolution von 1848 die deutschen Liberalen wenig Toleranz für ethnische Minderheiten bewiesen, doch auch der erzkonservative Leopold von Gerlach schrieb 1853: «Aufgabe eines Staates ist, die herrschenden Theile seiner Einwohner zu vermehren, und den unterworfenen Theil zu vermindern. Germanisiren gegen Polen, Protestantisiren gegen die Römer.»[5] Heinrich von Treitschke sah «lebendige Kräfte in der Geschichte wirken: einmal die Tendenz eines jeden Staates, seine Bewohnerschaft auch in Sprache und Sitte zu einer Einheit zu verschmelzen, und andrerseits den Drang einer jeden kräftigen Nationalität nach Bildung eines eignen Staates».[6] Kaum hatte die Hohenzollernmonarchie dem deutschen Volk einen Staat geschaffen, unternahm es das deutsche Volk, der von Treitschke zuerst genannten Tendenz Genüge zu tun. Zu Recht oder Unrecht hielt man ethnische Minderheiten für gefährliche Herde politischer Unruhe. Wie die Russen versuchten, Rußland zu russifizieren, und die Ungarn, Ungarn zu magyarisieren, versuchte die Bismarcksche Regierung, Deutschland zu germanisieren. Aus den Religionskriegen des 16. und 17. Jahrhunderts ging das Prinzip hervor: *cuius regio, eius religio.* Für die nationalen Einigungsbewegungen des 19. Jahrhunderts lautete die Devise: *cuius regio, eius natio.*

Nationalismus zu taktischen Zwecken

Bismarck war kein Freund von Abstraktionen und sprach von «Nationen» und dem «Nationalen» nicht mit der Eindeutigkeit, die man von dem Historiker, Philosophen oder Sozialwissenschaftler verlangen darf, der sich dieser Begriffe bedient. Doch obwohl er seine Begriffe nie definierte, geht aus den Zusammenhängen, in denen er sie wiederholt benützte, recht deutlich hervor, wie er sie verstand. Wenn die Gelegenheit das erforderte, verstand er sie in dem Sinn, den der deutsche Idealismus ihnen gab. Dann war die Einigung Deutschlands eine «aus der Geschichte und dem Geiste des deutschen Volkes hervorgegangene Entwickelung», für die, wie er den Österreichern im Dezember 1870 erklärte, weder Preußen noch der Norddeutsche Bund verantwortlich zu machen sei.[7] Öfter freilich interpretierte er die Nation als Substrat des Staates. Deshalb sprach er manchmal noch von der «preußischen Nation», der «preußischen Nationalität» und sogar von der «norddeutschen Nationalität».[8] Konkrete Existenz gewann die deutsche Nation für ihn erst, als sie in einem souveränen Staat vereinigt war. 1866 und 1867 hörte Robert von Keudell ihn wiederholt erklären: «Mein höchster Ehrgeiz ist, die Deutschen zu einer Nation zu machen.»[9] Gelegentlich hat er als sein Lebenswerk die Gründung einer deutschen Nationalität bezeichnet.[10] Wenn Bismarck nach 1871 von der «deutschen Nation» sprach, meinte er damit das Deutsche Reich, nicht die Mitteleuropäer deutscher Sprache.

«Ich bin als Junker geboren, aber meine Politik war keine Junkerpolitik», erklärte er 1881 Moritz Busch. «Ich bin Royalist in erster Linie, dann ein Preuße und ein Deutscher. Ich will meinen König, das Königtum verteidigen gegen die Revolution, die offne und die schleichende, und ich will ein gesundes starkes Deutschland herstellen und hinterlassen.»[11] Er konnte in den sechziger Jahren vom preußischen zum deutschen Patriotismus übergehen, weil die deutsche Einigung, die er herbeiführte, die für ihn wesentlichen Werte der preußischen Gesellschaft und Regierung bewahrte.[12]

Die Deutschen hätten, klagte Bismarck häufig, im Vergleich zu anderen Völkern ein nur sehr dürftig entwickeltes Nationalgefühl. Sie schwärmten für fremde Kulturen und Institutionen und ahmten auf Kosten ihrer eigenen andere Nationen nach. Als Auswanderer legten sie den deutschen Charakter schnell ab und seien als Untertanen fremder Herrscher nur allzu geneigt, diesen zu huldigen. «Die Neigung, sich für fremde Nationalitäten und Nationalbestrebungen zu begeistern, auch dann, wenn dieselben nur auf Kosten des eigenen Vaterlandes verwirklicht werden können, ist eine politische Krankheitsform, deren geographische Verbreitung sich auf Deutschland leider beschränkt.»[13] Eine in Deutschland einfallende fremde Armee, prophezeite er in den späten sechziger Jahren, würde dort nicht auf den entschlossenen Widerstand stoßen, auf den sie in jeder anderen «geschlossenen» europäischen Nation gefaßt sein müßte. «Es liegt ohne Zweifel ... etwas in unserem Nationalcharakter, was der Vereinigung Deutschlands widerstrebt.»[14] Deutsche Bindungen waren partikularistisch – sie galten dem Stamm, dem Heimatland, einer Dynastie, einer Partei, einer Fraktion, nicht aber der ganzen Nation. Diese Eigentümlichkeit des deutschen Nationalcharakters erklärte für ihn, warum im Laufe von nur zwei Jahrhunderten Elsaß-Lothringen hatte französisiert werden können, warum Deutschland sich im Mittelalter zersplittert hatte und auch, warum es so lange gedauert hatte, bis die deutsche Einheit verwirklicht werden konnte. Sie erklärte aber auch die Verhärtungen der Parteipolitik im Reichstag und die mangelnde Bereitschaft seiner Mehrheit, Bismarck entscheiden zu lassen, was für Deutschland gut sei.[15]

Bismarck hoffte, daß der auf den Schlachtfeldern zweier Einigungskriege gestählte nationale Patriotismus stark genug sein würde, diese Mängel des deutschen Nationalcharakters zu überwinden. Die zuvor für die äußere Expansion Preußens so nützliche Kraft des Nationalgefühls mußte nun gebremst und

Der Sedantag, der Jahrestag von Deutschlands Sieg und Napoleons Kapitulation (2. September 1870), wurde ein Nationalfeiertag. 1873 wurde auf dem Königsplatz die Siegessäule enthüllt (oben), 1895 das Brandenburger Tor aufwendig dekoriert (unten).

nach innen gelenkt werden, um das Staatsgebäude zu festigen, das er errichtet hatte. An diese Kraft appellierte er nach 1867 immer wieder bei dem Bemühen, die Bevölkerung der von Preußen annektierten Staaten zu versöhnen und die übrigen deutschen Staaten, deren Regierungen und Bevölkerungen in die föderative Struktur des Norddeutschen Bundes und des Deutschen Reichs einzubinden. In Wort und Tat suchte er glaubhaft zu versichern, daß das neue Deutschland keine bloße Erweiterung des preußischen Machtstaates sei, dem die Untertanen nur Gehorsam schuldeten, sondern zugleich ein organischer Nationalstaat, der ihrer patriotischen Verbundenheit bedurfte.

Diese Taktik erwies sich zwar in einer Hinsicht als recht erfolgreich, schuf aber neue Probleme in anderer. Die Betonung des nationalen Charakters des Deutschen Reichs war zwar nützlich, insofern sie die Deutschen lehrte, sich als Deutsche in ihm zu Hause zu fühlen, gleichviel ob sie eigentlich in Hannover, Sachsen, Bayern oder Schwaben daheim waren; sie machte es den zu dessen Untertanen gewordenen Polen, Dänen und Franzosen aber nicht leichter, die Herrschaft des Deutschen Kaisers zu ertragen. Bismarcks taktischer Gebrauch des deutschen Nationalismus zur ideellen Stabilisierung des von preußischer Machtpolitik geschaffenen Reichs konterkarierte sein Bestreben, die ethnischen Minderheiten des Reichs zu assimilieren, und gefährdete damit die Sicherheit seiner Grenzen. Praktisch schien als einziger Ausweg aus diesem Dilemma die Eindeutschung oder Germanisierung der nichtdeutschen Minderheiten in Frage zu kommen. Größere ethnische Homogenität war, schien es, eine Bedingung der vollendeten Konsolidierung des Deutschen Reichs.

Die 1866 annektierte Bevölkerung

Durch die Annexion der Fürstentümer Hannover, Kurhessen, Nassau, Schleswig-Holstein sowie der freien Reichsstadt Frankfurt gewann Preußen zu seiner bisherigen Bevölkerung von 19 501 723 Menschen nicht weniger als 4 300 000 neue Einwohner hinzu.[16] Wie bereits dargelegt, hatte Bismarck die vollständige Annexion dieser Staaten befürwortet, weil er glaubte, daß die enteigneten Fürsten, wenn ihnen ein Rest ihrer Territorien gelassen würde, sich früher oder später an die Spitze irredentistischer Bewegungen setzen und die Integration der annektierten Gebiete in den preußischen Staat gefährden würden. In Anbetracht des späteren Verhaltens der Welfen in Hannover war diese Befürchtung wohl nicht unbegründet. Dennoch verstärkte die Liquidierung so vieler Throne und souveräner Staaten das bittere Gefühl vieler «Muß-Preußen» (wie sie sich selbst nannten), von einer fremden Macht unterworfen worden zu sein.

Wie zu erwarten, entsprachen die Schwierigkeiten, denen Preußen bei der Integration begegnete, im großen ganzen der Größe der annektierten Bevölkerung. In Nassau, das eine Bevölkerung von 468 311 Seelen hatte, waren sie nur gering. Durch den Vertrag vom 18. September 1867 seines Besitzes und seines Einkommens vergewissert, entband Herzog Adolf seine Beamten und Soldaten von ihrem Treueid. Zwar dankte er nicht förmlich ab, er machte jedoch auch keine Anstalten, seine Souveränität zu behaupten, und erhielt dann Ersatz, als er 1890 den Thron des Großherzogtums Luxemburg bestieg. Die Bürger der freien Reichsstadt Frankfurt (90800 Einwohner) fügten sich zwar sehr widerwillig in ihr Schicksal, doch blieb ihnen nichts anderes übrig. Die Aufhebung der Militärregierung und die Erlassung einer der Stadt zunächst auferlegten hohen «Kriegskostenentschädigung» (die als um so ungerechter empfunden wurde, als Frankfurt sich an dem Krieg gegen Preußen gar nicht beteiligt hatte) erleichterten ihnen dann das Unvermeidliche. Kurhessen (763200 Einwohner) war Preußen weniger leicht einzuverleiben. Der schon zu Beginn der Kämpfe gefangengenommene und dann in Stettin inhaftierte Kurfürst Friedrich Wilhelm weigerte sich, auf seine Souveränität zu verzichten. Zwar unterzeichnete am 17. September 1867 auch er einen Vertrag, wie er dem Herzog von Nassau aufgenötigt worden war, doch machte er im folgenden Jahr seine Souveränität wieder geltend und mußte dafür die Beschlagnahme seines Besitzes und Einkommens hinnehmen. Noch ehe er 1875 starb, hatte sich sein Erbe jedoch mit der preußischen Regierung arrangiert und die Annexion als unwiderruflich anerkannt. Die dauernde Mißwirtschaft der Kurfürsten hatte zudem die Dynastie bei den Hessen sehr unbeliebt gemacht, und bei den Wählern waren deshalb deutschnationale und preußische Sympathien recht verbreitet. Doch gab es auch in Hessen Widerwillen gegen Härte, Disziplin und Nüchternheit des preußischen Stils, und die adeligen Konservativen trennten sich ungern von Rechten, die sie im Schutz der Dynastie genossen hatten. Die hessischen Lutheraner fürchteten den Verlust der kirchlichen Autonomie. Gleichwohl war die Opposition dieser Minderheiten gegen das preußische Regiment zwar lautstark, doch schwach, und richtete verhältnismäßig wenig aus.[17]

Die Bevölkerung Schleswig-Holsteins (1028600) war geteilt in eine preußische Partei, die natürlich die Annexion begrüßte, und eine augustenburgische, die sich ihr widersetzte. Die letztere hatte die Unterstützung einer großen Mehrheit der Wähler, darunter auch Fortschrittler und Nationalliberale. Diese waren dann sehr enttäuscht, als die nationalliberale Partei im Reichstag zu der Überzeugung gelangte, daß die Ansprüche des Prinzen Friedrich von Augustenburg zwar an sich berechtigt seien, jedoch dem ewigen Recht der Zukunft des deutschen Volkes weichen müßten. Prinz Friedrich erhielt seinen Anspruch aufrecht, unternahm aber keine Schritte, ihn durchzusetzen, denn er sah ein, daß mit Preußens Sieg über Österreich seine letzte Hoffnung darauf entschwunden war. Ehe er 1880 starb, wurde ihm immerhin noch der Trost zuteil, die Verlobung seiner Tochter mit dem Prinzen Wilhelm von Preußen, dem späteren Kaiser Wilhelm II., erleben zu dürfen. Seine Anhänger ließen sich so leicht nicht trösten. Zwei Generationen von Schleswig-Holsteinern hatten für ihre staatliche Unabhängigkeit gekämpft. Der frühere Groll gegen Dänemark richtete sich nun gegen Preußen. Die mit wenig Rücksicht auf einheimische Traditionen und Interessen dem Lande preußische Gesetze und preußische Steuern aufzwingende Bürokratie (die teilweise gegen Bismarcks ausdrückliche Wünsche verfuhr), trug nicht dazu bei, diesen Unmut zu beschwichtigen. Während der siebziger Jahre wählten die Bauern der annektierten Herzogtümer aus Protest sozialdemokratische Kandidaten in den Reichstag. Schleswig-Holstein wurde nach Sachsen das Land, in dem die Sozialdemokraten den stärksten Anhang hatten. Daß nur Deutschland Nutzen von Preußens Gewinn habe, wie Wilhelm erklärte, ließen sich die Schleswig-Holsteiner nicht einreden. 1888 räumte der Oberpräsident der Provinz traurig ein, daß in zwanzig Jahren für die geistige und politische Vereinigung der Provinz mit Preußen wenig vollbracht worden sei.[18]

Als schwierigste Aufgabe erwies sich die Assimilation des Königreichs Hannover (1933800 Einwohner). König Georg V., als Welfe ein Sproß der ältesten deutschen Dynastie, glaubte fromm, von Gottes Gnaden regiert zu haben, und weigerte sich standhaft, seine Absetzung hinzunehmen. Aus dem österreichischen Exil beschuldigte er Preußen, sich mit der Annexion eines verbrecherischen und verachtungswürdigen Raubs schuldig gemacht und eine flagrante Verletzung des Völkerrechts begangen zu haben. Zwar entband auch dieser stolze und hartnäckige Nachkomme Heinrichs des Löwen seine Beamten und Offiziere von ihrem Treueid, aber er weigerte sich, auf die Möglichkeit seiner Restauration zu verzichten, und ließ alle Fäden spielen, um diese rasch herbeizuführen. Er hoffte auf die Unterstützung von Verwandten unter den mächtigsten Dynastien Europas, besonders in Großbritannien. Auch bei jenen Teilen der hannoverschen Gesellschaft, die Grund hatten, der verlorenen Unabhängigkeit nachzutrauern, verfügte er über einen beträchtlichen Rückhalt: beim Adel, dessen politische Macht und dessen Einkommen in erster Linie vom hannoverschen Staat abgehangen hatten (nur 6,5 Prozent des Landes in Niedersachsen war in adeligem Besitz); bei Beamten und Heeresoffizieren, deren Laufbahn durch die Annexion gefährdet war; bei den Bewohnern der Hauptstadt, die nun nicht länger die Residenz eines Königs war, von dessen herrschaftlichem Aufwand viele profitiert hatten; bei den Bauern und Handwerkern, deren Interessen die antiindustrielle Politik der abgesetzten Regierung gefördert hatte; bei den jungen Leuten im militärdienstpflichtigen Alter, die den längeren und strengeren preußischen Militärdienst fürchteten; bei den hannoverschen Lutheranern, die besorgt waren, daß ihre Kirche der preußischen evangelischen Kirche einverleibt werden würde; endlich auch bei den Katholiken, die gegen die nationale Einheit unter einer protestantischen Dynastie waren.

Doch diesen unversöhnlichen Welfen stand eine Mehrheit im Lande gegenüber, die sich mehr oder weniger leichten Herzens mit der preußischen Annexion abfand: Geschäftsleute und Angehörige der freien Berufe, deren Interessen die nationale Einigung entgegenkam; Liberale, die das autokratische Regiment König Georgs verabscheut hatten; und deutsche Patrioten, deren Schwärmerei für die deutsche Einheit stärker war als ihre Furcht vor der «Verpreußung». Viele städtische Arbeiter – politisch unentschieden, durch die Störung des Wirtschaftslebens, die Mobilisierung und Krieg mit sich gebracht hatten, empfindlich betroffen und mißtrauisch gegen ihre pro-annexionistischen Arbeitgeber – waren anfänglich gegen Preußen, doch sie fühlten keine Anhänglichkeit an die Dynastie der Welfen und standen der Bewahrung des Partikularismus gleichgültig gegenüber. Bei der ersten nationalen Wahl in Hannover stimmten im Februar 1867 144188 Wähler für Kandidaten, die die Annexion bejahten, während die Kandidaten der welfischen Partikularisten nur 129885 Stimmen erhielten. Von 1871 bis 1890 saßen stets zwischen vier und elf welfische Abgeordnete im Deutschen Reichstag als Vertreter etwa eines Drittels der hannoverschen Wähler.[19]

Bismarck sah voraus, daß Hannover schwer zu schlucken sein würde, doch er hielt die Annexion für ein Risiko, das eingegangen werden müsse.[20] Die Stärke der Opposition war keineswegs zu verachten, zumal wenn sie sich mit tätigem Widerstand verband. Die Luxemburgkrise ließ während der Monate April und Mai 1867 den Ausbruch eines Krieges zwischen Frankreich und Preußen erwarten, und das belebte die Hoffnungen der Welfenpartei. Mehrere hundert Mann, größtenteils ehemalige Soldaten der hannoverschen Armee, überquerten die Grenzen in die Niederlande und in die Schweiz, um eine «welfische Legion» zu bilden. Mit amerikanischen Pässen versehen, reisten sie im Januar 1868 in Frankreich ein, wo sie zeitweilig im Elsaß einquartiert wurden. Diese von König Georg finanzierte Truppe verblieb, obwohl Bismarck deswegen bei der französischen Regierung Beschwerde führte, länger als zwei Jahre in Frankreich. Georg schätzte ihre Stärke auf etwa 800 Mann, Bismarck hielt sie für fast doppelt so stark (1400).[21]

Zufällig kam Bismarck durch das hannoversche Problem jedoch an eine ihm höchst willkommene, da keinerlei parlamentarischer Kontrolle unterliegende Einkommensquelle, aus der er während seiner gesamten ferneren Laufbahn immer wieder schöpfte, wenn Geld benötigt wurde, um die öffentliche Meinung in Deutschland und im Ausland zu beeinflussen. Im November 1866 beschlagnahmte er alle Mittel und Besitztümer der Welfendynastie und trat über den ehemaligen hannoverschen Minister Ludwig Windthorst, den späteren Führer der Zentrumspartei, in Verhandlungen mit dem abgesetzten König ein, der in Wien Zuflucht gesucht hatte. Gegen die Rückgabe von 19 Millionen Talern öffentlicher Mittel, die Georg vor Ausbruch der Feindseligkeiten nach England transferiert hatte, bot Bismarck diesem das Einkommen aus 16 Millionen Talern, die in preußischen Staatspapieren und anderen Wertpapieren angelegt waren, dazu das Einkommen aus gewissen Besitzungen (den Domänen von Calenberg), die bis zu Georgs förmlicher Abdankung unter preußischer Verwaltung bleiben würden.[22] Georg hatte zwar nicht die Absicht, jemals abzudanken, ging jedoch auf die vorgeschlagene Regelung ein, und unter erheblichen Schwierigkeiten erlangte Bismarck auch die Zustimmung des preußischen Landtags dazu. Als das Gesetz am 18. Februar 1868 verabschiedet wurde, feierte Georg in Hietzing (einem Vorort von Wien) seine Silberhochzeit, bei der er in aller Öffentlichkeit einen Trinkspruch ausbrachte, in dem Gott ersucht wurde, baldmöglichst seinen Thron und die Unabhängigkeit Hannovers wieder aufzurichten.[23] Wenige Tage später gelangten auch neue Berichte über das Treiben der welfischen Legion und Georgs

Verbindung mit dieser nach Berlin. Bismarck reagierte auf diese Provokationen, indem er unter Berufung auf eine einschlägige Klausel in der preußischen Verfassung Georgs Besitz von neuem beschlagnahmte und erklärte, daß hinfort das Einkommen daraus zur Bekämpfung welfischer subversiver Umtriebe verwendet werden würde. Die im Februar 1869 vom preußischen Landtag gebilligte Maßnahme schuf den berühmten «Welfenfonds», den liberale Kritiker gern als «Reptilienfonds» bezeichneten.[24]

Die aus diesem Fonds finanzierte preußische Spionage kundschaftete das welfische Lager bald so gründlich aus, daß Bismarck gelegentlich behauptete, wenn er wollte, könnte er jederzeit erfahren, was Georg morgens zum Frühstück gegessen habe.[25] Seine schwindenden finanziellen Ressourcen nötigten den König im Februar 1870, nur fünf Monate vor Ausbruch des französisch-deutschen Krieges, seine Welfenlegion zu entlassen. Die Niederlage Napoleons besiegelte dann das Schicksal der welfischen Bewegung, doch der feste Wille der Welfen, den verlorenen Thron zurückzugewinnen, war damit noch keineswegs gebrochen. Bei Georgs Tod 1878 erneuerte dessen Erbe Ernst August seine Ansprüche auf Hannover, und im Jahre 1884, beim Tod des regierenden Herzogs von Braunschweig, erhob er auch auf die Thronfolge in Braunschweig Anspruch. Erst 1892, als Bismarck schon entlassen war und ein neuer Kaiser auf dem deutschen Thron saß, war Ernst August zu der Erklärung bereit, daß er niemals feindlich gegen das Reich tätig werden wolle, worauf das 1868 seinem Vater versprochene Gut und Einkommen freigegeben wurde. So konnte Bismarck dank der Hartnäckigkeit der Welfen und der Gefügigkeit des preußischen Landtags mehr als zwanzig Jahre aus einem Geheimfonds schöpfen (dessen Einkommen sich auf mehr als eine Million Mark belief), ohne dem Parlament oder sonst einer Regierungsbehörde darüber Rechenschaft geben zu müssen. Er benützte die Gelder keineswegs nur zur Bekämpfung welfischer Umtriebe, sondern vielmehr auch zu Zwecken, die auf ganz anderem Gebiet lagen. Er investierte sie unter anderem in den Aufbau eines Spionagenetzes und schöpfte daraus, um Journalisten und Zeitungen zu kaufen, öffentliche Projekte zu subsidieren, in finanzielle Verlegenheit geratene Kollegen zu unterstützen, «Staatsfreunde» zu belohnen, den König von Bayern und dessen Stallmeister zu bestechen und um das Ende des Kulturkampfes mit der Pensionierung von Bischöfen und der Bestechung eines Kardinals zu erleichtern.[26]

Verhandlungen mit ehemaligen Landesherren waren Gegenstand der Außenpolitik und fielen deshalb in Bismarcks unmittelbare Zuständigkeit. Für die Durchführung der Regierungspolitik in allen anderen Angelegenheiten (so der Zivil- und Militärverwaltung, der Justiz, des Finanzwesens, der Kirchenverwaltung) war er auf die Mitarbeit seiner Kollegen im preußischen Ministerium, namentlich des Innenministers Graf Eulenburg, angewiesen. Beim ersten Anzeichen drohender Widersetzlichkeit der hannoverschen Bevölkerung im späten Juli 1866 sorgte Bismarck für die Ernennung eines Militärgouverneurs, des Grafen Konstantin von Voigts-Rhetz, der angewiesen wurde, die Einwohner die preußische Besatzung spüren zu lassen und auf diese Weise die Feinde Preußens einzuschüchtern und dessen Freunde zu ermutigen. Jeder Akt des Widerstands sei zu unterdrücken und unnachsichtig zu bestrafen, ordnete Bismarck an: «Wo nicht Liebe sein will, Furcht sein muß.» Antipreußische Zeitungen wurden zensiert oder verboten. Rekruten für die Welfenlegion wurden festgenommen, abgeurteilt und inhaftiert. Bismarck regte an, Städte und Gegenden, wo es zu Widerstand und Auflehnung kam, mit Geldstrafen zu belegen. Beleidigungen der Besatzungstruppen sollten schwer bestraft werden. Widersetzliche Polizisten, Beamte und Richter sollten aus dem Dienst entfernt werden. Außerdem sollten hannoversche Beamte auf neue Dienststellen nach Preußen versetzt werden, preußische nach Hannover.[27] Dennoch war er mit den Ergebnissen nicht zufrieden. Im Mai 1867 warnte er Eulenburg, daß er für seine Person «die Verantwortung für die Fortdauer der gegenwärtigen Situation seiner Majestät gegenüber nicht zu übernehmen beabsichtigte». Er klagte über passiven Widerstand und drohte, auch vor dem Landtag und dem Reichstag jede Verantwortung für die Lage in Hannover von sich zu weisen. Eulenburg habe den hannoverschen Adel und die feudale Partei zu sehr geschont; er hätte wesentlich radikaler verfahren müssen, so wie Österreich in Böhmen nach dem Sieg in der Schlacht am Weißen Berge 1620.[28]

In anderer Hinsicht allerdings verfuhren nach Bismarcks Meinung seine Kollegen bei der Aufgabe, Hannover in Preußen einzugliedern, viel zu ungestüm. Im August 1866 wandte er sich gegen die Borussifizierung Hannovers. Es sei sein Wunsch, «Uniformität zu vermeiden», ließ er wissen, «und durch Bewahrung der Eigentümlichkeit gerade den Beweis zu liefern, daß Preußen alle deutschen Individualitäten in sich aufnehmen kann ohne sie aufzuheben». Zu diesem Zweck empfahl er, die Modalitäten der Einverleibung mit prominenten Bürgern der neuen Provinzen zu beraten.[29] Doch Eulenburg, Graf Lippe (der Justizminister) und von der Heydt (der Finanzminister) lehnten derartige Konsultationen ab, und erst im Juni 1867 konnte Bismarck das preußische Ministerium in dieser Frage zu seinem Standpunkt bekehren. Kaum war er jedoch einige Tage später zur Erholung nach Varzin abgereist, als die Minister schon wieder anderen Sinnes wurden. Es gelang ihnen, die Einwilligung des Königs, der von Bismarcks Einwänden nichts wußte, zu einer Fülle vereinheitlichender Verordnungen zu erhalten: Einführung des preußischen Strafgesetzbuchs und Prozeßrechts; Unterordnung des hannoverschen Justizwesens unter ein Appellationsgericht in Berlin, Einführung der preußischen Stempelsteuer, Abschaffung der staatlichen Lotterien in Hannover, Osnabrück und Frankfurt, Unterstellung des Kapitalbesitzes der annektierten Länder (hauptsächlich Domänenfonds und Staatsschatzüberschüsse) unter die Verwaltung des preußischen Schatzamtes. Diese Maßnahmen, besonders die letztere, bestürzten und verärgerten selbst den propreußisch und deutschnational eingestellten Teil der Bevölkerung der annektierten Länder. Rudolf von Bennigsen und Graf Münster, die Führer der Nationalliberalen und der Freikonservativen Parteien, protestierten scharf dagegen.[30]

Hinter der Meinungsverschiedenheit zwischen Bismarck und seinen Kollegen stand eine Prinzipienfrage. Eulenburg, Lippe und von der Heydt wollten die zentralisierte bürokratische Maschinerie des preußischen Staates überall zum Einsatz bringen, während Bismarck für eine größere regionale Autonomie durch eine Erweiterung der Selbstverwaltung eintrat. Durch die Bewahrung der «Individualität» der annektierten Staaten hoffte er, ein Muster schaffen zu können, das später bei der Reorganisation der Provinz- und Lokalverwaltung auch im alten Preußen zugrunde gelegt werden könnte. Auch diesmal gewann Bismarck dank des Vertrauens, das er beim König genoß, die Oberhand. Bismarck besuchte den König in Bad Ems, und als er abreiste, verbreitete sich alsbald das Gerücht, daß die Entlassungen Eulenburgs und Lippes beschlossene Sache seien, doch trat nur Lippe zurück. Einige finanzielle Maßnahmen wurden rückgängig gemacht, und es fanden Beratungen mit Vertrauensmännern aus allen annektierten Ländern statt.[31] Im September endete das in dem Annexionsgesetz vorgesehene Übergangsjahr, und Bismarck setzte die Ernennung seines Kandidaten, Otto Graf zu Stolberg-Wernigerode, zum Oberpräsidenten der Provinz Hannover durch. Stolberg war jung, dreißig Jahre alt, und als Besitzer von Gütern in Hannover kein Fremder im Land. Er war den Einwohnern jedenfalls willkommener, als es ein «altpreußischer» Verwaltungsmann des Typs gewesen wäre, den Eulenburg bevorzugt hätte. Und er war Bismarcks Mann. Der Kanzler verkehrte direkt mit ihm, über die Köpfe von der Heydts und Eulenburgs hinweg, obwohl Stolberg formal Eulenburg unterstellt war.[32]

Stolberg regierte, wie Bismarck ihn anwies. Den Wünschen der Vertrauensmänner entsprechend, wurde ein Provinziallandtag für das ehemalige Königreich Hannover errichtet. Bei der ersten Sitzung des Landtags wurde einstimmig ein von Rudolf von Bennigsen eingebrachter Antrag angenommen, die Übertragung der Verwaltung des hannoverschen Domänenfonds (in Höhe von rund 16 Millionen Talern) an die neue hannoversche Provinzregierung vom preußischen Schatzamt zu fordern. Bismarck, der Stolberg angewiesen hatte, den Antrag wohlwollend zu behandeln, setzte dann gegen den Widerstand von der Heydts durch, daß das Staatsministerium diesen in Gesetzesform dem preußischen Landtag vorlegte. Er wollte damit nicht nur die Hannoveraner beschwichtigen (deren Steuern nach der Annexion um 20 Prozent gestiegen waren), sondern mit dem Gesetz überdies einen Präzedenzfall für ein höheres Maß an provinzialer Selbstverwaltung schaffen, das ihm in ganz Preußen vorschwebte.[33] Das Gesetz wurde 1868 im preußischen Herrenhaus und in der preußischen Abgeordnetenkammer heftig diskutiert. Die Konservativen verdroß die Großmütigkeit, die da ihre Regierung den Besiegten beweisen wollte, und es wollte ihnen nicht einleuchten, daß durch den Besitz eines eigenen Provinzialfonds Hannover besser gestellt sein sollte als die alten preußischen Provinzen. Letztlich wurde das Gesetz in der Abgeordnetenkammer mit knapper Mehrheit (197 gegen 192 Stimmen) gegen den vereinten Widerstand der Konservativen und der Fortschrittler angenommen. Selbst diese schmale Mehrheit mußte durch die Annahme eines Änderungsantrages erkauft werden, der besagte, daß Hannover nicht den Fonds selbst erhalten sollte, sondern eine jährliche Anweisung des preußischen Schatzamts in Höhe von 500000 Talern, was in etwa dem Einkommen aus dem Fonds entsprach.[34]

Viele Jahre lang beobachtete Bismarck die Entwicklung in Hannover und den anderen annektierten Gebieten aufmerksam und intervenierte nicht selten in deren Verwaltung.[35] Auch dabei ließ er, wenn nötig, im Samthandschuh die eiserne Faust spüren. Am ehesten würden Preußens neue Untertanen zu assimilieren sein, wenn man sie darauf hinwies, daß ihre Unabhängigkeit nicht, wie es scheinen mochte, der Vergrößerung Preußens geopfert worden sei, sondern der deutschen Einheit. In zwei privaten Instruktionen erläuterte er Stolberg im Februar 1870 die Grundzüge seiner Assimilationspolitik und gab namentlich Richtlinien für die regierungsnahe Presse. «Das entscheidende Moment aber, welches die gouvernementale Presse in ihren Bestrebungen zur Ueberwindung der partikularistischen zu betonen haben wird, liegt in der deutschen und nicht in der preußischen Nationalität. Die letztre ist ein Ausdruck, unter welchem wir Preußen gewohnt sind, uns die erste vorzustellen, aber es ist nicht der Begriff, unter welchem es uns gelingen wird, die Stellung, welche wir 1866 erstritten haben, unsern neuen Landsleuten annehmbar zu machen.» Man müsse an die Preußen und Hannoveranern gemeinsamen historischen Erfahrungen anknüpfen. «Alle Bewohner des Königreichs Hanover haben mit uns die deutsche, sogar die niedersächsische Abstammung, die evangelischen Erinnerungen des dreißigjährigen Krieges, die politischen des siebenjährigen und die nationalen Kämpfe aus dem Anfange dieses Jahrhunderts gemein.» Davon ausgehend sei immer wieder auf die gemeinsame deutsche Nationalität und auf die gemeinsamen nationalen Aufgaben und Interessen hinzuweisen.[36]

Bismarck verließ sich nicht allein auf den deutschen Nationalismus bei dem Unterfangen, die neuen Untertanen mit der preußischen Herrschaft zu versöhnen. Auf sein Betreiben sorgte die preußische Regierung für wirtschaftliches Wachstum in den annektierten Gebieten, insbesondere durch den Eisenbahnbau. Geld aus dem Welfenfonds floß in eine Fülle von Projekten zur Förderung des Wirtschaftslebens und der Kultur in den neuen Ländern: Nicht nur Straßenbauten wurden so finanziert, sondern auch der Ausbau des Seebads Norderney, ein Kirchenbau in Hildesheim, vier neue Professuren in Göttingen, Subsidien für Schulen und Museen.[37] Diese Freigebigkeit tat zwar sicherlich ihre Wirkung, doch die extremen welfischen Partikularisten waren damit natürlich nicht zu gewinnen. Zu Beginn des Krieges gegen Frankreich 1870 befürchtete Bismarck deshalb eine Landung der Franzosen an der Nordseeküste und deren Unterstützung durch aufständische Hannoveraner.[38] Bei den Wahlen des Jahres 1878 war die Welfenpartei unerwartet erfolgreich und konnte ihre Reichstagsmandate von vier auf zehn vermehren. Während der Vorwahl dieses Jahres kam es in Harburg zu Ausschreitungen (ein Bürger von Harburg sprach von «amerikanischen Zuständen»). Auch hier mahnte Bismarck hartes Durchgreifen an, selbst mit Verhängung des Kriegsrechts.[39] 1880 meinte auch der König, die Regierung sei bisher der welfischen Agitation, deren Zunahme er zu beobachten glaubte, zu nachsichtig begegnet.[40] Bei der Wahl des Jahres 1887 erreichte die Welfenpartei mit 113 000 Stimmen ein Ergebnis, wie sie es nie zuvor erreicht hatte – allerdings auch in Zukunft nie wieder erreichen sollte. Dennoch blieben die Welfen bis ans Ende des Reichs, als die Generation von 1866 und auch Bismarck längst abgetreten waren, ein kleiner, aber beharrlicher Stachel im Fleische des neuen Staatsgebildes.

Die «polnische Frage»

Von den 18491220 Einwohnern, die 1861 in Preußen gezählt wurden, waren 14 Prozent keine Deutschen. Mit 2265042 Menschen war von diesen Minderheiten die polnische die größte, gefolgt von der litauischen (139428), wendischen (83443) und tschechischen (59850). In der Provinz Posen waren die Polen in der Mehrheit (55 Prozent der Einwohner). Stark vertreten waren sie auch in der Provinz Westpreußen (32 Prozent) sowie im Kreis Oppeln in Oberschlesien (59 Prozent).[41] Die Führung der polnischen Nationalbewegung lag ursprünglich in den Händen des polnischen Adels und Klerus. Preußische Beamte (und Bismarck unter diesen) betrachteten die Wirksamkeit dieser Gruppen als die eigentliche Ursache der «polnischen Frage», auch als das schon längst nicht mehr zutraf.[42] Mit der Abschaffung der Leibeigenschaft, der Förderung des freien Unternehmertums, dem Bau von Straßen und Eisenbahnen sowie der Verbesserung des öffentlichen Schulwesens beschleunigte nämlich die preußische Regierung das Wachstum eines polnischen Mittelstands, dessen Vertreter bald gemeinsam mit dem Adel und dem Klerus und dann vor diesem an erster Stelle die nationalen Forderungen der Polen durchzusetzen versuchten. Während der fünfziger und sechziger Jahre entsandten polnische Wähler bis zu sechsundzwanzig Abgeordnete in den preußischen Landtag. 1867 erhielten sie elf Mandate im Reichstag. Zwischen 1871 und 1890 hielt die polnische Fraktion im Reichstag immer mindestens dreizehn Mandate (gelegentlich kam sie auf achtzehn).[43] In beiden Kammern waren die Polen prinzipiell oppositionell und für jede Antiregierungskoalition zu haben.

Vor 1870 schwankte die offizielle Haltung der preußischen Regierung zur polnischen Minderheit zwischen Toleranz und Repression. Viermal erhoben sich die Polen gegen die Fremdherrschaft: 1830–1831, 1846, 1848 und 1863. Obwohl sich diese Erhebungen gegen die russische Herrschaft richteten, fühlte sich davon auch Preußen bedroht, denn ein Übergreifen der Unruhen auf preußisches Staatsgebiet war immer zu befürchten. In den dreißiger Jahren betrieb der damalige Oberpräsident von Posen, Eduard von Flottwell, die Germanisierung der polnischen Untertanen des Königs von Preußen in der Absicht, «eine vollkommene Vereinigung beider Nationalitäten» zu schaffen. Flottwell mußte diese Absicht fallenlassen, als 1840 Friedrich Wilhelm IV. den Thron bestieg. Doch die Aufstände am Ende des Jahrzehnts beendeten die tolerante Polenpolitik des Romantikers auf dem Thron.[44] Eugen von Puttkamer, Oberpräsident von Posen in den fünfziger Jahren, bekannte sich zu der Überzeugung, daß die Regierung «dem Polonismus gegenüber eine feste und prononcierte Stellung» einnehmen müsse. «Ihn versöhnen, ist unmöglich, ihn ausrotten, inhuman (und nebenbei auch unmöglich, wenigstens gehören Generationen dazu), also bleibt nichts übrig, als ihn energisch in der ihm zukommenden untergeordneten Stellung zu halten.»[45] Sein Amtsnachfolger, Carl von Horn, Oberpräsident von 1862 bis 1869, erklärte zunächst, daß Preußen Sprache, Religion und Sitten der Polen achten würde und nur darauf bestehe, daß diese als zweite Sprache die deutsche erlernten. Nach dem Aufstand in Russisch-Polen 1863 wandelte sich sein Ton. «Mit der Zeit», hieß es jetzt, «wird ... das geschehen, was man nicht direkt erreichen kann und mit Gewalt nicht erstreben soll: die Provinz wird germanisiert werden in dem Sinne, daß sie überwiegend deutsch geworden ist und die sie bewohnenden Polen, wenn sie auch ihre Nationalität und Sprache bewahren, gerade wie es den Litauern und Masuren in Ostpreußen gestattet ist, doch an Auflehnung und Lostrennung nicht weiter denken.»[46] Doch Horns Versuch, an Flottwells Politik anzuknüpfen, scheiterte an Bismarcks Bedürfnis nach einem möglichst guten Einvernehmen mit der katholischen Kirche während der Jahre 1866–1870, als er um das Vertrauen der süddeutschen Katholiken bemüht war. Als Horn mit dem Erzbischof von Posen-Gnesen, Ledóchowski, in Streit geriet, wurde er seines Amts enthoben.[47]

Horns Abberufung darf nicht so verstanden werden, als ob Bismarck dessen Sorgen hinsichtlich der «polnischen Frage» nicht geteilt hätte. Einige Monate später beschwerte er sich beim König – womit er sich zu einem sehr ungewöhnlichen Schritt entschloß – über die Ineffizienz der Assimilationspolitik seiner Kollegen, des Innenministers Eulenburg und des Kultusministers Mühler. Auf Polizeiberichte gestützt, behauptete er, daß tatsächlich die polnische Sprache gegen die deutsche im Vordringen begriffen sei, weil in den Elementarschulen der von Polen bewohnten Gebiete der durch eine preußische Verordnung vom November 1865 angeordnete Unterricht in der deutschen Sprache nicht erteilt werde, und zwar wegen des Widerstands der polnischen Kleriker, die in den fraglichen Gebieten als Schulinspektoren fungierten.[48] Mit dieser Beschwerde kündigte sich an, was schließlich als Bismarcks Kulturkampf gegen die katholische Kirche in die Geschichte eingehen sollte. Das Verhalten der Polen während des Krieges 1870–1871 machte Bismarck die Dringlichkeit des Problems der Assimilation von neuem bewußt. Aus Posen kamen sehr beunruhigende Berichte, denen zufolge die Polen sich nicht scheuten, offen die Partei Frankreichs zu ergreifen und polnische Reservisten zur Fahnenflucht anzustacheln. Bei deutschen Siegesfeiern hatte es Störungen gegeben, die Gründung eines Deutschen Reichs in Versailles war in breiten Kreisen mit Zorn zur Kenntnis genommen worden, ja es gab Hinweise auf eine subversive Organisation. Wer mit den Bedingungen in der Provinz vertraut sei, könne nicht bezweifeln (hieß es in einem der Berichte), daß «die Herzen der hiesigen polnischen Bevölkerung im Großen und Ganzen sich in dem ausgebrochenen Kriege der Sache Frankreichs zuwendeten». Zur Aufrechterhaltung der Ordnung hatte man mehrere Bataillone der schlesischen Landwehr und ein Reserveregiment der regulären Armee in die Provinz gelegt.[49]

Bei Kabinettssitzungen am 13. Oktober und 1. November 1871 erklärte Bismarck, daß es höchste Zeit zu einem Gegenangriff sei. «Es tue sich eine slawische Propaganda zusammen mit den Ultramontanen und Reaktionären von der russischen Grenze bis zum Adriatischen Meere, und es sei notwendig, unsere nationalen Interessen, unsere Sprache gegen solche feindlichen Bestrebungen offen zu verteidigen.» Besondere Aufmerksamkeit verdiene die Ausdehnung der deutschen Sprache in den polnischen Landesteilen. Die Gesetze stünden dem nicht entgegen; der Einfluß der Lokalgeistlichen hindere aber ihre Anwendung, weil «Slawen und Romanen im Bündnis mit dem Ultramontanismus Roheit und Unwissenheit zu erhalten suchen und den Germanismus, welcher Aufklärung zu verbreiten sucht, überall in Europa bekämpfen». Er müsse es als einen Fehler der Schulverwaltung bezeichnen, daß dem polonisierenden Einfluß der Geistlichen in den Schulen bisher nicht energischer entgegengetreten worden sei.[50]

Daraufhin entwarf der von Bismarck bedrängte Kultusminister Mühler das am 11. März 1872 verabschiedete Schulinspektionsgesetz, das die Ernennung und Entlassung von Schulinspektoren ausdrücklich in die Kompetenz der Regierung stellte.[51] Das Gesetz entzog den 86 Erzpriestern, in deren Hand bisher die Schulinspektion in den polnischen Landesteilen gelegen hatte, die Befugnis. Die Regierung beabsichtigte, diese ehrenamtlich tätigen geistlichen Schulinspektoren, die die Aufsicht über 2481 katholische Schulen in Posen, Oberschlesien und Westpreußen führten, durch fünfundzwanzig bis dreißig vom Staat bestellte und bezahlte hauptamtliche Schulinspektoren zu ersetzen.[52] Mit der Verabschiedung dieses Gesetzes trat der Kulturkampf (von dem später noch ausführlich zu reden sein wird) in seine erste Phase. Nach Vollendung der Einigung Deutschlands brauchte Bismarck nun auf katholische Interessen nicht länger sonderlich Rücksicht zu nehmen, weder in Posen noch in Deutschland. Der Kulturkampf hatte viele Wurzeln, aber die Hauptwurzel war, wie Bismarck selbst immer betonte, das polnische Problem.[53]

Obwohl Adalbert Falk, der im Januar 1872 Mühler im Kultusministerium ablöste, seine Befugnisse unter dem neuen Gesetz wirksam nutzte, erschienen doch Bismarck die Anstrengungen der Regierung, den «Polonismus» einzudämmen, noch immer unzureichend. Im Februar 1872 beklagte er sich bei Innenminister Eulenburg über dessen «Passivität bezüglich der polnischen Verhältnisse»: «Ich habe das Gefühl, daß auf dem Gebiete unsrer polnischen Provinzen der Boden unter uns, wenn er heut noch nicht auffällig wankt, doch so unterhöhlt wird, daß er einbrechen kann, sobald sich auswärts eine polnisch-katholisch-östreichische Politik entwickeln kann». Wenn Eulenburg ihm bei den «Vorkehrungsmaßregeln», nicht «activer und selbstthätiger» als bisher beistehen wolle, drohte Bismarck, «so machen sie mir die Frage eines Personenwechsels in Ihrem oder meinem Ministerium zu einer unabweislichen.»[54] Sechs Wochen später erläuterte Eulenburg der preußischen Abgeordnetenkammer die Gründe, welche die Regierung zu der Entscheidung bestimmten, die Provinz Posen von einer neuen gesetzlichen Regelung auszunehmen, mit der den Provinzen größere Verwaltungsautonomie zugestanden werden sollte: Man müsse nämlich darauf hinarbeiten, die Polen zunächst zu Preußen und dann zu Deutschen zu machen, denn Preußen und Deutsche müßten sie jedenfalls werden.[55]

In den Jahren 1872–1873 begann mit einer Reihe von königlichen Erlassen die Germanisierung der Schulen in den Ostprovinzen. Während diese Verordnungen sich regional unterschieden, sollte überall doch gelten, daß fortan Deutsch die Unterrichtssprache an Elementarschulen sein sollte, und zwar in allen Fächern, den Religionsunterricht ausgenommen. In Schlesien sowie Ost- und Westpreußen durften Kinder in den ersten beiden Klassen Religionsunterricht in der litauischen oder polnischen Muttersprache erhalten, für die Mittelstufe und die Oberstufe (zu je drei Jahren) der Gymnasien wurde jedoch auch für dieses Fach Deutsch als Unterrichtssprache vorgeschrieben, außer wo Hilfe zur Verständigung nötig war. Der unmittelbar vom König kommende Erlaß für Posen gestattete Religionsunterricht auch in der Mittel- und der Oberstufe, doch nur, solange die Schüler die deutsche Sprache noch nicht beherrschten. Polnisch blieb jedoch Unterrichtsfach für polnische Kinder: Für Posen waren auf der Unterstufe fünf Wochenstunden dafür angesetzt, je drei auf der Mittel- und der Oberstufe (auf Anordnung der Kreisverwaltung konnte jedoch unter geeigneten Umständen von diesem Unterricht abgesehen werden). In Ost- und Westpreußen wurde Polnisch als Fach nur auf der Oberstufe gelehrt, in Schlesien ebenfalls, jedoch nur mit einer Sondererlaubnis der Behörde. Schulen, von deren Schülern ein Viertel Deutsch als Muttersprache sprachen, sollten als «rein deutsch» gelten – und an solchen war Unterricht in fremden Sprachen nicht gestattet.[56]

Obwohl diese Verordnungen von den Provinzregierungen erlassen wurden, geschah dies erst nach deren Erörterung im Staatsministerium und mit dessen Bewilligung. Der König billigte die Verordnung für Posen erst, nachdem das Ministerium ihn hinsichtlich der pädagogischen Schwierigkeiten, die er daraus erwachsen sah, beruhigt hatte.[57] Tatsächlich wurde bei diesen bürokratischen Entscheidungen wenig Rücksicht auf die Probleme genommen, die damit verbunden waren, Schüler, die kein Deutsch verstanden und entweder keine Lust oder kein Talent hatten, es zu lernen, in deutscher Sprache zu unterrichten. Der didaktische Eifer wurde angespornt durch eine Stiftung aus dem Dispositionsfonds des Königs in Höhe von 5000 Talern, die an Lehrer verteilt werden sollten, die sich «ernstlich und mit Erfolg» um die Verbreitung der deutschen Sprache bei ihren Schülern verdient gemacht hätten.[58] Methodische Vorbereitung auf ihre schwierige Aufgabe wurde den Lehrern seitens der Behörde nur in sehr geringem Maße zuteil (Sommerkurse an Lehrerbildungsanstalten, 1874). Man riet ihnen, dieselbe «frisch und frei» anzupacken und einfach vom ersten Tage an nur Deutsch mit den Schülern zu sprechen.[59] Polnische Bürger beschwerten sich, daß derart ihre Kinder weder Lesen noch Schreiben noch Rechnen lernten, doch ihre Petitionen wurden vom Landtag kalt abgewiesen mit dem Bescheid, daß «Deutsche Bildung dort identisch mit Bildung überhaupt sei».[60]

Während die Regierung gegen die polnische Sprache in den Schulen einschritt, versuchte sie zugleich, dieselbe aus der Staatsverwaltung, dem Justizwesen und überhaupt allen öffentlichen Angelegenheiten zu verbannen. Anstalten dazu rechtfertigte 1870 der damalige Oberpräsident von Posen, Graf Königsmarck, mit der Notwendigkeit, den polnischen Massen zu ihrem eigenen Besten den Zugang zur höheren, modernen Kultur zu erleichtern. «Es giebt in der That für die polnische Bevölkerung des Großherzogthums (Posen) keine andere Alternative, als in ihrer Isolierung zu verharren und so allmälig von dem deutschen Elemente völlig verdrängt und ausgerottet zu werden oder aber sich willig durch die Annahme deutscher Cultur zu regenerieren und ihre Eigenart mit dieser zu verschmelzen. Bei solcher Sachlage ist es die unabweisbare Pflicht des Staates, um seiner polnischen Unterthanen selbst willen die Schranke zu beseitigen, die wie keine andere bisher der schädlichen Isolierung derselben gedient hat, nämlich das ihnen gewährte Sprachprivilegium».[61]

Das 1872 entworfene Geschäftssprachengesetz wurde durch Debatten innerhalb der preußischen Regierung und die parlamentarische Prozedur vier Jahre lang aufgehalten und erst 1876 verabschiedet.[62] Es erklärte die deutsche zur einzigen Geschäftssprache in allen amtlichen Angelegenheiten für alle preußischen Beamten, Behörden und politischen Körperschaften. Noch höchstens zwanzig Jahre lang (eine Genehmigung war alle fünf Jahre einzuholen) sollten «neben der Deutschen» auch Minderheitensprachen Verwendung finden dürfen bei mündlichen Verhandlungen und Protokollen von Schulaufsichtsbehörden, Kreistagen, Dorfräten und -versammlungen und örtlichen Gerichten.[63] Die Maßnahme sei gerechtfertigt, erklärte das Staatsministerium dem König, weil in den Ostprovinzen Deutsch schon seit fünfzig Jahren gelehrt werde, und solle übrigens auch den Gebrauch der polnischen Sprache daheim und in der Familie, bei der Arbeit und in Gesellschaft, in der Kirche und beim Gottesdienst, in der Presse und in der Literatur keineswegs unterbinden oder behindern.[64]

Bismarcks Meinung zur «Germanisierung»

Historiker, denen an Bismarcks gutem Ruf gelegen ist, neigen zu der Annahme, daß ihm der Begriff der «Germanisierung» so fremd gewesen sei, daß ihm dessen Verwendung sicherlich nirgends nachgewiesen werden könne.[65] Doch Dokumente, die schon gedruckt vorlagen, als diese Anschauung sich allgemeiner Anerkennung erfreute, widersprechen derselben. Zwei Beispiele aus der Frühzeit seiner Ministerpräsidentschaft bezeugen die enge Verbindung, die für ihn stets zwischen materiellen Banden, Nationalgefühl und politischer Loyalität bestand. Im Januar 1865 unterstützte er Gerson Bleichröders Plan zur Errichtung einer landwirtschaftlichen Bank im Großherzogtum Posen, «da e(r)», wie er schrieb, «für die in politischer Hinsicht so wünschenswerte allmähliche Germanisierung des Großherzogtums Posen von großer Bedeutung zu werden verspricht». 1866 setzte er sich für den Bau neuer Eisenbahnverbindungen mit Posen ein, weil dies der schnellste und sicherste Weg sei, deutsche Kultur und deutsches Nationalgefühl dort einzuführen.[66]

Zahlreiche unveröffentlichte Dokumente in deutschen und preußischen Archiven beweisen überdies, daß der Begriff der «Germanisierung» Bismarcks Denken keineswegs fremd war. Über zwanzig Jahre lang war er die treibende Kraft hinter den regierungsamtlichen Bemühungen, die Polen zu germanisieren.

Die eigentliche Frage ist natürlich nicht, ob er das Wort kannte oder benützte, sondern was er darunter verstand. Germanisierung im Sinne einer engeren wirtschaftlichen Anbindung der Ostprovinzen an das übrige Deutschland erforderte noch nicht notwendigerweise ethnische Assimilierung. Das Überleben der Litauer und Masuren in Ostpreußen bewies, daß die Annahme deutscher Kultur und deutschen Nationalgefühls Minderheiten nicht unvermeidlich dazu zwang, auf ihre Muttersprache zu verzichten.[67] Daß Bismarck von der Notwendigkeit der «Germanisierung» oder «Regermanisierung» auch der Elsässer sprach, bestätigt, daß es ihm allein auf die politische Loyalität ankam, nicht das Volkstum oder die Sprache, die ja im Elsaß auch zu Zeiten seiner Zugehörigkeit zum französischen Staat deutsch geblieben waren. Bismarck selbst hatte andererseits als junger Mann versucht, die polnische Sprache zu erlernen, vielleicht um mit den pommerschen Kaschuben reden zu können. 1870 erinnerte er sich dieser Studien noch gut genug, um eine Unterhaltung mit verwundeten polnischen Soldaten in Gang bringen zu können. Er versuchte den Kronprinzen Friedrich Wilhelm zu bewegen, Polnisch zu lernen und es seinem Sohn beibringen zu lassen, auch der Große Kurfürst und dessen Nachfolger hätten Polnisch gesprochen – erst Friedrich der Große nicht mehr. Doch der Thronerbe lehnte das ab und äußerte Mißfallen an der Sprache wie am Volk der Polen («sie müssen Deutsch lernen»).[68]

Für patriotische Polen war die Eingliederung in ein vereinigtes Deutschland ein geradezu schockierender Widerspruch. Einer ihrer Vertreter wies im Reichstag darauf hin, daß er selbst und die von ihm vertretenen Polen sich ausgeschlossen fühlen müßten, wenn dort von der gemeinsamen Vergangenheit, den gemeinsamen Sitten und Gebräuchen und der gemeinsamen Zukunft des deutschen Volkes die Rede sei. Bismarck habe einst von dem Recht einer Nation zu existieren, zu atmen und sich zu vereinigen gesprochen. Dieses göttliche und unabdingbare Recht, das die Deutschen für sich selbst forderten, sollten sie nun auch anderen gewähren.[69] Auf derartige Erklärungen erwiderte Bismarck stets: «Die Herren gehören zu keinem anderen Staate und zu keinem anderen Volke als zu dem der Preußen, zu dem ich selbst mich zähle.» Er bestritt den Polen das Recht, im Namen der Bevölkerung irgendeines preußischen Landesteiles zu sprechen, welches auch die Sprache dieser Bevölkerung sein möge. «Ihre Landsleute haben mit demselben Mute und mit derselben Hingebung für die Sache, welche uns hier vereint, gestritten, wie die Bewohner jedes anderen Teils von Preußen, und Ihre Landsleute, die Sie hier vertreten, sind für die Segnungen der preußischen Kultur geradeso dankbar, wie die Bewohner Schlesiens und anderer Provinzen.»[70]

Um zugleich die Deutschen und die Polen für seine Ziele zu gewinnen, mußte Bismarck natürlich mit gespaltener Zunge sprechen. Während er an den deutschen Nationalismus der einen appellierte, mußte er bei den anderen preußischen

Patriotismus wecken. Vor 1866 war es möglich gewesen, Preußen als eine Staatsnation aufzufassen, die Bürger verschiedener Volkszugehörigkeit vereinte. Darauf konnte man sich aber nach 1866 nicht mehr berufen. In dem Augenblick im April 1866, an dem er Preußen auf den Kurs brachte, der dann zur Schaffung eines deutschen Nationalstaats führte, wurde Bismarcks Behauptung, daß der König von Preußen auf die Loyalität seiner polnischen Untertanen ebensoviel Anspruch habe wie auf diejenige seiner deutschen, gewissermaßen unlogisch. Im Deutschen Reich war die Assimilation der Polen, wenn überhaupt, nur möglich durch deren vollkommene Germanisierung im ethnischen Sinne. Die Staatsnation mußte in einen Nationalstaat verwandelt werden.

Bismarck blieb immer bei der Meinung, daß seine Polenpolitik nur defensiv sei. Von Eulenburg verlangte er in dem bereits zitierten Schreiben vom Februar 1872 einen praktischen Beweis, daß der Innenminister gewillt sei, mit ihm «gegen die seit zehn Jahren prosperierende Unterwühlung der Fundamente des preußischen Staates» vorzugehen. Es gehe nicht darum, das Polentum auszurotten, sondern darum, das Deutschtum vor der Ausrottung zu bewahren. In Posen, Westpreußen und Oberschlesien seien schon ganze ehemals deutsche Dörfer polonisiert worden, so daß Familien mit deutschem Namen dort nicht mehr die Sprache ihrer Väter gebrauchten.[71] Preußen habe die Aufgabe, dem polnischen Klerus und Adel die Führung der polnischen Bauern und Arbeiter zu entwinden und diesen zugleich mit der deutschen Sprache das Verständnis der Ziele und Absichten der Regierung zu vermitteln. Bismarcks Regierung verfolgte in ihrer Minderheitenpolitik, wie jedenfalls offiziell verlautbart wurde, das Ziel, die ethnischen Minderheiten in die «Staatssprache» einzuführen, um sie zu Mitgliedern des Staates zu machen, ohne ihnen deshalb ihre Muttersprache nehmen zu wollen.[72] Doch was für Bismarck und für andere Minister und Beamte nur die Verteidigung eines berechtigten Staatsinteresses war, war für die Polen eine schwere Bedrohung ihres kulturellen Erbes und ihrer ethnischen Identität.[73] In der Politik ist zwischen Verteidigung und Angriff nicht immer leicht zu unterscheiden. In diesem Fall waren die Maßregeln, die die Deutschen zu ihrer Verteidigung trafen, aus polnischer Sicht Angriffe gegen das Polentum.

Die dänische Frage

Auch die Annexion von Schleswig-Holstein im Jahre 1866 brachte für Preußen das Problem mit sich, eine nichtdeutsche Bevölkerung in einen deutschen Staat integrieren zu müssen. Von den 401 925 Einwohnern, die 1864 in Schleswig gezählt wurden, sprachen 142 940 (36 Prozent) dänisch. Dem Vertrag von 1864 zufolge hatten die Dänen das Recht, sich für die dänische Staatsbürgerschaft zu entscheiden. Wer sich dafür entschied, konnte mit seinem Besitz nach Dänemark auswandern oder in Schleswig wohnen bleiben, wenn er die Heimat nicht verlassen wollte. Doch von der Möglichkeit, die dänische Staatsbürgerschaft zu erwerben, wurde erst während der Kriege von 1866 und 1870 in größerem Umfang Gebrauch gemacht, vor allem von wehrpflichtigen jungen Männern. Trotz ihrer deutschfeindlichen Empfindungen zogen die meisten Dänen es vor, in dem Lande wohnen zu bleiben, das ihnen schon seit Generationen Heimat war. Ein halbes Jahrhundert lang protestierte die dänische Minderheit Schleswig-Holsteins, unterstützt von der dänischen Regierung und der dänischen Presse, gegen die deutsche Fremdherrschaft. Die Wahlkreise waren so eingeteilt, daß die deutschen Kandidaten überall die besseren Aussichten hatten. Doch es gelang den dänischen Wählern nichtsdestotrotz jedesmal, mindestens einen Abgeordneten, der dann dort in ihrem Namen protestieren konnte, in den Reichstag zu schicken (einmal, 1881, sogar zwei). Obwohl 1866 zwei Dänen auch in den preußischen Landtag gewählt wurden, konnten sie ihre Sitze dort dann nicht einnehmen, weil sie sich weigerten, auf die preußische Verfassung zu schwören (da dies ihres Erachtens einer Billigung der Annexion gleichgekommen wäre). Erst 1882 legte ein dänischer Abgeordneter den geforderten Eid ab, zwar nicht aus Überzeugung, doch aus praktischen Rücksichten.[74]

Das Problem der dänischen Minderheit wurde verschärft durch das Scheitern der Verhandlungen, die zu einer Teilung Schleswigs hätten führen können. Auf der Londoner Konferenz während des Krieges 1864 konnten sich die beiden Seiten auf keine Demarkationslinie einigen, und nach Ende des Krieges mußten dann die Dänen das ganze Herzogtum abtreten. In Artikel 5 des Prager Vertrags von 1866 erklärte Preußen sich bereit, die nördlichen Bezirke Schleswigs freizugeben, wenn deren Einwohner in freier Abstimmung dafür votierten, mit Dänemark vereinigt zu werden. Während der Jahre 1867–1868 scheiterten Verhandlungen zwischen Berlin und Kopenhagen an der Unfähigkeit der Verhandlungspartner, sich auf den Grenzverlauf und auf die Sicherheiten zu einigen, die in den Bezirken gemischter Bevölkerung beiderseits der künftigen Grenze den jeweiligen Minderheiten gewährleistet werden sollten. Ein Jahrzehnt später, bei den Verhandlungen, die zum Berliner Kongreß und dem Zweibund von 1879 führten, erlangte Bismarck Österreichs Zustimmung zur Außerkraftsetzung des Artikels 5. Da Preußen das darin enthaltene Versprechen aber nur Österreich, nicht Dänemark gemacht hatte, war damit für die Wilhelmstraße das Problem der Teilung Schleswigs erledigt.[75]

Die Historiker sind in der Frage, ob Bismarck im nördlichen Schleswig eine klarere ethnische Grenze je ernsthaft gewollt hat oder nicht, verschiedener Meinung. Diejenigen, die das glauben, können nicht mit Genauigkeit angeben, wann und aus welchen Gründen er das Interesse an einer solchen Regelung verloren hätte.[76] Es scheint aber keinen Grund für einen Zweifel daran zu geben, daß die dänische Regierung, wenn sie ihre Verhandlungsposition nicht überschätzt hätte, schon auf der Londoner Konferenz die Grenze hätte bekommen können, die sie schließlich 1919 in Versailles erhielt.[77] Angesichts der mit Polen bereits gemachten Erfahrungen hielt Bismarck die Herrschaft über fremde Nationalitäten für wenig wünschenswert.[78] Doch als dann die Dänen geschlagen waren, gelangte er zu der Überzeugung, daß strategische Gesichtspunkte bei der Festsetzung des Grenzverlaufs mehr Gewicht haben sollten als der ethnische Faktor. Wie später im Falle von Metz, ließ er schon hier die Meinung des Königs und seiner Generäle gelten, daß Flensburg, Düppel und Alsen in preußischer Gewalt bleiben müßten. Andererseits wollte er die neue Grenze aber auch so weit nördlich ziehen, daß keine bedeutende deutsche Enklave mehr unter dänischer Herrschaft verbleiben würde. Da das den Einschluß dänischer Enklaven in preußisches Staatsgebiet eo ipso mit sich brachte, darf man sich fragen, ob die preußische Einwilligung im Prager Vertrag, den endgültigen Grenzverlauf von einem Volksbegehren abhängig zu machen, je für bare Münze zu nehmen gewesen ist. Dennoch hätten die Dänen bei den Verhandlungen 1867–1868 eine bedeutende Änderung des Grenzverlaufs zu ihren Gunsten erhalten können, wenn sie das preußische Angebot angenommen und die von Berlin geforderten Garantien für die deutschen Minderheiten in Dänemark gegeben hätten.

Bismarck behauptete oft, daß die Preisgabe Nordschleswigs schon wegen des Widerstands des Königs, der Militärs und der öffentlichen Meinung in Deutschland unmöglich gewesen wäre.[79] Was er meinte, war, daß es für ihn in Abwesenheit zwingender Gründe der europäischen Politik keinen Anlaß gab, eine Auseinandersetzung mit Wilhelm und den Generälen sowie der deutschen öffentlichen Meinung auszutragen, nur um den Dänen abzutreten, was sie verlangten. Eine unter militärischen Gesichtspunkten akzeptable Sprachgrenze hätte sich jedenfalls nicht gefunden: Es wären bei jeder denkbaren Teilung Nordschleswigs Enklaven mit dänischer und deutscher Bevölkerung auf der falschen Seite der Grenze verblieben. Dennoch hielt Bismarck, solange ein Krieg mit Frankreich drohte und eine revanchistische Partei in Wien auf Rache sann, die Grenzfrage offen. Mit dem Sieg über Frankreich erübrigte sich dann die Besorgnis, daß Napoleon zugunsten der dänischen Irredentisten in Schleswig intervenieren oder Dänemark sich mit einem deutschen Gegner Preußens verbünden könnte. Das Versprechen einer Grenzberichtigung diente also der deutschen Außenpolitik zu keinem vernünftigen Zweck mehr. Der Artikel 5 des Prager Friedensvertrags war mithin nur noch ein Ärgernis, ein schwacher Punkt in der außenpolitischen Rüstung des Deutschen Reichs, den es bei der ersten Gelegenheit zu entfernen galt. Und 1878/1879 fand sich diese Gelegenheit.

Auf Anweisung Bismarcks ließ die erste preußische Provinzregierung Schleswig-Holsteins unter der Oberpräsidentschaft des Freiherrn von Scheel-Plessen gegen die dänische Bevölkerung zunächst Milde walten. Örtliche Verwaltungsbeamte, denen eine harte Linie lieber gewesen wäre, mußten sich diesem Kurs fügen. Mehr als tausend junge Männer, die sich für Dänemark entschieden hatten, um dem Militärdienst zu entgehen, erhielten entsprechend der Konvention von Apenrade im Januar 1872 die Genehmigung zur Rückkehr nach Schleswig. 1881 wurden in Nordschleswig, wo 1867 nur 4575 ansässig gewesen waren, 25 000 dänische Bürger gezählt.[80] Nach den preußischen Verordnungen von 1864 konnten die Bewohner jedes Schulbezirks durch Abstimmung entscheiden, ob Deutsch die Unterrichtssprache an den Elementarschulen sein sollte oder nicht. Bei nahezu einstimmiger Mehrheit konnten drei bis sechs Stunden wöchentlicher Unterricht in der deutschen Sprache gewählt werden. Anfang 1870 schlug das Kultusministerium vor, daß nach dem zweiten oder dritten Jahr auf Elementarschulen Deutsch die einzige Unterrichtssprache und der Gebrauch der dänischen Sprache auf den Religionsunterricht beschränkt werden sollte – wie in den polnischen Bezirken Westpreußens und Posens. Bismarck hielt es nicht für nötig, schon so früh so weit zu gehen. Er empfahl seinen Kollegen, sich fürs erste mit der Anordnung eines obligatorischen Deutschunterrichts von etwa wöchentlich sechs Stunden für alle dänischen Schüler zu begnügen, die nur als Fürsorge für das Wohl der Schüler erscheinen würde und nicht als Germanisierungsmaßnahme. Später könne man «weiter gehen».[81] Die Minister folgten Bismarcks Empfehlung, die am 26. August 1871 in eine Instruktion an die Provinzregierung aufgenommen wurde.[82]

Die Historiker, die sich mit der Frage befaßt haben, finden es bemerkenswert, daß über Bismarcks Absichten hinsichtlich der dänischen Minderheit in den umfangreichen Akten des preußischen Staatsministeriums und der Reichskanzlei einzig das zitierte Protokoll der Kabinettssitzung vom 30. Mai 1870 Auskunft gibt. Manche haben das als Beweis seines geringen Interesses an der Frage genommen und neigen deshalb dazu, nicht ihn selbst, sondern untergeordnete preußische Beamte für die Ende der siebziger Jahre einsetzende Politik der Germanisierung in Nordschleswig verantwortlich zu machen.[83] Aber die preußische Politik gegenüber der dänischen Minderheit muß im Zusammenhang mit der preußischen Politik gegenüber den litauischen und polnischen Minderheiten und mit der Reichspolitik gegenüber der französischen Minderheit in Elsaß-Lothringen gesehen werden. Bismarck, das preußische Staatsministerium und die Reichsregierung hatten nur eine einzige Politik gegenüber allen ethnischen Minderheiten. Daß die preußischen Minister, einschließlich Bismarcks, bei der Formulierung der Maßnahmen zur Durchführung dieser Politik hauptsächlich von Posen, Westpreußen und Oberschlesien sprachen, erklärt sich ganz einfach aus dem Umstand, daß dort Millionen preußischer Untertanen fremder Sprache zu regieren waren, in Schleswig nur Tausende.

Die aufeinanderfolgenden Maßnahmen der Regierung zur Lösung der «dänischen Frage» waren, wenn nicht dieselben, so doch parallel zu denjenigen konzipiert, die zur Lösung der «polnischen Frage» führen sollten. Das Schulinspektionsgesetz von 1872 gab dem Staat die Befugnis, der dänischen Geistlichkeit den Einfluß auf das Schulwesen in Schleswig zu nehmen. Das Geschäftssprachengesetz von 1876 machte in Schleswig Deutsch zur einzigen Amtssprache, wenn auch für mehrere von Dänen bewohnte Kreise Nordschleswigs zunächst eine Ausnahmeregelung galt. Diese Regelung wurde jedoch bereits 1881, fünf Jahre früher als die entsprechenden für Gebiete mit französisch-, polnisch- oder litauischsprachiger Bevölkerung, von der preußischen Regierung aufgehoben.[84] Unter Berufung auf das Geschäftssprachengesetz von 1876, das von allen Bürgern des Deutschen Reichs die Kenntnis der deutschen Sprache forderte, wurde im März 1878 die Bezirksverwaltung von Schleswig aus Berlin ermächtigt – und zwar gegen den Rat des Oberpräsidenten Scheel-Plessen und der Kreisräte der vier von der neuen Regelung am meisten betroffenen Kreise –, den Deutschunterricht in allen Klassen der

Volksschulen Nordschleswigs obligatorisch zu machen: drei Wochenstunden in der ersten Klasse, sieben Stunden wöchentlich in den höheren. In den Mittel- und Oberstufen sollte überdies zwei Stunden wöchentlich Deutsch auch Unterrichtssprache sein. Ein Mehrheitsvotum der betroffenen Eltern oder eine Anordnung des Oberpräsidenten konnten Deutsch sogar zur einzigen Unterrichtssprache erheben.[85]

Elsaß-Lothringen

Durch die Annexion Elsaß-Lothringens gewann das Deutsche Reich ein Gebiet von 14513 Quadratkilometern mit 1549600 Einwohnern hinzu, das in drei Distrikte gegliedert wurde: das Oberelsaß (459600 Einwohner), das Unterelsaß (600400 Einwohner) und Lothringen (489600 Einwohner). Von den Bewohnern der beiden elsässischen Distrikte sprachen etwa 50000 Französisch als Muttersprache, von denjenigen Lothringens etwa 135000. Die Bewohner der Städte waren meist zweisprachig. In Metz und Umgebung wurde jedoch fast nur Französisch gesprochen. Die Bewohner aller drei Bezirke waren, gleichviel welcher Muttersprache, in ihrer überwiegenden Mehrheit feindlich gegen die neuen Landesherren eingestellt. Nach zwei Jahrhunderten französischer Herrschaft fühlten sich auch die deutschsprachigen Elsässer als Franzosen, jedenfalls Frankreich verbundener als dem neuen Reich, das ihre Brüder jenseits des Rheins gegründet hatten. Die gemeinsame Geschichte, welche die Elsässer zumal seit der Französischen Revolution und der napoleonischen Ära mit ihren sozialen und wirtschaftlichen Reformen an Frankreich band, hatte die ethnischen Unterschiede zwar nicht aufgehoben, aber doch verwischt. Im Laufe des 19. Jahrhunderts hatte die industrielle Revolution auch die Wirtschaft der Region eng mit der des übrigen Frankreich verbunden. Dennoch gab es durchaus, auf Grund der regionalen Besonderheit dieser Gebiete, in denen eine von Paris aus gesehen fremdsprachige Minderheit den größten Teil der Bevölkerung ausmachte, Spannungen zwischen Elsaß-Lothringen und dem übrigen Frankreich, die sich die deutsche Regierung bei ihren Versuchen, die annektierte Bevölkerung zu assimilieren, hätte zunutze machen können.[86]

In Deutschland machte man sich keine Illusionen über die Loyalitäten der Bevölkerung – wohl aber hinsichtlich der Zeit, die man benötigen würde, sie zu ihrem Deutschtum zu bekehren. Die Reichstagsdebatte über das Annexionsgesetz während der Monate Mai und Juni 1871 spiegelte die Vielfalt der Motive und Erwartungen, die Bismarck und die Abgeordneten mit der Annexion und den Problemen der Assimilation verbanden. Bismarck rechtfertigte auch bei dieser Reichstagsdebatte die Annexion mit den Erfordernissen der Landesverteidigung. Seit dreihundert Jahren, sagte er, sei fast jede Generation von Deutschen genötigt gewesen, «den Degen gegen Frankreich» zu ziehen. Auch nach ihren Siegen seien die Deutschen bisher jedesmal von ihren Verbündeten daran gehindert worden, sich eine verteidigungsfähige Grenze gegen den angriffslustigen Nachbarn zu schaffen. Ihr Fehlen habe die süddeutschen Regierungen bei Krisen mit Frankreich stets gehindert, ihre wahren Interessen zu verfolgen. Ohne den Besitz Straßburgs, des Ausfallstors der französischen Aggressoren, würde Süddeutschland sich in einem vereinigten Deutschland nicht sicher fühlen. Redner der liberalen Parteien rechtfertigten die Annexion aus historischen und ethnischen Gesichtspunkten, ohne den Sicherheitsaspekt dabei unberücksichtigt zu lassen. Die Extrempositionen vertraten Franz Wigard, der ausschließlich die ersteren Punkte anführte, und Wilhelm Löwe, der nur den letzteren gelten ließ. Charakteristisch für die ethnischen Argumente der Liberalen waren die Behauptungen Eduard Laskers und Max Dunckers, daß die Bewohner Elsaß-Lothringens größtenteils deutscher Nationalität seien, «Fleisch von unserem Fleisch, Blut von unserem Blut». Nur bei Splittergruppen auf der äußersten Linken der Kammer wurde die Meinung laut, daß man der annektierten Bevölkerung das Recht zur Selbstbestimmung ihrer Staatsangehörigkeit nicht verweigern dürfe, nur weil sie blutsverwandt und im Besitz von Festungen sei, die man zur eigenen militärischen Sicherheit zu brauchen glaube. Wenn man die Existenz eines kollektiven Willens leugne und der Nation das Recht zu kollektivem Handeln abspreche, so Schulze-Delitzsch, greife man das Herz der Nationalität selbst an.

Bismarck ließ zwar die frühere deutsche Geschichte und das Deutschtum der Bevölkerung Elsaß-Lothringens nicht als Gründe für die Annexion des Landes gelten, glaubte aber, daß deren «urdeutscher Charakter» ihre Assimilation leicht machen werde. Schon die Tatsache, daß die Franzosen sie so leicht für Frankreich gewonnen hatten, bewies für ihn, daß sie in hohem Maße diejenigen deutschen Eigentümlichkeiten besaß, die Deutsche von Franzosen unterschieden. Ihr Fleiß und ihre Ordnungsliebe hätten sie in Frankreich zu einer Art Aristokratie werden lassen, so Bismarck. Ihre überlegenen Fähigkeiten und größere Zuverlässigkeit hätten ihr mehr Stellungen im militärischen und öffentlichen Dienst Frankreichs verschafft, als sie ihrer verhältnismäßig geringen Zahl entsprechend hätte beanspruchen dürfen. Daß sie sich inzwischen mit Frankreich identifizierte, beweise nur mit besonderer Deutlichkeit ihren deutschen Charakter, da doch jeder deutsche Stamm auf seinen Nachbarn herabzusehen liebe. Mit dem Glanz von Paris und der vereinigten Größe von Frankreich im Rücken hätten Elsässer und Lothringer sich ihren deutschen Volksgenossen jenseits des Rheins überlegen fühlen können. Freilich sei ihre Abneigung gegen die Eingliederung ins Deutsche Reich eine Tatsache, wie er einräumte, und diese Abneigung mit Geduld zu überwinden, sei jetzt die Pflicht der deutschen Politik. Deutsche Staatsmänner seien zwar manchmal ungeschickter als französische, doch gewöhnt, mit größerem Wohlwollen und mehr Menschlichkeit zu regieren. Diese Überlegenheit der deutschen Natur werde schon bald die deutschen Herzen der Elsässer gewinnen. Er glaube deshalb, daß man mit deutscher Geduld und deutscher Gutmütigkeit die Landsleute jenseits des Rheins für das Reich gewinnen könne, vielleicht in kürzerer Zeit als erwartet.[87]

Die Ambivalenz, an der die deutschen Assimilationsbestrebungen letztlich scheiterten, kam schon während dieser Reichstagsdebatte ans Licht. Man gab den

Bewohnern des neuen Reichslands zu verstehen, daß es sich bei der Einverleibung ihres Landes in das Deutsche Reich um einen Akt der Realpolitik handelte, der nicht um ihretwillen geschah, sondern aus strategischen Gründen. Dennoch versicherte man ihnen im gleichen Atemzug, daß die Deutschen als Befreier zu ihnen kämen und die Annexion nur die Befreiung des deutschen Volksgeistes aus den Fesseln der französischen Kultur besiegelte. Man sagte ihnen zugleich, daß sie Deutsche seien und daß sie eingedeutscht werden müßten. «Wir haben das Gefühl der Sicherheit, daß das Werk des Germanisierens im Elsaß gelingen wird und gelingen muß», befand Treitschke. «Ich sage Ihnen, das Recht der Natur, die Stimme des Blutes im Elsaß wird sich regen, die Stimme des Blutes, die schon so viele verlorene Söhne unseres großen Vaterlandes zurück geführt hat zu unserem Reiche.» Aber einstweilen verweigerte man den Elsässern gleiche Bürgerrechte in dem neuen Reich, weil sie antideutsch waren. Daß man ihnen die Gleichheit vorenthielt, wirkte sich nicht eben positiv auf ihre Loyalität aus.[88]

Bald nach dem Einmarsch der deutschen Armeen in Nordfrankreich wurde das zu annektierende Gebiet administrativ vom übrigen Frankreich getrennt und einem Generalgouverneur unterstellt, dem Grafen Bismarck-Bohlen, einem Vetter des Kanzlers. Den Erlaß, mit dem dieses Amt geschaffen wurde, unterzeichnete Wilhelm als König von Preußen und Oberbefehlshaber der deutschen Streitkräfte. Bismarck-Bohlen war der Meinung, daß seine Hauptaufgabe darin zu bestehen habe, das durch den Krieg verursachte Elend zu lindern und die elsässische Bevölkerung für ihren zukünftigen Landesherrn einzunehmen, doch der Kanzler war anderer Auffassung. Solange der Krieg dauerte, wurde Elsaß-Lothringen nicht anders behandelt als das übrige besetzte Frankreich.[89] Das Annexionsgesetz vom 9. Juni 1871 beendete die Militärregierung, schuf aber eine bis zum 1. Januar 1873 befristete (später noch um ein Jahr verlängerte) «Diktatur». Während dieser Zeit hatte die Exekutivgewalt in Elsaß-Lothringen der Kaiser inne, wahrgenommen wurde sie vom Reichskanzler und einem Generalgouverneur, der jetzt aber den Titel eines Oberpräsidenten führte, denn das Land wurde wie eine preußische Provinz organisiert. Der Oberpräsident – nun Eduard von Möller – residierte in Straßburg. Die einzige Beschränkung der Macht des Kaisers bestand darin, daß Gesetze der Zustimmung des Bundesrats bedurften und daß Anleihen und finanzielle Garantien, die das Reich belasteten, vom Reichstag bewilligt werden mußten.[90] Tatsächlich endete die Diktatur auch nicht am 1. Januar 1874. Die Exekutivgewalt blieb nach wie vor in der Hand des Kaisers, des Kanzlers und des Oberpräsidenten. Nun teilte sich der Bundesrat, in dem das Reichsland keine Vertretung hatte, die gesetzgeberische Befugnis mit dem Reichstag, der um fünfzehn Abgeordnete aus Elsaß-Lothringen vergrößert wurde. Doch dem Kaiser blieb die Befugnis, mit Verordnungen zu regieren, die allerdings der späteren Zustimmung des Reichstags bedurften.[91] Das Reichsland war eine Anomalie in der Regierung des Reichs, eine unmittelbar vom Reich verwaltete Provinz in einem Bundesstaat. Die Elsässer bezeichneten deshalb ihr Land als Deutschlands erste Kolonie. Erst 1911 erhielt das Reichsland eine Verfassung und ein Maß an Autonomie, das es annähernd den Gliedstaaten des Reichs gleichstellte.

Die erste Adresse, bei der die unzufriedenen Bürger des neuen Reichslands sich beschwerten, war denn auch nicht die deutsche, sondern die französische Regierung. Schon im Februar 1871 protestierten die siebzehn Abgeordneten der drei französischen Departements Oberrhein, Niederrhein und Mosel in der zu Bordeaux tagenden französischen Nationalversammlung gegen die Annahme der deutschen Friedensbedingungen. Drei Jahre später forderten die fünfzehn in den Reichstag gewählten Vertreter Elsaß-Lothringens bei ihrem ersten Erscheinen in der Versammlung die Abhaltung eines Plebiszits, das in ihrer Heimat die Wünsche der Bevölkerung hinsichtlich ihrer Staatsangehörigkeit ermitteln sollte. Der Sprecher der Fraktion – ein Elsässer namens Teutsch (!), dessen Antrag, in französischer Sprache gehört zu werden, abgelehnt worden war – wurde häufig von Buhrufen und Gelächter unterbrochen. Diese Unhöflichkeit, über die in der europäischen Presse ausführlich berichtet wurde, erweckte den Eindruck, daß Deutschland nur Verachtung für die Gefühle seiner neuen Untertanen habe, und gab deren Vertretern geradezu den Charakter von Märtyrern.[92] «Wir vertrauen auf Gott! Wir vertrauen auf die Entscheidung Europas!» rief Teutsch am Ende seiner Rede. Doch bald sollte offenbar werden, daß die Elsässer sich nicht einmal aufeinander verlassen konnten. Der Bischof von Straßburg, Andreas Räß, der die Forderung nach Abhaltung eines Plebiszits mit unterzeichnet hatte, zog seine Zustimmung nun zurück. Die Elsässer und Lothringer seines Glaubens, erklärte er, beabsichtigten keineswegs, die Gültigkeit eines von zwei Großmächten unterzeichneten Vertrages anzuzweifeln.[93]

Die Abgeordneten und deren Wähler zerfielen fortan in drei Gruppen: die «Protestler», die «Autonomisten» und die Ultramontanen. Die Protestler waren unversöhnliche Gegner der Annexion und der deutschen Herrschaft. Die Autonomisten waren zwar ebenfalls Gegner der Annexion, hofften aber durch eine gewisse Bereitwilligkeit zur Zusammenarbeit mit der kaiserlichen Regierung für Elsaß-Lothringen den Status eines autonomen Bundesstaates erreichen zu können. Während bei den ersten Wahlen 1874 die Protestler und die Ultramontanen dominierten, kamen 1877 die Autonomisten zum Zuge. Die Ultramontanen suchten vor allem katholische Interessen zu schützen, besonders im Unterelsaß.[94] Bei der Ankunft in Berlin nahmen die Vertreter der Autonomisten Kontakt zu Bismarck und zur Nationalliberalen Partei auf: «Wir treten vor Sie, als deutsche Abgeordnete eines deutschen Landes», erklärte der Abgeordnete August Schneegans der nationalliberalen Fraktion.[95]

Bismarck war anfänglich nicht abgeneigt, auch dem Reichsland die relative Autonomie eines deutschen Bundesstaates zuzugestehen. In der Annexionsdebatte 1871 hatte er behauptet, daß die Elsässer sich während der zweihundertjährigen Herrschaft Frankreichs «ein tüchtiges Stück Particularismus nach guter deutscher Art conserviert» hätten, «und das ist der Baugrund», erklärte er damals, «auf dem wir meines Erachtens mit dem Fundamente zu beginnen haben werden … Je mehr sich die Bewohner des Elsaß als Elsässer fühlen werden, um so mehr werden sie das Franzosenthum abthun. Fühlen sie sich erst vollständig als Elsässer, so sind sie zu logisch, um sich nicht gleichzeitig als Deutsche zu fühlen.»[96] Als Mittel zu diesem Zweck riet Bismarck den Abgeordneten Elsaß-Lothringens 1877, im Reichstag Unterstützung für ihre Forderung nach Autonomie des Reichslands zu suchen. Doch ging ihm der im folgenden Jahr von Schneegans vorgelegte Plan zu weit, demzufolge Elsaß-Lothringen künftig nach dem Muster der Verbindung Luxemburgs mit den Niederlanden nur noch durch die Person des Souveräns – hier des Deutschen Kaisers – mit dem Reich verbunden sein sollte. Ihn beunruhigte auch die Behauptung Schneegans', daß Elsaß-Lothringen in der Vergangenheit stets die Aufgabe wahrgenommen habe, zwischen den beiden großen Kulturvölkern Europas zu vermitteln und jedem das Beste der Kultur des anderen weiterzugeben. Sowohl der Plan als auch diese historische Ermahnung ließen den Kanzler fürchten, daß Schneegans eine Neutralisierung seiner Heimat vorschwebte. Das war aber keineswegs in seinem Sinne, denn ein neutralisiertes Elsaß-Lothringen, glaubte Bismarck, würde sich bei jeder zukünftigen Krise unfehlbar auf Frankreichs Seite schlagen.[97]

Aus der Zusammenarbeit zwischen Bismarck, den Autonomisten und den Nationalliberalen ging eine Reihe von Gesetzen hervor, die im Gesetz vom 4. Juli 1879 gipfelten, mit dem ein Landesausschuß geschaffen wurde, der indirekt gewählt wurde und die Befugnis erhielt, Gesetze zu erlassen. Die Exekutivgewalt des Kaisers wurde nun an einen Statthalter delegiert, dem ein Ministerium für Elsaß-Lothringen zur Seite stand, bei dem es sich tatsächlich um ein Miniaturkabinett handelte, dem ein rechtlich «verantwortlicher» Staatssekretär vorstand. Es residierte in Straßburg (das Reichsamt für Elsaß-Lothringen in Berlin wurde aufgelöst). Dieses Gesetz, unter dem das Reichsland bis 1911 regiert wurde, gewährte keine vollendete Autonomie. Alle in Straßburg erlassenen Gesetze bedurften der Zustimmung durch den Bundesrat (in dem das Reichsland nun Vertretung, aber keine Stimme hatte) und durch den Kaiser, der auch den Statthalter und die hohen Ministerialbeamten ernannte. Bundesrat und Reichstag behielten überdies die Befugnis, Gesetze für das Reichsland zu erlassen. Solche Gesetze hatten Vorrang vor den vom Landesausschuß Elsaß-Lothringens erlassenen. Auch konnte der Kaiser weiterhin zu Zeiten, da der Reichstag nicht versammelt war, durch Verordnungen regieren.[98]

Die beschränkte Selbstverwaltung, die dieses Gesetz den Elsässern zugestand, befriedigte die Autonomisten nicht, von den Protestlern ganz zu schweigen. Sie wären vielleicht zufriedener gewesen, wenn Bismarck mit seinem Vorschlag durchgedrungen wäre, Kronprinz Friedrich Wilhelm persönlich möge das Statthalteramt übernehmen, seine Residenz nach Straßburg verlegen und sich an der Regierung des Landes aktiv beteiligen. Das Territorium hätte so die Dauphiné oder das Wales der Hohenzollernmonarchie werden können. Doch der Plan scheiterte 1878, als der Kronprinz seinen Vater vertreten mußte, während dieser sich von den bei einem Attentat erlittenen Verletzungen erholte.[99] Statt seiner setzte Bismarck dann nacheinander zwei höchst prominente Staatsmänner als Statthalter ein: Edwin von Manteuffel (1879–1885) und den Fürsten Chlodwig zu Hohenlohe-Schillingsfürst (1885–1894). Selbst wenn das Reichsland in der Person Friedrich Wilhelms so etwas wie einen Ersatzmonarchen erhalten hätte, hätte ihm allerdings noch immer eines der wichtigsten Attribute eines Bundesstaates gefehlt – das Stimmrecht im Bundesrat. Dies verweigerte Bismarck den Elsässern, weil er glaubte, daß die übrigen Bundesstaaten sich der Erweiterung der Versammlung durch Delegierte, die unweigerlich mit Preußen stimmten, widersetzen würden.[100] Diese Entscheidung enttäuschte die Autonomisten schwer. Sie weigerten sich, Stellen in der Verwaltung des Reichslands anzunehmen, und versöhnten sich unter dem Einfluß Léon-Michel Gambettas mit den Protestlern. Nur Schneegans blieb dem Programm der Zusammenarbeit mit den Reichsbehörden treu. Durch die Abwanderung seiner Anhänger zu den Protestlern vollkommen isoliert, zog er sich aus der Politik zurück und nahm eine Stellung im preußischen Konsulardienst an.[101]

Unterdessen wurde das Bemühen um die Assimilation Elsaß-Lothringens auf anderen Wegen fortgesetzt, zu denen die Begünstigung einer Massenauswanderung gehörte, mit deren Hilfe man antideutsch gesinnte Elsässer loszuwerden hoffte.[102] Eine Optionsklausel im Frankfurter Vertrag sicherte den Bewohnern des neuen Reichslands das Recht zu, nach Frankreich abzuwandern. Am 1. Oktober 1872 hatten 538 568 Personen (ein Drittel der Gesamtbevölkerung) die Absicht erklärt, von diesem Recht Gebrauch machen zu wollen, 378 777 hielten sich zu diesem Zeitpunkt bereits als Emigranten in Frankreich auf und wollten auf Dauer dort bleiben. Ein unverhältnismäßig großer Teil der damals noch in Elsaß-Lothringen verbleibenden «Optanten» (159 791 insgesamt) wohnte in den überwiegend von deutschsprechender Bevölkerung besiedelten ehemaligen Departements Oberrhein und Niederrhein (91 962 im Oberelsaß, 39 190 im Unterelsaß), während sich in Lothringen nur 28 639 für die Auswanderung nach Frankreich entschieden. Tatsächlich wanderten dann aber nur 50 148 Optanten aus, von denen 21 739 aus Lothringen kamen. Dort verloren die ehedem fast ausschließlich französischen Siedlungsgebiete, insbesondere die Stadt und der Kreis Metz, die meisten ehemaligen Bewohner. Den Optanten der Jahre 1871–1873 folgte auch in späteren Jahren ein steter Strom von Emigranten. Von den insgesamt 480 000 Auswanderern aus Elsaß-Lothringen ließen sich etwa 300 000 in Frankreich nieder, wo sie die Erinnerung an den schmachvollen Verlust ihrer Heimat und den Willen, eines Tages Rache zu nehmen, wachhielten. Sie gehörten allen Bevölkerungsschichten an. Für Leute mit Grundbesitz war die Auswanderung naturgemäß am schwierigsten, doch für Handwerker, Arbeiter und Angehörige der freien Berufe gab es kaum Hindernisse. Viele Emigranten waren junge Männer, die der deutschen Militärdienstpflicht entgehen wollten. Die Plätze der Ausgewanderten wurden von deutschen Einwanderern eingenommen, unter denen nicht wenige Opportunisten waren, die hofften, im trüben fischen zu können. Zwischen 1871 und 1910 stieg die Zahl der in Elsaß-Lothringen wohnhaften «Altdeutschen» von 78 687 auf 295 436. Oft begegneten ihnen die Alteingesessenen mit Feindseligkeit, die sie ihrerseits erwiderten.[103]

Auch das Kapital wanderte. Ein schwerer Schlag war die Annexion für die blühendste Industrie der Region, die elsässische Textilindustrie. Die Fabrikanten sahen sich plötzlich von ihren traditionellen Märkten abgeschnitten, Spinner und

Weber von den Färbern und Stoffdruckern, mit denen sie zuvor zusammengearbeitet hatten. Andererseits verbreitete der Beitritt der elsässischen Textilindustrie zum Zollverein Schrecken unter den deutschen Textilfabrikanten, deren technische Ausrüstung im Vergleich zur elsässischen veraltet und wenig leistungsfähig war. Zur Erleichterung des Übergangs wurde ein deutsch-französisches Zollabkommen getroffen, das die zollfreie Einfuhr elsässischer Textilien nach Frankreich bis 1873 gestattete. Dennoch verließen viele elsässische Textilfabrikanten entweder das Elsaß ganz oder verlegten doch den größten Teil ihrer Produktion in französische Zweigbetriebe. Darunter litt die elsässische Textilmaschinenindustrie wie auch die dortige chemische Industrie. Die lothringischen Eisenhersteller hatten die gleichen Schwierigkeiten, und auch in Lothringen kam es zu einer Kapitalflucht durch Verlegung vieler Industrieunternehmen über die Grenze nach Frankreich. Das Geld für die Entwicklung der lothringischen Eisenindustrie (für welche das Gilchrist-Thomas-Schmelzverfahren die Voraussetzung war) kam aus dem Deutschen Reich oder aus dem Ausland. Ursprünglich wurde das Lothringer Erz zur Verhüttung und Verarbeitung nach Rheinland-Westfalen geschafft, und so drängten rheinische und westfälische Eisenindustrielle auf die Anlage eines Moselkanals, der den Transport der Erze erleichtert und verbilligt hätte. Doch ehe der Bau eines solchen Kanals in Angriff genommen wurde, begannen die lothringischen Industriellen, ihr Eisen selbst zu verhütten; die Arbeitsteilung zwischen Lothringen und dem Rheinland wurde hinfällig, die ehemaligen Partner waren nun Konkurrenten.

Eine weitere Gelegenheit, das Reichsland wirtschaftlich enger an das Reich zu binden, ergab sich in den achtziger Jahren, als Bismarck ein Staatsmonopol auf die Verarbeitung und den Vertrieb von Tabak vorschlug. Das Monopol hätte eine Vergrößerung der staatlichen Tabakmanufaktur in Straßburg zur Folge gehabt (die zu den fiskalischen Gewinnen der Annexion gehörte) und den Markt für elsässischen Tabak erheblich erweitert. Doch Bismarcks Projekt wurde abgelehnt. Während seiner gesamten Geschichte wurde das Reichsland nie ganz in die deutsche Wirtschaft integriert. Die materiellen Bindungen, die die Eindeutschung des Landes hätten befördern können, wurden nie so stark ausgebildet, wie es möglich gewesen wäre.[104]

Bismarck sprach von «Germanisierung» und «Regermanisierung» nicht nur in einem politischen, sondern auch in einem kulturellen Sinne.[105] Seit der Eroberung Elsaß-Lothringens durch Ludwig XIV. scheint sich die Sprachenverteilung in diesen Gebieten kaum geändert zu haben. Die Bemühungen Napoleons III. während der sechziger Jahre, die deutschsprachige Bevölkerung durch die öffentlichen Schulen zu französisieren, hatten wenig Erfolg gehabt. Dies hinderte aber Bismarck nicht, derartige Bemühungen – mit dem entgegengesetzten Ziel – nach 1871 eifrig fortzusetzen. Am 14. April 1871 wurde in den unteren Klassen der Elementarschulen der Französischunterricht verboten. Im Oktober 1872 wurde das Verbot auch auf die oberen Klassen ausgedehnt und eine Ausnahme davon nur für Schüler von Handelsschulen gemacht, die für ihren Beruf die Kenntnis der französischen Sprache benötigen würden. Ihnen wurden bis zu vier Wochenstunden Französischunterricht gestattet. Am 4. Januar 1874 wurde angeordnet, daß Deutsch die Unterrichtssprache an Elementarschulen sein solle. Ausnahmen wurden allerdings für Klassen zugelassen, denen nur Französisch sprechende Schüler angehörten, und für gemischte Klassen, worüber die Regierung von Fall zu Fall entschied. Schulen in Gebieten französischer Sprache oder mit französisch-deutsch gemischter Bevölkerung mußten wöchentlich fünf Stunden Deutschunterricht geben und durften drei bis sechs Stunden Französisch unterrichten. In den höheren Schulen durfte in französischer Sprache unterrichtet werden, wenn diese nur von Französisch sprechenden Schülern besucht wurden. War dies nicht der Fall, durften in französischer Sprache nur die Sprache selbst und französische Literatur gelehrt werden. In den Gymnasien war anfänglich Unterricht in französischer Sprache von vier bis sechs Wochenstunden erlaubt, in deutscher nur für drei gefordert. Neue Bestimmungen verkürzten den Anteil des Französischen 1878 auf drei, 1883 auf zwei Wochenstunden. Bis 1888 war den Lehrern der Mathematik und der naturwissenschaftlichen Fächer gestattet, in französischer Sprache zu unterrichten, allerdings mit der Auflage, auch die deutschen Fachausdrücke zu lehren. Bei Prüfungen in naturwissenschaftlichen Fächern durften die Schüler ihre Antworten sowohl in deutscher als auch in französischer Sprache geben. Lehramtskandidaten wurden gewöhnlich in deutscher Sprache examiniert, doch für Kandidaten französischer Zunge wurden Ausnahmen gemacht.[106]

Die wiederhergestellte Universität Straßburg hätte bei der kulturellen «Germanisierung» des Reichslandes eine wichtige Rolle spielen sollen. Die 1621 gegründete Universität hatte gegen Ende des 18. Jahrhunderts zu den besten Deutschlands gehört; Goethe hatte dort studiert und die Bekanntschaft Herders gemacht. Doch 1793 hatte die revolutionäre Regierung davon nur ein lutherisches Predigerseminar übriggelassen. So wurde die Universität im April 1872 als Kaiser Wilhelm-Universität neu gegründet. Die Lehrer waren größtenteils Protestanten, eine katholische theologische Fakultät wurde erst 1903 gegründet. Die Studenten kamen überwiegend aus «Altdeutschland». Die Germanisierungspolitik war auch auf vielen anderen Gebieten des öffentlichen Lebens zu beobachten. Amtliche Urkunden wurden in deutscher Sprache abgefaßt, Deutsch war die Sprache der Verwaltung, der Debatten im Landesausschuß und bei Gerichtsverhandlungen (außer in Fällen, wo die Parteien oder Zeugen nur Französisch verstanden). Die Namen von Straßen, Landstraßen und Eisenbahnstationen wurden germanisiert.[107]

Wie in Hannover suchte Bismarck auch in Elsaß-Lothringen die Verhältnisse so zu ordnen, daß die Obrigkeit sich dort mit Samthandschuhen geltend machte, solange Nachdruck mit eiserner Faust nicht erforderlich war. In seinen Instruktionen an den Oberpräsidenten Möller wies er diesen während der frühen siebziger Jahre an, seine elsässischen Mitarbeiter gut zu behandeln, angesichts von Antipathie die Geduld zu bewahren und aktiver Opposition mit Festigkeit zu begegnen. Die Rädelsführer der antideutschen Umtriebe sollten ausgewiesen, Verschwörer als Hochverräter vor Gericht gestellt werden. Die Beziehungen der

Einheimischen zur französischen Regierung sollten beschnitten und französischer Einfluß in Elsaß-Lothringen unterbunden werden. Jesuitenschulen sollten geschlossen werden; die «Sorge für den Volksunterricht» müsse «einstweilen gegen das politische Interesse zurücktreten». Doch war dabei nach Möglichkeit der Eindruck zu vermeiden, daß das Reichsland borussifiziert werden solle. Wo immer möglich, sollten im Lande geborene Beamte eingesetzt werden. Niedere Beamte preußischer Herkunft sollten für Unhöflichkeiten gegen die Einheimischen streng zur Rechenschaft gezogen werden, wies Bismarck den höchsten Beamten in dem neuen Reichsland an, «schon weil der Franzose eher Ungerechtigkeit als Grobheit verträgt». Vor allen schwerwiegenden Entscheidungen der Verwaltung sollten die gewählten Repräsentanten der Bevölkerung befragt werden. Fiskalische Überschüsse sollten nicht nach Berlin überwiesen, sondern im Lande verbraucht werden, damit nicht der Eindruck entstünde, daß das Reich sein Land ausbeute wie eine Kolonie.[108]

Bismarck war «angenehm überrascht» von Möllers Erfolg bei dem Bemühen, das Vertrauen der deutschfreundlichen Kreise zu gewinnen, aber verärgert über die Freiheit, mit der Möller sich anmaßte, direkt dem Kaiser zu berichten.[109] Da Manteuffel als Statthalter diese Unabhängigkeit später sogar verfassungsmäßig geltend machen konnte, zog Bismarck sich aus der Verwaltung des Reichslands zeitweilig zurück. Er hoffte, daß Manteuffels Prestige als Feldmarschall, früherer Chef des preußischen Militärkabinetts und Gouverneur von Schleswig, Militärgouverneur im besetzten Frankreich während der Jahre 1871–1873 sowie als Kommandeur des 15. Armeekorps in Elsaß-Lothringen den Einwohnern imponieren würde. Manteuffel regierte im Stil eines Duodezfürsten. An bestimmten Wochentagen stand seine Tür den ärmsten Bürgern offen, deren Beschwerden und Petitionen er entgegennahm. Doch sein Hauptanliegen war es, die Oberschicht zu gewinnen, reiche Geschäftsleute, Großgrundbesitzer und Geistliche, die hohe Kirchenämter bekleideten. Diesen Kreisen schmeichelte er mit verschwenderischer Gastfreundschaft. Untergebene, die sein autokratisches Gebaren irritierte, behaupteten, daß der gemeine Mann noch am ehesten in diese profranzösischen Notabeln seine Hoffnungen setzen könne, mehr jedenfalls als in die deutschen Regierungsbeamten. Profranzösische Gesinnung scheint sich mithin gelohnt zu haben.[110]

Bismarck beurteilte Manteuffels Verfahren sehr kritisch. Deutschlands Zukunft, meinte er, liege bei den Bauern und Kleinstädtern, auf dem Lande, wo nur der elsässische Dialekt gesprochen wurde. Dort nämlich sei der unverdorbene «deutsche Kern» zu finden, von dem nur der künstliche französische «Firnis» zu entfernen sei, damit er schon bald zur mächtigen «deutschen Eiche» heranwachse (ausnahmsweise gerieten Bismarck einmal die Metaphern durcheinander). Diese Gesellschaftsschicht müsse deshalb durch steuerliche und sonstige fiskalische Reformen begünstigt und in ihren materiellen Interessen gefördert werden. Die Widerstände gegen die Regermanisierung seien hauptsächlich bei der Oberschicht anzutreffen, die an ihren Beziehungen zu Paris und zur französischen Obrigkeit lebenslänglich festhalten werde. Die größeren Städte seien nicht zu assimilieren, solange «die jetzige Generation der gebildeten Klassen, welche Paris als ihre ideale Heimat ansehen, nicht abgestorben sein wird». Bismarck glaubte, daß die Bevölkerung schließlich auch das preußische System der kommunalen Selbstverwaltung zu schätzen lernen werde, das nach der Annexion an die Stelle der zentralistischen französischen Staatsverwaltung trat. Er erhoffte sich bei den jüngeren Generationen der Bevölkerung des Reichslands auch günstige Auswirkungen vom Besuch der öffentlichen deutschen Schulen und vom Militärdienst im deutschen Heer. Und er vertraute darauf, daß der Vergleich der deutschen mit den französischen Verhältnissen die Elsässer unvermeidlich davon überzeugen werde, daß die deutschen vorzuziehen seien.[111]

SECHSTES BUCH

Die Zeit des «Liberalismus»
1871–1875

Es gibt Zeiten, wo man liberal regieren muß, und Zeiten,
wo man diktatorisch regieren muß, es wechselt alles,
hier gibt es keine Ewigkeit. Aber von dem Bau des Deutschen Reiches,
von der Einigkeit der deutschen Nation, da verlange ich,
daß sie fest und sturmfrei dasteht und nicht bloß
eine passagere Feldbefestigung nach einigen Seiten hin habe;
seiner Schöpfung und Konsolidation habe ich
meine ganze politische Tätigkeit vom ersten Augenblick, wo sie begann,
untergeordnet, und wenn Sie mir einen einzigen Moment zeigen,
wo ich nicht nach dieser Richtung der Magnetnadel gesteuert habe,
so können Sie mir vielleicht nachweisen, daß ich geirrt habe,
aber nicht nachweisen, daß ich das nationale Ziel einen Augenblick
aus den Augen verloren habe.

Bismarck 1881 im Reichstag

I

Eine improvisierte Exekutive

Die Verfassung des Norddeutschen Bundes sah keine zentrale Exekutive vor, doch entwickelte sich nach 1867 eine solche rasch, nämlich das Bundeskanzleramt, aus dem nach 1871 das Reichskanzleramt wurde – und dies stand unter Bismarcks direkter Leitung. Die Funktion dieses Amts machte die Kanzlerschaft, die zunächst nur als untergeordnete Stellung konzipiert war, zu dem mächtigsten und glänzendsten politischen Amt in Deutschland. Mittels der Kontrolle über die Bundes- und später die Reichskanzlei sowie über weitere Reichsinstitutionen gewann Bismarck bald die Oberhand über seine Kollegen im preußischen Staatsministerium. Seine persönliche Übermacht in den Regierungen sowohl Preußens als auch des Reichs regte seine Kritiker dazu an, von einer Bismarck-Diktatur zu sprechen. Doch läßt man die konstitutionellen Aspekte dieser Übermacht Bismarcks einmal außer Betracht, kann man insgesamt feststellen, daß sie der Konsolidierung des Reichs zugute kam. Wie die Kaiserwürde wurde die Kanzlerschaft ein nationales Amt und dessen jeweiliger Inhaber die beherrschende Gestalt der nationalen Politik. Die Existenz einer Reichsexekutive und in einigen Bereichen einer über die Befugnisse der preußischen und der anderen Gliedstaatenregierungen hinausgehenden Reichsverwaltung gab dem Reich in den Augen der Öffentlichkeit eine klare Kontur.

Die Kanzlerschaft und die ihr untergeordneten Ämter bewahrten stets Spuren ihres improvisierten Ursprungs. Wie wir bereits sahen, hat Bismarck die Rolle der Reichsexekutive in der Verfassung vermutlich deshalb nicht näher präzisiert, weil er von Anfang an die Absicht hatte, das Kanzleramt selbst zu übernehmen und es mit weitreichenden Befugnissen auszustatten. Doch er hatte gewiß anfänglich noch keine deutliche Vorstellung von dessen Umfang, von der Größe des Verwaltungsapparats, der dafür benötigt werden würde, wie dieser zu organisieren sei und welche Funktionen er übernehmen würde. Schließlich muß ihm zunächst auch noch unklar gewesen sein, wie das Amt sich zum Bundesrat, zum preußischen Staatsministerium und zur preußischen Staatsverwaltung verhalten würde. Diese Ungewißheiten wurden durch die Entscheidungen, die Bismarck und Rudolf Delbrück darüber in den ersten Monaten und Jahren trafen, keineswegs restlos beseitigt. Im Gegenteil dauerten sie an, solange das Reich bestand, denn sie resultierten ja unvermeidlich aus dem von Bismarck erdachten System und den Umständen, aus denen es hervorgegangen war. Das Deutsche Reich brachte niemals eine rationalisierte Staatsverwaltung hervor, innerhalb welcher Verantwortlichkeiten und Machtverhältnisse klar gegeneinander abgegrenzt gewesen wären.

Doch trotz ihrer Widersprüche und Schwächen (oder vielleicht auch gerade deshalb) erwies sich die von Bismarck geschaffene Konstruktion als ausgezeichnetes Vehikel für sein Machtstreben. Allerdings kam Deutschland das teuer zu stehen, denn das System war so stark auf seine Person zugeschnitten, daß keiner seiner Nachfolger mehr ähnlich effektiv damit umgehen konnte wie er. Überdies war selbst er mit seiner Schöpfung keineswegs restlos zufrieden und bastelte infolgedessen ständig daran herum, um ihre offenkundigen Mängel zu beheben.

Die Entstehung des Reichskanzleramts

In der vom konstituierenden Reichstag geänderten Fassung war entsprechend Artikel 17 der Verfassung des Norddeutschen Bundes der Kanzler «verantwortlich» kraft seiner Gegenzeichnung von Erlassen und Verordnungen des Bundespräsidiums. Bismarck widersetzte sich dem sogenannten «Bennigsen-Antrag», auf den dieses Ergebnis zurückging, nicht, obwohl er sonst jeden Änderungsantrag entschlossen bekämpfte, der die in seinem ursprünglichen Entwurf vorgesehenen Machtverhältnisse wesentlich verschoben hätte. Das legt den Verdacht nahe, daß ihm Bennigsens Änderungsantrag insgeheim nicht unwillkommen war.[1] Bald nach der endgültigen Annahme der Verfassung erwirkte er vom preußischen Staatsministeriums die einstimmige Erklärung, daß dem gegenwärtigen Text der Verfassung entsprechend «nur der Herr Minister Präsident Bundeskanzler sein kann».[2] Auf diese Erklärung gestützt, definierte dann Bismarck das Amt und dessen Verhältnis zum preußischen Parlament auf eine seinen Absichten gemäße Weise. Der Kanzler, erklärte er den Ministern in einem Votum am 18. Juni 1867, habe die «verantwortliche Führung der gesamten Verwaltung des Bundes als der einzige verantwortliche Minister des Bundes». Nur die wichtigsten der in seine Zuständigkeiten fallenden Geschäfte werde er selbst wahrnehmen können, die minder wichtigen einem Stellvertreter übertragen, der sein volles Vertrauen besitzen müsse. Darüber hinaus komme dem Bundeskanzler eine umfassende Kontrollbefugnis gegenüber allen Bundesbeamten zu. Im übrigen verstehe es sich von selbst, daß der Bundeskanzler nichts Wichtiges vornehmen und anordnen werde, ohne sich zuvor der Zustimmung seiner preußischen Ministerkollegen zu versichern. «Doch ist dies», schrieb Bismarck, «ein Internum des Preußischen Staatsministeriums, das auf sein Verhältnis nach außen zu den Bundesgesandten und Beamten nicht influieren darf». Preußische Minister sollten nicht in den Bundesrat entsandt werden. Die preußischen Gesandten im Bundesrat sollten vielmehr hohe Beamte unterhalb des Ministerrangs sein, die ihre Instruktionen direkt von Bismarck erhielten.[3]

So begann Bismarck, die Stellung auszubauen, von der aus er in späteren Jahren die preußische und die Reichsverwaltung beherrschen sollte. Im Juli 1867 erklärte er Karl von Savigny in einem Schreiben, weshalb ihm die ursprünglich zugesagte Kanzlerschaft schließlich doch nicht habe angeboten werden können:

«Durch die Revision ist die Bestimmung in die Verfassung gekommen, daß der Kanzler alle Verfügungen der Bundesgewalt verantwortlich kontrasigniert. Sie sind mit dem konstitutionellen Staatsrecht zu vertraut, um nicht darüber klar zu sein, daß der Kanzler dadurch die maßgebende Entscheidung für die Ressorts des Preußischen Handels-, Kriegs-, Marineministeriums, des wichtigeren Teiles des Finanzministeriums und, wenn die Bundesverfassung sich richtig entwickelt, des auswärtigen Ministeriums ... in die Hand bekommt, je nachdem er den Reichstag beeinflußt und demnächst seine Kontrasignatur gewährt oder verweigert. Nach dieser Änderung kann daher der Kanzler nur zugleich Präsident des Preußischen Staatsministeriums sein, wenn die neue Maschine überhaupt fungieren soll.»[4]

In späteren Jahren war die Bedeutung der Verantwortlichkeitsklausel Gegenstand endloser Debatten unter Verfassungsjuristen. Wie die ähnliche Klausel in der preußischen Verfassung definierte sie die Art dieser Verantwortlichkeit nicht. Es war auch kein gerichtliches Verfahren vorgesehen, durch das der Bundeskanzler auf Grund gesetzwidriger Handlungen seines Amts hätte enthoben werden können. Mindestens einer der Sachverständigen, die sich zu der Frage äußerten, war denn auch der Meinung, daß die Klausel rechtlich nicht bindend sei, andere meinten, sie betreffe nur eine «moralische Verantwortlichkeit», wieder andere erklärten, daß die Bedingung zwar rechtlichen Charakter habe, aber, da es sich bei ihr um eine *lex imperfecta* handele, nicht geltend gemacht werden könne.[5] Man war sich indessen darin einig, daß erst die von Bennigsen beantragte Änderung die Reichsexekutive eigentlich geschaffen habe. Hermann Oncken kam der mutmaßlichen Wahrheit wohl am nächsten mit der Feststellung: «Die konstitutionelle Doktrin konnte diese schöpferische Bedeutung für die Reichsverfassung nur darum haben, weil sie mit dem Machtbedürfnis und dem politischen Sinn Bismarcks zusammentraf: weiter als diese es für nötig hielten, reichte die Wirkung der Doktrin nicht.»[6] Wenn die Verantwortlichkeitsklausel Bismarck tatsächlich nötigte, die Kanzlerschaft selbst zu übernehmen, so begründete sie doch an sich den späteren Ausbau des Reichskanzleramts zu einer Institution von solcher Kompetenz und Machtvollkommenheit keineswegs zwangsläufig.

Dennoch hatte Bismarck im Sommer 1867 von der Bundesverwaltung noch verhältnismäßig bescheidene Vorstellungen. In dem am 18. Juni dieses Jahres abgegebenen *Votum* empfahl er, «das Bundesbeamtentum, neben einer *Zentralabteilung*, in sieben Abteilungen, entsprechend den ... Ausschüssen des Bundesrates zerfallen zu lassen, als deren Mitglieder je nachdem höhere Offiziere oder höhere Verwaltungs- und Justizbeamte zu ernennen sind». Durch die «Zentralabteilung» würde der Kanzler die Arbeit der sieben den Ausschüssen des Bundesrats (Ausschuß für militärische Angelegenheiten, Seefahrt, Zölle und Steuern, Handel, Eisenbahnen, Post- und Telegraphenwesen, Rechtswesen und Rechnungswesen) entsprechenden Unterabteilungen koordinieren. Die Besetzung der Zentralabteilung sei deshalb besonders wichtig. Sie werde daher mindestens aus drei ordentlichen Mitgliedern und einigen Sekretären zu bestehen haben, während «für jede der übrigen Abteilungen ... ein Mitglied genügen dürfte, dem nach Umständen ein oder mehrere Hilfsarbeiter beizugeben sein werden». Durch die Doppelmitgliedschaft der preußischen Delegierten in den Ausschüssen des Bundesrates und in den Abteilungen des Bundes sollten beide auch personell eng miteinander verbunden werden.[7]

In demselben Votum schlug Bismarck auch die Schaffung einer Vizekanzlerschaft vor, die Savigny angeboten werden sollte. Er sah allerdings richtig voraus, daß der stolze Savigny eine so untergeordnete Stellung nicht annehmen würde, und hatte, wie Keudell berichtet, schon im Sinn, auf diesen Posten einen Mann bürgerlicher Herkunft zu setzen: «Suchen Sie mir nur für diesen Posten einen Mann – womöglich von bürgerlicher Herkunft –, der in Zoll- und Handelssachen vorzugsweise erfahren ist.» Ohne zu zögern, will Keudell erwidert haben: «Der Mann scheint mir gegeben: Delbrück. Mit ihm könnte in diesen Fächern schwerlich ein anderer konkurrieren.»[8] In der Tat war der tüchtige Ministerialdirektor, der seit Jahren geschickt in den Belangen des Zollvereins preußische Politik umsetzte, wie kein anderer für die Aufgaben berufen, die Bismarck seinem Stellvertreter zudachte. Und so schrieb er am 19. Juli 1867 aus Varzin an Thile: «Wenn Savigny, wie ich annehme, definitiv ablehnt, so wäre mir Delbrück der liebste Vertreter, von ihm könnte ich arbeitenden Beistand erwarten. Ob er dann mehr Bund- oder mehr Handelsministerium spielt, den Accent hier- oder dorthin legt, den Titel Vicekanzler führt oder mich nur factisch vertritt und sich darin mit jemand von Krieg – Finanz – Diplomatie usw. abwechselt, je nach der verhandelten Materie, darin bin ich bereit, auf seine Wünsche einzugehn und möchte gern hören, wie er darüber denkt.» Zwei Tage später schrieb er, daß es ihm lieber wäre, wenn der Titel eines «Vizekanzlers» fürs erste nicht verwendet würde.[9]

Diese Dokumente beweisen, daß Bismarck im Juli 1867 zwar überzeugt war, daß er ein zentrales Verwaltungsorgan unter seiner persönlichen Kontrolle brauchte, aber noch keineswegs entschieden hatte, wie dieses Organ aussehen und in welchem Maße dessen Beamte von der preußischen Bürokratie unabhängig sein sollten. In seiner Antwort ging Delbrück am 24. Juli ohne Umschweife auf die unklaren Voraussetzungen des Angebots ein. Zweierlei sei denkbar, schrieb er, entweder eine Einrichtung, «bei welcher die zuständigen preußischen Minister im Auftrage des Bundespräsidiums und unter Verantwortlichkeit des Kanzlers die Verwaltung dieser Angelegenheiten weitergeführt hätten», oder «die Zusammenfassung der gesamten Verwaltung in der Hand des Kanzlers». Delbrück stellte dann die Gründe zusammen, welche ihm «die zweite Alternative als die allein zulässige erscheinen ließen». Seines Erachtens konnte bei der Schöpfung einer neuen Institution, die erst «aus der Bundesverfassung und den tatsächlichen Verhältnissen heraus» zu konstruieren sei, schädliche Verwirrung nur vermieden werden, wenn die Leitung dieser erst noch auszubildenden Institution einem einzelnen anvertraut würde. Delbrück fand bei unvoreingenommener Würdigung des Verfassungstextes, daß der Kanzler als «Minister des Präsidiums» über sehr weitreichende Befugnisse gebot. Zunächst war er das Oberhaupt der Verwaltung des Post- und Telegraphenwesens, führte die Aufsicht über das Konsularwesen und über die finanziellen Angelegenheiten des Bundes. Überdies war er beauftragt mit der fortgesetzten organisierten Kontrolle der Zollverwaltung und derjeniger anderer Bundessteuern. Endlich mußte er auch die Ausführung der Bundesgesetze durch die Regierungen der Gliedstaaten überwachen (obwohl dafür keine ständige Verwaltungsorganisation erforderlich war). Delbrück erbot sich, als Stellvertreter des Kanzlers die Bundesexekutive zu organisieren unter der Bedingung, daß der «Horizont» der Behörde, an deren Spitze er berufen werden solle, weit genug gefaßt werde, um eine Berücksichtigung aller genannten Aufgaben zu gestatten. «Ich weiß aus persönlicher Erfahrung, daß eine Behörde ohne Verwaltung auch ohne Macht ist, und ich würde meine jetzige bescheidene Stellung mit einer vielleicht hervortretenderen, aber machtlosen entschieden nicht vertauschen mögen.»[10]

Offensichtlich half Delbrücks Denkschrift Bismarck, sich über den Charakter, den das zukünftige Reichskanzleramt erhalten sollte, klar zu werden. Delbrück war in fünfundzwanzig Dienstjahren, Sprosse um Sprosse ersteigend, bis an die Spitze der bürokratischen Leiter gelangt. Bismarck hingegen hatte den Weg in sein hohes Amt durch das Parlament und den diplomatischen Dienst zurückgelegt. Als Ministerpräsident und Minister des Auswärtigen besaß er in der Routineverwaltung eines Ministeriums für innere Angelegenheiten keine Erfahrung. Delbrücks Rat, daß die Bundesverwaltung von der preußischen und vom Bundesrat getrennt sein müsse, hatte das Gewicht des Urteils eines Experten. Abgesehen davon muß er inzwischen auch erkannt haben, daß er die Macht, die er sich im Amt des Bundeskanzlers zudachte, niemals ohne eine umfassende Zentralverwaltungsbehörde, wie Delbrück sie skizziert hatte, würde ausüben können.

Am 10. August 1867 beantragte Bismarck offiziell die Errichtung eines Bundeskanzleramtes, «eines Organs, in welchem die verschiedenen Verwaltungszweige zusammenlaufen und ihren Mittelpunkt finden». Dieses von Delbrück konzipierte Dokument zählte abermals die verschiedenen Aufgaben auf, zu deren Erfüllung der Bundeskanzler nach der Verfassung berufen war, überdies aber eine, die man im Text der Verfassung nicht ausdrücklich genannt findet, nämlich «diejenigen Angelegenheiten, welche von Preußen, als Führer und Mitglied des Norddeutschen Bundes, vor den Bundesrat und den Reichstag zu bringen sind, unter ressortmäßiger Mitwirkung der beteiligten Verwaltungen vorzubereiten».[11] Hier haben wir die erste Erwähnung jener Präsidialgesetze, die zukünftig das Verhältnis zwischen dem Kanzleramt und dem Bundesrat sowie dem preußischen Staatsministerium erheblich verändern sollten.

Mit der offiziellen Gründung des Bundeskanzleramts zwei Tage später am 12. August 1867 trat ein Organ ins Leben, dessen Anteil an der Konsolidierung des Reichs und der Verschiebung des konstitutionellen Gleichgewichts von den föderativen und partikularistischen Kräften zu den unitarischen und zentralistischen kaum überschätzt werden kann. Das Reichskanzleramt stattete Deutsch-

Rudolf Delbrück

land mit einer vom Bundesrat und dem preußischen Staatsministerium getrennten nationalen Exekutive aus. Die Bevorzugung des Verwaltungs- und Wirtschaftsfachmanns Delbrück vor dem Diplomaten Savigny wies schon voraus auf die zukünftige Änderung des Charakters der Kanzlerschaft. Was ursprünglich als diplomatischer Posten konzipiert worden war, wie man ihn schon in Frankfurt beim Deutschen Bund gehabt hatte, wurde nun eine Führungsposition an der Spitze eines Verwaltungsapparats. Bismarck hatte sich ein neues Machtinstrument geschaffen, mit dessen Hilfe er hoffen konnte, den brennenden Ehrgeiz seiner jungen Jahre zu befriedigen, den Wunsch, «über das Ganze zu bestimmen».[12]

Die Entwicklung der Reichsexekutive

Anfänglich durfte Bismarck glauben, in Delbrück für die Ausführung seiner Pläne den idealen Mann gefunden zu haben.[13] Als Mann bürgerlicher Herkunft war er frei von dem Standesdünkel, der Savigny verbot, eine untergeordnete Stellung anzunehmen. Er war ein erfahrener und ungemein tüchtiger Verwaltungsbeamter, zweifellos eine der gelungensten Verkörperungen des Typs des preußischen Beamten, übrigens auch ohne sozialen oder politischen Ehrgeiz. Von ihm brauchte kaum befürchtet zu werden, daß er versuchen würde, die Macht seines Vorgesetzten zu usurpieren. 1862 hatte er die Gelegenheit ausgeschlagen, das Handelsministerium zu übernehmen, da er die Anonymität und Dauerhaftigkeit der Geheimratsstellung, die er innehatte, der politischen und infolgedessen anfälligeren Stellung eines Ministers vorzog. Doch in dem Amt, das er bekleidete, war er nichtsdestoweniger verantwortlich gewesen für die Anwendung der Laissez-faire-Doktrin in der Wirtschaftspolitik des Zollvereins, deren aggressive Durchsetzung schließlich das Scheitern des österreichischen Plans für einen mitteleuropäischen gemeinsamen Markt zur Folge gehabt hatte. 1865 wies er die ihm angebotene Nobilitierung zurück und ließ sich erst nach seinem Ausscheiden aus den Geschäften im Jahre 1876 adeln. Sein Wirtschaftsliberalismus gestattete ihm nach 1867 eine effiziente Zusammenarbeit mit der Reichstagsmehrheit. Doch sein taktvoller Umgang mit den Regierungen der Gliedstaaten ermöglichte ihm auch ein erfolgreiches Wirken im Bundesrat, dem er als Bismarcks Stellvertreter präsidierte. Bei Delbrück konnte man sich stets darauf verlassen, daß die bürokratische Maschinerie reibungslos funktionierte. 1870 äußerte Bismarck gesprächsweise: «Delbrück ist der einzige Mann, von dem ich sagen kann, daß er in allen Teilen seines Amts vollständig orientiert ist und eine ungewöhnliche Befähigung besitzt, die Geschäfte zu leiten und zu erledigen.»[14] Gleichwohl war er nicht imstande, ihm das ins Gesicht zu sagen. «Du weißt, daß meine Anerkennungsfähigkeit nicht groß ist», schrieb er im November 1870 aus Versailles an Johanna und bat sie, Delbrück mitzuteilen, «wie dankbar ich seine rastlose und erfolgreiche Arbeitskraft bewundere».[15] Bismarck hatte alle Ursache, diesem Untergebenen dankbar zu sein. Delbrück stellte sich so rückhaltlos auf Bismarcks Wünsche ein und führte dessen Anordnungen so gewissenhaft und so geschickt aus, daß er von manchen als «Vize-Bismarck» bezeichnet wurde, durchaus nicht immer in schmeichelhafter Absicht.

Wegen der erwähnten Unbestimmtheit nicht nur der Verfassung, sondern auch der Vorstellungen Bismarcks war die Konstruktion des Kanzleramts zunächst weitgehend der Initiative Delbrücks überlassen. Die Entscheidung, «Präsidiumsgesetze» vorzulegen, erforderte eine Besetzung des Amts mit Beamten, die befähigt waren, Gesetzestexte zu formulieren. Jedes vom Reichstag und Bundesrat verabschiedete Gesetz vermehrte die Aufsichtspflicht des Kanzleramts, da ja der Kanzler mit der Beaufsichtigung der Ausführung der Bundesgesetze in den Gliedstaaten beauftragt war. Auch die Funktion der direkten Verwaltung sollte zunehmen, denn die Verwaltung eines modernen Bundesstaates konnte nicht ganz von den Regierungen der Gliedstaaten wahrgenommen werden. Die Bedürfnisse einer in der Industrialisierung begriffenen und in zunehmendem Maße komplex werdenden Gesellschaft erzwangen eine stetige Erweiterung und Ausdehnung der Aufgaben der Bundesregierung. Das Wachstum der Reichsverwaltung schuf unvermeidlich neue Probleme der inneren Organisation und der verfassungsmäßigen Beziehungen, die das monokratische System ministerieller Verantwortlichkeit, auf dem Bismarcks persönliche Autorität beruhte, starken Spannungen aussetzten. Vorerst gelang es Delbrück, diesem Problem mit Maßnahmen zu begegnen, die Bismarcks Zwecken entsprachen. Als Vertreter des Kanzlers suchte er sich die ungeschmälerte Kontrolle über die zunehmenden

Funktionen und Abteilungen des Amts, dem er vorstand, zu verschaffen. Doch er versuchte auch die Harmonie zwischen der Zentralverwaltung und dem preußischen Staatsministerium zu wahren, insbesondere auf den Gebieten des Finanz- und Militärwesens.

Das Wachstum des Kanzleramts nach 1867 ist an der Vervielfachung seiner untergeordneten Abteilungen abzulesen. Im Dezember dieses Jahres fiel, wie in der Verfassung vorgesehen, die direkte Verwaltung des Post- und Telegraphenwesens in seine Zuständigkeit, welche von den Abteilungen I und II besorgt wurde. 1871 erweiterte sich der Zuständigkeitsbereich dieser Abteilungen auf die süddeutschen Staaten (von gewissen Sonderrechten Bayerns und Württembergs abgesehen) und im folgenden Jahr auf Elsaß-Lothringen. Nach dem Ankauf der Thurn- und Taxisschen Post im Jahr 1867 wurde das Postwesen vom 1. Januar 1868 ab als einheitliche Staatsverkehrsanstalt eingerichtet. Unter der fähigen Leitung des Generalpostmeisters Heinrich Stephan wurde das Reich nach 1871 in ganz Deutschland durch die Einrichtung von Postämtern selbst in entlegenen Dörfern zur Geltung gebracht. 1871 wurde zur Verwaltung des Reichslands Elsaß-Lothringen die Abteilung III gebildet. Mit der Annexion von Elsaß-Lothringen und der Entscheidung, das Territorium als Reichsland zu verwalten, fiel dem Kanzleramt die unmittelbare Verantwortung für ein Gebiet mit 1550000 Menschen zu.[16] Bismarck sah in dieser Aufgabe auch ein Instrument zur Herstellung einer engeren Verbindung zwischen Nord und Süd.[17] Diese Verwaltung verschaffte dem Reichskanzleramt nicht nur eine neue Dimension, sie trug auch zum Wachstum des Zentralismus bei. Selbst nach der Einführung der Reichsverfassung in Elsaß-Lothringen zu Beginn des Jahres 1874 bewahrte sich das Kanzleramt die Exekutivgewalt im Reichsland, einschließlich der dortigen Eisenbahnen, die Reichseigentum geworden waren.

Außer den drei numerierten Abteilungen hatte das Kanzleramt eine Zentralabteilung, in der Geschäfte, die das Konsularwesen, Zölle, indirekte Steuern, das Rechnungswesen und Justizwesen betrafen, erledigt, Gesetzesvorlagen des Präsidiums entworfen und die Aufsicht über die Durchführung der Bundesgesetze in den Gliedstaaten geführt wurden. Der Entwurf und die Annahme von Reichsgesetzbüchern und die Schaffung eines nationalen Rechtswesens machten 1875 die Errichtung einer Abteilung IV für das Rechtswesen erforderlich. Die Wirtschaftsgesetzgebung hatte überdies zur Folge, daß der Zentralabteilung eine Anzahl neuer Unterbehörden unterstellt wurde, so zum Beispiel ein Reichsschatzamt, ein Kriegsschatzamt, ein Amt für statistische Angelegenheiten, ein Amt für Maß- und Gewichtswesen, ein Amt für Schiffahrt und Auswanderungswesen.

1871 erklärte Bismarck, «das Reichskanzleramt vertrete etwa die Funktionen eines kombinierten Handels- und Finanzministeriums in der Reichsverwaltung».[18] Während dieser Entwicklung hielt Delbrück stets an seiner ursprünglichen Auffassung fest, daß die unterschiedlichen Funktionen des Amts streng unter seiner eigenen Leitung in Stellvertretung des Kanzlers zu zentralisieren seien.[19] Es war indessen offensichtlich, daß bestimmte exekutive Funktionen von Behörden außerhalb des Reichskanzleramts wahrgenommen werden mußten, die diesem nicht untergeordnet werden konnten, sondern nebengeordnet bleiben würden. Das erste dieser Ämter war das Außenamt. Ursprünglich wurden die auswärtigen Beziehungen des Norddeutschen Bundes vom preußischen Ministerium des Auswärtigen wahrgenommen, dessen Gesandte bei auswärtigen Regierungen als Vertreter auch des Bundes akkreditiert waren (konsularische und Handelsbeziehungen wurden von der Zentralabteilung des Reichskanzleramts wahrgenommen). Daß das diplomatische Organ der zentralen Bundesregierung zugleich dasjenige eines der Gliedstaaten sein sollte, war zwar eine Anomalie, doch Bismarck wollte den Gliedstaaten, unter diesen auch Preußen, Gelegenheit geben, sich auf die neue Lage einzustellen. Während der Jahre 1868–1869 beschleunigten die preußische Finanzkrise und der Druck seitens der Abgeordnetenkammer eine Neuordnung.[20] Vom 1. Januar 1870 an wurde das preußische Ministerium des Auswärtigen im Bundesetat geführt und in ein «Bundesamt des Auswärtigen» verwandelt. Im Siegesjubel des Jahres 1871 wurde der «Bund» in der Bezeichnung des Amts durch das «Reich» ersetzt, so daß fortan wie von einem «Reichskanzleramt» auch von einem «Reichsamt des Auswärtigen» die Rede war. Alle Reichsbehörden und Reichsbeamten wurden vom August 1871 an überdies als «kaiserliche» bezeichnet. Nur dem Bundesrat wurde als einer wesentlich föderativen Einrichtung die alte Bezeichnung belassen. Diese symbolischen Veränderungen bestärkten zusätzlich die unitarischen Tendenzen jener Jahre.[21]

Das Auswärtige Amt war Bismarcks persönliches Instrument, und diese Tatsache wie auch die Art seiner meist unter Ausschluß der Öffentlichkeit zu erledigenden Aufgaben gaben ihm eine Sonderstellung im Rahmen der zentralen Verwaltung. Unter den 1871 an der Verfassung vorgenommenen Änderungen war die Einrichtung einer Bundesratskommission für auswärtige Angelegenheiten, in welcher der bayerische Delegierte den Vorsitz übernahm. Obwohl die Kommission im Laufe des Jahres ihrer Gründung etliche Male zusammentrat, war sie doch, wie Delbrück bemerkte, «ein totgeborenes Kind». Ihre einzige Funktion bestand darin, daß sie sich vom Kanzler über auswärtige Angelegenheiten berichten ließ. Doch selbst dieses Privileg wurde gemindert durch die Tatsache, daß es für solche Kommunikationen noch einen anderen, wichtigeren Kanal gab. Das Reichsamt des Auswärtigen fungierte zugleich als preußisches Außenministerium, ihm unterstanden die preußischen Gesandten in den deutschen Hauptstädten, die die Regierungen der deutschen Gliedstaaten regelmäßig unterrichteten. Obwohl Bayern und Württemberg weiterhin Legationen im Ausland unterhielten, hatten diese Gesandten doch unter den gegebenen Umständen keine politischen Funktionen mehr. So erhielten die beiden süddeutschen Staaten in ihren auswärtigen Beziehungen zwar eine Fassade der Souveränität aufrecht, das Gebäude dahinter war aber tatsächlich von Bismarck und dem Reichsamt des Auswärtigen besetzt.[22]

Das zweite parallel zum Reichskanzleramt bestehende Amt war das 1872 errichtete Reichsmarineamt. Nach der Verfassung war die Marine im Gegensatz zum Heer, das sich aus Kontingenten der Gliedstaaten zusammensetzte, eine

Bundeseinrichtung. Gleichwohl führte der König von Preußen das Oberkommando über die Kriegsmarine, und ursprünglich war sie auch dem preußischen Marineministerium unterstellt. Ob Marinebeamte als preußische oder als Bundesbeamte betrachtet werden sollten, blieb unbestimmt, bis 1869 die Frage ihrer Steuerpflichtigkeit zu einer Klärung ihrer Zugehörigkeit zwang. Zu Roons großem Verdruß votierte die Mehrheit des preußischen Staatsministeriums dafür, diese Beamten dem Bund zu unterstellen. Roon war nicht imstande gewesen, Bismarcks Wandlung vom preußischen zum deutschen Patrioten nachzuvollziehen. Jetzt zwang ihn sein preußisches Pflichtgefühl, zurückzutreten, wenn Bismarck ihm nicht helfen konnte, den König zur Revision der Entscheidung zu bewegen. Seines Erachtens wurde durch diese Entscheidung, die seine Beamten zu Bundesbeamten machte, der König von Preußen mediatisiert. Bismarck erwiderte auf Roons Beschwerde, daß die Form, in welcher der König die Herrschaft in Deutschland ausübte, ihm nicht besonders wichtig sei, solange er sie tatsächlich innehatte. Mecklenburg, Oldenburg und die Hansestädte hätten ihrer Seehoheit und vielen anderen Rechten bereitwillig entsagt, «aber nicht zu Gunsten Preußens, sondern des Bundes-Oberhaupts». Es wäre deshalb sehr unklug, für die Marine auf dem preußischen Namen bestehen zu wollen. «Hätten wir 1866 das ‹Deutsch› oder auch nur ‹Norddeutsch› dem ‹Preußisch› substituieren können, wir wären jetzt schon um 20 Jahre weiter», schrieb Bismarck. «Ich hoffe zu Gott, daß die Zeit kommen wird, wo unsre Söhne es sich zur Ehre rechnen werden, den Söhnen des Königs in einer Königlich deutschen Flotte und im Königlich deutschen Heere zu dienen.»[23] Indem er an Roons Treue zum König und zum Hause Hohenzollern appellierte, verstand es Bismarck, dessen Bedenken zu zerstreuen.

Nichtsdestoweniger blieb die Stellung der Marine eine Anomalie. Sie war eine Bundeseinrichtung, stand aber unter dem Oberbefehl des Königs von Preußen, dem das Oberkommando der Marine als preußische Behörde unterstellt war. Die Bundesbeamten, die sie unter der Verantwortlichkeit des Kanzlers verwalteten, gingen dieser Tätigkeit im preußischen Marineministerium nach, an dessen Spitze Roon stand, der kein Bundesbeamter war. Die Verwirrung wurde noch vermehrt, als 1871 Wilhelm den Oberbefehl über die Marine als König von Preußen niederlegte und als Deutscher Kaiser übernahm und Roon Kommando und Verwaltung der Marine wieder zusammenlegte, indem er das Oberkommando der nunmehrigen Reichsmarine übernahm und dies von neuem dem preußischen Marineministerium integrierte, von dem es 1861 abgetrennt worden war. Ein kaiserlicher Erlaß beseitigte am 1. Januar 1872 diese bürokratische Konfusion durch die Verwandlung des preußischen Marineministeriums in das Reichsmarineamt.[24] Als dessen erster Chef wurde der General Albrecht von Stosch berufen, der sich während des Krieges von 1870 als tüchtiger Organisator bewährt hatte. Jetzt bestand allerdings kein Zweifel mehr, daß die Marine, ihr Oberkommando und ihre Verwaltung nicht länger eine Sache Preußens, sondern des Reichs waren. Eine Unklarheit blieb dennoch bestehen, aus der in späteren

Jahren Schwierigkeiten erwachsen sollten. Als Befehlshaber war der Chef des Reichsmarineamts nur dem Kaiser verantwortlich, als Verwalter jedoch handelte er unter der Verantwortlichkeit des Reichskanzlers. Die beiden Funktionen waren praktisch schwer zu trennen. Überdies wurde auch der Chef des Reichsmarineamts zum Minister ohne Portefeuille im preußischen Staatsministerium ernannt, wo er als dessen Kollege dem Ministerpräsidenten gleichberechtigt war. 1871 war Bismarck willens, Stosch bei der Marineverwaltung ein gewisses Maß an Selbständigkeit zuzugestehen, doch Stosch war ein unabhängiger Geist und nicht geneigt, «nach Bismarcks Pfeife zu tanzen». Diese Haltung führte unter den gegebenen Umständen letztlich zu seinem Sturz.[25]

Das Reich und Preußen

Zu Anfang war das Reichskanzleramt – dessen Baulichkeiten, Personal und Finanzierung – eine fast vollständig preußische Einrichtung. Untergebracht war es zunächst in Räumen des preußischen Staatsministeriums in dem Haus an der Wilhelmstraße 74. Wie Delbrück selbst, wurden auch die unter ihm tätigen höheren Beamten aus dem preußischen in den Bundesdienst versetzt. Ein Kredit des preußischen Staatsschatzes in Höhe von zwanzigtausend Talern setzte die bürokratische Maschinerie in Gang. Während der Kanzlerschaft Bismarcks waren von den dreiundzwanzig Beamten, die sich in der Leitung dieses Amts ablösten, nur zwei – Bernhard von Bülow und Karl von Hofmann – keine Preußen. Achtzig Prozent der Beamten auf der Ebene unterhalb des Leiters, der Vortragenden Räte, wurden aus dem preußischen Staatsdienst ins Reichskanzleramt versetzt, obwohl Bismarck sich durchaus bemühte, für den Dienst in diesem Reichsamt auch fähige Beamte aus anderen deutschen Staaten zu gewinnen. Nur unter den höheren Beamten des diplomatischen Dienstes (Gesandten und Botschaftern), beim Eisenbahnamt, bei der Reichslandverwaltung und im Marineamt waren auch Nicht-Preußen in größerer Zahl vertreten. Die preußische Herkunft der Reichsbürokratie war auch deren institutioneller Gestaltung anzusehen. So waren die kaiserlichen Staatsdienstvorschriften nach dem Muster der preußischen verfaßt, die Form der Ernennung und Amtseinsetzung war preußisch. Die Dienstuniform war nach dem Muster des alten brandenburgischen Waffenrocks geschnitten, die Farben waren diejenigen der preußischen Militäruniform. Wie Delbrück fand die Mehrzahl der Reichsbeamten es nicht leicht, von der Tatsache abzusehen, daß sie in erster Linie Preußen waren. Die meisten dienten König Wilhelm von Preußen – und dem Reich nur, insofern dieser auch Deutscher Kaiser war.[26]

Es entsprach jedoch nicht Bismarcks Wünschen, daß die Reichsregierung wie eine Erweiterung der preußischen wirkte. Im Gegenteil war er seit 1867 stets bemüht, der Regierung des Bundes und später der des Reichs eine klar umrissene Gestalt zu verleihen, die dem Verdacht der Regierungen und Dynastien der anderen deutschen Staaten, daß sie gänzlich borussifiziert werden sollten, überzeugend entgegenwirkte. Ende August 1867 berichtete der sächsische Gesandte in Berlin, Freiherr von Koenneritz, seiner Regierung: «Graf Bismarck scheint sein ganzes Augenmerk darauf hinzuwenden, den Bundesangelegenheiten nach allen Richtungen hin eine primäre Bedeutung zu vindizieren und dieselben möglichst unabhängig von denen der preußischen Verwaltungsministerien stellen zu wollen. Graf Bismarck ist beflissen gewesen, keinen dirigierenden preußischen Minister in den Bundesrat ernennen zu lassen, sondern nur höhere Ministerialbeamte, die mit den ihr Ressort einschlagenden Angelegenheiten genau vertraut sind ... Diese ganze Gestaltung der Dinge legt in die höhere preußische Verwaltung eine unverkennbar große Bresche. Die preußischen Ministerien werden eines guten Teils ihrer Attributionen entkleidet, die sie an den Bundeskanzler, resp. das Bundeskanzleramt, abgeben müssen.» Ziemlich genau einen Monat später meldete Koenneritz: «Wie die Dinge heute ihren Gang nehmen, so wird Preußen einstmals in Deutschland aufgehen und nicht umgekehrt.» Das sei natürlich den «spezifisch-preußischen Kreisen» keineswegs recht. «Charakteristisch in dieser Beziehung ist eine Äußerung, die ich gelegentlich einmal von einem hochgestellten preußischen Staatsbeamten zu vernehmen hatte. Sie lautete: ‹Der Bismarck ruiniert uns noch den ganzen preußischen Staat!›»[27]

Im Sommer 1868 bemerkte der hessische Ministerpräsident Freiherr von Dalwigk in seinem Tagebuch, daß die preußischen Ministerien vor Neid und Unzufriedenheit kochten. Das Kanzleramt habe ihren Einfluß vollständig gelähmt. Andererseits sei die Last der Geschäfte, die dieses an sich gerissen habe, ungeheuer, und ohne Delbrück und dessen Arbeitskraft würde die ganze komplizierte Maschinerie wohl schließlich in Stücke gehen.[28]

Diese Besorgnisse und vielleicht auch die Berichte darüber waren übertrieben. Denn obwohl Delbrück bestrebt war, eine unabhängige Bundesexekutive aufzubauen, war er doch auch sehr darum bemüht, jede Entwicklung zu vermeiden, welche die preußische Bürokratie zu schädigen und seine ehemaligen Kollegen im preußischen Staatsdienst zu verärgern drohte. Anfänglich wurde überdies eine Reihe wichtiger Funktionen der Regierung des Bundes und dann des Reichs tatsächlich von den entsprechenden preußischen Ministerien wahrgenommen. Wie wir sahen, verblieb das Bundesministerium für auswärtige Angelegenheiten de facto bis 1869 beim preußischen Staatsministerium. Das preußische Kriegsministerium kümmerte sich um Bundesmilitärangelegenheiten, und bei der Verwaltung der Bundesfinanzen spielten das preußische Finanzministerium und Oberrechnungsamt wichtige Rollen. Gerade auf dem letzteren Gebiet vollzogen sich Entwicklungen, die für das richtige Verständnis des sich wandelnden Verhältnisses zwischen der Zentralregierung und Preußen von großer Bedeutung sind.

Der Verfassung gemäß hatte der Bund nur eine sehr geringe Steuergewalt. Seine unabhängigen Einkommensquellen waren Zolleinnahmen, Überschüsse des Post- und Telegraphenwesens und gewisse indirekte Steuern. Was diesen Quellen nicht entnommen werden konnte, mußte von den Gliedstaaten durch

Matrikularbeiträge im Verhältnis zur Größe ihrer Bevölkerung aufgebracht werden. Praktisch bedeutete das, daß die Bundes- und dann auch die Reichsregierung im wesentlichen auf den preußischen Matrikularbeitrag angewiesen war, der bald zu dem das preußische Budget am meisten belastenden Posten wurde. Aus diesem Grunde waren die finanziellen Angelegenheiten und Probleme der Zentralregierung mit denen der preußischen gekoppelt. Das Reichsbudget mußte in enger Zusammenarbeit mit dem preußischen Finanzministerium veranschlagt werden, und ohne Bewilligung des letzteren konnte keine finanzielle Maßnahme auf Bundesebene getroffen werden. Die Abhängigkeit der Bundesregierung von Preußen in Finanzangelegenheiten war häufig Gegenstand von Kritik im Reichstag, die meist mit der Forderung nach Errichtung eines Reichsministeriums mit eigenem Finanzministerium verbunden wurde.

Die Behandlung dieses Problems wurde durch die Tatsache erschwert, daß anfänglich der preußische Finanzminister keinen Sitz im Bundesrat hatte. Wie bereits ausgeführt, wurden aus Preußen nur hochrangige Beamte unterhalb des Ministerrangs in den Bundesrat delegiert. Da der Minister keinen Sitz im Bundesrat hatte, konnte er sein Budget im Reichstag nur verteidigen, wenn er, wie August von der Heydt, zugleich gewählter Angehöriger desselben war. Dieser Umstand war natürlich den Liberalen im Reichstag (deren Debatten über diesen Gegenstand noch eingehender zu erörtern sein werden) ein Ärgernis. Er verursachte jedoch auch Probleme im Verhältnis zwischen Bismarck und seinen preußischen Kollegen sowie zwischen dem Kanzleramt und dem preußischen Finanzministerium, die während der frühen Jahre der deutschen Einheit der Klärung und Korrektur bedurften. Einseitige Berücksichtigung der finanziellen Bedürfnisse des Bundes mochte die finanzielle Stabilität des preußischen Staates gefährden, während umgekehrt die Bevorzugung rein preußischer Interessen durch das preußische Finanzministerium diejenigen des Bundes bedrohte. Wie eng verflochten die Finanzangelegenheiten des Bundes mit denen Preußens waren, zeigte sich deutlich während der Finanzkrise der Jahre 1868–1869, von der schon oben die Rede war.[29]

Während der Jahre 1867–1869 verschlechterten sich die Beziehungen Bismarcks zu seinen Kollegen im preußischen Staatsministerium ständig. Seine angegriffene Gesundheit und die langen Abwesenheiten aus Berlin (über fünf Monate sowohl im Jahr 1868 als auch im folgenden) machten es ihm schwer, den König zu isolieren und sich gegen die anderen Minister durchzusetzen. Sein langer Kampf[30] gegen die Kollegen um die richtige Politik für die annektierten Gebiete, mit dem Ministerium und der konservativen Partei über den hannoverschen Provinzialfonds, sein gescheitertes Bemühen, die Matrikularbeiträge abzuschaffen, der allgemeine Rückgang der Einheitsbewegung in Süddeutschland und der Zusammenbruch seiner Hoffnungen auf allmähliche Entwicklung der deutschen Einheit trugen dazu bei, seine Reizbarkeit zu steigern und seine Verachtung für die sieben Männer zu vergrößern, die er, wenn er nur «eine Prise Tabak nehmen» wolle, jedesmal um Erlaubnis fragen müsse.[31] Im Mai 1869 gab ihm ein von den Nationalliberalen und den Freikonservativen eingebrachter Antrag auf Schaffung eines kollegial verfaßten Bundesministeriums Gelegenheit, in aller Öffentlichkeit zu erklären, was er von Ministerkollegien hielt: «Wer einmal Minister gewesen ist und an der Spitze eines Ministeriums gestanden hat und gezwungen gewesen ist, auf eigene Verantwortung Entschließungen zu finden, schreckt zuletzt vor dieser Verantwortung nicht mehr zurück, aber er schreckt zurück vor der Nothwendigkeit, sieben Leute zu überzeugen, daß dasjenige, was er will, wirklich das Richtige ist. Das ist eine ganz andere Arbeit, als einen Staat zu regieren! Alle Mitglieder eines Ministeriums haben ihre ehrliche, feste Überzeugung, und je ehrlicher und tüchtiger sie in ihrer Thätigkeit sind, um so schwerer werden sie sich fügen. Jeder ist umgeben von einer Reihe streitbarer Räthe, die auch Jeder ihre Überzeugung haben ... Ich halte an und für sich ... eine collegialische Ministerverfassung für einen staatsrechtlichen Mißgriff und Fehler ... Preußen würde einen immensen Fortschritt machen, wenn es den Bundessatz acceptirte und nur einen einzigen verantwortlichen Minister hätte.»[32] Da Bismarck nicht über die Macht verfügte, Preußen zu diesem Fortschritt zu veranlassen, blieb ihm nichts anderes übrig, als weiterhin auf Kosten des Staatsministeriums das Reichskanzleramt auszubauen.

Als im Oktober 1869 von der Heydt zurücktrat, hätte sein Nachfolger im Finanzministerium Delbrück werden können, der das Amt dann zusätzlich zu dem des Präsidenten des Kanzleramts übernommen hätte. Aber Delbrück hatte nicht den Ehrgeiz, ein politisches Amt zu übernehmen; auch hätte eine solche Ämterhäufung seiner Vorstellung vom rechten Verhältnis des Bundes zu Preußen widersprochen. Bismarck akzeptierte Delbrücks Weigerung, die Nachfolge von der Heydts anzutreten, wies in seinem Schreiben den Präsidenten des Reichskanzleramts aber darauf hin, daß jedenfalls der neue Finanzminister, wer immer es auch sein mochte (die Wahl werde mehr oder weniger willkürlich ausfallen, wie bei einer Lotterie), sich dem Reichskanzleramt unterordnen müsse. «Gelingt es, Ihre Stellung als ‹Bundesfinanzminister› so zurechtzurücken, daß Sie die nöthige Rückwirkung auf die preußische Finanzverwaltung gewinnen, so mindert sich die Gefahr eines Mißgriffs; die Controlle würde in Ihrer Hand liegen.» Gewinner der Lotterie wurde Otto Camphausen, der Präsident der Preußischen Seehandlung. Bismarck war mit dieser Wahl sehr zufrieden («Die Finanzminister wachsen bei uns nicht wild, man muß sie importieren oder zu Surrogaten greifen»), denn Camphausen hatte Erfahrung im öffentlichen Finanzwesen, und seine liberale Reputation machte ihn bei der parlamentarischen Mehrheit zur *persona grata*. Dennoch war er entschlossen, Camphausen nicht die Machtvollkommenheit zu belassen, die von der Heydt genossen hatte.[33]

Zu diesem Zweck schlug er vor, daß Delbrück neben seinem Amt als Präsident des Kanzleramts dasjenige eines preußischen Ministers ohne Portefeuille erhalten sollte mit dem Recht, an allen Kabinettssitzungen teilzunehmen, bei denen Bundesangelegenheiten verhandelt würden, sowie dem Recht, gemeinsam mit dem Kanzler alle auf Finanzangelegenheiten des Bundes bezüglichen Bundesdokumente gegenzuzeichnen. Der unmittelbare Zweck dieser Gegenzeichnung, schrieb Bismarck an Delbrück, sei die Erhöhung der «moralischen Autorität» seines Amtes als Präsident und demselben einen «ministeriellen Charakter» ohne eine formale Änderung der Bundesverfassung zu geben. Als Endzweck schwebte ihm der allmähliche Ausbau der zentralen Exekutive zu einem «wirklichen Bundesministerium» nach englischem Muster vor, mit zunächst einem Kriegs- und einem Finanzministerium, denen dann als nächstes ein Handelsministerium folgen sollte. Eine solche Entwicklung würde natürlich den verbündeten Regierungen nicht verborgen bleiben. «Aber die *douce violence*, die ihnen auf diesem Wege allmählich geschehen mag, scheint mir für sie doch viel annehmbarer, als eine nach demselben Ziele strebende Verfassungsänderung, welche früher oder später doch durchgedrückt werden wird, wenn man die Gewässer nicht in die ruhigeren Wege leitet, die ich andeute.»[34]

Bismarcks langfristiger Plan zur Errichtung eines Bundesministeriums nach englischem, nicht preußischem Muster stand nicht im Einklang mit Delbrücks eigener Auffassung seines Amts. Er nahm deshalb zwar die Ernennung zum preußischen Minister ohne Portefeuille an, das Recht auf Gegenzeichnung jedoch lehnte er ab. Statt dessen schlug er vor, Camphausen in den Bundesrat zu delegieren, wo er als Vorsitzender des Finanzausschusses zur Mitunterzeichnung aller die Bundesfinanzen betreffenden Dokumente ermächtigt wäre. Bismarck willigte ein, allerdings nicht ohne Bedenken und in der Hoffnung, daß Camphausen sich bei der Behandlung der Bundesfinanzen nicht vom preußischen Kollegialprinzip leiten lassen werde.[35] Doch die nächste Auswirkung dieser Reform war nicht die von Bismarck beabsichtigte, sondern deren Gegenteil. Camphausen gab seiner Stellung im preußischen Staatsministerium mehr Gewicht als seinen Pflichten im Bundesrat. Obwohl sein Geschick im Umgang mit dem preußischen Haushalt die unmittelbare Finanzkrise beendete, blieb das größere Problem der Beziehung zwischen den Regierungen des Bundes und Preußens ungelöst.[36]

Später werden wir sehen, daß während der Jahre 1872–1873 eine derjenigen der Jahre 1868–1869 ähnliche Krise Bismarcks Beziehungen zum preußischen Ministerium und zur konservativen Partei störte. Seine Meinungsverschiedenheiten mit den Ultrakonservativen über den Einfluß der Geistlichkeit an den Schulen, über die Kreisordnung und die Reform des Herrenhauses verwickelten ihn in scharfe Auseinandersetzungen auch mit den Ministern.[37] Er erzwang den Rücktritt Heinrich von Mühlers vom Amt des Kultusministers. Den Innenminister Friedrich zu Eulenburg zu stürzen, der seinen Versuch, das Herrenhaus zu reformieren, vereitelte, bemühte er sich jedoch vergeblich. Diese Reibereien und Enttäuschungen gingen einher mit einer neuerlichen schweren Erkrankung des Kanzlers, die ihn dann während des größten Teils des Jahres von Berlin fernhielt. Die Krise gelangte auf ihren kritischen Punkt, als sich im Dezember 1872 Roon entschloß, vom Amt des Kriegsministers zurückzutreten. Seine Gesundheit, erklärte er, habe Schaden genommen an dem Verdruß, Kabinettsentscheidungen, die er mißbilligte, hinnehmen zu müssen, an «dem rhapsodischen und excentrischen Gesetzgebungsdrang des zeitigen Regierungs Programms» sowie an der fehlenden Führung des Ministeriums wegen Bismarcks häufiger Abwesenheit. Zur allgemeinen Überraschung trat daraufhin Bismarck vom Amt des Ministerpräsidenten zurück und überzeugte Roon, es am 1. Januar 1873 zu übernehmen.[38]

Am 25. Januar begründete er seine Entscheidung im preußischen Abgeordnetenhaus. Im Gegensatz zur Kanzlerschaft, sagte er, sei das Ministerpräsidium ein Posten mit hoher Verantwortung und geringer Macht. Diese Ehrenstellung sei nicht mit Machtmitteln ausgestattet, die es dem Inhaber erlaubten, die übrigen Minister zu beeindrucken. Von den ihnen untergeordneten Beamten unterstützt, hätten diese ihm als Ministerpräsidenten so viel passiven Widerstand entgegengesetzt, daß er sich schließlich die eigene Machtlosigkeit habe eingestehen müssen. Er sei erschöpft von der Anstrengung wie ein Wanderer in tiefem Treibsand. In einem Brief an Roon hatte er schon vorher bitter über die Treulosigkeit der konservativen Partei geklagt. «Im Innern habe ich aber den Boden, der *mir* nur annehmbar ist, verloren durch die landesfeindliche Desertion der conservativen Partei in der katholischen Frage», schrieb er diesem im Dezember 1872. «In meinen Jahren und mit der Überzeugung, nicht lange mehr zu leben, hat der Verlust aller alten Freunde und Verbindungen etwas, für diese Welt, enthmutigendes ... Der König, als Reiter im Sattel, weiß wohl kaum, daß und wie er in mir ein braves Pferd zu Schanden geritten hat ...»[39] Durch seinen Rücktritt vom Amt des Ministerpräsidenten glaubte er, sich eines großen Teils der auf ihm lastenden Verantwortung entledigen zu können, ohne dabei viel von seiner realen Macht einzubüßen.

Wenn der Monarch als Kaiser seinem Reichskanzler vertraute, erklärte Bismarck den Abgeordneten, war nicht vorstellbar, daß er als König von Preußen seinem Staatsministerium gestattete, eine gegen diejenige des Reichskanzlers opponierende Politik zu machen. Der König von Preußen und sein Ministerium würden deshalb notwendigerweise die Politik des Reichskanzlers unterstützen müssen. Da er, Bismarck, im übrigen als Minister des Auswärtigen dem preußischen Staatsministerium auch weiterhin angehören und befugt sein werde, die preußischen Delegierten im Bundesrat zu instruieren, würde er auch imstande sein, die Verbindung zwischen Preußen und dem Reich aufrechtzuerhalten. Die Trennung vom Ministerpräsidium würde andererseits den deutschen Charakter der Kanzlerschaft deutlicher hervortreten lassen und so zum Wachstum einer wahren deutschen Einheit beitragen.[40] Zu Hohenlohe bemerkte er, der Kaiser «müsse sich ... daran gewöhnen, einzusehen, daß er als Kaiser mehr sei, als in seiner Eigenschaft als König von Preußen».[41] Der verabschiedete Mühler allerdings sah die Sache in einem anderen Licht und schrieb Ende Juni wehklagend an König Wilhelm: «Was Fürst Bismarck als Ministerpräsident nicht vollenden konnte, sucht er jetzt mit verdoppelter Gewalt und Haß mit seinem Gewicht als Reichskanzler durchzuführen und das preußische Staatsministerium sinkt für ihn immer mehr auf Null herab.»[42]

Der tatsächliche Gang der Ereignisse sollte dann allerdings weder Bismarcks Hoffnungen noch Mühlers Befürchtungen entsprechen. Während der Abwesenheit Bismarcks vom Ministerpräsidium verschärften sich die inneren Probleme Preußens und des Reichs. 1873 entbrannte der Kulturkampf mit erneuter Heftigkeit, der Streit mit den Ultrakonservativen wurde immer schlimmer, Regierungsangehörige und Vertreter der besten Gesellschaft wurden in einen Finanzskandal verstrickt, und ein Börsenkrach kündigte eine Wirtschaftsdepression an. Der an Asthma leidende, siebzigjährige Roon war noch kränker als Bismarck und mußte sich für den größten Teil des Jahres beurlauben lassen. Wenn er aber bei Kabinettssitzungen tatsächlich den Vorsitz übernahm, verärgerte er durch sein militärisches, befehlsgewohntes Gebaren seine Kollegen. Bismarck andererseits fand seine Lasten kaum verringert. Da er als Minister des Auswärtigen im preußischen Staatsministerium verblieb, teilte er auch weiter die kollegiale Verantwortung. Von der Pflicht, sich mit den zur Verhandlung anstehenden Angelegenheiten und Dokumenten vertraut zu machen, war er nicht entbunden. Auf die Hilfe der Vortragenden Räte, die ihm als Ministerpräsident zur Verfügung gestanden hatten, hatte er nun aber keinen Anspruch mehr. Daß Delbrück Bismarcks Ansichten vortrug und in den Sitzungen des Ministeriums als dessen Vertreter auftrat, war nur eine geringe Erleichterung. Zwischen Mai und Juni 1873 dachte Bismarck daran, aus dem Staatsministerium ganz auszuscheiden.[43] Doch die Kollegen widersetzten sich dieser Absicht in Anbetracht der bevorstehenden Landtagswahlen. Keiner von ihnen konnte sich vorstellen, behauptete Lucius, wie das System ohne seine Mitwirkung funktionieren sollte.[44]

Binnen weniger Monate reifte bei Bismarck die Einsicht, daß sein Experiment gescheitert war. Als am 9. November 1873 Roon aus Gesundheitsgründen vom Amt des Ministerpräsidenten und dem des Kriegsministers zurücktrat, übernahm Bismarck wieder das Amt des Ministerpräsidenten. Er habe gehofft, nach der Entbindung von den Geschäften des Präsidiums soviel Erleichterung zu finden, daß er die ihm verbleibenden Arbeiten mit den ihm gebliebenen Kräften gewissenhafter hätte leisten können, schrieb er an den König. In dieser Hoffnung habe er sich leider getäuscht. «Die Erfahrung hat mich gelehrt, daß meine Arbeitslast sich so wenig wie meine Verantwortlichkeit auf diesem Wege vermindern ließen; nur die Schwierigkeit, meine Meinung im Ministerrath zur Geltung zu bringen, war gesteigert.» In der Hoffnung, sich die Lasten des Präsidiums erleichtern zu können, erbat er Wilhelms Genehmigung zur Errichtung eines Vizepräsidiums, das Camphausen anvertraut wurde.[45] Daß der Kanzler allein stark genug sei, um erfolgreich zu regieren, gestand er später dem Reichstag, sei ein vollkommener Irrtum gewesen. «Schneiden Sie mir die preußische Wurzel ab und machen Sie mich allein zum Reichsminister, so glaube ich, bin ich so einflußlos wie ein anderer.»[46]

Nach sechsjährigem Experimentieren war bereits offensichtlich, daß die von Bismarck erdachte politische Maschinerie zur Regierung eines großen Landes nicht hinreichend qualifiziert war. Der improvisierte Apparat war nur beschränkt entwicklungsfähig. Schon in der Debatte am 25. Januar 1873 fragte der Abgeordnete der Fortschrittspartei Rudolf Virchow den Kanzler ironisch, ob es, angesichts der «Dissonanzen» in der Regierung, nun nicht doch allmählich Zeit werde, das parlamentarische System einzuführen. In seiner Erwiderung leugnete der Kanzler die Existenz dieser Dissonanzen, die er selbst soeben erst öffentlich beklagt hatte, und behauptete, daß die Vielzahl der Parteien und die zwischen diesen bestehenden scharfen Gegensätze sowie das Fehlen eines Gefühls für den Staat es in Preußen unmöglich machten, dort das englische System parlamentarischer Verantwortlichkeit einzuführen.[47] In den kommenden Jahren wurde Bismarck niemals müde, seinen Kollegen und Parlamentsabgeordneten die Natur und das Funktionieren des preußisch-deutschen Regierungssystems immer wieder aufs neue zu erläutern und plausibel zu machen. Wie man sehen wird, waren auch diese Erklärungen wie die Realität, zu deren Rechtfertigung sie vorgebracht wurden, in stetem Wandel begriffen. Jahrein, jahraus setzte er seine Bemühungen fort, die Probleme zu lösen, die dieses System mit sich brachte. Aber die Lösung gelang weder ihm noch einem seiner Nachfolger.

Das preußisch-deutsche Militärsystem

In den Klauseln der Verfassung von 1867 und 1871, die von militärischen Angelegenheiten handelten, schienen dem föderalistischen Prinzip sehr weitgehende Zugeständnisse gemacht zu werden. Die vereinigte Armee sollte sich aus Kontingenten der Gliedstaaten zusammensetzen. Es gab weder einen deutschen Generalstab noch eine gesamtdeutsche Kommandostruktur, noch eine Reichsmilitärverwaltung, obwohl die Militärausgaben aus dem Reichshaushalt bestritten wurden. Die Zugeständnisse an das föderalistische Prinzip waren jedoch nur scheinbare. In der gesamten Struktur des Deutschen Reichs war die preußische Hegemonie faktisch nirgends so deutlich ausgesprochen wie in den Bestimmungen der Verfassung über das Militärwesen. Der König von Preußen – nach 1871 der Deutsche Kaiser – war der Oberbefehlshaber, dem Offiziere und Mannschaften Treue schworen. Uniformen, Rangabzeichen, Organisation, Verwaltung, Bewaffnung und Ausbildung sollten überall in Deutschland dem preußischen Vorbild angeglichen werden. Bei Inkrafttreten der Verfassung sollten von den Regierungen der Gliedstaaten die das Militärwesen betreffenden preußischen Gesetze und Verordnungen übernommen werden, einschließlich derjenigen über die Militärgerichtsbarkeit, Dauer der Dienstzeit, Mobilmachung von Truppen und so fort.

Die Vormachtstellung Preußens im Militärwesen sollte sich bald noch auf Wegen verstärken, die in den Verfassungen von 1867 und 1871 nicht vorgesehen waren. Schon während der Luxemburgkrise des Jahres 1867 begann Preußen, mit den anderen deutschen Staaten Militärkonventionen auszuhandeln, aus denen eine im wesentlichen bereits vereinigte Armee hervorging. Von den fünfundzwanzig Kontingenten des deutschen Heeres waren letztlich zweiundzwanzig mehr oder weniger und auf verschiedene Weise der preußischen Armee integriert.[48] Nur Sachsen, Württemberg und Bayern behielten separate Kontingente.

Selbst für sich allein schon war das preußische Kontingent bei weitem das größte der deutschen Armee. Nach Aufnahme der Kontingente der kleineren deutschen Staaten verfügte die preußische Armee 1875 über dreizehn der achtzehn deutschen Armeekorps, Sachsen, Baden und Württemberg stellten je eins, Bayern zwei. Von den 418 872 Mann des deutschen stehenden Heers im Jahr 1881 stellte das preußische Kontingent allein 324 766. Sieben kleine Kontingente (Schwarzburg-Sondershausen, Waldeck, Lippe-Detmold und Schaumburg-Lippe sowie die drei Hansestädte) wurden vollkommen dem preußischen Kontingent einverleibt, zehn weitere (Oldenburg, Braunschweig, Anhalt und sieben thüringische Staaten) entsandten eigene Regimenter in das preußische Heer, vier Staaten (Baden, Hessen-Darmstadt und die beiden mecklenburgischen Großherzogtümer Schwerin und Strelitz) stellten separate Kontingente nur der äußeren Form nach (die letzten drei bewahrten sich besondere Abzeichen). Nachdem die Militärdienstpflicht auch in Elsaß-Lothringen eingeführt worden war, wurden dessen Truppen ebenfalls in das preußische Kontingent integriert.[49]

Die Militärkonventionen umgingen die Bundes- und Reichsverfassung und wurden ohne Beteiligung des Bundesrats oder des Reichstags zwischen den beteiligten Regierungen der Einzelstaaten ausgehandelt und abgeschlossen. Nichtsdestoweniger war das Einheitsprinzip verfassungsmäßig abgesichert durch die von der Verfassung dem König von Preußen – nach 1871 dem Deutschen Kaiser – zugestandene oberste Befehlsgewalt. In seiner Eigenschaft als Oberbefehlshaber hatte er «die Pflicht und das Recht», die Einheit und Konformität der gesamten Armee herzustellen und zu beaufsichtigen, die innere Organisation der Kontingente zu bestimmen und ihnen die Garnisonen anzuweisen. Im Kriegsfall übernahm er das direkte Kommando über alle Kontingente.[50] Dabei stützte er sich auf die Stäbe des preußischen Kontingents. Auch in Personalfragen beriet den Oberbefehlshaber weiterhin das preußische Militärkabinett. Die strategische Planung wurde vom preußischen Generalstab übernommen. Der preußische Kriegsminister verkehrte direkt mit seinen Amtskollegen in jenen Staaten, die noch eigene Kontingente stellten, und pflegte bei diesem Verkehr die Oberhand zu haben.[51] Er fungierte gleichzeitig als Kriegsminister des Reichs.

Das Problem der Koordinierung zwischen dem Reich und Preußen war nirgends schwieriger als auf dem Gebiet des Militärwesens. Auf diesem Feld stellte sich auch immer wieder, wie schon während der Kriege von 1864, 1866 und 1870–1871, das Problem der Rivalität zwischen militärischer und politischer Führung. Tatsächlich gab es nämlich zwei Reichskriegsminister – den Reichskanzler und den preußischen Kriegsminister. Bismarck behauptete, daß der Kanzler verantwortlich für alle Militärangelegenheiten des Reichs sei, doch waren weder er noch sein Amt für die damit verbundene Verwaltungsarbeit gerüstet. Diese Arbeit wurde tatsächlich vom preußischen Kriegsminister und dessen Ministerialbeamten geleistet. *De jure* wurde das Reichsministerium von der Bundesratskommission für militärische Angelegenheiten wahrgenommen, in der anfänglich ein hoher Beamter aus dem preußischen Kriegsministerium und seit 1869 der Minister persönlich den Vorsitz hatte. Roon war demnach *de facto* Kriegsminister nicht nur Preußens, sondern auch des Reichs.[52]

Dem General jedoch war dieser Zustand nicht behaglich. Als preußischer Kriegsminister genoß er im preußischen Ministerium eine Sonderstellung, die er im Reich nicht hatte. In der ersteren Eigenschaft hatte er unmittelbaren Zugang zum König wie außer ihm nur der Ministerpräsident. Der Kabinettsordre von 1852 entsprechend, konnten sich die anderen Minister nur durch Vermittlung des Ministerpräsidenten an den König wenden. Dieses Sonderrecht ging Roon in Reichsmilitärangelegenheiten ab. Es wurmte ihn, daß Bismarck, ein Zivilist, als Kanzler der einzige Reichsminister und in dieser Eigenschaft berechtigt war, alle Verwaltungsanordnungen, die der Kaiser als Oberbefehlshaber der deutschen Armee traf, gegenzuzeichnen. Seit 1867 setzte sich deshalb Roon für die Einsetzung eines Reichskriegsministers ein, dem dieses Recht übertragen werden sollte. Selbstverständlich widersetzte sich Bismarck diesem Bestreben, das, wenn Roon damit ans Ziel gelangt wäre, schließlich die Bildung eines Reichsministeriums nach dem Muster des preußischen – mit Kollegialverfassung – zur Folge gehabt hätte. Dennoch war er gewillt, seinem preußischen Kollegen und alten Kameraden während der Kampfjahre des Verfassungskonflikts in gewissem Maße entgegenzukommen. So behielt er sich zwar das Recht vor, alle Militärangelegenheiten betreffenden Reichsgesetze gegenzuzeichnen, überließ aber Roon das Mitunterzeichnungsrecht für alle Immediatberichte an den König und Kaiser, die von Bundes- und später Reichsmilitärangelegenheiten handelten. Auf diese Weise konnte Wilhelm stets ohne weitere Nachfrage gewiß sein, daß der preußische Kriegsminister den von ihm mit unterzeichneten Bericht billigte. Im August 1868 wurde überdies der preußische Kriegsminister zum Stellvertreter des Kanzlers in allen militärischen und Marineangelegenheiten ernannt.[53]

Roon allerdings fand in den bestehenden Verhältnissen noch andere Steine des Anstoßes. Die Pflicht des Kanzleramts, die Ausführung von Bundes- beziehungsweise Reichsgesetzen durch die Regierungen der Gliedstaaten zu überwachen, erstreckte sich auch auf die das Militärwesen betreffenden Gesetze. Damit war das Kanzleramt auch dem preußischen Kriegsministerium übergeordnet und hatte das Recht, dessen Tätigkeit zu inspizieren. Das Kanzleramt kontrollierte kraft seiner Befugnis, das nationale Budget zu verwalten, zudem die Quelle der zum Unterhalt der Armee erforderlichen Mittel. Roon war als Soldat sehr auf die Wahrung der ihm seines Erachtens zustehenden Prärogativen bedacht und als preußischer Militär in besonderem Maße abgeneigt, sich zivilistischer Führung oder Kontrolle zu beugen. Solange allerdings Delbrück das Reichskanzleramt leitete, kam es deswegen zu keinen Reibereien, denn Delbrück leitete automatisch alle das Militärwesen betreffenden Vorgänge an den preußischen Kriegsminister weiter. Die Zusammenarbeit war infolgedessen erstaunlich reibungslos.[54]

Dennoch ging Roon von seinem Bestreben, einen Reichskriegsminister neben den Kanzler zu stellen, nicht ab. 1871 brachte er die Angelegenheit im Kontext der Verfassungsänderung, 1873 noch einmal, diesmal im Zusammenhang mit einem neuen Militärgesetz, im Staatsministerium zur Sprache. Bismarck erklärte, daß das preußische Kriegsministerium *de facto* bereits ein Reichskriegsministerium sei und daß das genüge. Der Versuch, es auch formal zu einem Reichskriegsministerium zu erheben, würde nur unnötige Irritation der anderen deutschen Regierungen zur Folge haben, die ohnedies eine «Verpreußung» des Reichs fürchteten. Und was Roon, dem langjährigen Freund und Kampfgenossen Bismarcks, nicht gelang, sollte selbstverständlich auch Georg von Kameke nicht gelingen, der 1873 dessen Nachfolger im Kriegsministerium wurde. Auf Delbrücks Anregung hin erbat Kameke im August 1873 das Recht auf direkten Zugang zum Kaiser und Gegenzeichnung aller kaiserlichen Ordres über Militärangelegenheiten. Damit zog er sich einen scharfen Verweis des Kanzlers zu, und einen weiteren gab es für den ungeschickten General, als ein Jahr später Bismarck erfuhr, daß dieser das Gesetz für den Reichsmilitärhaushalt mit dem Kaiser eher besprochen hatte als mit ihm. Der preußische Kriegsminister könne nicht «als factischer Inhaber der Reichsmilitärverwaltung ... Vorlagen in der Art zur allerhöchsten Kenntnis bringen, daß die Kaiserliche Entscheidung engagirt wird, bevor die verantwortliche ministerielle Instanz von der beabsichtigten Vorlage auch nur erfahren hat», schrieb ein zorniger Bismarck am 12. September 1874 aus Varzin.[55]

Zweifellos war das Hauptziel sowohl Roons als auch Kamekes die Vermehrung ihrer Prärogativen, insbesondere die Herstellung einer direkten Beziehung zum Herrscher, wie sie das preußische Militär stets gesucht und sich in der Vergangenheit auch weitgehend gesichert hatte. Ihre Bemühungen verfolgten auf dem Gebiet der Bürokratie das gleiche Ziel, das während der Kriege von 1864, 1866 und 1870–1871 Moltke und die militärischen «Halbgötter» verfolgt hatten, als sie ihren strategischen Überlegungen den Vorrang vor den politischen Rücksichten gaben, die Bismarcks wichtigstes Anliegen waren. Dennoch war die Stellung Roons und Kamekes in dem von Bismarck konzipierten Verfassungsgefüge keineswegs bequem. Ihr fehlte die Eindeutigkeit, die militärische Geister schätzen. In seiner Beziehung zum Monarchen mußte der Kriegsminister unterscheiden zwischen rein preußischen Verwaltungsfragen, die er Wilhelm als König unmittelbar vorzutragen berechtigt war, und Angelegenheiten der Reichsmilitärverwaltung, die er Wilhelm in seiner Eigenschaft als Deutschem Kaiser nicht ohne vorherige Verständigung mit dem Reichskanzler vortragen durfte. Damit hatten die Zweideutigkeiten aber noch kein Ende. Bei seinem Verkehr mit dem Kaiser hatte der Minister überdies zu unterscheiden zwischen Verwaltungsangelegenheiten, die dem Monarchen nur durch die Vermittlung des Kanzlers vorgetragen werden durften, und Kommandosachen, zu deren Vortrag er dieser Vermittlung nicht bedurfte.

Auch seine Beziehung zum Reichstag war zwiespältig. Offiziell trat er dort als preußischer Delegierter im Bundesrat und als Vorsitzender der Bundesratsmilitärkommission auf. In dieser Eigenschaft war er gehalten, Fragen nach Gesetzen und Maßnahmen zu beantworten, für die er tatsächlich, wenn auch nicht formal, verantwortlich war. «In rein rechtlichem Sinn war er nicht verpflichtet, solche Fragen zu beantworten; praktisch war es immer schwierig und manchmal unklug, die Antwort zu verweigern. Selbst dem entschlossenen Roon war es nicht immer gelungen, zwischen Fragen in Betreff der Streitkräfte des Reichs (die er beantworten durfte) und solchen, die sich auf die preußische Armee bezogen (und die er nicht beantworten durfte), sowie zwischen solchen nach Verwaltungsangelegenheiten (die er erörtern durfte) und nach Kommandosachen (die nach Meinung des Kaisers den Reichstag nichts angingen) mit der gebotenen Sicherheit zu unterscheiden. Kameke bekannte sich zu liberalen politischen Anschauungen und neigte im Parlament dazu, entgegenkommender zu sein als Roon.»[56]

Der Niedergang des Föderalismus

Die Reichsverfassung gab dem Reich weitgehende gesetzgeberische Befugnisse hauptsächlich in wirtschaftlicher, rechtlicher und strafrechtlicher Hinsicht. Das Reich erweiterte dann seine legislative Kompetenz kontinuierlich auf Kosten der gesetzgebenden Körperschaften der Gliedstaaten. Der einzige in der Verfassung vorgesehene Unterschied zwischen gewöhnlicher Gesetzgebung und Verfassungsänderungen war die Bestimmung, daß Anträge auf letztere mit vierzehn Gegenstimmen im Bundesrat abgelehnt werden konnten. Da alle Bundesratsbeschlüsse als «einstimmig» verkündigt wurden, konnte kein vom Reichstag und vom Bundesrat angenommenes Gesetz später als verfassungswidrig bezeichnet werden. Ob ein bestimmtes Gesetz der Verfassung entsprach oder diese änderte, wurde in den Debatten des Reichstags und des Bundesrats über die betreffende Vorlage geklärt.[57] Die Definition des Begriffs der «Kompetenz-Kompetenz» (nämlich der Befugnis des Reichs, seine eigenen Kompetenzen zu erweitern) war der Gegenstand endloser Kontroversen unter den deutschen Koryphäen des Verfassungsrechts. Einer der dabei vertretenen Anschauungen zufolge war der Begriff so dehnbar, daß das nationale Parlament die Verfassung so weitgehend hätte abändern können, daß den Gliedstaaten jede legislative Kompetenz genommen worden wäre.[58] Dabei handelte es sich freilich um eine nur theoretisch existierende Möglichkeit, denn derart drastische Verfassungsänderungen hätte natürlich der Bundesrat nicht hingenommen. Nichtsdestoweniger wurde die Kompetenz-Kompetenz zu verschiedenen bedeutsamen Verfassungsänderungen wahrgenommen. Einige dieser Änderungen wurden auch formal in die Verfassung aufgenommen, die meisten jedoch nicht. Infolgedessen war die tatsächliche Zuständigkeit der Verfassung viel weiter gefaßt, als das dem geschriebenen Text zu entnehmen war.[59]

Wie bereits erwähnt, wurden während des Jahrzehnts von 1867 bis 1878 die meisten Gesetze zur Regelung grundsätzlicher wirtschaftlicher und rechtlicher Fragen verabschiedet. Viele dieser Gesetze griffen unmittelbar in das tägliche Leben der Bevölkerung ein und brachten sie so in immer nähere Berührung mit der Reichsregierung. Die wichtigsten Gesetze waren in dieser Hinsicht die über das Rechtswesen. Die Verfassung von 1867 sah keine Reichsgerichtsbarkeit vor. Die Gerichtsbarkeit, die sie über Fälle von Hochverrat dem obersten Appellationsgericht in den Hansestädten zugestand und über Fälle von Beschwerden wegen Rechtsverweigerung gegen die Gerichte eines Gliedstaats dem Bundesrat, wurde nie in Anspruch genommen (die letztere Bestimmung hätte, um rechtskräftig zu werden, eines Ausführungsgesetzes bedurft, das nie verabschiedet wurde).[60] Nichtsdestoweniger gewährte die Verfassung dem Reich die Befugnis zur Verabschiedung von Handelsgesetz- und Strafgesetzbüchern und einer Prozeßordnung. 1868 forderte der Reichstag Gesetze für alle drei Gesetzbücher an und überdies ein Gesetz zur Errichtung einer Reichsjustizgewalt zu deren Geltendmachung. Das Handelsgesetzbuch trat 1869 in Kraft, und zu dessen Geltendmachung wurde im gleichen Jahr ein Reichsoberhandelsgericht geschaffen. Die letztere Maßnahme war die bei weitem wichtigste Verfassungsänderung, zu der es zur Zeit des Norddeutschen Bundes kam, denn sie erweiterte die Befugnisse der Zentralregierung ganz erheblich.[61] Über das Oberhandelsgericht äußerte der Kanzler, «er habe keineswegs verkannt, wie bedenklich es sei, mit der Errichtung eines gemeinsamen deutschen höchsten Gerichtshofes vorzugehen, so lange wir noch kein gemeinsames Prozeßverfahren hätten, er benütze aber gerne jedes, auch das kleinste Bindemittel als Kitt für die deutsche Einheit».[62] 1871 wurde die Jurisdiktion dieses Gerichts auf das gesamte Reich ausgedehnt. Es wurde überdies das oberste Gericht für Elsaß-Lothringen und für Fälle, die von extraterritorialen Konsulatsgerichten kamen.[63]

Das Gesetz vom 21. Juni 1869, das die Gültigkeit gerichtlicher Entscheidungen für das gesamte Reichsgebiet festlegte, erweiterte ebenfalls die Bestimmungen der Verfassung. Während die Verfassung nur Gesetzgebung autorisiert hatte, welche die gegenseitige Vollstreckung von Gerichtsurteilen in zivilrechtlichen Sachen betraf, erstreckte sich die Geltung der neuen Gesetze mit gewissen Einschränkungen auch auf Strafrechtssachen. Seinen Bestimmungen zufolge durfte kein Gericht Entscheidungen von Gerichten anderer Gliedstaaten außer acht lassen. Anträge auf Rechtshilfe sollten unmittelbar an die beteiligten Gerichte gestellt werden, und solche Anträge durften, dem neuen Gesetz zufolge, nicht abgelehnt werden. Ein Konkursverfahren, das in einem der Bundesstaaten eingeleitet worden war, sollte auch in jedem anderen wirksam sein. Auf diese Weise wurden die Gerichte der Gliedstaaten effektiv nationale Gerichte.[64] Damit war die Grundlage für ein einziges integriertes Gerichtswesen geschaffen, das, an Hand der gleichen Gesetzbücher in einem gemeinsamen Prozeßverfahren richtend, einem einzigen obersten Appellationsgericht unterstellt war.

Eine der letzten Maßnahmen des Norddeutschen Bundes war im Mai 1870 die Verabschiedung eines Strafgesetzbuchs, das die Prinzipien festlegte, denen entsprechend Straftaten durch die Gerichte der Gliedstaaten zu bestimmen und zu bestrafen seien.[65] Bismarck, der den Beratungen über dieses Gesetzbuch mit ziemlicher Ungeduld folgte, hielt es für sehr wichtig zur Förderung des «organischen Wachstums» des Bundes und seiner Einrichtungen.[66] 1877 wurden nicht weniger als vier Gesetze erlassen, die für die Integration des deutschen Rechtswesens von großer Bedeutung waren: das Gerichtsverfassungsgesetz, die Konkursordnung, die Zivilprozeßordnung und die Strafprozeßordnung.[67] Das erste dieser Gesetze errichtete das Reichsgericht in Leipzig mit der Jurisdiktion über Strafrechts- und Zivilrechtssachen (Handelsrechtssachen ausgenommen). Die Richter des Reichsgerichts wurden vom Bundesrat vorgeschlagen und vom Kaiser ernannt. Durch die Befugnis zur Revision stand das Reichsgericht an der Spitze des deutschen Gerichtswesens und wirkte entscheidend auf eine einheitliche Rechtsauslegung in ganz Deutschland hin. Für einige Anklagen, so wegen Hochverrats, wurde das Reichsgericht das Gericht erster Instanz. Obwohl die niederen Gerichtshöfe der Gerichtsbarkeit der Gliedstaaten angehörten, erlegten ihnen die Gesetze von 1877 doch eine gleiche Verfassung und Verfahrensordnung auf und ein für das ganze Reich geltendes Strafgesetzbuch. Nach 1877 gab es nur im Zivilrecht noch eine Lücke in dem integrierten Rechtssystem des Deutschen Reichs. Die Verfassung hatte das Zivilrecht nicht in die legislative Kompetenz der Zentralregierung gestellt. Nach 1869 agitierten im Reichstag die Liberalen für eine Verfassungsänderung, die diesem Mangel abhelfen sollte.[68] 1873 wurde diese Änderung endlich vom Bundesrat gebilligt.[69] Doch das Bürgerliche Gesetzbuch wurde erst 1896 fertig.

Unzweifelhaft hatte die Vereinheitlichung der Gesetzbücher und des Rechtswesens eine starke Wirkung auf die Entstehung eines deutschen Nationalbewußtseins. Von nun an waren alle Deutschen, egal welcher ursprünglichen Staatsangehörigkeit, denselben Gesetzen unterworfen, die von Gerichten angewendet wurden, deren Entscheidungen für ganz Deutschland gültig waren und gegen die nur an ein gesamtdeutsches oberstes Gericht appelliert werden konnte. Die Konsolidierung des deutschen Rechtswesens machte sich im täglichen Leben nahezu aller Deutschen bemerkbar, zweifellos wirkte sie aber auch schwächend auf die föderative Struktur des Reichs ein. Der Historiker Heinrich Triepel meinte 1907 zurückblickend: «Die ständige Vereinheitlichung des Rechts und das Zurücktreten der Landes- hinter der Reichsangehörigkeit hatte die weitere Folge, daß auch die besondere Gebietshoheit der Einzelstaaten von Jahrzehnt zu Jahrzehnt an eigener Bedeutung verlor, und daß die Landesgrenzen innerhalb des Reichsgebiets, auch abgesehen von Zoll- und Handelsangelegenheiten, ihre Rolle mehr und mehr ausspielten.»[70] Im selben Jahr schrieb der Politikwissenschaftler Paul Laband, daß die Richtung dieser Entwicklung entschieden vereinheitlichend gewesen sei, da inzwischen die Staatsgrenzen für das Indigenat (außer in Bayern und bis vor kurzem in Elsaß-Lothringen) ebenso wie für die Gewerbetätigkeit und die Rechtspflege bedeutungslos geworden seien. Die Reichsgesetze zehrten nach seiner Meinung allmählich die Autonomie der Gliedstaaten auf.[71] 1871 wurde das Münzwesen auf Goldstandard vereinheitlicht. Eine Reichsgoldmünze im Wert von zehn Mark ersetzte den preußischen Taler und alle anderen Prägungen. Auf der einen Seite zeigte die neue Münze einen Reichsadler und auf der anderen Seite ein Bild des Herrschers des Staates, in dem sie geprägt wurde – als eine letzte Konzession an den Partikularismus.[72] 1870 wurde die Ausgabe neuer Banknoten beschränkt, da die Einführung einer neuen Währung durch das Reichsschatzamt im Jahre 1874 bevorstand.[73]

Das im März 1875 erlassene Bankgesetz, mit dem die Schöpfung eines einheitlichen Währungssystems abgeschlossen wurde, war eines der wichtigsten Ergebnisse des Zusammenwirkens Bismarcks mit den Nationalliberalen. Auf Drängen des Reichstags wurde das vom preußischen Finanzministerium vorgelegte Gesetz abgeändert, so daß die Preußische Bank als Staatsbank nun in eine Reichsbank verwandelt wurde. Diese eröffnete dann Zweigstellen und Nebenstellen in jeder größeren Gemeinde überall im Land. Als wichtigste Notenbank beeinflußte die Reichsbank den Geldumlauf und regelte Diskont- und Zinssätze. Die privaten Notenbanken wurden so streng reglementiert, daß fast die Hälfte der dreiunddreißig Banken, die Noten ausgeben durften, binnem kurzem auf dieses Vorrecht verzichteten. Die Reichsbank war die krönende Institution des integrierten Bankwesens, das im Laufe der siebziger Jahre geschaffen wurde. Sie war halbstaatlich und eine Körperschaft zugleich des öffentlichen und des Privatrechts. Direktor war der Reichskanzler, der einem Aufsichtsrat, dem «Bankenkuratorium», vorsaß und das Bankdirektorium leitete, das die Institution verwaltete. Die in Berlin errichtete Reichsbank war eine in der Verfassung nicht vorgesehene zentralistische Institution. Ihre Errichtung brachte eine bedeutende Erweiterung der Befugnisse und Funktionen der Zentralregierung und die entsprechende Einschränkung der Gliedstaatenkompetenzen mit sich.[74]

1868 erklärte Bismarck dem preußischen Innenminister Eulenburg, daß der Reichstag diejenige Institution sei, «deren Befestigung gegenwärtig die vornehmste Aufgabe der preußischen Politik» sei.[75] Zu diesem Zweck gestattete und ermutigte er sogar die Erweiterung der legislativen Kompetenz des Reichstags und die umfassende Wahrnehmung dieser Kompetenz durch das Parlament während des ersten Jahrzehnts seines Bestehens. Die Folge dieser Stärkung des Reichstags war die Schwächung der anderen gesetzgeberischen Organe, die im Deutschen Reich bestanden. Wie wir bereits sahen, war das durch die Verfassung geschaffene Regierungssystem nach dem Muster des in der auswärtigen Politik bewährten Machtgleichgewichts konzipiert.[76] Reichstag und Bundesrat, Zollparlament, preußische Abgeordnetenkammer und Herrenhaus, diese drei gesetzgebenden Körperschaften stellten unterschiedliche Wege dar, auf denen die von der Regierung gewünschte Gesetzgebung erfolgen konnte. Die Bevorzugung eines dieser Wege implizierte unvermeidlich die Zurücksetzung der beiden anderen. Doch der Versuch, die Kompetenz des Zollvereinsparlaments zu erweitern, blieb erfolglos bis zu dessen Auflösung im Jahre 1871; das Reich erbte seine gesetzgeberische Befugnis über Zölle, Zucker- und Tabaksteuern. Während des Kulturkampfs der siebziger Jahre blieb der preußische Landtag noch eine bedeutende legislatorische Institution neben dem Reichstag, dann aber verlor er an Bedeutung. Da Reichsgesetze Vorrang vor den Gesetzen der Gliedstaaten hatten, wuchs die Bedeutung des Reichs, diejenige Preußens und der anderen Gliedstaaten aber nahm mit der Verabschiedung jedes wichtigeren neuen Gesetzes durch den Reichstag und den Bundesrat ab.

II

Bismarck und das Parlament

Was Bismarck vom Parlament erwartete

«Für mich hat immer nur ein einziger Compaß, ein einziger Polarstern, nach dem ich steuere, bestanden: *Salus publica*!» porträtierte Bismarck sich selbst am 24. Februar 1881 im Reichstag: «Doctrinär bin ich in meinem Leben nicht gewesen; alle Systeme, durch die die Parteien sich getrennt und gebunden fühlen, kommen für mich in zweiter Linie, in erster Linie kommt die Nation, ihre Stellung nach außen, ihre Selbständigkeit, unsere Organisation in der Weise, daß wir als große Nation in der Welt frei athmen können. Alles was nachher folgen mag, liberale, reactionäre, conservative Verfassung, – meine Herren, ich gestehe ganz offen, das kommt mir in zweiter Linie, das ist ein Luxus der Einrichtung, der an der Zeit ist, nachdem das Haus fest gebaut dasteht.»[1] In dieser berühmten und viel zitierten Erklärung stellte Bismarck sich dar, wie er gesehen zu werden wünschte: als Mann des Staates und des Königs, der, über das Chaos des sozialen und politischen Lebens erhaben, ohne Furcht und Vorliebe, Vorurteil oder Parteilichkeit, die ideale Linie der im vernünftig wahrgenommenen Interesse des Staates liegenden Politik sucht.[2]

Obwohl er wegen der exponierten Stellung Deutschlands in der Mitte Europas die autoritäre Kontrolle über auswärtige und Militärangelegenheiten für unbedingt erforderlich hielt, schien ihm doch der Absolutismus die «unglücklichste aller Staatsformen» zu sein. Wo der König sich absoluter Macht erfreute, waren die Minister in ständiger Gefahr, im Wettbewerb um die Gunst des Herrschers mit der Königin, der königlichen Geliebten, einem «raffinierten Kammerdiener» und anderen Angehörigen des Hofes zu unterliegen. Durch gelegentliche Proteste, denen er mit Androhungen seines Rücktritts Nachdruck verlieh, versuchte Bismarck, den Monarchen von «unverantwortlichen» Ratgebern zu isolieren, doch gelang es ihm natürlich nicht, fremde Einflüsse von dessen Schlafzimmer und Vorzimmer ganz fernzuhalten. So kam in seinem politischen Denken dem Parlament vorzüglich die Aufgabe zu, den Herrscher zu nötigen, sich auf die Minister zu verlassen, die seine Politik öffentlich verteidigten. Der Monarch durfte nie vergessen, daß die Minister zurücktreten konnten, wenn ihnen in einer wichtigen Frage der Beistand verweigert wurde, was dann ihn selbst – wie 1862 zu Beginn des Verfassungskonflikts – den Angriffen der Kammer aussetzen würde. Er durfte nie vergessen, daß seine Minister das Bollwerk waren, das ihn vor dem Druck schützte, der die Einführung einer parlamentarischen Regierung zur Folge haben konnte.[3]

Bismarck setzte Republikanismus mit parlamentarischer Regierung gleich, die Monarchie mit dem konstitutionellen System der Gewaltenteilung. Die letztere war seines Erachtens für Deutschland die einzig mögliche Regierungsform: «Diese drei Momente, Executive, Legislative und Rechtsprechung, sind ein wirklich nutzbarer Niederschlag von all den Experimenten, die seit Montesquieu und Anderen auf diesem Gebiete stattgefunden haben», erklärte er 1884. Doch die drei Momente wogen für sein Verfassungsdenken keineswegs gleich schwer. Denn wenn es ihm auch recht war, daß die Gerichtshöfe Angehörige des Parlaments und seine eigenen störrischen Untergebenen disziplinierten (wie zum Beispiel Harry von Arnim), gestand er diesen doch nicht das Recht zu, kraft der «Verantwortlichkeitsklausel» der Verfassungen Preußens und des Reichs unter Umständen Minister ihres Amts zu entheben. Auch räumte er beim Geschäft der Regierung dem Parlament keineswegs eine gleichberechtigte Partnerschaft mit der Monarchie ein. In derselben Rede aus dem Jahr 1884 – zu einer Zeit, da sein eigenes Verhältnis zum Reichstag kaum hätte schlechter sein können – belehrte er die Abgeordneten über den rechten Gebrauch der Macht: «Das Parlament soll Übel verhindern können» und dagegen sein Veto gebrauchen. «Es soll verhindern können, daß schlechte Gesetze gemacht werden, es soll verhindern können, daß das Geld des Landes verschwendet wird; aber regieren, meine Herren, kann es nicht.»[4] Die Funktion der Legislative war demnach nicht die Schaffung des Guten, sondern allein die Abwehr von Übeln.

Wie aber sollte das Parlament zwischen nützlichem Guten und schädlichem Übel unterscheiden, erkennen, was es anzunehmen und was es abzulehnen galt? Bismarck hielt sich selbst als Staatsmann ohne jedwedes Parteiinteresse für am ehesten berufen, darüber zu urteilen, was dem öffentlichen Wohl diente und was nicht. Es provozierte ihn, daß viele Abgeordnete, ja oft sogar die Majorität, ihm diese Selbsteinschätzung nicht abnahmen und ihn eher als Verteidiger spezifischer Interessen ansahen (des Adels, der besitzenden Klassen und insbesondere der Agrarier).[5] Solange er selbst an der Macht war, schien ihm das Parlament keine Ursache zu haben, die Vollmacht zur Abwendung von Übeln auch praktisch wahrzunehmen. Als es in den sechziger und wieder in den achtziger Jahren dennoch dazu Anstalten machte, zog Bismarck einen Staatsstreich in Erwägung, der die Wählerbasis und mithin die Zusammensetzung der Kammer verändert hätte. Doch selbst damit hätte er den Glauben nicht verleugnet, daß «das Wesen der konstitutionellen Monarchie ... eben das Zusammenwirken des monarchischen Willens mit der Überzeugung des regierten Volkes» sei.[6] Fast bis ans Ende seiner Laufbahn blieb Bismarck bei der Überzeugung, daß mindestens neun Zehntel des deutschen Volkes monarchistisch gesinnt seien. Die Wähler, deren Stimmen daran zweifeln ließen, waren für ihn von Demagogen verhetzt worden, deren Einfluß es, wenn nötig, durch die Abschaffung des allgemeinen Wahlrechts zu bannen galt.[7]

Bei jedem Konflikt mit dem Parlament sollte nach Bismarcks Vorstellung der Wille des Monarchen den Ausschlag geben. Die Grenze zwischen Monarchie und

Republikanismus wäre seines Erachtens überschritten worden, wenn das Parlament den Monarchen zu etwas nötigen konnte, das er freiwillig nicht tun würde. Doch in Augenblicken heftiger Verärgerung konnte Bismarck sogar die Vorzüge eines republikanischen Regiments würdigen. So hielt er Wilhelms Einwendungen gegen den Zweibund von 1879 für ausschließlich sentimental motiviert, nämlich von der Sympathie für Rußland und der Abneigung gegen Österreich. «Ich kenne weder Haß noch Furcht noch Liebe», hörte damals der Freiherr von Mittnacht ihn sagen: «Vom menschlichen Standpunkt sei das lächerlich, aber Staaten sollen so regiert werden ... Die Erfahrung, wie schwer mitunter die regierenden Herren es ihren Ministerien machen, ihrem Lande zu dienen, könnte den Gedanken nahe legen, Republikaner zu werden; er habe seinen König, der im Jahre 1866 auch von Abdikation gesprochen habe, auf seinen Schultern auf den Kaiserthron getragen, und jetzt wolle der Kaiser alles besser wissen als sein Minister und alles selbst machen.» Der große Fundus an Royalismus und Verehrung für den König, mit dem er sein Amt angetreten habe, sei in ständiger Abnahme begriffen, klagte er.[8]

Das englische parlamentarische System faszinierte Bismarck wie die meisten deutschen Liberalen. Doch hielt er es nicht für übertragbar. «Es ist bis jetzt nicht praktisch bewiesen», schrieb er im Februar 1870, «daß eine parlamentarische Regierung, wie sie sich in England in einer langen und höchst eigentümlichen Geschichte entwickelt hat, sich auch in einem anderen Großstaate einbürgern könne; und es ist jedenfalls ein Irrtum, daß ein ebensolcher Apparat von Wahlen, Abstimmungen und Fraktionen anderswo ebenso gehandhabt werden und auf die Dauer ebensolche Resultate liefern könne wie in England». Nur unter ganz bestimmten Umständen sei diese Möglichkeit vielleicht gegeben: «Wenn das ganze Volk mit dem Wesentlichen der bestehenden Verfassung zufrieden ist, wenn die begütertsten und gebildetsten Klassen sich im alten Besitz eines bestimmten Anteils an der Staatsgewalt befinden und die innerhalb dieser Klassen vorhandenen Parteien hauptsächlich darum kämpfen, welche von ihnen den gemeinsamen Besitz verwalten und die mit der Verwaltung verbundenen Vorteile genießen soll, wenn die Parteiführer das Regieren und die Parteigenossen das Sichschicken gelernt haben: dann kann die parlamentarische Regierung sich so abspielen, wie es nach der von den englischen Zuständen hergenommenen Doktrin geschehen soll». Das sei jedoch selbst in England nicht prinzipiell der Fall: «Es ließe sich leicht nachweisen, daß auch in England, wenn es an einer dieser Voraussetzungen fehlt, nicht die Traditionen der Parteien, die Programme der Kandidaten, die Abstimmungen des Unterhauses, sondern der Wille der Fürsten und der Zwang der Umstände in Verbindung mit der Wucht der Regierungsmaschine den Ausschlag geben und die Bildung der Ministerien bestimmen.»[9]

1885 war Bismarck zu der Überzeugung gelangt, daß sich auch in England das parlamentarische System nicht mehr lange halten würde: «Die monarchische Autorität hat unter der Machtlosigkeit des Königthums im Inneren den Halt im Bewußtsein der Nation verloren, und die an Stelle der Monarchie getretene Aristokratie hat im Verlaufe ihrer Parteikämpfe die Majorität im Parlament verloren, die früher eine ihrer beiden Partheien regelmäßig besaß, und die sie jetzt nur vereint oder im Bunde mit den Radicalen haben können, dann aber mit antimonarchischen Concessionen bezahlen müssen. Das letzte Ende solcher Concessionen ist die Republik, das Ende der Republik aber bei einer großen Nation, nothwendig, der Bürgerkrieg.»[10]

Bismarcks Bewunderung für das englische System – vor der zweiten Reform-Bill – war ungeheuchelt, und er verstand dessen Funktion besser als die meisten anderen deutschen Interpreten. Nichtsdestoweniger neckte er wohl die Abgeordneten, denen er bei einer parlamentarischen Soiree im März 1878 versicherte, daß die parlamentarische Regierung sein «Ideal» sei – mit dem Zusatz, daß eine solche Regierung in Deutschland leider nicht praktikabel sei: «In England sei dieselbe bei zwei großen Parteien möglich, nicht aber bei uns, wo sieben bis acht Parteien existierten, die außerdem in den verschiedenen gesetzgebenden Körperschaften auch verschieden organisiert seien.»[11] Genau zu dieser Zeit arbeitete er bereits an dem Plan, die Nationalliberale Partei zu spalten.

Mitunter äußerte Bismarck den Wunsch nach einer Umgestaltung der Parteienstruktur, der Verschmelzung politischer Fraktionen zu größeren Parteien, die fähig wären, sein Programm zu unterstützen. Doch seine bevorzugte Taktik, sich alternative Majoritäten verfügbar zu halten, sprach dagegen, denn zu deren Erfolg bedurfte er einer Vielzahl nicht nur der Parlamente, sondern auch der dort vertretenen Parteien. Die Vorherrschaft einer einzigen Partei in der preußischen Abgeordnetenkammer während der Jahre 1862–1866 hatte diese Taktik vereitelt und ihn vor die schwierigste innenpolitische Herausforderung seiner gesamten Laufbahn gestellt. Die Pflicht der Regierung, wie Bismarck sie verstand, bestand in der Schaffung einer Majorität für ihre Politik im Parlament.[12] «Wir ziehen, meine Herren, nach Möglichkeit die Diagonale der Kräfte, die tatsächlich vorhanden sind; wird die eine Kraft größer, dann bekommt die Diagonale eine andere Richtung», erklärte er 1870 den Abgeordneten.[13] Nur die Parteien, die sich an der Regierungsmehrheit beteiligten, konnten hoffen, deren Politik zu beeinflussen. Versuchen, die Regierung in einer wichtigen Angelegenheit zu nötigen, wurde mit Manövern zur Herstellung einer anderen Mehrheit begegnet. Den Kompromiß bezeichnete Bismarck gern als das Wesen einer konstitutionellen Regierung. Doch in wichtigen Angelegenheiten fand er nur Kompromisse akzeptabel, bei denen er lediglich Scheinzugeständnisse zu machen brauchte, ohne in der Substanz etwas preisgeben zu müssen.

Bismarck war einer der besten Parlamentsredner seiner Zeit, obwohl er Rhetorik verachtete und Rednern, die mit dieser Kunst glänzten, mißtraute.[14] Bei seinem Erscheinen verbreitete sich stets gespannte Erwartung in der Kammer. Wenn er einen Krug Bier bestellte, wußten die Abgeordneten, daß er sich zu reden anschickte. Sobald sich die Nachricht verbreitete, kehrten die Abwesenden aus den Sitzungszimmern und Wandelgängen in die Kammer zurück und nahmen ihre Sitze ein.[15] Sie hörten dann eine dünne, hohe Stimme, die in seltsamem Gegensatz zu der massigen Gestalt und dem Löwenhaupt des Redners stand. Er suchte nach Worten, die er stoßweise in abgerissenen Sätzen hervorbrachte, wobei er jedoch selten sein Ziel verfehlte. Er war oft witzig, nicht selten sardonisch und sarkastisch, aber fast niemals langweilig.

Hinter den Kulissen war Bismarck gewöhnlich im Interesse seines legislativen Programms aktiv – wenn er nicht gerade aus Berlin abwesend war –, bei privaten Unterredungen mit wichtigen Abgeordneten machte er Überredungskunst, Druck oder Drohungen geltend, je nachdem, was die gegebene Lage erforderte. Hervorragende Angehörige des Parlaments wurden zu Diners in der Reichskanzlei eingeladen. Wenn seine Gesundheit ihm das gestattete, empfing er dort einmal wöchentlich, solange die Session andauerte. Seine Gäste bei diesen Soireen lernten ihn als freundlichen und rücksichtsvollen Gastgeber kennen, stets war der Tisch reich gedeckt mit Speisen, Weinen und dem besten Münchener Bier. Über die Größe und Zusammensetzung des Besucherkreises – die Zahl variierte zwischen fünfundzwanzig und fünfhundert – und über das, was er bei diesen Gelegenheiten zu wem sagte, wurde gewöhnlich in der Tagespresse berichtet, und diese Berichte wurden als politisches Barometer gelesen. Das Erscheinen der elsässischen Autonomisten im März 1877 kündigte so die Verhandlungen über die Autonomie des Reichslands an, das der Zentrumsabgeordneten im Mai 1879 das nahende Ende des Kulturkampfes.[16] In den frühen Jahren kam es an diesen Abenden zu echtem Meinungsaustausch zwischen ihm und seinen Gästen, doch mit der Zeit wichen die Zwiegespräche dem Monolog, in welchem der Hausherr seine Meinungen vortrug, sich in Erinnerungen erging und Anekdoten erzählte. Wo immer er stand oder saß, war er von einer Korona von Abgeordneten umgeben, die jedes Wort zu erhaschen trachteten, das der große Mann etwa äußern mochte. Hielt er sich in einem Raum länger auf, leerten sich alsbald die anderen. Da er sich gewöhnlich nirgends lange aufhielt, waren die Abgeordneten in ständiger Bewegung, entweder, um seinen Spuren zu folgen, oder beeilt, ihm bei seinem nächsten Ziel zuvorzukommen: «Alles wollte sich in seiner Sonne wärmen».[17]

Honoratiorenpolitik in der Frühzeit des Reichs

Die Zersplitterung der deutschen politischen Parteien während der Bismarck-Ära spiegelte teilweise die Spaltung der deutschen Gesellschaft dieser Zeit. Dennoch kennt die Geschichte der modernen Politik viele Fälle, in denen – trotz starker innerer Spannungen – Parteien durch gemeinsame Ideologie, die Macht der Tradition, Kompromißfähigkeit der Fraktionen und die Notwendigkeit des politischen Wettbewerbs zusammengehalten worden sind. In Deutschland waren diese zentripetalen Kräfte nicht stark genug, um dem Druck standzuhalten, der von Bismarcks außenpolitischen Erfolgen erzeugt und zu innenpolitischen Zwecken von ihm angewandt wurde. Wie wir bereits sahen, spalteten sich infolge des

Bismarck (Mitte links) im Reichstag, 1889

Bismarck im Gespräch mit Abgeordneten, 1889

preußischen Sieges von 1866, infolge der Erhebung der nationalen Sache zum preußischen Anliegen, infolge des Indemnitäts-Gesetzes und des Entwurfs der Bundesverfassung von 1867 sowohl die Konservativen als auch die liberale Partei.[18] Der Sieg über Frankreich und die Vollendung der Einigung Deutschlands waren der Anlaß zur Gründung der Zentrumspartei, in der sich die Katholiken politisch organisierten, um in dem nun überwiegend protestantischen Staat ihre Interessen zu schützen.

Allerdings beendeten die Spaltungen der Jahre 1866–1867 die Tradition einer einzigen liberalen und einer einzigen konservativen Partei zunächst noch nicht.[19] In den frühen Jahren des Reichs hatte im deutschen politischen Sprachgebrauch der Begriff der «Partei» eine doppelte Bedeutung. Im weiteren Sinn verstand man unter «Parteien» die liberale und die konservative Bewegung in ihrer Gesamtheit. Im engeren Sinne galten als «Parteien» aber zugleich die verschiedenen Fraktionen, in welche die Bewegungen sich im Reichstag und in den anderen Parlamenten gespalten hatten. Im Parlament waren also «Partei» und «Fraktion» Bezeichnungen für ein und dieselbe Sache (wie auch in diesem Buch). Bei den Wahlen jedoch kandidierten die Vertreter der Parteien gewöhnlich als «Konservative» oder «Liberale», nicht als «preußische Konservative», «Freikonservative», «Nationalliberale» oder Vertreter der «Fortschrittspartei». Einstweilen verfügten weder die Parteien im weiteren Sinn noch die parlamentarischen Fraktionen derselben über eine bis in ihre Wählerbasis herabreichende Parteiorganisation. Während die Partei auf einer gemeinsamen Ideologie ihrer Anhänger beruhte, einem Komplex von Vorstellungen und Gefühlen, definierten die Fraktionen ihre Existenz programmatisch mit einem «Gründungsmanifest» und nahmen mit «Wahlmanifesten», die von einem Zentralkomitee aufgesetzt wurden, Stellung zu den jeweils aktuell wichtigsten politischen Fragen. Kandidaten wurden von örtlichen Kommissionen aufgestellt oder in politisch fortgeschritteneren Bezirken von Wahlvereinen, die stets aus angesehenen Bürgern entweder konservativer oder liberaler politischer Orientierung bestanden. Je nachdem, welcher der im Parlament vertretenen Fraktionen die in den örtlichen Klubs und Vereinen tonangebenden Sympathisanten der konservativen oder liberalen Richtung zuneigten, stellten sie dann Kandidaten auf, von denen erwartet werden durfte, daß sie sich, wenn sie gewählt wurden, im Parlament der betreffenden Fraktion anschließen würden.

Dieses Arrangements wegen kam es selten vor, daß Kandidaten der Konservativen und der Freien Konservativen sich um den gleichen Parlamentssitz bewarben, und die beiden liberalen Parteien stellten nur in den größeren Städten Kandidaten gegeneinander auf. (Bei den Reichstagswahlen von 1871 gab es in 13 Wahlkreisen nur einen einzigen Kandidaten, in 221 Wahlkreisen nur deren zwei.)[20] Erst beim Eintritt in die Kammer entschied der neugewählte Abgeordnete, in welcher der dort vertretenen Fraktionen er seine konservativen oder liberalen Überzeugungen am ehesten zur Geltung bringen konnte. Da die politische Basis des Abgeordneten die örtliche Kommission oder der örtliche Verein war,

war Fraktionsdisziplin schwer zu wahren. Die Führung lag bei einem Ausschuß, nicht bei einem Individuum, wenn auch in jeder Fraktion ein oder zwei Angehörige – wegen ihrer persönlichen Qualitäten, Rednergabe oder politischen Klugheit – als deren Hauptsprecher angesehen wurden.

Während der frühen Jahre des Reichs waren die Liberalen ebenso wie die Konservativen noch «Honoratiorenparteien», keine «Massenparteien». Die gewählten Vertreter dieser Parteien waren wie die Angehörigen der Ortsausschüsse oder Vereine, die sie als Kandidaten aufgestellt hatten, Männer regionaler oder nationaler Prominenz, höhere Beamte, Großgrundbesitzer, Fabrikanten, Professoren. Der Typus der «Honoratiorenpartei» entsprach noch der ständischen Gesellschaft, in welcher der Anspruch auf und die Pflicht zur politischen Führung einer anerkannten Elite zukam. Wahlkampf wurde kaum geführt – in den ländlichen Gebieten des Nordostens, wo sich die Konservativen der unbestrittenen Herrschaft erfreuten, gab es so gut wie keine Veranlassung dazu. Doch auch führende Nationalliberale wie Rudolf Bennigsen zeigten sich, wenn Wahlen bevorstanden, nur selten in ihren Wahlkreisen. Ihr Anspruch auf politische Führung beruhte nicht auf ihrem «Agitationsgeschick», sondern auf der ihrer gesellschaftlichen Stellung schuldigen Achtung. Die Bemühungen der Nationalliberalen um Erweiterung ihrer Wählerbasis waren nicht darauf gerichtet, die erst kürzlich mit dem Wahlrecht bedachte Unterschicht für die liberale Sache zu gewinnen, sondern galten allein dem Mittelstand, der von vielen noch immer als der einzig zu verständigem politischem Urteil befähigte Teil der bürgerlichen Gesellschaft angesehen wurde.[21] Aus der Sicht der «Honoratioren» stand der Abgeordnete wie der Kabinettsminister über bloßer Interessenpolitik. Man wählte ihn eben wegen seiner Unabhängigkeit, die es ihm gestatten sollte, dem Gemeinwohl zu dienen, ohne dabei Kompromisse mit Sonderinteressen eingehen zu müssen. Er lebte, nach Max Webers Worten, «für die Politik», nicht «von der Politik».[22] Das sollte er auch nach Bismarcks Überzeugung, was dessen Unwillen, ja Zorn angesichts von «Parteipartikularismus» erklärt.

Natürlich war zu jener Zeit nicht allein in Deutschland die politische Klasse elitär. Die politischen Parteien in Frankreich und England waren den deutschen in dieser Hinsicht ganz ähnlich und sollten sich dann auch auf ganz ähnliche Weise zu Massenparteien entwickeln. In Deutschland wurde der elitäre Charakter der politischen Führungsschicht freilich noch bestärkt durch das (erst 1906 aufgehobene) Verbot der Verfassung, die Abgeordneten für ihre parlamentarische Tätigkeit finanziell zu entschädigen. Im Gegensatz zu den Angehörigen der preußischen Abgeordnetenkammer, die Diäten erhielten (in Höhe von drei, nach 1873 fünf Talern), mußten die Abgeordneten des Reichstags sich während der vielen Monate, die sie während der Sessionen in Berlin zubrachten, aus eigenen Mitteln erhalten. Wiederholt nahm der Reichstag ein Gesetz an, das Diäten auch für Reichstagsabgeordnete bestimmte, es trat jedoch nie in Kraft, weil der Bundesrat es jedesmal ablehnte. Bismarck widersetzte sich entschieden jeder finanziellen Entschädigung für die Abgeordneten (nur die kostenlose An- und Abreise mit der

Eisenbahn wurde ihnen 1873 gewährt, doch auch dieses Privileg verloren sie ein Jahrzehnt später wieder). Er hoffte auf diese Weise Berufspolitiker und radikale Vertreter der Arbeiterklasse vom Parlament fernhalten zu können. Das gelang ihm jedoch nicht. Viele Abgeordnete, die aus der Politik ihren Beruf machten, verdienten ihren Lebensunterhalt durch Tätigkeiten, die leicht mit diesem Beruf zu vereinbaren waren, als Journalisten, Lobbyisten und Parteibeamte. Radikale Abgeordnete, die nur über bescheidene eigene Mittel verfügten, wurden von ihrer Partei unterstützt.[23]

Ein weiterer Faktor, der die Zusammensetzung des Reichstags und der preußischen Abgeordnetenkammer beeinflußte, war das unveränderte Fortbestehen der anfänglich getroffenen Einteilung der Wahlkreise. So waren bald in beiden Parlamenten die ländlichen Gebiete überrepräsentiert, die Städte unterrepräsentiert. Nach der Verfassung von 1871 repräsentierte der Reichstag die gesamte (männliche) Bevölkerung, seine Angehörigen wurden in allgemeinen, direkten und geheimen Wahlen (von Männern) gewählt und waren nicht an spezifische Instruktionen oder Aufträge ihrer Wähler gebunden. Die Wahlkreise waren vom Staat entsprechend der Bevölkerung eingeteilt, so daß normalerweise 100 000 Bewohner je einen Abgeordneten in den Reichstag entsenden sollten. Kleine Fürstentümer, deren Einwohnerzahl niedriger war, erhielten dennoch einen Wahlkreis. Die dem Wachstum der Bevölkerung entsprechende periodische Vergrößerung des Reichstags sollte (der Verfassung von 1871 entsprechend) zukünftig gesetzlich geregelt werden. Das geschah jedoch nicht, und infolgedessen repräsentierte bald der Reichstag die «gesamte Bevölkerung» nicht mehr proportional, sondern nur noch symbolisch.[24] Die erste Reichstagswahl in ganz Deutschland, die im März 1871 abgehalten wurde, hätte als nationales Plebiszit stattfinden sollen, doch wählten tatsächlich nur 52 Prozent der Stimmberechtigten. Bei späteren Wahlen zum Reichstag lag die Wahlbeteiligung gewöhnlich etwas über 60 Prozent (nur 1881 sank sie auf 56,3 Prozent), um erst 1887 auf 77,5 Prozent anzusteigen. Das preußische Wahlrecht war wesentlich restriktiver als das deutsche: ein Dreiklassenwahlrecht mit indirekten Wahlen bei mündlicher Abstimmung in Wahlkreisen, die seit ihrer Festsetzung im Jahre 1849 nicht mehr entsprechend den demographischen Veränderungen revidiert worden waren. Die Ungleichheit ihrer Stimmen, die Langwierigkeit der mündlichen Stimmabgabe und die Mißlichkeit, die darin lag, mündlich und offen gegen Arbeitgeber und Gutsherren stimmen zu müssen, wenn man deren Auffassungen nicht teilte, hielt bei Wahlen zur preußischen Abgeordnetenkammer die Mehrzahl der Stimmberechtigten der Unterschicht von den Wahllokalen fern. 1866 gaben nur 27,6 Prozent der Stimmberechtigten der 1. Klasse (mit geringem Einkommen) ihre Stimmen ab, dagegen 47,5 Prozent derjenigen der 2. Klasse (mit mittleren Einkommen) und 60,4 Prozent der 3. Klasse (mit hohem Einkommen). Die auf diesem Wege konstituierten Wahlmännergremien wählten dann die Abgeordneten mit Stimmenmehrheit, in einem Verfahren also, das die Aussichten linksliberaler und sozialistischer Kandidaten, ins Parlament zu gelangen, noch weiter verschlechterte.[25]

Der Fortbestand einer den Realitäten nicht mehr entsprechenden Einteilung der Wahlkreise und die Verweigerung von Abgeordnetendiäten erhielten die Voraussetzungen einer Honoratiorenpolitik im Parlament zwar länger aufrecht, als sie in der Gesellschaft bestanden, aber die Dynamik des sozialen Wandels brachte dann schließlich doch eine neue Art der Politik hervor. Industrialisierung, Verstädterung und Landflucht hatten die Auflösung der Geflechte alter sozialer, wirtschaftlicher und psychischer Bindungen zur Folge.[26] Neue Bindungen wurden eingegangen, die den veränderten Bedürfnissen der Wähler besser entsprachen. Gleichzeitig bereiteten demographische Konzentration, beschleunigte Kommunikation, Massenerziehung und Massenjournalismus neuen Formen der politischen Agitation den Boden. Einzelne weitsichtige Beobachter (insbesondere Hermann Wagener auf seiten der Konservativen und Hermann Schulze-Delitzsch bei den Liberalen) versuchten zwar bereits – ohne großen Erfolg – ihre Parteifreunde von der Notwendigkeit zu überzeugen, die Unterschicht durch die Wahrnehmung von deren materiellen Interessen zu politisieren und für die je eigene Partei zu gewinnen. Doch erst nachdem das Zentrum und die Sozialdemokratische Partei sich gebildet und den Angriffen Bismarcks und der älteren Parteien standgehalten hatten, begriff man angesichts dieser ersten echten Massenparteien, daß das allgemeine (männliche) Wahlrecht und der soziale Wandel eine neue Art der Politik erforderlich machten.

Den Berufsstatistiken ist zu entnehmen, daß während der siebziger Jahre die wichtigsten deutschen gewählten Körperschaften noch von den alten agrarischen und bürokratischen Eliten beherrscht wurden, ungeachtet der Annexionen, der Vereinigung und der Industrialisierung. Von den 484 Angehörigen der preußischen Abgeordnetenkammer während der Jahre 1870–1873 waren 170 (35 Prozent) Staatsbeamte, unter diesen 76 Angehörige des Justizwesens, 129 (26,7 Prozent) waren Grundbesitzer (der Umfang ihres Besitzes und ob sie diesen selbst bewirtschafteten oder nicht, ist der Statistik nicht zu entnehmen). Überdies gehörten der Kammer 19 pensionierte Staatsbeamte an (4 Prozent) sowie 6 Armeeoffiziere, 30 Kommunalbeamte (6,2 Prozent), 21 Lehrer (4,3 Prozent) und 21 Geistliche (unter diesen 17 katholische Priester). Weiter gehörten der Kammer 34 (7 Prozent) Geschäftsleute und Rentiers (Leute, die von Pachterträgen oder Zinsen lebten), 21 Rechtsanwälte (4,3 Prozent), 8 Journalisten und 3 Ärzte an. 151 Angehörige der Kammer waren adelig (31,2 Prozent), unter diesen 21 Freiherrn, 19 Grafen und zwei Fürsten. Drei Angehörige der Kammer bezeichneten sich selbst als «unabhängige Arbeiter».[27] Von den 384 Abgeordneten des ersten Deutschen Reichstags (1871–1873) waren 97 (25,3 Prozent) Staatsbeamte, unter diesen 45 Justizbeamte, 104 (27,1 Prozent) waren Grundbesitzer, davon 80 Großgrundbesitzer, 22 Gutsbesitzer und zwei Kleinbauern. 20 pensionierte Staatsbeamte und Heeresoffiziere (5,2 Prozent) waren Angehörige des Reichstags, 11 (2,9 Prozent) waren Kommunalbeamte, 29 (7,5 Prozent) waren Lehrer, 13 (3,4 Prozent) Geistliche. In den Reichstag gewählt wurden überdies 45 (11,7 Prozent) Rechtsanwälte und 30 (7,8 Prozent) Geschäftsleute, von denen 17 Kaufleute und 13 Industrielle waren. Nur einer der 384 Abgeordneten des ersten Deutschen Reichstags war Handwerker, und nicht ein einziger Fabrikarbeiter saß in diesem ersten Deutschen Parlament.[28]

Bei den preußischen Wahlen im November 1870 erlitten die Parteien der Rechten geringfügige Verluste, die Konservativen, die 1867 noch 125 Mandate gewonnen hatten, brachten es diesmal nur auf deren 114; die Freikonservativen fielen von 48 Mandaten auf 41 zurück, die Altliberalen verloren von 15 Mandaten 4. Dagegen kamen die Nationalliberalen von 99 Mandaten auf 123, die Fortschrittspartei von 48 auf 49. Der Reichstag, zu dem wegen des Krieges erst im März 1871 gewählt wurde, war wegen des Eintritts der süddeutschen Staaten in das Reich größer (statt 297 hatte er 384 Sitze). Auch hier hatten die beiden rechten Parteien Verluste, die Konservativen fielen von 64 Mandaten auf nur 57, während die Freikonservativen nur 3 Mandate gewannen und von 34 auf 37 kamen. Den größten Gewinn von der Erweiterung des Parlaments hatten die Nationalliberalen, die von 78 auf 125 Mandate kamen, und die Fortschrittspartei, die 17 neue Mandate gewann (von 29 auf 46). Die Stelle der erloschenen Altliberalen Fraktion wurde von der neuen und kurzlebigen Liberalen Reichspartei eingenommen, der etwa 30 Abgeordnete angehörten, meist Staatsmänner der kleineren Staaten. Bei beiden Wahlen trat zum ersten Mal eine neue katholische Partei an, das Zentrum, das in der Abgeordnetenkammer von 58 Abgeordneten, im Reichstag von 61 vertreten wurde.[29]

Die Mehrzahl der Abgeordneten, die sich als Staatsbeamte und Gutsbesitzer bezeichneten, gehörte der Konservativen und Freikonservativen Partei an, in denen sie die überwältigende Mehrheit bildeten. Obwohl sie sich in ihrer Haltung und Einstellung zu der von Bismarck ins Werk gesetzten Revolution unterschieden, waren beide Parteien der alten preußischen Führungsschicht eng verbunden – der Monarchie, der Armee, der Bürokratie, der protestantischen Kirche –, und beide vertraten die Interessen des landbesitzenden Adels. Die Nationalliberale Partei, die allgemein als die politische Vertretung der Großunternehmer angesehen wurde, schickte Abgeordnete der verschiedensten Berufe ins Parlament – Gutsbesitzer, Beamte, Richter, Kommunalbeamte, Professoren, Rechtsanwälte, Geschäftsleute. Jede dieser Gruppen war im Vergleich zur Gesamtstärke der Partei nur verhältnismäßig schwach vertreten. 1871–1873 hatte die nationalliberale Reichstagsfraktion zum Beispiel nur 15 Angehörige, die sich als Geschäftsleute bezeichneten (3 Industrielle, 2 Bankiers, 6 Kaufleute, 2 Versicherer, 1 Reeder und 1 Verleger), während ihr andererseits 16 Richter, 17 Rechtsanwälte und 5 Schriftsteller angehörten. Die Reichstagsfraktion der Fortschrittspartei, die oft als Vorkämpferin für die Interessen des Handels und der Leichtindustrie eingeschätzt wird, zählte 3 Kaufleute, 2 Fabrikbesitzer und einen Eisenbahndirektor, aber 9 Professoren, 7 Gutsbesitzer, 7 Rechtsanwälte, 4 Kommunalbeamte, 4 Juristen und 3 Schriftsteller. Die erste Reichstagsfraktion des Zentrums bestand, wie das bei einer Partei zu erwarten war, die sich hauptsächlich zur Verteidigung katholischer Interessen konstituiert hatte, aus Angehörigen der verschiedensten Berufsgruppen. Am stärksten vertreten waren in ihr Gutsbesitzer (Besitzer großer und kleiner Güter in fast gleicher Zahl) – 17 insgesamt; sowie Priester (12), Rechtsanwälte (9), Beamte (9, von denen 5 schon pensioniert waren) und Richter (12, davon 4 im Ruhestand).[30]

Auf Grund der Berufe der Abgeordneten kann man kaum erklären, weshalb so viele der während der Periode von 1867–1878 verabschiedeten Gesetze die Interessen und das Wachstum des Industriekapitalismus beförderten. Der Einsatz der Abgeordneten, namentlich der Nationalliberalen Partei, für die Interessen des Unternehmertums ist in der neueren historischen Literatur zwar wohl überschätzt worden.[31] Zu berücksichtigen ist andererseits aber zweifellos auch, daß die angegebenen Berufe die Betreffenden zwar in der sozialen Stellung zeigten, die sie einnahmen und in der sie gesehen werden wollten, doch in manchen Fällen vielleicht wenig unmittelbaren Bezug zu den Geschäften hatten, mit denen die vorgeblichen Gutsbesitzer, Rechtsanwälte oder Schriftsteller ihr Vermögen erwarben, obwohl das meist natürlich nicht nachzuweisen sein wird.[32] Auch ist der Angabe «Fabrikbesitzer» nicht zu entnehmen, wieviel Kapital der Betreffende investiert hatte und welche finanziellen und anderweitigen Verpflichtungen für ihn daraus folgten. Nach dem Krach von 1873 begann die durch Enthüllungen in der Presse mißtrauisch gewordene Öffentlichkeit zu registrieren, daß die Namen von gewissen Abgeordneten, zumal solchen mit hohen Titeln, unter denen der Gründer und Vorstände von Aktiengesellschaften mit verdächtiger Häufigkeit wiederkehrten. Einer freilich voreingenommenen Quelle zufolge waren 62 Angehörige des preußischen Herrenhauses, 90 Angehörige der Abgeordnetenkammer sowie 105 Angehörige des Reichstags in unterschiedlichem Maße in den Gründerschwindel der frühen siebziger Jahre verwickelt.[33]

Andererseits darf man wohl nicht automatisch annehmen, daß Abgeordnete, die als Bankiers, Industrielle, Kaufleute oder Gutsbesitzer im Parlament saßen, dort ausschließlich ihre speziellen wirtschaftlichen Interessen vertraten.[34] Wenngleich deren Votum zur Gesetzgebung in Steuerfragen und in anderen Wirtschaftsangelegenheiten zweifellos diese Interessen berücksichtigte, so darf doch nicht vergessen werden, daß die Mehrzahl der wichtigen Gesetzesvorlagen, die in jenen Jahren in der preußischen Abgeordnetenkammer und im Reichstag debattiert wurden, sich nicht auf Wirtschaftsangelegenheiten bezogen. Man erinnere sich etwa der langen Debatten über die Todesstrafe 1870 im Reichstag oder denke an die Kulturkampfgesetze, die während des folgenden Jahrzehnts sowohl in der Abgeordnetenkammer als auch im Reichstag zur Entscheidung standen. Auch die Tradition, daß Abgeordnete nicht als Vertreter von Interessengruppen, sondern der Nation ins Parlament eintreten sollten, wird ihre Wirkung auf das Abstimmungsverhalten der gewählten Vertreter des deutschen Volkes wohl nicht gänzlich verfehlt haben. Bei der Berücksichtigung dieser Tradition waren die Abgeordneten gewiß nicht freier von Heuchelei und Selbstbetrug, als das bei Menschen auch sonst üblich ist. Es gab zahllose Anhänger der Freikonservativen, der Nationalliberalen wie der Fortschrittspartei, die – egal welchem Beruf sie außerhalb des Parlaments nachgingen – von der durch die Industrialisierung bewirkten Modernisierung der Welt begeistert waren und gutgläubig annahmen, daß, was gut für das Geschäft, auch gut für Deutschland sein würde. Nach der Überzeugung der meisten von ihnen dienten die nationale Einigung Deutschlands, der materielle Fortschritt und die Anwendung der Laissez-faire-Doktrin nicht allein materiellen, sondern auch sittlichen Zwecken. Idealismus und Eigennutz schließen einander nicht immer aus, und Politiker sind am glücklichsten, wenn es sich für sie lohnt, idealistisch zu sein.

Die Dynamik der Parteipolitik

Die Erklärung politischen Verhaltens allein aus den materiellen Interessen läßt überdies die Dynamik des Machtkampfes in einem parlamentarischen System unberücksichtigt. In einem Mehrparteiensystem wirken auf das Verhalten der Parteien neben dem mutmaßlichen Wählerauftrag noch viele andere Faktoren ein: die relative Größe und Stellung im politischen Spektrum; das Geschick, Kompromisse auszuhandeln; Wahlverabredungen mit anderen Parteien; der Hunger nach Beteiligung an einer siegreichen Koalition; und die Suche nach einer haltbaren Mehrheit, mit der kurze Krisen um langfristiger Gewinne willen zu überstehen sind. Eine Verfassung, die Gewaltenteilung vorsieht, entbindet zudem weder die Regierung noch die Parteien von der Sorge um das gegenseitige Verhältnis. Der Wunsch, den Kontakt mit der Regierung aufrechtzuerhalten oder herzustellen, kann das Verhalten einer Partei stark beeinflussen. Man beachte etwa, wie die Teilnehmer an dem Kampf um das Zollgesetz von 1879 ihre Handlungsweise erklärten. Der Zentrumsabgeordnete Georg Freiherr von Franckenstein, welcher den Kompromiß fand, der die Annahme des Gesetzes ermöglichte, sagte später in einer Wählerversammlung ganz offen, «daß es sich bei seinem Antrage um eine Machtfrage gehandelt, und daß das Centrum sich mit den Conservativen einfach zu dem Zwecke verbunden habe, die nationalliberale Partei definitiv von ihrer Verbindung mit der Regierung abzudrängen und ihr so ihren bisherigen Einfluß zu entreißen ... Von zwei unvermeidlichen Übeln das Kleinere zu wählen, sei ja nicht anders gehandelt, als wie es die Cardinaltugend der christlichen Klugheit erheische.»[35] Eduard Lasker andererseits war überzeugt, daß die Mitglieder der nationalliberalen Fraktion im Reichstag den Widerstand gegen das Gesetz «lediglich aus taktischen Erwägungen» aufgegeben hatten, «weil die augenblickliche Strömung im Volke der angedeuteten Richtung günstig war und durch den mächtigen Einfluß des Fürsten Bismarck außerordentlich verstärkt wurde, und weil die Partei des Zentrums zu einer Verbindung mit der Regierung bereit, dadurch die Mehrheit gesichert, das Verharren in der Minderheit aber unter solchen Umständen im Parteiinteresse nicht ratsam schien. Dieselben Erwägungen, fürchte ich, werden zu einem gleichen Verfahren führen, so oft Fürst Bismarck in irgendeinem anderen Zweige der Politik auf dieselbe Weise das Spiel der Parteien in Bewegung setzen wird.»[36]

Von 1867 an hatten die Nationalliberalen während eines ganzen Jahrzehnts im Reichstag eine Schlüsselstellung inne, die sie nicht ihrer zahlenmäßigen Überlegenheit, sondern ihrer Position innerhalb der politischen Kräftekonstellation der Kammer verdankten. Die Mitte zwischen den gegnerischen Seiten der Kammer einnehmend, konnte die nationalliberale Fraktion für Mehrheiten sorgen, indem sie entweder mit der Linken oder mit der Rechten stimmte. Nur vier der ursprünglich vierundzwanzig Schismatiker, die sich im September 1866 von der Fortschrittspartei getrennt hatten, gehörten nach 1871 dem Reichstag noch an, wie auch einige wenige ehemalige Angehörige der Fortschrittspartei, die sich ihnen im folgenden Jahr zur Gründung der Nationalliberalen Partei angeschlossen hatten. Die Partei bestand nun größtenteils aus Abgeordneten, die am Verfassungskonflikt nicht teilgenommen hatten, Altliberalen, die bis 1870 eine eigene Fraktion gebildet hatten, und Neulingen aus den 1866 von Preußen annektierten Gebieten und aus den kleineren Staaten nördlich und südlich des Mains. Dieser Zufluß hatte auf Kosten des linken den rechten Flügel der Partei erheblich gestärkt.[37] Nach dem Abschied Karl Twestens von der Politik im Juli 1870 («mit einem zerbrochenen Arm, Verlust von Amt und Einkommen, gänzlich zerrütteter Gesundheit – ohne irgend etwas gewirkt und erreicht zu haben»[38]) wurde die Führung der Partei von Eduard Lasker übernommen. Lasker war ein Rechtsanwalt und Journalist, der seinen scharfen Intellekt und seine unerschöpfliche Energie von ganzem Herzen an die Politik wandte. Er war einer der fähigsten und gefürchtetsten Redner im Parlament. Weitere prominente Angehörige der Linken waren Max von Forckenbeck (Bürgermeister von Breslau, später von Berlin), Franz Schenk von Stauffenberg (ein bayerischer Gutsbesitzer), Hans Victor von Unruh (Eisenbahnunternehmer) und Ludwig Bamberger (Bankier und Journalist). Die wichtigsten Persönlichkeiten des rechten Flügels waren zwei ehemalige Führer des alten Nationalvereins, Rudolf von Bennigsen und Johannes Miquel, beide hannoversche Neupreußen. Bennigsen war Gutsbesitzer aus altem niedersächsischen Adel, hatte in Hannover (vor dessen Annexion) als Richter im Staatsdienst gestanden und war dann, seiner politischen Prominenz wegen, an der Gründung der Hannover-Altenbekener-Bahn beteiligt worden, einer der Gesellschaften des Eisenbahnkönigs Bethel Henry Strousberg, die beim Zusammenbruch von dessen Imperium 1874 in Konkurs ging. Für Miquel erwies sich die Politik als gutes Geschäft. Als niedergelassener Anwalt in Göttingen begann er seine politische Laufbahn in der hannoverschen zweiten Kammer, war wiederholt Oberbürgermeister von Osnabrück, später auch von Frankfurt, trat 1869 als juristischer Beirat in die Direktion der Disconto-Gesellschaft ein und war dann an vielen von deren Geschäften beteiligt, einschließlich der Gründung neuer Eisenbahn- und Bankgesellschaften. Andere hervorragende Angehörige des rechten Flügels waren Wilhelm Wehrenpfennig (Journalist und nach 1879 Rat im preußischen Kultusministerium), Eduard Stephani (Anwalt und später Stadtverordneter in Leipzig) sowie Karl Braun (Anwalt in Wiesbaden, Schriftsteller, Journalist und Geschäftsmann).[39]

Während der Zeit des Norddeutschen Bundes verfolgten der rechte und der linke Flügel der Nationalliberalen Partei im wesentlichen dieselben Absichten und handelten deshalb, trotz gelegentlicher Konflikte über die zu verfolgende Taktik und die nächstgelegenen Ziele, gemeinsam. Miquel drängte nicht weniger entschlossen als Lasker auf die «Entwicklung» der Verfassung. Bennigsen dagegen war durch sein Temperament zur Mäßigung disponiert. Seine Fähigkeit, bei geduldigen Verhandlungen tragfähige Kompromisse zu erzielen, verschaffte ihm eine beherrschende Stellung in der Mitte der Partei. Trotz der sehr unterschiedlichen Herkunft der beiden kam es nach 1870 zwischen dem protestantischen Edelmann Bennigsen und dem jüdischen Bürger Lasker zu einer engen Zusammenarbeit. Die Ideale des Liberalismus und Nationalismus hatten sie gemeinsam, wenngleich sie diese unterschiedlich gewichteten. Bennigsen war der «Idealist des Nationalstaats», Lasker der «Idealist des Rechtsstaats»: «Sie repräsentierten noch einmal die beiden Seiten des alten Doppelideals: Einheit und Freiheit der Nation». Die beiden Flügel der Nationalliberalen Partei spiegelten einmal mehr die konfligierenden Ansprüche der Hegelschen und humanistischen Traditionen der deutschen idealistischen Philosophie. Der rechte Flügel sah die beste Gewähr für Freiheit und kulturellen Fortschritt in der Macht und Unabhängigkeit des Staates; der linke Flügel dagegen in der bürgerlichen Freiheit und der Macht des Parlaments.[40] Paradoxerweise verdankte die Nationalliberale Partei eben dieser inneren Gespaltenheit, an der sie schließlich zerbrechen sollte, die Beherrschung des Angelpunkts im Parlament, denn sie gestattete es den Liberalen des linken Flügels, wenn nötig, mit den Fortschrittlern zu stimmen, während sich der rechte Flügel bei Bedarf mit den Freikonservativen und der Liberalen Reichspartei verbünden konnte.

Die Fortschrittspartei blieb im Geiste den Idealen treu, für die sie während des Verfassungskonflikts gekämpft hatte und welche die Liberalen ihrer Meinung nach mit der Annahme des Indemnitäts-Gesetzes und der Verfassung von 1867 verraten hatten. Über die Hälfte der in den Reichstag von 1871 gewählten Abgeordneten der Fortschrittspartei waren Preußen, viele von ihnen Veteranen der Konfliktjahre. Die Partei gewann stets die sechs Mandate Berlins und vier in dem ostpreußischen Wahlkreis Gumbinnen, aus dem die Partei ursprünglich hervorgegangen war. Einer der ostpreußischen Abgeordneten war Leopold Freiherr von Hoverbeck, Gutsbesitzer und Richter, der bis zu seinem Tode 1875 die beherrschende Gestalt der Partei blieb. Hoverbeck blieb bis zuletzt der schon zu Beginn seiner politischen Laufbahn erklärten Überzeugung treu, daß es besser sei, nichts zu tun, als das Falsche zu tun. Er glaubte, daß die Nationalliberalen sich von Bismarck willig benutzen ließen, der schließlich wieder auf konservativen Kurs gehen werde. Doch vermied er den Abbruch der Beziehungen zur Nationalliberalen Partei. Sein Tod und die Fahnenflucht Wilhelm Löwe-Kalbes (eines Arztes, der in die Schwerindustrie eingeheiratet hatte) schwächten gegen Ende der siebziger Jahre den gemäßigten Flügel der Fortschrittspartei. Die Führung der «entschiedenen Liberalen», wie sie sich nannten, übernahmen nun Albert Hänel

(Staatsrechtslehrer in Kiel) und Eugen Richter (Journalist). Der Radikalere von beiden war Richter, und sein persönliches Ansehen in der Partei gestattete ihm schließlich, ein fast diktatorisches Regiment zu führen. Unter seiner Führung nahm die Fortschrittspartei im Dezember 1876 ein Programm an, das die Einführung einer parlamentarischen Regierung verlangte, die extremste Forderung, die je von einer der größeren politischen Parteien erhoben wurde. Richters strenge Prüfung des Budgets und anderer fiskalischer Gesetze auf der Suche nach versteckten Ausgaben und irregulären Prozeduren wurde legendär.[41]

Die Freikonservativen waren zwar gewillt, gewisse liberale Forderungen zu unterstützen, und forderten auch ihrerseits eine begrenzte Verbesserung des parlamentarischen Budgetrechts sowie die Schaffung eines Reichsministeriums, doch waren sie im wesentlichen eine «Regierungs»- oder «Bismarck-Partei». Viele ihrer Angehörigen standen in enger Beziehung zum Kanzler (so Keudell, Lucius, Friedenthal), während andere gute Beziehungen zum Hof hatten (Fürst von Pleß, Herzog von Ujest, Graf Münster). Bei ihrer Wahl in den Reichstag schlossen sich Bismarcks eigene Söhne Wilhelm und Herbert der freikonservativen Fraktion an. Unter den zahlreichen prominenten Angehörigen dieser Fraktion ragt kein allgemein anerkannter Führer hervor, wenn man nicht den Grafen Eduard von Bethusy-Huc (Landrat) und Wilhelm von Kardorff (Gutsbesitzer und Industrieller), die oft als Sprecher dieser Fraktion hervortraten, als ihre Führer gelten lassen will. Schlesien und das Rheinland waren die Gebiete, in denen die Fraktion den stärksten Rückhalt bei den Wählern hatte. Die Liberale Reichspartei unterschied sich von der Freikonservativen hauptsächlich in der sehr hohen Bewertung des Föderalismus. Sie wurde im März 1871 gegründet und löste sich 1874 auf. Führende Angehörige dieser Fraktion waren frühere Minister süddeutscher Staaten, wie Fürst Chlodwig zu Hohenlohe-Schillingsfürst aus Bayern und Franz Freiherr von Roggenbach aus Baden. Viele von ihnen waren liberale Katholiken und als solche Gegner des Zentrums oder süddeutsche liberale Nationalisten, die in ähnlicher Gegnerschaft zur norddeutschen Nationalliberalen Partei standen.[42]

In zunehmender Isolierung verharrten unterdessen auf der rechten Seite der Kammer die sogenannten «Altkonservativen». Es war der preußischen konservativen Partei bei den Reichstagswahlen nicht gelungen, Anhang im außerpreußischen Deutschland zu finden. So waren fast alle Abgeordneten dieser Partei aus Preußen, die große Mehrheit von ihnen aus den ländlichen Gebieten Brandenburgs, Pommerns und Ostpreußens. Bei den Wahlen dort pflegten die großen Gutsbesitzer ihre wirtschaftliche und politische Übermacht rücksichtslos geltend zu machen, um ein ihnen genehmes Ergebnis zu erzielen. Da die örtlichen Pastoren, Lehrer und Gastwirte von ihnen abhingen, hatten Gutsbesitzer und Landräte die öffentliche Meinung in diesen Gebieten sicher im Griff, und es wurde gewöhnlich der Kandidat der konservativen Partei (oft der Landrat) gewählt. Das Wahlgeheimnis wurde selten sehr ernst genommen, und die Bauern wählten, wie sie angewiesen wurden. Gute Redner und tüchtige Politiker fanden sich bei den Altkonservativen kaum. Die Herren, denen auf Grund ihrer Geburt privilegierte

Stellungen im Staatsdienst gewissermaßen zustanden, hatten Schwierigkeiten, sich an das neue Zeitalter parlamentarischer Politik zu gewöhnen. Zwei, denen dies gelang, waren Moritz von Blanckenburg (pommerscher Gutsbesitzer und Landrat) und Hermann Wagener (Staatsbeamter, Journalist und «Eisenbahngründer»). Die altkonservative Bewegung operierte an drei Fronten: im Reichstag, in der Abgeordnetenkammer und im Herrenhaus. Am schwächsten waren die Altkonservativen im Reichstag, im Herrenhaus hingegen hatten sie die Übermacht. Die konservativen Angehörigen des Reichstags und der Abgeordnetenkammer waren nicht identisch und verfolgten nicht einmal die gleiche Politik. Wenn auch widerwillig, waren doch die Konservativen im Reichstag bereit, die deutsche Einigung als vollendete Tatsache hinzunehmen. Da sie die Sache des preußischen Partikularismus verloren gaben, setzten sie sich für die Gestaltung der Reichsregierung nach preußischem Muster ein, indem sie die Errichtung eines Reichsministeriums nach preußischem Vorbild und die Umwandlung des Bundesrats in ein Herrenhaus empfahlen. Die Landtagsabgeordneten dieser Partei andererseits waren von wachsender Abneigung gegen die zentralistischen Tendenzen des neuen Regimes erfüllt und häufig zur Revolte gegen Bismarck bereit, der in der Zusammenarbeit mit den Nationalliberalen nach ihrer Auffassung seine eigene Sache verriet.[43]

Das dramatischste Ergebnis der 1870–1871 abgehaltenen Wahlen war das Erscheinen einer neuen katholischen Partei, des Zentrums, das dann als zweitstärkste Fraktion in den Reichstag einzog. Obwohl in beiden Kammern schon früher katholische Abgeordnete gesessen hatten (in der Abgeordnetenkammer bereits in den fünfziger Jahren), war doch die Zentrumspartei ein neues Phänomen. Die Partei ging aus einer Erweckungsbewegung unter den deutschen Katholiken hervor, die in den fünfziger Jahren begonnen hatte. Sie gewann Zulauf durch die Furcht der Katholiken vor der Benachteiligung ihres Bekenntnisses unter den Bedingungen der kleindeutschen Einigung, die den Protestanten die Übermacht im Staate verschaffte. Begünstigt wurde dieses Wachstum durch die Einführung des allgemeinen Wahlrechts, eine auf Anweisungen der Bischöfe zurückgehende Agitation der Priester sowie die Einrichtung eines Netzwerks effektiv zusammenarbeitender örtlicher, regionaler und nationaler Organisationen. Im März 1871 wurden achtundfünfzig Zentrumsabgeordnete in den Reichstag gewählt, von denen sechsunddreißig aus preußischen Wahlkreisen kamen – einundzwanzig von diesen aus dem Rheinland – und achtzehn aus Bayern. Keine andere Fraktion des Reichstags hatte eine vergleichbar breite Wählerbasis. Das Zentrum hatte Anhänger bei armen und reichen Bauern, Fabrikarbeitern und Bergleuten, in allen Schichten des Mittelstands sowie bei reichen Gutsbesitzern, von denen viele adelig waren.

Das Erscheinen des Zentrums bedrohte die bisherige Konstellation der deutschen Politik und schuf auf einige Zeit ein Klima der Unsicherheit in beiden Kammern. Parteiprogramm und Führung des Zentrums waren konservativ; großer Wert wurde auf die Erhaltung des Föderalismus gelegt. Die entscheidende Frage war, ob das Zentrum sich mit den Konservativen zu einem neuen Block verbinden würde. Wie wir aber sehen werden, isolierte sich das Zentrum gleich bei seinem ersten Auftreten im Reichstag zur großen Erleichterung der alten Parteien der Mitte. So zählte eine Zeitlang das Zentrum nicht als Faktor im parlamentarischen Kräftegleichgewicht. Unter den Angehörigen dieser Partei gelangte kraft seiner Rednergabe und seines taktischen Geschicks bald Ludwig Windthorst in die führende Stellung, Anwalt, ehemaliger hannoverscher Minister und entschiedener Verteidiger der Rechte des abgesetzten Königs Georg. Neben ihm zeichneten sich in der Zentrumsfraktion die Brüder Reichensperger aus, August, Präsident des Kölner Stadtrats, und Peter, Obertribunalsrat in Berlin, sowie Hermann von Mallinckrodt, ein westfälischer Gutsbesitzer.[44]

Die liberale Herausforderung 1871–1873

In politischer Hinsicht hatte Bismarck bei der Konsolidierung des Deutschen Reichs eine doppelte Aufgabe zu bewältigen. Einerseits galt es, das Reich durch neue Gesetze und Institutionen, die den konkreten Bedürfnissen der Bevölkerung dienten, zusammenzuschmieden. Zu diesem Zweck mußte der Reichstag der Hauptschauplatz der politischen Auseinandersetzungen in Deutschland und in ihm eine «Diagonale der Kräfte» zwischen den Parteien liberaler und konservativer Ausrichtung gefunden werden. Andererseits war es nötig, das föderative System der Gewaltenteilung und die aristokratisch-monarchische Ordnung zu festigen, welcher das System in erster Linie dienen sollte. Paradoxerweise gefährdete jedoch der Erfolg in der ersten dieser beiden Unternehmungen unvermeidlich die zweite. Denn der Zentralismus bedrohte den Föderalismus nicht weniger als der Partikularismus, und die Zerstörung des Föderalismus hätte das institutionelle Gleichgewicht zu Fall gebracht, auf das Bismarcks Regierungsweise wesentlich angewiesen war, so daß am Ende die Krone und der Kanzler dem Parlament direkt gegenübergestanden hätten. Die liberalen Parteien waren offensichtlich bestrebt, sich dem Kanzler unentbehrlich zu machen und dann einen hohen Preis für ihre Zuverlässigkeit von ihm zu erheben. Würde ihn nicht vielleicht die Abhängigkeit von ihrer Unterstützung nötigen, einer bedeutenden Umverteilung der Macht unter der preußischen und der Reichsverfassung zuzustimmen? Wenn dem so war, so mochte wohl einst der Tag kommen, da, auf Grund natürlicher Entwicklung ohne revolutionäre Umwälzung, nicht mehr die Exekutive eine parlamentarische Mehrheit bildete, sondern die parlamentarische Mehrheit die Exekutive. Oder würde es Bismarck gelingen, die Abgeordneten mit Zugeständnissen auf dem Gebiet der bürgerlichen Rechte und der wirtschaftlichen Freiheit abzuspeisen?

Der Reichstag der Jahre 1867–1870 war, wie wir bereits sahen, keineswegs gefügig.[45] Weder die Liberalen noch die Konservativen gaben sich damit zufrieden, zu bloßen Instrumenten der Bismarckschen Politik gemacht zu werden. Die Liberalen machten wiederholt Anstalten, einiges von dem durch Kompromisse im konstituierenden Reichstag verlorenen Boden zurückzugewinnen. Gern allerdings wirkten sie mit Bismarck und Delbrück bei der Stärkung der Einheitlichkeit der Regierungsstruktur zusammen. Es gelang ihnen, die bürgerlichen Freiheiten zu stärken (namentlich bei der Modernisierung des Strafgesetzbuches). Doch als sie versuchten, die Verfassung durch eine Vermehrung der Befugnisse der Legislative auf Kosten der Exekutive «auszubauen», mußten sie eine scharfe Zurückweisung hinnehmen. Nach jedem Fehlschlag trösteten sich die Liberalen mit dem Gedanken an die 1870 anstehenden Wahlen und die 1871 notwendige Erneuerung des eisernen Etats. Bismarck stand vor der Entscheidung, ob er sich der fortgesetzten Unterstützung der Liberalen um den Preis einer bedeutenden Erweiterung der parlamentarischen Budgetrechte und einer fundamentalen Reorganisation der Bundesexekutive (die, freilich aus anderen Gründen, auch von den beiden konservativen Parteien angestrebt wurde) versichern wollte. Ob die Liberalen in ihren Bestrebungen dann mehr Erfolg gehabt hätten als während der Jahre 1862–1866, ist zweifelhaft. Unzweifelhaft bestand aber die Neigung, die Regierung herauszufordern, an der gesamten liberalen Front, wenn auch in unterschiedlichem Maße.

Doch auch diesmal, wie im Jahre 1866, wurden die Hoffnungen der liberalen Abgeordneten, sich größeren Einfluß auf die Regierung zu verschaffen, durch einen erfolgreichen Feldzug und die neuerliche Salbung des preußischen Establishments mit dem Charisma des Führers zu nationaler Einheit vereitelt. Die Revision, zu der es Ende 1870 kam, verstärkte anstatt der unitarischen und parlamentarischen Seite der Verfassungsstruktur deren föderative Züge. Gespräche mit süddeutschen Staatsmännern und Politikern überzeugten im September 1870 sogar Lasker, den liberalen Führer, der sich 1870 am meisten bemühte, auf die Gestaltung der Zukunft Deutschlands einzuwirken, daß die Probleme, die mit dem Eintritt der süddeutschen Staaten in das Reich verbunden waren, einstweilen jeden Versuch, die Verfassung zu liberalisieren oder zu zentralisieren, verboten.[46] Schließlich mußten die Nationalliberalen sogar die letzte Hoffnung auf eine Verfassungsänderung aufgeben, die das Reich verpflichtet hätte, zukünftig die rechtliche Verantwortlichkeit der Minister gesetzlich zu regeln. In den letzten Debatten und Verhandlungen im November 1870 ging es um Zugeständnisse nicht an den Liberalismus, sondern an den Partikularismus. Der einzige Einfluß, den die Liberalen darauf nehmen konnten, ging ein in den von Bismarck mobilisierten parlamentarischen Druck zur Überwindung der in Bayern und Württemberg noch anhaltenden Widerstände gegen die Einigung.

Die norddeutschen Liberalen hatten angenommen, daß die Vollendung der deutschen Einheit ihnen Gelegenheit geben würde, gemeinsam mit ihren süddeutschen Gesinnungsgenossen ihre konstitutionellen Ziele von neuem in Angriff zu nehmen. Doch nur eine kleine Gruppe von Abgeordneten, hauptsächlich Fortschrittler und Sozialisten, stimmte gegen die Verträge mit den süddeutschen Staaten, welche die Reichsverfassung begründeten.[47] Für die Liberalen des rechten Flügels wurde freilich die Enttäuschung über diesen Ausgang mehr als aufgewogen durch die Freude über die Gründung eines deutschen Nationalstaates. In einem kurz nach der Kaiserproklamation in Versailles geschriebenen Brief an Hermann Baumgarten gab Heinrich von Sybel diesem allgemeinen Überschwang Ausdruck: «Wodurch hat man die Gnade Gottes verdient, so große und mächtige Dinge erleben zu dürfen? Und wie wird man nachher leben? Was zwanzig Jahre der Inhalt alles Wünschens und Strebens gewesen, das ist nun in so unendlich herrlicher Weise erfüllt! Woher soll man in meinen Lebensjahren noch einen neuen Inhalt für das weitere Leben nehmen?»[48] Doch nicht alle Liberalen waren wie er der Meinung, nun am Ziel aller ihrer Wünsche zu sein. Der von Lasker 1867 in das Gründungsprogramm der Partei eingeschriebene Gedanke war durchaus noch lebendig – daß nämlich der «deutsche Staat und die deutsche Freiheit ... gleichzeitig und mit denselben Mitteln errungen werden» müssen und «jeder Schritt zur verfassungsmäßigen Einheit zugleich ein Fortschritt auf dem Gebiete» der Freiheit ist, oder den Antrieb hierzu in sich trägt».[49]

Bald nachdem der erste gesamtdeutsche Reichstag zusammengetreten war, hatte Bismarck Gelegenheit, sich mit der Stimmung in der Kammer vertraut zu machen – und *vice versa*. Im Mai 1871 baten zwei altgediente Postsekretäre in Hamburg im Namen ihrer Kollegen um Gehaltsaufbesserung und wurden daraufhin ohne weiteres auf entlegene Dienststellen in Ostpreußen versetzt. Auf eine Anfrage der Fortschrittspartei verweigerte Delbrück jede Erklärung mit der Begründung, daß das Parlament in den Angelegenheiten der Exekutive nichts zu suchen und nichts zu schaffen habe. Die Folge davon war, daß nun auch die Nationalliberalen wegen dieses Akts von «bürokratischem Despotismus» Beunruhigung äußerten. Auch sie waren der Meinung, daß das Petitionsrecht jedem Bürger zustehen müsse. Der württembergische Abgeordnete Julius Hölder schrieb an seine Frau: «Bei der uns ungewohnten Art des Auftretens des Ministers geht es aber doch nicht auf die Dauer, und diese Wahlperiode wird noch Konflikte erleben ... verfassungsmäßige Rechte können wir Bismarck zuliebe nicht opfern.» Bismarck sah die Sache anders: «Der Reichstag beobachte die Regierung wie ein knurrender Hund mit äußerstem Mißtrauen», hörte Lucius ihn klagen: «Wenn die Verwaltung nicht mehr zwei Postsekretäre versetzen könne, so höre alles auf, so seien wir schon jetzt auf dem Wege zur (Pariser) Kommune».[50]

Im Mai 1871 beriet der Reichstag ein Gesetz, das Elsaß-Lothringen mit dem Reich vereinigen sollte. Die Regierungsvorlage sah bis zum Inkrafttreten der Reichsverfassung am 1. Januar 1874 eine Diktatur in dem neuen Reichsland vor, bei welcher die Exekutivgewalt namens des Kaisers vom Reichskanzler, die Legislativgewalt vom Bundesrat ausgeübt werden sollte. Der Reichstag sollte keine Stimme haben. Als Bismarck den Abgeordneten am 2. Mai die Regierungsvorlage erläuterte, schien er Änderungsanträge zu erwarten und empfahl seinen Hörern sogar, mit «mehr Muth die Zukunft zu präzidiciren». Die verbündeten Regierungen seien gern bereit, «sich belehren zu lassen», wenn sie «irgend einen besseren Vorschlag erhalten». Die Liberalen nahmen ihn beim Wort und beantragten Änderungen der Vorlage, wonach die Diktatur in Elsaß-Lothringen schon am

1. Januar 1873 enden und für alle Anleihen und fiskalischen Garantien, die für das Reichsland erforderlich werden mochten, die Zustimmung des Reichstags notwendig sein sollte. Der von Lasker und Stauffenberg eingebrachte letztere Antrag wurde von der Fortschrittspartei, von den Nationalliberalen und Angehörigen der Liberalen Reichspartei sowie von prominenten Freikonservativen unterstützt – einem Bündnis, das sogar von den daran Beteiligten als sensationell empfunden wurde. Immer wieder kam während der Debatten die alte Sorge über die Machtfülle des Kanzlers und der Wunsch nach deren Beschränkung durch Errichtung eines Reichsministeriums zur Sprache. Selbst Treitschke protestierte, es übersteige «Menschenkraft, die Geschäfte des Reichskanzlers und eines Regenten von Elsaß zugleich zu bewältigen».[51]

Als er nach über dreiwöchiger Abwesenheit am 25. Mai 1871 in die Kammer zurückkehrte, erklärte Bismarck, daß er den Lasker-Stauffenberg-Antrag als «schmerzlichen» Angriff auf seine persönliche Ehre empfinde. «Ich werde wie ein leichtfertiger Schuldenmacher dem Lande gegenüber hingestellt.»[52] Der ehemalige bayerische Minister Fürst Chlodwig zu Hohenlohe-Schillingsfürst, der nun der Fraktion der Liberalen Reichspartei angehörte, bemerkte dazu in seinem Tagebuch, was gewiß viele dachten, daß es nämlich zwar absurd wäre, wenn es wegen einer derartigen Sache zu einem Mißtrauensvotum des Reichstags gegen den Kanzler käme, dieser andererseits aber nicht einfach erwarten dürfe, daß die Kammer ihre Meinung ändere, nur weil er nun nach dreiwöchigem Schweigen Einwendungen dagegen gemacht habe. Die Abgeordneten des Zentrums und des Fortschritts (die radikalere Änderungen befürwortet hatten) wollten eine Entscheidung erzwingen und wurden darin von einigen Nationalliberalen unterstützt. Mit einer geringen Mehrheit wurde die Sache noch einmal an die Ausschüsse zurückverwiesen. Bismarck erschien dort, nach Hohenlohes Bericht, zu Anfang sehr schlecht gelaunt, wurde aber so geschickt behandelt, daß er zuletzt ganz vergaß, worüber er sich eigentlich geärgert hatte. Es kam zu einem Kompromiß, wonach die Zustimmung des Reichstags nur für fiskale Verpflichtungen benötigt würde, die das Reich belasteten.[53]

Bismarcks Verhalten bei dieser Gelegenheit verrät den damals ziemlich schlechten Zustand seiner Nerven und die Empfindlichkeit für seine Prärogativen, die ihn nie verließ, doch auch seine Besorgnis angesichts der neuen Koalition der vier Parteien der Mitte zum Schutz der Befugnisse des Parlaments. Ende Mai desselben Jahres beantragte die gleiche beunruhigende Koalition, einen Teil der französischen Kriegsentschädigungen zur Unterstützung bedürftiger Veteranen der Reserve und der Landwehr zu verwenden. Bismarck sah in diesem Antrag einen Eingriff in die militärpolitische Prärogative des Kaisers. Dennoch fühlte er sich genötigt, ihn anzunehmen, weil er andernfalls in eine Auseinandersetzung mit dem Reichstag über eine Regierungsvorlage geraten wäre, durch welche ein Teil der französischen Milliarden in Gestalt von Dotationen an die siegreichen Generäle verteilt werden sollte. Dem Grafen Waldersee vertraute er an, daß die Herren allmählich anfingen, «unbequem zu werden. Die Versuchung, auch etwas regieren zu wollen, ist gar zu groß, die Flachköpfe der Freikonservativen stehen dabei obenan».[54]

Im Herbst 1871 stand dann endlich im Reichstag die Frage an, deren neuerliche Verhandlung die «entschiedenen Liberalen» seit 1867 erwarteten – das Militärbudget. Inzwischen waren dafür freilich aus liberaler Sicht denkbar ungünstige Umstände eingetreten. Der Sieg über Frankreich hatte nicht nur das Prestige des Militärs maßlos gesteigert, er hatte den Deutschen auch das Gefühl vermittelt, allseits von Völkern umgeben zu sein, die nur auf eine Gelegenheit lauerten, die neue deutsche Großmacht zu demütigen und ihr die Früchte ihrer Siege wieder zu entreißen. Der Stimmungsumschwung wurde offenbar, als der Reichstag am 6. November mit 170 gegen 121 Stimmen (des Zentrums, des Fortschritts und des linken Flügels der Nationalliberalen) eine Regierungsvorlage annahm, durch die 40 Millionen Taler französischer Kriegsentschädigungen dem Reichskriegsschatz einverleibt und der Kontrolle des Parlaments entzogen wurden. Forckenbeck erinnerte sich nicht einmal, daß er noch 1866 gegen die Einrichtung eines preußischen Kriegsschatzes gestimmt hatte.[55]

Das vorgesehene Reichsbudget für 1872 wurde dem Reichstag im November 1871 vorgelegt, weniger als zwei Monate vor seinem Inkrafttreten. Von Gesamtausgaben in Höhe von 117 Millionen Talern waren fast 90 für die Armee bestimmt. Die 90 Millionen wurden als «Pauschquantum» ohne Angabe der spezifischen Verwendung, die das Militär dafür haben würde, gefordert. In Anbetracht der kurzen Zeitspanne, die zu Beratungen darüber blieb, und der Tatsache, daß noch immer deutsche Truppen in Frankreich standen, war die Mehrzahl der Abgeordneten bereit, den Militäretat pauschal zu bewilligen – doch nicht in der geforderten Höhe, die den verfassungsmäßigen Etat von 225 Talern pro Soldat überstieg. Die Nationalliberalen wollten mit der Festsetzung des Etats in der alten Höhe 1 421 000 Taler einsparen, die Fortschrittspartei durch eine Verminderung der Militärdienstzeit von drei Jahren auf zwei die sehr viel erheblichere Summe von 6 200 000 Talern.[56]

Wieder einmal schien also in Berlin der Regierung und dem Parlament ein Konflikt über die Budgetrechte des Parlaments in Militärangelegenheiten bevorzustehen. Der Konflikt, zu dem es dann kam, fand jedoch nicht zwischen Exekutive und Legislative statt, sondern zwischen den beiden Flügeln der Nationalliberalen Partei. Die anfänglichen Fronten lösten sich auf und formierten sich neu, als auf Wunsch Bismarcks, Roons und des preußischen Staatsministeriums der freikonservative Abgeordnete Bethusy-Huc vorschlug, den entsprechend dem Antrag der Nationalliberalen verminderten Etat anzunehmen, wenn das Parlament im Gegenzug der Erneuerung des eisernen Etats für drei Jahre zustimmte. Bismarck wollte fürs erste Konflikte mit dem Reichstag über große Prinzipienfragen vermeiden, während Roon die Bewilligung eines Pauschalbetrages gefiel, die ihm gestattete, diese Mittel nach eigenem Gutdünken zu verwenden.[57] Die Konservativen und Freikonservativen nahmen wie die Regierung Bethusy-Hucs Antrag an, der jedoch von der Fortschrittspartei und dem Zentrum entschieden abgelehnt wurde. Die Mitte der Kammer war gespalten – sowohl die Liberale Reichspartei als auch und vor allem die Nationalliberale Partei teilten sich in Befürworter und Gegner des Antrags.

Die entscheidende Abstimmung innerhalb der Nationalliberalen Partei fand am 26. November 1871 statt. Viele Abgeordnete wichen dem Konflikt aus und erschienen erst gar nicht zu der Fraktionssitzung. Die Anwesenden hörten eine leidenschaftliche Debatte, bei der hauptsächlich Bennigsen und Forckenbeck für die Annahme des vorgeschlagenen Kompromisses und auf der anderen Seite Lasker, Stauffenberg und Bamberger für dessen Ablehnung eintraten. Die Mehrheit stimmte dann 46 zu 25, für Bennigsen und Forckenbeck. Die Meinungsverschiedenheit war so scharf, die Atmosphäre so explosiv, daß die Partei der Auflösung nahe schien.[58] Am 29. November wurde die Polemik im großen Sitzungssaal des Reichstags fortgesetzt. Treitschke verteidigte den eisernen Etat als den Schutzschild der parlamentarischen Freiheit. Deutschland sei nie freier gewesen als im Norddeutschen Bund, dessen Parlament den Militäretat nicht debattiert habe. Lasker erwiderte, daß nackter Absolutismus dem Scheinkonstitutionalismus vorzuziehen sei. Wenn ein eiserner Etat auf drei Jahre bewilligt werde, werde Deutschland nur zu einem Fünftel ein Verfassungsstaat sein, zu vier Fünfteln eine Militärdiktatur. Nach einem vergeblichen Kompromißversuch (Bewilligung des Militärbudgets auf nur zwei Jahre) spaltete sich bei der entscheidenden Abstimmung das Votum der Nationalliberalen Partei. 51 Abgeordnete schlossen sich der Mehrheit an, die mit 152 Stimmen den dreijährigen Etat annahm, 44 stimmten mit der Minderheit von insgesamt 128 Stimmen dagegen.[59]

Die Nationalliberale Partei überlebte den inneren Konflikt, der sie im November und Dezember 1871 fast auseinanderbrechen ließ. Dennoch blieb dieser Streit, bei dem grundlegende Unterschiede der politischen Philosophie und des politischen Temperaments zu Tage getreten und persönliche Animositäten aufgestachelt worden waren, unvergessen, und er kündigte frühzeitig die Spaltung an, die dann zehn Jahre später die Partei tatsächlich zerreißen sollte. Der bedeutsamste Aspekt der Affäre war, daß sich dabei zeigte, wie unfähig die Partei war, ihre Schlüsselstellung zur Konsolidierung der Macht des Parlaments zu nutzen. In keinem Bereich stand die Macht des Parlaments so entschieden auf dem Spiel wie auf dem Gebiet der jährlichen Kontrolle über das Budget. Zwar hatte ja der Reichstag in den Matrikularbeiträgen zufällig die Möglichkeit entdeckt, die Einnahmenseite des Staatshaushalts zu überprüfen, doch die Kontrolle über die Ausgaben würde nie vollständig sein, wenn das Parlament sich nicht das Recht verschaffte, die Militärausgaben jährlich – und zwar nicht pauschal, sondern Titel für Titel – zu bewilligen. Hätte es der in der Regierungsvorlage vorgesehenen Erhöhung der Militärausgaben für den Haushalt von 1872 zugestimmt, dann hätte das Parlament damit wenigstens den Anspruch auf neuerliche Bewilligung des Militäretats im folgenden Jahr verbinden können – und dann vielleicht auf alljährliche Bewilligung des Militäretats. Statt dessen bestätigten die Abgeordneten nur das 1867 eingeführte Verfahren. Danach blieb es eine ständige Einrichtung der Staatsfinanzen des Deutschen Reichs.

Bismarck, der in dieser wesentlichen Frage nicht nachgegeben hatte, kam indessen bei einer anderen den Liberalen entgegen. Im letzten Stadium der Beratungen über das Reichsbudget für 1872 plädierten die Nationalliberalen für eine Entschließung, mit welcher die Regierung aufgefordert wurde, in der nächsten Session ein Gesetz vorzulegen, durch das eine Behörde zur Prüfung der Rechtmäßigkeit staatlicher Einnahmen und Ausgaben geschaffen werden sollte. Unter der Verfassung des Norddeutschen Bundes hatte die preußische Oberrechnungskammer diese Aufgabe wahrgenommen, nach Meinung liberaler Kritiker mehr schlecht als recht. Während des Verfassungskonflikts der sechziger Jahre hatte die Oberrechnungskammer dem Wunsch der Regierung, ohne ein gesetzlich festgelegtes Budget zu regieren, keine Schwierigkeiten bereitet. Das vom Kanzleramt entworfene und während der Sitzungsperiode des Jahres 1872 dem Reichstag vorgelegte Gesetz hätte für das Reich ein Ebenbild dieser Behörde geschaffen. Lasker setzte sich für Änderungsanträge ein, die der geplanten Aufsichtsbehörde ein eigenes Rückgrat verleihen sollten. Einer dieser Anträge verlangte, daß die Berichte der Oberrechnungskammer des Reichs über die Einnahmen und Ausgaben der Reichsregierung dem Bundesrat und dem Reichstag zur Prüfung und Billigung vorgelegt werden sollten. Dieser Änderungsantrag, der von der Regierung angenommen wurde, gab dem Reichstag eine Befugnis zur Beaufsichtigung und Billigung der Haushaltsführung der Reichsregierung, die die preußische Abgeordnetenkammer nie gehabt hatte.[60]

Wenn auch dieses Zugeständnis nicht unbedeutend war, so änderte doch die vom Reichstag während der Jahre 1871–1873 bewirkte wichtigste Umverteilung der politischen Macht nicht das Verhältnis zwischen der Exekutive und der Legislative, sondern zwischen dem Reich und seinen Gliedstaaten. Auf diesem Gebiet verfolgten die Nationalliberalen im wesentlichen das gleiche Ziel wie der Kanzler, nämlich die Konsolidierung des Reichs. Über dreißig Gesetze des Norddeutschen Bundes wurden Reichsgesetze. Neue Gesetze mit unitarischer Wirkung wurden erlassen, unter denen das wichtigste, wie schon erwähnt, die Einführung einer neuen, auf dem Goldstandard basierenden Währung zum Gegenstand hatte.[61] Die Verfassung wurde dreimal geändert: Die Bestimmung hinsichtlich der *itio in partes* wurde aufgehoben; die legislative Befugnis des Reichs wurde auf gewisse maritime Gegenstände sowie auf das gesamte Gebiet des Zivilrechts ausgedehnt. Die letztere Änderung, die Lasker beantragt hatte, wurde mit Bismarcks Unterstützung schließlich gegen heftigen Widerstand der süddeutschen Mittelstaaten durchgesetzt. Wie die liberalen Parteien war auch der Kanzler der Überzeugung, daß gemeinsame Gesetze und gemeinsame Gerichte in besonderem Maße zur Konsolidierung des Reichs beitrugen.[62] Hauptsächlich an Bismarck aber scheiterte ein anderer Verfassungsänderungsantrag, der die Regierungen der Gliedstaaten dazu zwingen sollte, ihre Verfassungen durch die Einführung gewählter Volksvertretungen zu modernisieren. Diese von den liberalen Parteien im Reichstag beantragte Änderung, die ein Teil des Bundesrats wohl akzeptiert hätte, zielte auf die in den beiden mecklenburgischen Großherzogtümern noch bestehenden Verhältnisse, wo die Landtage Ständevertretungen waren, wie sie seit dem Mittelalter bestanden. Doch diesem liberalen Begehren schob Bismarck einen Riegel vor und ließ namens der Gliedstaatenrechte und des föderativen Systems im Mecklenburgischen die Ritterschaft gewähren.[63]

Eine Zusammenarbeit mit Bismarck war, wie die Liberalen lernen mußten, nur zu dessen Bedingungen möglich. Im Frühjahr 1872 schrieb Eduard Brockhaus in sein Tagebuch: «Er soll auch seine alte Klage erneuert haben: die Nationalliberalen verlangten, daß er mit ihnen gehe, und er habe es doch auch wahrlich getan, aber sie gingen nicht mit ihm, gerierten sich nicht als Regierungspartei usw. Die Schuld liegt freilich auch mit an ihm und so auf beiden Seiten ... Stephani sagte mir neulich: er glaube, Bismarck werde uns bald wieder einmal einen ‹Fußtritt› geben, um uns nicht zu mächtig werden zu lassen und weil seine ganze Politik darauf beruhe, sich auf keine einzelne Partei zu stützen, sondern jede durch die andere in Schach zu halten und deshalb bald die eine, bald die andere zu protegieren. Ich bin nicht ganz dieser Ansicht, aber etwas Wahres liegt jedenfalls darin.»[64]

Während der Legislaturperiode 1871–1873 versäumten die Liberalen abermals, entschlossen Anspruch auf parlamentarische Macht zu erheben. Gründe dafür gab es viele. Bismarcks diplomatische und kriegerische Erfolge hatten dessen Prestige so sehr erhöht, daß sich die Abgeordneten nun noch mehr als schon während der vorangegangenen Legislaturperiode 1867–1870 scheuten, sich hartnäckig seinem Willen zu widersetzen. Überdies wurde ihnen ihr Entgegenkommen ja auf einigen Gebieten durch eine Gesetzgebung gelohnt, die ihren Vorstellungen und Interessen durchaus entsprach. Doch der Hauptgrund ihres Stillhaltens während der Legislaturperiode 1871–1873 war wohl der, daß nach 1871 Bismarck und die Liberalen Seite an Seite im Abwehrkampf gegen die Katholiken standen. Jedenfalls stellte sich damals vielen Liberalen die Sache so dar. Tatsächlich ließen sie sich von Bismarck dazu verleiten, seinen Angriff auf das Recht der katholischen Minderheit, sich politisch zu organisieren, und das der katholischen Kirche, ihre Angelegenheiten ohne Einmischung des Staates zu besorgen, nach Kräften zu unterstützen. Bismarck, der Praktiker der Realpolitik, konnte sich auf einen solchen Kampf einlassen, ohne Schaden an seiner Weltanschauung zu nehmen. Die Liberalen jedoch, die stets die Sache der bürgerlichen Freiheit vertreten hatten, konnten aus diesem Kulturkampf letztlich nur in sehr bedenklicher Weise kompromittiert hervorgehen.

III

Der Kulturkampf

Während der siebziger Jahre erlitt Bismarck die erste bedeutende Niederlage seiner politischen Laufbahn, als es ihm nicht gelang, den Katholizismus als selbständige Kraft in der deutschen Politik zu vernichten. Sein Angriff auf den politischen Katholizismus nahm sich schließlich die katholische Kirche überhaupt zum Ziel. Deshalb wurde dann von einem «Kulturkampf» gesprochen, allerdings nicht von ihm, sondern von seinen liberalen Verbündeten. Der Kulturkampf bot ein kaleidoskopisches Bild, das sich aus jedem Blickwinkel anders darstellte. Man kann ihn betrachten als einen Konflikt zwischen Kirche und Staat, zwischen katholischem Dogma und deutschem Idealismus, zwischen Glauben und Materialismus, Konservatismus und Liberalismus, Traditionalismus und Modernismus, Universalismus und Nationalismus, Partikularismus und Konsolidierung. In den meisten dieser Aspekte war der Kulturkampf nicht auf Preußen beschränkt, sondern ein gesamtdeutsches, ja europäisches Phänomen. Selbst ohne Bismarck wären Preußen und Deutschland davon betroffen gewesen. Bismarck traf jedoch die Entscheidungen, die in ganz Deutschland das Ringen auslösten. Zwar kann man ihn nicht für alles, was dabei geschah, verantwortlich machen, doch ist nicht zu leugnen, daß er die Richtung angab, die von anderen dann nur allzugern eingeschlagen wurde.

Paradoxerweise entzündete sich der Kulturkampf beim Zusammenstoß zweier Mächte, die beide ein defensives Ziel verfolgten, aber in der Praxis offensiv vorgingen. Da suchte einerseits der Vatikan, vom Vordringen des liberalen Modernismus und dem Wachsen der Nationalstaaten bedroht, seine spirituelle Autorität durch die Veröffentlichung eines Syllabus der Zeitirrtümer und die Verkündung des Dogmas der päpstlichen Unfehlbarkeit zu festigen. Durch den Ausgang des Krieges von 1866 von Österreich abgeschnitten und als Minderheit in einem Reich, das ihnen als «protestantischer Staat» galt, organisierten sich die deutschen Katholiken, um ihre Werte und Interessen politisch zu verteidigen. Bismarck andererseits litt an einem Gefühl der Verunsicherung, das erfolgreichen Revolutionären, selbst konservativen, nie erspart bleibt. Das gewaltsam Geschaffene, meinte er, müsse mit Zwangsmaßnahmen geschützt werden, bis es durch Gesetze und Institutionen konsolidiert und durch die Zeit und die allmähliche Entwicklung eines gesellschaftlichen Konsenses legitimiert sein würde. Schon Anfang 1870 war er tief besorgt wegen der «Polonisierung» der Deutschen in Ostpreußen und wegen der Rolle, die bei der Stärkung separatistischer Tendenzen in Polen der katholische Klerus spielte. Die Gründung der Zentrumspartei war für ihn ein weiterer Beweis der katholischen «Mobilmachung gegen den Staat».[1] Den meisten Katholiken schien die Verteidigung des Staates gegen diese «Mobilmachung» auf einen Angriff gegen die Religionsfreiheit und auf die Durchsetzung der Allmacht des Staates hinauszulaufen.

Beim liberalen Nationalismus, der dritten in den Kulturkampf verwickelten Kraft, herrschten hingegen von Anfang an offensive Beweggründe vor. Nationalstaat, Rechtsstaat, Machtstaat und Kulturstaat waren unverzichtbare Erscheinungsformen des Idealstaates, der den deutschen Liberalen vorschwebte. Die Verwirklichung des Nationalstaats, die Beförderung der bürgerlichen Freiheiten, die Beteiligung des Parlaments an der Staatsmacht, die Durchsetzung des Machtstaats in drei siegreich geführten Kriegen, sie alle waren untrennbar mit dem Streben nach einem weiteren liberalen, eigentümlich deutschen Ideal verbunden – jenem «Kulturstaat», der von der Kirche getrennt und von klerikalem Einfluß befreit war, aber zugleich seine weltlichen kulturellen Aufgaben wie die Förderung des Erziehungswesens und der Wissenschaft sowie die Pflege der Künste engagiert wahrnahm. Für die liberalen Nationalisten waren lutherischer Protestantismus und deutscher Idealismus die Quellen der moralischen und geistigen Größe Deutschlands, der Katholizismus dagegen eine fremde, dem souveränen Staat feindlich gesinnte Macht und ein Hindernis auf dem Wege zur geistigen Einheit der Nation. Für Leute dieser Überzeugung war der Kulturkampf nur die notwendige Fortsetzung der Kriege von 1864, 1866 und 1870–1871. Nach Dänemark, Österreich und Frankreich war nun endlich der Vatikan an der Reihe, seinen Ansprüchen auf das Land und die Seelen der Deutschen zu entsagen. Ehe das nicht gelang, war das Werk der Befreiung und der Einigung aus der Sicht der Kulturkämpfer nicht vollendet.[2]

Der Hintergrund des Kampfes

Während des 19. Jahrhunderts mußte sich die katholische Kirche in einer Gesellschaft behaupten, die raschen Wandlungen unterworfen war. Zu Beginn des Jahrhunderts hatten zwar die romantische Reaktion gegen den Rationalismus der Aufklärung und eine Erneuerung des Glaubens in breiten Kreisen ihre Stellung vorübergehend gestärkt, doch dann hatten sich mit vermehrter Macht die Zeitströmungen wieder geltend gemacht, welche die Fundamente ihres Dogmas und ihrer Institutionen zu unterspülen und fortzureißen drohten. Die Säkularisierung von Kircheneigentum schon unter dem Absolutismus und dann während der Revolution hatte ihre Finanzkraft geschwächt. Der zentralisierte bürokratische Staat gefährdete die Kontrolle über die kirchliche Hierarchie. Neue Ideologien – Liberalismus, Demokratie, Nationalismus, Sozialismus – traten mit der Religion in Wettbewerb um den Glauben der Menschen. Die Popularisierung der Naturwissenschaft säte Zweifel an der Gültigkeit der katholischen Glaubenslehre, während die Ergebnisse der historischen Forschung die transhistorische Aura der Kirche erschütterten. Mit der industriellen Revolution ging eine soziale Umwälzung einher, der die Kirche mit einer neuen Politik begegnen mußte, sollte die Unterschicht ihr nicht ganz entfremdet werden. Die Vereinigung Italiens bedrohte den letzten Rest der weltlichen Macht des Papstes und sogar seine Unabhängigkeit.

Angesichts dieser vielfältigen Probleme bildeten sich in der Kirche zwei gegensätzliche Grundhaltungen aus, die als «liberaler Katholizismus» und als «Ultramontanismus» bezeichnet worden sind. Der liberale Katholizismus war eine gesamteuropäische Bewegung, der viele führende Geister und auch politische Führer angehörten, die die Kirche drängten, sich auf die neue Zeit einzustellen, was sie unbeschadet tun könne, da kein Grundwiderspruch zwischen den Lehren des Evangeliums und den Erkenntnissen der Moderne bestehe. Doch der Heilige Stuhl und die Hierarchie wiesen diese Zumutung ab. Seit Jahrhunderten schon befand sich die katholische Kirche in einem fast ständigen Belagerungszustand. Wie die Mehrzahl seiner Vorgänger begegnete auch Papst Pius IX. (1846–1878) der Krise mit der Ablehnung des Neuen und der Bestätigung des Alten. In dem *Syllabus errorum*, den der Papst 1864 herausgab, findet man zur Anleitung der Gläubigen achtzig Meinungen über die rechte Ordnung des sozialen und politischen Lebens, über Kirche und Staat, Geistes- und Gewissensfreiheit als Irrtümer kenntlich gemacht. Die endgültige Niederlage erlitt der liberale Katholizismus sechs Jahre später auf dem Ersten Vatikanischen Konzil, als dort am 18. Juli 1870 das Dogma der päpstlichen Unfehlbarkeit definiert wurde. Fast gleichzeitig mit dem Verlust seiner weltlichen Souveränität erhob so das Papsttum Anspruch auf die größte geistliche Autorität, indem die Behauptung zur Lehrmeinung der Kirche erhoben wurde, daß der Papst, wenn er *ex cathedra* zu Fragen des Glaubens und der Moral Stellung nehme, unfehlbar sei.

Die Spannungen innerhalb der Kirche waren in Deutschland besonders heftig spürbar. Hier mußte sich die katholische Lehre mehr als anderswo in Europa gegen eine starke Konkurrenz anderer Lehren und Weltanschauungen behaupten, namentlich gegen den deutschen Idealismus, mit dessen im Protestantismus wurzelnden Überzeugungen der größte Teil der Gebildeten übereinstimmte. An den Universitäten von Tübingen und München bemühten sich katholische Historiker und Theologen, die Verträglichkeit ihres Glaubens mit der Weltanschauung des deutschen Idealismus nachzuweisen – und nach deren Auflösung, in der zweiten Hälfte des Jahrhunderts, mit der neuen Wissenschaft.[3] Der bedeutendste Vertreter dieser Tendenz des Katholizismus war der Theologe und Historiker Ignaz von Döllinger, der schon in seiner 1833–1835 erschienenen *Geschichte der christlichen Kirche* das Christentum als historisch bedingte Erscheinung behandelte. Döllinger war politisch konservativ eingestellt, sah aber, daß der Konstitutionalismus der Kirche nützen könne, indem er deren Unabhängigkeit vom Staat garantierte. Er räumte auch ein, daß die Kirche die Freiheit, die sie für sich selbst in Anspruch nahm, als ein allgemeines Recht auch anderen zugestehen müsse.[4]

Im deutschen Katholizismus regte sich der entschiedenste Widerstand gegen die Absicht des Vatikanischen Konzils, das Unfehlbarkeitsdogma zu definieren.

Bei einem Treffen in Fulda erklärten die deutschen Bischöfe im September 1869 den Zeitpunkt dazu für «inopportun». Auch prominente katholische Laien (Peter Reichensperger, Hermann von Mallinckrodt und Ludwig Windthorst) bezweifelten die Klugheit eines solchen Schritts. Dreizehn der siebzehn deutschen Bischöfe, die an dem Konzil teilnahmen, widersetzten sich der Verkündung eines solchen Dogmas. Da mit seiner Annahme trotz ihres Widerstands zu rechnen war, verließen zwölf von ihnen Rom vor der endgültigen Abstimmung darüber. Dennoch unterwarfen sich bald alle deutschen Bischöfe ebenso wie die große Mehrheit der Geistlichkeit und der Laien aller Bevölkerungsschichten der Autorität der Kirche. Eine Reihe von katholischen Hochschullehrern an den Universitäten von München, Bonn und Breslau allerdings ließ sich von der Befürchtung, deswegen als Schismatiker exkommuniziert zu werden, nicht schrecken und verweigerte die Unterwerfung, in vorderster Linie Döllinger, der gegen die geplante Verkündung des Dogmas während des Jahres 1869 in mehreren Schriften scharf Einspruch erhoben hatte. Als Döllinger 1871 exkommuniziert wurde, wählten ihn die Kollegen solidarisch zum Rektor der Universität. Der bayerische König und die Regierung ergriffen öffentlich seine Partei. Döllingers Schicksal initiierte eine Bewegung unter liberalen Katholiken, die sich in der Überzeugung, damit beim rechten Glauben zu bleiben, von der Kirche abspalteten, die sogenannten «Altkatholiken».[5]

Die meisten europäischen Regierungen, gleichviel ob katholisch oder protestantisch, fürchteten, daß die Entscheidungen des Vatikanischen Konzils das bestehende Verhältnis zwischen Staat und Kirche stören würden. Das war auch in Preußen der Fall, obwohl die katholische Kirche sich dort nach heftigen Auseinandersetzungen Freiheiten verschafft hatte, die sie anderswo in Deutschland nicht genoß.[6] Schon während der Jahre 1837–1841 war es in Preußen zu einem erbitterten Streit zwischen Staat und Kirche gekommen, dem sogenannten «Kölner Kirchenstreit» über die gemischten Ehen und über Häresie an der theologischen Fakultät der Universität Bonn. Nach seiner Thronbesteigung 1840 beendete Friedrich Wilhelm IV. den Streit, indem er in beiden Punkten nachgab. Überdies hob er eine Reihe von staatlichen Kontrollen auf, denen die Kirche während des Absolutismus unterworfen worden war; so wurde nun die staatliche Überwachung der Kommunikation zwischen der Kurie und den Bischöfen beendet und die Erfordernis staatlicher Billigung von Kirchengesetzen weitgehend gelockert. Überdies gestand er den Bischöfen das Recht zu (kraft der Bewilligung der *missio canonica*), den an öffentlichen Schulen und Hochschulen mit dem Unterricht in der katholischen Glaubenslehre Beauftragten das Vertrauen auszusprechen. Und er schuf innerhalb des preußischen Kultusministeriums eine besondere Abteilung für katholische Angelegenheiten, die dann innerhalb der Regierung die katholischen Interessen vertrat.[7] Die preußische Verfassung von 1848–1850 schien die relative Unabhängigkeit der katholischen Kirche noch weiter zu konsolidieren. Unter dieser Verfassung kam das Verhältnis von Kirche und Staat der «Gleichordnung» der beiden Institutionen und der Autonomie einer jeden in ihrer eigenen Sphäre, die seit langem von der katholischen Hierarchie angestrebt wurde, schon sehr nahe.[8] Der 1852 unternommene Versuch des Kultusministers von Raumer, die katholische Missionstätigkeit zu unterbinden und das Recht der Priesteramtskandidaten, in Rom zu studieren, zu beschränken, provozierte heftigen Widerstand seitens der Katholiken. Auch diesmal gab die Regierung nach. Danach hielten sich während nahezu zweier Jahrzehnte die Regierungen Manteuffels, der «Neuen Ära» und Bismarcks an die kirchenpolitischen Bestimmungen der Verfassung.

Es blieb jedoch noch ein wichtiger Bereich, auf dem sich Autorität und Funktionen des Staates und der Kirche überschnitten, und gerade in diesem Bereich sollten die innerkirchlichen Auseinandersetzungen über das Dogma der päpstlichen Unfehlbarkeit erhebliche Auswirkungen haben. Katholische Theologen an den Universitäten und Religionslehrer an den Gymnasien waren zugleich Staatsbeamte und – mit immer weniger werdenden Ausnahmen – Priester. Gleichviel ob Priester oder Laien, waren sie jedenfalls als Lehrer der Disziplin des Bischofs unterworfen, der das Recht hatte, ihnen die *missio canonica* zu gewähren oder zu verweigern. Anfänglich verfolgte Bismarcks Regierung die Politik, die Verkündung des Unfehlbarkeitsdogmas offiziell nicht zur Kenntnis zu nehmen und jede Einmischung in die Auseinandersetzungen zwischen den Bischöfen und widerspenstigen Lehrern und Professoren zu vermeiden.[9] Diese Politik der Nichteinmischung erwies sich in drei Fällen als erfolgreich (in Bonn, Köln und Breslau), scheiterte aber in einem vierten (Braunsberg im Ermland), wo der Bischof hartnäckiger auf Unterwerfung der Dissidenten bestand. Die Weigerung eines gewissen Kaplans Wollmann, seinen Schülern einen Hirtenbrief zu verlesen, in dem das Dogma erläutert wurde, hatte zur Folge, daß diesem die *missio canonica* entzogen und dann Wollmann, wie auch der Direktor des Gymnasiums, der sich hinter den Kaplan gestellt hatte, exkommuniziert wurde. Die Regierung weigerte sich nicht nur, den häretischen Lehrer und den Schuldirektor zu entlassen, sondern bestand auch darauf, daß die Schüler weiterhin Wollmanns Unterricht besuchten – unter Androhung der Verweisung von der Schule.[10] Der Braunsberger Fall wurde dann zum Präzedenzfall für das Verfahren im ganzen Königreich Preußen. Die Regierung betrachtete die Handlungsweise des Bischofs als Eingriff in die Rechte des Staates; die Katholiken umgekehrt die Handlungsweise der Regierung als Eingriff in die Rechte der Kirche.[11] Doch obwohl das Problem zweifellos heikel war, hätte der Disput über den Religionsunterricht an Schulen und Universitäten an sich wohl kaum zu einem Streit von dem Ausmaß des Kulturkampfes geführt. Daß dieser sich zu einem allgemeinen Kampf zwischen Staat und Kirche ausweitete, hatte noch andere Gründe von großer Bedeutung.

Die Gründung der Zentrumspartei

Obwohl die religiöse Toleranz bei den Hohenzollern eine bis in die Zeit des Großen Kurfürsten zurückgehende Tradition hatte, hatten sich doch im preußischen Staat die Katholiken nie sicher gefühlt. Der Kölner Kirchenstreit von 1837–1841 und Raumers Anweisungen von 1852 hatten sie nachdrücklich daran erinnert, daß die an die Bevormundung der evangelischen Kirche gewöhnte autoritäre Bürokratie nicht zögerte, auch die Autonomie der katholischen Kirche anzutasten. Beide Affären waren für die Katholiken zwar günstig ausgegangen, hinterließen jedoch ein waches Mißtrauen gegen den Staat. Während der fünfziger Jahre feierte die konservative Presse bei jeder Gelegenheit die Tugenden des «preußischen evangelischen Staates» oder des «protestantischen Militärstaates». Wenn sie auch nach der Verfassung «nebeneinander» standen, war von einer wirklichen «Parität» zwischen Katholiken und Protestanten in Preußen natürlich nicht zu reden. Im Staatsdienst, im Offizierskorps und an den Universitäten begegnete man hauptsächlich Protestanten, und finanzielle Unterstützung wurde der evangelischen Kirche und evangelischen Volksschulen in größerem Umfang gewährt als der katholischen Kirche und katholischen Schulen.[12] Bereits nach der Wahl von 1852 bildeten katholische Abgeordnete im preußischen Landtag eine eigene Fraktion zur Verteidigung katholischer Interessen. Während der fünfziger Jahre machte diese Fraktion (der vierundsechzig Abgeordnete angehörten) gemeinsame Sache mit der liberalen Opposition in Fragen etwa der bürgerlichen Freiheit. Die großen Themen der frühen sechziger Jahre aber waren die Militärreform und die Verfassungsmäßigkeit der Regierung. In diesen Fragen fanden die katholischen Abgeordneten keinen gemeinsamen Standpunkt, wahrscheinlich wegen der Verschiedenheit ihrer sozialen und politischen Interessen. Während dann der Verfassungskonflikt die Wählerschaft polarisierte, brach die katholische Fraktion (die nach 1859 als die «Zentrumspartei» bezeichnet wurde) auseinander und löste sich auf.[13]

Die Ereignisse des Jahres 1866 waren sehr entmutigend für katholische Politiker. Für viele Deutsche – Katholiken wie Protestanten – war der Konflikt zwischen Großdeutschen und Kleindeutschen, der Kampf zwischen Preußen und Österreich um die Führung in Deutschland zugleich ein Streit zwischen Katholizismus und Protestantismus. Jene Katholiken, die den preußisch-österreichischen Krieg in diesem Licht sahen, mußten sich zu den Geschlagenen von Königgrätz rechnen, egal wo sie zu Hause waren. Ihre politischen Führer reagierten unterschiedlich auf diese Niederlage. August Reichensperger verzichtete fürs erste auf die Lektüre von Zeitungen und gab die Politik auf, um sich in kunstgeschichtliche Studien zu vertiefen (er war ein großer Kenner der gotischen Baukunst).[14] Sein Bruder Peter nahm widerstrebend den Norddeutschen Bund als Notwendigkeit hin, denn er war zu der Einsicht gelangt, daß nur Preußen imstande sein würde, Deutschland unter ein neues Dach zu bringen. Mallinckrodt andererseits, der 1863 seinen Sitz in der Abgeordnetenkammer verloren hatte, wurde in den konstituierenden Reichstag gewählt, wo er seine preußische Beamtenlaufbahn mit der Behauptung aufs Spiel setzte, Schuld an dem jüngsten Kriege trage nicht Österreich, sondern Preußen.[15] Der einflußreichste deutsche Geistliche, Wilhelm Emmanuel Freiherr von Ketteler, Bischof von Mainz, riet in einem vielgelesenen Buch über *Deutschland nach dem Kriege von 1866* den Katholiken, sich mit dem Unabänderlichen abzufinden und an der Vollendung der kleindeutschen Einigung nach Kräften mitzuwirken.[16] Da die Artikel der preußischen Verfassung über die Religionsfreiheit entgegen ihrer Forderung vom konstituierenden Reichstag nicht in die Bundesverfassung übernommen wurden, stimmten dann viele katholische Abgeordnete (unter ihnen Mallinckrodt, Windthorst und Peter Reichensperger) mit den Fortschrittlern gegen die Verfassung insgesamt. Die Anschauungen der katholischen Abgeordneten waren so unterschiedlich, daß sie sich über die Grundlagen einer gemeinsamen Politik nicht verständigen konnten und nach 1867 weder im Reichstag noch in der Abgeordnetenkammer eine gemeinsame Fraktion bildeten. Viele schlossen sich den Freikonservativen an. Einige verbanden sich mit konservativen Protestanten zu einer Bundesverfassungsunion, die aber nicht lange Bestand haben sollte. Andere blieben fraktionslos.[17]

Während der folgenden Jahre fühlten die Katholiken sich weiterhin isoliert und in der Defensive. Bismarcks Zusammenarbeit mit den Liberalen, die offenbare Vorherrschaft des liberal-nationalen Zeitgeists im Reichstag, die negative Reaktion der Öffentlichkeit auf die Einberufung des Vatikanischen Konzils (am 29. Juni 1868) und die anschließende öffentliche Diskussion über das Unfehlbarkeitsdogma mußten notwendig ihr Empfinden bestärken, von Gegnern umgeben zu sein. Im Sommer 1869 gab es weitere bedrohliche Vorzeichen. In Moabit, einer erst kürzlich nach Berlin eingemeindeten Arbeitervorstadt, wurde eine neue kleine Kapelle des Dominikanerordens, kaum geweiht, am 4. August 1869 von einem aufgehetzten Mob verwüstet. Der Berliner Arbeiterverein und verschiedene liberale Organisatoren petitionierten in der Abgeordnetenkammer für die Aufhebung aller Klöster oder mindestens, entsprechend einem Gesetz von 1810, für die strenge Verhinderung ihrer weiteren Ausbreitung. Der Petitionsausschuß empfahl, dem Bericht Rudolf Gneists zufolge, das letztere.[18] Doch auf Bismarcks Rat weigerte sich das preußische Staatsministerium im Februar 1870, den Katholiken Beschränkungen aufzuerlegen. Der Bericht des Ausschusses wurde zurückgestellt, obwohl Mallinckrodt, unterstützt von etwa achtzig katholischen Abgeordneten, eine Debatte der Angelegenheit zu erzwingen versuchte.[19]

Im Juni 1870 wurden erste Schritte zum Entwurf eines katholischen politischen Programms für die bevorstehenden Wahlen zur Abgeordnetenkammer und zum Reichstag unternommen. Der Kriegsausbruch im Juli und die sich ankündigende Einigung Deutschlands machten diese Aufgabe nur um so dringlicher. Die Programme, die bei Versammlungen führender Katholiken in Münster (am 14. Juni 1870) und in Soest (am 28. Oktober 1870) aufgestellt wurden, enthielten religiöse Forderungen (Autonomie der Kirche, Glaubensfreiheit, Anerkennung der kirchlichen Ehe, Konfessionsschulen und tatsächliche Parität der «anerkannten Religionen»), politische Forderungen (Erhaltung des Föderalismus gegen die Ansprüche des Einheitsstaates, Senkung der Militärausgaben) sowie soziale Forderungen (Harmonisierung der Interessen von Kapitalisten und Grundbesitzern, Stärkung des Mittelstands, Gesetzgebung zur Verbesserung der Lage der Fabrikarbeiter).[20] Die Parlamentsfraktionen des neubegründeten Zentrums hatten nach den Wahlen von November 1870 und März 1871 in der preußischen Abgeordnetenkammer achtundfünfzig Abgeordnete, einundsechzig im Reichstag.[21]

Indem sie ihre Fraktion als das «Zentrum» bezeichneten, suchten manche Angehörigen derselben die Öffentlichkeit davon zu überzeugen, daß sie es nicht mit einer konfessionellen Minderheitsvertretung zu tun habe, obwohl sich schon zu Beginn der sechziger Jahre die katholische Fraktion im preußischen Landtag so genannt hatte. Dennoch identifizierten die Presse und die Öffentlichkeit auch das neue Zentrum bald als katholische und ultramontane Partei, und ihre Abgeordneten wurden oft als «Klerikale» bezeichnet. Im Parlament nahm die Partei einige Protestanten als «Hospitanten» auf (so zum Beispiel Ludwig von Gerlach und den hannoverschen Welfen Ludwig Brüel), doch sie zog nur wenige protestantische Wähler an.[22] Katholische Angehörige der Freikonservativen Partei weigerten sich, ihr beizutreten (von wenigen Ausnahmen, darunter Karl Friedrich von Savigny, abgesehen), wie auch viele liberale Katholiken (namentlich Max von Forckenbeck). Viele der neugewählten süddeutschen katholischen Abgeordneten schlossen sich der Liberalen Reichspartei an und traten nach deren Auflösung den Freikonservativen und der Nationalliberalen Partei bei. Die polnischen Abgeordneten bildeten eine eigene Fraktion und ebenso diejenigen für Elsaß-Lothringen. So konnte das Zentrum auch keineswegs die Gesamtheit der katholischen Wählerstimmen auf sich vereinigen. Denn obwohl 36,2 Prozent der Wahlberechtigten katholischer Religion waren, erhielt die Zentrumspartei nur 17 Prozent der abgegebenen Stimmen, also weniger als die Hälfte des katholischen Votums.[23]

Die erste parlamentarische Demarche des Zentrums war nicht geeignet, ihm bei der nicht-katholischen Bevölkerung eine breitere Wählerbasis zu gewinnen. Am 18. Februar 1871 richtete die Zentrumsfraktion in der preußischen Abgeordnetenkammer eine Adresse an Kaiser Wilhelm in Versailles, in welcher dieser gebeten wurde, sich für eine Wiederherstellung der weltlichen Herrschaft des Papsttums einzusetzen. Wilhelm würdigte dieses Ersuchen keiner direkten Antwort, aber die Thronrede bei der Eröffnung des Reichstags am 21. März enthielt einen Passus, der auf das Problem Bezug nahm: «Die Achtung, welche Deutschland für seine eigene Selbständigkeit in Anspruch nimmt, zollt es bereitwillig der Unabhängigkeit aller anderen Staaten und Völker, der schwachen, wie der starken». In seiner Antwortadresse ging der Reichstag auf das Thema ein: «Die Tage der Einmischung in das innere Leben anderer Völker werden, so hoffen wir, unter keinem Vorwande und in keiner Form wiederkehren» – womit der Vatikan gemeint war. Führer des Zentrums erklärten diesen Passus als unannehmbar und stimmten gegen die ganze Adresse. Doch das Zentrum wurde bei diesem Protest allein gelassen (sechs Polen enthielten sich der Stimme). Am 30. März wurde die

Adresse mit der überwältigenden Mehrheit von 243 gegen 63 Stimmen angenommen.[24]

Ohne Zweifel hatte das Zentrum einen schweren taktischen Fehler begangen. Schon im voraus von allen anderen Parteien des Reichstags gebilligt, war ja diese Adresse als patriotische Demonstration nationaler Einheit und als Ausdruck nachträglicher Billigung all dessen, was Bismarck, der Kaiser und die deutschen Heere in dem jüngst so glorreich gefochtenen Kriege vollbracht hatten, gedacht und formuliert.[25] Freilich hatten die Liberalen mit dem vom Zentrum beanstandeten Passus den Ultramontanen einen ärgerlichen Hieb versetzt. Indem jedoch das Zentrum deswegen die Adresse mißbilligte, setzte es sich dem Vorwurf aus, es fordere wie zu Zeiten des frühmittelalterlichen Reichs eine militärische Intervention zugunsten des Kirchenstaats durch das neue Reich. Im Augenblick der Einigung Deutschlands wandte sich anscheinend also die Partei der deutschen Katholiken gegen den Anspruch der Italiener auf nationale Selbstbestimmung. Der Versuch, dem bedrängten Papsttum zu Hilfe zu eilen, war natürlich eine reine Donquichotterie. Die Zentrumspartei hatte ebensowenig Aussicht, Einfluß auf Bismarcks Außenpolitik zu nehmen, wie vor ihr während der Jahre 1862–1866 die Liberalen und während der Jahre 1867–1870 die Nationalliberalen. Sie rannte gegen Windmühlenflügel an.

Dieser verunglückte Eintritt des Zentrums in die nationale Politik schadete dann dem Versuch der Partei, während der Debatte vom 1. bis 4. April 1871 durchzusetzen, daß sechs Artikel der preußischen Verfassung, die (in allerdings dehnbarem Maße) die Rede-, Presse-, Versammlungs- und Religionsfreiheit sowie die Autonomie kirchlicher Institutionen garantierten, in die Reichsverfassung aufgenommen wurden. Wenn sie gemeint hatten, sich bei dieser Forderung auf die Unterstützung der Liberalen verlassen zu dürfen, sollten sie bald eines Besseren belehrt werden. Ihre Gegner wiesen darauf hin, daß die vorgeschlagene Änderung der Reichsverfassung in der Tendenz zentralistisch sei und deshalb ihre Beantragung einer Partei, der ihrem Programm zufolge soviel an der Bundesstruktur des Reichs lag, schlecht anstehe.[26] Treitschke wies darauf hin, daß andererseits auf der Liste der von den Zentrumsleuten geforderten bürgerlichen Freiheiten etliche durch Abwesenheit glänzten, so die Freiheit der Forschung und Lehre und das Recht auf Zivilehe. Doch wenn man dem Zentrum Inkonsequenz vorwerfen konnte, waren die Liberalen noch inkonsequenter. Indem sie die Gelegenheit wahrnahmen, die «Klerikalen» ihren Abscheu fühlen zu lassen, gingen die Liberalen von ihrer Tradition der Toleranz und Unterstützung aller verfassungsmäßigen bürgerlichen Freiheiten entschieden ab. 1848 habe die noch unerfahrene liberale Partei, erklärte Miquel, irrtümlich angenommen, daß jede Schmälerung der Macht des Staates ein Gewinn für die Freiheit wäre. Nur aus diesem Grunde sei der Artikel 15 in die preußische Verfassung gelangt, welcher der katholischen Kirche eine unerhörte Sonderstellung garantierte. So war abermals das Zentrum in der Kammer isoliert. Seine Vorlage wurde mit 223 gegen 59 Stimmen abgewiesen.[27]

Für die Liberalen begann mit den Debatten vom 30. März bis zum 4. April 1871 der Kulturkampf. Sie fanden vor dem Hintergrund der Auseinandersetzung über das Unfehlbarkeitsdogma statt. In Bayern zeigte sich, daß der Konflikt Döllingers mit dem Erzbischof von München-Freising nicht zu schlichten war (am 3. April erklärte sich der Lehrkörper der Universität für Döllinger, zu dessen Unterstützung am 10. April auch eine öffentliche Massenkundgebung stattfand).[28] Gleichzeitig kam es in Braunsberg wegen des renitenten Kaplans zum Eklat zwischen dem Bischof und der Schulbehörde. «Der Kampf zwischen Kirche und Staat», erklärte Stauffenberg dem Reichstag, «ist jetzt aus der Theorie in die Wirklichkeit herausgetreten.» Ein württembergischer Nationalliberaler namens Robert Römer brachte das Problem auf den Punkt. Angesichts der Tatsache, daß für das Zentrum die höchste Autorität offenbar nicht der Kaiser sei, sondern der Papst, stelle sich nun die Frage: «Rom oder Deutschland»?[29]

Bismarcks Entschluß zum Angriff

Die Anschauungen vom Wesen der katholischen Kirche und deren politischen Zielen, die Bismarck letztlich in den Kulturkampf führten, hatte er bereits in den fünfziger Jahren ausgebildet. Als er 1852 über die Gründung der katholischen Fraktion unterrichtet wurde, schrieb er an Manteuffel: «Von dem Zuwachs der ultramontanen Partei in der Kammer fürchte ich nicht viel, sobald die Rechte einig bleibt; jene sind genöthigt, mit der liberalen Opposition gemeinschaftliche Sache zu machen, und wenn die öffentliche Meinung in unsern östlichen Provinzen erst dahin kommt, den Jesuitismus und den Liberalismus zu identificiren, so ist der letztre auch der wenigen Sympathien verlustig, die er noch besitzt. Ich glaube, man sollte die Umstände benutzen, um jene beiden Begriffe durch angemessene Behandlung in der Presse möglichst nahe aneinander zu rücken. Der eroberungslustige Geist im katholischen Lager wird uns doch auf die Dauer nicht die Möglichkeit lassen, dem offenen Kampfe mit ihm auszuweichen.» Er empfahl Manteuffel, Raumers Direktiven nicht zurückzuziehen, «denn mit der ultramontanen Partei ist kein sichrer Bund zu flechten, da sie jede Concession, bis zur vollständigen Unterwerfung hin, nur als eine aufmunternde Abschlagszahlung annehmen wird».[30]

1853–1854 beobachtete Bismarck eine Auseinandersetzung zwischen der Regierung von Baden und dem Bischof von Freiburg, die ihm von mehr als lokaler Bedeutung zu sein schien. Der Streit sei bezeichnend für «den streitbaren, unersättlichen und in den Ländern evangelischer Fürsten unversöhnlichen Geiste, welcher einen Teil des katholischen Klerus beseelt»; Konzessionen würden nur zu neuen Forderungen führen, bis der Klerus sein Ziel «unumschränkter Alleinherrschaft» erreicht habe.[31] Ludwig von Gerlachs Verteidigung des Bischofs in der *Kreuzzeitung* erzürnte Bismarck so sehr, daß die Heftigkeit seiner eigenen nichtchristlichen Gefühle ihn selbst erschreckte. Damals schrieb er den schon zitierten

Brief an Leopold von Gerlach[32], in dem er den Kampf gegen den Katholizismus als eine seiner schwersten Aufgaben in Frankfurt bezeichnete, den Katholizismus in Süddeutschland als unerbittlichen Feind Preußens schilderte und rundheraus leugnete, daß der Katholizismus den Namen eines christlichen Glaubens verdiene; was er am Werk sah, war vielmehr ein «heuchlerischer, götzendienerischer Papismus voll Haß und Hinterlist».[33] Im Juni 1855 ließ er sich von einem preußischen Polizeibeamten über subversive Umtriebe unter den Katholiken in Süddeutschland unterrichten, die besonders anläßlich der Feier des elfhundertsten Todestages des hl. Bonifatius in Fulda deutlich geworden seien, und schloß: «... diese Verschwörer halte ich jetzt allerdings für uns gefährlicher als die Demokratie.»[34]

Bismarcks Abneigung gegen den politischen Katholizismus war so groß, daß er zu Beginn des Verfassungskonflikts die Haltung der inzwischen schon als «Zentrum» firmierenden katholischen Fraktion nicht richtig einschätzte: Preußens Anerkennung des Königreichs Italien war dem Zentrum zwar insgesamt unerfreulich, doch in der Frage des Militärgesetzes waren die Abgeordneten geteilter Meinung, weshalb die Fraktion sich bemühte, einen mittleren Kurs zwischen der Regierung und der parlamentarischen Opposition zu steuern. Doch in einem Erlaß an den preußischen Gesandten in Rom setzte Bismarck diesem am 24. Oktober 1862 auseinander, daß das Zentrum, eine «weniger durch politische Übereinstimmung als durch das kirchliche Bekenntnis verbundene Partei», sich gegenüber der Regierung feindseliger verhalten habe als selbst extreme Demokraten. Aus vielen Gründen, aber allein schon wegen ihres religiösen Charakters würde er es bedauern, die Partei «mit verwandten Waffen bekämpfen zu lassen». In Anbetracht der von der Verfassung gewährten Privilegien empfahl er Rom, ebenfalls auf die Vermeidung einer solchen Auseinandersetzung bedacht zu sein. Der Staat dürfe mit Recht beanspruchen, «daß bei der politischen Haltung preußischer Katholiken nicht politische Parteizwecke, sondern nur die Pflichten gegen König und Vaterland maßgebend bleiben». Es sei offenkundig, schloß er, daß dies auch für die «Posener Verhältnisse» gelte. Wenn der Erzbischof von Posen und Gnesen «Religion und Politik vermischt», dann könne die preußische Regierung erwarten, daß er in Rom weder Schutz noch Förderung finden werde.[35]

Während der Jahre 1866–1870 fand Bismarcks Mißtrauen hinsichtlich der Feindseligkeit und Eroberungslust der Katholiken neue Nahrung. Im Herbst 1866 stimmte im Landtag die katholische Fraktion, ehe sie sich einige Monate später auflöste, gegen eine ganze Reihe wichtiger Regierungsvorlagen: das Indemnitätsgesetz, die Annexionen, eine große Regierungsanleihe und das Dotationsgesetz, das Bismarck und die Generäle für den soeben erfochtenen Sieg belohnte. Obwohl sie damit die Verabschiedung keines einzigen dieser Gesetze verhindern konnte, ärgerte doch ihr Einspruch (wie derjenige der Fortschrittler) Bismarck sehr, weil er das Bild innerer Solidarität störte, das er Süddeutschland und dem restlichen Europa vor Augen stellen wollte. Die katholische Fraktion, klagte er im Dezember 1866, sei «die allerfeindseligste im Hause ..., welche selbst die rothe Democratie an Gehässigkeit der Angriffe übertrifft».[36] Die Auflösung des ersten Zentrums und die danach im katholischen Lager zu beobachtende Verwirrung beruhigten Bismarck nicht. Der Streit um die bürgerlichen Freiheiten im konstituierenden Reichstag, das Bündnis zwischen Katholiken und welfischen Partikularisten, die Gefahr einer katholischen Liga europäischer Mächte, die Unterstützung, die den der Einheit widerstrebenden süddeutschen Partikularisten von den Ultramontanen gewährt wurde, und nicht zuletzt der Rückhalt, den der polnische Nationalismus beim katholischen Klerus hatte[37] – alle diese tatsächlichen oder eingebildeten Vorgänge bestärkten Bismarck in dem Glauben an die Existenz einer weitverzweigten katholischen Verschwörung, die seine Politik in Deutschland und in Europa gleichermaßen bedrohte.[38]

Während der Jahre 1868–1870 ersuchte Bismarck den Papst wiederholt (wie er es 1862 und 1866 getan hatte), seinen Einfluß geltend zu machen, um den fortgesetzten «geheimen und offenen Krieg» von Kreisen der katholischen Kirche gegen Preußen zu unterbinden. Der Klerus habe sich mit Demokraten und Radikalen zu einer «unnatürlichen Bündnisgenossenschaft» zusammengefunden, die bei den jüngst abgehaltenen Wahlen zum Zollvereinsparlament keine Verleumdung und Lüge gescheut habe, um den Sieg der nationalen Partei zu verhindern. Süddeutsche katholische Zeitungen hätten, unterstützt von der katholischen Presse Belgiens und Frankreichs, bei der Verbreitung solchen «Schmutz(es)» miteinander gewetteifert. Die katholische Kirche erfreue sich aber in Preußen und in Norddeutschland einer Freiheit, die sie nirgends sonst in Deutschland oder anderswo in Europa genieße. Obwohl er persönlich der katholischen Kirche wohlgesonnen sei, mahnte Bismarck, werde er doch angesichts einer derartigen Feindseligkeit ihre Interessen nicht länger verteidigen können, wenn sie ihre Haltung nicht ändere. Diejenigen, die schon von jeher der Meinung gewesen seien, daß die katholische Kirche Preußen und den Norddeutschen Bund bedrohe und daß ein dauernder Frieden mit ihr nicht möglich sei, würden an Einfluß gewinnen. Er vertraue deshalb darauf, daß man sich in Rom entschließen werde, «einen mäßigenden Einfluß» auszuüben. «Es würde uns schmerzlich sein, … wenn wir in Rom selbst nicht einen Bundesgenossen gegen die Revolution, sondern einen mehr oder weniger bewußt mit derselben gegen uns verbündeten Gegner erblicken müßten.»[39]

Diese Briefe zeigen die uns schon bekannten Züge der politischen Technik Bismarcks – die Aufzählung der gewährten Wohltaten und empfangenen Beleidigungen, die Offenbarung der eigenen Stellung im Angelpunkt des Geschehens und der ihm zu Gebote stehenden Möglichkeiten. Sie beweisen aber auch, daß Bismarck noch immer (wie 1862 und 1866) der Überzeugung war, daß der Schlüssel zu seinen Schwierigkeiten mit den deutschen Katholiken in Rom zu finden sei. Obwohl Harry von Arnim, der Gesandte des Norddeutschen Bundes beim Vatikan, sich redlich bemühte, ihn eines Besseren zu belehren, blieb der Kanzler unerschütterlich bei der Überzeugung, daß Rom die Macht besäße, die politische Handlungsweise nicht nur der kirchlichen Hierarchie und des Klerus, sondern auch der katholischen Laien und der katholischen Presse überall in Europa zu lenken. Während der späten sechziger Jahre versuchte er immer wieder, den Vatikan davon zu überzeugen, daß seine wahren Interessen nichts mehr befördern könnte, als wenn er die süddeutschen Katholiken dazu veranlaßte, gehorsam die Führung Preußens zu akzeptieren.[40] Er stellte sich die katholische Kirche als fest organisierte monarchische Institution vor, die von den Gläubigen, Laien ebenso wie Klerikern, unbedingten Gehorsam nicht nur in Glaubensdingen, sondern auch in Fragen politischen Verhaltens fordern dürfe.[41]

Unzweifelhaft glaubte Bismarck wirklich, daß Preußen das Ziel ultramontaner Anschläge von so unbedingter Feindseligkeit sei, daß ein seinem ganzen Wesen nach konservativer Klerus, der einer konservativen Institution diente, sich mit politischen und sozialen Radikalen und im preußischen Polen mit Nationalrevolutionären einließe, nur um Preußen zu schaden. Was er deswegen nach Rom schrieb, könnte man zwar als zweckdienliche Übertreibung lesen, doch hat er sich bei Beratungen des preußischen Staatsministeriums und bei privaten Unterhaltungen ganz ähnlich geäußert.[42] Solange die deutsche Einheit noch nicht vollendet war, konnte er allerdings die Drohungen, die man in seinen Erlassen an Arnim liest, kaum wahrmachen. Einstweilen mußte ja jeder offene Konflikt mit dem norddeutschen katholischen Klerus und erst recht mit dem Papst selbst nach Möglichkeit vermieden werden, um zu verhindern, daß die Ultramontanen auch die gemäßigten Katholiken, zumal in Süddeutschland, gegen Preußen mobilisierten.[43] Im Februar 1870 wies deshalb Bismarck gemeinsam mit dem preußischen Ministerium die Initiative der Abgeordnetenkammer in der Moabiter Sache zurück, weigerte sich, den Oberpräsidenten von Horn in seinem Konflikt mit dem Erzbischof Ledóchowski von Posen-Gnesen zu unterstützen, und entsandte den preußischen Herzog von Ratibor als Wilhelms persönlichen Vertreter zu einem Jubiläum Papst Pius' IX.[44] Nirgends bewies er aber größere Zurückhaltung gegenüber der Kirche als in seiner Haltung zum Vatikanischen Konzil 1869–1870 und zur «römischen Frage» 1870–1871.

Während der Vorbereitung des Konzils und der innerkirchlichen Debatte über die Verkündung des Dogmas päpstlicher Unfehlbarkeit vertrat Bismarck die Ansicht, daß es sich dabei um innere Angelegenheiten der Kirche handele, die die norddeutsche Regierung nichts angingen. «Wenn Ausschreitungen stattfinden sollten, welche in das staatliche Gebiet übergreifen, so werden wir die Rechte des Staates zu wahren wissen; aber wir sehen keine Veranlassung, im voraus Fürsorge dagegen zu treffen.» Nichtsdestoweniger hoffte er, daß die innerkirchlichen Streitigkeiten die Ultramontanen schwächen und mithin auch die Wirksamkeit ihrer Agitation gegen Berlin mindern würden. Deshalb unterstützte er gern die erfolglosen Bemühungen katholischer Regierungen (erst Bayerns, dann Frankreichs, dann Österreich-Ungarns), eine gemeinsame Front europäischer Mächte gegenüber dem Vatikanischen Konzil zu bilden.[45] Doch Arnims Bitten, in dieser Angelegenheit selbst die Initiative zu ergreifen, wies er entschlossen zurück, weil er meinte, daß die Einmischung einer protestantischen Macht das Konzil, das es seines Erachtens zu spalten galt, nur konsolidieren würde. Die Regierung habe keine Ursache, die Ergebnisse des Konzils zu fürchten, ließ er Arnim wissen, da sie ja über die gesetzgeberische Gewalt verfüge, jedem etwaigen Übergriff auf die Rechte des Staates wirksam zu begegnen. Sie werde sich bei einer diesbezüglichen Krise auch auf das «ausgebildete staatliche Bewußtsein der Nation» verlassen können, bei der Mehrheit der Katholiken ebenso wie bei der vorherrschenden Mehrheit der Protestanten.[46] Im Juni 1870, während des Konzils, schrieb er an Abeken: «Den Kampf über katholisches Dogma auf dem römischen Terrain aufnehmen, hieße für uns den Leviathan im Wasser angreifen; lassen wir ihn aufs Trockne kommen, das heißt, auf den Boden der practischen Durchführung des Dogmas innerhalb des Preußischen Staatsrechts; da sind wir ihm überlegen.»[47] Er war willens und geneigt, den oppositionellen Bischöfen Beistand zu leisten, doch nur wenn ihn diese darum bäten, und das geschah nicht. Bismarck sah richtig voraus, daß die deutschen Bischöfe, egal was sie nun persönlich von dem Unfehlbarkeitsdogma halten mochten, sich schließlich dem Konzil unterwerfen würden. Doch erwartete er, daß die Kontroverse die kompakte Organisation der Kirche lockern und die einmütige Feindseligkeit der katholischen Presse gegen Berlin brechen würde.[48]

Die römische Frage wurde akut, als 1870 Napoleon III. genötigt war, die französische Garnison, die dort seit 1860 die fortgesetzte päpstliche Herrschaft über die Stadt garantiert hatte, aus Rom abzuziehen. Verzweifelt hielt die Kurie in Europa Ausschau nach einer Macht, die willens und imstande wäre, die italienische Besetzung der Stadt auch in Zukunft zu verhindern. Eine Intervention zugunsten des Papstes (wozu den Kaiser auch die Kaiserin Augusta in zahlreichen Briefen drängte[49]), kam für Bismarck nicht in Frage, weil ein solches Vorgehen Italien dem revolutionären Frankreich in die Arme getrieben hätte. Doch glaubte er, aus einer beschränkten Unterstützung des päpstlichen Hofs politische Vorteile ziehen zu können. Er ersuchte die italienische Regierung in Florenz, den Papst respektvoll zu behandeln, und nach einigem Zögern wiederholte er auch das (schon 1866 zum ersten Mal gemachte) Angebot, dem Papst in Deutschland (entweder in Köln oder in Fulda) Asyl zu gewähren.[50] «Es wäre eine unerhörte Wendung, aber doch nicht so unerklärlich und für uns recht nützlich», hörte Busch seinen Chef sagen, «wenn wir den Katholiken als das erschienen, was wir in Wirklichkeit sind, als die einzige Macht gegenwärtig, die dem obersten Fürsten ihrer Kirche Schutz gewähren könnte.»[51] Obwohl Pius IX. im Vatikan verblieb, suchte Bismarck weiterhin in Rom Hebel anzusetzen, um seine katholischen Widersacher in Deutschland zu erschüttern. Als zu befürchten stand, daß es der klerikalen Partei in Bayern gelingen könnte, den Abschluß des Einigungsvertrages mit dem Norden scheitern zu lassen, telegraphierte er an Arnim die Anweisung, der Kurie zu bedeuten, daß ein solches Verfahren die Einigung Deutschlands nicht verhindern könne, sondern ihn nur zwingen werde, «ihre Basis dann mehr in der öffentlichen Meinung (zu) suchen und (zu) finden, welche die Herstellung von Kaiser und Reich fordert», und bei dieser Gelegenheit den Katholizismus als eines der Elemente zu identifizieren, die sich der Einigung Deutschlands bisher erfolgreich widersetzt hätten. Ob das wirklich im Interesse der Kurie liege?[52] Auch diesmal war das Ergebnis enttäuschend. Am 21. Januar 1871 telegraphierte er an Arnim, daß die klerikalen Einflüsse in Bayern noch immer gegen den Einigungsvertrag wirkten, trotz der «nicht bezweifelten Sympathie des Papsts für uns».[53]

Während des ganzen Winters und Frühjahrs beharrte Bismarck bei einer Politik der Neutralität in der römischen Frage, bemüht, es weder mit dem Heiligen Stuhl noch mit der italienischen Regierung zu verderben, dabei aber deren gegenseitige Feindschaft auszunutzen und beiden Gefälligkeiten abzunötigen.[54] Auf alle Bitten – einschließlich persönlicher Briefe des Papstes an Wilhelm und der Entsendung des Erzbischofs Ledóchowski nach Versailles – erwiderte er, daß Deutschland sich nur an von den europäischen Mächten gemeinsam ergriffenen Maßnahmen beteiligen würde, und mit derartigen Maßnahmen war kaum zu rechnen. Im Februar stimmte er dem Vorschlag Arnims zu, daß, da auf Unterstützung gegen den Ultramontanismus in Rom nicht mehr zu hoffen sei, die Beziehung zu Rom gelockert werden sollte. Arnim wurde Anfang März aus Rom abberufen und die Vertretung des Reichs beim Vatikan dem bayerischen Gesandten, dem Grafen Tauffkirchen, anvertraut. Dennoch bat Bismarck die italienische Regierung noch wiederholt (am 31. März, 1. Mai und 19. Mai), dem Papst unnötige Demütigungen zu ersparen[55]. Er glaubte also noch immer, daß gute Beziehungen zum Heiligen Stuhl ihm in der deutschen Politik von Nutzen sein könnten.

Bismarck pflegte später zu behaupten, daß er der Zentrumspartei zunächst nicht feindlich gegenübergestanden habe.[56] Schließlich war einer ihrer Gründer Karl Friedrich von Savigny, der hochrangige preußische Diplomat, der geholfen hatte, die Verfassung des Norddeutschen Bundes durch den Ministerrat und den konstituierenden Reichstag zu bringen. Seine Beteiligung an der Gründung der neuen Partei schien zu versprechen, daß dieselbe mindestens so konservativ wie katholisch sein und gemeinsame nationale Interessen unterstützen werde. Dem Kanzler zufolge wurde diese Erwartung dann durch das Verhalten der Partei in der Frage der Adresse des Reichstags an den Kaiser und der Bürgerrechtsartikel in der Reichsverfassung getäuscht. Die klerikale Fraktion, schrieb er an den preußischen Gesandten in München, sei nun eine rein konfessionelle Partei geworden, deren Wähler ihren katholischen Interessen die nationalen aufzuopfern bereit wären. Nun nötige die Aggressivität der Klerikalen die Regierung, zu ihrer eigenen Verteidigung selbst in die Offensive zu gehen.[57] Dennoch befahl Bismarck den Gesandten, sich von der Döllinger-Bewegung fernzuhalten. Wenn auch die Beziehungen des Reichs zur katholischen Kirche schwieriger geworden seien, meinte er, dürfe sich das Reich doch in dogmatische Streitigkeiten der Katholiken untereinander nicht einmischen.[58]

Vorsicht war auch noch aus einem anderen Grunde geboten. Bismarck hatte noch einen Versuch unternommen, den Papst zu einer mäßigenden Einwirkung auf die Politik des Zentrums zu bewegen. Am 17. April 1871 instruierte er Tauffkirchen, der Kurie bei Gelegenheit mitzuteilen, daß die aggressive Haltung des Zentrums in Deutschland das Anwachsen antipäpstlicher Gesinnungen zur Folge gehabt habe. Vier Tage später erhielt er ein Telegramm von Tauffkirchen, in dem er mit Befriedigung las, daß der päpstliche Staatssekretär Kardinal Antonelli das Verhalten der «katholischen sogenannten Zentrumsfraktion im Reichstag als tactlos und unzeitgemäß mißbillige und beklage». Am 10. Mai konnte Tauffkirchen berichten, daß in einem Gespräch mit dem österreichischen Gesandten, dem Grafen Gustav von Kálnoky, der Papst selbst «das Auftreten der Katholikenpartei im Reichstage als inopportun und unpraktisch» getadelt habe.[59] Man kann sich vorstellen, in welche Hochstimmung diese Botschaften Bismarck versetzt haben müssen. Sie schienen ihm die Richtigkeit der Politik zu bestätigen, die er gegenüber der Kirche nun schon seit Monaten verfolgte. Jetzt, angesichts des Mißvergnügens des Papstes, würde sich das Zentrum gewiß eines Besseren besinnen. Wenn nicht, würde es endlich vollkommen isoliert sein, abgeschnitten nicht nur von allen anderen politischen Parteien, sondern auch von Rom, und damit von allen Seiten angreifbar.

Am 14. Mai 1871 ermächtigte Bismarck den Grafen Frankenberg, einen Führer der Freikonservativen Partei, von den aus Rom erhaltenen Informationen Gebrauch zu machen, was dieser in einer Rede vor schlesischen Wählern tat, über die dann in der deutschen Presse ausführlich berichtet wurde. Als katholische Journalisten die Zuverlässigkeit dieser Informationen anzweifelten, bestätigte Bismarck dieselben in einem Brief an Frankenberg, der am 23. Juni in der *Nationalzeitung* veröffentlicht wurde.[60] Der Brief war kaum erschienen, als er bereits dementiert wurde. Bischof Ketteler übergab der Presse einen Brief Antonellis vom 5. Juni, in dem dieser den Gang seiner Unterredung mit Tauffkirchen ganz anders darstellte. Tatsächlich wollte der Kardinal als «verfrüht» nur den Versuch bezeichnet haben, das Parlament für eine Intervention zugunsten des Papsttums zu gewinnen, den seinen Informationen zufolge das Zentrum unternommen hätte. Da nun aber das Zentrum einen solchen Versuch tatsächlich gar nicht unternommen habe, erklärte Ketteler, sei selbst diese milde Kritik Antonellis gegenstandslos. In seinem Brief redete der Kardinalstaatssekretär des weiteren allen katholischen Abgeordneten ins Gewissen, jede Gelegenheit wahrzunehmen, ihre Religion und die Rechte des Papsttums gegen Einschüchterungsversuche zu beschützen und zu verteidigen.[61] Als am 26. Juni Tauffkirchen zu einem weiteren Gespräch mit Antonelli Audienz erhielt, beharrte der Kardinal bei der Darstellung, die er in dem Brief an Ketteler gegeben hatte, und erklärte den ganz anderen Eindruck, den der Gesandte bei der früheren Unterredung gewonnen hatte, als Mißverständnis.[62]

Schon im Laufe des Monats Juni, Tage bevor ihm Antonellis Dementi bekannt wurde, beschloß Bismarck, gegen klerikale und ultramontane Einflüsse in Preußen und Deutschland in die Offensive zu gehen. Fürst Hohenlohe bemerkte am 19. Juni in seinem Tagebuch, daß ihm an diesem Abend Bismarck einen Brief an Frankenberg vorgelesen und sein Urteil darüber erbeten habe. Er könne nichts dagegen einwenden, habe er gesagt, obwohl der Brief den Klerikalen gewiß nicht gefallen werde. «Darauf erwiderte Bismarck: ‹Ich will ihnen auch nichts Angenehmes sagen›, und sagte dann noch, daß die Allianz der Klerikalen mit den Demokraten wie Schröder-Lippstadt seinen ganz besonderen Unwillen erregt, ‹dem Faß den Boden ausgeschlagen hätte.› Er werde jetzt gegen sie aggressiver vorgehen und namentlich im Kultusministerium die Clique Krätzig austreiben.»[63]

Adalbert Krätzig war der Chef der katholischen Abteilung im preußischen Kultusministerium. Die katholische und die protestantische Abteilung des Kultusministeriums waren die beiden Behörden des preußischen Staates, mit denen die Regierung Einfluß auf religiöse Angelegenheiten nahm. Bismarck glaubte, daß unter Krätzigs Leitung die katholische Abteilung in ein trojanisches Pferd verwandelt worden sei; anstatt, wie es ihre Pflicht sei, bei der katholischen und polnischen Bevölkerung die preußische Regierung zu vertreten, träte sie umgekehrt als deren Anwalt bei der Regierung auf.[64] Am 26. Juni nahm das Staatsministerium mit zögernd gegebener Zustimmung des Kultusministers Heinrich von Mühler Bismarcks Entscheidung an, die beiden Abteilungen unter protestantischer Leitung zu vereinigen und Krätzig auf einen harmlosen Posten in der Justizverwaltung zu versetzen. Bei der gleichen Sitzung verwarf das Ministerium widerstrebend den Vorschlag als zu weitgehend, die Braunsberger Schulkontroverse durch die Aufhebung der Pflicht zur Teilnahme am Religionsunterricht an den Gymnasien zu beenden, und bestätigte die Entscheidung der Schulbehörde, nach der sich die katholischen Schüler zum Religionsunterricht bei dem Dissidenten Wollmann einzufinden hatten.[65]

Schon vier Tage zuvor war die deutsche Öffentlichkeit auf die allgemeine Bedeutung der ins Auge gefaßten Maßnahme hingewiesen worden. Am 22. Juni 1871 veröffentlichte die *Kreuzzeitung* einen sensationellen Artikel, für dessen Verfasser man allgemein Hermann Wagener hielt und den man als halböffentliche Verlautbarung las. Mit der Bezeichnung «Zentrums-Partei» hätten die Klerikalen versucht, las man da, deren konfessionellen Charakter zu verbergen. Die Angehörigen und Anhänger dieser Partei hätten getan, was in ihren Kräften stand, die deutsche Einigung zu verhindern. Nun versuchten sie, mit der religiösen Frage das schon vereinigte deutsche Volk von neuem zu spalten. Angesichts derartiger Aggression könne sich auf die Dauer die deutsche Reichsregierung nicht auf die bloße Verteidigung beschränken. «Sie wird sich vielmehr, und zwar schon in der nächsten Zeit, entschließen müssen, einer ferneren Aggression auch ihrerseits mit Aggression, und zwar gleichmäßig nach außen wie nach innen, zu begegnen ... War schon vor dreihundert Jahren in Deutschland das Deutschthum stärker als das Römerthum, um wie viel mehr heute, wo Rom nicht mehr die Hauptstadt der Welt, sondern beinah die Hauptstadt Italiens ist, und wo die deutsche Kaiserkrone nicht auf dem Haupte eines Spaniers, sondern eines deutschen Fürsten ruht.»[66]

Das Ausmaß des langen Kampfes zwischen Kirche und Staat, der im Sommer 1871 begann, hat Bismarck weder geplant noch vorausgesehen. Er scheint geglaubt zu haben, den Vatikan mit einer Demonstration seiner Macht von seiner Entschlossenheit überzeugen zu können, und erwartet zu haben, daß daraufhin der Papst den ultramontanen Kreuzzug gegen das Reich abblasen und ihn fernerhin in Ruhe lassen würde. Im Juni 1871 sagte er zu Mühler: «Ich will nicht Krieg mit der Kirche, auch nicht mit der katholischen, aber um einen aufrichtigen Frieden zu haben, muß man auf der anderen Seite erst erkennen, daß wir uns nur bis zu einem gewissen Grade drücken und treten lassen und daß wir die Macht und den Willen haben, uns zu Wehr zu setzen, wenn es nötig ist.» Im Oktober 1871 bezeichnete der Kanzler gegenüber Mühler die Ultramontanen als «Vorposten» und fügte hinzu: «Das eigentliche Heer steht über den Alpen.»[67]

Beweggründe

Die Frage nach den Beweggründen, die Bismarck in den Sumpf des Kulturkampfs führten, ist von den Historikern lange kontrovers debattiert worden. Die Geister schieden sich insbesondere an der Frage, ob diese auf innenpolitischem oder auf außenpolitischem Gebiet zu suchen seien, ob also dabei das Primat der Innenpolitik oder dasjenige der Außenpolitik zur Geltung gekommen sei. Doch ist gerade diese Frage falsch gestellt, denn in diesem Fall hat Bismarck die Außenpolitik nicht von der Innenpolitik getrennt. Seine Beweggründe beim Kulturkampf waren ein Komplex von Ideen, Vorurteilen und Umständen, die einander gegenseitig stützten und bestätigten, einzeln aber nie zureichend gewesen wären, um eine solche Eskalation zu bewirken. Der Boden, auf dem sie sich entfalteten, war Bismarcks schon früh gewonnene Überzeugung, daß Preußen eine Verschwörung der Ultramontanen zu fürchten habe, an der nicht nur der größte Teil der Kleriker, sondern auch ein großer Teil der katholischen Laien beteiligt sei. Diese Verschwörung hatte das Ziel, sich aller Regierungen zu bemächtigen und insbesondere derjenigen der Hohenzollernmonarchie, der größten protestantischen Macht in Europa. Beweise für die Existenz dieser Verschwörung fand er in der Einmütigkeit, mit welcher in ganz Europa die katholische Presse Preußen angriff; in den Bestrebungen, eine gegen Preußen gerichtete Allianz der katholischen Mächte Europas zu formen; in der Unterstützung, welche dem deutschen Partikularismus und dem welfischen Widerstand von katholischer Seite geleistet wurde; in der unverkennbaren Wühltätigkeit des katholischen Klerus in Polen, der den polnischen Nationalismus in seinen Zielen bestärkte; in der Gründung des Zentrums als einer rein konfessionellen Oppositionspartei; in der Bereitwilligkeit selbst konservativer Katholiken, mit demokratischen Radikalen, ja sogar Sozialisten gegen den preußischen Staat gemeinsame Sache zu machen; sowie schließlich in dem von den Katholiken geforderten blinden Gehorsam, in ihrer willigen Unterwerfung unter den für unfehlbar gehaltenen Papst.

Alle diese Sorgen waren um so bedrängender, als die wahrgenommenen Gefahren dem Reich zu einer Zeit drohten, da dessen Konsolidierung noch keineswegs abgeschlossen war. In diesem Licht betrachtet, erweist sich Bismarcks Angriff auf den politischen Katholizismus als mannigfach verknüpft mit seinen innenpolitischen und außenpolitischen Initiativen in dieser Phase. Der Kulturkampf ging einher mit der Wiederherstellung des östlichen Bündnisses, mit der Annäherung der Regierung an die liberalen und nationalen Parteien, mit der Germanisierung völkischer Minderheiten, mit der Entwicklung der Reichsinstitutionen, mit der Expansion des Industriekapitalismus und mit einer vereinheitlichenden Gesetzgebung für das Reich. Freilich unterschied sich der Kulturkampf von den politischen Initiativen, mit denen er verwoben war, in seinem zerstörerischen Charakter. Während die anderen Maßnahmen konstruktiv waren und auf den Bau der wirtschaftlichen, institutionellen und «mentalen» Einheit des neuen Reichs zielten, war der Kulturkampf destruktiv. Er bezweckte die Beseitigung der Zentrumspartei (oder mindestens ihrer konfessionellen Basis), die Beendigung jedes klerikalen Einflusses auf die preußische Regierung und in den öffentlichen Schulen, die Vertiefung des durch die Unfehlbarkeitskontroverse in der katholischen Kirche selbst entstandenen Schismas, die Schwächung der Beziehungen zwischen der deutschen katholischen Kirche und der Kurie sowie die Zerstörung des alten Bündnisses zwischen Klerikalismus und polnischem Nationalismus und des sich anbahnenden neuen zwischen Klerikalismus und sozialem Radikalismus. Nachdem er die österreichische und die französische Einmischung in die deutschen Angelegenheiten mit Waffengewalt wenigstens für die nächste Zukunft gebannt hatte, schickte er sich nun an, mit Gesetzen und Verfügungen der Einmischung der Ultramontanen in die Reichspolitik entgegenzutreten. Wie 1866 und 1870 wartete er auch diesmal, ehe er zum entscheidenden Schlag ausholte, bis er glauben durfte, den Gegner isoliert zu haben.

In seinem Glauben an eine katholische Verschwörung stand Bismarck nicht allein. In ganz Europa hatte die Kurie, als sie den Herausforderungen des Jahrhunderts mit der Erhöhung der päpstlichen Autorität durch die Veröffentlichung des Syllabus und das Vatikanische Konzil begegnete, Staatsmänner, Protestanten und Liberale in Furcht und Schrecken versetzt. Daß Bismarck ihre Besorgnisse teilte, ist deshalb bemerkenswert, weil er sich selber nicht zu Unrecht als Realisten einschätzte, als einen Beobachter der tatsächlichen Welt und der sie bewegenden Kräfte, dessen Urteil niemals durch persönliche Motive oder ideologische Leidenschaften verzerrt wurde. Doch beim politischen Katholizismus wurde er sich untreu. Die Fähigkeit, tatsächlich gegebene Verhältnisse objektiv zu beurteilen, die ihn zuvor auf innenpolitischem und außenpolitischem Gebiet von Triumph zu Triumph geführt hatte, verließ ihn in diesem Fall. Die Ereignisse sollten zeigen, daß er auch die Macht des Staates überschätzte (oder jedenfalls der Mittel, die dieser ihm an die Hand gab), die Realität durch Gesetze und Verwaltungsmaßnahmen nach seinen Wünschen umzubilden, wie er andererseits die Hartnäckigkeit unterschätzte, mit der Menschen angesichts von politischer Verfolgung an ihren Idealen und Traditionen festhalten. So fand er denn den Leviathan auf dem trockenen Lande fast so übermächtig wie im Wasser.

Was aber Bismarcks Urteilskraft im Sommer 1871 trübte, war vor allem Hybris. Die lange Reihe seiner Triumphe, die soeben erst mit der Unterzeichnung des ganz seinen Wünschen entsprechenden Friedensvertrages mit Frankreich in Frankfurt glänzend verlängert worden war, versetzte ihn in Hochstimmung. Als er am 12. Mai den Abschluß des Vertrages im Reichstag bekanntgab, feierten ihn die Abgeordneten mit stürmischem Beifall. Am gleichen Tag fand Graf Waldersee: «Er sah recht wohl aus und war entschieden stolz auf seinen Erfolg.»[68] Vier Tage später erzählte er in entspannter Atmosphäre bei Bier und Maitrank dem Fürsten Hohenlohe, wie er bei den Friedensverhandlungen Thiers und Favre überlistet hatte. «Er behandelt alles mit einem gewissen Uebermut. Das gibt ihm gegenüber den ängstlichen Gemütern der alten europäischen Diplomatie das große Uebergewicht. Das hat er zu allen Zeiten getan. Jetzt aber kommen ihm noch die großen Erfolge zustatten, so daß er der Schrecken aller Diplomaten ist.»[69] Ein anderer Altersgenosse und Vertrauter des Kanzlers, Gustav von Diest, fand nach dem Kriege von 1870–1871 Bismarcks ganze Natur verändert. Er duldete keinen Widerspruch mehr, war Schmeicheleien zugänglich und reagierte nun gereizt auf die kleinste vermeintliche Mißachtung seiner Person und seiner Stellung.[70] Sein unnötiger Streit mit dem Reichstag über die Regierung des Reichslands Elsaß-Lothringen war symptomatisch für die Stimmung, in der er sich damals befand.[71]

Freilich gilt es bei Bismarcks schriftlichen oder sonst überlieferten Äußerungen stets zu unterscheiden zwischen Behauptungen, an die er mutmaßlich selbst glaubte, und solchen, die er aus taktischen Gründen für seine Überzeugung ausgab. Zweifellos war ihm die Propagandawirksamkeit der Erklärung bewußt, daß sich «Rot und Schwarz» gegen die Regierung miteinander verschworen hätten. Schon 1852 hatte er ja Manteuffel geraten, in der Regierungspresse auf das Bündnis von «Jesuitismus und Liberalismus» hinzuweisen, um die liberalen protestantischen Wähler zu verunsichern. Während der Reichstagswahlkampagne im Februar 1870 instruierte Bismarck seinen «Leibjournalisten» Moritz Busch, bei jeder Gelegenheit von der «Savigny-Bebel-Partei» oder der «Liebknecht-Savigny-Partei» zu reden.[72] Dennoch darf wohl nicht bezweifelt werden, daß Bismarck wirklich an die Existenz einer katholischen Opposition glaubte, die willens wäre, sich mit jeder beliebigen subversiven Kraft zum Zwecke der Unterminierung der Regierungsautorität zu verbinden.[73] Wie wir sahen, machte er für das Wachstum des polnischen Nationalismus und den Rückgang der deutschen Sprache und Kultur in den Ostprovinzen vor allem den katholischen Klerus verantwortlich, und seine Politik gegenüber den Polen basierte auf dieser Überzeugung. Offensichtlich hielt er außerdem die Zentrumspartei tatsächlich für ein unnatürliches Gebilde, da sie sich von den normalen politischen Parteien darin unterschied, daß ihr Männer unterschiedlicher politischer Überzeugungen (Konservative neben Demokraten) wie auch Männer aller Stände (Adelige, Bürgerliche, Arbeiter) angehörten. Er konnte nicht verstehen, wie sich – wenn tatsächlich nur Politik gemacht werden sollte – August Reichensperger, ein konservativer preußischer Beamter, mit Schröder-Lippstadt, einem achtundvierziger Barrikadenkämpfer, und mit Windthorst, einem hannoverschen Welfen, verbünden konnte. Er meinte deshalb, daß religiöser Fanatismus das einzige Band zwischen jenen Verbündeten sei, und ein solcher sollte seines Erachtens in der Politik keine Rolle spielen. «Und wie kommen Sie dazu, diese Fraction zu gründen; was wollen Sie damit?» fragte er Reichensperger.[74]

Bismarcks Furcht vor einem schwarz-roten Bündnis war auch begründet in der Verlegenheit, in die ihn die «soziale Frage» versetzte. Wie wir sahen, hatte er schon während des Verfassungskonflikts in Gesprächen mit Hermann Wagener und Ferdinand Lassalle die Möglichkeit erwogen, die Arbeiterklasse mit der Einführung eines «Staatssozialismus» für die Monarchie zu gewinnen.[75] 1866 hatte er sich aber in eine andere Richtung gewandt, als er moralische Unterstützung für die preußische Expansion im deutschen Nationalismus fand und das deutsche Bürgertum den Rückhalt gewährte, dessen er für die Konsolidierung der deutschen Einheit bedurfte. 1871 fürchtete er dann, daß nun die katholische Opposition die Gelegenheit zu dem Bündnis mit der Arbeiterschaft, die er sich 1866 hatte entgehen lassen, wahrnehmen könnte. Seit 1848 hatte in der katholischen Kirche der «christlich-soziale» Gedanke große Fortschritte gemacht. Bischof Kettelers größte Leistung war die Aufnahme des sozialen Reformgedankens in die katholische Soziallehre und damit deren Bestimmung als einer Christenpflicht. Zu der Zeit, da in der preußischen Regierung und Parteipolitik der Manchesterismus triumphierte, entlieh sich der Bischof bei Lassalle die Idee der Produktionsgenossenschaften. Sein Verständnis sozialer Probleme hielt sich zwar in Grenzen (seine Aufmerksamkeit galt vor allem der Lage der kleinen Handwerker, und staatliche Hilfe lehnte er ab), doch mit der Lehre, daß christliche Nächstenliebe sich der allgemeinen sozialen Probleme annehmen müsse, wies er anderen Klerikern den Weg zum Angriff auf die sozialen Übel des Fabriksystems.[76] Gegen Ende der sechziger Jahre hatte sich an der Ruhr und im Rheinland bereits eine christlich-soziale Bewegung entwickelt, die sich in katholischen Arbeitervereinen betätigte und über eine eigene Presse verfügte. Im März 1870 konnten die Vereine in Elberfeld ihren ersten allgemeinen Kongreß abhalten. Während früher die katholische Geistlichkeit Sozialisten und Kommunisten als Zerstörer der Kirche, der Regierung und der Gesellschaft angeprangert hatte, galt der Zorn der christlich-sozialen Bewegung jetzt einem neuen Gegner – dem atheistischen Liberalismus und dem Laissez-faire-Kapitalismus. Trotz aller Gegensätze in Religionsfragen trafen sich jetzt Katholiken mit Sozialisten in der gemeinsamen Diagnose der Ursachen der sozialen Übel.[77] Bismarcks scharfe Reaktion auf diese Entwicklung beweist, daß er sich der Blöße, die er sich durch seine Zusammenarbeit mit Liberalen und Besitzbürgern an der linken Flanke gegeben hatte, sehr wohl bewußt war, und so war der Gegenangriff, den er im Juni 1871 in Gang setzte, gegen Katholiken und Sozialisten zugleich gerichtet. Während dieses entscheidenden Monats begann er nicht nur den Kulturkampf, sondern erörterte er mit Rußland und Österreich-Ungarn auch gemeinsame Maßnahmen gegen die Sozialistische Internationale.[78]

Für Bismarck war der Kulturkampf vor allem ein innenpolitischer Präventivkrieg gegen reale und imaginäre Gefahren, von denen er die Konsolidierung des

Reichs bedroht sah. Daneben verfolgte er jedoch noch ein zweites, positiveres Ziel, nämlich eine Neubestimmung des Verhältnisses zwischen Staat und Kirche in Preußen. Bismarcks Abneigung gegen bürokratische Regierung ließ ihn in den frühen siebziger Jahren größere Autonomie oder ein höheres Maß an Selbstverwaltung für die Kommunen und Provinzen anstreben. Diese Absicht gab er zuerst zu erkennen, als er die Pläne seiner Ministerkollegen ablehnte, die 1866 annektierten Gebiete dem preußischen Staat einzuverleiben. Wie er die diesbezüglichen Projekte Eulenburgs, Lippes und von der Heydts scheitern ließ, sahen wir bereits. Jetzt erlitt Mühler das gleiche Schicksal, das seinen Kollegen vor ihm zuteil geworden war. Mühler wollte eine allgemeine Kirchenverfassung einführen, mittels welcher die lutherischen und reformierten Kirchen der neuen Provinzen der preußischen evangelischen Kirche unter dem Summepiskopat des Königs eingegliedert werden sollten. Mit der Zeit, meinte er, würden dann auch die lutherischen und reformierten Kirchen der neuen Provinzen gern in die «evangelische Union» einwilligen, die in den alten Provinzen schon König Friedrich Wilhelm III. durchgesetzt hatte. König Wilhelm sah in dieser Union ein heiliges Vermächtnis seines Vaters und seines Bruders und glaubte, sie ohne Aufschub auch auf die neuen Provinzen ausdehnen zu müssen. Es gelang Bismarck, die Ausführung sowohl des einen wie des noch weitergehenden anderen Plans zu verhindern, indem er zu bedenken gab, daß der Mißmut über die zwangsweise Eingliederung oder Einverleibung den Widerstand gegen die preußische Herrschaft in den neuen Provinzen zwangsläufig verschärfen werde.[79]

Bismarck widersetzte sich diesen Plänen jedoch nicht allein aus reinen Zweckmäßigkeitserwägungen. Er hatte hinsichtlich des rechten Verhältnisses zwischen Kirche und Staat Überzeugungen, die zu denen Wilhelms, Mühlers und der meisten Konservativen in krassem Gegensatz standen. Seines Erachtens war jeder Eingriff des Staates in kirchliche Angelegenheiten mit Gesetzen, die etwa Glaubensfragen oder die Organisationsform der Kirchen betrafen, eigentlich ein Fehlgriff. In Übereinstimmung mit seinem pietistisch geprägten persönlichen Glauben meinte er, daß der Staat das religiöse Leben nicht heben, sondern lediglich die Arbeit der Kirche durch finanzielle Unterstützung fördern könne. Die Folgerungen aus diesen Überzeugungen waren radikal: Die Souveränität, die in Preußen die Monarchie schon seit fast vierhundert Jahren über die protestantische Kirche ausübte, sollte seiner Meinung nach abgeschafft werden. Der Staat sollte eine evangelische Union nicht länger erzwingen. Die Kirche sollte auf provinzieller Ebene ihre Angelegenheiten selbst verwalten, Geistliche sollten nicht länger bei der Schulaufsicht mitwirken, und an den öffentlichen Schulen sollte nicht länger Religionsunterricht erteilt werden.[80]

Obwohl er die Trennung von Kirche und Staat befürwortete, zielten seine Absichten doch nicht auf Verhältnisse wie in den Vereinigten Staaten von Amerika oder in England. Er hatte nicht die Absicht, die protestantische Kirche zu entstaatlichen, denn sie sollte auch fernerhin aus dem Staatsschatz unterstützt werden. Auch schlug er nicht die Abschaffung des letzten den Gutsherren verbliebenen grundherrlichen Rechts vor, desjenigen nämlich, den Ortspfarrer zu bestimmen, und selbstverständlich hatte er auch nicht vor, das Band zwischen Thron und Altar zu lösen, das seit Jahrhunderten Gewähr dafür leistete, daß die protestantische Kirche treu zur monarchisch-aristokratischen Ordnung stand. Bismarck scheint seine Sicht der Beziehung von Staat und Kirche nicht lange nach 1866 ausgebildet und angenommen zu haben. Der genaue Zeitpunkt ist schwer festzustellen, denn er war in jenen Jahren ja mit vielen anderen Dingen beschäftigt und hütete sich natürlich, den Kaiser oder Kultusminister mit allen seinen diesbezüglichen Vorstellungen bekannt zu machen. Die erste Grundsatzdebatte führte er Anfang 1869 mit Mühler, und das Ergebnis dieser Aussprache ließ beide unbefriedigt. Infolgedessen richtete sich Bismarcks erste Maßnahme zur Trennung von Kirche und Staat (denn als solche muß man die Zusammenlegung der protestantischen und der katholischen Abteilung des Kultusministeriums am 8. Juli 1871 einschätzen) nicht gegen die protestantische, sondern gegen die katholische Kirche. Da er ihn an der Ausführung seiner Pläne für die evangelische Kirche gehindert habe, bemerkte er später gelegentlich zu Mühler, habe er auf dem Wege über Rom eintreten müssen.[81]

Im August 1871 in Bad Ems, wo er dem Kultusminister dieses Bekenntnis machte, rückte Bismarck dann auch mit dem ganzen Umfang seiner revolutionären Pläne heraus: «Kampf gegen die ultramontane Partei, insbesondere in den polnischen Gebieten...; Trennung von Kirche und Staat, von Kirche und Schule überhaupt; Übergabe der Schulinspektion an Nichtgeistliche; Hinausweisung des Religionsunterrichtes aus der Schule, nicht nur aus den Gymnasien, sondern auch aus der Volksschule; Überweisung der Kultusangelegenheiten an den Justizminister». Den frommen Mühler schockierten die offenbar gottlosen Anschläge des Kanzlers, und seine Frau (die die Unterredung der beiden Männer belauschte) fiel auf die Knie und betete, daß ihr Mann nicht darauf eingehen möge. Ob er denn Seine Majestät, den Kaiser, von seinen Plänen in Kenntnis gesetzt habe, fragte Mühler. Bismarck verneinte das: «Ich weiß wie der Kaiser steht, wenn Sie ihn mir aber nicht scheu machen, werde ich ihn trotzdem führen, wohin ich will.»[82]

Mühler blieb eigentlich nichts anderes übrig, als zurückzutreten oder Bismarcks Anordnungen auszuführen. Statt dessen versuchte er aber, im Amt zu bleiben und Bismarck zu zügeln, gab zwar dessen Forderungen nach energischeren Maßnahmen gegen die Ultramontanen nach, doch in der Hoffnung, dessen Anschläge auf die Sonderstellung der evangelischen Kirche abschwächen zu können. Bismarck zwang ihn zu einem Kompromiß nach dem anderen und setzte ihm unaufhörlich mit Vorwürfen wegen seiner angeblich unentschlossenen Handlungsweise zu – «Überhaupt aber sind Sie für einen Minister zu korrekt und ressortmäßig ... Sind Sie denn etwa heimlich katholisch?» mußte der Unglückliche hören. Mühlers Kompromisse entfremdeten ihn seinen konservativen Freunden, Bismarcks Vorwürfe isolierten ihn im Ministerium und unterminierten das Vertrauen des Königs zu ihm. Hinter den Kulissen mobilisierte der Kanzler

Liberale und Freikonservative zu einem Mißtrauensvotum im Landtag. Mitte Januar 1872 trat Mühler zurück.[83] Bismarck war einen weiteren «nutzlosen alten Mann» losgeworden.

In seinem Nachfolger, Adalbert Falk, fand Bismarck ein brauchbareres Werkzeug für seine Zwecke. Falk, aus einer schlesischen Pastorenfamilie gebürtig, Jurist, Staatsanwalt, dann Appellationsgerichtsrat, in das Justizministerium berufen und dort 1868 zum Vortragenden Rat ernannt, hatte politische Erfahrung als Landtagsabgeordneter, Angehöriger des konstituierenden Reichstags und preußischer Delegierter im Bundesrat. Seine politische Neigung war nationalliberal, und seine Ernennung stärkte den als liberal angesehenen Flügel (Camphausen, Delbrück, Leonhardt) der von der liberalen Presse als «Zwei-Seelen-Ministerium» bezeichneten Regierungsmannschaft.[84] Falks Ernennung überraschte, denn er war ein verhältnismäßig unbekannter Beamter. Bismarck gab diesem Juristen das Kultusministerium, weil er beabsichtigte, die kirchlichen Angelegenheiten letztlich ganz dem Justizministerium zu unterstellen, von dem er eine «unparteiischere» Behandlung dieser Materie erwartete.[85] Falk teilte Bismarcks Überzeugung, daß die Sphäre des Staates gegen kirchliche Eingriffe gesichert werden müsse. Den Kulturkampf sah er ebensowenig wie Bismarck selbst als Religionskrieg oder weltanschauliche Auseinandersetzung an. Er führte diesen Kampf aber nicht wie der Kanzler als politischen, sondern als Rechtsstreit. Er bezweifelte nicht, daß die legislativen und Polizeibefugnisse des Staates zur Erreichung des angestrebten Ziels vollkommen genügten. Die Funktion des Staates bestand für ihn in der Gesetzgebung, während der Bürger die Pflicht hatte zu gehorchen. Er scheint jedoch ehrlich der Überzeugung gewesen zu sein, daß keines der von ihm vorgelegten Gesetze die Kompetenz des Staates überschritt und die Eigengesetzlichkeit der kirchlichen Sphäre antastete, weshalb seines Erachtens auch kein Katholik ehrlich behaupten konnte, vom Staat genötigt zu werden, gegen sein Gewissen zu handeln. Er beurteilte das Gewissen der Katholiken nach protestantischen Kriterien.[86]

Die Kulturkampfgesetze

«An einem der letzten Tage des Dezember 1871 wurde ich zum Fürsten Bismarck berufen. Sein erstes Wort: ‹Geben Sie mir keinen Korb.› Ich fragte: ‹Was erwartet man von mir?› Der Reichskanzler antwortete: ‹Die Rechte des Staates der Kirche gegenüber wieder herzustellen und zwar mit möglichst wenig Geräusch›», erinnerte sich Falk seines ersten Gesprächs mit dem Kanzler über seinen neuen Aufgabenbereich.[87] Es war die Tragödie des deutschen Kulturkampfes, daß Falks und Bismarcks Maßnahmen über die bloße Wiederherstellung von Rechten des Staates gegenüber der katholischen Kirche weit hinausgingen und ein Aufsehen erregten, einen Lärm, der in ganz Deutschland und Europa während nahezu eines Jahrzehnts widerhallte. Bei dem Versuch, die Kirche aus der Sphäre des Staates zu vertreiben, drangen sie in die Sphäre der Kirche ein und beschränkten deren

Rechte und diejenigen der Gläubigen. So zielten denn ihre Maßnahmen keineswegs auf eine Trennung von Kirche und Staat, sondern vielmehr auf eine staatliche Bevormundung der katholischen Kirche.

Einige der Kulturkampfgesetze trugen allerdings zur Trennung von Kirche und Staat tatsächlich bei, namentlich das Schulaufsichtsgesetz und das Gesetz über die Zivilehe. Das Schulaufsichtsgesetz von 1872 diente zwar zunächst der Lösung der Probleme, die im preußischen Polen und bei der Braunsberger Schulkontroverse offenbar geworden waren, stellte aber ein für allemal das Recht des Staates zur Aufsicht über die Erziehung nicht nur an öffentlichen, sondern auch an privaten Schulen fest. Da das Gesetz die Schulaufsicht als Aufgabe des Staates bezeichnete, trug es zur Beendigung der verbreiteten und für den Staat zwar finanziell vorteilhaften, in anderer Hinsicht aber (wenigstens in Polen) schädlichen Praxis bei, die Schulaufsicht und den Schulunterricht dem vom Staat dafür nicht besoldeten Klerus anzuvertrauen.[88] Die obligatorische Zivilehe wurde im März 1874 in Preußen und, auf Initiative der Liberalen im Reichstag, im Februar 1875 im ganzen Reich eingeführt.[89] Das Schulaufsichtsgesetz entsprach ganz Bismarcks Wünschen. Gegen das Gesetz, das den Bürgern die Zivilehe zur Pflicht machte, hatte er zunächst Einwendungen, denn er fürchtete, mit einem derartigen Gesetz auch die evangelischen Wähler vor den Kopf zu stoßen. Da jedoch Falk auf dem Gesetz bestand und für den Fall, daß Bismarck nicht darin einwilligte, seinen Rücktritt androhte, gab er schließlich seine Zustimmung.

Die meisten Kulturkampfgesetze dienten der Herstellung der staatlichen Oberhoheit über die Kirche. Der sogenannte «Kanzelparagraph», der im Dezember 1871 als Zusatz zum Strafgesetzbuch erlassen wurde – auf Betreiben einer antiklerikalen bayerischen Regierung –, bedrohte Geistliche für politische Äußerungen, die den öffentlichen Frieden gefährdeten, mit Haft bis zu zwei Jahren.[90] Ein vom Reichstag verabschiedetes Gesetz verbannte im Juli 1872 den Jesuitenorden aus dem Reich.[91] Die Mehrzahl der Konfliktgesetze waren jedoch keine Reichsgesetze, sondern preußische. Im April 1873 machten zwei Zusätze zur preußischen Verfassung die evangelische und die katholische Kirche den Gesetzen des Staates und seiner gesetzlich geregelten Aufsicht untertan und gaben dem Staat die Befugnis, Gesetze zur Regelung der Ausbildung, Beschäftigung und Entlassung von Geistlichen zu erlassen sowie die Grenzen der disziplinarischen Gewalt der Kirche festzusetzen.[92] Damit war die Voraussetzung für die «Maigesetze» von 1873 geschaffen, die *erstens* bestimmten, daß in Zukunft Geistliche beider Konfessionen Deutsche sein müßten, Absolventen eines deutschen Gymnasiums und einer deutschen Universität, wo sie nach dreijährigem Studiengang ein Staatsexamen in Philosophie, Geschichte und deutscher Literatur abzulegen hätten (auf diese Weise wollte man sich der deutschen Gesinnung auch des römisch-katholischen Klerus versichern); die *zweitens* festsetzten, daß die Disziplinargewalt über die Geistlichkeit in Deutschland auf die deutsche Kirchenobrigkeit beschränkt bleiben und überdies der Aufsicht durch den Oberpräsidenten der Provinz und ein neugeschaffenes königliches Gericht für Kirchenangelegenheiten unterliegen sollte; *drittens* Ernennungen zu kirchlichen Ämtern von der Genehmigung des Oberpräsidenten abhängig machten; *viertens* Kirchenbeamte, die gegen die Gesetze verstießen, mit Amtsenthebung sowie Geld- und Gefängnisstrafen bedrohten; und *fünftens* die Bedingungen regulierten und erleichterten, unter denen ein Bürger seinen Austritt aus der Kirche erklären konnte.[93]

Diese Gesetze, die von den preußischen Bischöfen einmütig abgelehnt wurden, verfehlten ihren Zweck. Anstatt die Priesterausbildung der Staatsaufsicht zu unterwerfen, verfügten die Bischöfe die Schließung der Priesterseminare. Priesteramtskandidaten besuchten weder die Universitäten, noch legten sie die vorgeschriebenen Staatsprüfungen ab. Statt für ihre Ernennungen die staatliche Genehmigung einzuholen, ließen die Bischöfe die Kirchenämter lieber unbesetzt. Als dann Geldstrafen gegen sie verhängt wurden, weigerten sie sich zu zahlen und ließen sich lieber ins Gefängnis schicken. Konfisziertes Eigentum wurde bei der Versteigerung von treuen Katholiken zurückgekauft und der Kirche zurückgegeben. Die Finanzunterlagen der Diözesen, die ohne Bischof blieben, wurden versteckt oder vernichtet, um sie den königlichen Kommissaren vorzuenthalten, die mit der Verwaltung der vakanten Diözesen beauftragt wurden. Obwohl katholische Landräte entlassen wurden, war der Widerstand der örtlichen und rangniedrigen Staatsbeamten einschließlich eines Teils der Polizei zu verbreitet, als daß man ihn hätte bestrafen oder einschüchtern können. Sie verweigerten den Gehorsam und machten kein Geheimnis aus ihrer Sympathie mit dem Klerus, dessen Maßregelung ihnen aufgetragen war.[94]

Im April 1874 hatte Bismarck bereits begonnen, die Schuld am Scheitern seiner Maßnahmen seinen Ministerkollegen zuzuschieben. Er habe nie die Absicht gehabt, einen Feldzug gegen die katholische Kirche zu führen, versicherte er dem sächsischen Minister von Friesen. «Ich wollte die Zentrumsformation als politische Partei bekämpfen, weiter nichts! Wenn man sich darauf beschränkt hätte, so wäre es auch gewiß von Erfolg gewesen. Daran, daß man weiter gegangen ist und die ganze katholische Bevölkerung aufgeregt hat, bin ich ganz unschuldig.» Er sei zu krank gewesen, die dicken Entwürfe der Gesetzesvorlagen zu lesen und das «dumme Zeug» herauszustreichen.[95] Doch die von Bismarck in den Jahren 1874–1875 eingebrachten Gesetze erbitterten die katholische Bevölkerung sogar noch mehr, ohne die Regierung ihrem Ziel näherzubringen.

Es wird behauptet, daß Bismarck die Wirksamkeit ideeller Kräfte im politischen Leben nicht richtig einzuschätzen wußte.[96] Das entspricht aber keineswegs den Tatsachen, denn wie wir gesehen haben, gelangte er nach 1858 zu der Erkenntnis, daß die Expansion Preußens ohne die Sanktionierung durch den deutschen Nationalismus nicht verwirklicht werden konnte, und auch nach 1866 ging er politisch von dieser Voraussetzung aus. Im Kulturkampf aber hat er die moralische Kraft des Katholizismus zugleich überschätzt (mit der Annahme einer ultramontanen Verschwörung zur Machtergreifung in Deutschland) und unterschätzt (da er nicht auf die Hartnäckigkeit gefaßt war, mit der die Katholiken sich der Maßregelung durch den Staat widersetzten und an ihrer Kirche und ihrem

Glauben festhielten). Doch überschätzte er ebenfalls den unmittelbaren Nutzen des deutschen Nationalismus (als eines Verbündeten im Kampf gegen den politischen Katholizismus) wie er auch diesen andererseits (als Helfer zur schließlichen Versöhnung der katholischen Opposition mit dem Deutschen Reich) unterschätzte. Bismarcks Neigung, das Papsttum als eine auswärtige Macht und die Ultramontanen als deren Armee zu betrachten, erklärt auch, warum der Kulturkampf so oft als ein «innerer Präventivkrieg» bezeichnet worden ist. Wie schon früher gegen Wien und gegen Paris mobilisierte er ganz bewußt Kräfte, deren Anschauungen und Leidenschaften er durchaus nicht alle teilte, wenn er das deutsche Nationalgefühl zur Unterstützung und Rechtfertigung einer Politik anrief, die darauf berechnet – oder vielmehr falsch berechnet – war, dem Interesse des Staates zu dienen.

Schon die Einigungskriege, der *Syllabus errorum*, das Vatikanische Konzil und die Verkündung des Unfehlbarkeitsdogmas hatten lebhafte religiöse Kontroversen in Deutschland erregt, Bismarcks und Falks Maßnahmen während der Jahre 1871–1873 steigerten den Lärm dieser Kontroversen ins Unerhörte. In der Presse, bei öffentlichen Versammlungen, in den Parlamenten bekämpften die Parteien einander mit Erklärungen, Beschuldigungen und Gegenbeschuldigungen. In den Anschauungen der «Kulturkämpfer» kann man leicht vom religiösen Urgestein bis zum materialistischen Zeitgeist alle Schichten nachweisen, die sich im deutschen Geistesleben der vergangenen Jahrhunderte abgelagert hatten. Für liberale Protestanten, Theodor Mommsen zum Beispiel, war das Ziel des Kampfes die Vollendung der Reformation und die Befreiung zwanzig Millionen deutscher Katholiken aus der ultramontanen Knechtschaft. Die vom deutschen Idealismus durchdrungenen Nationalisten sahen den Konflikt als eine Art kosmisches Ringen des germanischen mit dem romanischen Geist, als Entscheidungskampf zwischen der deutschen Idee der Freiheit, die in der protestantischen Reformation und dem Neuhumanismus der Goethezeit ihren Ausdruck gefunden hatte, und dem römischen Autoritätsanspruch, der den Deutschen nun sogar zumutete, an einen unfehlbaren Papst zu glauben. Viele, darunter Paul de Lagarde, meinten, daß Deutschland nach der politischen Einigung nun noch der geistigen bedürfe, wozu vielleicht eine neue nationale Religion erforderlich sei. Andere aus der idealistischen Schule, etwa Constantin Rößler, verstanden den Kulturkampf als Verteidigungskampf des Staates, der, Hegels Philosophie entsprechend, in ihren Augen ein Gefäß des Weltgeistes, eine Verkörperung der Sittlichkeit war, die 1871 ihren Höhepunkt mit der Gründung des Deutschen Reichs unter einer protestantischen Monarchie erreicht hatte. Für die Verfechter der Realpolitik hingegen, die der Hegelschen Metaphysik nichts abgewinnen konnten, ging es bei dem Kampf um die Aufrechterhaltung der Autorität des Staates und des positiven Rechts gegen eine rebellische Körperschaft und widerspenstige Individuen innerhalb der bürgerlichen Gesellschaft. Obwohl viele der erklärten Realpolitiker durchaus nicht ohne religiöse Überzeugungen waren, Heinrich von Treitschke etwa, stellten sie sich doch im Kulturkampf auf einen rein politischen Standpunkt, wo nur die mutmaßlichen Erfordernisse des Staates, keine ideellen oder weltanschaulichen Gesichtspunkte berücksichtigt wurden. Für sie ging es nur um die einfache Frage: Wer sollte die Macht im Staate haben? Die Regierung oder die römische Kirche?

Seit der Mitte des Jahrhunderts fanden Realismus, Säkularismus und Materialismus in zunehmendem Maße Anklang im Denken der gebildeten Schichten Deutschlands. Die gleichzeitige Beschleunigung der industriellen Entwicklung in den deutschen Staaten und deren Einigung in zwei siegreichen Kriegen sowie der Fortschritt der Naturwissenschaft und der auf ihren Erkenntnissen beruhenden Technik hatten dazu kontinuierlich beigetragen. Die materialistische Sichtweise war in nicht geringem Maße durch die Schriften von David Friedrich Strauß verbreitet worden, der als Theologe das Christentum als historisches Phänomen auffaßte, sowie durch die sozialdarwinistischen Bücher Ernst Haeckels und die populärwissenschaftlichen Werke Ludwig Büchners. Der neue Glaube an den menschlichen Fortschritt vertraute darauf, daß Forschung und Wissenschaft nach und nach die Geheimnisse der Geschichte, der Gesellschaft und des Universums enträtseln und letztlich Ignoranz und Aberglauben würden ausrotten können. Liberale dieser Überzeugung mußten den Syllabus und das Unfehlbarkeitsdogma als Kriegserklärung an den Fortschritt, die Wissenschaft und überhaupt die Kultur verstehen, als einen Versuch, die Verhältnisse des finsteren Mittelalters wiederherzustellen, denen das Abendland glücklich entwachsen war. In diesem Sinne traf der berühmte Arzt und Führer der Fortschrittspartei Rudolf Virchow den Nagel auf den Kopf, als er am 8. Februar 1872 den Konflikt des preußischen Staates mit der katholischen Kirche als einen «Kulturkampf» bezeichnete.[97]

Dennoch war Deutschland in den siebziger Jahren nicht nur in zwei Lager gespalten, hier Kulturkämpfer, dort Ultramontane. Einige Liberale waren zur Überraschung und Bestürzung ihrer Gesinnungsgenossen der Meinung, daß die liberalen Parteien Ausnahmegesetze auch gegen Katholiken nicht unterstützen sollten. Zwar konnten viele von diesen Gesetzen bei gutem Willen als Maßnahmen des Staates zum Schutze der bürgerlichen Freiheiten gedeutet werden – zum Schutz der Bürger gegen die Kirche (das Zivilehegesetz), zum Schutz aufsässiger Katholiken gegen ihre Kirche (Gesetz über Kirchenangehörigkeit), zum Schutz des niederen Klerus gegen den höheren (Beschränkung des Disziplinarrechts der Kirche) –, doch das täuschte eine kleine Minderheit der Nationalliberalen (Lasker und Bamberger) und der Fortschrittler (etwa ein Dutzend, unter ihnen Hoverbeck, Richter und Franz Duncker) nicht über die Tatsache hinweg, daß die meisten Kulturkampfgesetze, angefangen mit dem Kanzelparagraphen vom November 1871, die bürgerlichen Freiheiten auf nicht zu rechtfertigende Weise einschränkten und für künftige Maßnahmen des Staates gegen Liberale und Demokraten einen besorgniserregenden Präzedenzfall schufen. «Mich kann nicht trösten», erklärte Richter, «daß der reaktionäre Spieß, nachdem er bisher mehr gegen links gekehrt war, nun gegen das Centrum gerichtet wird. Dieselbe Hand, die ihn nach rechts gedreht hat, kann ihn auch wieder nach links drehen.»[98]

Die tiefgreifendste Spaltung verursachte jedoch der Kulturkampf auf der konservativen Seite. Protestantische Theologen, die sich der Kampagne zunächst angeschlossen hatten, begannen sich nach einiger Zeit mißtrauisch zu fragen, wofür da eigentlich gekämpft wurde? Denn bald sollte den meisten von ihnen mehr oder weniger klar werden, daß hier nicht die Vollendung der von Luther begonnenen Glaubenslehren beabsichtigt war, sondern daß hier liberale Materialisten gegen das Christentum überhaupt und Realpolitiker für die Allmacht des Staates kämpften. Es entsetzte sie, daß derart gottlose Absichten selbst die Regierung bei ihren Maßnahmen gegen die Ultramontanen zu leiten schienen. Von Heinrich Friedberg, einem hohen Beamten des preußischen Justizministeriums und preußischen Delegierten im Bundesrat, bekamen sie zu hören, daß die bloße Moral bei dem, was unter den gegenwärtigen Umständen nützlich und nötig sei, bestenfalls in zweiter Linie Berücksichtigung verdiene.[99] Von Mühler erfuhren sie überdies, daß Bismarck mit seiner gegenwärtigen Politik noch andere als die bisher offensichtlichen Ziele verfolge, nämlich die vollständige Trennung von Staat und Kirche, von der also letztlich auch die evangelische Kirche betroffen sein würde.[100] Und so schien denn der Rattenfänger in der Wilhelmstraße wieder einmal die Konservativen verführen zu wollen, seinem Ehrgeiz ihre heiligsten Prinzipien zu opfern.

IV

Der Höhepunkt der liberalen Ära

Die Entfremdung der «Altkonservativen»

Seit Beginn des 19. Jahrhunderts hatten die preußischen Konservativen ihre Ideale einer ständischen Gesellschaft und eines christlichen Staates schon wiederholt, teils freiwillig, teils gegen ihren Willen, kompromittiert. Bismarck nötigte ihnen ein Opfer nach dem anderen ab. 1866 schluckten sie das Indemnitätsgesetz und das allgemeine Wahlrecht und gaben mit ihrer Einwilligung in die preußischen Annexionen das ihnen so teure Prinzip der Legitimität preis. Während der Jahre des Norddeutschen Bundes mußten sie mitansehen, wie Bismarck sich auf die Nationalliberalen zubewegte, den Industriekapitalismus begünstigte und durch eine Flut vereinheitlichender Gesetze die Bedeutung des preußischen Staates minderte, in dem sie die Machtbasis der konservativen Ordnung erblickten. Wie wir sahen, reagierten die Konservativen auf diese Entwicklungen sehr unterschiedlich, von entschiedener Ablehnung, wie Ludwig von Gerlach, bis hin zu vollem Einverständnis, wie bei den Freikonservativen. Daraus folgte Uneinigkeit nicht nur durch den Auszug der Freikonservativen, sondern auch durch Spaltungen innerhalb der verbleibenden konservativen Partei. Nach 1867 hatten die drei konservativen Fraktionen – im Reichstag, in der preußischen Abgeordnetenkammer und im preußischen Herrenhaus – jede eine ganz eigene politische Haltung.[1] Während die Konservativen im Reichstag bereit waren, mit der Regierung zusammenzuarbeiten, sträubten sich diejenigen im Landtag während der Jahre 1867–1869 gegen die Zumutungen des Ministerpräsidenten und mußten durch Bismarcks Drohungen und die ausdrückliche Mißbilligung ihres Verhaltens durch den König zur Kooperation gezwungen werden.[2] 1872 erneuerten zwei Regierungsvorlagen, das Schulaufsichtsgesetz und das Kreisreformgesetz, ihre Verstimmung.

Das Schulaufsichtsgesetz hatte in der Form, in der Bismarck es vorlegte, schon dem Kultusminister Mühler sehr mißfallen. Auf Bismarcks Betreiben wurde es aus dem Zusammenhang eines allgemeinen Schulreformgesetzes gelöst und dem Landtag im Februar 1872 als ein «Notgesetz» vorgelegt. Das Gesetz stellte fest, daß die Schulaufsicht eine Funktion des Staates, nicht der Kirchen sei, und erklärte das Recht des Staates, Schulaufsichtsbeamte zu ernennen und zu entlassen, und zwar in der gesamten Monarchie, nicht nur in den östlichen Provinzen. Eulenburg hatte Bismarck warnend darauf hingewiesen, daß der Umfang dieser gesetzlichen Bestimmung wohl auch viele konservative Evangelische in die Opposition an die Seite der Katholiken treiben würde.[3] Und tatsächlich geschah das. Die

Konservativen spürten richtig, daß Bismarcks Absicht nicht allein die Eindämmung des katholischen Einflusses auf die Schulen in Breslau und Posen war, sondern überhaupt die Beendigung des Einflusses der Kirchen, der evangelischen wie der katholischen, auf das Schulwesen. Bei den Debatten in der Abgeordnetenkammer hörten sie die Führer der Linksliberalen – Lasker, Richter und Virchow – die Vorlage als einen Sieg für die Freiheit und die Trennung von Staat und Kirche preisen; bei der Abstimmung darüber am 13. Februar votierten aber viele von ihnen mit dem Zentrum und den Polen dagegen. Es wurde gleichwohl mit 207 gegen 155 Stimmen angenommen. Die Annahme stand nie in Zweifel, weil sich schon während der Debatten die Freikonservativen, Nationalliberalen und Fortschrittler für das Gesetz erklärt hatten, doch ließ das Ausmaß der konservativen Opposition die Ablehnung des Gesetzes im Herrenhaus befürchten. Während der Debatte deutete Bismarck an, daß er sich jedes konstitutionellen Mittels bedienen werde, um die Annahme des Gesetzes durch das Herrenhaus herbeizuführen. Dabei handelte es sich um die kaum verhohlene Drohung, daß, wenn nötig, der König genügend Leute in das Herrenhaus berufen könne, jede Opposition zu überstimmen. Am 8. März wurde das Gesetz im Herrenhaus mit 126 gegen 76 Stimmen angenommen.[4]

Die Konservativen im Landtag fürchteten nicht nur um den Bestand des durch das Schulaufsichtsgesetz gefährdeten christlichen Staates, sondern sahen durch das Kreisreformgesetz auch den Fortbestand des Ständestaates in Frage gestellt. Seit Beginn des Jahrhunderts hatten in der Kreis- und Lokalverwaltung der «alten Provinzen» Preußens kaum Veränderungen stattgefunden. Zwar hatten die Rittergutsbesitzer 1848 die Gerichtsbarkeit verloren, doch war ihnen die Kontrolle der dörflichen Verwaltung und die Polizeigewalt auf ihren Gütern belassen worden. Überdies hatte jeder Rittergutsbesitzer einen Sitz im Kreistag, wo lokale Steuern beschlossen und die drei Kandidaten benannt wurden, aus denen im Namen des Königs das Innenministerium den Landrat wählte. Der Landrat war zugleich ein königlicher Beamter und ein Vertreter des örtlichen Adels, dem er gewöhnlich selbst angehörte. Seit 1860 forderten liberale Abgeordnete und Publizisten eine Reform dieses Verwaltungssystems. Und nicht wenige Konservative taten sich schwer, es zu verteidigen.[5]

Während der Debatte über den hannoverschen Provinzialfonds hatte Bismarck den Konservativen ein Reformgesetz angedroht, das ihnen die Macht über die ländliche Lokalverwaltung entreißen würde. Es ist freilich fraglich, ob er gewillt war, diese Drohung notfalls in die Tat umzusetzen. Er wollte auch solche Bürger an der Macht in der Kreisverwaltung beteiligen, deren Reichtum nicht auf Grundbesitz beruhte, und durch größere Autonomie in Fragen des Straßenbaus, der sozialen Wohlfahrt und der örtlichen Finanzen die lokale Selbstverwaltung fördern. Dennoch zögerte er, Landkreisen und Landgemeinden das Maß an Autonomie zuzugestehen, das seit den Steinschen Reformen zu Beginn des Jahrhunderts die Städte genossen. In vielen Städten, meinte er, habe die Wahl der Bürgermeister finanzielle und politische Korruption zur Folge gehabt, weshalb die obersten Beamten in den Kreisen auch weiterhin vom König ernannt werden sollten.[6] Bismarck war zu sehr Junker und zu autoritär gesinnt, um auf diesem Gebiet das Erbe Steins anzutreten.

Doch obwohl er dabei nur beschränkte Ziele verfolgte, hatte Bismarck erhebliche Mühe, seine Reform auf den Weg zu bringen. Das erste Hindernis präsentierte ihm Graf Eulenburg, dessen Innenministerium für den Entwurf des Gesetzes zuständig war. Er schätzte Eulenburgs Fähigkeiten (ein seltenes Zugeständnis), hielt ihn aber für faul (eine Schwäche, die von seinen Untergebenen ausgenutzt wurde, um die Erledigung von dringenden Angelegenheiten hinauszuzögern) und für zu eigensinnig (keine gute Voraussetzung, um sich in Bismarcks Regierung lange zu behaupten).[7] Als das Gesetz Ende 1869 endlich dem Landtag vorgelegt wurde, war es den Liberalen zu konservativ, den Konservativen zu liberal. Die Debatte zog sich in die Länge. Der Krieg kam dazwischen, und die Angelegenheit wurde vertagt. Nach dem Krieg stand Eulenburg vor dem gleichen Dilemma wie Mühler. Bismarck drängte, und irgend etwas mußte geschehen. In der Abgeordnetenkammer war aber nichts durchzusetzen ohne Hilfe von den Nationalliberalen. Eulenburg stellte, um sich auf seinem Posten behaupten zu können, seine konservativen Bedenken zurück, wozu ihn übrigens auch die stille Hoffnung ermutigt haben mag, nach Stein und Hardenberg als einer der großen politischen Reformatoren des preußischen Staates in die Geschichte einzugehen. Jedenfalls entsprach das Gesetz, das er im Dezember 1871 dem Landtag vorlegte, den Wünschen der Nationalliberalen und der Freikonservativen, und schließlich stimmten, obgleich aus rein taktischen Gründen, auch die Fortschrittler dafür.[8]

Das Gesetz hob die Polizei- und Verwaltungsbefugnis der Rittergutsbesitzer auf. Die Lokal- und Kreisverwaltung wurde auf drei Ebenen reorganisiert. Da war, *erstens,* das Dorf, verwaltet von einem Gemeindevorsteher und zwei Schöffen, die vom Dorf gewählt und vom Landrat in ihren Ämtern bestätigt werden sollten; *zweitens* der Bezirk, dessen Amtsvorsteher vom Kreistag gewählt und vom Oberpräsidenten der Provinz im Amt bestätigt wurde; und *drittens* der Kreis, verwaltet von einem in der herkömmlichen Weise gewählten Landrat, dem ein vom Kreistag gewählter Kreisausschuß zur Seite stand. Der Kreistag wurde nach dem Dreiklassenwahlrecht gewählt (Großgrundbesitzer, Bürger, Kleinbauern und Arbeiter). In dem System waren auf einzigartige Weise allgemeine Wahlen, Ständevertretung und obrigkeitliche Bestimmung miteinander verbunden.[9]

Trotz der Begeisterung der Liberalen war die Reform kaum revolutionär zu nennen, und viele konservative Abgeordnete meinten, recht gut damit leben zu können. So wurde das Gesetz am 23. März 1872 mit überwältigender Mehrheit (256 gegen 61 Stimmen) angenommen. Dagegen gestimmt hatten vornehmlich Rittergutsbesitzer und Landräte aus den östlichen Provinzen (unter ihnen Bismarcks Bruder Bernhard!). Erzkonservative dieses Schlages aber gaben im Herrenhaus den Ton an, und so wurde dort nach langer Debatte das Gesetz am 31. Oktober 1872 mit gleichermaßen überwältigender Mehrheit (145 zu 18 Stimmen) abgelehnt.[10] Den Attacken Kleist-Retzows, Graf Lippes und anderer Kämpen der «Stahlfraktion» (als welche diese Ultras sich bezeichneten) ist zu entnehmen, daß sie sich dem Gesetz nicht nur widersetzten, weil es ihnen Macht nahm, sondern mehr noch vielleicht, weil es ihre Ideologie diskreditierte. Seit Beginn des Jahrhunderts hatte jeder konservative Denker versucht, den Ständestaat zu stützen und seine Institutionen zu bewahren. Wenn man nun die letzten Reste der alten Gutsherrlichkeit preisgab, räumte man damit die Vergeblichkeit dieser Bemühungen ein. Die Ultras widersetzten sich nicht nur der Zumutung, ihre speziellen Vorrechte zu opfern, sondern allgemein der Umwandlung der ständischen in eine Klassengesellschaft, die freilich eine unvermeidliche Konsequenz der Industrialisierung und Verstädterung Deutschlands war.[11]

Aus Varzin, wohin er sich im Mai vor einem drohenden gesundheitlichen Zusammenbruch zurückgezogen hatte, beobachtete Bismarck die Kämpfe im Landtag mit wachsendem Zorn. Freilich hatte er damit gerechnet, daß das Kreisordnungsgesetz mehr Widerstand herausfordern würde als das Schulaufsichtsgesetz. «Damals», schrieb er an den Grafen Eulenburg, «handelte es sich um Fragen, an denen der evangelische Junker kein direktes Interesse hatte, jetzt um Geld u. Einfluß im täglichen Leben.» Es erbitterte ihn besonders, daß Landräte und Oberpräsidenten, die in der Abgeordnetenkammer saßen, gewagt hatten, im Verein mit «revolutionären» und «regierungsfeindlichen» Elementen gegen das Gesetz zu stimmen.[12] Nichtsdestoweniger witterte er auch in diesem ärgerlichen Durcheinander eine Gelegenheit, Ordnung zu schaffen. Es kam seines Erachtens jetzt weniger darauf an, Eulenburgs Gesetz durchzubringen – das ohnedies nicht ganz seinen Wünschen entsprach –, als vielmehr darauf, das Herrenhaus zu reformieren. In Berlin ließ er wissen, daß das Herrenhaus seiner eigentlichen Aufgabe, nämlich die monarchischen Interessen wahrzunehmen, offenbar nicht mehr genüge. Es sei statt dessen regierungsfeindlich und dem Staat gefährlich geworden. Genügend Pairs in die Kammer zu setzen, um Eulenburgs Gesetz durchzubringen, das wäre nur ein Palliativ, meinte er. Erforderlich sei eine grundsätzliche Änderung der Zusammensetzung des Herrenhauses, so daß es – anstatt nur eine blasse Nachahmung des britischen Oberhauses zu sein – die Funktion eines «Staatsrats» erfüllen könne.[13] Neben den Vertretern der adeligen Familien, die ein erbliches Recht auf einen Sitz im Herrenhaus hatten (das er nicht abzuschaffen gedachte), sollten zukünftig auch hohe Beamte, Generäle, Oberpräsidenten, Bürgermeister sowie Vertreter der bürgerlichen Gutsbesitzer und reiche Geschäftsleute (eine «Wahlkurie der Millionäre») dort Platz finden. Eine derart zusammengesetzte Kammer würde sich der wichtigsten Interessen der preußischen Gesellschaft annehmen. Ihre Entschließungen würden auch in der Abgeordnetenkammer mehr Achtung finden, und sie würde dazu neigen, sich auf die Seite der Regierung zu stellen, insbesondere wenn auch der gewählte Teil des Herrenhauses wie das Abgeordnetenhaus würde aufgelöst werden können.[14]

Indem er der Reform des Herrenhauses den Vorrang vor der Reform der Kreisordnung gab, konnte Bismarck auch hoffen, Eulenburg zu stürzen, der, wie schon erwähnt, eine Unabhängigkeit entfaltete, die Bismarck im preußischen Staatsministerium nicht duldete. Ende Oktober 1872 bat der Minister Bismarck um Hilfe; er wolle die neue Kreisordnung durchsetzen oder darüber stürzen.[15] Bismarck erwiderte sein Ersuchen mit einem jener scharfen Briefe, die nicht selten glücklosen Ministern signalisierten, daß ihre Zeit zu Ende ging. Jetzt räche sich der Langmut, mit dem sich Eulenburg schon bei der Beratung über das Schulaufsichtsgesetz die Unbotmäßigkeit eines Teils der konservativen Fraktion habe gefallen lassen: «Ich glaube, daß Ihre Nachsicht zur Verwilderung der Gesellschaft nicht unwesentlich beigetragen hat, und bin hiernach in der Lage, von einem Landrath regiert zu werden, der es zu eigner Ehrenrettung sich angelegen sein lassen muß, mich dem von mir bewohnten Kreise, als einen unfähigen oder unchristlichen Minister darzustellen.» Statt seiner Pflicht nachzukommen, schlage Eulenburg nun «an den Schädel eines kranken Mannes ... um zu sehen, ob er einen Funken phosphoreszirt».[16]

Doch Eulenburg wußte sich dann trotz allem selbst zu helfen. Ohne sich um die aus Varzin gegen ihn abgeschossenen Giftpfeile zu kümmern,[17] setzte er gegen den Widerstand seiner Kollegen Roon und Selchow im Staatsministerium leichte Änderungen des Kreisordnungsgesetzes durch, die hinreichten, die Einwendungen der Konservativen dagegen zu entkräften, und er versicherte sich der Zustimmung des Herrenhauses, indem er die Ernennung von vierundzwanzig neuen Pairs (treuen Generälen und hohen Beamten) veranlaßte. Mit diesem «Pairsschub» hoffte Eulenburg, die Opposition ein für alle Mal zu brechen, und für die Annahme nicht nur des Kreisordnungsgesetzes, sondern auch der den Konservativen mißliebigen Kulturkampfgesetze zu sorgen.[18] Dem König war das recht. Er fürchtete, daß ein nach Bismarcks Wünschen reformiertes Herrenhaus «wie ein schwaches Boot hinter dem Kriegsschiffe des Abgeordnetenhauses herfliege», und Bismarck war nicht zur Stelle, ihn eines Besseren zu belehren.[19] Nachdem also das Gesetz von der Abgeordnetenkammer angenommen worden war, billigte es am 7. Dezember mit einer Mehrheit von fünfundzwanzig Stimmen auch das Herrenhaus. Eulenburg freute sich der Aussicht, nun als der «Regenerator Preußens» in die Geschichte einzugehen.[20]

Tatsächlich brachte dann die neue Kreisordnung weniger Veränderungen mit sich, als die Liberalen gehofft und die Konservativen gefürchtet hatten. Sie beendete die Privilegien der Rittergutsbesitzer formal, nahm jedoch dem Landadel nicht tatsächlich die Macht. Nach wie vor beherrschten die großen Gutsbesitzer die Kreistage in den östlichen Provinzen, und die neue Position des Amtsvorstehers, dem die Polizei unterstellt war, wurde stets von einem der Ihren besetzt. Zwar hatten die Kreisverwaltungen jetzt eine größere Autonomie, doch lag letztlich auch weiterhin die Entscheidungsgewalt bei der an Ort und Stelle durch den Landrat vertretenen Zentralregierung. Die Landratsämter wurden in der Folge mehr und mehr Berufsbeamten anvertraut, anstatt wie früher Vertretern des örtlichen Landadels, die meist nicht über die juristische und administrative Vorbildung verfügten, die man jetzt auf diesem Posten brauchte. Dennoch waren noch 1914 über die Hälfte der Landräte in Preußen Junker.[21]

Die Kämpfe des Jahres 1872 zerstörten die Einheit der konservativen Partei. Die konservative Reichstagsfraktion, die das Verhalten der Landtagsfraktion hinsichtlich des Schulaufsichtsgesetzes mißbilligte, nahm den Namen einer «Monarchisch-Nationalen Partei» an und erklärte die Absicht, zukünftig eng mit Bismarcks Regierung zusammenzuarbeiten.[22] Im Abgeordnetenhaus gaben jene konservativen Abgeordneten, die für die neue Kreisordnung gestimmt hatten, sich den Namen einer «Neuen konservativen Partei», um sich deutlich von den «Altkonservativen» zu unterscheiden, die im Herrenhaus wie die Ultras gestimmt hatten. Doch die dramatischste Konsequenz der Schulaufsichts- und Kreisordnungsgesetze war der offene Bruch zwischen Bismarck und den Ultrakonservativen; mit vielen von diesen, so zum Beispiel mit Kleist-Retzow, hatte Bismarck eine langjährige Freundschaft verbunden. Aus der Sicht der Ultras hatten Bismarck und Eulenburg sich eines Verrats an der guten Sache schuldig gemacht, der nicht nur dem Adel empfindlich schadete, sondern auch dem christlichen Staat und der Monarchie.[23] Bismarck andererseits hatte kein Verständnis dafür, daß vorgebliche Konservative sich nicht schämten, gegen den Staat Partei zu ergreifen. Von nun an waren auch die Ultras «Staatsfeinde», eine Anschuldigung, die er zuvor nur für Demokraten, Sozialisten, Ultramontane und Welfen reserviert hatte.

Angegriffene Gesundheit

Die Kämpfe mit dem Staatsministerium, dem König und den Ultrakonservativen während des Jahres 1872 versetzten Bismarck schließlich in einen Zustand nervöser Erschöpfung. Schon am 3. Mai richtete deshalb sein Arzt Heinrich Struck eine ernste Warnung an ihn. «Eure Durchlaucht leiden an funktionellen Störungen fast aller Körperwerkzeuge. Diese Störungen aber tragen so sehr das Gepräge des stattgehabten übermäßigen Gebrauches der Nervenkraft, der so durchaus geschwächten allgemeinen Leistungsfähigkeit, daß, wenn dieser Abnahme kein wirksames Mittel entgegengestellt wird, ein frühzeitiger Marasmus zu erwarten ist. Es ist lange und viel vom Kapitale Ihres Nervensystems gelebt und gezehrt worden; sehr oft und nicht ohne innern Protest habe ich, in die Verhältnisse mich fügend, mit teils erregenden, teils herabstimmenden Arzneimitteln nachzuhelfen gesucht, nun aber muß ich sagen, daß ich mit dem zu Ende gekommen bin, was die Medizin an palliativer Hilfe für gewöhnlich zu leisten imstande ist.» Der Arzt riet Bismarck, sich für wenigstens sechs Monate aus allen Amtsgeschäften zurückzuziehen und zu erholen.[24]

Eine Reihe von Zeugnissen überliefert Bismarcks eigene Einschätzung seiner damaligen Verfassung. Lucius hatte ihn «nie so ernst und verstimmt gesehen» wie bei der parlamentarischen Soiree am 4. Mai: «Mein Öl ist verbraucht, ich kann nicht mehr», klagte der Kanzler. «Es ist zu viel, allein mit solchen Kollegen und gegen den Einfluß der Königin zu arbeiten.» Auch das Parlament bereite ihm durch dauerndes «Verkennen der Verhältnisse» Schwierigkeiten. Die Außenpolitik stagniere: «Wir machen jetzt in Europa die Ereignisse, und tun wir nichts, so geschieht nichts.» Lucius fand, daß Bismarck den Eindruck eines gefesselten Prometheus mache. «Mein Schlaf ist keine Erholung», hörte er ihn schließlich sagen, «ich träume weiter, was ich wachend denke, wenn ich überhaupt einschlafe. Neulich sah ich die Karte von Deutschland vor mir, darin tauchte ein fauler Fleck nach dem anderen auf und blätterte sich ab.»[25]

Eine Woche später war eine Besserung seiner Stimmung noch nicht zu beobachten. Bei der Soiree des 11. Mai begrüßte er Gustav von Diest, der ein häufiger Gast in seinem Hause war, mit den Worten: «Guten Abend, lieber Diest! Wie geht es Ihnen? Mir geht's schlecht. Sie meinen, weil ich überhaupt die Strapazen eines solchen Abends noch ertragen kann, es sei mit meiner Krankheit nicht weit her? Das ist aber eben mein Unglück, daß ich nie Mitleid finde! Wenn Sie mich heute morgen um acht Uhr diese selben Räume, in denen wir hier stehen, im Nachtkostüm hätten durchwandeln sehen, nachdem ich die ganze Nacht vergebens nach Schlaf gelechzt hatte, Sie würden meine Gesundheit anders taxieren. Um halb neun bin ich dann eingeschlafen und habe bis drei Uhr im Bett gelegen, erquicklich war der Schlaf aber nicht. – Und nun dieser Druck aufs Gehirn, so daß mir alles, was hinter meinen Augen liegt, oft wie eine gallertartige Masse vorkommt, und ich nicht fähig bin, einen Gedanken dauernd festzuhalten; dazu der unerträgliche Druck auf den Magen, mit den unsäglichen Schmerzen.» Als Diest kalte Umschläge empfahl, kam die Antwort: «Ich kenne das, was man Neptunsgürtel nennt; ich habe ihn mit allen Vorsichtsmaßregeln gebraucht, und doch waren neue Erkältungen, nervöse Erscheinungen die Folge davon.» Schließlich riet Diest dazu, eine Woche mit dem Gesicht nach unten auszuruhen, was acht Wochen guter Gesundheit einbringen werde. Der Fürst fühlte sich nun endgültig in seinem Leiden verkannt und bestand wütend darauf, «daß meine Nerven am Reißen sind, und daß die Aerzte mir einen vollständigen Nervenschlag angekündigt haben, wenn ich jetzt nicht monatelang völlig ausspanne».[26]

Drei Tage später traf Diest den Kanzler in einem Wandelgang des Reichstags. Er schien nicht recht zu wissen, welchen Wochentag man hatte. Ob der Fürst sich angesichts der bevorstehenden Ferien nun nicht doch schon viel wohler fühle, fragte Diest. Mit tieftragisch-melancholischem Ausdruck erwiderte Bismarck: «Nein, ich fühle mich heute schlechter als je, ich transpiriere vor Schwäche; ich fürchte mich vor einem Nervenschlage, mit mir ist es aus.» Mit einem tiefen Seufzer reichte er Diest die Hand, ging zurück in den Saal und «hielt einige Minuten darauf die beiden fulminanten Reden gegen die Ultramontanen, die in allen Zeitungen standen». Dies war die Gelegenheit, bei welcher er die geflügelten Worte sprach: «Seien Sie außer Sorge: nach Canossa gehen wir nicht, weder körperlich noch geistig», die allerdings mächtig in der Tagespresse widerhallten und länger zitiert wurden, als ihm selber am Ende lieb war.[27] Kein Wunder also, daß Diest und andere zu der Auffassung neigten, daß an des Kanzlers Beschwerden in nicht geringem Maße die Hypochondrie ihren Anteil hatte.

Wilhelm genehmigte Bismarcks Gesuch um einen längeren Urlaub. Am 18. Mai verließ er Berlin und begab sich nach Varzin, wo er dann, mit nur einer Unterbrechung seines Aufenthalts, während der folgenden nahezu sieben Monate verweilte. In seiner Abwesenheit wurden die Tagesgeschäfte des Reichs von Delbrück erledigt, im preußischen Staatsministerium übernahm Roon Bismarcks Pflichten. Bismarck kümmerte sich, mit Buchers Hilfe, von Varzin aus weiter um die auswärtigen Angelegenheiten. «Ganz läßt mich die Politik nicht in Ruh», schrieb er Ende Juni an seine Tochter Marie. «Aber da ich hier niemand habe, der mir das Geschäft erschwert, so wurde Europa stets in 10 bis 15 Minuten beim ersten Frühstück abgemacht, gekämmt und gebürstet.» Weiter erfuhr die Familie, daß er lange Spaziergänge und Ausritte in die Wälder machte und lange schlief («Letzte Nacht 11 Stunden wie ein Sack»). Sultans Abenteuer kamen ebenso zur Sprache wie Umbaupläne für das Varziner Haus, die ihn beschäftigten. Von seinem Arzt schrieb er ironisch, Struck müsse «irgend ein ärztliches Mittel haben, womit er krank macht ... In dieser gesunden Gegend sind jetzt täglich eine Menge der verschiedenartigsten Vorfälle, Bein- und Armbrüche, und Blutstürze ... Nur Bucher und ich weigern uns hartnäckig irgendetwas von seinen Medicamenten zu nehmen.»[28]

Einige Tage später besuchte ihn sein amerikanischer Studienfreund John Lothrop Motley, der ihn «nur wenig verändert seit 64» fand, «was mich überraschte. Er ist etwas stärker und sein Gesicht verwitterter, aber ebenso ausdrucksvoll und gewaltig wie immer ... Er sieht aus wie ein Koloß, aber seine Gesundheit ist schon erschüttert. Er kann nie vor 4 oder 5 Uhr morgens einschlafen. Natürlich folgte ihm die Arbeit hieher, aber sie scheint ihn, soviel ich wenigstens gesehen habe, nur wenig zu plagen. Er sieht aus wie ein Landedelmann, der vollkommene Muße hat.»[29] «Stärker» geworden war Bismarck seit 1864 allerdings. Ein zur Feier seiner Silberhochzeit bestellter Anzug, der nach den Maßen von 1868 geschneidert worden war, erwies sich als zu klein, wofür der Schneider eine heftige Rüge des Reichskanzlers einstecken mußte: «Sie haben mir früher Sachen gearbeitet, die gut saßen, aber Sie haben leider die Gewohnheit davon verloren und nehmen an, daß ich mit dem Alter kleiner und dünner werde, was doch selten der Fall ist ... und ich habe von einem sonst so intelligent betriebenen Geschäft, wie dem Ihrigen, nicht erwarten können, daß Sie die Naturgeschichte des menschlichen Körpers so wenig studirt haben.»[30]

Als der Sommer sich zum Ende neigte, fand Bismarck dann aber seine Gesundheit nicht. Er sei noch immer nicht arbeitsfähig, gestand er. Auch Johanna sei leidend, obwohl sie das zu verbergen trachte, und Bismarck nahm an, daß sie während des größten Teils des Winters in Varzin bleiben würden. Im September war er genötigt, in Berlin an dem Treffen teilzunehmen, bei dem die drei Kaiser ihren Bund schlossen. Er ertrug die Verhandlungen, Bankette und anderen Festlichkeiten, kehrte aber am 19. September eilig nach Varzin zurück. Im Oktober fühlte er sich stärker und mischte sich gegen den Rat seines Arztes aus der Ferne in den Streit um die Kreisordnungsreform. Ein schwerer Rückfall war die Folge.

Das Verhalten der Ultras erzürnte ihn bis zur Weißglut, und daß Eulenburg der Falle entging, die er ihm gestellt hatte, konnte er nicht ohne tiefen Verdruß zur Kenntnis nehmen; um so weniger, als der König in der Angelegenheit des «Pairsschubs» Eulenburgs Rat folgte und nicht seinem.[31] Bismarcks Ärger schadete jedoch in erster Linie ihm selbst, denn er machte ihn im November so krank, daß er nicht nach Berlin fahren konnte, wo schon seine bloße Anwesenheit die Lage wohl hätte ändern können. Statt dessen mußte dann am 10. November Struck telegraphisch nach Varzin gerufen werden. Drei Tage später schrieb der Kanzler an den Kaiser: «Ich fürchte, daß ich verbrauchter bin, als ich mir selbst eingestehn mag, und diese Sorge, sowie das Gefühl der Beschämung darüber, daß ich in so wichtigen Momenten nicht auf meinem Posten und zu Eurer Majestät Dienst bin, drücken mich nieder.»[32]

Am 4. Dezember 1872 nötigte die Nachricht von einer neuen Kabinettskrise Bismarck, trotz seines schlechten Gesundheitszustands das stille Varzin zu verlassen und dem lärmenden Berlin zu trotzen. Roon und Selchow nämlich machten, beleidigt, von den anderen Ministern überstimmt worden zu sein, Anstalten, von ihren Ämtern zurückzutreten. Ihr Rücktritt hätte die prekäre Balance gestört, die einstweilen noch zwischen den konservativen (Roon, Selchow, Itzenplitz und Eulenburg) und den liberalen (Camphausen, Falk und Leonhardt) Ministern des preußischen Staatsministeriums bestand. Überdies hätte er diejenigen preußischen Konservativen, die ohnedies schon glaubten, daß Bismarck sich dem Liberalismus ergeben habe, in ihrem Vorurteil bestätigt. Selchows Rücktritt wäre an und für sich leicht zu verschmerzen gewesen, denn sein Talent war nur bescheiden; eine Demission Roons aber, des angesehensten Ministers nach Bismarck selbst, hätte empfindlichen Schaden angerichtet. Angesichts dieser Drohung entschloß sich Bismarck zu einem Schritt, den er schon seit Monaten erwogen hatte, nämlich dazu, das Amt des preußischen Ministerpräsidenten abzugeben, um seine Energie ganz auf die Geschäfte des Reichs konzentrieren zu können. Indem er aber dieses Amt dem Kriegsminister anbot, schmeichelte er der Eitelkeit Roons und bestimmte ihn dazu, im Staatsministerium zu bleiben.[33]

Doch stand dabei noch mehr auf dem Spiel. Am Tag vor seiner Abreise aus Varzin schrieb er Roon einen vielsagenden Brief: «Mein Gewerbe ist ein solches, in dem man viele Feinde gewinnt, aber keine neuen Freunde, sondern die alten verliert, wenn man es 10 Jahre lang ehrlich und furchtlos betreibt. Ich bin nachgerade in Ungnade bei allen Gliedern des Königlichen Hauses, und das Vertrauen des Königs zu mir ist im Abnehmen. Jeder Intrigant findet sein Ohr ... Im Innern habe ich aber den Boden, der mir annehmbar ist, verloren durch die landesfeindliche Desertion der conservativen Partei in der katholischen Frage. In meinen Jahren und mit der Ueberzeugung, nicht lange mehr zu leben, hat der Verlust alter Freunde und Verbindungen etwas für diese Welt entmuthigendes, was bis zur Lähmung geht, wenn die Sorge um meine Frau dazutritt, wie das seit einigen Monaten verstärkt wiederkehrt. Meine Federn sind durch Ueberspannung erlahmt; der König, als Reiter im Sattel, weiß wohl kaum, daß und wie er in mir ein braves Pferd zu Schanden geritten hat ... Die meine Bestrebungen kreuzenden Einflüsse sind mir zu mächtig, und die ruchlose Ueberhebung und politische Unbrauchbarkeit der Conservativen hat meine Freudigkeit im Kampfe seit letztem Frühjahre gebrochen. Mit den Conservativen ist nichts zu machen, sie folgen den ‹Rednern› wie Kleist und den Intriganten wie Bodelschwingh, gegen sie mag ich nicht.»[34]

Abgesehen von kurzen Ausflügen nach Friedrichsruh und Varzin und einem zweiwöchigen amtlichen Besuch in St. Petersburg im Mai 1873 blieb Bismarck vom 14. Dezember 1872 bis zum 27. Juni 1873 auf seinem Posten in Berlin. Von Januar bis Mai plagten ihn Schmerzen am Bein und an der Hüfte, so daß er zeitweise weder gehen noch stehen konnte. Dazu kamen noch Halsschmerzen. Ende Juni sagte er, er sei «jetzt ganz energie- und willenslos geworden und müßte nach Varzin gehen, wo er vierzehn Tage lang keinen Menschen zu sehen und zu sprechen brauche». Obwohl er das Amt des Ministerpräsidenten abgegeben hatte, war es ihm nicht gelungen, sich die Last der preußischen Staatsgeschäfte vom Hals zu schaffen. Seiner Bitte, auch von den Pflichten des preußischen Ministers des Auswärtigen entbunden zu werden, hatte der König nicht entsprochen. So versuchte er abermals, während eines langen Urlaubs seine Kräfte wiederherzustellen. Dreimal mußte er seinen Urlaub unterbrechen. Anfang September war seine Anwesenheit in Berlin erforderlich zur Enthüllung der Siegessäule auf dem Königsplatz; Ende des Monats mußte er trotz rheumatisch-nervöser Schmerzen Varzin verlassen, um in Berlin beim Empfang des Königs von Italien und seines Außenministers zu erscheinen; und im Oktober mußte er Wilhelm bei einem Staatsbesuch in Wien begleiten. «Acut erkrankt» kehrte er nach Varzin zurück. Im November plagten ihn Halsschmerzen, die Ärzte vermuteten Diphtherie.[35]

Mitte Oktober war zu seinem Kummer der inzwischen einundsiebzigjährige und an Asthma leidende Roon aus Gesundheitsgründen von allen seinen Ämtern zurückgetreten. Daß die Trennung der Kanzlerschaft von der Ministerpräsidentschaft keine gute Idee gewesen war, hatte sich während des knappen Jahrs, in dem Roon das Amt ausgeübt hatte, so deutlich gezeigt, daß Bismarck nun nichts anderes übrig blieb, als auch im preußischen Ministerium wieder den Vorsitz zu übernehmen. Roons Ausscheiden aus der Regierung war für Bismarck auch ein ihn ganz persönlich treffender Verlust. Roon hatte ihn 1862 auf den Schild gehoben, und seitdem hatten beide schon fast ein Dutzend Jahre Seite an Seite gekämpft. Bismarcks innenpolitische Entscheidungen seit 1866 waren seinem Gefährten zwar nicht durchweg angenehm gewesen, insbesondere sein Zusammenwirken mit den Liberalen und die «Verdeutschung à tout prix», doch die Gesetze über die Schulaufsicht und die Kreisordnungsreform hatte er mitgetragen und dann als Ministerpräsident beim Entwurf und Erlaß der Maigesetze 1873 sogar den Vorsitz geführt. «Durch Ihren Austritt bin ich vereinsamt, unter – Ministern – die einzige fühlende Brust», schrieb Bismarck dem scheidenden Kameraden. «Im Amte aber wird es einsam um mich sein, je länger, je mehr; die alten Freunde sterben oder werden Feinde, und neue erwirbt man nicht mehr.»[36]

Bismarcks Gefühl der Verlassenheit und Vereinsamung fand Bestätigung, als sich sein alter Freund aus Kniephofschen Tagen, Moritz von Blanckenburg, dessen Liebe zu Marie von Thadden er einst geteilt hatte, weigerte, ins preußische Staatsministerium einzutreten. Blanckenburg war vielleicht der tüchtigste jener gemäßigt konservativen Führer im Reichstag und im Landtag, die zwar über viele Entscheidungen Bismarcks murrten, sich bisher aber stets geweigert hatten, den Ultras nachzufolgen und mit der Bismarckschen Regierung zu brechen. «So viel er sich über Bismarck ärgert, so ist er ihm zu gut, als daß er sich ganz von ihm lösen könnte», schrieb eine Schwägerin über seine Haltung, die in jenen Jahren diejenige vieler gemäßigter Konservativer war. «Auch hat er zu viel Gelegenheit gehabt, die Konservativen in ihrer geistigen Trägheit, ihrem Egoismus und Unfähigkeit kennen zu lernen, um die Schuld nicht auf beiden Seiten zu suchen.» Als Selchow im Herbst 1872 vom Amt des Landwirtschaftsministers zurücktrat, empfahl Bismarck, als dessen Nachfolger Blanckenburg zu berufen, wovon er sich auch eine Verbesserung seiner Beziehungen zu den gemäßigten Konservativen versprach. Blanckenburg, der zunächst durchaus interessiert war, hoffte seinerseits, die Regierung in die konservative Richtung drängen zu können. Schon seit 1869 hatten Blanckenburg und Hermann Wagener Bismarck zur Gründung einer neuen konservativen Partei gedrängt. Eine solche Partei, die sich zugleich auf die Landbesitzer und auf die Handwerker und Proletarier stützen würde, sollte es der Regierung ermöglichen, sich aus dem Bündnis mit den Nationalliberalen zu befreien. Schließlich beendete jedoch Falk Blanckenburgs Kandidatur, indem er für den Fall von dessen Ernennung seinen Rücktritt androhte.[37]

Graf Königsmarck, der dann an Stelle von Bismarcks altem Freund das Landwirtschaftsministerium übernahm, hielt es dort nicht einmal ein ganzes Jahr aus, und im November 1873 gelang es Bismarck, sogar Falk zur Einwilligung in Blanckenburgs Kandidatur zu bewegen. Inzwischen hatte aber auch Blanckenburg seine Meinung geändert. Die Maigesetze hatten ihm bewußt gemacht, daß die Politik der Regierung in eine Richtung ging, der er nicht folgen wollte, die er aber als deren Landwirtschaftsminister auch nicht würde ändern können. Bismarcks Argument, daß er sich nicht um Politik zu kümmern haben würde, sondern nur um «landwirtschaftliche Interessen *en gros*», konnte Blanckenburgs Skrupel nicht entkräften. Finanzminister Camphausen stand für eine Wirtschaftspolitik, die Industrie und Handel weit mehr begünstigte als die Landwirtschaft. Blanckenburg weigerte sich nicht nur, ins Ministerium einzutreten, er legte auch sein Reichstagsmandat nieder, um auf sein pommersches Gut zurückzukehren. «Mit politischen Parteien ist es vorläufig aus», schrieb er an Roon. «Bismarck hat in Pommern jede Brücke, die ich noch hätte wieder bauen können, zerstört. Er geht nun (wider Willen vielleicht) liberale Wege.» Bismarck war verbittert über diese neuerliche Desertion: «Seine Fractionsfurcht ist größer als seine Hingebung für König und Land ... Gott hat die Fahnenflucht unsrer Junker von Thron und Evangelium zugelassen und dadurch unser Rüstzeug schwer geschädigt.»[38]

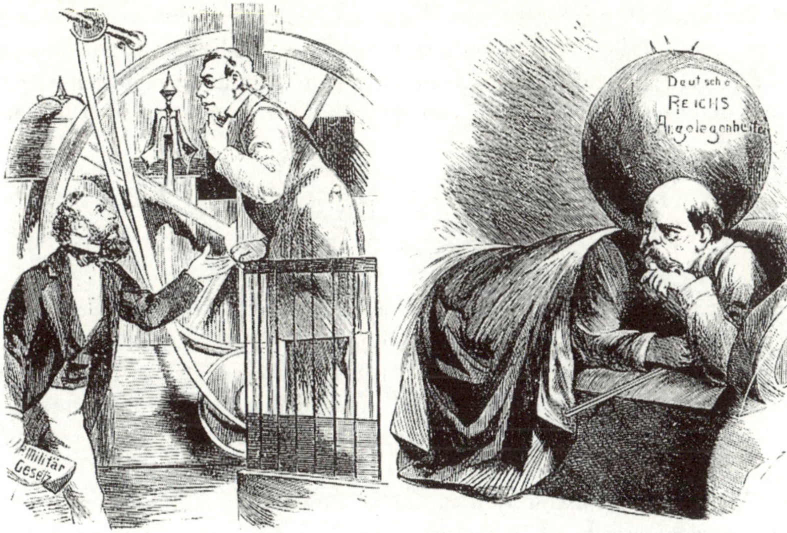

Bennigsen: «Woran liegt es denn, daß die Maschine so flau arbeitet?»
Delbrück: «Der Maschinist ist krank, da wollen wir lieber den Betrieb ganz einstellen.»
(Wilhelm Scholz, *Kladderadatsch*, 1874)

Ende 1873 war Bismarck chronisch leidend und glaubte, nicht mehr lange am Leben zu bleiben. Er fühlte sich vereinsamt und allein, von seinen ältesten Freunden und der Mehrzahl seiner Standesgenossen verlassen. Der erzwungene Rücktritt Hermann Wageners, von dem noch zu reden sein wird, traf ihn besonders schwer; Wagener war, wie Bismarck erst kurz zuvor bekannt hatte, der einzige in seiner Umgebung, mit dem er sich «rückhaltlos offen» aussprach.[39] Doch niedergeschlagen wie er unter diesen Umständen war, ließ sich gleichwohl Bismarck in seiner Selbstgewißheit nicht erschüttern. Er blieb der festen Überzeugung, allein auf dem richtigen Weg zu sein, und unterstellte seinen Gegnern ohne zu zögern bösen Willen; daß es denen, die ihm ihre Unterstützung verweigerten, an Gefolgschaftstreue und Patriotismus fehlte, war für ihn ausgemacht. Er selbst sah sich als treuer Vasall seines Lehnsherrn auf verlorenem Posten aushalten, wie er an Roon schrieb, und wollte, «krank oder gesund, die Fahne meines Lehnsherrn halten, gegen meine factiößen Vettern so fest wie gegen Papst, Türken und Franzosen. Vermüde ich, so bin ich anschlagmäßig verwendet, und der Verbrauch meiner Person ist vor jedem Rechnungshofe justificirt.»[40]

Mitte Dezember kehrte er nach Berlin zurück, «den chronischen Leiden parlamentarischer Thätigkeit entgegen», und bat Gott, daß er ihn «mit dem Panzer der Geringschätzung» gegen die Ansichten seiner Mitmenschen redlich ausrüste, «dessen ein constitutioneller Minister zu seinem Gewerbe bedarf», wie er an Julius Andrássy schrieb, dem er bei dieser Gelegenheit bekannte: «Unsre Gegner sind uns durch Mangel an Erziehung und an Geschäftskunde, an Wohlwollen und an Vaterlandsliebe, und durch den Vortheil, daß sie keinem Lande und keinem Monarchen, sondern nur sich und der Partei zu dienen brauchen, so unendlich überlegen, daß der Kampf ein sehr ungleicher ist. Aber er muß gefochten werden.»[41]

Die Wahlen von 1873/1874

Sein Streit mit den Konservativen vergrößerte Bismarcks Abhängigkeit von den Liberalen. Ohne deren Unterstützung konnte er weder den Kulturkampf gewinnen, noch die Konsolidierung des Reichs fortsetzen. 1874 aber begann diese Abhängigkeit Bismarck selbst unheimlich zu werden angesichts der wachsenden Macht des linken Flügels der Partei und Eduard Laskers, seines wichtigsten Sprechers.

Lasker, 1829 in Jarotschin (Jarocin) in der Provinz Posen als Sohn eines jüdischen Fabrikanten geboren, hatte sich als Student der Mathematik und Rechtswissenschaft 1848 in Wien in der akademischen Legion an den Barrikadenkämpfen beteiligt. Zu Beginn der «Neuen Ära» 1858 wurde er Assessor am Berliner Stadtgericht. Bald machte er sich in der liberalen Presse als Journalist einen Namen. 1865 wurde er in die preußische Abgeordnetenkammer gewählt, 1867 in den Reichstag. In beiden Parlamenten gewann er schnell den Ruf eines furchtlosen und überzeugenden Redners, der sich insbesondere für die Stärkung der bürgerlichen Rechte und die Vermehrung der Befugnisse des Parlaments einsetzte. Obwohl er sich um der nationalen Einheit willen 1866–1867 der Nationalliberalen Partei anschloß, blieb er doch den wesentlichen politischen Zielen der Fortschrittspartei auch bei den Nationalliberalen treu. Viele gemäßigte Liberale fanden ihn für ihren Geschmack zu radikal, doch stand er in einem engen persönlichen Vertrauensverhältnis zu Bennigsen.[42]

1873 befand sich Lasker auf dem Höhepunkt seiner parlamentarischen Laufbahn. Seine Enthüllungen der korrupten Praktiken bei der Vergabe von Eisenbahnkonzessionen im Januar und Februar nötigten Hermann Wagener, finanziell und in seinem Ansehen ruiniert, seinen Abschied zu nehmen. Auch Graf Itzenplitz, dessen Handelsministerium für die Vergabe der Konzessionen verantwortlich war, zog es vor, von seinem Amt zurückzutreten. Im April nahm der Reichstag mit überwältigender Mehrheit eine von Lasker schon seit langem befürwortete Gesetzesvorlage an, die auch das Zivilrecht in die Zuständigkeit des Reichs stellte. Am 13. Juni beschloß der Reichstag auf seine Anregung, die jährliche Sitzungsperiode statt wie bisher im Februar im Oktober zu beginnen, und am folgenden Tag wurde die Regierungsvorlage zur Schaffung eines Reichseisenbahnamts nur mit von ihm beantragten erheblichen Änderungen angenommen. Diese Erfolge und das Aufsehen, das sie in der Presse erregten, sorgten dafür, daß in diesem Jahr von keinem deutschen Politiker so viel die Rede war wie von Lasker.[43]

Natürlich wurde er dadurch Bismarck nicht sympathischer. Die beiden Männer waren sich über die Notwendigkeit des größten Teils der zentralisierenden Gesetzgebung jener Jahre zwar durchaus einig, und Bismarck schätzte die Reichsgesetzbücher als sehr wichtigen Beitrag zur nationalen Einheit. Doch Laskers Einmischung in seine heiklen Verhandlungen mit den süddeutschen Regierungen im Sommer 1870 hatte er noch nicht vergesssen. Und während er den Verlust des Ministers Itzenplitz sehr gut verschmerzen konnte, nahm er es Lasker persönlich übel, daß er Wagener bloßgestellt hatte. «Aber ich habe doch Sie, Durchlaucht», bemerkte Lasker auf einem parlamentarischen Diner, «mit keinem Wort angegriffen.» Bismarck erwiderte: «Allerdings ... aber Sie haben so nahe bei mir vorbeigeschossen, daß Sie mich auf ein Haar getroffen hätten.»[44] Was Bismarck jedoch am meisten ärgerte, war der Erfolg von Laskers Änderungsanträgen zu fast allen Regierungsvorlagen. Ehe nicht Laskers Änderungsanträge angenommen seien, hätte keine Vorlage Aussicht, verabschiedet zu werden, klagte er später.[45]

Wie empfindlich Bismarck auf Laskers wachsenden Einfluß reagierte, zeigte sich bei der Reichstagsdebatte über die Regierungsvorlage eines Reichspressegesetzes am 16. Juni 1873. Lasker beschwerte sich über die viel zu kurz angesetzte Zeit für die Erörterung einer Maßnahme, die schließlich «die Rechte des Volkes» beträfe, und fügte hinzu, daß die Vorlage wenig Aussicht hätte, angenommen zu werden, kaum zwei Dutzend Abgeordnete seien dafür. Diese Vorhersage aus Laskers Mund, dem überdies Windthorst sekundierte, ließ allerdings erwarten, daß die Vorlage abgelehnt werden würde. Bismarck ließ sich wütend dazu hinreißen, Laskers «Deklamationen» über Bürgerrechte als antiquierte revolutionäre Phrasendrescherei zu verunglimpfen. «Volksvertreter sind alle Herren, die hier sitzen, und zum Volke gehören wir alle, ich habe auch Volksrechte, zum Volke gehört Seine Majestät der Kaiser; wir sind alle Volk ... Das verbitte ich mir, den Namen Volk zu monopolisieren und mich davon auszuschließen.» Lasker gab zurück, der Kanzler wolle offenbar dem Parlament das Recht bestreiten, zur Regierung in Opposition zu gehen. Am Ende seiner Erwiderung verwahrte er sich gegen Bismarcks Anmaßungen: «Wir befinden uns hier auf dem Fuße völliger Gleichheit.» Beide bedauerten dann den Ton, den der andere in die Debatte gebracht habe, und Bismarck erklärte, daß er es als Beleidigung auffasse, sich von einem Abgeordneten so scharf anreden lassen zu müssen. Hohenlohe fand, daß Bismarck die schlechtere Figur gemacht hatte. «Beide hatten unrecht. Bismarck fehlte in der Form.»[46]

Bismarck haßte Lasker schließlich kaum weniger als Windthorst, denn Lasker, der sich von Bismarcks Leistungen nicht einschüchtern ließ und von dessen Klagen über seine angegriffene Gesundheit und seine zerrütteten Nerven unbeeindruckt blieb, der dem Reichskanzler als Debattenredner gewachsen war, der nie aus beschränkten Nützlichkeitserwägungen, sondern stets in Übereinstimmung mit seinen Prinzipien handelte, Lasker bedrohte kraft seiner großen Gaben und des großen Anhangs, die sie ihm gewannen, die Macht und den Einfluß des

Eduard Lasker

Ludwig Windthorst

Eugen Richter

Rudolf Virchow

Kanzlers im innenpolitischen Leben des Landes. Wenn ihn nicht der Zorn übermannte, wie das am 16. Juni offenbar geschah, beugte sich Bismarck jedoch willig der Notwendigkeit, Waffenstillstand mit Lasker zu halten, jedenfalls fürs erste. Fünf Tage nach dem Zusammenstoß im Parlament sandte er ihm eine persönliche Einladung zu seiner parlamentarischen Soiree, wo er den «kleinen Doktor» vor aller Augen in eine lange, vertraute Unterhaltung zog, über die denn auch erwartungsgemäß in der Presse berichtet wurde.[47] Gegen Ende des Jahres hatte er noch weitere Gründe, den Mann zu fürchten, dessen Fähigkeiten er übrigens privat durchaus anerkannte.[48] Denn die von Oktober bis November 1873 in Preußen und am 10. Januar 1874 in Deutschland abgehaltenen Wahlen verschafften Lasker eine beherrschende Stellung in der deutschen Politik – oder schienen sie doch für ihn zu schaffen.

Bei diesen fast drei Jahre nach Beginn des Kulturkampfes abgehaltenen Wahlen hatten Bismarck und seine Verbündeten die erste Möglichkeit, die Wirksamkeit ihrer gegen die Zentrumspartei und die katholische Hierarchie gerichteten Maßnahmen zu ermessen, während die Konservativen Gelegenheit erhielten, den Preis für ihre Opposition gegen die Bismarcksche Regierung zu erfahren, die bei diesen Wahlen zum ersten Mal seit 1862 darauf verzichtete, den konservativen Kandidaten ihre tatkräftige Unterstützung zu gewähren.[49] In beiden Legislativen erlitten die Konservativen vernichtende Niederlagen. Im Reichstag, wo sie 55 Mandate gehabt hatten, besaßen sie nach der Wahl nur noch 22, während sie von 114 Mandaten in der preußischen Abgeordnetenkammer nicht weniger als 84 verloren, wobei den schwersten Verlust die Altkonservativen erlitten, die von 71 auf nur 4 Mandate fielen. Doch auch die Freikonservativen erlitten Verluste. Ihr Anteil sank in Preußen von 41 auf 35 Mandate, im Reich von 37 auf 33. Die katholischen Wähler andererseits eilten ihrer Kirche und Partei in Scharen zu Hilfe, weshalb das Zentrum im Abgeordnetenhaus von 58 auf 88 Sitze kam, im Reichstag von 61 auf 91. Die größten Gewinner aber waren die liberalen Parteien. Die Nationalliberalen verbesserten sich von 123 auf 174 Sitze in Preußen und von 125 auf 155 im Reich. Auch die Fortschrittler konnten ihre Position verstärken. Von 49 Sitzen kamen sie auf 68 in Preußen und im Reich von 46 auf 49. Unter den kleineren Parteien hielten die Polen ihre 18 Sitze in der Abgeordnetenkammer und die 14, die sie im Reichstag gehabt hatten. Das Reichsland Elsaß-Lothringen entsandte 15 Abgeordnete in den Reichstag, wo sie die Fraktion der «Protestler» bildeten. Die Liberale Reichspartei dagegen, die 1871 30 süddeutsche Abgeordnete in den Reichstag entsandt hatte, erhielt kein einziges Mandat mehr. In Preußen wie im Reich zeigte sich, daß der Kulturkampf die Wähler polarisiert hatte. Die Protestanten wählten Liberale (vornehmlich Nationalliberale), Katholiken das Zentrum. Zum ersten Mal seit 1866 hatten die beiden liberalen Parteien in beiden Parlamenten die absolute Mehrheit, 242 von 432 Mandaten in der Abgeordnetenkammer und 204 von 397 im Reichstag.[50]

Im Reichstag jedoch waren Koalitionen denkbar, die die Nationalliberalen majorisieren konnten. Seitdem der Kulturkampf das Zentrum in eine Haltung der «entschiedenen Opposition» getrieben hatte, konnten die Fortschrittler daran denken, eine Koalition von Dissidenten zu bilden (bestehend aus Fortschrittlern, Zentrumsabgeordneten, Polen, Sozialdemokraten und anderen «Reichsfeinden»), die über 184 Stimmen verfügte. Wenn sich dieser Koalition auch nur fünfzehn nationalliberale Abgeordnete anschlossen, konnte sie zwar vielleicht eigene Vorlagen nicht durchbringen, aber doch jede Regierungsvorlage scheitern lassen. Mithin beherrschte der linke Flügel der Nationalliberalen Partei (etwa achtzehn Abgeordnete), geführt von Eduard Lasker, die Schlüsselstellung im Reichstag. Er konnte nach Belieben entweder der gemäßigt-konservativen oder der radikal-oppositionellen Seite der Kammer zum Sieg verhelfen. Eugen Richter faßte die neue Situation zusammen: «Die Entscheidung war also von den Nationalliberalen um Bennigsen auf diejenigen um Lasker übergegangen. Lasker beherrschte wie kein Abgeordneter zuvor in den nächsten Sessionen den Reichstag und das preußische Abgeordnetenhaus.»[51]

Die Erneuerung des eisernen Etats

Die große Frage für die deutsche Politik in der Mitte der siebziger Jahre war, wie Lasker von der Stellung im Angelpunkt Gebrauch machen würde, die ihm die Wahlen von 1873–1874 verschafft hatten. Würde dieser prinzipienfeste Liberale auch um den Preis einer Spaltung der Nationalliberalen Partei versuchen, die Befugnisse des Parlaments zu erweitern? Die Probe aufs Exempel sollte nicht lange auf sich warten lassen, denn die erste große Aufgabe, die dem zweiten Reichstag bevorstand, war die Entscheidung über die von der Regierung beantragte Erneuerung des «eisernen Etats», der 1867 zum ersten Mal für drei Jahre und 1871 für weitere drei Jahre bewilligt worden war. Keine Regierungsvorlage warf so dringend die Frage nach der Reichweite der Befugnisse des Parlaments auf wie diese Militärvorlage.

Wilhelm und das preußische Kriegsministerium hatten vor, diesmal das 1867 an den konstituierenden Reichstag verlorene Terrain zurückzugewinnen. Gemäß der dem Reichstag im Februar 1874 präsentierten Vorlage sollte die Friedensstärke der Armee bis auf weiteres auf 401 659 Mann festgesetzt werden. Bis die Regierung eine weitere Verstärkung beantragte, sollten die Größe der Armee und damit die Kosten ihres Unterhalts der Kontrolle des Parlaments entzogen werden. Die Gegner der Vorlage hatten einigen Grund zur Zuversicht. 1871 hatten alle Abgeordneten der Fortschrittspartei, des Zentrums und der polnischen Fraktion, unterstützt von einer Reihe Nationalliberaler, so auch von Lasker, gegen den eisernen Etat gestimmt. Bei der neuen Zusammensetzung der Kammer waren die Aussichten einer ähnlichen Koalition, diesmal die Annahme des Gesetzes zu verhindern, recht gut. In der Hoffnung auf eine schnelle Entscheidung schlug der Führer der Fortschrittspartei, Hoverbeck, vor, das Gesetz nicht an einen Ausschuß zu überweisen, sondern im Plenum zu diskutieren. Doch der Reichstag nahm diesen Vorschlag nicht an, und so lag das Gesetz der Kammer erst nach den Osterferien vor. Unterdessen hatten Angehörige der Freikonservativen und der Nationalliberalen Partei versucht, die drohende Konfrontation abzuwenden, indem sie Kompromißvorschläge machten, die eine Reduzierung der von der Regierung vorgeschlagenen Größenordnung vorsahen. Unterdessen agitierte die konservative und regierungsamtliche Presse für eine Annahme der Regierungsvorlage ohne Konzessionen.[52]

Während der Monate März und April 1874 mußte Bismarck die meiste Zeit wegen eines lahmen Beins das Haus hüten. Nach Strucks Diagnose rührte dieses Leiden von seiner alten Beinverletzung her und begann als «anormaler Gichtanfall». «Anfangs Venenanschwellungen, Entzündungen, große Schmerzhaftigkeit, später enorme Ausscheidungen von Sedimenten, Harnsäure u. dabei kein Fieber, Puls nie über 64, Herzschlag und Herztöne seien stets schwach.» Der Arzt verschrieb Morphium, ein Zwölftel Gran täglich, als Schlafmittel sowie als harntreibende Mittel Whiskey und Gin.[53] Bismarck selbst stellte sich eine andere Diagnose. Der sächsische Gesandte von Friesen erfuhr vom Kanzler, was ihn krank mache, sei «lediglich der Aerger, ... und zwar nicht der über seine Feinde und politischen Gegner, mit denen werde er schon fertig werden, sondern der Aerger über die Leute, die in ihrem eigenen Interesse und zum Besten des Landes ihn unterstützen und ihm helfen sollten, statt dessen aber ihm überall schadeten und ihn gänzlich im Stiche ließen.»[54]

Doch machte Bismarck sein Leiden diesmal nicht, wie im November 1872, handlungsunfähig. Durch zwei zuverlässige Abgeordnete ließ er der liberalen Opposition ein Ultimatum stellen. In der *Spenerschen Zeitung* las man, daß der Kanzler neuerdings daran denke, seine zuversichtliche Prophezeiung aus dem März des Jahres 1867 zurückzunehmen – daß nämlich Deutschland, wenn man es nur in den Sattel setze, schon würde reiten können. «Der Reichstag scheint den Beweis liefern zu wollen, daß Deutschland *nicht* reiten kann». Einzelne prominente Mitglieder glaubten sich offenbar durch frühere Erklärungen gebunden, den Etat abzulehnen. Er selbst hingegen habe «stets gestrebt neues zu lernen; und wenn ich dadurch in die Lage kam, eine frühere Meinung berichtigen zu müssen, so habe ich das sofort gethan, und bin stolz darauf, daß ich so gehandelt habe. Denn ich stelle stets das Vaterland über meine Person». Nun aber übten einige Herren, «welche ausdrücklich auf meinen Namen gewählt sind», Verrat an ihrer Wählerschaft. «Ich kann mir diese Lage der Dinge nicht gefallen lassen. Ich kann meinen europäischen Ruf nicht opfern. Ich werde, sobald ich wieder im stande bin, die Feder zu führen, meinen Abschied erbitten.» Am Ende seiner Ausführungen erwähnte er freilich noch eine zweite Alternative, «entweder mein Rücktritt oder die Auflösung des Reichstags!»[55]

Bismarck, der mit dem Bericht in der *Spenerschen Zeitung* unzufrieden war, ermächtigte die halboffizielle *Norddeutsche Allgemeine Zeitung* zu einer Erläuterung seiner Position, wonach «die Stärke und Stellung der Fortschrittspartei und des mit ihr gehenden Teiles der Nationalliberalen die Lage unhaltbar machten. Fünfzig bis sechzig reichstreue ... Wahlkreise seien durch Abgeordnete vertreten, welche gegen die Reichsregierung operierten, und das zu einer Zeit, wo die reichsfeindlichen Parteien so stark seien, daß die Majoritäten an und für sich schwankend würden. Dieser Fehler in der Situation werde sich voraussichtlich im Laufe der Legislaturperiode mehr schärfen, anstatt sich zu mildern.» Deshalb sei der Reichskanzler zu der Meinung gelangt, die einzige Lösung sei eine Berufung an die Wähler, «und wenn das den Fehler nicht heile, so sei eine konstante Majorität, auf welche irgend eine Regierung sich stützen könne, überhaupt nicht möglich». In der *Spenerschen Zeitung* veröffentlichte dann auch Lucius eine Berichtigung, wonach der Fürst sich nicht mehr «kräftig genug» fühle, «um die amtliche Friktion der vorbereitenden Stadien und die in der schwankenden Majorität des Reichstages entgegenstehenden Schwierigkeiten zu überwinden». Wieder drohte Bismarck mit seinem Rücktritt.[56] Auch der Kaiser erklärte beim Empfang der Generalität anläßlich seines Geburtstags am 22. März, wie bekümmert er darüber sei, daß die Schwierigkeiten mit dem Reichsmilitärgesetz «den Abend seines Lebens trübten». Am selben Tag versicherte er einer Delegation des Reichstags, daß er fest entschlossen sei, wenn nötig den Kampf gegen das Parlament noch einmal aufzunehmen.[57]

Auch diesmal hielt die liberale Front dem Druck des Bismarckschen Mißvergnügens nicht lange stand. Die meisten Liberalen, einschließlich mancher Fortschrittler, hielten ihn noch immer für unentbehrlich, jedenfalls bei den auswärtigen Angelegenheiten. Seine Behauptung, daß sein Gesundheitszustand (über welchen die *Spenersche Zeitung* ausführlich berichtete) zu prekär sei, als daß er bei der Erfüllung wichtiger Aufgaben Widerstand auch aus dem Inneren noch ertragen könne, verfehlte ihren Eindruck nicht. Es sei gewiß bedauerlich, daß man in einer so wichtigen Angelegenheit wie jener der Größe und des Unterhalts der deutschen Armee nur drei Jahre nach dem Krieg mit Frankreich direkt bei den Wählern vorstellig werden müsse. Immerhin sei offenbar, daß die Wähler bei den letzten Wahlen zu den Streitpunkten des Kulturkampfes Stellung genommen hätten, denn sie hatten ja statt konservativer liberale Kandidaten in dem Glauben gewählt, daß sie damit den Kanzler in seinem Kampf gegen die «Reichsfeinde» unterstützten. Bismarck hatte vermutlich recht damit, daß bei einer ernstlichen Auseinandersetzung mit der Regierung über die Militärfrage wohl fünfzig bis sechzig Nationalliberale ihre Mandate verlieren würden, denn diese hatten sie erhalten, um der Regierung in ihrem Kampf gegen die Ultramontanen beizustehen, nicht aber, damit sie versuchten, die Budgetrechte der Kammer zu vergrößern. Lasker und seine Verbündeten konnten den Angelpunkt der Macht nicht auf Grund des Wählerwillens besetzen, sondern nur dank eines parteipolitischen Zufalls. Die Sonderstellung ihrer Fraktion war in der Struktur der Kammer begründet, nicht in den Absichten der deutschen Wähler.[58]

Tatsächlich wurde die Schwäche der liberalen Stellung von Tag zu Tag offensichtlicher. Eine Flut von Petitionen aus allen Teilen Deutschlands und aus allen Schichten des Volkes (Bauern, Fabrikarbeiter und Tagelöhner eingeschlossen) ersuchte den Reichstag, die Militärvorlage anzunehmen.[59] Allmählich schloß sich auch die liberale Presse dem Drängen der konservativen und regierungsamtlichen Zeitungen an. Bennigsen erklärte, daß «auf rein politischem Gebiete eine so primitive und starke Bewegung seit dem Jahre 1848 nicht dagewesen sei». Einer seiner Parteigenossen, Eduard Stephani, fand: «Es herrschte ein wahrer Fanatismus für die unbedingte Annahme des Gesetzes.» Auch Richter, der führende Kopf der unbedingten Opposition, war beeindruckt von den Leidenschaften, die die Erklärungen Bismarcks und des Kaisers erregten. Wenn der gesamte Regierungsapparat, von oben bis unten, die Trommeln schlage, bemerkte er, sei der Lärm laut genug, manche zu betäuben und die schwachen Nerven anderer zu zerschmettern.[60] Und so mußten auch diesmal die Liberalen der Tatsache ins Gesicht sehen, daß die deutsche Öffentlichkeit an einem Kampf um die parlamentarische Macht nicht interessiert war und schon gar nicht, wenn es dabei um die Armee ging. Die meisten Wähler, befand die *Spenersche Zeitung*, wollten keinen Konflikt mit der Regierung und gaben das ihren Abgeordneten auch deutlich zu verstehen.[61]

Als sich am 9. April 1874 nach den Osterferien die Abgeordneten wieder versammelten, war der Oppositionsblock schon in Auflösung begriffen. Lasker fand, daß von den dreißig Anhängern, die er vor den Ferien hatte, jetzt nur noch fünfzehn zu ihm hielten. Die Fortschrittler ließen ihn überdies wissen, daß auf sechs der Ihren kein Verlaß mehr sei. Sieben Angehörige der elsaß-lothringischen «Protestpartei» boykottierten das Parlament.[62] Dennoch wäre wohl die große Mehrheit der Nationalliberalen an der Seite der Fortschrittler in der Opposition gegen die Vorlage geblieben, wenn die Regierung weiterhin auf einem permanenten Militärbudget bestanden hätte. Am 30. März hatte der Kaiser jedoch Forckenbeck, den Präsidenten des Reichstags, zu sich gerufen und angedeutet, daß er in diesem Punkte zu einem Kompromiß bereit sei.[63] Während der nächsten zehn Tage waren Forckenbeck, Miquel, Bennigsen und der Kaiser wiederholt in Bismarcks Krankenzimmer. Auf der entscheidenden Fraktionssitzung der Nationalliberalen Partei am Abend des 9. April schlugen die drei Führer einen Kompromiß vor – Bewilligung des Budgets nicht auf unbestimmte Zeit, sondern für sieben Jahre –, der von der Fraktion einstimmig angenommen wurde.[64] Als den Liberalen am folgenden Tag ausgerichtet wurde, daß der Kaiser auf ihren Kompromißvorschlag eingehen werde, herrschte Hochstimmung, wie Eduard Stephani berichtet: «Beispielloser Jubel deshalb, Hin- und Herrennen. Ich lief zu Miquel, wir freuten uns sehr. Abends war parlamentarische Vereinigung. Alle Gemüther waren voll davon, daß der vom Centrum und den Conservativen gehoffte, von uns gefürchtete Conflict vermieden ist. Die Conservativen sind wüthend.»[65]

Während jener ersten Aprilwoche des Jahres 1874 kam der Augenblick der Wahrheit für Lasker. Auch er hatte beschlossen, sich von Richter und den Fortschrittlern, die weiter auf der jährlichen Bewilligung des Militärbudgets bestanden, loszusagen. Er hätte den Etat nur für vier Jahre bewilligen wollen, doch nun ergab er sich resigniert in den von seinen Kollegen ausgehandelten Kompromiß. Er erkannte, daß nicht durchzusetzen war, was sein liberales Herz begehrte; es fehlten ihm die Stimmen, die er dafür benötigt hätte. Und es plagte ihn auch die Sorge um die Einheit der Partei. Wenn er in der Opposition beharrte, war die Spaltung zu befürchten, zu der es über der gleichen Frage schon 1871 fast gekommen wäre.[66] So wurde am 14. April der neue eiserne Etat, das Septennat, mit 224 gegen 146 Stimmen vom Reichstag bewilligt. Die Mehrheit setzte sich hauptsächlich aus Konservativen, Freikonservativen und Nationalliberalen zusammen, denen sich auch einige Fortschrittler angeschlossen hatten. In der überstimmten Opposition verharrten die Mehrheit der Fortschrittler, das Zentrum, die Sozialdemokraten, die Polen und die Welfen.[67]

Bismarck war zwar noch immer an sein Krankenbett gefesselt, doch auf Bennigsen wirkte er geistig «so frisch, energisch und genial wie nur je», der Kanzler habe «in dieser Sache ein Meisterstück geleistet von seinem Krankenlager ab».[68] Wirklich hatte der Kanzler Grund zur Zufriedenheit. Nur ungern hätte er den Reichstag aufgelöst, vertraute er Lucius an: «Die Auflösung ... würde zu einer großen Verbitterung der Minorität und zu einer Spaltung der Majorität führen, welche ich für die Gesamtgesetzgebung brauche. Ich kann mich nicht allein auf die Konservativen stützen, ohne dem Zentrum Konzessionen zu machen; ich würde es doch tun, wenn das, was ich dafür gewönne, eine wirkliche Goldmünze wäre und nicht nur ein glänzender Zahlpfennig.» Nun, da er das Aeternat preisgegeben hatte, konnte er mit einer sicheren Mehrheit rechnen. Das Septennat würde jedenfalls über die beiden nächsten Reichstagswahlen hinaus andauern, längerfristige Pläne waren ohnedies schwer auszuführen. Dennoch hatte er aber, wie er Lucius gestand, das Septennat beim Militär nur unter Androhung seines Rücktritts durchsetzen können. Ihm selbst sei diese Befristung nicht unwillkommen, denn sie würde ihm gestatten, das Militär, diesen «Staat im Staate», unter einiger Kontrolle zu halten. Das Militärkabinett würde weniger geneigt sein, den Kanzler und den preußischen Kriegsminister zu ignorieren, wenn die Generäle wußten, daß sie in nicht allzu ferner Zukunft wieder auf deren Unterstützung gegen das Parlament angewiesen sein würden.[69] Auch hier begegnet man also dem bekannten Verhältnis von Gewichten und Gegengewichten, das für Bismarcks «Realpolitik» so charakteristisch ist.

Abermals hatte Bismarck über eine scheinbar unüberwindliche parlamentarische Übermacht triumphiert. Das Ergebnis bewies, daß er bei jedem ernsthaften Konflikt mit seinen liberalen «Verbündeten» über die parlamentarischen Kontrollbefugnisse in Militärangelegenheiten die Oberhand hatte, weil die öffentliche Meinung auf seiner und der Seite des Militärs stand. Wenn sie ihm auch in dieser Frage unterlegen war, so konnte ihn die liberale Mehrheit gleichwohl bei anderen Streitpunkten, an denen die Öffentlichkeit weniger leidenschaftliches Interesse nahm – die bürgerlichen Rechte etwa –, in Verlegenheit bringen. Doch noch während derselben Session gelang es der Regierung, die Liberalen zu einem weiteren Kompromiß zu bewegen. Das Reichspressegesetz, über das Bismarck und Lasker sich 1873 gestritten hatten, wurde 1874 abermals vorgelegt. Anläßlich von dessen zweiter Lesung im März nahm der Reichstag Änderungsanträge an, die die Befugnis der Polizei, Drucksachen ohne richterliche Ermächtigung zu beschlagnahmen, einschränkten wie auch diejenige des Staatsanwalts, Anklage gegen Verleger, Presseleute, Journalisten und Vertreiber zu erheben. Doch dann ließen sich die Parlamentarier im Austausch gegen die Aufhebung der Stempelsteuer und der Verlegerkaution die erneute Aufnahme der meisten anstößigen Bestimmungen in der Regierungsvorlage abhandeln. Immerhin, so trösteten sich die Nationalliberalen, konnte so der sozialistischen und ultramontanen Agitation energischer Einhalt geboten werden. Danach wurde das Gesetz etwa so, wie die Regierung es vorgelegt hatte, angenommen.[70]

Bismarcks Bedürfnis nach konsolidierender Gesetzgebung, sein Kampf gegen das Zentrum und den Polonismus, seine wachsende Sorge angesichts der sozialistischen Agitation und der sich verschärfende Konflikt mit den Ultrakonservativen hatten im Reichstag zu einer Kräfteverteilung geführt, die potentiell gefährlich für den Fortbestand des gewaltenteiligen Verfassungssystems war. Doch das Verhalten der Liberalen im Frühjahr 1874 strafte den Anschein ihrer Stärke Lügen und gab Bismarck keinen vernünftigen Grund zur Beunruhigung. Und was die «siamesischen Zwillinge» – den eisernen Etat und das Reichspressegesetz – betraf, konnte er mit den Liberalen zufrieden sein; sie hatten im wesentlichen bewilligt, was er wollte.

Die Affäre Arnim

Die Zwietracht zwischen Bismarck und den Ultrakonservativen wurde 1874–1875 noch vertieft durch die Schwierigkeiten des Kanzlers mit Harry von Arnim. Arnim, ein pommerscher Junker, war 1851 in den preußischen diplomatischen Dienst eingetreten, im gleichen Jahr wie Bismarck, mit dem er gut bekannt war. Nachdem er auf verschiedenen Posten als Legationssekretär Dienst getan hatte, wurde Arnim 1864 auf Bismarcks Empfehlung zum preußischen Gesandten beim Vatikan ernannt. Zu jener Zeit scheint Bismarck noch große Stücke auf ihn gehalten zu haben. Seine Amtsführung in Rom gab allerdings Anlaß zu Zweifeln an seiner Fähigkeit, sich an die erteilten Instruktionen zu halten. Nichtsdestoweniger wurde er dann als preußischer Chefunterhändler 1871 zu den Friedensverhandlungen mit Frankreich in Brüssel und Frankfurt entsandt. Nach Unterzeichnung des Vertrages wurde ihm die deutsche Vertretung in Paris anvertraut, die damals der wichtigste Posten im auswärtigen Dienst war. Dort erregte er bald den Zorn des Kanzlers, indem er, ohne dazu ermächtigt zu sein, auf eigene Faust in – übrigens erfolgreiche – Verhandlungen über die Ausführung des Frankfurter Vertrages mit dem Präsidenten Thiers eintrat. Ein erheblicher Dissens entstand über der Frage, ob Berlin eher eine Französische Republik (Bismarck) oder eine Restauration der Bourbonen (Arnim) begrüßen sollte. Doch hatte diese Meinungsverschiedenheit dann Folgen, die in keinem Verhältnis zu ihrer Ursache mehr standen. Im Februar 1874 wurde Arnim von seinem Posten abberufen, inhaftiert, vor Gericht gestellt und wegen Unterschlagung amtlicher Dokumente verurteilt. Schließlich wurde er sogar noch des Hochverrats und der Majestätsbeleidigung schuldig befunden.[71]

Arnims schwerstes Verbrechen war niemals Gegenstand der gegen ihn erhobenen Anklagen – der Versuch, Bismarck beim Kaiser auszustechen und dessen Nachfolge im Kanzleramt anzutreten. Arnim war sicherlich nicht der einzige, der sich damals in dem Glauben wiegte, daß Bismarcks Tage gezählt seien und entweder dessen eigene angegriffene Gesundheit oder der Tod des Kaisers seiner politischen Laufbahn ein baldiges Ende setzen würden.[72] Arnim war nur unvorsichtiger und exponierter als andere, die sich damals in der Absicht, des großen Mannes Stelle einzunehmen, aufs Glatteis wagten. Indem er seine politischen Ansichten direkt dem Kaiser vortrug, gefährdete er Bismarcks schwächste Flanke. Theoretisch waren alle deutschen Gesandten persönliche Vertreter des Kaisers und hatten als solche das Recht auf direkten Zugang zu ihm. Bismarck selbst hatte während seiner Jahre als preußischer Gesandter in Frankfurt, St. Petersburg und Paris dieses Recht in Anspruch genommen. Jetzt verlangte er von den Diplomaten, daß sie ihm aufs Wort gehorchten wie Soldaten auf dem Exerzierplatz. Arnim seinerseits hatte den Eindruck, daß der Kanzler in den Berichten seiner Gesandten nur das Echo seiner Instruktionen lesen wollte.[73] Arnims hartnäckige Unterstützung einer monarchischen Restauration in Frankreich und die Anmaßung, mit der er – keineswegs ganz erfolglos – den Kaiser zu beeinflussen versuchte, erbitterten Bismarck zutiefst. Er verdächtigte Arnim jedoch auch, mindestens in einem Fall die Ausführung von Instruktionen hinausgezögert zu haben, um sich einen Spekulationsgewinn an der Börse zu sichern, und er war fest davon überzeugt, daß der Botschafter in der deutschen und in der europäischen Presse heimlich und hinterlistig gegen die Politik seiner eigenen Regierung Stimmung machte. Und doch mußte er sich mit diesem eitlen und anmaßenden Mann auf einen demütigenden Wettbewerb um den Einfluß bei Hof einlassen.[74] Je länger Bismarck diese Kränkung erleiden mußte, desto strenger wurde die Strafe, die er Arnim zugedachte. Er faßte sich in Geduld und ließ einstweilen seinen Gegner wohl oder übel gewähren. Daß dessen Hochmut vor dem Fall kommen würde, dafür würde er sorgen.

Im Mai 1873 stürzte endlich die Regierung Thiers – zu Bismarcks Enttäuschung und zu Arnims Freude – und wurde von dem monarchistisch gesinnten Regime unter dem Marschall MacMahon abgelöst. Bismarck verdächtigte Arnim, dabei seine Hand im Spiel gehabt zu haben, denn Intrigen zu diesem Ziel hatte der Botschafter zuvor häufig angeregt. Obwohl Arnim jede Beteiligung an dem Regierungswechsel abstritt, blieb doch Bismarck bei seinem Verdacht, den er auch gegenüber Arnim selbst, dem Kaiser und der Presse wiederholt andeutete. Im Juni 1873 entwarf er eine Denkschrift für den Kaiser, in welcher er die Auswirkungen der Arnimschen Intrigen in Paris auf die deutsche Innen- und Außenpolitik dramatisch übertrieb und den Monarchen ersuchte, da er von Arnims Empfehlungen offenbar mehr beeindruckt sei als von seinen eigenen, einen anderen als ihn mit der Leitung der deutschen Außenpolitik zu betrauen. Allerdings sandte Bismarck diese Denkschrift dann nicht ab.[75] Offenbar schien ihm die Zeit für einen solchen Schritt noch nicht reif zu sein. Bei einem Besuch in Berlin, Anfang September, sprach Arnim sowohl mit Wilhelm als auch mit Bismarck. Der Kaiser sei wohlwollend gewesen, Bismarck außer sich vor Zorn. Arnim fragte den Kanzler, warum dieser ihn verfolge. «Er sei», erwiderte Bismarck, «der Verfolgte. Seit 8 Monaten – seit einem Jahre – habe Graf Arnim ihn an seiner Gesundheit geschädigt, ihm die Ruhe geraubt. Sie conspiriren mit der Kaiserin und Sie ruhen nicht eher, bis Sie hier am Tische sitzen, wo ich sitze und gesehen haben werden, daß es auch nichts ist. Ich kenne Sie von Jugend an. – In jedem Vorgesetzten, so sagten Sie vor Jahren, sehen Sie Ihren natürlichen Feind. – Der Feind bin ich in diesem Augenblick. Sie haben den Abschluß der Convention vom 15. März verzögert, um Thiers zu stürzen, und ich muß nun die Verantwortung für diesen politischen Fehler tragen. Sie haben mich bei dem Kaiser verklagt, Sie haben Beziehungen zum Hofe, welche mich schon früher verhindert haben, Sie hierher zu berufen.»[76]

Die Leichtigkeit, mit der dann schließlich Bismarck Arnims Abberufung erreichte, läßt allerdings vermuten, daß dieser ihm zu keiner Zeit so gefährlich war, wie er selbst zu glauben behauptete. Zwei Tage nach dem Gespräch mit Arnim in Berlin sandte der Kanzler einen Erlaß nach Paris, in welchem er gegen einen Hirtenbrief des Bischofs von Nancy vom 3. August 1873 protestierte, in dem dieser die Gläubigen seiner Diözese (zu der auch der deutsche Teil Lothringens gehörte) aufrief, für die Wiedervereinigung von Metz und Straßburg mit Frankreich zu beten. Obwohl die neue französische Regierung ihn nach Kräften zu beschwichtigen versuchte, wurde Bismarck doch in seinen Beschwerden und Forderungen immer schärfer. Dies fiel ihm um so leichter, als der Bischof von Paris am 9. September einen Hirtenbrief ganz ähnlichen Inhalts veröffentlichte und eine französische Bischofskonferenz in Bourges die päpstliche Verurteilung des Kulturkampfes bekräftigte. Tatsächlich waren das nur Reibereien, wie sie in der Nachkriegszeit zum nachbarlichen Alltag der Sieger und Besiegten gehörten, doch das hinderte Bismarck nicht, dem Kaiser am 11. Oktober den Vorgang als ernste, den Frieden in Europa bedrohende Krise darzustellen. Möglicherweise wollte er so auf die internationale Verflechtung des Kulturkampfes hinweisen, und vielleicht versprach er sich davon auch Vorteile bei den bevorstehenden Wahlen und der Debatte über den Militäretat im neuen Reichstag. Jedenfalls aber behauptete er wiederholt – und unwahrhaftig – auch, daß Arnim, der im September auf seinen Posten zurückgekehrt war, es bei der Vertretung der deutschen Interessen gegenüber der französischen Regierung in sträflicher Weise an dem gebotenen Nachdruck fehlen ließe. Am 24. Februar 1874 hatte Wilhelm sich diese Auffassung soweit zu eigen gemacht, daß er Arnim von seinem Posten abberufen ließ.[77]

Damit wäre die Sache wahrscheinlich erledigt gewesen, wenn Arnim nicht eine große Torheit begangen hätte. Der in seiner Eitelkeit gekränkte und sich ungerecht behandelt fühlende Botschafter spielte nun nämlich der Wiener Zeitung *Die Presse* Dokumente aus der Zeit seiner Gesandtschaft in Rom zu, die beweisen sollten, daß er im Gegensatz zu seiner Regierung die Konsequenzen des Vatikanischen Konzils vorausgesehen habe und der Kulturkampf hätte vermieden werden können, wenn Bismarck nur auf Arnims Rat gehört hätte. Angesichts des großen Aufsehens, das diese Veröffentlichung erregte, publizierte dann Bismarck in der *Norddeutschen Allgemeinen Zeitung* andere Dokumente, die das Gegenteil zu beweisen schienen. Das reizte Arnim, sich in einem offenen Brief an Döllinger zu rechtfertigen, in dem er noch weitere Einzelheiten der deutschen Politik gegenüber der katholischen Kirche enthüllte. Die deutsche und die österreichische Presse begannen in der Frage Partei zu ergreifen, wer die größere Weisheit bewiesen habe, der Kanzler oder der Botschafter.[78] Die Konkurrenten freilich konnten kaum als gleich stark angesehen werden, denn während Bismarck der Mechaniker der deutschen Außenpolitik war, war der Botschafter nur ihr Werkzeug gewesen. Und während Bismarck amtliche Dokumente zur Veröffentlichung freigeben konnte, ohne damit gegen die Gesetze zu verstoßen, machte Arnim sich, wenn er ohne Genehmigung das gleiche tat, einer strafbaren Insubordination schuldig. Dennoch wäre er wahrscheinlich mit einem Tadel und der Entlassung aus dem diplomatischen Dienst davongekommen,[79] hätte nicht der damalige Legationssekretär in Paris, Friedrich von Holstein, entdeckt, daß aus den Akten der Botschaft sechsundachtzig Dokumente fehlten.

Des Diebstahls beschuldigt, verlegte Arnim sich auf lahme Entschuldigungen. Viele der fehlenden Papiere seien private Briefe gewesen und hätten eigentlich gar nicht in die Akten der Botschaft gehört. Andere seien versehentlich mitgenommen worden und sollten demnächst zurückgegeben werden. Von dem Verbleib eines Teils der fehlenden Dokumente sei ihm nichts bekannt, er habe diese nie in Besitz gehabt. Unterdessen suchte Arnim sich seine politische Zukunft zu sichern, indem er eine Zeitung erwarb und für das preußische Herrenhaus kandidierte.[80] Bismarck, der sich juristisch hatte beraten lassen, empfahl dem Kaiser, einen Kriminalprozeß gegen Arnim anzustrengen; nur auf diese Weise könne man hoffen, die verschwundenen Dokumente umgehend zurückzuerhalten. Am 4. Oktober 1874 wurde Arnim mit einem vom Berliner Stadtgericht ausgestellten Haftbefehl auf seinem pommerschen Gut Nassenheide verhaftet. Ein österreichischer Diplomat faßte den Eindruck, den dieses Verfahren auf die Öffentlichkeit machte, dahingehend zusammen, daß man allgemein ein persönliches Interesse Bismarcks an dem Fall vermutete: «Erster Eindruck peinlich. Form des Verfahrens mißfällig. Verhaftung bei Vergehen ungebräuchlich, und fällt es auf, daß hiesiges Stadtgericht gewählt. Antagonismus zu frisch in Erinnerung, um Prozeß nicht persönlich zu deuten. Europäischer Sensationsfall hätte vermieden werden müssen.»[81] Arnims in Nassenheide beschlagnahmte Korrespondenz gab aufschlußreiche Hinweise auf dessen Beziehungen zu Journalisten, aber nicht auf den Verbleib der verschwundenen Dokumente. Inzwischen war die Wahrung von Staatsgeheimnissen ohnedies nicht mehr das Hauptanliegen der Polizeiaktion gegen Arnim. Bismarck, nun vom Kaiser unterstützt, wollte Harry von Arnims vollständigen Ruin. Er bestand auf einer öffentlichen Gerichtsverhandlung gegen ihn.

Das am 19. Dezember 1874 vom Berliner Stadtgericht gefällte Urteil beweist, daß es auch damals in Berlin noch unabhängige Richter gab, die ohne Rücksicht auf etwaige Wünsche der Obrigkeit ihr Urteil fällten. In einer Reihe von Anklagepunkten wurde Arnim freigesprochen. Die Richter ließen seine Verteidigung gelten, daß die von ihm angeblich entwendeten Dokumente teilweise sein persönliches Eigentum gewesen seien. Allerdings sprachen sie ihn schuldig, sich dreizehn Dokumente unzweifelhaft amtlichen Charakters unrechtmäßig angeeignet zu haben. Statt der vom Staatsanwalt beantragten Haftstrafe von dreißig Monaten ließen sie den Delinquenten mit einer Verurteilung zu nur dreimonatiger Haft davonkommen. Gegen dieses Urteil legten beide Seiten Berufung ein, und vor dem Kammergericht hatte der Staatsanwalt mehr Glück. Am 24. Juni 1875 wurde dort das Strafmaß auf ein Jahr Haft erhöht. Arnim brauchte die Strafe allerdings nie anzutreten. Da er an akuter Diabetes litt, war er nach der ersten Verurteilung gegen Kaution aus der Haft entlassen worden und hatte alsbald die Flucht ergriffen. Er sollte nie mehr nach Preußen zurückkehren. Aus der Schweiz wandte er sich mit einer Bittschrift an den Kaiser, in der er weniger dessen Gnade erbat als vielmehr dessen Schutz vor Bismarcks Haß. Die Petition war allerdings kaum in Berlin eingegangen, als an den Berliner Zeitungsständen ein in der Schweiz anonym veröffentlichtes Pamphlet erschien, das nicht geeignet war, den Kaiser milde gegen Arnim zu stimmen. Denn der anonyme Verfasser dieser Streitschrift *Pro Nihilo! Vorgeschichte des Arnim'schen Prozesses* rechtfertigte und rühmte Arnims Handlungsweise, während er Bismarck, den Kaiser und die Gerichtshöfe an den Pranger stellte und überdies auch Informationen über die Beziehungen Deutschlands zu Frankreich seit 1871 preisgab. Daß Arnim selbst die Schrift verfaßt hatte, lag auf der Hand und konnte bald auch bewiesen werden. Dieser Schrift wegen wurde er im Oktober 1876 vom Staatsgerichtshof in Abwesenheit zu fünf Jahren Zuchthaus verurteilt. Der glücklose Diplomat starb 1881 im österreichischen Exil.[82]

Arnim war nicht ohne Freunde und Verteidiger. Zwar stammte er nur aus dem pommerschen Kleinadel, doch er unterhielt gute Verbindungen zu den in Preußen tonangebenden Kreisen. Seine erste Frau war eine illegitime Tochter Prinz Augusts von Preußen gewesen, seine zweite war die Tochter Adolf Graf Heinrich von Arnim-Boitzenburgs, der zeitweilig preußischer Innenminister, 1848 für kurze Zeit sogar Ministerpräsident und dann, bis zu seinem Tode 1868, Führer der Konservativen im preußischen Herrenhaus gewesen war. Der Sohn und Erbe des Grafen, Harry von Arnims Schwager, gehörte der freikonservativen Fraktion im Abgeordnetenhaus an und wurde am 8. Dezember 1874 (einen Tag vor Beginn des ersten Prozesses gegen Arnim) zum Oberpräsidenten von Schlesien ernannt, wo er einen Beamten ablösen sollte, der dort den Kulturkampf nicht mit dem in Berlin gewünschten Eifer geführt hatte.[83] Dieser Zweig der Familie Arnim war sehr blühend und mächtig. Durch die Ehe seiner Schwester mit Oskar von Arnim-Kröchlendorff stand sogar Bismarck selbst in verwandtschaftlicher Beziehung zu der Sippe. Angehörige der Familie baten den Kaiser, Harry zu begnadigen, aber Bismarck und der Justizminister Leonhardt machten geltend, daß der Sünder keinerlei Reue zeige, und so wurde das Gnadengesuch abgelehnt.[84]

Bei den Ultras galt Harry von Arnim als unschuldiges Opfer Bismarcks, der mit dieser ungerechtfertigten Verfolgung eines verdienstvollen Standesgenossen nur einmal mehr unter Beweis zu stellen schien, daß er nicht zögerte, sich gegen die eigenen Leute zu wenden, um seinen persönlichen Machthunger zu befriedigen. Die liberalen Journalisten und Abgeordneten neigten nach anfänglichen Zweifeln dazu, den gegen Arnim erhobenen Beschuldigungen beizupflichten, doch die adelige Opposition blieb bei der Überzeugung, daß Arnim sich nichts anderes habe zuschulden kommen lassen, als Bismarcks Neid und Mißgunst herauszufordern.[85] Gleichwohl hatte der Reichskanzler nicht nur persönliche Gründe für sein rigoroses Verfahren gegen seinen einstigen Untergebenen. Der diplomatische Dienst des Deutschen Reichs befand sich damals noch im Aufbau und hatte eigene Traditionen – über die preußischen hinaus – noch nicht ausgebildet. So wollte Bismarck wahrscheinlich an Arnim auch ein Exempel statuieren, um seine Autorität im Auswärtigen Amt zu unterstreichen. Zweifellos hatte der begabte Arnim Defizite, die seine Befähigung für den diplomatischen Dienst ernsthaft beeinträchtigten. Er war eitel, unzuverlässig und nicht immer ehrlich im Verkehr mit seinem Vorgesetzten. Sein Ende mag er insofern selbst verschuldet haben, aber es ist kaum weniger aufschlußreich für Bismarcks Charakter. Wenn Arnim sich sein eigenes Grab schaufelte, dann besorgte Bismarck ihm Picke und Schaufel.

Kullmann und Majunke

Während der Jahre 1874–1875 gewann der Kulturkampf an Heftigkeit. Bismarck drängte Falk, neue Gesetze zu erlassen, die es gestatteten, widerspenstige Bischöfe zu bestrafen und Leiter von Priesterseminaren, Lehrer und andere Beamte, die sich gegen die neue preußische Religionspolitik sträubten, ihrer Ämter zu entheben.[86] So kam es im Frühjahr 1874 zu einer neuen Reihe von Maigesetzen: ein Reichsexpatriierungsgesetz, das gegenüber renitenten Geistlichen Landesverweisung und den Entzug der Staatsbürgerschaft möglich machte, sowie preußische Gesetze, welche den Staat ermächtigten, widersetzlichen Bischöfen die Kontrolle über Kircheneigentum und unbesetzte Pfründen zu entziehen, und seine Kontrolle über die Ausbildung der Geistlichkeit verstärkten.[87] Am 14. Januar 1874 wurde der Erzbischof von Posen-Gnesen inhaftiert, am 7. März der Bischof von Trier, am 31. März der Erzbischof von Köln und am 4. August der Bischof von Paderborn. Kirchenbeamte, die die administrativen Aufgaben der Inhaftierten übernahmen, wurden ihrerseits verhaftet, wie auch Priester, die sich weigerten, das ihnen gerichtlich aberkannte Pfarramt zu verlassen; manche von ihnen wurden sogar beim Altardienst festgenommen. Die Stimmung in den Gemeinden war entsprechend erregt. Am 22. März jubelten auf dem Vorplatz des Kölner Doms Tausende dem Erzbischof zu, der bald ins Gefängnis gehen sollte. Mit ähnlichen Kundgebungen versicherten auch anderswo die Gläubigen ihre Bischöfe der Solidarität des Kirchenvolks.[88]

Am 13. Juli 1874, mittags kurz nach 13 Uhr bei der Ausfahrt von dem Quartier des Kanzlers in Bad Kissingen, schoß ein Böttchergeselle aus Magdeburg, Eduard Kullmann, 21 Jahre alt, mit einläufigem Terzerol auf den Fürsten Bismarck. Als der Schuß fiel, wandte Bismarck sich eben ab, um die Grüße einiger Bürger zu erwidern, und diese Bewegung hat ihm vielleicht das Leben gerettet. Die Kugel streifte nur seine rechte Hand. Kullmann wurde auf der Stelle verhaftet und kurz darauf von Bismarck persönlich verhört. Der Zorn über die Maigesetze und die Behandlung der Zentrumspartei durch die Regierung habe ihn zu dem Anschlag verleitet, gestand der Attentäter. Am Abend veranstalteten die Kurgäste einen Fackelzug zu Ehren des Fürsten. Er dankte ihnen für die Teilnahme und gab der Überzeugung Ausdruck, «daß der Schlag, der gegen mich gerichtet war, nicht meiner Person galt, sondern der Sache, der ich mein Leben gewidmet habe: der Einheit, Unabhängigkeit und Freiheit Deutschlands».[89]

Kullmann gehörte zwar einem katholischen Gesellenverein an, hatte aber allein gehandelt. Für eine Verschwörung fanden sich keine Beweise. Doch die regierungsamtliche Presse stellte ihn als Werkzeug des priesterlichen Fanatismus dar,[90] und Bismarck nutzte die Gelegenheit, die preußische Regierung zu schärferen Maßnahmen gegen katholische und sozialistische Agitation zu drängen und das Verbot von zahlreichen Vereinen sowie gerichtliche Schritte gegen Zeitungen zu verlangen.[91] Anfang Dezember hatte das Attentat eine stürmische Szene im Reichstag zur Folge. Bei einer Attacke gegen Bismarcks Außenpolitik nannte der bayerische Zentrumsabgeordnete Edmund Jörg Kullmanns Attentat eine «Freveltat eines halbverrückten Menschen in Kissingen», deretwegen «ein guter Teil der deutschen Denkernation nahezu ins Delirium geraten» sei. Bismarck verursachte einen Aufruhr, als er bei seiner Erwiderung der Zentrumsfraktion zurief: «Ja, meine Herren, verstoßen Sie den Mann, wie Sie wollen. Er hängt sich doch an Ihre Rockschöße.» Das Protokoll vermerkt nach dieser Erklärung: «Pfui! aus dem Centrum, stürmisches andauerndes Bravo links und rechts, unter wiederholten Pfui-Rufen aus dem Centrum. Glocke des Präsidenten.» Der Pfui-Rufer war der Zentrumsabgeordnete Graf Ballestrem. Bismarck griff nach der Pistole in seiner Tasche, schätzte die Entfernung und überlegte, ob er auf den Bauch oder auf die Stirn zielen sollte. Er begnügte sich dann aber mit einer verbalen Erwiderung: «Pfui!» sagte er, «ist ein Ausdruck des Ekels und der Verachtung. Meine Herren, glauben Sie nicht, daß mir diese Gefühle fern liegen; ich bin nur zu höflich, um sie auszusprechen.»[92] Lucius, der Zeuge dieser Szene war, berichtet: «Darauf minutenlanger Beifall und Gegenrufe, Gestikulationen mit der Faust, es sah fast so aus, als käme es zu Tätlichkeiten; Forckenbeck ließ seinen Hut holen, der Sturm legte sich aber wieder. Am Abend danach war Bismarck besonders gut aufgelegt, wie nach einer befriedigenden Aktion.»[93]

Bei Bismarck ist nie leicht zu unterscheiden, inwieweit seine Äußerungen von Glauben und Gefühl zeugten und welchen Anteil daran Taktik und Berechnung hatten. Zweifellos hat er Kullmanns Mordanschlag ausgeschlachtet, um sich Sympathien in der Öffentlichkeit zu schaffen, wie er das schon 1866 nach dem Attentat Ferdinand Cohen-Blinds getan hatte.[94] Zu dem gleichen Zweck beschäftigte er die Gerichte 1874–1875 mit zahlreichen Beleidigungs- und Verleumdungsklagen. Es waren so viele, daß Arthur von Brauer, der damit betraute Beamte, ein Formular dafür entworfen hatte, das nur ausgefüllt und an die Staatsanwaltschaft abgesandt zu werden brauchte. Kein derartiges Vergehen, das zu Bismarcks Kenntnis gelangte, blieb ungeahndet, auch nicht das geringfügigste. Brauer erinnerte sich nur eines einzigen Falls, in dem Bismarck einen ihm vorgelegten Beleidigungsstrafantrag nicht unterschrieben habe. «Es handelte sich um ein eifriges Mitglied eines katholischen Gesellenvereins am Rhein, der sich am Biertisch in betrunkenem Zustand recht unflätig über den Kanzler ausgesprochen hatte. Im Strafantrag, der nach Vorschrift des Gesetzes den Wortlaut der Beleidigung enthalten mußte, war gesagt: ‹Der r. hat die Äußerung getan: Der Bismarck kann mich am A … lecken.› Der Fürst unterzeichnete den Antrag nicht, sondern schrieb mit Bleistift quer über das Papier: ‹Er mich auch!›» Wieder einmal vermischten sich persönliche und politische Motive. Bismarck wollte einerseits der Öffentlichkeit vor Augen führen, wie Deutschlands größter Staatsmann in den Schmutz gezogen wurde, und andererseits den ultramontanen und sozialistischen Blättern durch Prozesse möglichst viele Steine in den Weg legen.[95]

In jener Zeit erhielt Bismarck fast täglich Drohbriefe und mußte ständig einen neuen Mordanschlag fürchten. Er verließ sein Domizil in der Wilhelmstraße nicht mehr ohne bewaffneten Leibwächter. Die von den beiden Attentätern auf ihn abgefeuerten Pistolen faszinierten ihn. Delbrück hatte Blinds Waffe gekauft und dem Kanzler als Geschenk verehrt. Kullmanns Terzerol hatte Bismarck selbst von dem bayerischen Staatsanwalt erworben. Die beiden Waffen lagen auf seinem Schreibtisch, und oft erzählte Bismarck Besuchern, wie sie einst auf ihn gerichtet gewesen seien, um ihm das Leben zu nehmen. Er bewahrte sie jedoch offenbar nicht nur zur Erinnerung daran, wie er ihnen einst glücklich entronnen war, in seinem Büro auf, denn als im Dezember 1874 ein Gast seiner parlamentarischen Soireen Blinds Pistole zur Hand nahm, um sie sich aus der Nähe anzusehen, löste sich ein Schuß.[96] Es scheint demnach, daß der Fürst inzwischen auch den Leuten, die sein Büro betraten, nicht mehr trauen zu können glaubte. Seine Gedanken bei Ballestrems Pfui-Ruf im Reichstag zeigen, was ihm in jener Zeit durch den Kopf ging. Der nächste Angreifer sollte eine Kugel aus der Waffe eines Vorgängers bekommen.

Offensichtlich glaubte Bismarck wirklich, daß Kullmann von den Ultramontanen zu seiner Tat angestachelt worden sei, andernfalls hätte er wohl kaum einige Tage nach der Auseinandersetzung mit Jörg so heftig auf das Votum des

Reichstags in der Majunke-Affäre reagiert. Paul Majunke war Priester, Reichstagsabgeordneter und Herausgeber der *Germania*, die als das schärfste Kampfblatt der Ultramontanen galt. In der letzteren Eigenschaft war er wegen Verleumdung des Kaisers, Bismarcks und anderer Minister zu einer einjährigen Gefängnisstrafe verurteilt worden, hatte sich der Verbüßung dieser Strafe aber durch Flucht ins Ausland entzogen. Als die Sitzungsperiode des Reichstags begann, nahm er seine vermeintliche Immunität als Abgeordneter wahr und kehrte zurück. Am 11. Dezember 1874 wurde er auf Anordnung desselben Gerichts, vor dem damals Arnim stand, verhaftet. Einen Tag später brachte Lasker die Angelegenheit zur Kenntnis des Reichstags, der ohne Debatte oder Gegenstimmen den Fall an den Geschäftsordnungsausschuß zur Untersuchung überwies. In der Kommission bestanden Zweifel, ob dem Wortlaut der Verfassung entsprechend Abgeordnete auch dann nicht zum Antritt von Haftstrafen genötigt werden durften, wenn sie dazu schon vor Beginn der Sitzungsperiode verurteilt worden waren. Es wurde aber auch offenbar, daß viele Nationalliberale Zweifel hatten, ob der Fall des Kaplans Majunke geeignet sei, die den Parlamentsabgeordneten garantierte Immunität einzufordern. Am 16. Dezember erklärte sich die Geschäftsordnungskommission außerstande, eine Empfehlung in der Sache auszusprechen. Der Antrag, die Anfrage ruhen zu lassen, wurde mit geringer Mehrheit (158 gegen 151 Stimmen) abgelehnt, und dann ein Antrag Hoverbecks angenommen, wonach es zur «Aufrechterhaltung der Würde des Reichstags» notwendig sei, «die Möglichkeit auszuschließen, daß ein Abgeordneter während der Dauer der Sitzungsperiode ohne Genehmigung des Reichstags verhaftet werde». Laskers Flügel der Nationalliberalen Partei schloß sich dem Zentrum und der Fortschrittspartei an, und so wurde eine Mehrheit für Hoverbecks Antrag erzielt.[97]

Bismarcks Reaktion auf diese Vorgänge war erstaunlich. Schon am Abend des 13. Dezember fand Lucius ihn «äußerst aufgebracht» über den von allen Fraktionen unterzeichneten Antrag «wegen des behufs Strafvollstreckung verhafteten Abgeordneten Majunke». «Das Taktlose dieser Handlungsweise, einen solchen Antrag ohne Verständigung mit der Regierung einzubringen», so Bismarck, «bestätigt mich in der Ansicht, daß mit solchen parlamentarischen Körperschaften nicht zu regieren ist, und in dem Entschluß, mich mit dem sechzigsten Jahr von allen Geschäften zurückzuziehen ... Lasker ist nicht wohl, wenn er nicht eine Freiheitskapriole gegen die Regierung machen kann.»[98] Am 16. Dezember fand Bennigsen den Reichskanzler in einer so furchtbaren Aufregung, wie er ihn noch niemals gesehen hatte: «Er sprach wiederholt davon, daß er seine Entlassung nehmen müsse, er könne den Aerger am Hofe und mit einer unsicheren Reichstagsmehrheit nicht mehr aushalten. Zweimal sei bereits auf ihn geschossen. Täglich erhalte er jetzt Warnungen der Polizei, nicht mehr auszugehen oder im offenen Wagen auszufahren. Jetzt möge einmal ein andrer Kanzler von fanatisierten katholischen Gesellen auf sich schießen lassen. Leider regen seine Frau und Tochter ... ihn hier mit ihrer Angst und Sorge nur noch immer mehr auf. Die Fürstin Bismarck, mit welcher ich mich heute nach dem Diner längere Zeit unterhielt,

Johanna von Bismarck, 1873

glaubt ernstlich an eine große ultramontane Mordverschwörung, wo täglich neue Attentate auf Ordre erfolgen können.»[99] Am folgenden Tag vermerkte der Abgeordnete Frankenberg in seinem Tagebuch: «Heute morgen verbreitete sich wie ein Lauffeuer die Nachricht: Bismarck hat seine Demission gegeben. Wie ein gestörter Bienenschwarm sah der Reichstag aus.»[100]

Bei einem parlamentarischen Diner am 17. Dezember nahm Bismarck Bennigsen, Miquel, Wehrenpfennig und Löwe ins Gebet «über den bedenklichen Vorgang im Reichstag». Er glaubte, nach der gestrigen Abstimmung keine Majorität mehr für sich im Reichstag zu haben, und habe deshalb seine Entlassung eingereicht. «Die nationalliberale Partei entbehre einer festen Führung und habe keinen anerkannten Leiter, als welcher ihm wohl von Bennigsen ungleich lieber sein würde als Lasker, den der Fürst für einen guten Soldaten, aber für einen schlechten Feldherrn hielt. Er verlangte, daß die Mehrheit mit ihm Fühlung suche und er mit größerer Sicherheit als bisher auf sie rechnen könne. Bei der Abstimmung über die Resolution Hoverbeck habe die Fortschrittspartei und das Centrum geschlossen für dieselbe gestimmt, die Nationalliberalen seien aber dabei auseinandergegangen und außer dem Abgeordneten Lasker hätten sich noch etwa 40 Mitglieder der Fraktion für die Resolution erklärt. Er fasse dies so auf, als hätte man sich damit auf die Seite seiner entschiedensten Gegner, der Centrumspartei gestellt.» Die Abgeordneten versuchten den Kanzler zu besänftigen: «Es handle sich im Grunde nur um eine innere Angelegenheit des Reichstages, eine Resolution binde ja den Reichskanzler noch nicht; jedenfalls sei die Sache nicht dringlicher Natur.» Doch Bismarck blieb dabei, daß sein Entlassungsgesuch ein Fait accompli sei. Da nicht zu erwarten war, daß der Kaiser dieses Entlassungsgesuch annehmen würde, verließen die Abgeordneten das Haus des Kanzlers in der Wilhelmstraße in dem Bewußtsein, daß sie entweder den «zürnenden Achill» versöhnen oder mit der Auflösung des Reichstags und Neuwahlen rechnen mußten.[101]

Ludwig Windthorst verschaffte den Nationalliberalen ungewollt die Gelegenheit zur Beschwichtigung Bismarcks. Windthorst, seit dem Tode Mallinckrodts im Mai der unbestrittene Führer der Zentrumsfraktion, unternahm am folgenden Tag, dem 18. Dezember, bei der Beratung des auswärtigen Etats einen neuerlichen Vorstoß gegen Bismarck mit dem Antrag auf Abschaffung des geheimen Dispositionsfonds des Auswärtigen Amts. Der Fonds diente wie der berüchtigte Welfenfonds dem Kanzler dazu, insgeheim die Presse zu beeinflussen. Aus diesem Grunde hatten in der Vergangenheit auch die Liberalen diesen Titel schon häufig kritisiert. Wenn er aber deshalb jetzt auf die Unterstützung der Liberalen hoffte, hatte der Führer des Zentrums sich verrechnet, denn Bennigsen nahm die Gelegenheit wahr, Bismarck gegen Windthorsts Angriff zu verteidigen und dessen hervorragende außenpolitische Leistungen zu rühmen. Er interpretierte die «ganz besondere persönliche Gereiztheit» des Kanzlers als ein natürliches Resultat der zahlreichen Angriffe gegen ihn, die von all jenen ausgingen, welche «die Institution des Deutschen Reiches und die deutsche Politik» unterminieren wollten. Bennigsen widersprach der Kritik des Zentrums an der Politik des Reichskanzlers entschieden: «Diese Politik ist zugleich weitgehend und fest, würdig und national, und sie wird der Zustimmung der Mehrheit dieses Reichstages und der deutschen Nation für alle Zukunft sicher sein.» Das Vertrauensvotum für den Reichskanzler, in das Bennigsen die Abstimmung über den Dispositionsfonds verwandelte, wurde dann mit 199 gegen 71 Stimmen (des Zentrums, der Polen, Sozialisten und eines demokratischen Einzelgängers) ausgesprochen. Bismarck, von dem Ergebnis der Abstimmung unterrichtet, erschien daraufhin in voller Uniform in der Kammer, «um das Dramatische des Hergangs zu vollenden und zu krönen, und reichte dem Präsidenten in demonstrativer Weise die Hand». Der Reichstag applaudierte stürmisch.[102]

Windthorst und Lasker

Bismarcks heftige Reaktion auf das Verfahren des Reichstags in der Majunke-Affäre hatte keine rational zu rechtfertigende Ursache. Die Einstimmigkeit der Entscheidung, die Angelegenheit an den Geschäftsordnungsausschuß zu überweisen, bewies, daß diese einstweilen nur als Verfahrensfrage, nicht inhaltlich behandelt wurde. Die Resolution Hoverbecks war für die Regierung in keiner Weise bindend. Ohne Bismarcks Billigung hätte der Bundesrat keine Verfassungsänderung angenommen. Es war sogar zweifelhaft, ob der Reichstag eine solche angenommen hätte.[103] Andererseits ist unklar, aus welchem Grund Bismarck eben damals eine parlamentarische Krise hätte willkommen gewesen sein sollen. In den letzten Jahren hatten der Reichstag und die preußische Abgeordnetenkammer die Gesetze, die er für besonders wichtig hielt, ohne wesentliche Abstriche angenommen. Für die Kulturkampfgesetze, für den eisernen Etat, für das Reichspressegesetz hatten sich Mehrheiten gefunden. Mit dem Gesetz zur Schaffung der Reichsbank hatte der Reichstag einen wichtigen Beitrag zu Bismarcks Programm der Konsolidierung des Reichs geleistet. Die Ausarbeitung der Reichsgesetzbücher, die dem gleichen Zweck dienen würden, schritt befriedigend voran. Wenn nicht der Reichstag vorher aufgelöst wurde, waren erst in zwei Jahren die nächsten Wahlen fällig. Vom 11. bis zum 14. Dezember 1874, während der Tage also, in denen es wegen der Majunke-Affäre zum Eklat kam, beriet der Reichstag über das Militärbudget im Jahreshaushalt. Auf Drängen des Reichstags wurde zum ersten Mal nicht über ein «Pauschquantum» im allgemeinen beraten, sondern im einzelnen, Titel für Titel. Doch die Debatte ging glatt vonstatten, und sogar der Kaiser war mit dem Ergebnis zufrieden.[104] Bei einem Diner am 13. Dezember befand Bismarck selbst wiederholt: «Es sei alles in gutem Gang gewesen, und da blase plötzlich aus einer Seitengasse ein scharfer Wind, welcher alles umwehe.»[105]

Bismarcks Verhalten in der Majunke-Affäre zeigt, wie abhängig inzwischen die deutsche Politik von seiner körperlichen und seelischen Gesundheit geworden war. Die Briefe seiner Frau an den ältesten Sohn, der damals der preußischen Gesandtschaft in München attachiert war, handeln ausführlich vom schwankenden Befinden des Kanzlers während des kritischen Winters 1874–1875. Während der Herbstmonate in Varzin fühlte Bismarck sich «ziemlich gut», «bis auf das entsetzliche nie weichende Räuspern».[106] Ende November fror es in Berlin «Stein und Bein», und «Papachen» hatte «Schmerzen im Unterleib, wie schon in Varzin». Nach einer Reichstagsrede am 1. Dezember verschlechterte sich sein Befinden, er bekam eine akute Magenverstimmung mit «nie aufhörendem Sodbrennen». Was die Ärzte dagegen verschrieben, schien sein Befinden nur weiter zu verschlechtern. Erfrischt vielleicht von der Heftigkeit, mit der er den Angriff des ultramontanen Abgeordneten Jörg in der Reichstagsdebatte vom 4. Dezember abgeschlagen hatte, «ging's wunderbarer Weise nach den beiden Kampftagen viel besser»,[107] aber diese Besserung war nicht von Dauer. Im weiteren Verlauf des Monats Dezember und bis in den Januar 1875 hinein litt, Johannas Berichten zufolge, der Kanzler ständig an Schlaflosigkeit, «erst nur einige Stunden Morgenschlaf, nach dem die Mattigkeit sich nicht verließ, sondern den ganzen Tag in den Gliedern bleibt. Gar keine Eßlust, absolut kein Weinverlangen und häufiges Sodbrennen nach wie vor ... und dazu kommen stets Briefe und Zeitungsnotizen mit Bedrohungen seines geliebten Lebens.»[108] Zudem hatte er noch immer Schmerzen in der von Kullmann verwundeten Hand, eine stete Erinnerung an die Gefahr, in der er schwebte.[109] Lucius hörte von Struck: «Die Fürstin influiere ihn auch durch ihre Attentatfurcht und mache ihn ängstlich.»[110] Tiedemann vertraute die Fürstin an, daß der Fürst schon seit Wochen nicht schlafen könne, weil er sich so viel ärgere, und dann sich so viel ärgere, weil er nicht schlafen könne.[111]

«Zorn und Haß sind schlechte Ratgeber in der Politik, und ich bitte Gott um Demuth und Versöhnlichkeit», hatte Bismarck kurz nach Kullmanns Attentat an den Kaiser geschrieben.[112] Doch immer wieder stieg der Zorn in ihm auf. Mit den Beobachtungen bei einem Diner im Hause Bismarcks am 25. Januar 1875 hat Christoph Tiedemann in seinem Tagebuch ein Bild festgehalten, in dem die Wechselwirkungen zwischen Zorn, Appetit und körperlichem Befinden, die zu jener kritischen Zeit seines Lebens Bismarcks seelische Verfassung und persönliches Verhalten beeinträchtigten, anschaulich in Erscheinung treten. Wie schon früher bemerkt,[113] fiel Tiedemann auf, daß Bismarck im Essen und Trinken nicht maßzuhalten wußte. «Als ich zum ersten Mal bei ihm speiste, klagte er über Appetitlosigkeit, und ich gewahrte dann mit wachsendem Staunen, daß er von jedem Gericht eine Dreimännerportion vertilgte.» An diesem Abend beschäftigten den Kanzler offenbar zwei parlamentarische Widersacher: Windthorst und Lasker. Ein Gespräch über Schopenhauer, Eduard von Hartmann und Goethe führte scheinbar unvermeidlich zum Thema: «Goethe ist fast nur geliebt worden, selten gehaßt. Haß ist aber ein ebenso großer Sporn zum Leben, wie Liebe. Mein Leben erhalten und verschönern zwei Dinge: meine Frau und – Windthorst. Die eine ist für die Liebe da, der andere für den Haß.» Später am selben Abend ging Bismarck den ganzen Katalog seiner Abneigungen durch: «Der Fürst deutet an, daß der Kampf gegen den Ultramontanismus durch weibliche Einflüsse erschwert werde ... Auch manche Geheimräte in den Ministerien seien trotz ihrer evangelischen Konfession warme Freunde der Ultramontanen, ebenso die ganz verbohrten Konservativen in ihrem blinden Haß gegen alles, was liberal heißt. Mit einem Teil der Nationalliberalen freilich sei auch nichts anzufangen. Ihre Doktrinen wirkten wie Scheuklappen und es sei zu bedauern, daß ein Mann wie Lasker eine solche

Rolle spielen könne. Lasker ist doch die eigentliche Staatskrankheit; er ist noch vielmehr Reblaus wie Windthorst.»[114]

Bismarcks Wut auf Windthorst verrät das Maß seiner Enttäuschung über die gescheiterten Versuche, den Widerstand des Zentrums zu überwinden, das weder durch die staatliche Schikanierung der katholischen Hierarchie einzuschüchtern noch durch den Appell an die nationalen und patriotischen Instinkte der katholischen Wähler zu gewinnen war. Sie verrät aber auch, daß der Kampf mit dem Parlament überhaupt an seinen Nerven zehrte. Die Feindseligkeit seiner alten Freunde, die ihn nun für einen Verräter hielten, störte sein seelisches Gleichgewicht empfindlich. Da sie ihm die weitere Gefolgschaft verweigerten, mußte er sich an liberale Verbündete halten, von denen er zwar nicht viel zu fürchten hatte, die jedoch im Grunde nicht nach seinem Geschmack waren. Insbesondere ärgerte ihn, daß dieser «dumme Judenjunge» Lasker durch eine Wahl, deren Ergebnis eigentlich ein Votum für die Regierungsfront im Kulturkampf war, in eine potentiell beherrschende Stellung im Reichstag gelangt war.[115] Die bloße Tatsache, daß Lasker die Möglichkeit zu haben schien, das Zünglein an der Waage zu spielen und somit die von Bismarck bevorzugte Stellung im politischen Kräftespiel zu usurpieren, störte den Fürsten nachhaltig, obwohl die Ereignisse des vergangenen Jahres die Befürchtung nicht bestätigt hatten, daß der liberale Abgeordnete diese Position in einer für Bismarck bedrohlichen Weise ausnützen könnte. Mißtrauisch beobachtete er jede Bewegung im Reichstag, die ihm ein weiteres Wachsen von Laskers Einfluß anzukündigen schien. Deshalb ließ er es wegen der Majunke-Affäre zu einer ernsten Krise seiner Beziehungen zum Parlament kommen. Dabei trugen seine Gefühle den Sieg über sein politisches Urteil davon.

Der Höhepunkt des Kulturkampfs

Obwohl er für die Einzelheiten der 1873–1874 erlassenen Maigesetze vielleicht nicht verantwortlich war, steht doch außer Zweifel, daß Bismarck die drastischeren Gesetze des Jahres 1875 persönlich wollte und durchsetzte. «Für mich kommt es augenblicklich in erster Linie darauf an, den Ultramontanismus zu bekämpfen», erklärte er Tiedemann im Januar 1875, «alles andere ist Nebensache.»[116] Die Maßnahmen seiner Kollegen und Untergebenen befriedigten ihn immer weniger. «Falk glaubte die Ultramontanen mit Samthandschuhen bekämpfen zu können, dazu gehörten aber eiserne Krallen», hörte Lucius ihn sagen. «Falk ist ein spitzfindiger Jurist, geht nicht aufs Ganze, reißt dem schwarzen Pelz nur die einzelnen grauen Haare heraus.» Dann wieder: «Falk geht zu langsam und zaghaft vor, wir müssen reine Bahn machen, das heißt wir wollen jetzt die Sache zum Biegen oder Brechen bringen.»[117] Auch Eulenburg habe seinen Erwartungen nicht entsprochen, wenngleich er ein sehr fähiger Mann sei, «welcher um sich haut, wenn er getreten wird. Er ist nur zu bequem und schwiemelt zu viel.» Und überhaupt: «Ich komme täglich in den Fall, mich über die Haltung meiner Herren Kollegen

Bismarck und der Papst spielen Schach.
Pius IX.: «Der letzte Zug war mir allerdings unangenehm; aber die Partie ist deshalb noch nicht verloren. Ich habe noch einen sehr schönen Zug in petto!»
Bismarck: «Das wird auch der letzte sein, und dann sind Sie in wenigen Zügen matt – wenigstens für Deutschland.»
(Wilhelm Scholz, *Kladderadatsch,* 1875)

beklagen zu müssen. Es gewinnt viel zu häufig den Anschein, als wenn es sich schließlich nur um die Lösung juristischer Fragen handelt.»[118] Wiederholt forderte er, daß der Regierung im Ringen mit «dem feindlichen Einflusse des Klerus ... solche Organe zur Verfügung stehen, welche bei Bekämpfung geistlicher Uebergriffe und Auflehnung sich nicht auf äußerliche und formale Ausführung ihrer Aufträge und der Gesetze beschränken, sondern aus eigenem Antriebe innerhalb ihres Wirkungskreises mit selbständigem Eifer die der Regierung durch staatliche Notwendigkeit gesteckten Ziele auch ihrerseits erstrebten. Es hieße die Schwere des Kampfes und die Verantwortlichkeit der Regierung für die Art seiner Führung unterschätzen, wenn vom Staate nicht jedes in seiner Macht stehende gesetzliche Mittel angewendet würde, um den Widerstand gegen die Autorität des Gesetzes zu brechen. Auch für die Ausführung der Verwaltungsreform in den westlichen Provinzen halte ich die Purifikation des Beamtenstandes in denselben für eine unerläßliche Vorbedingung.»[119] Was Bismarck an den Maigesetzen auszusetzen hatte, war nicht ihre Strenge, sondern daß sie die Macht des Staates nicht hinreichend zur Geltung brachten, um den Gegner zu entmutigen. Denn während sie den Staatsanwälten und den Gerichten alle Hände voll zu tun gaben, reizten sie die katholische Geistlichkeit und deren Gemeinden nur zu hartnäckigem Widerstand.

Im Laufe des Jahres 1875 gaben der Heilige Stuhl und die preußischen Bischöfe Bismarck neuen Anlaß zur Verschärfung des Kampfes. Am 5. Februar veröffentlichte Pius IX. eine Enzyklika, in welcher er die preußischen Maigesetze ohne Umschweife für ungültig erklärte, «da sie der göttlichen Einrichtung der Kirche ganz und gar widerstreiten». Die Bischöfe wurden daher zum Ausharren in ihrem Widerstand gegen die Staatsgewalt ermahnt. «Denn es steht geschrieben: man muß Gott mehr gehorchen als den Menschen.»[120] Die preußische Regierung erließ daraufhin am 22. April 1875 das sogenannte «Sperr- und Brotkorbgesetz», das die Einstellung des größten Teils der Leistungen aus Staatsmitteln für Bistümer und Geistliche verfügte (889 718 von 1 011 745 Talern). In der Hoffnung, durch ein solches Angebot den Klerus zu spalten, hatte man dem Gesetz eine Klausel hinzugefügt, die besagte, daß Bischöfe, die sich schriftlich verpflichteten, den Kulturkampfgesetzen zu gehorchen, die staatlichen Subsidien wieder in ganzer Höhe erhalten sollten.[121] Die preußischen Bischöfe wandten sich daraufhin mit Petitionen an den König und das Herrenhaus, in denen sie die im staatlichen und kirchlichen Leben eingetretene Unordnung beklagten, sich aber weigerten, das geforderte Gelöbnis abzulegen.[122] Bismarck fand diese Petition «enorm frech» und wollte sie mit der Änderung der preußischen Verfassung beantworten. Mit einem Gesetz vom 18. Juni 1875 wurden dann tatsächlich drei Artikel außer Kraft gesetzt. Artikel 15 hatte der evangelischen, der katholischen und den anderen Kirchen das Recht zur Selbstverwaltung gewährt; Artikel 16 hatte der katholischen Kirche das Recht zugestanden, mit Rom zu verkehren. Artikel 18 schließlich hatte dem Staat die Befugnis abgesprochen, Kandidaten für Kirchenämter zu ernennen, zu wählen und im Amt zu bestätigen.[123] Ein weiteres Gesetz, das am 20. Juni 1875 erlassen wurde, entzog die kirchliche Vermögensverwaltung den Bischöfen und übertrug sie an von der Gemeinde zu wählende Ausschüsse. Den Schlußstein der Kulturkampfgesetzgebung bildete Anfang Mai der Erlaß des «Kongregationsgesetzes». Dieses Gesetz verbot alle Orden und ordensähnlichen Kongregationen und verlangte ihre Aufhebung binnen sechs Monaten (mit Ausnahme derjenigen für Krankenpflege).[124]

Bei dem Bemühen, diese Gesetze im preußischen Staatsministerium und im Landtag durchzupeitschen, begegnete Bismarck dem größten Widerstand nicht bei der Legislative, sondern beim König und bei seinen Kollegen. Die Aufhebung der drei ihn störenden Verfassungsartikel hatte er schon seit drei Jahren verlangt. Es sei noch nicht Zeit, Frieden zu machen, erklärte er Hohenlohe. «Erst müsse die Gesetzgebung in Preußen von allem gereinigt werden, was in der Zeit Friedrich Wilhelms IV. in Preußen das Verhältnis zwischen Staat und Kirche verwirrt habe. Nachher sei er zum Frieden bereit.»[125] Aber die Minister widersetzten sich so drastischen Maßnahmen, die ja auch die evangelische Kirche betrafen. Um ihren Widerstand zu brechen, machte Bismarck wieder einmal seine ultima ratio geltend – er drohte seinen Rücktritt an. Diese Drohung lief letztlich auf eine Machtprobe hinaus, bei der Bismarck den Kaiser vor die Wahl stellte, entweder sein Rücktrittsgesuch anzunehmen oder die Minister, die sich ihm widersetzten, zu entlassen. Allerdings leistete der König selbst gegen Bismarcks Absicht, die Aufhebung der Klöster gesetzlich zu verfügen, den größten Widerstand. Wilhelm befand sich zu diesem Zeitpunkt in Wiesbaden, wo er für Bismarck außer Reichweite war, dafür aber unter dem Einfluß seiner Gemahlin Augusta stand, die mit der katholischen Sache sympathisierte. Wilhelm bestand darauf, die Orden für Krankenpflege von dem geplanten Gesetz auszunehmen und den bestehenden Ordensschulen eine vierjährige Duldungsfrist zu gewähren. In diesen Punkten gab Bismarck nach.[126]

Im Landtag hatte er dagegen keine großen Schwierigkeiten, weder in der Abgeordnetenkammer noch im Herrenhaus. In der Abgeordnetenkammer kämpften das Zentrum und dessen polnische und welfische Verbündete praktisch allein gegen die drakonischen Gesetze. Die Fortschrittler und die Nationalliberalen wetteiferten miteinander bei der Hatz auf die Ultramontanen und namentlich auf Windthorst, der behauptete, mit der geplanten Gesetzgebung solle die Religionsfreiheit eingeschränkt werden. Unter den Liberalen, die in hellen Scharen für die von der Regierung beantragten Verfassungsänderungen stimmten, waren delikaterweise noch einige von denen, die 1848–1850 tapfer für die Aufnahme von Artikeln in die preußische Verfassung gestritten hatten, welche die Freiheit des Gedankens, der Rede und der Religion garantierten. Bismarck, der die meisten dieser Kulturkampfgesetze in beiden Häusern der Legislative persönlich verteidigte, hatte dabei Gelegenheit zu heftigen Wortgefechten mit einigen seiner ältesten Freunde – mit Ludwig von Gerlach, der nun in der Abgeordnetenkammer die Partei des Zentrums ergriff, und mit Hans von Kleist-Retzow, der im Herrenhaus die Ultras anführte. Gerlach bezeichnete das Sperrgesetz als eine Kriegserklärung der Regierung an ein Drittel der Bevölkerung Preußens und als Forderung einer Staatsvergötzung. Der Staat solle offenbar Gott sein, der Kultusminister sein Prophet. Bismarck leugnete jede heidnische Staatsvergottung und bekannte seinen Glauben an «Gott, König und Vaterland». Gerlach war jedoch isoliert unter den Konservativen, die anstandslos für dieses und die anderen Kulturkampfgesetze stimmten.[127] Selbst im Herrenhaus fand Bismarck weniger Widerstand, als er befürchtet hatte, denn etliche «Feudalisten», die gegen die Maigesetze gestimmt hatten, waren nun empört über die päpstliche Anmaßung, preußische Gesetze außer Kraft setzen zu wollen. Bei der Abstimmung über das Sperrgesetz am 15. April 1875 stimmte nur eine Minderheit der Abgeordneten mit Kleist-Retzow dagegen, das Gesetz wurde mit 91 gegen 30 Stimmen angenommen. Bismarck würdigte diese Majorität als lobenswerten Versuch, eine Brücke zur Wiedervereinigung der konservativen Partei zu bauen, deren Spaltung ihm großen Schaden zugefügt habe. Doch sehr zuverlässig war diese Brücke einstweilen nicht. 115 Angehörige des Herrenhauses blieben demonstrativ der Abstimmung fern. Das Kongregationsgesetz und die Verfassungsänderungen wurden mit noch geringeren Voten angenommen (66 gegen 24 und 69 gegen 24 Stimmen). Die Zahl der Stimmenthaltungen war vielsagend: 114 beim ersten Votum, 103 beim zweiten.[128]

Obwohl der Kulturkampf seinen Ursprung zweifellos in Bismarcks ehrlicher Besorgnis über den Fortschritt des «Polonismus» in den östlichen Provinzen Preußens und in seiner Furcht vor den Gefahren hatte, die den auswärtigen Beziehungen und der inneren Konsolidierung des Deutschen Reichs vom politischen Katholizismus drohten, nützte er den Kampf jedoch auch zum Aufbau einer zuverlässigen parlamentarischen Majorität. «Dieser Kampf ist ja für den preußischen Staatsmann», sagte er während der Debatte des Sperrgesetzes im Abgeordnetenhaus, «womit ich nicht mich meine, sondern die sämtlichen Staatsmänner, die hier versammelt sind, eine außerordentlich nützliche Schule geworden.» Die Überzeugung, «daß alle Parteien ein Interesse daran haben, daß der Staat nicht in seiner Existenz, in seinen Grundfesten erschüttert werde», meinte er, habe sich in diesem Kampf bereits wesentlich gekräftigt. «Die Folge davon wird sein, daß wir mit der Zeit nur zwei große Parteien haben werden, eine, die den Staat negirt und ihn bekämpft, und eine andere große Majorität der dem Staate anhänglichen, achtbaren, patriotisch gesinnten Leute». Seien nicht diejenigen auf der äußersten Rechten «moderner geworden»? Seien nicht «die von der äußersten Linken» zu der Einsicht gelangt, «daß es nicht nützlich ist, die Fundamente des Staates, des Hauses, in dem wir Alle wohnen, zu erschüttern und ununterbrochen mit der Axt zu bearbeiten»? «Alle diese früheren Sünden in unserem politischen Leben haben ja vielfach einer Einkehr, einer Umkehr Platz gemacht», und die patriotische Mehrheit sei «stärker und mächtiger» geworden.[129]

Während des Kulturkampfes war es eine offene Frage, wer aus dem Bündnis gegen die Ultramontanen den größeren Nutzen ziehen würde: Bismarck oder seine liberalen Verbündeten. In der Meinung, daß sie dabei den besseren Handel machten, zögerten die Liberalen beider Parteien immer häufiger, die Regierung in irgendeiner wichtigen Machtfrage herauszufordern. Sie sahen nun ja Bismarck, Wilhelm und die Mehrzahl der Konservativen entschlossen auf dem Weg zu einer umfassenden Modernisierung des wirtschaftlichen und kulturellen Lebens und waren gern behilflich, Hindernisse aus diesem Weg fortzuräumen. So diente Bismarck der Kulturkampf unter anderem zur politischen Konsolidierung. Er hoffte, damit eine große und dienstwillige parlamentarische Majorität zu schmieden, die er dann auch an anderen politischen Fronten einsetzen konnte. Indem er sie auf einen gemeinsamen Feind lenkte, wollte er Konservativen und Liberalen, Adeligen und Bürgern eine gemeinsame Sache geben. Im Frühjahr 1875 schien diese Taktik recht erfolgreich zu sein.[130] Ob sie ihm auch eine Mehrheit bei wichtigen Fragen verschaffen würde, die in keiner Beziehung zum Kulturkampf standen, mußte sich allerdings noch zeigen.

V

Neuorientierung der Außenpolitik

Seit nahezu einem halben Jahrhundert debattieren die Historiker darüber, ob Bismarcks Außenpolitik in erster Linie durch innenpolitische Erwägungen (Primat der Innenpolitik) oder durch die relativ autonomen Erfordernisse des europäischen Mächtegleichgewichts (Primat der Außenpolitik) bestimmt war. Die Anhänger des Primats der Innenpolitik haben argumentiert, daß seine Außenpolitik vorrangig auf die Konsolidierung der Macht der «herrschenden Klasse» – nämlich der agrarischen, industriellen und finanziellen Eliten – gegen die sozialen und politischen Ansprüche der schwächeren Interessengruppen und Klassen zielte. Die Außenpolitik stand demnach im Dienste einer Reihe defensiver Strategien, deren Zweck es war, die preußisch-deutsche Führungsschicht im Zeitalter der Industrialisierung und Modernisierung gegen die drohende soziale und politische Demokratisierung der Gesellschaft zu verteidigen.[1] Doch diese Deutung reicht zur Erklärung der deutschen Außenpolitik vor und nach 1871 nicht aus. Es gibt kaum sichere Belege für die Annahme, daß Bismarcks außenpolitische Schritte primär wirtschaftliche und soziale Ziele verfolgten. Wie wir sehen werden, weisen bei wichtigen Gelegenheiten die Indizien eher in die entgegengesetzte Richtung. «Auswärtige Politik und wirtschaftliche Angelegenheiten dürfen nie miteinander verquickt werden. Beide balancieren in sich selbst. Wenn man die eine mit der anderen belastet, so geht das Gleichgewicht verloren», erklärte er in den neunziger Jahren.[2]

Die auf höchster Ebene geführte diplomatische Korrespondenz der großen Nationen im 19. und im frühen 20. Jahrhundert enthält kaum Erwähnungen der Bedürfnisse des Außenhandels oder der Interessen von Geschäftsleuten, die im Ausland Kapital angelegt hatten. Auch der Druck von Interessengruppen und die Notwendigkeit, in der Außenpolitik Sicherheitsventile für die Entladung innenpolitischer Spannungen zu öffnen, finden kaum irgendwo einen Niederschlag. Statt dessen enthalten die Gesandtenberichte endlose Mutmaßungen über die jeweilige Einstellung von Herrschern und Außenministern, die wechselnden Allianzen von Staaten, die Gefahr der Isolierung oder auch der Verwicklung, Verschiebungen des Machtgleichgewichts und die sich daraus ergebenden Veränderungen der eigenen, immer mehr oder weniger gefährdeten Lage. Diese Besorgnisse waren keine Phantasmagorien, sondern sie galten realen Gefahren, die nicht allein Regierungen bedrohten, sondern auch die Sicherheit und Wohlfahrt der regierten Völker. Wie die Parteipolitik in einem parlamentarischen System ist auch die zwischenstaatliche Politik ein Machtkampf, der mitunter die materiellen Interessen und die ideologischen Prinzipien der Beteiligten transzendiert. In derartigen Systemen tendieren die konkurrierenden Einheiten dazu, jede in Abhängigkeit von allen anderen zu fungieren. Die unverträglichsten Interessen sind bei ihrem Streben nach Sicherheit und Expansion gezwungen, die je entgegengesetzten zu berücksichtigen. Diese dynamischen, stetem Wandel unterworfenen Beziehungen zu meistern, ist die eigentliche Aufgabe der Staatskunst. Kein Staatsmann ist sich jemals der Anforderungen, die diese Kunst stellt, bewußter gewesen als Bismarck. So war nach dem Sieg von 1870–1871 sein erstes Anliegen, Deutschland aus der Isolation herauszuführen, in die es durch die einseitige Störung des europäischen Gleichgewichts geraten war.

Die Grenzen der deutschen Nation

Nirgends war man über die Absichten Bismarcks nach dem Sieg über Frankreich besorgter als in Großbritannien. Das Mißtrauen gegen Napoleon III. und die Überzeugung, daß die nationale Einigung auch den Deutschen zu gönnen sei, hatten zu Beginn des Krieges die öffentliche Meinung in Großbritannien für Deutschland eingenommen. Schon bald nach der Schlacht bei Sedan kam es jedoch zu einem Stimmungsumschwung, denn nun wurde den Briten bewußt, daß mit dem Niedergang Frankreichs der Aufstieg Deutschlands einherging. Im Parlament schilderte Benjamin Disraeli, der Oppositionsführer, in düsteren Worten, was die Gladstone-Regierung zugelassen habe. «Dieser Krieg stellt die deutsche Revolution dar», sagte er, «ein größeres politisches Ereignis als die französische Revolution. Ich sage nicht, daß sie ein größeres oder auch nur ebenso großes soziales Ereignis ist. Ihre sozialen Folgen werden sich erst in Zukunft zeigen. Doch nicht eins der Prinzipien, die noch vor sechs Monaten von allen Staatsmännern als Richtschnur bei der Führung unserer außenpolitischen Geschäfte anerkannt wurden, hat heute mehr Gültigkeit. Da ist keine diplomatische Tradition mehr, die nicht hinweggefegt worden wäre. Sie haben eine neue Welt, da sind neue Einflüsse am Werk, neue und unbekannte Gegenstände und Gefahren, mit denen jetzt zu rechnen ist ... Das Gleichgewicht der Macht ist gänzlich zerstört, und das Land, das daran am meisten leidet, das die Wirkungen dieser großen Wandlung am meisten spürt, ist England.»[3] Der deutschfreundliche Sir Robert Morier freute sich dieses großen Wendepunkts nicht nur der deutschen, sondern auch der europäischen Geschichte. Doch selbst er fürchtete, daß die «einzigartigen Erfolge» und die «absolute Macht, welche die deutsche Nation über Europa errungen» habe, «den deutschen Nationalcharakter ändern möchte und nicht notwendig zum Besseren». Er glaubte nämlich vorhersagen zu können: «Arroganz und Anmaßung sind die Eigenschaften, welche unter solchen Umständen von einer teutonischen Rasse wahrscheinlich ausgebildet werden, nicht Ruhmredigkeit und Prahlerei.»[4] Auch die deutsche Annexion von Elsaß-Lothringen erregte besorgte Vorahnungen. Gladstone selbst sah kommen, daß «diese gewaltsame Zerreißung und Übertragung ... der Anfang einer neuen Folge von europäischen Komplikationen» sein würde.[5] Odo Russell, der britische Botschafter in Berlin nach 1871, glaubte, daß die «Vorherrschaft Deutschlands in Europa und der deutschen Rasse in der Welt» das Ziel des Kanzlers sei und daß dieser alles tun würde, um dieses Ziel zu erreichen. Die Annexion von Elsaß-Lothringen schien ihm ein Schritt auf dem Weg zur Vereinigung aller deutschsprachigen Länder Europas unter einer Berliner Regierung zu sein.[6]

Staatsmänner in Süddeutschland und Österreich verdächtigten Bismarck schon vor 1870, dieses Ziel zu verfolgen. Für Friedrich Graf von Beust, den österreichisch-ungarischen Kanzler, lag bei der Vereinigung Süddeutschlands mit Norddeutschland die größte Gefahr nicht in dem damit gegebenen Machtzuwachs Preußens – so wenig wünschenswert auch dieser war –, sondern in der Anziehungskraft, die ein vereinigtes Deutschland auf die deutsche Bevölkerung des Habsburgerreichs ausüben würde. Er war überzeugt, daß Preußen, hatte es erst Süddeutschland in seiner Gewalt, seine Expansion nicht an der österreichischen Grenze beenden, sondern unvermeidlich weiter danach streben würde, ein bis an das Adriatische Meer sich erstreckendes großdeutsches Reich zu bilden.[7] Im Juli 1870 sprach der österreichisch-ungarische Kriegsminister Franz Kuhn von Kuhnenfeld die Befürchtungen der Wiener Kriegspartei aus: «Siegt jedoch Preußen und wir sind neutral geblieben, dann ist es gewiß, daß gleich nach dem großen Siege der preußische König als Kaiser von Deutschland ausgerufen, alle Könige ihrer Throne verlustig erklärt und das große Deutsche Reich unter dem Zepter der Hohenzollern vereinigt wird. Die preußische Pickelhaube stünde dann am Inn und es wäre nur eine Frage von vielleicht kurzer Zeit, wie lange die österreichischen deutschen Länder noch unter österreichischer Herrschaft verbleiben. Die Preußen am Inn bedeutet Finis Austriae. Die Herrschaft der Hohenzollern würde dann über 60 Millionen Deutsche vom Nordmeer bis zur Adria reichen ... Für das Haus Habsburg wäre dann nur noch Ungarn ein Zufluchtsstaat, aber auch da nur für kurze Zeit, denn das mächtige Deutschland wird nicht dulden, daß *der* deutsche Strom, die Donau, ferner in fremden Händen liege. Deutschland wird sich den ganzen Strom bis zu den Grenzen Rumäniens einverleiben und das Reich der Magyaren zunichte machen.»[8]

Sowohl vor als auch nach dem Krieg von 1870 versuchte die französische Regierung in St. Petersburg die latente Furcht zu mobilisieren, daß von der deutschen Einigungsbewegung schließlich auch Rußland erfaßt werden könnte. Bei seiner Übernahme der französischen Botschaft in Rußland wurde im Oktober 1869 Graf Émile Fleury instruiert, den Fürsten Gortschakow auf die Gefahr hinzuweisen, die Europa von der «deutschen Idee» drohe; wenn diese weiter um sich greife, werde sie «natürlicherweise alle Länder, wo Deutsch gesprochen wird, in ihre Aktionssphäre einbeziehen, von Kurland bis zum Elsaß».[9] Im Juli 1871 beauftragte Jules Favre, der Außenminister der Regierung Thiers, den neuen französischen Botschafter in St. Petersburg, General Le Flô, die Russen darauf aufmerksam zu machen, daß das von Preußen zur Rechtfertigung seiner territorialen

Expansion reklamierte «Prinzip der deutschen Einheit» unvermeidlich zu dem Versuch führen müsse, sich alle Völker deutschen Ursprungs an der Donau und die deutschen Provinzen des Zarenreichs einzuverleiben.[10]

Seit 1866, als die Frage zuerst zur Sprache kam, bis zum Ende seines Lebens hat Bismarck stets an der Meinung festgehalten, daß Berlin es sich nicht leisten könne, irgendein offizielles Interesse an der deutschen Bevölkerung des Habsburgerreiches, an den Deutschen in den baltischen Provinzen Rußlands oder an den Deutschen in der Neuen Welt zu nehmen. «Es ist ja natürlich, daß wir die Bestrebungen der deutschen Bevölkerung, ihre Nationalität und namentlich ihre Sprache zu bewahren, mit Teilnahme verfolgen», erklärte er 1870, «wir dürfen aber niemals vergessen, daß wir ihnen unsere Sympathie nicht besser bestätigen können als dadurch, daß wir sie nicht zeigen ... Ihnen selbst gegenüber wäre es ein Unrecht, durch Beweise von Teilnahme, die nur in Worten bestehen könnten, Hoffnungen auf Beistand zu erwecken, welche immer Illusionen bleiben müßten, da uns alle Mittel zur Einwirkung fehlen». Schon ein Jahr zuvor hatte er geschrieben: «Daß in jedem Deutschen ein gemütliches Interesse an den deutschen Elementen in den baltischen Provinzen vorhanden, ist unleugbar; wie sehr wir aber auch selbst dies gemütliche Interesse teilen mögen – einen Einfluß auf unsere politische Haltung dürfen und können wir ihm nicht gestatten, da sich gar kein reales politisches Interesse damit verbindet». Ein deutscher Versuch, zugunsten der Deutschen in den baltischen Provinzen zu intervenieren, würde in St. Petersburg nur Argwohn wecken, daß Deutschland Aspirationen auf diese Provinzen hege, und das würde nicht nur eine Verschlechterung der Beziehungen zwischen Deutschland und Rußland zur Folge haben, sondern auch eine Verschärfung der Russifizierungsbestrebungen.[11] Im Juli 1870 berichtete Hans Lothar von Schweinitz, der Gesandte des Norddeutschen Bundes in Wien, von Befürchtungen an der Donau, daß Preußen im Falle eines Sieges über Frankreich die deutschen und Rußland die slawischen Regionen des Habsburgerreiches verschlingen würde. Bismarck erwiderte: «Die Verdächtigung, als ob Norddeutschland die Neigung oder ein Interesse haben könnte, die österreichische Monarchie zu zertrümmern, ist in ihrer Absurdität schon oft von mir beleuchtet worden. Die Aufnahme des sogenannten Deutschösterreichs mit seinen Tschechen und Slowenen in den Norddeutschen Bund wäre mit der Zersetzung des letzteren gleichbedeutend. Schon die Vorstellung allein von Wien als einer Provinzialstadt unmittelbar an der Grenze eines deutschen Reiches wirft ein helles Licht auf die ganze Reihe von Unmöglichkeiten, welche in jener Gedankenrichtung liegen.» Er schloß deshalb mit der Hoffnung: «Daß ich bei diesen Auffassungen jede germanische Eroberungstendenz gegenüber Österreich als eine Torheit betrachte, die außerhalb aller vernünftigen Politik liegt, wird Ew. pp. und bei ruhiger Darlegung auch den dortigen Staatsmännern diesseits und jenseits der Leitha einleuchten.»[12]

Ausländische Diplomaten, die von Bismarck eine pangermanische Politik erwarteten, verkannten nicht nur dessen Absichten, sondern auch die deutsche öffentliche Meinung und deren Einfluß auf die deutsche Außenpolitik. Die einst lebhafte Debatte zwischen den Befürwortern einer kleindeutschen und einer großdeutschen Einigung war 1870 längst zugunsten der Kleindeutschen entschieden. Der knappe Sieg der Kleindeutschen im Frankfurter Parlament 1848–1849, dann während der fünfziger und sechziger Jahre die erfolgreiche Agitation für den kleindeutschen Gedanken durch den Nationalverein, der das deutsche Bildungsbürgertum und einen großen Teil der Presse für seine Ziele gewann, während gleichzeitig die beschleunigte Industrialisierung Deutschlands die wirtschaftliche Spaltung zwischen dem Zollvereinsgebiet und Österreich vertiefte – all das hatte die öffentliche Meinung in Deutschland auf die Grenzen vorbereitet, die dann von 1866 bis 1871 gezogen wurden. Im allgemeinen Sprachgebrauch nach 1871 war Deutschland nicht mehr das Land, von dem Ernst Moritz Arndt gesungen hatte («so weit die deutsche Zunge klingt»), sondern der von Bismarck und der kleindeutschen Bewegung geschaffene Staat. Nach der Auflösung des Deutschen Bundes verstand man unter «Deutschland» und «Österreich» zwei verschiedene Staaten, Gebiete und Völker.

Die fortschreitende Verengung der Bedeutung des Begriffs «Deutschland» kann in den amtlichen Dokumenten nachgewiesen werden. Im Vertrag von Nikolsburg gab Kaiser Franz Joseph seine Zustimmung zu «einer neuen Gestaltung Deutschlands ohne Betheiligung des österreichischen Kaiserstaats». Änderungen der deutschen Verfassung verankerten diesen engeren Begriff der Nation im Grundgesetz des Reichs. Die Begriffe «deutsch» und «Deutsches Reich» wurden nun anstelle von «norddeutsch» und «Norddeutscher Bund» eingesetzt. Die Präambel und der erste Artikel definierten das Reichsgebiet durch die Aufzählung der Gliedstaaten, und Bismarck insistierte gegenüber Wilhelm auf dem Titel «Deutscher Kaiser» statt «Kaiser von Deutschland». Und doch wurden später das «Deutsche Reich» und «Deutschland» gleichgesetzt. Sehr bezeichnend war der Artikel 3, in dem es hieß: «Für ganz Deutschland besteht ein gemeinsames Indigenat». Ein Ausschuß des Bundesrats, der mit der Endredaktion der Verfassung beauftragt war, hielt die Bezeichnung «Deutschland» für unkorrekt, denn das Deutsche Reich umfasse einerseits große Gebiete mit einer Bevölkerung nichtdeutscher Nationalität, während andererseits an den Grenzen des Reiches Gebiete existierten, die von «echt Deutschen Volksstämmen» bewohnt würden. Dennoch konnte sich die Mehrheit der Kommission nicht dazu durchringen, von der Bezeichnung «Deutschland» in der Verfassung eines Reiches abzuraten, das den größten Teil des deutschsprachigen Europa einschloß.[13]

Der Sprachgebrauch der Verfassung war derjenige des Reichstags und des Bundesrats, der Presse und wohl auch des Mannes auf der Straße. Die Öffentlichkeit (von ethnischen Minderheiten abgesehen) gewöhnte sich bald daran, das Deutsche Reich als den Staat des deutschen Volkes, den deutschen Nationalstaat zu betrachten. Zur Bezeichnung der durch besonderen Dialekt, besondere Sitten und eigene Geschichte unterschiedenen Bewohner der verschiedenen Gliedstaaten sprach man von den deutschen Stämmen der Sachsen, Bayern, Schwaben usw. Auch an diese Sprachregelung gewöhnte man sich sehr schnell. Im November 1871 erregte ein bayerischer Partikularist, der das Deutsche Reich als Gebilde aus verschiedenen «Nationen» beschrieb, deren besondere Eigentümlichkeiten es zu achten und zu wahren gelte, im Reichstag nur höhnisches Gelächter.[14] Zumindest die liberal-nationalen Abgeordneten fanden es damals bereits lächerlich, die Bezeichnung «Nation» für etwas anderes als das kleindeutsche Reich zu verwenden. Selbst Fürsprecher einer «Rückkehr» Elsaß-Lothringens ins Reich betrachteten deshalb keineswegs zwangsläufig auch die deutschsprachigen Gebiete der Schweiz, Österreichs, Böhmens und des Baltikums als Irredenta, die es eines Tages heimzuholen gelte. Im Gegenteil erhielt Heinrich von Treitschke lebhaften Beifall, als er im November 1871 im Reichstag erklärte, daß wer auf den Fall Österreichs hinarbeite, um etwa die dortigen deutschen Brüder zu befreien, wissentlich oder unwissentlich als Feind des Deutschen Reichs handle.[15] In späteren Jahren sympathisierten deutsche Nationalisten mit dem Kampf der Deutschösterreicher um die Bewahrung ihrer traditionellen Vorherrschaft im Habsburgerreich, doch wenige glaubten, daß bei diesem Kampf die Zukunft der «deutschen Nation» auf dem Spiel stehe. Nur die Sozialisten behaupteten, daß die Trennung von Österreich für das deutsche Volk ein tragischer Verlust gewesen sei. Bei den Katholiken war man gemischter Gefühle und geteilter Meinung. Einige stimmten den Ansichten der liberalen Nationalisten zu, andere fanden sich eher ungern mit den 1866–1871 geschaffenen Tatsachen ab. Nur eine schwindende Minderheit von «Reichsdeutschen» scheint die Bedeutungsverengung der Bezeichnung «Deutschland» bedauert und beklagt zu haben. Ihre Klagen sind selbst ein Indiz dafür, wie schnell die übrigen Deutschen sich an die neue Bedeutung des Wortes gewöhnt hatten. «Fragen wir nach der deutschen Nationalität unserer Tage, so fragen wir nach dem Ideale der Deutschen unserer Tage», schrieb 1875 Paul de Lagarde und stellte fest: «Eine Antwort auf diese Frage gibt es nicht, denn ein solches Ideal ist nicht vorhanden. Und darum gibt es auch keine deutsche Nationalität.» 45 Millionen Reichsdeutsche hätten die 10 Millionen Deutschen Österreich-Ungarns «vergessen».[16] Der österreichische Dichter Franz Grillparzer schrieb ein Jahr nach Königgrätz:[17]

Als Deutscher ward ich geboren –
Bin ich noch Einer?
Nur, was ich Deutsches geschrieben,
Das nimmt mir Keiner.

Erst als in den achtziger Jahren der Pangermanismus aufkam, begann sich die Vorstellung von einer deutschen Nation, die über die Grenzen des Deutschen Reichs hinaus überall da anzutreffen sei, wo Deutsch gesprochen wurde, in der Öffentlichkeit durchzusetzen. Wie wir sehen werden, hat auch Bismarck, allerdings ungewollt, diese Entwicklung befördert.

Die Dynamik der Außenpolitik

Am Abend des 13. August 1871 gewährte Bismarck dem französischen Chargé d'Affaires in Berlin eine zweistündige Audienz, in deren Verlauf er dem Diplomaten unmißverständlich auseinandersetzte, was er von Frankreich erwartete. «Der Zustand der öffentlichen Meinung, die Haltung der Presse, die der Bewahrung guter Beziehungen zwischen beiden Ländern wenig günstige Sprache der Regierung schienen ihm zu bedeuten, daß wir bald Vergeltung suchen würden.» Als der französische Geschäftsträger gegen diese Unterstellung heftig protestierte, erwiderte Bismarck mit brutaler Offenheit: «Sie werden uns zwei Milliarden zahlen. Aber wenn 1874 die weiteren drei Milliarden fällig werden, werden sie Krieg machen.» Für Deutschland sei es besser, wenn Frankreich das «möglichst bald» tue. «Warten Sie zehn Jahre und fangen Sie dann wieder an, wenn das Ihr Herzenswunsch ist. Bis dann wäre es Selbstmord – aber das ist natürlich Ihre Sache.»[18] Der französische Diplomat glaubte zwar, der Fürst habe sein Mißtrauen übertrieben. Doch das war nicht der Fall. Vom Augenblick der Kriegserklärung im Juli 1870 an war Bismarck der Überzeugung, daß Frankreich sich mit dem Verlust seiner Vormachtstellung auf dem europäischen Festland niemals abfinden würde. Ob die Geschichte ihm recht gegeben hätte, ob Frankreich unter allen Umständen Revanche gesucht hätte, wie er glaubte, wird immer fraglich bleiben müssen, denn die Annexion von Elsaß-Lothringen sorgte dafür, daß Frankreich Revanche suchen mußte. Um eine sichere Befestigung der deutschen Westgrenze zu gewinnen, fügte er Frankreich eine Kränkung zu, die keine künftige französische Partei oder Regierung als unabänderlich würde hinnehmen können.

Die fortdauernde Feindseligkeit Frankreichs verminderte erheblich die Flexibilität der Strategie der Alternativen, die Bismarck im vorangegangenen Jahrzehnt so wirkungsvoll angewandt hatte. Es war ihm nun nicht länger möglich, sich alle Türen offenzuhalten,[19] da mindestens eine ihm jetzt dauerhaft verschlossen zu sein schien. Doch nötigten ihn nach 1871 auch noch andere Faktoren zur Änderung seiner politischen Taktik. Während der vergangenen Jahre hatte er sehr geschickt seinen Nutzen daraus gezogen, daß der Krimkrieg und die Springflut des Nationalismus, die der Krieg von 1859 und dessen Nachwirkungen in Italien auslösten, die politischen Verhältnisse in Fluß gebracht hatten. Der Bruch zwischen Österreich und Rußland nach 1855 und die Befürchtungen, die Napoleons ungeschickte Außenpolitik nach 1861 erregte, hatten die Tore aufgetan, durch die Preußen dann gegangen war. Das Anwachsen des Nationalgefühls hatte ihm die moralische Legitimation der preußischen Expansion geliefert, die sie der deutschen und europäischen öffentlichen Meinung erträglich werden ließ.

Doch nun, als saturierter Staat, brauchte Deutschland Zeit, um zu verdauen, was es verschlungen hatte. Die Aufgabe der deutschen Außenpolitik war es mithin, das Reich während der Periode innerer Konsolidierung vor äußerer Gefahr zu schützen. Der Augenblick war gekommen, auf die revolutionäre Außenpolitik der letzten Jahre eine konservative folgen zu lassen. Nach Bismarcks Meinung hatte Deutschland keine Ziele mehr, die durch einen Krieg noch sinnvoll zu erreichen gewesen wären. Tatsächlich war nun jeder militärische Konflikt zwischen zwei europäischen Großmächten für Deutschland von Nachteil. Denn gleich welchen Ursprung ein solcher Konflikt haben mochte, gleich welche Gegner sich dabei wo auch immer gegenüberstehen würden, Deutschland würde jedenfalls auf diese oder jene Weise in den Konflikt verwickelt werden. In einem solchen Krieg würde sich Deutschland aber unvermeidlich gezwungen sehen, für die Interessen einer anderen Macht zu kämpfen. Die Grundsätze der Realpolitik geboten also Deutschland, den Frieden in Europa nach Möglichkeit zu wahren.

Die beherrschende Stellung, die Deutschland durch die Siege über Österreich und Frankreich in der europäischen Politik gewonnen hatte, und das weit verbreitete Mißtrauen, wie Bismarck davon Gebrauch machen würde, hätten eigentlich neue Bündnisse hervorrufen müssen – mit dem Ziel, das erschütterte Gleichgewicht wiederherzustellen und das neue Deutschland in seinen Grenzen zu halten. In dem berühmten Kissinger Diktat, das er am 15. Juni 1877 seinem Sohn Herbert während der großen Balkankrise in die Feder diktierte, hielt Bismarck sehr präzise fest, was ihm Sorgen bereitete, nicht nur während jener Wochen, sondern während der ganzen letzten beiden Jahrzehnte seiner Kanzlerschaft. «Ein französisches Blatt sagte neulich von mir, ich hätte ‹le cauchemar des coalitions›, diese Art Alp wird für einen deutschen Minister noch lange, und vielleicht immer, ein sehr berechtigter bleiben. Koalitionen gegen uns können auf westmächtlicher Basis mit Zutritt Österreichs sich bilden, gefährlicher vielleicht noch auf russisch-österreichisch-französischer; eine große Intimität zwischen zweien der 3 letztgenannten Mächte würde der dritten unter ihnen jederzeit das Mittel zu einem sehr empfindlichen Drucke auf uns bieten ... Wenn ich arbeitsfähig wäre, könnte ich das Bild vervollständigen und feiner ausarbeiten, welches mir vorschwebt: nicht das irgend eines Ländererwerbes, sondern das einer politischen Gesamtsituation, in welcher alle Mächte außer Frankreich unser bedürfen, und von Koalitionen gegen uns durch ihre Beziehungen zueinander nach Möglichkeit abgehalten werden.»[20] Für die feindliche Koalition, die Bismarcks Alptraum war, gab es einen historischen Präzedenzfall – die «Kaunitz-Koalition» von Frankreich, Österreich und Rußland, die Friedrich den Großen um ein Haar seiner Größe beraubt hätte.[21]

In der idealen «politischen Gesamtsituation», die Bismarck vorschwebte, wäre also jede europäische Macht (sogar einschließlich Frankreichs, wenn dort eine antiklerikale Republik bestünde) Deutschland enger als irgendeiner anderen Macht verbunden gewesen. Doch die Realitäten des europäischen Gleichgewichts machten eine derartige Gesamtsituation höchstens für kurze Intervalle wahrscheinlich. Deshalb war sein Ziel in der Dynamik der Machtpolitik gewöhnlich das, das er im Januar 1880 gegenüber dem russischen Diplomaten Saburow auf die einfache Formel brachte, «immer einer von dreien auf dem europäischen Schachbrett zu sein». Denn: «Das ist das unabänderliche Ziel aller Kabinette und meines über allen. Niemand will in der Minderheit sein. Die ganze Politik beschränkt sich auf diese Formel: zu versuchen, einer von dreien zu sein, solange die Welt regiert wird vom schwankenden Gleichgewicht von fünf Großmächten.»[22] Zu verschiedenen Zeiten zog Bismarck drei derartige Dreierkombinationen in Be-tracht: Deutschland-Österreich-Rußland, Deutschland-Österreich-England oder Deutschland-England-Rußland. Die erstgenannte Koalition war ihm persönlich zwar die liebste, doch wenn nötig, war er auch gewillt, es mit einer der beiden anderen zu versuchen.[23]

Während der beiden Jahrzehnte von Bismarcks Kanzlerschaft waren für die europäische Politik vor allem drei Konfliktherde von entscheidender Bedeutung: der Konflikt zwischen Deutschland und Frankreich wegen Elsaß-Lothringen; der Konflikt zwischen Rußland und Österreich wegen ihrer konträren Interessen in Südosteuropa; und der Konflikt zwischen Rußland und Großbritannien wegen der konkurrierenden Interessen der beiden Mächte auf dem Balkan, in Indien und in China. Es gab daneben noch andere Spannungen, insbesondere in den Kolonialgebieten, aber die drei genannten waren die wichtigsten, denn sie bestimmten das Verhältnis der Großmächte zueinander. Die Konflikte zwischen Rußland und Österreich und zwischen Rußland und Großbritannien eröffneten für Bismarck zugleich Gefahren und Chancen. Zweimal – 1876–1878 und 1885–1887 – drohten sie auf den großen europäischen Krieg hinauszulaufen, den er zu vermeiden suchte. Doch diese Konflikte boten Deutschland andererseits auch die Möglichkeit, den Angelpunkt des europäischen Machtgleichgewichts zu besetzen, jene bewegliche Position zwischen widerstreitenden Interessen, die Bismarck die beste Aussicht zur Erreichung seiner beiden Hauptanliegen bot, nämlich einerseits Frankreich zu isolieren und andererseits den Frieden in Europa zu wahren.

Obwohl er glaubte, daß gewisse in der politischen Geographie begründete «Staatsinteressen» das Verhalten der Regierungen beeinflußten, war Bismarck sich durchaus der Tatsache bewußt, daß die Deutung dieser Interessen von Politiker zu Politiker und Partei zu Partei sehr unterschiedlich ausfallen konnte. Natürlich beobachtete er Ebbe und Flut des politischen Lebens in Frankreich mit Argusaugen. Er hoffte, daß der Charakter des neuen Regimes in Paris Frankreich «bündnisunfähig» machen würde.[24] Die Ereignisse, die dort auf das Ende des Krieges gegen Deutschland folgten, waren in dieser Hinsicht sehr ermutigend für ihn. Der Bürgerkrieg zwischen der von Louis-Adolphe Thiers geführten neuen Regierung und der radikalen Pariser Kommune schien das Vorurteil der europäischen Staatsmänner zu bestätigen, daß Frankreich nach wie vor das Herz der revolutionären Unruhe in Europa war. Auf die Niederschlagung des Aufstands der Kommune folgte dann eine Periode der Unsicherheit, während welcher die Anhänger der Orléanisten und der Bourbonen darüber stritten, welche der beiden Dynastien restauriert werden sollte. Diese Spaltung der monarchistischen Mehrheit in der Versailler Nationalversammlung gestattete es Thiers, die eigene Stellung zu konsolidieren. Bismarck beobachtete diese Entwicklung mit Wohlgefallen, denn er befürchtete, daß im Falle einer monarchischen Restauration konservative und klerikale Interessen an die Macht kommen würden, die mit Sympathien in Österreich und Rußland rechnen konnten.[25] Solange deutsche Besatzungstruppen in Frankreich stationiert waren, war überdies die Bewegungsfreiheit der französischen Außenpolitik stark eingeschränkt.

Österreich-Ungarn war in zweien der Dreibünde, die Bismarck als Optionen für Deutschland ins Auge faßte, als Partner vorgesehen. Geographie, Geschichte und ethnische Verwandtschaft schienen eine enge Verbindung der beiden Staaten nahezulegen, nachdem die Position Österreichs in Deutschland geklärt worden war. Selbst während des Krieges gegen Österreich 1866 zweifelte Bismarck nicht an der Notwendigkeit einer schließlichen Versöhnung mit dem Gegner. Aus diesem Grund bestand er in Nikolsburg auf einem Frieden, der Österreich weder zu Kontributionen noch zu Gebietsabtretungen zwang. Doch aus Gründen, von denen schon die Rede gewesen ist, hatte er in seinem Streben nach Verständigung mit Österreich bis 1871 wenig Erfolg.[26] Der preußische Sieg bei Sedan und die Vollendung der deutschen Einheit machten den österreichischen Bemühungen, in Süddeutschland eine Pufferzone gegen Preußen zu bewahren, ein Ende. Zugleich erregte Rußlands einseitige Erklärung, daß es die Bestimmungen des Pariser Friedensvertrages, die seinen Zugang zum Schwarzen Meer beschränkten, nicht länger anerkenne (wozu Berlin es ermutigt hatte), in Wien neue Besorgnisse über die russischen Ziele auf dem Balkan. Mitte Dezember 1870 waren Beust und dessen Untergebene im Wiener Außenministerium bereits zu der Überzeugung gelangt, daß sowohl die innere Stabilität als auch die äußere Sicherheit des Habsburgerreichs nunmehr eine deutsch-österreichische Allianz erforderten, die ein großes mitteleuropäisches Friedensbollwerk errichten würde. Durch Bismarcks Versicherungen beruhigt, daß das Deutsche Reich keinerlei irredentistische Ansprüche auf Deutschösterreich erhebe, verfolgte Beust dieses Ziel dann mit großer Ausdauer. Während der Monate August und September sah er seine Bemühungen von Erfolg gekrönt, als Bismarck und Kaiser Wilhelm sich zu Beratungen mit ihm und Kaiser Franz Joseph in Ischl, Gastein und Salzburg einfanden, bei denen eine formlose Vereinbarung über Zusammenarbeit auf dem Gebiet der Außenpolitik getroffen wurde.[27]

Gleichzeitig war jedoch Franz Joseph mit einer inneren Reform beschäftigt, die sich mit seiner neuen außenpolitischen Ausrichtung nicht ohne weiteres vereinbaren ließ. Ohne darüber mit Beust zu beraten, hatte er am 7. Februar 1871 ein neues cisleithanisches Kabinett ernannt, dem als Ministerpräsident Karl Graf von Hohenwart vorstand und der Preußenfeind Albert Schäffle als Handelsminister angehörte, beide Fürsprecher eines neuen Föderalismus, der auf die Beschwichtigung der polnischen und slawischen Untertanen der Monarchie zielte. Hohenwarts neuer Föderalismus hätte das von Tschechen beherrschte Böhmen zu konstitutioneller Gleichheit mit Österreich und Ungarn erhoben. Einer derartigen inneren Reform hätte eigentlich eine prorussische Außenpolitik besser entsprochen als eine prodeutsche. Denn während die russischen Panslawisten die

Bismarck und Beust umarmen sich. Ein Wiener Blick auf Österreichs «neueste Freundschaft». (*Berg's Kikeriki,* Wien, 6. Februar 1871)

beabsichtigte Reform begrüßten, war diese doch weder im Sinne der Ungarn, die ungern anderen ethnischen Gruppen zugestanden, was sie selbst erst so kürzlich erreicht hatten, noch in dem der Deutschösterreicher, die damit ihre traditionelle Vorherrschaft im Habsburgerreich noch weiter untergraben sahen. Die Leidenschaften, die der Streit über die beabsichtigte Reform erregte, ließen innere Unruhen befürchten, deren Schlichtung eines Tages Deutschland oder vielleicht auch Rußland veranlassen mochte, in die inneren Angelegenheiten der Donaumonarchie einzugreifen.

In Bismarcks Augen war das Hohenwart-Schäffle-Kabinett zugleich schwarz und rot (ultramontan und sozialistisch). Er attackierte dessen Programm deshalb öffentlich in der Presse und persönlich gegenüber Beust und Franz Joseph. Zu seiner Befriedigung stellte schließlich Franz Joseph den Frieden in seiner Regierung wieder her, indem er das Reformkabinett entließ. Beusts Politik hatte triumphiert, er selbst allerdings nicht. Seine Zusammenarbeit mit den deutschösterreichischen Liberalen, die sich den reformerischen Absichten des Kaisers erbittert widersetzt hatten, hatte ihn offenbar seinem kaiserlichen Herrn mißliebig gemacht. Im November 1871 wurde er aus dem Kanzleramt entlassen und als Botschafter nach London geschickt. Fürst Adolf von Auersperg trat als österreichischer Ministerpräsident an die Stelle Hohenwarts, und der ungarische Graf Julius Andrássy ersetzte Beust als österreichisch-ungarischen Außenminister. Andrássy befürwortete noch entschiedener als Beust eine prodeutsche Außenpolitik für Österreich.[28]

Die sensibelsten Punkte in Bismarcks außenpolitischem Konzept waren die Beziehungen zu Rußland und England. Ein enges Einvernehmen mit Rußland war schon seit 1862 ein Kernstück seiner Politik. Damit hatte er 1866 Österreich isolieren und 1870 ein Bündnis Österreichs mit Frankreich verhindern können. Bismarcks zuverlässigste Stütze in Rußland war Zar Alexander II. Alexander war als Neffe Wilhelms I. eng mit den Hohenzollern verwandt, und er war zunehmend besorgt über das Wachstum des revolutionären Radikalismus in Europa und dessen Auswirkungen auf sein Reich. Doch es gab in der russischen Regierung auch deutschfeindliche Elemente. Der deutsche Einfluß auf das russische Geistesleben, zu Beginn des Jahrhunderts noch sehr stark, verebbte. Viele Russen neideten den Deutschbalten die große Rolle, die sie lange in der russischen Regierung gespielt hatten. Gortschakow befürwortete seit langem eine engere Verbindung Rußlands mit Frankreich. Außerdem war er nach dem Zeugnis seines Kollegen, des Grafen Peter Schuwalow, «eifersüchtig auf den Ruhm seines Collegen in Berlin» und geneigt, das Gegenteil von dem anzuraten, was Bismarck empfahl, nur damit man ihm nicht nachsagen könne, er folge dessen Spuren.[29]

Diese Unzuverlässigkeit des russischen Partners mußte es Bismarck nur um so geratener erscheinen lassen, sich die Möglichkeit eines vertrauteren Einvernehmens mit Großbritannien offenzuhalten. Als Odo Russell ihn 1870 in Versailles aufsuchte, um ihn über die Besorgnis in Kenntnis zu setzen, mit der England die russische Außerkraftsetzung der Schwarzmeerklauseln des Pariser Vertrages aufgenommen hatte, nahm Bismarck die Gelegenheit wahr, eine neue Politik in Gang zu bringen. Er erklärte Russell, daß Berlin mit St. Petersburg keine geheimen Absprachen habe, daß vielmehr das Verhältnis Preußens zu Rußland ein offenes, unproblematisches Bündnis sei (*«an open avowed, unconscious alliance»*), das er nicht nur nicht verleugnen wolle, sondern ganz offen als ein nationales und familiäres Bündnis bezeichnen dürfe, das zu erhalten er die Pflicht habe, bis zukünftige Ereignisse vorteilhaftere Bündnisse ermöglichten. England und Österreich, so Bismarck weiter, seien Deutschlands «natürliche Verbündete», und für ein Bündnis mit ihnen sei Deutschland auch bereit, Opfer zu bringen.[30]

Das Gespräch mit Odo Russell stand am Anfang jener «Schaukelpolitik», die während der folgenden beiden Jahrzehnte in kritischen Momenten Bismarcks Diplomatie bestimmte. Seine unmittelbare Absicht dabei war gewiß, den Gegensatz zwischen Frankreich und Großbritannien zu vertiefen, der während der letzten Jahre des zweiten Kaiserreichs aufgebrochen war. Die Gladstone-Regierung (1868–1874) nahm aber Bismarcks Köder nicht an. Seit Palmerston neigten die britischen Staatsmänner dazu, kontinentale Verwicklungen nach Möglichkeit zu vermeiden, es sei denn, die Vorherrschaft einer einzigen Macht in Europa mußte verhindert werden. Großbritannien war für sie eine Weltmacht, deren Hauptinteresse der Erhaltung des Empire gelten mußte. Gladstone und seine Regierung wollten die Militärausgaben senken und sich stärker der Innen- als der Außenpolitik widmen. Die Kontinentalmächte, deren Militäretats ständig anwuchsen, begannen England als zweitrangige Macht einzuschätzen.[31] Bismarck erzähle gern, schrieb Morier am 1. April 1874, daß er fünf Jahre seines politischen Lebens wegen des dummen Glaubens verloren habe, daß England noch immer eine Großmacht sei.[32]

Diese Entwicklung brachte durchaus Vorteile für die deutsche Politik mit sich. Da er damit rechnen konnte, daß England sich unter normalen Umständen weder mit Frankreich noch mit Deutschland verbünden würde, konnte Bismarck sich nun bemühen, die engeren Bande mit Rußland und Österreich zu knüpfen, für die er sich entschieden hatte. Das östliche Bündnis beruhte zwar auf realpolitischen Erwägungen, hatte jedoch auch noch andere Reize. Ein solches Bündnis dreier konservativer Monarchien mochte der schwierigen Aufgabe gewachsen sein, angesichts der neuen sozialen Kräfte und der neuen Ideologien des industriellen Zeitalters in Mittel- und Osteuropa die traditionelle soziale und politische Ordnung aufrechtzuerhalten. Die internationale sozialistische Bewegung, die in den frühen siebziger Jahren an Bedeutung gewann, kam Bismarck insofern entgegen, als er mit der von ihr ausgehenden Gefahr argumentieren konnte. Jedenfalls war die dringende Notwendigkeit, die sozialistische Bedrohung abzuwehren, einer der gewichtigsten Gründe, die er in Wien und St. Petersburg für eine Erneuerung der Heiligen Allianz anführte.[33] Die von den Exzessen der Pariser Kommune genährte Furcht vor der Revolution schuf das Klima für eine Erneuerung des Dreierbündnisses, das Bismarck früher als ein unnötiges Hindernis für Preußen bei der Durchsetzung seiner eigenen Interessen eingeschätzt hatte. Angesichts eines gemeinsamen Feindes würden die anderen europäischen Mächte, so durfte er nun annehmen, eher bereit sein, sich mit Deutschlands neuer Rolle im europäischen Machtgleichgewicht abzufinden. Die Furcht vor einer Hegemonie Deutschlands würde zurücktreten hinter den Vorzügen, die Deutschland als Bundesgenosse oder sogar Vorreiter im Kampf gegen diesen gemeinsamen Feind zu bieten haben würde.

Die östliche Allianz würde auch die drei Mächte, die Polen unter sich geteilt hatten, miteinander verbinden. Als deren Bundesgenosse konnte Deutschland hoffen, Einfluß auf die Polenpolitik der beiden anderen Mächte zu gewinnen. Denn jedes Zugeständnis an die Polen in Rußland oder Österreich (wie jene von Beust und Hohenwart) mußte unweigerlich Auswirkungen auch im Reich haben. In dieser Hinsicht war Bismarcks Bemühen, ein Bündnis der drei Kaiserreiche Mittel- und Osteuropas zustande zu bringen, ein außenpolitisches Gegenstück zum preußischen Kulturkampf und zur Abwehr einer «Polonisierung» der Deutschen in Preußens östlichen Provinzen. Daß die Allianz sowohl innen- wie außenpolitischen Zwecken diente, war eine glückliche Fügung, die ihren Wert erhöhte, aber nicht das für Bismarck entscheidende Motiv.

Der Dreikaiserbund

Obwohl sie seinen Widerwillen gegen die Revolution teilten, durfte Bismarck doch von Andrássy und Gortschakow nicht erwarten, daß sie ihm bei der Leitung der europäischen Politik freie Hand lassen würden. Ihre eigenen Interessen und diejenigen der Mächte, denen sie dienten, unterschieden sich von seinen. Bismarck erhoffte sich von Österreich bei etwaigen zukünftigen Schwierigkeiten mit Frankreich Unterstützung oder doch wenigstens wohlwollende Neutralität, während Andrássy sich von Deutschland und vielleicht England Rückendeckung bei zukünftigen Auseinandersetzungen zwischen Österreich und Rußland versprach. Andrássy befürwortete ein Bündnis mit Deutschland, weil er hoffte, dadurch das enge Verhältnis beenden zu können, das schon seit fast einem Jahrzehnt zwischen Berlin und St. Petersburg bestand. Gortschakow andererseits wollte selbst die zentrale Position in der europäischen Politik einnehmen, die Bismarck damals mehr und mehr für sich vereinnahmte. Deshalb gab er auch jetzt die Hoffnung auf ein engeres Zusammenspiel mit Frankreich nicht auf; außerdem war er entschlossen, durch eine Verständigung in den strittigen Balkanfragen Österreich von einer zu großen Annäherung an Deutschland abzuhalten.

Diese widerstreitenden Interessen standen einer raschen Einigung zwischen den Vertretern der drei Kaiserreiche im Wege. In seinen Verhandlungen mit Beust und Andrássy betonte Bismarck, daß Deutschland seine guten Beziehungen zu Rußland nicht für ein Rapprochement mit Österreich preisgeben werde. Als Franz Joseph sich zu einem Staatsbesuch in Berlin entschloß, mit dem er gewissermaßen öffentlich die historischen Konsequenzen der Schlacht von Königgrätz anerkannte, luden sich Zar Alexander II. und Gortschakow, beunruhigt über die Zeichen einer wachsenden Vertrautheit zwischen Berlin und Wien, kurzerhand selbst zu diesem Treffen ein.[34] Im September 1872 trafen die drei Kaiser und ihre Außenminister in Berlin zu einer Folge von Staatsbanketten, Militärparaden und Konferenzen zusammen. Bismarck beeilte sich, die Briten hinsichtlich der Ergebnisse des Treffens zu beruhigen. «Zum ersten Mal in der Geschichte haben drei Kaiser sich zur Beförderung des Friedens zu Tisch begeben», erzählte er Odo Russell. «Ich wollte, daß die drei eine liebende Gruppe bilden wie Canovas drei Grazien ... Ich wollte, daß sie schweigend zusammenstehen und sich bewundern lassen, aber ich wollte sie auf keinen Fall reden lassen, so schwierig es auch war, denn alle drei halten sich für größere Staatsmänner als sie sind.»[35] Doch wurde bei dem Treffen wirklich viel mehr besprochen, als Bismarck zugab. Obwohl die Unterredungen der Monarchen nicht zu einem schriftlich fixierten Abkommen führten (die Außenminister waren der Meinung, daß dafür die Zeit noch nicht reif sei), versöhnten sich dabei doch Alexander und Franz Joseph miteinander, und die Verhandlungen zwischen Gortschakow und Andrássy entschärften vorübergehend die Spannungen, die auf dem Balkan zwischen Rußland und Österreich bestanden.

Die Tatsache, daß weder Österreich noch Rußland ein unabhängiges Bündnis des jeweils anderen mit Deutschland zulassen wollte, erhöhte auf beiden Seiten die Verständigungsbereitschaft. Im Mai 1873 erwiderte Wilhelm, begleitet von Bismarck und Moltke, in St. Petersburg den Staatsbesuch des Zaren. Bei dieser Gelegenheit wurde eine Militärkonvention abgeschlossen, wonach Deutschland und Rußland einander im Falle eines Angriffs seitens einer anderen europäischen Macht gegenseitig militärische Unterstützung mit zweihunderttausend Mann zusicherten. Das Abkommen wurde von den beiden Kaisern und den beiden Generälen, Moltke und Feldmarschall Berg, die es ausgehandelt hatten, unterzeichnet.[36] Bismarck entzog sich aber dem russischen Versuch, Deutschland von Österreich zu trennen, indem er darauf bestand, daß das Abkommen nur dann Gültigkeit haben sollte, wenn Österreich ihm beitrat. Dagegen sträubten sich allerdings Franz Joseph und Andrássy, die sich auf dem Balkan nicht die Hände binden lassen und Deutschland den Besitz von Elsaß-Lothringen – und sei es indirekt – nicht garantieren wollten.[37] Statt dessen handelten sie bei einem Besuch Alexanders und Gortschakows in Schönbrunn im Juni 1873 ein allgemein gefaßtes Abkommen zur Erhaltung des Friedens in Europa aus; welche Maßnahmen ergriffen werden sollten, wenn es zu einer Störung dieses Friedens – durch wen auch immer – kam, sollte erst bei deren Eintreten entschieden werden. Dieses Abkommen war für Deutschland weniger vorteilhaft als das in St. Petersburg beschlossene und unterzeichnete, doch Bismarck gab sich damit zufrieden, denn sein Hauptziel war auch so erreicht. Im Oktober 1873 trat Deutschland dem Schönbrunner Abkommen bei, und der «Dreikaiserbund» war geschlossen.[38]

Natürlich hatte Bismarck Grund zu der Befürchtung, daß der Bund England Frankreich in die Arme treiben würde. Deshalb versicherte er London bei jedem Schritt der Verhandlungen, daß englische Interessen dadurch nicht verletzt werden würden. Auf seine Anregung, daß auch England dem Abkommen beitreten könnte, ging das Gladstone-Kabinett nicht ein. Doch im Sommer 1873 gelangten Großbritannien und Rußland, vom Reichskanzler gedrängt, zu einem Abkommen, das die beiderseitigen Einflußsphären in Zentralasien gegeneinander abgrenzte. Im September suchte König Viktor Emanuel, den die Möglichkeit besorgte, daß eine restaurierte französische Monarchie zugunsten des Kirchenstaats in Italien intervenieren könnte, bei Staatsbesuchen in Wien und Berlin Unterstützung. Ende 1873 war auch Italien in den Radius der drei östlichen Mächte eingebunden. Die Isolierung Frankreichs schien vollkommen. Peter Schuwalow, der russische Botschafter in London, befand voller Bewunderung: «So lange die drei Kaiser zusammenhalten, dictiren sie Ihren Willen dem übrigen Europa, und wenn den Franzosen verboten wird, Deutschland den Krieg zu machen, so können sie ihn nicht machen und wir können ruhig sein.»[39] Kein Wunder, daß Bismarck Schuwalow für den fähigsten russischen Staatsmann hielt.

Im September 1872 brachte die offizielle *Provinzial-Korrespondenz* die Zufriedenheit der Regierung darüber zum Ausdruck, daß ihre diplomatischen Initiativen bei den benachbarten Staaten so unverzüglich und rückhaltlos angenommen worden seien – trotz des «unerwarteten» Machtzuwachses, den Deutschland durch seine Siege errungen habe. Dazu gebe es in der Geschichte kaum Parallelen.[40] Doch die europäischen Staatsmänner empfanden angesichts der Ereignisse von 1866–1871 in Wirklichkeit noch erhebliches Unbehagen. Es war kein europäischer Kongreß einberufen worden, um die durch Preußens Siege veränderte Machtbalance auszutarieren und zu bestätigen. Das «europäische Konzert», das 1815–1823, 1840 und 1856 die Existenz einer Gemeinschaft europäischer Nationalstaaten zu beweisen schien, war nun offenbar beendet. Und dennoch, hatte Disraeli recht mit seiner später so oft zitierten Behauptung, daß das europäische Gleichgewicht zerstört sei? Sein Urteil war zweifellos voreilig und verrät mehr seine Absicht, die Außenpolitik Gladstones und Granvilles zu diskreditieren.[41] Einstweilen war zwar an der deutschen Hegemonie in Europa kaum zu zweifeln. Solange es noch teilweise von deutschen Truppen besetzt war, hatte Frankreich kaum die Möglichkeit, das eigene Gewicht in die europäische Waagschale zu werfen. Aus St. Petersburg und Wien gesehen, war deshalb das Dreikaiserbündnis auch eine Sicherheitsmaßnahme, durch die Deutschlands Bündnispartner hofften, das Reich vom Mißbrauch seiner neu gewonnenen Macht abhalten zu können.

Die Bereitschaft patriotischer Franzosen, zwei hohe Staatsanleihen zu zeichnen, ermöglichte es der französischen Regierung, die Kriegskostenentschädigung wesentlich früher zu leisten, als Bismarck erwartet hatte. Am 16. September 1873 wurden die letzten deutschen Besatzungstruppen aus Frankreich abgezogen, und am 20. November wählte die monarchistische Mehrheit in der französischen Nationalversammlung einen ehemaligen napoleonischen General, den Marschall Patrice Maurice MacMahon, für sieben Jahre zum Präsidenten. Frankreich war auf dem Weg zur Überwindung seiner Verfassungskrise (die mit der Annahme des von Henri Wallon formulierten Kompromißvorschlages am 30. Januar 1875 schließlich gelang). Schon unter Thiers hatte die neue Republik überdies mit dem Wiederaufbau der Streitkräfte begonnen. In einer Botschaft an die Nationalversammlung hatte Thiers im Dezember 1871 erklärt, daß die Reorganisation für ein geplantes Heer von 600 000 Mann so gut wie vollendet sei. In Berlin beobachtete man Frankreichs rasche finanzielle, militärische und politische Erholung mit größerer Sorge, als wahrscheinlich geboten war.[42] Moltke war überzeugt, daß die französische Armee bald stark genug sein würde, jenen «Revanchekrieg» zu führen, den chauvinistische französische Patrioten schon jetzt forderten. 1872 begann der Chef des preußischen Generalstabs, Pläne für einen Präventivschlag zu entwerfen, um «endlich den Vulkan zu schließen, welcher seit einem Jahrhundert Europa durch seine Kriege wie durch seine Revolutionen erschüttert».[43] Obwohl er die Möglichkeit nicht ausschloß, daß erneut militärische Maßnahmen gegen ein erstarkendes, rachsüchtiges Frankreich notwendig werden könnten, neigte Bismarck selbst jedoch eher zu der Überzeugung, daß gezielte Einschüchterungen und Einmischungen in die inneren Angelegenheiten der Franzosen ausreichen würden, Frankreich schwach und gefügig zu halten.[44]

«Ist der Krieg in Sicht?»

Nach Bismarcks Meinung verschlechterte der Wechsel von Thiers zu MacMahon Deutschlands politische Lage in Europa beträchtlich.[45] «Ich sehe in dem Tausch Mac Mahons gegen Thiers die Eintauschung eines stärkeren, militärischen, ultramontanen, bündnisfähigeren Frankreichs gegen ein schwächeres, civilistisches, antiklerikales, isoliertes.» Thiers sei durch die starke Opposition im Lande an jener Politik gehindert worden, «die zweifellos von einer kühlen Berechnung der französischen Interessen vorgeschrieben ist». Eine solche Politik würde Frankreich gebieten, «Hand in Hand mit Rom und durch Rom mit unseren tätigsten und gefährlichsten inneren Gegnern zu gehen. Mac Mahon wird diesen Weg gehen können. Thiers, in inneren Kämpfen sich mit Schwierigkeit behauptend, würde keinen Bundesgenossen gefunden haben. Unter Mac Mahon ist Frankreich bündnisfähiger geworden; unter einer Monarchie, zu der Mac Mahon den Übergang bilden soll, wird es das in noch höherem Grade sein.»[46] Hier zeigt sich besonders deutlich, wie in Bismarcks politischen Berechnungen die Wechselwirkung zwischen inneren und auswärtigen Angelegenheiten Berücksichtigung fand, doch auch, daß es nicht die Interessen der deutschen Wirtschaft oder die soziale Stabilität Deutschlands waren, die ihn bei seinen Überlegungen leiteten. Weit eher ließ er sich davon lenken, was Deutschland seines Erachtens zur inneren Konsolidierung benötigte. Seine geradezu paranoide Furcht vor den Gefahren, die dem Deutschen Reich angeblich vom politischen Katholizismus drohten, veranlaßte ihn im innenpolitischen und im außenpolitischen Bereich zu einer Reihe von unklugen Entscheidungen, die nicht nur nicht den gewünschten Erfolg brachten, sondern im Gegenteil sowohl innenpolitisch wie auch außenpolitisch Schaden anrichteten. Der Kulturkampf störte in Deutschland den inneren Frieden und entfremdete der Regierung eine große Minderheit, im Ausland beeinträchtigte er Bismarcks System auswärtiger Beziehungen, indem er Mißtrauen hinsichtlich der deutschen Absichten gegen Frankreich erweckte. 1875 war

Deutschland in Gefahr, isoliert zu werden, und sein Kanzler stand in dem Verdacht, ein brutaler Kerl zu sein, dem man Einhalt gebieten mußte, bevor er den Frieden Europas aufs Spiel setzte.

Zunächst hatte Bismarck angenommen, er werde in den europäischen Hauptstädten Verständnis, ja Unterstützung für seinen Kulturkampf finden. Die russische Regierung lag schon seit langem mit dem Papst im Streit wegen ihrer Versuche, in den polnischen Gebieten Rußlands den katholischen Klerus zu unterdrücken und der Unterstützung des polnischen Nationalismus durch die katholische Kirche ein Ende zu machen. In Wien stand die neue Regierung Auersperg-Andrássy in dem Ruf, liberal und antiklerikal gesinnt zu sein. 1870 hatte die italienische Regierung Rom besetzt und damit ihren langjährigen Konflikt mit dem Papsttum zugespitzt. Selbst die Gladstone-Regierung in London war nicht frei von gewissen Sympathien für das preußische Vorgehen gegen den Ultramontanismus.[47] All das ermutigte Bismarck, bei der Regierung MacMahon auf die Unterdrückung der antideutschen Agitation des französischen Episkopats und in der französischen Presse zu dringen. Im August 1873 hatte, wie erwähnt, der Bischof von Nancy die Katholiken aufgerufen, für die Rückkehr Elsaß-Lothringens zu Frankreich zu beten. Der Hirtenbrief, der diesen Aufruf enthielt, wurde überall in den Diözesen Nancy und Toul, zu denen auch an Deutschland abgetretene Teile Lothringens gehörten, von den Kanzeln verlesen. Im November verurteilten mehrere französische Bischöfe die preußischen Kulturkampfgesetze als ungerecht und unmoralisch.

Die Pariser Regierung kam Bismarck sehr weit entgegen. Sie ermahnte die Bischöfe, ihre Angriffe zu mäßigen, und verbot sogar eine Zeitschrift, über die Bismarck sich beschwert hatte. Doch der Forderung des deutschen Reichskanzlers, die fraglichen Bischöfe kraft eines schon seit langer Zeit nicht mehr angewandten Gesetzes aus dem Jahre 1819 strafrechtlich zu verfolgen, mochte sie nicht entsprechen.[48] Der französische Botschafter in Berlin, Vicomte Armand de Gontaut-Biron, hatte den Eindruck, daß Bismarcks Beschwerden über das französische Episkopat nicht nur vor dem Hintergrund des Kulturkampfes zu sehen waren, sondern auch das Ergebnis der Reichstagswahlen im Januar 1874 sowie die daran anschließende Debatte über den eisernen Etat beeinflussen sollten. Nach Bismarcks Rückkehr in die Hauptstadt Mitte Dezember 1873 erschienen plötzlich auffällig viele Artikel in der deutschen Presse, in denen Frankreich scharf angegriffen wurde.[49] Im Januar erklärte die halboffizielle *Norddeutsche Allgemeine Zeitung*: «Eine französische Regierung, die sich in den Dienst der römischen Priesterpolitik herabwürdigen ließe, würde, nicht weil sie die Regierung Frankreichs, sondern weil sie die Satellitin Roms wäre, eine uns feindselige Regierung sein, mit der wir nicht in Frieden leben könnten ... sobald sich Frankreich mit Rom identifizirt, wird es eben dadurch unser geschworener Feind.»[50] Wenig später beschied Bismarck den französischen Botschafter in schroffer Form, daß Frankreich sich hüten müsse, von religiösen Fanatikern in eine antideutsche Allianz verwickelt zu werden. Sollte das geschehen, werde es für Deutschland besser sein, schon in zwei

Jahren oder einem loszuschlagen, statt abzuwarten, bis Frankreich mit seinen Kriegsvorbereitungen fertig wäre. Der Warnung ließ er aber binnen kurzem ein Dementi folgen. Entschieden wies er Behauptungen in der französischen Presse zurück, daß er dem Kaiser zu einem Krieg gegen Frankreich geraten hätte, um den inneren Schwierigkeiten Deutschlands auszuweichen. Das sei keineswegs der Fall. Der Gedanke an einen neuen Krieg liege Deutschland gänzlich fern.[51]

Bismarcks Erwartung, daß die Regierungen in St. Petersburg und Wien mit seinem Kulturkampf sympathisieren würden, sollte enttäuscht werden. Zar Alexander und Gortschakow wollten ihren Konflikt mit Rom wegen der polnischen Kirche lieber am Verhandlungstisch beenden, anstatt ihn auszukämpfen. Sie beklagten die Entfremdung der preußischen Konservativen, die das monarchische Prinzip in Deutschland geschwächt habe. Ohnehin verspürte Gortschakow nur geringe Neigung, auf Bismarcks Spuren zu wandeln.[52] Doch auch Franz Joseph und dessen Minister waren nicht bereit, dem preußischen Beispiel zu folgen, und Andrássy soll die Heftigkeit, mit der Bismarck bei seinem Besuch in Wien im Oktober 1873 den Papst beschimpft hatte (bei einer Aufführung von Shakespeares *Heinrich VI.* im Burgtheater verglich er den Papst mit Jack Cade), zutiefst abstoßend gefunden haben. Selbst die italienische Regierung wollte sich nicht in Preußens Streit mit dem Heiligen Stuhl verwickeln lassen, wozu sie angesichts von Bismarcks häufigen Versuchen, durch eine Einigung mit dem Vatikan das Zentrum auszumanövrieren, auch alle Ursache hatte.[53]

Bismarcks größter Fehler während der Jahre 1873–1875 war jedoch seine Fehleinschätzung der Haltung der anderen europäischen Mächte gegenüber Frankreich. Gegen Ende des Jahres 1873 standen die Regierungen Englands, Österreichs und Rußlands (wie 1814–1815 ihre Vorgängerinnen) Frankreichs Rückkehr in das europäische Gleichgewicht wohlwollend gegenüber. Die anderen Großmächte waren ebensowenig daran interessiert, Frankreich auf Dauer zu entmachten, wie daran, Deutschlands Hegemonie weiter zu befestigen. Unter diesen Umständen hatten Bismarcks allzu offensichtliche Bemühungen, die Franzosen zu isolieren und schwach zu halten, das Gegenteil der von ihm beabsichtigten Wirkung zur Folge.

Während eines Besuchs in St. Petersburg im Februar 1874 bemerkten Franz Joseph und Andrássy überrascht, daß man dort inzwischen sehr mißtrauisch gegen Deutschland geworden war. Nach Beratungen mit den Russen ließen es sich die Österreicher nicht nehmen, General Adolphe Le Flô, dem französischen Botschafter in St. Petersburg, zu versichern, daß nunmehr «ein mächtiges Frankreich für das europäische Gleichgewicht wichtiger sei denn je». «Bismarck hat seine Kaltblütigkeit und Selbstbeherrschung verloren», meinte Andrássy.[54] Selbst die italienische Regierung zog sich von Berlin zurück, um sich nun Paris zuzuwenden. Schon Ende 1873 hatte Bismarck versucht, ein Rapprochement zwischen England und Frankreich zu verhindern, indem er sich als Vermittler zwischen England und Rußland bei deren Konflikt über den Zugang nach Indien betätigte. Er erntete aber bei keinem der beiden Beteiligten Dank für seine Mühen.[55] Im

Dezember 1873 berichtete Odo Russell, Bismarck habe erklärt, daß er den Kampf sehr viel lieber gleich ausfechten und Frankreich schon morgen den Krieg erklären würde, als abzuwarten, bis Frankreich zum Angriff gerüstet sei. Der britische Diplomat warnte seine Regierung, daß Bismarck offenbar vorhabe, das Reich so weit auszudehnen, bis es alle von Deutschen bewohnten Gebiete Europas umfaßte.[56] In einem persönlichen Brief an Wilhelm warnte Königin Victoria den Kaiser am 10. Februar 1874 vor den *«lamentable consequences»*, die ein neuerlicher deutscher Versuch, Frankreich zu zerschmettern, haben könnte.[57]

Diese abweisenden Signale veranlaßten Bismarck, den Druck auf die französische Regierung wegen der Strafverfolgung der Bischöfe abzuschwächen.[58] Die Absichten der Franzosen beunruhigten ihn jedoch weiterhin.[59] Gegen den Widerspruch Wilhelms fügte er in die Thronrede zur Reichstagseröffnung am 30. Oktober 1874 einen Passus ein, der zwar Deutschlands friedliche Absichten betonte, jedoch ungenannte auswärtige Mächte davor warnte, sich von ihren Parteileidenschaften zu «Taten» hinreißen zu lassen.[60] Gleichzeitig gab ihm die Entwicklung der deutsch-russischen Beziehungen Anlaß zur Besorgnis. Der deutsche Botschafter in St. Petersburg, Prinz Heinrich VII. Reuß, war aus gesundheitlichen Gründen nicht auf seinem Posten, und der erste Sekretär, Friedrich Graf von Alvensleben, führte an seiner Stelle die Geschäfte der Botschaft mehr schlecht als recht, jedenfalls nicht zu Bismarcks Zufriedenheit. Überdies schien Gortschakow es darauf anzulegen, die Bedeutung Rußlands für das Deutsche Reich herauszustreichen, indem er sich demonstrativ von der deutschen Politik abwandte. Vielleicht deshalb blockierte er Bismarcks Versuch, die drei Kaiserreiche zur gemeinsamen Anerkennung der republikanischen Regierung Serrano in Spanien zu bewegen. Im Februar 1875 entschloß sich Bismarck zu dem außergewöhnlichen Schritt, Joseph Maria von Radowitz als Sonderbotschafter nach St. Petersburg zu entsenden.

Dies war die berühmte «Mission Radowitz», aus der man im nachhinein, wie aus der Alvensleben-Mission des Jahres 1863, wohl zu viel hat machen wollen. Radowitz scheint sich, den Instruktionen Bismarcks entsprechend, darauf beschränkt zu haben, die russische und deutsche Politik gegenüber Serbien und Montenegro abzustimmen und die allgemeine Haltung der Russen (namentlich Alexanders II.) gegenüber Deutschland zu erkunden. Doch sein Besuch ermöglichte es irgend jemandem, vermutlich dem Fürsten Gortschakow, das Gerücht zu lancieren, Radowitz habe Rußlands Beistand oder wohlwollende Neutralität im Falle eines Krieges Deutschlands mit Frankreich erbeten und dafür die deutsche Unterstützung der russischen Absichten auf dem Balkan angeboten.[61] Während dieses Gerücht sich durch die Kanzleien verbreitete, trug Bismarck mit sehr unbedachten Schritten gegen Belgien und Frankreich noch ein übriges zu dessen Glaubwürdigkeit bei.

Ende Dezember 1874 (nicht lange nach der Majunke-Affäre) veröffentlichte die *Norddeutsche Allgemeine Zeitung* einen ihr von der französischen Polizei zugespielten Bericht, demzufolge ein Kesselschmied namens Duchesne in Belgien, wo

Preußen wegen des Kulturkampfs keine bessere Presse hatte als in Frankreich, dem Erzbischof von Paris angeboten hatte, gegen Zahlung der Summe von 60000 Franken Bismarck zu ermorden. Das Ergebnis dieser Veröffentlichung war ein Notenwechsel zwischen Berlin und Brüssel im Februar 1875, in dem Bismarck, dessen Hand noch immer von Kullmanns Kugel schmerzte, die belgische Regierung beschuldigte, ultramontane Agitation gegen Preußen zu dulden, und einen Zusatz zum belgischen Strafgesetzbuch forderte, der die Bestrafung von Personen ermöglichte, welche durch ihre Handlungsweise den Staat der Intervention fremder Mächte aussetzten.[62] Daraufhin begannen Gerüchte zu zirkulieren, daß die Heftigkeit der Reaktion Bismarcks möglicherweise einen Versuch zur Teilung Belgiens und der Niederlande vorbereiten solle.[63] Am 4. März wurde die Aufmerksamkeit der Öffentlichkeit durch einen überraschenden Befehl des Kaisers von diesem Notenwechsel abgelenkt. Der Kaiser verbot in einer Notverordnung die Ausfuhr von Pferden aus Deutschland. Bismarck lagen Berichte vor, nach denen bei deutschen Pferdehändlern zehntausend Kavalleriepferde zu sofortiger Lieferung nach Frankreich bestellt worden seien («ohne Rücksicht auf den Preis»). Weder Bismarck noch Hohenlohe, nunmehr deutscher Botschafter in Paris, glaubten, daß die Franzosen binnen des nächsten Jahrs einen Krieg beginnen wollten, doch der Verlust von 10000 Reitpferden schien Bismarck «ein Aderlaß» zu sein, «den wir noch empfinden würden, wenn wir in etwa 3 Jahren mobil zu machen hätten».[64]

Wenig später wurde in Berlin bekannt, daß die französische Nationalversammlung am 12. März überraschend ein Zusatzgesetz bewilligt hatte, demzufolge jedes Regiment der französischen Armee um ein zusätzliches viertes Bataillon und jedes Bataillon durch eine vierte Kompanie verstärkt werden sollte. Obwohl die neuen Bataillone einstweilen nur als Kader bestanden, berechnete der deutsche Generalstab, daß das Gesetz schließlich die Verstärkung der französischen Armee um 144000 Mann zur Folge haben würde. Auf Grund der Schätzung Moltkes gelangte Wilhelm zu der Annahme, daß am dreizehnten oder vierzehnten Tag jeder zukünftigen Mobilmachung die französischen Streitkräfte «eine große Übermacht über das deutsche Heer» haben würden.[65] Zu dem Klima der Besorgnis, das solche Überlegungen erzeugten, trug auch die Nachricht bei, daß sich in Kürze Kaiser Franz Joseph und König Viktor Emanuel zu Gesprächen in Venedig treffen wollten. Da in Berlin bereits die Vorbereitungen für einen Staatsbesuch Kaiser Wilhelms in Rom angelaufen waren, entstand dort der Eindruck, daß die Italiener dem österreichischen Kaiser den Vortritt lassen wollten. War also die «ultramontane Allianz», die bisher nur in Bismarcks Alpträumen existiert hatte, im Begriff, Realität zu werden?[66]

Bismarck beschloß, in der Presse Alarm zu schlagen. Am 5. April 1875 veröffentlichte die *Kölnische Zeitung* einen Bericht «aus Wien», in dem die französische Wiederaufrüstung zu der bevorstehenden Restauration der Monarchie in Frankreich, zu der bereits angebahnten Versöhnung der italienischen Regierung mit dem Papst und zu einer ultramontanen Verschwörung gegen Andrássy in Beziehung gesetzt wurde; das Ziel sei die Bildung einer katholischen Liga unter päpstlicher Schirmherrschaft, der Italien, Österreich und Frankreich angehören sollten. Österreich und Frankreich würden gemeinsam eine «Revanchekoalition» bilden, um die Folgen der Kriege von 1866 und 1870 rückgängig zu machen.[67] Am 8. April wiederholte und erweiterte ein Artikel, der in der Berliner Zeitung *Die Post* erschien, diese Spekulationen unter dem provozierenden Titel: «Ist der Krieg in Sicht?» Am Schluß dieses Artikels hieß es: «Wenn wir demnach unsere an die Spitze gestellte Frage: Ist der Krieg in Sicht? beantworten sollen, so müssen wir sagen: der Krieg ist allerdings in Sicht, was aber nicht ausschließt, daß die Wolke sich zerstreut.»[68] Die beiden sensationellen Artikel, die allgemein für Verlautbarungen aus Bismarcks Pressebüro gehalten wurden, verbreiteten Furcht und Schrecken in den Kanzleien Europas, der Widerhall in der europäischen Presse war gewaltig.[69] In einem Erlaß an den Botschafter in London ersuchte Bismarck diesen, die Aufmerksamkeit der britischen Regierung auf die französischen Rüstungen zu lenken. «Es kann keinem Zweifel unterliegen, daß die Vorbereitungen, welche die französische Regierung trifft, um ihre Armee baldigst in schlagfertigen Zustand zu versetzen, weit über das Bedürfnis einer friedlichen Politik und über die materiellen Kräfte des Landes hinausgehen.» Nach Paris allerdings telegraphierte er, daß die beiden Artikel ihn überrascht hätten, und berief sich dabei auf eine jüngst in der *Norddeutschen Allgemeinen Zeitung* veröffentlichte Erklärung, die den Aufruhr dämpfen sollte. Doch selbst Wilhelm war bestürzt über die Artikel in der *Kölnischen Zeitung* und der *Post,* und auch den Beitrag in der *Norddeutschen Allgemeinen* empfand er noch als äußerst alarmierend.[70]

Decazes triumphiert

Während der folgenden drei Wochen bemühten sich die Regierungen in Berlin und Paris, die Wogen zu glätten, indem sie einander und die übrigen europäischen Mächte der Friedlichkeit ihrer Absichten versicherten und beteuerten, daß die Affäre nun zur beiderseitigen Befriedigung beigelegt sei. Doch weder Bismarck noch der französische Außenminister Louis Decazes wollten auf den Nutzen verzichten, der sich möglicherweise noch aus der Episode ziehen ließ. Jeder versuchte, Europa für die eigene Sache zu gewinnen – Bismarck, um Frankreich zum Verzicht auf die militärische Expansion und Reorganisation zu zwingen, Decazes in der Absicht, eine Liga neutraler Mächte zu schaffen, die Deutschland von weiteren Aggressionen gegen Frankreich abhalten würde. Daß Decazes bei diesem Wettstreit den Sieg davontrug, lag an dem Mißtrauen, das Bismarcks grobes Vorgehen und die aus Berlin kommenden Kriegsgerüchte erregten.

Bei einem Besuch in Berlin Ende März hörte Hohenlohe zu seiner Bestürzung «von hochgestellten Militärs, ich nenne darunter den Kriegsminister von Kameke, die Äußerung ..., daß Frankreich angegriffen werden müsse, ehe es uns angreifen könne, und daß, wenn der Krieg doch schon nicht zu vermeiden wäre, es besser sei, ihn im nächsten Jahr zu beginnen».[71] Zweifellos gab es viel unvorsichtiges und unverantwortliches Gerede über dieses Thema in jenem Frühjahr 1875 in Berlin. Am Abend des 21. April ließ sich Radowitz, dem bei einem Diner in der britischen Botschaft der Wein die Zunge gelöst hatte, im Gespräch mit dem französischen Botschafter Gontaut zu philosophischen Betrachtungen über Krieg und Frieden von der Sorte hinreißen, die Bismarck gewöhnlich verabscheute.

Radowitz erklärte, die Krise sei überwunden. Doch sei damit die Frage nicht erledigt, fuhr er – Gontaut zufolge – fort, weshalb, wenn Frankreich Revanche nehmen wolle, Deutschland warten solle, bis Frankreich wieder aufgerüstet und sich Bündnispartner verschafft hätte. Vom «politischen, philosophischen und sogar christlichen» Standpunkt aus sei Deutschland unter diesen Umständen zweifellos zu einem Präventivschlag berechtigt.[72] Am 26. April erklärte Bismarck selbst dem österreichischen Botschafter, Aloys Graf Károlyi (wie dieser dann dem englischen Botschafter Odo Russell mitteilte), daß Frankreich 1877 kriegsbereit sein würde, wenn es seine Rüstungen im gegenwärtigen Maße fortsetzte. Sollte also Frankreich seine Rüstungsanstrengungen nicht mäßigen, dann sei es Deutschlands Pflicht, die Initiative zu ergreifen und diese Kriegsvorbereitungen mit energischen Maßnahmen zu beenden.[73] In der Mai-Ausgabe der *Preußischen Jahrbücher*, einer gewöhnlich der Regierung nahestehenden Zeitschrift, erschien ein auf den 12. April datierter Leitartikel, der den Präventivkrieg rechtfertigte.[74] In den ersten Maitagen vertrauten sowohl Bismarck als auch Moltke ihre Sorgen über den bedrohlichen Charakter der französischen Aufrüstung dem belgischen Botschafter, Baron Jean Baptiste de Nothomb, an. Moltke sprach sogar von der eventuellen Notwendigkeit eines Präventivkriegs.[75] Am 2. Mai suchte Moltke, offenbar auf Wunsch Bismarcks, Russell auf und erklärte ihm, daß die Verantwortung für einen Präventivkrieg nicht der Staat trage, der einen solchen führe, sondern im Gegenteil derjenige, dessen Verhalten den Angriff herausgefordert habe.[76] Ein Krieg könne jedoch noch vermieden werden, wenn die Großmächte Deutschland beistünden und den Franzosen die Hoffnungslosigkeit eines Revanchekriegs vor Augen führten. Am 3. Mai schließlich informierte Staatssekretär Bernhard von Bülow Hohenlohe über die Auffassung des Reichskanzlers, «daß das Endziel der französischen Bestrebungen dennoch die möglichst baldige Instandsetzung der Armee zu einem Feldzuge gegen Deutschland bleibt».[77]

Diese wiederholten Drohungen mit einem Präventivschlag bewogen die Franzosen nicht dazu, ihre militärische Reorganisation preiszugeben, sie gestatteten aber dem französischen Außenminister, Bismarck in London, St. Petersburg und Wien als die personifizierte Bedrohung des europäischen Friedens anzuprangern. In einem Rundschreiben an die diplomatischen Vertretungen Frankreichs beklagte Decazes am 29. April die von Radowitz vorgetragene (und ihm von Gontaut referierte) «seltsame Doktrin» zur Rechtfertigung des Präventivkriegs, die ganz offenkundig mit dem geltenden Völkerrecht breche und die Sicherheit jeder europäischen Macht zu gefährden drohe, «wenn tatsächlich Deutschland sie sich zu eigen machen sollte».[78] Überdies gab Decazes Gontauts Bericht dem Journali-

Zar Alexander II.

sten Henry Blowitz, der ihn für einen Artikel in der Londoner *Times* über die deutsche Theorie des Präventivkriegs verwendete. Der Artikel wurde überall in Europa nachgedruckt und wirkte nicht weniger sensationell als die beiden Anfang April in der *Kölnischen Zeitung* und der *Post* erschienenen Beiträge.[79]

Die Regierungen in London und St. Petersburg nahmen diese Enthüllungen mit großer Bestürzung zur Kenntnis, und ihr Mißtrauen gegenüber dem offiziell bekundeten Friedenswillen Berlins wuchs. Auf der Rückreise von St. Petersburg zu seinem Posten in London machte der russische Botschafter Schuwalow am 5. und 6. Mai in Berlin Station, um Bismarck und Wilhelm über die Besorgnis der russischen Regierung zu informieren. Der Kaiser schien von den Befürchtungen Europas keine Ahnung zu haben und nicht zu verstehen, wovon Schuwalow redete, als dieser darauf zu sprechen kam. Von Augusta hörte Schuwalow, daß Wilhelm allmählich schwächer werde und nun vollkommen in Bismarcks Hand sei. Bei der Ankunft in London berichtete er dem Außenminister in Disraelis neuem Kabinett, Lord Derby, daß sich der deutsche Kanzler in einer «morbiden» Geistesverfassung befinde. Bismarck habe über Schlaflosigkeit und seinen schlechten Gesundheitszustand geklagt, von seinem Rücktritt als einer absoluten Notwendigkeit gesprochen, andererseits jedoch von Dingen, die er als Minister erst in einigen Monaten in Angriff nehmen wolle. Er schien der Meinung zu sein, daß ganz Europa sich gegen Deutschland verbünden wolle, und sei geradezu besessen von dem Gedanken an seine Ermordung. Schuwalow kam zu dem Ergebnis, daß Übermüdung, Sorgen und andere Ursachen bei Bismarck einen Zustand

Fürst Alexander Gortschakow

nervöser Erregung ausgelöst hätten, auf welchen viele seiner jüngsten Worte und Taten zurückzuführen seien.[80]

Disraeli und Derby beschlossen, mit Zar Alexander und Gortschakow eine gemeinsame Front gegen Deutschland zu bilden, wie es Palmerston während der Krise von 1840 getan hatte, um Frankreich zu zügeln. Zu diesem Zweck schrieb Königin Victoria persönlich an den Zaren, und Odo Russell wurde instruiert, eine russische Friedensinitiative beim Besuch des Zaren in Berlin vom 10. bis 13. Mai zu unterstützen.[81] Von Decazes über so zahlreiche kriegslüsterne Äußerungen Bismarcks, Radowitz' und Moltkes unterrichtet, kamen Alexander und Gortschakow nach Berlin, um ihre dortigen Freunde deswegen zur Rede zu stellen. Während der vorangegangenen Wochen hatte Wilhelm wiederholt mißbilligend journalistische Exzesse deutscher Zeitungen zur Kenntnis genommen, und von der im Ausland verbreiteten Annahme, daß Deutschland kurz vor einem Angriff auf Frankreich stehe, erfuhr er zu seiner nicht geringen Verblüffung.[82] Ohne Mühe gelang es ihm, seinen Neffen von der Gegenstandslosigkeit der betreffenden Gerüchte zu überzeugen. Bei einer scharfen Aussprache hatte Gortschakow das Vergnügen, Bismarcks Unbehagen zu beobachten, als er ihm mitteilte, daß Europa einem Angriff auf Frankreich nicht tatenlos zusehen werde. Einem Bericht zufolge hat er dem Kanzler sogar die ehrenwörtliche Versicherung abverlangt, daß Deutschland keinen Krieg gegen Frankreich plane.[83] Später telegraphierte Gortschakow dem russischen Botschafter: «Der Kaiser verläßt Berlin, völlig überzeugt von der Friedlichkeit der hier herrschenden und die Erhaltung des Friedens garantierenden Einstellung.» Die Form, in der diese Botschaft der Presse zugespielt wurde, sprach von einer «nun den Frieden garantierenden Einstellung». In seinen Memoiren schreibt Bismarck, schon das Zirkular an die russischen Missionen habe mit den Worten angefangen: «*Maintenant*, also unter russischem Druck, *la paix est assurée*, als ob das vorher nicht der Fall gewesen wäre». Er hat Gortschakow diesen Versuch, sich als Friedensengel aufzuspielen, der Frankreich vor einem deutschen Überfall gerettet habe, nie verziehen. In seinen *Gedanken und Erinnerungen* beschreibt Bismarck die ganze Krieg-in-Sicht-Krise als einen von Gontaut und Gortschakow inszenierten «Theatercoup».[84] Doch die Archive erzählen eine andere Geschichte. Wenn auch Gortschakow die Gelegenheit erfreute, seinen deutschen «Schüler» zurechtzuweisen, ist doch andererseits nicht zu leugnen, daß dem eitlen Mann diese Gelegenheit, ihn zu demütigen, kein anderer als Bismarck selbst verschaffte.

Der unentbehrliche Mann

Die Abfuhr, die Bismarck die europäischen Großmächte im Mai 1875 erteilten, war die größte diplomatische Niederlage seiner ganzen Karriere. Es ist deshalb kein Wunder, daß die Umstände und Entscheidungen, die ihn in dieses Debakel führten, die Historiker schon seit langem beschäftigen. Die außenpolitischen Manöver, die den Kriegen von 1864, 1866 und 1870–1871 vorausgingen und sie begleiteten, können als Glanzstücke diplomatischer Technik angesehen werden, als Meisterwerke der Kunst, das Staatsinteresse gegen große Widerstände mit minimalem Aufwand maximal zu befördern. Bismarcks Vorgehen während der Jahre 1873–1875 dagegen kann als Paradebeispiel ungeschickter Diplomatie gelten, als Beispiel dafür, wie man die Interessenlage in anderen Hauptstädten falsch einschätzt und durch unkluge Reaktionen auf auswärtige Provokationen eine gegnerische Front zusammenschmiedet. Denn dieses eine Mal, im Frühjahr 1875, hat Bismarck beim Einsatz seiner bevorzugten politischen Taktik – der Drohung mit Alternativen – den Fehler gemacht, durchsichtig zu bluffen. Der Präventivkrieg, den er Frankreich androhte, falls es sich weigerte, seinen Wünschen zu entsprechen, war eine leere Drohung. Er war nicht gewillt, diesen Präventivkrieg zu führen. Die Franzosen ließen sich von der Drohung nicht einschüchtern, und Bismarck war blamiert. Was hatte den Mann, der vielen als der größte Virtuose der diplomatischen Kunst gilt, so verblendet, daß er sich einen so groben Fehler zuschulden kommen ließ?

Wie wir bereits sahen, hat Bismarck zur gleichen Zeit auch bei der Beurteilung der innenpolitischen Lage schwere Fehler gemacht. Seinen Reaktionen gegenüber den französischen Bischöfen und dem belgischen Kesselschmied Duchesne entsprachen innenpolitisch die Verfolgung Harry von Arnims, die Auseinandersetzungen mit Jörg und Ballestrem im Parlament und sein Verhalten in der Majunke-Affäre. Die Quelle dieser Irrtümer muß in der damals stetigen Verschlechterung seiner seelischen und körperlichen Gesundheit gesucht werden. Sein starker Selbstbehauptungs- und Dominanztrieb war zwar vielseitig befriedigt worden, doch auch so vielen und bedeutenden Widerständen und Hemmnissen begegnet, daß seine gesundheitliche Verfassung ernsthaft gelitten hatte. Daß er (nach eigenem Bekenntnis) im Dezember 1874 versucht war, einen Abgeordneten der Opposition im Sitzungssaal des Reichstags zu erschießen, illustriert auf besonders dramatische Weise, in welchem Maße ihn der Zorn blind machte, wenn er beharrenden Schwierigkeiten begegnete, die seinen innenpolitischen Gestaltungswillen hemmten. Sein vergeblicher journalistischer und diplomatischer Angriff auf Frankreich während der Krieg-in-Sicht-Krise der Monate Februar bis Mai 1875 zeigt, daß diese narzißtische Wut inzwischen auch sein außenpolitisches Urteil trübte.

Die Beschuldigung, daß er tatsächlich einen Präventivschlag gegen Frankreich geplant habe und nur durch Warnungen Englands und Rußlands von dessen Ausführung abgehalten worden sei, ist längst widerlegt. Es wäre über diesen Streitpunkt weniger Tinte vergossen worden, wenn die Geschichtsschreiber früher erfahren hätten, daß Bismarck während der kritischen Monate, in denen «Krieg in Sicht» zu sein schien, sehr ernsthaft an Rücktritt dachte. Schon im Laufe des Jahres 1874 sprach Bismarck häufig davon, an seinem sechzigsten Geburtstag im folgenden Jahr zurückzutreten. Die Leute, denen er diese Absicht eröffnete, werden sie in der Mehrzahl wohl wie Lasker für «Komödie» gehalten haben.[85] Doch am 11. Mai 1875 sandte der Fürst dann tatsächlich ein Entlassungsgesuch an den Kaiser ab, das, anders als seine zahlreichen früheren Rücktrittsschreiben, ernst genommen zu werden verdient. Bismarck glaubte, nicht mehr lange zu leben, vor allem dann nicht, wenn er im Amt blieb. Er erwartete, entweder einem Schlaganfall oder einem Mordanschlag zum Opfer zu fallen.

Ernst genommen zu werden verdient dieses Entlassungsgesuch vor allem deshalb, weil es keinen Hinweis darauf gibt, daß Bismarck – wie sonst gewöhnlich – mit der Androhung seines Rücktritts irgend etwas anderes durchsetzen wollte. Das Entlassungsgesuch hatte nicht, wie das vom Dezember 1874, den Zweck, widerspenstige Abgeordnete gefügig zu machen – es gelangte gar nicht zur Kenntnis des Parlaments. Auch wollte Bismarck diesmal mit der Androhung seines Rücktritts nicht den Kaiser nötigen, ihm in irgendeiner wichtigen Sache nachzugeben. Zwar hatte es während der vergangenen Wochen wegen des Kongregationsgesetzes eine Verstimmung zwischen dem Monarchen und seinem Ministerpräsidenten gegeben, doch die war bereinigt, seit Ende April das Ministerium Wilhelms Entscheidung angenommen hatte.[86] Wollte er mit seinem Entlassungsgesuch den Sturz eines anderen preußischen Ministers herbeiführen? Als er den ersten Entwurf seines Gesuchs im Februar niederschrieb, war Bismarck sehr verärgert über seine «perfide(n)» und «feige(n)» Kollegen.[87] Eulenburg, Achenbach, Falk und Persius (ein Vortragender Rat) hatten sich über eine Kabinettsentscheidung hinweggesetzt und in der Abgeordnetenkammer für einen Antrag Rudolf Virchows gestimmt, wonach das preußische Kreisordnungsgesetz auch in den westlichen Provinzen angewandt werden sollte.[88] Darüber hinaus erbitterte es Bismarck, daß Eulenburg und Falk es versäumt hatten, die rheinische Beamtenschaft von ultramontanen Elementen zu «purificieren» und die Oberpräsidenten zur Anwendung der Maigesetze zu zwingen. («In letzter Instanz regieren bei uns die Damen und gegen Schürzen beißt Eulenburg nun einmal nicht: das ist das Geheimnis unserer inneren Politik.») Noch am 7. Mai sprach Bismarck davon, den Kaiser vor die Wahl zwischen ihm und Eulenburg zu stellen.[89] Doch in seinem Entlassungsgesuch ist von Eulenburg nicht die Rede, und der Minister blieb bis 1878 im Amt.

Nach Johannas Briefen und Bismarcks eigenen Äußerungen zu urteilen, waren die Gründe für sein Gesuch Ermüdung, Langeweile, angegriffene Gesundheit und seelische Depression. In seinem Gesuch schrieb er: «Bei meiner Rückkehr nach Berlin im Spätherbst v. J. glaubte ich die Hoffnung für berechtigt halten zu dürfen, daß nach längerer schwerer Krankheit und nach einer mehrmonatigen Beurlaubung unter Gebrauch der Kissinger Brunnencur meine Gesundheit sich genügend gekräftigt habe, um den Geschäften der von Eurer Majestät mir übertragenen Aemter wiederum unbehindert vorstehen zu können. Diese Hoffnung ging nicht in Erfüllung. Eine kurze Wiederaufnahme meiner Geschäfte hat genügt, um mich wiederum von Weihnachten an mehrere Monate an das Zimmer zu fesseln, so daß ich während des ganzen Winters nur einem geringen Theile meiner dienstlichen Obliegenheiten zu genügen vermochte. In dem Glauben, hinreichend hergestellt zu sein, bin ich Anfangs April dem Bedürfniß gefolgt, Eurer Majestät Dienst meine pflichtmäßige Mitwirkung zu leisten, habe aber nach wenigen Tagen wiederum bis jetzt das Bett und das Zimmer hüten müssen ... Die Aerzte haben mir wiederholt erklärt, daß meine körperlichen Kräfte meiner bisherigen Lebensweise nicht mehr gewachsen sind, vielmehr unter derselben in kurzer Zeit zusammenbrechen werden.» Der Schritt, erklärte er, sei «ein sehr schwerer»; er scheide ungern «aus Seiner Majestät Nähe» und aus der «gewohnten Thätigkeit».[90]

Im Frühjahr 1875 hatte Bismarck einen kritischen Punkt seiner langen Laufbahn erreicht. Er hatte Preußen erweitert und das Deutsche Reich geschaffen. Er hatte die liberale Herausforderung der sechziger Jahre zurückgewiesen, indem er sich wesentliche Teile des liberalen Programms aneignete. Mit dem entwendeten Material hatte er ein Rahmenwerk von Gesetzen und Institutionen gezimmert, das der Konsolidierung des von ihm geschaffenen Reichs diente. Im Inneren schienen seine Stellung, sein Programm und die Verfassungsordnung von keiner Seite ernstlich bedroht zu sein. Das Zentrum war im Landtag wie im Reichstag praktisch isoliert. Mit dem Kongregationsgesetz würden bald die «Kampfgesetze» gegen die Ultramontanen vollständig sein. Selbst im Herrenhaus schien die Zahl der ultrakonservativen Widersacher abzunehmen. Trotz einer seit zwei Jahren andauernden wirtschaftlichen Depression war die Staatskasse noch prall gefüllt.[91]

Seit fast einem Vierteljahrhundert stieg Bismarck die steile Wand des Massivs der deutschen und europäischen Politik hinauf. Jetzt hatte er einen Gipfel erklet-

Zu seinem 60. Geburtstag wird Bismarck als müder Atlas dargestellt – nahe daran, seine Last abzuwerfen. Frankreich und der Vatikan sehen hoffnungsvoll, die deutsche Öffentlichkeit bestürzt zu: «Er darf nicht gehn!» (Wilhelm Scholz, *Kladderadatsch,* April 1875)

tert, von dem er mit einiger Befriedigung auf den zurückgelegten Weg hinabblicken konnte. Aber er war auch von den Strapazen des Aufstiegs erschöpft, und sein angegriffenes Nervensystem quälten Zorn und Besorgnis. Sein Zorn galt nicht zuletzt denen, die seiner Meinung nach die Pflicht gehabt hätten, ihm den

Aufstieg zu erleichtern, und die ihn nun vom Gipfel zu vertreiben suchten. Eines Abends, nur drei Tage, nachdem er seinen Brief an Wilhelm abgeschlossen hatte, fand ihn Tiedemann bei Betrachtungen über das geringe Verständnis, das man den Schwierigkeiten seiner Stellung entgegenbringe. «Ich empfinde es als eine besondere Erschwerung, daß sich meine persönlichen Gegner von Jahr zu Jahr mehren. Mein Beruf erfordert, daß ich einer Menge von Menschen auf die Hühneraugen treten muß, und so etwas vergißt niemand. Neue Freunde zu gewinnen, dazu bin ich zu alt, dazu habe ich auch keine Zeit und die alten verschwinden von der Bildfläche, sobald sie glauben, ich werde ihnen keine Vorspanndienste mehr leisten. So werde ich denn schließlich nur von persönlichen Feinden umgeben sein.»[92]

Der Werdegang des Bismarckschen Entlassungsgesuchs, vom Entschluß dazu bis zur Ausführung, ist einigermaßen rätselhaft. Nach bisher unbekannten Zeugnissen hat er wohl zumindest einigen Mitgliedern seiner Familie bereits Anfang Januar 1875 seinen festen Entschluß mitgeteilt, im April aus seinen Ämtern zu scheiden. Der Ton der Briefe, die Johanna während der folgenden Wochen an ihren ältesten Sohn Herbert richtete, scheint diesen Entschluß zu bestätigen. Der Vater klage über «Lebensmüdigkeit», schrieb sie und war froh, daß er bald in den Wäldern Varzins und Lauenburgs den Frieden und die Ruhe finden würde, die er zur Wiederherstellung seiner Gesundheit und Lebensfreude brauchte.[93] Mitte Februar erwähnte sie (so als wisse Herbert schon Bescheid), daß Bismarck «fester wie je» entschlossen sei, im April seinen Abschied zu nehmen.[94] Um diese Zeit verfaßte Bismarck den ersten Entwurf seines Entlassungsgesuchs.[95] Am 26. Februar meldete Johanna, daß die Tat vollbracht sei. «Das Abschiedsgesuch hat Papachen nun eingereicht, und ich denke, es wird sich alles glatt abwickeln», so daß «wir im April Berlin auf Ewig den Rücken wenden. Es ging gar nicht mehr.» Diesmal machte sie übrigens Wilhelm («der allerhöchste Alte») und Augusta (dessen «Herr»), nicht die anderen Minister, verantwortlich für den Zustand ihres Mannes. «Beide machten Papachen das Leben zu schwer ... So sind wir mit allen Arrangements einverstanden, wenngleich die gänzliche Auflösung bald 13jähriger Verhältnisse nicht ganz leicht sein wird.»[96]

Am 3. März war Johanna schon nicht mehr so sicher. «Über unseren Berliner Abschied kann ich heute eben so wenig Sicheres melden, wie im vorigen Briefe. *Er will fort* entschieden aber wann? Sagt er nicht. Und du weist wohl: fragen (darf man ja) nicht ... Alle hiesigen Bekannten lamentieren furchtbar – ob aufrichtig, ob heuchlerisch wer weiß es? Ich nehme immer letzteres an und bin überzeugt, daß das zukünftige Ministerium mit Harry von Arnim *à la Tête* längst gebildet (worden ist).»[97] Ende März sprach Bismarck unbestimmt, wie schon seit Januar, von der Absicht, einen Monat – nun von Mitte April bis Mitte Mai – im Sachsenwald zu verbringen und dort auf Flaschen gezogenes Kissinger Wasser zu trinken; danach würden sie nach Varzin gehen. Doch das andauernde kalte Wetter dämpfte dann fürs erste sein Bedürfnis nach Landluft. Johanna wagte immer noch nicht nach dem Schicksal des Entlassungsgesuchs zu fragen, vermutete aber, daß es «wohl wieder nur einen langen Urlaub geben» werde.[98] Ende April schrieb sie, daß Bismarck nach einigen Wochen besserer Gesundheit wieder leidend war, mit «gräßlichen Hüsten, Brustschmerzen, Kopfschmerzen, fiebrig, schlechte Nächte, schlechten Magen».[99] Unglücklicherweise ruhte Johannas Korrespondenz mit Herbert im Mai, dem Monat, in dem Bismarck sein Entlassungsgesuch tatsächlich abgab.

Wie mag nun die Tatsache zu erklären sein, daß dieses Entlassungsgesuch, das Johanna zufolge Ende Februar abgegeben wurde, auf den 4. Mai datiert ist und, nach Wilhelms Antwort zu urteilen, den Monarchen erst am 11. Mai erreichte? Wenn den Briefen Johannas zu glauben ist (und warum sollte ihnen nicht zu glauben sein?), war die Entscheidung des Fürsten in seinem näheren Bekanntenkreis schon Anfang März Gegenstand aufrichtigen oder geheuchelten Bedauerns (Johanna erwähnt namentlich Lucius und den Fürsten Pleß).[100] Ein Brief scheint anzudeuten, daß der Kronprinz, der während dieser Zeit den Kanzler mehrmals besuchte, ebenfalls davon wußte.[101] Täuschte Bismarck seine Frau und seine Vertrauten mit der Behauptung, er habe sein Entlassungsgesuch bereits abgesandt, während er seine Entscheidung tatsächlich noch überdachte und unterdessen an den Formulierungen des Schreibens feilte? Die widersprüchlichen Zeugnisse lassen die Annahme zu, daß Bismarck während einer langen Periode der Unentschiedenheit seine persönliche Lage und seine Absichten mit dem Kaiser besprach, ohne sich einstweilen festzulegen, und daß dieser ihm riet, nicht um seine Entlassung zu bitten, sondern nur wieder einen langen Urlaub zu nehmen.

Ein weiterer verzögernder Faktor mag die außenpolitische Krise gewesen sein. Bismarck erhielt die Nachricht von der französischen Bestellung deutscher Kavalleriepferde am 26. Februar, von der geplanten Erweiterung der französischen Armee erfuhr er wohl kurz nach dem 12. März. Vielleicht überzeugte er sich selbst, daß er nicht aus dem Amt scheiden durfte, ehe er nicht die Franzosen mit einem «Strom kalten Wassers» ernüchtert hätte.[102] Ende April kam es jedoch zu dem besorgniserregenden Rückfall, von dem Johanna Herbert berichtete. Dadurch wieder an seine entkräftete Verfassung erinnert, setzte der Fürst am 4. Mai die endgültige Version seines Entlassungsgesuchs auf. Daß er dann dessen Zustellung bis zum 11. Mai verzögerte, hatte seine Ursache in der diplomatischen Krise. Vor den Gesprächen mit Alexander und Gortschakow am 10. Mai wäre es unpassend gewesen, Wilhelm offiziell von seinem Entschluß zu unterrichten, das Steuer aus der Hand zu geben. Sowohl Bismarck als auch der Kaiser waren der Meinung, daß einstweilen die Öffentlichkeit nichts vom Rücktritt des Reichskanzlers erfahren sollte, weil, so Bismarck, «die eintretende Veränderung wegen des Kaiserlichen Besuchs irrtümlich mit diesem in der öffentlichen Meinung in Verbindung gebracht werden könnte und man ihr andre Gründe unterschöbe, als die Lage meiner Gesundheit».[103]

Bismarck glaubte nicht, daß die Krieg-in-Sicht-Krise die Stellung Deutschlands in Europa dauerhaft beschädigen würde. «Die günstige Lage der innern Verhältnisse und der auswärtigen Beziehungen Deutschlands gestattet Eurer Majestät», schrieb er am 4. Mai, «eine Aenderung, die in kurzem von jedem menschlichen Willen unabhängig eintreten muß, im gegenwärtigen Moment in jeder zweckmäßig erscheinenden Gestalt eintreten zu lassen.»[104] Doch man kann sich fragen, welche Wirkung die Krise auf Bismarcks Selbsteinschätzung hatte, ob sie seinen Entschluß, zurückzutreten, schwächte oder stärkte. Nahm er den diplomatischen Triumph des französischen Außenministers als Beweis, daß seine angegriffene Gesundheit inzwischen sein politisches Geschick beeinträchtigte? Oder bewog die Demütigung, die Gortschakow ihm bereitete, ihn bewußt oder unbewußt dazu, seinen Entschluß zu revidieren?[105] Wollte er lieber an der Macht bleiben, als seine Feinde in dem Glauben lassen, sie hätten seinen Rücktritt herbeigeführt? Wenn es sich so verhält, war die bedeutendste Konsequenz der Krieg-in-Sicht-Krise des Jahres 1875 eine, die bisher die Historiker nie in Betracht gezogen haben – sie hätte dann nämlich Bismarcks politische Laufbahn um fünfzehn Jahre verlängert.

Bismarcks formelles Entlassungsgesuch bestürzte Wilhelm. «Sie werden mir erlassen, den Eindruck, den dasselbe auf mich macht, irgendwie zu schildern», schrieb er an seinen Kanzler. Offenbar hatte er zuversichtlich erwartet, daß die Gespräche über dessen gesundheitliche Probleme, die sie im Februar und März geführt hatten, nur auf einen weiteren verlängerten Urlaub für den Unentbehrlichen hinauslaufen würden. In seinem Entlassungsgesuch vom 4. Mai schlug Bismarck ihm nun aber vor, den schon gewährten langen Urlaub zur Vorbereitung einer neuen Regierung zu benützen. Wilhelm weigerte sich schließlich, ihn zu entlassen, und Bismarck, der auf seiner Entlassung hätte bestehen können, beugte sich dem Willen seines Monarchen.[106] Bismarck blieb 1875 im Amt, weil Wilhelm nicht ohne ihn auskommen zu können glaubte und weil er geneigt war, ihm in diesem Punkte recht zu geben. An den Großherzog von Weimar schrieb Wilhelm: «Wie lange er selbst diese Existenz ertragen wird, weiß ich nicht, aber überzeugt bin ich, daß er bestärkt in seine Stellungen zurückkehren wird. Er selbst weiß und fühlt es, daß er lebend unersetzlich ist und nach ihm seine Stellung wohl besetzt, aber nie ersetzt werden wird!»[107] Die Stunde, mit Würde aus dem Amt zu scheiden – zu seinem eigenen Besten und vielleicht dem seines Landes –, war für Bismarck im Frühjahr 1875 gekommen. Doch er ließ sie vorübergehen.

ANHANG

Anmerkungen

(Die Anmerkungen wurden von Johannes Schwab übersetzt)

In den Anmerkungen verwendete Abkürzungen

APP Historische Reichskommission. *Die Auswärtige Politik Preußens, 1858–1871* (Bde. 1–6, 8–10, Berlin, 1932–1939).
AWB Heinrich von Poschinger (Hg.), *Aktenstücke zur Wirtschaftspolitik des Fürsten Bismarck* (2 Bde., Berlin, 1890).
BA Bundesarchiv der Bundesrepublik Deutschland (Koblenz).
BFA Bismarck-Familienarchiv (Friedrichsruh).
BGB *Bundes-Gesetzblatt des Norddeutschen Bundes* (1867–1871).
BP Heinrich von Poschinger (Hg.), *Fürst Bismarck und die Parlamentarier* (2. Aufl., 3 Bde., Breslau, 1894–1896).
BR Horst Kohl (Hg.), *Die politischen Reden des Fürsten Bismarck* (14 Bde., Stuttgart, 1892–1905).
DDF Ministère des Affaires Étrangères, *Documents diplomatiques français*, 1871–1914, Ire Série (1871–1900, 16 Bde., Paris, 1929–1959).
DPO Heinrich Ritter von Srbik (Hg.), *Quellen zur deutschen Politik Österreichs, 1859–1866* (5 Bde., Oldenburg, 1934–1938).
DZA Das Zentralarchiv der Deutschen Demokratischen Republik (Potsdam und Merseburg).
GP Johannes Lepsius, Albrecht Mendelssohn-Bartholdy, Friedrich Thimme (Hgg.), *Die große Politik der europäischen Kabinette 1871–1914* (39 Bde., Berlin, 1922–1927).
GSA Geheimes Staatsarchiv der Stiftung Preußischer Kulturbesitz (Berlin-Dahlem).
GSP *Gesetzsammlung für die königlich preußischen Staaten* (Berlin, 1851 ff.).
GW Herman von Petersdorff u. a. (Hgg.), *Bismarck: Die gesammelten Werke* (15 Bde., Berlin, 1923–1933).
HW Julius Heyderhoff und Paul Wentzcke (Hgg.), *Deutscher Liberalismus im Zeitalter Bismarcks: Eine politische Briefsammlung* (2 Bde., Bonn, 1925–1927).
OD Ministère des Affaires Étrangères, *Les origines diplomatiques de la guerre de 1870/71: Recueil de documents officiels* (29 Bde., Paris, 1910–1932).
RGB *Reichsgesetzblatt* (1871 ff.).
RKN Hermann Oncken (Hg.), *Die Rheinpolitik Kaiser Napoleons III. von 1863 bis 1870 und der Ursprung des Krieges von 1870/71* (3 Bde., Berlin, 1926).
SBHA *Stenographische Berichte über die Verhandlungen des Landtages: Haus der Abgeordneten.*
SBHH *Stenographische Berichte über die Verhandlungen des Landtages: Herrenhaus.*
SBR *Stenographische Berichte über die Verhandlungen des Reichstages.*
SEG Heinrich Schulthess (Hg.), *Europäischer Geschichtskalender* (81 Bde., Nördlingen und München, 1860–1940).

Anmerkungen

ERSTES BUCH
Die Jahre der Vorbereitung
1815–1858

I. Der Strom der Zeit

1 GW, XIV, 249.

2 GW, XIII, 558. Vgl. ähnliche Bemerkungen in: GW, XI, 46; XIII, 304, 468; XIV, 751–752, 879–880.

3 Gerhard Ritter, *Die deutsche Frage* (München, 1948), 21ff.; Fritz Hartung, *Deutsche Verfassungsgeschichte vom 15. Jahrhundert bis zur Gegenwart* (5. Aufl., Stuttgart, 1950), 140ff. Die beste Einschätzung der gesellschaftlichen und politischen Ordnung in Preußen bietet Robert Berdahl, *The Politics of the Prussian Nobility: The Development of a Conservative Ideology, 1770–1848* (Princeton, 1988). Vgl. aber auch Hans Rosenberg, *Bureaucracy, Aristocracy, and Autocracy: The Prussian Experience, 1660–1815* (Cambridge, Mass., 1958).

4 Gerhard Ritter, *Staatskunst und Kriegshandwerk: Das Problem des «Militarismus» in Deutschland* (München, 1954–1968), Bd. 1, 25ff.

5 Zur friderizianischen Tradition und ihrem Verhältnis zur Entwicklung des deutschen Nationalismus vgl. Alexander Scharff, *Der Gedanke der preußischen Vorherrschaft in den Anfängen der deutschen Einheitsbewegung* (Bonn, 1929) und Paul Joachimsen, *Vom deutschen Volk zum deutschen Staat* (3. Aufl., Göttingen, 1956), 35–36.

6 Leonard Krieger, *The German Idea of Freedom* (Boston, 1957), 3ff.; Fritz Valjavec, *Die Entstehung der politischen Strömungen in Deutschland, 1770–1815* (München, 1951), 40.

7 Krieger, *German Idea*, 86–125; Wilhelm Metzger, *Gesellschaft, Recht und Staat in der Ethik des deutschen Idealismus* (Heidelberg, 1917), 45–110.

8 G. W. F. Hegel, *Vorlesungen über die Philosophie der Geschichte* (Frankfurt a. M., 1986), 55–57; Jakob Baxa (Hg.), *Adam Müller: Die Elemente der Staatskunst* (Jena, 1922), Bd. 2, 178–195. Zu Müller vgl. Jakob Baxa, *Einführung in die romantische Staatswissenschaft* (Jena, 1931).

9 Hajo Holborn, «Der deutsche Idealismus in sozialgeschichtlicher Beleuchtung», *Historische Zeitschrift*, 174 (1952), 359–384; Ernst Troeltsch, «The Ideas of Natural Law and Humanity in World Politics», in: Otto Gierke (Hg.), *Natural Law and the Theory of Society, 1500–1800* (Cambridge, 1934), Bd. 1, 201–222.

10 Walther G. Hoffmann, *Das Wachstum der deutschen Wirtschaft seit der Mitte des 19. Jahrhunderts* (Berlin, 1965), 172–173; G. Mackenroth, *Bevölkerungslehre* (Berlin, 1953), 412ff.; Wolfgang Köllmann, «Bevölkerungsgeschichte 1800–1970», in: Hermann Aubin und Wolfgang Zorn (Hgg.), *Handbuch der deutschen Wirtschafts- und Sozialgeschichte* (Stuttgart, 1976), Bd. 2, 9–15; Wilhelm Abel, *Agrarkrisen und Agrarkonjunktur* (2. Aufl., Hamburg, 1966), 188–204; Ernst Klein, *Geschichte der deutschen Landwirtschaft im Industriezeitalter* (Wiesbaden, 1973), 26–34. Eine Zusammenfassung der Debatte über das Bevölkerungswachstum und seine Ursachen bietet Peter Marschalck, *Bevölkerungsgeschichte Deutschlands im 19. und 20. Jahrhundert* (Frankfurt a. M., 1984), 14ff., 128–131.

11 Klein, *Landwirtschaft im Industriezeitalter*, 49–52; Abel, *Agrarkrisen und Agrarkonjunktur*, 205–225.

12 Wolfram Fischer, Jochen Krengel und Jutta Wietog (Hgg.), *Sozialgeschichtliches Arbeitsbuch 1: Materialien zur Statistik des Deutschen Bundes 1815–1870* (München, 1982), 34; Abel, *Agrarkrisen und Agrarkonjunktur*, 226–242, sowie *Massenarmut und Hungerkrisen im vorindustriellen Deutschland* (Göttingen, 1972); Werner Conze, «Vom Pöbel zum ‹Proletariat›», in: Hans-Ulrich Wehler (Hg.), *Moderne deutsche Sozialgeschichte* (Köln, 1966), 111–136; Nicholas Bullock und James Read, *The Move-*

ment for Housing Reform in Germany and France, 1840–1914 (Cambridge, 1985), 17–25.

13 Friedrich-Wilhelm Henning, *Die Industrialisierung in Deutschland 1800 bis 1914* (Paderborn, 1979), 111–155; vgl. allgemein auch Thomas Nipperdey, *Deutsche Geschichte 1800–1866. Bürgerwelt und starker Staat* (München, 1983), 178–210.

14 Friedrich Zunkel, *Der rheinisch-westfälische Unternehmer 1834–1979* (Köln, 1962); Jürgen Kocka, *Unternehmer in der deutschen Industrialisierung* (Göttingen, 1975) sowie *Lohnarbeit und Klassenbildung, Arbeiter und Arbeiterbewegung in Deutschland, 1800–1875* (Berlin, 1985); Shulamit Volkov, *The Rise of Popular Antimodernism in Germany: The Urban Master Artisans, 1873–1896* (Princeton, 1978), 123 ff.

15 Robert Berdahl, «New Thoughts on German Nationalism», *American Historical Review*, 77 (1972), 65–80.

16 Krieger, *German Idea*, 139–165.

17 Vgl. Walter Simon, *The Failure of the Prussian Reform Movement, 1807–1819* (Ithaca, 1955); Franz Schnabel, *Deutsche Geschichte im neunzehnten Jahrhundert* (Freiburg i. Br., 1949–1959), Bd. 1, 316–478; Heinrich Heffter, *Die deutsche Selbstverwaltung im 19. Jahrhundert: Geschichte der Ideen und Institutionen* (Stuttgart, 1950), 84–136; Ernst Rudolf Huber, *Deutsche Verfassungsgeschichte seit 1789* (Stuttgart, 1956), Bd. 1, 95–113.

18 Krieger, *German Idea*, 229–252, 278–322; Jacques Droz, *Le libéralisme Rhénan, 1815–1848* (Paris, 1940), 425–455.

19 Herbert Obenaus, *Anfänge des Parlamentarismus in Preußen bis 1848: Handbuch der Geschichte des deutschen Parlamentarismus* (Düsseldorf, 1984); vgl. auch die Aufsätze von Gerhard A. Ritter, Herbert Obenaus, Hans Boldt und Hartwig Brandt in: Gerhard A. Ritter (Hg.), *Gesellschaft, Parlament und Regierung: Zur Geschichte des Parlamentarismus in Deutschland* (Düsseldorf, 1974) und Reinhart Koselleck, *Preußen zwischen Reform und Revolution: Allgemeines Landrecht, Verwaltung und soziale Bewegung von 1791 bis 1848* (Stuttgart, 1967).

20 Krieger, *German Idea*, 252–261; James Sheehan, *Der deutsche Liberalismus. Von den Anfängen im 18. Jahrhundert bis zum Ersten Weltkrieg. 1770–1914* (München, 1983), 26–59; Reimund Asanger, *Beiträge zur Lehre vom Rechtsstaat im neunzehnten Jahrhundert* (Bochum, 1938), 11–25.

21 Fischer, Krengel und Wietog (Hgg.), *Sozialgeschichtliches Arbeitsbuch*, Bd. 1, 62–80, 180; Theodore S. Hamerow, *Restoration, Revolution, Reaction: Economics and Politics in Germany, 1815–1871* (Princeton, 1958), 3 ff., 75 ff.

22 Edmund Burke, *Betrachtungen über die französische Revolution* (Frankfurt a. M., 1967), 160 (in der Übertragung von Friedrich Gentz); Schnabel, *Deutsche Geschichte*, Bd. 1, 194 ff.; Valjavec, *Strömungen*, 255 ff.; Klaus Epstein, *The Genesis of German Conservatism* (Princeton, 1966) und Sigmund Neumann, *Die Stufen des preußischen Konservatismus* (Berlin, 1930); Reinhold Aris, *History of Political Thought in Germany from 1789 to 1815* (London, 1936), 251–265, 288–319.

23 Carl Ludwig Haller, *Restauration der Staatswissenschaft oder Theorie des natürlich-geselligen Zustands* (6 Bde., Winterthur, 1816–1834); Wilhelm Hans von Sonntag, *Die Staatsauffassung Carl Ludwig v. Hallers* (Jena, 1929); Ewald Reinhard, *Karl Ludwig von Haller, der «Restaurator der Staatswissenschaft»* (Münster, 1933).

24 Zur Haltung der Gerlachs vgl. Hans J. Schoeps, *Das andere Preußen* (2. Aufl., Honnef, 1957), 11–92, und Helmut Diwald (Hg.), *Von der Revolution zum Norddeutschen Bund: Politik und Ideengut der preußischen Hochkonservativen, 1848–1866; Aus dem Nachlaß von Ernst Ludwig von Gerlach; Erster Teil: Tagebuch 1848–1866* (Göttingen, 1970), 9–77.

25 Schnabel, *Deutsche Geschichte*, Bd. 2, 32; Bd. 4, 486. Der Einfluß der Gerlachs auf Friedrich Wilhelm IV. war in Wirklichkeit begrenzt. Der König war davon überzeugt, daß er – als Monarch von Gottes Gnaden – über Einsichten verfügte, die anderen Sterblichen verborgen blieben. Herman von Petersdorff, *König Friedrich Wilhelm der Vierte* (Stuttgart, 1900), 1 ff., 35 ff., 60 ff.

26 Friedrich Julius Stahl, *Die Philosophie des Rechts* (1. Aufl., 3 Bde., 1830–1837). Zu Stahl vgl. besonders Gerhard Masur, *Friedrich Julius Stahl: Geschichte seines Lebens* (Berlin, 1930); außerdem Schnabel, *Deutsche Geschichte*, Bd. 4, 539–547, Erich Kaufmann, *Studien zur Staatslehre des monarchischen Prinzips* (Leipzig, 1906) und Herbert Marcuse, *Vernunft und Revolu-*

tion: Hegel und die Entstehung der Gesellschaftstheorie (Neuwied, 1962), 315–327.

27 Friedrich Julius Stahl, *Die Revolution und die constitutionelle Monarchie* (2. Aufl., Berlin, 1849), 58–59; Bernhard Michniewicz, *Stahl und Bismarck* (Berlin, 1913), 101.

28 Friedrich Julius Stahl, *Das monarchische Prinzip* (Heidelberg, 1845), 25–26.

29 Friedrich Julius Stahl, *Philosophie des Rechts* (3. Aufl., Heidelberg, 1854–1856), Bd. 3, 317–334, 389 ff., 443–449; Michniewicz, *Stahl und Bismarck*, 101–107.

30 Jacques Droz, «Concept français et concept allemand de l'idee de nationalité», in: *Europa und der Nationalismus: Bericht über das 3. internationale Historiker-Treffen in Speyer – 17. bis 20. Oktober 1949* (Baden-Baden, 1950) und Hans Rothfels, «Grundsätzliches zum Problem der Nationalität», in: *Zeitgeschichtliche Betrachtungen: Vorträge und Aufsätze* (Göttingen, 1959).

31 Friedrich Meinecke, *Weltbürgertum und Nationalstaat: Studien zur Genesis des deutschen Nationalstaates* (5. Aufl., München und Berlin, 1919); vgl. auch Joachimsen, *Vom deutschen Volk zum deutschen Staat.*

32 Schiller, *Deutsche Größe* (ein Gedichtentwurf), in: *Sämtliche Werke* (München, 1968), III, 443.

33 Schnabel, *Deutsche Geschichte*, Bd. 1, 283–315.

34 Meinecke, *Weltbürgertum*, 223 ff.; Schoeps, *Das andere Preußen*, 76 ff.

35 Meinecke, *Weltbürgertum*, 30 ff.; Gerhard Ritter, *Friedrich der Große* (2. Aufl., Leipzig, 1942), 199; Ernst Rudolf Huber, «Der preußische Staatspatriotismus im Zeitalter Friedrichs des Großen», *Zeitschrift für die gesamte Staatswissenschaft*, 103 (1943), 430–468. Vgl. auch die berühmten Passagen in *Dichtung und Wahrheit* (Bücher 2 und 7), in denen Goethe den Einfluß Friedrichs auf Deutschland in seiner Gesamtheit beschreibt.

36 Vgl. Droz, *Le libéralisme Rhénan.*

37 Erich Brandenburg, *Die Reichsgründung* (2. Aufl., Leipzig, 1922), Bd. 1, 43–45.

38 Krieger, *German Idea*, 263, 329; R. Hinton Thomas, *Liberalism, Nationalism, and the German Intellectuals, 1822–1847* (Cambridge, 1951), 124 ff.

39 In: *Deutsche Literaturdenkmale des 18. und 19. Jahrhunderts* (Berlin, 1911), Bd. 144, 270–271.

40 Vgl. Scharff, *Gedanke der preußischen Vorherrschaft*; Droz, *Le libéralisme Rhénan*, 250 ff.; Heffter, *Selbstverwaltung*, 254, und Hans Rosenberg, *Rudolf Haym und die Anfänge des klassischen Liberalismus* (München, 1933), 90 ff.

41 An dieser Stelle wird nicht versucht, die Geschichte der Revolution von 1848 in ihrer Gesamtheit zu rekapitulieren. Hier sind vielmehr nur jene Ereignisse von Interesse, die Bismarck und seine Karriere betrafen oder prägten. Zur Revolution vgl. Rudolf Stadelmann, *Soziale und politische Geschichte der Revolution von 1848* (München, 1948); Hamerow, *Restoration, Revolution, Reaction*; Veit Valentin, *Geschichte der deutschen Revolution* (2 Bde., Berlin, 1930–1931); Manfred Botzenhart, *Deutscher Parlamentarismus in der Revolutionszeit 1848–1850: Handbuch der Geschichte des deutschen Parlamentarismus* (Düsseldorf, 1977) und besonders Wolfram Siemann, *Die deutsche Revolution von 1848/49* (Frankfurt, 1985).

42 Franz Wigard (Hg.), *Stenographischer Bericht über die Verhandlungen der deutschen constituirenden Nationalversammlung zu Frankfurt am Main* (Frankfurt a. M., 1849), VII, 4821.

43 Zit. in: Lewis B. Namier, *The Revolution of the Intellectuals* (London, 1948), 54.

44 Zur Krise, die zu Olmütz führte, vgl. Friedrich Meinecke, *Radowitz und die deutsche Revolution* (Berlin, 1913), 233 ff.

45 Helmut Böhme, *Deutschlands Weg zur Großmacht: Studien zum Verhältnis von Wirtschaft und Staat während der Reichsgründungszeit, 1848–1881* (Köln, 1966), 19 ff.

46 Zu Rußlands Rolle in der Olmützkrise vgl. Willy Andreas, «Die russische Diplomatie und die Politik Friedrich Wilhelms IV. von Preußen», *Abhandlungen der preußischen Akademie der Wissenschaften*, Jahrgang 1926, *Philosophisch-Historische Klasse*, Nr. 6 (Berlin, 1927), 45 ff.

47 Vgl. Gavin B. Henderson, «The Diplomatic Revolution of 1854», *American Historical Review*, 43 (1937), 22–50, und S. A. Kaehler, «Realpolitik zur Zeit des Krimkrieges – Eine Säkularbetrachtung», *Historische Zeitschrift*, 174 (1952), 436–445.

48 Friedrich Meinecke, *Die Idee der Staatsräson in der neueren Geschichte* (München, 1924), 427–460; Hermann Heller, *Hegel und der*

nationale Machtstaatsgedanke in Deutschland (Berlin, 1921), 57 ff., und Franz Rosenzweig, *Hegel und der Staat* (2 Bde., München, 1920).

49 Zit. in: Meinecke, *Weltbürgertum*, 141.

50 Müller, *Elemente der Staatskunst*, Bd. 1, 80–81; Schnabel, *Deutsche Geschichte*, Bd. 1, 312–315.

51 Theodore H. von Laue, *Leopold Ranke: The Formative Years* (Princeton, 1950), 80, 86; Heller, *Machtstaatsgedanke*, 147–155, und besonders Leonard Krieger, *Ranke: The Meaning of History* (Chicago, 1977).

52 Krieger, *German Idea*, 341–397.

53 Georg Witzmann, *Die Gothaer Nachversammlung zum Frankfurter Parlament im Jahre 1849* (Gotha, 1917), 71–73.

54 Ludwig von Rochau, *Grundsätze der Realpolitik, angewendet auf die staatlichen Zustände Deutschlands* (2. Aufl., 1859), 2–3, 224. In dieser Arbeit prägte Rochau den Begriff *Realpolitik*, der sich in der politischen Diskussion in Deutschland bald durchsetzen sollte.

55 Andreas Dorpalen, *Heinrich von Treitschke* (New Haven, 1957), 16, 31.

56 Brandenburg, *Reichsgründung*, Bd. 1, 342–343.

II. Die inneren Funktionen der Macht

1 Zu Bismarcks frühen Jahren vgl. den ersten Band von Erich Marcks' unvollendeter Biographie *Bismarcks Jugend, 1815–1848* (Stuttgart, 1909) und Ernst Engelberg, *Bismarck: Urpreuße und Reichsgründer* (Berlin, 1985), 1–362. Eine scharfsichtige Interpretation bietet Wilhelm Lütgert, *Die Religion des deutschen Idealismus und ihr Ende* (Gütersloh, 1923–1930), Bd. 4.

2 Bismarck an Johanna von Puttkamer, 23. Februar 1847, in: GW, XIV, 67. Durch einen Vergleich dieses Briefes mit dem Original entdeckte eine findige amerikanische Historikerin, daß die Herausgeber von Bismarcks gesammelten Werken einige entscheidende Passagen weggelassen hatten. Vgl. Charlotte Sempell, «Unbekannte Briefstellen Bismarcks», *Historische Zeitschrift*, 207 (1968), 609–616. Zu ähnlichen Klagen Bismarcks über seine Mutter vgl. GW, VIII, 207, sowie Heinrich von Poschinger, *Bismarck-Portefeuille* (Stuttgart, 1899), Bd. 4, 100.

3 Hedwig von Bismarck, *Erinnerungen aus dem Leben einer 95jährigen* (5. Aufl., Halle, 1910), 28–31. Philipp zu Eulenburg sprach mit Charlotte von Quast-Radensleben, einer älteren Dame, die Bismarcks Mutter gekannt hatte. «Sie schwärmte für Bismarck, setzte aber ein seltsam ernstes Gesicht auf, wenn sie einmal von seiner Mutter sprach. Sie schüttelte dann ihren alten guten Kopf und sagte: ‹keine angenehme Frau; sehr klug, aber – sehr hart.›» *Aus 50 Jahren* (Berlin, 1923), 73.

4 Zit. in: Sir W. Richmond, «Bismarck at Home: Personal Impressions», *Daily News* (London), 2. August 1898, 5.

5 Gustav Wolf, *Bismarcks Lehrjahre* (Leipzig, 1907), 23–26; Marcks, *Bismarcks Jugend*, 40–53.

6 An Keudell auf der Fahrt nach Leipzig, 18. Juni 1864. Robert von Keudell, *Fürst und Fürstin Bismarck: Erinnerungen 1846–1872* (Berlin, 1901); an Robert Lucius und andere beim Abendessen, 30. März 1878. Freiherr Lucius von Ballhausen, *Bismarck-Erinnerungen* (Stuttgart, 1920), 137–138.

7 Vgl. Ernst Krigar, *Kleine Mittheilungen aus der Jugendzeit des Fürsten Bismarck in der Plamannschen Pensions-Anstalt* (Berlin, 1873); Wolf, *Bismarcks Lehrjahre*, 26–51; Marcks, *Bismarcks Jugend*, 53–65; Engelberg, *Bismarck*, 94–98.

8 GW, XV, 14.

9 GW, XV, 5–6.

10 GW, XIV, 74.

11 Zu anderen Sichtweisen von Bismarcks Kindheitsentwicklung vgl. Charlotte Sempell, «Bismarck's Childhood: A Psychohistorical Study», *History of Childhood Quarterly*, 2 (1974), 107–124, und Judith M. Hughes, «Toward the Psychological Drama of High Politics: The Case of Bismarck», *Central European History*, 10 (1977), 271–285. Ernst Engelberg hat die Vereinigung der Familien Bismarck und Mencken zutreffend als «soziale symbiose» und nicht als «mésalliance» beschrieben. Beide Familien profitierten davon: die Braut wurde in den Adelsstand aufgenommen, der Bräutigam erhielt Zugang zum königlichen Hof in Potsdam, zu dem die Menckens Verbindung hatten. Engelberg, *Bismarck*, 23–64.

12 «Bismarcks Persönlichkeit», *Süddeutsche Monatshefte*, 19 (1922), 110.

13 Lütgert, *Idealismus*, Bd. 4, 3 ff.; Otto Graf zu Stolberg-Wernigerode, «Unbekannte Gespräche mit Bismarck», *Süddeutsche Monatshefte*, 27 (1929–1930), 312. Später kritisierte er an seiner Schulbildung, sie sei mehr auf den Kopf als auf das Herz ausgerichtet gewesen, und er verurteilte sie als Grund für den moralischen und politischen Niedergang seiner Zeit. Brief an Wilhelm Harnisch vom 16. Februar 1849 in: Hans Rothfels (Hg.), *Bismarck-Briefe* (Göttingen, 1955), 121.

14 GW, XIV, 469. Dies hatte keinen Einfluß auf seine politische Anschauung. Obwohl er das politische System in England (vor den Reformen) bewunderte, hielt er es auf Grund des besonderen gesellschaftlichen Gefüges in Deutschland nicht für übertragbar. BR, I, 125. Vgl. Eva Maria Baum, *Bismarcks Urteil über England und die Engländer:* (München, 1936).

15 Gustav A. Rein, *Die Revolution in der Politik Bismarcks* (Göttingen, 1957), 75; auch 45 ff.

16 Lütgert, *Idealismus*, Bd. 4, 5.

17 Marcks, *Bismarcks Jugend*, 83 ff.; Walter Nissen, *Otto von Bismarcks Göttinger Studentenjahre, 1832–1833* (Göttingen, 1982).

18 Marcks, *Bismarcks Jugend*, 98 ff.; Lothar Gall, *Bismarck: Der weiße Revolutionär* (Frankfurt a. M., 1980), 33–34.

19 Zu den Referendar-Aufsätzen vgl. Horst Kohl (Hg.), *Bismarck-Jahrbuch*, 2 (1895), 3–47. Es ist möglich, daß Bismarck bei den Recherchen für den zweiten dieser Aufsätze jene Vorliebe für indirekte Besteuerung entwickelte, die er sein Leben lang beibehielt. Georg Brodnitz, *Bismarcks nationalökonomische Anschauungen* (Jena, 1902), 78 ff.

20 GW, XV, 6–9. Marcks, *Bismarcks Jugend*, 126–127, 246–247.

21 *Morton's Hope, or the Memoirs of a Provincial* (2 Bde., New York, 1839). Ob Bismarck den Roman je gelesen hat, ist schwer zu beurteilen. 1850 berichtete er dem gemeinsamen Freund Sharlach «Motley schreibt sehr beliebte Romane.» GW, XIV, 162.

22 *Morton's Hope*, Bd. 1, 164.

23 Marcks, *Bismarcks Jugend*, 55–56, 87.

24 BP, I, 30.

25 GW, XIV, 258; VII, 90, 116–117.

26 Otto Pflanze, «Toward a Pyschoanalytic Interpretation of Bismarck», *American Historical Review*, 77 (1972), 419–444. Bei der Überarbeitung der in diesem Artikel aufgestellten Thesen war der Rat Thomas Kohuts hilfreich.

27 GW, XIV, 5.

28 Man darf bezweifeln, daß der einzige Grund darin lag, daß der hohe Kragen besser gegen Erkältungen schützte. Keudell, *Fürst und Fürstin Bismarck*, 386.

29 Horst Kohl (Hg.), *Anhang zu den Gedanken und Erinnerungen von Otto Fürst von Bismarck* (Stuttgart, 1901), Bd. 1, 232–233; vgl. auch GW, VII, 137.

30 Marcks, *Bismarcks Jugend*, 83 ff.

31 Engelberg, *Bismarck*, 131–133, 140.

32 Ebd., 134–142. Dem Gerücht über Laura lag die Tatsache zugrunde, daß die Herzogin während der Regentschaftszeit in England die Begleiterin (unter einem französischen Pseudonym) des britischen Bankiers Coutts war. Zu den Familien von Laura und Isabella vgl. Alan Palmer, *Bismarck* (London, 1976), 10–13, und «Bismarck, the Young Romantic», *The Times* (London), 17. April 1976.

33 GW, XIV, 8–11; Engelberg, *Bismarck*, 143–145; Palmer, «Young Romantic».

34 GW, XIV, 30; Palmer, «Young Romantic».

35 GW, XIV, 10–11, 30–31; Engelberg, *Bismarck*, 145–148.

36 GW, XIV, 13–17, 31. Jahre später erinnerte ihn Keyserling an eine Bemerkung aus dieser Zeit: «Constitution unvermeidlich, auf diesem Wege zu äußeren Ehren, außerdem muß man innerlich fromm sein». Kohl, *Anhang*, Bd. 2, 246 ff.

37 Sempell, «Unbekannte Briefstellen», 610–611.

38 Marcks, *Bismarcks Jugend*, 109, 149–150, 154.

39 Erik H. Erikson, *Identity: Youth and Crisis* (New York, 1968), 142–161.

40 Marcks, *Bismarcks Jugend*, 203–208; Werner Richter, *Bismarck* (Frankfurt, 1962), 29–39; GW, XIV, 46. Nach dem Tode Ferdinands versuchte Baron Senfft von Pilsach, der Generalgouverneur von Pommern und ein Günstling Friedrich Wilhelms IV., Bismarck zum Eintritt in den Staatsdienst zu bewegen. Bismarck war nicht abgeneigt, weigerte sich aber, die notwendigen Prüfungen abzulegen. Senfft an Moritz von Blanckenburg, 24. Februar 1877. [Hans Goldschmidt (Hg.)], «Neue Briefe von und über Bismarck», *Deutsche Allgemeine Zeitung*, 9. Juli 1937, Nr. 304–305, 1. Beiblatt.

41 GW, XIV, 67.

42 Marcks, *Bismarcks Jugend*, 72–73.

43 GW, VII, 100. Eine ähnliche Einstellung zum Beten läßt die Möglichkeit offen, daß Schleiermacher seinen Schüler tatsächlich beeinflußt hat. Beide hielten es nicht für möglich, Gott durch ein Gebet zu bewegen. Vgl. Friedrich Meinecke, *Preußen und Deutschland im 19. und 20. Jahrhundert* (München, 1918), 301–303, und Hajo Holborn, «Bismarcks Realpolitik», *Journal of the History of Ideas*, 21 (1960), 85.

44 GW, VII, 11, 224; XIII, 463; XIV, 46; XV, 5; Lucius von Ballhausen, *Bismarck-Erinnerungen* (Stuttgart, 1920), 492.

45 Marcks, *Bismarcks Jugend*, 183 ff., 251 ff.; GW, XIV, 46–48.

46 Meinecke, *Preußen und Deutschland*, 296–337; Franz Schnabel, *Deutsche Geschichte im neunzehnten Jahrhundert* (3. Aufl., Freiburg i. Br., 1955), Bd. 4, 383–399.

47 Lütgert, *Idealismus*, Bd. 4, 12.

48 Friedrich Meinecke, «Bismarcks Eintritt in den christlich-germanischen Kreis», *Historische Zeitschrift*, 90 (1903), 56–92, auch in: *Preußen und Deutschland*, 296–337; Marcks, *Bismarcks Jugend*, 244 ff.; Otto Baumgarten, *Bismarcks Stellung zu Religion und Kirche* (Tübingen, 1900) und *Bismarcks Glaube* (Tübingen, 1915); Hans von Soden, *Bismarcks Glaube*, in: Ernst Jackh (Hg.), *Der deutsche Krieg*, 40 (1915); Arnold Oskar Meyer, *Bismarcks Glaube im Spiegel der «Loosungen und Lehrtexte»*, (München, 1933); Max Buchner, «Bismarck und Religion», *Gelbe Hefte*, 11 (1935), 541–561. Zu späteren Arbeiten zu diesem Thema vgl. Anm. 54.

49 Bismarck an Heinrich von Puttkamer, 21. Dezember 1846. GW, XIV, 46. Was er ihrem Vater in diesem bemerkenswerten Schreiben eingestand, teilte er später auch Johanna selbst in einer Stimmung schmerzlichen Rückblicks mit: «... ich starrte lange in das matte Abendroth, bis zum Überlaufen voll Wehmuth und Reue über die träge Gleichgültigkeit und die verblendete Genußsucht, in der ich alle reichen Gaben der Jugend, des Geistes, des Vermögens, der Gesundheit zweck- und erfolglos verschleudert ...» Bismarck an Johanna von Puttkamer, 28. April 1847. GW, XIV, 84.

50 Bismarck an Hans von Kleist-Retzow, 4. Juli 1851, in: Joachim von Muralt, *Bismarcks Verantwortlichkeit* (Göttingen, 1955), 89–90. Die Passage wurde von den Herausgebern von Bismarcks gesammelten Werken unterschlagen.

51 Richmond, «Bismarck at Home», 5.

52 GW, XIV, 208, auch 227.

53 Meyer, *Bismarcks Glaube*, 9.

54 Die gegenteilige Sicht vertritt S. A. Kaehler, «Zur Deutung von Bismarcks ‹Bekehrung›», in: Heinrich Runte (Hg.), *Glaube und Geschichte: Festschrift für Friedrich Gogarten* (Gießen, 1948), 189–209; Wilhelm Schüßler, *Um das Geschichtsbild* (Gladbeck, 1953), 122–141; Otto Vossler, «Bismarcks Ethos», *Historische Zeitschrift*, 171 (1951), 263–292; Muralt, *Verantwortlichkeit*, 97. Auch wenn Pastor Franz Pahlmann den Standpunkt dieser Autoren akzeptierte, kritisierte er doch deren Theologie, «Der Stand des Gesprächs über Bismarcks Glauben», *Geschichte in Wissenschaft und Unterricht*, 7 (1956), 207–222.

55 Vgl. Holborn, «Bismarcks Realpolitik», 87–90. Holborn griff den älteren Standpunkt von Meinecke, Lenz und Brandenburg wieder auf. Ein Nachkomme des Kreises der pommerschen Pietisten erneuerte die Zweifel von Konservativen des 19. Jahrhunderts an der Aufrichtigkeit von Bismarcks Konversion. Reinhold von Thadden-Trieglaff, *War Bismarck Christ?* (Hamburg, 1950).

56 GW, XIV, 571; auch III, 147, sowie Keudell, *Fürst und Fürstin Bismarck*, 110. Vgl. G. Adolf Rein, «Bismarcks Royalismus», *Geschichte in Wissenschaft und Unterricht*, 5 (1954), 330–349.

57 Inschrift auf Bismarcks Sarkophag in Friedrichsruh.

58 GW, XIV, 578. Bei anderer Gelegenheit sprach er zu Ludwig Gerlach von der «abstrakten Souveränität» der kleineren Staaten. *Ebd.*, VII, 106.

59 Hans Rothfels, *Otto von Bismarck: Deutscher Staat* (München, 1925), xxi, und Egmont Zechlin, «Bismarck und der ständische Gedanke», *Nationalsozialistische Monatshefte*, Bd. 5, Nr. 1 (1934), 562.

60 GW, XV, 16.

61 Vgl. Erich Marcks, *Bismarck und die deutsche Revolution, 1848–1851* (Stuttgart, 1939), 154 ff., und Bernhard Michniewicz, *Stahl und Bismarck* (Berlin, 1913), 108 ff.

62 GW, XIV, 157–158. Jahre später bemerkte er

zu Lothar Bucher, «Glauben Sie, daß mir die Stahl und Genossen sympathisch gewesen wären? Ganz gewiß nicht! Aber die hatten doch wenigstens ein greifbares Ziel und dann – ein Stück konnte ich schon mit ihnen zusammen gehen: ich wußte ja doch ganz genau, wo unsere Wege sich trennten». Zit. in: Michniewicz, *Stahl und Bismarck,* 162. Der Höhepunkt ihrer Beziehung war die gemeinsame Formulierung eines Zusatzes zur Radowitz-Verfassung in Erfurt. BR, I, 232 ff.

63 BR, I, 21–31. Stahls *Der Christliche Staat und sein Verhältnis zu Deismus und Judentum* (Berlin, 1847) erschien nach der Rede Bismarcks und verdeutlicht gewisse Unterschiede in ihrem Standpunkt. Michniewicz, *Stahl und Bismarck,* 56 ff. Andere erkannten den Einfluß von Ludwig von Gerlach. Ernst Ludwig von Gerlach, *Aufzeichnungen aus seinem Leben und Wirken, 1795–1877* (Schwerin, 1903), Bd. 1, 477.

64 Muralt, der eine Gegenposition einnimmt, räumt ein, daß es dafür keinen direkten Beweis gibt. *Verantwortlichkeit,* 106.

65 Rothfels, *Deutscher Staat,* 71–72, 80, 84.

66 Vgl. besonders Gerhard Ritter, *Staatskunst und Kriegshandwerk: Das Problem des «Militarismus» in Deutschland* (München, 1954), Bd. 1; Hans Rothfels, *Bismarck: Der Osten und das Reich* (Stuttgart, 1960); Franz Schnabel, «Bismarck und die klassische Diplomatie», *Außenpolitik,* 3 (1952), 635–642, und Muralt, *Verantwortlichkeit.*

67 BR, VI, 129–131; VIII, 328–339; XI, 292; XIII, 85; GW, VIc, 383.

68 BR, VI, 131.

69 Anna Freud, *Das Ich und die Abwehrmechanismen* (München, o. J.), 128–140. Anna Freud hat zwar den Prozeß beschrieben, der beste Begriff dafür stammt jedoch von Martin Wangh. Der von Edward Bibring geprägte und von Anna Freud benutzte Ausdruck «altruistische Abtretung» hat einen, wie Wangh dargelegt hat, nicht immer angemessenen «passiv verzichtenden» (passiv renunciatory) Charakter. Er bevorzugt «Beschwörung eines Vertreters» (evocation of a proxy) wegen dessen «aktiven Charakters, genauso unbewußt». Vgl. sein «‹The Evocation of a Proxy›: A Psychological Maneuver, Its Use as a Defense, Its Purposes and Genesis», *Psychoanalytic Study of the Child,* 17 (1962), 451–469.

70 GW, XIV, 89.

71 GW, XV, 18–23; Engelberg, *Bismarck,* 214–230, 243–251. Die einzige Folge von Bismarcks peripherer Beteiligung an dieser «kontrarevolutionären Bewegung zur Befreiung des Königs» war die andauernde Feindschaft der späteren Kaiserin Augusta, damals Prinzessin von Preußen und Frau des preußischen Thronfolgers Prinz Wilhelm. Bei einer Audienz versuchte Bismarck namens einer Gruppe von Junkern ein Dokument zu erhalten, in dem der Prinz vor seiner Flucht nach England für den Fall der Absetzung Friedrich Wilhelms IV. das Militär zu einem Angriff auf Berlin ermächtigt hätte (von dessen Existenz die Konterrevolutionäre anscheinend überzeugt waren). Augusta interpretierte dies als niederträchtigen Versuch der Kompromittierung ihres Gatten und lehnte entrüstet ab. Sie verlangte von ihrem Besucher das «Ehrenwort», weder ihren Mann noch ihren Sohn je in einen reaktionären Putsch zu verwickeln. Egmont Zechlin, *Bismarck und die Grundlegung der deutschen Großmacht* (Stuttgart, 1930), 254; Engelberg, *Bismarck,* 271–276. Frühere Berichte über die gescheiterte Gegenrevolution finden sich in: G. Adolf Rein, «Bismarcks gegenrevolutionäre Aktion in den Märztagen 1848», *Die Welt als Geschichte,* 13 (1953), 246–262; Max Lenz, «Bismarcks Plan einer Gegenrevolution im März 1848», *Sitzungsberichte der preußischen Akademie der Wissenschaften,* Jahrgang 1930, *Philosophisch-Historische Klasse,* 251–276; Marcks, *Bismarck und die Revolution,* 19 ff.

72 BR, I, 45–46. Ende März ergänzte er den Textvorschlag zu einer konservativen Proklamation, den ihm Ludwig Gerlach unterbreitet hatte, durch Einfügung des Versprechens «keine Reaktion» und «Bereitwilligkeit großer Opfer». Helmut Diwald (Hg.), *Von der Revolution zum Norddeutschen Bund: Politik und Ideengut der preußischen Hochkonservativen, 1848–1866; Aus dem Nachlaß von Ernst Ludwig von Gerlach* (Göttingen, 1970), Bd. 1, 89; Ludwig Gerlach, *Aufzeichnungen,* Bd. 1, 518–523; Hans J. Schoeps, «Unveröffentlichte Bismarckbriefe», *Zeitschrift für Religions- und Geistesgeschichte,* 2 (1949), 2–3. Seine Mäßigung brachte Bismarck erbitterte Kritik von ultrakonservativen Freunden ein.

73 GW, XIV, 103–104.

74 BR, I, 51–56; Erich Jordan, *Die Entstehung der konservativen Partei und die preußischen Agrarverhältnisse vor 1848* (München, 1914), 128, 159.
75 GW, XIV, 105.
76 Kohl, *Jahrbuch*, Bd. 1, 475–483; Bd. 3, 399–400; Bd. 6, 10–16; Ludwig von Gerlach, *Aufzeichnungen*, Bd. 2, 20; GW, XIV, 111–112; XV, 27–29; Hans J. Schoeps, *Bismarck über Zeitgenossen – Zeitgenossen über Bismarck* (2. Aufl., Frankfurt a. M., 1981), 315–319.
77 Brief an die *Magdeburger Zeitung*, 30. März 1848. GW, XV, 26–27; XIV, 103. Offensichtlich war die endgültige Fassung des Briefes etwas anders. Marcks, *Bismarck und Revolution, 26.* Zu den von ihm abgelehnten Sozialreformen vgl. Theodore S. Hamerow, *Restoration, Revolution, Reaction: Economics and Politics in Germany, 1815–1871* (Princeton, 1958), 168 ff.
78 BR, I, 111.
79 GW, XIV, 106–110; Hermann Witte, «Vom Nachlaß Ludwig von Gerlachs, mit ungedruckten Briefen Bismarcks», *Archiv für Kulturgeschichte*, 31 (1943), 140–141. Zur Haltung anderer Konservativer vgl. Jordan, *Entstehung der konservativen Partei*, 130–132, 154 ff. Bis 1851 schrieb Bismarck regelmäßig für die *Kreuzzeitung*. Wenige seiner Artikel lassen sich eindeutig zuordnen. Die Behauptung Bernhard Sudts, 125 seiner Artikel identifiziert zu haben, ist nicht unzweifelhaft. Vgl. sein *Bismarck als Mitarbeiter der Kreuzzeitung in den Jahren 1848 und 1849* (Bonn, 1903) und Hans J. Schoeps, «Der junge Bismarck als Journalist», *Zeitschrift für Religions- und Geistesgeschichte*, 3 (1951), 1–12.
80 GW, XV, 47–48; auch XIV, 160–162; X, 16.
81 GW, I, 1–2; Marcks, *Bismarck und Revolution*, 58–60. Im Juni protestierte er persönlich bei Friedrich Wilhelm, doch die Freundlichkeit und Freimütigkeit des Königs wirkten entwaffnend. Herman von Petersdorff, *König Friedrich Wilhelm der Vierte* (Stuttgart, 1900), 13–14.
82 GW, X, 22; VII, 15; XIV, 123–124.
83 BR, I, 144–153.
84 GW, XIV, 112.
85 GW, IX, 90 ff., 196 ff.; XII, 611.
86 GW, XIV, 21; XV, 47–48; auch XIV, 161; Engelberg, *Bismarck*, 311–312.
87 BR, I, 77–78.
88 GW, XIV, 120–121; Ludwig von Gerlach, *Aufzeichnungen*, Bd. 2, 36 ff.; Leopold von Gerlach, *Denkwürdigkeiten* (Berlin, 1891), Bd. 1, 259 ff.; Hans Walter, *Die innere Politik des Ministers von Manteuffel und der Ursprung der Reaktion in Preußen* (Berlin, 1910), 44 ff.
89 BR, I, 162 ff.; GW, XIV, 144, 164; Kohl, *Jahrbuch*, Bd. 3, 400–408. Zu den Reformen Manteuffels vgl. Hamerow, *Restoration, Revolution, Reaction*, 219 ff., sowie Walter, *Innere Politik Manteuffels*, 73 ff.; Georg Friedrich Knapp, *Die Bauern-Befreiung und der Ursprung der Landarbeiter in den älteren Theilen Preußens* (Leipzig, 1887), Bd. 1, 217 ff.; Bd. 2, 411 ff.
90 Ludwig von Gerlach, *Aufzeichnungen*, Bd. 2, 93, 98.
91 GW, I, 375; XIV, 159–160, 244, 328; BR, I, 303.
92 Richard Augst, *Bismarcks Stellung zum parlamentarischen Wahlrecht* (Leipzig, 1917), 6 ff.; Leopold von Gerlach, *Denkwürdigkeiten*, Bd. 1, 244. Ebenfalls denkbar ist, daß Bismarcks Haltung zu einer Ständeversammlung von den Schriften seines pommerschen Nachbarn Ernst von Bülow-Cummerow beeinflußt wurde. Marcks, *Bismarcks Jugend*, 222 ff.
93 BR, I, 88–89; GW, XIV, 124.
94 BR, I, 302.
95 BR, I, 149–153.
96 Augst, *Bismarcks Stellung*, 15; Ludwig von Gerlach, *Aufzeichnungen*, Bd. 2, 180–181; Schoeps, «Bismarckbriefe», 5–6. 1851 wollte Friedrich Wilhelm IV. auch die zweite Kammer auf korporativer Basis wiederherstellen, aber Otto von Manteuffel und andere widersetzten sich dem dazu notwendigen Staatsstreich. Heinrich von Poschinger (Hg.), *Unter Friedrich Wilhelm IV.: Denkwürdigkeiten des Ministers Otto Freiherrn von Manteuffel 1848–1858* (Berlin, 1900–1901), Bd. 2, 24, 47–51; Bd. 3, 97 ff.
97 GW, XIV, 223–224. Zu Leopold von Gerlachs Haltung vgl. *Denkwürdigkeiten*, Bd. 1, 585 ff.
98 GW, I, 375–376.
99 BR, I, 312–321. Vgl. auch seinen Artikel in der *Kreuzzeitung* vom 23. Januar 1850. Kohl, *Jahrbuch*, Bd. 3, 411–413.
100 GW, I, 375–376.
101 An Leopold von Gerlach, 2. März 1858. GW, XIV, 485–486. Der Zweck des Briefes be-

stand darin, Ludwig von Gerlachs Versuch abzuwehren, die Sitzungsperiode des Parlaments auf sechs Jahre auszudehnen, um die vom kommenden Kabinett der «Neuen Ära» erwarteten Reformen zu vereiteln.

102 GW, I, 375.

III. Die äußeren Funktionen der Macht

1 Leopold von Ranke, *Das politische Gespräch,* (Halle, 1925), 24.

2 Vgl. Max Lenz, «Ranke und Bismarck», *Kleine historische Schriften* (München, 1910), 383–408; Otto Diether, *Leopold von Ranke als Politiker* (Leipzig, 1911), 518 ff.; Stephan Skalweit, «Ranke und Bismarck», *Historische Zeitschrift*, 176 (1953), 277–290.

3 BR, I, 300–301.

4 Bei anderen Gelegenheiten schrieb er von der «Unberechenbarkeit» der englischen Außenpolitik aufgrund des dortigen Parteiensystems. GW, II, 143, 221; XIV, 429, 436, 440.

5 GW, I, 375.

6 Vgl. oben, 30–34.

7 GW, XV, 199. Vgl. Otto Pflanze, «Bismarck and German Nationalism», *American Historical Review*, 60 (1955), 559 ff. Hans Rothfels' Mißdeutung dieses Aufsatzes war unaufrichtig. Vgl. sein *Bismarck: Der Osten und das Reich* (Darmstadt, 1960), 64 (Anm. 69). Otto Beckers These, Bismarck sei immer ein deutscher Nationalist gewesen, basiert nicht auf zeitgenössischem Quellenmaterial, sondern auf den Aussagen und Schriften des Kanzlers nach 1866. Otto Becker, *Bismarcks Ringen um Deutschlands Gestaltung* (Heidelberg, 1958), 33 ff., 63. Becker leugnet die Existenz einer «preußischen Nation» (47, 103), aber dieser Ausdruck und das entsprechende Empfinden waren damals weit verbreitet. Zu einigen Beispielen für Bismarcks Verwendung des Begriffs vgl. GW, II, 383; IV, 31; X, 38, 43; XIV, 160, 666–667.

8 GW, XV, 5 ff.

9 BR, I, 9–10; GW, XIV, 89; Friedrich Meinecke, *Weltbürgertum und Nationalstaat: Studien zur Genesis des deutschen Nationalstaates* (5. Aufl., München und Berlin, 1919), 298 ff.

10 BR, I, 49–51; GW, XIV, 104–106; Erich Marcks, *Bismarck und die deutsche Revolution, 1848–1851* (Stuttgart, 1939), 43–44.

11 BR, I, 92–94. Die von Bismarck in dieser Phase gelegentlich geäußerten Bekundungen deutschen Nationalgefühls (ein weiteres Beispiel: GW, XIV, 106) waren offensichtlich taktischer Natur und darauf angelegt, die Opposition zu verwirren und in ihrem eigenen Spiel zu schlagen. Die Hinweise auf preußischen Patriotismus sind häufiger und überzeugender.

12 BR, I, 113, auch 235–241; GW, XIV, 152 ff.; Hans J. Schoeps, «Der junge Bismarck als Journalist», *Zeitschrift für Religions- und Geistesgeschichte*, 3 (1951), 2–12.

13 BR, I, 117.

14 GW, VII, 4.

15 BR, I, 93.

16 Vgl. oben, 39 ff.

17 GW, XIV, 134–136; BR, I, 78.

18 BR, I, 110–114. Wenn Friedrich Wilhelm diese Rede gelesen hat, so hat er sich vermutlich nicht daran gestört. Als Hermann von Beckerath ihn drängte, die Frankfurter Krone anzunehmen, erwiderte der König: «Wenn Sie Ihre beredten Worte an Friedrich den Großen hätten richten können, der wäre Ihr Mann gewesen; ich bin kein großer Regent.» Alexander Scharff, «König Friedrich Wilhelm IV.: Deutschland und Europa im Frühjahr 1849», in: *Geschichtliche Kräfte und Entscheidungen: Festschrift zum fünfundsechzigsten Geburtstage von Otto Becker* (Wiesbaden, 1954), 145.

19 BR, II, 29–30; GW, VIII, 422; XV, 46.

20 GW, XIV, 179–180.

21 GW, XV, 52–53; XIV, 181–182. Bismarck war nicht bekannt, daß vor allem Stockhausen selbst für die schlechte Vorbereitung Preußens verantwortlich war. Darüber hinaus lehnte der Minister den Krieg aus politischen Gründen ab. Friedrich Meinecke, *Radowitz und die deutsche Revolution* (Berlin, 1913), 513–515; Ludwig Dehio, «Zur November-Krise des Jahres 1859», *Forschungen zur brandenburgischen und preußischen Geschichte*, 35 (1923), 134–145. Offensichtlich war Bismarck als Manteuffels Beauftragter bei den diplomatischen Verhandlungen, die zu Olmütz führten. GW, I, 2: XIV, 182–183, 185.

22 Zu diesen Themen und dem Höhepunkt von Olmütz vgl. oben, 39 f.

23 GW, XIV, 182; Ernst Ludwig von Gerlach, *Aufzeichnungen aus seinem Leben und Wirken,*

1795–1877 (Schwerin, 1903), Bd. 2, 116. Leopold von Gerlachs Version der Debatte ist weniger aufschlußreich. Leopold von Gerlach, *Denkwürdigkeiten* (Berlin, 1891), Bd. 1, 559, auch 584. Jahre später erinnerte sich ein enger Freund, daß Bismarck 1849 bemerkt hatte: «Was scheren mich die Kleinstaaten; mein ganzes Streben geht nur auf Sicherung und Erhöhung der preußischen Macht». GW, VII, 18.

24 GW, XIV, 182–183. Der Brief hätte kaum orthodoxer ausfallen können, wenn Leopold von Gerlach ihn selbst geschrieben hätte.

25 Horst Kohl (Hg.), *Bismarck-Jahrbuch*, Bd. 3, 414–415.

26 GW, XIV, 181, auch 180, 183.

27 GW, XIV, 181–182.

28 Dies war eine Anspielung auf Frankreich, das ein Beobachtungskorps von vierzigtausend Mann an der Rheingrenze mobilisiert hatte.

29 Was Bismarck vorschwebte, war nicht das romantische Weltbürgertum der Gerlachs, sondern der romantische Sentimentalismus, der Radowitz und Friedrich Wilhelm IV. für die nationale Sache einnahm. Dies zeigt sich in seinem Brief an Sharlach vom 4. Juli 1850. GW, XIV, 160–161. Vgl. auch seinen Artikel vom 19. November in der *Kreuzzeitung*. Kohl, *Jahrbuch*, Bd. 3, 414–415.

30 BR, I, 261–279.

31 Schoeps, «Bismarck als Journalist», 10. Zum Glück für Bismarcks weitere Karriere erfuhr der König, der sich über den im Artikel gegen Radowitz gerichteten Vorwurf des Verrats ärgerte, nie den Namen des Verfassers. Ebd., 9.

32 GW, XV, 57.

33 GW, XIV, 190, 193, 202, 206–207; VII, 17, 31; Leopold von Gerlach, *Denkwürdigkeiten*, Bd. 1, 616, 618, 620, 637, 648; Hans-J. Schoeps, «Neue Bismarckiana, 1851–1854», *Zeitschrift für Religions- und Geistesgeschichte*, 4 (1952), 167–168. Ungläubig fragte Prinz Wilhelm: «Und dieser Landwehrlieutnant soll Bundesgesandter werden?» Heinrich von Poschinger (Hg.), *Preußens auswärtige Politik 1850 bis 1858: Unveröffentlichte Dokumente aus dem Nachlasse des Ministerpräsidenten Otto Freiherrn von Manteuffel* (Berlin, 1902), Bd. 1, 208. Ludwig von Gerlach, *Aufzeichnungen*, Bd. 2, 124. Auf Grund seiner Unerfahrenheit ging er drei Monate lang bei dem Karrierediplomaten Theodor von Rochow (als Legationsrat) in die Lehre.

34 Dänemark und die Niederlande waren ebenfalls Mitglieder, Dänemark wegen Holstein und Lauenburg, die Niederlande wegen Limburg und Luxemburg. Beide übten kaum Einfluß auf Bundesangelegenheiten aus.

35 Arnold Oskar Meyer, *Bismarcks Kampf mit Österreich am Bundestag zu Frankfurt, 1851–1859* (Berlin, 1927), 19 ff., 66 ff.; Heinrich Ritter von Srbik, *Deutsche Einheit: Idee und Wirklichkeit vom Heiligen Reich bis Königgrätz* (München, 1935–1942), Bd. 1, 385 ff.; Bd. 2, 92 ff.

36 Zur Politik der Mittelstaaten vgl. Sigmund Meiboom, *Studien zur deutschen Politik Bayerns in den Jahren 1851–1859* (München, 1931) und Walther P. Fuchs, *Die deutschen Mittelstaaten und die Bundesreform 1853–1860* (Berlin, 1934).

37 GW, II, 23; III, 239; VII, 113, 121–122; XIV, 441, 558; XV, 198. Frühere Historiker haben diese Aussagen für bare Münze genommen. Am 6. März verteidigte Bismarck im Abgeordnetenhaus den Bundestag als erfolgreichsten Garanten für Deutschlands Einheit und Stärke seit den Hohenstaufen. BR, I, 327– 328; Meyer, *Bismarcks Kampf*, 22–25. Die Verteidigung des Bundes war jedoch seine parlamentarische Pflicht als Parteisprecher. Während der gesamten Phase, die zum Vertrag von Olmütz führte, war seine Haltung gegenüber Österreich von Feindseligkeit und Mißtrauen bestimmt, wurde jedoch bisweilen durch die Angst vor revolutionärer Unterwanderung gemildert. In späteren Jahren stellte er den Anteil seiner Frankfurter Erfahrungen am Wandel seiner Einstellung zu Österreich übertrieben dar, um damit Österreich allein für die Spannungen verantwortlich zu machen, die den Bund schließlich zerrissen. Doch zuvor, am Ende seines ersten Monats in Frankfurt, schrieb er an Otto von Manteuffel: «Meine Erwartungen von den Resultaten der Bundestagsverhandlungen waren nicht hoch, als ich herkam, aber sie haben sich seitdem vermindert.» GW, I, 17.

38 GW, XIV, 206–207.

39 Richard Schwemer, *Geschichte der freien Stadt Frankfurt a. M., 1814–1866* (Frankfurt a. M., 1918), III/2, 61.

40 GW, XIV, 213–214, 217, 228; I, 17, 22; XV, 198. Vgl. die Briefe vom 22. Juni und 4. Juli an Leopold von Gerlach und Kleist-Retzow.

«Die Oestreicher sind und bleiben falsche Spieler.» GW, XIV, 219–224, 230–231. Man beachte auch die Gekränktheit, mit der er auf sein erstes Gespräch mit Thun reagierte. GW, VII, 23–24.

41 GW, I, 40, 70, 104; III, 190; VII, 38; XIV, 441.

42 GW, II, 231; XIV, 473. Das schrieb Bismarck zwar erst 1867 – doch in diesem Sinne äußerte er sich schon in einem seiner letzten Briefe aus Frankfurt.

43 GW, I, 401–401, 404, 456; III, 147–148; XIV, 327, 332, 335. Vgl. Rechbergs Bericht über sein Gespräch mit Bismarck am 19. Juni 1857. Meyer, *Bismarcks Kampf*, 551, 558.

44 GW, I, 515; III, 382; XIV, 441.

45 GW, I, 70, 119–120; II, 311; XIV, 441.

46 GW, II, 231; XIV, 474, auch 465, 467.

47 GW, XIV, 465.

48 GW, I, 238; II, 125–126; III, 148; XIV, 468–469, 549. Otto Voßler, «Bismarcks Ethos», *Historische Zeitschrift*, 171 (1951), 263 ff.

49 GW, I, 435.

50 GW, I, 389. «Wenn ich nicht lügen soll, kann ich nicht fertig werden», bemerkte er einmal. Ludwig von Gerlach, *Aufzeichnungen*, II, 273.

51 GW, IX, 161; auch VIII, 594.

52 Richard Augst, *Bismarcks Stellung zum parlamentarischen Wahlrecht* (Leipzig, 1917), 29 ff.

53 GW, XIV, 470; II, 323, auch 227.

54 Früher wurde angenommen, Bismarck habe sich durch seine Erfahrung in Frankfurt von einem «Parteipolitiker» zu einem «Staatsmann» gewandelt, er habe sein einseitiges Interesse an der aristokratisch-monarchischen Sache verloren und sich fortan dem Interesse des Staates gewidmet. In Wirklichkeit vollzog sich jedoch nur eine deutliche Verlagerung des Schwerpunkts, keine grundlegende Wandlung. Vgl. Hans Mombauer, *Bismarcks Realpolitik als Ausdruck seiner Weltanschauung* (Berlin, 1936), 37–38.

55 Vgl. die hervorragende Darstellung Preußens um die Jahrhundertmitte von Ferdinand Fischer, *Preußen am Abschlusse der ersten Hälfte des neunzehnten Jahrhunderts* (Berlin, 1876); auch Heinrich Heffter, *Die deutsche Selbstverwaltung im 19. Jahrhundert* (Stuttgart, 1950), 349 ff.; Theodore S. Hamerow, *Restoration, Revolution, Reaction: Economics and Politics in Germany, 1815–1871* (Princeton, 1958), 219 ff.; Hans Walter, *Die innere Politik des Ministers von Manteuffel und der Ursprung der Reaktion in Preußen* (Berlin, 1910), 62 ff., und Günter Grünthal, *Parlamentarismus in Preußen 1848/49–1857/58, Preußischer Konstitutionalismus – Parlament und Regierung in der Reaktionsära* (Düsseldorf, 1982).

IV. Strategie der Realpolitik

1 Otto Pflanze, «Bismarck's ‹Realpolitik›», *The Review of Politics*, 20 (October 1958), 492–514.

2 Arnold Oskar Meyer, *Bismarcks Glaube. Nach neuen Quellen aus dem Familienarchiv* (München, 1933), 7.

3 GW, XIII, 555.

4 GW, XIII, 559, 570; IX, 8 ff. Während des Konflikts von 1870 beschrieb er den Krieg als «natürliche(n) Zustand der Menschheit». GW, VII, 388.

5 GW, IX, 397 ff.

6 GW, IX, 90, 93, 420.

7 GW, IX, 90.

8 GW, IX, 399; XIII, 468; IX, 93; auch XIII, 177. «Politik», bemerkte er einmal bei anderer Gelegenheit, «ist eine Wissenschaft des Relativen». GW, III, 251.

9 GW, IX, 90.

10 GW, IX, 93–94.

11 Bismarcks Geschichtsbild und sein daraus abgeleitetes Handeln wurden kritisch analysiert von Helmuth Wolff, *Geschichtsauffassung und Politik in Bismarcks Bewußtsein* (München, 1926). Vgl. auch Maria Fehling, *Bismarcks Geschichtskenntnis* (Stuttgart, 1922).

12 GW, IX, 400, 50; XIII, 468.

13 Max Freiherr Pergler von Perglas, Bayerischer Gesandter in Berlin, zit. in: Fritz von Rummel, *Das Ministerium Lutz und seine Gegner, 1871–1882* (München, 1935), 2; auch Heinrich Ritter von Srbik, *Deutsche Einheit: Idee und Wirklichkeit vom Heiligen Reich bis Königgrätz* (München, 1935–1942), Bd. 3, 70.

14 Dies war das Hauptthema von Otto Becker, *Bismarcks Ringen um Deutschlands Gestaltung* (Heidelberg, 1958).

15 Gunther von Richthofen, *Die Politik Bismarcks und Manteuffels in den Jahren 1851–1858* (Leipzig, 1915), 31 ff.; Srbik, *Deutsche Einheit*, Bd. 2, 174–175.

16 Arnold Oskar Meyer, *Bismarcks Kampf mit Österreich am Bundestag zu Frankfurt, 1851–1859* (Berlin, 1927), 41 ff.; Eduard von Wert-

heimer, *Bismarck im politischen Kampf* (Berlin, 1930), 9–10.

17 GW, II, 259; auch I, 114 ff., 128 ff. und Manteuffels Anweisung in: Heinrich von Poschinger (Hg.), *Preußen im Bundestag, 1851–1859* (Leipzig, 1882–1884), Bd. 1, 1–3.

18 Zit. in: Srbik, *Deutsche Einheit*, Bd. 2, 175.

19 GW, I, 17, 99, 140; II, 321; III, 268; VII, 24–25; XIV, 223.

20 GW, XIV, 372.

21 GW, I, 285–287; XIV, 289–291. Die Meinung, Bismarck habe seine Einstellung gegenüber dem östlichen Bündnis erst nach dem Krimkrieg geändert, ist unrichtig. So Meyer, *Bismarcks Kampf*, 308–309; Hans Mombauer, *Bismarcks Realpolitik als Ausdruck seiner Weltanschauung:* (Berlin, 1936), 49 ff.; Egmont Zechlin, *Bismarck und die Grundlegung der deutschen Großmacht* (Stuttgart, 1930), 102–103. Der Wandel setzte im Winter 1852/53 ein, vor dem Ausbruch der orientalischen Krise. Das erste Zeichen war ein Brief vom 24. November 1852 an Manteuffel, in dem er den Anti-Bonapartismus des Königs bedauerte. GW, I, 261. Im Brief vom 4. Dezember an Leopold von Gerlach vertrat er immer noch die Auffassung, die Spannungen mit Österreich müßten auf Deutschland beschränkt bleiben. Die Briefe vom 27. Januar 1853, in denen er die Haltung der *Kreuzzeitung* kritisiert, verraten eine vollkommen gewandelte Einstellung. Später benutzte er die Folgen des Krimkriegs zur Rechtfertigung einer Politik, die er in Wirklichkeit aus anderen Gründen eingeschlagen hatte. GW, II, 141, 167, 217; III, 266; XIV, 352.

22 GW, II, 221, auch 231; XIV, 465.

23 GW, XIV, 246, 284–286, 292, 295.

24 In Berlin befürwortete auch Legationsrat Küpfer eine solche Politik. Heinrich von Poschinger (Hg.), *Unter Friedrich Wilhelm IV.: Denkwürdigkeiten des Ministers Otto Freiherrn von Manteuffel 1848–1858* (Berlin, 1900–1901), Bd. 2, 268 ff.

25 Zur Politik Österreichs vgl. Heinrich Friedjung, *Der Krimkrieg und die österreichische Politik* (Stuttgart, 1907); Kurt Borries, «Zur Politik der deutschen Mächte in der Zeit des Krimkrieges und der italienischen Einigung», *Historische Zeitschrift*, 151 (1934–1935), 294 ff.; S. A. Kaehler, «Realpolitik zur Zeit des Krimkrieges – Eine Säkularbetrachtung», *ebd.*, 174 (1952), 436 ff.

26 GW, I, 427–430; XIV, 347, 368 ff.

27 Zum Kurs Preußens vgl. Kurt Borries, *Preußen im Krimkrieg, 1853–1856* (Stuttgart, 1930) und Reinhold Müller, *Die Partei Bethmann-Hollweg und die orientalische Krise, 1853–1856* (Halle, 1926). Der Grund für das Durcheinander lag darin, daß Friedrich Wilhelm IV. unfähig war, durch seine Minister zu regieren, und eine Einmischung seiner vielen Berater aus der «Kamarilla» und dem «Küchenkabinett» zuließ. Vgl. Fritz Hartung, «Verantwortliche Regierung, Kabinette und Nebenregierungen im konstitutionellen Preußen, 1848–1918», *Forschungen zur brandenburgischen und preußischen Geschichte*, 44 (1932), 2–17.

28 GW, XV, 72–73; VII, 221; XIII, 337.

29 GW, I, 446–447; II, 143; XIV, 365–367, 375, 380, 514.

30 Sigmund Meiboom, *Studien zur deutschen Politik Bayerns in den Jahren 1851–1859* (München, 1931), 77 ff.; Walther P. Fuchs, *Die deutschen Mittelstaaten und die Bundesreform 1853–1860* (Berlin, 1934), 36 ff.

31 GW, XIV, 370. Ursprünglich schloß er nur die deutschen Mittelstaaten, Belgien und Sardinien ein. GW, I, 500–503; II, 42; XIV, 334–335. Vermutlich entstand die Idee zu einer solchen Liga in Rußland. Christian Friese, *Rußland und Preußen vom Krimkrieg bis zum polnischen Aufstand* (Berlin, 1931), 75.

32 GW, XIV, 370.

33 Borries, *Preußen im Krimkrieg*, 250 ff.; Friedjung, *Krimkrieg*, 132 ff.; Charles W. Hallberg, *Franz Joseph and Napoleon III., 1852–1864* (New York, 1955), 72 ff.

34 Kaehler, «Realpolitik», 443–444; Zechlin, *Grundlegung*, 453–454; Werner E. Mosse, *The European Powers and the German Question, 1848–1871* (Cambridge, 1958), 49 ff.

35 GW, XIV, 334, 346, 351–352, 405; I, 407, 426, 444, 490. Wahrscheinlich wurde Manteuffel von dieser Argumentation beeinflußt. Borries, *Preußen im Krimkrieg*, 226.

36 F. de Martens, *Recueil des traités et conventions conclus par la Russie avec les puissances étrangères* (St. Petersburg, 1874–1909), Bd. 8, 444; Friedrich Frahm, *Bismarcks Stellung zu Frankreich bis zum 4. Juli 1866* (Kiel, 1911), 32.

37 Martens, *Recueil*, Bd. 8, 453–454. Zu Fried-

rich Wilhelms Standpunkt vgl. Borries, *Preußen im Krimkrieg*, 227.

38 GW, I, 465, 485–486, 494, 505.

39 «Ein russisch-französisches Allianzprojekt von 1855», *Deutsche Revue*, Bd. 21, Nr. 4 (1896), 292–300.

40 Martens, *Recueil*, Bd. 8, 454; Friese, *Rußland und Preußen*, 8 ff. Zur Annäherung der beiden Mächte während und unmittelbar nach dem Krieg vgl. V. Bourtenko, «Un projet d'alliance franco-russe en 1856», *Revue historique*, 155 (1927), 277–325; W. E. Mosse, «The Negotiations for a Franco-Russian Convention, November 1856», *Cambridge Historical Journal*, Bd. 10, Nr. 1 (1950), 59–74; François Charles-Roux, *Alexandre II, Gortchakoff, et Napoléon III* (Paris 1913), 112 ff.; Ernst Schule, *Rußland und Frankreich vom Ausgang des Krimkrieges bis zum italienischen Krieg 1856–1859* (Königsberg, 1935), 4 ff.

41 GW, II, 120; auch I, 456, 516; XIV, 425. Dieses Dokument übersah Lenz in seiner Kontroverse mit Schiemann. Theodor Schiemann, «Bismarcks Audienz beim Prinzen on Preußen», *Historische Zeitschrift*, 83 (1899), 447–458, und Max Lenz, «Ein Apologet der Bismarck-Memoiren», *ebd.*, 84 (1900), 39–71.

42 GW, XIV, 473; II, 150, 223.

43 GW, II, 144, 222–223.

44 In den Ansichten, die Bismarck während des Krimkriegs vertrat, sah Muralt den Ursprung seiner «Politik der europäischen Mitte» in den 1870er und 1880er Jahren. Dies ist zwar richtig, läßt aber den wichtigen Unterschied außer acht, daß Bismarcks Ziel in der früheren Phase offensiv, in der späteren dagegen defensiv war. Muralt ignorierte die vielen Dokumente aus den 1850er Jahren, in denen der aggressive Charakter seiner Politik deutlich wird. Leonhard von Muralt, *Bismarcks Verantwortlichkeit* (Göttingen, 1955), 141–217.

45 Friese, *Rußland und Preußen*, 134 ff.

46 Zum gesamten Briefwechsel vgl. *Briefwechsel des Generals Leopold von Gerlach mit dem Bundestagsgesandten Otto von Bismarck* (Berlin, 1893). Vgl. auch GW, XV, 110 ff.; XIV, 460 ff.; Ernst Ludwig von Gerlach, *Aufzeichnungen aus seinem Leben und Wirken, 1795–1877* (Schwerin, 1903), Bd. 2, 209; Manteuffel, *Denkwürdigkeiten*, Bd. 3, 193–194; Richard Augst, *Bismarck und Leopold von Gerlach* (Leipzig, 1913).

47 Zu einer Diskussion des Problems vgl. Friedrich Meinecke, *Weltbürgertum und Nationalstaat: Studien zur Genesis des deutschen Nationalstaates* (5. Aufl., München und Berlin, 1919), 315; ders., *Preußen und Deutschland im 19. und 20. Jahrhundert* (München, 1918), 279–295, und Otto Voßler, «Bismarcks Ethos», *Historische Zeitschrift*, 171 (1951), 271 ff. Kurt Bigler, *Bismarck und das Legitimitätsprinzip bis 1862* (Winterthur, 1955) ging zu weit, als er Bismarck, im Gegensatz zu Gerlach, als reinen Utilitaristen darstellte.

48 Zu Bismarcks Sicht von Napoleon vgl. Frahm, *Stellung zu Frankreich*, 37 ff., und Herbert Geuß, *Bismarck und Napoleon III.* (Köln, 1959), 23 ff.

49 GW, II, 226 ff.; XIV, 470 ff.

50 GW, XIV, 465.

51 Meyer, *Bismarcks Kampf*, 239–240, 261–262; Erich Marcks, *Otto von Bismarck: Ein Lebensbild* (Stuttgart, 1915), 40.

52 GW, II, 142; XIV, 441.

53 Meyer, *Bismarcks Kampf*, 549–553. Selbstverständlich erwähnte Bismarck diese unerlaubte Drohung nicht in seinem Gesprächsbericht. GW, II, 232 ff.

54 Wer seine Bemerkungen aufschrieb, erinnerte sich offensichtlich nur an deren spektakuläre Passagen und vergaß oder ignorierte die Einschränkungen, die überall in den Dokumenten enthalten sind, die er in diesen Jahren niederschrieb. Seine Haltung kommt am besten in einem Brief zum Ausdruck, den er im Juni 1855 an Leopold von Gerlach schrieb: «Wir müssen Oesterreich die Brücke offen halten, nur nicht selbst über die Brücke gehn.» GW, XIV, 406. Während des italienischen Krieges von 1859 erklärte er gegenüber Gerlach, «man müsse entweder mit oder gegen Oesterreich gehen». GW, VII, 39.

ZWEITES BUCH
Der Weg zur Macht
1858–1863

I. Materialismus und Nationalismus

1 Zu den Fragen des Wirtschaftswachstums in der deutschen Wirschaftsgeschichte vgl. Richard Tilly, «Soll und Haben: Recent German Economic History and the Problem of Economic Development», *The Journal of Economic History*, 29 (1969), 298–319. Zu den Ergebnissen der neueren Forschung vgl. Reinhard Spree, *Wachstumstrends und Konjunkturzyklen in der deutschen Wirtschaft von 1820 bis 1913* (Göttingen, 1978); Hermann Aubin und Wolfgang Zorn (Hgg.), *Handbuch der deutschen Wirtschafts- und Sozialgeschichte*, Bd. 2 (Stuttgart, 1976), besonders Knut Borchardt, «Wirtschaftliches Wachstum und Wechsellagen, 1800– 1914», 198–275; Karl Erich Born, *Wirtschafts- und Sozialgeschichte des deutschen Kaiserreichs, 1867/71–1914* (Stuttgart, 1985); eingehend auch Hans-Ulrich Wehler, *Deutsche Gesellschaftsgeschichte*, Bd. 3: *Von der «deutschen Doppelrevolution» bis zum Beginn des Ersten Weltkrieges 1849–1914* (München, 1995), 38–105.

2 Walther Hoffmann, *Das Wachstum der deutschen Wirtschaft seit der Mitte des 19. Jahrhunderts* (Berlin, 1965), 172–173; Spree, *Wachstumstrends und Konjunkturzyklen*, 92–93.

3 Wilhelm Abel, *Agrarkrisen und Agrarkonjunktur* (2. Aufl., Hamburg, 1966), 253–357; Walther Hoffmann, «The Take-Off in Germany», in: W. W. Rostow (Hg.), *The Economics of Take-Off into Sustained Growth*, 101–103; Graf A. W. Finck von Finckenstein, *Die Entwicklung der Landwirtschaft in Preußen und Deutschland, 1800–1930* (Würzburg, 1960), 98 ff., 326, 329.

4 Hoffmann, «Take-Off», 104 ff.; Arthur Spiethoff, *Die wirtschaftlichen Wechsellagen* (Tübingen, 1955), Bd. 2, Tab. 13 u. 20. Wirtschaftshistoriker betrachten die steigenden Produktionszahlen in der Schwerindustrie nicht mehr als maßgebend für die Entwicklungen in der übrigen Wirtschaft. Dennoch haben Untersuchungen bestätigt, daß in Deutschland der Eisenbahnbau als «Führungssektor» die «Initialzündung zu nachhaltigem Wachstum» bewirkte. Carl Ludwig Holtfrerich, *Quantitative Wirtschaftsgeschichte des Ruhrkohlebergbaus im 19. Jahrhundert: Eine Führungssektoranalyse* (Dortmund, 1973); Reinhard Spree und Jürgen Bergmann, «Die konjunkturelle Entwicklung der deutschen Wirtschaft, 1840–1864», in: Hans-Ulrich Wehler (Hg.), *Sozialgeschichte Heute* (Göttingen, 1974), 289–335; Rainer Fremdling, *Eisenbahnen und deutsches Wirtschaftswachstum, 1840–1879: Ein Beitrag zur Entwicklungstheorie und zur Theorie der Infrastruktur* (Dortmund, 1975), 5–85.

5 Paul Bairoch, «Europe's Gross National Product, 1800–1975», *Journal of European Economic History*, 5 (1976), 286; Carl-Ludwig Holtfrerich, «The Growth of Net Domestic Product in Germany, 1850–1913», in: Rainer Fremdling und Patrick O' Brien (Hgg.), *Productivity in the Economies of Europe* (Stuttgart, 1983), 124–132; Hartmut Kaelble, «Der Mythos von der rapiden Industrialisierung Deutschlands», *Geschichte und Gesellschaft*, 9 (1983), 106–118. Kaelble kritisiert die Annahme einiger Anhänger der «Sonderwegsthese», die Industrialisierung in Deutschland sei schneller verlaufen als in anderen angehenden Industrieländern, denen das gelang, was in Deutschland fehlschlug: der Aufbau demokratischer politischer Strukturen. Dabei räumt er ein, daß in der hier behandelten Phase eine raschere Industrialisierung stattgefunden habe als zuvor. Zu den Problemen bei der Zusammenstellung und Auswertung von Statistiken zur Messung wirtschaftlichen Wachstums vgl. besonders Knut Borchardt, «Wirtschaftliches Wachstum und Wechsellagen, 1800–1914», in: Aubin und Zorn (Hgg.), *Handbuch*, Bd. 2, 198–203.

6 Zit. in: Hans Mottek u. a., *Studien zur Geschichte der industriellen Revolution in Deutschland* (Berlin, 1960), 165–166.

7 Wolfgang Köllmann, *Bevölkerungsgeschichte Deutschlands* (Göttingen, 1974), 37–38, und «Grundzüge der Bevölkerungsgeschichte Deutschlands im 19. und 20. Jahrhundert», *Studium Generale*, 7 (1959), 383–385; vgl. allgemein auch Wehler, *Deutsche Gesellschaftsgeschichte*, Bd. 3, 7–37. 1871 waren nur 43,6 Prozent der Einwohner von Berlin auch dort geboren, 20,2 Prozent kamen aus Brandenburg und die übrigen aus weiter entfernten Provinzen. Mottek, *Studien*, 230.

8 Hoffmann, *Wachstum*, 131, 135.

9 Wolfgang Köllmann, «Bevölkerungsgeschichte 1800–1970», in: Aubin und Zorn, (Hgg.), *Handbuch*, Bd. 2, 15; Pierre Benaerts, *Les origines de la grande industrie allemande* (Paris, 1936), 647–648.

10 Mottek, *Studien*, 230.

11 Max Weber, *Wirtschaft und Gesellschaft* (4. Aufl., Köln, 1958), 177–180, 285, 314. Vgl. auch Jürgen Kocka, «Stand-Klasse-Organisation: Soziale Ungleichheit in Deutschland vom späten 18. bis zum frühen 20. Jahrhundert im Aufriß», in: Hans-Ulrich Wehler (Hg.), *Klassen in der europäischen Sozialgeschichte* (Göttingen, 1979), 137–165.

12 1847 gehörten 31 Prozent der Diplomaten, 36 Prozent der hohen Regierungsbeamten und 21 Prozent der Generäle in der preußischen Armee zum Bürgertum oder waren seit kurzem geadelt. 1862 lauteten die entsprechenden Zahlen 27, 40 und 31 Prozent. Vgl. Nikolaus von Preradovich, *Die Führungsschichten in Österreich und Preußen, 1804–1918* (Wiesbaden, 1955), 78 ff.

13 John R. Gillis, *The Prussian Bureaucracy in Crisis, 1840–1860* (Stanford, 1971), 29–30: Otto Hintze, *Der Beamtenstaat* (Leipzig, 1911). Jürgen Kocka bezweifelt, daß die preußisch-deutsche Beamtenschaft als Klasse oder Stand betrachtet werden kann, aber seine Selbstidentifikation war mit Sicherheit ständisch. Kocka, «Stand-Klasse-Organistion», 156–157, 164.

14 Gillis, *Prussian Bureaucracy*, 49 ff.

15 Wolfram Fischer, «Government Activity and Industrialization in Germany (1815–1870)», in: Rostow (Hg.), *Economics of Take-Off*, 90, und *Wirtschaft und Staat im Zeitalter der Industrialisierung* (Göttingen, 1972). Joseph A. Schumpeter, *Konjunkturzyklen* (Göttingen, 1961), Bd. 1, 294–296.

16 W. O. Henderson, *The State and the Industrial Revolution in Prussia, 1740–1870* (Liverpool, 1958), xix, 43 ff., 96 ff., 119 ff., 150 ff.; Fischer, «Government Activity», 83 ff.; Hans und Manfred Pohl, *Deutsche Bankengeschichte* (Frankfurt a. M., 1982), Bd. 2, 43–52. Die positive Einschätzung Hendersons und Fischers zum Beitrag des Staates an der wirtschaftlichen Entwicklung während der frühen Phase der Industrialisierung wurde kritisiert von Richard Tilly in «The Political Economy of Public Finance and the Industrialization of Prussia, 1851–1866», *Journal of Economic History*, 26 (1966), 484–497, und 27 (1967), 391, *Financial Institutions and Industrialization* sowie «Soll und Haben», 298–319. Zu einem Überblick über die Kontroverse vgl. den Aufsatz von Friedrich Zunkel, in dem er sich eher auf die Seite Tillys schlägt: «Die Rolle der Bergbaubürokratie beim industriellen Ausbau des Ruhrgebiets, 1815–1848», in: Wehler (Hg.), *Sozialgeschichte Heute*, 130–147.

17 Zur Laissez-faire-Politik in der Restaurationszeit vgl. Reinhart Koselleck, *Preußen zwischen Reform und Revolution* (Stuttgart, 1967).

18 Friedrich Zunkel, *Der rheinisch-westfälische Unternehmer*, 1834–1870 (Köln, 1962); Hartmut Kaelble, *Berliner Unternehmer während der frühen Industrialisierung* (Berlin, 1972); Jürgen Kocka, *Unternehmer in der deutschen Industrialisierung* (Göttingen, 1975); W. Stahl, *Der Elitekreislauf in der Unternehmerschaft* (Frankfurt a. M., 1973), 126–131.

19 Zunkel, *Unternehmer*, 133 ff.

20 Heinrich von Treitschke, *Deutsche Geschichte im neunzehnten Jahrhundert* (Leipzig, 1927), Bd. 4, 577 ff.; Tilly, «Political Economy of Public Finance», 489, und besonders Dieter Eichholtz, *Junker und Bourgeoisie vor 1848 in der preußischen Eisenbahngeschichte* (Berlin, 1962). Der König von Hannover wird mit dem Ausspruch zitiert: «Ich will nicht, daß jeder Schuster und Schneider so rasch reisen kann wie ich.» Mottek, *Studien*, 36.

21 Als Beispiele dieser oft angeführten Thesen vgl. Helmut Böhme, *Deutschlands Weg zur Großmacht* (Köln, 1966), 16; Walter Struve, *Elites against Democracy* (Princeton, 1973), 53, sowie besonders Lothar Machtan und Dietrich Milles, *Die Klassensymbiose von Junkertum und Bourgeoisie: Zum Verhältnis von gesellschaftlicher und politischer Herrschaft in*

Preußen-Deutschland 1850–1878/79 (Frankfurt a. M., 1980), 15–33.

22 Joseph Hansen, *Gustav von Mevissen: Ein rheinisches Lebensbild, 1815–1899* (Berlin, 1906), Bd. 1, 648, 659, 664–667,722.

23 Bei mindestens einer Gelegenheit soll Ministerpräsident Otto von Manteuffel seinen Einfluß gegen Bezahlung ausgeübt haben. Tilly, *Financial Institutions*, 96–100. Bismarck warf ihm vor, auch über das Außenministerium die neuesten Informationen über die Bewegungen an ausländischen Aktienmärkten einzuholen. Moritz Busch, *Tagebuchblätter* (Leipzig, 1899), Bd. 2, 484.

24 Ernst Rudolf Huber, *Dokumente zur deutschen Verfassungsgeschichte* (2. Aufl., Stuttgart, 1964), Bd. 2, 9.

25 Henderson, *State and Industrial Revolution*, 178 ff.; Alexander Bergengrün, *Staatsminister August Freiherr von der Heydt* (Leipzig, 1908), 137 ff., 173 ff., 266 ff.; Zunkel, *Unternehmer*, 182 ff.

26 Gesetze vom 12. Mai 1851 und 21. Mai 1860, in: GSP (1851), 261–264 und GSP (1860), 201–206.

27 Bergengrün, *Heydt*, 214–216; Mottek, *Studien*, 173 ff.; Gerhard Gebhardt, *Ruhrbergbau: Geschichte, Aufbau und Verflechtung seiner Gesellschaften und Organisationen* (Essen, 1957), 5 ff., 14 ff., 23 ff.

28 Alexander Bergengrün, *David Hansemann* (Berlin, 1901), 663 ff.; Mottek, *Studien*, 169 ff.; Pohl, *Deutsche Bankengeschichte*, Bd. 2, 119–122, 171–186; Manfred Pohl, *Konzentration im deutschen Bankwesen, 1848–1980* (Frankfurt a. M., 1982), 44–96. Aufschlußreich ist das Schicksal zweier Anträge auf Zulassung einer Aktienbank im Jahre 1856. Das eine Konsortium bot ein Startkapital von 30 Millionen Talern, das andere 24 Millionen Taler. Zur ersten Gruppe gehörten der Herzog von Ratibor, der Fürst zu Hohenlohe-Öhringen, Graf Reddern, Graf Arnim-Boitzenburg, Graf Solms-Baruth, Graf Keyserling, Gustav Mevissen, Abraham Oppenheim und die Privatbank Mendelssohn & Co. Mitglieder der zweiten Gruppe waren der Erbprinz von Bentheim, M. A. von Rothschild und Söhne, Louis Ravené und Gerson Bleichröder. Natürlich hofften die Bankiers, daß ihre adeligen Freunde Einfluß auf das Staatsministerium nehmen würden. Beide Projekte wurden jedoch von den Ministern abgelehnt, die die «wirtschaftliche und politische» Richtigkeit der Zulassung finanzieller Unternehmungen dieser Größenordnung bezweifelten. Bergengrün, *Heydt*, 232–233; Hansen, *Mevissen*, Bd. 1, 664–667.

29 Tilly, *Financial Institutions*, und «Finanzielle Aspekte der preußischen Industrialisierung, 1815–1870», in: Wolfram Fischer (Hg.), *Wirtschafts- und sozialgeschichtliche Probleme der frühen Industrialisierung* (Berlin, 1968), 477–491; Pohl, *Deutsche Bankengeschichte*, Bd. 2, 80–89, 154–158.

30 Vgl. Donald B. Rohr, *The Origins of Social Liberalism* (Chicago, 1963); Nicholas Bullock und James Read, *The Movement for Housing Reform in Germany and France, 1840–1914* (Cambridge, 1985), 17–35.

31 Paul Hassel, *Joseph Maria von Radowitz* (Berlin, 1905), Bd. 1, 577–578.

32 *Stenographische Berichte über die Verhandlungen der Zweiten Kammer* (1849), 697–790; BR, 1, 134; GSP (1849), 93–124; Bergengrün, *Heydt*, 204–208; Theodore S. Hamerow, *Restoration, Revolution, Reaction: Economics and Politics in Germany, 1815–1871* (Princeton, 1958), 188–190. Die Schiedsgerichte (die heute als Vorläufer der Mitbestimmung in der Bundesrepublik gelten) führten tendenziell zu einer Polarisierung der Vertreter der Arbeiter und der Arbeitgeber und lösten sich bald auf. Heinrich Volkmann, *Die Arbeiterfrage im preußischen Abgeordnetenhaus, 1848–1869* (Berlin, 1968), 39–46; Hans Jürgen Teuteberg, *Geschichte der industriellen Mitbestimmung in Deutschland: Ursprung und Entwicklung ihrer Vorläufer im Denken und in der Wirklichkeit des 19. Jahrhunderts* (Tübingen, 1961), 326 ff.

33 Gesetz vom 16. Mai 1853. GSP (1853), 225–227; Bergengrün, *Heydt*, 208 ff.; Hamerow, *Restoration, Revolution, Reaction*, 234–236; Volkmann, *Arbeiterfrage*, 47–59.

34 Gesetze vom 3. u. 10. April 1854. GSP (1854), 138–142; Hans Mottek, *Wirtschaftsgeschichte Deutschlands* (Berlin, 1964), Bd. 2, 232–233, 241–245; Elisabeth Todt, *Die gewerkschaftliche Betätigung in Deutschland von 1850 bis 1859* (Berlin, 1950), 71 ff. Unter dem Gesetz vom 3. April wuchs die Zahl der Gemeinden, deren Satzungen Unterstützungsvereine vorsahen, von 226 auf 3644 mit insgesamt 427 190

Mitgliedern, von denen 170847 (40 Prozent) Fabrikarbeiter waren. 1861 gab es in Preußen 378521 Fabrikarbeiter; weniger als die Hälfte von ihnen waren somit versichert. Da der monatliche Beitrag der Arbeitgeber die Hälfte des Arbeiteranteils ausmachte (mitunter noch weniger), kam es vor allem auf die Mitgliederzahl an, die 1860 im Durchschnitt bei 117 lag. Daher waren die meisten Vereine finanziell schwach und konnten nur eine unzureichende Unterstützung gewähren. Volkmann, *Arbeiterfrage*, 64, 76–77.

35 Jürgen Kuczynski, *Die Geschichte der Lage der Arbeiter unter dem Kapitalismus* (Berlin, 1962), Bd. 2, 146, 152, sowie Hoffmann, *Wachstum*, 492. Kuczynskis Vergleichszahl der Reallöhne (1900 = 100) sank zwischen 1850 und 1855 von 88 auf 55 und erholte sich bis 1858 wieder auf 75, einen bis 1863 (76) nicht mehr erreichten Spitzenwert. Den Höchststand in den 1860er Jahren markierte 82 im Jahre 1864, auf den bis 1867 ein Niedergang auf 67 folgte. Am Ende des Jahrzehnts stand die Vergleichszahl bei 77, immer noch beträchtlich niedriger als 1850. Zu einer Kritik an solchen Preisindizes vgl. W. G. Hoffmann und J. H. Müller, *Das deutsche Volkseinkommen, 1851–1957* (Tübingen, 1959), 14–15.

36 Todt, *Die gewerkschaftliche Betätigung*, 51–70.

37 GSP (1850), 277–283. Zur Arbeiterbewegung der Jahre nach der Revolution und ihrer Unterdrückung vgl. Frolinde Balser, *Sozial-Demokratie 1848/49–1863: Die erste deutsche Arbeiterorganisation «Allgemeine Arbeiterverbrüderung» nach der Revolution* (Stuttgart, 1962).

38 GSP (1850), 77–138; A. Sartorius von Waltershausen, *Deutsche Wirtschaftsgeschichte, 1815–1914* (2. Aufl., Jena, 1923), 140.

39 Theodor Freiherr von der Goltz, *Geschichte der deutschen Landwirtschaft* (Stuttgart, 1903), Bd. 2, 180ff., und Frieda Wunderlich, *Farm Labor in Germany, 1810–1945* (Princeton, 1961), 8ff.

40 Hans Rosenberg, «Die Demokratisierung der Rittergutsbesitzerklasse», in: *Zur Geschichte und Problematik der Demokratie: Festgabe für Hans Herzfeld* (Berlin, 1958), 463–466. Vgl. auch Goltz, *Geschichte der deutschen Landwirtschaft*, Bd. 2, 165ff., Finckenstein, *Entwicklung der Landwirtschaft*, 109ff.; Ernst Klein, *Geschichte der deutschen Landwirtschaft im Industriezeitalter* (Wiesbaden, 1973), 69–91.

41 Abel, *Agrarkrisen und Agrarkonjunktur*, 244–257. Zu den Ernteerträgen vgl. Finckenstein, *Entwicklung der Landwirtschaft*, 99, 326, 329; zu Preisen vgl. Hoffmann, *Wachstum*, 552, sowie Alfred Jacobs und Hans Richter, *Die Großhandelspreise in Deutschland von 1792 bis 1934: Sonderhefte des Instituts für Konjunkturforschung*, Bd. 37 (1935) 52–53.

42 Goltz, *Geschichte der deutschen Landwirtschaft*, Bd. 2, 171–177; Wolfgang Zorn, «Wirtschafts- und sozialgeschichtliche Zusammenhänge der deutschen Reichsgründungszeit (1850–1879)», *Historische Zeitschrift*, 179 (1963), 327ff. Von den ursprünglich 480 Investoren der 61 in den 1850er Jahren gegründeten Aktiengesellschaften waren 31,7 Prozent Kaufleute, 14,8 Prozent Fabrikanten, 12,9 Prozent Beamte, 10,8 Prozent Bankiers, 6,9 Prozent Großgrundbesitzer und 1,3 Prozent gehörten dem Militär an. Horst Blumberg, «Die Finanzierung der Neugründungen und Erweiterungen von Industriebetrieben in Form der Aktiengesellschaften während der fünfziger Jahre des neunzehnten Jahrhunderts, am Beispiel der preußischen Verhältnisse erläutert», in: Mottek, *Studien*, 196.

43 William O. Shanahan, *German Protestants Face the Social Question* (Notre Dame, 1954), Bd. 1, 278, 321–322.

44 Hans Rosenberg, *Rudolf Haym und die Anfänge des klassischen Liberalismus* (München, 1933), 143ff.

45 Zu den gesellschaftlichen und politischen Einstellungen der neuen Unternehmerschicht vgl. besonders Friedrich Zunkel, *Unternehmer*; Eugene Anderson, *The Social and Political Conflict in Prussia, 1858–1864* (Lincoln, 1954), 18ff., 148ff., und Theodore Hamerow, *The Social Foundations of German Unification, 1858–1871: Ideas and Institutions* (Princeton, 1969), 97ff.

46 Mevissen, einem Anhänger von Hegel und St. Simon, schien es, «daß die materiellen Interessen die einzige Stelle bilden, von wo aus eine bessere Zukunft sich zu gestalten vermag». Hansen, *Mevissen*, Bd. 1, 616, 694–695, 708, 738.

47 James Sheehan, *Der deutsche Liberalismus. Von den Anfängen im 18. Jahrhundert bis zum Ersten Weltkrieg. 1770–1914* (München, 1983), 98–105;

Anderson, *Social and Political Conflict*, 445. Vgl. auch Preradovich, *Führungsschichten*, 154ff., und Reinhard Adam, «Der Liberalismus in der Provinz Preußen zur Zeit der Neuen Ära und sein Anteil an der Entstehung der deutschen Fortschrittspartei», in: Verein für die Geschichte von Ost- und Westpreußen, *Altpreußische Beiträge* (Königsberg, 1933), 145–181.

48 Zunkel, *Unternehmer*, 182ff.; Hansgeorg Schroth, *Welt- und Staatsideen des deutschen Liberalismus in der Zeit der Einheits- und Freiheitskämpfe, 1859–1866* (Berlin, 1931), 59–74, und Adalbert Hess, *Das Parlament, das Bismarck widerstrebte* (Köln, 1964); Sheehan, *Der deutsche Liberalismus*, 97–100.

49 Werner Sombart, *Die deutsche Volkswirtschaft im neunzehnten Jahrhundert* (2. Aufl., Berlin, 1909), 466; Otto Bandmann, *Die deutsche Presse und die Entwicklung der deutschen Frage, 1864–1866* (Leipzig, 1910), 182–191.

50 Thomas Nipperdey, «Verein als soziale Struktur in Deutschland im späten 18. und frühen 19. Jahrhundert», in: Hartmut Boockmann, Arnold Esch, Hermann Heimpel, Thomas Nipperdey und Heinrich Schmidt (Hgg.), *Geschichtswissenschaft und Vereinswesen im 19. Jahrhundert* (Göttingen, 1972), 1–44; Gebhardt, *Ruhrbergbau*, 20–21; Helmut Böhme, *Deutschlands Weg zur Großmacht: Studien zum Verhältnis von Wirtschaft und Staat während der Reichsgründungszeit, 1848–1881* (Köln, 1966), 87–90, 104–105; Zorn, «Zusammenhänge», 236; Hamerow, *Social Foundations*, Bd. 1, 340–348. Der Nationalverein umging das gesetzliche Verbot politischer Vereinigungen durch die Gründung einer nationalen Organisation ohne Ortsgruppen, eine Möglichkeit, die der Gesetzgeber in den frühen 1850er Jahren nicht vorausgesehen hatte. Dies diente als Modell für den Reformverein, die Deutsche Fortschrittspartei und Lassalles Allgemeinen Deutschen Arbeiterverein. Der Vereinstag deutscher Arbeiter verfolgte einen anderen Weg und gründete örtliche Vereinigungen, die offiziell keiner Gesamtorganisation angehörten, sondern nur zu einer Jahrestagung zusammenkamen. Balser, *Sozial-Demokratie*, Bd. 1, 483–489.

51 Vgl. oben 71–75.

52 GW, X, 18–20, 47–86, 110–129; XIV, 160–161.

53 GW, X, 49; XIV, 302.

54 GW, II, 137.

55 GW, I, 17, 114; II, 321; VII, 24–25.

56 GW, XIV, 223.

57 GW, I, 52ff., 63, 121, 246ff. Ebenso Friedrich W. Lange, *Bismarck und die öffentliche Meinung Süddeutschlands während der Zollvereinskrise, 1850 bis 1853* (Gießen, 1922) und Arnold Oskar Meyer, *Bismarcks Kampf mit Österreich am Bundestag zu Frankfurt, 1851–1859* (Berlin, 1927), 355–356.

58 GW, II, 239. Daß Bismarck die Bedeutung öffentlicher Unterstützung für die Außenpolitik kannte, zeigte sich auch in seinem Bemühen, den Landtag zu ermutigen, zu jenen Punkten Stellung zu beziehen, die Österreich und Preußen spalteten. GW, I, 116; II, 299, 320–324; III, 70–71; XIV, 487, 544. Er hielt die übereifrige Jagd der Berliner Polizei auf Demokraten den Außenbeziehungen Preußens zwar für abträglich, befürwortete aber das Verbot von Zeitschriften, die die Regierungspolitik kritisierten oder nicht unterstützten. GW, I, 317, 515–516; XIV, 390.

59 GW, I, 505–506.

60 GW, I, 375.

61 GW, XIV, 329.

62 GW, IX, 90–94.

63 Bismarcks «Bonapartismus», der unter seinen Zeitgenossen viel diskutiert wurde, war auch Gegenstand zahlreicher Aufsätze und Bücher der jüngeren historischen Literatur. Wenn Napoleons III. Politik und Handeln in den 1850er Jahren Bismarck etwas über das Wesen der Politik und vor allem des politischen Taktierens gelehrt hatten, konnte er in den 1860er Jahren kaum vom Vorgehen des Kaisers in den inneren (das liberale Kaisertum) und äußeren Angelegenheiten (das Scheitern der mexikanischen Expedition, der Krieg zwischen Österreich und Preußen, die Luxemburg-Krise) beeindruckt gewesen sein. Die übrigen Ähnlichkeiten ihrer Politik – jener Napoleons in den 1850er und Bismarcks in den 1860er Jahren – sind wahrscheinlich eher auf vergleichbare Situationen und Möglichkeiten zurückzuführen als auf Bismarcks bewußtes Nacheifern eines Mannes, den er im Grunde verachtete. Aus der Wahrnehmung dieser Ähnlichkeiten haben Wehler, Stürmer und andere ein Modell entwickelt, das keine allgemeine Zustimmung gefunden hat. Vgl. Hans-Ulrich Wehler, *Das deutsche Kaiserreich, 1871–1918* (4. Aufl., Göttingen, 1980); Michael Stürmer, *Regierung und*

Reichstag im Bismarckstaat: Cäsarismus oder Parlamentarismus (Düsseldorf, 1974); Lothar Gall, «Bismarck und der Bonapartismus», *Historische Zeitschrift*, 223 (1976), 618–624; Elisabeth Fehrenbach, «Bonapartismus und Konservatismus in Bismarcks Politik», *Francia*, Sonderheft (1977) und Allan Mitchell, «Bonapartism as a Model for Bismarckian Politics», Kommentare von Otto Pflanze, Claude Fohlen und Michael Stürmer, *Journal of Modern History*, 49 (1977), 181–209; Otto Pflanze, «Bismarcks Herrschaftstechnik als Problem der gegenwärtigen Historiographie», *Historische Zeitschrift*, 234 (1982), 562–599.

64 An den Reichstag, 22. April 1869. GW, XI, 50.

II. Petersburg und Paris

1 Zu einem Vergleich der beiden Persönlichkeiten vgl. Herman von Petersdorff, *König Friedrich Wilhelm der Vierte* (Stuttgart, 1900), 1 ff., und Erich Marcks, *Kaiser Wilhelm I.* (9. Aufl., Berlin, 1943), 65 ff., sowie allgemein zu Friedrich Wilhelm IV. Walter Bußmann, *Zwischen Preußen und Deutschland. Friedrich Wilhelm IV. Eine Biographie* (Berlin, 1990).

2 Petersdorff, *Friedrich Wilhelm IV.*, 165 ff.; Marcks, *Wilhelm I.*, 172 ff.; GW, XV, 132–133.

3 Siegfried Bahne, «Vor dem Konflikt: Die Altliberalen in der Regentschaftsperiode der ‹Neuen Ära›», in: Ulrich Engelhardt u. a. (Hgg.), *Soziale Bewegung und politische Verfassung* (Stuttgart, 1976), 154–161; Walter Schmidt, *Die Partei Bethmann-Hollweg und die Reaktion in Preußen, 1850–58* (Berlin, 1910); Justus von Gruner, «Rückblick auf mein Leben», *Deutsche Revue*, Bd. 26, Nr. 2 (1901), 180–193; Reinhard Müller, *Die Partei Bethmann-Hollweg und die orientalische Krise, 1853–1856* (Halle, 1926).

4 Ernst Berner (Hg.), *Kaiser Wilhelms des Großen Briefe, Reden und Schriften* (Berlin, 1906), Bd. 1, 203, 230–234, 269–275, 449, 479–482; Heinrich von Poschinger (Hg.), *Preußens auswärtige Politik 1850 bis 1858: Unveröffentlichte Dokumente aus dem Nachlasse des Ministerpräsidenten Otto Freiherrn von Manteuffel* (Berlin, 1902), Bd. 1, 44–45, 72–73, 107–111; Bd. 2, 349; Horst Kohl (Hg.), *Anhang zu den Gedanken und Erinnerungen von Otto Fürst von Bismarck* (Stuttgart, 1901), Bd. 1, 47; APP, II/1, 266; Marcks, *Wilhelm I.*, 98 ff.

5 GW, XV, 141. Der russische Gesandte Budberg war der gleichen Meinung. APP I/1, 55. Zur politischen Ausrichtung des Ministeriums vgl. Alexander Bergengrün, *Staatsminister August Freiherr von der Heydt* (Leipzig, 1908), 247 ff.; Gruner, «Rückblick», 333 ff.; Heinrich von Poschinger (Hg.) *Erinnerungen aus dem Leben von Hans Viktor von Unruh* (Stuttgart, 1895), 198–199, und Karl Heinz Börner, *Die Krise der preußischen Monarchie von 1858–1862* (Berlin, 1976), 39–54.

6 Vgl. Sigmund Neumann, *Die Stufen des preußischen Konservatismus* (Berlin, 1930), 130 ff.

7 Bahne, «Vor dem Konflikt», 162–164; Börner, *Krise der preußischen Monarchie*, 49–50; Friedrich Thorwart (Hg.), *Hermann Schulze-Delitzschs Schriften und Reden* (Berlin, 1909–1913), Bd. 4, 18–19; Bd. 5, 133–134; Gerhard Eisfeld, *Die Entstehung der liberalen Parteien in Deutschland* (Hannover, 1969); Schmidt, *Partei Bethmann-Hollweg*, 219–245; Wilhelm Biermann, *Franz Leo Benedikt Waldeck: Ein Streiter für Freiheit und Recht* (Paderborn, 1928), 253–255, 290. Zu Waldeck vgl. besonders Ludwig Dehio, «Benedikt Waldeck», *Historische Zeitschrift*, 136 (1927), 25–57. Zu Schulze-Delitzsch vgl. auch Rita Aldenhoff, *Schulze-Delitzsch. Ein Beitrag zur Geschichte des Liberalismus zwischen Revolution und Reichsgründung* (Baden-Baden, 1984). Der Wunsch nach einem parlamentarischen Regierungssystem nach englischem Vorbild ist in der Literatur des deutschen Liberalismus die große Ausnahme. Ein solcher Fall (eingeschränkt durch «unter bestimmten Umständen») findet sich im Brief von Georg Fincke an Justus Gruner vom 26. November 1856, zit. in: Bahne, «Vor dem Konflikt», 162.

8 Friedrich von Bernhardi (Hg.), *Aus dem Leben Theodor von Bernhardis* (Leipzig, 1893–1905), Bd. 3, 156–157; Ernst II., Herzog von Sachsen-Coburg-Gotha, *Aus meinem Leben und aus meiner Zeit* (Berlin, 1887–1889), Bd. 2, 393–394.

9 GW, II, 302–322.

10 GW, II, 217–223.

11 GW, II, 317–322, auch 370–371.

12 APP, I/1, 52–54, 60–62, 67; Boris Nolde, *Die Petersburger Mission Bismarcks, 1859–1862:*

Rußland und Europa zu Beginn der Regierung Alexander II. (Leipzig, 1936), 1–2; Christian Friese, *Rußland und Preußen vom Krimkrieg bis zum polnischen Aufstand* (Berlin, 1931), 152ff.

13 GW, XIV, 495. Wie üblich, machte er für sein politisches Mißgeschick eine weibliche Intrige verantwortlich und behauptete, die Frau seines Nachfolgers, Gräfin Usedom, habe sich nach der Gesellschaft und dem Klima von Frankfurt gesehnt. GW, XV, 135ff.

14 Joseph A. von Hübner, *Neun Jahre der Erinnerungen eines österreichischen Botschafters in Paris unter dem zweiten Kaiserreich, 1851–1859* (Berlin, 1904), Bd. 2, 150–151.

15 Bismarck an Alvensleben, 5. Mai 1859. [Hans Goldschmidt (Hg.)], «Neue Briefe von und über Bismarck», *Deutsche Allgemeine Zeitung*, 14. März 1937, Nr. 121–122, S. 1, 1. Beiblatt. Auszüge aus diesem Brief wurden veröffentlicht in: GW, XIV, 517, und Arnold Oskar Meyer, *Bismarcks Kampf mit Österreich am Bundestag zu Frankfurt, 1851–1859* (Berlin, 1927), 480–481.

16 GW, III, 38. Vgl. auch III, 33–34, und Leopold von Gerlach, *Denkwürdigkeiten* (Berlin, 1891), Bd. 2, 652.

17 APP, I/1, 172–176, 274–284, 421–424, 467–468, 546–555, 646–647, 654–657, 749–756; Berner, *Kaiser Wilhelm*, Bd. 1, 453–461, 497–501; Hans Kentmann, «Preußen und die Bundeshilfe an Österreich im Jahre 1859», *Mitteilungen des Österreichischen Instituts für Geschichtsforschung*, Ergänzungsband 12 (1933), 297–415.

18 GW, III, 22–23, 33, 58, 61; VII, 40–41; XIV, 516, 519; Nolde, *Petersburger Mission*, 62ff.

19 Johannes Schultze (Hg.), *Kaiser Wilhelms I. Weimarer Briefe* (Berlin, 1924), Bd. 2, 15–16; Gruner, «Rückblick», 78; Nolde, *Petersburger Mission*, 67.

20 Zur Entwicklung des deutschen Nationalgefühls vgl. Heinrich Ritter von Srbik, *Deutsche Einheit: Idee und Wirklichkeit vom Heiligen Reich bis Königgrätz* (München, 1935–1942), Bd. 2, 297ff., 377ff., auch Kurt von Raumer, «Das Jahr 1859 und die deutsche Einheitsbewegung in Bayern», in: Herman Haupt (Hg.), *Quellen und Darstellungen zur Geschichte der Burschenschaft und der deutschen Einheitsbewegung* (Heidelberg, 1925), Bd. 8, 273–327, und Annie Mittelstaedt, *Der Krieg von 1859: Bismarck und die öffentliche Meinung in Deutschland* (Stuttgart, 1904).

21 Vgl. Srbik, *Deutsche Einheit*, Bd. 3, 3ff., und Adolf Rapp, *Großdeutsch-Kleindeutsch*, in: *Der deutsche Staatsgedanke* (München, 1922); Hermann Oncken, *Rudolf von Bennigsen* (Stuttgart, 1910), Bd. 1, 346ff.; Shlomo Naaman, *Der deutsche Nationalverein. Die politische Konstituierung des deutschen Bürgertums 1859–1867* (Düsseldorf, 1987); Paul Herrmann, *Die Entstehung des deutschen Nationalvereins und die Gründung seiner Wochenschrift* (Leipzig, 1932); Walter Grube, *Die Neue Ära und der Nationalverein: Ein Beitrag zur Geschichte Preußens und der Einheitsbewegung* (Marburg, 1933); Kurt Bachteler, *Die öffentliche Meinung in der italienischen Krise und die Anfänge des Nationalvereins in Württemberg 1859* (Tübingen, 1934).

22 Hermann Oncken, «Der Nationalverein und die Anfänge der deutschen Arbeiterbewegung 1862–1863», *Archiv für die Geschichte des Sozialismus und der Arbeiterbewegung*, 2 (1912), 120–127.

23 GW, XV, 158–159; Robert von Keudell, *Fürst und Fürstin Bismarck: Erinnerungen 1846–1872* (Berlin, 1901), 72.

24 Unruh war der letzte Sprecher der Preußischen Nationalversammlung vor deren Auflösung im Dezember 1848. 1856 versuchte Bismarck, ihn vor der Verfolgung durch die Regierung Manteuffel zu schützen. GW, XIV, 560; Unruh, *Erinnerungen*, 194ff.

25 GW, VII, 37–39. Der Zeitpunkt dieses Gesprächs ist unsicher. Unruh verfaßte seinen Bericht einige Zeit nach dem Geschehen, und die beschriebenen Umstände decken sich mit keinem von Bismarcks Berlin-Aufenthalten während dieser Zeit genau. Willy Andreas datierte ihn auf Mitte März. *Ebd.* Erich Eyck folgte dieser Darstellung. *Bismarck: Leben und Werk* (Zürich, 1941–1944), Bd. 1, 296. Egmont Zechlin entschied sich jedoch für den 24. September. *Bismarck und die Grundlegung der deutschen Großmacht* (Stuttgart, 1930), 155. Boris Nolde scheint den wahrscheinlicheren Zeitraum gewählt zu haben, die zweite Julihälfte. *Petersburger Mission*, 204.

26 Horst Kohl (Hg.), *Bismarck-Jahrbuch*, 4 (1897), 154–157.

27 Unruh, *Erinnerungen*, 209ff.; GW, III, 64; VII, 129; XIII, 155.

28 L. Raschdau (Hg.), *Bismarcks Briefwechsel mit dem Minister von Schleinitz, 1858–1861* (Stuttgart, 1905), 47; Kohl (Hg.), *Anhang*, Bd. 2, 304; Grube, *Neue Ära und Nationalverein*, 36ff. Er wurde durch Bismarcks Enthüllung, daß Unruh ihn gerne als Außenminister sähe, sicher nicht ermutigt. Unruh, *Erinnerungen*, 209.

29 Heinrich von Sybel, zit. in: Bernhardi, *Aus dem Leben*, Bd. 3, 313. Vgl. auch APP, II/1, xi.

30 APP, II/1, 63–64, 80–83, 259–266; Rudolf Haym, *Das Leben Max Dunckers* (Berlin, 1891), 211ff.; GW, XIV, 545.

31 GW, XV, 161ff.

32 GW, III, 67; Alexander von Below-Hohendorf an Moritz von Blanckenburg, 7. Dezember 1859. «Neue Briefe von und über Bismarck», *Deutsche Allgemeine Zeitung*, 9. Juli 1937, Nr. 312–313, Beiblatt.

33 Bernhardi, *Aus dem Leben*, Bd. 3, 305. Im Landtag erfuhr Bismarck, daß sein alter Gegner Georg von Vincke ihn wegen seines Eintretens gegen eine österreichische Hegemonie in Deutschland lobte. Es kursierten sogar Gerüchte über ein bevorstehendes Ministerium Bismarck-Vincke. Eyck, *Bismarck*, Bd. 1, 350.

34 GW, XV, 161–162; VII, 113. Das Datum der Konferenz ist unsicher. Am 26. März diskutierten die Minister das Thema in einem Kronrat, und Wilhelm traf seine Entscheidung für einen Mittelweg. Am 5. April bittet Schleinitz um seine Entlassung, vergeblich. APP, II/1, 282–285. Am 10. April schrieb Bismarck, wenn es «vor zehn Tagen» tatsächlich eine Krise über die Position des Außenministers gegeben habe, sei sie «jetzt» vorüber, wenngleich die Frage des weiteren Vorgehens noch immer ungeklärt sei. Acht Tage zuvor hatte der Regent ihm die Erlaubnis erteilt, nach Petersburg zurückzukehren, aber sein Paß war nicht angekommen. GW, XIV, 545. Die Presse berichtete über Bismarcks Anwesenheit im Schloß am 3. und 11. April. Horst Kohl (Hg.), *Fürst Bismarck: Regesten zu einer wissenschaftlichen Biographie des ersten Reichskanzlers* (Stuttgart, 1891–1892), Bd. 1, 166.

35 Haym, *Duncker*, 213.

36 APP, II/1, 259–266, 282–285.

37 Werner E. Mosse, *The European Powers and the German Question, 1848–1871* (Cambridge, 1958), 87ff.; Nolde, *Petersburger Mission*, 135ff.

38 Leopold von Gerlach, *Denkwürdigkeiten*, Bd. 2, 718–719; Haym, *Duncker*, 213; Bernhardi, *Aus dem Leben*, Bd. 3, 328–329, 337–339; Bd. 4, 14, 32, 294, 306.

39 GW, XIV, 548–549; auch VII, 39. Gegenüber seinem alten Freund Moritz von Blanckenburg war er offener. «Rußland gönnt uns wenig, England nichts, aber schlimmer noch als Frankreich sind Oestreich und die Ultramontanen für uns. Frankreich wird aus Übermut und Zügellosigkeit oft unser Feind sein, aber es kann wenigstens leben, ohne uns zu bekämpfen. Oestreich aber und Reichensperger können nur gedeihen auf dem Felde, wo Preußen als Dünger untergepflügt wird. Das Kleben an dem slavisch-romanischen Mischlingsstaat an der Donau, das Huren mit Papst und Kaiser ist minestens ebenso landesverrätherisch gegen Preußen und Evangelisches Bekenntnis, ja gegen Deutschland, wie der schnödeste kahlste Rheinbund. An Frankreich können wir höchstens Provinzen, und zeitweise verlieren, an Oestreich aber ganz Preußen, zeitlich und ewig.» Bismarck an Moritz von Blanckenburg, 12. Februar 1860. «Neue Briefe von und über Bismarck», *Deutsche Allgemeine Zeitung*, 9. Juli 1937, Nr. 312–313, Beiblatt.

40 Oncken, *Bennigsen*, Bd. 1, 341ff., 364ff., 377–378, 521–522; Otto Westphal, *Welt- und Staatsauffassung des deutschen Liberalismus* (München, 1919), 141ff. Typisch war eine Streitschrift von Karl Twesten, die behauptete, als wäre dies allgemein bekannt, daß sich der Junkergesandte während seines Deutschlandaufenthalts im Jahre 1860 bemüht habe, auf Kosten deutschen Bodens ein Bündnis mit Frankreich und Rußland zustandezubringen. *Was uns noch retten kann: Ein Wort ohne Umschweife* (Berlin, 1861), 47.

41 GW, XIV, 561–562.

42 GW, XIV, 560.

43 GW, III, 100–101.

44 GW, XIV, 558–560. Im November schrieb er erneut an Auerswald: «Auf die Dauer haben wir jedenfalls nur Eine zuverlässige Stütze, (wenn wir sie nicht absichtlich verwerfen), das ist die nationale Kraft des deutschen Volkes, so lange es in der Preußischen Armee seinen Vorkämpfer und die Hoffnung seiner

Zukunft erblickt, und so lange es nicht erlebt, daß wir Gefälligkeitskriege für andre Dynastien als die Hohenzollernsche führen.» GW, XIV, 564–565.

45 GW, XIV, 561–562. Zu Bismarcks Einfluß auf Below vgl. Ernst Ludwig von Gerlach, *Aufzeichnungen aus seinem Leben und Wirken, 1795–1877* (Schwerin, 1903), Bd. 2, 233.

46 Der Wunsch nach einem Bündnis mit Frankreich und Preußen, den Alexander im Juni 1860 gegenüber Bismarck äußerte, beruhte auf dem Glauben, daß die beiden konservativen Mächte Napoleon dadurch am kurzen Zügel halten könnten. Wenige Tage später berichtete Bismarck über Anzeichen einer wachsenden Antipathie Alexanders gegenüber Frankreich. Ludwig Raschdau (Hg.), *Die politischen Berichte des Fürsten Bismarck aus Petersburg und Paris, 1859–1862* (Berlin, 1920), Bd. 1, 115–116, 128–129.

47 Zum allgemeinen Problem der Annäherung zwischen Paris und Petersburg vgl. Ernst Schüle, *Rußland und Frankreich vom Ausgang des Krimkrieges bis zum italienischen Krieg 1856–1859* (Königsberg, 1935), 141–149; Friese, *Rußland und Preußen*, 13 ff., 88 ff., 124 ff.; Mosse, *European Powers*, 87–93; auch Alfred Stern, «Ein russisch-französischer Bündnisplan 1858», *Europäische Gespräche*, 9 (1931), 30–39.

48 GW, III, 305; auch 390; Friedrich Frahm, *Bismarcks Stellung zu Frankreich bis zum 4. Juli 1866* (Kiel, 1911), 50 ff. Zu Gortschakow vgl. Nolde, *Petersburger Mission*, 25 ff., und François Charles Roux, *Alexandre II, Gortchakoff, et Napoléon III* (Paris, 1913), 115–116.

49 GW, III, 207; XIV, 549; VII, 39. Im Januar 1862 schrieb er an Bernstorff: «Frankreich und Oesterreich aber sind, jedes in seiner Art, berufen, der Regel nach Gegner Preußens zu sein, und werden hierzu nicht durch die Willkür ihrer augenblicklichen Machthaber, sondern durch die Schwerkraft dauernder geschichtlicher Verhältnisse bestimmt.» GW, III, 315.

50 GW, III, 69–70, 220, 251, 289–290; auch I, 505.

51 GW, III, 291; Friese, *Rußland und Preußen*, 238–239; Gerhard Heinze, *Bismarck und Rußland bis zur Reichsgründung* (Würzburg, 1939), 25–26. Lange vor seinem Eintreffen in Petersburg war er dem Zaren als «nützlicher und sehr ergebener Freund» bekannt. F. de Martens, *Recueil des traités et conventions conclus par la Russie avec les puissances étrangères* (St. Petersburg, 1874–1909), Bd. 8, 453.

52 Mosse, *European Powers*, 93–101.

53 GW, III, 174, 305, 327; Friese, *Rußland und Preußen*, 247–248.

54 GW, XIV, 436, 440, 468.

55 Nach Lord Bloomfield, dem britischen Gesandten in Berlin, bestand Bismarcks Motiv darin, sich bei Prinz Wilhelm einzuschmeicheln. Veit Valentin, «Bismarck and England in the Earlier Period of His Career», *Transactions of the Royal Historical Society*, 4. Reihe, 20 (London, 1937), 28.

56 Er erkannte, daß Gortschakows Interesse an einer solchen Verbindung nicht ehrlich gemeint war. Dessen Absicht bestand darin, das anglo-französische Bündnis zu durchbrechen und Frankreich dazu zu zwingen, eine Verständigung mit Rußland zu suchen. GW, III, 158; Friese, *Rußland und Preußen*, 240.

57 Heinze, *Bismarck und Rußland*, 16.

58 GW, III, 70.

59 GW, XIV, 549.

60 GW, III, 115, 118; APP, III/1, 653–655, 663–669. Cavour begegnete konservativen Protesten mit dem Argument, er habe durch die Unterstützung Garibaldis das monarchische Prinzip in Italien gerettet, indem er den Republikanern die nationale Sache entrissen habe. APP, III/1, 683–685.

61 Nolde, *Petersburger Mission*, 127–128, 135 ff., 148 ff.

62 GW, III, 147–148, 179, 314, 319.

63 Zechlin nahm eine ähnliche Position ein, sah die entsprechenden Motive aber in einem etwas anderen Licht. *Grundlegung, 157–158.*

64 GW, XIV, 486–487. Zu Belows Brief vgl. Kohl (Hg.), *Jahrbuch*, Bd. 3, 127–129.

65 GW, III, 71–76.

66 Friese, *Rußland und Preußen*, 243 ff.

67 Paul Bailleu, «Der Prinzregent und die Reform der deutschen Kriegsverfassung», *Historische Zeitschrift*, 78 (1897), 385–402.

68 Grube, *Neue Ära und Nationalverein*, 119–120; Friedrich Curtius (Hg.), *Denkwürdigkeiten des Fürsten Chlodwig zu Hohenlohe-Schillingsfürst* (Stuttgart, 1907), Bd. 1, 111; Wilhelm Schüßler (Hg.), *Die Tagebücher des Freiherrn Reinhard von Dalwigk zu Lichtenfels aus den Jahren 1860–1871* (Stuttgart, 1920), 39 ff.

69 Hermann Oncken (Hg.), *Großherzog Friedrich I. von Baden und die deutsche Politik von 1854–1871* (Stuttgart, 1927), Bd. 1, 115–153, 251 ff.

70 Die Kabinettskrise, die zu Roons Schritt geführt hatte, war eher innen- als außenpolitischer Natur. Die Minister der «Neuen Ära» hatten sich Wilhelms Ehrgeiz widersetzt, die preußischen Stände bei seiner Krönung in Königsberg einen Treueid leisten zu lassen, da dies einer konstitutionellen Monarchie nicht angemessen sei. Roon und Edwin von Manteuffel sahen in der Krise die Möglichkeit, das Staatsministerium zu spalten und sich der verbliebenen liberalen Minister zu entledigen. Als Bismarck schließlich in Deutschland eintraf, hatte Wilhelm bereits nachgegeben; die Krise war vorüber. Zechlin, *Grundlegung*, 194–195.

71 Es existieren zwei Versionen dieses Dokuments: Eines wurde im Juli für den König aufgesetzt, das andere im September für führende Mitglieder der Konservativen Partei. Die Wortwahl ist in der ersten Fassung radikaler, da sie sich gegen einen ähnlichen Plan Roggenbachs behaupten mußte, während die zweite Fassung die Konservativen zu einem Kurswechsel in der deutschen Frage bewegen sollte. Hermann Oncken, «Die Baden-Badener Denkschrift Bismarcks über die deutsche Bundesreform (Juli 1861)», *Historische Zeitschrift*, 145 (1931), 106–130. Oncken druckte die Fassung vom Juli ab; die vom September findet sich in GW, III, 266–270.

72 In der Juli-Version wurde argumentiert, die Annahme des Vorschlags im nicht-österreichischen Deutschland liege «nicht außer dem Bereiche des politisch Möglichen», aber Österreich sei der Stolperstein zu dessen allgemeiner Annahme. In beiden Fassungen räumte er ein, daß eine Annahme durch Österreich nur möglich wäre, wenn es seine deutschen und nichtdeutschen Provinzen so drastisch teilte, daß als einzige Verbindung eine Personalunion unter dem Kaiser erhalten bliebe.

73 In der Juli-Version ist der Wortlaut etwas anders: «als das wirksamste, vielleicht als das einzige und notwendige Bindemittel».

74 GW, XIV, 578–579. Der Brief war eine Kritik am Programm des von Hermann Wagener gegründeten konservativen Volksvereins.

75 Seit den 1850er Jahren wurde der Gedanke eines Zollverein-Parlaments öffentlich diskutiert. 1861 fand er Unterstützung durch den ersten Deutschen Handelstag, eine Vereinigung von Geschäftsleuten unter dem Vorsitz von David Hansemann. W. O. Henderson, *The Zollverein* (Cambridge, 1939), 285 ff.; Oncken, *Bennigsen*, Bd. 1, 499; HW, I, 113.

76 Zechlin, *Grundlegung*, 164–165.

77 GW, XIV, 555.

78 Kurt Promnitz, *Bismarcks Eintritt in das Ministerium* (Berlin, 1908), 19–32.

79 Oncken (Hg.), *Großherzog Friedrich I.*, Bd. 1, 278–312; Karl Ringhoffer, *The Bernstorff Papers* (London, 1908), Bd. 2, 90 ff.; Gruner, *Rückblick*, 159. Während seiner einjährigen Amtszeit unternahm Bernstorff keinen ernsthaften Versuch, ein Bündnis mit dem Nationalverein einzugehen. Grube, *Neue Ära und Nationalverein*, 128 ff.

80 Ludwig Aegidi und Alfred Klauhold (Hgg.), *Das Staatsarchiv: Sammlung der officiellen Aktenstücke zur Geschichte der Gegenwart*, Bd. 2 (1862), 1–21; DPO, II, 53–55; Srbik, *Deutsche Einheit*, Bd. 3, 375–376.

81 Oncken, *Bennigsen*, Bd. 1, 566–567; Zechlin, *Grundlegung*, 263–265.

82 Zu den österreichischen Reformen vgl. Josef Redlich, *Das österreichische Staats- und Reichsproblem* (Leipzig, 1920–1926), auch A. J. P. Taylor, *The Hapsburg Monarchy* (London, 1941), 112 ff.

83 Enno Kraehe, «Austria and the Problem of Reform in the German Confederation, 1851–1863», *American Historical Review*, 56 (1951), 274–294.

84 DPO, II, 67 ff.; Srbik, *Deutsche Einheit*, Bd. 3, 376 ff.

85 Kraehe, «Problem of Reform», 287; DPO, II, 444 ff.; *Staatsarchiv*, Bd. 3 (1862), 154–159.

86 Helmut Böhme, *Deutschlands Weg zur Großmacht: Studien zum Verhältnis von Wirtschaft und Staat während der Reichsgründungszeit 1848–1881* (Köln, 1966), 81 ff. Vgl. auch Eugen Franz, *Der Entscheidungskampf um die wirtschaftspolitische Führung Deutschlands (1865–1867)* (München, 1933), 34 ff., 145 ff.; Henderson, *Zollverein*, 273 ff.; Ringhoffer, *Bernstorff Papers*, Bd. 2, 143 ff.

87 Böhme, *Deutschlands Weg*, 99, 103; Franz, *Entscheidungskampf*, 3 ff., 169 ff.

88 Franz, *Entscheidungskampf*, 159 ff.; Julius Becker, *Das deutsche Manchestertum: Eine*

Studie zur Geschichte des wirtschaftspolitischen Individualismus (Karlsruhe, 1907), 26 ff. Der in London geborene Prince-Smith machte in Deutschland Karriere als Publizist und Agitator für die Lehren von Adam Smith, Malthus, Ricardo und Bentham.

89 Böhme, *Deutschlands Weg*, 114–119, sowie *Vor 1866: Aktenstücke zur Wirtschaftspolitik der deutschen Mittelstaaten* (Frankfurt a. M., 1966), 101–111; Franz, *Entscheidungskampf*, 220; Kohl (Hg.), *Jahrbuch*, Bd. 6, 155–156; *Staatsarchiv*, Bd. 3 (1862), 228 ff.

90 Ringhoffer, *Bernstorff Papers*, Bd. 2, 83 ff.; GW, XIV, 581.

91 Promnitz, *Bismarcks Eintritt*, 33–36; Kohl (Hg.), *Bismarck-Regesten*, Bd. 1, 175–176 GW, XV, 163 ff.

92 Vgl. Frahm, *Stellung zu Frankreich*, 53–74; Richard Fester, «Bismarcks Gespräche mit Napoleon III. im April 1857», *Historische Zeitschrift*, 84 (1900), 460–465.

93 GW, III, 366–368.

94 GW, III, 381–383; XV, 173–174.

95 Promnitz, *Bismarcks Eintritt*, 44–49; Kohl (Hg.), *Jahrbuch*, Bd. 6, 155; Otto Nirrnheim, *Das erste Jahr des Ministeriums Bismarck und die öffentliche Meinung* (Heidelberg, 1908), 38 ff., 57 ff., 281 ff. Diese Episode verstärkte vermutlich Wilhelms Mißtrauen gegenüber Bismarck. Am 12. September verwarf er den Vorschlag seiner Aufnahme in das Staatsministerium mit der Bemerkung: «Bismarck dränge auf eine Allianz mit Frankreich, worauf er nie eingehn werde». Promnitz, *Bismarcks Eintritt*, 103.

96 GW, III, 384–386.

97 Carl Friedrich Vitzthum von Eckstadt, *St. Petersburg und London in den Jahren 1852–1864* (Stuttgart, 1886), Bd. 2, 158–159.

98 GW, XIV, 619.

99 Vgl. Nikolai Orloff, *Bismarck und Katharina Orloff: Ein Idyll in der hohen Politik* (München, 1936).

100 GW, XIV, 619; XV, 177; Zechlin, *Grundlegung*, 287–291; Promnitz, *Bismarcks Eintritt*, 105–116, 155–198.

III. Deutschland am Kreuzweg

1 Walter Grube, *Die Neue Ära und der Nationalverein: Ein Beitrag zur Geschichte Preußens und der Einheitsbewegung* (Marburg, 1933), 128–143; Hermann Oncken, *Rudolf von Bennigsen* (Stuttgart, 1910), Bd. 1, 580 ff. Zur Entwicklung des Konflikts vgl. Fritz Löwenthal, *Der preußische Verfassungsstreit, 1862– 1866* (München, 1914), 1–108.

2 Zur politischen Ausrichtung des Ministeriums vgl. Alexander Bergengrün, *Staatsminister August Freiherr von der Heydt* (Leipzig, 1908), 247 ff. Aus «Prinzip» weigerten sich die Minister der «Neuen Ära», niedrige Beamte aus politischen Gründen zu entlassen. Friedrich von Bernhardi (Hg.), *Aus dem Leben Theodor von Bernhardis* (Leipzig, 1893–1906), Bd. 3, 271, 275.

3 Oncken, *Bennigsen*, Bd. 1, 564–565; Martin Philippson, *Max von Forckenbeck: Ein Lebensbild* (Dresden, 1898), 61 ff.; Siegfried Bahne, «Vor dem Konflikt: Die Altliberalen in der Regentschaftsperiode der ‹Neuen Ära›», in: Ulrich Engelhardt u. a. (Hgg.), *Soziale Bewegung und politische Verfassung* (Stuttgart, 1976), 154–196; Heinrich August Winkler, *Preußischer Liberalismus und deutscher Nationalstaat: Studien zur Geschichte der Deutschen Fortschrittspartei 1861–1866* (Tübingen, 1964), 1–15.

4 Ludwig Bergsträsser, «Kritische Studien zur Konfliktszeit», *Historische Vierteljahresschrift*, 19 (1919), 353–354; Gerhard Eisfeld, *Die Entstehung der liberalen Parteien in Deutschland 1858–1870* (Hannover, 1969), 71–116.

5 Bernhardi, *Aus dem Leben*, Bd. 3, 272–273, 285–286; Bd. 4, 159–160.

6 *Ebd.*, Bd. 4, 107, 160; Philippson, *Forckenbeck*, 56; Ludwig Dehio, «Die Taktik der Opposition während des Konflikts», *Historische Zeitschrift*, 140 (1929), 287 ff.; Hermann Oncken (Hg.), *Großherzog Friedrich I. von Baden und die deutsche Politik von 1854–1871* (Stuttgart, 1927), Bd. 1, 323.

7 Gerhard Ritter, *Staatskunst und Kriegshandwerk: Das Problem des «Militarismus» in Deutschland* (München, 1954), Bd. 1, 144 ff.; Gordon A. Craig, *The Politics of the Prussian Army, 1640–1945* (Oxford, 1955), 188 ff. Vgl. besonders Wilhelms Bemerkungen gegenüber dem Ministerium am 3. Dezember 1859. Ernst Berner (Hg.), *Kaiser Wilhelms des Großen Briefe, Reden und Schriften* (Berlin, 1906), Bd. 1, 461–478.

8 Winkler, *Preußischer Liberalismus*, 28–33; Egmont Zechlin, *Bismarck und die Grundlegung der deutschen Großmacht* (Stuttgart,1930), 173 ff.

9 Eugene N. Anderson, *The Social and Political Conflict in Prussia, 1858–1864* (Lincoln, 1954), 109 ff.; Bernhardi, *Aus dem Leben*, Bd. 3, 284–285; Craig, *Prussian Army*, 145–146.

10 Ritter, *Staatskunst*, Bd. 1, 125 ff.

11 Waldemar von Roon, *Denkwürdigkeiten aus dem Leben des General-Feldmarschalls Kriegsministers Grafen von Roon* (4. Aufl., Breslau, 1897), Bd. 2, 521–572; auch Bd. 1, 345 ff.

12 Ritter, *Staatskunst*, Bd. 1, 154 ff.

13 Bergsträsser, «Kritische Studien», 349–350.

14 Friedrich Thorwart (Hg.), *Hermann Schulze-Delitzschs Schriften und Reden* (Berlin, 1909–1913), Bd. 4, 106–107, 128–131; Bd. 5, 224–225; SBHA (1863), IV, 656–658.

15 Zum Ministerialbeschluß vgl. Otto Küsel-Glogau, *Bismarck: Beiträge zur inneren Politik* (Berlin, 1934), 70; Ernst Rudolf Huber, *Dokumente zur deutschen Verfassungsgeschichte* (Stuttgart, 1964), Bd. 2, 9. Zugang zum König erhielten die anderen Minister nur über den Ministerpräsidenten, der das Privileg besaß, während der Audienz anwesend zu sein.

16 Ritter, *Staatskunst*, Bd. 1, 207 ff.; Rudolf Schmidt-Bückeburg, *Das Militärkabinett der preußischen Könige und deutschen Kaiser* (Berlin, 1935), 46 ff.

17 Ritter, *Staatskunst*, Bd. 1, 223. Zur Entwicklung des Militärkabinetts vgl. Heinrich O. Meisner, *Der Kriegsminister, 1815–1914* (Berlin, 1940), 7 ff., und Schmidt-Bückeburg, *Militärkabinett*, 57 ff.

18 Meisner, *Kriegsminister*, 16 ff.; Fritz Hartung, «Verantwortliche Regierung, Kabinette und Nebenregierungen im konstitutionellen Preußen, 1848–1918», *Forschungen zur brandenburgischen und preußischen Geschichte*, 44 (1932), 2 ff.

19 Zu Manteuffel vgl. Gordon Craig, «Portrait of a Political General: Edwin von Manteuffel and the Constitutional Conflict in Prussia», *Political Science Quarterly*, 66 (1951), 1–36; Ludwig Dehio, «Manteuffels politische Ideen», *Historische Zeitschrift*, 126 (1926), 40–48, 149–157; eine positivere Sichtweise vermittelt Wilhelm Gradmann, *Die politischen Ideen Edwin von Manteuffels und ihre Auswirkungen in seiner Laufbahn* (Düsseldorf, 1932).

20 Karl Twesten, *Was uns noch retten kann: Ein Wort ohne Umschweife* (Berlin, 1861), 81–82.

21 HW, I, 62–65. Zu Twesten vgl. Dehio, «Taktik der Opposition», 294 ff. Zu Wilhelms Bedauern mußte er Manteuffel formal verhaften und beklagte den zeitweiligen Verlust von dessen Diensten als «Triumph der Demokratie». Berner (Hg.), *Kaiser Wilhelm*, Bd. 2, 15; auch Roon, *Denkwürdigkeiten*, Bd. 2, 21.

22 «Ich weiß», bemerkte Friedrich Wilhelm IV., «daß Mein Heer die Bedingung der Existenz Meines Thrones ist». Zit. in: Meisner, *Kriegsminister*, 18.

23 Craig, *Prussian Army*, 146 ff.; Eugen Frauenholz, *Das Heerwesen des XIX. Jahrhunderts*, in: *Entwicklungsgeschichte des deutschen Heerwesens* (München, 1941), Bd. 5, 250–254.

24 Bergsträsser, «Kritische Studien», 353–368; Karl Ringhoffer, *The Bernstorff Papers* (London, 1908), Bd. 2, 180 ff.; Philippson, *Forckenbeck*, 82.

25 Ludwig Dehio, «Die Pläne der Militärpartei und der Konflikt», *Deutsche Rundschau*, 213 (1927), 91–100.

26 Roon, *Denkwürdigkeiten*, Bd. 2, 107.

27 Außerhalb Preußens spekulierten einige Radikale – Wilhelm Rüstow, ein ehemaliger preußischer Offizier, Ludwig Schweigert, ein ehemaliger Hauptmann der österreichischen Armee, und Fedor Streit, der sich auf der extremen Linken des Nationalvereins hervortat – ernsthaft über die Möglichkeit, einen Aufstand zu organisieren. Die meisten radikalen Flüchtlinge, darunter Marx, teilten ihre Illusionen jedoch nicht. Gustav Mayer, *Ferdinand Lassalle: Nachgelassene Briefe und Schriften* (Stuttgart, 1921–1925), Bd. 5, 15 ff.

28 Zur Septemberkrise vgl. besonders Wilhelm Treue, «Wollte König Wilhelm I. 1862 zurücktreten?», *Forschungen zur brandenburgischen und preußischen Geschichte*, 51 (1939), 275–310; auch Kurt Promnitz, *Bismarcks Eintritt in das Ministerium* (Berlin, 1908), 67–99, 117–154; Zechlin, *Grundlegung*, 291 ff.; Ringhoffer, *Bernstorff Papers*, Bd. 2, 193 ff.; Bergengrün, *Heydt*, 301–306; Johannes Schultze (Hg.), *Max Duncker: Politischer Briefwechsel aus seinem Nachlaß* (Stuttgart, 1923), 334.

29 Heinrich O. Meisner (Hg.), *Der preußische Kronprinz im Verfassungskampf 1863* (Berlin, 1931), 47–62; ders. (Hg.), *Kaiser Friedrich III.: Tagebücher von 1848–1866* (Leipzig, 1929), xiv ff., xliv ff.; Martin Philippson, *Friedrich III., als Kronprinz und Kaiser* (Berlin, 1893), 77–78.

30 Friedrich III., *Tagebücher 1848–1866*, xxvii–xxviii; Meisner (Hg.), *Kronprinz im Verfas-*

sungskampf, 161–162; Bernhardi, *Aus dem Leben*, Bd. 5, 339.

31 Treue, «König Wilhelm I.», 291 ff.; Friedrich III., *Tagebücher 1848–1866*, 160–161; Bernhardi, *Aus dem Leben*, Bd. 4, 334; Philippson, *Friedrich III.*, 97.

32 Ernst II., Herzog von Sachsen-Coburg-Gotha, *Aus meinem Leben und aus meiner Zeit* (Berlin, 1887–1889), Bd. 2, 497; Promnitz, *Bismarcks Eintritt*, 27; Zechlin, *Grundlegung*, 252–256, 279–280; Ernst Ludwig von Gerlach, *Aufzeichnungen aus seinem Leben und Wirken, 1795–1877* (Schwerin, 1903), Bd. 2, 248; Roon, *Denkwürdigkeiten*, Bd. 2, 120–121. Zu Bismarcks Verhältnis zu Augusta vgl. oben 800 (Anm. 71), 138 f.

33 GW, XV, 177–180. Zu Wilhelms kurzem Bericht über das Gespräch und das Manuskript seiner Abdankungserklärung vgl. Friedrich III., *Tagebücher 1848–1866*, 497–500.

34 GW, VII, 140; Herman von Petersdorff, *Kleist-Retzow* (Stuttgart, 1907), 366 ff.; Promnitz, *Bismarcks Eintritt*, 99–101. Am 24. September schrieb Wilhelm Dilthey an Hermann Baumgarten: «Für Bismarck ist keine Partei. Alle vagen Hoffnungen, welche auf ihn gesetzt wurden, schwinden mit seinem Zutritt zu den bisherigen Ministern.» Nicht einmal der «phantastischste» Politiker könne in der Außenpolitik etwas ausrichten, ohne die militärische Frage gelöst zu haben. HW, I, 117.

35 Am 21. September warnte das Ministerium Wilhelm, eine Abdankung bedeute die «Selbstzerstörung» der Krone. Friedrich III., *Tagebücher 1848–1866*, 494–497. Zum langjährigen engen Verhältnis zwischen Roon und Bismarck vgl. Roon, *Denkwürdigkeiten*, Bd. 2, 19–20, 27–28; GW, XV, 206.

36 GW, XV, 179.

37 Für Beispiele vgl. BR, II, 78, 285.

IV. Stoß, Parade, Riposte

1 Ein Indiz für die Unreife der parlamentarischen Praxis in Preußen war das Fehlen einer Frist für die Verabschiedung von Haushaltsvorlagen. Als die Abgeordneten den Haushalt für 1862 berieten, wurden die Gelder, die darin bewilligt werden sollten, bereits ausgegeben. Weil die Regierung den Haushalt für 1863 im Mai vorlegte, hatte die Kammer über zwei Haushaltsvorlagen zugleich zu beraten. Waldeck mußte die Abgeordneten dazu überreden, die beiden Maßnahmen getrennt zu behandeln, anstatt sie zu einer einzigen Debatte zusammenzufassen. H. B. Oppenheim, *Bendikt Franz Leo Waldeck: Der Führer der preußischen Demokratie, 1848–1870* (Berlin, 1880), 163.

2 Zur Situation des Parlaments, die zur Septemberkrise führte, vgl. Kurt Promnitz, *Bismarcks Eintritt in das Ministerium* (Berlin, 1908), 25–38, 50 ff., 117 ff.; Fritz Löwenthal, *Der preußische Verfassungsstreit, 1862–1866* (München, 1914), 75–108; Gerhard Ritter, *Staatskunst und Kriegshandwerk: Das Problem des «Militarismus» in Deutschland* (München, 1954), 188.

3 GW, II, 320–321.

4 Kurd von Schlözer, *Petersburger Briefe, 1857–1862* (Stuttgart, 1921), 261.

5 Zum allgemeinen Standpunkt dieser Partei vgl. Otto Westphal, *Welt- und Staatsauffassung des deutschen Liberalismus* (München, 1919).

6 Zu den Spannungen innerhalb und zwischen den liberalen Parteien vgl. Promnitz, *Bismarcks Eintritt*, 64 ff. Ludwig Dehio, «Die Taktik der Opposition während des Konflikts», *Historische Zeitschrift*, 140 (1929), 288 ff.; HW, I, 75 ff.; Herman von Petersdorff, *Kleist-Retzow* (Stuttgart, 1907), 341–342; Martin Philippson, *Max von Forckenbeck: Ein Lebensbild* (Dresden, 1898), 77 ff.

7 GW, VII, 55–62; Heinrich O. Meisner (Hg.), *Kaiser Friedrich III.: Tagebücher von 1848–1866* (Leipzig, 1929), 500–503; Eduard von Simson, *Erinnerungen aus seinem Leben* (Leipzig, 1900), 354–355; Heinrich von Poschinger (Hg.), *Erinnerungen aus dem Leben von Hans Viktor von Unruh* (Stuttgart, 1895), 214–215; Robert von Keudell, *Fürst und Fürstin Bismarck: Erinnerungen 1846–1872* (Berlin, 1901), 112. Nach verschiedenen Berichten bot er einigen Altliberalen sogar Kabinettsposten an. Heinrich von Sybel, *Die Begründung des Deutschen Reiches durch Wilhelm I.*, (München 1889–1894), Bd. 2, 440; Ludolf Parisius, *Leopold Freiherr von Hoverbeck* (Berlin, 1897–1900), II/1, 87–88. Die Ultras waren schockiert. Petersdorff, *Kleist-Retzow*, 341 342.

8 Otto Nirrnheim, *Das erste Jahr des Ministeriums Bismarck und die öffentliche Meinung* (Heidelberg, 1908), 89, 91; BR, II, 37–38.

9 BR, II, 16–36.

10 GW, XV, 194–195; auch XIV, 622–623. Bismarcks Vermutung über die Vorgänge in Baden-Baden war unrichtig. Das Thema der preußischen Krise wurde vermieden. Als die nationalistische Forderung nach der Verfassung von 1849 zur Sprache kam, schrie Wilhelm in einem Zornesausbruch seinen Schwiegersohn so laut an, daß man ihn auf der Straße hören konnte. Hermann Oncken (Hg.), *Großherzog Friedrich I. von Baden und die deutsche Politik von 1854–1871* (Stuttgart, 1927), Bd. 1, 337.

11 GW, XV, 195.

12 Ludwig Dehio, «Bismarck und die Heeresvorlagen der Konfliktszeit», *Historische Zeitschrift*, 144 (1931), 31–47; Kriegsministerium, *Militärische Schriften weiland Kaiser Wilhelms des Großen Majestät* (Berlin, 1897), Bd. 2, 479–488.

13 GW, XIV, 628.

14 GW, XIV, 571; vgl. auch III, 367, 381, 385–386.

15 BR, II, 29–30. «Eisen und Blut» waren Bismarcks tatsächliche Worte, nicht «Blut und Eisen», das vielleicht hartnäckigste Fehlzitat aller Zeiten.

16 Hermann Oncken, *Rudolf von Bennigsen* (Stuttgart, 1910), Bd. 1, 477 ff.; Johannes Schultze (Hg.), *Max Duncker: Politischer Briefwechsel aus seinem Nachlaß* (Stuttgart, 1923), 315–321; HW, I.

17 Ludwig Dehio, «Die Pläne der Militärpartei und der Konflikt», *Deutsche Rundschau*, 213 (1927), 99; Rudolf Haym, *Das Leben Max Dunckers* (Berlin, 1891), 261–262; Friedrich III., T*agebücher 1848–1866*, xxvi-xxvii; Friedrich von Bernhardi (Hg.), *Aus dem Leben Theodor von Bernhardis* (Leipzig, 1893–1906), Bd. 4, 314, 325–326; Duncker, *Briefwechsel*, 301, 304; HW, I, 160–163; Hans Rosenberg (Hg.), *Ausgewählter Briefwechsel Rudolf Hayms* (Stuttgart, 1930), 193–194, 199, 208, 211.

18 HW, I, 39, 59, 61, 71; Duncker, *Briefwechsel*, 317.

19 Constantin Rößler, *Ausgewählte Aufsätze* (Berlin, 1902), xviii.

20 Vgl. Dehio, «Taktik der Opposition», 280 ff.; Friedrich Thorwart (Hg.), *Hermann Schulze-Delitzschs Schriften und Reden* (Berlin, 1909–1913), Bd. 3, 192, 207.

21 Einst nahmen die Historiker an, daß eine parlamentarische Regierung das eigentliche, wenngleich versteckte Ziel der Opposition im Parlament gewesen sei. Vgl. z. B. Adalbert Wahl, «Beiträge zur Konfliktszeit», *Tübinger Universitätsprogramm von 1914*, 52 ff.; Egmont Zechlin, *Bismarck und die Grundlegung der deutschen Großmacht* (Stuttgart, 1930), 203–204; Arnold Oskar Meyer, *Bismarck: Der Mensch und der Staatsmann* (Stuttgart, 1949), 201–202; Johannes Ziekursch, *Politische Geschichte des neuen deutschen Kaiserreiches* (Frankfurt a. M., 1925–1930), Bd. 1, 52; Ernst Rudolf Huber, *Deutsche Verfassungsgeschichte seit 1789* (Stuttgart, 1956–1963), Bd. 3, 293. Den entgegengesetzten Standpunkt vertraten u. a. Hans Boldt, «Deutscher Konstitutionalismus und Bismarckreich», in: Michael Stürmer (Hg.), *Das kaiserliche Deutschland 1870–1918* (Düsseldorf, 1970), 123–124; James Sheehan, *Der deutsche Liberalismus. Von den Anfängen im 18. Jahrhundert bis zum Ersten Weltkrieg. 1770–1914* (München, 1983), 138–139; Michael Gugel, *Industrieller Aufstieg und bürgerliche Herrschaft: Sozioökonomische Interessen und politische Ziele des liberalen Bürgertums in Preußen zur Zeit des Verfassungskonflikts 1857–1867* (Köln, 1975), 11–20, 63–66, 72–74, sowie Lothar Machtan und Dietrich Milles, *Die Klassensymbiose von Junkertum und Bourgeoisie: Zum Verhältnis von gesellschaftlicher und politischer Herrschaft in Preußen-Deutschland 1850– 1878/79* (Frankfurt a. M., 1980), 36–46, 59–60. Heinrich August Winkler nahm eine Mittelposition ein und folgerte, die große Mehrheit der Liberalen habe die politische Entscheidungsgewalt angestrebt – «zwar nicht formal, aber doch faktisch». *Preußischer Liberalismus und deutscher Nationalstaat: Studien zur Geschichte der Deutschen Fortschrittspartei, 1861–1866* (Tübingen, 1964), 21–22. Zu einer Kritik dieser Arbeiten vgl. Friedhelm Grützner, *Die Politik Bismarcks 1862 bis 1871 in der deutschen Geschichtsschreibung: Eine kritische historiographische Betrachtung* (Frankfurt a. M., 1986), 15–52.

22 Winkler zitiert private Briefe von Twesten, Virchow und Bamberger, in denen sie für eine parlamentarische Regierung eintreten. Vgl. sein *Liberalismus und Antiliberalismus* (Göttingen, 1979), 294–295.

23 BR, II, 365; HW, I, 105. (Sybel); Duncker, *Briefwechsel*, 284; Ludwig Bergsträsser, «Kriti-

sche Studien zur Konfliktszeit», *Historische Vierteljahrschrift*, 19 (1919), 370–372; Hansgeorg Schroth, *Welt- und Staatsideen des deutschen Liberalismus* (Berlin, 1931).

24 Die beste Analyse liberaler Ziele und Motive in den mittleren Jahrzehnten findet man bei Sheehan, *Der deutsche Liberalismus*, 95–167. Vgl. aber auch Dehio, «Taktik der Opposition» und «Benedikt Waldeck», *Historische Zeitschrift*, 136 (1927), 50–57, und Gerhard A. Ritter, *Arbeiterbewegung, Parteien und Parlamentarismus* (Göttingen, 1976), 10–20, 102–115, 158–186.

25 Otto Pflanze, «Juridical and Political Responsibility in Nineteenth-Century Germany», in: *The Responsibility of Power: Historical Essays in Honor of Hajo Holborn* (New York, 1967), 162–182.

26 Dehio, «Taktik der Opposition», 287–288; Eugene N. Anderson, *The Social and Political Conflict in Prussia, 1858–1864* (Lincoln, 1954), 243 ff.; Unruh, *Erinnerungen*, 231–232.

27 Philippson, *Forckenbeck*, 84–85; Ernst Schraepler, «Linksliberalismus und Arbeiterschaft in der preußischen Konfliktszeit», in: Richard Dietrich und Gerhard Oestreich (Hgg.), *Forschungen zu Staat und Verfassung: Festgabe für Fritz Hartung* (Berlin, 1958), 385–401; Winkler, *Preußischer Liberalismus*, 92 (Anm.) und *Liberalismus und Antiliberalismus*, 25. Auf dem Höhepunkt der Begeisterung über die Regentschaft und die Regierung der Neuen Ära folgerte Innenminister Eduard Heinrich von Flottwell auf Grundlage der Routineberichte der Staatsbeamten in den Regionen und Kommunen, daß der Großteil der Bevölkerung unbeeindruckt sei. «Am wenigsten ist die *bäuerliche* Bevölkerung sowie die Klasse der *kleinen Bürger* und *Arbeiter* in den Städten, von den eingetretenen Veränderungen erregt worden, zumal diese Schichten des Volkes auch von der Tagespresse nicht merklich berührt zu werden pflegen. Seit längerer Zeit (waren sie daran) gewohnt, dem von oben, durch die Behörden und größeren Gutsbesitzer, gegebenen Impulse zu folgen». Sie hätten in der letzten Wahl zwar abgestimmt, seien der Monarchie aber «meistenteils treu» geblieben. Flottwell an den preußischen Prinzen, 5. März 1859. Siegfried Bahne, «Vor dem Konflikt: Die Altliberalen in der Regentschaftsperiode der ‹Neuen Ära›», in: Ulrich Engelhardt (Hg.), *Soziale Bewegung und politische Verfassung* (Stuttgart, 1976), 168–169.

28 Lothar Gall, *Bismarck: Der weiße Revolutionär* (Frankfurt a. M., 1980), 248–292; Ernst Engelberg, *Bismarck: Urpreuße und Reichsgründer* (Berlin, 1985), 438–454, 568–588, 619–621, 694–700. In Ermangelung von Meinungsumfragen sind Wahlergebnisse die einzige statistische Quelle, aber auf Grund des preußischen Systems offener, indirekter und ungleicher Wahlen (Dreiklassenwahlrecht) und der geringen Wahlbeteiligung sind sie ohne große Beweiskraft. Eugene N. Anderson, der die einzige bekannte Wahlstatistik entdeckte und analysierte, kam zu dem Schluß, Preußen sei 1862 «überwältigend» liberal gewesen – oder jedenfalls «potentiell»! Die Unsicherheit seiner Schlußfolgerung spiegelt die Unsicherheit der Quellenlage. Vgl. sein *Social and Political Conflict in Prussia*, 440.

29 BR, II, 31, 98. Zit. in: Gall, *Bismarck*, 258, 282.

30 HW, I, 135.

31 Eugen Franz, *Der Entscheidungskampf um die wirtschaftspolitische Führung Deutschlands (1856–1867)* (München, 1933), 241 ff.; W. O. Henderson, *The Zollverein* (Cambridge, 1939), 294 ff.; Heinrich Ritter von Srbik, *Deutsche Einheit: Idee und Wirklichkeit vom Heiligen Reich bis Königgrätz* (München, 1935–1942), Bd. 3, 399, 428 ff.; Erich Zimmermann, *Der deutsche Reformverein* (Pforzheim, 1929).

32 GW, IV, 10–11; XIV, 627; VII, 65–67. Die Ablösung Thouvenels durch Drouyn de Lhuys als Außenminister hatte die Befürchtung geweckt, Napoleon suche eine Annäherung an Österreich. APP, III, 41–43.

33 GW, XIV, 628; Freiherr von Hengelmüller, «Graf Alois Károlyi: Ein Beitrag zur Geschichte der österreichisch-ungarischen Diplomatie», *Deutsche Revue*, 38/4 (1913), 35–36. Rechberg war durch die Drohung nicht beeindruckt. Hengelmüller, «Károlyi», *Deutsche Revue*, 38/3 (1913), 304.

34 GW, VII, 69–72; IV, 14–16, 22–25; APP, III, 145–146; DPO, II, 635–637. Wiederum fiel Rechbergs Antwort an Károlyi kompromißlos aus. DPO, II, 623–626, 649–653.

35 GW, VII, 62–65; IV, 13–14; XIV, 630–631.

36 APP, III, 131–132, 143. Der italienische Gesandte wurde unverblümt gefragt, ob Preußen bei einem Konflikt mit Österreich mit militärischer Unterstützung durch Italien rechnen könne. Die Italiener waren zwar

mißtrauisch, aber interessiert. APP, III, 129–130, 134.

37 GW, IV, 16–19, 28–33; APP, III, 140–142; Franz, *Entscheidungskampf*, 259 ff.

38 Die Gefahr wurde dadurch akut, daß Gortschakow erneut ein Bündnis mit Frankreich ins Auge faßte. APP, III, 108–109, 120, 128; GW, XIV, 633–634.

39 DPO, II, 719–721, 738–746, 750–758, 791–797, 809–914; APP, III, 186–187, 194, 198–199, 203–204. Thun war von Bismarcks Sinneswandel überzeugt, Károlyi nicht. DPO, II, 762.

40 GW, IV, 38–40; Enno Kraehe, «Austria and the Problem of Reform in the German Confederation, 1851–1863», *American Historical Review*, 56 (1951), 291–294.

41 APP, II, 222–224, 231 ff. Zur Vorgeschichte der Konvention vgl. Zechlin, *Grundlegung*, 430 ff.; Gerhard Heinze, *Bismarck und Rußland bis zur Reichsgründung* (Würzburg, 1939), 29–37; Robert H. Lord, «Bismarck and Russia in 1863», *American Historical Review*, 29 (1923), 24–48; Hellmuth Scheidt, *Konvention Alvensleben und Interventionspolitik der Mächte in der polnischen Frage 1863* (Würzburg, 1937).

42 GW, IV, 59–61; XV, 210 ff.; APP, III, 400; Zechlin, *Grundlegung*, 421 ff.; Srbik, *Deutsche Einheit*, Bd. 3, 470 ff.; Christian Friese, *Rußland und Preußen vom Krimkrieg bis zum polnischen Aufstand* (Berlin, 1931), 269 ff., 295 ff.

43 GW, XIV, 568; III, 298–299. Zu Bismarcks grundsätzlicher Haltung gegenüber der polnischen Frage vgl. Joseph Feldman, «Bismarck et la question polonaise», *Revue Historique*, 173 (1934), 540–588, zusammengefaßt in «Bismarck und die polnische Frage», *Ostland-Berichte*, 5 (1931), 222–230; Heinze, *Bismarck und Rußland*, 21–25, 27–46; Hans Wendt, *Bismarck und die polnische Frage* (Halle, 1922).

44 APP, III, 237–238, 256–259. Bernstorffs Antwort war entmutigend. *Ebd.*, 280–282.

45 Zechlin, *Grundlegung*, 470–472; APP, III, 354; BP, I, 24–25. In seinem Bericht über dieses Gespräch hat Bismarck die «Germanisierung» nicht erwähnt. GW, IV, 70–71. Auch in den Berichten der sächsischen und britischen Gesandten gibt es keine Erwähnung. APP, III, 271–272, 278. Zwei Jahre später schrieb Bismarck an Bodelschwingh jedoch von der «politischen» Klugheit einer allmählichen «Germanisierung» Posens. GW, V, 69–70.

46 Zechlin, *Grundlegung*, 450 ff.; Lord, «Bismarck and Russia», 31 ff.; APP, III, 286–287.

47 RKN, Bd. 2, 10–16 (Aktenteil).

48 RKN, Bd. 2, 3–10 (Aktenteil).

49 Vg. Gustav Roloff, «Napoleon und der polnische Aufstand im Jahre 1863», *Historische Zeitschrift*, 164 (1941), 49–65, und Charles W. Hallberg, *Franz Joseph und Napoleon III., 1852–1864* (New York, 1955), 314 ff.

50 APP, III, 316, 320, 340, 563–564; Zechlin, *Grundlegung*, 487–530.

51 Srbik, *Deutsche Einheit*, Bd. 3, 480 ff.; Friese, *Rußland und Preußen*, 309 ff.

52 APP, III, 683–684, 688–701; DPO, III, 229–234; Zechlin, *Grundlegung*, 566 ff.; Srbik, *Deutsche Einheit*, Bd. 4, 39 ff.; Max Lenz, «König Wilhelm und Bismarck in Gastein, 1863», in: *Kleine Historische Schriften* (München, 1910), 429–474, und «Die Begegnung König Wilhelms I. mit dem Kaiser Franz Joseph in Gastein am 3. August 1863», in: Alfred Doren u. a., *Staat und Persönlichkeit: Festschrift für Erich Brandenburg* (Leipzig, 1928), 169–213.

53 GW, XV, 227–241; Horst Kohl (Hg.), *Anhang zu den Gedanken und Erinnerungen von Otto Fürst von Bismarck* (Stuttgart, 1901), Bd. 1, 74; Johannes Schultze (Hg.), *Kaiser Wilhelms I. Weimarer Briefe* (Berlin, 1924), Bd. 2, 38–51. Eine detaillierte Untersuchung der Affäre um den Fürstentag bietet Hans Scheller, *Der Frankfurter Fürstentag 1863* (Leipzig, 1929).

54 Ludwig Aegidi und Alfred Klauhold (Hgg.), *Das Staatsarchiv: Sammlung der officiellen Aktenstücke zur Geschichte der Gegenwart*, Bd. 8 (1865), 206–213; GW, IV, 174–176.

55 APP, III, 764–765, 779–786.

56 Bismarck an Bernstorff, 8. Oktober 1863. GW, IV, 178–179. APP, III, 813–814; IV, 53–54; DPO, III, 239–240.

57 APP, IV, 107–108, 115–120, 135–137, 148–150, 162–163, 170–172. George Earl Buckle (Hg.), *Königin Victorias Briefwechsel und Tagebuchblätter während der Jahre 1862 bis 1878* (Berlin, 1926), I, 95.

58 Bereits im Juni hatten Berichte aus Paris gezeigt, daß der Wetterhahn auf den Tuilerien wieder in Richtung Berlin drehte. APP, III, 633–635, 647–648. Im September ließen Napoleon und Drouyn ihren Wunsch nach einem Bündnis durchblicken. APP, III, 751–

755, 757–758; IV, 40. Bismarck war jedoch auf der Hut. APP, III, 633–634, 765–766; IV, 109. Zur selben Zeit sondierte er in Petersburg die Aussichten auf ein Bündnis gegen Österreich. Sollte Frankreich eingreifen, *«Il faut se bien rendre compte d'une chose: c'est que la ligne du Weser est plus importante pour nous que celle du Rhin. Voilà la question en deux mots»*. Es sei vor allem eines zu berücksichtigen: daß für Preußen die Weserlinie wichtiger sei als die Rheinlinie. APP, III, 758–762, 786–793. Doch die russische Antwort war negativ. APP, III, 802, 804, 807–809.

V. Eine Periode der Diktatur

1 Eugene N. Anderson, *The Social and Political Conflict in Prussia, 1858–1864* (Lincoln, 1954), 352 ff.

2 Vgl. Hugo Müller, *Der preußische Volks-Verein* (Berlin, 1914); [Ludwig Hahn (Hg.)], *Die innere Politik der preußischen Regierung von 1862 bis 1866* (Berlin, 1866), 128–131. Auf Grund der Art und Weise, wie viele Unterschriften zusammenkamen, sprachen die Liberalen von «Petitionsschwindel». Otto Nirrnheim, *Das erste Jahr des Ministeriums Bismarck und die öffentliche Meinung* (Heidelberg, 1908), 100 ff.

3 Heinrich O. Meisner (Hg.), *Der preußische Kronprinz im Verfassungskampf 1863* (Berlin, 1931), 106.

4 GW, I, 62.

5 Martin Philippson, *Max von Forckenbeck: Ein Lebensbild* (Dresden, 1898), 104 ff. Am 7. Oktober wurde die Resolution mit 251 zu 36 Stimmen verabschiedet.

6 Ernst Rudolf Huber (Hg.), *Dokumente zur deutschen Verfassungsgeschichte* (Stuttgart, 1978), Bd. 1, 492. BR, II, 19–38. Bismarcks Auslegung der Haushaltsbestimmungen der Verfassung war nicht improvisiert, sondern gab nur die Position wieder, die die Krone seit langem vorbereitet hatte. Vgl. Günter Grünthal, «Grundlagen konstitutionellen Regiments in Preußen 1848–1867», in: Gerhard A. Ritter (Hg.), *Regierung, Bürokratie und Parlament in Preußen und Deutschland von 1848 bis zur Gegenwart*, 41–55, sowie *Parlamentarismus in Preußen 1848/49–1857/58, Preußischer Konstitutionalismus – Parlament und Regierung in der Reaktionsära* (Düsseldorf, 1982), 52–65, 129–150.

7 BR, II, 76–87. Wie Bismarck einräumte, war die Theorie nicht seine Erfindung, sondern ein von den Verfassungsvätern bewußt offengehaltenes Hintertürchen. *Ebd.*, 83–84. Sie wurde in der *Sternzeitung* vom 14. und 19. August verteidigt und vom König gegenüber dem Ministerium vorgetragen. [Hahn (Hg.)], *Innere Politik*, 26–32; Kurt Promnitz, *Bismarcks Eintritt in das Ministerium* (Berlin, 1908), 67–99; Alexander Bergengrün, *Staatsminister August Freiherr von der Heydt* (Leipzig, 1908), 301–304.

8 BR, II, 84. Vgl. Rudolf von Gneist, *Die Militärvorlage von 1892 und der preußische Verfassungskonflikt von 1862–1866* (Berlin, 1893), 19–32. Nach Bismarcks Sieg ist von Verfassungsrechtsgelehrten eingeräumt worden, daß seine Rechtsposition mit Ausnahme der durch die Gesetzgebung nicht gedeckten Aufwendungen für die militärische Neuorganisation in allen Punkten richtig gewesen sei. Nirrnheim, *Bismarck und die öffentliche Meinung*, 82.

9 GW, XIV, 601. Vgl. auch Friedrich von Bernhardi (Hg.), *Aus dem Leben Theodor von Bernhardis* (Leipzig, 1893–1906), Bd. 5, 12; DPO, III, 193.

10 BR, II, 50 ff.; Fritz Löwenthal, *Der preußische Verfassungsstreit, 1862–1866* (München, 1914), 131–134.

11 Ludolf Parisius, *Leopold Freiherr von Hoverbeck* (Berlin, 1897–1900), II/1, 107; Herman von Petersdorff, *Kleist-Retzow* (Stuttgart, 1907), 349; HW, I, 120; GW, IV, 4–5; APP, III, 50–51. Zum Verhalten der Katholischen Fraktion vgl. Egmont Zechlin, *Bismarck und die Grundlegung der deutschen Großmacht* (Stuttgart, 1930), 345 ff.

12 BR, II, 63–69, 99–103; GW, IV, 48; Horst Kohl (Hg.), *Anhang zu den Gedanken und Erinnerungen von Otto Fürst von Bismarck* (Stuttgart, 1901), Bd. 1, 47–48.

13 SBHA (1863), I, 255–265, 327–353, 358–389, 397–419; II, 898–906. Zu den Debatten über Polen vgl. Irmgard Goldschmidt, *Der polnische Aufstand von 1863 in den Verhandlungen des preußischen Abgeordnetenhauses* (Köln, 1937).

14 SBHA (1863), II, 907–910; GW, XIV, 639.

15 GW, IV, 19–20; XIV, 631–632; Kohl (Hg.), *Anhang*, Bd. 1, 43–44, 49; BR, II, 69–73.

16 Goldschmidt, *Polnischer Aufstand*, 22; Bernhardi, *Aus dem Leben*, Bd. 5, 41–42; HW, I, 138; Martin Philippson, *Friedrich III. als Kronprinz und Kaiser* (Berlin, 1893), 72–73; Nirrnheim, *Bismarck und die öffentliche Meinung*, 195–196.

17 GW, VII, 73; SBHA (1863), II, 1189– 1190, 1207, 1247–1248, 1262, 1306. Drei Minister, darunter Eulenburg, zweifelten noch am Sinn einer Vertagung. Kohl (Hg.), *Anhang*, Bd. 1, 67–71.

18 Zechlin, *Grundlegung*, 562 ff.; Bernhardi, *Aus dem Leben*, Bd. 5, 37; Fritz Hartung, «Verantwortliche Regierung, Kabinette und Nebenregierungen im konstitutionellen Preußen, 1848–1918», *Forschungen zur brandenburgischen und preußischen Geschichte*, 44 (1932), 29–30.

19 GW, VII, 140; Heinrich von Poschinger (Hg.), *Erinnerungen aus dem Leben von Hans Viktor von Unruh* (Stuttgart, 1895), 220–223.

20 Nirrnheim, *Bismarck und die öffentliche Meinung*, 142 ff.; HW, I, 134; Bernhardi, *Aus dem Leben*, Bd. 5, 107.

21 Grünthal, «Grundlagen», 50–53; Anderson, *Social and Political Conflict*, 25–26, 445; vgl. auch Fritz Hartung, «Zur Geschichte des Beamtentums im 19. und 20. Jahrhundert», *Abhandlungen der deutschen Akademie der Wissenschaften zu Berlin*, Jahrgang 1945/46, *Philosophisch-historische Klasse*, Nr. 8 (Berlin, 1948), 21 ff.

22 Horst Kohl (Hg.), *Bismarck-Jahrbuch*, 1 (1894), 16 ff.

23 Zechlin, *Grundlegung*, 348–349; Harro-Jürgen Rejewski, *Die Pflicht zur politischen Treue im preußischen Beamtenrecht (1850–1918)* (Berlin, 1973), 68–69.

24 Zechlin, *Grundlegung*, 349–351; Wolfgang Saile, *Hermann Wagener und sein Verhältnis zu Bismarck* (Tübingen, 1958), 67; Kohl (Hg.), *Anhang*, Bd. 1, 31–33; Rejewski, *Pflicht zur Treue*, 65–66; Bernhard Steinbach, *Die politische Freiheit der Beamten unter der konstitutionellen Monarchie in Preußen und im Deutschen Reich* (Diss., Bonn, 1962), 51–52.

25 GW, XIV, 627, 629; [Hahn (Hg.)], *Innere Politik*, 132. Es war nicht einfach, einen Kandidaten zu finden, der die gewünschten harten Maßnahmen ergreifen wollte. Heinrich O. Meisner (Hg.), *Kaiser Friedrich III.: Tagebücher von 1848–1866* (Leipzig, 1929), 506–507.

26 Rejewski, *Pflicht zur Treue*, 63–66.

27 Bernhardi, *Aus dem Leben*, Bd. 5, 160–161; Parisius, *Hoverbeck*, II/1, 171–172; Ludwig von Roenne, *Das Staatsrecht der preußischen Monarchie* (2. Aufl., Leipzig, 1864), I/1, 247 ff. Zur politischen Einstellung der Richter in den Grafschaften vgl. Anderson, *Social and Political Conflict*, 289–291.

28 Ludolf Parisius, *Deutschlands politische Parteien und das Ministerium Bismarcks* (Berlin, 1878), 68; Walter Reichle, *Zwischen Staat und Kirche: Das Leben und Wirken des preußischen Kultusministers Heinrich von Mühler* (Berlin, 1938), 129; Zechlin, *Grundlegung*, 350–351.

29 Anderson, *Social and Political Conflict*, 438; Bernhardi, *Aus dem Leben*, Bd. 4, 329–330, 338–339; Bd. 5, 30–31, 98; Philippson, *Friedrich III.*, 106; Waldemar von Roon, *Denkwürdigkeiten aus dem Leben des General-Feldmarschalls Kriegsministers Grafen von Roon* (4. Aufl., Breslau, 1897), Bd. 2, 166–167.

30 Anderson, *Social and Political Conflict*, 343; Saile, *Wagener und Bismarck*, 73–78. Zu den früheren Bemühungen Wageners und des Volksvereins um den Aufbau der konservativen Presse vgl. Müller, *Volks-Verein*, 58 ff.

31 GW, XIV, 628; Franz Mehring, *Karl Marx: Geschichte seines Lebens* (Berlin, 1964), 333; Irmgard Loeber, *Bismarcks Pressepolitik in den Jahren des Verfassungskonfliktes, 1862–1866, Zeitung und Leben*, 24 (München, 1935), 16–17; Parisius, *Hoverbeck*, II/1, 125–126, 144–145. Zu Bismarcks späterem Verhältnis zur *Allgemeinen* vgl. Kurt Forstreuter, «Zu Bismarcks Journalistik: Bismarck und die Norddeutsche Allgemeine Zeitung», *Jahrbuch für die Geschichte Mittel- und Ostdeutschlands*, 2 (1953), 191–210.

32 Loeber, *Bismarcks Pressepolitik*, 18 ff., 64 ff. Durch die Gesandtschaften in Frankfurt und Paris ließ man süddeutschen Zeitungen und französischen Journalisten finanzielle Unterstützung zukommen.

33 *Ebd.*, 23 ff.; Anderson, *Social and Political Conflict*, 360 ff. Im Januar 1864 erklärte Bismarck gegenüber der Abgeordnetenkammer, «Es gibt keine officiöse Presse; es ist mein erstes Gewerbe gewesen, als ich das Ministerium übernahm, dieselbe abzuschaffen». BR, II, 300.

34 Loeber, *Bismarcks Pressepolitik*, 14–17.

35 GSP (1851), 273–287, auch 121–122; Anderson, *Social and Political Conflict*, 64–65; Zechlin, *Grundlegung*, 351–353.

36 Loeber, *Bismarcks Pressepolitik*, 32–33; [Hahn (Hg.)], *Innere Politik*, 196–197; Anderson, *Social and Political Conflict*, 205–208.

37 GSP (1863), 349–251; [Hahn (Hg.)], *Innere Politik*, 195–198.

38 Bernhardi, *Aus dem Leben*, Bd. 5, 110–111.

39 Roenne, *Staatsrecht*, I/2, 167.

40 Meisner (Hg.), *Kronprinz im Verfassungskampf*, 66–67.

41 *Ebd.*, 10–22, 65–73; Frederick Ponsonby (Hg.), *Briefe der Kaiserin Friedrich* (Berlin, 1929), 41–51; Philippson, *Friedrich III.*, 73 ff. In einem Brief vom 14. Juni an Itzenplitz berichtete Graf Dönhoff, daß Friedrich Wilhelm, mit dem er kurz zuvor gesprochen hatte, vor allem deshalb ärgerlich war, weil man ihn nicht über den bevorstehenden Erlaß informiert hatte. BFA, Akte Itzenplitz. In sein Tagebuch schrieb der Kronprinz jedoch, sein Bestreben sei es gewesen, sich «laut als Gegner Bismarcks und seiner unheilvollen Theorien» zu bekennen. Friedrich III., *Tagebücher, 1848–1866*, 198.

42 Heinrich von Poschinger (Hg.), *Unter Friedrich Wilhelm IV.: Denkwürdigkeiten des Ministers Otto Freiherrn von Manteuffel 1848–1858* (Berlin, 1900–1901), Bd. 2, 419, auch 443. Feldmarschall Wrangel befürwortete das Kriegsgericht, doch Edwin von Manteuffel teilte mit, dies sei das Privileg des Königs. Der Prinz bot an, sein militärisches Kommando niederzulegen und als Exil jeden Ort zu akzeptieren, «wo ich der Politik gänzlich fern bleiben kann». Meisner (Hg.), *Kronprinz im Verfassungskampf*, 19–29, 74–75, 107.

43 GW, XV, 218; Meisner (Hg.), *Kronprinz im Verfassungskampf*, 77–82.

44 Meisner (Hg.), *Kronprinz im Verfassungskampf*, 23 ff., 75–77; Kohl (Hg.), *Anhang*, Bd. 2, 349–352.

45 Loeber, *Bismarcks Pressepolitik*, 34 ff.

46 BR, II, 86–88.

47 Ernst Ludwig von Gerlach, *Aufzeichnungen aus seinem Leben und Wirken, 1795–1877* (Schwerin, 1903), Bd. 2, 249–250; Friedrich III., *Tagebücher, 1848–1866*, 510–511. Diese seit langem bewiesene Tatsache widerspricht der Sicht Leonhard von Muralts, Bismarck habe sich «streng auf den Boden der Verfassung» gestellt. *Bismarcks Verantwortlichkeit* (Göttingen, 1955), 197, 228. Dasselbe gilt für die Aussage Gerhard Ritters: «Mit den Staatsstreichplänen des Militärkabinetts und der reaktionären Heißsporne hatte er tatsächlich nichts gemein (...).» *Staatskunst und Kriegshandwerk: Das Problem des «Militarismus» in Deutschland* (München, 1954), Bd. 1, 203.

48 Meisner (Hg.), *Kronprinz im Verfassungskampf*, 86–87, 150. Roon und Itzenplitz schlugen sich auf die Seite Bismarcks, Eulenburg auf die Bodelschwinghs. Itzenplitz an Bismarck, 28. August 1863. BFA, Akte Itzenplitz.

49 Friedrich III., *Tagebücher, 1848–1866*, 209; Meisner (Hg.), *Kronprinz im Verfassungskampf*, 135, 171–172.

50 Friedrich III., *Tagebücher, 1848–1866*, 213; Meisner (Hg.), *Kronprinz im Verfassungskampf*, 44–47, 160–161. Der Prinz nahm weiterhin an Sitzungen des Kronrats teil. Eine Weile fürchtete Wilhelm, dieser wolle die Sache durch einen öffentlichen Bruch mit der Regierung voranbringen. Aus Windsor Castle schrieb Queen Victoria ihrem «lieben Bruder» Wilhelm in dem Bemühen, zwischen Vater und Sohn zu vermitteln. Meisner (Hg.), *Kronprinz im Verfassungskampf*, 150–153, 161–162.

51 GW, XV, 222.

52 GW, XIV, 652–653; [Hahn (Hg.)], *Innere Politik*, 221–234; Nirrnheim, *Bismarck und die öffentliche Meinung*, 568 ff.

53 Zum Charakter der Kampagne vgl. den Bericht der Sonderuntersuchungskommission der Abgeordnetenkammer. SBHA (1863–1864), IV (Anlagen), Nr. 90 u. 95.

54 Bernhard Mann, «Zwischen Hegemonie und Partikularismus», in: Gerhard A. Ritter (Hg.), *Regierung, Bürokratie und Parlament in Preußen und Deutschland von 1848 bis zur Gegenwart* (Düsseldorf, 1983), 85; Steinbach, *Politische Freiheit*, 46–50; Anderson, *Social and Political Conflict*, 386–387. Offensichtlich ließen auch andere Kabinettsmitglieder (mit Ausnahme des Justizministers) ähnliche Entscheidungen ergehen. Unterhalb der Kabinettsebene folgten die Büroleiter sowie die Provinz- und Bezirksgouverneure diesem Beispiel. SBHA (1863–1864), IV (Anlagen), 604 ff. Vgl. auch Bismarcks Direktive an Ernst von Senfft-Pilsach, GW, XIV, 653–654. Einer

Quelle zufolge wurden nach dieser Direktive zwanzig Beamte bestraft. Parisius, *Hoverbeck*, II/1, 176, 183.

55 [Hahn (Hg.)], *Innere Politik*, 241; Löwenthal, *Verfassungsstreit*, 203–204.

56 Anderson, *Social and Political Conflict*, 386 ff.; Steinbach, *Politische Freiheit*, 48–49.

57 Anderson, *Social and Political Conflict*, 395; Steinbach, *Politische Freiheit*, 52; GW, XIV, 656.

58 Anderson, *Social and Political Conflict*, 412; Parisius, *Hoverbeck*, II/1, 180–181; Steinbach, *Politische Freiheit*, 49.

59 Meisner (Hg.), *Kronprinz im Verfassungskampf*, 171–172.

VI. Spekulation über die Massen

1 [Ludwig Hahn (Hg.)], *Die Innere Politik der preußischen Regierung von 1862 bis 1866* (Berlin, 1866), 199–200; Ludolf Parisius, *Leopold Freiherr von Hoverbeck* (Berlin, 1897–1900), II/1, 170–171; Otto Nirrnheim, *Das erste Jahr des Ministeriums Bismarck und die öffentliche Meinung* (Heidelberg, 1908), 204–205, 216 ff.

2 Heinrich O. Meisner (Hg.), *Der preußische Kronprinz im Verfassungskampf 1863* (Berlin, 1931), 38–39.

3 HW, I, 155–156.

4 Johannes Schultze (Hg.), *Max Duncker: Politischer Briefwechsel aus seinem Nachlaß* (Stuttgart, 1923), 347, 356, 365.

5 HW, I, 161; auch Ludwig Dehio, «Die Taktik der Opposition während des Konflikts», *Historische Zeitschrift*, 140 (1929), 322, und Friedrich Thorwart (Hg.), *Hermann Schulze-Delitzschs Schriften und Reden* (Berlin, 1909–1913), Bd. 3, 198–200.

6 Parisius, *Hoverbeck*, II/1, 169.

7 HW, I, 162–163; *Preußische Jahrbücher*, 11 (1863), 627–653; Karl M. Schiller (Hg.), *Heinrich von Treitschke: Aufsätze, Reden und Briefe* (Meersburg, 1929), Bd. 3, 182–189; Hans Rosenberg (Hg.), *Ausgewählter Briefwechsel Rudolf Hayms* (Stuttgart, 1930), 313 ff.

8 Hermann Oncken, *Rudolf von Bennigsen* (Stuttgart, 1910), Bd. 1, 595–597. Vgl. auch Nirrnheim, *Bismarck und die öffentliche Meinung*, 182–186, 219–222.

9 HW, I, 160–161.

10 Oncken, *Bennigsen*, Bd. 1, 595.

11 Treitschke, *Aufsätze, Reden, Briefe*, Bd. 3, 185; Bd. 5, 546–548. In dem Brief, in dem er mit Haym brach, behauptete Treitschke, die Einstellung des Herausgebers könne die «leider nur allzumatte Entrüstung des Landes» nur noch weiter schwächen. *Ebd.*, Bd. 5, 552. Treitschkes Aufruf zur Revolution war eher Ausdruck seiner eigenen Befindlichkeit als ein Urteil über die tatsächliche Lage in Preußen. Vgl. Hildegard Katsch, *Heinrich von Treitschke und die preußisch-deutsche Frage von 1860 – 1866* (München, 1919), 27 ff.

12 HW, I, 156.

13 Parisius, *Hoverbeck*, II/1, 171; HW, I, 162. Bismarck sah in der Affäre einen möglichen Vorwand, politische Agitatoren, besonders Schriftsteller und Journalisten, aus der Stadt zu verbannen. GW, XIV, 644–645; Horst Kohl (Hg.), *Anhang zu den Gedanken und Erinnerungen von Otto Fürst von Bismarck* (Stuttgart, 1901), Bd. 2, 352–353.

14 HW, I, 171, auch 98, 102.

15 Ludwig Dehio, «Die Pläne der Militärpartei und der Konflikt», *Deutsche Rundschau*, 213 (1927), 95–96.

16 HW, I, 153.

17 HW, I, 156, 159, 175–176; Parisius, *Hoverbeck*, II/2, 1–2.

18 Ludwig Maenner (Hg.), *Ferdinand Lassalle: Reden und Schriften*, in: Friedrich Meinecke und Hermann Oncken (Hgg.), *Klassiker der Politik* (Berlin, 1926), Bd. 15, 177–207.

19 Hermann Oncken, *Lassalle: Eine politische Biographie* (4. Aufl., Stuttgart, 1923), 280–282; Schlomo Na'aman, *Lassalle* (Hannover, 1970), 569 ff.; Martin Philippson, *Max von Forckenbeck: Ein Lebensbild* (Dresden, 1898), 109–110; Fritz Löwenthal, *Der preußische Verfassungsstreit, 1862–1866* (München, 1914), 197–198.

20 SBHA (1863–1864), I, 75–111.

21 *Ebd.*, II, 713 ff. Der aufschlußreichste Aspekt der Debatte zu diesem Thema sind die unterschiedlichen taktischen Positionen innerhalb der liberalen Bewegung.

22 Meisner (Hg.), *Kronprinz im Verfassungskampf*, 171–172.

23 Friedrich von Bernhardi (Hg.), *Aus dem Leben Theodor von Bernhardis* (Leipzig, 1893–1906), V, 121.

24 HW, I, 177–178, 181, 185–186; Rosenberg (Hg.), *Haym: Briefwechsel*, 225.

25 Vgl. oben, 170, 189–192.

26 Meisner (Hg.), *Kronprinz im Verfassungskampf*, 176–177.

27 Eine Änderung des Wahlgesetzes war der letzte Ausweg, der in dem Gespräch mit Gerlach am 4. März erwähnt wurde. GW, VII, 73. Vgl. Richard Augst, *Bismarcks Stellung zum parlamentarischen Wahlrecht* (Leipzig, 1917), 42 ff.

28 Johannes Ziekursch, *Politische Geschichte des neuen deutschen Kaiserreiches* (Frankfurt a. M., 1925–1930), Bd. 1, 59–61. Zum preußischen Wahlsystem allgemein vgl. Eugene Anderson, *The Social and Political Conflict in Prussia 1858–1864* (Lincoln, 1954), 255 ff. Zu Bismarcks Sicht vgl. Hans J. Schoeps, «Unveröffentlichte Bismarckbriefe», *Zeitschrift für Religions- und Geistesgeschichte*, 2 (1949), 15; BR, II, 94–95; Ernst Ludwig von Gerlach, *Aufzeichnungen aus seinem Leben und Wirken, 1795–1877* (Schwerin, 1903), Bd. 2, 255.

29 Ziekursch, *Politische Geschichte*, Bd. 1, 61–62; Anderson, *Social and Political Conflict*, 413 ff.; Löwenthal, *Verfassungsstreit*, 147. Bismarck schätzte, daß nur ein Siebzehntel der Wahlberechtigten tatsächlich zur Wahl ging, weshalb die in die Kammer gewählten Vertreter «die destillierte Bourgeoisie, ... die organisierte Revolution» gewesen seien. Gustav Mayer, *Bismarck und Lassalle: Ihr Briefwechsel und ihre Gespräche* (Berlin, 1928), 34, 38.

30 GW, XIV, 114. Joseph Maria von Radowitz erklärte gegenüber Friedrich Wilhelm IV., Arbeiter seien die logischen Verbündeten der Konservativen gegen bürgerliche Liberale. Friedrich Meinecke, *Radowitz und die deutsche Revolution* (Berlin, 1913), 77–78, 531–532; Theodore S. Hamerow, *Restoration, Revolution, Reaction: Economics and Politics in Germany, 1815–1871* (Princeton, 1958), 72 ff., 174 ff. Es gibt einige Indizien dafür, daß Konservative bewußt versucht haben, Berliner Arbeiter gegen die Revolutionsregierung von 1848 aufzuhetzen. Erich Jordan, *Die Entstehung der konservativen Partei und die preußischen Agrarverhältnisse vor 1848* (München, 1914), 285–296.

31 GW, VII, 15–16, 24; XIV, 150, 189, 192.

32 BR, I, 134; GW, XIV, 302; Hamerow, *Restoration, Revolution, Reaction*, 248–251.

33 Hamerow, *Restoration, Revolution, Reaction*, 238 ff.; Julius Becker, *Das deutsche Manchestertum: Eine Studie zur Geschichte des wirtschaftspolitischen Individualismus* (Karlsruhe, 1907), 79 ff.; Pierre Benaerts, *Les origines de la grande industrie allemande* (Paris, 1933), 573 ff.

34 Ernst Schraepler, «Linksliberalismus und Arbeiterschaft in der preußischen Konfliktszeit», in: Richard Dietrich und Gerhard Oestreich (Hgg.), *Forschungen zu Staat und Verfassung: Festgabe für Fritz Hartung* (Berlin, 1958), 385–401; Hermann Oncken, «Der Nationalverein und die Anfänge der deutschen Arbeiterbewegung 1862–1863», *Archiv für die Geschichte des Sozialismus und der Arbeiterbewegung* (1912), Bd. 2, 120–127; Paul Herrmann, *Die Entstehung des deutschen Nationalvereins und die Gründung seiner Wochenschrift* (Leipzig, 1932), 113; Walter Gagel, *Die Wahlrechtsfrage in der Geschichte der deutschen liberalen Parteien 1848–1918* (Düsseldorf, 1958), 22 ff.; Hans Neumann, «Franz Ziegler und die Politik der liberalen Oppositionsparteien von 1845–1866», *Forschungen zur brandenburgischen und preußischen Geschichte*, 37 (1925), 280–281; Wilhelm Biermann, *Franz Leo Benedikt Waldeck: Ein Streiter für Freiheit und Recht* (Paderborn, 1928), 296.

35 Schulze-Delitzsch, *Schriften und Reden*, V, 186–187, 201.

36 Oncken, *Lassalle*, 293 ff.; *Lassalle: Reden und Schriften*, 209–245; Schraepler, «Linksliberalismus und Arbeiterschaft», 393–401; Gustav Mayer, «Die Trennung der proletarischen von der bürgerlichen Demokratie in Deutschland, 1863– 1870», *Archiv für die Geschichte des Sozialismus und der Arbeiterbewegung* (1912), Bd. 2, 1–67.

37 Vgl. William O. Shanahan, *German Protestants Face the Social Question* (Notre Dame, 1954), und Fritz Fischer, «Der deutsche Protestantismus und die Politik im 19. Jahrhundert», *Historische Zeitschrift*, 171 (1951), 473–518.

38 Shanahan, *German Protestants*, 382 ff.

39 *Ebd.*, 362 ff. Vgl. auch Adalbert Hahn, *Die Berliner Revue: Ein Beitrag zur Geschichte der konservativen Partei zwischen 1855 und 1875* (Berlin, 1934).

40 Hugo Müller, *Der preußische Volks-Verein* (Berlin, 1914), 22 ff., 114, 117–120; A. Hahn, *Berliner Revue*, 96 ff.

41 Adolf Richter, *Bismarck und die Arbeiterfrage im preußischen Verfassungskonflikt* (Stuttgart, 1935), 26.

42 Heinz Gollwitzer, «Der Cäsarismus Napoleons III. im Widerhall der öffentlichen Meinung Deutschlands», *Historische Zeitschrift*, 173 (1952), 23–75; Walter Vogel, *Bismarcks Arbeiterversicherung* (Braunschweig, 1951), 16–19.

43 Wolfgang Saile, *Hermann Wagener und sein Verhältnis zu Bismarck: Tübinger Studien zur Geschichte und Politik*, Bd. 9 (Tübingen, 1958), 65 ff.; Hermann Wagener, *Erlebtes* (2. Aufl., Berlin, 1884), Bd. 2, 17.

44 Saile, *Wagener und Bismarck*, 133–144.

45 GW, IV, 84–85, 94–95; Richter, *Arbeiterfrage*, 87–90.

46 GW, XI, 606.

47 Mayer, *Bismarck und Lassalle*, 60–61; Schlomo Na'aman, «Lassalles Beziehungen zu Bismarck – Ihr Sinn und Zweck», *Archiv für Sozialgeschichte*, Bd. 2 (1962), 55–85, und *Lassalle: Reden und Schriften*, 622–625.

48 Mayer, *Bismarck und Lassalle*, 28–29, 41, 61.

49 *Ebd.*, 42–43, 81–84.

50 *Ebd.*, 35–36.

51 *Ebd.*, 61.

52 *Ebd.*, 80, 87–88; GW, VII, 94–95; Hermann Oncken, «Bismarck, Lassalle und die Oktroyierung des gleichen und direkten Wahlrechts in Preußen», *Historisch-politische Aufsätze und Reden* (München, 1914), Bd. 2, 195–196.

53 Oncken, *Lassalle*, 440; GW, XI, 606.

DRITTES BUCH
Die Zeit der Triumphe
1864–1867

I. Die Eroberung von Schleswig-Holstein

1 Zum Problem der Herzogtümer vgl. die klassische Untersuchung von Lawrence D. Steefel, *The Schleswig-Holstein Question* (Cambridge, Mass., 1932).

2 *Ebd.*, 55 ff.

3 Hermann Oncken (Hg.), Großherzog Friedrich I. von Baden und die deutsche Politik von 1854–1871 (Stuttgart, 1927), Bd. 1, 621; Johannes Ziekursch, *Politische Geschichte des neuen deutschen Kaiserreiches* (Frankfurt a. M., 1925– 1930), Bd. 1, 129–130.

4 Zu den Augustenburgs (Vater und Sohn) vgl. Johann H. Gebauer, *Christian August, Herzog von Schleswig-Holstein* (Stuttgart, 1910), sowie Karl Jansen und Karl Samwer, *Schleswig-Holsteins Befreiung* (Wiesbaden, 1897), 103 ff.

5 Hermann Oncken, *Rudolf von Bennigsen* (Stuttgart, 1910), Bd. 1, 621 ff.

6 Erich Zimmermann, *Der deutsche Reformverein* (Pforzheim, 1929), 75–88; Theodor Schieder, *Die kleindeutsche Partei in Bayern* (München, 1936), 41 ff.; Adolf Rapp, *Die Württemberger und die nationale Frage, 1863–1871* (Stuttgart, 1910), 59 ff.; Liselotte Konrad, *Baden und die schleswig-holsteinische Frage, 1863–1866* (Berlin, 1935), 44 ff.

7 Gerhard Ritter, *Die preußischen Konservativen und Bismarcks deutsche Politik, 1858–1875* (Heidelberg, 1913), 89 ff.

8 Ludwig Dehio, «Die Taktik der Opposition während des Konflikts», *Historische Zeitschrift*, 140 (1929), 325–327; Ludolf Parisius, *Leopold Freiherr von Hoverbeck* (Berlin, 1897–1900), II/1, 195; Oncken, *Bennigsen*, Bd. 1, 630–631; HW, I, 183, 187. Bernhardi und Max Duncker hofften, Bismarck würde die Schleswig-Holstein-Frage zur Beendigung der inneren Krise nutzen. Friedrich von Bernhardi (Hg.), *Aus dem Leben Theodor von Bernhardis* (Leipzig, 1893–1906), Bd. 5, 146, 154–155.

9 APP, IV, 148.

10 Dehio, «Taktik der Opposition», 327 ff.

11 Arnold Oskar Meyer, «Die Zielsetzung in Bismarcks schleswig-holsteinischer Politik von 1855 bis 1864», *Zeitschrift der Gesellschaft für Schleswig-Holsteinische Geschichte*, 53 (1923), 112–113. Mitte Februar 1864 erklärte er gegenüber Ludwig von Gerlach, «er sei ein Preuße, nicht ein Deutscher». Gerlach entgegnete, er solle sagen, «ich bin ein Preuße und deshalb ein Deutscher – oder auch umgekehrt». Ernst Ludwig von Gerlach, *Aufzeichnungen aus seinem Leben und Wirken, 1795–1877* (Schwerin, 1903), Bd. 2, 262.

12 GW, II, 240.
13 OD, IV, 118.
14 Moritz Busch, *Tagebuchblätter* (Leipzig, 1899), I, 187.
15 GW, IX, 49; XIV, 672.
16 Meyer, «Zielsetzung», 103–104; Erich Eyck, *Bismarck: Leben und Werk* (Zürich, 1941–1944), Bd. 1, 550.
17 Meyer, «Zielsetzung», 105–106, 128–130; GW, XV, 254.
18 BP, II, 24; Heinrich von Poschinger (Hg.), *Bismarck-Portefeuille (Stuttgart, 1899),* IV, 114–115. Sein Erfolg, bemerkte er gegenüber Ludwig von Gerlach, sei eine «Sache des Glücks und der Umstände» gewesen. *Gerlach,* Aufzeichnungen, Bd. 2, 267.
19 APP, III, 133; vgl. auch 90–91.
20 Zur Politik Englands und Rußlands vgl. Werner E. Mosse, *European Powers and the German Question, 1848–1871* (Cambridge, 1958), 146 ff.
21 APP, IV, 188–190, 242–245, 259–262, 264–265, 291–292; Horst Kohl (Hg.), *Anhang zu den Gedanken und Erinnerungen von Otto Fürst von Bismarck* (Stuttgart, 1901), Bd. 1, 86–87; Alfred Stern, *Geschichte Europas seit den Verträgen von 1815 bis zum Frankfurter Frieden von 1871* (Stuttgart, 1899–1924), Bd 9, 582–584; GW, XV, 250 ff.
22 DPO, III, 443–444; APP, IV, 163–164, 186.
23 Am 4. Dezember 1863 schrieb Moritz von Blanckenburg an Ludwig von Gerlach: «Er ist der Einzige, der mit Österreich umzugehen versteht. Man kann sagen, daß das Wiener Ministerium jetzt in der Wilhelmstraße in Berlin ist». Gerlach, *Aufzeichnungen,* Bd. 2, 259. Im April 1864 bemerkte Bismarck gegenüber Keudell: «Es ist nicht leicht zu begreifen, weshalb eigentlich die Oesterreicher mit uns hierhergekommen sind, wo sie doch nicht bleiben können.» GW, VII, 85.
24 DPO, III, 436–438, 454–458, 598–606, 616 ff., 629–634, 666 ff.; IV, 36–37, 47–48, 79 ff.; APP, IV, 439 ff., 477, 491, 501–502, 737–741.
25 APP, IV, 255–257.
26 DPO, III, 476–479, auch 449–451.
27 DPO, III, 720–722. Heinrich Ritter von Srbik, *Deutsche Einheit: Idee und Wirklichkeit vom Heiligen Reich bis Königgrätz* (München, 1935–1942), Bd. 4, 104 ff.
28 APP, IV, 327–328. Vgl. auch Steefel, *Schleswig-Holstein,* 132.
29 APP, IV, 188–190, 194–197, 213, 219–221, 252–255, 268–270, 286–287, 292–293, 300 ff., 357–359, 369–372.
30 APP, IV, 361; Steefel, *Schleswig-Holstein,* 166–167; Mosse, *European Powers,* 159 ff.
31 APP, IV, 197–201, 207–209, 223–224, 344–346.
32 APP, IV, 334–337.
33 Gegenüber Talleyrand und Károlyi (16. Dezember) sowie gegenüber Fleury (24. Dezember) erklärte er, wenn er zwischen Preußens polnischen Besitzungen und dem linken Rheinufer wählen müßte, würde er zur Aufgabe des letzteren raten. APP, IV, 324; DPO, III, 505. Fleury berichtete, «Was die Rheingrenze betrifft, so ist das Wort gesprochen; sollte man es betonen?» «Sprechen Sie mir nicht vom Rhein», entgegnete Napoleon, «und spielen Sie Polen herunter». OD, I, 4. Zur Bedeutung dieser Bemerkungen vgl. Herbert Geuss, *Bismarck und Napoleon III.* (Köln, 1959), 97–98, und Gerhard Ritter, «Bismarck und die Rheinpolitik Napoleons III.», *Rheinische Vierteljahrsblätter,* 15–16 (1950–1951), 353–354. Geuss und Ritter hatten wahrscheinlich recht mit ihrer Vermutung, die Lockung sei ein bloßes «Manöver» gewesen, um nicht Napoleons Gunst zu verlieren. Dies sollte jedoch nicht zur Behauptung dogmatisiert werden, die Preisgabe deutschen Bodens sei für Bismarck undenkbar gewesen.
34 APP, IV, 466, 482–483; auch 438, 458–465, 651–652.
35 Steefel, *Schleswig-Holstein,* 186 ff.; Mosse, *European Powers,* 179 ff. Österreich war schokkiert von Bismarcks Hinweis, die Annäherung an Frankreich wäre ein Druckmittel gegen England. DPO, III, 716–720, 772; APP, IV, 592–597.
36 OD, II, 15, 49. Später behauptete er gegenüber Gortschakow, die Drohung habe gewirkt. APP, IV, 622.
37 APP, IV, 755–756; DPO, IV, 80 ff.
38 Stern, *Geschichte Europas,* Bd. 9, 584–586; GW, XV, 254. Zum Problem der Datierung der Ratssitzung vgl. Steefel, *Schleswig-Holstein,* 108–109, und R. Sternfeld, «Der preußische Kronrat von 2./3. Jan. 1864», *Historische Zeitschrift,* 131 (1925), 72–80.
39 Srbik, *Deutsche Einheit,* Bd. 4, 149–150.
40 OD, II, 144–145; APP, IV, 667, 688, 700–701, 716–717.

41 APP, IV, 709, 730–735.

42 DPO, III, 621; IV, 80, 120; APP, IV, 734, 742–743.

43 Ludwig Aegidi und Alfred Klauhold (Hgg.), *Das Staatsarchiv: Sammlung der officiellen Aktenstücke zur Geschichte der Gegenwart*, Bd. 7 (1865), 23–24.

44 Jansen und Samwer, *Schleswig-Holsteins Befreiung*, 116, 163 ff., 200 ff., 320 ff., 717–719; C. Boysen, «Ein Brief Bismarcks an Herzog Friedrich», *Zeitschrift der Gesellschaft für Schleswig-Holsteinische Geschichte*, 62 (1934), 349–351.

45 Jansen und Sammer, *Schleswig-Holsteins Befreiung*, 330 ff., 730–736; GW, IV, 448–450.

46 Ernst Vogt, *Die hessische Politik in der Zeit der Reichsgründung (1863–1871)* (München, 1914), *212–213*.

47 *Ebd.*, 240 ff., 253.

48 GW, IX, 50.

49 GW, V, 95; OD, VI, 214–215.

50 Vgl. Walter Lipgens, «Bismarcks Österreich-Politik vor 1866», *Die Welt als Geschichte*, 10 (1950), 240–262; Heinrich Ritter von Srbik, «Die Schönbrunner Konferenzen vom August 1864», *Historische Zeitschrift*, 153 (1935–1936), 43–88; Rudolf Stadelmann, *Das Jahr 1865 und das Problem von Bismarcks Deutscher Politik* (München, 1933).

51 Lipgens, «Bismarcks Österreich-Politik», 244 ff.

52 DPO, IV, 330–340; Srbik, *Deutsche Einheit*, Bd. 4, 193, 211.

53 Vgl.

54 Helmut Böhme, *Deutschlands Weg zur Großmacht* (Köln, 1966), 140 ff.; Wolfgang Zorn, «Wirtschafts- und sozialgeschichtliche Zusammenhänge der deutschen Reichsgründungszeit (1850– 1879)», *Historische Zeitschrift*, 179 (1963), 329–330; Chester W. Clark, *Franz Joseph and Bismarck: The Diplomacy of Austria before the War of 1866* (Cambridge, Mass., 1934), 91; Eugen Franz, *Der Entscheidungskampf um die wirtschaftspolitische Führung Deutschlands (1856–1867)* (München, 1933), 341 ff.

55 GW, IV, 544–575; V, 1–3; XIV, 678, 683–684; Waldemar von Roon, *Denkwürdigkeiten aus dem Leben des General-Feldmarschalls Kriegsministers Grafen von Roon* (4. Aufl., Breslau, 1897), Bd. 2, 290–291. Wahrscheinlicher als Biegeleben oder Schmerling stand Graf Moritz Esterhazy hinter Rechbergs Fall. Die eigentliche Frage war eher eine der Innenpolitik als des Zollvereins. Vgl. Clark, *Franz Joseph and Bismarck*, 146 ff., 240–241.

56 So Pierre Benaerts, *Les origines de la grande industrie allemande* (Paris, 1933), 646 ff., sowie Böhme, *Deutschlands Weg zur Großmacht*, 15–17, 182. Zur Bewertung von Böhmes Interpretation vgl. Otto Pflanze, «Another Crisis among German Historians? Helmut Böhmes *Deutschlands Weg zur Großmacht*», *Journal of Modern History*, 40 (1968), 118–129.

57 GW, V, 4 ff.

58 GW, V, 18–19, 29 ff.; XIV, 689–690; DPO, IV, 429 ff.

59 DPO, IV, 371 ff.

60 DPO, IV, 387 ff.; GW, V, 43–47, 59–66, 77–81.

61 GW, V, 96–103.

62 Clark, *Franz Joseph and Bismarck*, 197.

63 *Ebd.*, 198 ff.; GW, V, 136 ff., 158 ff.; DPO, IV, 641 ff.

64 Clark, *Franz Joseph and Bismarck*, 542–547; GW, V, 189–190.

65 Die Frage wurde aufgeworfen von John C. G. Röhl, «Kriegsgefahr und Gasteiner Konvention», in: Immanuel Geiss und Berndt Jürgen (Hgg.), *Deutschland in der Weltpolitik des 19. und 20. Jahrhunderts* (Düsseldorf, 1973), 89–103, und von Fritz Stern, *Gold und Eisen. Bismarck und sein Bankier Bleichröder* (Frankfurt a. M., 1978), *92–97*.

66 Röhl, «Kriegsgefahr», 95–99; GW, XIV, 697–699.

67 Bismarck an Roon, 3. Juli 1865. GW, XIV, 697–698.

68 Bleichröder und Bismarck wollten diese Anleihen dem Frankfurter Haus Rothschild verkaufen und so Anlagekapital binden, das sonst nach Wien fließen könnte, aber Otto von Camphausen, Direktor der *Seehandlung*, beharrte stur auf dem Nennwert und schlug das letzte Angebot Rothschilds von 99,5 aus. Schließlich wurden die Anleihen auf dem Berliner Markt in kleinen Mengen zum Nennwert verkauft. Noch am 8. August telegraphierte Bismarck nervös nach Berlin, um nachzufragen, wann das Geld verfügbar sein würde. Stern, *Gold und Eisen*, 96; APP, VI, 318.

69 GW, V, 240. Zu den Einzelheiten des Geschäfts mit der Eisenbahn Köln-Minden vgl. Stern, *Gold und Eisen*, 93–95, 99–100.

70 Am 1. August 1865 schrieb Roon an Moritz von Blanckenburg: «Es ist Geld da, genug um uns freie Hand in der auswärtigen Politik zu geben, nöthigenfalls um die ganze Armee mobil zu machen und einen Feldzug hindurch zu bezahlen. Das giebt unsrem Auftreten gegen Oesterreich den nöthigen *applomb*, so daß wir hoffen dürfen, man werde auch ohne Krieg, den wir alle nicht wünschen, den berechtigten Forderungen nachgeben.» *Denkwürdigkeiten*, Bd. 2, 354–355. Die verfügbaren Quellen lassen den Schluß zu, daß Preußens finanzielle Lage 1865 sogar besser war als 1866, als ein plötzlicher Konjunkturrückgang den Aktienmarkt schwächte, den Absatz der Köln-Minden-Aktien erschwerte und Bankiers grundsätzlich Sorge bereitete. Im Gegensatz dazu verbesserte sich Ende 1865 die Lage Österreichs aufgrund eines mit französischen Banken ausgehandelten Kredits über 90 Millionen Gulden. Stern, *Gold und Eisen*, 104–114.

71 GW, V, 223 ff., 242 ff., 282 ff. Srbik folgt der älteren Sichtweise, Bismarck sei sich über die Absichten Italiens und Frankreichs nicht im klaren gewesen; Stadelmann vertritt dagegen nachdrücklich die Ansicht, er habe keinen Anlaß gehabt, an Italiens Unterstützung und Frankreichs Neutralität zu zweifeln. Nach Röhls Überzeugung wurde Bismarck im Sommer 1865 durch Geldmangel dazu gezwungen, Frieden zu wahren. Srbik, *Deutsche Einheit*, Bd. 4, 280 ff.; Stadelmann, *Das Jahr 1865*, 57 ff.; Röhl, «Kriegsgefahr», 103.

72 GW, V, 271, 275. Wie diese Berichte zeigen, schreckte die Frage der Finanzierung Bismarck an diesem Punkt nicht stärker ab als das Problem, Wilhelm vor Ausbruch der Feindseligkeiten zum Abbruch seiner Kur und zur Rückkehr zu bewegen. Was in diesem Sommer den Frieden rettete, waren nicht fehlende Geldmittel, sondern die Konzessionen Österreichs. Falls Wien weiterhin nachgab, war ein Krieg unnötig. Durch den Zeitgewinn konnte der Verkauf von Wertpapieren zu den bestmöglichen Bedingungen abgeschlossen werden – bevor «die Kugel im Rollen und die Bourse im Sinken» war. Röhl, «Kriegsgefahr», 98–99.

73 Clark, *Franz Joseph and Bismarck*, 545, 547; OD, VI, 213; Arnold Oskar Meyer, «Der preußische Kronrat vom 29. Mai 1865», in: *Festgabe für Heinrich Ritter von Srbik* (München, 1938), 308–318. Obwohl er die antipreußische Haltung Schmerlings und Biegelebens kannte, baute er auf den Konservatismus und «guten Willen» Mensdorffs und Franz Josephs. GW, V, 75. Vielleicht wurde er dadurch beeinflußt, daß Werther am 23. Mai von Mensdorffs Bereitschaft berichtete, eine Annexion Lauenburgs als Gegenleistung zu einer Reduzierung der österreichischen Kriegskosten hinzunehmen. Stadelmann, *Das Jahr 1865*, 39.

74 Stadelmann, *Das Jahr 1865*, 43 ff.; DPO, IV, 811 ff.; V/1, 1–5.

75 DPO, V/1, 5 ff.

76 GW, V, 276.

77 Vgl. seine Anweisungen an Goltz. GW, V, 72–76, 92–95, 266–273.

78 OD, IV, 62.

79 OD, IV, 58 ff.

80 RKN, I, 67; OD, VI, 267, 453–454; VII, 64, 91; GW, V, 285 ff., 300–302.

81 Diese Sicht vertraten grundsätzlich Fester, Frahm und Eyck. Richard Fester, «Biarritz: Eine Bismarck-Studie», *Deutsche Rundschau*, 113 (1902), 212–236; Friedrich Frahm, «Biarritz», *Historische Vierteljahrschrift*, 15 (1912), 337–361; Erich Eyck, *Bismarck: Leben und Werk* (Zürich, 1941–1944), Bd. 2, 98–99.

82 GW, V, 307–311. Vgl. auch sein Verhältnis zu Goltz in Otto Graf zu Stolberg-Wernigerode, *Robert Heinrich Graf von der Goltz* (Oldenburg, 1941), 403–408.

83 Erich Brandenburg, *Untersuchungen und Aktenstücke zur Geschichte der Reichsgründung* (Leipzig, 1916), 451–453. Geuss' Sichtweise, der Zweck der Reise sei eher in Bismarcks Verhältnis zu Wilhelm als in dem zu Napoleon zu suchen, scheint verzerrt. Geuss, *Bismarck und Napoleon*, 145.

84 GW, XIV, 707.

85 GW, V, 312–315; *Staatsarchiv*, Bd. 9 (1865), 312 ff.; Richard Schwemer, *Geschichte der freien Stadt Frankfurt a. M., 1814–1866* (Frankfurt, 1918), III/2, 221 ff.

86 GW, V, 301, 312–313, 315. Vgl. auch Johannes Schultze (Hg.), *Kaiser Wilhelms I. Weimarer Briefe* (Berlin, 1924), Bd. 2, 62–68.

87 DPO, V/1, 59 ff., 90–93, 97 ff., 118; GW, V, 332–333, 338–345.

88 GW, V, 309. Bleichröder drängte zu dieser Lösung. Stern, *Gold und Eisen*, 99–100.

89 Clark, *Franz Joseph and Bismarck*, 317 ff.; GW, V, 342 ff., 346–349; DPO, V/1, 164 ff.

90 GW, V, 365–368; DPO, V/1, 181–182, 196.

II. Der Magnetismus der Macht

1 SBHA (1863–1864), I, 114–115, 209–214; III, 37–38; HW, I, 182–183; Friedrich von Bernhardi (Hg.), *Aus dem Leben Theodor von Bernhardis* (Leipzig, 1893–1906), Bd. 5, 156–157, 159, 161–162; Ludolf Parisius, *Leopold Freiherr von Hoverbeck* (Berlin, 1897–1900), II/2, 19–21.

2 SBHA (1863–1864), I, 232; HW, I, 195–196.

3 SBHA (1863–1864), I, 232, 242, 248, 258; HW, I, 204–205. Mitglieder der altliberalen Gruppe stellten eifrig eine Ministerliste für das nächste Kabinett zusammen. Johannes Schultze (Hg.) *Max Duncker, Politischer Briefwechsel aus seinem Nachlaß* (Stuttgart, 1923), 369–371.

4 SBHA (1863–1864), I, 508–509; HW, I, 203–204; Parisius, *Hoverbeck*, II/2, 195–197.

5 SBHA (1863–1864), I, 481–492, 504–507.

6 BR, II, 247 ff.

7 H. B. Oppenheim, *Benedikt Franz Leo Waldeck* (Berlin, 1880), 186; Bernhardi, *Aus dem Leben*, Bd. 5, 224–225; HW, I, 203–204.

8 SBHA (1863–1864), II, 715–717, 924. Der Zusammenhang macht deutlich, daß Twesten nicht Revolution im Sinn hatte, sondern eine glatte Ablehnung der Haushaltsvorlage ohne Änderungsanträge, auf die ein Steuerboykott folgen sollte. Doch obwohl er einen solch drastischen Schritt für gerechtfertigt hielt, sprach er sich dagegen aus, weil er an dessen Erfolg zweifelte. Vgl. auch HW, II, 215.

9 HW, I, 210–216.

10 Parisius, *Hoverbeck*, II/2, 1–2, 19.

11 R. Hübner (Hg.), *Johann Gustav Droysen: Briefwechsel* (Stuttgart, 1928), Bd. 2, 830; Bernhardi, *Aus dem Leben*, Bd. 6, 89, 102, 110–111, 116. Einige Kabinettsmitglieder wollten den Sieg zu einer Auflösung des Parlaments benutzen, aber Bismarck und Roon entschieden sich anders. Zwischen den Sitzungsperioden von 1863/64 und 1865 verging beinahe ein Jahr. GW, XIV, 670; Waldemar von Roon, *Denkwürdigkeiten aus dem Leben des General-Feldmarschalls Kriegsministers Grafen von Roon* (4. Aufl., Breslau, 1897), Bd. 2, 257–258. Horst Kohl, «Aus der Korrespondenz des Grafen Friedrich Eulenburg mit dem Fürsten Bismarck», *Deutsche Revue*, Bd. 25, Nr. 1 (1900), 43–44.

12 BR, II, 264–283. Im Mai 1864 beschwerte er sich bei Below-Hohendorf: «Würde bei uns die Nation so stark vom preußischen Ehrgeiz erfaßt, daß die Regierung nicht mehr belebend, sondern mäßigend sich dazu zu stellen hätte, so würde ich diesen Zustand durchaus nicht beklagen.» GW, XIV, 667.

13 Gerhard Ritter, *Die preußischen Konservativen und Bismarcks deutsche Politik, 1858–1875* (Heidelberg, 1913), 100 ff.

14 Parisius, *Hoverbeck*, II/2, 4–7, 21–22.

15 Friedrich C. Sell, *Die Tragödie des deutschen Liberalismus* (Stuttgart, 1953), 211 ff.; *Preußische Jahrbücher*, 12 (1863), 540 ff.; 12 (1864), 661 ff.; 14 (1864), 456 ff.

16 HW, I, 223–234, 237, 243; *Preußische Jahrbücher*, 15 (1865), 84 ff., 169 ff. Bennigsens Freund Victor Böhmert glaubte, der Artikel habe «eine enorme Wirkung» gezeigt. Hermann Oncken, *Rudolf von Bennigsen* (Stuttgart, 1910), Bd. 1, 655. Zu Treitschkes Sinneswandel vgl. Andreas Dorpalen, *Heinrich von Treitschke* (New Haven, 1957), 88–89, 98–99, sowie Hildegard Katsch, *Heinrich von Treitschke und die preußisch-deutsche Frage von 1860–1866* (München, 1919), 64 ff.

17 Oncken, *Bennigsen*, Bd. 1, 647; Duncker, *Briefwechsel*, 380–381; HW, I, 195, 234, 246–249, 251. Zu Mommsens Sicht der Schleswig-Holstein-Frage vgl. Alfred Heuss, *Theodor Mommsen und das 19. Jahrhundert* (Kiel, 1956), 172 ff., und Albert Wucher, *Theodor Mommsen: Geschichtsschreibung und Politik* (Göttingen, 1956), 151 ff.

18 HW, I, 236, 253–255; *Preußische Jahrbücher*, 15 (1865), 179 ff.; Wucher, *Mommsen*, 181–182.

19 HW, I, 186, 243.

20 Oncken, *Bennigsen*, Bd. 1, 657, 672–674; Otto Bandmann, *Die deutsche Presse und die nationale Frage, 1864–1866* (Leipzig, 1909), 22 ff. Während der Reaktionszeit wurde die Flotte versteigert.

21 Dies war der sogenannte «Berliner Kompromiß». Nicht akzeptiert wurden der Eid auf die preußische Fahne, die preußische Kontrolle über die Einberufung sowie die preußische Verwaltung des Zoll-, Post- und Fernmeldewesens. Oncken, *Bennigsen*, Bd. 1, 661.

22 Erich Eyck, *Bismarck: Leben und Werk* (Zürich, 1941–1944), Bd. 2, 45–47; Parisius, *Hoverbeck*, II/2, 58.

23 Oncken, *Bennigsen*, Bd. 1, 644 ff.; Friedrich Thorwart (Hg.), *Hermann Schulze-Delitzschs Schriften und Reden* (Berlin, 1909–1913), Bd. 3, 221 ff.; Bandmann, *Deutsche Presse*, 33 ff.; Theodor Schieder, *Die kleindeutsche Partei in Bayern* (München, 1936), 41–92.

24 HW, I, 253–262. Bennigsen, der sein Bestes tat, um die Spannungen zu überbrücken, hielt die Einberufung nach Frankfurt, die das Werk süddeutscher Radikaler war, für eine «heillose Torheit».

25 Oncken, *Bennigsen*, Bd. 1, 672–674; Schulze-Delitzsch, *Schriften und Reden*, Bd. 3, 240–254; HW, I, 263.

26 HW, I, 217, 223–224, 229–230.

27 Martin Philippson, *Max von Forckenbeck: Ein Lebensbild* (Dresden, 1898), 124–125; HW, I, 228, 231, 240–241.

28 SBHA (1865), Bd. I, 1–4; Bernhardi, *Aus dem Leben*, Bd. 6, 169–170, 177–178, 200, 209; Roon, *Denkwürdigkeiten*, Bd. 2, 325–326, 331–334. Es gibt Hinweise darauf, daß Roon bereits im Sommer 1864 mit den Gemäßigten über die Einzelheiten von Bonins Antrag verhandelt hat. HW, I, 238–239.

29 SBHA (1865), Bd. 2, 1196–1355; Bd. 6, 878–893.

30 HW, I, 238–239, 242–243; Bernhardi, *Aus dem Leben*, Bd. 6, 180; Oncken, *Bennigsen*, Bd. 1, 657.

31 Philippson, *Forckenbeck*, 132; Parisius, *Hoverbeck*, II/2, 47–48; Oppenheim, *Waldeck*, 199; SBHA (1865), Bd. 1, 471 ff.; Bd. 5, 466–467.

32 Parisius, *Hoverbeck*, II/2, 28–29; SBHA (1865), Bd. 5, 433–469; Philippson, *Forckenbeck*, 122–129; Fritz Löwenthal, Der preußische Verfassungsstreit, 1862–1866 (München, 1914), 236–237.

33 Parisius, *Hoverbeck*, II/2, 30–33; SBHA (1865), Bd. 2, 779–796, 813–853, 1117–1133, 2141–2151. Vgl. auch Werner Schunke, *Die preußischen Freihändler und die Entstehung der nationalliberalen Partei* (Leipzig, 1916), 23 ff.

34 SBHA (1865), II, 856–909.

35 *Ebd.*, VII, 1549–1593; auch III, 2087–2139.

36 SBHA (1865), III, 1833–1903; VIII, 1601–1615; Löwenthal, *Verfassungsstreit*, 242–243. Im April 1864 schrieb Johann Gustav Droysen, zuvor ein Anhänger Augustenburgs, Preußens nächste Aufgabe sei *dominium maris baltici*. Droysen, *Briefwechsel*, Bd. 2, 836.

37 BR, II, 353 ff., 378 ff. Vgl. auch GW, V, 161.

38 HW, I, 244–245, 250–251; SBHA (1865), VII, 1886, 1897–1903, 1956–1964; GW, XIV, 695.

39 Ludwig Aegidi und Alfred Klauhold (Hgg.), *Das Staatsarchiv: Sammlung der officiellen Aktenstücke zur Geschichte der Gegenwart*, Bd. 10 (1866), 74 ff.; Löwenthal, *Verfassungsstreit*, 268–271; Schunke, *Freihändler*, 26–27; GW, XIV, 697–698.

40 Parisius, *Hoverbeck*, II/2, 53–56.

41 Ritter, *Konservativen*, 116–118; Bernhardi, *Aus dem Leben*, Bd. 6, 171–172; Duncker, *Briefwechsel*, 392; Heinrich O. Meisner (Hg.), *Kaiser Friedrich III.: Tagebücher von 1848–1866* (Leipzig, 1929), 530–533.

42 Alfred Stern, *Geschichte Europas seit den Verträgen von 1815 bis zum Frankfurter Frieden von 1871* (Stuttgart, 1899–1924), Bd. 9, 587. Vgl. auch Ernst Ludwig von Gerlach, *Aufzeichnungen aus seinem Leben und Wirken, 1795–1877* (Schwerin, 1903), Bd. 2, 273.

43 Vgl. besonders den Bericht des Untersuchungsausschusses des Abgeordnetenhauses. SBHA (1863–1864), IV, 624 ff.

44 Thomas Parent, *«Passiver Widerstand» im preußischen Verfassungskonflikt: Die Kölner Abgeordnetenfeste* (Köln, 1982), 261–383, 415–418; SBHA (1865), I, 374–381; (1866), I, 13–14, 34–35, 185–186; Parisius, *Hoverbeck*, II/2, 56–61. Von 253 eingeladenen Abgeordneten nahmen nur 160 an, von denen wiederum nur die Hälfte erschien. Die ostpreußischen Abgeordneten lehnten mit der Begründung ab, es gebe nichts zu feiern.

45 Parisius, *Hoverbeck*, II/2, 15; SEG (1865), 170, 174, 176, 180; Bernhardi, *Aus dem Leben*, Bd. 5, 160–161; Bd. 6, 118; HW, I, 231.

46 Parisius, *Hoverbeck*, II/2, 23–24.

47 *Ebd.*, 15 16.

48 SBHA (1865), I, 284–299; SBHH (1865), I, 299.

49 Bernhardi, *Aus dem Leben*, Bd. 6, 209; vgl. auch Roon, *Denkwürdigkeiten*, Bd. 2, 337, 346, 348–350.

50 Meisner (Hg.), *Tagebücher*, 532–533. Am 19. Juni vertrat Eulenburg im Kronrat die Auffassung, das Wahlgesetz könne nur in Richtung auf ein allgemeines, gleiches Wahlrecht geändert werden, aber er äußerte ernste Zweifel an der Klugheit eines solchen Schrit-

tes, da man ihn nicht mehr zurücknehmen könne. Stern, *Geschichte Europas*, Bd. 9, 587.

51 Adolf Richter, *Bismarck und die Arbeiterfrage im preußischen Verfassungskonflikt* (Stuttgart, 1935), 252–257; SBHA (1865), I, 119–202; IV, 208, 312–316. Die Motive der Liberalen waren gemischt. Die Organisationsfreiheit wurde wie die Gewerbefreiheit als Grundrecht betrachtet. Da die Arbeit der schwächere Partner sei, sei dieses Recht für sie wichtiger als für das Kapital. Solange das Verbot gelte, würden sich die Arbeiter der Täuschung hingeben, was ihre Löhne niedrig halte, sei das Gesetz des Staates und nicht das «Naturgesetz» von Angebot und Nachfrage auf dem Arbeitsmarkt.

52 Richter, *Arbeiterfrage*, 37–47; SBHA (1863), I, 23–28; III, 1–2.

53 AWB, I, 20–25, 30–33, 49; GW, IV, 442; Richter, *Arbeiterfrage*, 53 ff.

54 Richter, *Arbeiterfrage*, 92–117; 235 ff. Leider wurde dieses Dokument nie in voller Länge veröffentlicht. Vgl. die Auszüge in Hans Rothfels (Hg.), *Otto von Bismarck: Deutscher Staat* (München, 1925), 353–360, sowie AWB, I, 62–65. Die Minister akzeptierten viele von Bismarck vorgeschlagene Änderungen, aber der Abschlußbericht wurde erst im Juli 1867 fertiggestellt. Zu dieser Zeit entschied man sich gegen eine Veröffentlichung, da die Frage «infolge der Ereignisse des letzten Sommers» nicht mehr so wichtig sei. Richter, *Arbeiterfrage*, 247–248.

55 Richter, *Arbeiterfrage*, 63–91.

56 BR, III, 317; AWB, I, 32–33, 54, 68–70, 76, 78–83; GW, V, 335, 384–385; XIV, 691; Karl Thieme, «Bismarcks Sozialpolitik», *Archiv für Politik und Geschichte*, 9 (1927), 386.

57 Gustav Mayer, *Johann Baptist von Schweitzer und die Sozialdemokratie* (Jena, 1909), 110–142; Franz Mehring, *Geschichte der deutschen Sozialdemokratie* (Stuttgart, 1903), Bd. 3, 195 ff.; SEG (1865), 175. Daß die Regierung Anfang 1865 mit dem *Sozialdemokrat* in Verbindung stand, beweist die Tatsache, daß Eugen Dühring von Bismarck beauftragt wurde, Artikel für das Blatt zu schreiben. Richter, *Arbeiterfrage*, 57, 259. Im Oktober bot der 1864 durch Bismarck in das Außenministerium berufene Lothar Bucher Karl Marx eine Stelle als Kolumnist zu Finanzfragen beim offiziellen preußischen *Staatsanzeiger* an. Marx lehnte ab. Franz Mehring, *Karl Marx: Geschichte seines Lebens* (Berlin, 1964), 343–345.

58 GW, XI, 609.

59 Vgl. 108 ff.

60 Helmut Böhme, *Deutschlands Weg zur Großmacht: Studien zum Verhältnis von Wirtschaft und Staat während der Reichsgründungszeit, 1848–1881* (Köln, 1966), 116–117, 120–121; Wolfgang Zorn, «Wirtschafts- und sozialgeschichtliche Zusammenhänge der deutschen Reichsgründungszeit (1850–1879)», *Historische Zeitschrift*, 179 (1963), 325.

61 SBHA (1862), 1549–1551, sowie (1865), 2228–2229; Heinrich August Winkler, *Preußischer Liberalismus und deutscher Nationalstaat: Studien zur Geschichte der Deutschen Fortschrittspartei, 1861–1866* (Tübingen, 1964), 71.

62 Zur Geschichte dieser Gesetzgebung vgl. Wolfram Fischer, *Wirtschaft und Gesellschaft im Zeitalter der Industrialisierung* (Göttingen, 1972), 139–178, 497–500.

63 GSP (1861), 225–226, 425–430.

64 GSP (1865), 705–760.

65 Klaus Tenfelde, *Sozialgeschichte der Bergarbeiterschaft an der Ruhr im 19. Jahrhundert* (Bonn-Bad Godesberg, 1977), 163–191, 397–422; Gerhard Gebhardt, *Ruhrbergbau: Geschichte, Aufbau und Verflechtung seiner Gesellschaften und Organisationen* (Essen, 1957), 22–25; Wilhelm Brepohl, *Der Aufbau des Ruhrvolkes im Zuge der Ost-West-Wanderung* (Recklinghausen, 1948), 181–184, 202–207.

66 Friedrich Zunkel, *Der rheinisch-westfälische Unternehmer 1834–1879* (Köln, 1962), 205–217; Eugene Anderson, *The Social and Political Conflict in Prussia, 1858–1871: Struggles and Accomplishments* (Princeton, 1972), 192–237.

67 GSP (1859), 244; (1860), 278; (1861), 341.

68 GW, XIV, 693.

69 Fritz Stern, *Gold und Eisen. Bismarck und sein Bankier Bleichröder* (Frankfurt a. M., 1978), 64, 93–96; *Zunkel*, Unternehmer, 221; Böhme, *Deutschlands Weg*, 192–307.

70 Zunkel, *Unternehmer*, 217–218; Alexander Bergengrün, *David Hansemann* (Berlin, 1901), 740–744; Joseph Hansen, *Gustav von Mevissen: Ein rheinisches Lebensbild, 1815–1899* (Berlin, 1906) Bd. 1, 742; Schulze-Delitzsch, *Schriften und Reden*, Bd. 4, 18–19, 256–257, sowie Bd. 5, 133–134.

III. Die Eroberung Norddeutschlands

1 Lord Augustus Loftus, *Diplomatic Reminiscences*, 2. Serie (London, 1894), Bd. 1, 39.

2 Es existieren drei Protokolle dieser entscheidenden Sitzung, wobei aus zweien hervorgeht, daß Eulenburgs Äußerung die einzige war, an der Bismarck während der Ratssitzung Anstoß nahm. APP, VI, 611–619; Heinrich O. Meisner (Hg.), *Kaiser Friedrich III.: Tagebücher von 1848–1866* (Leipzig, 1929), 541–544; Walter Reichle, *Zwischen Staat und Kirche: Das Leben und Wirken des preußischen Kultusministers Heinrich von Mühler* (Berlin, 1938), 170–171. Dennoch neigten Historiker dazu, Eulenburgs Äußerung Bismarck selbst zuzuschreiben und die beiden Berichte von Konrad von Moltke und Heinrich von Mühler, die das Gegenteil beweisen, zu ignorieren. Vgl. Michael Stürmer, *Regierung und Reichstag im Bismarckstaat 1871–1880* (Düsseldorf, 1974), 34; Fritz Stern, *Gold und Eisen. Bismarck und sein Bankier Bleichröder* (Frankfurt a. M., 1978), 103; Immanuel Geiss, «Sozialstruktur und imperialistische Disposition im Zweiten Kaiserreich», in: K. Holl und G. List (Hg.), *Liberalismus und imperialistischer Staat* (Göttingen, 1975), 53; Hans-Ulrich Wehler, *Das deutsche Kaiserreich, 1871–1914* (2. Aufl., Göttingen, 1980), 35–36. Lothar Gall schreibt die Bemerkung keiner bestimmten Person zu und übergeht Bismarcks Einwand dagegen: *Bismarck: Der weiße Revolutionär* (Frankfurt a. M., 1980), 346–347. Ernst Engelberg zitiert Moltkes Version von Bismarcks Einwand: «Graf Bismarck bemerkt, daß die inneren Zustände einen Krieg nach außen nicht nötig machen, wohl aber noch hinzutreten, um ihn günstig erscheinen zu lassen.» Er übergeht Mühlers Bericht, der eine negativere Färbung aufweist: «Bismarck verwahrt sich dagegen, daß die inneren Fragen Motiv des Krieges sein können, ihre Lösung mag Frucht desselben sein.» *Bismarck: Urpreuße und Reichsgründer* (Berlin, 1985), 570. Die «Zwangslage» (Engelberg), die Bismarck an diesem Tag beschrieb, bezog sich ausschließlich auf die Außenpolitik.

3 GW, V, 396, 399; VII, 123; OD, VII, 214, 222–223, 257–258.

4 DPO, V/1, 202, 427, Heinrich Ritter von Srbik, *Deutsche Einheit: Idee und Wirklichkeit vom Heiligen Reich bis Königgrätz* (München, 1935–1942), Bd. 4, 327–328; Chester W. Clark, *Franz Joseph and Bismarck: The Diplomacy of Austria before the War of 1866* (Cambridge, Mass., 1934), 239 ff.

5 Dieser Schritt Österreichs wurde veranlaßt durch die Kriegsstimmung der offiziellen Presse in Preußen, eine ungewöhnliche Mobilmachungsübung in Berlin und Gerüchte über die Absicht Preußens, Sachsen unmittelbar nach Ausbruch des Krieges zu besetzen. Clark, *Franz Joseph and Bismarck*, 363 ff.; 562–563. Seit November hatte der französische Militärattaché über ungewöhnliche militärische Vorbereitungen in Preußen berichtet. OD, VII, 171 ff.

6 APP, VI, 707fff.; GW, V, 416 ff.; XIV, 710.

7 DPO, V/1, 298–299, 302–323, 306–309; GW, V, 410–411; Ludwig Aegidi und Alfred Klauhold (Hgg.), *Das Staatsarchiv: Sammlung der officiellen Aktenstücke zur Geschichte der Gegenwart*, Bd. 10 (1866), 352–353.

8 DPO, V/1, 240, 292 ff., 312, 380–395; GW, XIV, 710–711; Srbik, *Deutsche Einheit*, Bd. 4, 335 ff.; Clark, *Franz Joseph and Bismarck*, 374 ff.; Otto Graf zu Stolberg-Wernigerode, *Robert Heinrich Graf von der Goltz* (Oldenburg, 1941), 146 ff.

9 *Staatsarchiv*, Bd. 9 (1866), 356–357, 362–364; Horst Kohl (Hg.), *Anhang zu den Gedanken und Erinnerungen von Otto Fürst von Bismarck* (Stuttgart, 1901), Bd. 1, 127 ff.; GW, V, 452.

10 APP, VI, 599–604, 626–627, 653 ff., 709–711; GW, V, 395 ff., 412–413; DPO, V/1, 337. Vgl. auch Friedrich Beiche, *Bismarck und Italien: Ein Beitrag zur Vorgeschichte des Krieges 1866* (Berlin, 1931).

11 Srbik, *Deutsche Einheit*, Bd. 4, 296–297. DPO, V/1, 209, auch 201; OD, VII, 299.

12 DPO, V/1, 153.

13 DPO, V/1, 443; Srbik, *Deutsche Einheit*, Bd. 4, 354.

14 GW, V, 452–454; *Staatsarchiv*, Bd. 10 (1866), 366. Vgl. auch das Protokoll des Ministerrats, in dem die österreichische Antwort diskutiert wurde. DPO, V/1, 498 ff.

15 GW, V, 460; VII, 109–110.

16 DPO, V/1, 486; GW, V, 461; XIV, 712; Waldemar von Roon, *Denkwürdigkeiten aus dem Leben des General-Feldmarschalls Kriegs-*

ministers Grafen von Roon (4. Aufl., Breslau, 1897), Bd. 2, 400ff., 421.

17 DPO, V/1, 523ff., 553; Srbik, *Deutsche Einheit*, Bd. 4, 363–364; Ernst Berner (Hg.), *Kaiser Wilhelms des Großen Briefe, Reden und Schriften* (Berlin, 1906), Bd. 2, 124.

18 DPO, V/1, 521–523, 560; GW, V, 479; Otto Becker, *Bismarcks Ringen um Deutschlands Gestaltung* (Heidelberg, 1958), 121ff.

19 Einen Überblick über die sehr unterschiedlichen Wertungen der Bedeutung von Bismarcks Umgang mit dem Gablenz-Plan bietet Otto Becker, «Der Sinn der dualistischen Verständigungsversuche Bis-marcks», *Historische Zeitschrift*, 169 (1949), 264ff.

20 GW, V, 95.

21 E. Ann Pottinger, *Napoleon III and the German Crisis, 1865–1866* (Cambridge, Mass., 1966), 24–150.

22 APP, VI, 615; GW, V, 286–287; OD, VII, 293; RKN, I, 89–90, 98–99, 108.

23 Gerhard Ritter sah Napoleon mehr als «den Geschobenen als den Schiebenden». Vgl. sein «Bismarck und die Rheinpolitik Napoleons III.», *Rheinische Vierteljahresblätter*, 15–16 (1950–1951), 339–370; auch «Die Politik Napoleons III. und das System der Mainlinie», *Korrespondenzblatt des Gesamtvereins der deutschen Geschichts- und Altertumsvereine*, 80 (1932), 178–182.

24 RKN, I, 140ff., 165ff., 180ff.

25 Ebd., 165; Lynn M. Case, «French Opinion and Napoleon III's Decision after Sadowa», *Public Opinion Quarterly*, 13 (1949–1950), 441–461, sowie *French Opinion during the Second Empire* (Philadelphia, 1954), 196ff.; Pottinger, *Napoleon III*, 117–127.

26 RKN, I, 241–246; Pottinger, *Napoleon III*, 136–141.

27 John W. Bush, *Venetia Redeemed: Franco-Italian Relations 1864–66* (Syracuse, 1967), 73; Pottinger, *Napoleon III*, 141.

28 DPO, V/1, 61, 185–186, 527ff., 549; RKN, I, 144, 160, 164–165, 180, 202ff., 227ff. Obwohl der Pufferstaat nicht im Vertrag erwähnt wurde, kam man mündlich überein, Frankreich damit zu entschädigen. RKN, I, 268; OD, X, 145; GW, VIb, 108 (Anm. 3). Vgl. auch Heinrich Ritter von Srbik, «Der Geheimvertrag Österreichs und Frankreichs vom 12. Juni 1866», *Historisches Jahrbuch*, 57 (1937), 454–507, sowie Pottinger, *Napoleon III*, 82–105, 142–150.

29 RKN, I, 247ff., 264ff., 290; OD, X, 114ff., 147ff., 164ff.

30 GW, V, 482ff.

31 GW, V, 389, 394. Vgl. Ritter, «Rheinpolitik Napoleons III.», 366; Erich Brandenburg, *Untersuchungen und Aktenstücke zur Geschichte der Reichsgründung* (Leipzig, 1916), 409, sowie die editorischen Kommentare von Oncken und Thimme, RKN, I, 245, und GW, V, 518.

32 Vgl. Erich Eyck, *Bismarck: Leben und Werk* (Zürich, 1941–1944), Bd. 2, 218ff.

33 U. Govone (Hg.), *General Govone: Mémoires (1848–1870)* (Paris, 1905), vii-viii, 206–207.

34 RKN, X, 31.

35 Ritter, «Rheinpolitik Napoleons III.», 367.

36 GW, V, 474ff. Der Oncken-Schüler Fritz Hellwig behauptete, mit der Denkschrift vom 30. April habe Bismarck eher finanzielle als diplomatische Ziele verfolgt, aber er ignorierte die entscheidende Passage, die seiner These widerspricht. Vgl. sein *Der Kampf um die Saar 1860–1870: Beiträge zur Rheinpolitik Napoleons III.*, in: Hermann Oncken (Hg.), *Forschungen zur neueren und neuesten Geschichte*, Teil 3 (Leipzig, 1934), 172–173. Wie Ritter selbst darlegte, wurde das Projekt wegen des Widerstands im Saargebiet aufgegeben und nicht, wie er an anderer Stelle argumentierte, weil Bismarck plötzlich fester auf den Erfolg der preußischen Waffen vertraute. Hätte Napoleon im März auf Wilhelms Wunsch nach einer *«entente plus intime et plus spéciale»* reagiert, wäre die Zusage der Grenze von 1814 unvermeidlich gewesen, nicht als Ergebnis einer «katastrophalen Entwicklung der Kriegslage», wie Ritter behauptete, sondern noch vor den eigentlichen Feindseligkeiten. «Rheinpolitik Napoleons III.», 360, 367. Nach Johannes Haller ließ Bismarck während der Interventionskrise Ende Juli eine Karte mit der Grenze nach Nikolsburg bringen. Otto Scheel, *Bismarcks Wille zu Deutschland in den Friedensschlüssen 1866* (Breslau, 1934), 90 (Anm. 2).

37 GW, V, 357–358, 414–415, 488–489.

38 DPO, V/1, 270.

39 GW, V, 390ff., 419ff., 430ff., 443ff., 466–467, 489ff., 547ff.

40 Srbik, *Deutsche Einheit*, Bd. 4, 337ff., 367ff.; Eugen Franz, *Ludwig Freiherr von der Pfordten* (München, 1938), 353ff.

41 DPO, V/2, 800 ff.; GW, V, 519 ff.

42 GW, V, 526 ff.; XIV, 714.

43 GW, V, 534–536; Eduard von Wertheimer, *Bismarck im politischen Kampf* (Berlin, 1930), 250.

44 Ernst Ludwig von Gerlach, *Aufzeichnungen aus seinem Leben und Wirken, 1795–1877* (Schwerin, 1903), Bd. 2, 292; Helmut Diwald (Hg.), *Von der Revolution zum Norddeutschen Bund: Politik und Ideengut der preußischen Hochkonservativen, 1848–1866; Aus dem Nachlaß von Ernst Ludwig von Gerlach* (Göttingen, 1970), Bd. 1, 479–480; Robert von Keudell, *Fürst und Fürstin Bismarck: Erinnerungen 1846–1872* (Berlin, 1901), 263; Loftus, *Reminiscences*, Bd. 1, 60. Wenngleich Bismarck das Gegenteil beweisen wollte, scheint Cohen-Blind ein Einzeltäter gewesen zu sein. Der allem Anschein nach begabte 22jährige Student an der landwirtschaftlichen Akademie im württembergischen Hohenheim hoffte, durch den Mord an Bismarck den aufziehenden Bürgerkrieg abzuwenden. Während des Verhörs durch die Polizei beging er Selbstmord, indem er sich die Kehle durchschnitt. Julius H. Schoeps, *Bismarck und sein Attentäter: Der Revolveranschlag, Unter den Linden am 7. Mai 1866* (Berlin, 1984), besonders 38–41.

45 GW, V, 418–419, 432–434, 447–449, 491, 514–515, 534–536.

46 GW, V, 550–551.

47 Otto von Völderndorff, «Deutsche Verfassungen und Verfassungsentwürfe», *Annalen des deutschen Reichs* (1890), 402 (Anm. 2); Clark, *Franz Joseph and Bismarck*, 350 ff.

48 Becker, *Bismarcks Ringen*, 172.

49 GW, V, 393, 421–422, 456–458; VI, 13; Keudell, *Fürst und Fürstin Bismarck*, 351–352; BP, I, 60–61.

50 Martin Philippson, *Max von Forckenbeck: Ein Lebensbild* (Dresden, 1898), 158–159; Johannes Schultze (Hg.), *Max Duncker, Politischer Briefwechsel aus seinem Nachlaß* (Stuttgart, 1923), 437; Ludwig Dehio, «Die preußische Demokratie und der Krieg von 1866», *Forschungen zur brandenburgischen und preußischen Geschichte*, 39 (1927), 258–259; Andreas Dorpalen, *Heinrich von Treitschke* (New Haven, 1957), 124 ff.; Franz Mehring, *Geschichte der deutschen Sozialdemokratie* (Stuttgart, 1903), Bd. 3, 239 ff.

51 RKN, I, 125–127, 130; Richard Augst, *Bismarcks Stellung zum parlamentarischen Wahlrecht* (Leipzig, 1917), 78; GW, V, 455–456; DPO, V/1, 444, 446; Srbik, *Deutsche Einheit*, Bd. 4, 347 ff., 372–373.

52 GW, V, 42, 57–58, 68–69, 156–158, 296 ff., 301, 320, 363, 365, 369; OD, VII, 12–13, 72–73.

53 Govone, *Mémoires*, 186.

54 DPO, V/1, 313. Bismarck stand selbst nicht über solchen Witzen. Vgl. Govone, *Mémoires*, 211.

55 Gerlach, *Aufzeichnungen*, 279, auch 247, 282 ff.

56 GW, VII, 65–67, 125–127; APP, VI, 719; GW, V, 423, 505–506, 536 ff., 549; Johann Reiswitz, *Belgrad-Berlin, Berlin-Belgrad, 1866–1871* (München, 1936), 58 ff.; Wertheimer, *Bismarck im politischen Kampf*, 235 ff. Nach Arthur Brauer wurden Preußen auch in die Legion Klapkas versetzt. *Im Dienste Bismarcks: Persönliche Erinnerungen* (Berlin, 1936), 7–8.

57 Reiswitz, *Belgrad-Berlin*, 59–60.

58 «Österreich verlöre in dem Maße, in dem wir gewönnen, und die Stöße, die dann gegen Österreich geführt würden, treffen nicht mehr seine Glieder, sondern sein Herz.» Max Straganz, *Zur Geschichte der «Stoß ins Herz-Depesche» des Grafen Usedom* (Innsbruck, 1922), 25. 1868, als sich seine Politik gegenüber Österreich radikal gewandelt hatte, lehnte Bismarck die «sprachlichen Rohheiten» der (von La Marmora veröffentlichten) Depesche ab, nicht aber ihr grundsätzliches Ziel. *Ebd.*, 42–43; GW, VIa, 401–409.

59 Hermann Wendel, *Bismarck und Serbien im Jahre 1866* (Berlin, 1937), 19 ff., 45–56; Stefan Türr, «Fürst Bismarck und die Ungarn, Reminiscenzen aus dem Jahre 1866», *Deutsche Revue*, Bd. 25, Nr. 1 (1900), 313 ff.; GW, V, 431, 446–447, 516–518; VII, 107 ff., 111; XIV, 711; Karl I., *Aus dem Leben König Karls von Rumänien* (Stuttgart, 1894–1900), Bd. 1, 69–70, 89; T. W. Riker, *The Making of Roumania* (Oxford, 1931), 557–558; Hans Raupach, *Bismarck und die Tschechen im Jahre 1866* (Berlin, 1936), 7. Die Aufwiegelung der Tschechen rief sowohl in Berlin wie auch in Petersburg Proteste hervor. Gegenüber dem Zaren entschuldigte Bismarck sie als bloße Geste, um die Bevölkerung während der preußischen Besatzung gewogen zu halten. Wäre der Krieg weitergegangen, hätte er Böhmen jedoch eine «unabhängige Verfassung» gewährt. GW, VI, 58–60.

60 RKN, I, 38, 213, 285 (Anm. 4), 328 ff.; Case, «French Opinion», 458 ff.; Pierre Renouvin, *Le XIXe Siècle* (Paris, 1953–1955), Bd. 1, 370–371. Zu den französischen Bemühungen um Vermittlung und Entschädigung vgl. Willard Allen Fletcher, *The Mission of Vincent Benedetti to Berlin, 1864–1870* (Den Haag, 1965), 80–140.

61 GW, VI, 45, 55.

62 RKN, II, 21–22; OD, XI, 394 ff.; GW, VI, 101. Am 26. Juli 1866 lotete Benedetti im Auftrag Drouyns bei Bismarck die Möglichkeit eines Geheimvertrags aus, der Luxemburg und die Grenze von 1814 garantieren sollte. Bismarcks unmittelbare Reaktion war aufgebracht, doch dann beruhigte er sich rasch wieder und gab die oben zitierte Antwort. Nach seinem eigenen Bericht lehnte er Benedettis Vorschlag ab, den König der Niederlande in Ostfriesland für den Verlust Luxemburgs zu entschädigen. Benedettis Version lautete, Bismarck habe die Möglichkeit erwähnt, die bayerische Pfalz entweder Frankreich oder dem König der Niederlande zu überlassen. RKN, II, 4–7; OD, XI, 219–225. Oncken glaubte, er hätte diesem höchstens die Übergabe von Krondomänen in der Pfalz anbieten können. RKN, II, 5–6. Otto Scheel wies die Möglichkeit, Bismarck könne eine Abtretung der Pfalz erwogen haben, entrüstet als «phantastisch» zurück. *Bismarcks Wille*, 258. Am 8. Juli erwähnte Bismarck eine solche Option jedoch gegenüber dem Kronprinzen. Meisner (Hg.), *Tagebücher*, 458. Was er während des Krieges zu gewähren bereit war, wollte er jedoch sicher nicht im Augenblick des Sieges zubilligen. Bestärkt wurde er darin von Benedettis Eingeständnis, eine Weigerung habe keinen Krieg, sondern nur diplomatische Feindschaft zur Folge. RKN, II, 36. Nach einem Bericht hätten die «charakterlosen» Menschen in der Pfalz eine französische Herrschaft ohne weiteres akzeptiert. Friedrich Curtius (Hg.), *Denkwürdigkeiten des Fürsten Chlodwig zu Hohenlohe-Schillingsfürst* (Stuttgart, 1907), Bd. 1, 161.

63 GW, V, 106–111; VII, 148–149; RKN, II, 45; OD, XII, 22–25.

64 GW, VI, 93, 120; VII, 156; Werner E. Mosse, *The European Powers and the German Question, 1848–1871* (Cambridge, 1958), 243–247; Eberhard Kolb, «Rußland und die Gründung des Norddeutschen Bundes», in: Richard Dietrich (Hg.), *Europa und der Norddeutsche Bund* (Berlin, 1968), 191–214.

65 GW, VI, 59; XV, 285 ff.; V, 397–398. Vgl. auch Becker, *Bismarcks Ringen*, 189–191.

66 GW, VI, 93, 103, 114; Reiswitz, *Belgrad-Berlin*, 70 ff.; Karl I., *Aus dem Leben*, Bd. 1, 94–95. Enttäuscht über den Waffenstillstand vom 26. Juli, fielen Klapka und seine fünfzehnhundert Mann am 1. August eigenmächtig in Ungarn ein. Sie wurden jedoch von der Bevölkerung kühl empfangen und mußten sich zurückziehen. A. Kienast, *Die Legion Klapka* (Wien, 1900), 199 ff.

67 GW, VII, 234–235, 242; XV, 278. Vgl. auch *The Reminiscences of Carl Schurz* (New York, 1907–1908), Bd. 3, 272.

68 GW, XV, 272–273.

69 GW, VI, 78–81; Meisner (Hg.), *Tagebücher*, 470–473.

70 GW, VI, 40–47. Thimmes editorische Anmerkung zu diesen Dokumenten ersetzte die früheren Berichte von Brandenburg, *Untersuchungen*, 558–569, und G. Roloff, «Brünn und Nikolsburg: nicht Bismarck, sondern der Kaiser isoliert», *Historische Zeitschrift*, 136 (1927), 457–501. Trotzdem ist es unwahrscheinlich, daß Bismarcks Entschluß zur vollständigen Annexion auf den Druck der öffentlichen Meinung zurückzuführen war, wie Thimme behauptete. Wie üblich beurteilte er die Lage nach seinen Optionen, wobei die endgültige Entscheidung vor dem Hintergrund der Gefahr fiel, ein fremdes Eingreifen zu provozieren. Vgl. Johannes Petrich, *Bismarck und die Annexionen 1866* (Hamburg, 1933), 9 ff.

71 GW, XV, 278–279; VII, 147; APP, VIII, 42–43.

72 Die Stadt hatte Preußen nie den Krieg erklärt und bereits eine Abgabe von 6 Millionen Gulden bezahlt. Trotz Edwin von Manteuffels äußerst hartem 24-Stunden-Ultimatum verzögerte der Senat erfolgreich die Zahlung der enormen Summe. Nach der offiziellen Annexion der Stadt war die Eintreibung schwieriger geworden. Dank des Eingreifens von Königin Augusta wurde die Forderung nach Entschädigung fallengelassen. Dies kam jedoch zu spät für den Bürgermeister, der sich aus Verzweiflung erhängt hatte. Eyck, *Bismarck*, Bd. 2, 268 ff.; Richard Schwemer, *Geschichte der freien Stadt Frankfurt a. M., 1814–1866* (Frankfurt, 1918), III/2, 317 ff.

73 RKN, II, 125 ff.; Henry Salomon, «Napoléon III à la veille et au lendemain de Sadowa», *Le Monde Slave*, Nouvelle Série, 2 (1925), 168–212.

74 GW, VII, 140.

IV. Die Eroberung Preußens

1 Ludolf Parisius, *Leopold Freiherr von Hoverbeck* (Berlin, 1897–1900), II/2, 64–65; HW, I, 267.

2 Parisius, *Hoverbeck*, II/2, 55–56, 64 ff.; HW, I, 265–269.

3 Parisius, *Hoverbeck*, II/2, 67 ff.; HW, I, 269; Wilhelm Biermann, *Franz Leopold Benedikt Waldeck: Ein Streiter für Freiheit und Recht* (Paderborn, 1928), 299; SBHA (1866), I, 19–29.

4 Parisius, *Hoverbeck*, II/2, 68–70.

5 GW, XIV, 697–698.

6 Fritz Löwenthal, *Der preußische Verfassungsstreit, 1862–1866* (München, 1914), 278 ff.; SBHA (1866), II, 162–177.

7 SBHA (1866), I, 58–83, 222–250.

8 HW, I, 270–275; Parisius, *Hoverbeck*, II/2, 70–72.

9 SBHA (1866), I, 110–181. Mehr als zweihundert Abgeordnete unterzeichneten Hoverbecks Antrag, um durch ihre Zahl der Anklage zu entgehen. Parisius, *Hoverbeck*, II/2, 70–71.

10 SBHA (1866), Anlagen II, 1–3, 30–33, 54, 137, 141, 184–185; SEG (1866), 164. Die abrupte Vertagung verhinderte die Vorlage von Virchows Bericht, der nicht in das offizielle Sitzungsprotokoll aufgenommen wurde.

11 GW, VII, 110.

12 Otto Bandmann, *Die deutsche Presse und die nationale Frage, 1864–1866* (Leipzig, 1909), 106 ff.; Chester W. Clark, *Franz Joseph and Bismarck: The Diplomacy of Austria before the War of 1866* (Cambridge, Mass., 1934), 381, 470; Theodor Schieder, *Die kleindeutsche Partei in Bayern* (München, 1936), 95 ff.; Hans Ruider, *Bismarck und die öffentliche Meinung in Bayern, 1862–1866* (München, 1924), 128 ff.

13 Horst Kohl (Hg.), *Anhang zu den Gedanken und Erinnerungen von Otto Fürst von Bismarck* (Stuttgart, 1901), Bd. 1, 135; SEG (1866), 51; DPO, V/1, 511–512; Bandmann, *Deutsche Presse*, 126, 142–143; Ursula Schultz, *Die Politik Bismarcks in den Jahren 1862–1866 im Spiegel der rheinischen Presse* (Zella-Mehlis, Thür., 1933), 120 ff.

14 Clark, *Franz Joseph and Bismarck*, 512; Martin Spahn, «Zur Entstehung der nationalliberalen Partei», *Zeitschrift für Politik*, 1 (1907–1908), 365 ff. Zur katholischen Opposition gegen den Krieg im Rheinland und in Westfalen vgl. Jonathan Sperber, *Popular Catholicism in Nineteenth-Century Germany* (Princeton, 1984), 156–159.

15 Felix Salomon, *Die deutschen Parteiprogramme* (3. Aufl., Berlin, 1920–1924), Bd. 1, 127–129; Ludwig Dehio, «Die Taktik der Opposition während des Konflikts», *Historische Zeitschrift*, 140 (1929), 335 ff.; Bandmann, *Deutsche Presse*, 92–94; Rudolf Haym, *Das Leben Max Dunckers* (Berlin, 1891), 380; HW, I, 280, 284–287, 292–293, 299, 305.

16 Bandmann, *Deutsche Presse*, 101–102, 135 ff.; Spahn, «Entstehung», 383 ff.; Hermann Oncken, *Rudolf von Bennigsen* (Stuttgart, 1910), Bd. 1, 693; Friedrich Thorwart (Hg.), *Hermann Schulze-Delitzschs Schriften und Reden* (Berlin, 1909–1913), Bd. 3, 254–262; V, 255–256, 281–282, 295–298.

17 Spahn, «Entstehung», 370 ff.; Oncken, *Bennigsen*, Bd. 1, 696–697; Hans Rosenberg (Hg.), *Ausgewählter Briefwechsel Rudolf Hayms* (Stuttgart, 1930), 244–246.

18 OD, VII, 243; GW, VII, 110, 130; Otto Becker, *Bismarcks Ringen um Deutschlands Gestaltung* (Heidelberg, 1958), 159 ff.

19 GW, VII, 109–110, 112–113, 131.

20 GW, VII, 113, 130.

21 Oncken, *Bennigsen*, Bd. 1, 702 ff.; Friedrich von Bernhardi (Hg.), *Aus dem Leben Theodor von Bernhardis* (Leipzig, 1893– 1906), VI, 298 ff., 306 ff.; GW, V, 463, 481–482; VII, 118–119; HW, I, 278 ff.; Andreas Dorpalen, *Heinrich von Treitschke* (New Haven, 1957), 105–107.

22 Oncken, *Bennigsen*, Bd. 1, 708–709; Schulze-Delitzsch, *Schriften und Reden*, Bd. 3, 282–295.

23 HW, I, 307, 312–313, 497–499; Heinrich von Poschinger (Hg.), *Erinnerungen aus dem Leben von Hans Viktor von Unruh* (Stuttgart, 1895), 251. Was Twesten jedoch unter «Budgetrechten» verstand, war ziemlich weitreichend. Vgl. Spahn, «Entstehung», 393–394.

24 GW, VII, 128–130. Gerhard Ritter, «Die Ent-

stehung der Indemnitätsvorlage von 1866», *Historische Zeitschrift*, 114 (1915), 24.

25 Bernhardi, *Aus dem Leben*, Bd. 5, 303; Oncken, *Bennigsen*, Bd. 1, 705 (Anm. 3); Ludwig Dehio, «Die preußische Demokratie und der Krieg von 1866», *Forschungen zur brandenburgischen und preußischen Geschichte*, 39 (1927), 254; GW, VII, 112, 115, 119.

26 Dehio, «Preußische Demokratie», 230 ff.; Ludwig Dehio, «Beiträge zu Bismarcks Politik im Sommer 1866 unter Benutzung der Papiere Robert von Keudells», *Forschungen zur brandenburgischen und preußischen Geschichte*, 46 (1934), 115 ff.; Hans Neumann, «Franz Ziegler und die Politik der liberalen Oppositionsparteien von 1848 bis 1866», *ebd.*, 37 (1925), 286–288; Becker, *Bismarcks Ringen*, 162.

27 Gustav Meyer, «Der allgemeine deutsche Arbeiterverein und die Krisis 1866», *Archiv für Sozialwissenschaft und Sozialpolitik*, 57 (1927), 170–171; *Johann Baptist von Schweitzer und die Sozialdemokratie* (Jena, 1909), 161 ff.; «Die Lösung der deutschen Frage im Jahre 1866 und die Arbeiterbewegung», in: *Festgaben für Wilhelm Lexis* (Jena, 1907), 221–268; Franz Mehring, *Geschichte der deutschen Sozialdemokratie* (Stuttgart, 1903), Bd. 3, 250–251.

28 DPO, V/1, 243, 269; GW, V, 429–430; VII, 115, 121.

29 SEG (1866), 506; Johannes Schultze (Hg.), *Max Duncker: Politischer Briefwechsel aus seinem Nachlaß* (Stuttgart, 1923), 413; Schulze-Delitzsch, *Schriften und Reden*, Bd. 3, 299 ff.

30 OD, VIII, 392; GW, V, 315.

31 Zit. in Spahn, «Entstehung», 388.

32 Johannes Ziekursch, *Politische Geschichte des neuen deutschen Kaiserreiches* (Frankfurt a. M., 1925–1930), Bd. 1, 192. Die in Ostpreußen unterlegenen Liberalen waren am erfolgreichsten im katholischen Rheinland, wo eine gewisse Abneigung gegen den Krieg erhalten blieb. Parisius, *Hoverbeck*, II/2, 93–95.

33 GW, VII, 137, 141, 147; XV, 282 ff.; Meisner (Hg.), *Tagebücher*, 454.

34 GW, VII, 137, XV, 293.

35 Obwohl der Kronprinz seine Bitterkeit über den «Fuchs» in der Wilhelmstraße nicht abgelegt hatte, war auch er von der Größe des Sieges und von Bismarcks Bemühungen um eine Versöhnung nach Königgrätz beeindruckt. Meisner (Hg.), *Tagebücher*, xlvii-li.

36 GW, XV, 294.

37 Dehio, «Beiträge», 149–155.

38 *Ebd.*, 147 ff.; Ritter, «Entstehung der Indemnitätsvorlage», 17 ff.

39 Duncker, *Briefwechsel*, 425; Eyck, *Bismarck*, Bd. 2, 318; Spahn, «Entstehung», 495 ff.

40 Zit. in Ziekursch, *Politische Geschichte*, Bd. 1, 189.

41 Hermann Baumgarten, «Der deutsche Liberalismus: Eine Selbstkritik», *Preußische Jahrbücher*, 18 (1866), 455–515, 575–628 (besonders 617–628).

42 Spahn, «Entstehung», 404.

43 Ebd., 413 ff.; SBHA (1866–1867), Bd. 1, 70–83.

44 Spahn, «Entstehung», 422.

45 Schulze-Delitzsch, *Schriften und Reden*, Bd. 5, 267; Duncker, *Briefwechsel*, 429; SBHA (1866–1867), I, 149–207.

46 Sowohl Bismarck als auch Forckenbeck war die Äußerung peinlich. Da jedoch kein Minister anwesend war, entschloß sich der Sprecher, sie als inoffiziell zu betrachten und nicht förmlich der Kammer zu berichten. In einer Kabinettssitzung überredete Bismarck die Minister zu einer ähnlichen Haltung. SBHA (1866–1867), I, 115; Martin Philippson, *Max von Forckenbeck: Ein Lebensbild* (Dresden, 1898), 154–155; Eyck, *Bismarck*, Bd. 2, 305.

47 SBHA (1866–1867), I, 149–207; Spahn, «Entstehung», 423 ff.; Löwenthal, *Verfassungsstreit*, 302 ff. Zu einer Zusammenfassung der Diskussion um die Bedeutung des Indemnitätsgesetzes vgl. Rainer Wahl, «Der preußische Verfassungskonflikt und das konstitutionelle System des Kaiserreichs», in: Ernst-Wolfgang Böckenförde (Hg.) *Moderne deutsche Verfassungsgeschichte* (1815–1914) (2. Aufl., Königstein/Taunus, 1981), 208–231.

48 Spahn, «Entstehung», 443 ff. Otto Michaelis gehörte zu einer Gruppe von Freihändlern, deren Liberalismus in erster Linie wirtschaftlich geprägt war. Sie begrüßten die Freihandelspolitik der preußischen Regierung und standen dem Verfassungskonflikt immer unbeteiligt gegenüber. Vgl. Werner Schunke, *Die preußischen Freihändler und die Entstehung der nationalliberalen Partei* (Leipzig, 1916), 50.

49 Spahn, «Entstehung», 439 ff., 469.

50 Heinrich August Winkler, *Liberalismus und Antiliberalismus* (Göttingen, 1979), 20–23, 25–26, 33–35.

51 Gerhard Ritter, *Die preußischen Konservativen und Bismarcks deutsche Politik, 1858–1875* (Heidelberg, 1913), 89 ff., 131 ff.

52 Hans von Kleist-Retzow an Ludwig von Gerlach, 1. März 1866. Helmut Diwald (Hg.), *Von der Revolution zum Norddeutschen Bund: Politik und Ideengut der preußischen Hochkonservativen, 1848– 1866; Aus dem Nachlaß von Ernst Ludwig von Gerlach* (Göttingen, 1970), Bd. 2, 1258.

53 Ernst Ludwig von Gerlach, *Aufzeichnungen aus seinem Leben und Wirken, 1795–1877* (Schwerin, 1903), Bd. 2, 281–293, 300; Diwald (Hg.), *Politik und Ideengut der preußischen Hochkonservativen,* Bd. 1, 455–480; Bd. 2, 1265–1311.

54 Der Finanzminister war seit langem besorgt über Bismarcks Bereitschaft, im Ringen mit dem Parlament die Verfassung zu verletzen. Gerlach, *Aufzeichnungen,* Bd. 2, 273, 277.

55 Ritter, *Konservativen,* 131 ff.

56 GW, XIV, 720.

57 Ritter, *Konservativen,* 179 ff.; August Wolfstieg, «Die Anfänge der freikonservativen Partei», in: Emil Daniels u. a. (Hgg.), *Delbrück-Festschrift* (Berlin, 1908), 317 ff.; Kurd Viebig, *Die Entstehung und Entwicklung der Freikonservativen und der Reichspartei* (Weimar, 1920), 14 ff.

58 Vgl. Siegfried von Kardorff, *Wilhelm von Kardorff* (Berlin, 1936), 32 ff.

59 Ritter, *Konservativen,* 184 ff.

60 Mayer, *Schweitzer,* 180 ff.

61 Ernst Schraepler, «Linksliberalismus und Arbeiterschaft in der preußischen Konfliktszeit», in: Richard Dietrich und Gerhard Oestreich (Hgg.), *Forschungen zu Staat und Verfassung: Festgabe für Fritz Hartung* (Berlin, 1958), 398 ff.; August Bebel, *Aus Meinem Leben* (Stuttgart, 1910), Bd. I, 89–90, 126 ff. Zwei bedeutende Forscher zu diesem Thema verneinen die These, Schweitzer habe durch die Verhandlungen mit Bismarck seine Unabhängigkeit verloren. Mehring, *Sozialdemokratie,* Bd. 3, 248 ff.; Mayer, «Arbeiterverein», 170–171.

62 Bebel, *Leben,* Bd. 1, 164 ff.; Bd. 2, 86 ff.; Gustav Mayer, «Die Trennung der proletarischen von der bürgerlichen Demokratie in Deutschland, 1863–1870», *Archiv für die Geschichte des Sozialismus und der Arbeiterbewegung,* 2 (1912), 24 ff.

63 Schulze-Delitzsch, *Schriften und Reden,* Bd. 5, 268.

V. Das deutsche Gleichgewicht

1 Robert von Keudell, *Fürst und Fürstin Bismarck: Erinnerungen 1846–1872* (Berlin, 1901), 313 ff.

2 Eine detaillierte Studie zur Entstehung des Bismarckschen Entwurfs bietet Otto Becker, *Bismarcks Ringen um Deutschlands Gestaltung* (Heidelberg, 1958), 211 ff. Zu Buchers Rolle vgl. auch Christoph Studt, *Lothar Bucher (1817–1892). Ein politisches Leben zwischen Revolution und Staatsdienst* (Göttingen, 1992), 261–264.

3 Zu einem Überblick über diese Kontroverse vgl. *ebd.,* 17 ff., 834 ff.

4 Zur Dezember-Fassung vgl. GW, VI, 187–196.

5 Karl Zuchardt, *Die Finanzpolitik Bismarcks und die Parteien im Norddeutschen Bunde* (Leipzig, 1910), 33.

6 Die Fassung vom 9. Dezember behielt tatsächlich die Begriffe «Bundestag» und «Gesandte» aus der Sprachregelung des alten Reichstages bei. Auf Beharren des Kronprinzen, der sie «scheußlich» fand, wurden sie in «Bundesrat» und «Bevollmächtigte» geändert. Becker, *Bismarcks Ringen,* 287–288.

7 GW, VI, 168–169.

8 Becker, *Bismarcks Ringen,* 243.

9 GW, X, 35–353.

10 Becker, *Bismarcks Ringen,* 236 ff., 257–264, 274–276, 361–362.

11 *Ebd.,* 241–242, 255–256, 270–271 (Anm. 28); GW, VI, 167–169. Vgl. auch seine Bemerkungen aus dem Jahre 1870 gegenüber Großherzog Friedrich von Baden über die Notwendigkeit, «den Mechanismus der Geschäftsbehandlung in den obersten Regionen möglichst zu vereinfachen». Hermann Oncken (Hg.), *Großherzog Friedrich I. von Baden und die deutsche Politik von 1854–1871* (Stuttgart, 1927), Bd. 2, 234.

12 Becker, *Bismarcks Ringen,* 273–274.

13 *Ebd.,* 276–277.

14 Vgl. *ebd.,* 284–289, und die Anmerkungen in GW, VI, 187–196.

15 GW, VI, 1–3, 29–30.

16 Becker, *Bismarcks Ringen,* 201–210. Vgl. auch

Fritz Dickmann, *Militärpolitische Beziehungen zwischen Preußen und Sachsen, 1866–1870* (München, 1929), 12 ff.

17 Becker, *Bismarcks Ringen*, 292 ff.

18 GW, VIb, 214–216; Becker, *Bismarcks Ringen*, 320.

19 Becker, *Bismarcks Ringen*, 326 ff.; Dickmann, *Militärpolitische Beziehungen*, 55 ff.

20 GW, VI, 237–238.

21 GW, VII, 176. Vgl. auch Helmut Klocke, «Die sächsische Politik und der Norddeutsche Bund», *Neues Archiv für sächsische Geschichte und Altertumskunde*, 48 (1927), 127–129, 135–136.

22 GW, VI, 251–252. Eine ähnliche Warnung erging an Hamburg. GW, VI, 211.

23 Die aufeinanderfolgenden Fassungen, die vom Ministerrat und dem konstituierenden Reichstag abgeändert wurden, finden sich in Karl Binding (Hg.), *Deutsche Staatsgrundgesetze in diplomatisch genauem Abdrucke* (2. Aufl., Leipzig, 1901), Bd. 5, 75 ff. Vgl. auch Otto von Völlendorff (Hg.), «Deutsche Verfassungen und Verfassungsentwürfe», *Annalen des deutschen Reichs*, Bd. 23, 241–401.

24 Becker, *Bismarcks Ringen*, 357–358.

25 *Ebd.*, 367–368; Klocke, «Die sächsische Politik», 138–140.

26 Becker, *Bismarcks Ringen*, 356 ff.

27 *Ebd.*, 348.

28 *Ebd.*, 359–363.

29 *Ebd.*, 349–354. Zum Protokoll vgl. Ludwig Aegidi und Alfred Klauhold (Hgg.), *Das Staatsarchiv: Sammlung der officiellen Aktenstücke zur Geschichte der Gegenwart*, Bd. 12 (1867), 359–366.

30 Becker, *Bismarcks Ringen*, 371–372; Fritz Specht, *Die Reichstags-Wahlen von 1867 bis 1897* (Berlin, 1898), 104.

31 Becker, *Bismarcks Ringen*, 373–375; Gerhard Ritter, *Die preußischen Konservativen und Bismarcks deutsche Politik, 1858–1875* (Heidelberg, 1913), 204 ff.; Hermann Oncken, *Rudolf von Bennigsen* (Stuttgart, 1910), Bd. 2, 13.

32 GW, VI, 273–274, 289–290; Becker, *Bismarcks Ringen*, 383.

33 GW, VI, 272–273, 312–315; Becker, *Bismarcks Ringen*, 384–387, 445. Der Vertragstext ist abgedruckt in Egmont Zechlin, *Staatsstreichpläne Bismarcks und Wilhelms II., 1890–1894* (Stuttgart, 1929), 175–176. Preußen, Sachsen, Hessen und Sachsen-Weimar unterzeichneten das Abkommen am 31. März und ratifizierten es am 9. und 11. April, die beiden Mecklenburgs am 9. und 14. April.

34 SBR, I (1867), ii, 41–42.

35 Die vom konstituierenden Reichstag eingebrachten und von den Regierungen gebilligten Änderungen sind kursiv gedruckt in J. C. Glaser (Hg.), *Archiv des Norddeutschen Bundes* (Berlin, 1867), Bd. 3, 23–38. Zu den vorgeschlagenen Änderungen vgl. *ebd.*, Bd. 4, 30–115. Die offizielle Version der geänderten Verfassung ist nachzulesen im *Bundes-Gesetzblatt des Norddeutschen Bundes* (1867), 1–23.

36 SBR, I (1867), 316 ff., 324; Becker, *Bismarcks Ringen*, 435 ff.

37 SBR, I (1867), 331 ff., 359 ff., 374 ff., 383 ff.

38 Becker, *Bismarcks Ringen*, 388 ff. Nach Becker hat sich Bismarck vielleicht heimlich mit dem altliberalen Abgeordneten Carl von Sänger verständigt, der jene Version der Änderung vorschlug, die schließlich unter dem Namen Bennigsens akzeptiert wurde. *Ebd.*, 391.

39 *Ebd.*, 437.

40 SBR, I (1867), 474 ff.; Becker, *Bismarcks Ringen*, 441–442. Um Journalisten das Einschlagen einer politischen Karriere zu erschweren, wollte Bismarck das Parlament in einer weit von Berlin entfernten Provinzstadt ansiedeln. Becker, *Bismarcks Ringen*, 565.

41 Becker, *Bismarcks Ringen*, 439–441.

42 SBR, I (1867), 726.

43 GW, VIb, 217–218.

44 Becker, *Bismarcks Ringen*, 448 ff.

45 SBR, I (1867), 729; SBHA (1867), 167–168. Klocke, «Die sächsische Politik», 132–134, 139. Bezeichnenderweise rechtfertigte Becker Bismarcks Plan, da er nicht einem reaktionären, sondern einem nationalen Anliegen entsprungen sei. Becker, *Bismarcks Ringen*, 368.

46 Vgl. oben, 186, 281.

47 Gordon A. Craig, *The Politics of the Prussian Army, 1640–1945* (Oxford, 1955), 172–173; Rudolf Schmidt-Bückeburg, *Das Militärkabinett der preußischen Könige und des deutschen Kaisers* (Berlin, 1933), 84 ff.; Heinrich O. Meisner, *Der Kriegsminister, 1815–1914* (Berlin, 1940), 21 ff.; Bismarcks Fehde mit Manteuffel ging auf das Jahr 1857 zurück, als der General ihm faktisch das Verlassen Berlins befahl und ihn nach Frankfurt zurückschickte, um Friedrich Wilhelm IV. seinem Einfluß zu entziehen. Wilhelm Gradmann,

Die politischen Ideen Edwin von Manteuffels und ihre Auswirkungen in seiner Laufbahn (Düsseldorf, 1932), 79–80.

48 Schmidt-Bückeburg, *Militärkabinett*, 96 ff.

49 Craig, *Prussian Army*, 193 ff.; Meisner, *Kriegsminister*, 47 ff.

VIERTES BUCH
Die Reichsgründung 1867–1871

I. Brücken über den Main

1 Otto Scheel, *Bismarcks Wille zu Deutschland in den Friedensschlüssen 1866* (Breslau, 1934), 1–7, 76. Zum Text des Vertrages vgl. Ludwig Aegidi und Alfred Klauhold (Hgg.), *Das Staatsarchiv: Sammlung der officiellen Aktenstücke zur Geschichte der Gegenwart*, Bd. 11 (1866), 166–168.

2 Otto Becker, *Bismarcks Ringen um Deutschlands Gestaltung* (Heidelberg, 1958), 180; APP, VI, 613. Einen Überblick über die ältere Literatur zu dieser Kontroverse bietet Bruno Gebhardt, *Handbuch der deutschen Geschichte* (7. Aufl., Stuttgart, 1931), Bd. 2, 415–416.

3 GW, V, 436; RKN, I, 329, 344; OD, VIII, 264–266; X, 70–73.

4 GW, VII, 13; X, 40; Günther Franz, *Bismarcks Nationalgefühl* (Leipzig, 1926), 77–78.

5 GW, XIV, 340.

6 GW, I, 257–258, 265, 393; II, 54; XIV, 544; Franz, *Nationalgefühl*, 52.

7 GW, XIV, 405; Leopold von Gerlach, *Denkwürdigkeiten* (Berlin, 1891), Bd. 2, 642; Egmont Zechlin, *Bismarck und die Grundlegung der deutschen Großmacht* (Stuttgart, 1930), 137 ff. Vgl. auch GW, I, 503; II, 42; XIV, 335.

8 Vgl. Scheel, *Bismarcks Wille*.

9 GW, VI, 44; Wilhelm Busch, «Bismarck und die Entstehung des Norddeutschen Bundes», *Historische Zeitschrift*, 103 (1909), 73–74; Ulrich v. Stosch (Hg.), *Denkwürdigkeiten des Generals und Admirals Albrecht v. Stosch* (Stuttgart, 1904), 94–95.

10 Erich Brandenburg, *Untersuchungen und Aktenstücke zur Geschichte der Reichsgründung* (Leipzig, 1916), 555–556; Wilhelm Schüßler, *Bismarcks Kampf um Süddeutschland 1867* (Berlin, 1929), 16 ff.; Scheel, *Bismarcks Wille zu Deutschland*, 45 ff.; Johannes Petrich, «Der erste preußische Präliminarentwurf in Nikolsburg 1866», *Historische Vierteljahrschrift*, 30 (1930), 593–599. Zum Text der Offerte Napoleons, an deren Formulierung Goltz mitgewirkt hat, vgl. GW, VI, 64.

11 OD, XI, 367–369, 377–379, 386; XII, 35–36, 49, 61–64. Selbstverständlich hielt Dalwigk diesen Rat nicht in seinem Tagebuch oder in seinem Bericht an den Großherzog fest. Wilhelm Schüßler (Hg.), *Die Tagebücher des Freiherrn Reinhard von Dalwigk zu Lichtenfels aus den Jahren 1860–71* (Stuttgart, 1920), 248–249, 293. Jahrelang hatte sich der hessische Staatsmann bei Frankreich um Schutz vor dem preußischen Imperialismus bemüht. Bis 1870 ermunterte er aktiv zu einer französischen Einmischung in deutsche Angelegenheiten. Vgl. Walter Vogel, *Die Tagebücher des Freiherrn Reinhard von Dalwigk zu Lichtenfels als Geschichtsquelle* (Berlin, 1933) und Ernst Götz, *Die Stellung Hessen-Darmstadts zur deutschen Einigungsfrage in den Jahren 1866–1871* (Darmstadt, 1914), 12 ff.

12 Johannes Petrich, «Die Friedensverhandlungen mit den Süddeutschen 1866», *Forschungen zur brandenburgischen und preußischen Geschichte*, 46 (1934), 321–351; Gustav Roloff, «Bismarcks Friedensschlüsse mit den Süddeutschen im Jahre 1866», *Historische Zeitschrift*, 146 (1932), 1–70. Um diese Bedingungen anbieten zu können, mußte Bismarck Wilhelms Verlangen nach bayerischem Territorium durch eine Rücktrittsdrohung zügeln. Preußen annektierte nur ein kleines Stück Land für eine Eisenbahnverbindung. Roloff, «Friedensschlüsse», 62.

13 GW, VI, 255. Zu den Vertragstexten vgl. J. C. Glaser (Hg.), *Archiv des Norddeutschen Bundes* (Berlin, 1867), Bd. 3, 39–42.

14 Vgl. Josef Becker, «Der Krieg mit Frankreich als Problem der klein-deutschen Einigungspolitik Bismarcks 1866–1871», in: Michael

Stürmer (Hg.), *Das kaiserliche Deutschland 1870–1918* (Düsseldorf, 1970), 75–77.

15 OD, XII, 194. Benedetti und Drouyn waren der gleichen Überzeugung. *Ebd.*, 171; RKN, II, 42.

16 RKN, I, 331, 340, 353; II, 72, 93, 173–174; Lynn M. Case, *French Opinion on War and Diplomacy during the Second Empire* (Philadelphia, 1954), 205 ff.

17 OD, XI, 219–225; XII, 24.

18 Becker, *Bismarcks Ringen*, 400; Alexander Matschoss, *Die Luxemburger Frage von 1867* (Breslau, 1902), 40 ff.

19 RKN, II, 82–83, 87–89, 94–96, 166, 182; OD, XII, 116–117, 170–175.

20 Diese Sichtweise wird gestützt von Bismarcks Kommentar zu einem Dokument, das während des Feldzugs von 1870 beschlagnahmt wurde. In einem Bericht an Drouyn schrieb Benedetti am 26. Juli aus Nikolsburg, Bismarck sei «die einzige Person im ganzen Königreich, die versteht, welchen Vorteil die preußische Regierung von der Bildung einer engen und dauerhaften Allianz mit Frankreich um den Preis eines territorialen Opfers hätte». Am Rand kommentierte Bismarck, «Er hat es also ehrlich geglaubt.» RKN, II, 7.

21 Später behauptete er, wenn die Franzosen nicht so «töricht» gewesen wären, hätten sie Luxemburg haben können. GW, VII, 199–200, 310.

22 RKN, II, 88, 100–109, 185–186; OD, XII, 215.

23 RKN, II, 87–89; OD, XII, 213–214. Wie Luxemburg hatte auch Limburg zum Deutschen Bund gehört.

24 Vom preußischen Gesandten in Den Haag, Perponcher, wußte er bereits, daß weder Wilhelm III. noch dessen Regierung großes Interesse daran hatten, Luxemburg zu behalten. GW, VI, 91–92, 144–145, 154–155; APP, VIII, 44–47, 54.

25 Becker, *Bismarcks Ringen*, 405 ff.

26 Dieser doppelte Zweck wird vor allem in den Anweisungen an Goltz vom 15. Februar 1867 deutlich. GW, VI, 264–269.

27 OD, XII, 172, 193–196, 213–216, 311, 334–335; APP, VIII, 110, 121, 133–135, 139–140. Zu Benedettis Rolle beim Scheitern der französischen Politik in der Luxemburg-Frage vgl. Willard Allen Fletcher, *The Mission of Vincent Benedetti to Berlin, 1864–1870* (Den Haag, 1965), 141–183.

28 OD, XIII, 200–202, 226–227, 281; Becker, *Bismarcks Ringen*, 903; RKN, II, 201.

29 GW, VI, 91–92, 155; APP, VIII, 344, 471. Die Expertenmeinung war die des Kriegsministeriums. Mitte Januar 1867 wurde Moltke um ein Urteil gebeten; er vertrat die gegenteilige Meinung. RKN, II, 188.

30 Am 26. Oktober wies er August Brass sogar an, keine «teutonisierenden Artikel» über Luxemburg zu veröffentlichen. Robert von Keudell, *Fürst und Fürstin Bismarck: Erinnerungen 1846–1872* (Berlin, 1901), 325.

31 RKN, II, 130, 143, 183, 203.

32 RKN, II, 155; GW, VI, 263–264, 303.

33 OD, XIII, 273 ff., 322–323, 367 ff.; RKN, II, 143–150; APP, VIII, 212.

34 Case, *French Opinion on War and Diplomacy*, 221 ff.; RKN, II, 157–158, 161, 172–178, 188–190, 194–196, 216.

35 RKN, II, 151, 161, 165–168, 173, 210, 224; APP, VIII, 246–247.

36 Case, *French Opinion on War and Diplomacy*, 228–229; Émile Ollivier, *L'Empire libéral* (Paris, 1895–1912), Bd. 9, 231–237, 270 ff.; APP, VIII, 397.

37 GW, VI, 272, 296; X, 328, 347; APP, VIII, 409 ff.; RKN, II, 235, 240–243, 257–260; Hermann Oncken, *Rudolf von Bennigsen* (Stuttgart, 1910), Bd. 2, 33.

38 OD, XV, 80, 99 ff.; RKN, II, 260; GW, VI, 320; APP, VIII, 381–382, 441–442, 494–495, 509 ff.

39 GW, VI, 320–323; APP, VIII, 539–541. Zur Reaktion in Süddeutschland vgl. APP, VIII, 531, 557.

40 SBR, I (1867), 487 ff.; II, 62; Oncken, *Bennigsen*, Bd. 2, 35–40.

41 «Bismarck ... läßt sich gern bedrängen», schrieb der Hannoveraner. Oncken, *Bennigsen*, Bd. 2, 34.

42 GW, VI, 322–323, 356–357; Oncken, *Bennigsen*, Bd. 2, 45–46.

43 RKN, II, 260; APP, VIII, 514–515.

44 GW, VI, 323–324, 331–333; APP, VIII, 571.

45 RKN, II, 270–281.

46 RKN, II, 231, 268, 278. Es war sicherlich kein Zufall, daß sich Bismarck in den Wochen, in denen sich die Luxemburgkrise zuspitzte, um eine gleichzeitige Einladung Wilhelms und Alexanders bemühte und Wilhelms Einwilligung am 30. März abgeschickt wurde, dem Tag vor Bennigsens Einspruch.

47 GW, VI, 321; RKN, II, 274; APP, VIII, 549, 693.

48 RKN, II, 269; GW, VI, 320, 324–325, 330–332; APP, VIII, 550, 627–629; Werner E. Mosse, *The European Powers and the German Question, 1848–1871* (Cambridge, Eng., 1958), 263–264.

49 GW, VI, 330, 332–333; APP, VIII, 575–576, 601, 624–625; Mosse, *European Powers*, 264.

50 Mosse, *European Powers*, 265–267; GW, VI, 349; APP, VIII, 649.

51 Friedrich von Bernhardi (Hg.), *Aus dem Leben Theodor von Bernhardis* (Leipzig, 1893–1906), Bd. 7, 358, 369 ff., 375–378; GW, VI, 362, 366–369, auch 333 (Anm.).

52 GW, VI, 303, 322, 333.

53 GW, VI, 303; APP, VIII, 261–262; Brandenburg, *Untersuchungen*, 699; Adolf Rapp, *Die Württemberger und die nationale Frage, 1863–1871* (Stuttgart, 1910), 219 ff.; Friedrich Curtius (Hg.), *Denkwürdigkeiten des Fürsten Chlodwig zu Hohenlohe-Schillingsfürst* (Stuttgart, 1907), Bd. 1, 174–175; Theodor Schieder, *Die kleindeutsche Partei in Bayern* (München, 1936), 120 ff.; Georg Meyer, «Die Reichsgründung und das Großherzogtum Baden», *Festgabe für Großherzog Friedrich von Baden* (Heidelberg, 1896), 147 ff., 178 ff.

54 Schüßler, *Bismarcks Kampf*, 19–20, 35–36; Schieder, *Kleindeutsche Partei*, 136–139; Karl Alexander von Müller, *Bayern im Jahre 1866 und die Berufung des Fürsten Hohenlohe* (München, 1909), 160 ff.; Götz, *Die Stellung Hessen-Darmstadts*, 32 ff.

55 Schüßler, *Bismarcks Kampf*, 66–69.

56 Ebd., 34 ff., 57 ff.; Hohenlohe, *Denkwürdigkeiten*, Bd. 1, 171–175, 184 ff., 194 ff.; Müller, *Bayern im Jahre 1866*, 89 ff., und «Die Tauffkirchensche Mission nach Berlin und Wien», in: Karl Alexander von Müller (Hg.), *Riezler-Festschrift: Beiträge zur bayerischen Geschichte* (Gotha, 1913), 352 ff.; Ernst Salzer, «Fürst Chlodwig zu Hohenlohe-Schillingsfürst und die deutsche Frage», *Historische Vierteljahrschrift*, 11 (1908), 40–74.

57 APP, VIII, 353–357, 373, 428–429; GW, VI, 239–241; Schüßler, *Bismarcks Kampf*, 62 ff., 73 ff., 120 ff., 297–302; Hohenlohe, *Denkwürdigkeiten*, Bd. 1, 198 ff.; Müller, *Bayern im Jahre 1866*, 183 ff.

58 GW, VI, 301, 316–317; APP, VIII, 460, 507–508, 515–516; George G. Windell, *The Catholics and German Unity, 1866–1871* (Minneapolis, 1954), 103 ff.

59 APP, VIII, 567, 574, 581–584, 599, 619, 655–656; IX, 35; Schüßler, *Bismarcks Kampf*, 151 ff.; Veit Valentin, *Bismarcks Reichsgründung im Urteil englischer Diplomaten* (Amsterdam, 1937), 353 ff.

60 GW, VI, 347–348, 350–352.

61 APP, VIII, 640–642, 662–664, 707–712, 717–718, 730–731; Hohenlohe, *Denkwürdigkeiten*, Bd. 1, 230–231. Später erklärte Varnbüler im Parlament, Bismarcks Frage zeige, daß die Entscheidung, ob der Casus foederis Anwendung finde, in der Macht Württembergs liege. APP, IX, 375–376, 408–411, 532–533.

62 Hohenlohe, *Denkwürdigkeiten*, Bd. 1, 202, 206 ff.; APP, VIII, 428; Stosch, *Denkwürdigkeiten*, 102.

63 APP, VIII, 190–191, 505–506, 652 ff., 671; Walter Platzhoff, «Die Anfänge des Dreikaiserbundes, 1867–1871», *Preußische Jahrbücher*, 188 (1922), 283 ff.; Müller, «Die Tauffkirchensche Mission», 392 ff.

64 Friedrich Ferdinand Graf von Beust, *Aus drei Viertel-Jahrhunderten* (2 Bde., Stuttgart, 1887); APP, VIII, 683 ff., 809; Schüßler, *Bismarcks Kampf*, 180 ff.; Becker, *Bismarcks Ringen*, 419 ff.; Müller, «Die Tauffkirchensche Mission», 415 ff.

65 Schüßler, *Bismarcks Kampf*, 89 ff.

66 Dalwigk, *Tagebücher*, 315 ff., 351 ff.; APP, VIII, 416–417, 438–439, 443–444, 463–464, 487–488, 497–498, 599–603, 671–672. Zu den Texten der Militärabkommen vgl. Glaser (Hg.), *Archiv*, Bd. 3, 53–57.

67 SBR, I (1867), 638–639; Schüßler, *Bismarcks Kampf*, 138 ff.

68 APP, VIII, 829

69 Oncken, *Bennigsen*, Bd. 2, 43–45. Leute, deren Begriff der Nation kulturell bestimmt ist, stellten die Stimmung im Volke allerdings nicht in Rechnung. Otto Becker empfand die Vereinbarung als schmerzlichen nationalen Verlust. *Bismarcks Ringen*, 425.

70 GW, VI, 269–270; SBR, I (1867), 138; Hohenlohe, *Denkwürdigkeiten*, Bd. 1, 205.

71 Walter Schübelin, *Das Zollparlament und die Politik von Baden, Bayern und Württemberg 1866–1870* (Berlin, 1935), 18 ff.; Schüßler, *Bismarcks Kampf*, 233 ff. Aufgrund der Luxemburgkrise versäumte es Bismarck, die am

29. März diktierte Antwort zu telegraphieren. GW, VI, 317–319.

72 Hohenlohe, *Denkwürdigkeiten*, Bd. 1, 232 ff.; APP, IX, 45–48; Schübelin, *Zollparlament*, 34 ff.; Schüßler, *Bismarcks Kampf*, 212 ff.

73 APP, IX, 59, 69 ff., 91–92; GW, VI, 393–394; Schüßler, *Bismarcks Kampf*, 231, 237 ff.; Becker, *Bismarcks Ringen*, 572–574; Schübelin, *Zollparlament*, 38 ff.

74 Becker, *Bismarcks Ringen*, 576–577; Schübelin, *Zollparlament*, 44 ff. Delbrücks Entwurf wurde nie veröffentlicht. Zum Abkommen vom 4. Juni und dem schließlich von Bayern unterzeichneten Protokoll vgl. Ludwig Hahn, *Zwei Jahre preußisch-deutscher Politik 1866–1867* (Berlin, 1868), 622–624.

75 Becker, *Bismarcks Ringen*, 579 ff.; Schübelin, *Zollparlament*, 48 ff.; Hohenlohe, *Denkwürdigkeiten*, Bd. 1, 244 ff. Zum letzten Vertrag vgl. Hahn, *Zwei Jahre*, 624–631.

76 APP, IX, 310, 322 ff.; Schieder, *Kleindeutsche Partei*, 158 ff.; Schübelin, *Zollparlament*, 59 ff.; GW, VIa, 92–93.

77 GW, VIa, 69–70, 110–111.

78 Rapp, *Württemberger*, 247 ff.; Schübelin, *Zollparlament*, 62 ff. Im Falle einer Ablehnung waren die preußischen Gesandten in Bayern und Württemberg angewiesen, die Auflösung des Zollvereins nach sechs Monaten anzukündigen. GW, VIa, 84, 92, 96.

79 Erich Brandenburg, *Die Reichsgründung* (2. Aufl., Leipzig, 1922), Bd. 2, 307; Schüßler, *Bismarcks Kampf*, 281–282.

II. Das Scheitern der nationalen Bewegung

1 GW, VIa, 112–113, 133–136; auch 127–128 und APP, IX, 289–293.

2 GW, VIa, 329–330.

3 RKN, I, 68; APP, IX, 474.

4 GW, VIa, 113, 135, 153–155; Otto Becker, *Bismarcks Ringen um Deutschlands Gestaltung* (Heidelberg, 1958), 583–584. Zumindest seit 1858 hatte er mit der Möglichkeit gerechnet, daß ein Parlament des Zollvereins partikularistische Regierungen untergraben würde. GW, XIV, 487; IV, 31–32.

5 Walter Schübelin, *Das Zollparlament und die Politik von Baden, Bayern und Württemberg (1866–1870)* (Berlin, 1935), 71–72. Vgl. auch Alfred Meyer, *Der Zollverein und die deutsche Politik Bismarcks: Eine Studie über das Verhältnis von Wirtschaft und Politik im Zeitalter der Reichsgründung* (Frankfurt a. M., 1986).

6 Theodor Schieder, *Die kleindeutsche Partei in Bayern* (München, 1936), 156 ff., 173 ff.; Schübelin, *Zollparlament*, 98 ff.; George G. Windell, *The Catholics and German Unity, 1866–1871* (Minneapolis, 1954), 124 ff.

7 Bismarck an Heinrich VII. Prinzen Reuß, 5. März 1865. GW, V, 116.

8 Schübelin, *Zollparlament*, 100–101.

9 *Ebd.*, 72–86; Windell, *Catholics and German Unity*, 124 ff.

10 Schübelin, *Zollparlament*, 86–97; Adolf Rapp, *Die Württemberger und die nationale Frage, 1863–1871* (Stuttgart, 1910), 258 ff.; APP, IX, 774, 815.

11 GW, VIa, 202–204, 214–215, 227–228, 234–235, 256–257.

12 Ernst Rudolf Huber, *Deutsche Verfassungsgeschichte seit 1879* (Stuttgart, 1963), III, 635–636; Schübelin, *Zollparlament*, 95–102; Windell, *Catholics and German Unity*, 131 ff.

13 GW, VIa, 284–286.

14 GW, X, 464–465.

15 Rapp, *Württemberger*, 289 ff.; Windell, *Catholics and German Unity*, 135 ff.

16 Becker, *Bismarcks Ringen*, 590 ff.; Schübelin, *Zollparlament*, 125 ff.

17 Schübelin, *Zollparlament*, 111 ff.; Windell, *Catholics and German Unity*, 137 ff.

18 *Stenographische Berichte über die Verhandlungen des Deutschen Zoll-Parlaments* (1868), 264–282.

19 Rapp, *Württemberger*, 327; Schübelin, *Zollparlament*, 124 ff.

20 Rapp, *Württemberger*, 332; Schieder, *Kleindeutsche Partei*, 191; Becker, *Bismarcks Ringen*, 591 ff. Es läßt sich kaum erkennen, wie Becker seine undokumentierte Behauptung beweisen wollte, «mancher kehrte anderen Sinnes in die Heimat zurück, auch wenn er es nicht offen zu sagen wagte».

21 HW, I, 408.

22 *Preußische Jahrbücher*, 21 (1868), 700–701; Julius Heyderhoff (Hg.), *Im Ring der Gegner Bismarcks* (2. Aufl., Leipzig, 1943), 86–87; Rapp, *Württemberger*, 302; Becker, *Bismarcks Ringen*, 591–592.

23 Heinrich von Treitschke, *Zehn Jahre deutscher Kämpfe: Schriften zur Tagespolitik* (3.

Aufl., Berlin, 1897), Bd. 1, 246–247; APP, X, 157–161.

24 *Verhandlungen des Zoll-Parlaments* (1869), 220–222. Während der kurzen Sitzungsperiode im Mai 1870 weilte Bismarck krank in Varzin. Horst Kohl (Hg.), *Fürst Bismarck: Regesten zu einer wissenschaftlichen Biographie des ersten Reichskanzlers* (Stuttgart, 1891–1892), Bd. 1, 374–375, 392. Schübelin (*Zollparlament,* 130–131) glaubt, daß er das Zollparlament bereits 1868 als für seine Ziele nicht mehr wichtig erachtete. Becker (*Bismarcks Ringen,* 592) vertritt wenig überzeugend die Gegenposition.

25 APP, VIII, 173–174; Becker, *Bismarcks Ringen,* 629–630.

26 Friedrich Curtius (Hg.), *Denkwürdigkeiten des Fürsten Chlodwig zu Hohenlohe-Schillingsfürst* (Stuttgart, 1907), Bd. 1, 259, 277–281; APP, IX, 188–189, 361–363, 368–369.

27 APP, IX, 372, 401–405; GW, VIa, 113, 125–126; Julius Fröbel, *Ein Lebenslauf* (Stuttgart, 1890–1891), Bd. 2, 544–546.

28 Hohenlohe, *Denkwürdigkeiten,* Bd. 1, 282 ff.; Otto von Völderndorff, «Deutsche Verfassungen und Verfassungsentwürfe», *Annalen des deutschen Reichs,* 23 (1890), 282 ff.

29 APP, IX, 546–549, 584–587. 1868 fand der Gedanke eines Südbundes große Unterstützung in der Volkspartei und ihrem Organ *Der Beobachter,* und Varnbüler war gezwungen, sich öffentlich dagegen auszusprechen. Rapp, *Württemberger,* 304 ff. Im Mai unterzeichneten zweiunddreißig Mitglieder der süddeutschen Gruppe im Zollparlament eine Erklärung für einen solchen Bund. Schübelin, *Zollparlament,* 120–121.

30 GW, VIa, 155–156; APP, IX, 472.

31 GW, VIa, 284–286.

32 APP, IX, 786–788, 828–830; GW, VIa, 328–330, 338–339.

33 GW, VIa, 330.

34 Becker, *Bismarcks Ringen,* 642. Vgl. auch Wolf D. Gruner, «Bayern, Preußen und die Süddeutschen Staaten, 1866–1870», *Zeitschrift für bayerische Landesgeschichte,* 37 (1974), 799–827.

35 So Becker, *Bismarcks Ringen,* 642.

36 GW, VIb, 7, 35–36, 46–47.

37 Hohenlohe, *Denkwürdigkeiten,* Bd. 1, 194–195; APP, VIII, 269–271, 279–281; Becker, *Bismarcks Ringen,* 597 ff.

38 GW, VI, 233–234, 239–243, 256–257.

39 Max Leyh, *Die bayerische Heeresreform unter König Ludwig II., 1866–1870* (München, 1923), 32–37. Zum Text des Abkommens vgl. J. C. Glaser (Hg.), *Archiv des Norddeutschen Bundes* (Berlin, 1867), Bd. 3, 42–44.

40 GW, VI, 366–369, 374.

41 APP, IX, 80, 104–105, 150.

42 Hermann Baumgarten, *Staatsminister Jolly* (Tübingen, 1897), 88 ff., 169–170; Schieder, *Kleindeutsche Partei,* 149 ff., 168 ff.; Leyh, *Bayerische Heeresreform,* 37 ff., 52–63.

43 Becker, *Bismarcks Ringen,* 598–600; Wilhelm Busch (Hg.), *Rückschau von Albert von Suckow* (Tübingen, 1909), 111 ff.

44 Becker, *Bismarcks Ringen,* 600; Rapp, Württemberger, 333–337; Georg Meyer, «Die Reichsgründung und das Großherzogtum Baden», *Festgabe für Großherzog Friedrich von Baden* (Heidelberg, 1896), 176–177; Baumgarten, *Jolly,* 83, 121 ff.

45 APP, VIII, 104–106; IX, 872, 903; X, 111, 119–120, 179–181, 198–200; Hohenlohe, *Denkwürdigkeiten,* Bd. 1, 320 ff.; GW, VIa, 413–414.

46 GW, VIa, 531–533, auch 495–496.

47 GW, VIa, 527–530, 539–542; VIb, 2–5, 8; Leyh, *Bayerische Heeresreform,* 77–86.

48 GW, VIb, 104, 118; Becker, *Bismarcks Ringen,* 602–603.

49 GW, VI, 354, 374–375; VIa, 340–342, 362, 383; APP, X, 96–97. Becker, *Bismarcks Ringen,* 603.

50 Schieder, *Kleindeutsche Partei,* 193 ff. Zum Gesamtthema «Kirche und Staat» vgl. Georg Franz, *Kulturkampf: Staat und katholische Kirche in Mitteleuropa von der Säkularisation bis zum Abschluß des preußischen Kulturkampfes* (München, 1954).

51 Schieder, *Kleindeutsche Partei,* 197 ff.; Windell, *Catholics and German Unity,* 176 ff.

52 Schieder, *Kleindeutsche Partei,* 213 ff.

53 *Ebd.,* 223 ff.; GW, VIb, 243–245.

54 Schieder, *Kleindeutsche Partei,* 234 ff.; Becker, *Bismarcks Ringen,* 607. Bismarck erkannte, daß das Kabinett Bray für seine Zwecke zumindest besser war als eines der Ultramontanen, und er betrachtete Brays Wahl als «die richtigste». GW, VIb, 259.

55 Schieder, *Kleindeutsche Partei,* 237 ff.; Eugen Schieder, «Württembergs Beitritt zum Deuschen Reich 1870», *Württembergische Viertel-*

Jahreshefte für Landesgeschichte, 29 (1920), 123–124; Rapp, *Württemberger*, 333 ff., 361. Suckow wurde trotz seiner nationalistischen Gefühle der Nachfolger Wagners als Chef des Kriegsdepartements. Es gab keinen anderen geeigneten Kandidaten. Bis zum Beginn des Krieges von 1870 wurde ihm der Ministerrang verweigert. Suckow, *Rückschau*, 154 ff.; Freiherr von Mittnacht, *Rückblicke* (Stuttgart, 1909), 2 ff.

56 APP, X, 114–116, 125–126; GW, VIb, 317.

57 Die Dissertation von Rolf Wilhelm, *Das Verhältnis der süddeutschen Staaten zum Norddeutschen Bund (1867–1870)* (Husum, 1978), bekräftigt wenig überzeugend die konventionelle Sichtweise: Bismarcks «Wille zu Deutschland» und der süddeutsche Wille zu nationaler Einheit. Der Autor ignoriert oder bagatellisiert konträre Hinweise und spart das Thema der Kandidatur der Hohenzollern für den spanischen Thron ganz aus – das sicherste Indiz, daß Bismarck nicht mehr auf das spontane Nationalgefühl zur Vollendung der deutschen Einheit baute.

58 Vgl. Treitschke, *Zehn Jahre*, Bd. 1, 266, und Andreas Dorpalen, *Heinrich von Treitschke* (New Haven, 1957), 134 ff.

59 HW, I, 419, 421; APP, X, 553.

60 Becker, *Bismarcks Ringen*, 591–592; HW, I, 450; Hans Rosenberg (Hg.), *Ausgewählter Briefwechsel Rudolf Hayms* (Stuttgart, 1930), 281. Zu ähnlichen Äußerungen vgl. die Reichstagsreden von Rudolf von Schleiden (SBR, 1869, II, 1309) und Nordeck zu Rabenau (SBR, 1870, 75). Selbst ein eingefleischter Konservativer wie Heinrich Leo, der fürchtete, der deutsche Patriotismus werde sich nicht rasch genug entwickeln, um den Niedergang des preußischen zu ersetzen, schrieb 1868 in der *Kreuzzeitung* offen von seinen Hoffnungen auf einen großen nationalen Krieg, der die Deutschen zusammenführen würde. Gerhard Ritter, *Die preußischen Konservativen und Bismarcks deutsche Politik, 1858–1875* (Heidelberg, 1913), 300.

III. Parlamentarische Kämpfe

1 GW, XV, 285–286.

2 Klaus Erich Pollmann, *Parlamentarismus im Norddeutschen Bund 1867–1870* (Düsseldorf, 1985), 274–281, 543–545; Fritz Specht und Paul Schwabe, *Die Reichstagswahlen von 1867 bis 1903* (2. Aufl., Berlin, 1908), 322; Bernhard Vogel, Dieter Nohlen und Rainer-Olaf Schultze, *Wahlen in Deutschland* (Berlin, 1971), 287–288; Ludwig Rosenbaum, *Beruf und Herkunft der Abgeordneten zu den deutschen und preußischen Parlamenten, 1847–1919* (Frankfurt a. M., 1923), 62–63. Die Angaben zur Stärke der einzelnen Fraktionen im Reichstag weichen in diesen Quellen voneinander ab. Hier werden Pollmanns Zahlen herangezogen, die einem bislang unveröffentlichten offiziellen Dokument entnommen sind. Die Statistik über die Berufe der Abgeordneten wurde – unter Benutzung der von Rosenbaum vorgeschlagenen Kategorien – aus Abgeordnetenlisten in SBR (18 67), I, xxxvi zusammengestellt.

3 Pollmann, *Parlamentarismus*, 395–408.

4 Martin Philippson, *Max von Forckenbeck: Ein Lebensbild* (Leipzig, 1898), 166, 181 ff. Vgl. auch HW, I, 367, 381; Hermann Oncken, *Rudolf von Bennigsen* (Stuttgart, 1910), Bd. 2, 13; Johannes Schultze (Hg.), *Max Duncker: Politischer Briefwechsel aus seinem Nachlaß* (Stuttgart, 1923), 420; Heinrich von Treitschke, *Zehn Jahre deutscher Kämpfe, 1865–1874: Schriften zur Tagespolitik* (3. Aufl., Berlin, 1897), 84–85; Martin Spahn, «Zur Entstehung der nationalliberalen Partei», *Zeitschrift für Politik*, 1 (1907–1908), 408–409, 441, 451 ff.; Eduard W. Mayer, «Aus der Geschichte der national-liberalen Partei in den Jahren 1867 bis 1871», in: Paul Wentzcke (Hg.), *Deutscher Staat und deutsche Parteien* (München, 1922), 142–143.

5 Felix Salomon, *Die deutschen Parteiprogramme* (Leipzig, 1907), Bd. 1, 74–82.

6 Philippson, *Forckenbeck*, 188, 192; Ernst Feder (Hg.), *Bismarcks großes Spiel: Die Geheimen Tagebücher Ludwig Bambergers* (Frankfurt, 1933), 90, 366–367; Julius Heyderhoff (Hg.), *Im Ring der Gegner Bismarcks* (2. Aufl., Leipzig, 1943), 96–99; HW, I, 425 ff.; Pollmann, *Parlamentarismus*, 342–350.

7 HW, I, 396–399, 503–504; Philippson, *Forckenbeck*, 188; GW, VIa, 148–150; GW, VII, 228–229; Siegfried von Kardorff, *Wilhelm von Kardorff* (Berlin, 1936), 41.

8 Vgl. 283, 324, 338.

9 SEG (1868), 70–72; Oskar Klein-Hattingen, *Geschichte des deutschen Liberalismus* (Berlin, 1911), Bd. 1, 361–366.

10 SBR (1868), I, 89, 137 und (1869), I, 99–100,

134; Gordon R. Mork, «The National Liberal Party in the German Reichstag and Prussian Landtag, 1866– 1874« (Diss., University of Minnesota, 1966), 189–190.

11 Zur gesetzgeberischen Aktivität des Norddeutschen Bundes vgl. A. Koller, *Archiv des Norddeutschen Bundes und des Zollvereins*, Bde. 1–5 (Berlin, 1868–1871).

12 BR, IV, 332; vgl. auch GW, XIV, 777.

13 Otto Pflanze, «Juridical and Political Responsibility in Nineteenth Century Germany», in: Leonard Krieger und Fritz Stern (Hgg.), *The Responsibility of Power: Historical Essays in Honor of Hajo Holborn* (New York, 1967), 162–182.

14 SBR (1868), I, 143; Hans Herzfeld, *Johannes von Miquel* (Detmold, 1938), 85–89; HW, I, 416–418.

15 HW, I, 417; Oncken, *Bennigsen*, Bd. 2, 163.

16 SBR (1868), I, 141 ff.; BR, IV, 26 ff.

17 Mork, «National Liberal Party», 179.

18 SBR (1868), I, 430 ff.; Mork, «National Liberal Party», 199–200.

19 SBR (1869), I, 389–413.

20 Gerhard Ritter, *Die preußischen Konservativen und Bismarcks deutsche Politik, 1858–1875* (Heidelberg, 1913), 257.

21 Vgl. 348–367.

22 Salomon, *Parteiprogramme*, Bd. 1, 80.

23 SBR (1867), I, 111–128; II (Anlagen), Aktenstück Nr. 20; Pollmann, *Parlamentarismus*, 410–411.

24 Vgl. 349, 359, 365.

25 Karl Zuchardt, *Die Finanzpolitik Bismarcks und die Parteien im Norddeutschen Bunde* (Leipzig, 1910), 50 ff.

26 Pollmann, *Parlamentarismus*, 411–413.

27 *Ebd.*, 55–57.

28 Von der Heydt an Bismarck, 6. Oktober 1868, und Eck an Bismarck, 13. Okt. 1868. DZA Potsdam, Reichskanzleramt, Nr. 407, 3–5v, 11–19v. Bismarck an Eck, 18. Oktober 1868. AWB, I, 128–129.

29 Bismarck an Roon, 24. Oktober 1868. GW, XIV, 742.

30 DZA Potsdam, Reichskanzleramt, Nr. 407, 6–10, 20–22v. Kronratssitzung vom 28. Oktober 1868. DZA Merseburg, Rep. 90a, B, III, 2c, Nr. 3, Bd. III. GW, VIa, 418–420, 424–428; Horst Kohl (Hg.), *Anhang zu den Gedanken und Erinnerungen von Otto Fürst von Bismarck* (Stuttgart, 1901), Bd. 1, 174–184; Waldemar von Roon, *Denkwürdigkeiten aus dem Leben des General-Feldmarschalls Kriegsministers Grafen von Roon* (4. Aufl., Breslau, 1897), Bd. 3, 95 ff.

31 AWB, I, 128–129; Heinrich von Poschinger, *Bismarck und der Bundesrat* (Stuttgart, 1897–1901), Bd. 1, 243–245, 259 ff. Zuchardt, *Finanzpolitik*, 66–67. Zu von der Heydts Steuerprogramm vgl. SBR (1869), III, Drucksachen, Nr. 206. Von den 11 268 000 Talern, die er durch neue Steuern aufzubringen hoffte, wären 3 260 000 aus Quittungssteuern (Wechsel, Börsengeschäfte) eingegangen, der Rest aus Verbrauchssteuern.

32 Philippson, *Forckenbeck*, 197. Das weitreichende Ziel der Nationalliberalen wurde von der Fortschrittspartei nicht geteilt, die die bestehenden Budgetrechte des Landtags für grundlegender hielt als die des Reichstags. Pollmann, *Parlamentarismus*, 421–425.

33 SBR, 1869, II, 998 ff.; Zuchardt, Finanzpolitik, 71–72.

34 Kohl (Hg.), *Anhang*, Bd. 1, 201–202; GW, XIV, 760, 762.

35 GW, VIb, 145–146; BP, II, 67; AWB, I, 136–138; Horst Kohl (Hg.), *Bismarck-Jahrbuch* (Leipzig, 1894–1899), Bd. 4, 89–90.

36 Wehrmann an Bismarck, 23. September 1869, und Eulenburg an Bismarck, 20. Oktober 1869. GSA, Rep. 94, Nr. 1162. Ein weiterer Sargnagel war von der Heydts plötzlicher Entschluß, sich gegen die Zustimmung der Regierung zu einer Ausgabe von Prämienanleihen zu stellen, die vier preußische Eisenbahnen wünschten. Obwohl das Staatsministerium seine Zustimmung gegeben hatte und ein Bankenkonsortium bereit war, mit der Ausgabe zu beginnen, hatte sich im Reichstag und im preußischen Abgeordnetenhaus starker Widerstand formiert. Abgeordnete aus allen Parteien sprachen sich prinzipiell gegen diese Methode der Kapitalbeschaffung aus, bei der die Investoren zwar nur geringe oder gar keine Zinsen auf ihre Investitionen erhielten, aber hohe «Prämien», falls die Nummer ihrer Anleihe bei der Lotterie gezogen wurde. Eulenburg an Bismarck, 1. September 1869. *Ebd.* Vgl. auch Pollmann, *Parlamentarismus*, 406–408.

37 Kohl (Hg.), *Anhang*, Bd. 1, 178.

38 Bismarck an Wilhelm I., 30. Oktober 1869. GSA, H. A., Rep. 51, Nr. 10.

39 Bismarck an Eulenburg, 26., 29. und 30. September 1869. Nachlaß Friedrich Eulenburg, mit freundlicher Genehmigung des verstorbenen Wend Graf zu Eulenburg-Hertefeld und John C. G. Röhls. Otto Pflanze, «Die Krise von 1869 in der Innenpolitik Bismarcks», *Historische Zeitschrift*, 201 (1965), 359–364.

40 Wehrmann an Bismarck, 24. Oktober 1869; Eulenburg an Bismarck, 23., 27. und 29. Oktober 1869; Camphausen an Bismarck, 1. November 1869. GSA, Rep. 94, Nr. 1162; Bismarck an Wilhelm I., 22., 29. und 30. Oktober 1869. GSA, H. A., Rep. 51, Nr. 10. Wilhelm I. an Bismarck, 27. Oktober 1869. Kohl (Hg.), *Anhang*, Bd. 1, 202–204. Bismarck an Delbrück, 11., 21., 22., 23., 25. und 27. Oktober 1869. GW, XIV, 762–767. Pollmann, *Parlamentarismus*, 427–431.

41 Vgl. Robert M. Berdahl, «The Transformation of the Prussian Conservative Party, 1866–1876« (Diss., University of Minnesota, 1965), 76–130.

42 GW, VIa, 59–60, 217–218; BR, III, 445 ff.

43 BP, II, 57–59; GW, VIa, 217–219. Zu den Konservativen allgemein vgl. Ritter, *Die preußischen Konservativen*, 267 ff.

44 GW, VIa, 218–219, 227; XIV, 737; BP, II, 58–65.

45 GW, VII, 244–246; Kohl (Hg.), *Anhang*, Bd. 2, 422.

46 SBHA (1867–1868), III, 1465–1467; SBHH (1867–1868), I, 198–199; BR, III, 436 ff.; Kardorff, *Kardorff*, 43 ff.; Oncken, *Bennigsen*, Bd. 2, 126 ff.

47 GW, XV, 343 ff. Am 15. Mai 1868 drängte Bismarck Innenminister Eulenburg dazu, Vorwürfen nachzugehen, bestimmte Landbesitzer, deren Namen politisch nicht unbedeutend sein könnten, hätten staatliche Vorschüsse für Saatkäufe widerrechtlich verwendet. AWB, I, 117–118.

48 GW, XV, 344–346.

49 *Neue Preußische Zeitung*, Nr. 273 (21. November 1869), zit. in: Berdahl, «Prussian Conservative Party», 120–121.

50 SBHH (1869–1870), II, 1.

51 GW, XIV, 761–762, 768; VIa, 149; SBHH (1868–1870), I, 67.

52 Oncken, *Bennigsen*, Bd. 2, 116.

IV. Vorspiel zum Krieg

1 Bismarck an Goltz, 14. März 1868. GW, VIa, 308.

2 Horst Kohl (Hg.), *Fürst Bismarck: Regesten zu einer wissenschaftlichen Biographie des ersten Reichskanzlers* (Stuttgart, 1891– 1892), Bd. 1, 340–359. Bismarck unternahm die Reise nach Paris mit einer gewissen Beklommenheit. Vor dem Aufbruch setzte er ein neues Testament auf – für alle Fälle. Rudolf Vierhaus (Hg.), *Das Tagebuch der Baronin Spitzemberg* (Göttingen, 1960), 78.

3 Vierhaus (Hg.), *Tagebuch*, 77.

4 *Ebd.*, 81.

5 GW, VII, 250.

6 M. A. DeWolf Howe, *The Life and Letters of George Bancroft* (New York, 1908), Bd. 2, 205–206; Vierhaus (Hg.), *Tagebuch*, 84; BP, II, 65–66; Kohl (Hg.), *Bismarck-Regesten*, Bd. 2, II, 66.

7 GW, VIa, 421; XIV, 743, 752.

8 Bismarck an Wilhelm I., Februar 1869. Horst Kohl (Hg.), *Anhang zu den Gedanken und Erinnerungen von Otto Fürst von Bismarck* (Stuttgart, 1901), Bd. 1, 190–195. Wilhelm war offenkundig schockiert über die Reaktion des Ministers auf die scheinbar harmlosen Handlungen im Rahmen seiner königlichen Prärogative. Er wollte Bismarck beschwichtigen, während er gleichzeitig pathetisch seine Würde zu wahren suchte. Die Episode zeigt, wie stark Bismarcks Einfluß auf den Monarchen geworden war. Wilhelm an Bismarck, 22. und 26. Februar 1869. *Ebd.*, 189–190, 195–199; GW, XV, 137–141. Bismarck ließ umgekehrt kaum eine gute Gelegenheit aus, den König seiner Vasallentreue zu versichern, seines Bedauerns, keine Karriere als königlicher Beamter eingeschlagen zu haben, seines Wunsches, seinem Souverän wie ein Soldat zu dienen, seiner Dankbarkeit, daß Gott Wilhelm auf den Thron gesetzt habe, und dergleichen. GW, VIa, 420–421, 427–428.

9 Bismarck an Eulenburg, 24. September 1869. GW, VIb, 147.

10 Bismarck an Josephine von Seydwitz, 4. September 1869, und Bismarck an Oskar von Arnim, 12. Oktober 1869. GW, XIV, 758, 763–764. Bismarck an Wilhelm I., 22. Oktober 1869. GSA, H. A., Rep. 51, Nr. 10.

11 Bismarck an Wilhelm I., 17. November 1869. GSA, H. A., Rep. 51, Nr. 10.

12 Heinrich Struck an einen unbekannten Arzt, 18. April 1870. GSA, Rep. 94, Nr. 238; Kohl (Hg.), *Bismarck-Regesten*, Bd. 1, 389–393; Vierhaus (Hg.), *Tagebuch*, 91.

13 Albrecht von Stosch an Gustav Freytag, 28. Mai 1870. Ulrich von Stosch (Hg.), *Denkwürdigkeiten des Generals und Admirals Albrecht von Stosch* (2. Aufl., Stuttgart, 1904), 182.

14 SBHA (1869–1870), IV, 366 ff.; Felix Salomon, *Die deutschen Parteiprogramme* (3. Aufl., Berlin, 1920–1924), Bd. 1, 105.

15 SBR (1869), II, 1014, und (1870), I, 375 ff. Mitte Mai 1870 gab der Reichstag einen Vorgeschmack auf die kommende Debatte, als er bei halbvoller Kammer den Antrag der Regierung, den Kauf eines Verwaltungsgebäudes der Marine mit zweckwidrigen Mitteln rückwirkend zu billigen, mit knapper Mehrheit (86 zu 82) ablehnte. SBR (1870), II, 923 ff., 1045 ff.

16 Bismarck an Eulenburg, 8. März 1870. GW, VIb, 265–66.

17 SBR (1870), I, 58–77. Lasker zog den Antrag zurück, bei dem es sich um einen Zusatz zu einem Vertrag mit Baden über Zusammenarbeit im Justizbereich handelte.

18 GW, VIb, 212 ff. Vgl. auch seine Notiz an Eulenburg, 8. März 1870, 265–266. Gustav Roloff glaubte, der Zweck des Kaiserplans habe darin gelegen, durch einen Abrüstungsvorschlag dem französischen Versuch zu begegnen, Preußen einzukreisen und zu schwächen, aber seine These beruhte auf einer zufälligen zeitlichen Übereinstimmung. Vgl. sein «Abrüstung und Kaiserplan vor dem Kriege von 1870», *Preußische Jahrbücher*, 214 (1928), 189 ff.

19 Nach einer Quelle forderten die Nationalliberalen als Ausgleich den Einschluß von Baden und Südhessen, nach einer anderen wurde die Schaffung von «verantwortlichen Bundesministerien» verlangt. GW, VIb, 280.

20 Josef Becker, «Zum Problem der Bismarckschen Politik in der spanischen Thronfrage», *Historische Zeitschrift*, 212 (1971), 541–542.

21 GW, VIb, 260, 279; Otto Becker, *Bismarcks Ringen um Deutschlands Gestaltung* (Heidelberg, 1958), J. Becker, «Zum Problem», 542–543.

22 GW, VIb, 214–218. Veit Valentin korrigierte die Annahme Walter Platzhoffs, die Nachricht vom Kaiserplan sei zuerst durch eine Indiskretion Friedrich Wilhelms nach London gedrungen. Veit Valentin, *Bismarcks Reichsgründung im Urteil englischer Diplomaten* (Amsterdam, 1937), 404–405; Walter Platzhoff, «England und der Kaiserplan vom Frühjahr 1870», *Historische Zeitschrift*, 127 (1923), 454–475. Ein Jahr zuvor hatte Clarendon geäußert, es wäre besser gewesen, wenn Wilhelm 1867 den Titel «Kaiser oder König von Deutschland» angenommen hätte. APP, IX, 862.

23 GW, VIb, 217; OD, XXVI, 233–234.

24 Julius Fröbel, *Ein Lebenslauf* (Stuttgart, 1890–1891), Bd. 2, 546–547; APP, X, 94–96; GW, VIb, 279–281; Hermann Oncken (Hg.), *Großherzog Friedrich I. von Baden und die deutsche Politik von 1854–1871* (Stuttgart, 1927), Bd. 2, 137, 162; M. Doeberl, *Bayern und die Bismarckische Reichsgründung* (München, 1925), 301–302; Schneider, «Württembergs Beitritt», 126–127; Valentin, *Bismarcks Reichsgründung*, 410–413. In politischen und diplomatischen Kreisen kursierten viele Gerüchte über den Plan. Vgl. Erich Brandenburg, «Die Verhandlungen über die Gründung des deutschen Reiches 1870», *Historische Vierteljahrschrift*, 15 (1912), 494 ff.

25 Stosch, *Denkwürdigkeiten*, 181–182.

26 GW, XIV, 332.

27 Werner E. Mosse, *The European Powers and the German Question, 1848–1871* (Cambridge, 1958), 253 ff.

28 O. Becker, *Bismarcks Ringen*, 625 ff.

29 RKN, III, 60–61, 68–70; APP, VIII, 208; Friedrich Ferdinand Graf von Beust, *Aus drei Viertel-Jahrhunderten* (Stuttgart, 1887), Bd. 2, 337 ff.; Walter Vogel, *Die Tagebücher des Freiherrn Reinhard von Dalwigk zu Lichtenfels als Geschichtsquelle* (Berlin, 1933), 61–62; Eduard von Wertheimer, «Zur Vorgeschichte des Krieges von 1870», *Deutsche Rundschau*, 185 (1920), 1–26.

30 RKN, II, 338, 362–365. Gramonts Darstellung war vielleicht unverblümter, als Napoleon beabsichtigt hatte. Zu Beginn räumte der Diplomat ein, er sei nur autorisiert, «das Terrain zu sondieren», fügte aber hinzu, er spreche lieber «offen».

31 RKN, II, 454–458; APP, IX, 136 ff., 342–344; Joseph Redlich, «L'entrevue de l'empereur François-Joseph et de l'empereur Napoléon à Salzbourg le 18 août 1887», *Le Monde Slave,* Nouvelle Série, III (1926), 143–151; Mosse, *European Powers,* 280 ff.

32 Mosse, *European Powers,* 254 ff.

33 *Ebd.*, 280; Walter Platzhoff, «Die Anfänge des Dreikaiserbundes, 1867–1871», *Preußische Jahrbücher,* 188 (1922), 287 ff.; Gerhard Heinze, *Bismarck und Rußland bis zur Reichsgründung* (Würzburg, 1939), 74 ff.

34 APP, IX, 671, 706–707, 759–760, 844.

35 GW, VIa, 321. Aus Angst vor Gortschakows Eifersucht wegen direkter Verhandlungen mit dem Zaren hatte Bismarck es zuvor vermieden, über sehr allgemeine Antworten auf Alexanders Vorschläge hinauszugehen. GW, VIa, 262, 306–307. Zum Abkommen vgl. Walter Ebel, *Bismarck und Rußland vom Prager Frieden bis zum Ausbruch des Krieges von 1870* (Gelnhausen, 1936), 48–57.

36 GW, VIa, 322, 504–505; APP, X, 402, 523; Chester W. Clark, «Bismarck, Russia, and the Origins of the War of 1870», *Journal of Modern History,* 14 (1942), 198. Vgl. auch Horst Michael, *Bismarck, England und Europa (vorwiegend von 1866–1870)* (München, 1930), 127 ff.

37 RKN, II, 477.

38 GW, VIa, 253. Vgl. auch GW, VI, 369; VIb, 113, 166.

39 GW, VIa, 263.

40 RKN, I, 64–66; II, 511–512.

41 RKN, II, 468–469.

42 RKN, II, 459–461.

43 GW, VIa, 118, 130–131, 136–137, 140–141, 144–146, 177, 192–193.

44 RKN, II, 542–543, 545, 547–548; APP, IX, 625, 834.

45 RKN, II, 553–554. Gramont gab dem bayerischen Minister Bray einen anderen Bericht.

46 Vgl. seine Depesche an Metternich vom 14. April 1868. RKN, II, 554–556. In einer Vorbemerkung an Gramont betrachtete er die zweite Möglichkeit jedoch als «die wahre Bedrohung der Zukunft». Er würde gegen einen Bruch des Vertrags von Prag durch Preußen protestieren, aber ob er sich bemühen würde, ihn zu verhindern, war weniger sicher. Wenn Frankreich dies tue, werde Österreich zunächst wohlwollend neutral bleiben, würde danach aber seiner Pflicht als «guter Verbündeter» nachkommen. Mit zunehmendem Gefallen an dem Thema erklärte er, preußische «Intrigen und Manöver» würden ihn schließlich dazu zwingen, «in Berlin die Initiative zu ergreifen». Ein offener Krieg sei besser als ein versteckter. OD, XXI, 165–168. Vgl. die farbigere Version des Gesprächs, die Gramont gegenüber Bray wiedergab. RKN, II, 556–559.

47 RKN, III, 12–16. Zu dieser und den folgenden Verhandlungen vgl. Anton Lamberti, *Die Bündnisverhandlungen Napoleons III. gegen Preußen in den Jahren vor 1870* (Würzburg, 1939), 26 ff.

48 RKN, III, 14–15, 19–22, 28–31, 33.

49 RKN, III, 19–24, 33–37, 53, 71–72.

50 Das Scheitern seines Versuchs der wirtschaftlichen Durchdringung Belgiens im Winter 1868–1869 stärkte bei Napoleon den Wunsch nach einem Arrangement mit Österreich. Vgl. Kurt Rheindorf, «Der belgisch-französische Eisenbahnkonflikt und die großen Mächte 1868/ 1869», *Deutsche Rundschau,* 195 (1923), 113–136.

51 RKN, III, 59–62, 71–74, 79. Die wichtigste Quelle für die Verhandlung ist die Korrespondenz zwischen Beust in Wien und Metternich sowie Graf Vitzthum in Paris. Für Napoleon nahmen Rouher und La Valette an den Verhandlungen teil. Weder Moustier noch Gramont waren in das Geheimnis eingeweiht.

52 RKN, III, 111–113.

53 Vgl. Beusts Warnung an Metternich, eine gemeinsame diplomatische Front in der Ostfrage sei für das Abkommen unabdingbar, sowie La Valettes Einwand, die österreichische Neutralität in einem französisch-preußischen Krieg beruhe im Hinblick auf Frankreichs Beistandsverpflichtung in einem österreichisch-preußischen Konflikt nicht auf Gegenseitigkeit. RKN, III, 76–79, 160.

54 RKN, III, 158–159, 168–169.

55 RKN, III, 111–113, 119.

56 RKN, III, 185–188.

57 RKN, III, 171–176, 185–188.

58 RKN, III, 194–198, 208, 215–216, 228–229. Vgl. auch F. Engel-Janosi, «The Roman Question in the Diplomatic Negotiations of 1869–70», *Review of Politics,* 3 (1941), 319–349.

59 RKN, III, 216–218. Offizielle Kandidaten er-

hielten 4467720 Stimmen, die Opposition 3258777.

60 RKN, III, 245–246, 253–254, 270–271.

61 RKN, III, 226–227, 233–234, 251.

62 Émile Ollivier, *L'Empire libéral* (Paris, 1895–1912), Bd. 11, 611–612; RKN, III, 192–193, 224, 240.

63 RKN, III, 235–236.

64 RKN, III, 232, 253, 261.

65 RKN, III, 251, 268. So Napoleon zum österreichischen Botschafter Vitzthum, der davon Kanzler Beust am 7. Oktober 1869 unterrichtete.

66 Vgl. seine Bemerkungen zu Dalwigk. RKN, III, 225 (Anm. 2). Er war über Napoleons Brief sehr zufrieden und informierte Vitzthum (19. Oktober 1869), es *«suffit parfaitement pour le moment à fixer l'état de nos relations avec de France»*. Weitere Verhandlungen, fürchtete er, würden Frankreich erlauben, den Standpunkt durchzusetzen, daß eine Verletzung des Vertrags von Prag ein Casus belli sei. RKN, III, 261.

V. Die Ursprünge des Krieges von 1870–1871

1 Zum Beispiel: Hermann Oncken (Hg.), *Die Rheinpolitik Kaiser Napoleons III. von 1863 bis 1870 und der Ursprung des Krieges von 1870/71* (3 Bde., Berlin, 1926), Bd. 1, 1–121; Erich Marcks, *Der Aufstieg des Reiches 1807–1878* (2 Bde., Stuttgart, 1936), Bd. 2, 426; Arnold Oskar Meyer, *Bismarck: Der Mensch und der Staatsmann* (Stuttgart, 1949), 390–414; Herbert Geuss, *Bismarck und Napoleon III.: Ein Beitrag zur Geschichte der preußisch-französischen Beziehungen 1851–1871* (Köln-Graz, 1959), 252–267; Jochen Dittrich, *Bismarck, Frankreich und die Hohenzollernkandidatur: Die «Kriegsschuldfrage» von 1870* (München, 1962), 36–133; Egmont Zechlin, *Die Reichsgründung* (Frankfurt a. M., 1967), 151–155; Leonhard von Muralt, «Der Ausbruch des Krieges von 1870–71», in: *Der Historiker und die Geschichte* (Zürich, 1960), 295–318, und «Die Reichsgründung», in: Hans Hallmann (Hg.), *Revision des Bismarckbildes: Die Diskussion der deutschen Fachhistoriker 1945–1955* (Darmstadt, 1972), 34–38; sowie Eberhard Kolb, *Der Kriegsausbruch 1870: Politische Entscheidungsprozesse und Verantwortlichkeiten in der Julikrise 1870* (Göttingen, 1970).

2 Lothar Gall, *Bismarck: Der weiße Revolutionär* (Frankfurt a. M., 1980), 414, 435; Ernst Engelberg, *Bismarck: Urpreuße und Reichsgründer* (Berlin, 1985), 711–726, Josef Becker, «Zum Problem der Bismarckschen Politik in der spanischen Thronfrage», *Historische Zeitschrift*, 212 (1971), 529–607, «Der Krieg mit Frankreich als Problem der kleindeutschen Einigungspolitik Bismarcks, 1866–1871», in: Michael Stürmer (Hg.), *Das kaiserliche Deutschland, 1870–1918* (Düsseldorf, 1970), 75–88, und «Bismarck, Prim, die Sigmaringer Hohenzollern und die spanische Thronfrage», in: *Francia*, 9 (1981), 436–471; Raymond Poidevin und Jacques Bariéty, *Frankreich und Deutschland. Die Geschichte ihrer Beziehungen 1815–1975* (München, 1982), 105– 108.

3 GW, VIb, 1–2; VII, 235; Johannes Schultze (Hg.), *Max Duncker: Politischer Briefwechsel aus seinem Nachlaß* (Stuttgart, 1923), 436–437. Vgl. auch Hajo Holborn, «Bismarck und Freiherr Georg von Werthern», *Archiv für Politik und Geschichte*, 5 (1925), 469 ff. Es gibt Hinweise darauf, daß Werthern als erster (4. Februar 1867) auf die Möglichkeit und den Wert einer Hohenzollern-Monarchie in Spanien hingewiesen hat. J. Becker, «Bismarck, Prim, die Sigmaringer Hohenzollern», 466–468.

4 GW, VIb, 163–164.

5 GW, VIb, 166–168; auch 180.

6 Robert von Keudell, *Fürst und Fürstin Bismarck: Erinnerungen 1846–1872* (Berlin, 1901), 414. Vgl. auch J. Becker, «Zum Problem», 597–598.

7 Depesche vom 14. Januar 1870. Le Comte Benedetti, *Ma Mission en Prusse* (Paris, 1871), 284–285; GW, VIb, 203 (Anm. 3).

8 Benedetti, *Ma Mission en Prusse*, 289.

9 GW, XI, 101.

10 Moritz Busch, *Tagebuchblätter* (Leipzig, 1899), Bd. 1, 4.

11 GW, VIb, 277.

12 GW, VIb, 260–266. Zum Einfluß der bevorstehenden Auseinandersetzung um den «eisernen Etat» auf Bismarcks Suche nach einem nationalen Thema im Frühjahr 1870 vgl. Rosslyn Wemyss (Hg.), *Memoirs and Letters of Sir Robert Morier* (London, 1911), Bd. 2, 150–153.

13 GW, VIb, 113, 116–117.

14 GW, VIb, 163, 166.

15 Busch, *Tagebuchblätter*, Bd. 1, 7, auch 10–11. Vgl. auch H. E. Brockhaus, *Stunden mit Bismarck, 1871–1878* (Leipzig, 1929), 34, 46.

16 GW, VIb, 262; vgl. auch 206.

17 GW, VII, 301. Thimme datierte sein Gespräch auf Anfang 1870, nicht auf Ende 1869. GW, VIb, 203 (Anm. 3). Josef Becker fand jedoch heraus, daß das Treffen nicht vor März 1870 stattfinden konnte, als beide Teilnehmer in Berlin waren. J. Becker, «Zum Problem», 591–595.

18 Vgl. GW, VIb, 166; Heinrich O. Meisner (Hg.), *Denkwürdigkeiten des General-Feldmarschalls Alfred Grafen von Waldersee* (Stuttgart, 1923), Bd. 1, 49.

19 Robert H. Lord, *The Origins of the War of 1870* (Cambridge, Mass., 1924), 13 ff.

20 Ebd., 14–16; Georges Bonnin (Hg.), *Bismarck and the Hohenzollern Candidature for the Spanish Throne* (London, 1957), 67.

21 GW, VIa, 412–413, 422–423, 426–427, 429. Nach Forckenbeck bemerkte er sogar: «Die spanische Revolution hat uns vor dem Kriege gerettet». GW, VIa, 474.

22 Lord, *Origins*, 17. Diese Passage der Geschichte mußte Bernhardis Sohn auf Verlangen des deutschen Außenministeriums aus dem Tagebuch streichen. Bonnin (Hg.), *Candidature*, 19.

23 Benedetti, *Ma Mission en Prusse*, 360 ff.; GW, VIb, 78–82; Bonnin (Hg.), *Candidature*, 286; Willard Allen Fletcher, *The Mission of Vincent Benedetti to Berlin, 1864–1870* (Den Haag, 1965), 232–234.

24 GW, XI, 129 ff.; XV, 302 ff.

25 Fletcher, *Mission of Vincent Benedetti*, 235 (Anm. 1); Dittrich, *Bismarck, Frankreich*, 351–355.

26 Bonnin (Hg.), *Candidature*, 13 ff.; auch Rudolf Morsey, «Geschichtsschreibung und amtliche Zensur», *Historische Zeitschrift*, 184 (1957), 555–572.

27 Die veröffentlichten Versionen des Briefs von Karl Anton an König Wilhelm vom 25. Februar 1870 sind unvollständig. Karl Theodor Zingeler, *Karl Anton Fürst von Hohenzollern, Ein Lebensbild nach seinen hinterlassenen Papieren* (Stuttgart, 1911), 235–239; Dittrich, *Bismarck, Frankreich*, 355–362; Richard Fester (Hg.), *Briefe, Aktenstücke und Regesten zur Geschichte der Hohenzollernschen Thronkandidatur in Spanien*, in: E. Brandenburg und G. Seeliger (Hgg.), *Quellensammlung zur deutschen Geschichte* (Leipzig und Berlin, 1913), Bd. 1, 56–59. Das vollständige Dokument wurde in englischer Übersetzung veröffentlicht in: Georges Bonnin, *Candidature*, 62–65. Das Originaldokument ist zugänglich in: *Politisches Archiv des Auswärtigen Amts*, IA, Spanien 32 secr., Bd. I (R 11733), Bl. 14–19.

28 *Ebd.*, 18–19; Zingeler, *Karl Anton*, 237–239; Dittrich, *Bismarck, Frankreich*, 358–364.

29 Dittrich, *Bismarck, Frankreich*, 362–364.

30 Horst Kohl (Hg.), *Anhang zu den Gedanken und Erinnerungen von Otto Fürst von Bismarck* (Stuttgart, 1901), Bd. 1, 207; Keudell, *Fürst und Fürstin Bismarck*, 430 ff.

31 GW, VIb, 271–274. Zu den originalen Marginalia vgl. *Politisches Archiv des Auswärtigen Amts*, IA, Spanien 32 secr., Bd. I (R 11733), Bl. 39–46v.

32 Dittrich, *Bismarck, Frankreich*, 366–368.

33 Dittrich, *Bismarck, Frankreich*, 369–385; Bonnin (Hg.), Candidature, 80 ff., 101–150; GW, XIV, 776; Jochen Dittrich, «Ursachen und Ausbruch des deutsch-französischen Krieges 1870–71», in: Theodor Schieder und Ernst Deuerlein (Hgg.), *Reichsgründung 1870/71: Tatsachen, Kontroversen, Interpretationen* (Stuttgart, 1970), 74–80. In diesem Aufsatz modifizierte Dittrich einige der in *Bismarck, Frankreich und die Hohenzollernkandidatur* geäußerten Ansichten.

34 Bonnin (Hg.), *Candidature*, 135–137, 153 ff.

35 Dittrich, *Bismarck, Frankreich*, 385–387; Bonnin (Hg.), *Candidature*, 295 ff., 158, 162–164, 261 ff.; GW, VIb, 321–325.

36 Bonnin (Hg.), *Candidature*, 178–180, 201 (Anm. 6).

37 Dittrich, *Bismarck, Frankreich*, 388–397; Bonnin (Hg.), *Candidature*, 191–192, 271 ff.

38 Bonnin (Hg.), *Candidature*, 190–191.

39 *Politisches Archiv des Auswärtigen Amts*, IA, Spanien 32 secr. Der Originaltext des Briefes an Leopold wurde mir von Josef Becker zugänglich gemacht, der eine umfassende Edition über die Hohenzollernsche Thronkandidatur vorbereitet.

40 GW, XIV, 778–779. Es handelt sich um den Brief vom 20. Juni, den Bonnin nicht «in den Akten» finden konnte. Bonnin (Hg.), *Candidature*, 201–202, 204–206.

41 Dittrich, *Bismarck, Frankreich*, 403; Bonnin (Hg.), *Candidature*, 196. Josef Becker hat darauf hingewiesen, daß die Verzögerung nicht nur auf den Fehler bei der Dechiffrierung zurückgeführt werden darf. Generals Prims Begeisterung für die Kandidatur der Hohenzollern hatte sich merklich abgekühlt, als er sich überlegte, welche Folgen eine gewaltsame Reaktion Frankreichs für Spanien nach sich ziehen könnte. Vgl. Beckers «Bismarck, Prim, die Sigmaringer Hohenzollern», 450–460.

42 Becker, «Bismarck, Prim, die Sigmaringer Hohenzollern», 42. Vgl. auch Rudolf Morsey, «Die Hohenzollernsche Thronkandidatur in Spanien», *Historische Zeitschrift*, 186 (1958), 573–588.

43 GW, VIb, 270.

44 Dittrich, *Bismarck, Frankreich*, 71–82, und «Ursachen und Ausbruch», 64–94; Geuss, *Bismarck und Napoleon III.*, 265–266; Kolb, *Kriegsausbruch 1870*, 19–70.

45 *Politisches Archiv des Auswärtigen Amts*, IA, Spanien 32 secr.

46 Dank der Initiative Josef Beckers besitzen wir heute die Originalfassung des lange verschollenen «Instruktionsbriefes», der in übersetzter und gekürzter Form 1876 erstmals von dem spanischen Historiker Antonio Pirala veröffentlicht wurde. Becker bestätigt, daß der Brief, wie von Lawrence Steefel angenommen, in Bismarcks Auftrag von Lothar Bucher in Französisch verfaßt und zu Salazar nach Spanien geschickt wurde. Der auf den 25. Juni datierte Brief informierte die Regierung in Madrid über die Taktik, nach der Bismarck vorgehen wollte, wenn die Wahl Leopolds in Frankreich bekannt würde. «Es ist möglich, daß wir eine vorübergehende Gärung in Frankreich erleben, und zweifellos gilt es alles zu unterlassen, was sie provozieren oder verstärken könnte.» Vor diesem Hintergrund wollte er als preußischer Minister jeden Anschein offizieller Beteiligung an der Kandidatur vermeiden. «Auf diese Weise werden wir gegenüber der europäischen Öffentlichkeit eine unangreifbare Position besitzen. Wenn es in Frankreich einen Aufschrei gibt, werden wir einfach fragen: Was wollt Ihr? Wollt Ihr über die Entscheidungen der spanischen Nation und eines deutschen Privatmannes verfügen? ... Dennoch werden sie ‹Intrige› rufen. Sie werden wütend auf mich werden, ohne jedoch einen allzu präzisen Angriffspunkt zu finden.» Damit hat Becker belegt, was einige Historiker bereits vermutet hatten: daß es Bismarck in diesem Dokument darum ging, Spanien die Angst zu nehmen, die Wahl eines Hohenzollern könne einen europäischen Krieg auslösen. Auf Grund dieser Absicht stellt der Brief keinen Beweis dar, daß Bismarck tatsächlich davon ausging, seine Haltung eines Unbeteiligten würde von Frankreich akzeptiert. J. Becker, «Bismarck, Prim, die Sigmaringer Hohenzollern»; Lawrence Steefel, «Bismarck and Bucher: The ‹Letter of Instructions› of June 1870», in: A. O. Sarkissian (Hg.), *Studies in Diplomatic History and Historiography in Honour of G. Gooch, C. H.* (London, 1961), 217–224, und *Bismarck, the Hohenzollern Candidacy, and the Origins of the Franco-German War of 1870* (Cambridge, Mass., 1962), 85.

47 SBR (1870), II, 1120 ff.

48 GW, VIb, 321.

49 GW, VIb, 326–329.

50 GW, VIb, 324; vgl. J. Becker, «Zum Problem», 571–579.

51 Vgl. Otto Becker, *Bismarcks Ringen um Deutschlands Gestaltung* (Heidelberg, 1958), 669, 682, und Muralt, «Ausbruch des Krieges», 295–318; Kolb, *Kriegsausbruch 1870*, 19 ff.; Dittrich, *Bismarck, Frankreich*, 74–76, und Geuss, *Bismarck und Napoleon III.*, 266. Im Gegensatz dazu vgl. J. Becker, «Krieg mit Frankreich», 75–88; «Zum Problem», 529–607, und «Bismarck, Prim, die Sigmaringer Hohenzollern», 436–471. Josef Beckers Aufsätze sind die bislang am gründlichsten recherchierten und am schlüssigsten argumentierenden Arbeiten zu diesem Thema. Sie bestätigen, was der Autor in der ersten Auflage seines Buches nur vermutet hat.

52 Pierre de la Gorce, *Histoire du Second Empire* (Paris, 1894–1905), Bd. 6, 216–217.

53 Lord, *Origins*, 30–31, 121–122.

54 *Ebd.*, 32 ff. Bismarcks Versäumnis, Werther zu informieren, spricht natürlich für die Unschuld seiner Absichten. Den fatalsten Aspekt des Vorfalls konnte er jedoch nicht vorhersehen. Er entsprang dem Zufall, daß Werther bei Ausbruch der Krise gerade nach Ems aufbrechen wollte und den französischen Protest so direkt Wilhelm übermitteln konnte, anstatt dies über Thile und Bismarck zu tun. Er

erwies sich als sehr ungeeignet, die Anliegen seines Vorgesetzten zu übermitteln.

55 *Ebd.*, 129 ff.

56 OD, XXVIII, 22; E. Malcolm Carroll, *French Public Opinion and Foreign Affairs, 1870–1914* (New York, 1931), 25–26.

57 Lord, *Origins*, 42, 48; Émile Ollivier, *L'Empire libéral* (Paris, 1895–1912), Bd. 14, 92–110; Benedetti, *Ma Mission en Prusse*, 320; Theodore Zeldin, *Émile Ollivier and the Liberal Empire of Napoleon III.* (Oxford, 1963), 168–179.

58 Keudell, *Fürst und Fürstin Bismarck*, 429; Lord, *Origins*, 46, 155. Zu Bismarcks Anweisungen an die Presse in dieser kritischen Phase vgl. Busch, *Tagebuchblätter*, Bd. 1, 28 ff., und Eduard Schulz, *Bismarcks Einfluß auf die deutsche Presse (Juli 1870)* (Halle, 1910).

59 Lord, *Origins*, 49 ff.

60 Bonnin (Hg.), *Candidature*, 242 ff.

61 Lord, *Origins*, 68 ff.; GW, XV, 305 ff.

62 Lord, *Origins*, 201–204, 215, 261–262; Heinrich O. Meisner (Hg.), *Kaiser Friedrich III.: Das Kriegstagebuch von 1870/71* (Berlin, 1926), 2; Chester W. Clark, «Bismarck, Russia, and the Origins of the War of 1870», *Journal of Modern History*, 14 (1942), 200–201; S. William Halperin, «Bismarck and the Italian Envoy in Berlin on the Eve of the Franco-Prussian War», *Journal of Modern History*, 33 (1961), 35–36. Zu Bismarcks Aktivitäten am 12. und 13. Juli vgl. besonders Steefel, *Hohenzollern Candidacy*, 165 ff.

63 Lord, *Origins*, 205, 219–220; Ernst Walder, *Die Emser Depesche* (Bern, 1959), 62–68; Clark, «Bismarck, Russia, and the War of 1870», 201.

64 Lynn M. Case, *French Opinion on War and Diplomacy during the Second Empire* (Philadelphia, 1954), 251 ff.

65 OD, XXVIIII, 254–255.

66 Fletcher, *Mission of Vincent Benedetti*, 244–260; Walder, *Die Emser Depesche*, 49 ff.

67 Lord, *Origins*, 194 ff. Obwohl Gortschakow es vermied, das russisch-preußische Abkommen über Österreich zu bekräftigen, brachte eine Anfrage an den Zaren durch Oubril die Bestätigung. Clark, «Bismarck, Russia, and the War of 1870», 199 ff.; Walter Platzhoff, «England und der Kaiserplan vom Frühjahr 1870», *Historische Zeitschrift*, 127 (1923), 299.

68 William L. Langer hat nachgewiesen, daß Bismarck die Tatsachen effektvoll überhöht, wenn er in seinen Memoiren und anderswo den Stimmungsumschwung schildert, den seine Redaktion der Depesche bei Roon und Moltke bewirkte. GW, XV, 301–311. Vgl. sein «Bismarck as a Dramatist», in: Sarkissian (Hg.), *Studies in Diplomatic History*, 199–216. Zum ursprünglichen und überarbeiteten Wortlaut vgl. Walder, *Die Emser Depesche*, 13 ff. Da das veröffentlichte Original nie gefunden wurde, vermutet Josef Becker, daß es nie existiert hat und Caprivi richtig lag, als er in den 1890er Jahren den überarbeiteten Text im Reichstag als «Diktat» bezeichnete. Vgl. J. Becker, «Zum Problem», 530–531.

69 Durch die Betonung unterschiedlicher Aspekte in den Quellen gelangten Malcolm Carroll und Lynn Case zu genau gegensätzlichen Einschätzungen über die Hintergründe der französischen Entscheidung für den Krieg. Carroll glaubt, Gramont und Ollivier hätten ihn gewollt, während Case deren Entschuldigung akzeptiert, die Wut des Volkes habe ihn notwendig gemacht. Die Wahrheit liegt wahrscheinlich irgendwo dazwischen. Carroll, *French Opinion*, 25 ff.; Case, *French Opinion on War and Diplomacy*, 256 ff. Sowohl Steefel (*Hohenzollern Candidacy*, 220–247) als auch Kolb (*Kriegsausbruch 1870*, 143–146) schreiben Frankreich die Hauptverantwortung für den Krieg von 1870 zu. Die beste Darstellung der Politik und Verhandlungen, die den Krieg beendeten, ist Eberhard Kolb, *Der Weg aus dem Krieg. Bismarcks Politik im Krieg und die Friedensanbahnung 1870/71* (München, 1989).

VI. Ein nationaler Krieg

1 Die Parallelen zwischen der Sicht des Kanzlers und der des Militärtheoretikers waren offensichtlich zufällig. 1889 bemerkte Bismarck, «er müsse zu seiner Schande gestehen, von Clausewitz nichts gelesen und wenig mehr gewußt zu haben, als daß er ein verdienter General sei». Freiherr Lucius von Ballhausen, *Bismarck-Erinnerungen* (Stuttgart, 1920), 502.

2 Gordon A. Craig, *The Politics of the Prussian Army, 1640–1945* (Oxford, 1955), 182–192; Anneliese Klein-Wuttig, *Politik und Kriegsführung in den deutschen Einigungskriegen 1864, 1866 und 1870/71* (Berlin, 1934), 5 ff.

3 Craig, *Prussian Army*, 202; Oberst von Haeften, «Bismarck und Moltke», *Preußische Jahrbücher*, 177 (1919), 85 ff.; Hermann Gackenholz, «Der Kriegsrat von Czernahora vom 12. Juli 1866», *Historische Vierteljahrschrift*, 26 (1931), 332–348.

4 Craig, *Prussian Army*, 195 ff.; Gerhard Ritter, *Staatskunst und Kriegshandwerk: Das Problem des «Militarismus» in Deutschland* (München, 1954), Bd. 1, 247 ff.

5 RKN, I, 94 ff.; III, 376 ff., 413 ff.

6 GW, VIb, 389, 422–423; Werner E. Mosse, *The European Powers and the German Question, 1848–1871* (Cambridge, 1958), 306–310; Eduard von Wertheimer, *Graf Julius Andrássy* (Stuttgart, 1910), Bd. 1, 510–520. Vgl. auch Ernst Erichsen, *Die deutsche Politik des Grafen Beust im Jahre 1870* (Kiel, 1927), 14 ff.

7 RKN, III, 464–467; OD, XXIX, 201 ff.; Friedrich Ferdinand Graf von Beust, *Aus drei Viertel-Jahrhunderten* (Stuttgart, 1887), Bd. 2, 410–411, 437–438; S. William Halperin, «Visconti-Venosta and the Diplomatic Crisis of July 1870», *Journal of Modern History*, 31 (1959), 295–309.

8 Mosse, *European Powers*, 312–317; Kurt Rheindorf, *England und der Deutsch-Französische Krieg 1870/71* (Bonn, 1923), 47–56; Richard Millman, *British Foreign Policy and the Coming of the Franco-Prussian War* (Oxford, 1965), 199–207.

9 GW, XIV, 785.

10 Craig, *Prussian Army*, 204 ff.; GW, VIb, 590–592, 637–638, 658–660. Kurz nach Sedan hatte er auch eine heftige Auseinandersetzung mit Moltke wegen seiner Anweisungen an Dr. Stieber, den Chef der Feldpolizei, die offiziell dem Generalstab unterstellt war. GW, VIb, 490–491. Der General sah die Geschichte anders, vgl. Haeften, «Bismarck und Moltke», 87 ff., und Paul Bronsart von Schellendorff, *Geheimes Kriegstagebuch, 1870–1871* (Bonn, 1954), 78–79, 82.

11 GW, VIb, 469–470; VII, 344 ff.; XIV, 793, 814–815.

12 GW, VIb, 504; VII, 373. Vgl. Joachim Kühn, «Bismarck und der Bonapartismus im Winter 1870/71», *Preußische Jahrbücher*, 163 (1916), 49–100.

13 GW, VIb, 551–553. Klein-Wuttig, *Politik und Kriegführung*, 109 ff.

14 GW, VIb, 666–669; VII, 379, 393, 407; Hermann Oncken (Hg.), *Großherzog Friedrich I. von Baden und die deutsche Politik von 1854–1871* (Stuttgart, 1927), Bd. 2, 333–334.

15 Craig, *Prussian Army*, 208–209; Oncken (Hg.), *Großherzog Friedrich I.*, Bd. 2, 166–167.

16 Mosse, *European Powers*, 324 ff.

17 GW, VIb, 448, 476, 486.

18 GW, VIb, 456, 458–459, 476.

19 Mosse, *European Powers*, 338 ff.; Millman, *British Policy*, 210–218.

20 Mosse, *European Powers*, 346. Vgl. Heinrich Mertz, *Die Schwarze Meerkonferenz von 1871* (Stuttgart, o.J.) und besonders Kurt Rheindorf, *Die Schwarze-Meer-(Pontus) Frage* (Berlin, 1925), 75 ff.

21 GW, VIb, 602–606.

22 GW, VIb, 648–651; XIV, 791, 800.

23 GW, VIb, 570–571; VII, 390, 395, 409, 416, 419, 424; XIV, 797 ff.; Rudolf Stadelmann, *Moltke und der Staat* (Krefeld, 1950), 232 ff.

24 Otto Bihler, *Die Beschießung von Paris 1870/71 und die Ursachen ihrer Verzögerung* (Tübingen, 1932); Melvin Kranzberg, *The Siege of Paris, 1870–1871* (Ithaca, 1950), 133 ff.; Michael Howard, *The Franco-Prussian War* (New York, 1969), 357–368.

25 Stadelmann, *Moltke und der Staat*, Anlagen, 504; Klein-Wuttig, *Politik und Kriegführung*, 135 ff.; Schellendorff, *Kriegstagebuch*, 185–186, 208 ff., 233–237, 249, 279–281, 303 ff.; Haeften, «Bismarck und Moltke», 98–103; GW, VIb, 615–617, 673.

26 Heinrich O. Meisner (Hg.), *Kaiser Friedrich III.: Tagebücher von 1848–1866* (Leipzig, 1929), 325–326: Oncken (Hg.), *Großherzog Friedrich I.*, Bd. 2, 260 ff., 279, 282, 290 ff, 313–315, 363–364; GW, VIb, 665 ff., 676 ff., 693–694; Ulrich von Stosch (Hg.), *Denkwürdigkeiten des Generals und Admirals Albrecht von Stosch* (Stuttgart, 1904), 227.

27 Dies erkannte Moltke selbst. Ritter, *Staatskunst*, Bd. 1, 252; Stadelmann, *Moltke und der Staat*, 173 ff.

28 Nur Italien, der schwächste der drei Teilnehmer, betrachtete den Konflikt von 1859 als nationalen Krieg.

29 RKN, III, 405.

30 Heinrich O. Meisner (Hg.), *Kaiser Friedrich III.: Das Kriegstagebuch von 1870/71* (Berlin, 1926), 4 ff.; GW, XI, 129–133, 135–138.

31 GW, XI, 129–133, 135–138.

32 GW, VIb, 394–397, 401 402.

33 Moritz Busch, *Tagebuchblätter* (Leipzig, 1899), I, 200, 247–249.

34 Bertram Winterhalter, «Die Behandlung der französischen Zivilbevölkerung durch die deutschen Truppen im Kriege 1870/71» (Unveröfftl. Dis., Universitätsbibliothek Freiburg), 75 ff., 128–129, 229.

35 *Ebd.*, 94 ff.

36 GW, XIV, 806, 808; VII, 378. Vgl. besonders seine Denkschrift an Wilhelm vom 14. Dezember. GW, VIb, 632–637.

37 Busch, *Tagebuchblätter*, I, 179–180, 255–256.

38 GW, VII, 388, 404, 422; Busch, *Tagebuchblätter*, I, 421, 424–425, 436.

39 Busch, *Tagebuchblätter*, I, 294–295, 304; GW, VII, 396, 405; Ernst Feder (Hg.), *Bismarcks großes Spiel: Die geheimen Tagebücher Ludwig Bambergers* (Frankfurt, 1932), 153, 241.

40 Busch, *Tagebuchblätter*, I, 342.

41 Howard, *Franco-Prussian War*, 370–381.

42 Busch, *Tagebuchblätter*, I, 172; GW, VII, 338–339.

43 Martin Spahn, *Elsaß-Lothringen* (Berlin, 1919), 246–247; Waldemar von Roon, *Denkwürdigkeiten aus dem Leben des General-Feldmarschalls Kriegsministers Grafen von Roon* (4. Aufl., Breslau, 1897), Bd. 2, 442; Erich Brandenburg (Hg.), *Briefe Kaiser Wilhelms des Ersten* (Leipzig, 1911), Bd. 1, 244, 246; Friedrich III., *Kriegstagebuch*, 115–116.

44 GW, VIb, 443, 454–455, 492–494, 500–502.

45 Georg Hirth und Julius von Gosen, *Tagebuch des deutsch-französischen Krieges, 1870–1871: Eine Sammlung der wichtigeren Quellen* (Berlin, 1871), Bd. 1, 93, 399–400; E. Malcolm Carroll, *Germany and the Great Powers, 1866–1914* (New York, 1938), 75; Karl Jacob, *Bismarck und die Erwerbung Elsaß-Lothringens 1870–1871* (Straßburg, 1905), 8; Gustav Körner, *Die norddeutsche Publizistik und die Annexionsfrage im Jahre 1870* (Hannover, 1907), 17 ff., 38 ff. Vgl. auch die Debatte zwischen Walter Lipgens, Lothar Gall und Eberhard Kolb, ob es in der Öffentlichkeit bereits vor Bismarcks Pressekampagne eine nennenswerte spontane Forderung nach der «Rückkehr» von Elsaß und Lothringen gab. *Historische Zeitschrift*, 199 (1964), 31–112; 206 (1968), 265–362, 586–617, sowie 209 (1969), 318–356. Gall und Kolb bejahten dies und wurden bestärkt von Josef Becker, «Baden, Bismarck und die Annexion von Elsaß und Lothringen», *Zeitschrift für die Geschichte des Oberrheins*, 115 (1967), 167–204. Die Fülle der Beweise für ihre Position erscheint zwingend.

46 HW, I, 475 ff.; Johannes Schultze (Hg.), *Max Duncker: Politischer Briefwechsel aus seinem Nachlaß* (Stuttgart, 1923), 589; Ludwig Bamberger, *Gesammelte Schriften* (Berlin, 1894–1897), Bd. 2, 123 ff.; Körner, *Publizistik und Annexionsfrage*, 9.

47 GW, VIb, 460; vgl. auch 454–455.

48 Körner, *Publizistik und Annexionsfrage*, 21 ff.; Jacob, *Bismarck und Elsaß-Lothringen*, 31; Hirth und Gosen, *Tagebuch*, Bd. 2, 1619–1623, 1633.

49 Hirth und Gosen, *Tagebuch*, Bd. 2, 1648–1651; Busch, *Tagebuchblätter*, I, 122–124; Körner, *Publizistik und Annexionsfrage*, 33–34; *Preussische Jahrbücher*, 26 (1870), 367–409; HW, I, 476–478.

50 Helmuth von Moltke, *Gesammelte Schriften und Denkwürdigkeiten* (Berlin, 1892– 1893), Bd. 2, 175–228; Stadelmann, *Moltke und der Staat*, 182 ff.; Brandenburg (Hg.), *Briefe Kaiser Wilhelms*, 244.

51 Busch, *Tagebuchblätter*, I, 124; GW, VIb, 453–454, 498; VII, 339; XIV, 816; Oncken (Hg.), *Großherzog Friedrich I.*, Bd. 2, 392–393; H. E. Brockhaus, *Stunden mit Bismarck, 1871–1879* (Leipzig, 1929), 80–81.

52 *Preußische Jahrbücher*, 26 (1870), 371. Vgl. auch Andreas Dorpalen, *Heinrich von Treitschke* (New Haven, 1957), 164 ff.

53 GW, VIb, 416–417, 422–423, 499.

54 *Preußische Jahrbücher*, 26 (1870), 371–372.

55 GW, VIb, 454–459, 501, 503–504.

56 GW, XIV, 816; VIb, 475; Oncken (Hg.), *Großherzog Friedrich I.*, Bd. 2, 366–367, 387 ff.; Johannes Haller, *Bismarcks Friedensschlüsse* (München, 1916), 82–83.

57 GW, VIb, 454–455, 457–458, 476–478.

VII. Süddeutschlands Weg ins Reich

1 GW, XIV, 795, 799, 801; VIb, 394–397.

2 George G. Windell, *The Catholics and German Unity, 1866–1871* (Minneapolis, 1954), 249; Otto Becker, *Bismarcks Ringen um Deutschlands Gestaltung* (Heidelberg, 1958), 691 ff.; Ernst Vogt, *Die hessische Politik in der Zeit der Reichsgründung (1863–1871)* (München, 1914), 188 ff.; Walter Vogel, *Die Tagebücher des Freiherrn Reinhard von Dalwigk zu*

Lichtenfels als Geschichtsquelle (Berlin, 1933), 46 ff., 72 ff.

3 GW, VIb, 365; Adolf Rapp, *Die Württemberger und die nationale Frage, 1863–1871* (Stuttgart, 1910), 363–385; Freiherr von Mittnacht, *Rückblicke* (Stuttgart, 1909), 51 ff.

4 Wolf D. Gruner, «Bayern, Preußen und die Süddeutschen Staaten, 1866–1870», *Zeitschrift für bayerische Landesgeschichte*, 37 (1974), 821–825. Die offiziellen Dokumente mit den Sitzungsberichten des Kabinetts wurden vernichtet, und zwar offenbar 1918, als die bayerische Monarchie ihrem Ende zuging. *Ebd.*, 822. Vgl. auch M. Doeberl, *Bayern und die Bismarckische Reichsgründung* (München, 1925), 30 ff.; Windell, *Catholics and German Unity*, 249 ff.; Theodor Schieder, *Die kleindeutsche Partei in Bayern* (München, 1936), 251 ff.

5 GW, VIb, 488–489; Hermann Baumgarten, *Staatsminister Jolly* (Tübingen, 1897), 175–176; Hermann Oncken (Hg.), *Großherzog Friedrich I. von Baden und die deutsche Politik von 1854–1871* (Stuttgart, 1927), Bd. 2, 128 ff.; Wilhelm Busch (Hg.), *Rückschau von Albert von Suckow* (Tübingen, 1909), 167–168; Mittnacht, *Rückblicke*, 64 ff. Zu Mittnacht vgl. Walter Seefried, *Mittnacht und die deutsche Frage bis zur Reichsgründung* (Stuttgart, 1928), 84 ff.

6 Erich Brandenburg (Hg.), *Briefe und Aktenstücke zur Geschichte der Gründung des deutschen Reiches, 1870–1871* (Leipzig, 1911), Bd. 1, 3 ff.; Doeberl, *Bayern und Reichsgründung*, 43 ff.; Rudolf von Delbrück, *Lebenserinnerungen, 1817–1867* (Berlin, 1905), Bd. 2, 409 ff.

7 Otto von Bray-Steinburg, *Denkwürdigkeiten aus seinem Leben* (Leipzig, 1901), 136 ff.; Doeberl, *Bayern und Reichsgründung*, 69 ff., 85 ff.; Brandenburg (Hg.), *Briefe und Aktenstücke*, Bd. 1, 29–32.

8 Becker, *Bismarcks Ringen*, 715–716; Doeberl, *Bayern und Reichsgründung*, 91 ff., 256 ff.; Delbrück, *Lebenserinnerungen*, Bd. 2, 413 ff.; Wilhelm Stolze, «Zur Geschichte der Reichsgründung im Jahre 1870», *Preußische Jahrbücher*, 197 (1924), 1–12.

9 Karl A. von Müller, «Bismarck und Ludwig II. im September 1870», *Historische Zeitschrift*, 111 (1913), 89–132, und «Aktenstücke aus den Papieren des Grafen Karl v. Tauffkirchen», *Forschungen zur brandenburgischen und preußischen Geschichte*, 27 (1914), 572–592; GW, VIb, 516.

10 GW, VIb, 527–529, 538–540; Baumgarten, *Jolly*, 177 ff.; Doeberl, *Bayern und Reichsgründung*, 103 ff.

11 Doeberl, *Bayern und Reichsgründung*, 109 ff.; Becker, *Bismarcks Ringen*, 729.

12 GW, VIb, 583–584; Doeberl, *Bayern und Reichsgründung*, 113 ff.; Becker, *Bismarcks Ringen*, 727 ff.

13 Busch (Hg.), *Rückschau*, 176 ff.; Mittnacht, *Rückblicke*, 136–138; Eugen Schneider, «Württembergs Beitritt zum Deutschen Reich 1870», *Württembergische Vierteljahrshefte für Landesgeschichte*, 29 (1920), 138 ff.; GW, VIb, 586–587; Hermann Oncken, *Rudolf von Bennigsen* (Stuttgart, 1910), Bd. 2, 196 ff., und Oncken (Hg.), *Großherzog Friedrich I.*, Bd. 2, 169–172.

14 Doeberl, *Bayern und Reichsgründung*, 125 ff.; Mittnacht, *Rückblicke*, 139 ff.; Becker, *Bismarcks Ringen*, 739 ff.

15 Becker, *Bismarcks Ringen*, 747–749; Heinrich O. Meisner (Hg.), *Kaiser Friedrich III.: Das Kriegstagebuch von 1870/71* (Berlin, 1926), 200, 223–225.

16 Zum endgültigen Wortlaut der deutschen Verfassung vgl. *RGB* (1871), 63–85; auch Karl Binding (Hg.), *Deutsche Staatsgrundgesetze in diplomatisch genauem Abdrucke* (2. Aufl., Leipzig, 1901), Bd. 1, 2 ff.

17 Heinrich Triepel, *Unitarismus und Föderalismus im Deutschen Reiche* (Tübingen, 1907), 46; Freiherr von Mittnacht, *Erinnerungen an Bismarck* (Stuttgart, 1904), Bd. 1, 30 ff.; Ernst Deuerlein, *Der Bundesratsausschuß für die Auswärtigen Angelegenheiten 1870–1918* (Regensburg, 1955).

18 Obwohl die Abkommen über militärische Angelegenheiten im allgemeinen unter der Bezeichnung «Militärkonvention» liefen, wurde nur das Abkommen mit Württemberg so bezeichnet. Zu den Texten vgl. *BGB* (1870), 658–662, und *RGB* (1871), 9–26.

19 GW, VIb, 601–602.

20 GW, XV, 324–325; Friedrich III., *Kriegstagebuch*, 103, 146–147, 180, 260, 265–266, 452; Ernst Feder (Hg.), *Bismarcks großes Spiel: Die geheimen Tagebücher Ludwig Bambergers* (Frankfurt, 1932), 243. In seinen Erinnerungen behauptete Bismarck, Friedrich Wilhelm habe

vor und nach Sedan den Titel «König der Deutschen» angestrebt und die Könige von Sachsen, Bayern und Württemberg zu Herzögen zurückstufen wollen. Das Tagebuch des Kronprinzen erhärtet dies jedoch nicht. Nach einer anderen Quelle trug er sich 1866 in Nikolsburg mit diesem Gedanken, verlegte sich zu Beginn des folgenden Jahres aber auf den Kaisertitel. Martin Philippson, *Friedrich III. als Kronprinz und Kaiser* (Berlin, 1893), 144.

21 Doeberl, *Bayern und Reichsgründung*, 151 ff.; Bray, *Denkwürdigkeiten*, 172.

22 Becker, *Bismarcks Ringen*, 790 ff.; Oncken (Hg.), *Großherzog Friedrich I.*, Bd. 2, 141 ff., 207; Wilhelm Schüßler, «Das Geheimnis des Kaiserbriefes Ludwigs II.», in: Martin Göhring und Alexander Scharff (Hgg.), *Geschichtliche Kräfte und Entscheidungen: Festschrift für Otto Becker* (Wiesbaden, 1954), 206–209.

23 Friedrich III., *Kriegstagebuch*, 253–254; Brandenburg (Hg.), *Briefe und Aktenstücke*, Bd. 1, 112 ff.

24 SBR (2. außerordentliche Sitzung, 1870), 71 ff.

25 Oncken, *Bennigsen*, Bd. 2, 189–190; Friedrich III., *Kriegstagebuch*, 258, 468–470; GW, VIb, 607; VII, 431, 433; Oncken (Hg.), *Großherzog Friedrich I.*, Bd. 2, 231, 233.

26 GW, VIb, 598–601, 607–608, 611–614. In Wirklichkeit erwartete Bismarck, daß der Ablauf der Zollvereinverträge im Jahre 1878 eine weitere Gelegenheit bieten würde, ein Scheitern 1870 wettzumachen.

27 GW, VIb, 594, 598–600; Doeberl, *Bayern und Reichsgründung*, 247–248. Bamberger, *Bismarcks großes Spiel*, 227 ff. Zu Laskers Fahrt nach Süddeutschland vgl. HW, I, 457 ff., und Oncken, *Bennigsen*, Bd. 2, 180 ff.

28 GW, VIb, 609–611; Friedrich III., *Kriegstagebuch*, 264; Moritz Busch, *Tagebuchblätter* (Leipzig, 1899), I, 525; Eduard von Wertheimer, *Bismarck im politischen Kampf* (Berlin, 1930), 444–446.

29 Friedrich III., *Kriegstagebuch*, 259, 268 ff., 279–281; Oncken (Hg.), *Großherzog Friedrich I.*, Bd. 2, 240 ff.

30 Vgl. Kläre Kraus, *Der Kampf in der bayerischen Abgeordnetenkammer um die Versailler-Verträge, 11.–21. Januar 1871* (Köln, 1935).

31 GW, VIb, 643–646, 657, 672.

32 GW, VIb, 654–656, 662–665; Oncken (Hg.), *Großherzog Friedrich I.*, Bd. 2, 308 ff.

33 Becker, *Bismarcks Ringen*, 811; GW, VIb, 622.

34 Friedrich III., *Kriegstagebuch*, 334–338, 349 (Anm. 3).

35 GW, XV, 328–329; Oncken (Hg.), *Großherzog Friedrich I.*, Bd. 2, 320–329.

36 Das Dokument wurde von Bismarck aufgesetzt und verlesen. GW, VIb, 671–672.

FÜNFTES BUCH
Das Reich aus Eisen und Blut

I. Konsolidierung und Spaltung

1 George Bancroft an Hamilton Fish, 20. Juni 1871. 42. Kongress, 2. Sitzungsperiode, Repräsentantenhaus, *Papers Relating to the Foreign Relations of the United States* (Washington, 1871), 397–399.

2 Bismarck an Kronprinz Friedrich Wilhelm, 2. April 1867. GW, VI, 255. In den vergangenen zehn Jahren sind eine Reihe bedeutender Werke zur Geschichte des Kaiserreichs vorgelegt worden, darunter vor allem Thomas Nipperdey, *Deutsche Geschichte 1866–1918* (2 Bde., München, 1990, 1992); Hans-Ulrich Wehler, *Deutsche Gesellschaftsgeschichte 1849–1914* (München, 1995); Wolfgang J. Mommsen, *Das Ringen um den nationalen Staat. Die Gründung und der innere Ausbau des Deutschen Reiches unter Otto von Bismarck 1850 bis 1890* (Frankfurt a. M./Berlin, 1992); Klaus Hildebrand, *Das vergangene Reich. Deutsche Außenpolitik von Bismarck bis Hitler 1871–1945* (Stuttgart, 1995).

3 Vgl. das aufschlußreiche Kapitel «Dynastien und Stämme» in seinen Erinnerungen. GW, XV, 197–203.

4 Diese Bemerkung fiel in der Kabinettssitzung vom 14. März 1869, als es um die Frage ging, ob das Oberhandelsgericht des Norddeutschen Bundes nach Leipzig oder Berlin kommen sollte. Bismarck favorisierte Leipzig, da die Verlegung des Gerichts nach Sachsen die

Bürger dort versöhnen und «für die Konsolidierung des ganzen Bundes nützlich» sein würde. Die Aussicht darauf machte den Nachteil wett, das höchste Gericht des Landes vom Hauptsitz der Regierung zu trennen. DZA Merseburg, Rep. 90a, B, III, 2b, Nr. 6, Bd. 81.

5 Joseph A. Schumpeter, *Konjunkturzyklen* (Göttingen, 1981), I, 363 ff.

6 A. J. P. Taylor, *The Struggle for Mastery in Europe, 1848–1918* (Oxford, 1954), xxix–xxx. Taylors Statistiken wurden anhand der folgenden Quellen korrigiert: Arthur Spiethoff, *Die wirtschaftlichen Wechsellagen: Aufschwung, Krise, Stockung* (Tübingen, 1955), II, Tab. 20; *Statistisches Handbuch für das deutsche Reich* (Berlin, 1907), I, 252, 259. (Alle Angaben hier und im weiteren in US-Tonnen.)

7 Walther Hoffmann, *Das Wachstum der deutschen Wirtschaft seit der Mitte des 19. Jahrhunderts* (Berlin, 1965), 35, 172–173; John Knodel, *The Decline of Fertility in Germany, 1871–1939* (Princeton, 1974), 246–262; Gerd Hohorst, Jürgen Kocka und Gerhard A. Ritter, *Sozialgeschichtliches Arbeitsbuch II: Materialien zur Statistik des Kaiserreichs, 1870–1914* (2. Aufl., München 1978), 26; Antje Kraus (Hg.), *Quellen zur Bevölkerungsstatistik Deutschlands, 1815–1875* (Boppard, 1980), 338–339.

8 Wolfgang Köllmann, «Grundzüge der Bevölkerungsgeschichte Deutschlands im 19. und 20. Jahrhundert», *Studium Generale*, 12 (1959), 389.

9 *Statistisches Handbuch*, I, 38; Köllmann, «Grundzüge der Bevölkerungsgeschichte», 388–389.

10 Spiethoff, *Die wirtschaftlichen Wechsellagen*, II, Tab. 2, 13, 25; Alfred Jacobs und Hans Richter, *Die Großhandelspreise in Deutschland von 1792 bis 1934* (Berlin, 1935), 34–45; Heinrich Bechtel, *Wirtschaftsgeschichte Deutschlands im 19. und 20. Jahrhundert* (München, 1956), III, 182–188.

11 Vgl. besonders Hans Rosenberg, *Große Depression und Bismarckzeit* (Berlin, 1967), und Hans-Ulrich Wehler, *Bismarck und der Imperialismus* (Köln, 1969).

12 Eine neuere Zusammenfassung des Diskussionsstands zur «These von der Großen Depression» bietet Karl Erich Born, *Wirtschafts- und Sozialgeschichte des deutschen Kaiserreiches (1867/71–1914)* (Stuttgart, 1985), 107–119. Zum Lohnniveau vgl. Gerhard Bry, *Wages in Germany, 1871–1945* (Princeton, 1960), 51–79.

13 Vgl. den zweiten Band dieser Biographie, Drittes Buch, Kapitel 1.

14 Graf H. W. Finck von Finckenstein, *Die Entwicklung der Landwirtschaft in Preußen und Deutschland 1800–1930* (Würzburg, 1860), 98–108; Eberhard Bittermann, *Die landwirtschaftliche Produktion in Deutschland, 1800–1950* (Halle-Saale, 1956), 13 ff., 24; Walther G. Hoffmann, «The Take-Off in Germany», in: W. W. Rostow (Hg.), *The Economics of Take-Off into Sustained Growth* (London, 1964), 101–102.

15 Vgl. den zweiten Band dieser Biographie, Erstes Buch, Kapitel 1.

16 Karl Lamprecht, *Deutsche Geschichte der jüngsten Vergangenheit und Gegenwart* (Berlin, 1912), I, 123 ff.

17 Hauptverwaltung der deutschen Reichsbahn, *Konjunkturschwankungen im Reichsbahnverkehr* (Berlin, 1936), 7.

18 Johann Peter Eckermann, *Gespräche mit Goethe in den letzten Jahren seines Lebens* (Basel, 1945), II, 656.

19 Erwin Beckerath und Otto Stühler (Hgg.), *Friedrich List: Schriften, Reden, Briefe* (Berlin, 1929–1935), III (1), 347. Vgl. auch III (2) und VII, 65–68.

20 Heinrich von Treitschke, *Deutsche Geschichte im neunzehnten Jahrhundert* (Leipzig, 1927), IV, 585.

21 BGB (1867), 33–39, 55–58; (1868), 149–151, 237–238; (1870), 119–120, 360–373, 375–386.

22 BGB (1870), 355–360.

23 Heinrich Triepel, *Unitarismus und Föderalismus im deutschen Reiche* (Tübingen, 1907), 58; Paul Laband, «Die geschichtliche Entwicklung der Reichsverfassung seit der Reichsgründung», *Jahrbuch des öffentlichen Rechts*, 1 (1907), 12–14.

24 Köllmann, «Grundzüge der Bevölkerungsgeschichte», 386–388; Karl Erich Born, «Der soziale und wirtschaftliche Strukturwandel Deutschlands am Ende des 19. Jahrhunderts», in: Hans-Ulrich Wehler (Hg.), *Moderne deutsche Sozialgeschichte* (Köln, 1966), 271–272; Klaus J. Bade, «Transnationale Migration und Arbeitsmarkt im Kaiserreich: Vom Agrarstaat mit starker Industrie zum Industriestaat mit starker agararischer Basis», in: Toni Pierenkemper und Richard Tilly

(Hgg.), *Historische Arbeitsmarktforschung* (Göttingen, 1982), 182–211.

25 Wolfgang Köllmann, «The Process of Urbanization in Germany at the Height of the Industrialization Period», *Journal of Contemporary History*, 4 (1969), 62–65.

26 Wilhelm Brepohl, *Der Aufbau des Ruhrvolkes im Zuge der Ost-West-Wanderung* (Recklinghausen, 1948), 28–30, 152 ff. Vgl. auch Wolfgang Köllmann, «Binnenwanderung und Bevölkerungsstrukturen der Ruhrgebietsgroßstädte im Jahre 1907», *Soziale Welt*, 19 (1958), 219–233, und *Bevölkerungsgeschichte Deutschlands. Studien zur Bevölkerungsgeschichte Deutschlands* (Göttingen, 1974), 39.

27 Hans-Ulrich Wehler, «Die Polen im Ruhrgebiet bis 1918», *Moderne deutsche Sozialgeschichte* (Köln, 1966), 437 ff.

28 Vgl. besonders Helmut Böhme, *Deutschlands Weg zur Großmacht: Studien zum Verhältnis von Wirtschaft und Staat während der Reichsgründungszeit 1848–1881* (Köln, 1966), 333 ff.

29 Vgl. oben, 116–123.

30 Jacob Riesser, *Die deutschen Großbanken und ihre Konzentration im Zusammenhang mit der Entwicklung der Gesamtwirtschaft in Deutschland* (4. Aufl., Jena 1912), 35; Helmut Gebhard, *Die Berliner Börse von den Anfängen bis zum Jahre 1896* (Berlin, 1928), 30.

31 Manfred Pohl, *Konzentration im deutschen Bankwesen, 1848–1980* (Frankfurt a. M., 1982), 31–96; Böhme, *Deutschlands Weg*, 219–221.

32 Böhme, *Deutschlands Weg*, 351–353.

33 Paul Wallich, *Die Konzentration im deutschen Bankwesen* (Stuttgart, 1905), 16 ff., 24, 34 ff.; Riesser, *Die deutschen Großbanken*, 518 ff.; Böhme, *Deutschlands Weg*, 341 ff.

34 Richard Tilly, *Financial Institutions and Industrialization in the Rhineland, 1815–1870* (Madison, 1966), 45; Riesser, *Die deutschen Großbanken*, 530 ff; Paul Hirschfeld, *Berlins Groß-Industrie* (3 Bde., Berlin, 1897–1901); H. Rachel und Paul Wallich, *Berliner Großkaufleute und Kapitalisten* (2. Aufl., Berlin, 1967); Hartmut Kaelble, *Berliner Unternehmer während der frühen Industrialisierung* (Berlin, 1972).

35 Böhme, *Deutschlands Weg*, 191 ff.

36 *Ebd.*, 213–216; Pohl, *Konzentration*, 99–100.

37 Werner Sombart, *Die deutsche Volkswirtschaft im neunzehnten Jahrhundert* (2. Aufl., Berlin, 1909), 210–212; Hans und Manfred Pohl, *Deutsche Bankengeschichte* (Frankfurt a. M., 1982), II, 149–153, 232–235.

38 Böhme, *Deutschlands Weg*, 322 ff.; Wallich, *Konzentration*, 52 ff., 348 ff.; Riesser, *Die deutschen Großbanken*, 531–532; Pohl und Pohl, *Deutsche Bankengeschichte*, II, 236–242; Pohl, *Konzentration*, 109–112.

39 Riesser, *Die deutschen Großbanken*, 127 ff.; Sombart, *Deutsche Volkswirtschaft*, 186–187; Pohl und Pohl, *Deutsche Bankengeschichte*, II, 243–257; Pohl, *Konzentration*, 103–107.

40 Gustav Stolper, Karl Häuser und Knut Borchardt, *The German Economy 1870 to the Present* (New York, 1967), 18–19.

41 Stolper u. a., *German Economy*, 28; Riesser, *Die deutschen Großbanken*, 280 ff., 530 ff.; Otto Jeidels, *Das Verhältnis der deutschen Großbanken zur Industrie* (München, 1905), 99 ff.; Pohl und Pohl, *Deutsche Bankengeschichte*, II, 258–295; Pohl, *Konzentration*, 88 ff. Die Verflechtung von Bank- und Industriekapital war nicht immer harmonisch, und manche straff geführten Großunternehmen (z. B. Krupp, Hoesch, Thyssen) vermieden die Umarmung der Banken, um ihre Autonomie zu wahren. Wilfried Feldenkirchen, «Das Wachstum der Eisen- und Stahlindustrie des Ruhrgebiets (1879–1914)», in: Hermann Kellenbenz (Hg.), *Wachstumsschwankungen. Beiträge zur Wirtschaftsgeschichte*, Bd. 13 (Stuttgart, 1981), 215–222, und Helmut Böhme, «Bankkonzentration und Schwerindustrie», in: Hans-Ulrich Wehler (Hg.), *Sozialgeschichte Heute* (Göttingen, 1974).

42 Ohne großes empirisches Wissen über das tatsächliche Leben der Zuwanderer vom Lande in die Industriestädte neigen Historiker zu der Annahme, es sei traumatisch gewesen: «Die Industrie sorgte zwar für Arbeit, aber nicht für mehr; sie beurteilte den Zuwanderer weder nach Herkommen noch nach Namen und Familie, sondern allein nach seiner Einsatzfähigkeit im Wirtschaftsprozeß. Außerhalb seines Arbeitsplatzes blieb er fast immer sich selbst überlassen als Einzelner in einer Masse von Einzelnen, während die ländliche oder kleinstädtische Welt ihn in allen seinen Lebensbereichen umfangen und eingeordnet hatte». Wolfgang Köllmann, «Industrialisierung, Binnenwanderung und ‹Soziale Frage›», in: *Vierteljahrschrift für So-*

zial- und Wirtschaftsgeschichte, 46 (1959), 61. Vgl. auch Köllmann, *Bevölkerungsgeschichte Deutschlands,* 39; Wilhelm Brepohl, *Industrievolk im Wandel von der agraren zur industriellen Daseinsform* (Tübingen, 1957), 160–161. James H. Jackson hat aufgezeigt, daß diese impressionistischen Beobachtungen über die Erfahrungen des durchschnittlichen Zuwanderers eine schwache empirische Basis haben. «Family Life and Urbanization in the Ruhr Valley, 1843–1890» (Diss., University of Minnesota, 1979).

43 Köllmann, «Grundzüge der Bevölkerungsgeschichte», 388; Eberhard Franke, *Das Ruhrgebiet und Ostpreußen* (Marburg, 1934), 29 ff.

44 Köllmann, «Industrialisierung, Binnenwanderung und ‹Soziale Frage›», 48, und «Process of Urbanization», 70 ff.

45 An den Reichstag, 3. August 1879. BR, VII, 406–409.

46 Wilhelm Stahl, *Der Elitekreislauf in der Unternehmerschaft* (Zürich, 1973); Hartmut Kaelble, «Sozialer Aufstieg in den USA und Deutschland, 1900–1960», in: Hartmut Kaelble (Hg.), *Geschichte der sozialen Mobilität seit der industriellen Revolution* (Königstein, 1978), 109–125 (vgl. auch die Aufsätze von Frederick Marquardt und David Crew im selben Band); Jürgen Kocka, *Unternehmer in der deutschen Industrialisierung* (Göttingen, 1975), 42–54, und *Lohnarbeit und Klassenbildung. Arbeiter und Arbeiterbewegung in Deutschland 1800–1875* (Bonn, 1983); Helmut Zwahr, *Zur Konstituierung des Proletariats als Klasse: Strukturuntersuchungen über das Leipziger Proletariat während der industriellen Revolution* (Berlin, 1978) sowie Gerhard A. Ritter/Klaus Tenfelde, *Arbeiter im Deutschen Kaiserreich 1871 bis 1914* (Bonn, 1992).

47 Jürgen Kocka, «Stand-Klasse-Organisation: Strukturen sozialer Ungleichheit in Deutschland vom späten 18. bis zum frühen 20. Jahrhundert im Aufriß», in: Hans-Ulrich Wehler (Hg.), *Klassen in der europäischen Sozialgeschichte* (Göttingen, 1979), 137–165; Hartmut Kaelble, *Soziale Mobilität und Chancengleichheit im 19. und 20. Jahrhundert* (Göttingen, 1983), 230–235. Eine aufschlußreiche Darstellung der geschichtlichen Verwendung der Begriffe *Bürgertum* und *Mittelstand* bietet Shulamit Volkov, *The Rise of Popular Antimodernism in Germany: The Urban Master Artisans, 1873–1896* (Princeton, 1978), 123–146.

48 Brepohl, *Industrievolk,* 160–161. Zur Anziehungskraft des Nationalismus und zum psychischen Bedürfnis, das er in Gesellschaften im sozialen Wandel ansprach, vgl. besonders Boyd C. Shafer, *Faces of Nationalism: New Realities and Old Myths* (New York, 1972), 220 ff.

49 Hajo Holborn, «German Idealism in the Light of Social History», in: *Germany and Europe: Historical Essays by Hajo Holborn* (Garden City, N.Y., 1970), 1–32. Vgl. auch Fritz Fischer, «Der deutsche Protestantismus und die Politik im 19. Jahrhundert», *Historische Zeitschrift,* 171 (1951), 503–518.

50 Holborn, «German Idealism», 27–28.

51 Zu den konträren Positionen des deutschen Protestantismus und des Katholizismus zur Frage der Verbesserung der sozialen Lage vgl. William O. Shanahan, *German Protestants Face the Social Question.* Bd. 1: *The Conservative Phase, 1815–1871* (Notre Dame, 1954); Emil Ritter, *Die katholisch-soziale Bewegung im 19. Jahrhundert und der Volksverein* (Köln, 1954); Ernst Troltsch, *Die Soziallehren der christlichen Kirchen und Gruppen* (2 Bde., Tübingen, 1912).

52 Vgl. oben 231–237.

53 Vgl. den zweiten Band dieser Biographie, Erstes Buch, 1. Kapitel, und Viertes Buch, 1. Kapitel.

54 Wolfram Fischer, Joachim Krengel und Jutta Wietog, *Sozialgeschichtliches Arbeitsbuch I: Materialien zur Statistik des Deutschen Bundes, 1815–1870* (München, 1982), 37–38; Hohorst u. a., *Sozialgeschichtliches Arbeitsbuch II,* 42–52.

55 Vernon Lidtke, «Burghers, Workers and Problems of Class Relationships 1870 to 1914: Germany in Comparative Perspective», in: Jürgen Kocka (Hg.), *Arbeiter und Bürger im 19. Jahrhundert: Varianten ihres Verhältnisses im europäischen Vergleich* (München, 1986), 28–52; Kocka, *Lohnarbeit und Klassenbildung,* bes. 301–303.

56 BGB (1869), 245–282.

57 Vgl. Wolfgang Ritscher, *Koalitionen und Koalitionsrecht in Deutschland bis zur Reichsgewerbeordnung* (Stuttgart, 1917), 203–268; Hermann Müller, *Geschichte der deutschen Gewerkschaften bis zum Jahre 1878* (Berlin, 1918), 33–41; Ulrich Engelhardt, «Gewerk-

schaftliche Interessenvertretung als Menschenrecht: Anstöße und Entwicklung der Koalitionsrechtsforderung in der preußisch-deutschen Arbeiterbewegung 1862/63–1865», in: Ulrich Engelhardt, Volker Sellin und Horst Stuke (Hgg.), *Soziale Bewegung und politische Verfassung* (Stuttgart, 1976), 538–598.

58 Bismarck an Itzenplitz, 26. Januar 1865. Hans Rothfels, *Bismarck und der Staat* (2. Aufl., Darmstadt, 1953), 317–319.

59 DZA Merseburg, Rep. 120, BB, I, 1, Nr. 12, Bde. 1–3; SBHA (1865), I, 119–202; Heinrich Volkmann, *Die Arbeiterfrage im preußischen Abgeordnetenhaus, 1848–1869* (Berlin, 1968), 142–197.

60 Ulrich Engelhardt, *«Nur vereinigt sind wir stark»: Die Anfänge der deutschen Gewerkschaftsbewegung, 1862/63 bis 1869/70* (2 Bde., Stuttgart, 1977); Willy Albrecht, *Fachverein-Berufsgewerkschaft-Zentralverband: Organisationsprobleme der deutschen Gewerkschaften 1870–1890* (Bonn, 1982), 41–104. Die Gewerkschaft Lassalles wurde bald in *Allgemeiner Deutscher Arbeiterunterstützungsverband* umbenannt.

61 Walter Steglich, «Eine Streiktabelle für Deutschland, 1864 bis 1880», *Jahrbuch für Wirtschaftsgeschichte,* 1960/II, 235–283. Eine jüngere Zählung nennt für 1872 (352) und 1873 (283) höhere Zahlen. Klaus Tenfelde und Heinrich Volkmann (Hgg.), *Streik: Zur Geschichte des Arbeitskampfes in Deutschland während der Industrialisierung* (München, 1981), 294. Für einen zeitgenössischen Versuch, das Ausmaß der Streiks zu bestimmen, vgl. Amtliche Mitteilungen des Deutschen Handelstages, *Die Arbeitseinstellungen in Deutschland* (Berlin, 1873). Zu den Ruhrstreiks vgl. Klaus Tenfelde, *Sozialgeschichte der Bergarbeiterschaft an der Ruhr im 19. Jahrhundert* (Bonn-Bad Godesberg, 1977), 436–486. Die Akten des preußischen Handelsministeriums zeigen, wie breit das Spektrum der Unzufriedenheit der Arbeiter in den späten 1860er Jahren wurde. DZA Merseburg, Rep. 120, BB, VII, 1, Nr. 1, 2, 3.

62 Zu den jüngsten Berechnungen vgl. Ashok V. Desai, *Real Wages in Germany 1871–1913* (Oxford, 1968), 34. Desai schätzt, daß die Reallöhne im Bergbau um beinahe 50 Prozent stiegen, in der Bau- und Druckindustrie bzw. in der Eisen- und Stahlerzeugung um 20 Prozent sowie in Textilfabriken um beinahe 10 Prozent. Vgl. auch Bry, *Wages in Germany,* 54, 71.

63 Handelstag, *Arbeitseinstellungen,* 51–53.

64 *Ebd.,* passim.

65 Ulrich Engelhardt, «Zur Verhaltensanalyse eines sozialen Konflikts, dargestellt am Waldenburger Streik von 1869», in: Otto Neulch (Hg.), *Soziale Innovation und sozialer Konflikt* (Göttingen, 1977), 69–94, und Engelhardt, *«Nur vereinigt sind wir stark»,* 1070–1206.

66 *Handwörterbuch der Staatswissenschaft* (2. Aufl., Jena, 1900), IV, 649; vgl. aber auch die Statistik in Albrecht, *Fachverein-Berufsgewerkschaft-Zentralverband,* 529. Zu Albrechts Bericht über die Auswirkungen der Waldenburger Streiks und des Kriegs von 1870/71 auf die liberalen Gewerkschaften vgl. *ebd.,* 89–95, 261–280.

67 Vgl. oben, 292 f.

68 Vgl. den zweiten Band dieser Biographie, Erstes Buch, 1. Kapitel.

69 Zit. in Engelhardt, *«Nur vereinigt sind wir stark»,* 1100.

II. Bismarcks Charakter

1 Julius Fröbel, *Deutschland und der Friede von Villafranca* (Frankfurt am Main, 1859), 14.

2 Die Quellen für diese vielen Ehrungen sind zu zahlreich, um sie einzeln zu zitieren. Sie sind in den von Horst Kohl herausgegebenen Werken aufgeführt: *Fürst Bismarck: Regesten zu einer wissenschaftlichen Biographie des ersten Reichskanzlers* (2 Bde., Leipzig, 1891–1892); *Anhang zu den Gedanken und Erinnerungen von Otto Fürst von Bismarck* (2 Bde., Stuttgart, 1901); *Bismarck-Jahrbuch* (6 Bde., Leipzig, 1894–1899). Vgl. auch eine Vielzahl von Briefen in GW, XIV (Teil 2) und die von Heinrich von Poschinger herausgegebenen Arbeiten: BP und *Bismarck-Portefeuille* (5 Bde., Stuttgart, 1889–1900). Im Jahre 1903 listete jemand 165 Bismarck-Gedenkstätten auf (Statuen, Säulen, Türme etc.), ohne Anspruch auf Vollständigkeit zu erheben. Die Gedenkstätten für Bismarck waren bedeutend zahlreicher als die für Kaiser Wilhelm I., vor allem in Bayern und im katholischen Deutschland. Thomas Nipperdey, «Nationalidee und Nationaldenkmal in

Deutschland im 19. Jahrhundert», *Historische Zeitschrift*, 206 (1968), 577–582.

3 Kohl (Hg.), *Bismarck-Regesten*, II, 112. Besucher der Weltausstellung von Philadelphia im Jahre 1876 fanden die deutschen Waren «billig und schlecht», aber auch chauvinistisch. Der Ingenieur Franz Reuleux sprach von dem beschämenden Gefühl, «wenn wir die Ausstellung durchwandern und in unserer Abtheilung die geradezu bataillonsweise aufmarschirenden Germanien, Borussen, Kaiser, Kronprinzen, ‹red princes›, Bismarck, Moltken, Roone betrachten, die in Porzellan, in Biscuit, in Bronze, in Zink, in Eisen, in Thon, die gemalt, gestickt, gewirkt, gedruckt, lithographirt, gewebt an allen Ecken und Enden uns entgegenkommen.» Wilhelm Treue, Herbert Pönicke, Karl-Heinz Manegold (Hgg.), *Quellen zur Geschichte der industriellen Revolution* (Göttingen, 1966), 210.

4 Moritz Busch, *Bismarck: Some Secret Pages of His History* (London, 1898), I, 359, und *Tagebuchblätter* (Leipzig, 1899), I, 391–393, 571, 577; II, 108. Nachdem sein Ärger über Wilhelm verraucht war, war er offensichtlich doch stolz auf das Eiserne Kreuz erster Klasse. Es war die Auszeichnung, die er am häufigsten trug. GW, VII, 462; VIII, 23. 1878 hatte er schließlich jeden Orden erhalten, den Wilhelm rechtmäßig verleihen konnte. Zu Ehren der Erfolge des Kanzlers beim Berliner Kongreß mußte eine neue Auszeichnung geschaffen werden. Freiherr Lucius von Ballhausen, *Bismarck-Erinnerungen* (Stuttgart, 1920), 147; Kohl (Hg.), *Anhang*, I, 280–281.

5 Kohl (Hg.), *Anhang*, I, 215–216; Lucius, *Bismarck-Erinnerungen*, 93; Robert von Keudell, *Fürst und Fürstin Bismarck: Erinnerungen aus den Jahren 1846 bis 1872* (Berlin, 1901), 224.

6 GW, VIII, 9–10; Lucius, *Bismarck-Erinnerungen*, 20.

7 Fritz Stern, *Gold und Eisen. Bismarck und sein Bankier Bleichröder* (Frankfurt a. M., 1978), 372–373.

8 Christoph von Tiedemann, *Sechs Jahre Chef der Reichskanzlei unter dem Fürsten Bismarck* (2. Aufl., Leipzig, 1910), 479.

9 Lucius, *Bismarck-Erinnerungen*, 114; BP, I, 258; GW, VIII, 504; BR, XI, 167.

10 GW, VIII, 517.

11 Busch, *Tagebuchblätter*, III, 165; GW, VII, 212, und VIII, 513.

12 Busch, *Tagebuchblätter*, II, 177–219; BP, I, 25, 133–136; Rudolf Vierhaus (Hg.), *Das Tagebuch der Baronin Spitzemberg* (Göttingen, 1961), 171–172; Lucius, *Bismarck-Erinnerungen*, 53.

13 Busch, *Tagebuchblätter*, II, 457–477, 500 ff.; Lucius, *Bismarck-Erinnerungen*, 76–77; GW, VIII, 578–579.

14 Philipp zu Eulenburg-Hertefeld, *Aus 50 Jahren* (Berlin, 1923), 203–204.

15 GW, VIII, 598.

16 Edmund Mayor, Sekretär Francesco Crispis, 2. Oktober 1887. GW, VIII, 583.

17 Otto Graf zu Stolberg-Wernigerode, «Unbekannte Gespräche mit Bismarck», *Süddeutsche Monatshefte*, 27 (1929–1930), 312–313; Heinrich und Julius Hart, «Offener Brief an den Fürsten Bismarck», in: *Kritische Waffengänge* (Leipzig, 1882), 1–8 (der Autor dankt Susan C. Miller für diesen Hinweis).

18 Herbert von Bismarck (Hg.), *Fürst Bismarcks Briefe an seine Braut und Gattin* (2. Aufl., Stuttgart, 1906).

19 Spitzemberg, *Tagebuch*, 212, 239; GW, VIII, 384, 394, 504; Poschinger (Hg.), *Bismarck-Portefeuille*, IV, 98.

20 Busch, *Tagebuchblätter*, II, 28; GW, VIII, 392, 421, 447, 457, 505; Tiedemann, *Sechs Jahre*, 62. 1876 fand Christoph von Tiedemann in Bismarcks Arbeitszimmer in Varzin Werke von Spielhagen, Luise Mühlbach (einer produktiven Autorin historischer Romane) und Graf Putlitz (einem Berater von Kronprinz Friedrich Wilhelm, der einaktige Komödien schrieb). Tiedemann, *Sechs Jahre*, 62.

21 Keudell, *Bismarck*, 61–68; Poschinger (Hg.), *Bismarck-Portefeuille*, IV, 98; «Bismarcks Persönlichkeit: Ungedruckte persönliche Erinnerungen», *Süddeutsche Monatshefte*, 19 (1921), 110, 120. Der Herausgeber der *Süddeutschen Monatshefte* druckte diese Erinnerung anonym ab, und es ist mir nicht gelungen, den Autor herauszufinden. Das Dokument wirkt jedoch authentisch.

22 Tiedemann, *Sechs Jahre*, 14–15; GW, VIII, 504; Lucius, *Bismarck-Erinnerungen*, 137.

23 GW, VIII, 504.

24 GW, VIII, 498; XIV, 593, 853, 934, 969; Maria Fehling, *Bismarcks Geschichtskenntnis* (Stuttgart, 1922), 74–79, 96–99.

25 GW, VIII, 383. Fehling, *Geschichtskenntnis*, 79–80.

26 Busch, *Tagebuchblätter*, III, 259.

27 Tiedemann, *Sechs Jahre*, 217; GW, VIII, 664–665.

28 Lucius, *Bismarck-Erinnerungen*, 1–2. Zu anderen Beschreibungen Bismarcks vgl. GW, VII, 163, 231, 236–237, 309, 380; VIII, 23–24, 192–193, 258, 264–265, 539, sowie BP, I, 141; II, 283–284.

29 GW, VII, 177, 288, 309; Tiedemann, *Sechs Jahre*, 480–481; Keudell, *Bismarck*, 386; Lucius, *Bismarck-Erinnerungen*, 4; Kohl (Hg.), *Anhang*, I, 233–234; BP, I, 26–27.

30 GW, VIII, 489; Tiedemann, *Sechs Jahre*, 481. Bismarck war offenkundig empfindlich wegen seiner Kurzsichtigkeit. Er trug keine Brille in der Öffentlichkeit und wurde auch nie mit Brille photographiert oder gemalt. «In Friedrichsruh», witzelte er, «trüge er immer eine Brille, weil ihn alles, was er sehe, interessiere; in Berlin trage er nie eine Brille, weil ihn dort nichts interessiere». GW, VIII, 449. Zur Brille vgl. BP, I, 141.

31 GW, VII, 163, 231; VIII, 23, 644; Ernst Feder (Hg.), *Bismarcks großes Spiel: Die geheimen Tagebücher Ludwig Bambergers* (Frankfurt, 1933), 298.

32 GW, VIII, 26, 265, 627; BP, I, 144, 203–204; Arthur von Brauer, *Im Dienste Bismarcks* (Berlin, 1936), 99; Tiedemann, *Sechs Jahre*, 416; Busch, *Secret Pages*, II, 181, 252. Der Tod Sultans im Jahre 1877, nach einer harten Bestrafung durch Bismarcks Hand, war eine persönliche Tragödie für Bismarck, die ihn tiefer bewegt zu haben scheint als jeder andere Verlust in seinem Leben als Erwachsener. Tiedemann, *Sechs Jahre*, 211–212. Als Tyras 1889 starb, brachte Bismarck es nicht übers Herz, dies seiner Frau zu sagen, sondern ließ sie in dem Glauben, das Tier befinde sich in der Obhut einer Tierklinik. GW, XIV, 992–994. Zu Bismarcks Kummer schenkte Wilhelm II. ihm einen kläglichen Ersatz für Tyras: «ein Zerrbild von einem Hunde, mit riesigem Kopfe, Triefaugen, klapperdürr, schmaler Brust, ganz ohne Rasse, neben der eleganten Rebekka gar nicht anzusehen». Aber Bismarck widerstand der Versuchung, das Tier wegzugeben; «er hat mich so gerne, hat so gute treue Augen». 5. Dezember 1889. Vierhaus (Hg.), *Tagebuch*, 265.

33 Lucius, *Bismarck-Erinnerungen*, 56.

34 GW, VIII, 591.

35 Spitzemberg, *Tagebuch*, 238.

36 Zwei Beispiele für seine Offenheit gegenüber Fremden finden sich in: GW, VII, 232–237 (Gespräch mit Carl Schurz), und Lucius, *Bismarck-Erinnerungen*, 7–9. Nach einem Arbeitsessen am 26. Januar 1873 schrieb Ludwig Bamberger in sein Tagebuch: «Trotzdem er im Landtag zwei lange Reden gehalten, plaudert er von 5¹/₄ bis 8¹/₂ ohne Unterlaß, hört nur auf sich und will nicht im Faden seiner Gedanken, die er abspinnt, irre gemacht sein. Was ihm in den Kram paßt, schlägt er in sein Gespinst ein, was nicht, läßt er fallen.» Bamberger, *Bismarcks großes Spiel*, 298. Vgl. auch BP, I, 16–17.

37 Tiedemann, *Sechs Jahre*, 480; Busch, *Tagebuchblätter*, II, 468; Keudell, *Bismarck*, 220–221.

38 Immanuel Hegel, *Erinnerungen aus meinem Leben* (Berlin, 1891), 21–22; Keudell, *Bismarck*, 127–129.

39 Keudell, *Bismarck*, 130, 254–255; Tiedemann, *Sechs Jahre*, 41.

40 Eulenburg, *Aus 50 Jahren*, 66; GW, VII, 197; «Bismarcks Persönlichkeit», 114. Wenn kein Verdacht auf eine persönliche Abneigung möglich war, konnte Bismarck erstaunlich zurückhaltend sein. 1867 quetschte Keudell Bismarcks Finger versehentlich in einer Zugtür ein und fügte ihm eine blutende und schmerzhafte Wunde zu. Der Kanzler verlor kein unfreundliches Wort. Keudell, *Bismarck*, 378–379.

41 Kurd von Schlözer, *Petersburger Briefe, 1857–1862* (Stuttgart, 1921), 122–126, 261; Johannes Saß, «Hermann von Thile und Bismarck», *Preußische Jahrbücher*, 217 (1929), 257 ff.; Heinrich Abeken, *Ein schlichtes Leben in bewegter Zeit* (Berlin, 1898), 423; Tiedemann, *Sechs Jahre*, 51, 436–437; Friedrich Curtius (Hg.), *Denkwürdigkeiten des Fürsten Chlodwig zu Hohenlohe-Schillingsfürst* (Stuttgart, 1906), II, 120.

42 Johannes Versmann, Bürgermeister von Hamburg, 3. Oktober 1889. Zit. in: Helmut Washausen, *Hamburg und die Kolonialpolitik des deutschen Reiches 1880 bis 1890* (Hamburg, 1968), 130.

43 Tiedemann, *Sechs Jahre*, 126, 485–486; Lucius, *Bismarck-Erinnerungen*, 137.

44 GW, VII, 263.

45 «Die Fähigkeit, Menschen zu bewundern,

ist in mir nur mäßig ausgebildet», schrieb Bismarck 1857 an Leopold von Gerlach, «und vielmehr ein Fehler meines Auges, daß es schärfer für Schwächen als für Vorzüge ist.» GW, XIV, 464. 1870 etwa konnte sich Bismarck nicht dazu durchringen, Rudolf Delbrück, dem Präsidenten des Bundes- und später des Reichskanzleramts, persönlich für dessen hervorragende Leistungen bei den Verhandlungen mit dem Reichstag, dem Bundesrat und den Kleinstaaten über die deutsche Einigung zu danken. Er umging die Aufgabe, indem er seine Frau bat, Delbrück seine Empfehlungen zu bestellen! *Ebd.*, 800. In späteren Jahren schaffte er es dagegen, Dankesbriefe an seine Minister Maybach und Boetticher zu schreiben. *Ebd.*, 946, und Brauer, *Im Dienste Bismarcks*, 191–192. 1884 klagte Lothar Bucher: «Ich arbeite jetzt zwanzig Jahre unter ihm, und er hat einmal, während der Konfliktszeit, mir gesagt, daß eine Arbeit von mir, ein Zeitungsartikel, gut sei, und ich glaube doch manches Bessere geschrieben zu haben.» Heinrich von Poschinger, «Aus den Denkwürdigkeiten von Heinrich von Kusserow», *Deutsche Revue*, 33, 1 (1908), 270.

46 Tiedemann, *Sechs Jahre*, 494; BP, II, 52.

47 BR, VIII, 272 ff., und IX, 196; GW, VII, 373, und VIII, 250, 395.

48 BP, II, 210; Busch, *Tagebuchblätter*, I, 237, und II, 405–407; BR, V, 339.

49 An Eduard Cohen, 5. Juli 1883. GW, VIII, 474–475.

50 Tiedemann, *Sechs Jahre*, 495–496. Er erinnerte seine Kollegen gerne an seine Macht, notierte Stosch, aber immer, wenn etwas daneben ging, machte er sie dafür verantwortlich. Ulrich von Stosch (Hg.), *Denkwürdigkeiten des Generals und Admirals Albrecht von Stosch* (2. Aufl., Stuttgart, 1904), 121.

51 GW, XIV, 861; Busch, *Tagebuchblätter*, I, 202–203.

52 Lucius, *Bismarck-Erinnerungen*, 129.

53 Busch, *Secret Pages*, II, 320.

54 Keudell, *Bismarck*, 194.

55 Busch, *Tagebuchblätter*, I, 373–375.

56 Vgl. oben, 146–148.

57 Lucius, *Bismarck-Erinnerungen*, 44; Tiedemann, *Sechs Jahre*, 489.

58 Vgl. den zweiten Band dieser Biographie, Drittes Buch, 4. Kapitel.

59 «Bismarcks Persönlichkeit», 114–115. Vgl. auch Hugo Graf Lerchenfeld-Köfering, *Erinnerungen und Denkwürdigkeiten, 1843 bis 1925* (Berlin, 1935), 241–242.

60 Zit. in: Heinrich E. Brockhaus, *Stunden mit Bismarck, 1871–1878* (Leipzig, 1929), 53–54.

61 Lucius, *Bismarck-Erinnerungen*, 85.

62 Tiedemann, *Sechs Jahre*, 484; vgl. auch Lucius, *Bismarck-Erinnerungen*, 53–54; Moritz von Blanckenburgs Kommentar gegenüber Albrecht von Roon in: BP, II, 67–68; Hans Leuß, *Wilhelm Freiherr von Hammerstein* (Berlin, 1905), 43–44.

63 Tiedemann, *Sechs Jahre*, 417.

64 Bismarck gegenüber Rudolf Ihering, 28. März 1885, in: GW, VIII, 516.

65 Busch, *Tagebuchblätter*, I, 381, 580; GW, VIII, 498; «Bismarcks Persönlichkeit», 121; Poschinger (Hg.), *Bismarck-Portefeuille*, IV, 95.

66 Lerchenfeld-Köfering, *Erinnerungen*, 242–243.

67 Georg Schmidt, *Schönhausen und die Familie von Bismarck* (2. Aufl., Berlin, 1898), 5; Ernst Schweninger, *Dem Andenken Bismarcks* (Leipzig, 1899), 25. Nach einer anderen Quelle schwankte Bismarcks Gewicht (in kg) wie folgt:

Jahr	*Gewicht*	*Jahr*	*Gewicht*
1874	103	1881	116
1875	109	1883	101
1876	115	1885	102
1877	115	1886	103
1878	121	1887	103
1879	123	1888	103
1880	118	1890	103

Augustin Cabanès, «La Médecine Anecdotique: Bismarckiana», *La Chronique Medicale*, 5 (1898), 534.

68 GW, VII, 264–265, und VIII, 22, 389. Struck beschwerte sich über die «Eigentümlichkeiten» seines Patienten, der sich selbst behandelte, aber den Arzt für das Ergebnis verantwortlich machte und ihn bei einem Gelbsuchtanfall im Frühjahr 1870 nicht ins Haus ließ (laut Struck nichts Ungewöhnliches). Heinrich Struck an einen unbekannten Arzt, 18. April 1870. GSA, Berlin-Dahlem.

69 Schweninger war von der Medizinischen Fakultät in München wegen des Vorwurfs einer moralischen Verfehlung («stuprum auf einem Kirchhof unter blühendem Flieder») entlas-

sen worden. Auf Initiative Bismarcks wurde er von der Reichsregierung «rehabilitiert» und vom preußischen Kultusminister Gustav von Goßler an die Medizinische Fakultät in Berlin berufen. Schweningers Anwesenheit in Berlin wurde auf Grund von dessen Erfolgen bei der Behandlung des Kanzlers als im «Reichsinteresse» erachtet. Lucius, *Bismarck-Erinnerungen*, 301. Schweninger betrachtete die Medizin eher als Kunst denn als Wissenschaft und stand den Ergebnissen medizinischer Forschung skeptisch gegenüber, was seine Schwierigkeiten mit Berufskollegen erklärt. Vgl. sein *Der Arzt* in: Martin Buber (Hg.), *Die Gesellschaft: Sammlung sozial-psychologischer Monographien*, Bd. 7 (Frankfurt a. M., 1906). Zu seinem fachlichen Ruf vgl. Sigmund Freud, *Aus den Anfängen der Psychoanalyse. Briefe an Wilhelm Fließ. Abhandlungen und Notizen aus den Jahren 1887–1902* (Frankfurt a. M., 1962), 211.

70 Karl Alexander von Müller, *Mars und Venus: Erinnerungen, 1914–1919* (Stuttgart, 1954), 79.

71 Ernst Schweninger, «Blätter aus meiner Erinnerung», in: Arthur von Brauer, Erich Marcks und Karl Alexander von Müller (Hgg.), *Erinnerungen an Bismarck* (Stuttgart, 1915), 203, 221.

72 Hilde Bruch, «Psychopathology of Hunger and Appetite», in: Sandor Rado und George E. Daniels (Hgg.), *Changing Concepts of Psychoanalytic Medicine* (New York, 1956), 186; Sandor Rado, «Psychodynamics of Depression from the Etiologic Point of View», *Psychosomatic Medicine*, 13 (1951), 51–55; Gregory Rochlin, «The Dread of Abandonment», *Psychoanalytic Study of the Child*, 15 (1960), 451–470.

73 Vgl. 46–52. In diesem und in den folgenden Abschnitten profitierte der Autor von den Hinweisen Thomas Kohuts und den Arbeiten Heinz Kohuts, «Thoughts on Narcissism and Narcissistic Rage», *The Psychoanalytic Study of the Child*, 27 (1972), 360–400, und *Die Heilung des Selbst* (Frankfurt a. M., 1979).

74 Norman Rich, M. H. Fisher, Werner Frauendienst (Hgg.), *Die geheimen Papiere Friedrich von Holsteins* (4 Bde., Göttingen 1956–1963), II, 69–70. Ein anderer häufiger Besucher im Hause Bismarck schrieb: «Der Fürst klagte selbst über seinen Appetit, den er, wie er mir einmal sagte, von seiner Mutter geerbt habe, die eine sehr starke Esserin gewesen sei.» Lerchenfeld-Köfering, *Erinnerungen und Denkwürdigkeiten*, 242. Zu seinen vielen Klagen über das Leben an der Plamannschen Anstalt gehörte, daß die Schüler «wenig und schlecht» aßen. GW, VII, 465, und VIII, 207. Ein anderer Schüler hatte das Essen als einfach, aber angemessen in Erinnerung. Ernst Krigar, *Kleine Mittheilungen aus der Jugendzeit des Fürsten Bismarck in der Plamannschen Pensions-Anstalt* (Berlin, 1873), 20–21.

75 Alexander von Below-Hohendorf an Moritz von Blanckenburg, 7. Dezember 1859. [Hans Goldschmidt (Hg.)], Neue Briefe von und über Bismarck, *Deutsche Allgemeine Zeitung* (9. Juli 1937), Bd. 76, Nr. 312–313, Beiblatt.

76 Busch, *Tagebuchblätter*, I, 63, 268–269; GW, XIV, 780.

77 In seinem Tagebuch (April 1884) hielt Friedrich von Holstein Bismarcks Erklärung des Unterschieds zwischen äußeren und inneren Feinden fest: «In diplomatischen Sachen erkenne ich die Berechtigung des Widerspruchs und Widerstandes gegen meine Absichten vollkommen an. Der Bär hat ein Recht, sich gegen mich zu verteidigen. Es ist ein ganz anderes Ding, ob der Bär (d. h. eine fremde Macht) mich beißt, oder ob mein Hund mich beißt.» Rich, Fisher, Frauendienst (Hgg.), *Papiere Holsteins*, II, 122–123.

78 Bismarck an Alexander von Below-Hohendorf, 22. August 1860. GW, XIV, 561–562.

79 GW, XIV, 800.

80 Brockhaus, *Stunden*, 116–117; Eulenburg, *Aus 50 Jahren*, 132–133.

81 Bismarck an Johanna von Bismarck, 14. Mai 1851. GW, XIV, 211–212. Vgl. auch seinen Brief vom 21. August 1865. *Ebd.*, 703–704.

82 Ohne Quellenangabe zit. in: Arnold Oskar Meyer, *Bismarck: Der Mensch und der Staatsmann* (Stuttgart, 1949), 86. Vgl. auch Ernst Engelberg, *Bismarck: Urpreuße und Reichsgründer* (Berlin, 1985), 367–372.

83 Bismarck (Hg.), *Briefe an Braut und Gattin*, 7 ff.

84 GW, XIV, 704, 709; Paul Liman, *Bismarck in Geschichte, Karikatur und Anekdote* (Stuttgart, 1915), 97–98.

85 Walter Bußmann (Hg.), *Graf Herbert von Bismarck: Aus seiner politischen Privatkorrespondenz* (Göttingen, 1964), 458–460.

86 Eulenburg, *Aus 50 Jahren*, 75–76. Zu einer Beschreibung Johannas vgl. Tiedemann, *Sechs Jahre*, 195–197.
87 Spitzemberg, *Tagebuch*, 218.
88 Zum Ursprung der Feindschaft zwischen Bismarck und Augusta vgl. oben 800 (Anm.71), 138 f. Andere Beispiele für Bismarcks paranoide Angst vor weiblicher Intrige finden sich in: GW, VIb, 137, 139; VII, 151, 195, 197–198, 214, 692; VIII, 692; IX, 126; XV, 135–137; Busch, *Tagebuchblätter*, I, 439 ff.; II, 303–304, 412–423; Tiedemann, *Sechs Jahre*, 27, 214–215, 249–250; Lucius, *Bismarck-Erinnerungen*, 28, 31, 91, 101, 110; HW, II, 38–39. Vgl. auch Louis L. Snyder, «Political Implications of Herbert von Bismarck's Marital Affairs, 1881, 1892», *Journal of Modern History*, 36 (1964), 155–169.
89 GW, VIII, 709. Hermann Hofmann, *Fürst Bismarck, 1890–1898* (Stuttgart, 1913), I, 261–262; Müller, *Mars und Venus*, 80–81.
90 Albrecht von Roon an Moritz von Blanckenburg, 16. Januar 1870. Waldemar von Roon, *Denkwürdigkeiten aus dem Leben des General-Feldmarschalls Kriegsministers Grafen von Roon* (4. Aufl., Breslau, 1897), III, 159.

III. Besitz und soziale Perspektive

1 Bernhard Fürst von Bülow, *Denkwürdigkeiten* (4 Bde., Berlin, 1930–1931), I, 58.
2 GW, XIV, 16.
3 Moritz Busch, *Tagebuchblätter* (Leipzig, 1899), II, 220. Bei der Schätzung seines Nettovermögens vergaß Bismarck offensichtlich eine Hypothek über 1 000 000 Mark, die er Bleichröder schuldete! Seine finanziellen Angelegenheiten waren so kompliziert geworden, daß es trotz einer recht guten Quellenlage schwierig ist, sich ein zuverlässiges Bild von seinem Nettovermögen und Jahreseinkommen zu machen. Obwohl bekannt ist, wieviel auf all seinen Gütern – mit Ausnahme von Schönhausen I, das er geerbt hatte – investiert wurde, läßt sich deren tatsächlicher Wiederverkaufswert zu einem bestimmten Zeitpunkt nicht ermitteln. Schönhausen II kostete 1 500 000 Mark, Varzin und angrenzende Liegenschaften 300 000 Mark. Friedrichsruh wurde zum Zeitpunkt des Erwerbs auf 3 000 000 Mark geschätzt. Von 1887 bis 1889 belief sich das jährliche Nettoeinkommen aus seinen Gütern im Durchschnitt auf 265 400 Mark. 1890 besaß er schließlich ein Portefeuille an Sicherheiten im Wert von etwa 1 200 000 Mark, das bei geschätzten 4 Prozent einen Ertrag von 48 000 Mark erbrachte. Somit scheint ein Privateinkommen von etwa 300 000 Mark (ohne Gehalt) realistisch. Vgl. Fritz Stern, *Gold und Eisen. Bismarck und sein Bankier Bleichröder* (Frankfurt a. M., 1977), 348–375, besonders 361–362 und 370–371.
4 Busch, *Tagebuchblätter*, II, 595; vgl. auch die Schätzung, die er am 12. Mai 1882 gegenüber Eduard Cohen abgab (GW, VIII, 448), wo dieselbe Zahl fälschlich in Mark und nicht in Talern angegeben ist.
5 Stern, *Gold und Eisen*, 370.
6 Vgl. Charlotte Sempell, «Unbekannte Briefstellen Bismarcks», *Historische Zeitschrift*, 207 (1968), 613; Bismarck an Moritz von Blanckenburg, 12. Februar 1860, in: [Hans Goldschmidt (Hg.)], «Neue Briefe von und über Bismarck», *Deutsche Allgemeine Zeitung* (9. Juli 1937), Bd. 76, Nr. 312–313, Beiblatt. Die geschätzten Schulden auf Kniephof lassen vermuten, daß Bismarck seine Absicht wahrmachte, mit Geldern aus dem Verkauf von Inventar die Hypothek von 45 000 Thalern um 6000 bis 8000 Thaler abzutragen. Die Schätzung des Werts von Schönhausen stammt von Ulrich Küntzel, *Die Finanzen großer Männer* (Wien, 1964), 477.
7 Bismarck an Albert von Below, 1. November 1848, in: [Hans Goldschmidt (Hg.)], «Neue Briefe von und über Bismarck», *Deutsche Allgemeine Zeitung* (4. Juli 1937), Bd. 76, Nr. 304–305, 1, 1. Beiblatt. 1858 schuldete Bismarck seinen pommerschen Freunden immer noch 2000 Thaler. Johanna von Bismarck an Moritz von Blanckenburg, Ende Dezember 1885. *Ebd.*
8 Sempell, «Briefstellen», 613; GW, XIV, 121.
9 GW, XIV, 127, 165.
10 GW, XIV, 502, 512, 520, 545.
11 Busch, *Tagebuchblätter*, III, 74. Derartige Umwandlungen waren damals unter Landbesitzern üblich und spielten bei der Finanzierung der Industrialisierung eine Rolle. Harald Winkel, «Höhe und Verwendung der im Rahmen der Grundlastenablösung bei Standes- und Grundherren angefallenen Ablösungskapitalien», in: Wolfram Fischer (Hg.), *Beiträge zu Wirtschafts-*

wachstum und Wirtschaftsstruktur im 16. und 19. Jahrhundert. Schriften des Vereins für Socialpolitik, Neue Folge, 63 (1961), 83–99.

12 Stern, *Gold und Eisen*, 132 ff.

13 GW, XIV, 725, 731–732; Stern, *Gold und Eisen*, 138.

14 GW, VII, 264–265.

15 Busch, *Tagebuchblätter*, II, 369, 490; III, 220; GW, XIV, 727, 729; Ernst Westphal, *Bismarck als Gutsherr: Erinnerungen eines Varziner Oberförsters* (Leipzig, 1922), 12; Stern, *Gold und Eisen*, 350, 360. 1878 bis 1882 wurde das Haus in Friedrichsruh zu Versicherungszwecken auf 100 800 Mark geschätzt, der Hausrat auf 51 555 Mark. Nach der Erweiterung von 1882/83 schätzte man den Wert des Gebäudes auf 132 000 Mark und den Hausrat auf 60 000 Mark. Andere Gebäude auf Gut Sachsenwald (*Fideicommißherrschaft Schwarzenbek*) wurden nach den Büchern des Versicherers mit 552 248 Mark bewertet. Lange an Bismarck, 25. Dezember 1882. *Bleichröder Archive*, Kress Library of Business and Economics, Harvard, Box IV.

16 Alfred Vagts, «Bismarck's Fortune», *Central European History*, 1 (1967), 210–211; Stern, *Gold und Eisen*, 361–362, 372–373. Zu einer Beschreibung der Bismarckschen Güter vgl. Georg Schmidt, *Schönhausen und die Familie von Bismarck* (2. Aufl., Berlin, 1898) und *Das Geschlecht von Bismarck* (Berlin, 1908), 364–366, 382–383.

17 GW, XIV, 821; Busch, *Tagebuchblätter*, I, 467–468.

18 Westphal, *Bismarck als Gutsherr*, 96–100; Christoph von Tiedemann, *Sechs Jahre Chef der Reichskanzlei unter dem Fürsten Bismarck* (2. Aufl., Leipzig, 1910), 216, nennt die Zahl von 20 000 Mark.

19 Busch, *Tagebuchblätter*, II, 457, 479–80. Johanna empfand Varzin ebenfalls als abgelegen und einsam. Rudolf Vierhaus (Hg.), *Das Tagebuch der Baronin Spitzemberg* (Göttingen, 1960), 209.

20 Busch, *Tagebuchblätter*, II, 368–369; GW, XIV, 821; Robert von Keudell, *Fürst und Fürstin Bismarck: Erinnerungen aus den Jahren 1846 bis 1872* (Berlin, 1901), 129.

21 GW, XIV, 981. Nicht vier Brennereien, wie von Vagts, oder sechs, wie von George W. F. Hallgarten behauptet. Vgl. Vagts, «Bismarck's Fortune», 207, 215.

22 Stern, *Gold and Eisen*, 364–367; Westphal, *Bismarck als Gutsherr*, 48–55, 109.

23 Busch, *Tagebuchblätter*, II, 457; Stern, *Gold und Eisen*, 368–369. Lange an Bleichröder, 21. August 1886. *Bleichröder Archive*, Box IV.

24 Otto Pflanze, «‹Sammlungspolitik› 1875–1886: Kritische Bemerkungen zu einem Modell», in: Otto Pflanze (Hg.), *Innenpolitische Probleme des Bismarck-Reiches* (München, 1983), 169–175, 182–183.

25 Küntzel, *Finanzen*, 496.

26 Vgl. Stern, *Gold und Eisen*, bes. Kap. 5 und 12.

27 Vagts, «Bismarck's Fortune», 213–214.

28 Vgl. Heinrich von Poschinger (Hg.), *Persönliche Erinnerungen an den Fürsten Bismarck von John Booth* (Hamburg, 1899); Hermann Lange, *Erinnerungen an den Sachsenwald* (Halle, 1909); Westphal, *Bismarck als Gutsherr.*

29 Vagts, «Bismarck's Fortune», 210; GW, VIII, 168, 581.

30 «Bismarcks Persönlichkeit», *Süddeutsche Monatshefte*, 19 (1921), 120. Freiherr Robert Lucius von Ballhausen war Gutsbesitzer, Reichstagsabgeordneter und preußischer Landwirtschaftsminister.

31 GW, VIb, 120–122, 218–219; VIc, 340–342; GW, VIII, 352, 380.

32 GW, VIb, 191–194, 309–310; AWB, I, 142–146.

33 GW, VIc, 150. Erich Förster, *Adalbert Falk* (Gotha, 1927), 626–627.

34 DZA Merseburg, Rep. 120, III, BB, VII, 4, Nr. 1, Bd. 2, 84–87. Im Potsdamer Reichsarchiv gibt es einen vagen Hinweis auf eine weitere Intervention Bismarcks zugunsten von Bernhard Behrend. Der preußische Finanzminister Bitter berichtete, er habe auf Bismarcks Wunsch hin eine Verfügung der Steuerbehörden der Provinz aufgehoben, in der es offensichtlich um die Stempelsteuerpflicht der Firma Bernhard Behrends ging. Bitter an Bismarck, 28. August 1879. DZA Potsdam, Reichskanzlei, 2082, 14.

35 Helmut von Gerlach, *Meine Erlebnisse in der preußischen Verwaltung* (Berlin, 1919), 41 ff., und *Von Rechts nach Links* (Zürich, 1937), 78 ff. Gerlach war ein entfernter Verwandter von Leopold und Ludwig von Gerlach. Seine Geschichten über Bismarck sind zumeist nicht beglaubigt und mögen verzerrt oder übertrieben sein. Es gibt jedoch Hinweise darauf, daß

Bismarck die Stadt Mölln durch den Entzug der Garnison strafen wollte, was eindeutig politisch und nicht finanziell motiviert gewesen wäre. Vgl. GW, VIc, 274. Daß solche Geschichten in der Nachbarschaft verbreitet waren, wird deutlich in Ernst Feder (Hg.), *Bismarcks großes Spiel: Die geheimen Tagebücher Ludwig Bambergers* (Frankfurt, 1933), 335–336.

36 BR, VIII, 368–369.

37 BR, VIII, 353 ff.; IX, 43 ff.; Küntzel, *Finanzen*, 501. Der Mietwert wurde dadurch festgesetzt, daß man schätzte, welche Mieteinnahmen das Gebäude als Privatbesitz erbringen würde. Bismarck behauptete, daß seine politischen Gegner (in Berlin regierte die Fortschrittspartei) im Bewertungsausschuß nicht nur eine zu hohe Summe ansetzten, sondern auch die Fläche überschätzten, die die Familie Bismarck in der Kanzlei beanspruchte. Er legte Widerspruch gegen die Festsetzung der Pferdesteuer (dreieinhalb Mark) ein, weil er in Berlin gar keine Pferde besaß; der Beamte hatte die Zahl der Pferde anhand der Zahl der Ställe geschätzt. Der Berliner Bürgermeister Forckenbeck erwiderte, Bismarck habe es versäumt, gegen die Bewertung fristgerecht Widerspruch einzulegen. Seine Kritiker empfanden es als höchst erstaunlich, daß der deutsche Kanzler die Zeit des Reichstags mit solchen Lappalien in Anspruch nahm.

38 Stern, *Gold und Eisen*, 350–352.

39 BR, VIII, 369. 1880 klagte er gegenüber einem Besucher in Friedrichsruh über den Vorschlag, eine Eisenbahnlinie (nach Altona) durch den Sachsenwald zu legen, da deshalb sein Landsitz niedergerissen werden müsse. Wenn er Einspruch erheben und eine andere Streckenführung vorschlagen würde, würde man ihm vorwerfen, zu seiner eigenen Bequemlichkeit staatliche Mittel auszugeben. Wenn er seinen Besitz aber enteignen lasse, würde man ihm vorwerfen, auf Staatskosten einen neuen Landsitz zu wollen. GW, VIII, 380–381. Ob er beim Reichseisenbahnamt tatsächlich Einspruch erhob, wie seine Frau drängte, ist nicht belegt. Das Haus stand bis zur Bombardierung im Jahre 1945.

40 Gotthard Erler (Hg.), *Fontanes Briefe*, Bd. 2 (Berlin und Weimar, 1968), 32–33, 371.

41 Busch, *Tagebuchblätter*, II, 456. 1876 hielt Lucius eine andere Version von ganz offenbar derselben Geschichte fest, berichtete jedoch von einem «Bankier Lewinson (?)» (nicht «Löwenstein»), einem Betrag von «dreißigtausend Taler» (nicht «zwanzigtausend Thaler», «auch mehr») und dem Jahr 1862 (nicht 1859). Nach beiden Berichten verlangte Bismarck, ihm das Angebot schriftlich zu unterbreiten, was aber abgelehnt wurde. Freiherr Lucius von Ballhausen, *Bismarck-Erinnerungen* (Stuttgart, 1920), 93. 1866 lehnte Bismarck eine Beteiligung an einer Reederei ab – aus merkwürdigen Gründen: «Was die Übernahme eines Rhederei-Antheils betrifft, so würde ich Ihrem desfallsigen Vorschlage sehr gerne zu entsprechen bereit sein, wenn ich nicht grundsätzlich jede Betheiligung an kaufmännischen und ähnlichen Geschäften ablehnen zu müssen glaubte.» Heinrich von Poschinger, *Bausteine zur Bismarck-Pyramide* (Berlin, 1904), 110.

42 GW, XIV, 343.

43 Busch, *Tagebuchblätter*, I, 451–452.

44 *Ebd.*, I, 467.

45 Stern, *Gold und Eisen*, 170–171. Stern beweist, daß Bismarck keine Anstrengung unternahm, Bleichröders Vermutung zu korrigieren, es stehe kein Krieg bevor, und seine Anweisung zum Verkauf der Eisenbahnaktien, die er Johanna diktierte, war so formuliert, daß sie den Bankier nicht unnötig in Aufregung versetzte.

46 *Ebd.*, 143.

47 Tiedemann, *Sechs Jahre*, 197; Stern, *Gold und Eisen*, 356–358.

48 GW, VIII, 383.

49 BR, XII, 639.

50 Stern, *Gold und Eisen*, 358–359.

51 Busch, *Tagebuchblätter*, I, 467; II, 484.

52 George O. Kent, *Arnim and Bismarck* (Oxford, 1968), 83–84, 112, 116, 124, 181.

53 Stern, *Gold und Eisen*, 265–275.

54 *Ebd.*, 143.

55 Vgl. Gordon R. Mork, «The Prussian Railway Scandal of 1873: Economics and Politics in the German Empire», in: *European Studies Review*, 1 (1971), 35 ff.

56 Siegfried von Kardorff, *Wilhelm von Kardorff: Ein nationaler Parlamentarier im Zeitalter Bismarcks und Wilhelms II., 1828–1907* (Berlin, 1936), 89–110.

57 Zit. in Kardorff, *Kardorff*, 107.

58 Stern, *Gold und Eisen*, 613–616; Vagts, «Bismarck's Fortune», 220–224.

59 Vgl. oben 234–237.

60 AWB, I, 85–93.

61 GW, VIa, 194–196, 208, 215–216, 229–230; AWB, I, 104–114.

62 AWB, I, 108–109, 118–120; GW, VIa, 405–406.

63 Heinrich von Poschinger, «Fürst Bismarck und das Bankwesen», *Schmollers Jahrbuch*, 34 (1910), 542–545; AWB, I, 113–114, 116–117.

64 GW, VIa, 506–507; VIb, 28–29; Poschinger, «Fürst Bismarck und das Bankwesen», 544–547.

65 Ein anderes Thema, an dem er wiederholt Interesse zeigte, war die Förderung der Nordseefischerei (vor allem von Austern) und der Verkauf von frischem Fisch in Berlin. AWB, I, 118, 127–218, 130.

66 Bismarck an Wilhelm, 28. Februar 1868. GSA Berlin-Dahlem. H. A., Rep. 51, Nr. 10. (Hervorhebung von Bismarck.)

67 BR, VI, 98; AWB, I, 118–119.

68 GW, VIb, 142–143.

69 GW, VIII, 54; Lucius, *Bismarck-Erinnerungen*, 25–26.

70 GW, VIII, 475–476.

71 GW, VIc, 280–281; vgl. auch Lucius, *Bismarck-Erinnerungen*, 373.

72 GW, VIc, 389.

IV. Nationalismus und nationale Politik

1 Zu Bismarcks Nationalgefühl in früheren Jahren vgl. oben 30–34, 80–82. Sein bewußter Gebrauch einer deutschnationalen Sprache wird in vielen Dokumenten der Jahre 1863–1866 deutlich. So fügte er in den Entwurf einer diplomatischen Depesche vom 21. Mai 1864 zur Schleswig-Holstein-Frage eine flammende Verurteilung des «Systems der Beherrschung und Ausbeutung der Deutschen durch die Dänen» ein. Historische Reichskommission, *Die auswärtige Politik Preußens, 1858–1871* (Berlin, 1932–1939), V, Nr. 82. Zu anderen Beispielen vgl. *Auswärtige Politik Preußens*, IV, Nr. 340, 590; V, Nr. 106; Heinrich Ritter von Srbik, *Quellen zur deutschen Politik Österreichs, 1859– 1866* (Oldenburg, 1934–1938), IV, Nr. 1609; GW, IV, 90, 130, 132, 449; VII, 98–99; X, 196; BR, II, 170, 243, 368. Einen schlagenden Beweis für seine neu gewonnene Meisterschaft im Idiom des Nationalismus liefert seine Überarbeitung des Entwurfs von Wilhelms Proklamation an das deutsche Volk im Jahre 1866. GW, V, 551–552.

2 Die hier angestellte Analyse zielt – trotz ihrer offensichtlichen Implikationen für dieses Thema – nicht auf eine generelle Typologie der Nationalismen, sondern auf eine Typologie des deutschen Nationalismus im 19. Jahrhundert. Der Analyse liegt jedoch eine allgemeine Annahme zugrunde: daß Nationen keine natürlichen (oder biologischen), sondern historische und psychologische Phänomene sind. Eine Nation konstituiert sich dadurch, daß die Einwohner an deren Existenz glauben. Die Gestalt, die sie annimmt, ist historisch determiniert, das heißt geformt durch (kulturelle und politische) historische Erfahrungen und durch die Wahrnehmung dieser Erfahrungen, ob sie nun volkstümlichen Erinnerungen und Mythen entspringen oder den Werken von Historikern, Philosophen und Gelehrten, die jene Erfahrungen aufgreifen und interpretieren. Nach einer langen Pause ist die Untersuchung des Nationalismus in Deutschland in jüngster Zeit wieder aufgenommen worden. Vgl. Heinrich August Winkler (Hg.), *Nationalismus* (Königstein/Taunus, 1978) und *Nationalismus in der Welt von heute* (Göttingen, 1982); Otto Büsch und James J. Sheehan (Hgg.), *Die Rolle der Nation in der deutschen Geschichte und Gegenwart* (Berlin, 1985); Otto Dann, *Nation und Nationalismus in Deutschland* (3. Aufl., München, 1996).

3 Theodor Schieder, *Das deutsche Kaiserreich von 1871 als Nationalstaat* (Köln und Opladen, 1961), 26–31; Richard Böckh, *Der deutschen Volkszahl und Sprachgebiet in den europäischen Staaten: Eine statistische Untersuchung* (Berlin, 1869), 1–18; Constantin Rößler, *System der Staatslehre* (Leipzig, 1857), 539.

4 Etwa Schieder, *Kaiserreich als Nationalstaat*, 24, und Hans Rothfels, *Bismarck: Der Osten und das Reich* (Stuttgart, 1960), 112–113.

5 Leopold von Gerlach, *Denkwürdigkeiten* (Berlin, 1891–1892), II, 24.

6 Heinrich von Treitschke, *Politik* (Leipzig, 1897), I, 271.

7 GW, VIb, 631.

8 GW, V, 539; VIb, 249–250; XIII, 149; BR, IV, 7–8.

9 GW, VII, 18.

10 GW, XI, 118; XII, 551; XIII, 349.

11 Moritz Busch, *Tagebuchblätter* (Leipzig, 1899), III, 57.
12 GW, XV, 199–203.
13 BR, II, 123; auch I, 30–31, 160–161, und IX, 398.
14 BR, IV, 130; auch III, 163.
15 BR, II, 356; V, 74ff.; VII, 126–127.
16 Die in diesem Kapitel verwendeten Bevölkerungsstatistiken stammen von Wolfgang Köllmann (Hg.), *Quellen zur Bevölkerungs-, Sozial- und Wirtschaftsstatistik Deutschlands, 1815–1875* (Boppard am Rhein, 1980).
17 Ernst Rudolf Huber, *Deutsche Verfassungsgeschichte seit 1789* (Stuttgart, 1963–1978), III, 591–596.
18 Oswald Hauser, *Preußische Staatsräson und nationaler Gedanke* (Neumünster, 1960), 29–30, 109. Werner Franz, «Einführung und erste Jahre der preußischen Verwaltung in Schleswig-Holstein», *Zeitschrift für schleswig-holsteinische Geschichte*, 83 (1959), 179–180, 203, 226, 236–242; Huber, *Verfassungsgeschichte*, III, 593–594.
19 Ernst Pitz, «Deutschland und Hannover im Jahre 1866», *Niedersächsisches Jahrbuch für Landesgeschichte*, 38 (1966), 86–158; Werner Leffler, *Ursachen und Anfänge der deutsch-hannoverschen (welfischen) Bewegung* (Wismar, 1932), 23–43; Stewart A. Stehlin, *Bismarck and the Guelph Problem* (Den Haag, 1973), 98–100, 122, 166ff.; Günther Franz, *Die politischen Wahlen in Niedersachsen, 1867–1949* (Bremen-Horn, 1953), 18, 80.
20 GW, VII, 147.
21 Stehlin, *Guelph Problem*, 67ff.; GW, VI, 404–407.
22 GW, VIa, 30–33, 65–68.
23 GW, VIa, 131–133; SEG (1868), 50–51. Zu einer Beschreibung des Hofs in Hietzing vgl. SEG (1878), 98–99.
24 GW, VIa, 235–246, 290, 389–390; XIV, 747; BR, IV, 99ff.; Stehlin, *Guelph Problem*, 50–59.
25 Leffler, *Ursachen und Anfänge*, 33.
26 Stehlin, *Guelph Problem*, 95, 198–211; Hans Philippi, «Zur Geschichte des Welfenfonds», *Niedersächsisches Jahrbuch für Landesgeschichte*, 31 (1959), 190–254; Robert Nöll von der Nahme, *Bismarcks Reptilienfonds* (Mainz, 1968). Obwohl die Jahresabschlüsse regelmäßig vernichtet wurden, hat man einige Details über den Umfang des Welfenfonds und die davon bestrittenen Ausgaben aufgedeckt. Der Ertrag, normalerweise etwa 1000000 Mark, belief sich zumindest in einem Jahr (1878) auf 1275000 Mark. Der Bruttoertrag betrug in diesem Jahr 1919000 Mark, aber die Verwaltungskosten kamen auf 644000 Mark. Finanzminister Hobrecht, *Votum*, 2. Juli 1878. DZA Potsdam, Reichskanzlei, 413, 10–16; auch Hobrecht an Bismarck, 30. Dezember 1878. DZA Potsdam, Reichskanzlei, 1400, 1–2, 19, 104ff. Vom Nettoertrag gingen 77 Prozent normalerweise an das preußische Außenministerium und standen damit zu Bismarcks Verfügung, während das preußische Innenministerium 23 Prozent erhielt. DZA Potsdam, Reichskanzlei, 1401, 10–10v, 127–129, 142–146. Gerson Bleichröder war der Finanzbevollmächtigte für Investitionen aus dem Fonds und für viele Ausgaben. Fritz Stern, *Gold und Eisen. Bismarck und sein Bankier Bleichröder* (Frankfurt a.M., 1978), 149, 175–177, 260–261, 281–282, 329, 333–340, 552 (Anm.). Zu weiteren Einzelheiten über Aufwendungen aus dem Welfenfonds vgl. Dieter Brosius, «Welfenfonds und Presse im Dienste der preußischen Politik in Hannover nach 1866», *Niedersächsisches Jahrbuch für Landesgeschichte*, 36 (1964), 172–206, und Eberhard Naujoks, «Eine Abrechnung über den Welfenfonds (1. April – 31. Dezember 1869)», *Publizistik* (Januar – März 1969), 16–29.
27 Ludwig Hahn, *Zwei Jahre preußisch-deutscher Politik, 1866–1867* (Berlin, 1868), 373–384; Robert von Keudell, *Fürst und Fürstin Bismarck: Erinnerungen aus den Jahren 1846 bis 1872* (Berlin, 1901), 333; GW, VI, 172–173, 200, 236–237, 252–253, 282–283; Stehlin, *Guelph Problem*, 158ff.
28 GW, VI, 394–395; VII, 225; XIV, 731–732.
29 GW, VIa, 11; XIV, 733.
30 GW, VIa, 11–14, 29–30. Hermann Oncken, *Rudolf von Bennigsen* (Stuttgart, 1910), II, 85ff.; Hans Herzfeld, *Johannes Miquel* (Detmold, 1938), I, 132–149; Pitz, «Deutschland und Hannover», 153–154.
31 Horst Kohl (Hg.), *Bismarck-Jahrbuch* (Leipzig, 1898), V, 189–192; GW, VIa, 11–14, 52, 385–386; VII, 215; Horst Kohl (Hg.), *Anhang zu den Gedanken und Erinnerungen von Otto Fürst von Bismarck* (Stuttgart, 1901), II, 411– 417; Heinrich von Poschinger (Hg.), *Bismarck-Portefeuille* (Stuttgart, 1898–1900), I, 6–7; Heinrich

Heffter, *Die deutsche Selbstverwaltung im 19. Jahrhundert* (Stuttgart, 1950), 477–479.

32 GW, VIa, 48–49, 109–110, 139–140, 212–213. Eine Darstellung der Eingliederung Hannovers in das preußische Staatsgefüge gibt Werner Frauendienst, «Die Assimilierung Hannovers durch Preußen nach 1866», *Niedersächsisches Jahrbuch für Landesgeschichte*, 15 (1950), 310–344. Keine neuen Aspekte bietet Heide Barmeyer, «Annektion und Assimilation: Zwei Phasen preußischer Staatsbildung, dargestellt am Beispiel Hannovers nach 1866», *Niedersächsisches Jahrbuch für Landesgeschichte*, 45 (1973), 303–336.

33 GW, VIa, 59–60, 353–355, 385–386.

34 SBHA (1867–1868), III, 1361–1473; GSP (1868), 223–224.

35 DZA Potsdam, Reichskanzlei, 1400–1401.

36 GW, VIb, 249–250; Poschinger (Hg.), *Bismarck-Portefeuille*, I, 16–17. 1869 protestierte Bismarck gegen die Zerstörung eines Denkmals für die hannoveranische Armee, die bei Langensalza gegen Preußen gekämpft hatte, und ordnete den Wiederaufbau an gleicher Stelle aus Mitteln des Welfenfonds an. GW, VIb, 171–173; XIV, 772–773; Kohl (Hg.), *Bismarck-Jahrbuch*, IV, 92–94.

37 Poschinger (Hg.), *Bismarck-Portefeuille*, I, 5–6, 10–12; GW, VIa, 20; Philippi, «Welfenfonds», 231–236; Stehlin, *Guelph Problem*, 177; Brosius, «Welfenfonds und Presse», 175.

38 GW, VIb, 392–393, 405–407, 411–412, 414–416, 430; vgl. auch GW, VIb, 330; Busch, *Tagebuchblätter*, I, 44.

39 DZA Potsdam, Reichskanzlei, 1400, 5–6, 8, 13–14v, 48 ff.; GW, VIc, 119.

40 DZA Potsdam, Reichskanzlei, 1400, 146–163v; 1401, 47–47v, auch 24–29, 34, 44–44v, 75–75v; GW, VIc, 120–121.

41 Böckh, *Volkszahl und Sprachgebiet*, 232–241.

42 BR, X, 310; XI, 442–443, 465; GW, VIc, 329 (Anm.); Freiherr Lucius von Ballhausen, *Bismarck-Erinnerungen* (Stuttgart, 1920), 392.

43 Bernhard Vogel, Dieter Nohlen und Rainer-Olaf Schultze, *Wahlen in Deutschland: Theorie-Geschichte-Dokumente, 1848–1970* (Berlin, 1971), 268–291.

44 Vgl. Eduard Flottwells berühmtes Memorandum, das er 1841 zum Ende seiner Amtszeit als Gouverneur von Posen schrieb: *Denkschrift: Die Verwaltung der Provinz Posen von Dezember 1830 bis zum Beginn des Jahres 1841 betreffend* (Berlin, 1897). Zu Flottwells Karriere und Politik vgl. Manfred Laubert, *Eduard Flottwell: Ein Abriß seines Lebens* (Berlin, 1919) und *Die preußische Polenpolitik von 1772–1914* (3. Aufl., Krakau 1944), 66–102.

45 Laubert, *Polenpolitik*, 119–120.

46 *Ebd.*, 124–128.

47 *Ebd.*, 131–132.

48 Bismarck an Eulenburg und Mühler, 15. März 1870. *Ebd.*, 148–153v. In seiner Antwort betonte der König, polnische Kinder müßten einen angemessenen Unterricht in Deutsch erhalten, so daß alle an der kulturellen Entwicklung des preußischen Volkes und am Fortschritt auf allen Gebieten von «Arbeit und Handel» teilhaben könnten. Über Widerstand müsse man sich entschlossen hinwegsetzen. *Ebd.*, 163–164. Als Bismarck in den 1880er Jahren das polnische Problem erneut anpacken wollte, überlegte er offensichtlich, woher er 1870 seine statistischen Angaben erhalten hatte. Tiedemann an Rottenburg, 22. März 1883. DZA Potsdam, Reichskanzlei, 659, Bd. 1, 215.

49 Adelheid Constabel (Hg.), *Die Vorgeschichte des Kulturkampfes* (Berlin, 1956), 19–21; Zeitungsbericht, 16. August 1870. DZA Merseburg, Rep. 2.2.1., Nr. 16148 (1870–1879), 14–15.

50 Constabel, *Vorgeschichte des Kulturkampfes*, 127–128, 136–141.

51 GSP (1872), 183. Bismarck war am Entwurf des Statuts intensiv beteiligt. DZA Merseburg, Rep. 76, VII, neu Sekt. 1, Theil II, Nr. 1, Bd. 1, 44–48.

52 Mühler an Camphausen und Bismarck, 28. Oktober 1871. DZA Merseburg, Rep. 76, VII, neu Sekt. 1, Theil II, Nr. 1, Bd. 1, 27–31.

53 Als Beispiele vgl. BR, X, 294; XI, 433; BP, I, 210–211; II, 185; GW, VIc, 236–240, 266–268.

54 GW, XIV, 827. Bismarcks Sorge wurde durch Berichte von Geheimagenten geweckt. Ein Bericht enthielt einen Brief, den angeblich ein «bekannter Agent» der «polnischen Nationalregierung» aus Zürich an den Redakteur einer polnischen Zeitung in Posen schrieb. Darin hieß es, die Zeit für einen bewaffneten Aufstand der Polen zusammen mit abtrünnigen Katholiken und Sozialisten sei nahe. Die «katholische Partei» würde im «entscheidenden Augenblick» dem Habsburger Kaiser die deutsche Kaiserkrone anbieten.

Bismarck schickte das Dokument an Eulenburg mit dem Kommentar, der Gedankengang sei zwar «phantastisch», jedoch «sehr zu beachten». Constabel (Hg.), *Vorgeschichte des Kulturkampfes,* 179–180. Zu anderen Hinweisen auf Bismarcks Sorge vgl. Busch, *Tagebuchblätter,* II, 225, 289–290, 307–308, 327, 361–362.

55 SBHA (1871–1872), III, 1485.

56 Karl Schneider und Eduard von Bremen, *Das Volksschulwesen im preußischen Staate* (Berlin, 1886–1887), III, 473–483.

57 Falk an Wilhelm I., 31. März und 21. Oktober 1873. DZA Merseburg, Rep. 2.2.1., Nr. 15006, Bd. 2, 178–179, 193–196v, 210–218. Die aktive Beteiligung Bismarcks und des Königs an der Ausgestaltung der Sprachpolitik in katholischen Seminaren auf polnischem Gebiet wird deutlich in *ebd.*, 164–172.

58 Eulenburg und Falk an Wilhelm I., 17. August 1872. DZA Merseburg, Rep. 2.2.1., Nr. 15006, Bd. 2, 44–48. Der König an Eulenburg und Falk, 21. August 1872. *Ebd.*, 177.

59 Rudolf Korth, *Die preußische Schulpolitik und die polnischen Schulstreiks* (Würzburg, 1963), 40–63.

60 SBHA (1876), Anlagen, III, 1546.

61 Schieder, *Kaiserreich und Nationalstaat,* 98–108.

62 Bismarck und der König waren von 1872 bis 1876 intensiv an der Formulierung und Überarbeitung dieses Statuts beteiligt. DZA Merseburg, Rep. 2.2.1., Nr. 15006, Bd. 2, 173–174, 197–199, 222–223, 240–243; Kabinettssitzungen vom 23. und 27. Mai 1875. DZA Merseburg, Rep. 90a, B, III, 2b, Nr. 6, Bd. 87.

63 GSP (1876), 389–392. Zu den Ausnahmen vgl. die Verordnung vom 28. August 1876 (*Ebd.*, 393–394) und Ministerium an den König, 9. August 1876 und 15. August 1878. DZA Merseburg, Rep. 2.2.1., Nr. 15006, Bd. 2, 240–245v. Das Gerichtsverfassungsgesetz vom 27. Januar 1877 machte Deutsch zur einzigen Gerichtssprache. RGB (1877), 74 (Paragraph 186).

64 Ministerium an den König, 9. August 1876. DZA Merseburg, Rep. 2.2.1., Nr. 15006, Bd. 2, 240–243v.

65 Vgl. besonders Rothfels, *Bismarck: Der Osten und das Reich,* 68 ff. Viele Jahre lang war Rothfels' Interpretation, die zuerst in *Bismarck und der Osten* (Leipzig, 1934) sowie in *Ostraum, Preußentum und Reichsgedanke* (Leipzig, 1935) veröffentlicht wurde, die allgemein anerkannte Sicht von Bismarcks Haltung zur polnischen Frage und zum deutschen Nationalismus. Vgl. Walther Bußmann, *Das Zeitalter Bismarcks,* in: Leo Just (Hg.), *Handbuch der deutschen Geschichte,* Bd. 3/II (Konstanz, 1956), 247.

66 Bismarck an Bodelschwingh, 29. Januar 1865. GW, V, 69–70, sowie an Bodelschwingh, Eulenburg und Itzenplitz, 20. Januar 1866. AWB, I, 74. Zu weiteren, ebenfalls seit langem in gedruckter Form vorliegenden Fällen, in denen Bismarck das Wort «germanisieren» verwendete, vgl. GW, VIc, 329 (Anm.); AWB, I, 340–341; Lucius, *Bismarck-Erinnerungen,* 338. Wie Rothfels, der die veröffentlichten Bismarck-Quellen gut kannte, diese Passagen übersehen konnte, ist rätselhaft. Ihm waren nur zwei Fälle aus den Jahren 1863 und 1876 bekannt, in denen Bismarck das Wort «Germanisierung» verwendet haben soll, aber er tat den ersten als «unglaubwürdig» und den zweiten als «vereinzelt» ab. Vgl. sein *Bismarck: Der Osten und das Reich,* 80–81 (Anm.). Wie die Verweise in diesem Kapitel zeigen, waren das Wort und die Absicht in den Beratungen des preußischen Staatsministerium und der Ministerien (einschließlich Bismarcks) vor allem in den 1880er Jahren an der Tagesordnung.

67 Vgl. Walther Hubatsch, *Masuren und Preußisch-Litauen in der Nationalitätenpolitik Preußens 1870–1920* (Marburg, 1966).

68 Busch, *Tagebuchblätter,* I, 466, 554–555.

69 SBR (1870), I, 74 (24. Februar 1870); vgl. auch SBR (1867), I, 83–85 (24. September 1867) und SBR (1871), Erste Sitzungsperiode, I, 72 (1. April 1871) und II, 833 (20. Mai 1871).

70 SBR (1871), Erste Sitzungsperiode, I, 98 (1. April 1871); GW, XI, 147–148. Vgl. auch die ähnliche Antwort des Reichstagsabgeordneten Graf Renard: «Ich wollte mir erlauben, dem Abgeordneten Motty gegenüber zu bemerken, daß es in der Provinz Posen nicht Polnische Bürger, sondern nur Preußische Staatsbürger giebt.» *Verhandlungen des konstituierenden Reichstages* (1867), 58. Am 18. April 1872 antwortete Bismarck auf Proteste von Polen in Gostyn folgendermaßen: «Dem Herzen des Königs stehen alle Unter-

thanen, die polnisch und die deutsch reden, gleich nahe.» GW, XIV, 830–831.

71 GW, XIV, 827; BR, XII, 103–104.

72 GW, VIc, 241–242, 328–329 (Anm.); BR, X, 294; XI, 124–130, 440–447, 465; XII, 103–104.

73 Vgl. besonders die Verteidigung der polnischen Sache durch Ludwig von Jazdzewski in der großen Debatte vom 15. und 16. Januar 1886. SBR (1885–1886), II, 526–536.

74 Böckh, *Volkszahl und Sprachgebiet*, 220–221; Vogel u. a., *Wahlen in Deutschland*, 290–291; Otto Brandt, *Geschichte Schleswig-Holsteins* (4. Aufl., Kiel, 1949), 201; Troels Fink, *Geschichte des schleswigschen Grenzlandes* (Kopenhagen, 1958), 157 ff.

75 Die diplomatische Seite der Geschichte Nordschleswigs ist gründlich dokumentiert: Walter Platzhoff, Kurt Rheindorf und Johannes Tiedje (Hgg.), *Bismarck und die nordschleswigsche Frage, 1864–1879: Die diplomatischen Akten des auswärtigen Amtes zur Geschichte des Artikels V des Prager Friedens* (Berlin, 1925); Fritz Hahnsen (Hg.), *Ursprung und Geschichte des Artikels V des Prager Friedens: Die deutschen Akten zur Frage der Teilung Schleswigs, 1863–1879* (2 Bde., Breslau, 1929); Aage Friis, *Den danske Regering og Nordschlesvigs genforening med Danmark* (4 Bde., Kopenhagen, 1921–1939), *Det Nordslesvigske Spørgsmaal 1864–1879* (5 Bde., 1921–1946) und *L'Europe, Le Danemark et le Slesvig du Nord, 1864–1879* (4 Bde., Kopenhagen, 1939–1959).

76 Aage Friis, «Die Aufhebung des Artikels V des Prager Friedens», *Historische Zeitschrift*, 125 (1921–1922), 45–62; Walter Platzhoff, «Bismarck und die nordschleswigsche Frage von 1864 bis 1879», in: Platzhoff u. a., *Nordschleswigsche Frage*, 3–55, und «Die deutsche Aktenpublikation über den Artikel V des Prager Friedens», *Archiv für Politik und Geschichte*, 4 (1925), 50–57, und 5 (1926), 661–675. Vgl. auch die Debatte zwischen Scharff und Winckler: Alexander Scharff, «Deutsche Ordnungsgedanken zum volklichen Leben in Nordschleswig vor 1914», in: *Flensburger Tage 1954* (Flensburg, 1955), 53–71, und «Das Volkstums- und Grenzproblem in historischer Sicht», in: *Zur Grenzfrage Schleswigs: Vier historische-politische Vorträge* (Kiel, 1954), 19–35; Martin Winckler, «Die Aufhebung des Artikels V des Prager Friedens und Bismarcks Weg zum Zweibund», *Historische Zeitschrift*, 179 (1955), 471–509; «Die Zielsetzung in Bismarcks Nordschleswig-Politik und die schleswigsche Grenzfrage», *Die Welt als Geschichte*, 16 (1956), 211–217, und «Noch einmal: Zur Zielsetzung in Bismarcks Nordschleswig-Politik», *Die Welt als Geschichte*, 17 (1957), 203–210.

77 Alexander Scharff, «Bismarcks Plan einer Volksbefragung im Herzogtum Schleswig 1864», in: *Schleswig-Holstein in der deutschen und nordeuropäischen Geschichte* (Stuttgart, 1969), 236–250; Lawrence Steefel, *The Schleswig-Holstein Question* (Cambridge, Mass., 1932), 242.

78 *Auswärtige Politik Preußens*, IX, 913.

79 Platzhoff, «Bismarck und die nordschleswigsche Frage», 13 ff.; OD, VII, 56; GW, V, 266–270; VI, 276, 293; XIV, 852.

80 GW, V, 242, 282; Hauser, *Preußische Staatsräson*, 43–47.

81 Kabinettssitzung vom 30. Mai 1870. DZA Merseburg, Rep. 77, Titel 50, Nr. 84, Bd. 1.

82 Zeitungsbericht, 20. Juli 1870, und Ministerialerlaß vom 17. August 1871. DZA Merseburg, Rep. 77, Titel 50, Nr. 84, Bd. 1. Der Erlaß ist abgedruckt in: Hauser, *Preußische Staatsräson*, 192–193. Vielleicht wegen des Kriegsausbruchs gab es eine Verzögerung bei der Durchsetzung der Entscheidung vom 30. Mai 1870. Am 16. Mai 1871 forderte Bismarck, «daß die Einführung der deutschen Sprache in den Schulen Nordschleswigs nach Maßgabe der Verfügung des Herrn Kultusministers vom 22. Juni vorigen Jahres betrieben (...) werde.» Poschinger (Hg.), *Bismarck-Portefeuille*, I, 22.

83 Vgl. besonders Scharff, «Deutsche Ordnungsgedanken», 58–59; Winckler, «Zielsetzung», 54–62; «Noch einmal», 204 ff.

84 Kabinett an den König, 29. September 1881. DZA Merseburg, Rep. 2.2.1., Nr. 15006, Bd. 2, 258.

85 Hauser, *Preußische Staatsräson*, 71–80, 199–201; auch Oswald Hauser, «Zum Problem der Nationalisierung Preußens», *Historische Zeitschrift*, 202 (1966), 529–541, sowie Schneider und Bremen, *Volksschulwesen*, III, 483–494.

86 Zur Geschichte Elsaß-Lothringens allgemein vgl. Karl Stählin, *Geschichte Elsaß-Lothringens*

(München, 1920); Martin Spahn, *Elsaß-Lothringen* (Berlin, 1919); Coleman Phillipson, *Alsace-Lorraine* (New York, 1918) und Dan P. Silverman, *Reluctant Union: Alsace Lorraine and Imperial Germany, 1871–1918* (University Park, 1972).

87 SBR (1871), Erste Sitzungsperiode, I, 517–521; II, 813–936, 995–1015. 1879 sprach er immer noch von dieser Überzeugung. BR, VII, 422–423. Die Bezeichnung «Elsässer» wurde von Deutschen oft als Kurzform für «Elsässer und Lothringer» verwendet.

88 SBR (1871), II, 814–818.

89 Bertram Winterhalter, «Die Behandlung der französischen Zivilbevölkerung durch die deutschen Truppen im Kriege 1870/71« (Diss., Freiburg, 1952), 186ff. Vgl. auch Busch, *Tagebuchblätter*, II, 10.

90 RGB (1871), 212–213; (1872), 208–209.

91 RGB (1873), 161–163.

92 SBR (1874), I, 99–102; III, Nr. 30.

93 SBR (1874), I, 102.

94 Silverman, *Reluctant Union*, 112–114.

95 BP, II, 248–250, 256.

96 BR, V, 56–57, 74ff.

97 BR, VII, 410ff.; SBR (1878), I, 395–398; (1879), 556–566; BP, I, 125, 128, 134–235; GW, VIc, 103–106; VIII, 192–194.

98 SBR (1879), 556–671, 1616–1639, 1737– 1775; RGB (1879), 165–169; BP, I, 161–172; II, 261–264, 318, 322–323.

99 BP, I, 161; GW, VIII, 256.

100 BR, VII, 419–420.

101 Stählin, *Elsaß-Lothringen*, 226–227.

102 GW, VIc, 22–24.

103 A. Gerardot, *Die Optionsfrage in Elsaß-Lothringen* (Straßburg, 1913); Heinz Kloß, «Die Auswanderung aus dem Elsaß und aus dem deutschsprachigen Lothringen nach Frankreich», in: Paul Wentzcke (Hg.), *Schicksalswege am Oberrhein* (Heidelberg, 1952), 250–297; Silverman, *Reluctant Union*, 68–73; Stählin, *Elsaß-Lothringen*, 214–219.

104 Silverman, *Reluctant Union*, 165–176.

105 Als Beispiele vgl. GW, VIc, 320–321; XIV, 961; BP, I, 245.

106 Silverman, *Reluctant Union*, 74–77. Daß Bismarck bei der Gestaltung der Sprachpolitik in den Schulen die Führungsrolle einnahm, läßt sich am Protokoll der Kabinettssitzung ablesen, in der die Angelegenheit erstmals diskutiert wurde (25. März 1871). DZA Merseburg, Rep. 90a, B, III, 2b, Nr. 6, Bd. 83.

107 Silverman, *Reluctant Union*, 81–82. Zum Nutzen, den man sich von der Wiederherstellung der Universität versprach, vgl. SBR (1871), Erste Sitzungsperiode, I, 895–911.

108 GW, VIc, 20–24; DZA Potsdam, Reichskanzleramt, 1452, 153–153v.

109 Kohl (Hg.), *Anhang*, I, 267; GW, VIc, 90–91, 121.

110 Stählin, *Elsaß-Lothringen*, 227–238.

111 GW, VIc, 167–171, 260 (Übersicht), 289–290, 321; XIV, 924, 961; BR, VII, 421–423; IX, 242–243; BP, I, 245.

SECHSTES BUCH
Die Zeit des «Liberalismus» 1871–1875

I. Eine improvisierte Exekutive

1 Vgl. oben 364, und Otto Becker, *Bismarcks Ringen um Deutschlands Gestaltung* (Heidelberg, 1958), 371–398. Eine gegensätzliche Meinung vertritt Rudolf Morsey, *Die oberste Reichsverwaltung unter Bismarck, 1867–1890* (Münster, 1957), 25–28. Morsey räumt zwar ein, Beckers Sicht habe «viel Wahrscheinliches für sich», lehnt sie aber dennoch ab, da Bismarck in späteren Jahren niemals zugab, weitergehende Ziele verfolgt zu haben, sondern seine Annahme der Kanzlerschaft stets auf die Notwendigkeit zurückführte, die durch den Verfassungszusatz Bennigsens gegeben war. Dennoch war dies ein empfindlicher Punkt, und in vielen ähnlichen Fällen (etwa bei seinem Eintreten für die Kandidatur der Hohenzollern im Jahre 1870) gab Bismarck in späteren Jahren niemals weitergehende Ziele zu, deren Existenz nun dokumentiert werden kann.

2 Kabinettssitzung vom 29. Mai 1867. DZA Merseburg, Rep. 90a, B, III, 2b, Nr. 6, Bd. 79.
3 GW, VI, 413–415.
4 GW, VI, 423.
5 Vgl. Otto Pflanze, «Juridical and Political Responsibility in Nineteenth-Century Germany», in: Leonard Krieger und Fritz Stern (Hgg.), *The Responsibility of Power: Historical Essays in Honor of Hajo Holborn* (New York, 1967), 162–182.
6 Hermann Oncken, *Rudolf von Bennigsen* (Stuttgart, 1910), II, 56.
7 GW, VI, 414–415.
8 GW, XIV, 728–730; VI, 421–422; VII, 196–197; Horst Kohl (Hg.), *Anhang zu den Gedanken und Erinnerungen von Otto Fürst von Bismarck* (Stuttgart, 1901), II, 409–410.
9 GW, XIV, 732–733. Im Zusammenhang wird deutlich, daß er recht beunruhigt war, mit welchen Kompetenzen Savigny den Posten des Vizekanzlers ausstatten wollte – vor allem mit dem Recht auf Zugang zum Kaiser.
10 Rudolf von Delbrück, *Lebenserinnerungen, 1817–1867* (Berlin, 1905), II, 400–401.
11 GW, VI, 15–16.
12 Vgl. oben, 353f.
13 Zu Delbrück vgl. Morsey, *Reichsverwaltung*, 40ff., und Eberhard von Vietsch, *Die politische Bedeutung des Reichskanzleramtes für den inneren Ausbau des Reiches 1867 bis 1880* (Leipzig, 1936).
14 Hermann Oncken, *Großherzog Friedrich I. von Baden und die deutsche Politik von 1854 bis 1871* (Berlin-Leipzig, 1927), II, 235.
15 GW, XIV, 800. Als er Johanna mit dieser Aufgabe betraute, waren Bismarck und Delbrück sogar noch zusammen in Versailles!
16 Vgl. Morsey, *Reichsverwaltung*.
17 An Kronprinz Albert von Sachsen, 21. August 1870. GW, XIV, 320.
18 Hans Goldschmidt, *Das Reich und Preußen im Kampf um die Führung von Bismarck bis 1918* (Berlin, 1931), 158.
19 Kohl (Hg.), *Anhang*, II, 434–436.
20 BR, III, 368ff.; IV, 67ff., 352ff.
21 Morsey, *Reichsverwaltung*, 63ff.; GW, VIb, 195–197; VIc, 1–2.
22 Morsey, *Reichsverwaltung*, 104ff.
23 Waldemar von Roon, *Denkwürdigkeiten aus dem Leben des General-Feldmarschalls Kriegsministers Grafen von Roon* (4. Aufl., Breslau, 1897), III, 117–127; GW, VIb, 133–136; XIV, 755.
24 Doch erst 1874 gelang es Bismarck, den Titel «Königliche Marine» aus allen Dokumenten zu streichen, in denen es um Marineangehörige ging. Vgl. Morsey, *Reichsverwaltung*, 127ff.
25 GW, VIc, 7; Goldschmidt, *Reich und Preußen*, 158. Zu Stosch vgl. Frederic B. Hollyday, *Bismarck's Rival: A Political Biography of General and Admiral Albrecht von Stosch* (Durham, 1960); vgl. auch den zweiten Band dieser Biographie, Erstes Buch, 3. Kapitel, und Drittes Buch, 2. Kapitel.
26 Morsey, *Reichsverwaltung*, 36–37, 251–255.
27 Goldschmidt, *Reich und Preußen*, 136–139.
28 GW, VIa, 418–420; Morsey, *Reichsverwaltung*, 55ff.
29 Vgl. oben, 419–425.
30 Vgl. oben, 395–436.
31 BP, II, 52; vgl. auch GW, VII, 179, 218, 267–268; XIV, 748–749; AWB, I, 126; Kohl (Hg.), *Anhang*, II, 411–413.
32 BR, IV, 184–185; GW, VIb, 15–16, 148–149, 541–542.
33 Bismarck an Delbrück, 11. und 21. Oktober 1869. GW, XIV, 762–765. Auch Delbrück an Bismarck, 23. und 26. Oktober 1869. GSA Berlin Dahlem, Rep. 94, Nr. 1162.
34 GW, XIV, 764–765; VIb, 155–157, 169.
35 GW, XIV, 765–766.
36 Morsey, *Reichsverwaltung*, 58–60.
37 Vgl. 207–219 und Goldschmidt, *Reich und Preußen*, 159.
38 Roon an Bismarck, 10. Dezember 1872. GSA Berlin-Dahlem, Rep. 94, Nr. 1162. Bismarck an Roon, 13. Dezember 1872. GW, XIV, 844–845. Roon, *Denkwürdigkeiten*, III, 328ff.; BR, V, 356ff.; Goldschmidt, *Reich und Preußen*, 160ff.; GW, VIc, 24, 27, 29; Kohl (Hg.), *Anhang*, I, 233. Morsey, *Reichsverwaltung*, 67ff.
39 GW, XI, 277–287; XIV, 844–845.
40 BR, V, 361ff.
41 GW, VIII, 75.
42 Vietsch, *Politische Bedeutung*, 50–51.
43 GW, VIc, 37–38.
44 Freiherr Lucius von Ballhausen, *Bismarck-Erinnerungen* (Stuttgart, 1920), 30, 35–56.
45 Roon, *Denkwürdigkeiten*, III, 360ff.; GW, VIc, 42–43; VIII, 113–117; Kohl (Hg.), *Anhang*, I, 244–245; II, 448–451.

46 GW, XI, 496. In den Jahren 1890–1894 versuchte Bismarcks Nachfolger Caprivi ebenfalls, das Amt des Kanzlers von dem des Ministerpräsidenten zu trennen, indem er das letztere aufgab. Doch Hohenlohe, der auf Caprivi folgte, nahm beide Ämter an, wie auch seine Nachfolger bis zum Ende des Kaiserreichs.
47 BR, V, 371–378.
48 Die meisten Abkommen zwischen Preußen und den norddeutschen Staaten wurden 1867 und 1868 unterzeichnet, zwischen 1872 und 1875 aber neu verhandelt. Das Abkommen mit Baden wurde 1870 unterzeichnet, das letzte mit Braunschweig 1886. Georg Meyer und Gerhard Anschütz, *Lehrbuch des deutschen Staatsrechts* (7. Aufl., München, 1919), 851–852 (Anm.); Ernst Rudolf Huber, *Deutsche Verfassungsgeschichte seit 1789* (4 Bde., Stuttgart, 1957–1963), III, 992–1000.
49 Ludwig R. von Collenberg, *Die deutsche Armee von 1871 bis 1914* (Berlin, 1922), 9; Curt Jany, *Geschichte der königlich preußischen Armee* (Berlin, 1928–1933), IV, 270.
50 Meyer und Anschütz, *Staatsrecht*, 851–853; Paul Laband, *Das Staatsrecht des deutschen Reichs* (5. Aufl., Tübingen, 1911–1914), IV, 9–10.
51 Collenberg, *Deutsche Armee*, 8–9; Rudolf Schmidt-Bückeberg, *Das Militärkabinett der preußischen Könige und deutschen Kaiser* (Berlin, 1933), 105 ff.
52 Gordon Craig, *The Politics of the Prussian Army, 1640–1945* (Oxford, 1955), 223–224; Morsey, *Reichsverwaltung*, 228.
53 Morsey, *Reichsverwaltung*, 228–229; Vietsch, *Politische Bedeutung*, 28–29.
54 Morsey, *Reichsverwaltung*, 53, 229; Vietsch, *Politische Bedeutung*, 29–30.
55 GW, XIV, 864; Goldschmidt, *Reich und Preußen*, 165–169
56 Craig, *Prussian Army*, 224.
57 Lothar Frede, *Die an der Reichsverfassung vorgenommenen Änderungen* (Jena, 1912), 26–28, 72–74; Heinrich Triepel, *Die Kompetenzen des Bundesstaats und die geschriebene Verfassung* (Tübingen, 1908), 278.
58 Laband, *Staatsrecht*, I, 129.
59 Paul Laband, «Die geschichtliche Entwicklung der Reichsverfassung seit der Reichsgründung», *Jahrbuch des öffentlichen Rechts*, I (1907), 1–46; E. Bornhak, «Wandlungen der Reichsverfassung», *Archiv für öffentliches Recht*, 26 (1910), 373 ff.
60 Eduard Kern, *Die Überleitung der Justiz auf das Reich* (Freiburg i. Br., 1934), 9.
61 BGB (1869), 201–210. Hermann Müller, *Die Entstehungsgeschichte des Gerichtsverfassungs-Gesetzes* (Tübingen, 1939), 13–15; Laband, *Staatsrecht*, III, 362–363.
62 GW, VIII, 76.
63 Kern, *Überleitung*, 8.
64 BGB (1869), 305–315; Laband, *Staatsrecht*, III, 414–423; Heinrich Triepel, *Unitarismus und Föderalismus im deutschen Reiche* (Tübingen, 1907), 59 ff.
65 BGB (1870), 195–273.
66 GW, XIV, 759–760, 775.
67 Gesetze vom 27. und 30. Januar sowie vom 1. und 10. Februar 1877. RGB (1877), 41–394.
68 SBR (1869), I, 445 ff.
69 Gesetz vom 20. Dezember 1873. RGB (1873), 379.
70 Triepel, *Unitarismus*, 59.
71 Laband, «Entwicklung», 8.
72 Gesetz vom 4. Dezember 1871. RGB (1871), 404–408.
73 Gesetz vom 30. April 1874. RGB (1874), 40 ff.
74 Gesetz vom 14. März 1875. RGB (1875), 177 ff.; Karl Maaß, *Fünfundzwanzig Jahre deutscher Reichs-Gesetzgebung* (Leipzig, 1898), 111; Johannes Ziekursch, *Politische Geschichte des deutschen Kaiserreiches* (Frankfurt, 1927), II, 290; Laband, *Staatsrecht*, I, 401–405.
75 Zit. in: Egmont Zechlin, *Staatsstreichpläne Bismarcks und Wilhelms II., 1890–1894* (Stuttgart, 1929), 18.
76 Vgl. oben, 345–368.

II. Bismarck und das Parlament

1 BR, VIII, 328–329. «Es gibt Zeiten des Liberalismus und Zeiten der Reaction, auch der Gewaltherrschaft», schrieb Bismarck an Prinz Wilhelm von Preußen, 6. Januar 1888. GW, VIc, 383.
2 Vgl. auch BR, VI, 129–131; XI, 292; XII, 85; Moritz Busch, *Bismarck: Some Secret Pages of his History* (London, 1898), II, 259–260, 297.
3 GW, VII, 172; VIII, 384; XIV, 15; BR, XI, 292.
4 BR, VI, 334; X, 46, 56.
5 Dies war für Bismarck jahrelang ein Thema;

im Eröffnungskapitel seiner Erinnerungen kam er darauf zurück. GW, XV, 14–15.

6 GW, XIII, 469.

7 Hans Rothfels (Hg.), *Bismarck und der Staat* (2. Aufl., Darmstadt, 1953), 326. Vgl. ähnliche Bemerkungen gegenüber Carl Schurz, 28./29. Januar 1868. GW, VII, 235–236.

8 GW, VIII, 325, 333–334.

9 Bismarck an Schweinitz, 12. Februar 1870. GW, VIb, 241–242. Vgl. auch BR, V, 371ff.; GW, VIb, 209, 224–225.

10 Bismarck an König Ludwig II. von Bayern, 1. Juli 1885. GW, XIV, 961.

11 BP, I, 139.

12 BR, V, 230, 243, 251–252, 259; X, 239; GW, VIc, 165.

13 BR, IV, 375.

14 Busch, *Secret Pages*, I, 294–295, 402–403.

15 BP, II, 214 (Anm.).

16 Die verstreuten Berichte über diese Veranstaltungen wurden von Poschinger gesammelt und in drei Bänden veröffentlicht (BP). Vgl. auch Heinrich Brockhaus, *Stunden mit Bismarck, 1871–1878* (Leipzig, 1929). Die Soireen existierten seit 1869 und wurden 1883 in Frühschoppen umgewandelt. Bis 1874 war der gesamte Reichstag eingeladen, danach nur noch jene, die ihre Karten beim Portier des Kanzleramts hinterlegten. Brockhaus, *Stunden mit Bismarck*, 89–90.

17 Arthur von Brauer, *Im Dienste Bismarcks* (Berlin, 1936), 33–34.

18 Vgl. oben, 332–343.

19 Zum allgemeinen Aufbau und Charakter der deutschen politischen Parteien in dieser Phase vgl. Thomas Nipperdey, *Die Organisation der deutschen Parteien vor 1918* (Düsseldorf, 1961); Hans Fenske, *Wahlrecht und Parteiensystem: Ein Beitrag zur deutschen Parteiengeschichte* (Frankfurt a. M., 1972); James Sheehan, «Political Leadership in the German Reichstag, 1871–1918», *American Historical Review*, 74 (1968), 511–528, und *Der deutsche Liberalismus. Von den Anfängen im 18. Jahrhundert bis zum Ersten Weltkrieg. 1770–1914* (München, 1983).

20 Fenske, *Wahlrecht und Parteiensystem*, 107–111. In den folgenden Jahrzehnten stieg die durchschnittliche Zahl der Kandidaten in einem Wahlbezirk von 2,43 im Jahre 1871 auf 4,15 im Jahre 1893, was die Bedeutung von Stichwahlen zur Erringung der absoluten Mehrheit erhöhte. *Ebd.*, 115–134.

21 Sheehan, «Political Leadership», 515, und *Der deutsche Liberalismus*, 168–189. Zur sozialen Zusammensetzung und traditionellen Politik des deutschen Mittelstands vgl. oben, 25f., 129–134, 334–344.

22 Max Weber, *Gesammelte politische Schriften* (Tübingen, 1958), 501.

23 Gerhard Stoltenberg, *Der deutsche Reichstag, 1871–1873* (Düsseldorf, 1955), 59–60, 161. Kabinettssitzungen vom 8. Februar und 20. November 1873. DZA Merseburg, Rep. 90a, B, III, 2b, Nr. 6, Bd. 85.

24 Alfred Milatz, «Reichstagswahlen und Mandatsverteilung 1871 bis 1918: Ein Beitrag zu Problemen des absoluten Mehrheitswahlrechts», in: Gerhard A. Ritter (Hg.), *Gesellschaft, Parlament und Regierung: Zur Geschichte des Parlamentarismus in Deutschland* (Düsseldorf, 1974), 207–223.

25 Bernhard Vogel, Dieter Nohlen und Rainer-Olaf Schultze, *Wahlen in Deutschland: Theorie-Geschichte-Dokumente, 1848–1970* (Berlin, 1971), 286, 291. Zu Analysen der Wahlgesetze vgl. *ebd.*, 95–128, und Nils Diederich, «Germany», in: Stein Rokkan und Jean Meyriat (Hgg.), *International Guide to Electoral Statistics* (Den Haag, 1969), 154.

26 Karl W. Deutsch, «Social Mobilization and Political Development», *American Political Science Review*, 55 (1961), 494, zit. in: Sheehan, «Political Leadership», 516.

27 Der Autor dankt Ronald Snell für diese Statistiken. Die Zahl enthält 52 in Nachwahlen gewählte Abgeordnete.

28 Ludwig Rosenbaum, *Beruf und Herkunft der Abgeordneten zu den deutschen und preußischen Parlamenten, 1847–1919* (Frankfurt a. M., 1923), 23–26.

29 Vogel u. a., *Wahlen in Deutschland*, 287–290.

30 Willy Kremer, *Der soziale Aufbau der Parteien des Deutschen Reichstages von 1871–1918* (Düsseldorf, 1934).

31 Vgl. etwa die Arbeiten von Helmut Böhme, *Deutschlands Weg zur Großmacht: Studien zum Verhältnis von Wirtschaft und Staat während der Reichsgründungszeit 1848–1881* (Köln, 1966) und Hans-Ulrich Wehler, *Bismarck und der Imperialismus* (Köln, 1969).

32 Zu diesem Problem vgl. besonders Leonore O'Boyle, «Liberal Political Leadership in Germany, 1867–1884», *Journal of Modern History*, 28 (1956), 338–340.

33 Otto Glogau, *Der Börsen- und Gründungsschwindel in Deutschland* (Leipzig, 1877), 493–519. Zur Mitgliedschaft in mehreren Parlamenten vgl. Max Schwarz, *Biographisches Handbuch der Reichstage* (Hannover, 1965).

34 Etwa Böhme, *Deutschlands Weg*, 262–263.

35 Auf einer Kundgebung, 17. August 1879. SEG (1879), 222.

36 An seinen Wahlkreis, März 1880. HW, II, 309.

37 Gordon Mork, «The National Liberal Party in the German Reichstag and the Prussian Landtag, 1866–1874» (Diss., University of Minnesota, 1966), 278–283.

38 Twesten an Gustav Lipke, 12. Juli 1870. HW, I, 470.

39 Zum Leben und Werdegang prominenter Nationalliberaler vgl. Richard W. Dill, *Der Parlamentarier Eduard Lasker und die parlamentarische Stilentwicklung der Jahre 1867–1884* (Erlangen, 1956); James F. Harris, *A Study in the Theory and Practice of German Liberalism: Eduard Lasker, 1829–1884* (Lanham, Md., 1984); Martin Philippson, *Max von Forckenbeck: Ein Lebensbild* (Leipzig, 1898); Stanley Zucker, *Ludwig Bamberger: German Liberal Politician and Social Critic, 1823–1899* (Pittsburgh, 1975); Hans Herzfeld, *Johannes von Miquel* (2 Bde., Detmold, 1938); Hermann Oncken, *Rudolf von Bennigsen* (2 Bde., Stuttgart, 1910); Friedrich Böttcher, *Eduard Stephani* (Leipzig, 1887); Winfried Seelig, «From Nassau to the German Reich: The Ideological and Political Development of Karl Braun (1822–1871)» (Diss., University of Minnesota, 1975).

40 Oncken, *Bennigsen*, II, 248 ff.

41 Zur Darstellung prominenter Vertreter der Fortschrittspartei vgl. Ludolf Parisius, *Leopold Freiherr von Hoverbeck: Ein Beitrag zur vaterländischen Geschichte* (2 Bde., Berlin, 1879–1900); Felix Rachfahl, «Eugen Richter und der Linksliberalismus im neuen Reiche», *Zeitschrift für Politik*, 5 (1912), 261–274; Ina Susanne Lorenz, *Eugen Richter: Der entschiedene Liberalismus in wilhelminischer Zeit 1871 bis 1906* (Husum, 1980).

42 Vgl. Siegfried von Kardorff, *Wilhelm von Kardorff: Ein nationaler Parlamentarier im Zeitalter Bismarcks und Wilhelms II., 1828–1907* (Berlin, 1936).

43 Vgl. Gerhard Ritter, *Die preußischen Konservativen und Bismarcks deutsche Politik, 1858–1875* (Heidelberg, 1913); Robert Berdahl, «The Transformation of the Prussian Conservative Party, 1866–1876» (Diss., University of Minnesota, 1965); Hermann von Petersdorff, *Kleist-Retzow: Ein Lebensbild* (Stuttgart, 1907); Nipperdey, *Organisation der deutschen Parteien*, 241–264.

44 Jonathan Sperber, *Popular Catholicism in Nineteenth-Century Germany* (Princeton, 1984), 156–206. Zur allgemeinen Geschichte der Partei und ihrer Führung vgl. Karl Bachem, *Vorgeschichte, Geschichte und Politik der deutschen Zentrumspartei* (9 Bde., Köln, 1927– 1933); Margaret Lavinia Anderson, *Windthorst: A Political Biography* (Oxford, 1981); Eduard E. Hüsgen, *Ludwig Windthorst* (Köln, 1907); Ludwig Pastor, *August Reichensperger, 1808–1895* (2 Bde., Freiburg, 1899); Otto Pfülf, *Hermann von Mallinckrodt: Die Geschichte seines Lebens* (Freiburg, 1901).

45 Vgl. oben, 413–429.

46 Dill, *Lasker*, 59–69.

47 Zur Einstellung der Linksliberalen zur überarbeiteten Verfassung vgl. Ludolf Parisius, *Deutschlands politische Parteien und das Ministerium Bismarck* (Berlin, 1978), 136–138.

48 HW, I, 494. Sybel löste sein Problem, indem er die jüngste Vergangenheit in einer mehrbändigen Geschichte der deutschen Einigung noch einmal durchlebte und dort seine anfängliche Opposition gegen Bismarck durch das Feiern der außenpolitischen Erfolge des Kanzlers sühnte. Heinrich von Sybel, *Die Begründung des deutschen Reiches durch Wilhelm I.* (7 Bde., München, 1889– 1894).

49 Felix Salomon, *Die deutschen Parteiprogramme* (Leipzig, 1912), I, 78, 82; HW, II, 9–10.

50 BR (1871), II, 762–770; Stoltenberg, *Reichstag*, 61–62; Freiherr Lucius von Ballhausen, *Bismarck-Erinnerungen* (Stuttgart, 1920), 11.

51 SBR (1871), I, 517 ff.; II, 813 ff.

52 SBR (1871), II, 921 ff.

53 Friedrich Curtius (Hg.), *Denkwürdigkeiten des Fürsten Chlodwig zu Hohenlohe-Schillingsfürst* (Stuttgart, 1906), II, 57–58; Julius Heyderhoff (Hg.), *Im Ring der Gegner Bismarcks* (Leipzig, 1943), 109–112; Stoltenberg, *Reichstag*, 82–83.

54 SBR (1871), II, 861 ff.; Stoltenberg, *Reichstag*, 67–69; GW, VIII, 6–7.

55 SBR (1871, 2. Sitzungsperiode), I, 24 ff., 117 ff., 148 ff.; Philippson, *Forckenbeck*, 226; Stoltenberg, *Reichstag*, 82–83.

56 SBR (1871, 2. Sitzungsperiode), II, Nr. 109

und 121; Philippson, *Forckenbeck*, 227–228; Böttcher, *Stephani*, 125–126; Zucker, *Bamberger*, 90–92.

57 Kabinettssitzungen vom 18. Juni, 8. Oktober und 24. November 1871. DZA Potsdam, Reichskanzleramt, 1452, 150–152, 162–165, 182–183. Die Minister waren in dieser Frage uneins, worauf der König am 10. Oktober in einer Sitzung des Kronrats im Sinne von Bismarck und Roon entschied. Wilhelm wurde versichert, die Minister würden sich in allen wichtigen Fragen der Armee gegen das Parlament durchsetzen. Kronrat vom 10. Oktober 1871. DZA Merseburg, Rep. 90a, B, III, 2c, Nr. 3, Bd. 3. Stoltenberg irrte, als er den Kompromiß dem politischen Geschick von Bethusy-Huc zuschrieb. Stoltenberg, *Reichstag*, 94–95.

58 Stoltenberg, *Reichstag*, 95–101; Böttcher, *Stephani*, 123 ff.

59 SBR (1871, 2. Sitzungsperiode), I, 599–658.

60 SBR (1871, 2. Sitzungsperiode), 20–22, 37–45, Anlagen, Nr. 14 und 15; (1872), 53–61, 201–217, 511–540, 726–741, 826–833, 853, Anlagen, Nr. 10, 36, 66, 85, 153.

61 *Ebd.*, 226–262, 318–361, 418–489, Anlagen, Nr. 50 und 122; RGB (1871), 404; SBR (1872), Anlagen, Nr. 52.

62 SBR (1872), 457–462, 683–688, Anlagen, Nr. 79; 596–632, Anlagen, Nr. 63; 746–749, 769–771, Anlagen, Nr. 89; (1873), 167–182, Anlagen, Nr. 19.

63 SBR (1873), 623–656, 912–919.

64 Brockhaus, *Stunden mit Bismarck*, 52.

III. Der Kulturkampf

1 BR, V, 233.

2 Ernst Deuerlein, «Die Konfrontation von Nationalstaat und national bestimmter Kultur», und Rudolf Lill, «Die deutschen Katholiken und Bismarcks Reichsgründung», in: Theodor Schieder und Ernst Deuerlein (Hgg.), *Reichsgründung 1870/71: Tatsachen, Kontroversen, Interpretationen* (Stuttgart, 1970), 226–258, 345–365; Theodor Schieder, *Das deutsche Kaiserreich von 1871 als Nationalstaat* (Köln, 1961), 55–87, 125–132.

3 Vgl. besonders Donald J. Dietrich, *The Goethezeit and the Metamorphosis of Catholic Theology in the Age of Idealism* (Bern, 1979).

4 Johann Joseph Ignaz von Döllinger, *Geschichte der christlichen Kirche* (3 Bde., Landshut, 1833–1835).

5 Karl Bachem, *Vorgeschichte, Geschichte und Politik der deutschen Zentrumspartei* (9 Bde., Köln, 1927–1933), III, 32 ff.; Karl Bihlmeyer, *Kirchengeschichte* (Paderborn, 1926–1930), III, 392 ff.; H. E. Feine, *Kirchliche Rechtsgeschichte* (Weinheim, 1954), I, 600; Erich Schmidt-Volkmar, *Der Kulturkampf in Deutschland, 1871–1890* (Göttingen, 1962), 23. Zur altkatholischen Bewegung vgl. C. B. Ross, *The Old Catholic Movement* (London, 1964) und Victor Conzemius, *Katholizismus ohne Rom* (Köln, 1969).

6 Joseph Schmidlin, *Papstgeschichte der neuesten Zeit* (München, 1934), II, 164.

7 Bachem, *Zentrumspartei*, I, 97–100; Feine, *Rechtsgeschichte*, 568 ff.

8 Feine, *Rechtsgeschichte*, 574.

9 Bismarck an Wilmowski, 30. Oktober 1890. Adelheid Constabel, *Die Vorgeschichte des Kulturkampfes* (Berlin, 1956), 40.

10 Schmidt-Volkmar, *Kulturkampf*, 60–63; Constabel, *Vorgeschichte*, 58–59, 66–71, 88–101.

11 Vgl. die Debatte im Abgeordnetenhaus, 27. November 1872. SBHA (1872–1873), I, 153–181.

12 Ludwig Bergsträsser (Hg.), *Politischer Katholizismus: Dokumente seiner Entwicklung* (München, 1921–1923), I, 186–190, 211 ff.; Ludwig Pastor, *August Reichensperger, 1808–1895* (Freiburg, 1899), I, 356 ff.; Bachem, *Zentrumspartei*, I, 146 ff.

13 August Reichensperger urteilte, sowohl ein Sieg der Fortschrittspartei als auch der Regierung Bismarck wäre eine «Calamität» – ersterer, weil er zu einer Parlamentsherrschaft, und letzterer, weil er zum Absolutismus führen würde. Pastor, *Reichensperger*, I, 424, 455 und 467–468. Zu den sozialen, politischen und kirchlichen Strömungen im politischen Katholizismus dieser Epoche vgl. Jonathan Sperber, *Popular Catholicism in Nineteenth-Century Germany* (Princeton, 1984), 39–155.

14 Pastor, *Reichensperger*, I, 578 ff.

15 Otto Pfülf, *Hermann von Mallinckrodt: Die Geschichte seines Lebens* (Freiburg, 1901), 318 ff.; Bachem, *Zentrumspartei*, III, 17. Mallinckrodts Strafe bestand in der Versetzung vom katholischen Paderborn ins protestantische Merseburg. Pfülf, *Mallinckrodt*, 319 ff.

16 Wilhelm Emanuel von Ketteler, *Deutschland nach dem Kriege von 1866* (Mainz, 1867).
17 Bachem, *Zentrumspartei*, III, 10 ff.
18 SBHA (1869–1870), Anlagen, II, Nr. 221.
19 Kronrat vom 2. Februar 1870. DZA Merseburg, Rep. 90a, B, III, 2c, Nr. 3, Bd. III. SBHA (1869–1870), III, 2039–2043.
20 Wilhelm Mommsen (Hg.), *Deutsche Parteiprogramme* (München, 1960), 212 ff.
21 Bernhard Vogel, Dieter Nohlen und Rainer-Olaf Schultze, *Wahlen in Deutschland: Theorie-Geschichte-Dokumente, 1848–1970* (Berlin, 1971), 287, 290.
22 Bachem, *Zentrumspartei*, III, 126 ff., 142 ff.
23 Schmidt-Volkmar, *Kulturkampf*, 25; Vogel u. a., *Wahlen in Deutschland*, 290.
24 SBR (1871), I, 2–3, 49–72; III, Nr. 11 und 17.
25 Schmidt-Volkmar, *Kulturkampf*, 31.
26 Ludwig Hahn, *Geschichte des Kulturkampfes in Preußen* (Berlin, 1881), 47–48.
27 SBR (1871), I, 104–155; III, Nr. 12.
28 SEG (1871), 103–107.
29 SBR (1871), 67, 141.
30 GW, I, 257–258, 264.
31 GW, I, 392–393.
32 Vgl. oben, 372.
33 GW, XIV, 340.
34 GW, II, 54.
35 GW, IV, 5–6.
36 GW, VI, 185.
37 Zur Rolle des «polnischen Problems» in Bismarcks Sicht des Katholizismus und der Zentrumspartei vgl. oben, 618–624 und 198–200.
38 Während des Großteils seiner Amtszeit war Bismarck der festen Überzeugung, die Verschwörung dringe bis in den Palast und sogar in das Schlafgemach des Kaisers vor, wo Kaiserin Augusta – heimlich souffliert von ultramontanen Klerikern und dem französischen Botschafter Vicomte Gontaut-Biron – den Kaiser gegen die Politik des Kanzlers einzunehmen suche. Im folgenden sind nur einige der vielen Quellen aufgeführt, die diese Überzeugung belegen: GW, VII, 213; VIII, 195–197, 202–204, 214; XIV, 776; Freiherr Lucius von Ballhausen, *Bismarck-Erinnerungen* (Stuttgart, 1920), 91, 93; Moritz Busch, *Bismarck: Some Secret Pages of his History* (London, 1898), II, 231, und *Tagebuchblätter* (Leipzig, 1899), I, 439, 442, 473; II, 420, 426 ff., 431 ff.
39 GW, VIa, 344–349; vgl. auch VIb, 141–142, 643, 672.
40 GW, VIa, 399–400; vgl. auch VI, 181 ff., 215 ff.; VIa, 72–73; XIV, 721–722.
41 GW, VIb, 59–60; auch 20–22.
42 GW, VIb, 60; Busch, *Tagebuchblätter*, I, 187, 188.
43 GW, VIa, 72–73, 165.
44 Kabinettssitzung von 26. Februar 1869. DZA Merseburg, Rep. 90a, B, III, 2b, Nr. 6, Bd. 81. Sitzung des Kronrats, 2. Februar 1870. DZA Merseburg, Rep. 90a, B, III, 2c, Nr. 3, Bd. III. GW, VIa, 20–21, 119–120, 283; VIb, 37 ff.
45 GW, VIb, 33–34, 66–67, 70–71, 90–91, 255–256, 281 ff., 299 ff., 313 ff., 333; VII, 296 ff.; Busch, *Tagebuchblätter*, I, 15 ff.
46 GW, VIb, 197–200; auch VIb, 84 ff., 283 ff., 292 ff.; XIV, 754; auch Constabel, *Vorgeschichte*, 17 ff., und George O. Kent, *Arnim and Bismarck* (Oxford, 1968), 5–19.
47 GW, XIV, 779.
48 GW, VIb, 290–291, 295–296.
49 Constabel, *Vorgeschichte*, 29 ff.
50 GW, VIa, 72–73; VIb, 458, 470, 491–492, 496–497, 503, 620. Zur Asylfrage vgl. GW, VIb, 553, 556, 589; XIV, 721–722.
51 Busch, *Tagebuchblätter*, I, 372–373.
52 GW, VIb, 643.
53 GW, VIb, 672.
54 GW, VIa, 72–73, 165.
55 GW, VIc, 6–7; Schmidt-Volkmar, *Kulturkampf*, 11–23; Kent, *Arnim and Bismarck*, 39–46.
56 Busch, *Tagebuchblätter*, III, 148; GW, VIc, 3–4.
57 Bismarck an Werthern, 17. April 1871. GW, VIc, 3–4. Ende März ging Bismarck daran, den Feind kennenzulernen. Auf seine Veranlassung hin stellten Berater im April genaue Karten und Statistiken zusammen, die, nach Bezirken geordnet, die Verteilung der katholischen und polnischen Hochburgen kenntlich machten; ein Farbcode zeigte an, welche Abgeordneten gegen die Eingabe an den König gestimmt hatten. DZA Potsdam, Reichskanzleramt, 1438.
58 GW, VIc, 4–6.
59 BR, V, 204.
60 GW, XIV, 819.
61 SEG (1871), 177–178.
62 Schmidt-Volkmar, *Kulturkampf*, 39–40.
63 Friedrich Curtius (Hg.), *Denkwürdigkeiten des Fürsten Chlodwig zu Hohenlohe-Schillingsfürst* (Stuttgart, 1906), II, 64; auch GW, VIII,

9–10. Zu Bismarcks Abneigung gegen Krätzig vgl. Constabel, *Vorgeschichte*, 120–121.

64 1866 erklärte er vor dem Abgeordnetenhaus, die katholische Abteilung habe «den Charakter eines polonisierenden Organes innerhalb der preußischen Verwaltung». GW, XIII, 158.

65 Kabinettssitzung vom 26. Juni 1871. DZA Merseburg, Rep. 90a, B, III, 2b, Nr. 6, Bd. 83.

66 SEG (1871), 176. Zur Datierung dieses Artikels vgl. Schmidt-Volkmar, *Kulturkampf*, 37.

67 Walter Reichle, *Zwischen Staat und Kirche: Das Leben und Wirken des preußischen Kultusministers Heinrich von Mühler* (Berlin, 1938), 323–325.

68 GW, VII, 512.

69 Hohenlohe, *Denkwürdigkeiten*, II, 56.

70 Gustav von Diest, *Aus dem Leben eines Glücklichen* (Berlin, 1904), 420. Kultusminister Mühler hatte einen ähnlichen Eindruck. Vgl. Reichle, *Staat und Kirche*, 335 ff.

71 Vgl. 685–686.

72 Busch, *Tagebuchblätter*, II, 148, 160.

73 BR, V, 209–211; GW, VIc, 9, 14–16, 21–22, 31–33, 176–179; VIII, 103–105.

74 Pastor, *Reichensperger*, II, 63–65.

75 Vgl. oben, 228–237, 288–290.

76 Vgl. sein *Die Arbeiterfrage und das Christentum* (Mainz, 1864); auch Bachem, *Zentrumspartei*, II, 57 ff.

77 Schmidt-Volkmar, *Kulturkampf*, 44–45. Vgl. auch P. Jostock, *Der deutsche Katholizismus und die Überwindung des Kapitalismus* (Regensburg, 1933) und E. Naujoks, *Die katholische Arbeiterbewegung und der Sozialismus in den ersten Jahren des Bismarckschen Reiches* (Gießen, 1939).

78 Schmidt-Volkmar, *Kulturkampf*, 45.

79 Reichle, *Staat und Kirche*, 223 ff.

80 *Ebd.*, 236 ff.; Heinrich Bornkamm, «Die Staatsidee im Kulturkampf», *Historische Zeitschrift*, 170 (1950), 276 ff. Sowohl Reichle als auch Bornkamm erkennen den Einfluß Friedrich Fabris, des Inspektors der rheinischen Mission, der ähnliche Vorstellungen von einer Neugestaltung der Beziehungen zwischen Staat und Kirche hatte, aber keiner der Autoren kann einen direkten Kontakt zwischen dem Kanzler und dem Inspektor nachweisen. Klaus J. Bade hat aufgezeigt, daß Fabri – der in den 1870er Jahren häufig wegen Anträgen auf Projekte in den Kolonien beim Außenministerium vorsprach – in diesen Angelegenheiten erst in den 1880er Jahren direkt mit dem Kanzler in Kontakt kam. *Friedrich Fabri und der Imperialismus in der Bismarckzeit* (Freiburg, 1975).

81 Reichle, *Staat und Kirche*, 243–244; Constabel, *Vorgeschichte*, 100 ff.

82 Reichle, *Staat und Kirche*, 332 ff.

83 Reichle, *Staat und Kirche*, 349 ff., 359 ff.; Constabel, *Vorgeschichte*, 100 ff., 127 ff.; Hermann Oncken, *Rudolf von Bennigsen* (Stuttgart, 1910), II, 236. Bismarck hatte nie eine hohe Meinung von Mühlers Fähigkeiten. GW, VII, 267–268.

84 Reichle, *Staat und Kirche*, 411.

85 Reichle, *Staat und Kirche*, 444 ff.

86 Zu Falk vgl. Erich Förster, *Adalbert Falk: Sein Leben und Wirken als preußischer Kultusminister* (Gotha, 1927).

87 Förster, *Falk*, 75.

88 GSP (1872), 183.

89 GSP (1874), 95–109; RGB (1875), 23–39.

90 RGB (1871), 442.

91 RGB (1872), 253–254.

92 GSP (1873), 143.

93 GSP (1873), 191–208.

94 Sperber, *Popular Catholicism*, 240–252.

95 GW, VIII, 115–117. Vgl. auch seinen Brief an Kronprinz Friedrich Wilhelm. Horst Kohl (Hg.), *Anhang zu den Gedanken und Erinnerungen von Otto Fürst von Bismarck* (Stuttgart, 1901), II, 447–478. Bismarck war nicht begeistert über das Gesetz, das die Zivilehe vorschrieb. Obwohl er es 1849 öffentlich abgelehnt hatte, akzeptierte er Falks Gesetzentwurf und verteidigte ihn am 12. Dezember 1873 im Abgeordnetenhaus. GW, VIII, 49; XIV, 838; VIc, 43–47; BR, VI, 120–152. Bismarck war Anfang 1873 zwar nicht Ministerpräsident, nahm aber dennoch an den Beratungen des preußischen Staatsministeriums über die Mai-Gesetze teil und verteidigte sie im Herrenhaus. BR, V, 381–409; GW, VIII, 50. Es gibt keinen zeitgenössischen Hinweis auf seine Mißbilligung. Am 26. Mai 1873 hielt Lucius seine Bemerkung fest, «er freue sich, daß Falk so gut ausgehalten habe, ihn habe er in seinen kirchenpolitischen Gesetzen unterstützen müssen – als einziger im Ministerium». Lucius, *Bismarck-Erinnerungen*, 30.

96 So sagte der protestantische Theologe Willibald Beyschlag über Bismarck: «Daß er auch ideale Mächte zu würdigen wisse, hat er nie

gezeigt.» Zit. in: Wilhelm Lütgert, *Die Religion des deutschen Idealismus und ihr Ende* (Gütersloh, 1923–1930), IV, 57.

97 Virchow an das Abgeordnetenhaus, 8. Februar 1872. SBHA (1871–1872), II, 663–669. Zum Kulturkampf aus liberaler und nationaler Sicht vgl. besonders die Debatten über die Mai-Gesetze im Jahre 1873. SBHA (1872–1873), III, 1488 ff. Zur allgemeinen Einstellung in Deutschland vgl. Lütgert, *Religion des deutschen Idealismus*, IV, 49–89; Bornkamm, «Die Staatsidee im Kulturkampf», 48–72; Erich Förster, «Liberalismus und Kulturkampf», *Zeitschrift für Kirchengeschichte*, 47 (1928), 543–559. Unter den Tausenden von Pamphleten, Zeitungsartikeln und Reden, die hier zitiert werden könnten, ist ein gutes Beispiel für die anti-katholische Haltung J. C. Bluntschli, «Römische Weltherrschaft und deutsche Freiheit», in: *Rom und die Deutschen* (Berlin, 1872), in der Reihe: Fr. v. Holtzendorff und W. Oncken (Hgg.), *Deutsche Zeit- und Streit-Fragen: Flugschriften zur Kenntnis der Gegenwart* (Berlin, 1872), I, 291–329.

98 Eugen Richter, *Im alten Reichstag: Erinnerungen* (Berlin, 1894–1914), I, 43.

99 SBR (1874–1875), II, 1039; auch Lütgert, *Religion des deutschen Idealismus*, IV, 56.

100 Reichle, *Staat und Kirche*, 411 ff.

IV. Der Höhepunkt der liberalen Ära

1 Robert Berdahl, «Conservative Politics and Aristocratic Landholders in Bismarckian Germany», *Journal of Modern History*, 44 (1972), 5–6, und «The Transformation of the Prussian Conservative Party, 1866–1876» (Diss., University of Minnesota, 1965).

2 Vgl. oben, 425–429.

3 Adelheid Constabel (Hg.), *Die Vorgeschichte des Kulturkampfes* (Berlin, 1956), 138. Zum Gesetzentwurf vgl. SBHA (1871–1872), Anlagen, Nr. 5 und 175.

4 SBHA (1871–1872), II, 654–757; SBHH (1871–1872), I, 225.

5 Zur Geschichte der kommunalen Selbstverwaltung in Deutschland vgl. besonders Heinrich Heffter, *Die deutsche Selbstverwaltung im neunzehnten Jahrhundert* (Stuttgart, 1950).

6 GW, VIb, 143, 157; VII, 226–227, 268–270.

7 Zu Bismarcks Bemühungen, das Innenministerium zu einer Verwaltungsreform zu bewegen, vgl. Freiherr Lucius von Ballhausen, *Bismarck-Erinnerungen* (Stuttgart, 1920), 25; BP, II, 72 ff.; GW, VIa, 490–491, 561, 564; VIb, 8; XIV, 747, 757.

8 Heffter, *Selbstverwaltung*, 546 ff.; R. R. Reininghaus, *Graf Friedrich zu Eulenburg: Preußischer Minister des Inneren 1862–1878* (Tübingen, 1932), 25.

9 GSP (1872), 661–716.

10 SBHA (1871–1872), III, 1497–1500; SBHH (1871–1872), I, 365–576.

11 Vgl. besonders die Rede des Grafen Lippe vom 23. Oktober 1872. SBHH (1871–1872), I, 382–383. Zur Sicht der Ultramontanen vgl. Berdahl, «Conservative Politics and Aristocratic Landholders», 1–20.

12 GW, XIV, 839, 843; VIc, 24. Zu Bismarcks Erfahrungen mit der Verwaltungsreform und seinen Ansichten dazu vgl. 77–91.

13 GW, VIc, 24–27; XIV, 840–841; Waldemar von Roon, *Denkwürdigkeiten aus dem Leben des General-Feldmarschalls Kriegsministers Grafen von Roon* (4. Aufl., Breslau, 1897), III, 323–326.

14 Moritz Busch, *Tagebuchblätter* (Leipzig, 1899), II, 380, 385–391. Vgl. auch seine Bemerkungen bei einem Arbeitsessen, 25. Januar 1873. GW, VIII, 53–54; Lucius, *Bismarck-Erinnerungen*, 24–26. Ernst Feder (Hg.), *Bismarcks großes Spiel: Die geheimen Tagebücher Ludwig Bambergers* (Frankfurt, 1933), 200. Nach dem Gesetz vom 30. Mai 1855 setzte sich das Herrenhaus zusammen aus (1) vom König ernannten Prinzen aus dem Hause Hohenzollern (keiner wurde je ernannt), (2) Mitgliedern des Hochadels, darunter die Oberhäupter der süddeutschen Familien von Hohenzollern-Hechingen und Hohenzollern-Sigmaringen, 22 mediatisierten (d. h. ehemals reichsunmittelbaren) Häusern und 51 weiteren Adelshäusern, (3) den Oberhäuptern adeliger Familien, die Adelsgüter besaßen und denen der König die erbliche Mitgliedschaft gewährte (1911: 41 Sitze), (4) auf Lebenszeit ernannten Mitgliedern (vor allem hohe Beamte, Offiziere und Geistliche, 1911: 88 Sitze), und (5) Mitgliedern, die von bestimmten Organisationen mit Vertretungsrecht gewählt wurden. In die letzte Kategorie fielen die Domkapitel dreier evangelischer Kathedralen, Vereinigungen von Adeligen aus allen acht

Provinzen, die den erblichen Titel «Graf» trugen, bestimmte vornehme Adelsfamilien mit Namen wie Alvensleben, Arnim, Bredow, Kleist und Schwerin (1911: 18 Sitze), 56 Zusammenschlüsse der Besitzer von Adelsgütern, die mindestens fünfzig Jahre einer Familie gehörten (insgesamt 90 Sitze), Professoren von zehn preußischen Universitäten und bestimmte Stadtregierungen (1911: 51 Sitze). 1911 bestand die Kammer aus 347 Mitgliedern, von denen 260 adeliger und 87 bürgerlicher Herkunft waren. Die Bürger waren zumeist Beamte, Akademiker, Bürgermeister und Geschäftsleute, aber mit Ausnahme eines 1911 ernannten Handwerkers waren weder Arbeiter noch Bauern vertreten. Ernst Rudolf Huber, *Deutsche Verfassungsgeschichte seit 1789* (Stuttgart, 1963), III, 83–85. Zu Bismarcks Haltung zur Reform des Herrenhauses vgl. Werner Frauendienst, «Bismarck und das Herrenhaus», *Forschungen zur brandenburgischen und preußischen Geschichte*, 45 (1933), 286–314.

15 Horst Kohl (Hg.), «Aus der Korrespondenz des Grafen Friedrich zu Eulenburg mit dem Fürsten Bismarck», *Deutsche Revue*, 25 (1900), 190–191; Heffter, *Selbstverwaltung*, 552.

16 GW, XIV, 839, 843–844.

17 Um Druck auf Eulenburg und die anderen Minister auszuüben, brachte Bismarck in der *Kölnischen Zeitung* eine Diskussion über das Problem in Gang. Busch, *Tagebuchblätter*, II, 382–391.

18 Kabinettssitzungen vom 29. Oktober sowie vom 3., 9. und 17. November 1872. DZA Merseburg, Rep. 90a, B, III, 2b, Nr. 6, Bd. 84.

19 Kronrat vom 8. November 1872. DZA Merseburg, Rep. 90a, B, III, 2c, Nr. 3, Bd. III. Zur Auswirkung von Bismarcks Abwesenheit bei diesen Beratungen vgl. seinen Briefwechsel mit Wilhelm in: Horst Kohl (Hg.), *Anhang zu den Gedanken und Erinnerungen von Otto Fürst von Bismarck* (Stuttgart, 1901), I, 228–232.

20 SBHA (1872–1873), I, 22–53, 68–141; SBHH (1872–1873), I, 15–55, 64–71; Heffter, *Selbstverwaltung*, 553.

21 Heffter, *Selbstverwaltung*, 553–556; Herbert Jakob, *German Administration since Bismarck: Central Authority versus Local Autonomy* (New Haven, 1963), 47–51.

22 Felix Salomon, *Die deutschen Parteiprogramme* (Leipzig, 1907), II, 1.

23 Herman von Petersdorff, *Kleist-Retzow: Ein Lebensbild* (Stuttgart, 1907), 418 ff.

24 Bismarck an Wilhelm, 9. Mai 1872. GW, VIc, 19.

25 Lucius, *Bismarck-Erinnerungen*, 21–22.

26 GW, VIII, 37–38.

27 GW, VIII, 39; BR, V, 336–345.

28 GW, XIV, 832–835.

29 George W. Curtis (Hg.), *The Correspondence of John Lothrop Motley* (New York, 1889), II, 340, 342–343.

30 Horst Kohl (Hg.), *Fürst Bismarck: Regesten zu einer wissenschaftlichen Biographie des ersten Reichskanzlers* (Leipzig, 1892), II, 50; GW, XIV, 836.

31 Bismarck an Gräfin Eberhard zu Stolberg-Wernigerode, 9. August 1872. [Hans Goldschmidt (Hg.)], «Neue Briefe von und über Bismarck», *Deutsche Allgemeine Zeitung* (9. Juli 1937), Bd. 76, Nr. 312–313, Beiblatt; Kohl (Hg.), *Bismarck-Regesten*, II, 52–54; Hans Goldschmidt, *Das Reich und Preußen im Kampf um die Führung von Bismarck bis 1918* (Berlin, 1931), 159.

32 Kohl (Hg.), *Bismarck-Regesten*, II, 54; GW, XIV, 836, 841–842.

33 Zur Kabinettskrise vom November – Dezember 1872 vgl. Roon, *Denkwürdigkeiten*, III, 321–340.

34 GW, XIV, 844–845.

35 Heinrich von Poschinger (Hg.), *Bismarck-Portefeuille* (Stuttgart, 1898), II, 174; GW VIII, 47, 76; XIV, 846, 854–855, 857–858; Lucius, *Bismarck-Erinnerungen*, 30, 35–36.

36 Roon, *Denkwürdigkeiten*, II, 361–370; GW, XIV, 856–857.

37 Hermann Witte (Hg.), «Bismarck und die Konservativen: Briefe aus Trieglaff», *Deutsche Rundschau*, 149 (1911), 381–386; Petersdorff, *Kleist-Retzow*, 415–416; Wolfgang Saile, *Hermann Wagener und sein Verhältnis zu Bismarck* (Tübingen, 1958), 106–111.

38 Roon, *Denkwürdigkeiten*, III, 367–372.

39 GW, XIV, 828.

40 GW, XIV, 856–857. Vgl. auch Petersdorff, *Kleist-Retzow*, 447–448.

41 GW, XIV, 857–858.

42 Richard W. Dill, *Der Parlamentarier Eduard Lasker und die parlamentarische Stilentwicklung der Jahre 1867–1884* (Erlangen, 1956). Zu Laskers Verhältnis zu Bennigsen vgl. Her-

mann Oncken, *Rudolf von Bennigsen* (Stuttgart, 1910), II, 248–254.

43 Dill, *Lasker*, 97–114.

44 Zu Lasker bei einem Arbeitsessen, 1. Februar 1873. BP, I, 69. Um seine fortdauernde Loyalität zu Wagener zu demonstrieren, besuchte Bismarck ihn in seinem Quartier, «in voller Uniform, am hellen Tage, vor allen Leuten». Saile, *Wagener und Bismarck*, 115; Siegfried von Kardorff, *Wilhelm von Kardorff: Ein nationaler Parlamentarier im Zeitalter Bismarcks und Wilhelms II., 1828–1907* (Berlin, 1936), 96–97. Vgl. auch Roon, *Denkwürdigkeiten*, III, 351–356.

45 BR, X, 21.

46 SBR (1873), I, 1175–1184; Dill, *Lasker*, 112–113.

47 BP, I, 73–74.

48 BP, II, 211–214.

49 Ludolf Parisius, *Deutschlands politische Parteien und das Ministerium Bismarck* (Berlin, 1878), 162. Bismarck befahl ein offizielles Vorgehen gegen preußische Landräte, die mit «Jesuiten und Polen» und «Staatsfeinden» sympathisierten. GW, VIc, 39–40, XIV, 854–856. Unnachgiebig drängte er Innenminister Eulenburg dazu, gegen «conservative Verschwörer» vorzugehen. Bismarck an Eulenburg, 8. Juli, 1. August, 5. und 21. November 1873, 29. Juni und 5. August 1874. *F. Eulenburg Papers*, mit freundlicher Genehmigung von Wend Graf zu Eulenburg-Hertefeld und John C. G. Röhl. Vgl. auch Lucius, *Bismarck-Erinnerungen*, 39; Petersdorff, *Kleist-Retzow*, 454–466.

50 Bernhard Vogel, Dieter Nohlen und Rainer-Olaf Schultze, *Wahlen in Deutschland: Theorie-Geschichte-Dokumente, 1848–1970* (Berlin, 1971), 287, 290.

51 Eugen Richter, *Im alten Reichstag: Erinnerungen* (Berlin, 1894–1914), I, 75; Parisius, *Parteien*, 176–177; Oncken, *Bennigsen*, II, 256.

52 SBR (1874), III, Nr. 9; Parisius, *Parteien*, 182–188.

53 Lucius, *Bismarck-Erinnerungen*, 43–44, 55; auch GW, XIV, 860.

54 GW, VIII, 114.

55 BP, II, 193–194.

56 BP, II, 194–196.

57 SEG (1874), 98 (22. März); Martin Philippson, *Max von Forckenbeck: Ein Lebensbild* (Leipzig, 1898), 257.

58 Zur Bewertung der Schwächen der liberalen Position vgl. Parisius, *Parteien*, 190–193; Oncken, *Bennigsen*, II, 258–259; Hans Herzfeld, *Johannes von Miquel* (Detmold, 1938), I, 276–280.

59 SEG (1874), 102 (4. April).

60 Parisius, *Parteien*, 192; SBR (1874), II, 768; Friedrich Böttcher, *Eduard Stephani* (Leipzig, 1887), 141.

61 Parisius, *Parteien*, 193 (Anm.).

62 *Ebd.*, 193–194; SEG (1874), 87–88.

63 Lucius, *Bismarck-Erinnerungen*, 49–50, 529–530; HW, II, 102–103. Zu Wilhelms Sicht des Problems vgl. seinen Brief an Roon vom 8. Mai 1874. Johannes Schultze (Hg.), *Kaiser Wilhelms I. Weimarer Briefe* (Berlin, 1924), II, 300.

64 Philippson, *Forckenbeck*, 257–258; Oncken, *Bennigsen*, II, 259–260; GW, XIV, 859– 860; Herzfeld, *Miquel*, I, 278–280.

65 Böttcher, *Stephani*, 141 ff.

66 Vgl. den Briefwechsel zwischen Lasker und Stauffenberg, 1. und 3. April 1874, HW, II, 101–103.

67 SBR (1874), II, 747–805. Lucius, *Bismarck-Erinnerungen*, 530. Die dreizehn Abgeordneten der Fortschrittspartei, die gegen den Kompromiß stimmten, verließen die Partei und bildeten den «Löwe-Ausschuß».

68 Oncken, *Bennigsen*, II, 261.

69 An Lucius, 9. April 1874. Lucius, *Bismarck-Erinnerungen*, 49–52. Durch Lucius hoffte Bismarck die Freikonservativen, denen der Freiherr angehörte, zur Annahme des mit den Nationalliberalen ausgehandelten Kompromisses zu bewegen. Viele Freikonservative und der Regierung gewogene Konservative empfanden den Kompromiß als bittere Pille. Moritz von Blanckenburg schrieb an Roon von der «Kompromiß-Katastrophe». Roon, *Denkwürdigkeiten*, III, 404–406; auch Poschinger (Hg.), *Bismarck-Portefeuille*, II, 177–178.

70 SBR (1874), I, 374–537; II, 1083–1145; III, Anlagen, Nr. 23, 67.

71 Zur Affäre Arnim vgl. George O. Kent, *Arnim and Bismarck* (Oxford, 1968).

72 Vgl. etwa Friedrich Curtius (Hg.), *Denkwürdigkeiten des Fürsten Chlodwig zu Hohenlohe-Schillingsfürst* (Stuttgart, 1906), II, 112 ff.

73 Vielleicht wäre es einfacher, schlug Arnim vor, «die Gesandtschaftsberichte in Berlin machen zu lassen». Kent, *Arnim and Bismarck*, 74–75; Harry von Arnim, *Pro Nihilo!*

Vorgeschichte des Arnim'schen Prozesses (Zürich, 1876), 37.

74 Kent, *Arnim and Bismarck*, 63–116.

75 *Ebd.*, 121–122; GP, I, 182–191.

76 Arnim, *Pro Nihilo*, 76–79. Anhand von Bismarcks Randbemerkungen auf dem Exemplar von *Pro Nihilo* im Archiv des Außenministeriums läßt sich vermuten, daß Arnim das Gespräch einigermaßen korrekt wiedergab. Kent, *Arnim and Bismarck*, 123–124.

77 Kent, *Arnim and Bismarck*, 124–128.

78 *Ebd.*, 129–136.

79 Arnim leugnete, die Schriftstücke an *Die Presse* gegeben zu haben, und der Vorwurf gegen ihn war damals nicht zu beweisen. Allerdings wurde ihm nachgewiesen, daß er 1872 einer belgischen Zeitung einen falschen Bericht zugespielt und, indem er dies abstritt, sich einer Falschaussage gegenüber dem Außenministerium schuldig gemacht hatte. Kent, *Arnim and Bismarck*, 137–139. Zum Gerichtsverfahren gegen Arnim vgl. Gerhard Kratzsch, *Harry von Arnim, Bismarck-Rivale und Frondeur: Die Arnim-Prozesse 1874–1876* (Göttingen, 1975).

80 *Ebd.*, 147–149; Norman Rich, M. H. Fischer, Werner Frauendienst (Hgg.), *Die geheimen Papiere Friedrich von Holsteins* (4 Bde., Göttingen, 1956–1963), III, 25–33. Nach seiner Abberufung aus Paris wurde Arnim nach Konstantinopel versetzt, aber der Antritt verzögerte sich durch Krankheit und den Tod einer Tochter. Nach der Veröffentlichung in *Die Presse* zu schließen, dürfte er sich in den zwei Monaten nach seiner Abberufung entschlossen haben, aus dem diplomatischen Dienst auszuscheiden und eine politische Karriere zu beginnen.

81 Eduard von Wertheimer, «Der Prozeß Arnim», *Preußische Jahrbücher*, 222 (1930), 274.

82 Kent, *Arnim and Bismarck*, 144 ff.

83 SEG (1874), 238–239; Kardorff, *Kardorff*, 75. Im Oktober hatte der Kaiser dem Grafen eine Art Beileidsschreiben geschickt und ihn mit dem Roten Adlerorden dritter Klasse am Bande ausgezeichnet. Lucius, *Bismarck-Erinnerungen*, 56.

84 Kent, *Arnim and Bismarck*, 182.

85 Petersdorff, *Kleist-Retzow*, 417. Kleist-Retzow sagte: «Arnim hat gewagt, den Gedanken zu hegen, daß er an seine Stelle treten könne, dafür soll er vernichtet werden.»

86 GW, VIc, 39–40, 48–51.

87 RGB (1874), 43–44; GSP (1874), 135–142.

88 SEG (1874), 98–99, 543–548.

89 Kohl (Hg.), *Bismarck-Regesten*, II, 92–93.

90 SEG (1874), 154.

91 Arthur von Brauer, *Im Dienste Bismarcks* (Berlin, 1936), 38. Als Staatssekretär im Außenministerium hatte man Brauer damit beauftragt, andere deutsche Regierungen zu ähnlichen Maßnahmen zu bewegen – mit mäßigem Erfolg.

92 BR, VI, 214–223; Heinrich Eduard Brockhaus, *Stunden mit Bismarck, 1871–1878* (Leipzig, 1929), 116–117.

93 Lucius, *Bismarck-Erinnerungen*, 59–60.

94 Da der Prozeß gegen Kullmann, der zu vierzehn Jahren Haft verurteilt wurde, keinen Aufschluß über dessen Parteizugehörigkeit gab, machte Bismarck Zeugen ausfindig, die gehört hatten, wie der Täter das Zentrum als «‹seine› Fraction» bezeichnet hatte. Ihre Aussagen wurde an die Presse gegeben. GW, XIV, 866; SEG (1874), 208–242. Zur Affäre Cohen-Blind vgl. Julius H. Schoeps, *Bismarck und sein Attentäter: Der Revolveranschlag, Unter den Linden am 7. Mai 1866* (Berlin, 1984).

95 Brauer, *Im Dienste Bismarcks*, 30–31.

96 BP, I, 83–84; Lucius, *Bismarck-Erinnerungen*, 60–62, 68. Der Raum war überfüllt, aber niemand wurde getroffen. Als der italienische Staatsmann Francesco Crispi am 17. September 1877 in Bismarcks Quartier in Bad Gastein eintrat, war er verwundert über «eine kleine Pistole mit weißem Griff» auf dem Tisch. GW, VIII, 216.

97 SBR (1874–1875), I, 628–629, 725–757; IV, Nr. 125. Ludolf Parisius, *Leopold Freiherr von Hoverbeck* (Berlin, 1897–1900), II, 308–311.

98 Lucius, *Bismarck-Erinnerungen*, 62–63. In der Sitzung des Kronrats vom 18. Dezember gab Wilhelm seine Einschätzung zum Ernst der Lage: Es sei «unerwartet eine Krise herbeigeführt worden ..., in der es den Führern der extremen Partheien zum ersten Male in einer wichtigen Angelegenheit gelungen, sich eine Majorität zu verschaffen, aus welcher die Bildung eines Ministeriums unmöglich erfolgen könne.» DZA Merseburg, Rep. 90a, B, III, 2c, Nr. 3, Bd. 4. Unerwiderte Angebote an die Fortschrittspartei waren vielleicht ebenfalls ein Grund für Bismarcks Ärger über den Fall

Majunke und den Antrag Hoverbecks. In einer Quelle heißt es, der Kanzler habe sich 1874 um eine Annäherung an die Fortschrittspartei bemüht, um in beiden liberalen Parteien eine neue Machtbasis gegen das Zentrum und die Konservativen zu schaffen. Wenn dies zutrifft, kam der Versuch zu einem plötzlichen Ende. Parisius, *Parteien*, 200; BP, I, 85–87.

99 Oncken, *Bennigsen*, II, 274.

100 Poschinger (Hg.), *Bismarck-Portefeuille*, II, 179.

101 BP, I, 84–85.

102 SBR (1874–1875), II, 806–812; Oncken, *Bennigsen*, II, 275–278.

103 Im Januar 1875 brachte die Fortschrittspartei einen Verfassungszusatz ein, um die Gesetzeslücke zu schließen, die erst zur Verhaftung Majunkes führen konnte. Der Antrag wurde vor der Vertagung jedoch nicht mehr im Plenum behandelt. SBR (1874–1875), IV, Nr. 156; Parisius, *Hoverbeck*, II, 310–312. In der folgenden Sitzung wurde der Antrag mit 142 zu 127 Stimmen abgelehnt. 18 Mitglieder des linken Flügels der nationalliberalen Partei folgten Stauffenberg und enthielten sich. SBR (1875–1876), I, 472–499; SEG (1875), 205.

104 SBR (1874–1875), I, 597–672; BP, I, 67; Lucius, *Bismarck-Erinnerungen*, 61.

105 Lucius, *Bismarck-Erinnerungen*, 62.

106 Johanna von Bismarck an Herbert von Bismarck, 28. August, 9., 14., 19., 24., 28. September, 22., 24., 25. Oktober sowie 5. November 1874. BFA, Bestand C, Box 6.

107 Johanna an Herbert, 4. und 8. Dezember 1874. *Ebd.*

108 Johanna an Herbert, 16. Januar 1875. *Ebd.* Bismarck, berichtete sie, werde mit «Animipulver zur Stärkung» und «Atropiepillen für den Magen» behandelt. Johanna an Herbert, 27. Januar. *Ebd.*

109 GW, VIc 56; XIV, 861–862.

110 Tagebucheintrag vom 27. Oktober 1875. Lucius, *Bismarck-Erinnerungen*, 75.

111 Christoph von Tiedemann, *Sechs Jahre Chef der Reichskanzlei unter dem Fürsten Bismarck* (2. Aufl., Leipzig, 1910), 13, 18. Am 18. Januar 1875 berichtete er Tiedemann: «Ich bin sehr angegriffen, habe in drei Nächten nicht geschlafen und in drei Tagen so gut wie nicht gegessen.» *Ebd.*, 3.

112 GW, XIV, 861.

113 Vgl. oben, 566.

114 Tiedemann, *Sechs Jahre*, 14–16.

115 Erich Förster, *Adalbert Falk: Sein Leben und Wirken als preußischer Kultusminister* (Gotha, 1927), 485.

116 An Tiedemann im Januar 1875. Tiedemann, *Sechs Jahre*, 3.

117 Lucius, *Bismarck-Erinnerungen*, 57–58 (Ende November 1874) und 72 (11. April 1875).

118 An den nationalliberalen Abgeordneten Ludwig Seyffardt, 22. Januar 1875. BP, II, 233–234.

119 An das preußische Ministerium, 13. März 1875. GW, VIc, 56–57. Vgl. auch Tiedemann, *Sechs Jahre*, 27 (24. April 1875). Ronald Ross hat in pikanten Details das Zusammenwirken von rechtlichen und administrativen Hemmnissen, finanziellen Schwierigkeiten und kirchlichen Widerständen beschrieben, die eine effektive Umsetzung der Regierungspolitik im Kulturkampf vereitelten. Vgl. sein «Enforcing the Kulturkampf: The Bismarckian State and the Limits of Coercion in Imperial Germany», *Journal of Modern History*, 56 (1984), 456–482.

120 SEG (1875), 54–55, 408–411.

121 GSP (1875), 194–196; Erich Schmidt-Volkmar, *Der Kulturkampf in Deutschland 1871–1890* (Göttingen, 1962), 138–140.

122 SBHH (1875), I, 409, 657.

123 Lucius, *Bismarck-Erinnerungen*, 72; GSP (1875), 259.

124 GSP (1875), 217–218, 241–255. Das Kongregations- (oder Klöster-) Gesetz erwies sich ebenfalls als viel weniger wirkungsvoll als erwartet. Zwei Drittel der mehr als 900 religiösen Gründungen innerhalb der Hohenzollern-Monarchie erfüllten Aufgaben im Pflege- und Bildungsbereich, die der Staat nicht ohne weiteres übernehmen oder neu vergeben konnte. In den zwei Jahren nach Erlaß des Gesetzes wurden nur 189 und bis zum Ende des Kulturkampfs nur 340 Häuser aufgelöst. Ross, «Enforcing the Kulturkampf», 468–472.

125 An Hohenlohe, 26. März 1875. GW, VIII, 140–141. Vgl. auch die ähnliche Aussage gegenüber Károlyi, 17. April 1875, überliefert in Schmidt-Volkmar, *Kulturkampf*, 141.

126 GW, VIc, 57–58.

127 SBHA (1875), II, 839–844, 893–895.

128 SBHH (1875), I, 219–272, 320–339, 363–383, 409–413, 651.

129 BR, VI, 256–257.

130 Diese Taktik erklärt jedoch weder die Wurzeln des Kulturkampfs in Bismarcks Denken und Handeln noch den tatsächlichen Verlauf der deutschen Politik in den 1870er und 1880er Jahren. Sie war das nützliche Nebenprodukt eines aus anderen Gründen begonnenen Kampfes, eine weitere Demonstration seiner Fähigkeit, bei der Entwicklung jeder politischen Aktion mehr als ein Ziel zu erkennen und zu verfolgen. Vgl. den Artikel des Autors «Bismarcks Herrschaftstechnik als Problem der Historiographie», *Historische Zeitschrift*, 234 (1982), 561–599.

V. Neuorientierung der Außenpolitik

1 Vgl. etwa Helmut Böhme, *Deutschlands Weg zur Großmacht: Studien zum Verhältnis von Wirtschaft und Staat während der Reichsgründungszeit 1848–1881* (Köln, 1966) und «Politik und Ökonomie in der Reichsgründungs- und späten Bismarckzeit», in: Michael Stürmer (Hg.), *Das kaiserliche Deutschland 1870–1918* (Düsseldorf, 1970), 26–50; Hans-Ulrich Wehler (Hg.), *Der Primat der Innenpolitik* (Berlin, 1965; 3. Aufl., 1976), *Bismarck und der Imperialismus* (Köln, 1969) und *Das deutsche Kaiserreich 1871–1918* (Göttingen, 1973); Dietrich Geyer, *Der russische Imperialismus: Studien über den Zusammenhang von innerer und auswärtiger Politik 1860–1914.* (Göttingen, 1977); Heinz Wolter, *Bismarcks Außenpolitik, 1871–1881* (Berlin, 1983).

2 An Hermann Hoffmann, den Herausgeber der *Hamburger Nachrichten*, in den 1890er Jahren. GW, IX, 400. Ähnliche Äußerungen aus drei Jahrzehnten zeigen, daß die Trennbarkeit ökonomischer und politischer Ziele (und im Zweifelsfall der Vorrang der letzteren) in der Außenpolitik für Bismarck ein durchgängiges Prinzip war. An Werther, 9. April 1863, in: Helmut Böhme (Hg.), *Die Reichsgründung* (München, 1967), 132–133. An den Reichstag, 12. Dezember 1876; BR, VI, 450–459. An einen ungarischen Korrespondenten, 5. März 1880. GW, XIV, 914. An Sidney Whitman, Mitte Oktober 1891. GW, IX, 158.

3 George Earle Buckle, *The Life of Benjamin Disraeli, Earl of Beaconsfield* (New York, 1920), V, 133–134.

4 Rosslyn Wemyss, *Memoirs and Letters of the Right Honorable Sir Robert Morier* (London, 1911), II, 165–181, 242–244.

5 John Morley, *The Life of William Ewart Gladstone* (New York, 1903), II, 348.

6 Edmond Fitzmaurice, *The Life of George Leveson Gower, Second Earl Granville* (London, 1911), II, 111–114; Lord Newton, *Life of Lord Lyons* (London, 1913), II, 41, 53. Zu weiteren englischen Reaktionen vgl. Klaus Hildebrand, «Großbritannien und die deutsche Reichsgründung», in: Eberhard Kolb (Hg.), *Europa und die Reichsgründung: Preußen-Deutschland in der Sicht der großen europäischen Mächte 1860–1880.* (München, 1980), 9–62.

7 Heinrich Potthoff, *Die deutsche Politik Beusts* (Bonn, 1968), 382–383.

8 Potthoff, *Deutsche Politik Beusts*, 383–384. Derartige Gedanken waren Beusts Nachfolger Graf Julius Andrássy nicht unbekannt. Eduard von Wertheimer, *Graf Julius Andrássy: Sein Leben und seine Zeit* (Wien, 1910–1913), II, 110.

9 OD, XXV, 377 (Anm.).

10 Jules Favre an General Adolphe Le Flô, 7. Juli 1871. DDF, I, 39–40.

11 GW, VIb, 416–417. Vgl. auch GW, VIb, 13; VIII, 45, 536, 567.

12 GW, VIb, 416–417. Vgl. auch GW, VI, 53; VIII, 469–470, 475, 480, 567.

13 Emil Meynen, *Deutschland und deutsches Reich: Sprachgebrauch und Begriffswesenheit des Wortes Deutschland* (Leipzig, 1935), 75–78, 187–189.

14 SBR (2. Sitzungsperiode, 1871), 220. Vgl. auch die Diskussion über die österreichischen Deutschen im konstituierenden Reichstag. SBR (1867), I, 111, 121, 125–126, 182.

15 SBR (2. Sitzungsperiode, 1871), 600–601. Vgl. auch Treitschkes Aufsatz «Österreich und das deutsche Reich», *Preußische Jahrbücher*, 28 (1871), 667–682.

16 Meynen, *Deutschland und deutsches Reich*, 79–91; Paul de Lagarde, *Deutsche Schriften* (4. Aufl., Göttingen, 1903), 166 ff. Zur sozialistischen Sicht vgl. Hans-Ulrich Wehler, *Sozialdemokratie und Nationalstaat* (Würzburg, 1962).

17 Franz Grillparzer, «Für das Album einer deutschen Fürstin (1867)», in: J. Minor (Hg.), *Franz Grillparzers Werke* (Stuttgart, o.J.), 128.
18 Gabriac an Rémusat, 14. August 1871. DFF, I, 61–65.
19 Vgl. Bd. 1, 80–85.
20 GP, II, 153–154.
21 Zu seiner Sorge über die Neuauflage einer «Kaunitz-Koalition» vgl. BR, IX, 398.
22 J. Y. Simpson, *The Saburov Memoirs or Bismarck and Russia* (New York, 1929), 111. Vgl. auch seine Rede an den Reichstag, 11. Januar 1887. BR, XIII, 178 ff.
23 Zur Möglichkeit der dritten Kombination vgl. GP, II, 36.
24 Vgl. besonders GP, I, 157–162.
25 GP, I, 47–48, 65 ff., 157–194; GW, VIII, 7–9, 85–87, 117–118, 160.
26 Vgl. oben, 318–321.
27 Nicholas Der Bagdasarian, *The Austro-German Rapprochement, 1870–1879* (Cranbury, N.J., 1976), 67 ff.; F. R. Bridge, *From Sadowa to Sarajevo: The Foreign Policy of Austria-Hungary, 1866–1914* (London, 1972), 54–57.
28 Heinrich Lutz, *Österreich-Ungarn und die Gründung des deutschen Reiches* (Frankfurt, 1979), 342 ff.
29 Reuß an Bismarck, 8. April 1875. Hajo Holborn, «Bismarck und Schuwalow im Jahre 1875», *Historische Zeitschrift*, 130 (1924), 264. Vgl. auch Hajo Holborn, *Bismarcks europäische Politik zu Beginn der siebziger Jahre und die Mission Radowitz* (Berlin, 1925), 15 ff.
30 Fitzmaurice, *Granville*, II, 74.
31 William L. Langer, *European Alliances and Alignments* (2. Aufl., New York, 1956), 17–18.
32 Wemyss, *Morier*, II, 330.
33 Wolter, *Bismarcks Außenpolitik*, 90 ff. Am 20. Mai 1871 schrieb Wilhelm an Kaiserin Augusta, daß «die Nachrichten aus Paris (die Kommune) immer schlimmer, d.h. gut für uns», lauteten. Zit. in: *Ebd.*, 92.
34 GP, I, 197–200.
35 N. Japikse, *Europa und Bismarcks Friedenspolitik: Die internationalen Beziehungen von 1871 bis 1890* (Berlin, 1927), 29–31.
36 GP, I, 201–204.
37 GP, I, 203–206.
38 GP, I, 206–207.
39 An Reuß, 25. April 1875. Holborn, «Bismarck und Schuwalow», 267.
40 Wolter, *Bismarcks Außenpolitik*, 121.
41 Langers Urteil «Schließlich zerstörte der Krieg vollständig das Machtgleichgewicht in Europa» war ebenfalls übertrieben. *Alliances and Alignments*, 15.
42 Vgl. besonders GP, I, 69–75, 101–110, 116–117, 149 ff.
43 Gerhard Ritter, *Staatskunst und Kriegshandwerk* (München, 1954–1968), I, 288. Vgl. auch Moltkes Aussage zur Wahrscheinlichkeit eines Krieges mit Frankreich gegenüber Odo Russell am 1. März 1873. Fitzmaurice, *Granville*, II, 113.
44 Vgl. besonders Allan Mitchell, *Bismarck and the French Nation, 1848–1890* (New York, 1971), 73 ff., und *The German Influence in France after 1870: The Formation of the French Republic* (Chapel Hill, 1979), 62 ff.
45 Bismarck an Edwin von Manteuffel, den Befehlshaber der deutschen Besatzungstruppen in Frankreich, 2. Juni 1873. GP, I, 189. MacMahon war am 24. Mai 1873 zum französischen Präsidenten gewählt worden.
46 Bismarck an den deutschen Botschafter in Wien, Lothar von Schweinitz, 4. Juni 1873. GP, I, 189 (Anm.).
47 Langer, *Alliances and Alignments*, 36 ff.
48 André Dreux, *Dernières années de l'ambassade en Allemagne de M. de Gontaut-Biron, 1874–1877* (Paris, 1907), 5 ff.; GP, I, 211–233.
49 Dreux, *Gontaut-Biron*, 2–10.
50 SEG (1874), 43–44.
51 13. Januar 1874. Dreux, *Gontaut-Biron*, 18–26. Vgl. auch Bismarck an Reuß, 23. Januar 1874. GP, I, 235.
52 GW, VIc, 33–35, 51–54; Holborn, «Bismarck und Schuwalow», 259–271; Dreux, *Gontaut-Biron*, 41–42.
53 Erich Eyck, *Bismarck: Leben und Werk* (Zürich, 1944), II, 152–154; Georges Goyau, *Bismarck et l'église* (Paris, 1911), II, 65–66. Eyck zitiert Goyau, der für diese Geschichte keine Quelle angibt. Wenn sie auch nicht bewiesen ist, so ist die Episode Bismarck doch zuzutrauen. Vgl. Wertheimer, *Andrássy*, II, 107.
54 DDF, I, 312–313; Japikse, *Bismarcks Friedenspolitik*, 36–38. Dreux, *Gontaut-Biron*, 47–60.
55 Holborn, *Mission Radowitz*, 26 ff.; Langer, *Alliances and Alignments*, 39–41.
56 Winifred Taffs, *Ambassador to Bismarck: Lord Odo Russell, First Baron Amphtill* (London, 1938), 66, und «The War Scare of 1875»,

Slavonic Review, 9 (1930–1931), 335–349, 632–649.

57 George Earle Buckle (Hg.), *Königin Victorias Briefwechsel und Tagebuchblätter während der Jahre 1862 bis 1878* (Berlin, 1926), II, 257–258.

58 GP, I, 238; DDF, I, 310–311.

59 Vgl. GP, I, 239 ff., sowie seine Bemerkungen gegenüber dem ungarischen Schriftsteller Maurus Jokai, 27. Februar 1874. GW, VIII, 105–108.

60 SEG (1874), 156. Der Kaiser erklärte gegenüber Hohenlohe, «er sei zu alt, um noch Krieg anzufangen, und er befürchte, daß Fürst Bismarck ihn nach und nach wieder in einen Krieg hineinführen wolle». Friedrich Curtius (Hg.), *Denkwürdigkeiten des Fürsten Chlodwig zu Hohenlohe-Schillingsfürst* (Stuttgart, 1906), II, 137.

61 Zur Mission Radowitz vgl. Holborn, *Mission Radowitz*, 53–90, und Hajo Holborn (Hg.), *Aufzeichnungen und Erinnerungen aus dem Leben des Botschafters Joseph Maria von Radowitz* (Berlin, 1925), I, 296–314. Holborn korrigierte in wichtigen Punkten die früheren Darstellungen von Hans Herzfeld in *Die deutsch-französische Kriegsgefahr von 1875* (Berlin, 1922). Vor allem durch Inhaltsanalysen von Zeitungsartikeln hat Martin Winckler zu beweisen versucht, daß der Zweck der Mission Radowitz ein deutsch-russisches Abkommen zur Aufteilung Europas in Einflußsphären gewesen sei. Das erneute Aufgreifen dieser lange widerlegten These ist jedoch nicht überzeugend. «Der Ausbruch der ‹Krieg in Sicht›-Krise vom Frühjahr 1875», *Zeitschrift für Ostforschung*, 14 (1965), 671–713. Zu einer positiveren Sicht von Wincklers These vgl. Andreas Hillgruber, *Bismarcks Außenpolitik* (Freiburg, 1972), 139–140, 148–149, 214. Vgl. jetzt auch umfassend Ulrich Lappenküper, *Die Mission Radowitz. Untersuchungen zur Rußlandpolitik Otto von Bismarcks (1871–1875)* (Göttingen, 1990).

62 GW, VIc, 55–56; DFF, I, 367, 371–377.

63 DDF, I, 379–380. Wemyss, *Morier*, II, 333–335.

64 GP, I, 245–247.

65 GP, I, 248–253 (Anm.); Ferdinand von Schmerfeld (Hg.), *Graf Moltke: Die deutschen Aufmarschpläne 1871–1890* (Berlin, 1929), 46–50.

66 Japikse, *Bismarcks Friedenspolitik*, 40.

67 «Neue Allianzen», *Kölnische Zeitung*, 5. April 1875.

68 Nachgedruckt in Freiherr Lucius von Ballhausen, *Bismarck-Erinnerungen* (Stuttgart, 1920), 531–534. Die Autorschaft der Artikel in der *Kölnischen Zeitung* und *Die Post* wurde viel diskutiert. Den ersten Artikel schickte Ludwig Aegidi vom Pressebüro des Außenministeriums an den Herausgeber mit der Bitte, ihn unverändert abzudrucken – «es ist ein jedes Wort abgewogen». Aegidi an Heinrich Kruse, 4. April 1875. HW, II, 124. Vgl. auch Paul Wentzcke, «Die Kriegsgefahr von 1875», *Kölnische Zeitung*, Nr. 754 (27. Oktober 1922), und Japikse, *Bismarcks Friedenspolitik*, 40. In informierten Kreisen war Constantin Rößler als Autor des Artikels in *Die Post* bekannt. Gegenüber Tiedemann leugnete Rößler, den Text im Auftrag des Außenministeriums verfaßt zu haben. Christoph von Tiedemann, *Sechs Jahre Chef der Reichskanzlei unter dem Fürsten Bismarck* (Leipzig, 1910), 29. Wahrscheinlich traf dies aber nicht zu. Rößler schrieb für *Die Post* häufig Kommentare zur Außenpolitik und wollte vielleicht seinen Ruf als unabhängiger Journalist wahren. Ohne eine allgemeine Direktive Bismarcks hätte das Pressebüro kaum eine solche Pressekampagne gestartet, wenngleich die konkrete Durchführung wohl im Ermessen des Büros lag. Bismarck wollte zwar nicht die Verantwortung für diese beiden Artikel übernehmen, zeigte sich aber doch erfreut über ihre Veröffentlichung. Im Hinblick auf den Artikel in *Die Post* teilte er Lucius am 11. April mit: «Es ist mir lieb, daß er in einem unabhängigen Blatt – nicht offiziösen – steht, und daß ich ihn nicht zu verantworten habe. Es ist ganz nützlich, wenn gelegentlich einmal ein recht helles Schlaglicht auf die verwirrte Situation geworfen wird. Von Krieg ist gar keine Rede.» Lucius, *Bismarck-Erinnerungen*, 71–72. Vgl. auch seine angeblichen Äußerungen gegenüber Gästen am selben Abend in: *Ebd.*, 72–73. In diesen Jahren benutzte Bismarck die Zeitungspresse häufig für seine politischen Kämpfe in Fragen der Außen- und Innenpolitik. Manchmal diktierte er den exakten Wortlaut der Artikel, aber häufiger gab er nur eine allgemeine Anweisung und sah vor der Veröffentlichung nicht den genauen Wortlaut. Zu Bismarcks Instrumentalisierung der Presse vgl. Irene Fischer-Frauendienst, *Bismarcks Pressepolitik* (Münster, 1963); Robert H. Keyserlingk, *Me-*

dia Manipulation: A study of the Press and Bismarck in Imperial Germany (Montreal, 1977) und Winckler, «Ausbruch der ‹Krieg-in-Sicht›-Krise», 671–713. Als Bismarck später erkannte, welche Folgen es hatte, wenn er seine «Presselöwen» nach Belieben attackieren ließ, löste er das Pressebüro des Außenministeriums auf (27. Mai 1875) und reduzierte den indirekten Einsatz der Presse zur Durchsetzung seiner Politik, ohne ihn je ganz aufzugeben. Seine späteren Beschwerden über die fehlende Disziplin der Presse haben ihre Wurzeln mit Sicherheit in der Episode von 1875. Herzfeld, *Kriegsgefahr von 1875*, 31. Der Fehler lag jedoch auf seiner Seite.

69 GP, I, 253.

70 GP, I, 249, 254–255.

71 Aus seinen Sondierungen in Paris schloß Hohenlohe, daß Frankreich in seiner Lage als «Rekonvaleszent» nicht zum Krieg geneigt oder bereit sei und die französische Regierung ohne Schaden für ihren Rückhalt im Volk den Kampf selbst dann verweigern könne, wenn deutsche Truppen die Grenze überschritten. Hohenlohe an Bismarck, 21. April 1875. Helmuth Rogge, *Holstein und Hohenlohe* (Stuttgart, 1957), 68–72.

72 Dreux, *Gontaut-Biron*, 91–98; DFF, I, 415–421. Später, in einer auf den 12. Mai 1875 datierten Denkschrift, verfaßte Radowitz auf Anordnung Bismarcks eine viel harmlosere Version seines Gesprächs. GP, I, 275–277. Vgl. auch den Bericht in seinen Erinnerungen: Radowitz, *Aufzeichnungen*, I, 318–332. Am 20. Mai hörte Hohenlohe jedoch von einer gemeinsamen Freundin, Radowitz glaube, Deutschland müsse einen Krieg gegen Frankreich «anfangen» und dürfe nicht abwarten, bis es zum Konflikt gerüstet sei. Rogge, *Holstein und Hohenlohe*, 71.

73 Taffs, *Russell*, 86–90.

74 «Politische Korrespondenz», *Preußische Jahrbücher*, 35 (1875), 448–459.

75 Dreux, *Gontaut-Biron*, 104–105; Newton, *Lyons*, II, 74; DFF, I, 441–444.

76 Taffs, *Russell*, 89–90.

77 GP, I, 267–269.

78 DDF, I, 423–428; Dreux, *Gontaut-Biron*, 121–127.

79 Eyck, *Bismarck*, II, 170–172; Henry S. Blowitz, *Memoirs of M. de Blowitz* (New York, 1903), 96–115; DDF, I, 445–446.

80 Derby an Ponsonby, 10. Mai 1875. Buckle (Hg.), *Königin Victorias Briefwechsel*, II, 325. Vgl. auch Newton, *Lyons*, II, 75–78. Kronprinz Friedrich Wilhelm neigte ebenfalls dazu, die Krise Bismarcks «nervöser Gereiztheit» zuzuschreiben. Friedrich Wilhelm an Königin Victoria, 24. Mai 1875. Buckle (Hg.), *Königin Victorias Briefwechsel*, II, 329–330.

81 Buckle, *Disraeli*, V, 422; Buckle (Hg.), *Königin Victorias Briefwechsel*, II, 325–328. Disraeli sah in der Affäre eine hervorragende Möglichkeit, in seinem ersten Jahr als Premierminister seine Entschlossenheit in der Außenpolitik unter Beweis zu stellen – ohne großes Risiko für England. Durch die Zusammenarbeit mit St. Petersburg hoffte er auch, einen Keil zwischen Rußland und Deutschland zu treiben. Robert Blake, *Disraeli* (London, 1966), 571–574.

82 Langer, *Alliances and Alignments*, 48–49.

83 GP, 272–273; DDF, I, 452–454, 466–469; Newton, *Lyons*, II, 79; Taffs, *Russell*, 98–99; GW, XV, 363–364; Eyck, *Bismarck*, II, 173–174.

84 Gortschakow an Orloff, 13. Mai 1875. DDF, I, 456; GP, I, 283; GW, XV, 363–364; Dreux, *Gontaut-Biron*, 166.

85 BP, I, 86, 88; Ludolf Parisius, *Deutschlands politische Parteien und das Ministerium Bismarck* (Berlin, 1878), 204; Hohenlohe, *Denkwürdigkeiten*, II, 138. Newton, *Lyons*, II, 61–63.

86 GW, VIc, 57–58.

87 Johanna von Bismarck an Herbert von Bismarck, 15. Februar 1875. BFA, Bestand C, Box 6.

88 Lucius, *Bismarck-Erinnerungen*, 69 (14. Februar 1875). Nach Lucius' Ansicht war Bismarck selbst für dieses Durcheinander verantwortlich: «Bismarck verliert wahrscheinlich durch Unwohlsein oder Abwesenheit den Zusammenhang. Er sieht die Kollegen zu selten, läßt sie ohne Direktive und tritt gewalttätig dazwischen, nachdem sie sich schon in bestimmter Richtung engagiert haben. Wie ich es beurteile, haben seine sämtlichen Kollegen, vielleicht mit gelegentlicher Ausnahme von Camphausen, das aufrichtige Bestreben, ihm in seiner Politik förderlich zu sein.»

89 Tiedemann, *Sechs Jahre*, 27, 32–33. Zu ande

ren Aussagen über seine Stimmung in diesem Frühjahr vgl. GW, VIII, 145–146.

90 Zu den aufeinanderfolgenden Entwürfen vgl. Horst Kohl (Hg.), *Bismarck-Jahrbuch*, I (1894), 87–93. Die endgültige Version ist auch abgedruckt in GW, VIc, 58–60 und Horst Kohl (Hg.), *Anhang zu den Gedanken und Erinnerungen von Otto Fürst von Bismarck* (Stuttgart, 1901), I, 251–254.

91 GW, VIII, 149; Lucius, *Bismarck-Erinnerungen*, 75.

92 Tiedemann, *Sechs Jahre*, 33 (7. Mai 1875); vgl. auch Lucius, *Bismarck-Erinnerungen*, 78 (31. Oktober 1875).

93 Johanna an Herbert, 22. und 27. Januar sowie 14. Februar 1875. BFA, Bestand C, Box 6.

94 Johanna an Herbert, 15. Februar 1875. BFA, Bestand C, Box 6.

95 Der Entwurf ist nicht datiert. Vgl. Kohl (Hg.), *Bismarck-Jahrbuch*, I, 87–90.

96 Johanna an Herbert, 26. Februar 1875. BFA, Bestand C, Box 6.

97 Johanna an Herbert, 3. und 6. März 1875. BFA, Bestand C, Box 6.

98 Johanna an Herbert, 22. und 25. März 1875. BFA, Bestand C, Box 6. In der endgültigen Fassung (4. Mai) seines Rücktrittsgesuchs behauptete Bismarck tatsächlich, Wilhelm habe ihm «einen längeren Urlaub» gestattet. Kohl (Hg.), *Bismarck-Jahrbuch*, I, 93.

99 Johanna an Herbert, 26. April 1875. BFA, Bestand C, Box 6.

100 Johanna an Herbert, 6. März 1875. BFA, Bestand C, Box 6. In den Erinnerungen von Lucius, einem normalerweise gut unterrichteten Führer der Freikonservativen, sind weder diese Gespräche noch Vorgänge im Zusammenhang mit dem tatsächlichen Rücktritt im Mai erwähnt. Lucius, *Bismarck-Erinnerungen*, 68–75.

101 Johanna an Herbert, 6. März 1875. BFA, Bestand C, Box 6. Herbert erzählte Lucius, Kronprinz Friedrich Wilhelm habe Bismarck in dieser Zeit viermal besucht. Lucius, *Bismarck-Erinnerungen*, 73.

102 Eyck, *Bismarck*, III, 155 ff.

103 Kohl (Hg.), *Anhang*, II, 253–255.

104 GW, VIc, 59.

105 Am 11. Mai teilte Gortschakow dem ungläubigen Gontaut mit, Bismarck habe – auf Grund seines schlechten Gesundheitszustands – seinen Rücktritt eingereicht, wobei er behauptete, das Schriftstück gesehen zu haben. Gortschakow hoffte, Bismarck würde die Entscheidung rückgängig machen, und Gontaut war davon überzeugt. DDF, I, 452. Offensichtlich hatte Bismarck Gortschakow den Brief am 10. Mai gezeigt, als er noch nicht erkannt hatte, daß man die Krieg-in-Sicht-Krise im Ausland als Triumph der russisch-französischen Diplomatie über Deutschland interpretieren würde.

106 Kohl (Hg.), *Bismarck-Jahrbuch*, I, 93–94; Kohl (Hg.), *Anhang*, I, 254–255; GW, VIc, 60.

107 Wilhelm I. an Karl Alexander, Großherzog von Weimar, 21. Juni 1875. Johannes Schultze (Hg.), *Kaiser Wilhelms I. Weimarer Briefe* (Berlin, 1924), II, 118–119. Wie verbreitet diese Annahme war, läßt sich an Eduard Laskers Bemerkungen gegenüber Hohenlohe ablesen (12. November 1874): «Lasker ... fing an von Bismarcks Gedanken des Rücktritts zu sprechen. Er hält es für Komödie. Bismarck sei eine zu dämonische Natur, um die Gewalt aus der Hand zu geben. Auf meine Bemerkung, daß mir die Sache wegen der Stimmung am Hof bedenklich scheine, meinte Lasker, das sei nicht zu fürchten. Im entscheidenden Augenblick werde man sich nicht dazu entschließen, Bismarck gehen zu lassen, da man keinen Ersatz für ihn habe. Strohmänner gebe es genug, welche glaubten, Bismarck ersetzen zu können, allein der Kaiser werde sich zweimal besinnen, ehe er einen solchen an Bismarcks Stelle setze.» Hohenlohe, *Denkwürdigkeiten*, II, 138–139.

Abbildungsnachweis

Allers, Christian Willhelm und Kraemer, Hans: Unser Bismarck. Union Deutsche Verlagsgesellschaft. Stuttgart 1898: (588).

Archiv für Kunst und Geschichte, Berlin: (571), (734 oben rechts, 734 unten rechts).

Bildarchiv Preußischer Kulturbesitz: (65), (103), (108), (177 links), (177 rechts), (201), (235 links), (235 rechts), (242), (249), (250), (254), (309), (315), (337), (438), (455 links), (455 rechts), (478), (514 oben), (514 unten), (515 oben), (515 unten), (536 unten), (537 oben), (537 unten), (538 oben), (538 unten), (551 oben), (574 oben rechts), (576), (582 unten), (586 oben), (609), (646), (671 oben), (671 unten), (734 unten links), (782).

Bismarck, Fürst Herbert von (Hg.): Fürst Bismarcks Briefe an seine Braut und Gattin. J.G. Cotta'sche Buchhandlung Nachfolger G.m.b.H. Stuttgart 1900: (157), (347), (575), (750).

Funke, Alfred: Das Bismarck-Buch des Deutschen Volkes. 2 Bde., W. Bobach & Co. Leipzig 1921: (50), (51), (172 rechts), (475), (582 oben).

Kohl, Horst (Hg.): Anhang zu den Gedanken und Erinnerungen von Otto Fürst von Bismarck. 2 Bde., Stuttgart 1901: (172 links), (II/II).

Landesbildstelle Berlin: (502), (536 oben).

Müller, Conrad: Bismarcks Mutter und ihre Ahnen. Verlag von Martin Warneck. Berlin 1909: (46 links, 46 rechts).

Orloff, Fürst Nikolai: Bismarck und die Fürstin Orloff. C.H. Beck'sche Verlagsbuchhandlung. München 1936: (574 unten).

Palmer, Alan: (574 oben links).

Rehbein, Arthur: Bismarck im Sachsenwald. Buchverlag der Gesellschaft zur Verbreitung Klassischer Kunst, G.m.b.H. Berlin 1925: (551 unten).

Sammlung Gordon Mork: (734 oben links).

Schäfer, Dietrich: Bismarck: Ein Bild seines Lebens und Wirkens. 2 Bde., Verlag von Reimar Hobbing. Berlin 1917: (442), (471 links), (471 rechts), (783).

Ullstein Bilderdienst: (577).

Zechlin, Egmont: Bismarck und die Grundlegung der deutschen Großmacht. J.G. Cotta'sche Buchhandlung Nachfolger. Stuttgart und Berlin 1930: (185).

Personenregister

(Kursivierte Zahlen verweisen auf Abbildungen)

Abeken, Heinrich 461, 471, 561 f.
Achenbach, Heinrich von 562, 590, 602, 785
Adolf, Herzog v. Nassau u. Großherzog v. Luxemburg 415, 611
Albedyll, Emil von 370
Albert, Prinzgemahl 154
Albrecht, Erzherzog v. Österreich, Herzog v. Teschen 474, 476
Alexander II., Zar v. Rußland 105, 144, 149, 152 f., 155, 200, 312, 317, 319, 384, 432, 440 f., 464, 475 f., 480, 727, 770, 772 f., 777 f., *782*, 783, 789
Alexandrine, Herzogin v. Sachsen-Coburg u. Gotha 298
Allers, Christian Wilhelm 582, 588
Alvensleben, Gustav von 143, 169, 197 f., 200, 207 f., 217, 285, 296, 341, 778
Ancillon, Johann Peter Friedrich (Frédéric) 57
Andrássy, Gyula (Julius), Graf 731, 770, 772 f., 776 f., 779
Antonelli, Giacomo 706
Antonia von Portugal, Fürstin v. Hohenzollern-Sigmaringen 454
Archambaud-Talleyrand, Graf *577*
Aristogeiton 49
Arndt, Ernst Moritz 763
Arnim-Boitzenburg, Adolf Heinrich Graf 57, 61, 255, 276, 745
Arnim-Kröchlendorff, Oskar von 746
Arnim-Suckow, Harry Graf von 563, 594, 667, 702–705, 741–746, 749, 784, 788
Attila, König d. Hunnen 477
Auersperg, Adolf Fürst 770, 776
Auerswald, Rudolf von 139, 147 f., 150 ff., 154
August, Prinz v. Preußen 745
Augusta, Dt. Kaiserin u. Königin v. Preußen 138 f., *172*, 178, 180, 185, 216, 218, 248, 252, 298, 490, 577 f., 704, 725, 757, 782, 788
Auguste Victoria, Dt. Kaiserin u. Königin v. Preußen 611
Augustenburg, Friedrich Prinz v. *s.* Friedrich VIII.

Ballestrem, Franz Graf von 747 f., 784
Bamberger, Ludwig 504, 679, 688, 718
Bancroft, George 430 f., 513
Bannewitz, Gustav 309
Bastiat, Frédéric 93, 542
Bauer, Bruno 55
Bauer, Karoline 554
Baumgarten, Hermann 188, 225, 280, 335 f., 489, 685
Bazaine, François Achille 474, 479
Bebel, August 134, 344, 366, 399, 414, 504, 543, 710
Becker, Attentäter 158
Becker, Bernhard 290
Becker, Otto 371
Beckerath, Hermann von 124
Beethoven, Ludwig van 19, 53, 55, 554
Behrend, Georg 585, 587, 590
Behrend, Heinrich 198
Behrend, Moritz 585, 587, 590
Below-Hohendorf, Alexander von 148, 151, 156, 159, 427 f., 570
Benedek, Ludwig August, Ritter v. Felsö-Eör 315, 473
Benedetti, Vincent Graf von 297, 306, 316, 327, 331, 375–379, 443, 450 f., 456, 465, 467–472, 476
Bennigsen, Rudolf von 54, 146 f., 224, 243, 277, 327 ff., 333, 339, 364, 382 f., 415, 418, 425, 429, 504, 615 f., 642 f., 673, 679 f., 688, *731*, 732, 736, 739 f., 749 ff.
Béranger, Pierre de 555
Berg, Friedrich Wilhelm Rembert (Fjodor) Graf 773
Bernhardi, Theodor von 148, 208 f., 214, 227, 275, 285, 287, 314, 326–330, 455
Bernstorff, Albrecht Graf 161 f., 164 ff., 168 f., 179 f., 187, 198, 298, 311 f., 384, 435, 464
Bessemer, Henry 521
Bethmann Hollweg, Moritz August von 139, 326
Bethusy-Huc, Eduard Graf von 342, 681, 687
Beust, Friedrich Ferdinand Graf von 161 f., 308, 313, 390, 398, 402 ff., 411, 437, *438*, 439, 441, 443–446, 448, 475 f., 761, 768, *769*, 770, 772

Biegeleben, Ludwig Maximilian Freiherr von 162, 200, 256, 260, 263, 267, 298 f., 312
Bismarck, Bernhard von (Bruder) 45, 59, 61 f., 582 f., 585, 722
Bismarck, Ferdinand von (Vater) 45, *46*, 48, *51*, 51 f., 57, 61 ff., 67, 569, 577, 581, 583
Bismarck, Friedrich von (Onkel) 57
Bismarck, Hedwig von (Cousine) 46
Bismarck, Herbert Fürst von (Sohn) 479, 572 f., 576 f., 591, 681, 752, 766, 788 f.
Bismarck, Johanna von, geb. von Puttkamer (Gattin) 63 f., *65*, 66, 68, 71, 83, 85 ff., 89, 219, 230, 246, 319, 342, 345, 432, 477, 548, 552, 554, 557, 560, 566, 569, 572 f., *575*, 576, *577*, 580, 584 f., 592, 647, 727 f., 749, *751*, 752 f., 786, 788 f.
Bismarck, Malwine von (Schwester) 45, 62, 198, 745 f.
Bismarck, Marguerite Gräfin von, geb. Gräfin von Hoyos (Gattin Herbert von Bismarcks) 573
Bismarck, Marie von (Tochter) 568, 572, *577*, 727, 749
Bismarck, Wilhelm von (Sohn) 572, 576, 681
Bismarck, Wilhelmine Luise von, geb. Mencken (Mutter) 45, *46*, 48, *50*, 51 f., 57, 62 f., 67, 569, *571*, 572 f., 583, 604
Bismarck-Bohlen, Friedrich Graf von 630
Bitter, Karl Hermann 562, 602
Blanckenburg, Moritz von 63, 204, 221, 300, 542, 574, 579, 682, 730
Bleichröder, Gerson von 121, 295, 450, 530, 548, 561, 584 f., 587 f., 593–596, 601, 622
Blome, Gustav Graf von 267
Blondin, Charles 303
Blowitz, Henry 782
Böckh, Richard 606
Bockum-Dolffs, Heinrich von 183 f., *185*, 210, 226, 282, 322
Bodelschwingh, Karl von 70 f., 120 f., 217, 266, 273, 285, 323, 326, 342, 562, 602, 729
Boetticher, Karl Heinrich von 562, 602
Bonaparte, Eugène Louis Napoléon 304 f., 443
Bonifatius, hl. 701
Bonin, Eduard von 139, 175
Bonin, Gustav von 281
Born, Stephan 126
Börne, Ludwig 26
Borsig, August 118, 530, 535, 542
Bourbaki, Charles 479
Boyen, von, Generaladjutant 473
Boyen, Hermann von 173 f.
Brandenburg, Friedrich Wilhelm Graf von 36
Brass, August 212
Bratianu, Ion C. 441
Brauchitsch, Wilhelm von 426
Brauer, Arthur von 748
Braun, Karl 679
Bray-Steinburg, Otto Graf von 411, 494–498, 503–507
Brepohl, Wilhelm 528
Brockhaus, Eduard 690
Bruck, Karl Ludwig Freiherr von 39 f., 116, 164 f., 262
Brüel, Ludwig 698
Brutus, Marcus Iunius 49
Buchanan, Andrew 253
Bucher, Lothar 42, 329, 345, 459–463, 562, 727
Büchner, Ludwig 555, 718
Bülow, Bernhard Ernst von 245, 651, 781
Bülow, Bernhard Heinrich Martin Fürst von 580
Bülow-Cummerow, Ernst von 74
Buol-Schauenstein, Karl Ferdinand Graf von 41, 100 f., 143 f., 149
Burke, Edmund 27
Busch, Moritz 451 f., 490, 549 f., 558, 585, 608, 704, 710
Byron, George Gordon Noel 53, 55

Camphausen, Ludolf 36, 124, 295
Camphausen, Otto von 424, 562 f., 602, 654 f., 657, 714, 728, 730
Camphausen, Wilhelm 475
Canova, Antonio 773
Carolath, Elisabeth Fürstin von 577
Cavour, Camillo Benso Graf 143, 149
Chamisso, Adelbert von 553
Chopin, Frédéric 554
Chotek, Bohuslaw Graf 256, 270
Christian IX., König v. Dänemark 242, 250, 253, 258, 279
Clarendon, George Villiers, 4. Earl of 435, 445, 447, 452, 480
Clausewitz, Carl von 473
Cleveland, Herzog v. 59
Cleveland, Herzogin v. 59
Cockerill, James 118
Cockerill, John 118
Cohen, Eduard 550, 553
Cohen-Blind, Ferdinand *309*, 748
Czaky, Theodor Graf 314

Dahlmann, Friedrich Christoph 37, 43, 54
Dalwigk, Reinhard Freiherr von D. zu Lichtenfels 158, 162, 308, 373, 390 f., 393, 406, 493, 652
Daru, Napoléon Graf 463
Darwin, Charles 94, 555
Decazes, Louis Charles, Herzog v. D. u. v. Glücksberg 780 f., 783
Delbrück, Rudolf von 40, 54, 164, 262, 393, 401, 420 f., 459, 495 f., 498, 504 f., 507, 562, 598, 641, 644 f., *646*, 647 ff., 651 f., 654 f., 657, 660 f., 684 f., 714, 727, *731*, 748
Derby, Edward Henry Smith Stanley, 15. Earl of 384, 782 f.
Diderot, Denis 556
Diest, Gustav von 430, 710, 726
Diest-Daber, Otto von 596f.
Dilthey, Wilhelm 9 f.
Disraeli, Benjamin, Earl of Beaconsfield 168, 760, 774, 782 f.
Döllinger, Ignaz von 693 f., 700, 705
Drouyn de Lhuys, Édouard 195 f., 252, 255, 257, 304, 312, 316, 321, 374, 382
Droysen, Johann Gustav 275
Duchesne, belg. Kesselschmied 778, 784
Duncker, Franz 277, 286, 323, 326, 435, 543, 545, 718
Duncker, Max 54, 188 f., 209, 223, 287, 326 f., 345, 629

Eber, ungar. General 318
Eckermann, Johann Peter 525
Edelsheim, Ludwig Freiherr von 308
Edison, Thomas Alva 556
Egells, Franz 118, 530
Ekwall, Knut 515
Eliot, George 554
Engels, Friedrich 114, 290
Erikson, Erik 62
Ernst August, Kronprätendent v. Hannover u. Braunschweig 614
Ernst II., Herzog v. Sachsen-Coburg u. Gotha 242 f., 298, 327
Esterházy von Galántha, Moritz Graf 297
Eugénie, Kaiserin d. Franzosen 99, 199, 269, 304, 316, 375, 477, 479, 491
Eulenburg, Botho Wend Graf zu 562, 602
Eulenburg, Friedrich Albrecht Graf zu 211, 220, 222, 235, 289, 296, 317, 326, 371, 415, 424, 469 ff., 560, 562, 600, 603, 614 ff., 619 f., 624, 655, 665, 712, 722–725, 728, 754, 785 f.
Eulenburg, Philipp Fürst zu E. und Hertefeld, Graf von Sandels 552

Falk, Adalbert 562, 602, 620, 714 f., 717, 728, 730, 746, 754, 785 f.
Faucher, Julius 133, 542
Favre, Jules 479, 482, 491, 710, 761
Feuerbach, Ludwig 55
Finckenstein, Graf 129
Fischer, Johann Georg 112
Fischer, Lorenz Hannibal 408
Fleury, Émile, Graf 452, 761
Flottwell, Eduard von 618 f.
Follen, Karl 26
Fontane, Theodor 593
Forckenbeck, Max von *185*, 193, 205, 282, 322, 331, 336, 338 f., 414 f., 418, 422, 489, 504, 679, 688, 698, 739, 747
Franckenstein, Georg Arbogast Freiherr von und zu 678
Frankenberg, Friedrich Graf von 706, 750
Franz Joseph I., Kaiser v. Österreich u. König v. Ungarn 100, 104, 149, 200, *201*, 218, 248, *249*, 258 ff., 263, 265, 267 f., 270, 297, 299 ff., 305, 312, 315, 321, 390, 402, 437, 439, 446 f., 474 f., 483, 727, 763, 768, 770, 772 f., 777, 779
Freese, Julius 280, 286, 323
Freiburg, Bischof v. 700
Frentzel, Johann Peter 324 f., 338, 415
Freund, Julius 530, 542
Freyberg, bayer. Militärbevollmächtigter 409
Freydorf, Rudolf von 385, 393, 403 f., 406, 504
Freytag, Gustav 54, 223 ff., 227, 274, 280, 401, 486, 553
Friedberg, Heinrich von 562, 602, 719
Friedenthal, Karl 223, 562, 602, 681
Friedrich, Prinz v. Hohenzollern-Sigmaringen 459
Friedrich I. Barbarossa, Röm. König, Kaiser 513
Friedrich I., Großherzog v. Baden 158, 161, 185, 386 f., 450, 498, 503, 507, *508*
Friedrich II., der Große, König v. Preußen 16–19, 32, 45, 67, 82 f., 85, 174, 177, 211, 216, 255, 318, 331, 450, 502, 563, 604, 623, 766
Friedrich III., Dt. Kaiser u. König v. Preußen 178–181, 185, 188, 215–219, 222, 228, 244 f., 248, 266, 296, 298, 318, 329, 332 f., 355 f., 391, 434, 460, 462, 469, 482, 488, 499, *502*, 504 f., 507, *508*, 518, 549, 605, 623, 632, 789
Friedrich VII., König v. Dänemark 241 ff.
Friedrich VIII., Herzog v. Schleswig-Holstein-Sonderburg-Augustenburg *242*, 243–248, 250 ff., 255–258, 264 f., 268, 270, 272, 274, 276 f., 279, 284, 313, 611

Friedrich Karl, Prinz v. Preußen 179, *315*, 368, 479
Friedrich Wilhelm, Kurfürst v. Brandenburg 16 f., 49, 190, 255, 502, 623
Friedrich Wilhelm, Kurfürst v. Hessen(-Kassel) 156, 195, 611
Friedrich Wilhelm, preuß. Kronprinz *s.* Friedrich III.
Friedrich Wilhelm I., König i. Preußen 255
Friedrich Wilhelm II., König v. Preußen 45, 255
Friedrich Wilhelm III., König v. Preußen 45, 190, 255, *515*, 712
Friedrich Wilhelm IV., König v. Preußen 29, 32, 34, 37 ff., 66, 71 ff., 75, 82 f., 87, 90, 101 f., *103*, 104–107, 124, 138 f., 144 f., 153, 167, 175, 190, 216, 255, 323, 506, 553, 604, 618, 694, 712, 756
Friesen, Richard Freiherr von 359, 435, 453, 458, 716, 737
Fröbel, Julius 403, 436, 547

Gablenz, Anton von 301 f., 389
Gablenz, Ludwig von 270, 301 f., 308, 389
Gagern, Friedrich Balduin Freiherr von 38
Gagern, Maximilian Freiherr von 38, 43
Gagern, Wilhelm Heinrich August Freiherr von 43
Gambetta, Léon 477, 481, 633
Garibaldi, Guiseppe 149, 314
Gellert, Christian Fürchtegott 553
Georg III., König v. Großbritannien u. Irland 374
Georg V., König v. Hannover *201*, 415, 612 ff., 683
Gerlach, Ernst Ludwig von 28 f., 63, 68, 72, 130, 208, 217, 276, 309 f., 341, 343, 698, 700 f., 720, 757
Gerlach, Helmut von 593
Gerlach, Leopold von 28 f., 63, 68, 72, *74*, 76 ff., 85, 87, 89, 91, 97 f., 102, 104–107, *108*, 109, 130, 135 f., 142, 149 f., 153 f., 167, 170, 175, 372, 607, 701
Gervinus, Georg Gottfried 43, 336
Gilchrist, Percy Carlyle 521, 634
Gladstone, William Ewart 312, 445, 480, 760, 771, 773 f., 776
Glinka, russ. Attaché 105
Gneist, Rudolf von 274, 280 f., 322, 338
Goethe, Johann Wolfgang von 19, 53, 55, 519, 525 f., 553, 564, 635, 717, 753
Goltz, Robert Graf von der 252, 266, 296, 298, 304, 307, 316, 319, 330, 375, 378, 381, 383, 466
Gontaut-Biron, Armand Vicomte de 776, 781, 784
Gortschakow, Aleksandr (Alexander) Fürst 105, 144, 150, 152 f., 155, 198, 200, 312, 383 f., 390, 437–440, 469 ff., 480, 557, 761, 770, 772 f., 777 f., *783*, 784, 789 f.
Goßler, Gustav von 562, 602
Götze, von, Landrat 590
Govone, Guiseppe 299, 306, 313, 317
Grabow, Wilhelm 183, 226, 282, 331, 336
Gramont, Antoine Agénor Herzog von 269, 439, 464–467, 469–472, 475 ff., 483, 494, 594
Granville, George Leveson-Gower, 2. Earl of 480, 491, 774
Grillo, Friedrich 531
Grillparzer, Franz 764
Grimm, Jacob 54
Große Kurfürst, Der *s.* Friedrich Wilhelm, Kurfürst v. Brandenburg
Gruner, Justus von 298, 326

Haeckel, Ernst 718
Hagen, Adolf 177
Halbhuber, Anton Baron von 265
Haller, Carl Ludwig von 28–31, 68
Halske, Johann Georg 531, 542
Hammacher, Friedrich 133
Hänel, Albert 680
Haniel, Franz 118
Hansemann, Adolf 529
Hansemann, David 36, 118, 122, 133, 295, 529
Hardegg, Oskar von 407
Hardenberg, Karl August Fürst 24, 29, 34, 36, 118, 124, 127, 190, 291, 722
Harkort, Friedrich Wilhelm 123 f.
Harmodios 49
Hartmann, Eduard von 753
Hatzfeldt, Sophie Gräfin von 290, 313
Häusser, Ludwig 274, 276
Haydn, Joseph 53
Haym, Rudolf 223 f., 227, 276, 327, 412
Heeren, Arnold 54 f.
Hegel, Georg Wilhelm Friedrich 19 f., 25, 34, 41 f., 54 f., 131, 188, 190, 519, 606 f., 680, 717
Hegel, Immanuel 560
Heine, Heinrich 26, 553
Heinrich der Löwe, Herzog v. Sachsen u. Bayern 612
Heinrich, Prinz, Gouverneur v. Luxemburg 377
Henckel von Donnersmarck, Guido Graf 118, 414, 531

Hepke, Rudolf 301
Herder, Johann Gottfried von 20, 30f., 606f., 635
Heydt, August Freiherr von der 120f., 124f., 169, 178f., 295, 323, 334, 339, 415, 421–424, 428, 562, 602, 615f., 653f., 712
Hirsch, Max 543, 545
Hobrecht, Arthur 562, 602
Hoesch, Eberhard 118
Hofmann, Karl von 360, 562, 651
Hohenlohe-Schillingsfürst, Chlodwig, Fürst zu 385–389, 391–394, 402–406, 408ff., 433, 450f., 561, 632, 656, 681, 686, 706, 710, 733, 756, 779ff.
Hohenlohe-Schillingsfürst, Viktor Prinz zu, Herzog v. Ratibor 548, 703
Hohenwart, Karl Sigmund Graf von 768, 770, 772
Hölder, Julius 685
Holnstein, Max Graf von 503
Holstein, Friedrich von 569, 744
Horaz 553
Horn, Carl von 619
Hoverbeck, Leopold Freiherr von 183, *185*, 223, 282f., 285, 287, 322, 324, 331, 338, 426, 680, 718, 736, 749f., 752
Huber, Victor Aimé 233, 235, 540
Hugo, Victor 554
Humboldt, Wilhelm von 49

Ihering, Rudolf von 335, 566
Isabella II., Königin v. Spanien 454f.
Itzenplitz, Heinrich von 210, 235, 285, 288f., 423, 543, 562, 590, 600, 602, 728, 732f.

Jacoby, Johann 42, 140, 286, 323, 336, 338
Jagow, Gustav von 210f.
Jahn, Friedrich Ludwig 51
Janssen, Johannes 555
Johann, König v. Sachsen *201*, 307, 357f., 362, 435, 505, 508
Jolly, Julius 385, 495, 497, 504
Jörg, Edmund 747f., 753, 784

Kálnoky von Köröspatak, Gustav Graf 706
Kameke, Georg von 661f., 780
Kannegießer, Karl 337
Kant, Immanuel 19f., 132, 519
Kardorff, Wilhelm von 423, 427, 429, 681
Karl I., König v. England 185
Karl I., König v. Rumänien 314, 318, 438, 441, 454, 470
Karl I., König v. Württemberg 386, 406, 494, 498, 505, 508
Karl V., Dt. König u. Kaiser 456, 458, 467
Karl X., König v. Frankreich 216
Karl Alexander, Großherzog v. Sachsen-Weimar 435, 790
Karl Anton, Fürst v. Hohenzollern-Sigmaringen 139, 147f., 209, 223, 454, *455*, 456f., 459f., 462f., 468ff.
Károlyi, Alois Graf von 165, 195ff., 250f., 256, 271, 299f., 330, 389, 781
Kaunitz, Wenzel Anton Graf von 766
Kerner, Justinus 63
Ketteler, Wilhelm Emmanuel Freiherr von 542, 697, 706, 711
Keudell, Robert von 329, 436, 450, 467, 554, 556, 558, 560, 564, 585, 608, 644, 681
Keyserling, Alexander von 55
Kind, Friedrich 553
Kinkel, Gottfried 329
Kiss de Nemeskér, Nikolaus 305, 314
Klapka, György (Georg) 314, 317
Kleist-Retzow, Hans Hugo von 64f., 341ff., 427, 722, 725, 729, 757
Koch, Georg 538
Koenneritz, Freiherr von 652
Kohnert, Gutsinspektor 589
Köln, Erzbischof v. 746f.
Kondratjew, Nikolaj 522
Königsmarck, Otto Graf von 601f., 730
Kossuth, Lajos 314, 317
Krätzig, Adalbert 707
Krupp, Alfred 118, 291, 535
Kübeck, Aloys Freiherr von 308, 312
Kuhn von Kuhnenfeld, Franz Freiherr 761
Kullmann, Eduard 564, 572, 746ff., 753, 779
Kunheim, Samuel 531

Laband, Paul 664
Lagarde, Paul de 717, 764
La Marmora, Alfonso Ferrero Marquese di 298f., 314
Lamartine, Alphonse de 216
Lammers, August 284
Lange, Peter 588
Lasker, Eduard 280, 322, 326, 333, 338f., 418f., 433, 451, 489, 504f., 596, 629, 678ff., 684ff., 688f., 718, 721, 732f., *734*, 735f., 738ff., 749f., 752ff., 785
Lassalle, Ferdinand 42, 134, 226, 232f., *235*, 236f., 290, 292, 312, 322, 343f., 541ff., 711
La Tour d'Auvergne, frz. Außenminister 447

Launay, Edoardo de 469
La Valette, Felix 316, 379, 435, 447
Lebrun, Barthelemy 474
Ledóchowski, Mieczyslaw Halka Graf von 619, 701, 703, 705, 746
Leeden, Karl von der 286, 323
Lefebvre de Béhaine, Édouard 373
Le Flô, Adolphe 761, 777
Leonhardt, Gerhard 416, 426, 562, 602, 714, 728, 746
Leopold, Fürst v. Hohenzollern-Sigmaringen 454, *455*, 456–462, 464, 466–470, 472, 506
Lerchenfeld-Köfering, Hugo Graf von 567
Le Sourd, Georges 465
Liebknecht, Wilhelm 42, 212, 290, 344, 399, 414, 542 f., 546, 710
Lindau, Paul 553
Lipke, Gustav 272
Lippe, Leopold Graf zur 211, 286 f., 324, 326, 342, 415 f., 426, 428 f., 562, 602, 615 f., 712, 722
List, Friedrich 525 f.
Loë, Walther Freiherr von 577
Loewe, Ludwig 207, 272 f., 322, 326
Loftus, Augustus William Frederick 296, 310, 435
Loraine-Smith, Isabella 59 f., 572, *574*
Loraine-Smith, Reverend 60 f.
Lottum, Moritz Graf von *577*
Louis Philippe, König d. Franzosen 108
Löwe, Wilhelm 629, 680, 751
Lucca, Pauline 573, *576*
Lucius von Ballhausen, Robert Freiherr 48, 556, 562, 564, 566, 602, 657, 681, 685, 725 f., 738, 740, 747, 749, 753 f., 789
Ludwig, Prinz v. Hessen 391
Ludwig I., König v. Portugal 454
Ludwig II., König v. Bayern 308, 387, 393, 404, 406, 410 f., 436, 450, 494–497, 503–508, 694
Ludwig III., Großherzog v. Hessen(-Darmstadt) 391, 493
Ludwig XIV., König v. Frankreich 484, 487, 634
Ludwig XVI., König v. Frankreich 185
Luitpold, Prinzregent v. Bayern 503
Lüning, Otto 286, 323
Luther, Martin 17, 29, 62, 69, 555, 563

Macdonald, brit. Reisender 158
Machiavelli, Niccolò 28, 75, 136 f.
MacMahon, Patrice Maurice Graf von, Herzog v. Magenta 474, 742, 774 ff.
Majunke, Paul 746, 749, 752, 754, 778, 784
Mallinckrodt, Hermann von 683, 694, 696 f., 751
Malortie, Caroline von 61
Malthus, Thomas 93
Manteuffel, Edwin Freiherr von 169, 175 f., *177*, 178, 182, 186, 205, 212, 251, 270, 285, 296, 300, 308, 367 f., 632, 636
Manteuffel, Otto Theodor Freiherr von 39, 76, 84, 88, 91, 97 f., 101, 104 ff., 109, 120, 122 f., 125, 127, 129, 138–141, 153, 167, 170, 175, 209 f., 212, 214, 220, 228, 230, 593, 594, 700, 710
Maria Theresia, Kaiserin v. Österreich 318
Martin, Pierre Émile 521
Marwitz, Graf 129
Marx, Karl 26, 212, 290, 344, 541, 544
Mathy, Karl 227, 280 f., 385, 403
Maximilian, Kaiser v. Mexiko 439
Maximilian II. Joseph, König v. Bayern *201*
Maybach, Albert von 562, 595, 602
Mazzini, Giuseppe 137
Mecklenburg-Schwerin, Großherzog v. *315*
Meinecke, Friedrich 30
Menabrea, Luigi Federigo 446
Mencken, Wilhelmine *s.* Bismarck, Wilhelmine von
Mendelssohn, Bankier 530
Mendelssohn Bartholdy, Felix 554
Mensdorff-Pouilly, Alexander Graf von 263 ff., 267 f., 270 f., 297–301, 305, 312 f., 315, 390
Metternich, Klemens Wenzel Fürst von 42, 149, 593
Metternich, Richard Fürst von 195, 199, 306, 441, 443–447, 483
Metz, Mitglied d. Dt. Nationalvereins 147
Mevissen, Gustav 54, 118, 120, 122, 131, 295, 335
Meyer, Rudolph 596f.
Michael Obrenovi'c, Fürst v. Serbien 314
Michaelis, Otto 133, 283, 338 f.
Mill, John Stuart 542
Miquel, Johannes von 243, 327–330, 333, 339, 417, 433 f., 679 f., 699, 739, 751
Mirabeau, Honoré Gabriel du Riqueti, Graf von 61
Mittnacht, Hermann Freiherr von 495–498, 500, 504, 668
Mohl, Robert von 43
Möller, Eduard von 286, 630, 635 f.
Moltke, Helmuth Graf von 174, 296, 298, *315*, 361, 368, 384, 409, 459, *470*, 473 f., 477, *478*, 479, 482, 488, 490, *508*, 513, 556 f., 661, 773, 775, 779, 781, 783
Mommsen, Theodor 274 f., 277, 280, 284, 555, 717
Montesquieu, Charles de Secondat, Baron de la Brède et de 54, 350

Montgelas, Maximilian Graf von 33
Montijo, Eugénie von *s.* Eugénie
Moore, Thomas 553
Morier, Robert 760, 771
Motley, John Lothrop 55 f., 207, 423, 727
Moustier, Lionel Marquis de 105, 382 f., 440
Mozart, Wolfgang Amadeus 19, 53, 554
Mühler, Heinrich von 415, 562, 602, 619 f., 655 f., 707 f., 712 ff., 719 f., 722
Müller, Adam 20, 41 f.
Mulvaney, William 118, 531
München-Freising, Erzbischof v. 700
Münster, Georg Graf zu 418, 615, 681
Musgrave, Earl of 60

Nancy, Bischof v. 743, 776
Napoleon I., Kaiser d. Franzosen 20 ff., 26, 31 ff., 42, 45, 48, 94 f., 99, 108, 145, 153, 380, 563
Napoleon III., Kaiser d. Franzosen 76, 94 f., 98 f., 102, 104 f., 107 f., 136 f., 143 ff., 149 f., 152 ff., 161, 167, 186, *194*, 195 f., 198 ff., 202 f., 214, 232, 234, 245 f., 252 f., 255 ff., 268 f., 299, 302, 304–307, 312 f., 315 ff., 319, 321, 358, 365, 371–379, *380*, 381–384, 391 f., 402 ff., 439 ff., *442*, 443–448, *451*, 452 f., 455 f., 458, 462, 464, 467 f.., 470, 472, 474, *475*, 476 f., 479 f., 484, 488, 491, 609, 614, 626, 634, 704, 760, 765
Napoleon, Prinz *s.* Bonaparte, Eugène Louis Napoléon
Nesselrode, Karl Graf 105
Nikolaus I., Zar v. Rußland 100 f., 105, 139
Nostitz-Wallwitz, Oswald von 512
Nothomb, Jean Baptiste Baron de 781

Obrenovi'c, Michael *s.* Michael Obrenovi'c
O'Connell, Daniel 61
Oldenburg, Großherzog v. *s.* Peter
Olearius, Landrat 288 f.
Olga, Königin v. Württemberg 386
Ollivier, Émile 452 f., 467, 470 f., 477
Oncken, Hermann 643
Oppenheim, Abraham 118, 121 f., 295, 530, 601
Oppenheim, Simon 118, 121
Oreskovi'c, Anton 314
Orlow, Katharina 168, 184, 572, *574*
Otto I., König v. Bayern 504
Oubril, Paul d' 440

Paderborn, Bischof v. 746
Palmerston, Henry John Temple, 3. Viscount 149, 168, 252, 257, 302, 771
Parisius, Ludolf 226
Patow, Erasmus Robert Freiherr von 139, 177, 326
Peel, Robert 61
Perrot, Franz 596
Persigny, Jean de 304
Persius, preuß. Rat 785
Pestalozzi, Johann Heinrich 49
Peter, Großherzog v. Oldenburg 264, 357 f.
Pfizer, Paul 33
Pfordten, Ludwig Freiherr von der 308, 373 f., 387 f., 407
Pfuel, preuß. Legationsrat 314
Pius IX., Papst 94, 137, 207, 693, 702–706, 708, *755*, 756, 776 f., 779
Plamann, Johann Ernst 45, 48 f., 51 f., 56
Planck, Gottlieb 243
Pleß, Hans Heinrich XI. Herzog von 118, 681, 789
Polignac, Jules Auguste de 185
Pranckh, Sigmund Freiherr von 494
Prim y Prats, Juan 454, 456, 459, 461
Prince-Smith, John 133, 165
Prokesch von Osten, Anton Graf 97
Putbus, Wanda Fürstin zu *577*
Putbus, Wilhelm Malte Fürst zu 455, *577*
Puttkamer, Eugen von 618
Puttkamer, Heinrich von 62, 64
Puttkamer, Johanna von *s.* Bismarck, Johanna von
Puttkamer, Ottilie von 572
Puttkamer, Robert von 562, 602

Radowitz, Joseph Maria von († 1853) 38 f., 41, 84 f., 88, 124, 139, 144, 162
Radowitz, Joseph Maria von († 1912) 305, 401, 778, 781, 783
Ranke, Leopold von 42, 54, 79 f., 555
Rantzau, Kuno Graf zu 573, 576
Räß, Andreas 631
Ratibor, Herzog v. *s.* Hohenlohe-Schillingsfürst, Viktor Prinz zu 548, 703
Raumer, Karl Otto von 695, 700
Rechberg, Johann Bernhard Graf von R. und Rothenlöwen 97, 109, 149, 162, 164 f., 202, 249, *250*, 251, 255 f., 258 ff., *261*, 262 ff., 267, 269, 311, 376
Reichenbach, Oskar Graf von 329, 345
Reichenheim, Leonor 290
Reichensperger, August 542, 683, 696, 710 f.
Reichensperger, Peter 683, 694, 696 f.
Renan, Ernest 30
Reuß, Heinrich VII. Prinz 109, 440, 480, 778

Reuter, Fritz 553
Ricardo, David 93
Richter, Eugen 681, 718, 721, *734*, 736, 739
Ritter, Gerhard 307
Rochau, August Ludwig von 43, 224
Rodbertus, Johann Karl 42, 140, 329
Roggenbach, Franz Freiherr von 158, 160 f., 189, 327 ff., 401, 412, 504, 681
Röhling, Carl 309
Romberg, Frau von *577*
Römer, Robert 700
Rönne, Ludwig von 277
Roon, Albrecht Graf von 159, 166, 169, 173–176, 178, 180 f., 185 ff., 192, 206, 208, 212, 219, 226, 265, 281, 287, 300, *315*, 326, 361, 367, 407, 422 f., 428, 459, 469, *470*, 473 f., 488, 498, 513, 562, 579, 650, 655 ff., 660 ff., 687, 724, 727–731
Rößler, Constantin 188, 436, 607, 717
Rothschild, Jakob 305
Rothschild, Meyer Carl von 135, 530 f., 584, 593, 601
Rouher, Eugène 316, 376 f., 442, 447, 452
Rousseau, Jean-Jacques 566
Rückert, Friedrich 553
Ruge, Arnold 329
Russell, John, 1. Earl R. 158, 168, 200, 251 ff., 257
Russell, Laura 59 f., 572
Russell, Odo 761, 770 f., 773, 778, 781, 783

Saburow, Peter 766
Salazar y Mazaredo, Eusebio de 456 f., 460 f., 463
Samwer, Karl 209
Saucken-Tarputschen, Kurt von 275
Savigny, Friedrich Carl von 54
Savigny, Karl Friedrich von 60, 294, 308, 310, 345, 353 ff., 360 f., 642, 644, 646, 698, 705, 710
Say, Jean Baptiste 93
Schaafgotsch, Graf von 118
Schäffle, Albert 768
Schaffrath, Wilhelm 280
Scharlach, Gustav 60
Scharnhorst, Gerhard Johann David von 173 f.
Scheel-Plessen, Karl Theodor Freiherr von 626 f.
Scheffel, Victor von 553
Schenk von Stauffenberg, Franz August Freiherr 679, 686, 688, 700
Schering, Ernst 531
Schickler, Bankier 530
Schiller, Friedrich von 19, 31, 53, 519, 553
Schleiermacher, Friedrich 9, 63
Schleinitz, Alexander Graf von 139, 142 ff., 146 ff., 150, 153–156, 158, 161, 169, 221, 298, 577, 593
Schlözer, Kurd von 182, 561
Schmerling, Anton Ritter von 162, 200, 260, 262, 264, 311
Schneegans, August 631 ff.
Schneider, Louis 553
Scholz, Adolf Heinrich von 562, 602
Scholz, Wilhelm 194, 261, 278, 303, 380, 451, 731, 755, 787
Schopenhauer, Arthur 554, 753
Schröder-Lippstadt, Theodor 707, 710
Schubert, Franz 554
Schubert, Gotthilf Heinrich von 63
Schulze-Delitzsch, Hermann 42, 133, 140, 174, 183, 218, 222 f., 232 f., 237, 277, 280, 282, 288, 290, 295, 322, 326, 330, 338, 344, 366, 504, 540, 542, 629, 675
Schumpeter, Joseph 522
Schurz, Carl 42, 318
Schuwalow, Pjotr (Peter) Graf 594, 770, 774, 782
Schwarzenberg, Felix Fürst zu 39, 41, 88, 100, 162, 372
Schweinitz, Hans Lothar von 471, 762
Schweitzer, Johann Baptist von 290, 330, 343 f., 361, 543
Schweninger, Ernst 567 f.
Schwerin-Putzar, Maximilian Graf von 139, 326
Selchow, Werner von 211, 562, 602, 724, 728, 730
Senfft von Pilsach, Ernst 600
Serrano y Domínguez, Francisco 454
Seydlitz, Georg von 281
Shakespeare, William 53, 55, 553, 777
Sheridan, Philip Henry 486
Siemens, Werner von 521, 531, 542
Simons, Ludwig 169
Simson, Eduard von 223, 504, 506
Sismondi, Jean de 93
Smith, Adam 54, 93, 118
Solms-Laubach, Otto Graf von 391
Spielhagen, Friedrich 553
Spiethoff, Arthur 522
Spinoza, Baruch de 55
Spitzemberg, Hildegard Baronin von 430, 550, 552 f., 558, 577
Spitzemberg, Karl Freiherr von 387
Stahl, Friedrich Julius 29 f., 68 f., *74*, 76
Stanley, Lord *s.* Derby
Stauffenberg *s.* Schenk von Stauffenberg

Stavenhagen, Friedrich 272
Stein, Heinrich Friedrich Karl Reichsfreiherr vom und zum 24, 29, 34, 36, 118, 127, 190, 229, 291, 335, 722
Stephan, Heinrich von 562, 648
Stephani, Eduard 679, 690, 739
Stern, Fritz 595
Stinnes, Mathias 118
Stockhausen, August von 84
Stolberg-Wernigerode, Otto Graf von 562, 616 f.
Stosch, Albrecht von 432, 436, 482, 563, 650 f.
Strafford, Thomas Wentworth 185
Strantz, Karl von 455, 468
Strauß, David Friedrich 55, 718
Strousberg, Bethel Henry 679
Struck, Heinrich 432, 567, 725, 737, 753
Suckow, Albert von 407, 409, 495, 497 f.
Swedenborg, Emanuel 63
Sybel, Heinrich von 54, *185*, 189, 207, 223, 225 f., 274, 280 f., 326, 489, 555, 685

Taine, Hippolyte 555
Talleyrand, Charles de 196, 253
Tauffkirchen, Karl Graf von 389, 402, 496, 705 f.
Teutsch, Eduard 631
Thadden, Adolf von 63
Thadden, Marie von 63, 168, 572, *574*, 730
Thaer, Albrecht Daniel 128, 523
Thiers, Adolphe 380, 479, 492, 710, 741 ff., 761, 767, 774 f.
Thile, Hermann von 459 ff., 465 f., 489, 561, 644
Thimme, Friedrich 462
Thomas, Sidney 521, 634
Thouvenel, Édouard 149
Thun und Hohenstein, Friedrich Graf von 89, 97, 136, 196
Thüngen, Wolfgang Freiherr von 394, 401
Tiedemann, Christoph von 549, 556 ff., 560–563, 566, 753 f., 788
Treitschke, Heinrich von 43, 224 f., 276 f., 326, 328, 401, 412, 490 f., 525 f., 555, 607, 630, 686, 688, 699, 717, 764
Tresckow, Hermann von 368
Triepel, Heinrich 526, 664
Trier, Bischof v. 746
Trochu, Louis Jules 477, 482
Turgenjew, Iwan 554
Türr, Stefan 314, 318
Twesten, Karl 176, *177*, 183 f., *185*, 207, 225 ff., 272, 274, 277, 280 f., 283 f., 287, 322, 324–329, 333, 338 f., 415–418, 679

Uhland, Ludwig 553
Ujest, Herzog von 681
Unruh, Hans Viktor von 140, 146 f., 183, 207, 280, 295, 322, 327 ff., 679
Usedom, Guido Graf von 163, 266, 313 f., 431

Varnbüler, Karl Freiherr V. von und zu Hemmingen 308, 373, 386 f., 389, 393 f., 397 f., 402 ff., 406, 408, 494 f.
Versen, Maximilian von 459–463
Victoria, Dt. Kaiserin u. Königin v. Preußen 178, 215, 218, 298
Victoria, Königin v. Großbritannien u. Irland 178, 202, 257, 298, 480, 778, 783
Viktor Emanuel II., König v. Italien 300, 313, 446 f., 476, 773, 779
Vimercati, Ottaviano di 446
Vincke, Georg Freiherr von 56, 71, 183, 221, 223, 427
Virchow, Rudolf 183, *185*, 272 f., 277, 282, 284, 322 ff., 338, 426, 433, 657, 718, 721, *734*, 785
Visconti-Venosta, Emilio 476
Vohwinkel, Friedrich 587
Voigts-Rhetz, Konstantin Graf von 614
Völk, Josef 400

Wagener, Hermann *74*, 76, 89, 204, 210, 212, 214, 221, 233 f., *235*, 247, 283, 288 f., 292, 345, 541 f., 596, 675, 682, 707, 711, 730–733
Wagner von Frommenhausen, Rudolf Freiherr 407, 411
Wagner, Richard 53, 308, 554
Waldeck, Franz Benedikt 42, 140, 183, 207, 232, 246, 272–276, 282, 286 f., 322 f., 326, 329, 331, 338, 363, 366
Waldersee, Alfred Graf von 466, 686, 710
Waldow-Steinhöfel, Landrat v. 426
Walewski, Alexandre Graf 149
Wallon, Henri 774
Warschauer, Bankier 530
Wartensleben, Graf von 70
Washington, George 374
Weber, Max 673
Wehrenpfennig, Wilhelm 227, 276 f., 326, 335, 401, 412, 679, 751
Weizsäcker, Julius 411
Werner, Anton von 508, 514, 552
Werther, Karl Freiherr von 466–471
Werthern, Georg Freiherr von 388, 404, 412, 449 f., 456, 506

Wichern, Johann Hinrich 540
Wigard, Franz 629
Wilhelm I., Dt. Kaiser u. König v. Preußen 57, 67 f., 77, 79, 101, 123, 136, 138 ff., 142, 144, 147 ff., 153 f., 158 f., 161, 166–172, *172*, 173 f., 176–187, 189, 191 f., 200 ff., 205, 207–212, 214 ff., 218–223, 227 f., 230, 236, 241, 244 f., 248, 250, 252, 255, 257, 259, 264–269, 272, 274, 279, 281, 285 f., 289, 297–301, 304, 306, 308, 311, 313 f., *315*, 318 f., 329, 333 f., 338, 348, 355–358, 360, 363, 366 f., 370 f., 376 ff., 381 ff., 392 f., 399, 407 f., 415, 422 ff., 428, 431 f., 434, 436, 450, 455–462, 464–474, 479, 482, 484, 488, 490, 492, 496, 502 f., 505 ff., *508*, 509, 513, *514*, 517, 519, 546–549, 552, 554, 557 f., 562 f., 570, 578, 601 f., 604, 615, 617, 621 f., 625 f., 630, 632, 636, 650 f., 653, 656 f., 660 ff., 668, 698 f., 703 ff., 712 f., 720, 724 f., 727 ff., 736, 738 f., 742–746, 749, 752 f., 756 ff., 763, 768, 773, 778 ff., 782 f., 785 f., 788 ff.
Wilhelm II., Dt. Kaiser u. König v. Preußen 174, 548, 594, 611
Wilhelm III., König d. Niederlande u. Großherzog v. Luxemburg 375 ff., 381–384, 391
Wimpffen, Felix Graf von 389
Windthorst, Ludwig 613, 683, 694, 697, 710, 733, *734*, 751, 752 ff.
Wolf, Eugen 557
Wollmann, Kaplan 695
Wrangel, Friedrich Heinrich Ernst Graf von 225, 368

Zedlitz, Constantin Freiherr von 255, 265
Ziegler, Franz 42, 232, 329, 338
Zitelmann, Carl 150
Zorilla, Manuel 461

Aus dem Verlagsprogramm

Biographien bei C. H. Beck

Johannes Kunisch
Friedrich der Große
Der König und seine Zeit
5. Auflage. 2005.
624 Seiten mit 29 Abbildungen und 16 Karten. Leinen

Johannes Willms
Napoleon
Eine Biographie
2. Auflage. 2005
840 Seiten mit 36 Abbildungen und 21 zweifarbigen Karten. Leinen

Joseph J. Ellis
Seine Exzellenz George Washington
Eine Biographie
Aus dem Amerikanischen von Martin Pfeiffer
2005. 386 Seiten mit 12 Abbildungen und 10 Tafeln. Leinen

John C. G. Röhl
Wilhelm II.
Die Jugend des Kaisers 1859–1888
2., durchgesehene Auflage, 2001. 980 Seiten mit 32 Abbildungen. Leinen
Der Aufbau der persönlichen Monarchie. 1888–1900
2001. 1437 Seiten mit 55 Abbildungen. Leinen

Günter Brakelmann
Helmuth James von Moltke
1907–1945. Eine Biographie
2., durchgesehene Auflage. 2007.
432 Seiten mit 60 Abbildungen. Leinen

Verlag C. H. Beck München